Horst von Hartlieb

Handbuch des Film,- Fernseh- und Videorechts

Handbuch des Film-, Fernseh- und Videorechts

von

Horst von Hartlieb
Rechtsanwalt in Wiesbaden

2., völlig neubearbeitete Auflage
des von Dr. F. J. Berthold und Horst von Hartlieb
begründeten Filmrechtshandbuchs

C. H. BECK'SCHE VERLAGSBUCHHANDLUNG
MÜNCHEN 1984

CIP-Kurztitelaufnahme der Deutschen Bibliothek

Hartlieb, Horst von:
Handbuch des Film-, Fernseh- und Videorechts /
von Horst von Hartlieb. – 2., völlig neubearb. Aufl.
d. von F. J. Berthold u. von Horst von Hartlieb
begr. Filmrechtshandbuchs. – München: Beck, 1984.
   1. Aufl. u. d. T.: Berthold, Friedrich J.: Filmrecht
   ISBN 3 406 09317 5
NE: Berthold, Friedrich J.: Filmrechtshandbuch

ISBN 3 406 09317 5

Umschlag- und Einbandentwurf von Bruno Schachtner, Dachau
Druck der C. H. Beck'schen Buchdruckerei, Nördlingen

Vorwort

Seit der Herausgabe des *Handbuchs des Filmrechts* im Jahre 1957 haben sich auf allen behandelten Rechtsgebieten wesentliche Änderungen und Erneuerungen ergeben. Zu der damals allein dominierenden Auswertung des Filmwerks im Filmtheater ist gleichrangig seine Auswertung im Fernsehen und durch Videokassetten bzw. vergleichbare Medien getreten. Es wurde im Jahre 1966 ein neues Urheberrechtsgesetz mit besonderen filmrechtlichen Vorschriften erlassen. Seit 1967 gibt es eine gesetzlich geregelte deutsche Filmförderung. Durch neue oder geänderte Strafvorschriften wurden die Schranken für die Filmfreiheit teilweise eingeengt, teilweise erweitert. Eine umfangreiche Rechtsprechung hat auf vielen der behandelten Gebiete neue rechtliche, für die Praxis wichtige Maßstäbe gesetzt. Das filmrechtliche Vertragswerk wurde auf vielen Gebieten erneuert, erweitert oder wesentlich geändert.

Unter diesen Umständen erschien es angebracht, das Handbuch nach Gesamtkonzept und in seinen einzelnen Abschnitten und Kapiteln völlig neu zu schreiben. Es wurde an allen einschlägigen Stellen um die Rechtsfragen in Verbindung mit den neuen Auswertungsmöglichkeiten des Filmwerks erweitert. Aber es wurden auch alle anderen Abschnitte und Kapitel im Hinblick auf die neuen Gesetze, Rechtsprechung und Normalverträge neu verfaßt und nur relativ wenige Absätze aus dem alten Handbuch, und auch diese Absätze in stark bearbeiteter Form, übernommen.

Die Ausdehnung des Handbuchs auf die Rechtsfragen der Fernseh- und Videoauswertung des Filmwerks hat zur Folge, daß über 50% des neuen Handbuchs sich gleichermaßen und gleichrangig auf die Filmauswertung im Filmtheater, Fernsehen und Videobereich beziehen. Der übrige Teil des Handbuchs beschäftigt sich in besonderen Kapiteln sowohl mit speziellen Rechtsfragen der Filmtheaterauswertung, wie mit speziellen Rechtsfragen der Fernseh- und Videoauswertung. Um dieser inhaltlichen Ausgestaltung des neuen Handbuchs Rechnung zu tragen, war es notwendig, dies auch in der Ausdehnung des Buchtitels auf *Film-, Fernseh- und Videorecht* zum Ausdruck zu bringen. Der alte Titel war gemäß der damaligen Situation zu stark auf Rechtsfragen der Filmtheaterauswertung konzentriert, so daß bei seiner weiteren Benutzung die jetzt vorgenommene Erweiterung keine genügende Berücksichtigung gefunden hätte.

Das neue Gesamtkonzept sieht eine andere, für heute zweckmäßigere Einteilung der Abschnitte und Kapitel vor. Zur leichteren Ermittlung der Fundstellen und entsprechender Berücksichtigung im Sachregister sind die Kapitel *durchnumeriert* und jeweils mit Randnummern versehen. Um dem Charakter eines Handbuchs für die Praxis besonders Rechnung zu tragen, erschien es vorteilhaft, in jedem Kapitel zunächst eine geschlossene Darstellung der behandelten Materie aus der Sicht des Autors und meist im Einklang mit der herrschenden Rechtsmeinung zu geben. Am Ende des Kapitels werden dann die wesentliche Rechtsprechung und Rechtslehre zitiert, wobei gemäß der Ausrichtung des Handbuchs auf die Praxis der Akzent auf die Rechtsprechung gelegt wird. Bei Abweichung von der Darstellung des Autors findet eine entsprechende kritische Auseinandersetzung statt.

Die Erweiterung macht es, um den vorgesehenen Rahmen des Handbuchs nicht zu überschreiten, notwendig, die besonderen Abschnitte des alten Handbuchs über *Steuerrecht* und *internationales Urheberrecht* auszulassen und sich auf die Erwähnung besonders wichtiger Fragen bei einschlägigen Kapiteln zu beschränken. Im übrigen hängt der wesentliche Teil des Steuerrechts auf dem Filmgebiet meist mit allgemeinen steuerrechtlichen Fragen zusammen, die dann hätten mitbehandelt werden müssen und den Rahmen dieses Handbuchs gesprengt hätten. Das internationale Urheberrecht hat inzwischen einen Umfang angenommen, der bei einer exakten und selbständigen Behandlung ein besonderes Handbuch des internationalen Urheberrechts erforderlich machen würde.

Dieses Handbuch wurde *aus der Praxis für die Praxis* geschrieben. Es soll für filmwirtschaftliche ebenso wie für filmrechtliche Laien verständlich sein. Es soll interessierten Juristen und Filmwirtschaftlern eine Einführung in diese Materie geben. Dem Fachmann soll es durch seine Zusammenstellungen und Zusammenfassungen schnell und umfassend die gewünschten Hinweise verschaffen.

Besonderer Erwähnung bedarf der Umstand, daß das Handbuch keine geschlossene Darstellung des *öffentlich-rechtlichen Fernsehrechts* enthält, sondern hier nur einige Rechtsfragen bei einschlägigen Kapiteln mitbehandelt (z. B. Fernsehfreiheit, Schranken des Straf- und Jugendschutzes für das Fernsehen, verfassungsrechtliche Zulässigkeit des privaten Fernsehens, Ausstrahlungsumfang der Senderechte, Film- und Fernsehförderung mit öffentlichen Mitteln u. ä. m.). Im übrigen gehört das öffentliche Fernsehrecht zum Staats- und Verwaltungsrecht (z. B. Staatsvertrag über das ZDF, Struktur der öffentlich-rechtlichen Rundfunkanstalten, Rechtsverhältnisse zwischen Bundespost und Rundfunkanstalten, Rechtsfragen der Kabelpilotprojekte), das hier besondere Fachkenntnis verlangt und für die meisten Interessenten dieses Handbuchs nur von bedingtem Interesse sein dürfte, da es in erster Linie die betroffenen Politiker, Regierungsstellen und öffentlichrechtlichen Institutionen angeht. Dagegen werden die *privatrechtlichen Fragen des Fernsehens* vom Persönlichkeitsschutz über das Urheberrecht bis zum ganzen Gebiet der Fernsehverwertungsverträge in vielen allgemeinen Kapiteln und in einem besonderen Kapitel ausführlich behandelt.

Für die Mitarbeit bei der Vorbereitung und Materialsammlung danke ich *RA Holger von Hartlieb*. Für Mitarbeit an einzelnen oder einigen Abschnitten gebührt mein besonderer Dank den Herren: *RA Joachim Birr, Roland Caspary, Manfred Göller, Ekkehard Kandler, RA Dr. Eberhard Mielke* und *RA Dr. Walther Müller-Goerne*. Bei der Durchführung und Kontrolle der Arbeiten haben mir meine ständigen Mitarbeiterinnen *Karin Erbenich* und *Ursula Wedel* sowie Herr *Dirk Czaya* sehr geholfen.

Das Buch erscheint in einer Zeit, in der von weiteren *Explosionen* der Medien im Sinne ihrer ständigen Ausdehnung (z. B. *Satelliten-Fernsehen, Pay-Television, Kabelfernsehen*) gesprochen wird (vgl. hierzu den *Ausblick* am Schluß dieses Handbuchs). Hier sind aber heute bereits die entscheidenden Weichen gestellt, so daß die hier behandelten grundsätzlichen Rechtsfragen für die absehbare Zukunft ihre Bedeutung behalten werden. So ist z. B. ein rechtlich grundsätzlicher Unterschied für die Form der Filmauswertung und damit auch für deren rechtliche Beurteilung im *Filmtheatereinsatz* einerseits und im *Einsatz im Fernsehen* sowie im *Videobereich* andererseits zu sehen, nicht jedoch in den verschiedenen Formen des Fernsehens oder der Videoauswertung, wie sie sich noch weiter entwickeln könnten. Insofern besitzt das Handbuch einen Abschluß im Grundsätzlichen und seine Rechtsausführungen lassen sich auf erweiterte Auswertungsmöglichkeiten auf diesen Gebieten anwenden.

Das Buch behandelt Rechtsprechung und Rechtslehre nach dem Stand vom 31. März 1984.

München/Wiesbaden, 15. April 1984   Horst von Hartlieb

Inhaltsverzeichnis

1. Abschnitt. Die Filmfreiheit und ihre Schranken

2. Abschnitt. Namens-, Bildnis- und Persönlichkeitsrecht beim Filmwerk

3. Abschnitt. Die deutsche Filmförderung

10. Abschnitt. Das Recht des Filmtheaters

11. Abschnitt. Die Fernsehverwertungsverträge

12. Abschnitt. Die Videoverwertungsverträge

13. Abschnitt. Ausblick auf die künftige Entwicklung

14. Abschnitt. Fundstellen zum internationalen Film-, Fernseh-, Video- und Urheberrecht

15. Abschnitt. Internationales Film-Zensurrecht

Inhaltsverzeichnis

1. Abschnitt. Die Filmfreiheit und ihre Schranken

1. Kapitel. Der Umfang der Filmfreiheit

1   Die Filmfreiheit gehört zu den nach Artikel 5 GG geschützten Grundrechten der **Meinungs- und Informationsfreiheit,** da Filmwerke Meinungsäußerungen und Informationen enthalten. Dazu rechnen auch Werke rein unterhaltenden Charakters, da aus Artikel 5 GG ein weitgehender Schutz aller geistigen Äußerungen und Schöpfungen zu entnehmen ist und auch reine Unterhaltungsfilme oder -fernsehsendungen immer ein Minimum an Meinungsäußerungen und Informationen bringen. Zur Meinungs- und Informationsfreiheit zählt nicht nur das Recht, Meinungen und Informationen zu verbreiten (Meinungs- und Informationsverbreitungsrecht), sondern auch das Recht, sich aus allgemein zugänglichen Quellen ungehindert zu unterrichten (Meinungs- und Informationsempfangsrecht). Die Filmfreiheit ist trotz der sprachlichen Einschränkung des Artikel 5 Abs. 1 Satz 2 GG der Pressefreiheit gleichzustellen. Inhaber bzw. Träger des Rechts auf Filmfreiheit können sowohl physische wie juristische Personen sein, wie sich aus dem einleitenden Wort in Artikel 5 GG *(jeder)* ergibt.

2   Diese Filmfreiheit umfaßt das Recht, solche Meinungsäußerungen und Informationen der **Öffentlichkeit** zugänglich zu machen. Eine öffentliche Vorführung oder Verbreitung eines Filmwerks ist immer gegeben, wenn das Filmwerk dem Publikum oder Teilen des Publikums zur Kenntnis gebracht wird. Dazu gehören Filmveranstaltungen für die Öffentlichkeit oder Teile der Öffentlichkeit, Fernsehausstrahlungen zum Empfang in Haushalten, Verkauf, Vermieten und Verleihen von Schmalfilmkopien, Video-Kassetten, Bildplatten, Filmbändern o. ä. m. Dabei ist es gleichgültig, in welchen Vorführstätten (Kino, Diskothek, Hotelhallen, Gaststätten etc.) und mit welchen technischen Mitteln (Kopie, Kassette, Band, Platte etc.) dies geschieht und ob es entgeltlich oder unentgeltlich, gewerblich oder nichtgewerblich erfolgt.

3   Eine **nicht öffentliche Präsentation** des Filmwerks liegt vor, wenn das Filmwerk nur einem zahlenmäßig begrenzten, durch persönliche Beziehungen miteinander oder mit dem Veranstalter verbundenen Personenkreis zugänglich gemacht wird. Diese Voraussetzungen sind z. B. erfüllt bei internen Vorführungen für berufliche Interessenten (Verleiher oder Theaterbesitzer bei Filmwerken für Kinozwecke, Redakteure bei Filmwerken für Fernsehzwecke, begrenzte Kreise von Journalisten oder Juristen zwecks kritischer Prüfung eines Filmwerks), nicht jedoch bei Trade-Shows mit einer größeren Zahl von Theaterbesitzern oder bei Betriebsveranstaltungen u. ä. m. oder bei Filmfestspielen, deren Veranstaltungen auch Teilen des Publikums zugänglich sind (vgl. zum Begriff der Öffentlichkeit § 15 Abs. 3 UrhG).

4   Diese Grundrechte finden ihre Grenzen in der sog. **Schrankentrias** des Artikels 2 GG (Rechte anderer, Verfassungsordnung und Sittengesetz) und in den **allgemeinen Gesetzen** (Artikel 5 Abs. 2 GG) sowie den Vorschriften des **Jugendschutzes** (Artikel 5 Abs. 2 GG). Verfassungsrechtliche Schranken sind vor allem die Würde des Menschen und der Schutz der Familie und Gesetzesschranken die einschlägigen Strafgesetze.

5 Die Filmfreiheit kann sich ferner auf das in Artikel 5 GG zusätzlich verankerte **Zensurverbot** berufen. Seinem Charakter nach trifft dieses Zensurverbot nur hoheitliche staatliche Eingriffe vor der ersten öffentlichen Vorführung oder Verbreitung eines Filmwerkes, also die sog. staatliche Vorzensur, da nur dann das Filmwerk der Öffentlichkeit völlig vorenthalten wird. Eine hoheitliche staatliche Nachzensur ist grundsätzlich nicht verfassungswidrig, da sie erst nach Kenntnisnahme des Filmwerks durch die Öffentlichkeit erfolgt. Es kommt also für den Charakter einer Zensurmaßnahme darauf an, ob ein Filmwerk schon öffentlich gezeigt oder verbreitet worden ist.

6 Die hoheitliche **staatliche Nachzensur,** die nach der öffentlichen Präsentation eines Filmwerks grundsätzlich zulässig ist, muß freilich immer der Bedeutung des Grundrechts der Meinungs- und Informationsfreiheit Rechnung tragen. Es muß also zwischen diesen Freiheitsrechten und den durch sie verletzten anderen Rechten eine Abwägung im Einzelfall stattfinden, wobei der für die freiheitliche demokratische Grundordnung konstituierende Charakter der Freiheitsrechte gebührend zu berücksichtigen ist.

7 Soweit ein Filmwerk sich als ein Produkt der **Kunst** ausweist, genießt es nach Artikel 5 Abs. 3 GG weitergehende Freiheitsrechte. Es ist nicht nur gegen jede Vorzensur, sondern auch gegen Einschränkungen durch hoheitliche staatliche Nachzensur auf Grund der allgemeinen Gesetze und des Sittengesetzes geschützt. Es kann nur durch andere im Einzelfall höherwertige Grundrechte (z. B. *Würde des Menschen*) beschränkt werden. Dabei muß der Kunstbegriff, um diese weitergehende Freiheitssphäre zu rechtfertigen, wertend ausgelegt werden.

8 Unter **Film und Filmwerk** im Sinne dieses Abschnitts sind sämtliche filmischen Darstellungen zu verstehen, gleichgültig welchen Inhalt sie haben, für welche Zwecke sie bestimmt sind und mit welchen technischen Mitteln und an welchem Ort sie aufgenommen und wiedergegeben werden. Das erfordert die Gleichbehandlung auf diesem wichtigen Gebiet der Informations-, Meinungs- und Kunstfreiheit. Es gehören also hierzu: Nachrichten, Wochenschauen, Moderationen, Talk-Shows, Dokumentationen, Spielfilme, Kulturfilme, Industriefilme, Werbefilme, u. ä. m.; Filme für Kino-, Fernseh-, Video-Zwecke u. ä. m.; aufgezeichnete Sendungen sowie Live-Sendungen von der Politik bis zur Unterhaltung.

9 Es ist in der **Rechtsprechung** und **Rechtslehre** anerkannt, daß die **Filmfreiheit** zu den nach Artikel 5 GG geschützten Grundrechten gehört.

10 In der **Rechtsprechung** vgl. hierzu BVerfG in BVerfGE 5 S. 134; 7 S. 198 und 208; 12 S. 125, 205 und 260; 20 S. 97; 27 S. 102; 28 S. 63; 31 S. 314; 35 S. 208; 57 S. 295 und UFITA Bd. 91, S. 265. Seit dem *Lüth*-Urteil des BVerfG vom 15. 1. 1958 (BVerfGE 7 S. 198, NJW 1958, S. 257) gilt der Grundsatz, daß zwar das Grundrecht der freien Meinungsäußerung der Beschränkung durch die allgemeinen Gesetze unterliegt, diese Gesetze jedoch ihrerseits im Hinblick auf die für die freiheitlich-demokratische Grundordnung zur Ermöglichung der ständigen geistigen Auseinandersetzung und des Kampfes der Meinungen schlechthin konstituierende Bedeutung des Grundrechts der freien Meinungsäußerung so interpretiert werden müssen, daß der besondere Wertgehalt dieses Grundrechts auf jeden Fall gewahrt bleibt (vgl. hierzu auch BGH in UFITA Bd. 38, S. 181 und Bd. 44, S. 181). Vgl. ferner BGH in UFITA Bd. 75, S. 313; Bd. 86, S. 203; Bd. 86, S. 208.

11 In der **Rechtslehre** vgl. hierzu: ,,Kommentar zum Bonner Grundgesetz" *(Bonner Kommentar)* 1983 Art. 5 Anm. II 1 b; *Maunz-Dürig:* ,,Grundgesetz-Kommentar" Art. 5 Abs. I/II Rdn. 193–198 und 206; *Mangoldt-Klein:* ,,Das Bonner Grundgesetz" 1957 Art. 5 Anm. III 3 und VII 1–3; *Ridder* in *Neumann-Nipperdey-Scheuner:* ,,Die Grundrechte" Bd. II S. 273, 274; *Leibholz-Rinck:* ,,Grundgesetz Kommentar" 4. Auflage Art. 5 Anm. 1; *Giese-Schunck:* ,,Grundgesetz-Kommentar" 1970 Art. 5 Anm. II 2.

12   Die weitergehende **Freiheit der Kunst** nach Artikel 5 Abs. 3 GG ist durch den Beschluß des BVerfG vom 24. 2. 1971 (BVerfGE 30, S. 173 ff, 188 ff, NJW 1971, S. 1645 = UFITA Bd. 62, S. 327 *Mephisto*-Fall) eindeutig klargestellt worden, indem es dort heißt, daß die Kunst in ihrer Eigenständigkeit und Eigengesetzlichkeit durch Artikel 5 Abs. 3 Satz 1 GG vorbehaltlos gewährleistet wird. Alle Versuche, die Kunstfreiheitsgarantie durch wertende Einengung des Kunstbegriffs oder durch erweiterte Auslegung der Schrankenregelung anderer Verfassungsbestimmungen einzuschränken, müßten angesichts der klaren Vorschrift des Artikel 5 Abs. 3 Satz 1 GG erfolglos bleiben. Unanwendbar soll insbesondere auch die Schrankentrias nach Artikel 2 GG und die Beschränkung durch die Gesetze nach Artikel 5 Abs. 2 GG sein. Die Freiheit der Kunst könne nur durch im Einzelfall höherwertige andere Grundrechte eingeschränkt werden. In diesem Zusammenhang hat das BVerfG den **qualitätsmäßigen** Kunstbegriff anerkannt, indem es ausführt, daß der Künstler Vorgänge des realen Lebens im Kunstwerk verdichtet und dadurch die Realität in neue Zusammenhänge und Gesetzmäßigkeiten gebracht hat. Für den qualitätsmäßigen Kunstbegriff s. auch BVG in UFITA Bd. 48, S. 324.

13   Zu der **Rechtslehre im gleichen Sinn:** Bonner Kommentar aaO Art. 5 Anm. II 3 a; *Maunz-Dürig* aaO Art. 5 Abs. II Rdn. 16–80; *Mangoldt-Klein* aaO Art. 5 Anm. X 27 und 3; *Ridder* aaO S. 268; *Giese-Schunck* aaO Art. 5 Anm. II 9; *von Hartlieb* ,,Die Freiheit der Kunst und das Sittengesetz" (UFITA Bd. 51, S. 5 und Heft 33 in 1969); *Würtenberger:* ,,Karikatur und Satire aus strafrechtlicher Sicht" (NJW 1982, S. 610).

14   Zur Frage des Verhältnisses zwischen **Kunstfreiheit und Polizeiverbot** sind von Bedeutung die Entscheidungen des VG Rheinland-Pfalz und des OVG Koblenz (in UFITA Bd. 50, S. 733 und 741). In dem Urteil des OVG wird festgestellt, daß die Kunstfreiheit polizeifest ist, was jedoch nicht ihre Begrenzung durch immanente Schranken anderer grundrechtlich geschützter Rechtsgüter ausschließen soll. Über die Schranken der Kunstfreiheit vgl. auch OLG Düsseldorf in UFITA Bd. 44, S. 370, bestätigt durch BVerfG in UFITA Bd. 47, S. 300 (Fall *Schweigen*). Diese Auffassungen dürften durch den o. e. Beschluß des BVerfG überholt sein.

15   Ein Beschluß des BVerfG vom 25. 4. 1972 (BVerfGE 33, S. 52 und 71 ff und UFITA Bd. 66, S. 329) enthält beachtliche Grundsätze über das **verfassungsmäßige Zensurverbot.** Hierzu wird ausgeführt, daß sich dieses Zensurverbot nur auf die behördliche Vorzensur beziehe, da schon die Existenz eines derartigen Kontrollverfahrens präventiven Charakters die geistige Tätigkeit lähmen würde. Deswegen dürfe es keine Ausnahme von diesem Verbot der Vorzensur geben, auch nicht durch die allgemeinen Gesetze. Bezogen auf Filmwerke bedeute danach Zensur das generelle Verbot, ungeprüfte Filme der Öffentlichkeit zugänglich zu machen, verbunden mit dem Gebot, Filme, die öffentlich vorgeführt werden sollen, zuvor der zuständigen Behörde vorzulegen, die sie an Hand von Zensurgrundsätzen prüft und je nach dem Ergebnis ihrer Prüfung die öffentliche Vorführung erlaubt oder verbietet. Wenn aber das Geisteswerk einmal in die Öffentlichkeit gelangt sei und Wirkung auszuüben vermöge, so würden die allgemeinen Regeln über die Meinungs- und Pressefreiheit und ihre Schranken durch die Gesetze gelten (vgl. auch BVerfG vom 14. 2. 1978 in BVerfGE 47, S. 198 und 237). In diesen Entscheidungen des BVerfG wird die Rechtsprechung und Rechtslehre zum Begriff der Zensur im Sinne des Artikel 5 Abs. 1 Satz 3 GG ausführlich erwähnt mit der Maßgabe, daß nach der herrschenden Meinung unter Zensur im Sinne dieser Vorschrift nur die hoheitliche Vorzensur zu verstehen ist.

16   In der **Rechtslehre zum Zensurverbot** ebenso: *Bonner Kommentar* aaO Art. 5 Anm. II 1; *Maunz-Dürig* aaO Art. 5 Abs. I/II Rdn. 78; *Mangoldt-Klein* aaO Art. 5 Anm. VIII 2; *Ridder* aaO S. 280; *Leibholz-Rinck* Art. 5 Anm. 9; *Giese-Schunck* aaO Anm. II 5.

17   Der in der Rechtslehre von *Noltenius* in ihrer Abhandlung ,,Die Freiwillige Selbstkontrolle der Filmwirtschaft und das Zensurverbot des Grundgesetzes" (Göttingen 1958) unternommene Versuch der Einführung eines **materiellen Zensurbegriffs,** der Vor- und Nachzensur gleichstellt und damit beide unter das grundgesetzliche Zensurverbot subsumiert, wurde von der herrschenden Rechtslehre und Rechtsprechung nicht anerkannt. Er würde auch zu praktisch untragbaren Konsequenzen führen, da er entweder die volle Schrankenlosigkeit der Meinungs- und Informationsfreiheit wegen eines generellen materiellen Zensurverbotes konstituieren und damit die verfassungsrechtlichen Gesetzesvorbehalte obsolet machen, oder auch die Vorzensur nicht mehr einem strikten Verbot, sondern nur einer Einschränkung durch die gebotene Abwägung im Rahmen der Gesetzesvorbehalte unterwerfen würde.

18   Die Kap. 1–14 befassen sich mit dem **öffentlich-rechtlichen** Umfang der Filmfreiheit, sowie ihren öffentlich-rechtlichen Schranken. Die Ausstrahlung dieser Grund- und Freiheitsrechte auf den **privat-rechtlichen** Bereich wird in Kap. 15 und in Abschnitt 2 (Persönlichkeitsrecht) behandelt.

2. Kapitel. Die strafrechtlichen Schranken der Filmfreiheit

1   Die Strafvorschriften, welche die Filmfreiheit einschränken, müssen das **Bestimmtheitsgebot der Strafnorm** erfüllen. Sie müssen ferner wegen der konstituierenden Bedeutung der Freiheitsrechte für die freiheitlich-demokratische Grundordnung ihrerseits restriktiv ausgelegt werden. Nur im Rahmen einer solchen Interpretation können Strafvorschriften das Grundrecht der Filmfreiheit begrenzen. Sie stehen ferner unter dem verfassungsrechtlichen Gebot der Verhältnismäßigkeit und dem Verbot des Übermaßes, so daß sie evtl. nur Teile des Filmwerks betreffen (näheres bei den einzelnen Strafvorschriften). Soweit es sich bei Filmwerken um Kunstwerke handelt, gilt für diese Werke die absolute Freiheit, die der Kunst nach Artikel 5 Abs. 3 Satz 1 GG eingeräumt wird, so daß sie nicht durch strafrechtliche Vorschriften, sondern nur durch andere verfassungsrechtlich besonders geschützte Rechtsgüter (Würde des Menschen, Bestand der Grundordnung u. ä. m.) eingeschränkt werden können.

2   In der **Rechtsprechung** hat das BVerfG in einem Beschluß vom 17. 1. 1978 (BVerfGE 47, S. 198 und UFITA Bd. 84, S. 276) erneut die Notwendigkeit der **Bestimmtheit** der Strafnorm hervorgehoben, indem es dort ausführt, daß in Strafgesetzen die Voraussetzungen der Strafbarkeit und die Art und das Maß der Strafe so bestimmt umschrieben sein müssen, daß der Normadressat an Hand des gesetzlichen Tatbestandes voraussehen kann, ob sein Verhalten strafbar ist.

3   Die erforderliche restriktive Auslegung der die Freiheitsrechte beschränkenden gesetzlichen Vorschriften ergibt sich aus der oben zitierten *Lüth*-Entscheidung des BVerfG (NJW 1958, S. 257). Die absolute **Freiheit der Kunst** nach Artikel 5 Abs. 3 Satz 1 GG wird durch den o. e. Beschluß des BVerfG vom 24. 2. 1971 (BVerfGE 30, S. 173, 188 ff und UFITA Bd. 62, S. 327) ausdrücklich klargestellt, so daß Filmwerke, die sich als Kunstwerke charakterisieren, nur durch andere grundrechtlich geschützte Rechtsgüter (Würde des Menschen, Bestand der Grundordnung u. ä. m.) beschränkt werden können, wenn sich aus der Abwägung im Einzelfall der Vorrang dieser anderen Rechtsgüter ergibt.

4   In diesem Zusammenhang sind für eine Beschränkung der Filmfreiheit vor allem die strafrechtlichen Vorschriften der §§ 131 **und 184 StGB** mit dem Verbot gewaltverherrlichender bzw. gewaltverharmlosender sowie pornographischer Darstellungen von Bedeutung. Hinzu kommen die Strafvorschriften auf **politischen Gebieten,** wie sie die §§ 80 a, 86, 86 a, 88 a, 90, 90 a, 90 b StGB enthalten, und auf **weltanschaulichem Gebiet** der § 166 StGB.

3. Kapitel. Die Strafvorschrift des § 131 Strafgesetzbuch

1   Das in dieser Strafvorschrift niedergelegte Verbot grausamer Schilderungen, die **Gewaltverherrlichung oder Gewaltverharmlosung** zum Ausdruck bringen, gilt auch für entsprechende Darstellungen in Filmwerken. Es umfaßt die Verbreitung, öffentliche Vorführung, Fernsehsendung, sowie jedes Anbieten, Ankündigen und Anpreisen solcher Filmwerke und sogar schon deren Herstellung (einschließlich der Vervielfältigung durch Anfertigen von Kopien, Kassetten o. ä. m.). Die Tatbestandsmerkmale dieser Strafvorschrift sind jedoch in Anbetracht der konstituierenden Bedeutung des Grundrechts der Filmfreiheit für die freiheitlich-demokratische Grundordnung **restriktiv** auszulegen. Die Strafvorschrift darf keinesfalls dazu führen, realistische Information, kritische Meinungsäußerung und künstlerische Gestaltung zu beeinträchtigen (so ausdrücklich die Gesetzesmotive). In diesem Sinne sind die einzelnen Tatbestandsmerkmale dieser Vorschrift für Darstellungen in Filmwerken zu interpretieren.

2 Der Begriff der **Gewalttätigkeit** verlangt eine physische, körperliche Kraftentfaltung in unmittelbarer Aktion mit Einwirkung auf die körperliche Integrität anderer. Es genügen daher zur Erfüllung dieses Begriffs nicht Bedrohungen, auch wenn sie noch so gefährlich erscheinen (z. B. mit vorgehaltenem Revolver erzwungener Beischlaf), oder Ansätze von Gewalteinwirkungen, die nicht zum Erfolg führen (z. B. Herunterreißen der Kleider einer Frau mit der Absicht der Vergewaltigung).

3 Diese Gewalttätigkeit muß sich, wie der Wortlaut der Vorschrift ergibt, gegen **Menschen** richten. Sie erfordert aber auch, wie sich aus dem Wort *Tätigkeit* entnehmen läßt, eine wissentliche und willentliche, also eine menschliche Aktion. Der Begriff der Gewalttätigkeit im Sinne des § 131 StGB umfaßt also nicht Gewaltanwendung von oder gegenüber Tieren, Leichen, Horrorgestalten, Gespenstern, Comicstrip-Figuren, Sachen u. ä. m., auch wenn sie äußerlich menschenähnlichen Charakter tragen.

4 Die Gewalttätigkeit muß schließlich, um den Gesetzesbegriff zu erfüllen, von Menschen dem oder den anderen Menschen **unmittelbar** zugefügt werden, so daß es nicht ausreicht, wenn nur die Folgen einer gewalttätigen Aktion (z. B. das Sterben von Menschen infolge eines vorher durch andere Menschen gelegten Feuers) dargestellt werden. Schließlich erfüllt auch die sog. nicht unwillkommene Gewalt *(vis haud ingrata)* nicht den Tatbestand der Gewalttätigkeit im Sinne dieser Vorschrift. Diese vis haud ingrata liegt vor, wenn bei geringem körperlichen Einsatz der die Gewalt Erleidende und Erduldende sie offensichtlich herbeiwünscht oder jedenfalls gerne erträgt.

5 Das weitere Tatbestandsmerkmal der **grausamen Schilderung** bezieht sich auf die Darstellung der Gewalttätigkeit selbst, wie der unmißverständliche Wortlaut der Vorschrift erweist. Es ist also zur Erfüllung dieses Tatbestandsmerkmales nicht ausreichend, wenn die Ursachen und Folgen von Gewalttätigkeiten in grausamer Form gezeigt werden, sondern es muß die Gewalttätigkeit selbst durch eine grausame Schilderung in Erscheinung treten. Hierzu ist eine direkte und detaillierte Darstellung über die Zufügung und das Erdulden von Schmerzen, Verletzungen, Verwundungen, Tötungen u. ä. m. notwendig. Das Wort *grausam* in Verbindung mit *sonst unmenschlich* deutet darauf hin, daß hier eine ganz besonders rohe oder krasse Form der Schilderung gemeint ist. Da das Moment des Grausamen nach dem klaren Gesetzestext nur mit dem objektiven Kriterium der Schilderung und nicht mit subjektiven Kriterien, wie der Einstellung des Täters, verknüpft wird, ist es jedoch nicht notwendig, daß die Gewaltdarstellung auf eine menschenverachtende und rücksichtslose Gesinnung des Täters schließen läßt. (Auch die Tat eines Psychopathen oder eine Notwehrhandlung können grausam geschildert werden.)

6   Die schließlich noch in der Strafvorschrift erwähnten Tatbestandsmerkmale **Gewaltverherrlichung oder Gewaltverharmlosung** sind durch die Worte *und dadurch* mit der grausamen Schilderung der Gewalttätigkeit verbunden. Es muß deshalb zwischen der grausamen Schilderung und der Gewaltverherrlichung und Gewaltverharmlosung ein kausaler Zusammenhang verlangt werden. Im übrigen handelt es sich bei den Begriffen der Gewaltverherrlichung und Gewaltverharmlosung um unbestimmte Rechtsbegriffe, die auslegungsbedürftig sind. Hierzu ist eine Wirkungsprüfung anzustellen, da es schon nach dem Wortlaut der gesetzlichen Vorschriften darauf ankommt, daß durch die grausame Gewaltschilderung eine Gewaltverherrlichung oder Gewaltverharmlosung ausgedrückt, also ein entsprechender Eindruck erweckt wird. Dazu kommt, daß nach Sinn und Zweck des § 131 StGB eine Steigerung von Aggressivitäten und Brutalitäten verhindert werden soll und eine solche Steigerung nur eintreten kann, wenn bei den Betrachtern durch die Gewaltdarstellung ein positiver Eindruck über Gewalttätigkeiten erzielt wird. Gewaltverherrlichung ist gegeben, wenn die dargestellte Gewalttätigkeit dem Betrachter attraktiv, also vorbildlich, erstrebens- und nachahmenswert erscheint. Gewaltverharmlosung liegt vor, wenn dem Betrachter die dargestellte Gewalttätigkeit belanglos, unbedeutend, als Bagatelle oder gar als gleichsam selbstverständlich bzw. üblich erscheint. Nur wenn sicher anzunehmen ist, daß diese Wirkungen durch die Gewaltdarstellungen eintreten, kann die Gewaltdarstellung eine Gewaltverherrlichung oder Gewaltverharmlosung zum Ausdruck bringen.

7   Als weiteres Tatbestandsmerkmal des § 131 StGB ist noch das Tatbestandsmerkmal der **Aufstachelung zum Rassenhaß** zu definieren. Eine solche Aufstachelung zum Rassenhaß wird durch Darstellungen und Schilderungen hervorgerufen, die einen deutlichen Unterdrückungs- oder Vernichtungswillen gegenüber den Angehörigen einer bestimmten Rasse wegen ihrer Rassenzugehörigkeit erkennen lassen. Eine kritische oder satirische Behandlung von bestimmten Rasseneigenschaften oder -problemen oder -gegensätzen fällt nicht hierunter. Das Aufstacheln, das in diesem Zusammenhang erwähnt wird, setzt eine ausgesprochene Hetze oder betonte Diffamierung bzw. Diskriminierung voraus.

8   Im § 131 StGB ist eine starke **Einschränkung** verbotener Gewaltdarstellungen enthalten, wenn eine Ausnahme für die Berichterstattung über Vorgänge des Zeitgeschehens oder der Geschichte gemacht wird. Diese Ausnahme ist extensiv auszulegen, da bei dieser Berichterstattung ein wesentliches Freiheitsrecht in Frage steht. Eine solche Berichterstattung ist nicht nur bei einer realistischen Dokumentation gegeben, sondern kann auch bei Benutzung fiktiver Darstellungsformen vorliegen, soweit sie eine Information über gegenwärtige oder geschichtliche Vorgänge enthält. Dagegen reicht die Darstellung irgendwelcher allgemeiner Probleme des Zeitgeschehens oder der Geschichte in fiktiver Form noch nicht aus, um die Voraussetzungen dieser Ausnahmevorschrift zu erfüllen.

9   Bei der speziellen Beurteilung von Gewaltdarstellungen in **Filmwerken** nach § 131 StGB ist zu beachten, daß Filme optische Medien sind, so daß der Bildeindruck wesentlicher ist als der Eindruck, der vom Text oder Dialog ausgeht. Es wird also bei Filmwerken vor allem um bildliche Gewaltschilderungen gehen, bei denen Kollisionen mit der Strafnorm in Frage kommen. Für die Beurteilung der Grausamkeit einer Gewaltschilderung sind die optischen Momente als dominierend anzusehen.

10   Die **realistische Darstellung** von Gewalttätigkeiten in Filmwerken wird eher dazu geeignet sein, Gewaltverherrlichung oder Gewaltverharmlosung hervorzurufen, als eine unrealistische, phantastische oder abstrakte bzw. sogar absurde Darstellung. Jede **Distanzierung** zu dem im Filmwerk gezeigten Geschehen wird die Gefahr der Gewaltverherrlichung oder Gewaltverharmlosung mildern. Das gilt z. B. für Darstellungen, die in vergangener oder zukünftiger Zeit und an einem fremden oder entfernten Ort angesiedelt sind (historische Filme, Hong-kong-Filme, Wild-West-Filme, Expeditions-Filme, Science-Fiction-Filme, Zei-chentrick-Filme u. ä. m.).

11   Es wird für Gewaltverherrlichung oder Gewaltverharmlosung wesentlich dar-auf ankommen, ob die gezeigten Gewalttätigkeiten von **positiven** und **sympa-thisch** wirkenden Figuren ausgehen, oder von abstoßend und unsympathisch ge-zeigten Typen. Nur im ersteren Fall kann die Gewaltdarstellung attraktiv und damit verherrlichend oder verharmlosend wirken. In diesem Zusammenhang wird es auch eine Rolle spielen, ob die Gewalttätigkeit, die in dem Filmwerk vorgeführt wird, für denjenigen, der die Gewalt ausübt, zu Erfolg oder Mißerfolg führt, da im letzteren Fall die negative Wirkung für den Betroffenen dazu beiträgt, Gewaltverherrlichung oder Gewaltverharmlosung auszuschließen.

12   Soweit Gewaltdarstellungen einen außerhalb der Gewalttätigkeit liegenden **Sinngehalt** haben, also nicht selbstzweckhaft-spekulativ sind (wie z. B. Dramatik, Komik, Tragik, etc.), wirkt sich das stark entlastend im Hinblick auf eine gefähr-dende Wirkung dieser Gewaltdarstellung aus. Von entscheidender Bedeutung ist immer der Umstand, ob die Gewaltdarstellung bestätigenden oder **kritischen** Charakter trägt, da sie bei kritischem Charakter auf den Besucher keinesfalls verharmlosend oder verherrlichend wirken kann, sondern sich im Gegenteil abschreckend und abstoßend auswirken und somit keine negative, sondern eine positive Wirkung erzeugen wird.

13   Die Schilderung von Gewalttätigkeiten, die in **Notwehr** oder **Notstand** vollzo-gen werden, dürfte grundsätzlich (wenn es sich nicht um Notwehrexzesse han-delt) nicht als gewaltverherrlichend oder gewaltverharmlosend anzusehen sein, da Gewalt hier als notwendige Abwehr und nicht als erstrebenswerte Aktion gezeigt wird, wodurch die Schilderung keine aggressivitätssteigernde Stimulation zur Folge haben kann. Auch die grausam geschilderte Gewalttätigkeit eines Psycho-pathen wird auf normale Filmbesucher, auf die es hier ankommt, nicht nachah-menswert und dadurch verherrlichend oder verharmlosend wirken.

14   Da es das Verbot der Gewaltdarstellung auf die einzelne grausame Schilderung abstellt, können auch bei Filmwerken, falls die erwähnten Tatbestandsmerkmale hinsichtlich bestimmter Darstellungen erfüllt sind, immer nur **diese Darstellun-gen** strafrechtlich beanstandet werden. Es kann also nicht wegen einzelner Dar-stellungen dieser Art ein ganzes Filmwerk der Beschlagnahme bzw. Einziehung unterliegen. Das würde gegen das Gebot der Verhältnismäßigkeit und das Verbot des Übermaßes verstoßen. Es können in solchen Fällen nur die einzelnen Szenen des Filmwerks, die die o. g. Tatbestandsmerkmale des § 131 StGB erfüllen, durch auferlegte Schnitte beseitigt werden.

15   Es genügt zur Beschlagnahme und Einziehung entsprechender Gewaltdarstel-lungen in Filmwerken, wenn die **objektiven** Voraussetzungen des § 131 StGB gegeben sind. Zur Strafbarkeit gehört jedoch die **vorsätzliche** Verletzung dieser Strafnormen. Durch Tatbestands- oder Verbotsirrtum wird eine solche vorsätzli-che Verletzung ausgeschlossen. Dabei liegt ein Tatbestandsirrtum vor, wenn sich der Betreffende über ein Tatbestandsmerkmal irrt, was vor allem bei den unbe-stimmten Rechtsbegriffen von Bedeutung sein kann (z. B. wird zu Unrecht eine Gewaltverherrlichung oder Gewaltverharmlosung als ausgeschlossen angenommen), während es für den Verbotsirrtum darauf ankommt, ob der Betreffende sich des Verbotswürdigen seines Verhaltens klar gewesen ist. Hier ist freilich zu berücksichtigen, daß er sich auf Verbotsirrtum nicht berufen kann, wenn der Irrtum vermeidbar gewesen wäre (z. B. Unkenntnis über Einführung der neuen Strafvorschrift).

16 Die **Rechtsprechung** hat sich in einigen Fällen an Hand von Filmen für das Filmtheater mit der Auslegung des § 131 StGB befaßt. In diesem Zusammenhang sind insbesondere die Urteile des LG Berlin wegen des Films *Im Reich der Sinne* und LG Saarbrücken wegen des Films *Sodom* bedeutsam (bestätigt durch BGH-Urteile, vgl. UFITA Bd. 86, S. 203 und 208). S. auch Urteil des LG Hamburg im Fall *Sodom* vom 31. 1. 1978 (Az.: (36) 9/77 KLs).

17 Vgl. ferner BGH vom 18. 7. 1979 (NJW 1980, S. 65) über den Begriff der **Gewalttätigkeit.** Zu diesem Begriff stellt der BGH in diesem Urteil unter Erwähnung der **Rechtslehre** folgendes fest: „... Der Begriff der *Gewalttätigkeit,* der auch an anderen Stellen des Gesetzes vorkommt (§ 113 Abs. 2 Nr. 2; §§ 124, 125, 131 StGB), ist enger als der Begriff der *Gewalt (Dreher/Tröndle,* StGB 41. Auflage § 113 Rdn. 29); Gewalttätigkeit erfordert die Entfaltung physischer Kraft unmittelbar gegen die Person in einem aggressiven Handeln (BGHSt 20 S. 305; 23 S. 46, 52; *Dreher/Tröndle,* aaO § 24 Rdn. 7). Daran fehlt es bei einer Bedrohung, die nicht mit gleichzeitiger Gewaltanwendung verbunden ist und auf die Beugung des Willens unter Hinweis auf eine mögliche künftige Gewaltanwendung abzielt".

18 Diese Urteile liegen auf der gleichen Linie wie die hier erwähnte Interpretation der Tatbestandsmerkmale des § 131 StGB. Sie legen diese Vorschrift **restriktiv** und damit verfassungskonform aus. Über die Berücksichtigung des Gesamteindrucks und die Distanzierung und Verfremdung durch Situationskomik oder andere Stilmittel sowie über die Bedeutung der Simulierung der Gewalttaten vgl. OLG Köln vom 24. 6. 1980 (NJW 1981, S. 1458) und die dort zitierte Rechtsprechung und Rechtslehre.

19 Wegen der Beschränkung der Einziehung auf **einzelne Teile** des betreffenden Films heißt es in dem BGH-Urteil vom 8. 10. 1974 (UFITA Bd. 75, S. 313) wörtlich wie folgt: „Bei der Frage der Einziehung und Unbrauchbarmachung ist auch das verfassungsrechtlich begründete **Übermaßverbot** zu beachten. Der Grundsatz der **Verhältnismäßigkeit** (§ 40 Abs. 1 StGB) gilt auch für die Anwendung des § 41 (BGHSt 23, S. 267). Insbesondere bei der einem Film eigenen Herstellungsweise wird es oft ohne weiteres möglich sein, die Einziehung und Unbrauchbarmachung auf einzelne Teile zu beschränken".

20 In **subjektiver** Hinsicht darf auf zwei richtungsweisende Beschlüsse des OLG Stuttgart vom 14. 3. 1977 und des Bayerischen Obersten Landesgerichts vom 30. 8. 1978 (Az.: 3 Ss (10) 899/76 und RReg 3 St 122/78 a, b) hingewiesen werden, die sich vor allem mit dem Unterschied zwischen Tatbestandsirrtum und Verbotsirrtum befassen.

4. Kapitel. Die Strafvorschrift des § 184 Strafgesetzbuch

1 Der § 184 Abs. 1 und 2 StGB bedeutet für Filmwerke, daß **pornographische Filme** nicht in normalen öffentlichen Filmvorführungen gezeigt oder durch Rundfunk verbreitet oder Jugendlichen zugänglich gemacht oder angekündigt werden dürfen. Bei diesem Begriff der Pornographie handelt es sich um einen unbestimmten Rechtsbegriff, der einer Auslegung bedarf.

2 Pornographische Darstellungen sind solche Darstellungen sexueller Vorgänge, die ausschließlich oder überwiegend auf die **Erregung eines sexuellen Reizes** beim normalen Betrachter abzielen und dabei die im Einklang mit den allgemeinen gesellschaftlichen **Wertvorstellungen** gezogenen Grenzen des sexuellen Anstands eindeutig überschreiten (so auch Motive des zuständigen Bundestagsausschusses zur Reform des § 184 StGB). Diese Definition hält die beiden Momente des Inhalts und der Form fest, die für pornographische Darstellungen ausschlaggebend sind. Im Inhalt ist es der beherrschende Stimulierungseffekt, der einen Sinnzusammenhang mit anderen Lebensäußerungen vermissen läßt, und in formaler Hinsicht eine Gestaltung, die die jeweils gültigen Wertvorstellungen auf diesem Gebiet mißachtet.

3   Eine pornographische Darstellung liegt demnach nur vor, wenn diese inhaltlichen und formalen Momente **gemeinsam** bei der Darstellung sexueller Vorgänge gegeben sind. Eine sexuelle Darstellung ist nicht pornograhisch, wenn sie mit anderen Lebensäußerungen in einem Sinnzusammenhang steht (wobei zu solchen anderen Lebensäußerungen Komik, Tragik, Satire, menschliche Probleme oder Konflikte o. ä. m. gehören), also einen außersexuellen Sinngehalt hat, auch wenn die Darstellung in der Form die gültigen Wertvorstellungen überschreitet. Die sexuelle Darstellung ist ferner nicht pornographisch, wenn sie in der Form die gültigen Wertvorstellungen auf dem sexuellen Gebiet beachtet (zurückhaltende Darstellung der sexuellen Vorgänge), auch wenn sie keinen außersexuellen Sinngehalt aufweist, also in der Tendenz überwiegend auf sexuelle Stimulierung ausgerichtet ist.

4   Man wird unter Zusammenfassung dieser beiden Momente, nämlich des Inhaltlichen und des Formalen, pornographische Darstellungen dahingehend interpretieren können, daß es sich um die **anreißerische** und aufdringliche, unrealistische und verzerrte, sowie **ohne Sinnzusammenhang** mit anderen Lebensäußerungen erfolgende Wiedergabe sexueller Vorgänge handeln muß. Hierzu gehört vor allem die direkte und deutliche, intensive und ausgedehnte Darstellung koitaler Vorgänge. Hier ist als äußeres Merkmal entscheidend, wenn Geschlechtsteile im Geschlechtsverkehr überzogen deutlich vorgezeigt, oder Perversitäten legitimiert oder sogar verherrlicht werden. Beim Überschreiten der gültigen Wertvorstellungen auf diesem Gebiet handelt es sich um ein relatives Moment, da sie sich im Laufe der Entwicklung ständig verändern, während das Fehlen eines außersexuellen Sinngehalts ein konstantes Element bildet.

5   Zu dem Tatbestandsmerkmal der Pornographie treten in § 184 Abs. 3 StGB noch die Tatbestandsmerkmale der **Gewalttätigkeit** und der Darstellung sexueller Handlungen in Verbindung mit **Tieren oder Kindern.** Sie unterwerfen die entsprechenden Darstellungen einem generellen Verbot jeder Herstellung, Verbreitung, öffentlichen Vorführung, Fernsehsendung, Ankündigung u. ä. m., also nicht nur den speziellen Beschränkungen der einfachen Pornographie.

6   Zum Vorliegen der Voraussetzungen des § 184 Abs. 3 StGB gehört immer das Tatbestandsmerkmal der **Pornographie,** das genauso ausgelegt werden muß, wie bei dem allgemeinen oben definierten Pornographiebegriff. Eine Gewalttätigkeit gegen Menschen liegt vor, wenn eine physische körperliche Kraftentfaltung in unmittelbarer Aktion gezeigt wird. Pornographie und Gewalttätigkeit müssen miteinander verbunden sein, so daß eine Bedrohung auch im Rahmen pornographischer Darstellungen nicht ausreicht, um die Tatbestandsmerkmale des § 184 Abs. 3 StGB zu erfüllen.

7   Bei dem Pornographiebegriff des § 184 Abs. 3 StGB ist wie bei dem Pornographiebegriff des § 184 Abs. 1 StGB auf den **Normalbetrachter** abzustellen. Es kann hier keinesfalls etwa ein anderer Pornographiebegriff dadurch geprägt werden, daß man es auf die Wirkung auf den abartigen, insbesondere zu gewalttätigem Sexualverhalten neigenden Betrachter abstellt. Sonst würde in einer einheitlichen Strafvorschrift, d. h. in *einem* Strafparagraphen, der gleiche Begriff verschieden ausgelegt werden, was gegen die Denkgesetze und gegen den Sinn und Zweck dieser Strafnorm verstoßen würde.

8   Bei sexuellen Darstellungen pornographischen Charakters in Filmwerken, kann es sich immer nur um **bestimmte Stellen dieser Filmwerke** handeln. Es sind dann lediglich diese Szenen der Werke wegen Pornographie zu beschlagnahmen, bzw. einzuziehen, nicht jedoch das ganze Filmwerk. Eine Beschlagnahme oder Einziehung des ganzen Werkes würde gegen das Gebot der Verhältnismäßigkeit und das Verbot des Übermaßes verstoßen.

9   In Filmwerken spielen pornographische Darstellungen vor allem in **bildlicher Form** eine Rolle, da bei diesen Werken der optische Eindruck im Vordergrund steht. Es kann aber in solchen Werken auch Texte und Dialoge geben, die durch ihre anreißerische Art den sexuellen Vorgang in einer pornographischen Form darbieten.

10   Bei sexuellen Darstellungen in Filmwerken wird die Darstellung nicht isoliert betrachtet werden dürfen, sondern im Gesamtzusammenhang gesehen werden müssen. Nur aus diesem Gesamtzusammenhang, also aus dem Kontext, läßt sich entnehmen, ob die sexuelle Darstellung **selbstzweckhaft** oder mit einem außersexuellen Sinngehalt verbunden und dann nicht pornographisch ist. Bei diesem außersexuellen Sinngehalt ist vor allem an Darstellungen menschlicher Bezüge in Verbindung mit den sexuellen Darstellungen (tragische Verwicklungen, komödiantische Anlage, satirischer Charakter, menschliche Probleme oder Konflikte etc.) zu denken. Die Darstellung sexueller Vorgänge in Form der **Karikatur** (z. B. in Zeichentrickfilmen) wird grundsätzlich nicht pornographisch sein, da sie die sexuellen Situationen der Lächerlichkeit preisgibt und deshalb nicht sexuell anreißerisch oder aufdringlich wirken kann, es sei denn, daß in diesem Zusammenhang einzelne sexuelle Vorgänge direkt und realistisch wiedergegeben werden.

11   In **subjektiver** Hinsicht, also zur Begründung einer strafbaren Handlung, kommt es darauf an, daß sich der Vorsatz des Betreffenden auf den pronographischen Charakter der Darstellung bezieht. Er muß also bei laienhafter Auslegung des Begriffs wissen, daß es um Pornographie geht. Er muß die betreffende Darstellung für anreißerisch, aufreizend, unrealistisch, übersteigert u. ä. m. halten. Sonst befindet er sich in einem Tatbestandsirrtum (ausreichend ist aber auch der *dolus eventualis*). Auf einem anderen Gebiet liegt der Verbotsirrtum, der nur gegeben ist, wenn der Betreffende seine Tat zwar richtig in die Tatbestandsmerkmale der betreffenden Vorschrift einordnet, jedoch glaubt, daß sie nicht strafbar sei, daß also zur Strafbarkeit noch weitere Voraussetzungen vorliegen müßten. Ein solcher Verbotsirrtum ist freilich nur relevant, wenn er unvermeidbar war.

12   In der **Rechtsprechung** findet sich die erste treffende Definition der Pornographie in dem richtungsweisenden *Fanny-Hill*-Urteil des BGH (NJW 1969, S. 1818 und UFITA Bd. 56, S. 311). Dieses Urteil dokumentiert den Liberalisierungsprozeß auf dem sexuellen Gebiet, da die Grenzen möglicher sexueller Darstellungen gegenüber der vorangegangenen Rechtsprechung sehr viel weiter gezogen werden. Es werden sowohl das inhaltliche Moment des Fehlens eines außersexuellen Sinngehalts wie das formale Element der Überschreitung der gültigen Grenzen des Darstellbaren auf dem sexuellen Gebiet durch Hinweise auf anreißerische und aufdringliche, unrealistische und verzerrte Darstellungen erwähnt.

13   In der hieran **anschließenden Rechtsprechung** haben die höchsten Gerichte dieser Definition der pornographischen Darstellung aufrecht erhalten. Es sei verwiesen auf die BGH-Urteile in UFITA Bd. 75, S. 313 sowie Bd. 86, S. 203 und 208. In diesen letztgenannten Urteilen wird auch eine Definition der sog. **Gewaltpornographie** nach § 184 Abs. 3 StGB dahingehend gegeben, daß hier Pornographie und Gewalttätigkeit zusammen vorliegen müssen und dabei der Pornographiebegriff genauso auszulegen ist wie bei den Absätzen 1 und 2 des § 184 StGB. Das bedeutet, daß in § 184 StGB eine einheitliche und gleichartige Auslegung des Pornographiebegriffes im Sinne der erwähnten Definition erforderlich ist, insbesondere wird ein Abstellen des Pornographiebegriffes bei der Gewaltpornographie nach § 184 Abs. 3 StGB auf abartig veranlagte Betrachter abgelehnt.

14 In der **vorangegangenen** Rechtsprechung sind noch interessant die Entscheidungen des OLG Düsseldorf in UFITA Bd. 44, S. 370 und der diese Entscheidungen bestätigende Beschluß des BVerfG in UFITA Bd. 47, S. 300 (Fall *Schweigen*, vgl. insbesondere die Ziff. 3 und 4 der Leitsätze der Entscheidung in UFITA Bd. 44, S. 370). Wegen der Beschränkung der Einziehung auf einzelne Teile des betreffenden Films vgl. BGH vom 8. 10. 1974 in UFITA Bd. 75, S. 313.

15 Im übrigen darf in der **Rechtslehre** zu der Interpretation des § 184 StGB einschließlich der Motive des Gesetzgebers und der Rechtsprechung hingewiesen werden auf die Monographie *von Hartlieb* „Gewaltdarstellungen in Massenmedien" (UFITA Bd. 86, S. 101) und auf *Dreher-Tröndle* aaO § 184 Rdn. 7; *Schönke-Schröder* 21. Auflage § 184 Rdn. 5.

16 Zum **subjektiven** Tatbestand darf auch hier auf die oben bei § 131 StGB erwähnten Beschlüsse des OLG Stuttgart vom 14. 3. 1977 und des Bayerischen Obersten Landesgerichts vom 30. 8. 1978 Bezug genommen werden.

5. Kapitel. Die Strafvorschriften der §§ 80 a ff und des § 166 Strafgesetzbuch

1 Die Strafvorschriften der §§ 80 a ff StGB gegen **Hochverrat** sowie gegen Förderung **nazistischer Zielsetzungen** oder Aufreizen zu **politischen Gewalttaten** können auch auf Darstellungen in Filmwerken zutreffen. Soweit deshalb Filmwerke im Ganzen oder in Teilen durch Sinngehalt oder Tendenz, Inhalt oder Form diese Strafvorschriften verletzen, unterliegen sie dem generellen Verbot der Herstellung, Verbreitung, öffentlichen Vorführung, Fernsehsendung, Ankündigung u. ä. m.

2 Diese strafrechtliche Schranke ist auf dem **Filmgebiet** bisher kaum angewandt worden. Das mag auch daran liegen, daß der Freiheitsraum auf politischem Gebiet für eine freiheitlich-demokratische Grundordnung besonders groß sein muß, um gemäß dem Charakter dieser Staats- und Gesellschaftsform den freien kritischen Meinungsäußerungen und Informationen politischer Art den weitest möglichen Spielraum zu lassen. In der Vergangenheit hat auf diesem Gebiet das Verbreitungsverbot für Filme aus dem Ostblock mit kommunistischen Tendenzen eine gewisse Rolle gespielt, die aber immer bedeutungsloser geworden ist. Einige Filme aus der Zeit des Dritten Reiches mit nazistischen Tendenzen wurden von der Freiwilligen Selbstkontrolle der Filmwirtschaft (FSK) nicht zur öffentlichen Vorführung freigegeben.

3 Bei der **Filmwerbung** für kritische Filme über die Nazizeit sind einige gerichtliche Verfahren eröffnet worden, wenn im Rahmen dieser Werbung Hakenkreuze in stilisierter Form (z. B. auf Plakaten oder in Anzeigen) wiedergegeben wurden. Eine solche Wiedergabe des Hakenkreuzes als NS-Zeichen erfüllt nicht die Tatbestandsmerkmale der §§ 86 und 86 a StGB. Diese Verwendung der NS-Zeichen ist nämlich durch die sog. Sozialadäquanzklausel gerechtfertigt. Diese Klausel ist immer gegeben, wenn die Benutzung der NS-Zeichen nicht zur Propaganda im nazistischen Sinne, sondern zur Kritik an nazistischen Zuständen, Ereignissen oder Methoden verwandt wird. Die Berechtigung der Anwendung der Sozialadäquanzklausel in diesen Fällen ergibt sich eindeutig aus dem Sinn des Gesetzes, das eine Werbung nazistischer Art durch Verwendung bestimmter Zeichen verhindern, aber keinesfalls eine Kritik an der NS-Vergangenheit unterbinden will. Die Verwendung der Nazi-Zeichen ist also auch in der Werbung immer dann möglich, wenn der Film erkennbar ein kritischer Film über die Nazi-Zeit ist. Eine solche Erkennbarkeit kann sich aus der Gesamtwerbung für den Film, aus ausdrücklichen Hinweisen auf den zeitkritischen Charakter des Films in der Einzelwerbung oder aus über ihn erschienenen und diesen kritischen Charakter betonenden Pressestimmen ergeben.

4 Wegen der strafrechtlichen Schranken auf dem **politischen** Gebiet sei verwiesen auf ein Urteil des BGH vom 27. 5. 1963 wegen des Films *Jud Süß* (UFITA Bd. 41, S. 193), wonach dieser Film als verfassungsfeindlich zu betrachten ist und seine Vorführung deshalb gegen strafrechtliche Vorschriften verstoßen würde. Im Beschluß des BVerfG vom 25. 4. 1972 (UFITA Bd. 66, S. 329) heißt es, daß der Artikel 5 GG eine Auslegung des Gesetzes über *Verbringungsverbote* dahingehend erforderlich mache, daß nur die Einfuhr von Filmen verboten ist, deren Inhalt tendenziell auf die Bekämpfung der freiheitlichen demokratischen Grundordnung oder des Gedankens der Völkerverständigung gerichtet ist und diese Schutzgüter gefährdet. Ein künstlerischer Film könne nur untersagt werden, wenn sich sein Inhalt gegen den Bestand des GG richte.

5 In der **Rechtslehre** vgl. *Dreher-Tröndle* aaO § 86 Anm. 7; *Schönke-Schröder* aaO § 86 Rdn. 5 und 6 sowie *Würtenberger* „Karikatur und Satire aus strafrechtlicher Sicht" (NJW 1982, S. 610) und die dort zitierten Gerichtsentscheidungen.

6 Die Strafvorschrift des § 166 StGB gegen **Beschimpfung von Bekenntnissen** gilt auch für entsprechende Darstellungen in Filmwerken. Auch ihre Tatbestandsmerkmale sind wegen der konstituierenden Bedeutung der Filmfreiheit für die freiheitlich-demokratische Gesellschaft restriktiv zu interpretieren.

7 Die **Schutzobjekte** dieser Vorschrift sind die Bekenntnisse von Weltanschauungsgemeinschaften und der öffentliche Frieden der Gesellschaft. Die Weltanschauungsgemeinschaft setzt voraus, daß ihre Angehörigen eine gemeinsame Weltansicht für alle existentiellen Probleme haben, also nicht nur Gemeinsamkeiten auf partiellen Gebieten aufweisen. Hierher gehören in erster Linie die Weltkirchen, aber auch, da keine metaphysische Bindung verlangt wird, laizistische Organisationen wie die internationalen Logen, nicht jedoch die politischen Parteien, Friedensbewegungen, ökologische Gruppen u.ä.m. Die Weltanschauungsgemeinschaft muß eine bestimmte Größe und Bedeutung haben, da sie in Verbindung mit der öffentlichen Wirkung (öffentlicher Frieden) erwähnt wird, so daß kleinere Gruppen und Sekten nicht dazu gehören.

8 Das Tatbestandsmerkmal der **Beschimpfung** erfordert das Vorliegen von außerordentlich groben, entstellenden und unsachlichen Äußerungen. Das Tatbestandsmerkmal der Eignung zur **Störung des öffentlichen Friedens** verlangt nur die Möglichkeit und nicht die konkrete Gefahr einer solchen Störung. Sie ist vor allem gegeben, wenn die Äußerung geeignet ist, eine öffentliche Aktion der Gegner des betreffenden Bekenntnisses gegen deren Angehörige oder eine öffentliche Reaktion der Angehörigen des betreffenden Bekenntnisses gegen deren Gegner hervorzurufen. Durch dieses Erfordernis der Störung des öffentlichen Friedens in einer liberalen pluralistischen Gesellschaft wird die Vorschrift in ihrer Anwendbarkeit stark eingeschränkt.

9 Bei **Filmwerken** können Verstöße gegen die Tatbestandsmerkmale dieser Vorschrift vor allem durch grob entstellende oder herabsetzende bildliche Darstellungen von Glaubenssätzen, Kultfiguren oder Institutionen geschützter Weltanschauungsgemeinschaften in Betracht kommen, die das betreffende Bekenntnis verächtlich oder lächerlich zu machen geeignet sind, aber auch grob herabsetzende Texte. Das kann auch durch eine Karikatur geschehen, soweit sie nicht als **Satire** künstlerische oder gesellschaftskritische Bezüge aufweist und dadurch bei der Abwägung der grundrechtlich geschützten Kunst- und Meinungsfreiheit mit den strafrechtlich geschützten Werten den Vorrang erhält. Auf jeden Fall muß die filmische Darstellung bei dem Angriff gegen das Bekenntnis so gravierend sein, daß durch sie der öffentliche Frieden gestört werden könnte.

10 Die hier erwähnten Grundsätze wurden in der **Rechtsprechung** entwickelt. Sie werden in einem Urteil des OLG Köln vom 11. 11. 1981 (NJW 1982, S. 657) ausführlich wiedergegeben. Vgl. auch BGH in NJW 1961, S. 1364 und NJW 1979, S. 1992 und LG Frankfurt/Main in UFITA Bd. 93, S. 215. Ferner vgl. in der **Rechtslehre** *Dreher/Tröndle* aaO § 166 Rdn. 9, *Schönke-Schröder* aaO § 166 Rdn. 9–12 und *Würtenberger* ,,Karikatur und Satire aus strafrechtlicher Sicht" in NJW 1982, S. 610.

6. Kapitel. Erlaubte öffentliche Vorführung pornographischer Filme

1 Die Rechtsgrundlage für erlaubte öffentliche Vorführungen mit pornographischen Filmen ergibt sich aus § 184 Abs. 1 Ziff. 7 StGB. Aus dieser Vorschrift ist zu entnehmen, daß pornographische Filme in öffentlichen Filmveranstaltungen gezeigt werden dürfen, falls das **Entgelt nicht überwiegend** für diese Filmvorführung verlangt wird. Das gesetzgeberische Motiv für diese Vorschrift ist darin zu sehen, daß man die pornographischen Filme für die normalen Filmveranstaltungen, vor allem auch aus Gründen des Jugendschutzes, nicht zulassen wollte, jedoch die Möglichkeit gegeben werden sollte, sie unter bestimmten Beschränkungen vorzuführen, um hier eine ungleiche Behandlung zu entsprechenden Live-Darstellungen in Bars und Nachtclubs auszuschließen.

2 Zur Erfüllung der Voraussetzungen für die Ausnahmen von dem grundsätzlichen gesetzlichen Verbot muß zu der Filmvorführung mit dem Porno-Film eine **zusätzliche sonstige Leistung** geboten werden, deren Marktwert mindestens dem Marktwert der Filmvorführung entspricht. Diese gesetzliche Vorschrift muß in einer Form ausgelegt werden, die dem Grundsatz der Bestimmtheit der Strafnorm gerecht wird, da sie sonst verfassungswidrig wäre. Danach kann es für die erlaubte Vorführung nicht ankommen auf den Zuschnitt der Spielstätte (kein Charakter als Bar oder Nachtclub erforderlich), auf die Motive für den Besuch der Spielstätte (es heißt *Verlangen* und nicht *Zahlen*) und auf die interne Kalkulation (es wird von dem Leistungsentgelt, also dem marktüblichen Entgelt gesprochen). Dagegen muß sinngemäß ein innerer Zusammenhang zwischen der Filmvorführung und der sonstigen Leistung gefordert werden (z. B. Konsumierbarkeit während der Filmvorführung wie Alkohol oder Konfekt, deshalb nicht Magazine oder Schallplatten). Ein rein äußerer Zusammenhang wird nicht verlangt, so daß z. B. ein Splitting der Preise statt eines Einheitspreises möglich erscheint.

3 Das **Werbeverbot** des § 184 StGB, das auch für erlaubte öffentliche Filmveranstaltungen mit pornographischen Filmen gilt, bezieht sich nur auf ein Ankündigen und Anpreisen solcher Filmveranstaltungen, das eindeutig auf den pornographischen Charakter der dort gezeigten Filme hinweist. Es soll verhindern, daß Jugendliche auf solche pornographischen Filmvorführungen ausdrücklich und nachdrücklich hingewiesen und dadurch zu deren Besuch verlockt werden. Eine Ausdehnung dieses Werbeverbots auf neutrale, nicht sachbezogene Werbung ist nicht berechtigt. Sie würde das verfassungsrechtlich geschützte Informationsrecht (auch die Werbung gehört zur Information und unterfällt deshalb dem Recht der Informationsfreiheit im Sinne der Übermittlung und des Empfangs von Informationen) Erwachsener verletzen, das insoweit bei der gebotenen Abwägung Vorrang vor dem Jugendschutz haben muß, zumal dieser Jugendschutz hier durch die

Preisgestaltung für solche Filmveranstaltungen und die vorgeschriebene Einlaß-kontrolle wirksamer gewährleistet wird.

4   Nach diesen Grundsätzen ist für öffentliche Filmveranstaltungen mit pronogra-phischen Filmen z. B. folgende Werbung **unzulässig:** Erwähnung der Worte *Porno* oder *pornographisch* in Filmtiteln, -texten und -slogans, Titel und Texte wie *Heißer oder scharfer Sex, Sex in allen Varianten* sowie Bildmaterial mit koitalen Positionen, auch wenn es noch keinen pornographischen Charakter trägt (pornographische Texte und Schriften dürfen nach § 184 StGB ohnehin nicht öffentlich verbreitet oder ausgestellt werden). Dagegen ist für öffentliche Filmveranstaltungen mit pornographischen Filmen z. B. folgende Werbung **zulässig:** Filmtitel, -texte und -slogans wie *Die schönsten Frauen von Paris, Heitere Sexspiele, Sex im Quadrat* sowie Bildmaterial bloß mit Nuditäten oder dezenten sexuellen Darstellungen (vgl. hier-zu unten Kap. 8).

5   Diese Grundsätze für erlaubte öffentliche Vorführungen von Porno-Filmen, die also nicht gegen den § 184 Abs. 1 Ziff. 7 StGB verstoßen, sind in der **höchstrichterlichen Rechtspre-chung** entwickelt worden. Hier sei vor allem verwiesen auf einen Beschluß des BVerfG vom 17. 1. 1978 (BVerfGE Bd. 47, S. 109 und UFITA Bd. 84, S. 276) und auf ein Urteil des BGH vom 18. 7. 1979 (NJW 1980, S. 65).

6   Wegen des **Werbeverbots** vgl. das Urteil des BGH vom 30. 3. 1977 (NJW 1977 S. 1695) und das Urteil des **BGH** vom 24. 6. 1975 (NJW 1975, S. 1844), wonach sich dieses Werbe-verbot nur auf eine sachbezogene, also auf den strafrechtlich relevanten Charakter hinwei-sende Werbung bezieht. Entgegengesetzt hat das **BVG** in einer fast gleichzeitigen Entschei-dung vom 8. 3. 1977 (NJW 1977, S. 1411) ausgeführt, daß jede, auch die völlig neutrale Werbung, von dem Werbeverbot erfaßt wird (vgl. auch noch BGH in UFITA Bd. 83, S. 191 und Bd. 84, S. 209 und 221). OLG Hamburg vom 1. 1. 1977 (UFITA Bd. 84, S. 209) führt hierzu aus: ,,Der Begriff pornographisch wird im Sprachgebrauch als Sammelbezeich-nung für grobe Darstellungen sexueller Vorgänge verwendet, welche die Grenzen des sexuellen Anstands eindeutig überschreiten. Die auf die Möglichkeit der Betrachtung por-nographischer Filme hinweisende Reklameaufschriften *Porno-Kino* an den Schaufenstern und der Straßenfront eines Sex-Shops fallen unter das strafrechtliche Verbot der Ankündi-gung pornographischer Schriften und Abbildungen. Das Ausstellen einer pornographischen Schrift mit neutralem Umschlag in einem Schaufenster erfüllt noch nicht den Tatbestand des ähnlich lautenden § 184 Abs. 1 Nr. 2 StGB, hindert jedoch nicht die Anwendung des § 3 Abs. 2 GjS, der eigenständige Bedeutung hat".

7   Wegen Verletzung der Darstellungen in einer **Peep-Show** gegen die verfassungsrechtlich geschützte Wertordnung und die Würde des Menschen vgl. BVG (NJW 1982, S. 664). Wegen der Verfassungsmäßigkeit des **Werbeverbots** bei indizierten Schriften vgl. BVerfG vom 15. 6. 1971 (Az.: 1 BvR 191/63), das es freilich auf den effektiven Jugendschutz bei jugendgefährdenden **Schriften** abstellt.

8   Zur **Rechtslehre** s. *Schumann* in NJW 1978, S. 1134 und S. 2495, der mit Recht feststellt, daß das Werbeverbot nur gilt, wenn die Werbung erkennen läßt, daß es um eine pornogra-phische Darstellung geht.

7. Kapitel. Die Jugendschutz- und Feiertagsschutzschranken

1   Die in Artikel 5 Abs. 2 GG ausdrücklich erwähnte Begrenzung der Filmfreiheit durch die Bestimmungen über den Jugendschutz hat für öffentliche Filmveranstal-tungen ihren Niederschlag in § 6 JSchG mit den dort aufgeführten Altersgruppen und erwähnten Zulassungsbeschränkungen gefunden. Dabei ist diese gesetzliche Vorschrift so konstruiert, daß sie ein generelles Verbot des Besuchs von öffentli-chen Filmveranstaltungen durch Kinder und Jugendliche mit einer Erlaubnismöglichkeit für bestimmte Filme und bestimmte Altersgruppen verbindet. Es handelt sich also rechtlich um ein gesetzliches **Verbot mit Erlaubnisvorbehalt,** wobei die einzelnen Entscheidungen für jeden Film, für den Kinder- oder Jugendfreigabe beantragt worden ist, durch die Freiwillige Selbstkontrolle der Filmwirtschaft (FSK) für die Obersten Landesjugendbehörden zu treffen sind.

2   Soweit die beantrage Kinder- oder Jugendfreigabe abgelehnt wird, stellt sich dies für den Antragsteller als ein belastender Verwaltungsakt dar, der mit der **Klage vor den Verwaltungsgerichten** angefochten werden kann. Die Klage ist gegen die Obersten Landesjugendbehörden zu richten, da diese Behörden den angegriffenen Verwaltungsakt durch die für sie tätige FSK erlassen haben. Die Anfechtungsmöglichkeiten sind jedoch begrenzt, da den Prüfgremien der FSK wegen ihrer fachkundigen, sachverständigen und gesellschaftlich repräsentativen Besetzung ein Beurteilungsspielraum hinsichtlich der Prüfkriterien für den Jugendschutz zukommt, so daß nur Verfahrensverstöße oder offenkundig unrichtige Auslegung oder Anwendung der Prüfkriterien mit Erfolg gerügt werden können.

3   Der Jugendschutz für öffentliche Film- und Fernsehveranstaltungen begegnet **keinen verfassungsrechtlichen Bedenken,** auch nicht, soweit dieser Jugendschutz durch eine Prüfung der Filmwerke **vor** ihrer ersten öffentlichen Vorführung oder Verbreitung durchgeführt wird. Der Jugendschutz ist ein besonders wichtiges grundgesetzlich geschütztes Rechtsgut. Zu seiner Wahrung muß sich die Filmfreiheit Einschränkungen gefallen lassen, zumal diese Einschränkungen begrenzter Natur sind, da die öffentliche Vorführung jugendverbotener Filme vor erwachsenen Besuchern erlaubt bleibt. In der Vorprüfung auf Jugendschutz bei der Filmwirtschaft und den Fernsehanstalten (Freiwillige Selbstkontrolle der Filmwirtschaft für die Obersten Landesjugendbehörden und interne Vorkontrolle bei den Fernsehanstalten) liegt auch kein Verstoß gegen das grundgesetzliche Verbot der **Vorzensur,** da die öffentliche Vorführung und Verbreitung der Filmwerke hierdurch nicht generell untersagt, sondern nur für bestimmte Gruppen von Kindern und Jugendlichen aus in ihrer speziellen Kondition liegenden Gründen eingeschränkt wird, wie das für Kinder und Jugendliche auch bei anderen grundrechtlich geschützten Rechten geschieht (z. B. aktives und passives Wahlrecht, Berufsfreiheit, Gewerbefreiheit, Freizügigkeit u. ä. m.).

4   Der Jugendschutz für öffentliche Filmveranstaltungen beurteilt sich **ausschließlich** nach den Vorschriften des **JSchG** und nicht nach den Bestimmungen des GjS. Das hat sich auch nicht durch die Einfügung des § 15 in das JSchG geändert, der vielmehr hier nur für die Angleichung der Sanktionen (Straftat statt Ordnungswidrigkeit) herbeiführen will. Deshalb gelten Indizierung und Werbeverbot der Bundesprüfstelle (BPS), die für jugendgefährdende Schriften maßgebend sind, nicht für Filme, die in öffentlichen Filmveranstaltungen vorgeführt werden. Hierfür sind die im folgenden erwähnten Gründe maßgebend.

5   Der § 6 JSchG ist eine **lex specialis** gegenüber den allgemeinen Vorschriften des GjS, da öffentliche Filmveranstaltungen ihrer Natur nach eine besondere und andere Behandlung des Jugendschutzes möglich und nötig machen (Jugendschutz in der Öffentlichkeit). Nach § 6 JSchG ist der Jugendschutz besonders streng und differenziert gestaltet (Altersgruppen und Einlaßverbot), strenger und differenzierter als für Schriften nach dem GjS, was ein zusätzliches Werbeverbot überflüssig macht. Der Schutz nach dem JSchG gegenüber jeder Beeinträchtigung der Erziehung von Kindern und Jugendlichen ist stärker als der Schutz des GjS, der die Erfüllung des engeren und strengeren Begriffs der Gefährdung der Kinder und Jugendlichen verlangt. Der Jugendschutz bei öffentlichen Filmveranstaltungen

steht den Obersten Landesjugendbehörden zu, während für den Jugendschutz nach dem GjS die BPS zuständig ist, so daß bei der Annahme einer Zuständigkeit der BPS auch für Filmvorführungen in öffentlichen Filmveranstaltungen in die Länderhoheit eingegriffen würde und Überschneidungen und Kollisionen nicht zu vermeiden wären. Indizierungen und Werbeverbote für Filme, die in öffentlichen Filmveranstaltungen gezeigt werden sollen, wären für die Allgemeinheit, deren Informationsrechte beeinträchtigt würden, ein Verstoß gegen das Gebot der Verhältnismäßigkeit und das Verbot des Übermaßes, da durch die nach Altersgruppen differenzierten Einlaßverbote für Filmtheater ein wirksamer, effizienter und ausreichender Jugendschutz gewahrt ist, der keiner zusätzlichen Indizierungen und Werbeverbote bedarf.

6 Der Jugendschutz für **öffentliche Filmveranstaltungen** gilt für alle öffentlichen Filmvorführungen, gleichgültig in welchen Vorführstätten (Kino, Diskothek u. ä. m.) und mit welchen technischen Mitteln (Filmkopien, Video-Kassetten, Bildplatten u. ä. m.) sie erfolgen. Er umfaßt auch den Empfang von Fernsehsendungen an allgemein zugänglichen Plätzen (z. B. Hotelhallen), nicht jedoch den Empfang in Haushalten, also in der heimischen privaten Sphäre. Dabei liegt eine öffentliche Filmvorführung stets vor, wenn das Filmwerk nicht nur einem zahlenmäßig begrenzten, durch persönliche Beziehungen miteinander verbundenen Personenkreis zugänglich gemacht wird (vgl. hierzu auch oben Kapitel 1).

7 In öffentlichen Filmveranstaltungen dürfen nur Filme gezeigt werden, die für die betreffende Altersgruppe **ausdrücklich zugelassen** worden sind. Diese Beschränkung bezieht sich nicht nur auf den vorgeführten Hauptfilm, sondern auf sämtliche Vorführungen, die in diesen Vorstellungen stattfinden. Sie umfaßt also auch Dias, Werbefilme, Werbevorspannfilme, Kurzfilme u. ä. m. Auch diese Beiprogrammfilme müssen für die Altersgruppe freigegeben worden sein, die zu dieser öffentlichen Filmveranstaltung zugelassen wird (s. § 6 Abs. 5 JSchG, wobei das Wort *Beiprogramm* der Natur der Sache nach umfassend gemeint ist).

8 Während sich der Jugendschutz für öffentliche Filmveranstaltungen ausschließlich nach § 6 JSchG richtet, unterliegt das in der Öffentlichkeit verwandte **Werbematerial** für Filme (Plakate, Standfotos, Inserate, Matern, Handzettel, Theateraußenfront u. ä. m.) den Vorschriften des GjS, da es in § 1 Abs. 3 GjS ausdrücklich heißt, daß Ton- und Bildträger, Abbildungen und andere Darstellungen den Schriften gleichstehen. Dieses Werbematerial kann daher, soweit es einen jugendgefährdenden Charakter trägt, von der nach dem GjS hierfür zuständigen BPS indiziert und bei offensichtlich sittlich schwerer Jugendgefährdung sofort gerichtlich beschlagnahmt werden. Eine Verwendung dieses Werbematerials in der Öffentlichkeit ist gegeben, sobald es an Orten ausgehängt oder in einer Form verteilt wird, die es Kindern und Jugendlichen zugänglich macht. Eine öffentliche Verwendung ist dagegen nicht vorhanden und die Vorschriften des GjS finden keine Anwendung, wenn das Werbematerial vom Verleiher dem Theaterbesitzer lediglich zu seiner internen Unterrichtung über den betreffenden Film übermittelt wird, wobei ein entsprechender Sperrvermerk hinsichtlich der öffentlichen Verwendung zweckmäßig erscheint, um jegliches Mißverständnis auszuschließen, oder wenn der Theaterbesitzer das Werbematerial nur Erwachsenen zugänglich macht (z. B. hinter der Einlaßkontrolle bei nur für Erwachsene freigegebenen Filmen).

9 Ebenso fallen **Video-Kassetten, Bildplatten** und **Schmalfilme**, die an das Publikum vermietet, verliehen oder verkauft werden, unter die Vorschriften des GjS, da es sich hier um Ton- und Bildträger im Sinne des § 1 Abs. 3 GjS handelt.

Sie können deshalb von der BPS indiziert und bei offensichtlich sittlich schwerer Jugendgefährdung gerichtlich beschlagnahmt werden. Eine solche Indizierung wird wegen des Grundsatzes der Gleichbehandlung rechtlich problematisch, wenn der gleiche Film, der sich auf der Kassette befindet, als Kinofilm im Filmtheater für Jugendliche freigegeben worden ist. Hier ist freilich zu beachten, daß die beiden Begriffe *Jugendgefährdung* und *Jugendbeeinträchtigung* nicht identisch sind und daß es bei der Einstufung für die öffentlichen Filmveranstaltungen um bestimmte Altersgruppen geht, während bei der Jugendgefährdung nach dem GjS jeweils sämtliche Kinder und Jugendlichen erfaßt werden (s. unten Kapitel 8). Soweit die betreffenden Kassetten oder Bildplatten für öffentliche Filmveranstaltungen benutzt werden, unterliegen sie genauso wie Filme, die mittels Kopien vorgeführt werden, allein den Vorschriften des JSchG (s. o.).

10 Gegen die Indizierung von Werbematerial oder Video-Kassetten, Bildplatten, Schmalfilmen o. ä. m. durch die BPS ist wegen des belastenden Verwaltungsaktes **Klage vor den Verwaltungsgerichten** möglich. Auch hier findet jedoch wegen des fachkundig, sachverständig und gesellschaftlich repräsentativ besetzten Gremiums der BPS nur eine begrenzte Überprüfung statt, da einem solchen Gremium ein Beurteilungsspielraum für die Anwendung der Prüfkriterien eingeräumt wird, so daß nur Verfahrensverstöße oder offenkundig unrichtige Auslegung oder Anwendung der Prüfkriterien mit Erfolg gerügt werden können.

11 Bei allen Maßnahmen auf Grund des GjS, die eine Einschränkung der Informationsfreiheit der Erwachsenen mit sich bringen (z. B. Verbot der Werbung, Verbot des Versandhandels, Verbot der Vermietung in Leihbüchereien u. ä. m.), hat jeweils eine **Abwägung** zwischen dem Informationsrecht und dem Jugendschutz stattzufinden. Der Jugendschutz kann nur dann vorgehen, wenn die betreffende Maßnahme unerläßlich ist, um einen effizienten Jugendschutz sicherzustellen, während anderenfalls, insbesondere, wenn der Jugendschutz auf andere Weise gewährleistet werden kann, das Informationsrecht der Erwachsenen vorzugehen hat (z. B. Vorrang des Jugendschutzes beim Versandhandel, da er hier ohne das Verbot nicht effizient durchzuführen ist, jedoch nicht ohne weiteres bei der Werbung, falls Kontrollen bei Kauf oder Miete oder andere Maßnahmen verhindern können, daß Jugendliche in den Besitz der betreffenden Schriften oder Filmkassetten oder Bildplatten o. ä. m. gelangen). Die Freiheit der Kunst findet durch den **Kunstvorbehalt** des § 1 Abs. 2 Ziff. 2 GjS Berücksichtigung. Dieser Kunstvorbehalt räumt der Kunstfreiheit den Vorrang vor dem Jugendschutz ein, was im Einklang mit der unbedingten Freiheit der Kunst nach Artikel 5 Abs. 3 GG steht. Die Freiheit der Meinungsäußerung und der Information sind im Rahmen des § 1 Abs. 2 Ziff. 1 und 3 GjS in Abwägung zum Jugendschutz zu beachten.

12 Auch für den Jugendschutz nach JSchG und GjS gelten das verfassungsrechtliche Gebot der Verhältnismäßigkeit und Verbot des Übermaßes. Es dürfen also nicht ganze Filme nach dem GjS indiziert oder nach dem JSchG für bestimmte Altersgruppen nicht freigegeben werden, wenn die Jugendgefährdung oder die Jugendbeeinträchtigung durch **Teilindizierung oder Schnitt von Filmteilen** beseitigt werden kann (vgl. Kapitel 8).

13 Die **Feiertagsschranken** der Filmfreiheit ergeben sich aus den Feiertagsgesetzen der Länder, wonach an bestimmten landesmäßig festgelegten Tagen (Karfreitag, Tag der deutschen Einheit, Allerheiligen oder Allerseelen, Volkstrauertag, Buß- und Bettag sowie Totensonntag) nur Filme gezeigt werden dürfen, die dem ernsten Charakter dieser Feiertage Rechnung tragen und für diese Tage ausdrücklich zugelassen worden sind. Bei Ablehnung einer beantragten Feiertagsfreigabe handelt es sich um einen belastenden Verwaltungsakt, der vor den Verwaltungsgerichten angefochten werden kann. Die Feiertagsfreigabe muß das ganze gezeigte Programm erfassen. Verfassungsrechtliche Bedenken gegen diese eng begrenzte Einschränkung der Filmfreiheit dürften nicht gegeben sein. Für diesen Feiertagsschutz gilt auch der Grundsatz der Verhältnismäßigkeit und des Übermaßverbotes.

14 Die **höchstrichterliche Rechtsprechung** hat den § 6 JSchG als lex specialis anerkannt und damit Indizierungen und Werbeverbote für Filme, die für öffentliche Filmveranstaltungen gedacht sind, abgelehnt. Vgl. hierzu Urteil des BGH in NJW 1960, S. 2351 = UFITA Bd. 34, S. 84, ferner Urteil des BGH in NJW 1975, S. 1844.

15 Von Interesse sind in diesem Zusammenhang die widersprüchlichen Entscheidungen des **BGH** und des **BVG** wegen des Umfangs eines etwaigen Werbeverbotes, wie es für pornographische Schriften und Filme nach dem Strafgesetzbuch und für indizierte und schwer jugendgefährdende Schriften nach dem GjS gilt. Während der BGH hier nur die sachbezogene, also auf den strafrechtlich relevanten Charakter hinweisende Werbung als unzulässig ansieht, ist das BVG der Ansicht, daß von diesem Verbot jede, auch die völlig neutrale Werbung erfaßt wird. Vgl. hierzu Urteil des BGH in NJW 1977, S. 1695 und Urteil des BVG in NJW 1977, S. 1411. Zum Umfang des Werbeverbotes vgl. auch oben Kapitel 6.

16 Im **Gegensatz** zu der o. e. **Rechtsprechung** des BGH und des VG Köln (Az.: 10 K 798/75) hat das OVG Münster in UFITA Bd. 94, S. 342 entschieden, daß auf Grund des neuen § 15 JSchG jetzt auch die Vorschriften des GjS, insbesondere dessen Indizierungen und Werbeverbote, auf Filme anwendbar sind, die in öffentlichen Filmveranstaltungen gezeigt werden (dieses Urteil ist freilich noch nicht rechtskräftig, da Revision beim BVG schwebt). Vgl. hierzu die berechtigte Kritik an diesem Urteil von *Ehlers* in ,,Film und Recht" Nr. 12/1982, S. 634.

17 Zur **Verfassungsmäßigkeit** des Jugendschutzes nach JSchG vgl. Urteil des BGH (UFITA Bd. 42, S. 176), der die Einführung der 6-Jahresgrenze für den Besuch von Filmveranstaltungen für Kinder als nicht verfassungswidrig ansieht und dadurch mittelbar die Verfassungsmäßigkeit des gesamten filmischen Jugendschutzes anerkennt, da die betreffende Klage dessen Verfassungswidrigkeit wegen Verletzung des Zensurverbotes und des Elternrechts behauptet hatte. Daß der Jugendschutz bei öffentlichen Filmveranstaltungen nicht gegen das Verbot der Vorzensur verstößt, läßt sich aus den Beschlüssen des BVerfG vom 25. 4. 1972 (BVerfGE 33, S. 52 und 72) und vom 10. 2. 1978 (BVerfGE 47, S. 198 und 237) entnehmen, da sie unter Zensur von Filmwerken nur das generelle Verbot, ungeprüfte Filme der Öffentlichkeit zugänglich zu machen, verstehen und es beim Jugendschutz nur um das spezielle Verbot für bestimmte Altersgruppen geht (vgl. auch Kapitel 1).

18 In der **Rechtslehre** erkennen die Verfassungsmäßigkeit des Jugendschutzes nach JSchG an: *Bonner Kommentar* aaO Art. 5 Anm. II 2c; *Mangoldt-Klein* aaO Art. 5 Anm. IX 3b; *Ridder* aaO S. 283; *Leibholz-Rinck* Art. 5 Anm. 12c. Anderer Ansicht *Maunz-Dürig* aaO Art. 5 Rdn. 284, der verkennt, daß nur die generelle Vorprüfung eine unzulässige Zensur darstellt, während die Vorprüfung für Jugendliche speziellen Charakter trägt und für einen effizienten Jugendschutz, der nur mit Vorkontrollen durchgeführt werden kann, erforderlich ist.

19 Zur Frage der **Abwägung** und Abgrenzung zwischen dem Jugendschutz und der Informationsfreiheit führt das BVerfG in BVerfGE 30, S. 347/48 folgendes aus: ,,Das verfassungsrechtlich bedeutsame Interesse an einer ungestörten Entwicklung der Jugend berechtigt den Gesetzgeber zu Regelungen, durch welche der Jugend drohende Gefahren abgewehrt werden ... Die Auswahl der Mittel, mit denen diesen Gefahren zu begegnen ist, obliegt zunächst dem Gesetzgeber. Eine gesetzliche Bestimmung zum Schutz der Jugend muß aber die grundlegende Bedeutung der in Artikel 5 Abs. 1 GG garantierten Rechte für die freiheitliche demokratische Staatsordnung beachten und den Grundsatz der Verhältnismäßigkeit wahren. Die Zulässigkeit der Mittel, mit denen der Gesetzgeber den Schutz der Jugend gewährleisten darf, hängt von einer Güterabwägung zwischen der Forderung nach umfassendem Grundrechtsschutz und dem verfassungsrechtlich hervorgehobenen Interesse an einem effektiven Jugendschutz ab ... Der Gesetzgeber darf die in Artikel 5 Abs. 1 GG garantierten Grundrechte durch eine präventiv generalisierende Regelung für bestimmte Vertriebsarten einschränken, wenn ohne eine solche Regelung ein effektiver Jugendschutz nicht sichergestellt wäre".

20 Für **Schriften** hat das BVerfG durch Beschluß vom 15. 6. 1971 (Az.: 1 BvR 191/63) das **Werbeverbot** nach dem GjS als verfassungsgemäß anerkannt. Hierbei ist zu beachten, daß für solche Schriften keine vergleichbaren anderen Kontrollen für den Jugendschutz vorhanden sind, wie z. B. die Einlaßkontrolle bei Filmtheatern und eine etwaige Verkaufs-, Vermietungs- und Verleihkontrolle bei Video-Kassetten, Bildplatten, Schmalfilmen o. ä. m. (s. a. Kap. 6, Rdn. 6 und 7).

8. Kapitel. Die Prüfmaßstäbe des Jugendschutzgesetzes, des Jugendgefährdungsgesetzes und der Feiertagsgesetze

1 Die in § 6 JSchG niedergelegten Voraussetzungen für ein Vorführverbot von Filmen in öffentlichen Filmveranstaltungen vor den Angehörigen bestimmter Altersgruppen (z. Zt. 6, 12 und 16 Jahre), sind in einer Form auszulegen, die den rechtlichen Grundsätzen für die Interpretation von Strafnormen gerecht wird, da ein Verstoß gegen § 6 JSchG für den Täter eine Bestrafung nach sich zieht. Es muß deshalb bei der Auslegung der Begriffe einer Eignung zur Beeinträchtigung der Erziehung von Kindern und Jugendlichen zur leiblichen, seelischen oder gesellschaftlichen Tüchtigkeit den Prinzipien der **Bestimmtheit der Strafnorm** Rechnung getragen werden. Ferner genügt es nicht, wenn die Beeinträchtigung als möglich erscheint. Sie muß vielmehr mit einer an Sicherheit grenzenden Wahrscheinlichkeit zu erwarten sein. Bei der Wirkungsprüfung ist nach den allgemeinen Grundsätzen auf die durchschnittlichen Kinder und Jugendlichen abzustellen. Eine Abstellung auf die labilen und anfälligen Kinder und Jugendlichen würde zugunsten des Schutzes einer kleinen Minderheit die große Mehrheit der Kinder und Jugendlichen in ihren Freiheitsrechten beeinträchtigen, was nicht angängig erscheint.

2 Die Eignung zur Beeinträchtigung ist nach § 6 JSchG jeweils für bestimmte **Altersgruppen** zu beurteilen. Zu dieser Beurteilung müssen als Ausgangspunkt Kondition, Reifegrad, Entwicklungsstand und Erfahrungsbasis der Angehörigen der betreffenden Altersgruppe im Sinne phasengerechter Abstufung festgestellt werden. Ferner ist das Erziehungsziel für die Angehörigen der Altersgruppe zu ermitteln. Erst dann kann beurteilt werden, ob die Erziehung dieser Kinder und Jugendlichen zur leiblichen, seelischen oder gesellschaftlichen Tüchtigkeit durch einen Film oder Filmteile beeinträchtigt werden kann. Dabei ist auf alle Jahrgänge der betreffenden Altersgruppe Rücksicht zu nehmen, so daß ein Film für eine ganze Altersgruppe nicht freigegeben werden kann, wenn er auch nur die Angehörigen des untersten Jahrgangs dieser Altersgruppe beeinträchtigen würde.

3 Das **Erziehungsziel** wird man auf dem politischen Gebiet als Anerkennung der freiheitlich-demokratischen Grundordnung als Staatsform, auf dem sexuellen Gebiet als Bejahung harmonischer, geschlechtlich aufgeklärter Partnerschaft und auf dem soziologischen Gebiet als Verteidigung der Solidargemeinschaft, der freien und sozialen Marktordnung und der gesellschaftlichen Toleranz zu definieren haben.

4 Der Begriff der **Beeinträchtigung** bezieht sich auf die Erziehung von Kindern und Jugendlichen zur leiblichen, seelischen oder gesellschaftlichen Tüchtigkeit. Es muß also immer, um diesen Begriff zu erfüllen, ein negativer Einfluß auf eine als positiv gedachte Entwicklung stattfinden. Diese positive Entwicklung muß abgebrochen, unterbrochen oder gehemmt werden. Ein Rückschritt vom jeweiligen Status wird nicht gefordert. Bei dem Erziehungsziel wird von der leiblichen, seelischen oder gesellschaftlichen Tüchtigkeit gesprochen. Es genügt also eine Beeinträchtigung auf einem dieser drei Gebiete, was durch das Wort *oder* klargestellt wird. Die Angehörigen der betreffenden Altersgruppe dürfen also durch einen Film weder physisch noch psychisch noch sozial geschädigt werden, wenn dieser Film zur Vorführung vor ihnen in einer öffentlichen Filmveranstaltung freigegeben werden soll.

5   Die in §§ 1 und 6 GjS niedergelegten Voraussetzungen für eine Indizierung oder ein Verbot von filmischem Werbematerial, das in der Öffentlichkeit verwandt wird, oder von zur Vermietung, zum Verleih oder zum Verkauf bestimmten Video-Kassetten, Bildplatten, Schmalfilmen o. ä. m. sind ebenfalls in einer Form auszulegen, die den rechtlichen Grundsätzen für die Interpretation von Strafnormen gerecht wird, da ein Verstoß gegen diese §§ 1 und 6 GjS für den Täter eine Bestrafung nach sich zieht. Es muß deshalb bei der Auslegung der Begriffe Jugendgefährdung oder sittlich schwere Jugendgefährdung den Prinzipien der **Bestimmtheit der Strafnorm** Rechnung getragen werden. Ferner genügt es nicht, wenn die Gefährdung als möglich erscheint. Sie muß vielmehr mit einer an Sicherheit grenzenden Wahrscheinlichkeit zu erwarten sein. Bei der Wirkungsprüfung ist gemäß den allgemeinen Grundsätzen auf die durchschnittlichen Kinder und Jugendlichen abzustellen. Eine Abstellung auf die labilen und anfälligen Kinder oder Jugendlichen würde zugunsten eines Schutzes einer kleinen Minderheit die große Minderheit der Kinder und Jugendlichen in ihren Freiheitsrechten beschränken, was nicht angängig erscheint.

6   Der Begriff der **Jugendgefährdung** ist enger und strenger als der Begriff der Beeinträchtigung Jugendlicher. Er kennt keine Differenzierung nach Altersgruppen, umfaßt stets alle Kinder und Jugendlichen. Es muß demgemäß für die Wirkungsbetrachtung auf die Gesamtheit dieser Kinder und Jugendlichen, also auf einen Durchschnitt, und nicht auf die untersten Altersgruppen abgestellt werden, da sonst die berechtigten Informations- und Unterhaltungsinteressen der Angehörigen der älteren Altersgruppen verletzt würden. Für die Jugendgefährdung genügt die Wahrscheinlichkeit einer Gefahr, so daß nicht deren Eintritt nachgewiesen werden muß, wobei freilich diese Wahrscheinlichkeit naheliegend sein muß. Für die Jugendgefährdung reicht nicht die Unterbrechung oder Hemmung einer als positiv gedachten Entwicklung (wie bei der Beeinträchtigung) aus, sondern es muß eine Verschlechterung des bestehenden Zustandes bei den Kindern oder Jugendlichen, also eine ausgesprochen negative Entwicklung, mit erheblicher Sicherheit befürchtet werden. Die Kinder und Jugendlichen müssen fehlgeleitet oder geschädigt werden, damit der Begriff der Jugendgefährdung erfüllt wird.

7   Die Jugendgefährdung setzt also eine wesentlich **stärkere Schädigung** der Kinder und Jugendlichen voraus, als die Jugendbeeinträchtigung. Im GjS (§ 1) werden als jugendgefährend ausdrücklich erwähnt: Unsittliche, verrohend wirkende, zu Gewalttätigkeit, Verbrechen oder Rassenhaß anreizende sowie den Krieg verherrlichende Darstellungen, wobei dies durch die Worte *vor allem* nur beispielhaften Charakter trägt. Zu den in § 6 GjS zusätzlich erwähnten strafrechtlichen Vorschriften der §§ 131 und 184 StGB treten noch Darstellungen, die offensichtlich geeignet sind, Kinder oder Jugendliche sittlich schwer zu gefährden, wobei unter *offensichtlich geeignet* eine Gefährdung gemeint ist, die auch von jedem Laien, also nicht nur von Jugendsachverständigen, als jugendgefährdend ohne weiteres zu erkennen ist. In der **Spruchpraxis der BPS** spielen insbesondere Begriffe wie sozial-ethische Begriffsverwirrung, sozial-ethische Fehlorientierung, sittliche

Verwahrlosung, Aggressivitätssteigerung und brutalisierende Wirkung eine entscheidende Rolle. Bei Gewaltdarstellungen wird der Grundsatz vertreten, daß sie jugendgefährdend sind, wenn sie realistisch oder im großen Stil und in epischer Breite geschildert werden oder wenn sie als Grausamkeiten im Dienste einer guten Sache gerechtfertigt erscheinen oder wenn sie von Personen begangen werden, mit denen sich ein Jugendlicher identifizieren kann.

8   Die folgenden Beispiele dürften den **Unterschied** zwischen Jugendgefährdung und Jugendbeeinträchtigung anschaulich klarstellen: Ein Film, der Brutalitäten kritiklos oder gar selbstzweckhaft spekulativ darstellt, wird die Kinder und Jugendlichen beeinträchtigen und gefährden, da er in ihnen Aggressivitäten erwecken wird; ein Film, der Brutalitäten kritisch wiedergibt, wird mangels Erweckung von Aggressivitäten die Kinder und Jugendlichen nicht gefährden, kann sie aber z. B. wegen schockierender oder übererregender Wirkung der dargestellten Brutalitäten beeinträchtigen; ein Film, der den Rauschgiftkonsum kritiklos darstellt, wird Kinder und Jugendliche gefährden, da er sie zum Rauschgiftkonsum verleiten könnte; ein Film, der den Rauschgiftkonsum kritisch wiedergibt, wird eine Gefährdung wegen dieser kritischen Behandlung nicht herbeiführen, kann aber wohl wegen verfrühter Konfrontation von Kindern und Jugendlichen mit dieser Thematik sie durch nervliche oder seelische Belastung beeinträchtigen.

9   Nach dem GjS (§ 1) darf eine **Indizierung** allein wegen des politischen, sozialen, religiösen oder weltanschaulichen Inhalts eines Werkes nicht erfolgen (§ 1 Abs. 2 Ziff. 1), wobei freilich das Wort *allein* darauf hinweist, daß trotz ihres schutzwürdigen Inhalts eine solche Darstellung wegen der Art ihrer Gestaltung beanstandet werden kann, wenn diese Gestaltung selbst jugendgefährdend gehalten ist. Das gleiche gilt für Werke, die ein öffentliches Interesse beanspruchen dürfen, worunter vor allem die Wiedergabe von Vorgängen mit aktueller Bedeutung fällt (§ 1 Abs. 1 Ziff. 3). Bei Werken der Kunst, der Wissenschaft, der Forschung oder der Lehre ist nach dem GjS eine Indizierung ausgeschlossen, wobei hier auch nicht die Art der Darstellung beanstandet werden kann, was sich bei der Gegenüberstellung von § 1 Abs. 2 Ziff. 2 zu Ziff. 1 und Ziff. 3 ergibt. Diese Grundsätze über die Ausnahmen von der Jugendgefährdung dürften sinngemäß auch als Ausnahmen von der Jugendbeeinträchtigung anwendbar sein. Es besteht kein Grund, hier diese Vorbehalte nicht zur Anwendung zu bringen.

10   In allen Fällen, in denen bei Filmwerken die Beeinträchtigung oder die Gefährdung von Jugendlichen geltend gemacht werden, muß dem Grundsatz der Verhältnismäßigkeit und des Übermaßverbotes Rechnung getragen werden (s. Kapitel 7). Es muß also mit **Schnittauflagen** Abhilfe geschaffen werden, wenn dadurch einem Werk der jugendgefährdende oder jugendbeeinträchtigende Charakter genommen werden kann. Das gilt insbesondere für solche Filmwerke, bei denen sich die Jugendgefährdung oder Jugendbeeinträchtigung aus bestimmten Komplexen oder Szenen ergeben (z. B. einzelne brutalisierende Gewaltdarstellungen oder einzelne stimulierende Sexszenen). Hierbei ist zu beachten, daß durch die Entfernung solcher Szenen oder Komplexe möglicherweise auch das Gesamtklima des betreffenden Filmwerks im Sinne des Jugendschutzes entschärft werden kann. Es kommt also für die Jugendgefährdung und Jugendbeeinträchtigung auf den Gesamtcharakter des Filmwerks an. Ist es nur in Teilen und nicht nach seinem Gesamteindruck jugendgefährdend oder -beeinträchtigend oder kann ihm durch Entfernung von Teilen der jugendgefährdende oder jugendbeeinträchtigende Gesamteindruck genommen werden, so ist nur eine Teilindizierung oder teilweise Nichtfreigabe möglich.

11   Eine **entlastende** Wirkung haben bei Jugendgefährdung und Jugendbeeinträchtigung durch Filme solche Umstände, die dazu führen, daß der Jugendliche das Filmgeschehen distanziert erlebt und dadurch in seiner sozial-ethischen Einstellung nicht beeindruckt und dementsprechend nicht negativ beeinflußt werden kann. Das ist der Fall, wenn der Film auch für Jugendliche erkennbar einen phantastischen, schwankhaften oder satirischen Charakter trägt und deshalb von ihnen nicht ernst genommen wird (z. B. Verfremdung durch Zeit, Schauplatz oder Handlung).

12   Die Prüfmaßstäbe für die **Feiertagsfreigabe** ergeben sich aus den entsprechenden Landesgesetzen, wonach der ernste Charakter der Filmvorführungen gewahrt sein muß. Sie gelten einheitlich und gleichmäßig für alle Feiertage und für alle gezeigten Filme. Es handelt sich hier um einen unbestimmten Rechtsbegriff, der für die entscheidende Stelle einen besonders breiten Beurteilungsspielraum ermöglicht.

13   Eine **Rechtsprechung** zum § 6 JSchG existiert nicht, da bisher keine einschlägigen Fälle vor die Verwaltungsgerichte gebracht worden sind.

14   Dagegen gibt es eine umfassende **Rechtsprechung** der Verwaltungsgerichte zu dem Begriff der Jugendgefährdung nach dem GjS und seiner Auslegung. Nachdem sich das BVG zunächst auf den Standpunkt gestellt hat, daß es bei der Wirkungsprüfung für die Jugendgefährdung auf die durchschnittlichen Kinder und Jugendlichen ankomme und daß die Eignung einer Schrift zur Jugendgefährdung mit an Sicherheit grenzender Wahrscheinlichkeit feststehen müsse (vgl. BVG in UFITA Bd. 53, S. 341), ist die spätere Rechtsprechung hiervon abgerückt und hat in einem Urteil vom 16. 12. 1971 (BVerfGE 39, S. 197 = UFITA Bd. 67, S. 290) völlig neue Grundsätze aufgestellt. Nach dieser neueren Rechtsprechung wird nicht nur der durchschnittliche, sondern auch der gefährdungsgeneigte Jugendliche, bis auf extreme Fälle, in den Schutz einbezogen. Es heißt in dem Urteil weiter, daß die Eignung zur sittlichen Gefährdung nicht mit einer an Sicherheit grenzenden Wahrscheinlichkeit zur sozial-ethischen Begriffsverwirrung führen müsse. Es genüge vielmehr der mutmaßliche Eintritt einer solchen sittlichen Gefährdung. Der Grundsatz, Kunstschutz gehe vor Jugendschutz, soll nicht mehr uneingeschränkt gelten. Die BPS als fachkundige und gesellschaftlich repräsentativ besetzte Institution habe für ihre Tätigkeit einen Beurteilungsspielraum, so daß die Gerichte nur zu prüfen hätten, ob sie von einem zutreffenden und vollständig ermittelten Sachverhalt ausgegangen ist und ob sie die Grenzen ihres Beurteilungsspielraums eingehalten und die richtigen Wertmaßstäbe angewandt hat.

15   Mit dem Begriff der **Jugendgefährdung** beschäftigen sich mehrere weitere Entscheidungen der Verwaltungsgerichte. Hierzu sei auf die folgenden Entscheidungen hingewiesen: Der Begriff der Jugendgefährdung ist dahin auszulegen, daß Gefährdung eine Fehlentwicklung bedeutet (BVG in UFITA Bd. 39, S. 364). Die Kunstfreiheit bedarf einer besonderen Abgrenzung zur Jugendgefährdung (BVG in UFITA Bd. 50, S. 718). Eine Jugendgefährdung kann vor allem durch Kriegsverherrlichung eintreten (BVG in UFITA Bd. 48, S. 332 ff.). Über die Umstände der Jugendgefährdung bei Kriminalromanen s. OVG Nordrhein-Westfalen (UFITA Bd. 48, S. 341). Der Verfremdungseffekt ist bei Jugendgefährdung zu berücksichtigen, also z. B. wenn die Handlung an einem exotischen Schauplatz und in einer vergangenen Zeit spielt, weil hierdurch eine Distanzierung erreicht wird, die eine Identifizierung mit den Personen der Handlung ausschließt (BVG in UFITA Bd. 52, S. 266, 279 und 290 sowie in Bd. 53, S. 341). Bei der Beurteilung einer sittlich schweren Jugendgefährdung sind Wandlungen der zeitgenössischen Wertvorstellungen gerade auch im Bereich der Sexualität zu berücksichtigen (OLG Düsseldorf in UFITA Bd. 54, S. 309; vgl. auch noch UFITA Bd. 61, S. 286; Bd. 55, S. 343; Bd. 63, S. 261; Bd. 67, S. 290 und Bd. 73, S. 330). Eine Indizierung im vereinfachten Verfahren nach § 15a Abs. 2 GjS setzt nicht nur Einstimmigkeit der Entscheidung, sondern auch bzgl. der die Indizierung tragenden Gründe voraus (OVG Nordrhein-Westfalen in FuR 1984 S. 170).

16   Zu dem **Unterschied** zwischen Beeinträchtigung und Gefährdung von Kindern und Jugendlichen führt das OVG Münster vom 27. 10. 1980 (UFITA Bd. 94, S. 342) aus: ,,Wie aus § 6 Abs. 2 und 3 JSchÖG zu ersehen ist, wird bei der Freigabebescheinigung der FSK die jugenderzieherische Funktion der Filme gewürdigt. Anders als das Freigabeverfahren ist das Indizierungsverfahren nach dem GjS dagegen nur dann durchzuführen, wenn eine Jugendgefährdung in Rede steht (§ 1 Abs. 1 GjS). Bei der Klassifizierung der Filme durch die FSK geht es lediglich darum, welchem Stand der seelischen und geistigen Entwicklung der Altersgruppen die Filme entsprechen. So können auch Filme, die als Kunstwerk im Sinne des § 1 Abs. 1 Nr. 2 GjS nicht als jugendgefährdend gelten, dennoch erst ab 18 Jahren freigegeben werden, weil sie Kinder und Jugendliche jüngeren Alters überfordern würden.''

17   Zur **Rechtslehre,** insbesondere zur Auslegung des Begriffs der Jugendgefährdung und der Teilindizierung vgl. *Potrykus* in Sonderdruck aus *Erbs-Kohlhaas* (Beck, München 1971) unter § 1 Ziff. 3–12.

9. Kapitel. Die Freiwillige Selbstkontrolle der Filmwirtschaft (FSK)

1   Die **FSK** wurde im **Jahr 1948** gegründet, um eine staatliche Filmzensur als Vorzensur, wie sie die Weimarer Verfassung kannte, zu verhindern und gleichzeitig einen Mißbrauch der Filmfreiheit zu vermeiden, der ihre Einschränkung durch behördliche Maßnahmen provozieren würde. Im Laufe der folgenden Jahrzehnte hat die FSK mehrfache Wandlungen durchgemacht. Es wurde ihr die Durchführung des Jugendschutzes auf dem Filmgebiet nach § 6 JSchG und die Durchführung des Feiertagsschutzes auf diesem Gebiet gemäß den Ländergesetzen übertragen. Die Delegierten der öffentlichen Hand sind an der Prüfung der Filme für Erwachsene nicht mehr beteiligt, wohl dagegen weiter an der Prüfung für Jugendliche und für die stillen Feiertage. Trotz dieser verschiedenen Wandlungen hat die FSK ihre Tätigkeit kontinuierlich fortgesetzt und erfaßt z. Zt. praktisch sämtliche Filme, die in Filmtheatern öffentlich vorgeführt werden, hinsichtlich ihrer Freigabe für Erwachsene, Jugendliche und stille Feiertage. Zusätzlich führt sie eine freiwillige Vorprüfung des Werbematerials für die Filme durch.

2   Die **Motive** für diese kontinuierliche Fortsetzung der FSK-Tätigkeit liegen auf dem Jugendschutz- und Feiertagsgebiet in den einschlägigen Gesetzen und in dem Auftrag zur Durchführung dieser Gesetze, den die FSK von den zuständigen Behörden erhalten hat. Auf dem Gebiet der Erwachsenenprüfung hat die FSK nicht mehr die Aufgabe, eine staatliche Vorzensur auf dem Filmgebiet zu verhindern, da eine solche staatliche Vorzensur nach dem GG nicht zulässig wäre. Sie hat jedoch die wichtige Funktion behalten, weitgehenden Schutz gegenüber einer staatlichen Nachzensur zu gewähren, die (z. B. in Gestalt von staatsanwaltschaftlichen oder gerichtlichen Maßnahmen auf Grund der Strafgesetze) nach dem GG möglich ist. Die Produzenten, Verleiher und Theaterbesitzer sind daran interessiert, eine Vorprüfung durchzuführen, um sich bei der Auswertung der Filme darauf verlassen zu können, daß die Filmvorführung nicht gegen gesetzliche Vorschriften verstößt.

3   Dazu kommt, daß die Filmtheaterbesitzer ihrem Publikum grundsätzlich keine Filme zumuten wollen, die einen **Mißbrauch der Filmfreiheit** darstellen, indem sie die dem Filmtheaterpublikum gemeinsamen grundlegenden Wertvorstellungen eindeutig und schwer verletzen. Diese Motive für die freiwillige Vorprüfung der Filme seitens der FSK sind in den ganzen letzten Jahren trotz des starken Liberalisierungsprozesses auf den einschlägigen gesetzlichen Gebieten maßgebend geblieben und haben die Erhaltung der FSK, wenn auch in gewandelter Form, legitimiert. Die Vorprüfung des Werbematerials, das unter das GjS fällt, wird von der FSK durchgeführt, um eine nachträgliche Indizierung von jugendgefährdendem Material durch die BPS zu vermeiden.

4   Die **Rechtsgrundlagen** für die Tätigkeit der FSK sind in den Grundsätzen der FSK sowie in den Ausführungs- und Verfahrensbestimmungen zu diesen Grundsätzen niedergelegt. Dazu treten noch die als gesetzliche Grundlage maßgebenden § 6 JSchG und die Feiertagsvorschriften der Länder. Die Grundsätze enthalten die Prüfmaßstäbe, sowie die Vorschriften über die Konstituierung und Besetzung der Ausschüsse, während die Ausführungs- und Verfahrensbestimmungen die Einzelheiten des Verfahrens der FSK regeln.

5   Die Grundsätze sowie die Ausführungs- und Verfahrensbestimmungen der FSK gewährleisten die Wahrung **rechtsstaatlicher Prinzipien.** Das ergibt sich aus den folgenden Regelungen.

6   Die Ausschüsse der FSK sind **fachkundig, sachverständig, unabhängig** und gesellschaftlich **repräsentativ** besetzt. Sie werden für die Jugend- und Feiertagsfreigabe von der Filmwirtschaft und den hieran fachlich beteiligten Gruppen der öffentlichen Hand (Bundesinnenministerium, Kultusministerien der Länder, Oberste Landesjugendbehörden, evangelische und katholische Kirche sowie israelische Religionsgemeinschaft, Bundesjugendring) bestellt, wobei zur Wahrung des gesetzlichen Auftrags auf diesen Gebieten die Delegierten der öffentlichen Hand die Majorität in den Ausschüssen besitzen. Für die Erwachsenenfreigabe werden die Prüfer allein von der Filmwirtschaft benannt, um jeden Verdacht einer mittelbaren hoheitlichen Filmzensur, wie er bei Beteiligung von Prüfern der öffentlichen Hand auftauchen könnte, zu vermeiden. Diese Prüfer der Filmwirtschaft dürfen in der Filmwirtschaft weder unmittelbar noch mittelbar tätig sein und unterliegen keinerlei Weisungen. Die Auswahl der Prüfer aus den verschiedenen Gruppen und Berufen sorgt für die Relevanz im Sinne der pluralistischen Gesellschaft, wobei die jeweils verlangte Fachkenntnis die Verbindung zum Sachverstand auf dem Filmgebiet herstellt. In den Ausschüssen sind vertreten: Richter, Staatsanwälte, Jugendpsychologen und -pädagogen, Filmhistoriker, Filmsachverständige, Kirchenvertreter, Funktionäre des Bundesjugendringes, Kulturbeamte, Hausfrauen, Journalisten u. ä. m.

7   Durch die kontinuierliche Tätigkeit der **hauptamtlichen Prüfer** und den ständigen Wechsel bei den **ehrenamtlichen Prüfern** werden gleichmäßig die Kontinuität der Spruchpraxis und die Berücksichtigung neuer Gesichtspunkte gewährleistet. Durch die Bestellung sämtlicher Prüfer für einen längeren Zeitraum und durch den festgelegten Turnus gemäß einer besonderen Liste werden diese Umstände unterstrichen.

8   Im Verfahren werden durch Gewährung des **rechtlichen Gehörs** in schriftlicher und mündlicher Form sowie durch den **Instanzenweg** und ausgewogene Fristen (nicht fristgebundene Berufung bei der Erwachsenenfreigabe an den Hauptausschuß sowie nicht fristgebundene Berufung an den Hauptausschuß und den Rechtsausschuß bei Jugend- und Feiertagsfreigabe) die erforderlichen rechtsstaatlichen Garantien gegeben. Bei den Jugend- und Feiertagsprüfungen gibt es wegen des hier vorliegenden öffentlichen Auftrags eine fristgebundene Berufung und weitere Berufung für die überstimmte Minderheit. Die Möglichkeit der Appellation durch jedes Land bei einer Jugendentscheidung, die diesem Land nicht begründet erscheint, sichert die Wahrung der Hoheitsrechte der einzelnen Länder auf dem Gebiet des Jugendschutzes.

9 Der **Rechtscharakter der FSK** ist für die Erwachsenenfreigabe anders zu beurteilen als für die Jugend- und Feiertagsfreigabe. Bei der Erwachsenenfreigabe handelt es sich um eine Art Schiedsgutachten, das den Antragstellern die Übereinstimmung des Films mit den Grundsätzen der FSK bestätigt. Bei der Jugend- und Feiertagsfreigabe geht es um eine gutachtliche Grundlage für die entsprechenden Entscheidungen der zuständigen Landesbehörden, die diese Gutachten stillschweigend übernehmen, soweit sie nicht von ihrem Widerspruchsrecht durch Appellation (also interinstitutionell) Gebrauch machen.

10 Beide Tätigkeiten der FSK auf dem Erwachsenen-, sowie auf dem Jugend- und Feiertagsgebiet sind **verfassungskonform** und enthalten keinen Gesetzesverstoß. Die Erwachsenenprüfung verletzt nicht das grundgesetzliche Verbot der Vorzensur, da sie freiwillig erfolgt und keine als Zensur zu betrachtende hoheitliche, also staatliche, sondern nur eine privat-rechtliche Maßnahme darstellt. Die Jugend- und Feiertagsfreigabe verstoßen ebenfalls nicht gegen das Zensurverbot, da beide Einschränkungen keine Zensur bedeuten (s. o. Kapitel 7). Auch liegt hier keine Anmaßung von Hoheitsrechten durch eine privat-rechtliche Institution vor, da keine Delegation von Hoheitsrechten oder entsprechende Mandate gegeben worden sind, die einer gesetzlichen Ermächtigung bedurft hätten, sondern nur gutachtliche Äußerungen einer privat-rechtlichen Institution vorliegen, welche die Länder als Grundlage für ihre Hoheitsentscheidungen übernehmen. Die Länder bleiben demnach rechtlich in der Lage, und zwar jedes Land allein oder sämtliche Länder zusammen, die einzelnen Entscheidungen nicht zu übernehmen und an ihre Stelle eigene Entscheidungen zu setzen.

11 Der **Rechtsweg** gegen die Entscheidungen der FSK ist verschiedenartig, je nachdem, ob es um die Erwachsenenfreigabe oder um die Jugend- bzw. Feiertagsfreigabe geht. Gegen die Entscheidungen auf dem Erwachsenengebiet, die sich als eine Art Schiedsgutachten darstellen, ist Klage vor den Zivilgerichten möglich, wenn vorgetragen wird, daß die FSK-Entscheidung die Grundsätze mißachtet oder fehlerhaft interpretiert hat. Soweit es um Angriffe gegen Jugend- und Feiertagsentscheidungen geht, die sich als Erlaubnisvorbehalte bei einer Verbotsnorm charakterisieren, muß die Klage, die eine Verletzung der maßgebenden gesetzlichen Vorschriften oder ihre fehlerhafte Interpretation behauptet, vor den Verwaltungsgerichten eingereicht werden, und zwar nicht gegen die FSK, sondern gegen die Bundesländer, da diese Länder die Entscheidungen der FSK übernommen haben und dadurch den Verwaltungsakt setzen.

12 Da die mit der Entscheidung über die Kinder-, Jugend- und Feiertagsfreigabe befaßten, im Auftrag der Obersten Landesjugendbehörden bzw. Landesfeiertagsbehörden bei der FSK errichteten Ausschüsse fachkundig, sachverständig und gesellschaftlich relevant und repräsentativ im Sinne einer pluralistischen Gesellschaftsordnung zusammengesetzt sind, steht ihnen für ihre Entscheidung ein gerichtlich nicht überprüfbarer **Beurteilungsspielraum** zu. Bei der gesellschaftlichen Relevanz versteht sich, daß die einzelnen Prüfer jeweils eine bestimmte Gruppe repräsentieren, so daß sich die gesellschaftliche Repräsentanz in der Kommission als Ganzes zeigt. Der nötige Sachverstand ist mit der Vertretung der Gruppe dadurch verbunden, daß die betreffenden Prüfer innerhalb der Gruppe gerade für Film- bzw. Feiertagsfragen und Jugendschutz kundig und erfahren sein müssen. Die Gerichte können nur nachprüfen, ob diese Ausschüsse den Sachverhalt zutreffend und erschöpfend festgestellt haben (z. B. Vorführung der richtigen Filmfassung), die Verfahrensvorschriften eingehalten worden sind (z. B. Gewährung des rechtlichen Gehörs), die gesetzlichen Prüfmaßstäbe im Einklang mit den

Zielsetzungen des Jugend- und Feiertagsschutzes (also in abstracto) richtig ausgelegt worden sind, die Anwendung der vertretbar ausgelegten Prüfmaßstäbe auf den vorliegenden Film erkennbar vorgenommen worden ist und der Prüfbescheid und das Protokoll erkennen lassen, daß die erwähnten Umstände beachtet worden sind (d. h. also, daß aus dem Bescheid und dem Protokoll hervorgehen muß, daß alle für und gegen die Kinder-, Jugend- oder Feiertagsfreigabe des betreffenden Films sprechenden Umstände sorgfältig geprüft und erörtert worden sind).

13 **Rechtsprechung** und **Rechtslehre** haben sich mit der Verfassungsmäßigkeit der FSK sowohl auf dem Gebiet der Erwachsenenprüfung wie auf dem Gebiet der Jugendprüfung beschäftigt.

14 Mit der **Verfassungsmäßigkeit** der FSK befaßt sich ein Urteil des OLG Frankfurt/Main vom 12. 11. 1962 (UFITA Bd. 38, 367). Mit Recht führt dieses Urteil aus, daß zwar niemand auf seine Grundrechte als Ganzes verzichten könne, sich jedoch auf Einschränkungen der sich aus dem Grundrecht ergebenden Befugnisse einlassen dürfe. Eine solche Einschränkung sei mit fast allen verpflichtenden privat-rechtlichen Verträgen verbunden. Es wird also vor allem auf die **Freiwilligkeit** der FSK-Prüfung abgestellt. Eine unfreiwillige Unterwerfung könne auch nicht etwa deshalb angenommen werden, weil der in Aussicht genommene Vertragspartner nur zu besonderen Bedingungen abschließen wolle. Unterwerfe sich jemand, wenn auch widerwillig, solchen Bedingungen, so könne er sich im Rechtsverkehr nicht darauf berufen, ihm sei Zwang angetan worden. Wähle also der Antragsteller die Unterwerfung unter die Prüfung durch die FSK, so wäre dies auch dann freiwillig, wenn die FSK die Genehmigung nur mit Schnittauflagen erteilen würde. Die Unterwerfung unter die Prüfung seitens der FSK führe im übrigen nicht zu einer Einschränkung des essentiellen Gehaltes des Grundrechts der Meinungsfreiheit und verstoße auch nicht gegen die verfassungsmäßige Ordnung oder gegen das Sittengesetz.

15 Auch in einer neuen Entscheidung des Bayerischen Verfassungsgerichtshofs vom 19. 3. 1979 (Az.: Vf 18-V-78) wird die Tätigkeit der FSK als **verfassungsgemäß** bestätigt. In dieser Entscheidung heißt es, daß die Frage, wie die Spitzenorganisation der Filmwirtschaft (SPIO) und ihre Einrichtungen FSK und SPIO-Juristenkommission (JK) letztlich rechtlich zu qualifizieren sind, keiner besonderen Vertiefung bedürfe. Maßgebend sei allein, daß die Institutionen bei der Erteilung der Bescheinigung bestimmte Verfahrensgrundsätze einzuhalten haben und bei ihren Prüfungsentscheidungen an Recht und Gesetz gebunden sind.

16 Der Umstand, daß es sich bei der Tätigkeit der FSK um keine verfassungswidrige Vorzensur handelt, wird mittelbar bestätigt durch den Beschluß des BVerfG vom 25. 4. 1972 (BVerfGE 33, S. 52 und UFITA Bd. 66, S. 329), indem es dort ausdrücklich heißt, daß sich das verfassungsmäßige Zensurverbot auf die **behördliche Vorzensur** bezieht. Es wird also hier weder eine privat-rechtliche noch eine unter Gruppenkontrolle stehende Vorprüfung als verfassungswidrig bezeichnet.

17 Die FSK als privat-rechtlich organisierte Selbstkontrolle, die grundsätzlich zulässig ist, wird in der **Rechtslehre** überwiegend anerkannt. Vgl. *Bonner Kommentar* aaO Art. 5 Anm. II 1 f; *Mangoldt-Klein* aaO Art. 5 Anm. VII 4; *Maunz-Dürig* aaO Art. 5 Rdn. 207/208; *Ridder* aaO S. 280; *Giese-Schunck* aaO Art. 5 Anm. II 5; *von Hartlieb* in UFITA Bd. 28, S. 51. Die gegenteilige Ansicht von *Noltenius* (vgl. Kapitel 1) verkennt den freiwilligen Charakter der FSK und hat deshalb auch in der Rechtslehre keine Nachfolger gefunden.

18 Zur Frage der Verfassungsmäßigkeit der durch die FSK für die Obersten Landesjugendbehörden vorgenommenen Einstufung der Filme nach § 6 JSchG sind in der **Rechtslehre** von besonderem Interesse die Ausführungen von *Potrykus* in seinem Kommentar zum Jugendschutz (Beck, München 1971). Hier heißt es zu § 6 unter Anm. 7 wörtlich folgendermaßen, nachdem vorher die Art der Jugendprüfung durch die FSK und die entsprechende Vereinbarung mit den Obersten Landesjugendbehörden geschildert worden sind: ,,Die getroffene Regelung ist, wenigstens in der oben mitgeteilten Letztfassung, nach welcher die FSK lediglich als Prüforgan (Erfüllungsgehilfe) der Obersten Landesjugendbehörden tätig wird, und die Befugnisse selbst den Ländern verbleiben, staats- und verfassungsrechtlich nicht zu beanstanden (ebenso OLG Frankfurt/Main RdJ 63, S. 154). Denn es ist eine Delegation staatlicher Hoheitsrechte auf die FSK, die in der Tat nicht ganz unbedenklich gewesen wäre, nicht vorgenommen worden. Die FSK handelt bei der Jugendprüfung vielmehr, wie § 1 der Ergänzung ihrer Grundsätze einwandfrei ergibt, nur namens und im Auftrag der Obersten Landesjugendbehörden, die für die Entscheidungen der FSK praktisch und rechtlich verantwortlich bleiben, sie nach den allgemeinen Regeln über den Widerruf von Verwaltungsakten aufheben und durch ihre eigenen Entscheidungen ersetzen können und in einem etwaigen Verwaltungsstreitverfahren als Beklagte für sie einstehen müssen." (*Peters* in einem Gutachten zitiert bei *Berthold/von Hartlieb* ,,Filmrecht" S. 234 und *Potrykus* ,,FSK, Filmzensur und Jugendschutz" in RdJ 59, S. 85 ff dort auch zur Verfassungsmäßigkeit der Tätigkeit im allgemeinen).

10. Kapitel. Die Prüfmaßstäbe der Freiwilligen Selbstkontrolle der Filmwirtschaft

1   Die **Prüfmaßstäbe der FSK** für die Erwachsenen-, Jugend- und Feiertagsfreigabe bedürfen einer gründlichen Auslegung, um eine gleiche Behandlung gleichartiger und deshalb vergleichbarer Filme zu ermöglichen. Das bietet sich vor allem deshalb an, weil zwar jeder Film an sich ein Prototyp ist, aber die Filme bestimmter Gruppen gleichartige dramaturgische und formale Prinzipien erkennen lassen (vgl. z. B. Wild-West-Filme, Hongkong-Filme, Horror-Filme, Science-Fiction-Filme, Sex-Schwänke u. ä. m.).

2   Auf dem Gebiet der **Erwachsenenprüfung** enthalten die FSK-Grundsätze als Prüfmaßstäbe Tatbestandsmerkmale, die bestimmten strafrechtlichen Vorschriften entsprechen. Wenn es z. B. in den Grundsätzen heißt, daß im besonderen brutale oder sexuelle Vorgänge in übersteigerter Form nicht gebracht werden dürfen oder daß die freiheitliche demokratische Grundordnung durch Filme nicht gefährdet werden darf oder daß rassenhetzerische Tendenzen in Filmen zu unterbleiben haben, so entspricht dies den strafrechtlichen Begriffen, die in den §§ 131, 184, 80a, 86, 86a, 90, 90a und 90b StGB niedergelegt sind. Insoweit kann deshalb bei der Auslegung auf die in den Kapiteln 2 ff oben unter ,,Strafrechtliche Schranken der Filmfreiheit" gegebene Interpretation der Tatbestandsmerkmale der einschlägigen strafrechtlichen Vorschriften verwiesen werden. Hier wird die FSK weitgehend mit Auflagen abhelfen können (Bildschnitte und Textänderungen), wie dies auch in den FSK-Grundsätzen ausdrücklich vorgesehen ist und dem Gebot der Verhältnismäßigkeit und dem Verbot des Übermaßes entspricht.

3   Darüber hinaus kennen jedoch die FSK-Grundsätze Kriterien, die sich im Vorfeld strafrechtlicher Vorschriften bewegen (vgl. z. B. Verletzung des sittlichen und religiösen Empfindens). Hier sind die FSK-Grundsätze strenger als die strafrechtlichen Bestimmungen. Was insbesondere den in den FSK-Grundsätzen verankerten Begriff der **Verletzung des sittlichen Empfindens** betrifft, so enthält dieser Begriff eine Wertung nach moralischen Prinzipien. Hierbei können gem. den Grundsätzen der pluralistischen Gesellschaft nicht die Moral einzelner Gruppen, sondern nur die in der Gesamtgesellschaft allgemein anerkannten moralischen Grundsätze (also das sog. *ethische Minimum*) gemeint sein. Diese Grundprinzipien werden nicht schon verletzt, wenn Darstellungen gezeigt werden, die in brutaler oder sexueller Hinsicht als exzessiv und extrem zu bezeichnen sind, sondern nur dann, wenn hierbei dieses Exzessive und Extreme positiv angesprochen und dadurch die erwähnten moralischen Werte verletzt werden.

4   Soweit es bei der Verletzung des sittlichen Empfindens um einzelne Szenen in Filmen geht (übermäßig freizügige sexuelle Darstellungen, besonders ordinäre

Ausdrücke), kann auch hier mit **Auflagen** (Bildschnitten oder Textänderungen) geholfen werden. Wenn aber der Gesamtcharakter eines Films sittlich oder religiös verletzend ist (z. B. Aneinanderreihung sexueller oder brutaler Szenen ohne nennenswerten Sinnzusammenhang), dann verstößt dieser Film gegen die FSK-Grundsätze, auch wenn er keine strafrechtlichen Vorschriften (z. B. §§ 131 und 184 StGB) verletzt. Die Ablehnung der Freigabe solcher Filme durch die FSK bedeutet nicht ein Filmverbot im Sinne unzulässiger Zensur (und zwar auch nicht durch Gruppenzwang), da in diesen Fällen die Filme der SPIO-Juristenkommission (JK) vorgelegt werden können, die sie nur daraufhin zu prüfen hat, ob sie gegen strafrechtliche Vorschriften verstoßen und die nicht die strengeren Prüfmaßstäbe und -grundsätze der FSK zu berücksichtigen hat.

5 Bei der **Jugendprüfung** sind die oben behandelten Tatbestandsmerkmale des § 6 JSchG zu beachten und in der dort erwähnten Form auszulegen. Die detailliert wiedergegebenen Prüfmaßstäbe zum Begriff der Beeinträchtigung Jugendlicher in der Ergänzung der FSK-Grundsätze haben zwar nicht den Charakter eines Gesetzes oder einer Verordnung oder einer verbindlichen behördlichen Richtlinie, sind aber als Auslegung der gesetzlichen Vorschriften durch sachverständige und fachkundige Persönlichkeiten auf dem Gebiet des Jugendschutzes von Bedeutung. Im einzelnen wird hier festgestellt, daß unter Beeinträchtigung von Kindern oder Jugendlichen vor allem Hemmungen, Störungen oder Schädigungen zu verstehen sind. Es sollen alle Beeinträchtigungen berücksichtigt werden, die vom Film im Ganzen oder seinen Einzelheiten ausgehen können, wobei die Gesamtwirkung des Films nicht außer acht gelassen werden darf. Die Erziehung zur leiblichen, seelischen und gesellschaftlichen Tüchtigkeit kann danach insbesondere durch Filme beeinträchtigt werden, welche die Nerven überreizen, übermäßige Belastungen hervorrufen, die Phantasie über Gebühr erregen, die charakterliche, sittliche (einschließlich religiöse) oder geistige Erziehung hemmen, stören oder schädigen, zu falschen und abträglichen Lebenserwartungen verführen oder die Erziehung zu verantwortungsbewußten Menschen in der Gesellschaft hindern. Es wird ausdrücklich festgestellt, daß ein Film für eine Altersgruppe nur freigegeben werden darf, wenn er die Erziehung zur leiblichen, seelischen und gesellschaftlichen Tüchtigkeit keines Jahrgangs dieser Altersgruppe beeinträchtigen kann.

6 In der **Spruchpraxis** der FSK spielen vor allem folgende Umstände eine Rolle, die zur Versagung der Jugendfreigabe für die betreffende Altersgruppe führen können: Verfrühung, Schockierung, Verfälschung des gesellschaftlichen Bewußtseins, Fehlleitung moralischer Vorstellungen, übermäßige sexuelle oder brutalisierende Stimulierung u. ä. m. Auch hier sind das Verbot des Übermaßes und das Gebot der Verhältnismäßigkeit zu beachten, so daß eine Jugendfreigabe mit Schnittauflagen zu erfolgen hat, falls sich hierdurch die Bedenken gegen die Jugendfreigabe beseitigen lassen.

7 Im Hinblick auf die Filmprüfung für die **stillen Feiertage** stellen die Grundsätze im Einklang mit den gesetzlichen Bestimmungen der Länder fest, daß für die stillen Feiertage nur solche öffentlichen Filmvorführungen gestattet sind, bei denen der diesen Tagen entsprechende *ernste Charakter* gewahrt ist. Es geht hier um die Auslegung des Begriffs ernster Charakter. Hierbei ist vor allem abzustellen auf den Sinngehalt eines Films, der Anlaß zu ernsthaftem Nachdenken geben muß. Dabei kann die Form durchaus komödiantisch oder hart gehalten sein. Es dürfen jedoch Turbulenzen und Sensationen oder äußerliche schwankhafte Komik nicht beherrschend im Vordergrund stehen und den Sinngehalt verdecken. Von entscheidender Bedeutung ist, ob der Film, gleichgültig welchen Charakter er sonst

hat, menschliche Bezüge aufweist, die zur Reflexion anregen. Deswegen kommen Filme, die sich als reine Sex- und Crime-Filme oder oberflächliche Schwänke darstellen, nicht für eine Feiertagsfreigabe in Betracht.

8 Bei der freiwilligen Vorprüfung des **Werbematerials** sind von den Prüfern die Prüfmaßstäbe des **GjS** zu beachten, da dieses Werbematerial unter das GjS fällt. Eine Indizierung solchen Werbematerials durch die BPS kann nur verhindert werden, wenn deren Grundsätze bei der freiwilligen Vorprüfung durch die FSK berücksichtigt werden, also die Auslegung des Begriffs der Jugendgefährdung so erfolgt, wie er sich in der Praxis der BPS und in den hierzu ergangenen Gerichtsentscheidungen entwickelt hat (vgl. Kap. 8).

11. Kapitel. Die SPIO-Juristenkommission (JK)

1 Die JK hat die Aufgabe, bei Filmen, die nicht die FSK-Freigabe erhalten können, weil sie nicht mit den FSK-Grundsätzen übereinstimmen, eine **rechtliche Begutachtung** dahingehend abzugeben, daß der Film in der von der JK freigegebenen Fassung nicht gegen strafrechtliche Vorschriften verstößt. Hier sind als Gutachter Juristen (Richter und Staatsanwälte) eingesetzt, die auf dem einschlägigen Gebiet besonders fachkundig und sachverständig sind.

2 Das Gutachten der JK wendet die in der Rechtsprechung und Rechtslehre entwickelte Auslegung der einschlägigen strafrechtlichen Vorschriften an und stellt danach fest, ob der Film überhaupt und ggf. mit welchen Änderungen gezeigt werden kann, ohne gegen diese strafrechtlichen Vorschriften zu verstoßen. Die Tätigkeit dieser Juristenkommission ist vor allem wichtig im Hinblick auf die **Schutzfunktion,** die sie neben der FSK für die betroffenen Filmwirtschaftler ausüben kann.

12. Kapitel. Die Schutzfunktion der Freiwilligen Selbstkontrolle der Filmwirtschaft (FSK) und der SPIO-Juristenkommission (JK)

1 Bei objektiven Überschneidungen zwischen den Entscheidungen der FSK oder der JK und etwaigen späteren gerichtlichen Entscheidungen über denselben Film im Rahmen eines Beschlagnahme- und Strafverfahrens, die sich rein rechtlich nicht ausschließen lassen, da es um die Auslegung unbestimmter Rechtsbegriffe mit einer Bandbreite von Interpretationsmöglichkeiten geht, wird es von Bedeutung, ob dann die FSK- oder JK-Entscheidungen für die betroffenen Filmtheaterbesitzer, Verleiher und Produzenten eine strafrechtlich relevante Handlung aus subjektiven Gründen ausschließen, da sie auf Grund der FSK- bzw. JK-Entscheidungen gutgläubig gehandelt haben. Ein solcher **Gutglaubensschutz** muß den Filmproduzenten, -verleihern und -theaterbesitzern zugestanden werden, da sie auf diesem Gebiet verschieden auslegbarer unbestimmter Rechtsbegriffe nicht mehr tun können, als sich auf ein Urteil von unabhängigen, objektiven, neutralen und fachkundigen Prüfern zu verlassen. Natürlich ist Voraussetzung hierfür, daß der Film in der Fassung vorgeführt wird, in der ihn die FSK freigegeben bzw. die JK als strafrechtlich unbedenklich erklärt hat. Da die FSK sogar strengere Grundsätze hat als die strafrechtlichen Bestimmungen, kommt hier der Gutglaubensschutz verstärkt in Betracht.

2 Zu dieser Frage des subjektiven Schutzes durch FSK- bzw. JK-Entscheidungen vor strafrechtlicher Verurteilung gibt es eine umfangreiche **Rechtsprechung.** Diese Rechtsprechung ist zwar nicht einheitlich, bestätigt jedoch im wesentlichen diesen Gutglaubensschutz.

3 Als **grundlegende Entscheidung** ist der Beschluß des 1. Strafsenats des OLG München vom 20. 2. 1973 (Az.: 1 Ws 18/73) zu betrachten. In diesem Beschluß kommt das OLG zu dem Ergebnis, daß die Entscheidungen der FSK bzw. JK einen Gutglaubensschutz für die betroffenen Produzenten, Verleiher und Theaterbesitzer begründen. Es heißt in der Begründung des Beschlusses, daß bei der bestehenden Rechtsunsicherheit auf dem einschlägigen Gebiet den Angeschuldigten, die sich auf das Votum der Vertrauensleute ihrer Organisation verlassen haben, kein Vorwurf im Sinne eines vorsätzlichen Handelns gemacht werden kann. Dabei ist dieser Beschluß nach einer gründlichen Untersuchung der Zusammensetzung und der Tätigkeit der FSK- und JK-Ausschüsse ergangen, denen Facherfahrung und Objektivität des Urteils zugebilligt worden ist. (Vgl. hierzu das Urteil des OLG Düsseldorf zum Fall *Schweigen* in UFITA Bd. 44, S. 370 und den Beschluß des BVerfG im gleichen Fall in UFITA Bd. 47, S. 300, die ebenfalls die Schutzfunktion der FSK bestätigen.)

4 In der Folge haben nicht sämtliche Gerichte diesen weitgehenden **Schuldausschluß** bei Beachtung der FSK- und JK-Entscheidungen mitgemacht. Es gibt Beschlüsse bzw. Urteile, die strengere Voraussetzungen an den Schuldausschluß stellen. Aber auch in diesen Beschlüssen und Urteilen werden die Entscheidungen der FSK und JK als bedeutungsvoll für die Frage des vorsätzlichen Handelns anerkannt.

5 So heißt es in dem Beschluß des Schleswig-Holsteinischen OLG vom 20. 5. 1977 (Az.: 2 Ws 485/76), daß die Frage eines **schuldausschließenden Irrtums** über den pornographischen Charakter eines Films von den Gesamtumständen des Falles abhänge, von denen die Freigabeentscheidungen der FSK oder JK nur einer sei. Weiter wird gesagt, daß die Schuldfrage anders zu beurteilen sei, wenn sich das Freigabevotum als offensichtlich verfehlt herausstellen sollte. In einem Urteil des OLG Stuttgart vom 14. 3. 1977 (Az.: 3 Ss (10) 899/76) wird erklärt, daß sich der Angeklagte auf die Rechtsauskunft der JK nicht verlassen durfte, wenn ihm bekannt war oder ihm bekannt sein mußte, daß Entscheidungen höherer Gerichte vorlagen, die entgegen der Ansicht der JK den betreffenden Film als pornographisch beurteilt haben. Dabei wird auf eine gleichartige Entscheidung des OLG München und einen Beschluß des Bayerischen Obersten Landesgerichts vom 20. 8. 1976 verwiesen. Lt. OLG Stuttgart vom 5. 5. 1983 (Az.: 4 Ss (12) 29/83) kann sich der Theaterbesitzer nicht auf eine FSK-Freigabe berufen, wenn die **schwere Jugendgefährdung** von Werbematerial **augenscheinlich** ist.

6 Bei diesen Entscheidungen ist zu beachten, daß immer Umstände vorgelegen haben, durch welche die Entscheidungen der FSK oder JK erschüttert worden sind, z. B., daß über den gleichen Film im Anschluß an die Freigabe durch die FSK oder JK ein dem Betroffenen bekannt gewordenes gerichtliches Verfahren mit Beschlagnahmewirkung durchgeführt worden ist. Dann wird der zunächst gegebene **Gutglaubensschutz aufgehoben,** da nunmehr der Betroffene weiß, daß Gerichte in diesem Fall eine andere Auffassung vertreten als die FSK oder JK.

7 Es gibt aber auch im Anschluß an die erwähnten Entscheidungen Urteile oder Beschlüsse anderer Gerichte, die den **Gutglaubensschutz** bei FSK- oder JK-Entscheidungen so **ausdehnen,** wie es die ursprüngliche Entscheidung des Bayerischen Oberlandesgerichts getan hat. So wird z. B. in einem Beschluß des OLG Saarbrücken vom 28. 1. 1977 (Az.: Ws 261/76) wörtlich ausgeführt: ,,Der Film ist von der FSK freigegeben worden ... Die Freigabeentscheidungen der FSK können nicht als unmaßgeblich behandelt werden; ihnen kann die Eignung nicht abgesprochen werden, den im Filmverleih- und Aufführungsgewerbe verantwortlich Tätigen einen Anhaltspunkt dafür zu bieten, daß ein freigegebener Film ungeachtet seiner formalen und inhaltlichen Qualität keinen Straftatbestand erfüllt. Im Rahmen der hier zu beantwortenden Frage, ob sich feststellen lassen wird, daß die Angeschuldigten den Bedeutungsgehalt in einer Parallelwertung zutreffend erfaßt haben, kann die Freigabe des Films durch die FSK nicht unberücksichtigt bleiben; sie ist nicht nur nicht geeignet, die Einlassung des Angeschuldigten zu widerlegen. Sie stellt vielmehr für diesen eine Stütze dar."

8   Zu diesem gesamten Komplex ist zu beachten, daß sich **Überschneidungen** zwischen FSK- bzw. JK-Entscheidungen und behördlichen Entscheidungen vor allem Anfang der 70er Jahre ergeben haben, als der starke Liberalisierungsprozeß im Rahmen der Reform des Sexualstrafrechts stattfand und zeitweise sogar eine völlige Freigabe auch von Porno-Filmvorführungen in normalen Filmtheatern vorgesehen war. Hier ließ sich eine Verunsicherung über die zugrunde liegenden strafrechtlich relevanten Begriffe nicht vermeiden. Das gleiche galt für die ersten Fälle nach Einführung des § 131 StGB. In den letzten Jahren, vor allem nach Durchführung der o. e. Prozesse bei den Filmen *Sodom* und *Im Reich der Sinne,* in der die höchsten gerichtlichen Instanzen die FSK-Entscheidungen bestätigt haben, sind keine nennenswerten Überschneidungen mehr vorgekommen.

9   Was die **Jugend- und Feiertagsfreigabe** angeht, so handelt es sich um behördliche Bescheide, auf die sich der Theaterbesitzer verlassen kann. Sollten hier entsprechende Freigaben mit Schnittauflagen verbunden sein, die nicht durchgeführt wurden, so trifft hierfür den Filmtheaterbesitzer keine Verantwortung, da ihm keine Möglichkeit der Überprüfung gegeben ist. Es kann hier höchstens der Antragsteller zur Rechenschaft gezogen werden, der die an die Jugend- bzw. Feiertagsfreigabe geknüpften Auflagen nicht beachtet hat.

10   Beim **Werbematerial** wird ebenfalls durch die Vorprüfung seitens der FSK ein Gutglaubensschutz bewirkt. Selbst wenn also z. B. von der FSK freigegebenes Werbematerial durch die BPS später indiziert oder durch Gerichte als sittlich schwer jugendgefährdend angesehen werden sollte, so haben Verleiher und Theaterbesitzer, die dieses Werbematerial benutzt haben, keine Verantwortung im strafrechtlichen Sinne, da sie sich auf die Vorprüfung verlassen durften und deshalb nicht schuldhaft gehandelt haben. Sollte freilich Werbematerial in der Vorprüfung nicht freigegeben worden sein und trotzdem den FSK-Stempel tragen, so entfällt der Schutz auf jeden Fall für den betroffenen Antragsteller. Bei dem Theaterbesitzer kommt es darauf an, ob er aus dem Charakter des Materials ohne weiteres hätte entnehmen müssen, daß es jugendgefährdend ist und deshalb das FSK-Zeichen offensichtlich zu Unrecht angebracht war.

11   Was die falsche Anbringung eines **FSK-Zeichens** auf nicht freigegebenem Material angeht, so ist streitig, ob es sich hierbei um eine strafrechtlich relevante Urkundenfälschung handeln kann (§§ 267 ff StGB). Eine solche Urkundenfälschung dürfte wohl nicht gegeben sein, da es bei diesem FSK-Stempel, der auf dem Werbematerial angebracht wird, um ein Beweiszeichen und nicht um eine Urkunde geht. Der Charakter einer öffentlichen Urkunde ist schon dadurch ausgeschlossen, daß hier die FSK keine öffentlich-rechtliche, sondern eine privatrechtliche Tätigkeit ausübt. Dazu kommt, daß nur ein Stempel ohne Unterschrift angebracht wird, so daß die FSK selber die betreffende Bezeichnung nicht als eine Urkunde ansehen dürfte, und zwar auch nicht als eine privat-rechtliche Urkunde. Schließlich ist bedeutsam, daß aus Rationalisierungsgründen bei der drucktechnischen Herstellung und Vervielfältigung des Werbematerials die FSK den Antragstellern gestattet, das FSK-Zeichen selbst anzubringen mit der Maßgabe, daß später nicht freigegebenes Werbematerial auszusondern ist und nicht öffentlich verwandt werden darf, und daß dieses Verfahren in der Filmwirtschaft (vor allem bei den Verleihfirmen und den Theaterbesitzern) genau bekannt ist. Das Zeichen wird also auch von den Betroffenen nur als Beweiszeichen und nicht als FSK-Urkunde angesehen, so daß es bei einer falschen Anbringung (also für später nicht freigegebenes Werbematerial) um keine gefälschte Urkunde, sondern nur um eine schriftliche Lüge geht.

12   In der **Rechtsprechung** zu dieser Frage ist streitig, ob es sich bei dem FSK-Zeichen auf dem Werbematerial um eine **Urkunde** und dann bei Anbringung oder Belassung des FSK-Stempels für nicht zur öffentlichen Verwendung freigegebenes Material um eine unechte Urkunde handelt. In einer Entscheidung des AG München (Gesch.-Zch.: 4 Cs 45 Jk 34 739/75) heißt es, daß die Erklärungsadressaten, nämlich die Kinobesitzer, wüßten, daß die mit dem FSK-Signum versehenen Bilder nicht von der FSK selbst stammen, so daß sie nicht über die Ausstellereigenschaft der FSK getäuscht würden und deshalb keine Identitätstäuschung bezüglich des Antragstellers und damit die Ausstellung einer falschen Urkunde gegeben sei. Anders hat sich in dem gleichen Verfahren die Strafkammer des LG München in einem Beschluß vom 23. 2. 1976 (Az.: 10 Qs 87/75) geäußert. In dieser Entscheidung wird ausdrücklich ausgeführt, daß die FSK den Verleiher ermächtigt habe, in ihrem Namen die Fotos mit dem Freigabezeichen zu versehen, wodurch Aussteller der Urkunden nicht der Filmverleiher, sondern die FSK sei. Es komme daher eine Urkundenfälschung in Betracht, wenn der Verleiher Werbematerial mit dem FSK-Freigabesignum versehen würde, das von der FSK nicht freigegeben wurde.

13. Kapitel. Der Jugend- und Feiertagsschutz im Filmtheater

1   Der Theaterbesitzer kann sich auf die ihm übermittelten **Freigabebescheinigungen** der FSK und die dort erwähnten Kennzeichnungen für die Kinder-, Jugend- und Feiertagsfreigabe für den Film und das mit dem FSK-Zeichen versehene Werbematerial grundsätzlich verlassen (vgl. Kapitel 12), auch wenn die betreffenden Bescheinigungen und Zeichen im Einzelfall nicht zutreffen sollten (z. B. wenn an die Jugendfreigabe geknüpfte Auflagen nicht durchgeführt worden sind oder nicht freigegebenes Werbematerial mit dem FSK-Zeichen versehen worden ist). Diese Umstände der Freigabe liegen allein in der Verantwortung der Personen, die den Antrag bei der FSK gestellt und die FSK-Bescheinigung nebst Jugend- und Feiertagsentscheid erhalten haben. Für den Theaterbesitzer sind diese Umstände verfahrensmäßig und fachlich nicht zu kontrollieren und deshalb von ihm auch nicht zu verantworten.

2   Der Theaterbesitzer ist jedoch verantwortlich für die **Beachtung** der FSK-Freigabebescheinigungen, so daß er die Filme nur in der ihm gelieferten Form und Fassung und zu den in der Bescheinigung erwähnten Bedingungen (z. B. hinsichtlich der Kinder-, Jugend- und Feiertagsfreigabe) vorführen darf. Er ist also nicht dazu befugt, selbständig an den Filmen irgendwelche Änderungen (z. B. Schnitte oder Ergänzungen) vorzunehmen, da solche Schnitte die Beurteilung der Erwachsenen-, Kinder-, Jugend- oder Feiertagsfreigabe ändern könnten. Diese Pflichten des Theaterbesitzers ergeben sich auf der privat-rechtlichen Ebene aus den Bezugsbedingungen, die insoweit als branchenüblich jedem Filmbestellvertrag des Theaterbesitzers zugrunde liegen. Nach diesen Bezugsbedingungen hat der Theaterbesitzer die Filme in der Form und Fassung und unter den Bedingungen öffentlich vorzuführen, wie sie in den FSK-Bescheinigungen niedergelegt sind. Durch diese Vorschrift der Bezugsbedingungen hat sich gleichzeitig der Theaterbesitzer den vertraglichen Überwachungs- und Strafverfahren der FSK unterworfen. Der Theaterbesitzer hat ferner auf dem öffentlich-rechtlichen Gebiet die Vorschriften des JSchG und der Landesgesetze über die Feiertagsfreigabe zu berücksichtigen. Hierfür sind wieder in erster Linie die FSK-Freigabebescheinigungen maßgebend, so daß er die Filme nur an den Feiertagen spielen kann, wenn sie in den FSK-Bescheinigungen ausdrücklich als feiertagsfrei bezeichnet worden sind, und nur

die Kinder und Jugendlichen zulassen darf, die zu der Altersgruppe gehören, für welche die betreffenden Filme freigegeben worden sind.

3 Dabei müssen **alle** in dieser öffentlichen Filmveranstaltung **gezeigten Filme** (nämlich Hauptfilm und Beiprogrammfilm einschließlich Werbefilme, Dias und Werbevorspannfilme etc.) gemäß § 6 JSchG für die Altersgruppen freigegeben sein, die der Theaterbesitzer zu der Filmveranstaltung zuläßt.

4 Von Bedeutung sind in diesem Zusammenhang insbesondere die Vorschriften des JSchG über die **öffentliche Bekanntmachung** der Jugendschutzbestimmungen gem. § 10 JSchG und über die **Einlaßkontrolle** bei Kindern und Jugendlichen gem. § 6 JSchG. Eine Verletzung der Vorschriften über die Einlaßkontrolle hat nach § 15 JSchG strafrechtliche Folgen, wobei eine fahrlässige Verletzung bereits genügt und nicht etwa Vorsatz erforderlich ist, während eine Verletzung des Bekanntmachungsverbots (§ 10 JSchG) nur als Ordnungswidrigkeit geahndet wird.

5 Die **Bekanntmachungspflicht** hinsichtlich der Jugendschutzvorschriften nach § 10 JSchG verlangt eine deutlich erkennbare Form. Die Bekanntmachung muß deshalb an einer für jedermann sichtbaren, erforderlichenfalls gut beleuchteten Stelle des Filmtheaters, und zwar vor dem Einlaß, angebracht sein. Ferner muß die Bekanntmachung eine für Kinder und Jugendliche leicht verständliche klare Fassung besitzen.

6 Die Bekanntmachungspflicht bezieht sich nach dem klaren Wortlaut des Gesetzes nur auf die Jugendschutzvorschriften, also die **Wiedergabe des § 6 JSchG.** Sie betrifft nicht die Bekanntmachung der Art der Freigabe des betreffenden Films, der in dem Theater vorgeführt wird, denn insoweit heißt es in § 10 JSchG nur, daß die Bekanntmachung über die Freigabe des einzelnen Films (also wenn sie erfolgt) ausschließlich die Kennzeichnung des § 6 JSchG verwenden darf. Es besteht demnach keine Verpflichtung zur Bekanntgabe der Freigabe des einzelnen Films für Kinder, Jugendliche oder Erwachsene, sondern es ist lediglich zu beachten, daß, falls der Theaterbesitzer eine solche Bekanntmachung vornimmt, was schon im Interesse der Theaterbesucher erforderlich ist, es hier lediglich *Freigegeben für eine bestimmte Altersgruppe* oder *Freigegeben ab 18 Jahren* heißen darf. Das bedeutet, daß der Theaterbesitzer, falls er eine solche Bekanntmachung über die Freigabe durchführt, nicht andere Bezeichnungen verwenden darf, insbesondere nicht die Bezeichnung *Nur für Erwachsene* oder *Jugendverbot* oder gar *Strengstes Jugendverbot.* Bei Verwendung derartiger Bezeichnungen macht sich der Theaterbesitzer strafbar.

7 Die wichtigste Verpflichtung für den Theaterbesitzer nach dem JSchG besteht darin, darauf zu achten, daß bei öffentlichen Filmveranstaltungen nur die Kinder und Jugendlichen derjenigen **Altersgruppen** anwesend sind, für die sämtliche gezeigten Filme freigegeben worden sind. Er muß also dafür Sorge tragen, daß die Kinder und Jugendlichen nicht zu Filmveranstaltungen zugelassen oder eingelassen werden, in denen Filme (auch Beiprogrammfilme wie Kurzfilme, Werbefilme, Dias, Werbevorspannfilme etc.) zur Vorführung kommen, die für die betreffenden Kinder und Jugendlichen nicht freigegeben worden sind.

8 Hierbei ist unter **Zulassung** zu verstehen, daß die Kinder oder die Jugendlichen zur Besichtigung des Films gelangen, d. h. also den Theaterraum betreten haben müssen, in dem der betreffende Film vorgeführt wird. Eine Zulassung für Kinder oder Jugendliche ist noch nicht gegeben, wenn ihnen für den betreffenden Film eine Eintrittskarte verkauft wird, da es durchaus möglich ist, daß das Kind oder der Jugendliche diese Eintrittskarte für eine Person kauft, die den Film auch nach den Jugendschutzvorschriften besichtigen darf, und mit einem solchen Kauf noch

keine Besichtigung des Films durch das Kind oder den Jugendlichen verbunden ist.

9   Was die eigentliche **Einlaßkontrolle** angeht, so muß der Theaterbesitzer besondere Sorgfaltspflichten beachten. Diese Sorgfaltspflichten gehen freilich nicht so weit, daß von ihm verlangt werden kann, sich von allen Kindern oder Jugendlichen, die nicht zu der Altersgruppe gehören könnten, für die der Film zugelassen ist, einen Ausweis vorzeigen zu lassen, da eine solche generelle Ausweispflicht nicht vorgeschrieben ist. In Zweifelsfällen wird der Theaterbesitzer jedoch die betreffenden Kinder oder Jugendlichen zurückweisen müssen, falls sie ihm nicht ihrerseits den Nachweis ihres Alters erbringen.

10   Falls der Theaterbesitzer die Einlaßkontrolle nicht selbst durchführen kann (z. B. bei Inhaberschaft mehrerer Theater) oder will, muß er zur eigenen Entlastung **klare Verantwortlichkeiten** hinsichtlich der Einlaßkontrolle festlegen. Er muß also Personen hiermit beauftragen und entsprechend beaufsichtigen, die nach ihrer persönlichen Qualifikation hierfür geeignet sind und von ihm eine eindeutige Instruktion und Delegation erhalten haben. Zur Sicherung des Theaterbesitzers empfiehlt es sich, solche Delegationen und Verantwortlichkeiten in schriftlicher Form festzuhalten.

11   Zusätzlich zu dieser Bekanntmachungspflicht und Einlaßkontrolle ist der Theaterbesitzer noch verantwortlich für das **Werbematerial,** das er nicht mit einem FSK-Freigabezeichen vom Verleiher erhält, sondern das er selbst anfertigt. Hierzu gehören z. B. vom Theaterbesitzer durchgeführte Außenfrontreklamen sowie etwa von ihm angefertigte Handzettel und Inserate. Da dieses Material von keiner Stelle vorgeprüft wird, muß der Theaterbesitzer dafür Sorge tragen, daß sich die betreffenden Unterlagen im Einklang mit den Vorschriften des GjS halten, dem solche Schriften und Abbildungen unterliegen. Sollte also derartiges Material offensichtlich schwer jugendgefährdend oder von der BPS indiziert worden sein, so macht sich der Theaterbesitzer strafbar, wenn er es trotzdem öffentlich bzw. an einem für Kinder und Jugendliche leicht zugänglichen Ort verwendet.

12   In der **Rechtsprechung** gibt es mehrere, teilweise widersprüchliche Urteile, die sich mit Art und Umfang der **Bekanntmachungspflicht** der Jugendschutzvorschriften durch den Filmtheaterbesitzer (§ 10 JSchG) befassen. Lt. OLG Hamm (in „Der neue Film" Nr. 64 vom 12. 8. 1954) hat der Theaterbesitzer lediglich den Text der den Film betreffenden Jugendschutzvorschriften durch ständigen Aushang bekanntzumachen und ist wegen der Art des Hinweises auf den konkreten Film frei. Dagegen läßt das OLG Köln vom 2. 3. 1956 (Az.: Ss 433/55) den Aushang des bloßen Gesetzeswortlautes nicht genügen, sondern verlangt, daß sich die Bekanntmachung auf den jeweils zur Vorführung gelangenden konkreten Film bezieht. Diese Auffassung widerspricht dem klaren Wortlaut des Gesetzes, in dem hinsichtlich der Bekanntmachung über die Kinder- und Jugendeinstufung des einzelnen Films nicht von einer generellen Verpflichtung gesprochen wird.

13   Im Hinblick auf die **Form** fordert das OLG Köln in der erwähnten Entscheidung, daß die Bekanntmachung an einer für jedermann sichtbaren, erforderlichenfalls gut beleuchteten Stelle und nicht z. B. in einer dunklen Ecke angebracht werden muß.

14   Lt. Beschluß des Bayerischen Obersten Landesgerichts vom 25. 2. 1980 (Az.: 3 Ob OWi 3/80) genügt der Filmtheaterbesitzer seiner Pflicht zur **Kennzeichnung** der Freigabe des laufenden Films, wenn er sie in deutlich erkennbarer Weise unter Bezugnahme auf den Film an oder in unmittelbarer Nähe der Theaterkasse anbringt. Eine mehrfache Kennzeichnung an verschiedenen Plätzen sei nicht vorgeschrieben. Der allgemeine Aushang der Vorschriften über den Besuch von Filmveranstaltungen durch Jugendliche und Kinder sei an einer für jedermann gut sichtbaren Stelle und inhaltlich in einer für diese Personengruppe verständli-

chen Art und Weise durchzuführen (s. auch OLG Saarbrücken, Az.: EJF F I Nr. 9; OLG Köln NJW 1955, S. 1607).

15 Zur **Rechtslehre** s. *Potrykus* in *Erbs/Kohlhaas*, ,,Strafrechtliche Nebengesetze" § 6 Anm. 15.

16 Mit Art und Umfang der **Einlaßkontrolle** beschäftigen sich zahlreiche Gerichtsentscheidungen. Hier sei verwiesen auf: LG Wuppertal, Große Strafkammer vom 22. 7. 1952 (Az.: 5 KMs 9/52, 43 IV) Erkundigungspflicht des Theaterbesitzers über die Jugendfreigabe beim Verleiher; AG Altdorf vom 7. 8. 1952 (Az.: Cs 817/52) Fahrlässigkeit beim Einlaß Jugendlicher; OLG Stuttgart vom 20. 11. 1952 (Az.: Ss 279/53) Pflicht des Theaterbesitzers, in Zweifelsfällen das Alter von Jugendlichen an Hand von Ausweisen nachzuprüfen und im Verweigerungsfall den Jugendlichen abzuweisen; OLG Oldenburg Strafsenat vom 2. 12. 1952 (Az.: Ss 291/52) Prüfungspflicht des Theaterbesitzers bei seinem Personal im Hinblick auf Befolgung seiner Anordnung wegen Jugendschutzes; OLG Düsseldorf vom 13. 7. 1952 (Az.: Ss 247/53) Kontrolle der Jugendlichen am Theatereingang; OLG Hamm vom 28. 5. 1952 (in ,,Der neue Film" Nr. 64 vom 12. 6. 1954) Pflichten des Theaterbesitzers wegen Bekanntgabe des Jugendverbots; OLG Köln vom 28. 6. 1955 (Az.: Ss 151/54 und 2. 3. 1956 – Az.: Ss 433/55) Begriff der Zulassung von Jugendlichen; Strafsenat Gelsenkirchen vom 25. 6. 1956 Freispruch, wenn der Jugendliche nach seinem Erscheinungsbild den Eindruck eines über 16jährigen gemacht hat.

17 Sehr weitgehend und nach dem Gesetzeswortlaut und -sinn nicht berechtigt erscheint die Entscheidung des OLG Köln vom 28. 6. 1955 (UFITA Bd. 21, S. 88), nach der eine **Zulassung** von Jugendlichen zu Filmveranstaltungen schon in der Aushändigung der Eintrittskarte an diese Jugendlichen zu sehen sein soll, mit der Begründung, daß der Sinn der Vorschrift darin bestehe, zu verhindern, daß einem Jugendlichen die Möglichkeit eingeräumt werde, eine für ihn verbotene Filmveranstaltung zu besuchen. Diese weite Auslegung des Begriffs Zulassung ist nicht haltbar, da das Jugendschutzgesetz nur verhindern will, daß Jugendliche einen für sie verbotenen Film besichtigen und eine solche Besichtigung mit dem Erwerb der Karte noch nicht verbunden ist, da der Jugendliche noch der Einlaßkontrolle unterliegt und vorher noch nicht einmal das Recht auf Teilnahme an der Filmvorführung erwirbt. Dagegen auch mit Recht das LG Berlin mit einer Entscheidung vom 25. 6. 1956 (UFITA Bd. 23, S. 250), wonach der Käufer der Karte nicht mit dem Besucher des Kinos identisch zu sein braucht und es in einer Vielzahl der Fälle auch nicht ist, so daß der Kinokassiererin nicht angesonnen werden kann, nur dem eine Karte zu überlassen, der auch die Vorstellung betreten darf.

18 In dieser Entscheidung des LG Berlin wird noch ausgeführt, daß der Geschäftsführer eines Filmtheaters die ihm gesetzlich obliegende **Sorgfaltspflicht** erfüllt, wenn er deutlich sichtbare Verbotstafeln hat anbringen lassen und gelegentlich selbst beim Einlaß mitgeholfen und dabei die Zuverlässigkeit des Kinopersonals überprüft hat. Zu weitgehend dagegen eine Entscheidung des Schleswig-Holsteinischen OLG vom 18. 11. 1958 (UFITA Bd. 30, S. 339). Nach dieser Entscheidung haben Filmtheaterbesitzer, deren Vertreter oder die von diesen mit der Kontrolle beauftragten Personen nach dem JSchG eine strenge Kontrollpflicht und müssen sich Gewißheit über das Alter der jugendlichen Besucher von Filmveranstaltungen verschaffen. In Zweifelsfällen soll es erforderlich sein, daß sich der Kontrollierende einen Ausweis zeigen läßt, aus dem er das Alter des Jugendlichen feststellen kann. Bloßes Befragen nach dem Alter des Jugendlichen bei diesem selbst oder bei der erwachsenen Begleitperson sollen nicht ausreichen. Dabei sei es Sache der Jugendlichen, die einen Film besuchen wollen, sich entsprechende Ausweise mitzubringen und ggf. vorzulegen. Wer nicht in der Lage sei, in Zweifelsfällen einen solchen Ausweis vorzuzeigen, müsse vom Besuch der Filmveranstaltung ausgeschlossen werden. Die Entscheidungsgewalt der Eltern finde ihre Grenzen in der gesetzlichen Regelung des Besuchs öffentlicher Filmveranstaltungen durch Jugendliche.

14. Kapitel. Der Jugendschutz beim Videovertrieb

1   Da es für Video-Kassetten und Bildplatten, die zur Vermietung, zum Verleih oder zur Verpachtung und nicht zur öffentlichen Vorführung benutzt werden, vorläufig **keine gesetzliche Vorkontrolle** irgendwelcher Art gibt, wie sie für Filme gehandhabt wird, die in öffentlichen Filmveranstaltungen gezeigt werden sollen, kommen hier diese ganzen Grundsätze über die Vorprüfung weder für die Video-Vertriebsfirmen (Video-Programmanbieter) als Großhandel noch für die Videotheken, Video-Shops, Radio- und Fernsehfachhändler als Einzelhandel in Betracht. Dagegen gelten für diese ganzen Gruppen die Folgen, die eine **Indizierung** von solchen Video-Kassetten oder Bildplatten durch die BPS wegen **Jugendgefährdung** oder eine evtl. gerichtliche Beschlagnahme wegen schwerer Jugendgefährdung nach sich zieht (über den Begriff der Jugendgefährdung vgl. Kapitel 8).

2   Die **Indizierungsfolgen** bestehen vor allem in einem Werbeverbot, über dessen Auslegung oben (vgl. Kapitel 6) das Erforderliche gesagt ist, wobei es in § 5 Abs. 2 GjS heißt, daß indizierte Schriften nicht öffentlich oder durch Verbreitung angeboten, angekündigt oder angepriesen werden dürfen. Die weiteren Beschränkungen bestehen in einem Vertriebs-, Verbreitungs- und Verleihangebot für den Einzelhandel außerhalb von Geschäftsräumen, für Kioske, für den Versandhandel und für gewerbliche Leihbüchereien oder Lesezirkel (§ 4 GjS).

3   Die Indizierung tritt immer in Kraft, wenn sie im **Bundesanzeiger** bekanntgemacht worden ist. Es ist Sache der betroffenen Firmen, sich hier regelmäßig über veröffentlichte Indizierungen zu unterrichten. Sie können in diesem Zusammenhang nicht mit der Behauptung als Entschuldigungsgrund gehört werden, daß sie den Bundesanzeiger nicht besäßen und deshalb keine Kenntnis von der Indizierung erlangt hätten.

4   Über die **Rechtsmittel** gegen die Indizierung vgl. oben Kapitel 7.

5   Die Beschränkungen bedeuten **nicht,** daß jugendgefährdende Videokassetten, Bildplatten o. ä. m. überhaupt nicht mehr vertrieben werden dürfen. Es muß nur eine Vertriebsform sichergestellt sein, die verhindert, daß sie Jugendlichen zugänglich gemacht werden. Es können z. B. Videotheken oder Video-Shops oder Radio- und Fernsehfachhändler durchaus solche jugendgefährdenden Kassetten oder Bildplatten in besonderen Räumen verkaufen, verleihen oder vermieten, die nur für Erwachsene zugänglich sind.

6   Die **Videovertriebsfirmen** bzw. **Videoprogrammanbieter** haben sich durch eine Satzungsvorschrift ihres Bundesverbandes verbindlich verpflichtet, ihre sämtlichen Videokassettenfilme der FSK zur Vorprüfung auf **Kinder- und Jugendfreigabe,** unter den gleichen Bedingungen wie sie für Kinofilme gelten, vorzulegen oder, soweit ihre Filme mit Kinofilmen (wie in den meisten Fällen) identisch sind, die entsprechenden FSK-Bescheinigungen zu übernehmen und in allen Fällen sämtliche Videokassetten entsprechend zu kennzeichnen. Eine diesbezügliche Abmachung mit der FSK unter Billigung der Obersten Landesjugendbehörden wurde am 13. 10. 1983 abgeschlossen. Sie dient dem Jugendschutz, da die Videoeinzelhändler von ihren Vertragspartnern verpflichtet werden, nur solche Videokassetten an Kinder und Jugendliche abzugeben, die für sie von der FSK freigegeben worden sind.

7 Zu den **Vertriebs- und Werbebeschränkungen** vgl. *Potrykus* aaO Anm. zu den §§ 4 und 5 GjS und *Stefen* „Massenmedien und Jugendschutz" 1976, S. 81.

15. Kapitel. Die privatrechtlichen Schranken der Filmfreiheit

1 Das Grundrecht der Filmfreiheit findet seine Grenzen nicht nur in den erwähnten öffentlich-rechtlichen oder verfassungsrechtsrechtlichen Vorschriften (vor allem Strafrecht und Jugendschutz), sondern auch in privatrechtlichen Vorschriften, die es zum Schutz anderer Rechtsgüter beschränken. Hierzu gehören u. a. die gesetzlichen und verfassungsrechtlichen Vorschriften zum **Schutz der Persönlichkeit,** der Ehre, des Namens, des Bildnisses, des sozialen Bestandes, des Gewerbebetriebes und der beruflichen Betätigung (vgl. hierzu die Abschnitte 2 „Persönlichkeitsrecht" und 7 „Vertragswerk der Filmproduktion").

2 Diese privatrechtlichen Beschränkungen sind ihrerseits im Hinblick auf die konstituierende Bedeutung der Filmfreiheit bestimmten Einschränkungen unterworfen, so daß jeweils eine entsprechende **Abwägung** nach der Bedeutung und dem verfassungsmäßigen Rang der Filmfreiheit und des verletzten Privatrechts im Einzelfall stattzufinden hat. Insoweit strahlen die verfassungsrechtlich geschützten Grundrechte, die in erster Linie gegen unzulässige Eingriffe durch hoheitliche staatliche Maßnahmen gedacht sind, auf das Privatrecht aus bzw. haben eine entsprechende Drittwirkung.

3 Das Grundrecht der Filmfreiheit kann seine **Grenzen** auch in dem **Hausrecht** bei **öffentlichen Veranstaltungen** finden, an deren filmischer Berichterstattung ein allgemeines Interesse besteht (z. B. Sportveranstaltungen, politische Versammlungen, Theateraufführungen, Filmvorführungen etc.). Hier ist das Recht auf Berichterstattung (vor allem für Journalisten, Reporter und Künstler) gegen das Hausrecht des Veranstalters abzuwägen. Diese Abwägung wird notwendig, wenn dieser Veranstalter die Berichterstattung begrenzen will (also z. B. überhaupt keine Berichterstattung wünscht oder die ausschließliche Berichterstattung bestimmten Firmen oder Institutionen evtl. gegen Entgelt überläßt). Hierbei hat das Recht auf Berichterstattung Vorrang und kann von dem Veranstalter nicht verwehrt werden, soweit es sich um eine auf die wesentliche Information beschränkte Berichterstattung handelt (Sportschau, Tagesschau, Wochenschau etc.). Dagegen kann der Veranstalter eine ausführlichere Berichterstattung auf Grund seines Hausrechts an einige Firmen oder Personen evtl. gegen Entgelt vergeben und andere Berichterstatter ausschließen.

4 In der **Rechtsprechung** sind einige grundsätzliche Entscheidungen zum Umfang und zur Bedeutung der Meinungs-, Informations- und Kunstfreiheit gerade auf dem Gebiet der Schranken dieser Freiheitsrechte durch privat-rechtlich geschützte Rechtsgüter ergangen. Hierzu gehören die Entscheidungen des BVerfG im Fall *Lüth* (BVerfGE 7, S. 198 und NJW 1958, S. 257), wo es um Meinungsfreiheit und Geschäftsschädigung ging, sowie im Fall *Mephisto* (BVerfGE 30, S. 173, NJW 1971, S. 1645 = UFITA Bd. 62, S. 327), wo es sich um Kunstfreiheit und Persönlichkeitsrecht und im *Lebach*-Fall (NJW 1973, S. 1226 = UFITA Bd. 69, S. 301), wo es sich um Informationsfreiheit und Resozialisierung gehandelt hat. Diese Entscheidungen werden unten (Kapitel 21) ausführlich behandelt.

5 Dazu rechnet auch die Entscheidung des BVerfG über die **Rundfunkfreiheit** und den Schutz des **sozialen Besitzstandes** (BVerfGE 59, S. 231, NJW 1982, S. 1447). Hier hat das BVerfG vorangegangene Entscheidungen des Bundesarbeitsgerichts, durch die befristet angestellte ständige freie Mitarbeiter der Rundfunkanstalten den unbefristet fest angestellten Arbeitnehmern sozial gleichgestellt worden sind, als verfassungswidrig wegen Verstoß gegen die Rundfunkfreiheit erklärt. In dieser Entscheidung des BVerfG heißt es: ,,Zur Rundfunkfreiheit gehört das Recht der Anstalten, dem Gebot der Vielfalt der zu vermittelnden Programminhalte auch bei Auswahl, Einstellung und Beschäftigung der programmgestaltenden Rundfunkmitarbeiter Rechnung zu tragen. Dies ist von den Arbeitsgerichten zu beachten, wenn sie darüber entscheiden, ob die Rechtsbeziehungen zwischen den Anstalten und deren an der Programmgestaltung tätigen Mitarbeitern als unbefristetes Arbeitsverhältnis einzuordnen sind.'' Das BVerfG hat in diesen Entscheidungen den freiheitlichen Tendenzschutz der Rundfunkanstalten höher eingeordnet als den sozialen Bestandsschutz der Mitarbeiter. Diese verfassungsgerichtliche Entscheidung ist nicht nur für den Rundfunk, sondern auch für Bühne, Presse und Filmproduktion von Bedeutung, soweit hier gleichartige Verhältnisse vorliegen, wie dies in vielen Fällen gegeben ist.

16. Kapitel. Die organisatorischen und wirtschaftlichen Schranken der Filmfreiheit

1   Neben den erwähnten öffentlich-rechtlichen und privat-rechtlichen Schranken findet die Filmfreiheit auch in organisatorischen und wirtschaftlichen Umständen ihre Grenzen. Eine **organisatorische Schranke** liegt vor, wenn z. B. ein bestimmter Bereich der Information, Meinungsäußerung und Kommunikation eine öffentlich-rechtliche Struktur aufweist und dem einzelnen Inhaber bzw. Träger des Rechts auf Filmfreiheit für seine Produkte nur bedingt zugänglich ist. Eine **wirtschaftliche Schranke** ist gegeben, wenn die Herstellung oder Verbreitung eines Produkts der Filmfreiheit mit Kosten verbunden ist, die von dem einzelnen Inhaber bzw. Träger des Rechts auf Filmfreiheit nicht aufgebracht werden können und ihm auch von keiner anderen Seite abgenommen werden. Für den Umfang und die Bedeutung dieser Schranken der Filmfreiheit ist es wesentlich, ob die individuelle oder institutionelle Filmfreiheit in Frage steht.

2   Die **individuelle Filmfreiheit** begründet für den Inhaber bzw. Träger des Rechts auf Filmfreiheit ein Abwehrrecht gegen jeglichen öffentlich-rechtlichen oder privat-rechtlichen Eingriff, der nicht durch besondere vorrangige Rechte (z. B. Strafrecht, Jugendschutz, Persönlichkeitsschutz) begründet ist, also eine Respektierung seiner Filmfreiheitssphäre. Sie verschafft jedoch keinen Anspruch auf eine organisatorisch und wirtschaftlich ungehinderte Ausübung dieser Filmfreiheit.

3   Danach muß der Rechtsinhaber bzw. -träger der individuellen Filmfreiheit begründete **öffentlich-rechtliche Strukturen,** wie z. B. bei den öffentlich-rechtlichen Rundfunkanstalten, hinnehmen, obwohl sie ihn bei der Ausübung seiner Filmfreiheit behindern könnten. Das gilt freilich nur für den einzelnen Staatsbürger, während gesellschaftlich relevant und pluralistisch repräsentativ zusammengesetzte Gruppen einen Anspruch auf Betrieb einer privaten Rundfunkanstalt geltend machen können. Der Inhaber bzw. Träger des Rechts auf Filmfreiheit hat auch keinen Anspruch darauf, daß ihm von der öffentlichen Hand oder von privater Seite die notwendigen Mittel für die Ausübung seiner Filmfreiheit zur Verfügung gestellt werden, d. h., daß es insbesondere keinen generellen Anspruch auf **staatliche Subventionierung** für die Filmproduktion gibt. Das Zensurverbot begründet keinen Subventionsanspruch (s. 3. Abschnitt ,,Die deutsche Filmförderung'', 24. Kapitel).

4   Soweit jedoch organisatorische oder wirtschaftliche Maßnahmen zugunsten von Inhabern bzw. Trägern des Rechts auf Filmfreiheit eingeführt werden, besteht für jeden von ihnen ein Anspruch auf **gerechte** und **gleichmäßige** Behandlung,

der evtl. gerichtlich eingeklagt werden kann. (Vgl. hierzu im einzelnen den 3. Abschnitt ,,Filmförderung".)

5 Die **institutionelle Garantie,** die auch für die in Art. 5 GG gleichrangig mit der Presse erwähnte Filmfreiheit gilt, bildet ein Grundrecht, das auch auf organisatorischem und wirtschaftlichem Gebiet zu beachten ist. Sie bedeutet, daß der Film und seine Freiheit (wie die Presse) als Institution der freien Massenkommunikation ein konstituierendes Element der freiheitlich-demokratischen Grundordnung sind, das als solches erhalten bleiben muß. Die öffentlich-rechtlichen Organisationsformen sind also, soweit sie unerläßlich sind (z. B. aus technischen oder finanziellen Gründen), so zu gestalten, daß in ihrem Rahmen die Mannigfaltigkeit filmischer Ausdrucksformen der verschiedensten Inhaber bzw. Träger des Rechts auf Filmfreiheit bestmöglich berücksichtigt wird, also Filmfreiheit und nicht Verstaatlichung oder Bürokratisierung stattfindet. Die öffentlichen Filmsubventionen müssen so geregelt werden, daß sie die private Filmwirtschaft und die damit verbundene Filmfreiheit in ihrem Kern erhalten und nicht etwa die Filmwirtschaft in vergleichbare öffentlich-rechtliche Organisationsformen zwingen, wie sie aus besonderen technischen und finanziellen Gründen für die öffentlich-rechtlichen Rundfunkanstalten gelten. Privat-rechtliche Organisationsformen für neue Medien müssen, soweit sie bestimmte Gebiete monopolisieren (z. B. privates Fernsehen), den privaten Inhabern und Trägern des Rechts auf Filmfreiheit eine ausgewogene Beteiligung ermöglichen. Bei Programmen monopolistischer Organisationen (z. B. derzeit die öffentlich-rechtlichen Rundfunkanstalten) muß die Ausgewogenheit des Programms gewahrt sein, und zwar entweder *binnenpluralistisch* bei dem einzelnen Programm oder *außenpluralistisch* im Rahmen des Gesamtprogramms.

6 In der **höchstrichterlichen Rechtsprechung** wird die institutionelle Filmfreiheit ausdrücklich anerkannt. In dem Urteil des BVerfG vom 28. 2. 1961 (BVerfGE 12, S. 205 und UFITA Bd. 34, S. 46) heißt es wörtlich: ,,Als Massenkommunikationsmittel gehört der Rundfunk in die Nachbarschaft von Presse und Film. Artikel 5 Abs. 1 Satz 2 GG nennt alle drei Massenmedien in einem Satz" . . . ,,Artikel 5 GG enthält mehr als nur das individuelle Grundrecht des Bürgers gegen den Staat auf Respektierung einer Freiheitssphäre, innerhalb welcher er seine Meinung ungehindert äußern kann. Durch Artikel 5 Abs. 1 Satz 1 GG ist insbesondere auch die institutionelle Eigenständigkeit der Presse von der Beschaffung der Information bis zur Verbreitung der Nachricht und der Meinung gewährleistet."

7 Über die Grenzen und Möglichkeiten bei der Struktur der Rundfunkanstalten und für ein etwaiges **privates Fernsehen** stellt das BVerfG in dem unter Rdn. 6 erwähnten Urteil fest, daß aus technischen Gründen der begrenzten Frequenz und aus wirtschaftlichen Gründen wegen außergewöhnlicher finanzieller Aufwendungen beim Rundfunk eine Sondersituation bestehe, die bei seiner Struktur berücksichtigt werden müsse. In einem neueren Urteil vom 16. 6. 1981 (NJW 1981, S. 1774 = UFITA Bd. 91, S. 249) heißt es hierzu, daß auch wenn diese Gründe im Zuge der modernen Entwicklung entfallen sollten, dann bei einem etwaigen privaten Fernsehen dafür gesorgt werden müsse, daß ein ausgewogenes Programm und ein geregelter Zutritt zu diesem Medium stattfindet. Es müßten alle gesellschaftlich relevanten Gruppen in den zuständigen Gremien angemessen repräsentiert sein und es müsse für eine Kontrolle zur Erhaltung der notwendigen Struktur gesorgt werden. Wörtlich wird erklärt: ,,Der Gesetzgeber hat für diesen Fall Leitgrundsätze für das Gesamtprogramm verbindlich zu machen, die ein Mindestmaß von inhaltlicher Ausgewogenheit, Sachlichkeit und gegenseitiger Achtung gewährleisten." Gesellschaftlich relevant und pluralistisch repräsentativ zusammengesetzte Gruppen haben nach diesseitiger Auffassung einen **Anspruch** auf Tätigkeit des Gesetzgebers zur Zulassung zum privaten Fernsehen.

8   Zur **Rechtsprechung** über ,,Subvention und Selektion" s. BVerfG in NJW 1980, S. 718; 1974, S. 689 und 1981, S. 329; sowie BVG in UFITA Bd. 71, S. 329 und Bd. 77, S. 236 (vgl. auch Kapitel 24 und die dort zitierte Rechtsprechung).

9   Lt. **UN-Ausschuß für Menschenrechte** gibt Art. 19 ,,Innere Rundfunkfreiheit" (IPBPR) nicht jedermann das Recht, sich über ein Medium wie das Fernsehen zu äußern. Wenn jedoch innerhalb einer Rundfunkgesellschaft mit der generellen Zustimmung der zuständigen Stelle eine Sendung zur Ausstrahlung hergestellt worden ist, kann die Lage anders sein. Für die *öffentliche Sittlichkeit* i. S. von Art. 19 IIIb IPBPR gibt es keinen weltweit geltenden gemeinsamen Maßstab. Die zuständigen staatlichen Stellen haben insofern einen Ermessensspielraum (UN-AMR, Entscheidung vom 2. 4. 1982 in NJW 1983, S. 1961 Fall *Herzberg*).

2. Abschnitt. Namens-, Bildnis- und Persönlichkeitsrecht beim Filmwerk

17. Kapitel. Allgemeines

1 Unter **Filmwerk** im Sinne dieses ganzen Abschnitts sind sämtliche filmischen Darstellungen zu verstehen, gleichgültig, welchen Inhalt sie haben, für welche Zwecke sie bestimmt sind und mit welchen technischen Mitteln und an welchem Ort und in welcher Art sie aufgenommen, wiedergegeben und verbreitet werden. Es gehören hierzu insbesondere abendfüllende Filme und Kurzfilme, Spielfilme und Dokumentarfilme, Lehrfilme, Jugendfilme, Märchenfilme, Kulturfilme, Industriefilme, Werbefilme, Kinofilme, Fernsehfilme und Videofilme, Fictions und Features, Wochenschauen und Nachrichten, Magazine, Moderationen, Talk-Shows, Unterhaltungs- und Show-Sendungen, aufgezeichnete Sendungen sowie Live-Sendungen. Unter **öffentlich** im Sinne dieses ganzen Abschnitts ist eine Mehrzahl von Personen zu verstehen, die nicht bestimmt gegeneinander abgegrenzt und auch nicht durch gegenseitige Beziehungen untereinander verbunden sind. Zu dem **Publikum** im Sinne dieses ganzen Abschnitts rechnen alle potentiellen Filmbesucher oder sonstigen Rezipienten von Filmwerken. Der für die etwaige Rechtsverletzung relevante Kreis der Öffentlichkeit oder des Publikums kann nur im Einzelfall unter Berücksichtigung von Verletzer, Verletzung und Verletzten bestimmt werden, wobei durchaus eine lokale Relevanz bedeutsam sein kann.

2 Der Namens-, Bildnis- und Persönlichkeitsschutz gegenüber Darstellungen in Filmwerken ist aus verschiedenen Gründen von **besonderer Bedeutung,** so daß hier Überschneidungen häufig vorkommen und beachtliche Auswirkungen haben. Die Filmwirtschaft und die Fernsehanstalten können für ihre Filmwerke nicht nur Phantasienamen und Phantasiegeschichten benutzen. Sie müssen auf real existierende Namen und tatsächliche Ereignisse Bezug nehmen können, um ein legitimes Publikumsbedürfnis nach Information und Kunst auf den verschiedensten Gebieten zu befriedigen. Bei den öffentlich-rechtlichen Fernsehanstalten gibt es sogar einen öffentlich-rechtlichen Auftrag, zur Information und Meinungsbildung beizutragen. Auf der anderen Seite können bei Filmwerken wegen ihrer Breiten- und Tiefenwirkung besonders leicht und effizient Namens-, Bildnis- und Persönlichkeitsrechte verletzt werden. Hier muß deshalb dem verfassungsrechtlich verankerten Schutz der Persönlichkeit und der Würde des Menschen Rechnung getragen werden.

3 Hieraus ergibt sich, daß auf diesem Gebiet ein **Abwägen und Ausgleichen** zwischen wesentlichen **grundrechtlich geschützten Rechten** notwendig ist. Auf der einen Seite stehen Informations-, Kunst- und Meinungsfreiheit und auf der anderen Seite die freie Entfaltung der Persönlichkeit und die Würde des Menschen. Hier lassen sich allgemeine Regeln relativ leicht aufstellen, jedoch treten häufig große Schwierigkeiten bei der notwendigen Abgrenzung im Einzelfall auf.

18. Kapitel. Namensrecht und Namensschutz

1   Der § 12 BGB, der demjenigen einen Beseitigungs- bzw. Unterlassungsanspruch gibt, dem der **Namensgebrauch** von einem anderen bestritten oder dessen Interesse dadurch verletzt wird, daß ein anderer unbefugt den gleichen Namen gebraucht, gilt auch für den Gebrauch von Namen im Rahmen von Filmwerken aller Art (s. Kapitel 17). Der Namensschutz dieser Bestimmung übt zwei Funktionen aus. Er umfaßt das Recht zum Gebrauch des Namens und den Anspruch, andere vom unbefugten Gebrauch auszuschließen. Für den vorliegenden Komplex kommt nur die zweite Alternative in Betracht, nämlich das Recht des Namensträgers, anderen Personen den unbefugten Gebrauch seines Namens zu untersagen. Die Vorschrift will das Identitätsinteresse des Namensträgers schützen und eine Verwechslungsgefahr durch den unbefugten Gebrauch seines Namens verhindern. Voraussetzung für die Verletzung des Namensrechts ist hier also der Gebrauch des Namens einer real existierenden Person für eine Figur in einem Filmwerk, die mangelnde Befugnis zum Gebrauch dieses Namens und die Verletzung des Interesses des Namensträgers.

2   Der **Gebrauch eines Namens in einem Filmwerk** liegt immer vor, wenn Figuren, die in diesem Filmwerk vorgestellt werden, den Namen von real existierenden Personen (Namensträger) führen. Dabei müssen hierunter im Sinne vollständigen Namensschutzes nicht nur die Namen natürlicher Personen, sondern auch die Bezeichnungen für juristische Personen einschließlich der offenen Handelsgesellschaften und der nicht rechtsfähigen Vereine fallen (z. B. Bezeichnung einer *Phantasie-Fabrik* in einem Film als *Siemens-Werke* oder einer *Phantasie-Bank* als *Deutsche Bank*).

3   Der Gebrauch des Namens für eine Filmfigur ist dann **unbefugt,** wenn ihr der Namensträger nicht ausdrücklich oder durch schlüssige Handlung zugestimmt hat. Da es jedoch beim Namensschutz um die Verhinderung von Identitätstäuschung und Verwechslungen beim Publikum geht, ist die Namensverwendung dann nicht unbefugt, wenn in dem Filmwerk das Lebensbild oder Ereignisse aus dem Leben des Namensträgers geschildert werden. Dann werden nämlich gegenüber dem Publikum die handelnden Personen unter ihrem richtigen Namen vorgestellt. Von irgendeiner Täuschung des Publikums und einer dadurch hervorgerufenen Verletzung des Namensträgers kann deshalb nicht die Rede sein. Hier erwachsen dem Namensträger nur evtl. Rechte aus Bildnisschutz und Persönlichkeitsrecht. Den Namensschutz kann der Namensträger nur in Anspruch nehmen, wenn sein Name ohne Genehmigung für Phantasiegestalten in Filmwerken verwandt wird.

4   Die erforderliche **Interessenverletzung** des Namensträgers ist eine weitere wichtige Voraussetzung für den Namensschutz. Sie sorgt dafür, daß kein zu weitgehender Ausschluß der Benutzung von Namen real existierender Personen für Phantasiegestalten in Filmwerken erfolgt. Eine Interessenverletzung ist nur möglich, wenn die Benutzung des Namens für eine Filmfigur eindeutig erkennbar auf den Namensträger hinweist. Hierfür genügt in der Regel nicht die Verwendung des Namens, sondern es müssen besondere weitere Umstände hinzukommen, die beim Publikum die Meinung erwecken könnten, Phantasiegestalt und Namensträger seien identisch, also beim Publikum eine Identitätstäuschung oder Verwechslungsgefahr hervorrufen. Hier müssen eindeutige sonstige Parallelen zwischen der Filmfigur und dem Namensträger gegeben sein, z. B. gleicher Beruf, ähnliches

Aussehen, vergleichbares Verhalten bei bekannt gewordenen Vorgängen u. ä. m. Dabei müssen die Identitätstäuschung und die Verwechslungsgefahr bei beachtlichen Publikumskreisen vorhanden sein. Es genügt nicht, wenn ein relativ kleiner Personenkreis den Namensträger und die Filmfigur für identisch halten könnte. Andererseits ist es aber ausreichend, wenn z. B. an dem Ort oder in den Kreisen, zu denen der Namensträger gehört, diese Identitätstäuschungen und Verwechslungsgefahren möglich sind. Die Parallelen hängen weitgehend von der Individualisierungskraft des betreffenden Namens ab. Wenn es sich um einen sehr allgemein bekannten und benutzten Namen handelt (wie Müller, Schmidt, Meier, Schulze etc.), wird die Identitätstäuschung und Verwechslungsgefahr weniger leicht möglich sein, als wenn ein Name für die Filmfigur benutzt wird, der individuell geprägt ist und eindeutig auf bestimmte Namensträger hinweist (z. B. Namen aus altem Geschlecht, Namen bekannter Wirtschafter, Sportler, Politiker u. ä. m.). Bei eindeutigen Parallelen zwischen einer Filmfigur und einer real existierenden Persönlichkeit ist es übrigens möglich, daß der Namensschutz auch dann Platz greift, wenn nicht der Name selbst für die Filmfigur verwandt wird, sondern eine andere für diese Persönlichkeit typische und allgemein bekannte Bezeichnung (z. B. weist die Bezeichnung *Der rote Baron* eindeutig auf den Jagdflieger des Ersten Weltkrieges von Richthofen hin und die Bezeichnung *Kaiser Franz* auf den Fußballer Beckenbauer, so daß man sagen kann, daß diese beiden Bezeichnungen zu ihrem *Namen* geworden sind und deshalb auch den Namensschutz genießen müssen).

5 Zur Interessenverletzung gehört grundsätzlich eine **negative Schilderung** der Filmfigur, die auf den Namensträger hinweist. Diese negative Schilderung liegt z. B. vor, wenn die Filmfigur lächerlich gemacht, als schlechter Charakter oder gar als verbrecherischer Mensch hingestellt wird. Aber auch wenn die Filmfigur nicht negativ wirkt, kann dann eine Interessenverletzung vorliegen, wenn z. B. der Name des Namensträgers bewußt zu Werbezwecken benutzt oder mit der Filmfigur in seine Privat- und Intimsphäre eingedrungen wird, wofür er ein legitimes Recht auf Diskretion hat.

6 Ansprüche aus Namensschutz sind jedenfalls nur dann begründet, wenn das Interesse der dargestellten Person an der Unterlassung des Namensgebrauchs nach allgemeiner Anschauung ein vernünftiges und gegenüber dem Werk **schutzwürdiges Interesse** darstellt. Bei der Benutzung von Namen real existierender Firmen für Phantasiefirmen in Filmen wird ein solches Interesse nicht zu bejahen sein, wenn der Firmenname nur zu einer neutralen Milieuschulderung dient, wohl jedoch, wenn die Phantasiefirma als ein dubioses Unternehmen geschildert wird.

7 Die meisten Fälle von Namensmißbrauch werden sich bei **Spielfilmen und Fernsehfilmen** (Fiction-Filmen) ereignen, wenn dort der Name einer Person für eine Phantasiefigur mit deutlich erkennbaren Hinweisen auf die reale Person und unter Diskriminierung oder Diffamierung dieser Person benutzt wird. Ein solcher Namensmißbrauch ist freilich auch denkbar bei Dokumentarfilmen, Kulturfilmen, Industriefilmen, Werbefilmen, Tagesschauen, Wochenschauen, Moderationen, Unterhaltungssendungen, Show-Darbeitungen, Features u. ä. m.

8 Da dem Filmwerk nach dem GG die Meinungs-, Informations- und Kunstfreiheit zusteht, wobei diese Grundrechte von konstituierender Bedeutung für die freiheitlich-demokratische Gesellschaft sind und auch auf das Zivilrecht ausstrahlen (s. Abschnitt 1), müssen die Vorschriften über den Namensschutz zur Wahrung dieser Freiheitsrechte **restriktiv** ausgelegt werden. Es muß vor allem berücksichtigt werden, daß die meisten Filmwerke wegen des von ihnen erwarteten

Realitätsbezugs nicht ohne starke Beeinträchtigung ihrer Wirkung auf die Benutzung real existierender, möglicherweise verwechslungsfähiger Namen verzichten können. Das gilt in verstärktem Maße, wenn es sich bei dem Filmwerk um ein Kunstwerk handelt, dem die absolute Freiheit der Kunst zugute kommt und demgegenüber aus Namensrecht nur Ansprüche hergeleitet werden können, wenn der Namensmißbrauch sich als eine Verletzung der Menschenwürde des Namensträgers darstellt. Wegen dieser Freiheitsrechte müssen bei Namensmißbrauch mit Firmennamen besonders strenge Maßstäbe angelegt werden, so daß hier ein Namensschutz nur in Frage kommt, wenn für ein Phantasiegebilde erkennbar der Name einer bestehenden Firma verwandt und diese Firma in dem Filmwerk zu Unrecht eindeutig negativ apostrophiert wird (z. B. Vorwurf von Korruptionen, geschäftlichen Manipulationen, Verletzungen von Strafvorschriften u. ä. m.).

9 Der etwaige Namensmißbrauch kann nicht völlig ausgeräumt werden durch einen **Vorspanntext,** in dem es heißt, daß die Namen der Filmfiguren frei erfunden sind und Übereinstimmungen mit Namen lebender Personen rein zufälligen Charakter tragen, wenn trotz dieses Vorspanns ein eindeutig erkennbarer Namensmißbrauch vorliegt. Immerhin kann ein solcher Text hinsichtlich der Verletzung des Namensrechts abschwächende Wirkung haben, da er die Filmbesucher auf den Phantasiecharakter der betreffenden Filmfigur einstimmt.

10 Bei **Unterlassungsansprüchen** ist zu beachten, daß sie sich immer nur auf die Beseitigung des erkennbaren Namensmißbrauchs beziehen können, also nicht etwa das ganze Filmwerk umfassen dürfen, was sich aus dem Grundsatz der **Verhältnismäßigkeit** und des **Übermaßverbots** ergibt. Zusammenfassend ist festzustellen, daß in Kollisionsfällen ein Abwägen zwischen dem Schutz vor Namensmißbrauch und dem Schutz der Filmfreiheit stattzufinden hat, bei dem alle erwähnten Gesichtspunkte zu beachten sind.

11 Die Verletzung des Namensrechts kann gleichzeitig eine Verletzung des allgemeinen **Persönlichkeitsrechts** sein (s. hierzu unten Kapitel 21).

12 Die **Rechtsprechung** hat zur Frage des Namensschutzes gegenüber literarischen Werken und Filmwerken kontinuierlich die Auffassungen entwickelt und vertreten, die auch hier wiedergegeben worden sind. Es sei hierzu auf die folgenden wichtigen Gerichtsentscheidungen hingewiesen:

13 Der Namensschutz greift gegenüber der Verwendung eines Namens für **Phantasiegestalten** bzw. **fiktive Figuren** in literarischen Werken und Filmwerken Platz (so KG in JW 1921, S. 1551; RGZ 108, 230; OLG Nürnberg in UFITA Bd. 3, S. 207; RG Warn. 39 Nr. 27; KG in UFITA Bd. 15, S. 257; UFITA Bd. 16, S. 143 und OLG München in UFITA Bd. 20, S. 218 im Falle *Cox*). Der Namensschutz ist abzugrenzen von dem Schutz des Lebensbildes, da er Identitätstäuschungen und Verwechslungsgefahren ausschließen will (so LG Berlin in UFITA Bd. 4, S. 545 im Falle *Frenzel;* OLG Kiel in UFITA Bd. 2, S. 559 im Falle *Donner* und LG München in UFITA Bd. 20, S. 230 im Falle *von Witzleben).*

14 Die Roman- oder Filmfiguren müssen **deutlich erkennbar** auf den Namensträger hinweisen, wozu besondere Individualisierungskraft des Namens oder sonstige Umstände gehören, die den Namensträger einwandfrei charakterisieren (s. RG DJZ 1906 S. 534 im Falle *Biedermann;* OLG Nürnberg in UFITA Bd. 3, S. 213; KG in JW 1921, S. 1551; RG Warn. 39 Nr. 27; KG in UFITA Bd. 16, S. 143 im Falle *Sybille Schmitz;* RG in Warn. 39 Nr. 24 im Falle des *Industriellen Winkler).* Für die Identitätstäuschung und die Verwechslungsgefahr ist es ausreichend, wenn ein bestimmter Leserkreis die Phantasiefigur mit einer existierenden Person identifizieren könnte, d. h., wenn die dargestellte Person auch nur einem beschränkten Kreis von Lesern bekannt ist (KG in JW 1921, S. 1551 und UFITA Bd. 4, S. 320; OLG Nürnberg in UFITA Bd. 3, S. 207). Auch charakteristische Bezeichnungen, unter denen

Personen öffentlich bekannt geworden sind, und Künstlernamen können den Namensschutz im Sinne des § 12 BGB genießen (so KG in UFITA Bd. 2, S. 682 im Falle *Der rote Kampfflieger;* BGH vom 17. 2. 1970 in UFITA Bd. 58, S. 267 im Falle *Anastasia;* OLG München vom 23. 7. 1959 in UFITA Bd. 30, S. 110 im Falle *Romy* für *Romy Schneider* sowie auch noch die Entscheidung des OLG München vom 28. 1. 1960 in UFITA Bd. 33, S. 107 und des BGH vom 27. 1. 1983 in NJW 1983, S. 1184 (Fall *Uwe*).

15   Das Namensrecht hat bei der **Abwägung** mit den für literarische Werke und Filmwerke auch im Zivilrecht gültigen **Freiheitsrechten** Vorrang, wenn ein ausgesprochener Mißbrauch bei der Verwendung des Namens vorliegt, d. h., wenn fremde Rechte vorwerfbar mißachtet werden. Das kann vor allem bei Benutzung des Namens für **Werbezwecke** vorliegen (so OLG München in UFITA Bd. 20, S. 223 im Falle *Cox;* RGE 74, S. 308 im Falle *Graf Zeppelin;* BGHE 20, S. 345 = NJW 1956, S. 1554 im Falle *Paul Dahlke;* BGH in NJW 1979, S. 2203 im Falle *Fußballspieler;* BGH in NJW 1981, S. 2402 = UFITA Bd. 94, S. 280 im Falle *Carrera;* vgl. auch OLG Köln vom 25. 11. 1966 in UFITA Bd. 49, S. 331). Anders bei genügender Abgrenzung der Bezeichnungen (UFITA Bd. 93, S. 199 im *Lufthansa-Fall*). Mißbrauch kann auch **unsittliche Werbung** nach § 1 UWG im Sinne der Ausbeutung fremden Rufs sein (so BGH in NJW 1983, S. 1431).

16   Der Schutz des § 12 BGB kann auch für den Namen eines **Gebäudes** gegeben sein, wenn an einer solchen Bezeichnung ein schützenswertes Interesse besteht (so BGH vom 9. 1. 1976 in UFITA Bd. 78, S. 185).

17   Zur **Rechtslehre** vgl. von *Metzler* (UFITA Bd. 20, S. 38).

19. Kapitel. Das Recht am eigenen Bild

1   Nachdem durch den § 141 Ziff. 5 des UrhG vom 1. 1 1966 der Schutz von Bildnissen nach dem sonst aufgehobenen Gesetz betreffend das Urheberrecht an Werken der bildenden Künste und der Fotografie vom 9. 1. 1907 (KUG) ausdrücklich aufrechterhalten worden ist, sind die **§§ 22–24 KUG weitergeltendes Recht.** Es bleibt also bei der Regelung, daß Bildnisse grundsätzlich nur mit Einwilligung des Abgebildeten veröffentlicht oder verbreitet werden dürfen, wobei freilich eine größere Zahl von Ausnahmen für diesen Bildnisschutz bestehen. Dadurch wird der Interessenkonflikt zwischen dem Informationsanspruch der Öffentlichkeit und dem persönlichen Recht des Abgebildeten vom Grundsatz her zugunsten der Persönlichkeit gelöst.

2   Bei Schaffung des Gesetzes im Jahre 1907 hatte der Gesetzgeber bei Abbildungen grundsätzlich nur leblose Bilder wie Gemälde, Zeichnungen und Fotografien im Sinn, wie sich auch aus dem Wort *Bildnis* ergibt. Diese Regelung ist jedoch ihrem Sinn und Zweck nach auch auf **Filmwerke** auszudehnen, zumal Filmwerke wegen ihrer Dynamik wesentlich eindrucksstärker wirken als statische Bildnisse. Zu den Filmwerken im Sinne dieser Vorschrift zählen Filmwerke aller Art (s. Kapitel 17).

3   Die wichtigste Ausnahme von diesem Bildnisschutz gilt für **Bilder aus dem Bereich der Zeitgeschichte,** die auch ohne die Zustimmung der Abgebildeten veröffentlicht werden dürfen. Es ist daher genau festzulegen, wer als Person der Zeitgeschichte zu gelten hat. Hier muß ein Unterschied gemacht werden zwischen sog. **absoluten (generellen) Personen der Zeitgeschichte** und **relativen (partiellen) Personen der Zeitgeschichte.** Zu den absoluten Personen der Zeitgeschichte gehören die Personen, die durch ihr gesamtes Wirken öffentlich bekannt geworden sind, wobei hier unter Öffentlichkeit ein beachtlicher Teil des Publikums, evtl. auch von lokaler Bedeutung, zu verstehen ist. Dazu rechnen: Bekannte Politiker, Wirtschaftler, Künstler, Gelehrte, Forscher, Sportler, Redakteure, Journalisten, Anwälte, Ärzte u. ä. m. Zu den relativen Personen der Zeitgeschichte gehören

Personen, die nur durch ein öffentlich relevantes Ereignis der Öffentlichkeit im Sinne breiterer Publikumskreise evtl. auch mit lokaler Bedeutung bekannt geworden sind. Dazu rechnen: Staatsanwälte, Richter, Verteidiger, Angeklagte und Parteien bei interessanten Prozessen, Teilnehmer an einem spektakulären Unfall, Leiter und Redner von Versammlungen oder Demonstrationen, Kandidaten auf dem Podium von Show-Sendungen oder Talk-Shows u. ä. m. Die absoluten Personen der Zeitgeschichte können grundsätzlich in ihrem ganzen Wirken erfaßt und abgebildet werden, da insoweit ein öffentliches Informationsinteresse vorliegt. Die relativen Personen der Zeitgeschichte können dagegen grundsätzlich nur insoweit wiedergegeben und abgebildet werden, wie ihr Verhalten im Rahmen des öffentlich relevanten Ereignisses in Frage steht.

4   Eine weitere Ausnahme liegt darin, daß Personen abgebildet werden können, die nur als **Beiwerk** neben einer Landschaft oder einer sonstigen Örtlichkeit oder im Rahmen der Abbildung von Versammlungen, Aufzügen und ähnlichen Vorgängen erscheinen. Hier darf freilich der Abgebildete immer nur als Staffage, d. h. wie ein Komparse, abgebildet werden und nicht etwa profiliert in Erscheinung treten.

5   Eine Einschränkung des Bildnisschutzes, die eine Zustimmung des Abgebildeten zur Veröffentlichung seines Bildnisses entbehrlich macht, liegt vor, wenn das Bild nicht auf Bestellung angefertigt ist und seine Verbreitung oder Ausstellung einem höheren Interesse der **Kunst** dient. Hier muß es sich freilich bei der Abbildung um ein künstlerisches Werk im Sinne des künstlerischen Qualitätsbegriffes, also von beachtlichem Rang handeln. Nur dann kann nämlich von einem höheren Interesse der Kunst die Rede sein.

6   Der Bildnisschutz unterliegt weiter der Einschränkung, daß er 10 Jahre nach dem Tod des Abgebildeten **erlischt,** so daß dann auch seine nächsten Angehörigen zur Geltendmachung von Rechten aus Bildnisschutz nicht mehr legitimiert sind. Ein weitergehender Schutz könnte dann höchstens unter dem Gesichtspunkt des Persönlichkeitsrechts in Frage kommen (vgl. hierzu unten Kapitel 21).

7   Die erwähnten Ausnahmen vom Bildnisschutz, die eine Veröffentlichung und Verbreitung von Bildern ohne Zustimmung des Abgebildeten gestatten, unterliegen ihrerseits wieder der **Einschränkung,** daß durch diese an sich erlaubte Abbildung die berechtigten Interessen des Abgebildeten nicht verletzt werden dürfen. Hier hat eine **Abwägung** zwischen dem privaten Recht des Bildnisschutzes und dem Recht der Öffentlichkeit auf umfassende Unterrichtung zu erfolgen, da dieses öffentliche Recht auf das Zivilrecht ausstrahlt. Hierbei ist die **konstituierende** Bedeutung der Rechte auf Meinungsäußerung, Kunst- und Informationsfreiheit für die freiheitlich-demokratische Gesellschaft mit zu berücksichtigen.

8   Bei **absoluten Personen der Zeitgeschichte** liegt eine solche Interessenverletzung immer dann vor, wenn die Bildnisse in eine Sphäre des Abgebildeten eindringen, die mit seinem öffentlichen Wirken nichts zu tun hat. So ist auch bei diesen Personen der Zeitgeschichte grundsätzlich immer die Intimsphäre geschützt und auch die Privatsphäre, falls sie nicht für das öffentliche Wirken von Bedeutung ist (z. B. für Ehrlichkeit und Zuverlässigkeit eines Politikers). Ferner dürfen auch solche absoluten Personen der Zeitgeschichte nicht in einer Form abgebildet werden, die sie diskreditiert und diffamiert, vor allem lächerlich macht. Insoweit besteht nämlich kein legitimes Informationsinteresse der Allgemeinheit.

9   Bei den **relativen Personen der Zeitgeschichte** sind alle Abbildungen unzulässig, die sich außerhalb des Ereignisses bewegen, durch das sie öffentlich bekannt

geworden sind. Auch hier ist eine Form zu wahren, die eine unnötige Diffamierung oder Diskreditierung der betreffenden Personen ausschließt. Bei Personen, die im Rahmen von Versammlungen, Aufzügen und ähnlichen Vorgängen oder als Beiwerk neben einer Landschaft oder sonstigen Örtlichkeit abgebildet werden, gilt die Einschränkung, daß es nicht zulässig ist, sie in einer Form herauszuheben, die sie profiliert in Erscheinung treten läßt und gleichzeitig dieser Erscheinung einen negativen Akzent verleiht (z. B. bei einer Sportveranstaltung werden längere Bilder einzelner Zuschauer gebracht, die sich durch ihr Verhalten lächerlich machen).

10   Die Bedeutung des Rechts am eigenen Bilde erschöpft sich nicht in der direkten Wiedergabe von Personen. Man hat diese Bestimmung vielmehr auch dann anzuwenden, wenn bestimmte Personen in Filmwerken **maskenmäßig** dargestellt werden. Dies begegnet deshalb keinen Bedenken, weil sachlich kein wesentlicher Unterschied besteht, ob ein Maler ein Portrait malt, ein Fotograf ein Foto macht und veröffentlicht, oder ob der Maskenbildner einem Schauspieler die Maske einer bekannten Persönlichkeit gibt und dieser Schauspieler dann in dieser Maske in einem Filmwerk wiedergegeben wird. Hier liegen die Rechtsfragen zwischen Schutz des Abgebildeten und Informationsinteresse der Öffentlichkeit genau auf derselben Ebene wie bei unmittelbaren Abbildungen.

11   Der Bildnisschutz und die von ihm gegebenen Ausnahmen sind von ganz besonderer Bedeutung für das **Fernsehen.** Ein großer Teil der Sendungen im Fernsehen besteht nämlich aus der Wiedergabe oder Abbildung realer Vorgänge und bringt dadurch in großem Umfang Personen zur Darstellung, die bei diesen Vorgängen eine Rolle spielen. Das gilt vor allem für die Tagesschau, die Dokumentarfilme, die Magazine, aber auch die Talk-Shows, sonstigen Shows und Unterhaltungssendungen des Fernsehens. Aber auch bei Filmwerken dokumentarischen Charakters kann die Frage des Bildnisschutzes von Bedeutung sein (vgl. z. B. die Dokumentarfilme *Krieg und Frieden, Der Kandidat* und *Deutschland im Herbst*).

12   Eine Ausdehnung des Bildnisschutzes nach dem KUG auf die Darstellung des **Lebensbildes** in Filmwerken dürfte nicht berechtigt sein. Die Vorschriften über Bildnisschutz im KUG sind schon ihrer Natur nach Sondervorschriften und beschäftigen sich ausschließlich, wie schon der Name sagt, mit der Wiedergabe von Bildnissen von Personen. Das geistige Bild eines Menschen, wie es im Lebensbild zutage tritt, ist begrifflich etwas anderes, als das vom Gesetz geschützte äußere gegenständliche Bild. Eine Ausdehnung dieser Schutzvorschriften auf die Darstellung von Lebensbildern in Filmwerken ist daher schon rechtssystematisch nicht angezeigt. Wäre eine Anwendung auf derartige Fälle beabsichtigt gewesen, so hätte eine entsprechende Regelung in dem damaligen LUG oder in dem neuen UrhG erfolgen können. Die Fragen des Schutzes des Lebensbildes gehören deshalb nicht zum Bildnisschutz, sondern zum Persönlichkeitsrecht.

13   Bei **Unterlassungsansprüchen** aus Bildnisschutz ist zu beachten, daß sie nach den Grundsätzen der Verhältnismäßigkeit und des Übermaßverbotes immer nur die **Teile des Filmwerks** erfassen dürfen, die das Bildnisrecht verletzen und nicht etwa das Filmwerk als Ganzes.

14   Die Verletzung des besonderen Rechts auf Bildnisschutz ist immer auch eine Verletzung des **allgemeinen Rechts auf Persönlichkeitsschutz,** da der Bildnismißbrauch die Persönlichkeit stets auch in ihren allgemeinen Belangen verletzt. Dagegen ist eine Verletzung des allgemeinen Persönlichkeitsrechts sehr häufig ohne Verletzung des Bildnisschutzes gegeben, wenn z. B. das Lebensbild oder Abschnitte aus dem Lebensbild einer Persönlichkeit in einem Filmwerk nicht in

authentisch-dokumentarischer Form, sondern in Form eines Spielfilms wiedergegeben werden, oder wenn die Diskriminierung bzw. Diffamierung der Persönlichkeit nur durch abwertende verbale Äußerungen oder indirekte Darstellungen
in dem Filmwerk geschieht (vgl. Kapitel 21).

15 In der **Rechtsprechung** und **Rechtslehre** wurde schon frühzeitig die **Ausdehnung** des
Bildnisschutzes auf **Filmwerke** anerkannt (vgl. hierzu *Allfeld, DJZ* 1922, S. 585; KG in JW
1928, S. 363; OLG Kiel in UFITA Bd. 2 S. 562).

16 Der Bildnisschutz gilt auch gegenüber der **maskenmäßigen** Wiedergabe einer Person der
Zeitgeschichte durch einen Schauspieler (vgl. das KG in JW 1928 S. 363 *Piscator*-Fall; OLG
Kiel in UFITA Bd. 2, S. 562; OLG Hamburg vom 24. 10. 1975 in UFITA Bd. 74, S. 334).

17 Der Begriff des Bildnisses setzt **Erkennbarkeit** des Abgebildeten voraus, was nicht die
Abbildung der Gesichtszüge erforderlich macht, wenn der Abgebildete aus sonstigen Umständen erkennbar ist (BGH vom 9. 6. 1965 in UFITA Bd. 47, S. 246 und vom 26. 6. 1979
in UFITA Bd. 86, S. 223; *von Metzler* aaO S. 50; *Runge*, Urheber- und Verlagsrecht S. 355
und wohl auch LG München in UFITA Bd. 20, S. 232).

18 Die überwiegende Meinung der Rechtslehre und Rechtsprechung hat sich gegen die
Ausdehnung des Rechts des Bildnisschutzes auf das **Lebensbild** ausgesprochen (*Allfeld* aaO
S. 584; *Ullstein* ,,Der Schutz des Lebensbildes, insbesondere Rechtsschutz gegen Schlüssel-
romane", 1931; *Wandrey* in UFITA Bd. 5, S. 359; LG Altona als erste Instanz in dem dann
vom OLG Kiel entschiedenen Fall *Donner* in UFITA Bd. 2, S. 561. A. A. OLG Kiel aaO
S. 562; *Marwitz* in UFITA Bd. 6, S. 51; *von Metzler* aaO S. 52; LG Berlin in UFITA Bd. 4,
S. 547).

19 In zahlreichen Urteilen werden die Begriffe der **absoluten und der relativen Person der
Zeitgeschichte** definiert. Dabei wird als entscheidendes Kriterium das Informationsinteresse der Allgemeinheit an einer bildmäßigen Darstellung der betreffenden Person im Gegensatz zum reinen Sensations- und Unterhaltungsinteresse hervorgehoben. Die Veröffentlichung muß der bildmäßigen Information über eine die Allgemeinheit interessierende Person
dienen, wobei es sich auch um ein negatives Verhalten (z. B. Straftaten etc.) handeln kann.
(OLG München und Frankfurt in UFITA Bd. 20, S. 230 und 240; OLG Frankfurt vom
9. 1. 1958 in UFITA Bd. 25, S. 460; OLG Stuttgart vom 19. 12. 1958 in UFITA Bd. 29,
S. 11; LG Hamburg vom 21. 12. 1967 in UFITA Bd. 34, S. 363; BGH vom 10. 11. 1961 in
UFITA Bd. 37, S. 110; OLG München vom 15. 11. 1962 in UFITA Bd. 39, S. 117; OLG
München vom 6. 12. 1962 in UFITA Bd. 41, S. 322; BGH vom 16. 9. 1966 in UFITA
Bd. 50, S. 255).

20 Zur **Interessenabwägung** zwischen Bildnisschutz und Meinungs- bzw. Informationsfreiheit führt die Rechtsprechung aus, daß auch Personen der Zeitgeschichte in ihrer Intimsphäre und evtl. auch in ihrem privaten Bereich schutzwürdig sind. Auch darf eine Verbreitung
ihrer Bildnisse nicht zu einer Anprangerung führen (BGH vom 10. 5. 1957 in UFITA
Bd. 25, S. 89; LG München vom 29. 8. 1961 in UFITA Bd. 37, S. 123; LG Stuttgart vom
24. 1. 1963 in UFITA Bd. 40, S. 226).

21 Von besonderem Interesse sind die folgenden Ausführungen in dem **BVerfG-Urteil vom
5. 6. 1973** in NJW 1973, S. 1226 = UFITA Bd. 69, S. 301: ,,Die Vorschriften der §§ 22, 23
KUG bieten ausreichenden Raum für eine Interessenabwägung, die der Ausstrahlungswirkung der Rundfunkfreiheit einerseits und des Persönlichkeitsschutzes andererseits Rechnung trägt. Hierbei kann keiner der beiden Verfassungswerte einen grundsätzlichen Vorrang beanspruchen. Im Einzelfall ist die Intensität des Eingriffs in den Persönlichkeitsbe-
reich gegen das Informationsinteresse der Öffentlichkeit abzuwägen. Für die aktuelle Berichterstattung über schwere Straftaten verdient das Informationsinteresse der Öffentlichkeit im allgemeinen den Vorrang vor dem Persönlichkeitsschutz des Straftäters. Jedoch ist
neben der Rücksicht auf den unantastbaren innersten Lebensbereich der Grundsatz der
Verhältnismäßigkeit zu beachten. Danach ist eine Namensnennung, Abbildungen oder sonstige Identifikationen des Täters nicht immer zulässig" (*Lebach*-Fall).

22 Mit der Einwilligung der Betroffenen und der **geschäftsmäßigen Ausnutzung von Bildnissen** beschäftigen sich die folgenden Entscheidungen: LG Aachen vom 14. 2. 1958 in

UFITA Bd. 30, S. 113; BGH vom 17. 11. 1960 in UFITA Bd. 34, S. 86; LG Stuttgart vom 24. 1. 1963 in UFITA Bd. 40, S. 226; BGH vom 20. 2. 1968 in UFITA Bd. 55, S. 293; OLG Hamburg vom 23. 7. 1970 in UFITA Bd. 60, S. 337; OLG Hamm vom 2. 12. 1969 in UFITA Bd. 61, S. 265; OLG Düsseldorf vom 30. 9. 1969 in UFITA Bd. 64, S. 328; BGH vom 2. 7. 1974 in UFITA Bd. 73, S. 263; OLG Frankfurt vom 25. 5. 1976 in UFITA Bd. 78, S. 259; BGH vom 6. 2. 1979 in UFITA Bd. 85, S. 264; KG vom 30. 9. 1980 in UFITA Bd. 90, S. 163. Das OLG München vom 14. 9. 1961 in UFITA Bd. 38, S. 186 stellt fest, daß sich das Recht des Filmherstellers, Bilder eines Filmschaffenden für die Filmwerbung zu verwenden, in Wahrung des Bildnisschutzes auf die unmittelbar dem Film dienende Werbung beschränkt.

23 Lt. BGH vom 21. 6. 1960 (UFITA Bd. 32, S. 369) gehört es zur Informationsfreiheit, in einem Film den **Orginalschauplatz** eines öffentlich diskutierten Verbrechens wiederzugeben (Fall *Nitribit/Das Mädchen Rosemarie*).

24 Über den Schadensersatz bei Verletzungen des Bildnissschutzes, der auch einen **immateriellen Schaden** umfassen kann, vgl. BGH vom 15. 1. 1965 (UFITA Bd. 44, S. 157); OLG Frankfurt vom 10. 6. 1965 (UFITA Bd. 50, S. 1002); BGH in NJW 1956, S. 1554. Über **Verjährung** am eigenen Bild vgl. LG München und Frankfurt in UFITA Bd. 20, S. 230 und 240.

20. Kapitel. Die Ehrverletzung und die sittenwidrige Schadenszufügung

1 Die Verletzung des Namens- und Bildnisrechtes kann bei Filmwerken aller Art (s. Kapitel 17) in einer Form erfolgen, die für den Namensträger bzw. den Abgebildeten eine **Verletzung seiner Ehre** darstellt. Dann entstehen ihm zusätzliche Ansprüche aus den §§ 823 Abs. 2 und 824 BGB in Verbindung mit den §§ 185 bis 189 StGB. Die Voraussetzungen hierfür sind immer gegeben, wenn der Namensträger oder der Abgebildete in der Darstellung stark diskreditiert oder diffamiert wird. Das liegt insbesondere vor, wenn er in unwahrhaftiger Weise als schlechter Charakter oder in verwerflichen Einstellungen und Handlungen gezeigt wird. Das gleiche gilt, wenn er durch die Art der Darstellung eindeutig lächerlich gemacht wird. Der Schutz gegen Ehrverletzungen greift auch dann Platz, wenn es sich um keinen Namensmißbrauch und keinen Verstoß gegen das Bildnisrecht handelt, wenn also keine Identitätstäuschung hinsichtlich des Namensträgers und keine direkte Abbildung der betreffenden Person vorliegt, sondern eine Darstellung ihres Lebensbildes oder eines Abschnitts aus ihrem Lebensbild in Frage steht. Bei dem Ehrenschutz ist zu beachten, daß die Ehre weder übertragbar noch vererblich ist, jedoch können auch nach dem Tode der in ihrer Ehre verletzten Personen Ansprüche von den überlebenden Angehörigen unter dem Gesichtspunkt der Verletzung des Andenkens Verstorbener geltend gemacht werden.

2 Zusätzlich oder ergänzend zu den Ansprüchen aus Namensrecht, Bildnisrecht und Ehrverletzung kommen noch Ansprüche geschädigter Personen aus dem Gesichtspunkt der **sittenwidrigen Schadenszufügung** gem. § 826 BGB in Betracht. In objektiver Hinsicht erfordert § 826 BGB einen Verstoß gegen die guten Sitten und die dadurch verursachte Schädigung der im Filmwerk dargestellten Person. Diese Schädigung braucht nicht vermögensrechtlicher Natur zu sein, sondern es genügt auch die Verletzung ideeller Werte. In subjektiver Hinsicht braucht sich der Vorsatz nur auf die Schadenszufügung zu beziehen. Dagegen ist nicht erforderlich, daß sich der Handelnde des Verstoßes gegen die guten Sitten bewußt gewesen ist. Es genügt ferner schon, wenn er sich der Möglichkeit einer Schadenszufügung durch die Außerachtlassung der nach der Sachlage gebotenen Sorgfalt bewußt ist. Unter *sittenwidrig* ist jeder Verstoß gegen das Anstandsgefühl aller billig und gerecht Denkenden zu verstehen. Es kommen also hier moralische Werturteile ins Spiel, die oft schwer abzugrenzen sein werden, zumal sich die Wertvorstellungen auf den einschlägigen Gebieten häufig ändern. Auf jeden Fall kann der § 826 BGB nur angewandt werden, wenn die Verletzung der Person ein hohes Maß an Diskreditierung und Diffamierung, an Herabwürdigung und Lächerlichmachen aufweist und dies auch dem Verletzer bekannt war oder bekannt sein mußte.

3   In allen Fällen der Ehrverletzung und der sittenwidrigen Schadenszufügung durch Darstellungen in Filmwerken sind die Gegenrechte zu beachten, die sich aus den für die freiheitlich-demokratische Gesellschaft **konstituierenden Rechten** der Informationsfreiheit und der freien Meinungsäußerung sowie der Freiheit der Kunst ergeben. Diese Gegenrechte sind gemäß ihrer Bedeutung in jedem einzelnen Fall gegenüber dem Schutz auf die persönliche Sphäre abzuwägen und abzugrenzen. Dabei spielt es eine beachtliche Rolle, ob es bei dem persönlichen Schutz um die Rechte von absoluten oder relativen Personen der Zeitgeschichte oder reinen Privatpersonen geht. Die absoluten Personen der Zeitgeschichte, die sich wissentlich und willentlich in das öffentliche Leben begeben haben, werden sich im Hinblick auf Ehrverletzungen und sittenwidrige Schadenszufügungen mehr gefallen lassen müssen als die relativen Personen der Zeitgeschichte oder gar reine Privatpersonen. Wer sich wissentlich und willentlich in das öffentliche Leben begibt, muß harte und auch ungerechte Kritik hinnehmen und kann sich nur gegen ungerechtfertigtes Beschimpfen und Herabwürdigen zur Wehr setzen. Die relative Person der Zeitgeschichte kann dagegen verlangen, daß ihre Person nur im Zusammenhang mit dem Ereignis behandelt wird, durch das sie der Öffentlichkeit bekannt geworden ist, so daß schon jedes Eindringen in die Privat- oder gar Intimsphäre mit entsprechend diskriminierendem oder diskreditierendem Charakter als eine unzulässige Ehrverletzung oder sittenwidrige Schadenszufügung anzusehen ist. Noch stärker ist der Schutz für reine Privatpersonen, da hier kein öffentliches Informationsinteresse besteht. Den Schutz vor Ehrverletzungen genießen übrigens auch Kapital-, Handels- und Personengesellschaften, wenn und soweit ihr sozialer Geltungsanspruch in ihrem Aufgabenbereich betroffen wird.

4   Bei Unterlassungsansprüchen aus Ehrverletzung ist zu berücksichtigen, daß sie nach den Grundsätzen der **Verhältnismäßigkeit** und des **Übermaßverbotes** immer nur die Teile des Filmwerks, die eine Ehrverletzung enthalten, erfassen dürfen und nicht etwa das Filmwerk als Ganzes.

5   Die Bedeutung des Personenschutzes gegenüber Ehrverletzung und sittenwidriger Schadenszufügung ist seit der Anerkennung eines allgemeinen Persönlichkeitsrechts nicht mehr von großer Bedeutung. Dieses allgemeine **Persönlichkeitsrecht** bringt nämlich einen weitergehenden Schutz der Person als diese Schutzvorschriften. Die Ehrverletzung und die sittenwidrige Schadenszufügung stellen sich jetzt nur als ein Ausschnitt aus dem allgemeinen Persönlichkeitsrecht dar, so daß die Rechtsfragen und Rechtsprobleme, die hier auftauchen, heute im Zusammenhang mit dem generellen Persönlichkeitsschutz zu behandeln sind (vgl. Kapitel 21).

6   In der Rechtsprechung vgl. zur **Abwägung** zwischen dem Rechtsgut der Ehre und dem berechtigten Informationsinteresse der Öffentlichkeit: OLG München vom 3. 10. 1957 (UFITA Bd. 27, S. 69); BGH vom 24. 10. 1961 (UFITA Bd. 37, S. 104); OLG Hamburg vom 31. 3. 1960 (UFITA Bd. 38, S. 358); BGH vom 14. 5. 1963 (UFITA Bd. 40, S. 186); BGH vom 15. 1. 1963 (UFITA Bd. 42, S. 155); BGH vom 11. 1. 1966 (UFITA Bd. 47, S. 285 Fall *Reichstagsbrand*); BGH vom 25. 5. 1965 (UFITA Bd. 48, S. 318).

7   Lt. BGH vom 8. 7. 1980 (UFITA Bd. 90, S. 108 und 115) genießen auch **Personengesellschaften des Handelsrechts** und **Kapitalgesellschaften** den zivilrechtlichen Ehrenschutz.

21. Kapitel. Das allgemeine Persönlichkeitsrecht

1   Das allgemeine Persönlichkeitsrecht beruht auf den Art. 1 und 2 GG, die den Schutz der **Würde des Menschen** und die freie **Entfaltung der Persönlichkeit** garantieren. Mit diesen Grundrechten sind entsprechende Ansprüche des Bürgers gegen den Staat gemeint. Sie können jedoch mittels einer sog. *Drittwirkung* als unmittelbare Grundlage für zivilrechtliche Ansprüche dienen. Sie haben jedenfalls eine Ausstrahlungswirkung auf die zivilen Rechte und Ansprüche.

2   Dadurch gehört zu den **sonstigen Rechten in § 823 BGB** auch das Recht auf Erhaltung der Würde des Menschen und freie Entfaltung seiner Persönlichkeit. Diese Art der systematischen Einordnung erscheint auch wichtig für die anderen in diesem Zusammenhang wesentlichen Rechte, nämlich die Rechte auf Informationsfreiheit (Informationen geben und Informationen empfangen), sowie auf freie Meinungsäußerungen und Freiheit der Kunst. Sie begründen ebenfalls durch Drittwirkung nicht nur Rechte gegenüber dem Staat, sondern auch zivile Ansprüche, haben aber auf jeden Fall eine Ausstrahlungswirkung auf die privaten Rechte, die es erforderlich macht, die privaten Rechte und Ansprüche im Sinne der für die freiheitlich-demokratische Gesellschaft konstituierenden Bedeutung dieser Grundrechte auszulegen. Beim Persönlichkeitsschutz müssen also auf der einen Seite die berechtigten Schutzfunktionen für die Person und auf der anderen Seite die legitimen Äußerungen zu Information, Kunst- und Meinungsbildung berücksichtigt werden.

3   Das **allgemeine Persönlichkeitsrecht** steht allen Personen, auch juristischen Personen, zu. Sie können sich gegen filmische Darstellungen in Filmwerken aller Art (s. Kapitel 17) zur Wehr setzen, die ihre Würde oder Persönlichkeitsentfaltung verletzen. Dieses allgemeine Persönlichkeitsrecht kann auch Fälle des Namensrechts, des Bildnisschutzes, der Ehrverletzung und der sittenwidrigen Schadenszufügung umfassen. Es kann aber auch Fälle ergreifen, die durch die erwähnten Vorschriften nicht gedeckt sind (vgl. Kapitel 18, 19 und 20).

4   Das allgemeine Persönlichkeitsrecht ist für alle **filmischen Darstellungen,** die reale Personen in einer für relevante Publikumskreise erkennbaren Weise wiedergeben oder sich über solche Personen auslassen, von Bedeutung. Das liegt vor allem vor, wenn Filme das Lebensbild oder einen Abschnitt aus dem Lebensbild solcher Personen wiedergeben. Es können aber auch Äußerungen filmischer Figuren über reale Personen oder die sonstige Ansprache realer Personen in einem Filmwerk (bildlich oder verbal) zur Grundlage von Ansprüchen aus dem Persönlichkeitsrecht dienen.

5   Der **Umfang des Persönlichkeitsrechts** ist unterschiedlich, je nachdem ob es sich um die filmische Darstellung von absoluten Personen der Zeitgeschichte, relativen Personen der Zeitgeschichte oder von Personen handelt, die zeitgeschichtlich überhaupt nicht in Erscheinung getreten sind. Dabei gilt als absolute Person der Zeitgeschichte, wer durch sein ganzes Wirken (wenn auch nur auf einem bestimmten gesellschaftlichen Sektor) und als relative Person der Zeitgeschichte, wer nur durch ein bestimmtes spektakuläres Ereignis öffentlich bekannt geworden ist (s. auch Kapitel 19). Die absoluten Personen der Zeitgeschichte müssen sich eine weitgehende Wiedergabe ihres Lebensbildes und von Abschnitten aus ihrem Leben gefallen lassen, da sie wissentlich und willentlich durch ihr allgemeines Wirken in die Öffentlichkeit getreten sind. Bei relativen Personen der Zeitgeschichte kann dies nur gelten, soweit die Darstellung in Verbindung mit dem Ereignis steht, durch das sie öffentlich bekannt geworden sind. Für Personen, die weder auf die eine noch die andere Weise öffentlich in Erscheinung getreten sind, gilt das Persönlichkeitsrecht gegenüber jeder filmischen Darstellung, die negative Akzente tragen könnte, da hier dem Persönlichkeitsrecht keine schutzwürdigen anderen Interessen (wie Freiheit der Meinungsäußerung, Kunst und Information) gegenüberstehen.

6   Die **absoluten Personen der Zeitgeschichte,** die in Filmwerken grundsätzlich dargestellt werden können, soweit es um ihr Wirken in der Öffentlichkeit geht, haben freilich einen Anspruch darauf, daß ihr Wirken in den wesentlichen Zügen wahrheitsgemäß wiedergegeben wird. Wird freilich ihr Verhalten in der Öffentlichkeit kontrovers beurteilt, so können sie eine sachliche Auseinandersetzung mit kritischer Einstellung nicht verhindern. Personen der Zeitgeschichte, deren Wirken weitgehend negativ beurteilt wird, können sich nicht dagegen verwahren, daß eine entsprechende negative Darstellung erfolgt. Da sie freiwillig in die Öffentlichkeit getreten sind, dürfen sie nicht überempfindlich sein, wenn sich die Öffentlichkeit mit ihrem Leben oder Abschnitten aus ihrem Leben befaßt. Das kann sogar für das Privatleben gelten, wenn dies nämlich für die Beurteilung des öffentlichen Wirkens (z. B. hinsichtlich Charakterfestigkeit, Zuverlässigkeit, Solidität u. ä. m.) von Bedeutung ist. Die Grenzen für Schilderungen des Privatlebens solcher absoluten Personen der Zeitgeschichte liegen bei der Pflicht zur Wahrung der Intim- oder Geheimsphäre. Hierzu gehören Lebensäußerungen, die die Person der Zeitgeschichte auch vor ihren Freunden und Bekannten grundsätzlich geheimhält und die sie nur einem ganz eng begrenzten Kreis von Vertrauten offenbart, was insbesondere für Briefe, Tagebücher, vertrauliche Aufzeichnungen etc. gilt. Eine weitere Grenze für die Darstellung ist auch bei absoluten Personen der Zeitgeschichte der Grundsatz, daß die Art ihrer Darstellung keine einseitige Verzeichnung der Person mit sich bringen darf. Wenn es jedoch um die Darstellung in Form der Satire oder Karikatur geht, so hat dies wegen des damit verbundenen Verfremdungseffekts entlastende Wirkung.

7   Die **relativen Personen der Zeitgeschichte** dürfen grundsätzlich in Filmwerken nur im Zusammenhang mit dem Ereignis wiedergegeben werden, durch das sie in der Öffentlichkeit bekannt geworden sind. Das gilt z. B. für wichtige politische, gesellschaftliche oder sportliche Veranstaltungen, interessante Prozesse, Straftaten von allgemeiner Bedeutung, aufsehenerregende Unfälle und andere spektakuläre öffentliche Ereignisse. Wenn hier eine Person beteiligt war, die sonst nicht in die Öffentlichkeit getreten ist, so gibt das kein Recht, nunmehr auch ihre anderen Lebensabschnitte in einem Filmwerk zu behandeln, soweit hierdurch eine Schädigung ihrer Person eintreten könnte. Bei relativen Personen der Zeitgeschichte, die durch Äußerungen Dritter und nicht direkt durch die eigene Person öffentlich in Erscheinung getreten sind (z. B. von Zeugen erwähnte Personen in Strafprozessen), können grundsätzlich nur diese Äußerungen Dritter in den filmischen Darstellungen wiedergegeben werden. So ist eine filmische Aufbereitung einer Zeugenaussage (z. B. durch Rückblende) fragwürdig, da durch diese filmische Bearbeitung eine Objektivierung eintreten kann, die nicht mehr die Bedingtheit einer Zeugenaussage aufweist. Bei solchen relativen Personen der Zeitgeschichte sind also die Grenzen wesentlich enger gesteckt als bei den absoluten zeitgeschichtlichen Persönlichkeiten.

8   Bei der **Abwägung** zwischen den für die freiheitlich-demokratischen Gesellschaft konstituierenden und auf das Zivilrecht ausstrahlenden Rechten der Informations-, Kunst-, Meinungsfreiheit und dem Persönlichkeitsschutz ist am besten abzustellen auf das **legitime** Informationsinteresse der Öffentlichkeit gegenüber dem rein spekulativen Informationsinteresse bestimmter Publikumskreise. Nur das legitime Informationsinteresse bietet ein Gegengewicht gegenüber dem Persönlichkeitsrecht, nicht jedoch eine Information, die mit dem Sensations- und Unterhaltungsbedürfnis bestimmter Publikumskreise spekuliert.

9   Bei der Wiedergabe real existierender Personen, denen in dem Filmwerk **Phantasienamen** gegeben worden sind, kann eine gegenüber dem Persönlichkeitsschutz entlastende Verfremdung nur dann gegeben sein, wenn diese Personen für die maßgebenden Publikumskreise wegen des Phantasienamens nicht ohne weiteres zu erkennen sind. **Vorspanntexte,** die vor einem Filmwerk feststellen, daß es sich bei den in ihm vorkommenden Personen um reine Phantasiefiguren handelt und Ähnlichkeiten mit lebenden Personen nur rein zufälliger Natur sind, können eine gewisse entlastende Wirkung haben, da sie den Filmbesucher von vorneherein auf Phantasiefiguren einstimmen. Ein solcher Vorspanntext bleibt freilich ohne diese Wirkung, wenn wegen der ganzen in dem Film wiedergegebenen Umstände für die relevanten Publikumskreise die betreffende Person (z. B. auch eine relative Person der Zeitgeschichte) ohne weiteres erkennbar ist.

10   Die Ansprüche aus dem Persönlichkeitsrecht sind grundsätzlich **höchstpersönlicher** Natur und daher weder übertragbar noch vererblich. Der Persönlichkeitsschutz endet jedoch nicht mit dem Tode seines Inhabers. Der Ehrenschutz Verstorbener liegt vielmehr in den Händen seiner nächsten Angehörigen. Hier gilt auch nicht die 10-Jahresfrist nach dem Tode eines Abgebildeten, die für den Bildnisschutz festgelegt ist. Es bleibt aber der Grundgedanke maßgebend, daß mit dem Tode des Inhabers des Persönlichkeitsrechts dieses Recht langsam nachläßt und verblaßt und man ihm wohl keine längere Frist als 30 Jahre nach dem Tod der dargestellten Person geben kann.

11   Dem Persönlichkeitsrecht kann auch das Recht auf ungestörte Ausübung eines eingerichteten **Gewerbebetriebs** entgegengesetzt werden, wenn durch die Geltendmachung des Persönlichkeitsrechts z. B. ein Filmwerk wesentlich geändert oder aus dem Verkehr gezogen werden müßte. Dieses Recht am eingerichteten oder ausgeübten Gewerbebetrieb ist jedoch ein geringeres Recht als die Rechte auf Information, Kunst und Meinungsäußerung. Es ist nämlich normalerweise nur im privaten und materiellen Interesse gegeben, während die anderen Rechte auch einen öffentlichen und ideellen Charakter tragen. Immerhin hat auch im Verhältnis zum eingerichteten und ausgeübten Gewerbebetrieb eine Abwägung zwischen diesem Recht und dem Persönlichkeitsrecht stattzufinden.

12   Die Benutzung des Namens, Bildnisses oder anderer Kennzeichen und Merkmale einer Person für **geschäftliche Zwecke,** insbesondere zur **Werbung** für Produkte oder Firmen, ist eine Verletzung des Persönlichkeitsrechts. Es verstößt gegen die Würde und Entfaltung der Person, wenn sie für fremde materielle Interessen ausgenutzt wird. Diese Verletzung des Persönlichkeitsrechts kommt vor allem bei populären Personen der Zeitgeschichte (z. B. Politikern, Künstlern und Sportlern) in Betracht, da sie für das Publikum attraktiv und deshalb für Werbezwecke besonders geeignet sind, aber auch bei populären Namen von Firmen oder deren Produkten (wie *Lufthansa* oder *Carrera).* Eine Verletzung des Persönlichkeitsrechts liegt in solchen Fällen nur dann nicht vor, wenn die Benutzung des Namens der Person vertraglich vereinbart ist oder in der Natur der Sache liegt

(z. B. Benutzung der Namen und Bildnisse von Künstlern zur Werbung für die Filme, in denen sie mitgewirkt haben).

13   Die Berechtigten aus dem Persönlichkeitsschutz werden in den meisten Fällen **absolute oder relative Personen der Zeitgeschichte** sein, deren Lebensbild oder ein Abschnitt aus ihrem Lebensbild in einer negativen Form in dem Filmwerk wiedergegeben wird, oder die durch verbale oder optische Momente in dem Filmwerk ausgesprochen negativ apostrophiert werden. Es kommen aber auch andere Personen in Frage, die dann freilich mit ihrem Namen oder in einer anderweitig eindeutig erkennbar auf sie hinweisenden Form dargestellt werden müssen, weil sonst eine Schädigung mangels Erkennbarkeit der Person für relevante Publikumskreise ausscheidet. In diesen Fällen können Phantasienamen unbedingt helfen. Hier muß beachtet werden, daß die Schöpfer des Filmwerks auf Bezüge zur Realität angewiesen sind und sich dort auch auf Personen und Vorgänge aus dem realen Leben müssen stützen können, wobei in diesem Zusammenhang die stark negative oder kritische Ansprache bestimmter Personen oder Vorgänge nicht ausgeschlossen werden kann. Berechtigte können auch juristische Personen sein.

14   Bei **Unterlassungsansprüchen** aus dem Persönlichkeitsrecht darf nach den Grundsätzen der Verhältnismäßigkeit und des Übermaßverbots immer nur der **Teil des Filmwerks** erfaßt werden, der das Persönlichkeitsrecht verletzt, und nicht etwa das Filmwerk als Ganzes.

15   Auch bei **Mitwirkenden in einem Film** ist denkbar, daß sie in ihren Persönlichkeitsrechten verletzt werden, z. B. durch die Art der Aufnahme oder des Schnitts oder der Wiedergabe ihrer Stimme. Hier sind freilich die einschränkenden vertraglichen Vorschriften zu beachten (vgl. zu dieser Frage den Abschnitt 7 über das „Vertragswerk der Filmproduktion").

16   Von dem Persönlichkeitsschutz ist das **Urheberpersönlichkeitsrecht** zu unterscheiden. Dieses Urheberpersönlichkeitsrecht findet beim Film für die Urheberberechtigten an dem Filmwerk und an seinen vorbestehenden Werken Anwendung (vgl. hierzu im einzelnen den Abschnitt 4 „Urheberrecht" Kapitel 46).

17   Film- und Fernsehaufnahmen bei **Gerichtssitzungen** sind nach dem Gerichtsverfassungsgesetz (§ 169 Satz 2) ausgeschlossen. Dies gilt jedoch nicht für Ton-, Bild- und Fernsehaufnahmen während der Verhandlungspause in Abwesenheit des Angeklagten.

18   Nach Erlaß des Grundgesetzes hat sich die **Rechtslehre** sehr bald überwiegend für den Bestand eines **allgemeinen Persönlichkeitsrechts** ausgesprochen, das auf den Art. 1 Abs. 1 und Art. 2 Abs. 1 GG basiert. Vgl. hierzu *Hubmann* (aaO S. 89); *Heinrichs (Palandt* 42. Aufl. Einf. 2 von § 1); *Koebel* (NJW 1955 S. 1337); *Staudinger-Coing* (11. Aufl. 1954 Anm. 21 v. § 1); *Dahm* (Deutsches Recht S. 508) und *Coing* (Rechtsphilosophie 1950 S. 135). Der BGH hat in einem Urteil vom 25. 5. 1954 (BGHE 13, 334) ausdrücklich von einem allgemeinen Persönlichkeitsrecht gesprochen und festgestellt, daß auf Grund von Art. 1 und 2 GG das allgemeine Persönlichkeitsrecht als ein verfassungsmäßig gewährleistetes Grundrecht angesehen werden muß, das auch im Privatrecht Geltung hat und dessen Abgrenzung gegenüber den Rechten auf Information, Meinungsäußerung und Kunst im Einzelfall einer sorgfältigen Güterabwägung bedarf. In seiner Entscheidung wegen der Veröffentlichung der *Cosima Wagner-Tagebücher* hat der BGH (BGHE 15, S. 249) seine Auffassung über die Anerkennung des allgemeinen Persönlichkeitsrechts nochmals bestätigt, und für Fälle auf dem Filmgebiet hat erstmals das LG München (UFITA Bd. 20, S. 230) den Interessenkonflikt unter dem Gesichtspunkt des allgemeinen Persönlichkeitsrechts gelöst.

19   Die grundlegende Entscheidung des BVerfG über **die konstituierende Bedeutung** der Rechte auf freie Meinungsäußerung und Information für eine demokratische und pluralistische Gesellschaft bildet das *Lüth*-Urteil vom 15. 1. 1958 (BVerfGE 7, S. 198 = NJW 1958, S. 257), wonach Kritik bis zur Boykottaufforderung wegen dieser Bedeutung der erwähnten Grundrechte vor dem Recht auf Schutz des Gewerbebetriebs Vorrang genießt und deshalb eine Geschäftsschädigung durch eine solche Boykottaufforderung hingenommen werden muß. Auf derselben Linie vgl. OLG Hamburg vom 6. 5. 1959 (UFITA Bd. 31, S. 370) und vom 11. 2. 1960 (UFITA Bd. 35, S. 218); BGH vom 24. 10. 1961 (UFITA Bd. 36, S. 236) und BGH vom 14. 1. 1969 (UFITA Bd. 55, S. 323).

20   Wesentliche höchstrichterliche Entscheidungen über die Rechtsgrundlagen und den Umfang des **allgemeinen Persönlichkeitsrechts** s. BVerfG vom 8. 3. 1972 (UFITA Bd. 65, S. 303); BVerfG vom 14. 3. 1972 (UFITA Bd. 66, S. 318); BGH vom 2. 4. 1957 (UFITA Bd. 52, S. 208); BGH vom 4. 6. 1974 (UFITA Bd. 73, S. 248); OLG Hamburg vom 14. 12. 1972 (UFITA Bd. 70, S. 313) und OLG Köln vom 17. 1. 1973 (UFITA Bd. 70, S. 323); BGH vom 18. 9. 1979 (UFITA Bd. 87, S. 263) und BGH vom 14. 4. 1980 (UFITA Bd. 92, S. 135). In seinem Urteil vom 15. 12. 1983 (*Volkszählung* NJW 1984, S. 419) hat das BVerfG den Begriff des Rechts auf *informationelle Selbstbestimmung* geprägt, der das grundrechtlich geschützte Persönlichkeitsrecht auch gegenüber informellen Darstellungen in Filmwerken erweitern könnte.

21   Besonders wichtige Entscheidungen des BVerfG über die **Interessenabwägung** zwischen dem Persönlichkeitsschutz und der Freiheit der Meinungsäußerung, der Information und der Kunst sind das *Mephisto*-Urteil vom 24. 2. 1971 mit den vorangegangenen Entscheidungen des LG und OLG Hamburg (BVerfGE 30, S. 173 = NJW 1971, S. 1645 = UFITA Bd. 62, S. 327 sowie Bd. 51, S. 337), wonach der Persönlichkeitsschutz für das Andenken Verstorbener der Freiheit der Kunst vorgehen kann, sowie das *Lebach*-Urteil des BVerfG vom 5. 6. 1973 (NJW 1973, S. 1226 und UFITA Bd. 69, S. 301), wonach der Schutz zur Resozialisierung unter Umständen Vorrang vor der Informations- und Meinungsfreiheit genießen kann; vgl. auch das Zitat unter Rechtsprechung (Kapitel 19) und die Entscheidung des BVerfG vom 13. 1. 1982 (BVerfGE 59, S. 231 = NJW 1982, S. 1447 und UFITA Bd. 93, S. 263), wonach die Rundfunkfreiheit im Sinne des Tendenzschutzes vor dem Bestandsschutz im sozialen Bereich (ständige freie Mitarbeiter als Arbeitnehmer) Vorrang besitzt. (Vgl. Zitat Kapitel 15.) Zur Abgrenzung der **Kunstfreiheit** s. BGH vom 3. 6. 1975 in UFITA Bd. 77, S. 252 und BGH vom 8. 6. 1972 in NJW 1983, S. 1194.

22   Zur **Interessenabwägung** vgl. noch die folgenden Entscheidungen: BGH vom 20. 5. 1958 (UFITA Bd. 26, S. 230); OLG Hamburg vom 17. 4. 1958 (UFITA Bd. 26, S. 109 – Fall *Lüthge* ,,Nachts wenn der Teufel kam"); KG Berlin vom 7. 4. 1959 (UFITA Bd. 30, S. 105 – Fall des Sängers *Schmidt* ,,Ein Lied geht um die Welt"); BGH vom 22. 12. 1959 (UFITA Bd. 31, S. 242); LG München vom 18. 10. 1961 (UFITA Bd. 37, S. 228); OLG Hamburg vom 31. 3. 1960 (UFITA Bd. 38, S. 358); BGH vom 5. 5. 1964 (UFITA Bd. 42, S. 338); BGH vom 5. 12. 1958 (UFITA Bd. 51, S. 291); KG vom 16. 6. 1966 (UFITA Bd. 54, S. 291); LG Stuttgart vom 23. 12. 1968 (UFITA Bd. 54, S. 330); BGH vom 24. 10. 1968 (UFITA Bd. 57, S. 297); BVerfG Beschluß vom 15. 1. 1970 (UFITA Bd. 59, S. 316); OLG Frankfurt vom 24. 9. 1970 (UFITA Bd. 61, S. 257); BVerfG Beschluß vom 31. 1. 1973 (UFITA Bd. 68, S. 358); LG Hamburg vom 14. 12. 1973 (UFITA Bd. 74, S. 325); BGH vom 1. 10. 1974 (UFITA Bd. 76, S. 324); OLG Hamburg vom 5. 2. 1976 (UFITA Bd. 78, S. 244); BGH vom 19. 12. 1978 (UFITA Bd. 93, S. 141); BGH vom 20. 1. 1981 (Fall *Wallraff* in UFITA Bd. 92, S. 150) und BVerfG in UFITA Bd. 89, S. 306 (Fall *Böll*) sowie BGH in NJW 1983, S. 1194 (Fall *Horten*). S. auch BVerfG vom 22. 6. 1982 in NJW 1983, S. 1415 wegen der Abgrenzung zwischen Tatsachenbehauptungen und Meinungsäußerungen.

23   Zur Anerkennung der Persönlichkeitsrechte **juristischer Personen** vgl. BVerfGE 10, S. 89; 20, S. 283 und 42, S. 274; BGH in NJW 1974, S. 1762 = UFITA Bd. 73, S. 256; NJW 1975, S. 1882 = UFITA Bd. 77, S. 252 sowie UFITA Bd. 90, S. 115 und Bd. 94, S. 280 (Namensausnutzung für Werbezwecke Fall *Carrera*).

24 Zur **Rechtslehre** s. die ff in der UFITA veröffentlichen Abhandlungen: *von Hartlieb* „Persönlichkeitsschutz und Filmfreiheit" (Bd. 27, S. 145); *Scheffer* „Film- und Persönlichkeitsschutz" (Bd. 27, S. 129); *Nipperdey* „Das allgemeine Persönlichkeitsrecht" (Bd. 30, S. 1); *Peter* „Allgemeines Persönlichkeitsrecht und droit moral des Urhebers und Leistungsschutzberechtigten beim Film" (Bd. 36, S. 257); *Wehrhan* „Persönlichkeitsrecht und Zeitgeschichte" (Bd. 37, S. 22); *Rilling* „Grenzen des Schutzes des Intimsphäre bei Personen der Zeitgeschichte" (Bd. 40, S. 68); *Fromm* „Der Bildnisschutz nach jetzigem Recht" (Bd. 47, S. 162); *Neumann-Duesberg* „Das besondere Persönlichkeitsrecht der Nichturheberschaft" (Bd. 50, S. 464); *Schneider* „Persönlichkeitsrecht und Massenpublikationsmittel" (Bd. 50, S. 128); *Krüger-Nieland* „Das Recht der Persönlichkeit und die Freiheit der Kunst" (Bd. 53, S. 181); *Wronka* „Das Verhältnis zwischen dem allgemeinen Persönlichkeitsrecht und den sog. Persönlichkeitsrechten" (Bd. 69, S. 71); *Hubmann* „Persönlichkeitsschutz ohne Grenzen" (Bd. 70, S. 75); *Keller* „Zum Verhältnis von Persönlichkeitsschutz und Kunstfreiheit" (Bd. 79, S. 89); *Falk* „Das allgemeine Persönlichkeitsrecht" (Bd. 94, S. 151); sowie *Würtenberger:* „Karikatur und Satire aus strafrechtlicher Sicht" (NJW 1982, S. 610) und die dort zitierten Abhandlungen und Gerichtsentscheidungen. Über wesentliche Fragen des Persönlichkeitsschutzes auf dem Gebiet des Presserechts vgl. *Löffler/Rieker,* aaO S. 219 (Zivilrechtliche Haftung der Presse für rechtswidrige Veröffentlichungen und Schutz des Persönlichkeitsrechts und des Rechts am Unternehmen) und S. 251 (Presse- und Strafrecht).

25 Vgl. allgemein auch noch die zusätzlichen in Kapitel 18, 19 und 20 zitierten Entscheidungen. Wegen Verletzung des Persönlichkeitsrechts durch Mißbrauch von Namen oder Zeichen für **Werbezwecke** s. insbesondere Kapitel 18.

22. Kapitel. Rechtsbehelfe

1 Die **Ansprüche wegen Verletzung** des Persönlichkeitsrechts, des Namensrechts, des Bildnisschutzes oder wegen Ehrverletzung bzw. sittenwidriger Schadenszufügung beim Filmwerk stehen den Personen zu, die in ihren Persönlichkeitsrechten verletzt worden sind. Die Angehörigen können solche Ansprüche nur geltend machen, wenn der Betroffene nicht mehr lebt. Die Ansprüche sind also grundsätzlich nicht übertragbar. Die Ausnahme betrifft den Ehrenschutz Verstorbener, der in § 189 StGB eine besondere gesetzliche Stütze findet.

2 **Anspruchsgegner ist der Verletzer,** d. h. in diesem Fall jeder, der das Filmwerk herstellt, vertreibt, verbreitet, öffentlich vorführt, oder sonst auswertet. Da hier ein absolutes Recht in Frage steht, kann es gegen alle diese Personen, also gegen jedermann, der mit der Verletzung zu tun hat, geltend gemacht werden. Praktisch werden sich die meisten Ansprüche gegen die Filmproduzenten und Fernsehanstalten richten, die Filme herstellen und ausstrahlen oder zur öffentlichen Vorführung bringen lassen.

3 Der wichtigste Anspruch bei Verletzung von Persönlichkeitsrechten ist der **Anspruch auf Unterlassung.** Er ergibt sich bei Verletzungen des Rechts am eigenen Bild und bei Ehrverletzungen sowie bei Verletzung des Namensrechts und sittenwidriger Schädigung unmittelbar aus den §§ 12, 823 und 826 BGB. Beim allgemeinen Persönlichkeitsrecht kann er ebenfalls auf § 823 gestützt werden. Zu dem Unterlassungsanspruch gehört auch die vorbeugende Unterlassungsklage, die bei Wiederholungsgefahr schon dann statthaft ist, wenn ein Schaden noch nicht nachgewiesen werden kann. Für die Klagen wegen Unterlassung genügt der objektive widerrechtliche Eingriff in das geschützte Rechtsgut, ohne daß es auf ein Verschulden ankommt. Lediglich bei Unterlassungsklagen aus § 826 BGB muß sich der Verletzer wenigstens der Möglichkeit der Schadenszufügung durch Außerachtlassung der erforderlichen Sorgfalt bewußt sein.

4   Unterlassungsansprüche können nach den Grundsätzen der **Verhältnismäßigkeit** und des **Übermaßverbotes** immer nur gegen die Filmteile geltend gemacht werden, die Rechtsverletzungen enthalten, und nicht gegen das Filmwerk als Ganzes.

5   Neben diesem Unterlassungsanspruch gibt es auch noch einen Anspruch des Verletzten auf **Beseitigung** der rechtswidrigen **Störung.** Dieser kommt vor allem als Anspruch auf Widerruf unwahrer Behauptungen in Betracht. Er ist nicht zu verwechseln mit dem Anspruch auf Gegendarstellung, der nur eine einseitige Äußerung des Verletzten wiedergibt, während der Widerruf durch den Verletzer vorgenommen werden muß. Der Verletzte kann also grundsätzlich verlangen, daß der Verletzer die das Persönlichkeitsrecht verletzende Darstellung öffentlich widerruft.

6   Der Verletzte hat zusätzlich einen Anspruch auf **Schadensersatz,** der auf die einschlägigen §§ 12, 823, 824 und 826 BGB gestützt werden kann, sowie auf die §§ 42–44 KUG. In diesen Fällen muß jedoch dem Verletzer ein Verschulden nachgewiesen werden. Ein solches Verschulden auch im Sinne der Fahrlässigkeit wird immer vorliegen, wenn der Verletzer seine Sorgfaltspflicht nicht beachtet hat. Eine Verletzung der Sorgfaltspflicht ist bei Filmproduzenten und Fernsehanstalten immer gegeben, wenn sie auf dem einschlägigen Gebiet nicht ausreichend und sorgfältig genug recherchiert haben. Die gleichen Anforderungen wird man jedoch nicht an diejenigen Personen oder Firmen stellen können, die das Filmwerk von den Produzenten übernehmen und durch Vertrieb, Vermietung, Verkauf oder öffentliche Vorführung zur Auswertung bringen.

7   In allen diesen Fällen des Schadensersatzes muß der Verletzte nachweisen können, daß ihm durch die Verletzung seiner persönlichen Rechte ein **Schaden entstanden** ist. Er muß z. B. durch den Rufmord Schädigungen in seinem beruflichen oder geschäftlichen Leben erlitten haben. Es liegt auf der Hand, daß dieser Schaden oft nicht leicht nachgewiesen werden kann, zumal, wenn rechtzeitig ein Widerruf erfolgt ist, jedoch immer noch der Gedanke des *es bleibt immer etwas hängen* in der Welt ist. Deshalb muß man dem Verletzten auch einen Anspruch auf Ersatz seines immateriellen Schadens, also auf Schmerzensgeld, geben, und zwar in entsprechender Anwendung der §§ 847 und 1300 BGB. Hierfür (auch für die Höhe) spielen der Grad der Verletzung, die Einstellung des Verletzers und der Umfang des ideellen Schadens des Verletzten eine Rolle.

8   Zur **Rechtsprechung** auf diesen Gebieten vgl. die Entscheidungen des RGZ 109, S. 276; 141, S. 336 und 166, S. 156 sowie das KG in UFITA Bd. 15, S. 267.

9   Die Rechtsprechung hat erstmals mit Urteil des BGH vom 14. 2. 1958 (UFITA Bd. 25, S. 452 – *Herrenreiter*-Fall) den Ersatz des **immateriellen Schadens** bei Verletzungen des Persönlichkeitsrechts mit folgenden Leitsätzen anerkannt: „Nachdem durch Artikel 1, 2 GG das Recht zur freien Selbstbestimmung der Persönlichkeit als Grundwert der Rechtsprechung anerkannt ist, erscheint es gerechtfertigt, in analoger Anwendung des § 847 BGB auch dem durch die unbefugte Veröffentlichung seines Bildes Verletzten wegen eines hierdurch hervorgerufenen nicht vermögensrechtlichen Schadens eine billige Entschädigung in Geld zu gewähren." Diese Rechtsprechung hat vor allem in folgenden Entscheidungen ihre Fortsetzung gefunden: OLG München vom 3. 10. 1957 (UFITA Bd. 27, S. 65); BGH vom 19. 9. 1961 (UFITA Bd. 35, S. 364); OLG Hamburg vom 31. 3. 1960 (UFITA Bd. 38, S. 358); BGH vom 5. 3. 1963 und vom 5. 2. 1963 (UFITA Bd. 40, S. 152 und 159); BGH vom 8. 12. 1964 (UFITA Bd. 43, S. 358); BGH vom 12. 10. 1965 (UFITA Bd. 47, S. 252); BGH vom 8. 3. 1966 (UFITA Bd. 49, S. 313); BGH vom 7. 1. 1969 (UFITA Bd. 55, S. 309); BGH vom 25. 2. 1969 (UFITA Bd. 56, S. 281); BGH vom 17. 3. 1970 (UFITA Bd. 58, S. 282); BGH vom 16. 6. 1970 (UFITA Bd. 60, S. 268); BGH vom 26. 1. 1971 (UFITA Bd. 60, S. 292); OLG Hamburg vom 19. 2. 1970 und 9. 9. 1971 (UFITA Bd. 65,

S. 271 und Bd. 67, S. 234); BGH vom 5. 3. 1974 (UFITA Bd. 72, S. 311); BGH vom 30. 5. 1974 (UFITA Bd. 73, S. 228 und 235); BGH vom 1. 10. 1974 (UFITA Bd. 76, S. 324); BGH vom 6. 4. 1976 (UFITA Bd. 78, S. 203).

10 Über Fragen des **Widerrufs** s. BGH vom 14. 6. 1977 (UFITA Bd. 81, S. 202) und vom 28. 2. 1978 (UFITA Bd. 83, S. 223) sowie BGH vom 8. 7. 1980 (UFITA Bd. 90, S. 97); über den Begriff des unmittelbar Verletzten s. BGH vom 15. 4. 1980 (UFITA Bd. 92, S. 135).

11 Über Verletzung der Pflicht zur **Wahrheitserforschung** durch ein Gericht vgl. BGH vom 13. 6. 1961 (UFITA Bd. 35, S. 354).

12 Über die Zulässigkeit von **Warentests** vgl. OLG Stuttgart vom 26. 6. 1983 (UFITA Bd. 40, S. 209).

13 KG vom 16. 6. 1966 (UFITA Bd. 54, S. 291): ,,Eingriffe öffentlich-rechtlicher Rundfunkanstalten in Persönlichkeits- oder Urheberrechte sind im **ordentlichen Rechtsweg** verfolgbar." Auch lt. OLG Köln vom 9. 1. 1973 (UFITA Bd. 70, S. 319) sind Klagen wegen Persönlichkeitsrechtsverletzungen gegen Rundfunkanstalten im Zivilrechtsweg verfolgbar.

14 Lt. BGH vom 20. 6. 1961 (UFITA Bd. 35, S. 357) kann der Betroffene **Richtigstellung** verlangen, wenn in der Presse der Leserschaft durch Auslassung oder Verzerrung wesentlicher Umstände eine einseitige Vorstellung über einen Vorgang vermittelt wird.

3. Abschnitt. Die deutsche Filmförderung

23. Kapitel. Entwicklung und Grundlagen der Filmförderung

1   Die **öffentliche** Förderung der Filmwirtschaft (vor allem des **deutschen Films**) in der Bundesrepublik Deutschland (BRD) einschließlich West-Berlin ist nicht einheitlich geregelt. Sie besteht in zahlreichen Maßnahmen des Bundes und der Länder, die auf verschiedenartigen Grundlagen beruhen und unterschiedliche Zweckbestimmungen aufweisen. Sie ist in Gesetzen des Bundes und der Länder, in Erlassen des Bundes und der Länder sowie in Vereinbarungen und Richtlinien der Länder niedergelegt. Diese Mannigfaltigkeit auf dem Filmförderungsgebiet hat ihren Grund in der föderalen Struktur der BRD, der besonderen Stellung Berlins und in der historischen Entwicklung der deutschen Filmförderung.

2   Die ersten Förderungsmaßnahmen bestanden in **Bürgschaftsaktionen der Länder,** wie sie auch anderen Wirtschaftszweigen gewährt wurden und gegeben werden. Diese Bürgschaftsaktionen begannen 1949 in **Bayern** und wurden anschließend von **Niedersachsen, Hamburg, Berlin** und **Hessen** in ähnlicher Form übernommen. Dabei wurde meist ein Bankenkonsortium gegründet, das die Kredite gewährte (z. B. Filmfinanzierungsgesellschaft in Bayern, Filmkontor in Hamburg, Konsortialbanken mit Filmkredittreuhand GmbH in Berlin), wobei das betreffende Land die Bürgschaft für diese Kredite der Bankenkonsortien übernahm. Die Höhe der verbürgten Beträge (Voll- oder Teilverbürgung der Herstellungskosten), die Art des Rückflusses und die Produzentenhaftung waren verschieden geregelt, wobei es jedoch grundsätzlich um echte Kredite und Bürgschaften und nicht um Subventionen ging. Diese Systeme wurden ergänzt durch die Finanzierung der Berliner Industriebank, die Kredite aus Mitteln des European Recovering-Programms ERP (Marshallplan, zinsverbilligte Kredite) vergab. Bei allen diesen Bürgschaften spielen bereits die Staffelfinanzierung, die Vorprüfung der Projekte durch bestimmte Gremien, die Prüfung des Vorhabens und des Rückflusses der Gelder durch eine facherfahrene Wirtschaftsprüfungsgesellschaft eine Rolle.

3   Seit 1950 wurden auch durch den **Bund Filmbürgschaften** gewährt und zwar auf Grund eines Beschlusses des Bundestages, der einen Betrag bis zu 20 Millionen für Ausfallbürgschaften zu Gunsten der deutschen Filmproduktion erstmals in den Haushalten 1950/51 eingesetzt hat. Über die Anträge wurde durch einen besonderen interministeriellen Bürgschaftsausschuß entschieden und mit der Geschäftsführung die Deutsche Revisions- und Treuhand AG (Treuarbeit) betraut. Im Jahre 1953 wurde das Bundesbürgschaftssystem neu geregelt. Es wurden nunmehr 60 Millionen zur Verfügung gestellt und nicht mehr durch einen interministeriellen Ausschuß, sondern eine von der Regierung besonders gegründete Bürgschaftsgesellschaft verwaltet. Für dieses System war typisch, daß die Bürgschaften nur für Filmstaffeln übernommen wurden. Das hatte zur Folge, daß kaum noch Produzenten als Antragsteller in Frage kamen, sondern hauptsächlich Verleiher, die mehrere Filme verschiedener Produzenten in einer Staffel zusammenfaßten und sich diese Staffel kreditieren und verbürgen ließen. Dieses Bürgschaftssystem wurde bis zum Jahre 1955 durchgeführt. Das ganze System endete mit einem Verlust von 21 Millionen DM.

4   Nach Beendigung der Bundesbürgschaften und der Landesbürgschaftsaktionen (mit Ausnahme Berlins) wurden die Bestrebungen zum Erlaß eines einheitlichen

Filmförderungsgesetzes durch den Bund verstärkt. Nach verschiedenen miß-
lungenen Anläufen kam es schließlich im Jahre 1967 (1. 12. 1967) zur Verabschiedung der ersten Fassung des **Filmförderungsgesetzes (FFG)**, das am 1. Januar
1968 in Kraft getreten ist. Dieses FFG wurde im Jahre 1971 novelliert und fand in
den Jahren 1974 und 1978 eine Neufassung, wobei es immer nur um die Abände-
rung einzelner Bestimmungen des Gesetzes ging. Am 1. Juli 1979 trat dann eine
völlige Neufassung des FFG in Kraft, die zunächst bis zum Jahre 1986 gelten soll.
Das FFG basiert auf einer Abgabe von den Einnahmen an der Filmtheaterkasse,
die im wesentlichen zur Förderung der deutschen Filmproduktion verwandt wird.
Sein Geltungsbereich umfaßt die BRD und West-Berlin, so daß im folgenden
immer Westberlin mit gemeint ist.

5   Zu diesen wirtschaftlichen Filmförderungsmaßnahmen tritt eine **kulturelle
Filmförderung des Bundes**, die auf einem Erlaß des Bundesinnenministeriums
beruht. Diese Förderungsart geht zurück auf ein Prämiensystem, das bereits seit
1955 in Geltung war und sich zunächst nur auf Kulturfilme bezog, bis es dann
1961 auch auf Spielfilme ausgedehnt wurde. Dazu kam der seit 1951 bestehende
deutsche Filmpreis, der schließlich mit dem Prämiensystem vereinigt wurde. Diese Filmförderung umfaßt Preise und Prämien für programmfüllende Filme und
Kurzfilme, Projektförderung für solche Filme, Abspielförderung und Stipendien
sowie Filmtheaterauszeichnungen.

6   Als Ergänzung der Filmförderung nach dem FFG wurde ein **Abkommen** zwischen der **Förderungsanstalt** (FFA) und den **deutschen Fernsehanstalten**
abgeschlossen. Es sollte den Ersatz der zunächst vorgesehenen Filmabgabe des
Fernsehens bilden. Dieses Abkommen ist seit 1974 in Kraft.

7   Diese gesetzliche Filmförderung des Bundes und das Abkommen mit den Fernsehanstalten werden begleitet von **Filmförderungsmaßnahmen der Länder**.
Hierzu gehört das **Kuratorium Junger Deutscher Film**, das seit dem 1. Februar
1965 besteht und neuerdings als Stiftung konstituiert ist, die aus Mitteln der
Länder gespeist wird. Es dient vor allem der Förderung von Nachwuchsproduk-
tionen. Dazu treten **Kreditsysteme** der Länder, die in **Berlin**, **Bayern**, **Hamburg**
und **Nordrhein-Westfalen** auf Grund bestimmter Kreditrichtlinien durchgeführt
werden. Sie beruhen teilweise auf dem Prinzip der Gewährung von Bankkrediten
für einen Teil der Produktionskosten, die in dem betreffenden Land ausgegeben
werden müssen und nur aus Einspielergebnissen der geförderten Filme zurückzuzahlen sind. Ein etwaiger Verlust wird den Banken auf Grund einer Bürgschaft
durch das betreffende Land ersetzt.

8   Eine weitere Institution der Filmförderung ist die **Filmbewertungsstelle der
Länder (FBW)**. Sie wurde durch Vereinbarung sämtlicher Bundesländer (Staats-
vertrag) gegründet und vergibt Prädikate an in- und ausländische Filme, und zwar
Kurz- und Langfilme, die sich als wertvoll oder besonders wertvoll qualifizieren.
Diese Prädikate bringen Vorteile auf dem Gebiet der Vergnügungssteuer und im
Sektor der Filmförderung mit sich.

9   Abschließend ist noch auf die Abwicklung des ehemaligen reichseigenen Film-
vermögens hinzuweisen **(UFI-Vermögen)**. Diese sog. UFI-Mittel sind nach dem
UFI-Gesetz und dem FFG zur Förderung der deutschen Filmwirtschaft zu verwenden.

10   Auf Grund der genannten Entwicklung bestehen z. Zt. folgende **Grundlagen**
für eine öffentliche Filmförderung:

Das FFG in der Fassung vom 25. Juni 1979, in Kraft getreten am 1. Juli 1979;
die Vereinbarung über das Kuratorium Junger Deutscher Film vom 1. Februar 1965;
Richtlinien des Bundesministers des Innern (BIM) vom 21. Dezember 1976 über Filmpreise und Filmprämien;
die Kreditrichtlinien in Berlin in der Fassung vom 15. Oktober 1982, Bayern in der Fassung vom 5. Februar 1980, Hamburg in der Fassung von 1982 und Nordrhein-Westfalen in der Fassung von 1982;
die Verwaltungsvereinbarung vom 1. Januar 1974 nebst Verfahrungsordnung, Geschäftsordnung und Richtlinien der FBW;
das 3. Film/Fernsehabkommen zwischen der FFA und den öffentlich-rechtlichen Rundfunkanstalten vom 10. November 1983;
die Mittel aus dem Sondervermögen ,,UFI-Abwicklungserlös", die kreditweise für die Förderung der deutschen Filmwirtschaft vergeben werden.

11   Im folgenden werden die für die Praxis wichtigen **rechtlichen** Probleme behandelt, die bei der Durchführung dieser Filmförderungsmaßnahmen auftauchen. Der Begriff des **Filmwerks** im Sinne dieses Abschnitts ist je nach der Förderungsart verschieden zu definieren.

24. Kapitel. Zur Verfassungsmäßigkeit des Filmförderungsgesetzes

1   Die Einwendungen gegen die Verfassungsmäßigkeit des FFG, die von einzelnen Abgabepflichtigen und wissenschaftlicher Seite vorgebracht werden, stützen sich auf **drei Argumente.** Die Filmabgabe, die auf Grund der prozentualen Abrechnung in der Filmwirtschaft von Produzenten, Verleihern und Theaterbesitzern gemeinsam getragen wird, müsse als Ausgleichsabgabe allen Abgabepflichtigen zugute kommen, werde aber tatsächlich zum weitaus überwiegenden Teil nur der deutschen Produktion zugeführt, so daß Verleih und Abspiel ausländischer Filme nur Abgaben zu zahlen, aber keine Vorteile aus Abgaben zu erwarten hätten (Verstoß gegen Artikel 3 und 4 GG). Das FFG dürfe als Bundesgesetz nur ein Wirtschaftsgesetz sein, diene aber in erster Linie der Kunst- und Kulturförderung (Verstoß gegen Artikel 44 Nr. 11 GG). Das Gesetz übe durch die Selektion der geförderten Filme prophylaktische Zensur aus, was die Filmfreiheit beeinträchtige (Verstoß gegen Artikel 5 GG).

2   Dem ersten Argument wird entgegengehalten, daß in einer Kulturnation der **einheimische Film** für einen **stabilen Filmmarkt** unerlässlich sei, so daß seine Förderung dem ganzen Filmmarkt, also auch dem Verleih und Abspiel ausländischer Filme und damit allen Abgabepflichtigen zugute käme. Dieses Gegenargument ist in seiner allgemeinen Aussage schlüssig, setzt freilich in tatsächlicher Hinsicht voraus, daß das FFG zur Stabilisierung und Aufwärtsentwicklung des deutschen Films in wirtschaftlicher Hinsicht führt oder wenigstens dazu beiträgt. Eine Antwort hierauf kann nur durch die Praxis gegeben werden.

3   Zu dem zweiten Argument ist zunächst zu sagen, daß das FFG an keiner Stelle von **Kunst- oder Kulturförderung** spricht. Es erwähnt in keiner Vorschrift die Begriffe Kunst und Kultur. Dagegen enthält es an mehreren Stellen einen Hinweis auf den Qualitätsbegriff. Hierzu sei verwiesen auf § 2 Abs. 1 Ziff. 1 sowie die §§ 19, 31, 32 und 47 FFG. Macht diese Berücksichtigung der Qualitätsförderung das FFG zu einem Kunst- und Kulturförderungsgesetz, das nicht mehr als Wirtschaftsgesetz betrachtet werden kann und deshalb nicht mehr unter die Zuständigkeit der Bundesgesetzgebung fällt?

4   Der **Begriff der Qualität** ist ein sehr weit gefaßter unbestimmter Rechtsbegriff, der verschiedene Auslegungsmöglichkeiten offen läßt. Auch das Wirtschaftsgut Film setzt handwerkliche Fertigkeiten nach dramaturgischem Aufbau und formalen Kriterien voraus. Diese handwerkliche Qualität (auch *Handelsqualität* genannt) ist also mit dem Wirtschaftsgut identisch und damit auch als Grundlage für eine Wirtschaftsförderung legitim. So wird auch bei der Wirtschaftsförderung für industrielle Güter und landwirtschaftliche Produkte eine handwerklich-technische bzw. gütemäßige Qualität gefordert.

5   Von hier aus rechtfertigen sich im FFG die **Minderqualitätsklausel** nach § 19 und die Qualifikation als guter Unterhaltungsfilm (**gute Unterhaltungsqualität**) nach § 31 FFG. Der Qualitätsbegriff im Sinne dieser Vorschriften als Voraussetzung für einen Förderungsausschluß oder für eine zusätzliche Förderung ist als handwerkliche oder handelsmäßige Qualität in einer Form auslegbar, die ihn als legitimen Fall für eine Wirtschaftsförderung erscheinen läßt.

6   Aber auch für eine künstlerische und kulturelle Qualität gibt es beim Film eine Basis auf der **wirtschaftlichen Ebene.** Der Verkaufswert eines Films und damit seine Qualifikation als Wirtschaftsgut bestimmen sich nach seiner Aufnahme durch die potentiellen Filmbesucher. Es dürfte unbestritten sein, daß verschiedenartige Besucherschichten sich aus verschiedenen Motiven für den Filmbesuch entscheiden. Dazu gehören sowohl Unterhaltungs-, wie Informations- und Kunst- bzw. Kulturbedürfnisse. Insoweit ist die Qualität eines Films auf dem künstlerischen und kulturellen Sektor ein wirtschaftlicher Faktor.

7   Auch dieser Qualitätsbegriff ist deshalb **nicht generell wirtschaftsfremd.** Es ist freilich erforderlich, daß diese künstlerische und kulturelle Qualität mit wirtschaftlichen Momenten verbunden wird, da sonst eine reine Kunst- und Kulturförderung vorliegen würde. Diese Verbindung mit wirtschaftlichen Momenten findet im FFG dadurch Berücksichtigung, daß bei der Projektförderung (§§ 32 und 47) die Qualität allein nicht ausreicht, sondern noch Wirtschaftlichkeit gegeben sein muß. Dazu dienen ferner die wirtschaftlichen Eingangsschwellen und die Art und Verteilung der Förderungshilfen bei der Referenzfilmförderung, wie sie in den §§ 22 und 27 FFG niedergelegt sind und wodurch erreicht werden soll, daß Filme, die keine ausreichenden Besucherschichten erzielen, wo also das künstlerische und kulturelle Moment nicht auch eine wirtschaftliche Bedeutung umfaßt, nicht oder nur in einem geringeren Umfang teilnehmen können. Rechtlich fragwürdig könnten hier freilich die Vorschriften der §§ 23 und 41 FFG über die erleichterte Referenzfilmförderung und die Kurzfilmförderung sein.

8   Es läßt sich also zusammenfassend sagen, daß der Qualitätsbegriff des FFG **nicht identisch** mit Kunst- und Kulturförderung ist. Er kann, vor allem in Verbindung mit den anderen Vorschriften in den entsprechenden Bestimmungen des FFG, in einer Form ausgelegt werden, die auch die Qualität als einen wirtschaftlichen Faktor erscheinen läßt, so daß die entsprechende Qualitätsförderung noch unter den Begriff der Wirtschaftsförderung fällt und nicht eine reine Kunst- und Kulturförderung darstellt. Hierfür ist freilich notwendig, daß im Rahmen der Tätigkeit der FFA der Qualitätsbegriff ausschließlich in dieser **verfassungskonformen Auslegung** angewandt wird.

9   Diese verfassungskonforme Auslegungsmöglichkeit des Qualitätsbegriffs wird unterstützt durch den Umstand, daß die **Gremien und Kommissionen der FFA,** die über die Qualität und Wirtschaftlichkeit zu entscheiden haben, mit Persönlichkeiten besetzt sind, die mehr Kenntnisse und Erfahrungen auf dem filmwirtschaftlichen als auf dem filmkünstlerischen Gebiet besitzen (vgl. unten 25. Kapitel). Keinesfalls überwiegen in den Gremien und Kommissionen Persönlichkeiten, die sich ausschließlich oder fast ausschließlich auf dem Gebiet der Filmkunst betätigen. In diesem Zusammenhang darf noch darauf hingewiesen werden, daß das Prädikat der FBW, das sich weitgehend nach rein künstlerisch-kulturellen Gesichtspunkten ausrichtet, in der Neufassung des FFG im Hinblick auf seine Auswirkungen für die Filmförderung gleichgestellt ist mit dem von einer Kommission, nämlich der Bewertungskommission der FFA, erteilten Gütezeichen, wodurch auch dieses Moment einer künstlerischen oder kulturellen Filmförderung mindestens stark zurückgedrängt worden ist.

10   Das dritte Argument mit dem angeblichen Verstoß des FFG gegen das **verfassungsmäßige Zensurverbot** (Artikel 5 GG) geht von einem zu weit gefaßten Zensurbegriff aus. Wenn der Zensurbegriff nicht übermäßig strapaziert und noch genügend bestimmbar gehalten werden soll, muß er beschränkt bleiben auf das hoheitliche Verbot der Übermittlung von Geisteserzeugnissen an die Öffentlichkeit vor deren erster Vervielfältigung, Verbreitung oder Vorführung (s. Abschnitt 1: ,,Die Filmfreiheit und ihre Schranken" 16. Kapitel). Eine rein prophylaktische Wirkung von Förderungsmaßnahmen erfüllt noch nicht diesen Zensurbegriff, sondern nur der öffentlich-rechtlich fundierte, zwangsweise Ausschluß eines Geisteserzeugnisses von jeder Übermittlung an die Öffentlichkeit. Sonst wäre jede Förderungsmaßnahme für Produkte der Meinungsäußerung, Information, Unterhaltung, Kunst oder Kultur illegal, da jede Subvention eine Selektion voraussetzt, ob sie nun durch besondere Kommissionen, wirtschaftliche Gruppen oder nach der Publikumsresonanz erfolgt. Bei keiner Förderung solcher Produkte ist auszuschließen, daß sich die Filmhersteller nach den Förderungskriterien und den Förderungsgremien ausrichten und dadurch die Förderungsmaßnahmen eine lenkende Funktion für die Produktion erhalten. Eine Subsumierung solcher Tatbestände unter das Zensurverbot des GG würde die ganze Programmgestaltung der öffentlich-rechtlichen Fernsehanstalten und der kommunalen und staatlichen Bühnen in Frage stellen, da hier schon durch die Institutionen als solche eine Beschränkung bzw. Lenkung der Produktionstätigkeit gegeben ist. Vor allem ist aber bei der Filmförderung nach dem FFG bei **richtiger Auslegung** des Qualitätsbegriffs eine derartige **Bandbreite** für filmische Meinungsäußerungen, Informationen, Unterhaltungsprodukte und Kunstwerke gegeben, daß auch aus diesem Grunde eine verfassungswidrige, zensurelle Einschränkung ausscheidet.

11   Zusammenfassend läßt sich sagen, daß der Qualitätsbegriff des FFG in Verbindung mit korrespondierenden Vorschriften dieses Gesetzes eine Auslegung ermöglicht, die eine Verfassungswidrigkeit der entsprechenden Vorschriften des FFG wegen Kunst- und Kulturförderung oder unzulässiger Zensur ausschließt und sie noch im Rahmen der Wirtschaftsförderung hält. Es sind also nicht die Begriffe des Gesetzes, die es verfassungswidrig machen, sondern es könnte höchstens eine **Praxis** sein, die sie nicht verfassungskonform definiert und nicht die ganze Bandbreite der verschiedenen Filmkategorien vom besonders künstlerischen Film bis zum rein unterhaltenden Filmschwank ihre Berücksichtigung finden läßt, soweit bei ihnen nur die handelsmäßige und handwerkliche Mindestqualität gewahrt ist.

12   Ihrem **Rechtscharakter** nach beruht die Ausgleichsabgabe auf Artikel 74, 11 GG und nicht auf der Finanzverfassung nach Artikel 104ff GG. Sie trägt also wirtschaftsrechtlichen Charakter, was für ihre Verfassungsmäßigkeit spricht.

13   In der **Rechtslehre** ist vor allem eine Abhandlung von *Weides* (UFITA Bd. 58, S. 65) von Bedeutung, in der er zu der Feststellung kommt, daß das FFG wegen Kultur- und Kunstförderung verfassungswidrig sei, da diese Art der Filmförderung nicht in die Bundeszuständigkeit fallen und das Gesetz sich nicht auf die dem Bund zustehende wirtschaftliche Förderung des deutschen Films beschränken würde. In dieser Abhandlung berücksichtigt Weides zu wenig den **Definitionsspielraum des Qualitätsbegriffs**, der eine verfassungskonforme Auslegung der Qualitätskriterien ermöglicht.

14   In der Dissertation von *Wöller* ,,Verfassungsmäßigkeit des FFG" wird festgestellt, daß jede Berücksichtigung von **Qualität**, also auch von handelsmäßiger und handwerklicher Qualität, zu einer Kunst- und Kulturförderung führe und nicht mehr als Wirtschaftsförderung zu betrachten sei. Diese Auffassung ist aus den oben näher angegebenen Gründen abwegig. Handelsmäßige und handwerkliche Qualitäten gehören auch zum Wirtschaftsgut Film, ganz unabhängig von dessen künstlerischer oder kultureller Bedeutung.

15   In der **Rechtsprechung** hat sich das BVG in einem Urteil vom 8. 2. 1974 (UFITA Bd. 71, S. 316) mit der Verfassungsmäßigkeit des FFG auseinandergesetzt, wobei es freilich um die erste Fassung des FFG vom 22. 12. 1967 ging. Hier kommt das BVG zu dem Ergebnis, daß dieses FFG **verfassungsmäßig** ist. Der Einwand, daß die Filmtheaterbesitzer eine notwendige Kompensation für die Ausgleichsabgabe erhalten, wird damit beantwortet, daß der deutsche Filmtheaterbesitzer an dem wirtschaftlichen Gedeihen des deutschen Films mit interessiert sei, da ein nicht unerheblicher Teil der deutschen Filmbesucher nicht auf den deutschen Film verzichten wolle. Der Einwand über die zu starke kulturelle und künstlerische Förderung wird als nicht berechtigt bezeichnet. Das Gesetz biete im wesentlichen eine Wirtschaftsförderung, der gegenüber der Nebenzweck der kulturellen Förderung zurücktrete. Auch hier müsse berücksichtigt werden, daß der Gesetzgeber bei der bevorzugten Förderung der Herstellung qualitativ wertvoller Filme davon ausgehen dürfe, daß der Film auf lange Sicht nur dann und insofern wirtschaftlich weiter bestehen könne, als er sich zum hochwertigen Film entwickele. Obwohl die Neufassung des FFG vom 1. 7. 1979 stärkere kulturell-künstlerische Elemente enthält, dürfte dieses Urteil auch noch für die Neufassung Gültigkeit haben, soweit in der Spruchpraxis der FFA für die Vergabe der Mittel auf den Zweck auch der wirtschaftlichen Förderung ausreichend Rücksicht genommen wird.

16   Als **einschlägige Rechtsprechung** darf noch hingewiesen werden auf die höchstrichterlichen Entscheidungen zur Frage der **Verfassungmäßigkeit** der **Subventionierung** staatlicher und kommunaler **Sprechtheater**. In diesen Entscheidungen wird festgestellt, daß diese Form der Subvention nicht gegen verfassungsrechtliche Grundsätze der Gleichbehandlung verstößt, obwohl hierdurch die privaten Sprechbühnen Wettbewerbsnachteile erleiden. Aus diesen Entscheidungen läßt sich der für die Verfassungsmäßigkeit des FFG wichtige Grundsatz entnehmen, daß die für jede Subvention notwendige Selektion keinen Verstoß gegen verfassungsrechtliche Vorschriften enthält. Vgl. hierzu BVerfG in NJW 1980, S. 718, wonach der Artikel 5 Abs. 3 GG keinen Anspruch auf staatliche Leistungen gewährt und insbesondere nicht gebietet, eine solche Förderung allen künstlerischen Äußerungen in allen der Vermittlung künstlerischer Inhalte dienenden Medien gleichmäßig zu Teil werden zu lassen, sondern eine sachgerechte Auswahl zuläßt (vgl. auch BVerfG in NJW 1974, S. 689 und BGH in UFITA Bd. 77, S. 236). Lt. BVG (in UFITA Bd. 71, S. 329) soll der Ermessensspielraum für den Gesetzgeber bei der Gewährung von Subventionen auch dann verbleiben, wenn der Betroffene an der Aufbringung der zu verteilenden Mittel beteiligt ist. (S. auch 16. Kapitel und die dort zitierte Rechtsprechung).

17   Lt. BVerfG (Urteil vom 10. 12. 1980 in BVerfGE Bd. 55, S. 274 = NJW 1981, S. 329) muß bei einer parafiskalischen Abgabe für die Verwendung der Mittel das Prinzip der **Gruppennützigkeit** für die Abgabepflichtigen berücksichtigt werden. Siehe hierzu noch die Abhandlung von *Stiller* ,,Kunstfreiheit und Gleichheitsgebot bei staatlicher Kunstförderung" (UFITA Bd. 60, S. 171).

25. Kapitel. Die Gremien der Filmförderungsanstalt

1 Die Besetzung und Tätigkeit der Gremien der FFA ist in doppelter Hinsicht **rechtlich** bedeutsam. Eine filmwirtschaftlich fachkundige und sachverständige, sowie gesellschaftlich relevante und repräsentative Besetzung dieser Gremien begründet eine generelle, freilich im Einzelfall zu widerlegende Vermutung, daß die Entscheidungen der FFA bei der Auslegung der Vorschriften des FFG und ihre sich hieraus ergebende Tätigkeit den Anforderungen eines auf einer Ausgleichsabgabe beruhenden Wirtschaftsgesetzes entsprechen und dadurch **verfassungskonform** sind. Ferner verschafft eine solche Besetzung den Gremien bei ihren Entscheidungen einen gerichtlich nicht nachprüfbaren **Beurteilungsspielraum**.

2 Die **gesellschaftliche Relevanz und Repräsentanz** versteht sich jeweils in der Gesamtbesetzung des betreffen Gremiums, so daß die einzelnen Mitglieder gruppengebunden sein können (politische Parteien, Kirchen, zuständige Bundes- und Landesbehörden, Filmfachverbände, Fernsehanstalten, Journalistenverbände, Gewerkschaften u. ä. m.). Die Gruppenvertretung muß mit der Fachkunde und dem Sachverstand dadurch verbunden sein, daß die einzelnen Mitglieder innerhalb der Gruppe, die sie vertreten, für Film bzw. Fernsehen fachkundig und möglichst sogar sachverständig sein müssen.

3 Aus diesen Umständen ergibt sich zwangsläufig, daß die einzelnen Kommissionsmitglieder nicht neutral und unabhängig im Sinne eines Richters sein können, da sie gerade auch die **Interessen** und Kenntnisse der von ihnen vertretenen **Gruppen** einzubringen haben. Sie dürfen jedoch an dem einzelnen von ihnen mit zu entscheidenden Fall nicht interessiert sein, da dann **Befangenheit** vorliegen würde, die zu ihrem Ausschluß in dem betreffenden Fall führt.

4 Die **Organe der FFA** sind der Vorstand, das Präsidium und der Verwaltungsrat; an gesetzlich festgelegten Kommissionen nennt das FFG die Bewertungskommission für die Erteilung des Gütezeichens und die Vergabekommission für die Projektförderung von Filmvorhaben einschließlich ihrer Unterkommissionen für Absatz-, Abspiel- und Autorenförderung (§§ 3 bis 8 FFG). Dazu tritt die Verhandlungsgruppe für das Film/Fernsehabkommen über die Gemeinschaftsproduktionen und eine besondere Zehner-Kommission zur Prüfung und Anerkennung der einzelnen Gemeinschaftsproduktionen im Rahmen dieses Film/Fernsehabkommens. Die FFA hat durch Entscheidung des Verwaltungsrats noch weitere Kommissionen gebildet, die dem Verwaltungsrat zuarbeiten, wie die Richtlinienkommission, die Werbekommission und die EG-Kommission.

5 Von den 23 Mitgliedern des **Verwaltungsrats** werden 11 von den Filmwirtschaftsverbänden delegiert. Bei ihnen wird man filmwirtschaftliche **Fachkunde und Sachverständnis** unterstellen können. Aber auch die übrigen Mitglieder des Verwaltungsrats dürften eine solche Fachkunde und ein solches Sachverständnis besitzen, da sie von den benennenden Stellen (Bundestag, Behörden, Gewerkschaften, Journalisten, Kirche und Fernsehen) unter dem Gesichtspunkt einer besonderen Kenntnis der filmwirtschaftlichen Materie ausgewählt worden sind. Das Erfordernis der filmwirtschaftlichen Fachkunde und des filmwirtschaftlichen Sachverstandes ist also beim Verwaltungsrat erfüllt.

6 Die Vertretung der **gesellschaftlich relevanten und repräsentativen Gruppen** ist dadurch gewahrt, daß der Verwaltungsrat von der öffentlichen Hand Vertreter der Parteien, des Bundestages, der Behörden, der Kirchen und des Fernsehens enthält, während er von der privat-rechtlichen Ebene Delegierte aus Gewerkschaften, Filmpresse und aus sämtlichen filmwirtschaftlich wesentlichen Verbänden besitzt. Diese Delegierten zusammen genommen geben ein Spiegelbild der gesellschaftlich relevanten und repräsentativen Gruppen auf dem Sektor des Films, insbesondere der Filmwirtschaft, womit auch dieses Erfordernis erfüllt ist. Zusätzlich ist dafür gesorgt, daß im Verwaltungsrat sowohl Vertreter der Abgabepflichtigen wie der Anspruchsberechtigten vorhanden sind, wodurch dem Selbstverwaltungscharakter des FFG mit seiner parafiskalischen Abgabe Rechnung getragen wird.

7 Da die Mitglieder des Verwaltungsrats, des Präsidiums und der gesetzlich bestimmten Kommissionen (Vergabekommission und Bewertungskommission) und ihre Vertreter als Personen benannt oder gewählt werden, müssen sie ihr Amt **persönlich** wahrnehmen und können nicht dritten Personen oder sich untereinander Vollmacht erteilen.

8 Die **Kommissionen** sind ein verkleinertes **Spiegelbild** des Verwaltungsrates, für sie gilt deshalb dasselbe, was für den Verwaltungsrat gesagt worden ist. Man wird auch bei ihnen davon ausgehen können, daß ihre Mitglieder sowohl filmwirtschaftlich fachkundig und sachverständig, wie gesellschaftlich repräsentativ und relevant sind. Was noch die Film/Fernsehkommission und die sog. Zehnerkommission angeht, so ist bei ihnen legitim, daß hier Vertreter der drei Sparten der Filmwirtschaft (Produktion, Verleih, Theater) den Vertretern der Fernsehanstalten gegenübersitzen, da es bei diesen Gemeinschaftsprouktionen um einen Ersatz der Filmabgabe der Fernsehanstalten geht und deshalb hier die verschiedenen Vertreter der Filmsparten darüber zu wachen haben, daß das Film/Fernsehabkommen diese ihm zugedachte Funktion erfüllt.

9 Für alle Mitglieder der Gremien der FFA gilt der in § 9 FFG niedergelegte Grundsatz des Ausschlusses ihrer Tätigkeit im Falle der **Befangenheit**. An dieser Vorschrift ist bedeutsam, daß hier kein genereller Ausschluß wegen Befangenheit erfolgt, sondern nur soweit es um Beschlüsse geht, bei denen im Einzelfall eine unparteiische Amtsausübung gefährdet sein könnte. Es muß also immer im **Einzelfall** geprüft werden, ob eine Befangenheit gegeben ist. Einen generellen gesetzlichen Ausschluß gibt es nur in den §§ 7 Abs. 3 und 8 Abs. 3 FFG für die Mitwirkung von Filmherstellern und Filmverleihern bei der Vergabe- und Bewertungskommission.

10 In der **Rechtsprechung der Verwaltungsgerichte** sind die Gremien der FFA als filmwirtschaftlich fachkundig und sachverständig sowie als gesellschaftlich relevant und repräsentativ angesehen worden. Vgl. hierzu die Rechtsprechung der Berliner Verwaltungsgerichte (UFITA Bd. 67, S. 331). In der Entscheidung (S. 345) heißt es über den Verwaltungsrat wörtlich folgendermaßen: ,,Der Verwaltungsrat vereinigt somit alle von den wirtschaftlichen Maßnahmen des FFG betroffenen und an der Stärkung der Qualität des deutschen Films interessierten Gruppen unserer Gesellschaft. Durch die maßgebliche Beteiligung filmerfahrener Wirtschaftskreise fließen deren Fachkenntnisse in die Bewertung ein. Demgemäß haben die Verwaltungsgerichte der FFA den Beurteilungsspielraum für ihre Entscheidungen zuerkannt". (S. auch unten Kapitel 31).

26. Kapitel. Die Instanzen bei der Filmförderungsanstalt

1 Die **Entscheidungszuständigkeiten** für die Organe der FFA, nämlich den Vorstand, das Präsidium und den Verwaltungsrat, sowie für die gesetzlich festgelegten Kommissionen (Vergabekommission und Bewertungskommission) sind im § 64 FFG geregelt. Der Antragsteller kann gegen ihn belastende Entscheidungen

des Vorstands bei der Zuerkennung oder Verwendung der Referenzfilmförderung (z. B. Ablehnung wegen geringer Qualität nach § 19 FFG) Widerspruch beim Verwaltungsrat und gegen belastende Entscheidungen der Vergabekommission oder der Bewertungskommission bei der Projektförderung oder bei der Bewertung eines Films (z. B. Ablehnung des Projekts nach § 32 FFG oder des Gütezeichens nach § 31 FFG) Widerspruch bei der betreffenden Kommission einlegen. Soweit hier der Widerspruch bei derselben Kommission einzulegen ist, von der die angefochtene Entscheidung erlassen wurde, erscheint dies rechtsstaatlich nicht unbedenklich, da in diesen Fällen keine neutrale Überprüfung einer Entscheidung innerhalb der Institution gewährleistet ist und dadurch dem Antragsteller eine Instanz entzogen wird, zumal die Verwaltungsgerichte die FFA-Entscheidungen nur bedingt überprüfen können (s. oben 25. Kapitel). Freilich wird man hier zu bedenken haben, daß eine Behandlung aller Widersprüche gegen die zahlreichen Entscheidungen der erwähnten Kommissionen durch den Verwaltungsrat kaum praktikabel sein dürfte.

2   Über die **Widerspruchsentscheidungen** enthält der § 65 FFG die notwendigen Bestimmungen. Erst gegen eine Widerspruchsentscheidung können die Verwaltungsgerichte angerufen werden. Die Frist für die Klage richtet sich nach der Rechtsmittelbelehrung, die in dem ablehnenden Widerspruchsbescheid enthalten ist. Sollte keine solche Rechtsmittelbelehrung in dem Bescheid enthalten sein, so beträgt die Frist nach den allgemeinen Vorschriften der VwGO ein Jahr nach Bekanntgabe der Entscheidungen an die Betroffenen.

3   Nach der **Rechtsprechung** richtet sich die **Widerspruchsfrist** nach den §§ 70 Abs. 2, 60 Abs. 1 VwGO. Danach beträgt die Frist grundsätzlich einen Monat. Gegen ihre Versäumnis ist **Wiedereinsetzung** in den vorigen Stand möglich. Hier sind jedoch an die Voraussetzungen für die Schuldlosigkeit strenge Anforderungen zu stellen. Vgl. hierzu OVG Berlin vom 24. 6. 1982 (Gesch.-Zch.: OVG 3 B 61/81) und VG Berlin vom 15. 6. 1981 (Gesch.-Zch.: VG I A 131/80).

4   In der **Rechtslehre zur Wiedereinsetzung** vgl. *Kopp* VwGO 4. Auflage Rdn. 20 zu § 60. Ferner *Kopp* VwVfG 2. Auflage 1980, § 32 Rdn. 16 mwN.

5   Über die begrenzte gerichtliche Überprüfbarkeit der sog. **unbestimmten Rechtsbegriffe** wie z. B. Qualität s. unten 31. Kapitel.

27. Kapitel. Satzung, Geschäftsordnung und Richtlinien der Filmförderungsanstalt

1   Die **Satzung** der FFA und die **Geschäftsordnung** ihrer Organe und Kommissionen basieren auf den §§ 5 Abs. 6, 6 Abs. 4, 7 Abs. 6 und 8 Abs. 6 FFG. Es bestehen hierbei Genehmigungsvorbehalte des Verwaltungsrats oder des Bundesministers für Wirtschaft, der im übrigen auch die Rechtsaufsicht, nicht dagegen die Fachaufsicht über die FFA ausübt.

2   Nach § 9 der Satzung kann der Verwaltungsrat neben den gesetzlichen Kommissionen (Vergabekommission, Bewertungskommission) **weitere Kommissionen** bilden. In diesen Kommissionen können jedoch im Gegensatz zu den von den Verwaltungsratsmitgliedern benannten Mitgliedern der erwähnten gesetzlichen Kommissionen nur vom Verwaltungsrat gewählte Mitglieder aus dem Kreis seiner Mitglieder nebst Stellvertreter tätig sein. Als solche Kommissionen wurden die Richtlinienkommission, die Werbekommission und die EG-Kommission bestellt. Diese Kommissionen haben nicht, wie die gesetzlichen Kommissionen, autonome Rechte kraft Gesetzes, sondern können nur dem Verwaltungsrat auf

den ihm überlassenen Gebieten vorarbeiten, so daß alle diesbezüglichen Entscheidungen allein vom Verwaltungsrat selbst zu treffen sind.

3   Von besonderem rechtlichen Interesse sind Charakter und Bedeutung der **FFG-Richtlinien**. Das Gesetz enthält Vorschriften über solche Richtlinien in seinen §§ 59, Abs. 3, 60 Abs. 2 und 63, Abs. 1. Hier ergibt sich die Rechtsgrundlage für die Richtlinien aus der entsprechenden gesetzlichen Vorschrift, wobei vor allem § 63 Abs. 1 mit der Bestimmung über die Richtlinien zur Regelung der Anforderungen an die Anträge nebst Unterlagen von Bedeutung ist. Da es sich bei den Verfahren des FFG zur Gewährung von Förderungshilfen um Antragsverfahren handelt, können durch diese Richtlinien, die zum Inhalt der Anträge werden, alle wesentlichen **Förderungsvorausetzungen** festgelegt werden.

4   Zusätzlich sind jedoch auch Richtlinien rechtlich zulässig, die sich mit der **Auslegung gesetzlicher Vorschriften des FFG**, insbesondere seiner unbestimmten Rechtsbegriffe, befassen (z. B. Grundsätze sparsamer Wirtschaftsführung, erhebliche Mitfinanzierung des Verleihs, durchschnittliche Filmmiete, Umfang der Handlungskosten u. ä. m.). Die Berechtigung hierzu ergibt sich aus der Tatsache, daß sämtliche Richtlinien nach § 63 Abs. 2 FFG vom Verwaltungsrat mit 2/3 Mehrheit zu erlassen sind und daß der Verwaltungsrat auf dem Gebiet der Auslegung der unbestimmten Rechtsbegriffe des FFG einen **Beurteilungsspielraum** besitzt. Diesen Beurteilungsspielraum kann er auch bei der Interpretation der unbestimmten Rechtsbegriffe durch Richtlinien ausüben. Außerdem ist hier auf § 6 Abs. 5 Satz 1 FFG zu verweisen, wonach der Verwaltungsrat über alle grundsätzlichen Fragen, die zum Aufgabenbereich der Anstalt gehören, zu beschließen hat. In diesen Richtlinien dürfen freilich nur Auslegungen gegeben werden. Es dürfen nicht gesetzliche Vorschriften geändert, ersetzt oder erweitert werden. Insoweit hätte die betreffende Richtlinie keine rechtliche Grundlage und wäre unwirksam. Eine unwirksame Richtlinie kann freilich nicht unmittelbar gerichtlich angefochten werden, sondern nur im Zusammenhang mit der Anfechtung einer auf ihr beruhenden Entscheidung.

5   In der Rechtsprechung hat das BVG (UFITA Bd. 71, S. 331) zum **Rechtscharakter der FFA-Richtlinien** Stellung genommen. Dachnach gehen sie über die Bedeutung der lediglich den Behördenapparat innerdienstlich bindenden Verwaltungsvorschriften hinaus. Dafür ist anzuführen, daß der Gesetzgeber in § 6 FFG zum Erlaß von Richtlinien ermächtigt hat. Dafür spricht ferner die Zusammensetzung des Verwaltungsrats, der die Richtlinien zu erlassen hat, und insbesondere die 2/3 Mehrheit, die für den Erlaß erforderlich ist. Der § 6 FFG soll den Verwaltungsrat ermächtigen, autonomes Recht zu setzen, soweit das zur Durchführung des Gesetzes erforderlich ist. Die Richtlinien sind nach alledem als auf autonomer Grundlage in Verbindung mit der gesetzlichen Ermächtigung ergangene Sonderverordnungen zur Regelung der Rechtsbeziehungen zwischen einer öffentlich-rechtlichen Anstalt und ihren Benutzern bzw. den von ihr Betreuten anzusehen. Dieses Urteil betrifft noch die frühere Fassung des FFG. Die Richtlinienkompetenz beruht in der Neufassung auf § 63 FFG und ist gegenüber früher eingeschränkt.

28. Kapitel. Der Begriff des Filmherstellers nach dem Filmförderungsgesetz

1   Im **Gegensatz zur früheren Fassung** des FFG (§ 7 Abs. 3 Ziff. 1) ist nach seiner Neufassung (§ 15 Abs. 2 Ziff. 1) für den Begriff des Herstellers (hier auch Produzent genannt) deutscher Filme das Erfordernis der ausschließlichen oder fast ausschließlichen Befassung mit der Filmproduktion entfallen. Ferner genügt für ein Unternehmen aus dem EWG-Raum eine Niederlassung in der BRD. Danach können natürliche und juristische Personen, Einzelfirmen, Personalgesellschaften und Handelsgesellschaften (hier zusammengefaßt Unternehmen genannt) den Herstellerbegriff als Voraussetzung für die Produktionsförderung nach dem FFG erfüllen, wenn sie Wohnsitz, Sitz oder Niederlassung in der BRD haben, auch wenn sie sich sonst bzw. zusätzlich mit anderen geschäftlichen Tätigkeiten und Zwecken als Filmherstellung befassen. Es können also sowohl Unternehmen anderer Filmwirtschaftssparten (Verleihunternehmen, Vertriebsunternehmen, Theaterunternehmen, Atelierbetriebe) wie auch Unternehmen oder Unternehmer aus anderen Wirtschaftsbranchen (Industrie-, Handels-, Handwerks-, Kreditunternehmen, freie Berufe etc.) dem neuen Herstellerbegriff des FFG entsprechen. Es kann sich bei den Unternehmen um juristische Personen des privaten Rechts oder des öffentlichen Rechts handeln (gem. Definition in § 15 und Umkehrschluß aus § 42 FFG).

2   Der Filmherstellerbegriff wird in der Neufassung des FFG nur noch dahingehend definiert, daß der Filmhersteller die **Verantwortung für die Durchführung des Filmvorhabens** tragen muß. Diesen Voraussetzungen kommt durch den Wegfall der ausschließlichen Produzentenbetätigung des betreffenden Unternehmens verstärkte Bedeutung zu, und sie bedürfen deshalb einer genauen Interpretation.

3   Zum **Filmvorhaben** rechnen: Ein Konzept für den Film, die Entwicklung dieses Konzepts bis zur drehreifen Vorlage, die Festlegung der vorbenutzten Werke und ihrer Urheber (Stoff, literarische Werke, Drehbuch, Musik etc.), die Feststellung der mitwirkenden Kräfte (von dem Regisseur über den künstlerischen und technischen Stab bis zu den Darstellern), die Kalkulation und die Finanzierung der Herstellungskosten, die Verteilung des wirtschaftlichen Risikos, die Aufstellung des Drehplans nebst evtl. Atelierbenutzung und die technische Fertigstellung des Films (Schnitt, Montage, Synchronisation, Filmmaterial etc.). Dabei genügt für diesen Begriff des Vorhabens, daß alle diese Umstände detailliert als Projekt erfaßt werden, ohne daß einer von ihnen bereits realisiert worden sein muß.

4   Zur **Durchführung des Filmvorhabens** gehört die Realisierung des Projekts, und zwar vor allem: Abschluß der Verträge mit den Inhabern der vorbenutzten Werke und mit sämtlichen bei der Filmherstellung mitwirkenden Kräften, Sicherung der für die vorgesehene Auswertung des Filmwerks erforderlichen Nutzungsrechte, Sicherstellung der Filmfinanzierung und Risikoverteilung anhand der endgültigen Kalkulation der Herstellungskosten, Abwicklung der Dreharbeiten anhand des endgültigen Drehplans sowie des Schnitts, der Montage, der Synchronisation, der Negativentwicklung und Herstellung der Nullkopie. Die Durchführung umfaßt alle Tätigkeiten vom Beginn der eigentlichen Filmherstellung bis zur endgültigen Fertigstellung des technisch vorführfähigen Films. Sie ist abzugrenzen von der Vorbereitung des Filmvorhabens einerseits und der Auswertung des fertigen Films andererseits. Zur Vorbereitung zählen: Planung des Filmvorhabens, Entwürfe für Besetzung, Kalkulation und Finanzierung, Verhandlungen mit Inhabern vorbenutzter Werke, Mitwirkenden bei der Filmherstellung, Kreditinstituten, Atelierbetrieben und sonstigen technischen Betrieben. Zur Auswertung des Films rechnen: Der Abschluß der Verleih- und Vertriebsverträge und die anschließende Verwertung des fertigen Films.

5   Die **Verantwortung** für die Durchführung des Filmvorhabens trägt das Unternehmen, das die oben erwähnten Tätigkeiten ausübt. Dabei sind maßgebend bei Einzelfirmen deren **Inhaber** und bei Gesellschaften deren **Gesellschafter** und/oder **Organe**. Eine **Delegation** einzelner dieser Tätigkeiten auf eigene Angestellte, freie Mitarbeiter, sogar dritte Unternehmen ist möglich, nur muß immer das Unternehmen, das Hersteller sein will, bei der Gesamtplanung und -durchführung des

Filmvorhabens durch seine Inhaber, Gesellschafter und/oder Organe leitend betreuen und letztinstanzlich entscheiden. So können z. B. beauftragte Herstellungsleiter die Einzelheiten der Abwicklung der Produktion überwachen, auch können Fremdunternehmen die Kalkulation ausfertigen, die Finanzierung besorgen, die Besetzung vornehmen u. ä. m., freilich immer unter der Oberaufsicht des Unternehmens, das als Filmhersteller gelten will.

6   Bei Unternehmen, die sich neben der Filmherstellung noch mit anderen Tätigkeiten befassen, müssen **verantwortliche** und **fachkundige** Persönlichkeiten mit der **Filmherstellung** betraut werden. Nach dem klaren Wortlaut der Gesetzesvorschrift bezieht sich die Verantwortlichkeit immer auf die **Durchführung** des Filmvorhabens, so daß die Vorbereitung auch durch Fremdunternehmen vorgenommen werden, nicht aber ein bloß das Filmvorhaben vorbereitendes Unternehmen als Filmhersteller anerkannt werden kann.

7   Eine unerläßliche, unverzichtbare Voraussetzung für die Erfüllung des Herstellerbegriffs ist die **Inhaberschaft an den Nutzungsrechten** am Filmwerk und das **Eigentum am Filmmaterial** im Umfang der vorgesehenen Auswertung des Films. Filmhersteller kann nämlich nur sein, wem der Film gehört, und der Film als immaterielles Wirtschaftsgut gehört demjenigen, der bei sich die Nutzungsrechte am Filmwerk zusammenfaßt und deren materielles Substrat in Gestalt des Negativs besitzt (vgl. über den urheberrechtlichen Begriff des Filmherstellers Abschnitt 5, Kapitel 58).

8   In der Praxis haben sich **verschiedene Formen** der Zusammenarbeit mehrerer Unternehmen bei der Filmherstellung entwickelt, vor allem die echte Auftragsproduktion, die unechte Auftragsproduktion und die Gemeinschaftsproduktion.

9   Bei der **echten Auftragsproduktion** erwirbt der Beauftragte alle Nutzungsrechte am Filmwerk und ist deshalb der Hersteller des Films, auch wenn der Auftraggeber den Film plant, finanziert, riskiert und überwacht (z. B. Auftragsproduktionen der Fernsehanstalten für Fernsehfilme, der Industrieunternehmen für Industrie- und Werbefilme, der Verleiher für Kinofilme etc.).

10   Bei der **unechten Auftragsproduktion** läßt der Auftraggeber von einem anderen Unternehmen einen Film für sich herstellen, meist unter seiner Planung, Finanzierung, Risikoübernahme und Überwachung, mit der Maßgabe, daß alle Nutzungsrechte am Filmwerk von vornherein ihm als Auftraggeber zustehen, wodurch er zum Hersteller des Filmes wird. An diesen beiden Fällen zeigt sich die entscheidende Bedeutung der Rechtsinhaberschaft für den Begriff des Filmherstellers.

11   Bei der **Gemeinschaftsproduktion** ist grundsätzlich jeder Gemeinschaftsproduzent Mithersteller, auch wenn die Hauptverantwortung für die Durchführung des Filmvorhabens einem der Gemeinschaftsproduzenten überlassen wird, der meist finanziell der majoritäre Produzent ist und dann als federführender Produzent bzw. ausführender Produzent *(executive producer)* fungiert. Auch der andere Produzent muß jedoch mindestens im folgenden Umfang an der Durchführung des Filmvorhabens teilnehmen, um Mithersteller zu werden: Abstimmung mit dem Partner über Stoff, Buch, Besetzung, Herstellungskosten, Kalkulation und Drehplan sowie Mitüberwachung der Dreharbeiten nebst Schnitt und Synchronisation und Mitfinanzierung sowie Risikoteilnahme. Ferner ist auch hier die Rechtsinhaberschaft entscheidend, so daß nur dann alle Gemeinschaftsproduzenten als Mithersteller gelten, wenn die Nutzungsrechte am Filmwerk und das Eigentum am Filmmaterial ihnen gemeinsam oder zu den Bruchteilen ihrer finanziellen Beteiligung zustehen oder wenn die Nutzungsrechte zwischen ihnen nach Nutzungsar-

ten oder Nutzungsgebieten angemessen aufgeteilt sind. Die Gemeinschaftsproduzenten bilden eine Gesellschaft bürgerlichen Rechts nach §§ 705 ff BGB. Soweit sie als Gesellschafter eine juristische Person für die Durchführung der Produktion begründen (OHG, KG, GmbH o. ä. m.), wird diese juristische Person der Produzent und sie verlieren ihre Qualifikation als Gemeinschaftsproduzenten.

12 Der **Eintritt eines Partners** in eine intern-deutsche Gemeinschaftsproduktion oder die Auswechslung eines Partners einer solchen Gemeinschaftsproduktion mit der Wirkung der Anerkennung des neuen Partners als Mithersteller ist nur solange möglich, wie dieser neue Partner noch Produzentenaufgaben erfüllen kann. Sie muß also spätestens während des Schnitts, der Synchronisation oder bei etwaigen Nachaufnahmen erfolgen (so auch die Auffassung des Bundesamtes für gewerbliche Wirtschaft). Nach Ansicht der FFA sind Schnitt und Synchronisation im allgemeinen zu spät, um die zu investierenden Förderungshilfen noch einer zweckgerechten Verwendung zuzuführen.

13 Die Gemeinschaftsproduktion ist für die Filmförderung von besonderer Bedeutung. Durch sie können mehrere Filmhersteller ihre **Förderungshilfen gemeinsam** für einen Film einsetzen.

14 Über diese Produktionsformen im **urheberrechtlichen** Sinn vgl. Abschnitt 5, Kapitel 59 und Kapitel 60.

15 Zur Gemeinschaftsproduktion und ihrer Bedeutung für die Filmförderung, insbesondere hinsichtlich der Qualifikation als Mithersteller s. in der **Rechtsprechung** Urteil VG Frankfurt vom 8. 10. 1981 (Az.: 1/2 – E 4481/79).

29. Kapitel. Der Begriff des deutschen Films nach dem Filmförderungsgesetz

1 Im Mittelpunkt der Filmförderung stehen nach § 14 FFG die Förderungshilfen zur Herstellung neuer programmfüllender deutscher Filme nach dem **Referenzfilmprinzip** und nach dem **Projektfilmprinzip**. Dabei wird der programmfüllende Film in § 15 Abs. 1 FFG als ein Film mit einer Vorführdauer von mindestens 79 Minuten (bei Kinder- und Jugendfilmen 59 Minuten) definiert. Die Mittel müssen, wie sich aus der ganzen Zielsetzung des FFG ergibt, vom **Hersteller selbst investiert** und dürfen nicht nur zur Finanzierung benutzt und auch abgetreten werden (s. §§ 28 und 32 FFG).

2 Zur **Qualifikation** als deutscher Film nach dem FFG und damit als Voraussetzung für die Produktionsförderung jeder Art nach dem Gesetz ist erforderlich, daß neben der Erfüllung des Begriffs des Herstellers deutscher Filme die in § 15 Abs 2, Ziff. 4 – 6 erwähnten **Tätigkeiten von Deutschen** ausgeübt werden. Deutscher im Sinne dieser Vorschrift ist ein **deutscher Staatsangehöriger** nach Artikel 116 GG, also einschließlich der Staatsangehörigen der DDR, gleichgültig wo er seinen Wohnsitz hat und welche Sprache er als Muttersprache spricht. Insoweit liegt ein bestimmter Rechtsbegriff vor.

3 Als Deutscher im Sinne des FFG gilt aber auch ein **Angehöriger des deutschen Kulturbereichs**. Insoweit ist ein unbestimmter auslegungsbedürftiger Rechtsbegriff gegeben. Zur Auslegung dieses Rechtsbegriffs ist es wichtig, das Motiv für diese Vorschrift zu kennen. Man wollte das starke filmkünstlerische Potential aus deutschsprachigen Ländern (Österreich, deutsche Schweiz) und aus deutschen Minderheiten fremdsprachiger Länder (Ungarn, Tschechoslowakei) erfassen, sowie aus Emigrantenkreisen, die nach der Emigration eine fremde Staatsangehörigkeit erworben haben.

4   Gemäß diesem Sinn der Vorschrift über den deutschen Kulturbereich wird man zwischen **geborenen** und **gekorenen** Angehörigen des deutschen Kulturkreises zu unterscheiden haben. Die geborenen Angehörigen des deutschen Kulturbereichs sind die Staatsangehörigen der deutschsprachigen Länder, bei denen es auf Wohnsitz, Sprachkenntnisse und künstlerisch-kulturelle Betätigung nicht ankommt, so daß man sie generell den deutschen Staatsangehörigen gleichzustellen hat. Die gekorenen Angehörigen des deutschen Kulturbereichs sind Personen, die Staatsangehörige von nicht deutsch-sprachigen Ländern sind, aber sich durch gute Kenntnisse der deutschen Sprache, sowie Lehre oder Tätigkeit in kulturell-künstlerischen Berufen mit deutscher Sprache (Schauspielschule, Film- und Fernsehakademie, Universitäten, Mitwirkung als Darsteller in Bühnenstücken, Kinofilmen, Fernsehfilmen o. ä. m.) für den deutschen Kulturbereich ausweisen. Nach Ansicht des Bundesamtes für gewerbliche Wirtschaft müssen gekorene Angehörige des deutschen Kulturbereichs für längere Zeit in Deutschland als Schauspieler oder Filmkünstler tätig gewesen sein, was bei Emigranten auch Jahrzehnte (z. B. vor 1933) zurückliegen kann.

5   Um die Qualifikation als deutscher Film im Sinne des FFG zu erhalten, müssen die in § 15 Abs. 2 Ziff. 4 – 6 FFG erwähnten **Positionen** (Drehbuchautor, Dialogbearbeiter, Komponist, Regisseur, Hauptdarsteller, Produktionsleiter, Kameramann, Toningenieur, Schnittmeister, Chefdekorateur und Kostümmeister) mit Deutschen im o. e. Sinn besetzt werden. Hierbei lassen sich die Positionen des künstlerischen und technischen Stabs vom Regisseur bis zum Kostümmeister klar definieren.

6   Problematisch ist dagegen der Begriff des **Hauptdarstellers**, also einer Position, die sich von den übrigen Darstellern abhebt. Man wird diesen Begriff des Hauptdarstellers auszulegen haben als den Darsteller einer Rolle, die qualitativ und quantitativ für die Filmhandlung von entscheidender Bedeutung ist. In qualitativer Hinsicht muß die Hauptrolle eine besonders starke dramaturgische Funktion im Rahmen der Filmhandlung besitzen. In quantitativer Beziehung muß sie im überwiegenden Teil des Films oder jedenfalls in dramaturgisch wesentlichen Teilen des Film effektiv präsent sein. Je nach Stoff des Film und nach Art der Filmhandlung sind mehrere Hauptrollen möglich. Die Hauptrolle ist nach oben abzugrenzen von der noch bedeutsameren Starrolle, die den Film ausschlaggebend prägt, und nach unten von der wichtigen Rolle, die bedeutsam, aber nicht entscheidend sein muß.

7   Die erwähnten Tätigkeiten können nach § 15 Abs. 3 FFG auch mit **Nicht-Deutschen** im o. e. Sinn besetzt werden, wenn deren Zahl einen bestimmten **Prozentsatz** (40%) nicht übersteigt, wobei dieser Prozentsatz für die Angehörigen der Mitgliedsstaaten der EG höher liegt (50%), als für die Angehörigen aus dritten Staaten. Es taucht hier die Frage auf, wie der Fall zu behandeln ist, wenn bei den nicht deutschen Kräften sich sowohl Staatsangehörige aus EG-Staaten wie Staatsangehörige aus Drittstaaten befinden, d. h., welcher Prozentsatz dann maßgebend ist. Hier kann man es nur auf die Majorität der Mitwirkenden, die nicht Deutsche sind, abstellen, d. h. also, wenn die Majorität dieser Mitwirkenden sich aus Staatsangehörigen der EG-Staaten zusammensetzt, so gilt insgesamt der Satz von bis zu 50%, während sonst die Höchstzahl von 40% zu gelten hat. Bei einem ausländischen Regisseur, der übrigens nicht durch einen deutschen Assistenten kompensiert werden kann, senken sich diese Prozentsätze für Nicht-Deutsche auf 20% oder 40%.

8   Von Bedeutung ist der Umstand, daß ein **Ausgleich** der in § 15 Abs. 2 Ziff. 4 – 6 FFG erwähnten Positionen nicht nur innerhalb der einzelnen Positionen, sondern auch zwischen den verschiedenen Positionen erfolgen kann. Es ist hier eine volle Kompensation möglich, so daß auch ein solcher Film ein deutscher Film nach dem FFG sein kann, bei dem z. B. keine wesentliche Rolle deutsch besetzt ist, dafür aber eine Kompensation durch eine starke deutsche Besetzung im technischen und künstlerischen Stab gegeben ist.

9   Weitere Voraussetzung für die Anerkennung eines Films als deutscher Film ist bei **Atelieraufnahmen** die Durchführung in Ateliers der BRD (§ 15 Abs. 2 FFG) und bei der **Kopienherstellung** deren Anfertigung in Kopieranstalten der BRD (§ 18 FFG).

10   Die Vorschrift über die **Atelieraufnahmen** behinhaltet keinen Zwang für derartige Atelieraufnahmen, sondern läßt die Drehmöglichkeit auch im Inland an **Originalschauplätzen** zu. Ferner stellt sie keine besonderen Bedingungen für Art und Ausstattung des Ateliers, so daß auch Behelfsateliers hierunter fallen. Es kann also ein Film in Deutschland völlig oder zu einem großen Teil an Originalschauplätzen oder in Behelfsateliers gedreht werden. Die thematisch bedingten Außenaufnahmen im Ausland, die ein Drehen in ausländischen Ateliers bis zu 30% der Atelieraufnahmen zulassen, sind gegeben, wenn das Drehbuch zu dem betreffenden Film sie vorsieht und zwar auch, wenn die gleichen landschaftlichen und sonstigen Motive (Gebirge, See, Altstadt, bestimmte Villen oder Schlösser) im Inland zu finden wären. Der Vorstand der FFA hat einen über 30% gehenden Umfang der Aufnahmen in ausländischen Ateliers in Verbindung mit ausländischen Originalschauplätzen zu gestatten, falls dies kostenmäßig günstiger ist, da er ebenso wie die Filmhersteller an den das Gesetz beherrschenden Grundsatz sparsamer Wirtschaftsführung gebunden ist. Die FFA verlangt hier kostenmäßige Unzumutbarkeit.

11   Der gleiche Grundsatz muß auch für die **Kopienherstellung** im Inland gelten, so daß der Begriff *technische Voraussetzungen*, die gegeben sein müssen, als in einem wirtschaftlichen und qualitätsmäßig vertretbaren Rahmen zu verstehen ist. Diese technischen Voraussetzungen sind also nicht gegeben, wenn für das Verfahren, in dem der Film aufgenommen und sein Negativ hergestellt worden ist, im Inland keine Kopien von mindestens gleicher Qualität und gleichem Preis gezogen werden können wie im Ausland, wobei die Auswahl des Aufnahmeverfahrens im freien Ermessen des Herstellers steht (gleiche Qualität und gleicher Preis sind z. B. z. Zt. nicht gegeben für die Kopienherstellung im Technicolor- und Techniscope-Verfahren). Die FFA stellt es hier nur auf die technischen Voraussetzungen und nicht auf den Preis ab.

12   Die **Bescheinigung** als deutscher Film wird ausschließlich durch das **Bundesamt** für gewerbliche Wirtschaft erteilt. Sie hat bindende Wirkung für die FFA, die hier keine Zuständigkeit besitzt. Bei Gemeinschaftsproduktionen gelten nur diejenigen Produzenten als Mithersteller, die in der Bescheinigung aufgeführt sind, was für jeden von ihnen die Erfüllung des Herstellerbegriffes nach § 15 Abs. 2 Ziff. 1 FFG voraussetzt. Gegen ablehnende Bescheide ist Klage vor den Verwaltungsgerichten möglich, die gegen das Bundesamt und nicht gegen die FFA zu richten ist.

13   In der **Rechtsprechung** vgl. VG Berlin vom 18. 8. 1982 (Gesch.-Zch.:VG I A 216/81), wonach die **Bescheinigung des Bundesamtes** für gewerbliche Wirtschaft nach § 17 FFG zu den notwendigen Unterlagen für die Filmförderung gehört. Daß die Herstellung eines deutschen Films wesentlich Voraussetzung der Förderung ist, ergibt sich aus § 7) Abs. 1, 3 und 5 sowie § 1 Abs. 1 FFG a. F. So VG Berlin vom 5. 12. 1980 (Gesch.-Zch.: VG I A 119/78).

14   Lt. OVG Berlin vom 28. 6. 1974 (Gesch.-Zch.: OVG II B 63/73) und VG Berlin vom 30. 3. 1973 (Gesch.-Zch.: VG I A 243/72) zählen **zeitliche** Gründe oder mangelndes brauch-

bares **Ausgangsmaterial** nicht zu den technischen Voraussetzungen, die zum Ziehen der Kopien in ausländischen Kopieranstalten berechtigen.

15   Wegen des **programmfüllenden Films**, der nicht dem Begriff des abendfüllenden Films der EG-Richtlinien entspricht s. VG Berlin (UFITA Bd. 71, S. 316) und BVG (UFITA Bd. 83, S. 299).

30. Kapitel. Der Begriff des deutschen Films bei der internationalen Co-Produktion

1   Für internationale Co-Produktionen, die dem Film die **Anerkennung als nationaler Film in mehreren Staaten** verschaffen und ihn in diesen Staaten zum Erhalt von Förderungshilfen legitimieren sollen, gelten besondere Vorschriften, wenn der in dieser Gemeinschaftsproduktion hergestellte Film als deutscher Film im Sinne des FFG anerkannt werden soll. Jeder der beteiligten Produzenten muß neben seinem finanziellen Beitrag zu den Herstellungskosten und der Mittragung des Filmrisikos mindestens folgende Grundlagen für die Produktion mit dem oder den anderen Produzenten abstimmen: Filmstoff, Filmdrehbuch, Filmbesetzung, Filmkalkulation und -herstellungskosten, Drehplan und Filmfinanzierung. Falls ein Mitproduzent diese Mindestvoraussetzungen nicht erfüllt, wird er zum reinen Finanzier und kann nicht als Mithersteller anerkannt werden. Ferner müssen die Nutzungsrechte und das Negativ-Eigentum an dem Gemeinschaftsfilm den Vertragspartnern grundsätzlich gemeinsam, und zwar in Höhe ihrer finanziellen Beteiligung, zustehen, wobei freilich eine Aufteilung dahingehend üblich ist, daß jeder Vertragspartner die ausschließlichen Nutzungsrechte für sein Staatsgebiet erhält und nur die Nutzungsrechte für Drittländer den Vertragspartnern gemeinsam zustehen.

2   Die wesentlichen technischen und künstlerischen Leistungen für die Produktion können freilich von dem **ausführenden Produzenten** erworben und müssen dann von ihm in die Gemeinschaftsproduktion eingebracht werden. Bei der Durchführung der eigentlichen Herstellungs- (Dreh)arbeiten genügt es, wenn die übrigen Mitproduzenten an der Verantwortung für diese Durchführung durch laufende Information und Gelegenheit zur Überwachung teilnehmen, während die Hauptverantwortung den ausführenden Produzenten trifft. Hier müssen ferner die deutschen Leistungen für die Produktion von dem deutschen Mitproduzenten erworben und in die Gemeinschaftsproduktion eingebracht werden. Dabei darf ein etwaiger Finanzierungsbeitrag nicht völlig disproportional zu dem Leistungsbeitrag sein, es sei denn, daß es hierfür besondere Gründe gibt, wie z. B. die außerordentlich hohen Kosten für einen bekannten ausländischen Star, der in dem Film mitwirkt.

3   Für die **Mitverantwortung** eines deutschen Minderheitsproduzenten im Rahmen einer solchen deutsch-ausländischen Co-Produktion wird man freilich keine hohen Anforderungen stellen dürfen, sondern hier sogar die Verantwortung allein dem ausländischen Mehrheitsproduzenten, falls er – wie in der Regel – als ausführender Produzent fungiert, zu überlassen haben, weil dies schon aus räumlichen Gründen nicht anders zu regeln ist.

4   Für deutsch-ausländische Gemeinschaftsproduktionen, die keiner devisenrechtlichen **Genehmigung** nach § 17 Außenwirtschaftsgesetz (AWG) i. V. mit § 48 Außenwirtschaftsverordnung (AWV) mehr bedürfen, sondern nur noch einer **Meldepflicht** unterliegen, sind in § 16 FFG bestimmte Mindestbedingungen für die deutsche künstlerische und technische Beteiligung enthalten, die grundsätzlich

der finanziellen Beteiligung entsprechen soll. Die hier zunächst erwähnten **internationalen Filmabkommen** über Gemeinschaftsproduktionen sehen meist eine finanzielle Mindestbeteiligung von 30% bei reinen (bilateralen) Co-Produktionen und von 20% bei Produktionen zwischen drei und vier Partnern aus verschiedenen Ländern vor. Der künstlerische und technische Beitrag des Minoritätsproduzenten wird überwiegend dahin definiert, daß mindestens ein Hauptdarsteller und ein Darsteller in einer Mittel- bzw. Nebenrolle oder zwei Darsteller in wichtigen Rollen, sowie eine Kraft des künstlerischen und technischen Stabes und ein Dialogbearbeiter von ihm gestellt werden müssen. Dieselben Mindestbedingungen gelten nach § 16 Abs. 2 FFG auch für Co-Produktionen ohne solche Abkommen.

5   Unter **Hauptrolle** ist dabei eine Rolle zu verstehen, die quantitativ und qualitativ eine entscheidende Funktion für den Film hat. Eine **wichtige Rolle** liegt vor, wenn die betreffende Filmfigur quantitativ und qualitativ für den Film bedeutsam ist. Sie muß also eine wesentliche dramaturgische Funktion ausüben und in dem Film umfangreich in Erscheinung treten. Bei den beiden Kräften aus dem künstlerischen und technischen Stab ist zu beachten, daß eine dieser beiden Kräfte an der Herstellung der Originalfassung des Films beteiligt sein muß, während für die andere Kraft eine Teilnahme an der nationalen Fassung des Films ausreicht.

6   Der § 16 Abs. 2 FFG ist so gefaßt, daß sich die dort erwähnten künstlerischen und technischen Beteiligungen sowohl auf Filme beziehen, die nach dem Abkommen, wie auf Filme, die ohne ein solches Abkommen in deutsch-ausländischen Gemeinschaftsproduktionen hergestellt worden sind. Er ist nämlich ein selbständiger Absatz und nicht etwa ein Unterabsatz der Ziff. 2 Abs. 1 FFG. Das bedeutet einerseits, daß die deutsche künstlerische und technische Mindestbeteiligung im **Gesetz** besonders **verankert** ist, und zwar zusätzlich zu den Abkommen, und andererseits, daß die im Gesetz erwähnte Soll-Vorschrift nicht nur für deutsch-ausländische Gemeinschaftsproduktionen ohne Abkommen, sondern auch für die deutsch-ausländischen Gemeinschaftsproduktionen im Rahmen internationaler Filmabkommen gilt. Im übrigen ist auch nach der ausdrücklichen Vorschrift des § 73 Abs. 5 FFG der § 16 Abs. 2 FFG auf Abkommen anzuwenden, da inzwischen die Übergangsfrist von 3 Jahren verstrichen ist.

7   Die in § 16 Abs. 2 Ziff. 1–3 erwähnten deutschen künstlerischen Kräfte **sollen** beschäftigt werden, um eine deutsch-ausländische Gemeinschaftsproduktion anzuerkennen. Sie können aber auch durch andere deutsche Kräfte **kompensiert** werden, wie das nach § 15 FFG für den rein deutschen Film gilt. Es wird mit der besonderen Erwähnung bestimmter deutscher Kräfte nur ein Rahmen gegeben, der nach Möglichkeit entsprechend ausgefüllt werden soll. Es ist damit aber nicht ausgeschlossen, daß im Einzelfall dieser Rahmen anders ausgefüllt wird. Es wäre auch widersprüchlich, wenn z. B. an eine deutsch-ausländische Gemeinschaftsproduktion für den deutschen Minderheitsproduzenten hinsichtlich der Rollenbesetzung stärkere Anforderungen gestellt würden, als an einen rein deutschen Film. Auch im Falle einer solchen deutsch-ausländischen Gemeinschaftsproduktion muß deshalb der deutsche Minderheitsproduzent die Möglichkeit haben, die nicht voll ausreichenden deutschen darstellerischen Kräfte bei Hauptrollen und wichtigen Rollen auf anderen Gebieten in demselben Maße zu kompensieren, wie das bei einem rein deutschen Film möglich ist, also z. B. durch eine verstärkte Beteiligung am künstlerischen und technischen Stab des betreffenden Films oder besonders zahlreiche deutsch besetzte Mittel- und Nebenrollen. Das Bundesamt für gewerbliche Wirtschaft vertritt hier freilich in seiner Praxis eine andere Auffassung und läßt eine solche Kompensation nicht zu.

8   Die **Bescheinigung als deutscher Film** wird **ausschließlich** durch das **Bundesamt für gewerbliche Wirtschaft** erteilt (§ 17 FFG). Sie muß beim Antrag auf Referenzfilmförderung mit eingereicht werden (vgl. § 24 Abs. 4 i. V. mit § 17 FFG). Wird dieser Antrag für mehrere Produzenten gestellt, so müssen bei jedem von ihnen die Voraussetzungen des Herstellerbegriffs nach § 15 Abs. 2 Ziff. 1 FFG vorliegen. Hier ist also keine Zuständigkeit der Organe oder Kommissionen der FFA gegeben. Diese Organe und Kommissionen müssen sich an die Entscheidungen des Bundesamtes halten. Die Produzenten ihrerseits haben nur die Möglichkeit, eine ablehnende Entscheidung des Bundesamts als belastenden Verwaltungsakt vor den Verwaltungsgerichten anzufechten und nicht etwa gerichtliche Maßnahmen gegen die FFA einzuleiten, falls ihnen eine Bescheinigung als deutscher Film versagt wird. Eine gewisse Verbindung ist nur dadurch gegeben, daß das Bundesamt für gewerbliche Wirtschaft eine Dienststelle des Bundeswirtschaftsministeriums ist und daß auf der anderen Seite das Bundeswirtschaftsministerium die Rechtsaufsicht über die FFA führt.

9   Die Bescheinigung des Bundesamtes ist innerhalb einer **bestimmten Frist** zu beantragen. Hierbei ist es zweckmäßig, **drei verschiedene Anträge** zu stellen, nämlich einmal auf Anerkennung der internationalen Gemeinschaftsproduktion als deutscher Film nach dem betreffenden internationalen Filmabkommen oder nach den Vorschriften des FFG (§ 16 Abs. 2), ferner auf Erteilung eines deutschen Ursprungszeugnisses zwecks Exports in bestimmte Länder und drittens auf Erteilung einer Bescheinigung als deutscher Film zwecks Erlangung von Förderungshilfen nach dem FFG. Sollte für eine solche Gemeinschaftsproduktion nur einer dieser Anträge gestellt werden, so wird man ihn freilich dahingehend auszulegen haben, daß grundsätzlich von dem Produzenten alle drei Bescheinigungen bzw. Bescheide gewünscht werden. Es kann ihm dann nicht die Bescheinigung als deutscher Film mit der Begründung abgelehnt werden, er hätte nur ein Ursprungszeugnis oder eine Anerkennung nach dem Abkommen oder FFG beantragt.

10   Die Frist, die für den Antrag auf Bescheinigung als deutscher Film in § 17 FFG gesetzt ist (vier Wochen vor Drehbeginn), soll dem Bundesamt Gelegenheit geben, sich mit den Behörden der anderen betroffenen Staaten abzustimmen. Sie liegt auch im Interesse des Antragstellers selbst, damit er rechtzeitig weiß, ob eine von ihm geplante internationale Gemeinschaftsproduktion Aussicht auf Anerkennung als deutscher Film hat. Es genügt zur Wahrung der Frist, wenn ein **vorläufiger Antrag** gestellt wird mit folgenden Angaben: Vertragspartner, Arbeitstitel des Films, Stoff des Films, Regisseur mit Vorbehaltsklausel für einen Wechsel, voraussichtliche Höhe der Herstellungskosten, Beteiligungsverhältnis, Bestätigung über die deutschen Haupt- bzw. Nebenrollen oder wichtigen Rollen, deutsche technische Beteiligung, vorgesehener Drehbeginn. Die einzelnen Dokumente und Unterlagen für den endgültigen Antrag (Gemeinschaftsproduktionsvertrag, Kostenvoranschlag, Besetzungslisten des technischen und künstlerischen Stabes, Darstellerliste, Drehplan, Finanzierungsplan, Nachweis über den Erwerb der Verfilmungsrechte, Drehbuch, technischer Beitrag nach Partneranteilen bezüglich Dreharbeiten und Aufnahmeorten und Filmtitel) können dann nachgereicht werden, was jedoch noch vor Drehbeginn sein muß. **Änderungen** der Dokumente und Unterlagen, insbesondere nachträgliche Änderungen der Vereinbarungen des Gemeinschaftsproduktionsvertrages, können äußerstenfalls bis Ende der Dreharbeiten vorgenommen werden, es sei denn, daß es sich (z. B. bei einzelnen Bestimmungen des Gemeinschaftsproduktionsvertrages) lediglich um Klarstellungen und Richtigstellungen handelt, die der tatsächlichen Abwicklung der Produktion entsprechen.

11   Die **Auswechslung** des deutschen Produzenten durch einen anderen deutschen Produzenten ist solange möglich, wie noch Produzentenfunktionen zu erfüllen sind, also nicht mehr nach Fertigstellung der deutschen Filmfassung. Bei **Fristversäumnis** ist **Wiedereinsetzung** in den vorigen Stand möglich, soweit die gesetzlichen Voraussetzungen des § 32 Abs. 2 VwVFG erfüllt sind.

12   Die **Rechtsnatur** dieser internationalen Gemeinschaftsproduktion charakterisiert sie nach den deutschen Rechtsvorschriften als eine Gesellschaft bürgerlichen Rechts, so daß ergänzend zu den Vertragsbestimmungen die Vorschriften der §§ 705 ff BGB heranzuziehen sind. In den Verträgen ist jedoch meistens eine Bestimmung enthalten, wonach Dritten gegenüber, also nach außen hin, nur der Gesellschafter haftet, der das betreffende Rechtsgeschäft eingegangen ist und die anderen Partner nur im Innenverhältnis gebunden sind, soweit sich das Rechtsgeschäft im Rahmen der Vertragsbestimmungen hält. Das macht dann die Gesellschaft zu einer sog. Innengesellschaft mit reiner Binnenwirkung und ohne Außenhaftung für die Mitgesellschafter, soweit dieser Charakter für Dritte erkennbar ist, was bei dieser Art von Co-Produktionen schon wegen der verschiedenen Staatsangehörigkeit der Gesellschafter meist unterstellt werden kann. Soweit die Gemeinschaftsproduzenten als Gesellschafter eine juristische Person inländischen oder ausländischen Rechts für die Durchführung der Filmproduktion begründen, wird diese juristische Person der Produzent, die Gesellschafter verlieren ihre Qualifikation als Produzenten und es liegt keine internationale Gemeinschaftsproduktion mehr vor.

13   Wegen des **rein deutschen Referenzfilmes** für die Referenzfilmförderung bei deutsch-ausländischen Gemeinschaftsproduktionen nach § 16 Abs. 3 FFG und wegen des Wechsels zwischen majoritär und minoritär deutschen internationalen Co-Produktionen nach § 28 Abs. 2 FFG s. unten Kapitel 32.

14   In der **Rechtsprechung** hat der Hessische Verwaltungsgerichtshof Kassel in einem grundlegenden Urteil vom 17. 12. 1973 in UFITA Bd. 73, S. 315 erklärt, daß die **Fristen** für den Antrag auf Bescheinigung als deutscher Film für eine deutsch-ausländische Gemeinschaftsproduktion grundsätzlich zu beachten sind. Wenn jedoch innerhalb dieser Frist ein globaler Antrag auf Genehmigung eingehe, so komme es nicht auf den Wortlaut an, sondern darauf, was mit diesem Antrag bei verständiger Auslegung seines Inhalts bezweckt wurde.

15   In dem gleichen Urteil stellt der Hessische Verwaltungsgerichtshof Kassel fest, daß für die Förderungsfähigkeit einer deutsch-ausländischen Gemeinschaftsproduktion keine **strengeren Anforderungen** gelten dürfen, als für einen **rein deutschen Film**. Auch bei deutsch-ausländischen Gemeinschaftsproduktion müßten deshalb mangelnde deutsche darstellerische Leistungen durch stärkere andere Leistungen ersetzbar sein. Es heißt in diesem Urteil, daß hier eine gesamtwirtschaftliche Betrachtungsweise der Belange der Filmwirtschaft stattfinden müsse und daß es dann um die Belange aller Filmschaffenden und nicht nur um die zahlenmäßig kleinere Gruppe der Hauptdarsteller gehe. Auch müsse eine vergleichbare Betrachtung mit den Förderungsvoraussetzungen für deutsche Filme stattfinden, was bedeute, daß an die deutschen Leistungen für den deutschen Minderheitsproduzenten bei deutsch-ausländischen Co-Produktionen nicht strengere Anforderungen gestellt werden könnten als bei den rein deutschen Filmen.

16   Zu der erwähnten **Antragsfrist** hatte im selben Verfahren das VG Frankfurt/M. im Urteil vom 14. 2. 1973 (UFITA Bd. 73, S. 315) ausgeführt, daß es sich bei der Frist nicht um eine materiell-rechtliche Frist, sondern um eine **reine Ordnungsfrist** handeln würde. Hierzu hat das VG auf den Ausschußbericht zu der entsprechenden Vorschrift des FFG hingewiesen, in dem es heißt, daß der Ausschuß mit dieser Frist die verfahrensrechtliche Konsequenz aus den die deutsche Filmwirtschaft berührenden zwischenstaatlichen

Abkommen über Gemeinschaftsproduktionen gezogen habe. In diesen Filmabkommen ist aus Gründen der guten Ordnung in der Zusammenarbeit der befaßten Behörden verschiedener Staaten vereinbart, daß Anträge auf Anerkennung als nationaler Film vier Wochen vor Drehbeginn gestellt werden müssen. Deutlicher, so heißt es in dem Urteil weiter, könne nach Auffassung des Gerichts nicht zum Ausdruck gebracht werden, daß diese Fristen nur der guten Ordnung halber beständen und nicht zur materiell-rechtlichen Beschränkung der Ansprüche von Antragstellern dienen dürfen.

17   In ständiger Rechtsprechung vertreten die Verwaltungsgerichte die Auffassung, daß die Begriffe **Hauptdarsteller oder Darsteller** in einer **wichtigen Rolle** voll durch die **Gerichte nachprüfbar** sind (vgl. VG Frankfurt im Urteil vom 15. 11. 1979 – Az.: I/3 E 469/78). Dem Bundesamt wird hier kein Beurteilungsspielraum zugebilligt und zwar mit Recht, weil man zwar sagen kann, daß die Beamten des Bundesamts durch ihre lange Praxis auf diesem Gebiet sich Fach- und Sachkunde erworben haben, jedoch fehlt es bei ihnen an einer gesellschaftlich relevanten und repräsentativen Vertretung, wie sie der Verwaltungsrat der FFA aufweist.

18   An **gerichtlichen Entscheidungen über Co-Produktionen** ist noch auf folgende Urteile hinzuweisen: Urteil des BGH vom 27. 2. 1957 (UFITA Bd. 32, S. 170). Hier wird der Begriff der Erlösvereinbarungen bei einer Co-Produktion mehrsprachiger Filme dahingehend geklärt, daß der Gesellschafter, dem ein bestimmtes Lizenzgebiet zugewiesen ist, bis zur Abdeckung seines Herstellungskostenbeitrages die ihm aus diesem Gebiet zukommenden Erträge ohne vorherige Abrechnung und Auseinandersetzung mit den Mitgesellschaftern und ohne Rücksicht auf die Erträge in den anderen Gebieten in voller Höhe zur Abdeckung seiner Produktionskosten verwenden darf. Entscheidung des BGH vom 9. 6. 1960 (UFITA Bd. 32, S. 356). In dieser Entscheidung wird ausgeführt, daß die Tatsache der Benennung nur eines Co-Produzenten im Vorspann eines Films es nicht unzulässig macht, daß ein im Vorspann nicht genannter Co-Produzent, der mit dem allein Genannten eine Innengesellschaft eingegangen ist, an dem Filmpreis zu beteiligen ist. Natürlich muß es sich bei diesem Co-Produzenten ebenfalls um einen deutschen Hersteller handeln. (Über Namensnennung bei Co-Produktionen vgl. auch BGH-Entscheidung in UFITA Bd. 38, S. 340). Das Urteil des KG Berlin vom 28. 6. 1960 (UFITA Bd. 34, S. 92) beschäftigt sich mit den Rechten und Pflichten bei der Co-Produktion eines Films. Danach wird zwischen den Partnern auch dann ein Verhältnis gesellschaftsähnlicher Natur begründet, wenn es in dem Vertrag ausdrücklich heißt, daß kein irgendwie geartetes Gesellschaftsverhältnis begründet werden soll. Aus diesem gesellschaftsähnlichen Verhältnis erwachsen gegenseitige Treuepflichten, wonach der eine Partner nichts unternehmen darf, was die Auswertung des Films durch den anderen Partner in den diesem Partner überlassenen Gebieten schädigen oder gar verhindern könnte. Ferner Urteil des Verwaltungsgerichtshofs Frankfurt vom 27. 11. 1974 (UFITA Bd. 78, S. 322) betr. Verwaltungsakt bei Co-Produktionen.

19   In der **Rechtslehre** vgl. die Abhandlung von *Möllering* ,,Die internationale Co-Produktion von Filmen" im Verlag Dokumentation München 1970, Heft 38. Ferner *Haeger* in UFITA Bd. 32, S. 33, *Bafile* ,,Co-Produktionen in der Filmwirtschaft" in UFITA Bd. 44, S. 30 sowie *Möllering* ,,Rechtsfragen der internationalen Co-Produktionen von Filmen" (UFITA Bd. 60, S. 61).

20   **Internationale Filmabkommen** für Gemeinschaftsproduktionen bestehen z. Zt. mit folgenden Ländern: Belgien, Frankreich, Großbritannien, Israel, Italien, Jugoslawien, Kanada, Österreich, Schweiz und Spanien. Sie sind auch möglich ohne solche Abkommen und unterliegen dann den einschlägigen Vorschriften des FFG.

31. Kapitel. Die Qualitätsbegriffe des Filmförderungsgesetzes

1   In mehreren Vorschriften des FFG wird der Begriff der Qualität erwähnt. In § 2 Abs. 1 Ziff. 1 heißt es, daß die Anstalt die Aufgabe hat, die **Qualität** des deutschen Films auf breiter Grundlage zu steigern. In § 19 FFG wird der Begriff der **gerin-**

gen Qualität definiert, die den Film zu einem nicht förderungsfähigen Film macht. In § 31 FFG wird der Begriff der **Unterhaltungsqualität** geprägt, der nach den §§ 22 und 23 FFG erleichterte Voraussetzungen und zusätzliche Beträge für die Referenzfilmförderung gewährleistet. In den §§ 32 und 47 FFG wird von **Qualität und Wirtschaftlichkeit** als Voraussetzung für die Projektfilmförderung gesprochen.

2   Dieser Qualitätsbegriff muß als ein weit auszulegender **Oberbegriff** betrachtet werden. Die in Verbindung mit ihm erwähnten Begriffe der breiten Grundlage (§ 2 Abs. 1 Ziff. 1 FFG) und des guten Unterhaltungsfilms (§ 31 FFG) erweisen, daß er nicht mit künstlerisch-kultureller Qualität identisch ist. Die Zufügung des Begriffs der Wirtschaftlichkeit bei einigen Vorschriften (§§ 32 und 47 FFG) zeigt, daß er nicht generell gleichzusetzen ist mit ökonomischer Qualität oder Publikumsrelevanz, also wirtschaftlichen Erfolgschancen.

3   Die in den §§ 19 und 31 FFG erwähnten **Qualitätskriterien** dokumentieren zusätzlich die ganz allgemeine Fassung des FFG-Qualitätsbegriffs. Der Qualitätsbegriff des FFG muß deshalb verstanden werden als filmhandwerkliche, filmprofessionelle, filmhandelsmäßige Wertigkeit. Er umfaßt alle Arten der Filmproduktion, soweit sie diese positiven Momente aufweisen, vom gut gemachten reinen Schwank bis zum publikumsinteressanten künstlerischen Film. Es gibt also keine Kategorie von Filmen, die grundsätzlich von dem Qualitätsbegriff nicht erfaßt würde, sondern es kommt nur darauf an, daß der Film im Rahmen seiner Kategorie die für sie adäquaten Qualitätsvoraussetzungen erfüllt. Nur durch diese weite Interpretation des Qualitätsbegriffes wird seine verfassungskonforme Auslegung möglich (s. o. Kapitel 24). Entsprechendes gilt – ins Negative verkehrt – für den Begriff der geringen Qualität.

4   Der § 19 FFG, in dessen Mittelpunkt der Begriff der geringen Qualität steht, enthält eine **Negativauslese** für sämtliche Förderungsarten, ist also genereller Natur. Er schließt verfassungswidrige, gesetzwidrige, sittlich verletzende und religiös verletzende Filme sowie Filme von geringer Qualität von jeder Art der Förderung aus.

5   Die Bestimmungen im § 19 FFG, wonach Förderungshilfen nicht gewährt werden dürfen, wenn der Referenzfilm, der neue Film oder das Filmvorhaben gegen die **Verfassung** oder gegen die **Gesetze verstoßen**, sind überflüssig. Soweit dies Referenzfilme betrifft, dürfen diese bei Gesetzes- oder Verfassungsverstoß gar nicht öffentlich vorgeführt werden und scheiden schon deshalb für die Filmförderung aus. Insoweit hat die Bestimmung nur **deklaratorische Bedeutung**, da sich die FFA nicht an die Stelle der für Gesetzes- oder Verfassungsverstöße allein zuständigen Gerichte setzen darf.

6   Ein politisch propagandistischer Film, auch wenn er einseitige Agitation enthält, aber nicht verfassungswidrig ist, fällt nicht unter die Bestimmung des § 19 FFG, da die FFA **politische Neutralität** zu wahren hat. Soweit es um **mögliche** Verfassungs- oder Gesetzwidrigkeit von noch nicht vorgeführten Filmen oder von Filmvorhaben geht, handelt es sich um ein hypothetisches Urteil der FFA, das bei einer anderen Beurteilung der hierfür allein zuständigen Gerichte korrigiert werden muß.

7   Die weiter in § 19 FFG erwähnten **Tatbestände** der Verletzung des sittlichen oder religiösen Gefühls und der Darstellung **sexueller Vorgänge** oder von **Brutalitäten** in aufdringlich vergröbernder spekulativer Form begegnen in ihrer Rechtswirksamkeit **Bedenken**. Soweit solche Filme oder Filmvorhaben gegen Gesetze oder Verfassung verstoßen oder von geringer Qualität sind, werden sie bereits

von anderen Tatbestandsmerkmalen des § 19 FFG als förderungsunfähig erfaßt, wobei die §§ 131 und 184 StGB gerade auf dem Gebiet der sexuellen und brutalen Darstellungen die gesetzlichen Grenzen setzen und hierbei durch Rechtsprechung und Rechtslehre gleichartige Definitionen erarbeitet worden sind, wie sie das FFG erwähnt (aufdringlich, vergröbernd, spekulativ).

8 Sind aber die Filme oder Filmvorhaben weder von geringer Qualität noch gesetzwidrig, so ist es fraglich, ob nach Sinn und Zweck des FFG bei verfassungskonformer Auslegung die Möglichkeit eines Förderungsausschlusses besteht, weil sonst bestimmte Filmkategorien (z. B. Filme, die sich mit Sexualität oder Brutalität befassen) diskriminiert würden, was zu der verfassungsmäßig notwendigen Bandbreite der zu fördernden Filme in Widerspruch stände. **Pornographische Filme** sind ohnehin gesetzlich von der Förderung ausgeschlossen, da sie immer unter den § 19 FFG über nicht förderungsfähige Filme fallen.

9 Auf jeden Fall dürfen solche in aufdringlich vergröbernder spekulativer Form dargestellten sexuellen Vorgänge oder Brutalitäten nicht isoliert beurteilt werden, sondern müssen eine **Beurteilung im Gesamtrahmen** der Gestaltung des betreffenden Films erfahren, so daß einzelne dieser Darstellungen die Förderungsfähigkeit noch nicht ausschließen können, wenn sie in der Gesamtwirkung nicht beherrschend in den Vordergrund treten bzw. wenn sie durch andere positiv zu bewertende Gestaltungselemente kompensiert werden.

10 Die Tatsache, daß ein Film durch die **Freiwillige Selbstkontrolle** der Filmwirtschaft (FSK) für Erwachsene oder sogar im Auftrag der Obersten Landesjugendbehörden für Jugendliche freigegeben worden ist, bildet übrigens ein Indiz dafür, daß er keine aufdringlich vergröbernden Darstellungen von sexuellen Vorgängen oder Brutalitäten enthält, da er sonst gegen die FSK-Grundsätze verstoßen würde und nicht hätte freigegeben oder nach dem Jugendschutzgesetz (JSchG) für Jugendliche nicht hätte zugelassen werden dürfen. Freilich ist in Grenzfällen zu berücksichtigen, daß es bei der FSK um Freigabe zur öffentlichen Vorführung und bei der FFA um öffentliche Förderung geht.

11 Die übrigen Bestimmungen des § 19 FFG erfassen die **geringe Qualität** und verlangen nicht etwa die im Negativen noch weitergehende Minderqualität. Die hierbei aufgestellten Wertmaßstäbe lassen sämtliche Filmkategorien zu und stellen lediglich Grundforderungen filmhandwerklicher und filmprofessioneller Art an Inhalt (Drehbuch, Dramaturgie) und Gestaltung (Regie, Kamera, Schnitt, Darstellung) des Films.

12 Da die Bedeutung von Inhalt und Gestaltung von der Filmkategorie und der Ambition, die der Film erkennen läßt, abhängen, muß zur Beurteilung von der **Kategorie und der Ambition des Films** ausgegangen und dann festgestellt werden, ob der Film in seiner Kategorie und nach seiner Ambition den normalen filmischen Anforderungen entspricht. Die Wertmaßstäbe, die der § 19 FFG aufstellt, sind beispielhaft zu verstehen (wenn auch als wesentliche Beispiele), da es ausdrücklich *unter Berücksichtigung* heißt, so daß auch andere Momente (Musik, Architektur, Kostüme, Synchronisation u. ä. m.) mit herangezogen werden können. Es brauchen keinesfalls sämtliche erwähnten und evtl. noch heranzuziehenden Kriterien negativ zu beurteilen sein, um geringe Qualität zu begründen, sondern es kommt auf den **Gesamteindruck** an, wie dies ausdrücklich in § 19 FFG festgelegt ist. Das bedeutet, daß **Kompensationen** und **Summierungen** im Positiven und im Negativen möglich sind.

13 Es liegt in der Natur der Sache, daß die geringe Qualität bei **Referenzfilmen,** also fertigen Filmen, wesentlich leichter zu beurteilen ist als bei **Filmvorhaben,** so daß bei diesen Filmvorhaben besonders krasse Differenzen zu den Mindestanforderungen eindeutig erkennbar sein müssen, um das Filmvorhaben als von geringer Qualität einstufen zu können, wobei das grundsätzlich nur auf den Gebieten Filmthema, Filmhandlung und Filmdramaturgie möglich ist, da die Gestaltung kaum vorher beurteilt werden kann (es sei denn z. B. bei totaler Fehlbesetzung wichtiger Rollen u. ä. m.).

14 Im Rahmen der Beurteilung von Filmen nach diesem § 19 FFG dürfte der § 2 Abs. 1 Ziff. 1 FFG über die **Steigerung der Qualität** des deutschen Films auf breiter Grundlage nicht heranzuziehen sein, da sich diese allgemeine Bestimmung des FFG auf die Qualität im positiven Sinne (guter Unterhaltungsfilm und Projektfilmförderung) bezieht und nicht auf die Ausschlußvoraussetzungen der geringen Qualität. Hier können deshalb nicht ständig steigende Qualitätsanforderungen gestellt werden. Die FFA legt den § 2 FFG in diesem Zusammenhang als Forderung der Dynamisierung der Spruchpraxis in Richtung auf steigende Qualität aus.

15 Der **Ausschluß** von Filmen wegen angeblicher Verletzung der Gesetze oder des sittlichen oder religiösen Gefühls oder wegen geringer Qualität von der Referenzfilmförderung durch den Vorstand oder den Verwaltungsrat gem. § 19 FFG ist **rechtlich nicht mehr zulässig,** wenn der betreffende Film vor einer solchen Entscheidung ein **Prädikat der Filmbewertungsstelle** oder ein **Gütezeichen des Bewertungsausschusses** der FFA erhalten hat. Diese Institutionen mit ihren Einstufungen werden im FFG ausdrücklich erwähnt, bestätigen die Qualität eines Filmes und geben dem Antragsteller einen Rechtsanspruch auf erleichterte Referenzfilmförderung gem. § 23 FFG oder auf einen Zusatzbetrag, der den Grundbetrag einschließt, gem. § 22 Abs. 3 FFG. Es gibt keine Vorschrift des FFG, die es dem Vorstand oder Verwaltungsrat gestattet, einen solchen entstandenen Anspruch unter Berufung auf § 19 FFG wieder aufzuheben.

16 Das würde auch zu **widersprüchlichen Entscheidungen** der im FFG gesetzlich verankerten Gremien führen, die deren Fachkunde und Repräsentanz in einer rechtlich relevanten Weise in Frage stellen würde. Sollte ein Film nach seiner Einstufung als nicht förderungsfähiger Film gem. § 19 FFG ein Gütezeichen oder ein Prädikat durch die zuständigen Stellen erhalten, so können diese Einstufungen den Ausschluß von der Filmförderung nicht aufheben, da es hier ebenfalls an einer gesetzlichen Vorschrift für eine solche Aufhebung fehlt. In solchen Fällen kann höchstens das Prädikat oder das Gütezeichen als ein Indiz dafür angesehen werden, daß die Entscheidung des Verwaltungsrats nicht berechtigt war, natürlich nur für den Fall, daß das entsprechende Verfahren (z. B. wegen einer Verwaltungsklage) noch nicht rechtskräftig abgeschlossen worden ist.

17 Diese Unzulässigkeit sich widersprechender Entscheidungen von mehreren im FFG verankerten Gremien, wobei immer der Grundsatz der Priorität gelten muß, findet keine Anwendung auf Ansprüche, die nicht auf Gremienentscheidungen, sondern eine **gesetzliche Automatik** zurückgehen (wie z. B. Anspruch auf Grundbetrag bei bestimmten Besucherzahlen). Ein solcher automatischer gesetzlicher Anspruch schließt eine spätere von ihm abweichende Gremienentscheidung (z. B. Einstufung eines solchen Films als Film von geringer Qualität) nicht aus.

18 Der § 31 FFG enthält die **gleichen Kriterien** wie der § 19 FFG mit der Maßgabe, daß sie hier positiv vorliegen müssen, um die gute Unterhaltungsqualität für die Zusatzförderung zu erfüllen. Hierfür kommen nur Referenzfilme, also fertige

Filme, in Frage, was die Prüfung und Beurteilung wesentlich erleichtert. Auch hier muß ausgegangen werden von der Filmkategorie, also dem Anspruch, den der betreffende Film an sich selbst stellt. Da in § 31 FFG ebenfalls von *unter Berücksichtigung* gesprochen wird, sind andere Momente als die in der Vorschrift erwähnten Kriterien im Positiven wie im Negativen mit heranzuziehen (Musik, Architektur, Kostüme, Synchronisation u. ä. m.). Im Rahmen der erwähnten und heranzuziehenden Kriterien ist **Kompensation** und **Summierung** möglich, so daß z. B. einzelne besonders gute Leistungen auch umfangreichere schwächere Leistungen ausgleichen können.

19   In der Geschäftsordnung der für die Einstufung zuständigen Bewertungskommission heißt es ausdrücklich, daß je nach dem Charakter des Films Schwächen eines Bewertungskriteriums durch Stärken eines oder mehrerer anderer ausgeglichen werden können. Daß es hier auf den **Gesamteindruck** ankommt, ergibt sich auch durch den Hinweis auf die gute Unterhaltungsqualität, die als Ergebnis der Prüfung festzustellen ist, und die auch bei schlechten Leistungen auf einzelnen der angegebenen Gebiete vorhanden sein kann, wenn dem vorzügliche Leistungen auf anderen Gebieten gegenüberstehen.

20   Beim Film von guter Unterhaltungsqualität ist besonders zu beachten, daß hier die ganze Bandbreite möglicher Unterhaltungsfilme Berücksichtigung finden muß. Im Rahmen des § 31 FFG ist im Gegensatz zum § 19 FFG der Grundgedanke des § 2 Abs. 1 Ziff. 1 FFG mit der **Steigerung der Qualität** auf breiter Grundlage mit zu **berücksichtigen,** da es hier um den positiven Qualitätsbegriff geht. Das in der Bestimmung in der Klammerbemerkung benutzte Wort *Unterhaltungsfilm* bedeutet nicht, daß hier nur oberflächliches Amüsement oder beachtliche Besucherresonanz gemeint sind. Das ergibt sich aus der vorangegangenen alle Filmkategorien umfassenden Definition des § 31 FFG und aus dem in § 2 Abs. 1 FFG festgelegten Grundsatz der Steigerung der Filmqualität auf breiter Grundlage. Als guter Unterhaltungsfilm kann also auch ein ernster dramatischer sowie ein zeit- oder gesellschaftskritischer Film mit tragischen Ereignissen eingestuft werden, wenn er innerhalb der Kategorie auf Grund der erwähnten Kriterien einen positiven Gesamteindruck hinterläßt.

21   **Zusammenfassend** läßt sich aus den §§ 19 und 31 FFG feststellen, daß das FFG bei Referenzfilmen folgende **Filmgruppen** unterscheidet: Filme, die verfassungs- und gesetzwidrig und deshalb automatisch von jeder Filmförderung ausgeschlossen sind; Filme, die eine geringe Qualität aufweisen und deshalb nach § 19 FFG nicht förderungsfähig sind, worüber der Vorstand und der Verwaltungsrat der FFA entscheiden; Filme, die eine normale Qualität aufweisen und deshalb an der Grundförderung teilnehmen; Filme, die eine gehobene Qualität besitzen und von der Bewertungskommission als gute Unterhaltung eingestuft worden sind und an der erleichterten und zusätzlichen Referenzfilmförderung teilnehmen; Filme, welche die Prädikate wertvoll oder besonders wertvoll erhalten haben, worüber die FBW entscheidet, und die dann automatisch an der erleichterten und zusätzlichen Referenzfilmförderung partizipieren.

22   In § 32 FFG im Rahmen der Projektfilmförderung wird der **Qualitätsbegriff** ausdrücklich mit dem Begriff der **Wirtschaftlichkeit** kombiniert. Hier muß also immer neben der Qualität eine Publikumsrelevanz und -resonanz zu erwarten sein, um die Voraussetzungen für die Projektfilmförderung zu erreichen. Wegen der Qualität wird sich die Erwartung auf Grund der vorgelegten Unterlagen (Drehbuch, sowie Stab- und Besetzungsliste) auf einen Film zu richten haben, der die Annahme rechtfertigt, daß er die Voraussetzungen des § 31 FFG als gute

Unterhaltung oder der Filmbewertung (Prädikatserteilung) erreicht. Hier ist besonders der Grundgedanke des § 2 Abs. 1 Ziff. 1 FFG mit der Steigerung der Qualität auf breiter Grundlage heranzuziehen, was sowohl die Berücksichtigung aller Filmkategorien wie die Qualitätssteigerung umschließt (s. auch § 38 Abs. 1 Ziff. 3 FFG). Wegen der Wirtschaftlichkeit wird sich die Erwartung auf Grund der vorgelegten Unterlagen auf einen Film zu richten haben, der die Annahme rechtfertigt, daß er mindestens die Besucherzahlen erreicht, die eine Voraussetzung für die Referenzfilmförderung nach § 22 FFG bilden.

23 Über das Vorliegen der Voraussetzungen für die verschiedenen Qualitätsbegriffe des FFG entscheiden die jeweils **zuständigen Gremien** der FFA, und zwar Vorstand und Verwaltungsrat über die geringe Qualität nach § 19 FFG, die Bewertungskommission über die gute Unterhaltungsqualität nach § 31 FFG und die Vergabekommission über die Qualität und Wirtschaftlichkeit nach § 32 FFG. Da es sich bei diesen Gremien der FFA um fachkundige, sachverständige und gesellschaftlich relevant und repräsentativ besetzte Gremien handelt (vgl. o. Kapitel 25), steht ihnen bei ihrer Entscheidung, soweit es um unbestimmte Rechtsbegriffe geht, ein Beurteilungsspielraum zu. Dabei sind unbestimmte Rechtsbegriffe: Die Verletzung des sittlichen oder religiösen Gefühls, die aufdringlich vergröbernde Form, die geringe Qualität, die Unterhaltungsqualität sowie die Qualität und Wirtschaftlichkeit. Dagegen sind die Darstellung von sexuellen Vorgängen und die Darstellung von Brutalitäten keine unbestimmten, sondern voll überprüfbare Rechtsbegriffe.

24 Die Entscheidungen der betreffenden Gremien können innerhalb der FFA durch **Widersprüche** und nach endgültiger Entscheidung der FFA durch **Klage** vor den Verwaltungsgerichten angefochten werden. Wegen des erwähnten Beurteilungsspielraumes, der den Gremien zusteht, haben die Gerichte in solchen Klageverfahren nur folgendes zu überprüfen: Wahrung der Verfahrensvorschriften (z. B. ordnungsgemäße Besetzung der Ausschüsse, Beschlußfähigkeit, rechtliches Gehör für den Antragsteller in schriftlicher und mündlicher Form u. ä. m.); zutreffende und erschöpfende Feststellung des Sachverhalts (z. B. Vorführung der vollständigen Filmfassung); vertretbare allgemeine Auslegung der gesetzlichen Wertmaßstäbe der einschlägigen Vorschriften (also in abstracto); Anwendung dieser Maßstäbe auf den betreffenden Film unter Prüfung seiner sämtlichen inhaltlichen und formalen Momente (also konkrete Subsumtion); Erkennbarkeit dieser sämtlichen Voraussetzungen aus dem Protokoll über das Verfahren. Nur wenn in diesen Punkten Fehler festzustellen sind, kann das Gericht die Entscheidung überprüfen, wobei die Gerichtsurteile meist in Zurückverweisung unter Belehrung bestehen, da die Gerichte ihr Urteil nicht anstelle der Gremien setzen, also keine weitere Instanz der FFA bilden wollen, es sei denn, daß ausnahmsweise ein ganz klarer Fall vorliegt (also z. B. eine sofort erkennbare Minderqualität des betreffenden Films).

25 In der **Rechtsprechung** haben sich die Verwaltungsgerichte in zahlreichen Fällen mit den **Qualitätsbegriffen** des FFG befaßt. Hierbei ging es sowohl um die Frage der Unterhaltungsqualität, also des guten Unterhaltungsfilms, wie – besonders häufig – um den Begriff der geringen Qualität.

26 Hierbei haben sich die Verwaltungsgerichte auf den Standpunkt gestellt, daß den Gremien der FFA für die Anwendung dieser Qualitätsbegriffe ein nicht überrprüfbarer **Beurteilungsspielraum** zusteht. Dies bedeute, daß sich die gerichtliche Nachprüfung dieser Entscheidungen darauf zu beschränken habe, ob das Gremium von einem zutreffenden und vollständig ermittelten Sachverhalt ausgegangen ist, die durch die Auslegung der unbestimmten Gesetzesbegriffe in abstracto ermittelten Grenzen und Wertmaßstäbe richtig erkannt und beachtet hat und seine konkrete Subsumtionserwägung so verdeutlicht und begründet hat, daß im Rahmen des Möglichen die zutreffende Anwendung der Beurteilungsmaßstäbe erkennbar und günstigstenfalls nachvollziehbar ist. Die wertenden Entscheidungen des Verwaltungsrats erforderten jedoch eine möglichst erschöpfende tatsächliche Fundierung, ohne die in der Regel selbst eine Vertretbarkeitskontrolle durch das Gericht nicht möglich sei. Es sind also an die Begründung im Sinne der Wahrung der erwähnten Prüfkriterien im Abstrakten und im Konkreten strenge Maßstäbe anzulegen.

27 **Vgl. hierzu** VG Berlin vom 25. 10. 1972 (UFITA Bd. 67, S. 336); VG Berlin vom 16. 3. 1972 (UFITA Bd. 67, S. 330); VG Berlin vom 25. 10. 1972 (UFITA Bd. 67, S. 348); VG Berlin vom 10. 1. 1973 (UFITA Bd. 67, S. 358); VG Berlin vom 20. 7. 1973 (Gesch.-Zch.: VG I A 185/72); VG Berlin vom 20. 7. 1973 (Gesch.-Zch.: VG I A 76/72); VG Berlin vom 23. 10. 1974 (Gesch.-Zch.: VG I A 248/73); VG Berlin vom 13. 10. 1976 (Gesch.-Zch.: VG I A 57/75); VG Berlin vom 13. 10. 1976 (Gesch.-Zch.: VG I A 199/75); VG Berlin vom 26. 10. 1977 (Gesch.-Zch.: VG I A 65/76); VG Berlin vom 26. 10. 1977 (Gesch.-Zch.: VG I A 286/76); VG Berlin vom 18. 8. 1982 (Gesch.-Zch.: VG I A 263/81). Vgl. auch die **Bezugnahme** auf BVG in UFITA Bd. 67, S. 290 *(jugendgefährdende Schriften).*

28 Die **gleiche Beurteilungsermächtigung** gilt für die Vergabekommission der FFA, da sie sich aus vom Verwaltungsrat benannten Mitgliedern in repräsentativer Form zusammensetzt und deshalb den gleichen Anforderungen wie der Verwaltungsrat genügt. Ihre Entscheidungen unterliegen deshalb ebenfalls nur der begrenzten Nachprüfung durch die Gerichte, und an ihre Begründungen sind die gleichen Anforderungen zu stellen wie an die Begründungen des Verwaltungsrates. Vgl. hierzu VG Berlin vom 23. 5. 1979 (Gesch.-Zch.: VG I A 632/78) und VG Berlin vom 26. 9. 1979 (Gesch.-Zch.: VG I A 539/77).

29 Zur **politischen Neutralitätspflicht** der FFA stellt das OVG Berlin in einem Urteil vom 6. 9. 1983 (Gesch.-Zch.: OVG 3 B 31/82) fest, daß sie gebietet, politische Filme bei Vorliegen der gesetzlichen Voraussetzungen ohne Rücksicht auf den Inhalt und Zweck der politischen Aussage zu fördern.

30 Lt. VG Berlin vom 10. 1. 1973 (UFITA Bd. 67, S. 363) hat der Hersteller in Fällen der Einstufung seines Films als geringe Qualität einen Anspruch auf **rechtliches** Gehör in der Weise, daß ihm Gelegenheit zu geben ist, nach der Vorführung seines Films und vor der Beschlußfassung des Verwaltungsrats zu dem Ergebnis der Vorführung Stellung zu nehmen (Fall *Atemlos vor Liebe).*

32. Kapitel. Die Referenzfilmförderung nach dem Filmförderungsgesetz

1 Die Referenzfilmförderung der §§ 22–31 FFG, die nach § 14 Ziff. 1a FFG nur für die Herstellung neuer programmfüllender deutscher Filme im Sinne des § 15 Abs. 1 FFG (mindestens 79 bzw. 59 Minuten Vorführdauer) gilt, ist der **Kernpunkt der Produktionsförderung** nach dem FFG, was sich schon daraus ergibt, daß nach § 68 FFG die Hälfte der Einnahmen der FFA für diese Förderungsart zu verwenden sind. Sie wird den Grundgedanken des FFG nach Wirtschaftsförderung (Mindestbesucherzahl nach § 22 FFG und gestaffelte Besucherzahl nach § 27 FFG) und Qualitätssteigerung (Zusatzbetrag für qualifizierte Filme nach § 22 FFG und erleichterte Referenzfilmförderung für qualifizierte Filme nach § 23 FFG) besonders gerecht. Durch diese Festlegung von Besucherzahlen als Förderungsvoraussetzungen begründet sie eine wirtschaftliche Automatik, die eine verfassungskonforme Förderungsregelung (s. o. Kapitel 24) möglich macht.

2 Das Gesetz spricht an einigen Stellen (z. B. §§ 32, 41 und 56 FFG) davon, daß Förderungshilfen **gewährt werden,** während es an anderen Stellen (z. B. §§ 47 und 53 FFG) heißt, daß Förderungshilfen **gewährt werden können.** Dieser Unterschied bedeutet, daß im ersten Fall die Förderungshilfen zuerkannt und ausgezahlt werden müssen, wenn die in den gesetzlichen Vorschriften erwähnten

Voraussetzungen erfüllt sind, während im anderen Fall ein Ermessensspielraum für die zuständigen Organe der FFA gegeben ist. Das Gesetz unterscheidet zwischen **Gewährung und Zuerkennung** sowie **Auszahlung und Verwendung** von Förderungshilfen, wofür ein Zuerkennungsbescheid und ein Verwendungsbescheid erlassen werden, denen entsprechende Formularanträge vorausgehen. Man wird die Begriffe Gewährung und Zuerkennung ebenso als **synonym** zu behandeln haben wie die Begriffe Auszahlung und Verwendung (vgl. die §§ 24, 25 und 28 FFG).

3   Der Zuerkennungsbescheid (Gewährungsbescheid) und der Verwendungsbescheid (Auszahlungsbescheid) sind **zwei verschiedene Verwaltungsakte,** was bedeutet, daß bei Wegfall des Verwendungsbescheides der Zuerkennungsbescheid wirksam bleibt. Wenn also z. B. Referenzfilmförderung für einen Film verwandt wird, der kein deutscher Film ist oder geringe Qualitäten aufweist und deshalb der Verwendungsbescheid zur Aufhebung kommt, so wird davon der Zuerkennungsbescheid nicht berührt, d. h., daß der Produzent dann weiter diese Referenzfilmmittel behält und für einen anderen Film verwenden kann, der die Voraussetzungen des FFG für die Verwendung von Förderungshilfen erfüllt.

4   Die **beiden Bescheide** können auch **nicht** durch die FFA voneinander abhängig gemacht werden, weil dies dem Sinn und Zweck dieser Bescheide widersprechen würde. Der Zuerkennungsbescheid wird erteilt, weil der Referenzfilm den Voraussetzungen des FFG entspricht, und der Verwendungsbescheid, weil der zu fördernde Film diese Voraussetzungen erfüllt. Das sind zwei ganz verschiedene Tatbestände, die nicht miteinander verquickt werden dürfen. Es wäre völlig ungerechtfertigt, wenn einem Produzenten die Zuerkennung von Referenzfilmförderung entzogen würde, obwohl der Film, für den die Zuerkennung erfolgt ist, allen Voraussetzungen des FFG gerecht wird, nur weil der Film, für den sie verwandt werden soll, diesen Voraussetzungen nicht entspricht. Es genügt in diesem Fall vollkommen, wenn die Verwendung rückgängig gemacht wird, so daß dann die zuerkannten Mittel für einen neuen Film Verwendung finden können, der allen Bedingungen des FFG nachkommt.

5   Wenn Referenzfilmförderung für einen bestimmten Film durch Verwendungsbescheid zur Auszahlung freigegeben worden ist, kann sie vor Durchführung der Auszahlung für einen anderen Film beantragt und verwandt werden. In Ausnahmefällen kann eine solche **Umwidmung** auch noch nach der Auszahlung vorgenommen werden. Es braucht nicht etwa eine Rückzahlung der ausgezahlten Beträge stattzufinden, um dann die zuerkannte Förderungshilfe für einen anderen Film zu verwenden, sondern es kann gleich dieselbe zuerkannte und ausgezahlte Förderungshilfe auf den anderen Film umgeschrieben, also umgewidmet werden.

6   Normale Referenzfilmförderung wird nur für Filme gewährt, die **bestimmte Besucherzahlen** erreichen (§ 22 Abs. 2 FFG), wobei für die geringere Besucherzahl das Prädikat der FBW oder das Gütezeichen der FFA oder der Hauptpreis bei einem A-Filmfestival als Voraussetzungen gelten, die also insoweit völlig gleichgestellt sind. Es werden bei den Besucherzahlen nur zahlende Besucher und keine Freikartenempfänger berücksichtigt. In den Motiven zu dem Gesetz heißt es zu dieser Vorschrift ausdrücklich, daß unter Besuchern nur solche Besucher zu verstehen sind, die den Film gegen ein marktübliches Entgelt besucht haben, da sich in den Besucherzahlen der Publikumserfolg entsprechend der Grundidee der Referenzfilmförderung, die einen gewissen Markterfolg zum Kriterium der Förderung macht und deshalb wirtschaftliche Relevanz erfordert, ausdrücken muß.

7   Der **marktübliche Preis,** der gezahlt werden muß, bestimmt sich nicht einheitlich für den ganzen Geltungsbereich des Gesetzes, sondern nach den örtlichen Verhältnissen und (innerhalb des gleichen Ortes) nach den Aufführungsfolgen. Hierzu heißt es in den Gesetzesmotiven, daß der Besucher auf dem Land, der für die Eintrittskarte etwa DM 3,- zahlt, bei der Einschätzung des Publikums eines Films genauso berücksichtigt werden muß, wie der städtische Besucher, der etwa DM 7,- für eine Eintrittskarte einbringt. Auch Besucher **nichtgewerblicher Filmveranstaltungen** sind zu berücksichtigen, wenn deren Filmvorführungen entgeltlich (ohne Rücksicht auf Gewinnerzielung, aber nicht kostenlos oder nur gegen allgemeine Mitgliedsbeiträge o. ä. m.) erfolgen, da solche Veranstaltungen grundsätzlich abgabepflichtig sind (§ 66 FFG), wobei das für solche Filmvorführungen übliche Entgelt als marktüblicher Preis einzusetzen ist.

8   Da der **Zeitraum,** innerhalb dessen die Besucherzahlen erzielt sein müssen, für **Dokumentarfilme** sowie **Kinder- oder Jugendfilme** länger gehalten ist als für die anderen Filme (**5 Jahre** statt **2 Jahre,** wobei aber auch die kürzere Zeit in Anspruch genommen werden kann, falls die Förderungsvoraussetzungen hier schon erfüllt sind) ist es erforderlich, diese Filmgruppen zu definieren. Dabei wird der **Dokumentarfilm** in Abgrenzung zum Spielfilm zu bestimmen sein und zwar in dem Sinne, daß beim Spielfilm die fiktive Handlung und beim Dokumentarfilm die originale Wiedergabe tatsächlicher Begebenheiten (z. B. einer Theateraufführung) dominierend sind. **Kinder- oder Jugendfilme** können sowohl Spielfilme wie Dokumentarfilme sein, wenn sie ganz besonders für Kinder und Jugendliche geeignet und auf deren Verständnis und Auffassungsvermögen zugeschnitten sind. Wesentlich kann in diesem Zusammenhang die Einstufung von Filmen als Kinder- oder Jugendfilme durch die FBW oder die Bewertungskommission der FFA oder ein A-Filmfestival sein, da deren Prädikat oder Gütezeichen als Voraussetzung für die längere Einspielzeit von 5 Jahren maßgebend ist. Der Umstand, daß diese Dokumentar-, Kinder- und Jugendfilme nicht in Abendveranstaltungen gezeigt werden dürfen, der in der früheren Gesetzesfassung enthalten war, ist jetzt fallengelassen worden, so daß er nicht mehr maßgebend sein kann, d. h., daß auch Dokumentar-, Kinder- und Jugendfilme, die ganz oder teilweise in Abendveranstaltungen gezeigt werden, unter die längere Einspielzeit von 5 Jahren fallen.

9   Weitere Voraussetzungen für die Referenzfilmförderung liegen vor allem in der **Qualifikation** des betreffenden Films als **deutscher Film** nach § 15 FFG und in der **Kopienherstellung** im Geltungsbereich des FFG nach § 18 FFG sowie im **Nichtvorliegen von geringer Qualität** nach § 19 FFG (s. o. Kapitel 29 und 31). Zur Wahrung dieser Vorschriften muß die der FFA beim Antrag auf Referenzfilmförderung vorgelegte Fassung des Films **identisch** sein mit der öffentlich vorgeführten Filmfassung und zwar mit der von der FSK freigegebenen oder der von der Juristenkommission der SPIO (JK) als strafrechtlich unbedenklich bezeichneten Filmfassung (so ausdrücklich § 3 der Referenzfilmförderungsrichtlinien). Sollte der Film in mehreren Fassungen öffentlich vorgeführt worden sein, weil sich dies z. B. im Verlauf der Auswertung aus künstlerischen oder geschäftlichen Gründen (Pressekritik, Publikumsresonanz) als zweckmäßig erwiesen hat (z. B. erst ohne und dann mit Schnitten oder in einer ungekürzten Fassung für Erwachsene und in einer gekürzten Fassung für Kinder und Jugendliche), so schließt das die Förderung nicht aus, jedoch müssen dann sämtliche öffentlich vorgeführten Fassungen die erwähnten Voraussetzungen erfüllen (vor allem Mindestqualität, Qualifikation als deutscher Film, Kopienherstellung), oder es muß die Fassung, für die Förderungshilfen beantragt werden, für sich allein die Förderungsvoraussetzungen

(z. B. Besucherzahlen und Qualifikation) erfüllen. Titeländerungen berühren die Identität der Filmfassung nicht, da sich die erwähnten Voraussetzungen für die Referenzfilmförderung nur auf den Film selbst und nicht auf seinen Titel beziehen. Die FFA kann auf Grund der o. e. Richtlinien die Vorlage sämtlicher öffentlich vorgeführter Filmfassungen und entsprechende Identitätserklärungen von dem Antragsteller verlangen.

10 Die schließlich noch als Voraussetzung für die Referenzfilmförderung zu beachtende und nur mit ausdrücklicher vorheriger Genehmigung des Präsidiums der FFA zu verkürzende **Sperre der Fernsehnutzungsrechte** nach § 30 FFG, wobei unter Dauer des Erstmonopols gemäß Branchenbrauch und Legaldefinition in § 20 FFG eine Frist von 5 Jahren ab Erstaufführung des Films im Geltungsbereich des FFG zu verstehen ist, und wobei sich die Sperre nicht auf den Vertragsabschluß, sondern auf die Auswertung, also die Sendung im Fernsehen bezieht, gilt auch für Gemeinschaftsproduktionen zwischen Filmherstellern und Fernsehanstalten, wie sich schon aus der ausdrücklichen Erwähnung solcher Gemeinschaftsproduktionen in § 30 FFG ergibt.

11 Sollte in dem privatrechtlichen Vertrag über eine solche Gemeinschaftsproduktion eine **kürzere Sperrfrist** vereinbart worden sein, so ist sie zwar privatrechtlich wirksam, schließt aber bei Inanspruchnahme ohne vorherige Genehmigung des Präsidiums der FFA die öffentlich-rechtliche Referenzfilmförderung aus. Soweit eine solche Gemeinschaftsproduktion im Rahmen des Gemeinschaftsproduktionsabkommens zwischen den Fernsehanstalten und der FFA abgeschlossen worden ist, muß auch die privatrechtliche Wirkung der erwähnten verkürzten Sperrfrist entfallen, da für solche Gemeinschaftsproduktionen gem. diesem Abkommen die Vorschriften des FFG Vorrang genießen und es gegen Treu und Glauben verstoßen würde, wenn sich die Fernsehanstalt auf eine Sperrfrist berufen würde, die dem Filmhersteller als ihrem Vertragspartner die Möglichkeit der Inanspruchnahme von Förderungshilfen entziehen würde (s. auch Kapitel 40 ,,Film/Fernsehabkommen'').

12 Die gesetzliche Fernsehsperre bezieht sich auch auf **Fernsehserien,** die nach dem gleichen Stoff wie der Kinofilm hergestellt worden sind, falls sie diesen Kinofilm ganz oder in wesentlichen Teilen mit enthalten, also nicht selbständig neben dem Kinofilm aufgenommen worden sind. Die Übernahme einiger Teile des Kinofilms in die Fernsehserie, die der Serie ihre Eigenständigkeit beläßt, genügt freilich nicht.

13 Die in den Richtlinien über die Anträge auf Projektfilm- und Referenzfilmförderung niedergelegte 6-monatliche **Sperrfrist für die Videoauswertung** (Videokassetten, Bildplatten u. ä. m.) des zu fördernden Films ist zwar keine gesetzliche Sperrfrist, wird aber durch die Aufnahme in die Anträge für die Antragsteller rechtsverbindlich. (Für die Einzelheiten der Sperrfrist kann die Verbandsempfehlung Verleih/Theater herangezogen werden – s. Kapitel 139).

14 Für die Referenzfilmförderung bei deutsch-ausländischen Gemeinschaftsproduktionen ist der § 16 Abs. 3 FFG zu beachten, wonach der deutsche Hersteller, der an einer deutsch-ausländischen Gemeinschaftsproduktion beteiligt ist (gleichgültig ob deutsch-majoritär oder deutsch-minoritär), für diese Gemeinschaftsproduktion Förderungshilfen nur erhält, wenn er jeweils innerhalb von 5 Jahren vor Antragstellung einen **rein deutschen Film** im Sinne des § 15 Abs. 2 FFG hergestellt hat. Diese Vorschrift soll sicherstellen, daß deutsche Filmhersteller für Beteiligungen an internationalen Gemeinschaftsproduktionen nur dann Förderungshilfen erhalten, wenn sie sich auch in der Produktion rein deutscher Filme betätigt

haben. Nach den früheren Fassungen des FFG genügte ein deutscher Film, der in der Zeit vor Inkrafttreten der ersten Fassung des Gesetzes hergestellt worden war. Jetzt muß alle 5 Jahre ein solcher rein deutscher Film produziert werden, um die Berechtigung auf Förderungshilfen für deutsch-ausländische Gemeinschaftsproduktionen zu erhalten.

15   Dabei muß die **Identität** zwischen dem **Hersteller** dieses rein deutschen Films und dem deutschen Hersteller der internationalen Gemeinschaftsproduktion, der für sie Referenzfilmförderung beantragt, gewahrt sein. Es reicht also nicht aus, wenn der deutsche Hersteller der internationalen Gemeinschaftsproduktion den rein deutschen Film nicht allein, sondern in einer intern-deutschen Gemeinschaftsproduktion mit einem anderen Hersteller produziert hat oder ein anderer deutscher Hersteller mit einem rein deutschen Film der internationalen Gemeinschaftsproduktion beitritt, es sei denn, daß auch die internationale Gemeinschaftsproduktion von den Herstellern der intern-deutschen Gemeinschaftsproduktion gemeinsam produziert worden ist.

16   Dabei muß der deutsche Film nicht etwa vor der Herstellung der deutschausländischen Gemeinschaftsproduktion, für die Förderungshilfen beantragt werden, hergestellt sein. Es genügt vielmehr, wenn er fertiggestellt worden ist, **bevor** für diese internationale Gemeinschaftsproduktion ein **Antrag auf Zuerkennung** von Förderungshilfen bei der FFA gestellt wird. Das ergibt sich schon aus dem Wortlaut des § 16 Abs. 3 FFG, der die Gewährung, also Zuerkennung von Förderungshilfen für die internationale Gemeinschaftsproduktion an die Herstellung des rein deutschen Films knüpft, der freilich für alle derartigen Anträge innerhalb eines Zeitraums von 5 Jahren seit seiner Fertigstellung ausreicht.

17   Von Bedeutung für diese Vorschrift ist, daß es sich bei diesem rein deutschen Film nicht um einen Spielfilm handeln muß, sondern daß auch ein **anderer Film** genügt, wenn er nur die Voraussetzungen des § 15 Abs. 1 FFG über den programmfüllenden deutschen Film (Vorführdauer von mindestens 79 Minuten) erfüllt. Auch braucht dieser rein deutsche Film nicht die Voraussetzungen für Förderungshilfen zu erfüllen. Es muß also weder ein besonders qualitätsvoller Film sein, noch muß er eine bestimmte Besucherzahl erreichen. Es kann sich sogar um einen Film handeln, der wegen geringer Qualität keine Förderungshilfen erhalten könnte. Diese weiten Auslegungsmöglichkeiten ergeben sich aus dem Umstand, daß im Gesetz über den rein deutschen Referenzfilm keine besonderen Vorschriften enthalten sind, bis auf die Bestimmung, daß es ein programmfüllender deutscher Film sein muß. Der Film muß aber grundsätzlich für das Filmtheater bestimmt sein, da sich dies aus der ganzen Zwecksetzung des Gesetzes ergibt, so daß also ein reiner Fernsehfilm nicht als ein solcher rein deutscher Referenzfilm gelten kann.

18   Für die **Höhe der Referenzfilmförderung** (Grund- und Zusatzbetrag) ist zur Hälfte maßgebend ein fester Betrag, der sich jeweils nach der Zahl der berechtigten Filme bestimmt, und zur anderen Hälfte ein prozentualer Betrag, der sich nach dem Verhältnis der Besucherzahlen der berechtigten Filme richtet (§ 27 FFG), wobei für den prozentualen Anteil die Besucher von 2 Jahren maßgebend sind (wie sich sinngemäß aus § 22 FFG ergibt). Das Mindestkapital für juristische Personen, das nach § 26 Abs. 1 Ziff. 3 FFG für die Auszahlung von Förderungshilfen gefordert wird, muß erst bei Antrag auf Auszahlung gegeben sein, bei intern-deutschen Gemeinschaftsproduktionen muß es jeder der Gemeinschaftsproduzenten oder die von ihnen begründete BGB-Gesellschaft besitzen.

19   Der **Höchstsatz** für die eingebrachten **Förderunghilfen** nach § 26 Abs. 1 Ziff. 4 FFG (50% der Herstellungskosten bzw. des deutschen Herstellungskostenbeitrages) bezieht sich auf den betreffenden Film und nicht etwa auf den einzelnen beteiligten Hersteller, so daß z. B. bei einer intern-deutschen Gemeinschaftsproduktion einer der Hersteller auf seinen Anteil durchaus mehr als 50% der Herstellungskosten an Förderungshilfen einbringen kann, falls der andere Hersteller der Gemeinschaftsproduktion entsprechend weniger einbringt, so daß der zulässige Gesamtbetrag von 50% der Gesamtherstellungskosten dieser intern-deutschen Gemeinschaftsproduktion eingehalten wird.

20   Der § 28 Abs. 2 FFG setzt einen Rhythmus zwischen den Förderungshilfen für **deutsch-minoritäre** internationale Gemeinschaftsproduktionen und für **deutsch-majoritäre** internationale Gemeinschaftsproduktionen fest, so daß immer Förderungshilfen für deutsch-minoritäre internationale Gemeinschaftsproduktionen in rein deutsche oder deutsch-majoritäre internationale Gemeinschaftsproduktionen eingebracht werden müssen, während Förderungshilfen für rein deutsche Filme oder deutsch-majoritäre internationale Gemeinschaftsproduktionen auch in deutsch-minoritäre internationale Gemeinschaftsproduktionen investiert werden können. (Dabei gelten 50% oder eine größere als jede andere Beteiligung als majoritär.)

21   Bei intern-deutschen Gemeinschaftsproduktionen richten sich die dem einzelnen Gemeinschaftsproduzenten zustehenden **Anteile an der Referenzfilmförderung** für den in Gemeinschaftsproduktion hergestellten Film nach den der FFA übermittelten vertraglichen Vereinbarungen der Gemeinschaftsproduzenten, die frei gestaltet und bis zum Auszahlungsantrag geändert werden können. Nur wenn solche Vereinbarungen fehlen, hat die Aufteilung nach der Höhe der Finanzierungsbeiträge der Gemeinschaftsproduzenten zu erfolgen.

22   Zu dem für die Errechnung des Höchstbetrages der erleichterten Referenzfilmförderung nach § 23 Abs. 2 FFG maßgebenden **Begriff der Brutto-Verleiheinnahmen** gehören die sämtlichen Ansprüche, die für den Verleih während des Zweijahreszeitraums aus öffentlichen Filmvorführungen entstehen. Da der Verleih normalerweise einen prozentualen Anteil der Kinoeinnahmen erhält, rechnen hierzu die Forderungen auf die Anteile an den Zahlungen der Filmbesucher bis zur letzten Filmveranstaltung innerhalb des Zeitraums, ohne Rücksicht darauf, wann die Forderung abgerechnet, fakturiert und gezahlt wird und ob sie überhaupt realisierbar ist. Bei Festverträgen des Verleihs mit Pauschalsummen ist das Datum der Fälligkeit dieser Forderungen entscheidend. Zu den Brutto-Einnahmen zählen auch die vom Verleih berechnete Mehrwertsteuer und sein Anteil an der Filmabgabe. Dagegen sind Erlöse aus der Veräußerung des Films für Fernsehzwecke oder Videoauswertung außerhalb öffentlicher Filmveranstaltungen keine Verleiheinnahmen, da der Verleih nach dem Sprachgebrauch der Filmbranche nur die Vermietung des Films für öffentliche Filmveranstaltungen umfaßt, freilich gleichgültig, mit welchen technischen Mitteln diese öffentlichen Filmveranstaltungen durchgeführt werden (also z. B. auch öffentliche Filmvorführungen mittels Videokassetten).

23   Die gewährten Förderungshilfen sind nach § 28 Abs. 1 FFG in vollem Umfang **zweckgebunden** für die Finanzierung neuer programmfüllender deutscher Filme durch den **Hersteller,** dem sie zuerkannt worden sind, zu verwenden. Der Hersteller kann diese neuen Filme auch in einer intern-deutschen Gemeinschaftsproduktion oder, wenn die sonstigen Voraussetzungen gegeben sind, in einer internationalen Co-Produktion herstellen. Die Förderungshilfen dürfen aber **nicht an Dritte** (z. B. andere Produzenten, Verleiher, Kreditgeber, etc.) **abgetreten** werden. Sie dürfen auch nicht nur zur Finanzierung eines neuen Films dienen, sondern der Hersteller muß bei der neuen Produktion auch wieder als Hersteller oder Mithersteller tätig sein. Das ergibt sich trotz der Formulierung des § 28 FFG aus der Zielvorstellung des FFG als Produktionsförderung und wird in ständiger Spruchpraxis der FFA entsprechend gehandhabt. Aus diesen Gründen verfallen Förderungshilfen im Konkurs des Herstellers, da der Konkursverwalter keine Produzentenfunktion erfüllen kann, anders aber im Rahmen eines Vergleichsverfahrens, wo eine solche Produktionstätigkeit durch den Hersteller oder seinen Vergleichsverwalter möglich erscheint. Die Identität des Filmherstellers bleibt bei juristischen Personen auch bei Wechsel der Anteilseigner oder Geschäftsführer sowie bei Umwandlung im Rahmen gesetzlicher Vorschriften, nicht jedoch bei Fusionen mit anderen Firmen, gewahrt.

24   Dieses **Abtretungsverbot** macht solche Rechtsgeschäfte nach § 134 BGB unwirksam und wirkt nach § 399 BGB, der keinen Schutz des guten Glaubens kennt, dinglich, so daß der Rechtsübergang der Förderungshilfen bzw. des Anspruchs auf diese Förderungshilfen nicht stattfindet. Wenn der mit Förderungshilfen hergestellte Film die Förderungshilfen einspielt und die Beträge an den Hersteller zurückfließen, so ist er in der Verwendung dieser Gelder frei und kann sie also auch Dritten überlassen. Unter diesen Umständen können Absprachen über die Beteiligung Dritter an Förderungshilfen, wenn ein derartiger gemeinsamer Wille nachzuweisen ist, als Beteiligung an solchen zurückfließenden und damit freiwerdenden Förderungshilfen ausgelegt werden.

25   Für geförderte programmfüllende deutsche Filme (in die Mittel aus Referenzfilmförderung investiert worden sind) sind neben den erwähnten auch für sie gültigen Vorschriften für die Referenzfilmförderung auch eine Reihe **anderer Bedingungen** zu beachten. Hierbei handelt es sich insbesondere um die §§ 20 (gemeinsame Aufführung mit Kurzfilmen), 25 Abs. 4 (Auflagen für Förderungshilfen), 26 (Versagung der Auszahlung von Förderungshilfen) und 29 FFG (Rückzahlung von Förderungshilfen).

26   Der nach § 20 FFG mit dem geförderten Film zu **koppelnde Kurzfilm** wird nach der Gesetzesvorschrift nur nach seiner Länge von unter 79 Minuten bzw. bei Kinder- oder Jugendfilmen unter 59 Minuten definiert. Alle Filme, die eine längere Laufzeit haben, gelten nach § 15 FFG als programmfüllende Filme. Da der Kurzfilm ein Prädikat der FBW besitzen muß, sind auch noch die bei der FBW maßgebenden Richtlinien heranzuziehen. Die Koppelungsvorschrift gilt nicht für programmfüllende Filme mit einer Vorführdauer von über 110 Minuten. Es muß sich immer um einen **neuen** Kurzfilm handeln, worauf die Bestimmung über den noch auszuwertenden Kurzfilm eindeutig hinweist. Die Verbindung zu gemeinsamer Aufführung des Kurzfilms mit dem geförderten Film bedeutet, daß dieser Kurzfilm nicht auch noch zu anderen Filmen eingesetzt werden darf, solange der geförderte Film noch ausgewertet wird.

27   Bei den Auflagen nach § 25 Abs. 4 FFG ist hinsichtlich der *üblichen* **Filmmiete** zu beachten, daß es hier keinen fixen Prozentsatz gibt, der einheitlich für alle Filme zu gelten hat. Es läßt sich zwar eine Durchschnittsfilmmiete in einem Verleihjahr errechnen, die zwischen 37% und 40% liegt, und es läßt sich sagen, daß der größte Teil der Filme in der Erstaufführung zu dem Satz von 40,7% vermietet wird, jedoch gibt es immer wieder Abweichungen nach oben und unten, nach oben vor allem, wenn es sich um besonders große, aufwendige und auch in der Vorführdauer überlange Filme handelt. Für solche Filme können also durchaus höhere Filmmieten als die jährliche Durchschnittsfilmmiete und die normale Miete für Erstaufführungen genommen werden.

28   Was das in der gleichen Vorschrift enthaltene **Verbot des Blockbuchens** angeht, so läßt sich aus der Formulierung entnehmen, daß sich dieses Blockbuchverbot nur auf die Koppelung eines geförderten Films mit ausländischen Filmen außerhalb der EWG bezieht, so daß also eine Koppelung mehrerer geförderter Filme oder geförderter Filme mit anderen deutschen Filmen oder geförderter Filme mit Filmen aus dem EWG-Raum durchaus möglich ist.

29   Die in § 29 FFG enthaltene Vorschrift über die **Rückzahlung** von in geförderte Filme eingebrachten Förderungshilfen zählt genau die Voraussetzungen auf (und zwar unter Ziff. 1–6), die für eine solche Rückzahlung maßgebend sind. Die Vorschrift des § 20 FFG über die gemeinsame Aufführung mit Kurzfilmen wird hier zwar nicht ausdrücklich erwähnt, fällt aber als eine wesentliche Auszahlungsvoraussetzung unter die allgemeine Bestimmung des § 29 Abs. 1 Ziff. 2 FFG.

30   Von Bedeutung ist, daß das Gesetz in dieser Vorschrift und bei Vorliegen ihrer Voraussetzungen **nicht** etwa von einem **Verfall** der Förderungshilfen spricht, sondern nur von ihrer Rückzahlung. Das bedeutet, daß diese Förderungshilfen nach der Rückzahlung dem betreffenden Hersteller für andere Filme wieder zur Verfügung gestellt werden müssen (vgl. auch oben wegen Unterscheidung und Unabhängigkeit zwischen Zuerkennungsbescheid und Verwendungsbescheid, Rdn. 3 und 4). Das liegt auch im Sinne des Gesetzes, das nur verhindern will, daß die Förderungshilfen in Filme eingebracht werden, die bestimmte Mindestvoraussetzungen nicht erfüllen, so daß, wenn bei einem anderen Film diese Mindestvoraussetzungen gegeben sind, kein Grund dafür vorhanden ist, die Wiederauszahlung der Förderungshilfen zu versagen.

31   Wenn durch das entsprechende Verfahren im Rahmen der FFA auf Rückzahlung und Wiederauszahlung der Mittel, die für die Verwendung **gesetzte Frist** verstrichen sein sollte, so muß eine **Unterbrechung** für die Zeitdauer des betreffenden Verfahrens gewährt werden, da hier die Frist infolge von Umständen nicht eingehalten werden konnte, die der betroffene Antragsteller nicht zu vertreten hat (s. unten Kapitel 33).

32   Was die Rückzahlung selbst angeht, so kann sie von der FFA bei mangelndem Verschulden und unbilliger Härte **gestundet** oder ganz oder teilweise **erlassen** werden. Der Antragsteller hat die Gründe für die Rückzahlung dann nicht zu vertreten, wenn er die Umstände für die Rückzahlung nicht verschuldet hat, was auch gelten muß, wenn es um die Auslegung unbestimmter Rechtsbegriffe (Minderqualität, Voraussetzungen für die Qualifikation als deutscher Film) geht, und der Antragsteller diese Begriffe nicht leichtfertig und offensichtlich falsch ausgelegt hat. Eine leichtfertige und offensichtlich falsche Beurteilung bei der geringen Qualität wird zum Beispiel dann nicht gegeben sein, wenn eine beachtliche Minorität des Verwaltungsrats den Film bei der Prüfung nicht als einen Film von geringer Qualität betrachtet, auch wenn die Majorität eine andere Ansicht vertritt. Ferner wird man von einer leichtfertigen und offensichtlich falschen Beurteilung bei einer Einstufung als deutscher Film dann nicht sprechen können, wenn selbst das Bundesamt eine Vorführung des Films für notwendig hält, um die Gewichtigkeit der deutschen darstellerischen oder technisch-künstlerischen Besetzung zu prüfen.

33   Eine **unbillige Härte** dürfte für den Antragsteller immer gegeben sein, wenn der Film, in den er die Förderungshilfen eingebracht hat, diese Förderungshilfen nicht einspielt und der Antragsteller deshalb gezwungen wäre, die Förderungshilfen aus eigenen Mitteln zurückzuzahlen. Eine solche Zahlung aus eigenen Mitteln würde nämlich bei der meist gegebenen Höhe der eingebrachten Förderungshilfen und bei dem Risiko jeder Filmproduktion für den betroffenen Antragsteller einen beachtlichen wirtschaftlichen Schaden mit sich bringen.

34 Ein wichtiges Prinzip, das für alle geförderten Filme, also auch für Filme, die mit Referenzfilmförderung hergestellt werden, nicht jedoch für reine Referenzfilme, also Filme, die ohne Förderungshilfen des FFG finanziert worden sind, gilt, liegt in der Beachtung der **Grundsätze der sparsamen Wirtschaftsführung.** Dies ist besonders in den §§ 26 Abs. 1 Ziff. 2, 29 Abs. 1 Ziff. 3, 37 Abs. 1 Ziff. 2 und 63 Abs. 1 FFG niedergelegt. Diese Grundsätze müssen vor allem bei den **Kosten für die Filmherstellung** berücksichtigt werden, was bedeutet, daß der Hersteller nur die marktüblichen und nicht überhöhte Löhne, Gehälter, Gagen und Honorare zahlen, sowie auch nicht die für einen derartigen Film vertretbare Drehzeit überschreiten darf. Auch die Aufwendungen für Material, die Kosten bei Außenaufnahmen, die Handlungskosten des Produzenten o. ä. m. müssen immer unter diesem Gesichtspunkt der Grundsätze sparsamer Wirtschaftsführung eingesetzt und durchgeführt werden.

35 Die Grundsätze gelten aber nicht nur für die eigentlichen Kosten der Produktion, sondern auch im Hinblick auf die **Vergütungen,** welche die Vertragspartner des Herstellers, also z. B. der **Verleih und der Vertrieb,** für ihre Tätigkeit erhalten (also z. B. den marktüblichen Verleih- und Vertriebssatz). Sie umfassen auch die Aufwendungen für Vorkosten, die sich ebenfalls im branchenüblichen Rahmen halten und dem entsprechenden Filmvorhaben bzw. Film angemessen sein müssen. In diesem ganzen Zusammenhang ist freilich zu beachten, daß die Umstände hier sehr individuell geprüft werden müssen. Es kann z. B. gerade gegen die Grundsätze der sparsamen Wirtschaftsführung verstoßen, wenn ein sonst günstiges Verleih- oder Vertriebsangebot (Garantie) wegen angeblich überhöhter Spesen abgelehnt wird und nachher der Hersteller mit einem wesentlich schlechteren Verleih und Vertrieb vorlieb nehmen muß, oder wenn an Vorkosten für die Werbung gespart wird, obwohl gerade für den betreffenden Film eine stärkere Werbung ein günstigeres Ergebnis erzielt hätte. In diesem ganzen Umfeld spielen hypothetische Erwägungen eine entscheidende Rolle, was eine sehr variable und flexible Auslegung notwendig macht.

36 Einzelheiten für die Grundsätze sparsamer Wirtschaftsführung sind (neben den übrigen oben erwähnten Antragsvoraussetzungen) in der **Richtlinie** der **FFA** betreffend die Antragstellung auf Zuerkennung und Auszahlung von Förderungshilfen detailliert aufgeführt, die als Grundlage für die entsprechenden Anträge dient und in den vorgeschriebenen Antragsformularen von den Antragstellern ausdrücklich anerkannt wird. Von besonderer Bedeutung sind hier die Regelungen über die Handlungskosten, die Eigenleistungen, die Höchstgagen und -honorare, die Gagen und Honorare bei Mehrfachbetätigung und bei Angehörigen des Filmherstellers, die produktbezogenen Produktionskosten, die Verleih- und Vorkosten, die Verleih- und Vertriebsspesen u. ä. m.

37 Bei **Rückzahlungsforderungen** wegen Verletzung der Grundsätze sparsamer Wirtschaftsführung sind die obigen Ausführungen über Verfall, Vertreten und unbillige Härte zu beachten.

38 Der Rückzahlungsanspruch der FFA nach § 29 FFG wird ergänzt durch das Recht der FFA auf **Versagung der Auszahlung** von Förderungshilfen nach § 26 FFG bei Vorliegen der dort in den Ziff. 1–4 erwähnten Voraussetzungen, wobei sich eine solche Versagung auf bis zu 5 Jahre erstrecken kann. Hier geht es um die Verletzung von Förderungsgrundsätzen bei früheren Filmen, die mit Förderungshilfen hergestellt worden sind, oder bei Filmvorhaben, für die Förderungshilfen verwandt werden sollen, wobei die Wahrung der Grundsätze sparsamer Wirtschaftsführung ausdrücklich im Gesetz erwähnt wird.

39 Diese Rückzahlungsansprüche und Versagungsrechte der FFA, die den Antragsteller außerordentlich hart treffen können, stehen unter dem allgemeinen auch für das Verwaltungsrecht gültigen Grundsatz der **Verhältnismäßigkeit und des Übermaßverbotes.** Es kommt also für die Maßnahmen der FFA in solchen Fällen auf den Schweregrad der jeweiligen Verletzung von FFA-Vorschriften an. Bei nicht allzu schweren Verstößen wird man seitens der FFA dem Antragsteller zunächst soweit wie möglich Gelegenheit zur Korrektur der Verletzungshandlung geben müssen (z. B. Reduktion überhöhter Herstellungskosten, Änderungen hinsichtlich Verleihspesen, Vorkosten, Handlungskosten, die nicht im Einklang mit den FFA-Richtlinien stehen, Verminderung der investierten Referenzfilmförderung auf 50% der Gesamtherstellungskosten bei zunächst überhöhter Investition, Nachholen von Antragsvoraussetzungen etc.). Nur bei besonders schweren Verletzungen (insbesondere bei bewußt falschen Angaben in Anträgen, die sich als Subventionsbetrug darstellen), wird die FFA zu den härteren Maßnahmen greifen dürfen. In diesen letztgenannten Fällen können sogar die Zuerkennungs- und Auszahlungsbescheide von der FFA wegen Erschleichens dieser Verwaltungsakte aufgehoben werden.

40 In der **Rechtsprechung** stellt das VG Berlin vom 16. 2. 1973 (Gesch.-Zch.: VG I A 72/72) fest, daß die Verpflichtung zur Übertragung oder **Sperre der Fernsehrechte** auch für den Filmhersteller gilt, dem kein Fernsehnutzungsrecht zusteht. Das ergebe sich aus dem Sinn dieser Vorschrift, welche die Filmbranche vor dem neueren und attraktiveren Medium des Fernsehens absichern und schützen will. Der Hersteller, der die Fernsehrechte nicht besitzt und deshalb auch nicht vor der Sendung schützen kann, verliere dann seine Ansprüche auf Filmförderung. Eine solche Verwertung des Films zu Fernsehzwecken sei auch bei seiner Umarbeitung zu einem Fernsehfilm selbst dann gegeben, wenn durch die Bearbeitung im urheberrechtlichen Sinne neue, von den ursprünglichen Rechten zwar abgeleitete, aber eigenständige Nutzungs- und Verwertungsrechte urheberrechtlicher Art entstehen. Es gehe dem Gesetz nicht nur um die Verhinderung einer Aufführung des unveränderten Referenzfilmes im Fernsehen zum Vorteil der Filmtheaterauswertung. Unter ausschließlichem Fernsehnutzungsrecht sei auch ein Recht zu verstehen, mit dem verhindert werden kann, den Film, Teile des Films oder einzelne Bilder durch Kompositions-, Schnitt- oder Dialogänderung oder ähnliche Bearbeitungsmittel als Teil eines anderen neuen Werkes im Fernsehen zu verwerten.

41 Das FFG hat den **programmfüllenden Film** eindeutig definiert. Der programmfüllende Film kann deshalb nicht mit dem EG-Begriff des abendfüllenden Films ausgelegt werden (so VG Berlin vom 25. 2. 1976 Gesch.-Zch.: VG I A 38/75). Ferner BVG vom 6. 12. 1977 (UFITA Bd. 83, S. 299).

33. Kapitel. Die Fristen des Filmförderungsgesetzes

1 Das FFG enthält eine Reihe von Fristen, die von den Antragstellern beachtet werden müssen, um die **Referenzfilmförderung** zu erhalten. Diese Fristen sind in den §§ 24 Abs. 2 und 3 und 28 Abs. 1 FFG für die programmfüllenden Filme niedergelegt.

2 Der § 24 Abs. 2 FFG schreibt vor, daß ein Antrag nur gestellt werden kann, wenn der Antragsteller, das ist hier der Hersteller des betreffenden Films, **innerhalb eines Monats nach dessen Erstaufführung** in einem Filmtheater im Geltungsbereich des Gesetzes der Anstalt **mitgeteilt** hat, daß er für diesen Film Referenzfilmförderung in Anspruch zu nehmen beabsichtigt. Diese Frist beginnt mit der ersten Aufführung des Films, und zwar gleichgültig, ob es sich um eine offizielle Premiere oder um eine vorgezogene erste Aufführung gehandelt hat. Von entscheidender Bedeutung ist, daß es um eine öffentliche, also dem Publikum zugängliche Vorführung in einem Filmtheater geht, zu der Besucher gegen Eintrittspreise zugelassen werden, so daß sog. Trade-Shows oder andere Besichtigungen für Interessenten (z. B. für Verleih- oder Vertriebsfirmen) oder Testvorführungen gegen Unkostenbeitrag nicht dazu rechnen. Die Mitteilung über die Inanspruchnahme von Förderungshilfen für den erstaufgeführten Film an die Anstalt bedarf keiner besonderen Form. Es ist nur entscheidend, daß der Anstalt die Absicht auf Inanspruchnahme von Förderungshilfen für diesen Film bekundet wird. Maßgebend für die Wahrung der Frist ist der rechtzeitige Eingang bei der Anstalt.

3   Der § 24 Abs. 3 FFG bestimmt, daß der **Antrag auf Zuerkennung von Förderungshilfen** spätestens drei Monate nach Ablauf der Frist zu stellen ist, die für die Erzielung der zur Referenzfilmförderung notwendigen Besucherzahlen gesetzt ist. Diese Frist beträgt nach § 22 Abs. 2 FFG zwei Jahre nach der Erstaufführung des Films in einem Filmtheater im Geltungsbereich des Gesetzes. Nach Ablauf dieser zwei Jahre, innerhalb derer die Besucherzahlen erreicht sein müssen, hat der Antragsteller noch drei Monate Zeit zur Stellung des Antrages auf Zuerkennung des Grundbetrages. Auch hier ist maßgebend, daß dieser Antrag innerhalb dieser drei Monate bei der FFA eingeht. Für diese Anträge sind besondere Formulare der FFA zu benutzen.

4   Die in § 28 FFG niedergelegte Frist betrifft die **Auszahlung von Förderungshilfen,** die zuerkannt worden sind und nun für neue Filme Verwendung finden sollen. Diese **Verwendung** muß bis zum Ablauf von 2 Jahren nach der zuletzt erfolgten Zuerkennung von Grund- und Zusatzbeträgen für den Referenzfilm erfolgen, wobei es ausreicht, daß bis zum Ablauf dieser Frist der **Verwendungsantrag** bei der FFA eingeht, falls dann anschließend tatsächlich mit der Herstellung des vorgesehenen Films begonnen wird. Es kommt also darauf an, innerhalb welcher Frist der Antrag auf Zuerkennung gestellt und die Zuerkennung ausgesprochen wurde, wobei für den Zuerkennungsbescheid das auf ihm festgelegte Datum der FFA maßgebend ist. Da ein Teil der Förderungshilfen gleichmäßig auf die Anzahl der berechtigten Filme verteilt wird, während sich die andere Hälfte nach den Besucherzahlen der Filme zueinander richtet, können hier verschiedene Zuerkennungsbescheide vorliegen. Dann ist jeweils der letzte Zuerkennungsbescheid maßgebend für den Beginn der Frist von höchstens zwei Jahren, die für den Antrag auf Verwendung der ganzen Referenzfilmförderung für den betreffenden Film gesetzt sind. Auch für diese Anträge sind besondere Formulare der FFA zu benutzen.

5   Was den **Begriff der Verwendung** in Zusammenhang mit dieser Frist gem. § 28 FFG angeht, so ist dort lediglich von einer solchen Verwendung für die Finanzierung neuer programmfüllender deutscher Filme die Rede. Der Betrag kann deshalb auch für tatsächlich entstandene Kosten bei den Vorbereitungsarbeiten der Produktion (pre-production-costs), die unmittelbar im Anschluß an den Antrag stattfinden, verwandt werden, während der eigentliche Drehbeginn erst später stattfindet. Eine Auslegung dahingehend, daß unter Verwendung nur die Benutzung der Geldmittel nach Beginn der Dreharbeiten oder frühestens am ersten Drehtag zu verstehen ist, findet in der gesetzlichen Vorschrift keine Stütze. Natürlich muß es sich bei den Vorbereitungsarbeiten um den echten Beginn der Produktion handeln, d. h., daß anschließend an diese Vorbereitungsarbeiten in kontinu-ierlicher Folge, also in einigen Wochen, mit den eigentlichen Dreharbeiten begon-nen werden muß (insbesondere also, daß z. Zt. der Anforderung der Förderungs-hilfen der Drehbeginn in einer absehbaren Zeit bereits endgültig feststeht, also der erste Drehtag schon disponiert ist). Strengere Anforderungen können höchstens gestellt werden, wenn beachtliche und überprüfbare Gründe für die Annahme vorhanden sind, daß das begonnene Produktionsvorhaben in der geplanten und angegebenen Zeit nicht durchgeführt werden kann oder soll. Hier kann eine et-waige der FFA aus anderen Fällen bekannte Unzuverlässigkeit des Herstellers eine Rolle spielen.

6   Zu diesen im FFG niedergelegten Fristen tritt noch die in einer Richtlinie ent-haltene Frist über den **Zeitpunkt der Verwendung** von Förderungshilfen für einen neuen Film. In dieser Richtlinie wird festgelegt, daß der Antrag auf Verwen-dung von Förderungshilfen für den neuen Film grundsätzlich drei Wochen vor Drehbeginn des neuen Films gestellt werden muß. Hier handelt es sich freilich im Gegensatz zu den o. g. Fristen nicht um eine gesetzliche Frist, da sie als Grundlage lediglich eine Richtlinie in Ausführung des Gesetzes besitzt, sondern nur um eine Sollvorschrift. Dadurch hat die Frist nicht den gleichen Ausschließlichkeitscharak-ter wie die erwähnten gesetzlichen Fristen. Es können deshalb solche Verwen-dungsanträge auch noch während der Produktion des Films gestellt werden. Da-gegen hat der Produzent keinen Anspruch darauf, die Förderungshilfen früher als drei Wochen nach Antragstellung zu erhalten, auch wenn der Drehbeginn früher liegt.

7   Hier ist jedoch mit Rücksicht darauf, daß die Förderungshilfen zur Finanzierung neuer deutscher Filme verwandt werden sollen und ein Film, der sich bereits in den Dreharbeiten befindet, normalerweise durchfinanziert sein sollte, notwendig, daß besondere Gründe für den **verspäteten Abruf** der Förderungshilfen vorge-bracht werden. Die Gründe können z. B. darin liegen, daß sich während der Herstellung eine starke Kostenüberschreitung ergeben hat, die nur durch den Abruf weiterer Förderungshilfen zu decken ist. Nach Abschluß der Dreharbeiten sowie des Schnitts und der Synchronisation des Films kann grundsätzlich ein Antrag auf Verwendung von Förderungshilfen für diesen Film nicht mehr gestellt werden. Dann ist nämlich der Zweck der Verwendung zur Herstellung neuer Filme nicht mehr zu erfüllen, da der Film nach Abschluß dieser Arbeiten im wesentlichen fertiggestellt worden ist.

8   Zu beachtende Fristen sind auch die letzten **Termine** für den **Beitritt** oder die **Auswechslung** eines Mitproduzenten bei intern-deutschen oder internationalen Gemeinschaftsproduktionen. Das Bundesamt setzt bei internationalen Gemein-schaftsproduktionen grundsätzlich als letzten Termin für einen solchen Beitritt oder eine solche Auswechslung den Beginn der Dreharbeiten fest und läßt nur in besonders begründeten Fällen eine Ausnahme zu, wobei aber der Termin immer noch während der Dreharbeiten liegen muß. Man wird bei beiden Arten von Gemeinschaftsproduktionen auf jeden Fall einen Beitritt oder eine Auswechslung rechtzeitig vor Fertigstellung des Films fordern müssen, damit durch den neuen Mitproduzenten noch eine Tätigkeit ausgeübt werden kann, die den Mindestan-forderungen an einen Hersteller entspricht (z. B. mindestens bei Schnitt, Montage und Synchronisation des Films).

9   Über die Frist für den **Antrag** auf Bescheinigung als deutscher Film bei **interna-tionalen Gemeinschaftsproduktionen** s. Kapitel 30.

10   Im Zusammenhang mit diesen Fristen des FFG ist die Frage zu stellen, welche **Rechtsmittel** den Antragstellern zur Verfügung stehen, falls sie eine dieser Fristen versäumt haben. Hier gibt es nach § 32 Abs. 2 VwVfG die Möglichkeit, eine Wiedereinsetzung in den vorigen Stand zu beantragen. Dieser Wiedereinsetzungsantrag muß grundsätzlich innerhalb von zwei Wochen nach Kenntnis der Fristversäumnis durch den Antragsteller erfolgen. Die erwähnten Fristen des FFG sind gesetzliche Fristen und kommen deshalb für den Wiedereinsetzungsantrag in Frage. Sie sind ihrem Charakter nach keine Ausschlußfristen, denen gegenüber eine solche Wiedereinsetzung nicht möglich wäre.

11   Der **Wiedereinsetzungsantrag** hat Aussicht auf Erfolg, wenn die Fristversäumnis unverschuldet erfolgt ist. Eine unverschuldete Fristversäumnis ist z. B. gegeben, wenn bei der betreffenden Herstellerfirma durch die leitenden Persönlichkeiten, insbesondere die Geschäftsführer oder Vorstandsmitglieder, Vorsorge dafür getroffen worden ist, daß durch bestimmte Angestellte die Fristen überwacht werden, aber trotzdem durch ein Fehlverhalten eines Angestellten die Frist nicht beachtet wurde. Dann ist die Fristversäumnis mangels Verschulden dem betreffenden Hersteller nicht anzurechnen, da Verschulden von Hilfspersonen, insbesondere des Büropersonals, dem Organ oder Inhaber der betreffenden Firma nur dann zugerechnet werden kann, wenn dieses Personal nicht mit der erforderlichen Sorgfalt ausgewählt, angeleitet und überwacht worden ist. Als mangelndes Verschulden der antragstellenden Herstellerfirma ist es auch anzusehen, wenn sie durch den Verleiher ihres Films über die erste Aufführung des Films nicht richtig und rechtzeitig informiert worden ist. Auch fehlerhafte Meldungen von Theaterbesitzern über die erste Aufführung eines Films (er wurde z. B. wegen Ausfall eines anderen Films schon frühzeitiger eingesetzt als der Verleiher angenommen hat) kann man als Wiedereinsetzungsgrund wegen mangelnden Verschuldens des antragstellenden Herstellers ansehen.

12   Für die Frage, inwieweit eine **Unterbrechung** dieser Fristen zur Fristverlängerung führt, wird man die allgemeinen gesetzlichen Vorschriften des materiellen Rechts und des Prozeßrechts über die Unterbrechung von Fristen heranzuziehen haben. Grundsätzlich wird man feststellen müssen, daß Fristunterbrechungen, die von dem Hersteller oder seinen Abnehmern verursacht worden sind (z. B. Unterbrechung oder Verzögerung der Filmauswertung aus wirtschaftlichen Gründen o. ä. m.), nicht zu einer Verlängerung der gesetzlichen Fristen führen können. Anders steht es mit Unterbrechungen, die durch **höhere Gewalt** (z. B. Einstellung des Betriebs der betroffenen Filmtheater für einen bestimmten Zeitraum auf Grund äußerer Einwirkungen o. ä. m.) oder durch **behördliche Maßnahmen** (z. B. zeitweises Verbot eines Films durch gerichtliche Beschlüsse, das aber später als unberechtigt wieder aufgehoben wird, oder Ablehnung der Zuerkennung der Referenzfilmförderung für einen Film wegen geringer Qualität durch den Vorstand der Anstalt, die später durch den Verwaltungsrat der FFA oder die Verwaltungsgerichte wieder aufgehoben wird und wodurch die rechtzeitige Wahrnehmung von Fristen verhindert wurde) verursacht worden sind und deshalb dem Antragsteller nicht zugerechnet werden können. Eine nicht zurechenbare Unterbrechung der Fristen, die eine entsprechende Verlängerung dieser Fristen zur Folge hat, liegt auch dann vor, wenn der Antragsteller eine Förderungshilfe gem. § 29 FFG zurückzahlen muß und sie dadurch erst verspätet für einen anderen Film verwenden kann.

13   In der **Rechtsprechung** wird festgestellt, daß die Nichteinhaltung der **Mitteilungsfrist** in der Regel für den Filmhersteller den Verlust des Anspruchs auf Filmförderung zur Folge hat. Dieser Verlust tritt jedoch nicht ein, wenn der Hersteller die Frist schuldlos versäumt hat. Die Frist ist zwar eine materiell-rechtliche Frist, aber keine Ausschlußfrist. Es entspricht den Grundsätzen der Billigkeit, bei schuldloser Überschreitung der Frist, die sich auf wenige Fälle und einen überschaubaren Zeitraum beschränken wird, die Fristversäumnis nicht zum Verlust des Anspruchs führen zu lassen. So BVG vom 8. 2. 1974 (UFITA Bd. 71, S. 326). An vorangegangenen Entscheidungen vgl. VG Berlin vom 9. 3. 1972 (Gesch.-Zch.: VG III A 9/72) und VG Berlin vom 3. 3. 1971 (Gesch.-Zch.: VG IV A 185/70) sowie OVG Berlin vom 13. 4. 1973 (Gesch.-Zch.: OVG II B 31/71) und VG Berlin vom 13. 1. 1971 (Gesch.-Zch.: VG IV A 97/70). Vgl. auch die Bezugnahme auf BVG in UFITA Bd. 67, S. 290 *(jugendgefährdende Schriften)*.

14   Nach Inkrafttreten des VwVfG vom 25. 5. 1976 haben sich die Verwaltungsgerichte auf den Standpunkt gestellt, daß gegen die Versäumung der Mitteilungsfrist (§ 24 Abs. 2 FFG) die **Wiedereinsetzung in den vorigen Stand** nach Maßgabe des § 32 VwVfG möglich ist. Die Mitteilungsfrist sei zwar als materielle Frist zwingenden Charakters, aber jedenfalls nicht ausschließlich als Ausschlußfrist anzusehen. Vielmehr habe das BVG die Möglichkeit einer Nachsichtgewährung bei unverschuldeter Fristversäumnis anerkannt. Es müßten jedoch an die Voraussetzungen für die Wiedereinsetzung strenge Anforderungen gestellt werden. So sei z. B. ein Verschulden des Geschäftsführers einer Filmherstellungsgesellschaft der Gesellschaft anzurechnen. Ferner müsse davon ausgegangen werden, daß ein Filmproduzent, der Referenzfilmförderung in Anspruch nehmen will, weiß, daß es dafür entscheidend auf die Ankündigung der Absicht innerhalb eines Monats nach Erstaufführung des Films ankommt. Es müsse also von einem Filmproduzenten erwartet werden, daß er sich über das Datum der Erstaufführung seines Films ausreichend vergewissert. Vgl. hierzu VG Berlin vom 23. 5. 1978 (Gesch.-Zch.: VG I A 381/77); VG Berlin vom 17. 2. 1982 (Gesch.-Zch.: VG I A 308/80); VG Berlin vom 16. 4. 1982 (Gesch.-Zch.: VG I A 213/81 in FuR 1982, S. 338); VG Berlin vom 15. 9. 1982 (Gesch.-Zch.: VG I A 134/81 in FuR 1983, S. 37) und VG Berlin vom 14. 9. 1973 (Gesch.-Zch.: VG I A 14/73).

15   Eine Verzögerung in der Erteilung der Bundesamtsbescheinigung über die Anerkennung einer internationalen Co-Produktion als deutscher Film oder die Erteilung einer solchen Bescheinigung erst nach Durchführung eines Gerichtsverfahrens führt zu **keiner Verlängerung** der **Mitteilungsfrist** des § 24 Abs. 2 FFG. Ein entsprechender Antrag kann nämlich auch ohne Bundesamtsbescheinigung bei der FFA gestellt werden (so OVG Berlin, Urteil vom 16. 3. 1983 – Gesch.-Zch.: 3 B 29/82).

16   Zur Wiedereinsetzung bei Fristversäumnis vgl. in der **Rechtslehre** *Kopp*-Kommentar zum VwVfG Anm. 2 und 6 zu § 32, *Stelkens, Bonk, Leonhard*-Kommentar zum VwVfG Anm. 6 und 13 zu § 32.

34. Kapitel. Die Projektfilmförderung nach dem Filmförderungsgesetz

1   Die Projektfilmförderung der §§ 32–40 FFG, die nach § 14 Ziff. 1 b) nur für die Herstellung neuer programmfüllender deutscher Filme im Sinne des § 15 Abs. 1 FFG (mindestens 79 bzw. 59 Minuten Vorführdauer) gilt, setzt ein Filmvorhaben voraus, das geeignet erscheint, die **Qualität** und **Wirtschaftlichkeit** des deutschen Films zu verbessern. Als Qualitätskriterien sind die Bedingungen für den Prädikatsfilm oder den guten Unterhaltsfilm und für die Wirtschaftlichkeit die Bedingungen für die Referenzfilmförderung bei der Auslegung dieser Begriffe heranzuziehen (vgl. oben Kapitel 31 und 32).

2   Die Prüfung der Filmvorhaben auf Projektfilmförderung erfolgt durch die **Vergabekommission** des § 8 FFG, der hierfür als Unterlagen eine Beschreibung des Filmvorhabens, ein Drehbuch, eine Stab- und Besetzungsliste sowie ein Kosten- und Finanzierungsplan einzureichen sind. Als Förderungshilfen werden bedingt rückzahlbare zinslose Darlehen in der Höhe bis zu DM 700 000 (Regelbetrag

DM 350000) gewährt. Sollten bei nicht ausreichenden Mitteln mehrere geeignete Filmvorhaben vorliegen, so hat die Kommission die ihr am besten erscheinenden Vorhaben auszuwählen, wodurch ihr ein gerichtlich nicht überprüfbarer Beurteilungsspielraum überlassen wird. Bei Filmvorhaben, die im Wege der Gemeinschaftsproduktion verwirklicht werden sollen, muß die deutsche finanzielle Beteiligung mindestens 50% betragen. Ferner muß der deutsche Filmhersteller innerhalb von 5 Jahren vor Antragstellung einen rein deutschen Film hergestellt haben, da § 16 Abs. 3 FFG für die ganze Filmproduktionsförderung gilt. Ausnahmen von der mindestens 50%igen Beteiligung und eine zusätzliche Projektförderung sind im Rahmen besonderer Abkommen mit Partnerstaaten der EG möglich (z. Zt. z. B. in einem Zusatzabkommen zum deutsch-französischen Filmabkommen).

3 Für programmfüllende Filmvorhaben, denen Projektfilmförderung gemäß den §§ 32–40 FFG gewährt wird, gelten die für alle **Referenzfilme** und **geförderten Filme** maßgebenden Vorschriften der §§ 15, 16, 17, 18, 19, 26 Abs. 1 Ziff. 1–3 FFG (s. § 37 FFG) und § 30 FFG (s. § 40 FFG). Ferner gelten für diese Filme die allgemeinen Vorschriften für geförderte Filme des § 20 sowie des § 29 Abs. 1 Ziff. 1, 2, 4 und 5 FFG (s. §§ 38 und 39 FFG), nicht jedoch die unter dem Abschnitt „Projektfilmförderung" nicht erwähnten und deshalb nur für den Abschnitt „Referenzfilmförderung" gültigen Vorschriften des § 26 Abs. 1 Ziff. 4 FFG und der Auflagen gemäß § 25 Abs. 4 FFG. Für Filme, die Projektfilmförderung erhalten haben, sind außer den erwähnten, auch für sie gültigen Bestimmungen zusätzlich die im folgenden aufgeführten Vorschriften zu beachten. Nach dem Sinn und Zweck dieser Förderungsart sollte ein projektgeförderter Film von Anfang an so angelegt werden, daß er die Chance hat, die Voraussetzungen für die Referenzfilmförderung nach § 22 FFG zu erreichen.

4 Der § 37 Abs. 1 Ziff. 1 und 2 FFG soll die **ordnungsgemäße Finanzierung** des Filmvorhabens und die Beachtung der **Grundsätze sparsamer Wirtschaftsführung** sicherstellen. Dabei ist die Finanzierung auch dann gewährleistet, wenn entsprechende Zusagen (z. B. Verleihgarantien, Bankkredite, Fernsehbeteiligungen) von der Gewährung der Projektfilmförderung abhängig sind. Die in § 37 Abs. 2 FFG festgelegte Frist von 5 Jahren für die Verjährung einer Verletzung des § 37 Abs. 1 Ziff. 2 FFG steht wie die gleiche Vorschrift des § 26 Abs. 1 Ziff. 2 FFG bei der Referenzfilmförderung unter dem Rechtsgrundsatz der Verhältnismäßigkeit und des Übermaßverbotes und kann deshalb bei geringfügigeren oder korrigierten Verletzungen verkürzt oder aufgehoben werden. Im übrigen gelten die Grundsätze sparsamer Wirtschaftsführung für das beantragte Projekt auch auf Grund der Richtlinie betreffend die Antragstellung auf Zuerkennung und Auszahlung von Projektfilmförderung, die durch das Antragsformular zum Inhalt des Antrages wird (wegen der in den Richtlinien detailliert aufgeführten Grundsätze sparsamer Wirtschaftsführung und wegen der Härtefälle s. o. Kapitel 32).

5 Nach der Zielvorstellung des FFG muß der **Filmhersteller** die ihm gewährte Projektfilmförderung **selbst** als Filmhersteller für das betreffende Projekt verwenden. Es genügt nicht, wenn er mit Hilfe dieser Mittel das Projekt mitfinanziert. Eine Abtretung der Ansprüche aus Projektfilmförderung ist nicht zulässig und nach § 399 BGB, der keinen Gutglaubensschutz kennt, rechtlich unwirksam. Dagegen kann der Filmhersteller seine Probjektfilmförderung in eine Gemeinschaftsproduktion mit einem anderen Filmhersteller einbringen. Insoweit gelten hier dieselben Grundsätze wie für die Referenzfilmförderung (vgl. oben Kapitel 32). Eine Überlassung des gesamten Projekts vor seiner Realisierung an einen anderen Filmhersteller ist möglich, soweit ihm die Vergabekommission zustimmt.

6 Nach § 35 FFG gilt der Grundsatz der Verwendung **sämtlicher** dem Hersteller zustehenden **Förderungshilfen** aus Referenzfilmförderung für den projektgeförderten Film. Hierzu heißt es in den Motiven des Gesetzgebers, daß der Hersteller alle ihm zur Verfügung stehenden Förderungshilfen auf ein Vorhaben konzentrieren muß, wenn er Projektfilmförderung erreichen will, da vermieden werden soll, daß Referenzfilmförderungshilfen für nach Meinung des Herstellers risikoarme Filmprojekte verwendet werden, während risikobehaftete Filmvorhaben mit den nur im Erfolgsfall rückzahlpflichtigen Mitteln der Projektfilmförderung finanziert werden.

7 Bei **intern-deutschen Gemeinschaftsproduktionen** muß es ausreichen, wenn derjenige Gemeinschaftsproduzent, der die Projektfilmförderung beantragt hat, seine sämtlichen Mittel aus Referenzfilmförderung in dieses projektgeförderte Filmvorhaben einbringt, während ein anderer Gemeinschaftsproduzent keine derartige Bindung eingehen muß, da unter Hersteller im Sinne des § 35 FFG sinngemäß nur der Hersteller gemeint sein kann, der den Antrag auf Projektfilmförderung gestellt hat. Der Partner des Antragstellers kann also im Sinne der Freiheit der Vertragsgestaltung seine Beteiligung mit Referenzfilmförderung limitieren, haftet allerdings auch für die Rückzahlung des Projektfilmförderungsdarlehens. Haben die Gemeinschaftsproduzenten den Projektfilmförderungsantrag gemeinsam gestellt, dann ist jeder von ihnen Hersteller im Sinne des § 35 FFG und muß demgemäß alle ihm verfügbaren Mittel aus Referenzfilmförderung in dieses projektgeförderte Filmvorhaben einbringen.

8 Für Filme, die mit Mitteln der Projektfilmförderung hergestellt werden, gilt die besondere Vorschrift des § 34 FFG über den **Eigenanteil des Herstellers** in Höhe von mindestens 20% der von der FFA anerkannten Herstellungskosten. Sie soll sicherstellen, daß der Hersteller eines solchen Films ein bestimmtes wirtschaftliches Risiko behält und ihm dies nicht durch diese Art der Förderungshilfen völlig abgenommen wird. Unter diesem Grundgedanken muß die Auslegung der einzelnen Bestimmungen dieser Vorschrift erfolgen.

9 Beim Eigenanteil unterscheidet die Vorschrift zwischen **Eigenmitteln** des Filmherstellers, zu denen auch unbedingt rückzahlpflichtige Fremdmittel gehören, und **Eigenleistungen** des Filmherstellers, die jedoch höchstens bis zu 10% der anerkannten Herstellungskosten berücksichtigt werden.

10 **Eigenmittel** des Filmherstellers im Sinne von unbedingt rückzahlpflichtigen Fremdmitteln sind außer Bankkrediten u. ä. m. auch Verleih- und Vertriebsgarantien, soweit sie vor der Fertigstellung des Films gezahlt werden (wobei auch Scheck und Wechsel mit späterer Fälligkeit, aber Möglichkeit der Diskontierung genügen), da hier der Filmhersteller für die Rückzahlung haftet, falls der Film nicht zur Fertigstellung gelangt. Als Eigenmittel im Sinne anerkannter Fremdmittel werden jedoch, wie dies die Vorschrift ausdrücklich erwähnt, keinesfalls Förderungshilfen nach dem FFG oder auf Grund öffentlicher Förderungsprogramme berücksichtigt.

11 Die **Eigenleistungen** sind nicht auf Herstellerfirmen beschränkt, die in Form einer Einzelfirma betrieben werden, sondern können dem Sinn und Zweck des Gesetzes nach auch bei juristischen Personen vorliegen, da insoweit eine wirtschaftliche Identität zwischen deren Gesellschaftern und Organen und dem Filmhersteller vorhanden ist. Es kann also auch das Organ (Geschäftsführer oder Vorstandsmitglieder) oder der Gesellschafter einer juristischen Person, die einen Film herstellt, eine Eigenleistung als Herstellungsleiter, Regisseur, Hauptdarsteller oder Kameramann einsetzen, wobei freilich zu beachten ist, daß generell nur eine dieser

Leistungen anerkannt wird, wie sich aus der Formulierung mit dem Wort *oder* ergibt. Die FFA beschränkt zu Unrecht die Qualifikation für die Eigenleistung bei einer juristischen Person auf den Allein- oder Mitgesellschafter. Dies verkennt, daß die Geschäftsführer und Vorstandsmitglieder einer Produktionsfirma diese Firma leiten und vertreten und deshalb als Hersteller bei der Erbringung von Eigenleistungen zu berücksichtigen sind.

12 Zu den Eigenleistungen rechnen zusätzlich **Verwertungsrechte** an eigenen im Film benutzten Werken des Herstellers (bei juristischen Personen zählen auch insoweit die Organe und Gesellschafter als Hersteller), wobei hier gemäß der Formulierung im Plural auch mehrere Werke in Frage kommen (wie z. B. Roman und Drehbuch). Sie sind dann neben den erwähnten anderen Eigenleistungen im Rahmen der insgesamt 10% der anerkannten Herstellungskosten zu berücksichtigen.

13 Für alle Eigenleistungen darf nur das **marktübliche Entgelt** angerechnet werden, um hier Manipulationen zu verhindern. Was das marktübliche Entgelt für die **Fernsehnutzungsrechte** angeht, das auch als Eigenanteil gilt, so kann es gem. den derzeitigen völlig unterschiedlichen Vergütungen für Fernsehnutzungsrechte an Kinospielfilmen nicht mit einem einheitlichen Satz angesetzt werden. Es müssen hier vielmehr die besonderen Umstände des betreffenden Films und der interessierten Fernsehanstalten Berücksichtigung finden, so daß jeweils genau geprüft werden muß, welchen Wert die Fernsehnutzungsrechte des betreffenden Films für diese Fernsehanstalt haben, d. h., zu welchem Preis sie hier verkäuflich sind. Dann gilt dieser Wert nicht nur für reine Verkaufsfilme, sondern auch für Gemeinschaftsproduktionen in Rahmen des Film/Fernsehabkommens. (Die FFA erkennt freilich grundsätzlich nur den Durchschnittssatz für den Verkauf von Fernsehrechten an Kinofilmen von derzeit DM 126000 an.)

14 Bei **Gemeinschaftsproduktionen mit Fernsehanstalten** sind gem. § 34 Abs. 1 FFG für den 20%igen Eigenanteil des Filmherstellers nur die vom Filmhersteller aufgewandten Kosten als Berechnungsgrundlage maßgebend, natürlich erhöht um das marktübliche Entgelt für die Fernsehnutzungsrechte, so daß das weitere auf die Fernsehbeteiligung an den Herstellungskosten entfallende Entgelt bei Errechnung dieses Eigenanteils nicht zu berücksichtigen ist.

15 Die gleiche Berechnungsgrundlage gilt nach dieser Vorschrift für deutsch-ausländische Gemeinschaftsproduktionen, nicht jedoch für intern-deutsche Gemeinschaftsproduktionen, da in dieser Vorschrift ausdrücklich nur vom deutscher Hersteller gesprochen wird. Bei **intern-deutschen Gemeinschaftsproduktionen** kommt es als Berechnungsgrundlage für den 20%igen Eigenanteil auf die Gesamtherstellungskosten an, wobei gleichgültig ist, ob dieser Eigenanteil von nur einem der deutschen Gemeinschaftsproduzenten oder von beiden deutschen Gemeinschaftsproduzenten gemeinsam oder von jedem dieser deutschen Gemeinschaftsproduzenten in Höhe seines Herstellungskostenbeitrages erbracht wird, soweit diese Gemeinschaftsproduzenten gemeinsam den Antrag auf Projektfilmförderung gestellt haben und deshalb gemeinsam als Hersteller im Sinne dieser Vorschrift gelten. Wenn nur einer der Gemeinschaftsproduzenten den Projektfilmförderungsantrag gestellt hat, so kann ihm der andere Gemeinschaftsproduzent seinen Herstellungskostenanteil durch Auszahlung zur Verfügung stellen und damit dessen 20%igen Eigenanteil mit abdecken.

16 Die Projektfilmförderungsmittel werden als **Darlehen** gegeben, wobei dieses Darlehen unter bestimmten Bedingungen zurückzuzahlen ist, die im einzelnen in § 39 FFG geregelt werden. In den Motiven des Gesetzgebers heißt es hierzu, daß im Interesse eines stärkeren Revolvierens und damit mehrfachen Einsatzes der

Projektfilmförderungsmittel ein dreistufiges Rückzahlungsverfahren vorgesehen ist. Dabei soll die Rückzahlung einsetzen, sobald die Erträge des Herstellers einen Mindestanteil von 20% der von der Vergabekommission anerkannten Kosten erreicht haben, da dann in der Regel sein finanzielles Eigenrisiko als abgedeckt gilt. Als Erträge sind hierbei nur solche Mittel anzusehen, die dem Hersteller aus der Auswertung des Filmes zufließen und nicht solche Mittel, die er während der Filmherstellung erhalten und für die Filmherstellung verwandt hat (z. B. nicht Vorauszahlungen auf Verleih- oder Vertriebsgarantien, Finanzierungskredite u. ä. m.), da der Grundgedanke dieser Vorschrift (eine Art *non-recourse-credit*) ist, daß der Hersteller nur mit verfügbaren Mitteln nach Abdeckung seines Eigenanteils zurückzahlen soll, und die für die Produktion verwandten Mittel für den Hersteller nicht mehr verfügbar sind.

17 Anstelle dieser bedingten Rückzahlung des Darlehens tritt eine **sofortige volle Rückzahlungsverpflichtung,** wenn die allgemeinen Vorschriften für geförderte Filme (vor allem die §§ 15, 16, 18, 19 und 30 FFG) bei dem fertiggestellten Film nicht erfüllt sind, ferner auch dann, wenn der Film seinem Inhalt nach, sowie nach Stab und Besetzung nicht im wesentlichen mit den der Vergabekommission eingereichten Unterlagen übereinstimmt. Die Rückzahlungspflicht gilt auch dann, wenn der Film nicht dazu geeignet ist, zur Verbesserung der Qualität des deutschen Films beizutragen (§ 39 i. V. mit § 38 FFG). Dagegen wird hier eine Verletzung der Verpflichtung zur Koppelung mit deutschen Kurzfilmen (§ 20 FFG) nicht erwähnt.

18 Die **Übereinstimmung im wesentlichen** wird man dahingehend auszulegen haben, daß der Film nach seiner Kategorie, seinem Sinngehalt und seiner Handlung dem Drehbuch entsprechen muß, auch wenn einzelne Handlungsfäden oder Szenen anders geführt worden sind als im Drehbuch vorgesehen war. Was Stab und Besetzung angeht, so müssen die eingesetzten Kräfte den im Antrag erwähnten Kräften entsprechen oder gleichwertig sein, wobei es eine besondere Rolle spielt, wenn nach den Unterlagen der Vergabekommission und den entsprechenden Mitteilungen an den Hersteller die Besetzung mit bestimmten Kräften (z. B. Regisseur und Hauptdarsteller) für die Entscheidung über die Gewährung der Projektfilmförderung maßgebend gewesen ist (sog. Geschäftsgrundlage; ein Verbesserungsverbot besteht selbstverständlich nicht).

19 Was die **Qualität des Films** angeht, so darf hierzu auf die Ausführungen unter Kapitel 31 über den Qualitätsbegriff des FFG verwiesen werden. Es ist beachtlich, daß der für die Gewährung der Projektfilmförderung geltende Grundsatz der erwarteten Wirtschaftlichkeit des Films bei der Vorschrift über die Zurückzahlung des Projektfilmdarlehens (§ 38 Abs. 1 FFG) nicht mehr erwähnt wird, sondern hier nur noch von der notwendigen Qualität des hergestellten Films die Rede ist.

20 Bei Ablehnung eines Probjektfilmförderungsantrages kann der Hersteller **Widerspruch** einlegen, der an die Vergabekommission selbst geht. Gegen deren Entscheidung kann **Verwaltungsklage** erhoben werden, freilich mit einer nur bedingten richterlichen Überprüfung (s. Kapitel 31). Der Hersteller kann aber auch das Projekt nochmals einreichen, wozu eine wesentlich geänderte Fassung (ein sog. *aliud*) erforderlich ist. Ein solches *aliud* kann in einem weitgehend neugefaßten Drehbuch oder in einer anderen Besetzung liegen. Es ist vor allem gegeben, wenn es auf die kritischen Einwände der Vergabekommission gegen das bisherige Projekt Rücksicht nimmt (vgl. §§ 64 und 65 FFG).

21 Die **erleichterte Projektfilmförderung** für programmfüllende Filme des § 33 Abs. 3 FFG, bei der auf Vorlage der meisten der sonst erforderlichen Unterlagen für den Antrag verzichtet wird, war gedacht für sog. *Low-Budget-Filme,* also für Filme mit relativ geringen Produktionskosten (unter 1 Million DM) und sollte der Förderung von experimentellen, avantgardistischen und Nachwuchsfilmen dienen. In der Formulierung wird jedoch nicht auf die Produktionskosten und den Charakter des Films, sondern lediglich auf die Höhe der beantragten Förderungshilfen (begrenzt mit DM 200000) abgestellt. Bei dieser eindeutigen Formulierung des Gesetzes kann nicht verhindert werden, daß in diesem Zusammenhang auch Anträge für Filme gestellt werden, deren Produktionskosten weit über den Low-Budget-Filmen liegen, für die aber nur Förderungshilfen bis zu DM 200000 beantragt werden. Auch für diese Filme gelten deshalb die erleichterten Voraussetzungen für den Antrag.

22   Im übrigen gelten auch für diese erleichterte Projektfilmförderung im Hinblick auf **Rechtsbehelfe** die gleichen Vorschriften wie für die allgemeine Projektfilmförderung. Der Antragsteller kann deshalb, falls sein Antrag abgelehnt wird, Widerspruch einlegen und gegen einen negativen Bescheid Klage erheben oder ein *aliud* vorlegen (vgl. § 64 FFG i. V. mit § 65 Abs. 3 FFG), wobei hier im Widerspruchsverfahren nicht die Unterkommission, sondern die Vergabekommission selbst zu entscheiden hat.

35. Kapitel. Die Kurzfilmförderung des Filmförderungsgesetzes

1   Nach der Systematik des FFG wird auf dem Gebiet der Förderung der Filmproduktion unterschieden zwischen der Förderung programmfüllender deutscher Filme und der Förderung von Kurzfilmen (§ 14 Ziff. 1 und 2 FFG). Dabei beziehen sich die §§ 22 bis 40 FFG auf die Referenzfilmförderung und die Projektfilmförderung für programmfüllende Filme, während die §§ 41 bis 46 FFG die Förderung von Kurzfilmen regeln. Bei der Förderung der Kurzfilme gibt es nur eine **Förderung fertiggestellter Filme,** also eine Referenzfilmförderung, und nicht wie bei den programmfüllenden Filmen auch eine Projektfilmförderung.

2   Das FFG kennt für die Förderung von Kurzfilmen **zwei verschiedene Definitionen** dieses Begriffs. Im Hinblick auf die Gewährung von Förderungshilfen wird der Kurzfilm negativ dahin formuliert, daß es sich um einen nicht programmfüllenden deutschen Film handeln muß. Dies geht aus § 41 Abs. 1 FFG i. V. mit der Erwähnung des Kinder- oder Jugendfilms eindeutig hervor. Insoweit ist für den Begriff des Kurzfilms allein entscheidend, daß seine Spieldauer kürzer als 79 bzw. 59 Minuten (§ 15 Abs. 1 FFG) ist. Hinsichtlich der Verwendung der für solche Kurzfilme erzielten Förderungshilfen wird jedoch der Kurzfilm dahin definiert, daß es sich um einen Film von höchstens 20 Minuten Dauer handeln darf (§ 45 Abs. 1 FFG). Der Sinn dieser Vorschrift liegt darin, daß zwar für jeden Kurzfilm im weiteren Sinne Förderungshilfen gewährleistet werden sollen, falls er die sonstigen Voraussetzungen erfüllt, diese Förderungshilfen jedoch in solche Kurzfilme investiert werden müssen, die im Filmtheater vorgeführt werden können, was praktisch nur bei Kurzfilmen unter 20 Minuten Spieldauer, nämlich als Beiprogrammfilme zu programmfüllenden Filmen, möglich ist.

3   Für die Förderung von Kurzfilmen gelten, wie sich aus § 41 Abs. 2 FFG ergibt, die allgemeinen Vorschriften des FFG über die Begriffsbestimmung des deutschen Films und über den Ausschluß von Filmen geringer Qualität von der Förderung. Da hier der § 18 FFG über die Kopienherstellung und der § 30 FFG über die Sperre der **Fernsehnutzungsrechte** nicht erwähnt werden, ist daraus zu schließen, daß

diese Vorschriften nur für programmfüllende Filme und nicht für Kurzfilme gelten sollen.

4   Für die **Kurzfilmförderung** gibt es eine Reihe besonderer Vorschriften, die von den entsprechenden Vorschriften für programmfüllende Filme abweichen. Als Voraussetzung für die Gewährung von Referenzfilmförderung wird ein Prädikat der FBW verlangt (*besonders wertvoll* oder *wertvoll* in Verbindung mit einer in einer Rechtsverordnung des BWM niedergelegten vergleichbaren Auszeichnung, § 41 FFG). Ein Gütezeichen der FFA, wie bei programmfüllenden Filmen, gibt es für Kurzfilme nicht. Ferner muß der Hersteller des Kurzfilms eine physische oder juristische Person des privaten Rechts sein, so daß eine juristische Person des öffentlichen Rechts (einschließlich ihrer privatrechtlichen Tochtergesellschaften) hier als Hersteller ausdrücklich ausgeschlossen wird (§ 42 FFG).

5   Die für einen Kurzfilm gewährten Förderungshilfen können in **neue Kurzfilme** oder nicht programmfüllende Kinder- oder Jugendfilme investiert werden, aber auch in neue programmfüllende Filme. Dabei muß es sich um deutsche Filme handeln, wozu auch internationale Gemeinschaftsproduktionen nach § 16 FFG gehören.

6   Im Hinblick auf **Rechtsbehelfe** gelten für die Kurzfilmförderung die gleichen Grundsätze und Vorschriften wie für die allgemeine Referenzfilmförderung und Projektfilmförderung. Der Antragsteller, der mit einem Antrag abgewiesen wird, kann also **Widerspruch** bei dem entsprechenden Gremium einlegen und gegen einen ablehnenden Bescheid dieses Gremiums **Verwaltungsklage** erheben. Das zuständige Gremium ist nach den §§ 64 Abs. 2 und 65 Abs. 1 FFG hier der Vorstand der FFA.

7   In der **Rechtsprechung** vgl. VG Berlin (Gesch.-Zch.: VG I A 478/78), wonach die Beschränkung des § 41 Abs. 1 FFG auf erste Preise sachgerecht ist.

36. Kapitel. Die Filmabsatz- und -abspielförderung des Filmförderungsgesetzes

1   Die Förderungshilfen für den **Verleih** oder **Vertrieb** deutscher Filme gliedern sich in produktbezogene Förderungshilfen (§ 53 Abs. 1 Ziff. 1 und 2 FFG) und unternehmensbezogene Förderungshilfen (§ 53 Abs. 1 Ziff. 3–5 FFG).

2   Bei den produktbezogenen Förderungshilfen geht es vor allem um Förderungshilfen zur Abdeckung der sog. **Vorkosten.** Zu diesen Vorkosten gehören sämtliche Positionen, die in der Richtlinie der FFA über die Grundsätze sparsamer Wirtschaftsführung als Vorkosten anerkannt sind. Zu diesen Vorkosten werden die Zuschüsse meist unter der Bedingung gewährt, daß sie für zusätzliche Maßnahmen (z. B. höhere Zahl von Kopien oder weitergehende Werbung) dienen, d. h. also als Voraussetzung eine bestimmte Eigeninvestition des Verleihers verlangen.

3   Für die Gewährung gilt lt. § 53 Abs. 3 FFG der für die Projektfilmförderung nach § 32 Abs. 4 FFG maßgebende Grundsatz, daß die Vergabekommission die ihr am besten erscheinenden Vorhaben auswählt, falls nicht alle geeigneten Filmvorhaben angemessen gefördert werden können. Hier hat die **Vergabekommission** auch für den Filmabsatz als eine mit filmisch fachkundigen und gesellschaftlich repräsentativen Persönlichkeiten besetzte Kommission einen entsprechenden **Beurteilungsspielraum** (vgl. Kapitel 31).

4   Die Förderungshilfen für diese produktbezogene Absatzförderung werden als **zinslose Darlehen** gewährt, die unter bestimmten Bedingungen zurückzuzahlen sind, wobei diese Bedingungen in einer besonderen Richtlinie des FFG niedergelegt sind.

5   Die Förderungshilfen für den Filmabsatz gelten für alle deutschen Filme, also auch für deutsch-minoritäre **internationale Gemeinschaftsproduktionen,** die vom Bundesamt als deutsche Filme anerkannt sind. Die strengere Vorschrift des § 32 Abs. 5 FFG, die für die Projektfilmförderung eine deutsche finanzielle Beteiligung von mindestens 50% verlangt, gilt hier nicht.

6   Die **unternehmensbezogene Förderung** des Filmabsatzes soll lt. Gesetzesmotiven z. B. in besonderen neuartigen Werbemaßnahmen, in der Einrichtung von Zweigniederlassungen, der Vergrößerung oder dem Neuaufbau eines Vertreterstabes, sowie in der Kooperation einzelner Verleihunternehmen untereinander bestehen, wobei diese Kooperation sich auf gemeinsame Kopienlager, EDV-Anlagen und -programme beziehen kann. Was die Rationalisierungsmaßnahmen angeht, so können nur grundlegende Rationalisierungen gefördert werden und nicht etwa Rationalisierungen, wie sie jedes Unternehmen zur Anpassung an die Marktsituation und -position und zur Erhaltung des Wettbewerbs laufend treffen muß.

7   Die Förderungshilfen für das **Filmabspiel** nach den §§ 56 ff. FFG sollen vor allem der **Modernisierung** und **Verbesserung der Filmtheater** dienen (so Motive zum FFG). Durch die Unterstützung beispielhafter Maßnahmen sollen auch Initiativen zu Experimenten und modellhaften Versuchen mit berücksichtigt werden. Die Förderungshilfen werden zur Hälfte als verlorene Zuschüsse gewährt. Daneben können bis zu 50% der Gesamtmittel als zinslose Projektförderungsdarlehen gegeben werden. Ergänzt werden diese Maßnahmen seit 1980 durch einen nachhaltigen Einsatz von UFI-Mitteln (§ 74 FFG).

37. Kapitel. Die sonstigen Maßnahmen des Filmförderungsgesetzes

1   Die sonstigen Förderungsmaßnahmen der §§ 47 bis 52 und 59 bis 62 FFG (Drehbücher, Filmplanung und -vorbereitung, Weiterbildung, Forschung, Rationalisierung und Innovation) werfen keine zusätzlichen rechtlichen Probleme im Rahmen der Förderung von Vorhaben auf. Es gilt auch hier das **Antragsverfahren** und die Zuständigkeit der **Vergabekommission** (§ 8 FFG). Der § 32 Abs. 4 FFG mit der Auswahl der am besten erscheinenden Vorhaben, falls nicht alle geeigneten Vorhaben gefördert werden können, ist entsprechend anwendbar.

2   Die Vergabekommission mit ihren filmisch sachkundigen und gesellschaftlich repräsentativen Mitgliedern hat bei ihren Entscheidungen einen **Beurteilungsspielraum,** der um so größer ist, je weniger konkret das betreffende Vorhaben erfaßt werden kann. Die Entscheidungen der Vergabekommission sind deshalb nur bedingt gerichtlich nachprüfbar (s. o. Kapitel 31).

38. Kapitel. Die Filmabgabe des Filmförderungsgesetzes

1   Die **Filmabgabe,** die für jede entgeltliche Vorführung von programmfüllenden Filmen zu leisten ist, betrifft auch nichtgewerbliche Abspielstellen, soweit sie für die Filmvorführungen ein Entgelt nehmen, selbst wenn dieses Entgelt nur eine

Höhe hat, die der Deckung ihrer Unkosten dienen soll und nicht auf Gewinnerzielung gerichtet ist.

2   Filmvorführungen in sog. **Porno-Theatern** unterliegen ebenfalls der Abgabepflicht. Bei diesen Vorführungen wird nämlich ein Teil des Preises für die Filmvorführung verlangt. Ferner gibt es eine beachtliche Zahl von Filmtheatern, die neben normalen Filmveranstaltungen auch Filmveranstaltungen mit Porno-Filmen durchführen. Demgemäß können auch Porno-Theater Abspielförderung für ihren technischen Renovationsbedarf erhalten.

3   Da die **Höhe des Prozentsatzes** der prozentualen Filmabgabe, die der Theaterbesitzer zu leisten hat, von dem Theaterumsatz abhängt, ist es von Bedeutung, wie der in § 66 FFG aufgeführte Begriff des **Veranstalters** einer entgeltlichen Vorführung von Filmen auszulegen ist. Der Begriff des Veranstalters von Filmvorführungen findet sich auch in anderen Gesetzen, z. B. im JSchG und in den Vergnügungssteuergesetzen der Länder. Hier kann er sich jeweils nur auf den Einzelbetrieb beziehen, da z. B. die Höhe der Vergnügungssteuer von ganz konkreten, im einzelnen differenzierten Tatbestandsvoraussetzungen abhängig ist, und eine Verantwortung nach dem JSchG immer nur für den einzelnen Theaterbetrieb mit seinen Filmveranstaltungen übernommen werden kann. Daraus kann geschlossen werden, daß sich auch der Veranstalterbegriff im Sinne der Filmabgabe nur auf den Einzelbetrieb bezieht, so daß nur dessen Umsatz für die Höhe der prozentualen Abgabe maßgebend ist. Keinesfalls ist der Begriff des Veranstalters identisch mit dem Begriff des Unternehmers, so daß also ein Filmtheaterunternehmer, der mehrere Theater betreibt, nicht für alle diese Theater eine prozentuale Abgabe nach dem Prozentsatz für den Gesamtumsatz zu entrichten hat, sondern für jedes einzelne Theater als gesonderter Veranstalter gilt und hier den jeweils in diesem Theater erzielten Umsatz für die Höhe des Prozentsatzes zugrunde zu legen hat (vgl. auch Beschluß des Verwaltungsrats der FFA vom 21. 2. 1980).

4   In der **Rechtsprechung** zur **Theaterabgabe** vgl. das Urteil des OLG Celle vom 23. 11. 1973 (UFITA Bd. 67, S. 266) über die Abführung und Verrechnung der Filmabgabe, wonach der Theaterbesitzer als Mieter berechtigt ist, die auf Grund des FFG zu zahlende Filmabgabe abzuziehen.

5   In den Urteilen des VG Berlin vom 6. 7. und 26. 9. 1979 (Gesch.-Zch.: VG I A 627/77 und I A 101/78) wird die **Abgabepflicht der Porno-Theater** als verbindlich festgestellt. Das wird damit begründet, daß für die Anwendbarkeit der Abgabebestimmung des FFG das Tatbestandsmerkmal der entgeltlichen Filmvorführung ausreicht, die auch bei Porno-Filmen gegeben ist.

6   **Weitere Urteile** beschäftigen sich mit der Erhebung der Filmabgabe, dem Förderungsanspruch bei Versäumnis der Frist und dem Förderungsausschluß von Theaterbesitzern wegen verspäteter Meldung (vgl. UFITA Bd. 71, S. 316, 326 und 331) sowie VG Berlin vom 5. 1. 1983 (Gesch.-Zch.: I A 2 6/82); OVG Berlin vom 25. 2. 1977 (Gesch.-Zch.: OVG 3 B 87/76); VG Berlin vom 3. 11. 1982 (Gesch.-Zch.: I A 280/81); VG Berlin vom 15. 9. 1982 (Gesch.-Zch.: I A 144/81); VG Berlin vom 29. 9. 1981 (Gesch.-Zch.: VG I A 12/80); VG Berlin vom 12. 3. 1982 (Gesch.-Zch.: VG I A 203/81) und OVG Berlin vom 18. 11. 1982 (Gesch.-Zch.: OVG III B 72/81). S. auch FuR 1983, S. 36 ff.

39. Kapitel. Allgemeine Vorschriften des Filmförderungsgesetzes

1   Die in § 68 FFG festgelegte **Aufteilung der Mittel** der FFA auf die verschiedenen Förderungsarten ist für die Organe der Anstalt verbindlich und durch die Haushaltsaufsicht des BWM zu gewährleisten. Diese Aufteilung begründet jedoch keine klagbaren Ansprüche für den Antragsteller. Über die Verteilung der Mittel in Höhe von 5% der Anstaltseinnahmen für allgemeine Aufgaben nach § 68 Abs. 4 FFG (vor allem Werbung für den Film im In- und Ausland, Zuschüsse für Verbandsaufgaben) entscheidet der Vorstand, wobei für Zuschüsse an Verbände der Grundsatz gilt, daß der Verband für die betreffende Aufgabe mindestens in gleicher Höhe Eigenmittel einsetzt.

2 Die **Auskünfte,** die von der FFA für alle markterheblichen Tatsachen angefordert werden können, dienen der für ein Förderungssystem wichtigen Markttransparenz. Sie können nach der Zielsetzung des FFG nur filmwirtschaftliche Unternehmen (freilich auch wenn sie öffentlich-rechtlichen Institutionen gehören) und solche Unternehmen erfassen, die Förderungshilfen erhalten haben (also z. B. keine Fernsehanstalten, Videoprogrammanbieter, Videotheken u. ä. m.). Soweit die Statistik veröffentlicht werden darf (z. B. Besucherzahlen von Filmen), können die betroffenen Unternehmer hieraus keine Ansprüche (z. B. wegen Geschäftsschädigung) herleiten.

3 Soweit Antragsteller sich durch unredliche Maßnahmen Förderungshilfen beschafft haben, kommen die Vorschriften über den **Subventionsbetrug** im Sinne des § 264 Abs. 7 Nr. 1 und 2 StGB zur Anwendung. Die Voraussetzungen für einen Subventionsbetrug sind insbesondere gegeben, wenn sich ein Antragsteller durch falsche Angaben über wesentliche Voraussetzungen für Förderungshilfen diese Förderungshilfen erschleicht. Die Antragsteller werden durch die FFA bei der Übermittlung der Antragsformulare auf die Vorschriften über den Subventionsbetrug ausdrücklich hingewiesen. Sie sind deshalb bei Stellung der Anträge über evtl. strafrechtliche Folgen von falschen Angaben auf wesentlichen Gebieten informiert.

4 Das Vorliegen von Subventionsbetrug hat auch **zivilrechtliche Folgen,** da alle Bescheide der Anstalt, die durch strafrechtlich erhebliche falsche Angaben herbeigeführt worden sind, von der FFA angefochten und nichtig gemacht werden können mit den daraus folgenden Rückzahlungsverpflichtungen erhaltener Gelder u. ä. m. Bei geringfügigen Verstößen sind auch hier die Grundsätze über das Übermaßverbot und die Verhältnismäßigkeit zu beachten. Wenn übrigens Fristversäumnis auf strafrechtlich relevanten Umständen beruht, so wird man kaum von mangelndem Verschulden und von Übermaßverbot oder Verhältnismäßigkeit zugunsten des betreffenden Antragstellers sprechen können.

40. Kapitel. Das Film/Fernsehabkommen im Rahmen der Filmförderung

1 Das Film/Fernsehabkommen, das für die Zeitdauer des FFG die Bereitstellung von bestimmten Beträgen (12 Millionen DM jährlich) durch die öffentlich-rechtlichen Rundfunkanstalten für **Gemeinschaftsproduktionen** mit deutschen Filmherstellern vorsieht, ist nicht im FFG verankert, sondern eine sog. flankierende Maßnahme der Filmförderung. Die Motive für den Abschluß dieses Abkommens waren auf seiten der öffentlich-rechtlichen Rundfunkanstalten die Verhinderung einer aus präjudiziellen Gründen von ihnen gefürchteten gesetzlichen Filmabgabe für die von ihnen ausgestrahlten Kinofilme und auf seiten der FFA die Verschaffung eines angemessenen Ersatzes für die deutschen Filmhersteller anstelle der verfassungsrechtlich umstrittenen gesetzlichen Filmabgabe dieser Rundfunkanstalten. Das Abkommen charakterisiert sich rechtlich als ein verbindlicher Vertrag zwischen zwei öffentlich-rechtlichen Anstalten, also ein **öffentlich-rechtlicher Vertrag.**

2   Aus diesem Abkommen erwächst der FFA ein **rechtsverbindlicher Anspruch** gegenüber den öffentlich-rechtlichen Rundfunkanstalten auf Bereitstellung und Ausschöpfung der im Abkommen zugesagten Beträge für Gemeinschaftsproduktionen zwischen deutschen Filmherstellern und öffentlich-rechtlichen Rundfunkanstalten gem. §§ 2–4 und hinsichtlich des Betrages für Direkteinreichungen gem. § 5 Abs. 3 des Abkommens. Dagegen konstituiert das Abkommen keinen Anspruch einzelner deutscher Filmhersteller gegenüber den öffentlich-rechtlichen Rundfunkanstalten oder der FFA auf Abschluß von Gemeinschaftsproduktionsverträgen oder auf Anerkennung solcher bereits abgeschlossener Gemeinschaftsproduktionsverträge nach dem Film/Fernsehabkommen. Für einen derartigen Anspruch gibt es keine Rechtsgrundlage, da im FFG keine entsprechende Vorschrift enthalten ist und das Film/Fernsehabkommen nach seinem Wortlaut und Sinn nicht als Vertrag zugunsten Dritter, nämlich zugunsten der einzelnen deutschen Filmhersteller ausgelegt werden kann. Der deutsche Filmhersteller kann nur nach Abschluß eines Gemeinschaftsproduktionsvertrages mit einer öffentlich-rechtlichen Rundfunkanstalt, dessen Wirksamkeit von der Anerkennung im Rahmen des Film/Fernsehabkommens abhängig ist, von dieser Rundfunkanstalt als Vertragspartner verlangen, daß sie sich bestens darum bemüht, diese Anerkennung im Rahmen des Film/Fernsehabkommens zu erreichen.

3   Die **Kommission,** die über die Anerkennung der ihr vor Vertragsabschluß von einem deutschen Filmhersteller unmittelbar eingereichten oder der ihr nach Vertragsabschluß von einer öffentlich-rechtlichen Rundfunkanstalt vorgelegten Gemeinschaftsproduktionen zu entscheiden hat, ist bewußt gemäß dem Zweck und Charakter des Film/Fernsehabkommens mit **Verbandsvertretern** der Filmwirtschaft und **Angehörigen** der öffentlich-rechtlichen **Rundfunkanstalten** besetzt. Sie hat eine rein anstaltsinterne Funktion im Hinblick auf die Aufteilung der von den öffentlich-rechtlichen Rundfunkanstalten bereitgestellten Beträge für solche Gemeinschaftsproduktionen. Ihre Entscheidungen sind **keine Verwaltungsakte,** da es hierfür an einer Rechtsgrundlage im FFG oder Film/Fernsehabkommen fehlt und können deshalb auch nicht anstaltsintern mit Rechtsbeschwerde oder verwaltungsgerichtlich mit Klage angefochten werden.

4   Bei ihren Entscheidungen hat die Kommission den § 4 Abs. 4 des Abkommens zu beachten, wonach vorrangig den Fernsehinteressen dienende Filme nicht Gegenstand der Gemeinschaftsproduktion sein sollen. Da das Film/Fernsehabkommen mit seinen Fernsehmitteln den Beitrag der Rundfunkanstalten zur Filmförderung nach dem FFG darstellt, müssen nach diesem Förderungszweck von ihm in erster Linie Filme erfaßt werden, die zur **Vorführung im Filmtheater** bestimmt und brauchbar sind.

5   Dem steht nicht entgegen, wenn es in § 1 des Abkommens heißt, daß durch dieses Abkommen das **Programmangebot** sowohl der Filmtheater als auch des Fernsehens bereichert werden soll und wenn in § 32 Abs. 3 FFG im Rahmen der Projektfilmförderung steht, daß unter den geförderten Filmvorhaben in angemessenem Umfang solche enthalten sein sollen, die auch zur Ausstrahlung im Fernsehen geeignet sind. In beiden Bestimmungen wird durch das Wort *auch* in Verbindung mit dem Abkommenszweck die Zweitrangigkeit der Fernseheignung bzw. Programmbereicherung herausgestellt.

6   Es ist deshalb konsequent, wenn der § 4 Abs. 4 des Abkommens solche Filme von der Gemeinschaftsproduktion **ausschließt,** die *vorrangig* den Fernsehinteressen dienen. Da vorrangig nicht ausschließlich bedeutet, fallen hierunter schon alle Filme, die mehr bzw. besser für die Ausstrahlung im Fernsehen im Hinblick auf dessen Programmgestaltung als für die Vorführung im Filmtheater im Hinblick auf dessen Besucherschichten geeignet sind. Hier ist zu berücksichtigen, daß fast jeder für das Filmtheater geeignete Film auch das Fernsehprogramm bereichert, nicht jedoch der für das Fernsehen geeignete Film das Filmtheaterprogramm. Die vorrangige Fernseheignung eines Films kann sich aus Thema, Handlung oder Gestaltung ergeben. Hierzu gehören thematisch z. B. Filme, die stark informierenden, meinungsbildenden oder belehrenden Charakter tragen, und gestalterisch z. B. Filme, die von Dokumentationen, langen Dialogen, vielen Großaufnahmen oder kammerspielartigen Komplexen beherrscht werden.

7   Die zur Durchführung des Abkommens gebildete Kommission hat nach § 3 c des Abkommens auch über Abweichungen von der Frist für die **Sperre der Fernsehnutzungsrechte** zu entscheiden. Aus dem weiteren Wortlaut dieser Vorschrift ist zu entnehmen, daß es hierbei um eine Herabsetzung der in § 30 FFG festgelegten Frist für die Sperre dieser Nutzungsrechte geht. Die Kommission hat hier bei ihrer Entscheidung diesen § 30 FFG und die darin vorgesehene Entscheidung des Präsidiums zu beachten, da sonst dem Filmhersteller seine Förderungshilfen entzogen werden können. Für die Auswertung von **Videogrammen** wird in § 3 d eine **Sperrfrist** von 6 Monaten festgelegt (vgl. hierzu Kapitel 32).

8   Die Kommission hat ferner über die finanziellen Mindestbeteiligungen des Herstellers nach § 3 b des Abkommens zu befinden. Sie hat nach § 4 Abs. 3 Gemeinschaftsproduktionen abzulehnen, die mit Herstellern abgeschlossen worden sind, die von den **Rundfunkanstalten wirtschaftlich abhängig** sind oder auf die die Rundfunkanstalten einen bestimmten Einfluß haben. Hierunter fallen sämtliche Unternehmen, an denen die öffentlich-rechtlichen Rundfunkanstalten maßgebend beteiligt sind, aber auch diejenigen Unternehmen, an denen zwar keine Beteiligung dieser Rundfunkanstalten gegeben ist, die aber laufend Auftragsproduktionen für diese Rundfunkanstalten herstellen und deren ganzer Geschäftsbetrieb zu seiner Existenz dieser Aufträge bedarf.

9   Bei abgeschlossenen und nach dem Abkommen anerkannten Gemeinschaftsproduktionen beurteilen sich die einzelnen Ansprüche des deutschen Filmherstellers nach den **Bedingungen des Gemeinschaftsproduktionsvertrages,** wobei die Verträge mit den verschiedenen öffentlich-rechtlichen Rundfunkanstalten in einzelnen Punkten voneinander abweichen. So erkennen z. B. einige Rundfunkanstalten ihren Beitrag zu den Herstellungskosten der Gemeinschaftsproduktion als Abgeltung des ihr zustehenden Fernsehnutzungsrechts an, während andere Rundfunkanstalten hierfür einen festen Betrag im Vertrag einsetzen und den übrigen Teil ihres Beitrages zu den Produktionskosten der Gemeinschaftsproduktion bei Rückfluß der FFA für die Projektfilmförderung oder ihrem Partner, also dem deutschen Filmhersteller, für weitere gemeinsame Projekte zur Verfügung stellen. Besonders wichtig ist in diesen Verträgen die Frist für die Sperre der Fernsehnutzungsrechte, da der deutsche Filmhersteller seine Referenzfilmförderung verliert, falls sie unter 5 Jahren liegt und das Präsidium der FFA keine entsprechende Herabsetzung genehmigt (vgl. § 30 FFG). Hier wird man den Gemeinschaftsproduktionsvertrag nach Treu und Glauben so auszulegen haben, daß die Rundfunkanstalt sich nach der Präsidiumsentscheidung zu richten hat, da sonst ihr Partner, der deutsche Filmhersteller, durch Verlust der Referenzfilmförderung unzumutbar geschädigt würde (vgl. Kapitel 32).

10   Die in dem Film/Fernsehabkommen weiterhin enthaltenen Vorschriften über die Bereitstellung von Mitteln der Rundfunkanstalten für Nachwuchs- und Innovationsförderung, für Verstärkung der Projektfilmförderungsmaßnahmen gem.

§ 32 FFG und zur Verstärkung der Mittel für Förderungshilfen nach § 68 Abs. 1 Ziff. 5 i. V. m. § 47 FFG betreffen ebenfalls nur das **Innenverhältnis** zwischen FFA und Rundfunkanstalten. Sie begründen nur im Rahmen dieser öffentlich-rechtlichen Institutionen entsprechende Ansprüche, erzeugen jedoch keine Ansprüche für einzelne Filmhersteller.

41. Kapitel. Die Rechtsgrundlagen der Filmbewertungsstelle Wiesbaden (FBW)

1   Die FBW ist eine von sämtlichen Bundesländern (einschließlich West-Berlin) getragene Institution, die den Zweck hat, gute Filme zu fördern und ihnen durch **Bewertung vergnügungssteuerliche Präferenzen** zu verschaffen. Dabei wird kein Unterschied zwischen in- und ausländischen Filmen gemacht, so daß hier keine spezielle Förderung des deutschen Films vorliegt. Die einschlägigen besonderen Vorschriften der anderen erwähnten Förderungssysteme sind deshalb hier nicht anwendbar.

2   Die Bewertung erfaßt ferner gleichermaßen **abendfüllende Filme** (über 1600 m) wie **kurze Filme** (unter 1600 m) mit dem Unterschied, daß das einem kurzen Film erteilte Prädikat im Gegensatz zu dem Prädikat für den abendfüllenden Film nach Ablauf des auf die Bewertung folgenden fünften Kalenderjahres seine Gültigkeit verliert, wobei eine Neuprädikatisierung möglich ist. Der Begriff des programmfüllenden Films (79 Minuten Vorführdauer), wie ihn das FFG kennt, wird bei der FBW nicht verwandt.

3   Die FBW ist als **Landesbehörde des Landes Hessen** unter Mitwirkung sämtlicher übrigen Länder errichtet worden und untersteht der Dienstaufsicht des Hessischen Kultusministers. Sie trägt auf ihrem Gebiet Ausschließlichkeitscharakter, da sich die Länder verpflichtet haben, keine eigenen Bewertungsstellen für Filme zu errichten. Das Abkommen kann freilich zu bestimmten Terminen von jedem Land gekündigt werden.

4   Die FBW erfüllt ihre Aufgabe durch **Begutachtung** von zur Aufführung bestimmten Filmen auf entsprechenden Antrag, und zwar dahingehend, ob ihnen das Prädikat *wertvoll* oder *besonders wertvoll* zuerkannt werden kann. Sie trägt den Rechtscharakter einer Landesbehörde mit kultureller Zielsetzung, die durch ihre Begutachtung **begünstigende Verwaltungsakte** setzt.

5   Die **Rechtsgrundlage** für die Tätigkeit der FBW bilden die Vergnügungssteuergesetze der Länder, die vorsehen, daß prädikatisierten Filmen Steuerermäßigung zu gewähren ist und eine von der Landesregierung bestimmte Stelle diese Prädikate erteilen kann. In der **Verwaltungsvereinbarung** der Länder (VV-FBW, z. Zt. in der Fassung vom 17. 12. 1973) wurde als diese Stelle die FBW beim Hessischen Kultusminister eingerichtet und deren Ausschließlichkeitscharakter für dieses Gebiet festgelegt.

6   Gleichzeitig wurden in dieser Verwaltungsvereinbarung die wichtigsten Bestimmungen über die Einrichtung und Besetzung der **Bewertungsausschüsse** (Bewertungsausschuß als erste Instanz mit einem Vorsitzenden und 3 Beisitzern, Hauptausschuß als Widerspruchsinstanz mit einem Vorsitzenden und 5 Beisitzern) durch die Ministerpräsidentenkonferenz, also unter Beteiligung aller Länder, geregelt. Die insgesamt 5 Vorsitzenden und 35 Beisitzer werden vom Hessischen Kultusminister im Einvernehmen mit den Kultusministern der anderen Länder ernannt und nach einem festgelegten Turnus eingesetzt.

7   In einer **Verfahrensordnung** (VA-FBW, derzeitige Fassung vom 6. 5. 1969) werden Einzelheiten des Prüfverfahrens festgelegt, vor allem die Prüfmaßstäbe für die Prädikatserteilung. Ferner sieht diese VA auch noch eine Kategorieneinteilung der Filme vor. Für Widersprüche wird bestimmt, daß der Hauptausschuß die Entscheidung des Bewertungsausschusses nicht zuungunsten des Antragstellers ändern darf, also das Verbot der *reformatio in peius* gilt.

8   Gegen diese Institution der FBW und ihre Tätigkeit bestehen **keine verfassungsrechtlichen Bedenken.** Sie übt weder direkt noch indirekt eine Zensur aus, da sie keine öffentliche Filmvorführung durch Hoheitsakt verbieten kann, also die Berechtigung der öffentlichen Filmvorführung nicht berührt, sondern lediglich die Verschaffung oder Ablehnung von Sondervorteilen für bestimmte Filme betrifft. Die Länder sind kraft ihrer Kulturhoheit dazu ermächtigt, auch durch Handhabung des Steuerrechts Kulturpolitik zu betreiben, wie es durch die Prädikate der FBW geschieht.

9   Die höchstrichterliche **Rechtsprechung** hat durch ein Urteil des BVG vom 28. 2. 1966 (UFITA Bd. 47, S. 316) die **verfassungsrechtliche** Befugnis der Länder zur Einrichtung der FBW **anerkannt.** In diesem Urteil heißt es, daß die Förderung wertvoller Filme im Rahmen der den Ländern zustehenden Kulturhoheit liegt. Es wird ferner ausgeführt, daß diese Institution und ihre Tätigkeit nicht gegen verfassungsrechtliche Vorschriften, insbesondere nicht gegen den Artikel 5 GG verstoßen. In dem Urteil wird freilich erwähnt, daß ein Verstoß gegen das Zensurverbot dann eintreten könnte, wenn durch die Ausgestaltung des Vergnügungssteuerrechts faktisch die Vorführung eines Kulturfilms erheblich erschwert werde, falls er kein Prädikat erhält. Die Ausgestaltung des Vergnügungssteuerrechts dürfe nicht dazu führen, daß ein Film aus steuerrechtlichen Erwägungen nicht einmal die Chance habe, aufgeführt zu werden. Darin könnte auch ein Verstoß gegen den in Artikel 3 GG verankerten Grundsatz der Chancengleichheit liegen. Ferner dürfe die Ablehnung eines Prädikats nicht auf Erwägungen beruhen, die mit den Grundrechten der Verfassung nicht vereinbar sind. Es müsse deshalb Aufgabe der Gerichte sein, darüber zu wachen, daß nicht Künstler oder Kunstrichtungen nur deshalb durch die Art der Prädikatisierung zurückgesetzt werden, weil sie mit einer herrschenden Kunstauffassung nicht übereinstimmen.

10   Die **vorangegangenen Entscheidungen** der Verwaltungsgerichte in Frankfurt und des Verwaltungsgerichtshofs in Kassel s. UFITA Bd. 48, S. 320 und Bd. 49, S. 351 und S. 352. Vgl. ferner Urteil vom 12. 5. 1968 (UFITA Bd. 57, S. 345 und 367).

11   In der **Rechtslehre** ist auf Abhandlungen von *Dörffeldt* (UFITA Bd. 49, S. 90), *Katholnigg* (UFITA Bd. 38, S. 25) und *Hebeisen* (UFITA Bd. 57, S. 133) zu verweisen.

42. Kapitel. Die Prüfmaßstäbe der Filmbewertungsstelle

1   Die Prüfmaßstäbe der FBW sind in der **VA-FBW** niedergelegt. Dabei handelt es sich um eine **beispielhafte Aufzählung** der maßgebenden Kriterien. Stoff und Form werden getrennt erwähnt und ihr Verhältnis zueinander dahingehend geklärt, daß die Form hinsichtlich ihrer Qualität an dem Anspruch des Stoffes zu messen ist. Durch die besondere Anführung der verschiedenen Gestaltungselemente von Drehbuch und Regie bis zur Ausstattung und Technik wird die Bedeutung der Einzelheiten der Gestaltung für deren Qualität hervorgehoben. Der finanzielle Aufwand bei der Herstellung des Films sowie politische, weltanschauliche und andere nicht künstlerische Gesichtspunkte sollen bei der Bewertung nicht berücksichtigt werden.

2   Aus dieser beispielhaften Aufzählung der Prüfkriterien der FBW ist zunächst zu schließen, daß eine **Kompensation** zwischen positiven und negativen Elementen möglich erscheint und bei Überwiegen der positiven Elemente die Prädikatserteilung zu erfolgen hat. Hierfür spricht auch die Berücksichtigung des Schwierigkeitsgrads der filmischen Realisierung, die in diesem Rahmen ausdrücklich erwähnt wird. Es kommt also letztlich – ähnlich wie bei den Qualitätsbegriffen nach dem FFG – darauf an, wie der **Gesamteindruck** ist, den der betreffende Film hinterläßt.

3   Dabei ist freilich zu beachten, daß bei der FBW wegen ihrer **kulturell-künstlerischen Zielsetzung** im Hinblick auf die Qualität andere Maßstäbe anzuwenden sind, als bei den Qualitätsbegriffen des FFG. Die Prüfkriterien der VA-FBW sind demnach unter künstlerisch-kulturellen Gesichtspunkten auszulegen. Eine ständige Steigerung der Qualität kann weder generell noch individuell im Hinblick auf den betreffenden Filmmacher verlangt werden, sondern jeder Film ist als Einzelobjekt gemäß seinen Inhalts- und Gestaltungselementen zu bewerten.

4   Hinsichtlich der **Kategorisierung** wird der Dokumentarfilm in Abgrenzung zum Spielfilm derart zu charakterisieren sein, daß beim Spielfilm die fiktive Handlung und beim Dokumentarfilm die originale Wiedergabe tatsächlicher Begebenheiten dominierend sein müssen. Bei Kinder- oder Jugendfilmen ist darauf abzustellen, daß sie sich, gleichgültig ob sie Spielfilme oder Dokumentarfilme sind, für Kinder und Jugendliche besonders eignen müssen, was voraussetzt, daß sie auf deren Verständnis und Auffassungsvermögen zugeschnitten sein und eine bestimmte positive pädagogische Bedeutung aufweisen müssen.

5   Bei den Entscheidungen der FBW ist der **Grundsatz der Gleichbehandlung** zu beachten, was bedeutet, daß vergleichbare Filme eine gleichartige Bewertung zu erfahren haben. Wegen des Charakters der FBW-Entscheidungen als weitgehend subjektive Geschmacksurteile begegnet die Berücksichtigung der Gleichbehandlung beachtlichen Schwierigkeiten. Die Ausschüsse sind verschieden besetzt, so daß es durchaus vorkommen kann, daß ein vergleichbarer Film bei einem Ausschuß kein Prädikat erhält, obwohl es der gleichartige Film früher erhalten hat. In diesem Zusammenhang darf freilich nicht vergessen werden, daß grundsätzlich jeder Film ein Produkt *sui generis,* also ein *Prototyp* ist, so daß vergleichbare Fälle nur relativ selten auftreten werden.

6   Bei Prädikatsablehnung kann der Antragsteller den Film in einer **geänderten Fassung** wieder vorlegen. Dabei sind die Voraussetzungen hierfür sehr weit gefaßt, indem als geändert jede Fassung des Films gilt, die sich in Länge, Schnitt, Bildformat, Fotochromie, Titel, Handlung, Sprache, Musik, Beschriftung oder sonstigen Gestaltungsmerkmalen von der begutachteten Fassung unterscheidet. Es genügen also bereits kleine Änderungen, um eine Neuvorlage zu begründen. Eine solche Neuvorlage hat freilich nur Zweck, wenn der Film derart geändert ist, daß den Bedenken gegen die erste Fassung des Films weitgehend Rechnung getragen wird, es sei denn, daß diese erste Fassung in der Begutachtung nur mit knapper Mehrheit abgelehnt wurde und bei einer neuen Zusammensetzung des Ausschusses die Mehrheitsverhältnisse anders gelagert sind und demnach die Entscheidung anders ausfällt.

43. Kapitel. Die Rechtsmittel gegen Entscheidungen der Filmbewertungsstelle

1   Die Entscheidungen der FBW sind **begünstigende Verwaltungsakte** und unterliegen deshalb nach den verwaltungsrechtlichen Vorschriften der **Nachprüfung** durch die **Verwaltungsgerichte.** Bei derartigen Klageverfahren gegen negative

Bescheide der FBW, also nach erfolglosem Widerspruch gegen eine Prädikatsablehnung, ist freilich zu beachten, daß es sich bei den Begriffen *wertvoll* und *besonders wertvoll* um sog. **unbestimmte Rechtsbegriffe** handelt.

2   Die **Ausschüsse der FBW** setzen sich aus Delegierten der Kultusministerien der
Länder zusammen. Im einzelnen sind in ihnen vertreten: Beamte aus diesen Mini-
sterien, freie Journalisten, künstlerisch tätige Kräfte an Sprechbühnen, Filmtheaterbesitzer, Filmkritiker, Filmhistoriker, Redakteure des Fernsehens u. ä. m. Auf
Grund dieser Zusammensetzung der Delegierten kann man sagen, daß die Ausschüsse der FBW filmkünstlerische und filmkulturelle Fachkunde und entsprechenden Sachverstand besitzen und die gesellschaftlich relevanten und repräsentativen Gruppen im Sinne einer pluralistischen Gesellschaftsordnung vertreten.
Bei dieser fachkundigen, sachverständigen und gesellschaftlich repräsentativen
Besetzung der FBW-Ausschüsse wird man ihnen bei der Entscheidung über die
Prädikatserteilung einen **Beurteilungsspielraum** zuerkennen müssen. Es gilt hier
das gleiche wie für die Entscheidungen der FFA-Gremien bei ihren Prüfungen der
Filmqualität (s. o. Kapitel 31).

3   Danach können diese Entscheidungen mit eine **Klage** nur erfolgreich angefochten werden, wenn der Sachverhalt nicht zutreffend und erschöpfend festgestellt
worden ist (z. B. Vorführung einer falschen Filmfassung), Verfahrensvorschriften
verletzt wurden, die Wertmaßstäbe nicht im Einklang mit den Prüfmaßstäben und
Zielsetzungen der FBW ausgelegt worden sind, die Anwendung der vertretbar
ausgelegten Prüfmaßstäbe auf den vorliegenden Film nicht vorgenommen worden
ist, der Prüfbescheid und das Protokoll nicht erkennen lassen, daß die erwähnten
Umstände beachtet, insbesondere die verschiedenen für und gegen eine Prädikatisierung des Films sprechenden Umstände ausführlich geprüft und erörtert worden
sind.

4   In diesem Zusammenhang könnte es bedenklich sein, daß die FBW dem Antragsteller sowohl im Verfahren vor dem Bewertungsausschuß wie auch im Widerspruchsverfahren vor dem Hauptausschuß nur schriftliches und **kein mündli-
ches** Gehör gewährt. Bei den vergleichbaren Fällen im Rahmen der FFA haben die
Verwaltungsgerichte ausdrücklich festgestellt, daß dem Antragsteller ein Anspruch auf rechtliches Gehör in der Weise zusteht, daß ihm Gelegenheit zu geben
ist, nach der Vorführung seines Films vor dem zuständigen FFA-Gremium Stellung zu nehmen (s. o. Kapitel 31, Rdn. 30).

5   Die **Rechtsprechung** hat auf dem Gebiet der Überprüfung der Entscheidungen der FBW
eine **wechselnde Haltung** eingenommen. In einem Urteil der BVG vom 28. 1. 1966
(UFITA Bd. 47, S. 316) heißt es, daß die Entscheidungen der FBW in vollem Umfang der
gerichtlichen Kontrolle unterliegen. Hierzu wird ausgeführt, daß diese Entscheidungen
nicht vergleichbar seien mit Entscheidungen im Prüfungsrecht, wo sich die Beschränkung
der richterlichen Kontrolle daraus ergäbe, daß die Prüfungssituation in ihrer Einmaligkeit
nicht zu wiederholen wäre, was bei der Beurteilung von Filmen wegen der Möglichkeit der
Filmvorführung vor den Gerichten nicht der Fall sei.

6   Im gleichen Streitfall hat dann später der **Hessische Verwaltungsgerichtshof** (UFITA
Bd. 57, S. 345) unter Hinweis auf eine inzwischen ergangene Entscheidung des BVG über
jugendgefährdende Schriften (UFITA Bd. 67, S. 290), die der betreffenden Verwaltungsbehör-
de als fachkundiges, sachverständiges und gesellschaftlich repräsentativ besetztes Gremium
einen nicht überprüfbaren Beurteilungsspielraum überlassen hat, auch der FBW einen solchen Beurteilungsspielraum zuerkannt (vgl. die vorangegangenen Entscheidungen und
Artikel in UFTIA Bd. 49, S. 351).

44. Kapitel. Die Filmprämien und Filmpreise des Bundesinnenministers

1   Die maßgebenden Vorschriften für die Vergabe von Preisen, Prämien und Stipendien zur Förderung des deutschen Films seitens des BIM sind in entsprechenden **Richtlinien** vom 1. 3. 1984 niedergelegt. Sie umfassen Preise und Prämien für fertige Filme, Prämien für Filmvorhaben, Stipendien für Nachwuchskräfte und Filmprogrammpreise für Filmtheater.

2   Über die Preise und Prämien **entscheidet** der Bundesminister des Innern. Er bedient sich hierbei eines Auswahlausschusses, der aus Persönlichkeiten besteht, die fachkundig, sowie gesellschaftlich repräsentativ sein sollen. Dieser Ausschuß hat ein **Vorschlagsrecht,** das bisher fast immer berücksichtigt wurde. Über die Verwendung der Preise und Prämien für einen guten neuen Film entscheidet allein der Bundesminister des Innern.

3   Aus den Richtlinien ergibt sich, daß sowohl der Film, der den Preis erhält, von **besonderer Qualität** sein muß wie auch der Film, in den die Geldprämie investiert wird. Es heißt ausdrücklich, daß die BIM-Förderung dazu dienen soll, die Qualität des deutschen Films auf breiter Grundlage zu fördern und daß Preise und Prämien zweckgebunden zur Herstellung guter programmfüllender Filme zu verwenden sind. Was die Prämien zur Produktionsförderung angeht, so sollen sie ausdrücklich der Förderung hervorragender Filmvorhaben dienen. An anderer Stelle des Erlasses wird erwähnt, daß die Förderung solche Filmvorhaben und Drehbuchentwürfe betreffen soll, die durch ihre künstlerische Qualität herausragen.

4   Obwohl in den Richtlinien nur die Qualität der Filme und (im Gegensatz zum FFG) nicht deren Wirtschaftlichkeit erwähnt wird, ist davon auszugehen, daß die Filme für die **Auswertung im Filmtheater** geeignet sein müssen. Das ergibt sich aus dem Charakter der Förderung des Bundesinnenministers als Förderung des für das Filmtheater bestimmten deutschen Films und aus der in den Richtlinien ausdrücklich festgelegten Frist von wenigstens 24 Monaten für die Erstauswertung im Filmtheater.

5   Gegen diese Filmförderung des BIM dürften **keine verfassungsrechtlichen Bedenken** bestehen. Es handelt sich um **reine Subventionen,** die als verlorene Zuschüsse aus Haushaltsmitteln gezahlt werden. Ein Widerspruch der Länder gegen die Art der Förderung, die nunmehr seit Jahrzehnten existiert, ist nicht erfolgt, so daß sie sich in ihren Hoheitsrechten auf dem kulturellen Gebiet nicht betroffen fühlen dürften.

6   Es ist die Frage, ob bei diesen Preisen und Prämien, deren Verleihungen sich als **begünstigende Verwaltungsakte** darstellen, Rechtsmittel gegeben sind, falls ein vorgeschlagener Film mit Preisen und Prämien nicht bedacht oder ein eingereichtes Filmvorhaben abgelehnt wird. Für die Prämien und Preise ist hier zu beachten, daß die Auszeichnungen nicht auf Antrag der betreffenden Hersteller erfolgen, sondern hier nur bestimmte Institutionen und die Mitglieder des Auswahlausschusses vorschlagsberechtigt sind.

7   Hier ist zunächst festzuhalten, daß es **keinen Rechtsanspruch** auf Subventionen aus Steuermitteln gibt und daß die Ablehnung solcher Subventionen kein Verstoß gegen das Zensurverbot ist. Soweit aber – wie hier – Subventionen eingeführt werden, besteht ein Anspruch auf **gleichmäßige** und **gerechte** Behandlung (s. o. Kapitel 16). Hier haben freilich der Auswahlausschuß als ein fachkundig und

gesellschaftlich repräsentativ besetztes Gremium bei Anwendung der Qualitätskriterien (s. o. Kapitel 43) und der Bundesinnenminister als Behörde in Berücksichtigung gesellschaftspolitischer Belange einen besonders breiten **Beurteilungsspielraum.**

8 Von Bedeutung dürfte noch die Praxis des BIM sein, wonach Prämien, die in
einen Film investiert worden sind, der nicht die Voraussetzungen der Richtlinien
erfüllt (also z. B. kein deutscher Film oder ein Film von geringer Qualität o. ä. m.
ist), zwar zurückzuzahlen sind, aber dann für einen **anderen** Film verwandt werden können, der den Grundsätzen der BIM-Richtlinien entspricht. Auch können
nach dem Erlaß Preise und Prämien im Gegensatz zu den Förderungshilfen des
FFG mit Genehmigung des BIM an andere Hersteller zur Verwendung für deren
Filmvorhaben **abgetreten werden.** Ferner dürfen Prämien und Preise für fertige
Filme und Filmvorhaben auch an internationale Co-Produktionen vergeben werden, wenn sie die Bundesamtsbescheinigung als deutscher Film erhalten, selbst
wenn es um deutsch-minoritäre Co-Produktionen dieser Art geht.

45. Kapitel. Kuratorium Junger Deutscher Film und Filmkredite der Länder

1 Für die Förderung durch das **Kuratorium Junger Deutscher Film** gilt der
Grundsatz, daß die Herstellung des ersten Spielfilms eines antragsberechtigten
Regisseurs die Förderungsvoraussetzung bildet. Im übrigen sind hier die erwähnten Grundsätze über die Subventionen und die bei Ablehnung gegebenen Rechts-
hilfen, wie sie oben erwähnt worden sind, zu beachten.

2 Die **Kreditrichtlinien** der Länder Bayern, Berlin, Nordrhein-Westfalen und
Hamburg verlangen als Voraussetzung, daß die gewährten Kredite für Produktionsarbeiten in dem betreffenden Land Verwendung finden. Bei der Bayerischen
Förderung muß die Verwendung für einen deutschen programmfüllenden Film
erfolgen, während es bei der Berliner Förderung auch ein ausländischer Film sein
kann. Nach beiden Förderungsarten sind bestimmte Gremien dafür zuständig, ob
ein eingereichtes Projekt die Kredite nach den betreffenden Förderungsrichtlinien
erhält.

3 Bei diesen Filmkrediten in Berlin, Bayern, Nordrhein-Westfalen und Hamburg
handelt es sich um Kredite von Förderungsinstitutionen für Filmvorhaben, wobei
diese Kredite staatlich verbürgt sind und von dem Filmhersteller nur aus Einnahmen des Films in einem bestimmten Rang zurückgezahlt werden müssen. Die
Bedingungen für die Kredite sind in **Richtlinien** der betreffenden Länder niedergelegt. Da durch diese Kredite vor allem die Filmwirtschaft in dem betreffenden
Gebiet gefördert werden soll (Beschäftigung der dortigen filmtechnischen Betriebe sowie Filmschaffenden u. ä. m.), ist eine wesentliche Bedingung für die Kredit-
gewährung, daß mindestens in Höhe der Kreditmittel Ausgaben für das Filmvorhaben in dem betreffenden Land vorgenommen werden müssen.

4 Im übrigen sind die Kreditrichtlinien in zahlreichen Vorschriften den Bestimmungen des FFG für die Projektfilmförderung **angeglichen** oder ähnlich gehalten.
Das gilt vor allem für die Vorprüfung der Projekte, die Qualifikation des Filmherstellers, die Beachtung der Grundsätze sparsamer Wirtschaftsführung, den Eigenanteil des Filmherstellers sowie die Rückführung der Kredite.

5 Die Bürgschaft der öffentlichen Hand ist **rechtlich** eine Ausfallbürgschaft gegenüber der finanzierenden Bank oder dem finanzierenden Bankkonsortium zugunsten des Antragstellers dafür, daß der ihm gewährte Kredit innerhalb einer

bestimmten Zeit (meist 18 Monate) zurückgezahlt wird. Hier handelt es sich um eine echte Bürgschaft im Sinne des § 765 BGB, durch die sich der Staat in die private Rechtssphäre begibt. Klagen aus der Bürgschaft, insbesondere auf Erfüllung der Bürgschaft, gehören daher vor die ordentlichen Gerichte, während Streitigkeiten, die aus der Antragstellung über die Gewährung der Bürgschaften von seiten des Antragstellers herrühren, vor die Verwaltungsgerichte gehören. Für die Staatsbürgschaft ist Schriftform erforderlich (§ 766 BGB), da der Staat insoweit keine Handelsgeschäfte betreibt (§ 350 HGB). Die Einrede der Vorausklage ist aber ausgeschlossen (§ 771 BGB), da die Staatsbürgschaft in der Regel selbstschuldnerisch ist. Der Regreßanspruch gegen den Hauptschuldner bleibt auf die Einspielergebnisse des oder der Filme beschränkt.

6   Da es hier um die Gewährung von staatlich verbürgten Bankkrediten geht, ist bei Ablehnung eines Kreditantrages nach Ansicht der zuständigen Behörden eine **Klage** im Verwaltungsgerichtsverfahren **nicht** möglich, gleichgültig aus welchen Gründen die Ablehnung erfolgt. Es wird deshalb auch keine Begründung für die Ablehnung gegeben. Da in diesen Fällen immer so viele Anträge vorliegen werden, daß eine Auswahl erfolgen muß, wird man auf jeden Fall dem zuständigen Gremium neben dem allgemeinen Beurteilungsspielraum hinsichtlich der Qualifikation des entsprechenden Vorhabens zusätzlich einen für die kreditierende Bank notwendigen Ermessensspielraum im Hinblick auf die Wirtschaftlichkeit dieses Vorhabens und die Kreditwürdigkeit des Antragstellers, also der günstigeren Möglichkeit der Kreditrückzahlung, zugestehen müssen.

7   Für **Rechtsfragen** in Verbindung mit **Filmkrediten** der Länder und öffentlichen Bürgschaften für diese Kredite ist ein BGH-Urteil vom 26. 7. 1961 (UFITA Bd. 36, S. 476) bedeutsam. Danach wird durch Antrag des Bewerbers auf Erteilung eines Kredits mit Ausfallbürgschaften ein Verwaltungsverfahren in Gang gesetzt. Die Entscheidung über den Antrag entweder durch Bewilligung oder Ablehnung soll ein Verwaltungsakt und nicht eine Willenserklärung des bürgerlichen Rechts sein. Die Bürgschaften würden nämlich im öffentlichen Interesse zur Erhaltung der Produktion und entsprechender Arbeitsplätze gegeben. In diesem Zusammenhang könnten bei Pflichtverletzungen zuständiger Beamter auch Ansprüche des Bewerbers aus § 839 BGB geltend gemacht werden.

8   Aus diesem Urteil ergibt sich freilich nur, daß Bewilligung oder Ablehnung von Anträgen auf öffentlich verbürgte Kredite als Verwaltungsakte anzusehen sind, da die Verbürgung zur Unterstützung der deutschen Filmproduktion erfolgt und deshalb der öffentlichen Daseinsvorsorge dient. Das besagt noch **nicht,** daß die Ablehnung solcher Anträge mit Erfolg vor den Verwaltungsgerichten angefochten werden kann. Hierüber könnten nur die Verwaltungsgerichte verbindlich entscheiden.

9   Nach einer Entscheidung des Hanseatischen OLG vom 2. 2. 1961 (UFITA Bd. 34, S. 220) kann der Produzent mit maßgeblichen Mitarbeitern des Films wie Kameramann und Regisseur rechtswirksame Vertragsabreden über **interne Aufteilung** von Filmpreisen treffen. Unterbleibt aber eine ausdrückliche Abrede, so ist anteilsberechtigt nur, wer Mithersteller des Filmes war.

10   Mit der **Rückzahlung** einer **Spielfilmprämie** beschäftigt sich ein Urteil des BGH vom 12. 10. 1971 (UFITA Bd. 65, S. 243). Mit der Rückforderung von Förderungsmitteln des Kuratoriums Junger Deutscher Film befaßt sich ein Urteil des BGH vom 15. 2. 1973 (UFITA Bd. 71, S. 135). Die Rückforderung von Spielfilmprämien des Bundes behandelt ein Urteil des BGH vom 12. 10. 1971 (UFITA Bd. 65, S. 243) mit der Feststellung, daß der ordentliche Rechtsweg nur gegeben ist, wenn der Anspruch der Rückforderung auf Schadensersatz, z. B. wegen Betruges, gestützt wird, jedoch sonst die Verwaltungsgerichte zuständig sind.

4. Abschnitt. Das Urheberrecht an Filmwerken

46. Kapitel. Das urheberrechtlich geschützte Filmwerk

1 Das Filmwerk gehört zu den urheberrechtlich geschützten Werken. Es wird in § 2 Abs. 1 Ziff. 6 UrhG unter den geschützten Werken ausdrücklich aufgeführt. Die §§ 88 bis 94 UrhG enthalten einzelne Regelungen, die sich ausdrücklich auf geschützte Filmwerke beziehen.

2 **Voraussetzungen** für diesen urheberrechtlichen Schutz der Filmwerke sind das Vorliegen des allgemeinen Begriffs des *Films* und des urheberrechtlichen Begriffs des *Werkes*. Nur wenn diese beiden Begriffe erfüllt sind, kann von einem urheberrechtlich geschützten Filmwerk gesprochen werden.

3 Unter **Film** versteht man ein Produkt, das sich als Aufnahme eines Ausschnitts der Wirklichkeit meist unter Fixierung auf einen Bildträger oder einen Bild- und Tonträger mit der Möglichkeit der Konservierung und/oder der Wiedergabe bzw. Verwendung durch Vervielfältigung, Verbreitung und öffentliche Vorführung oder Funksendung darstellt (vgl. § 94 UrhG). Darunter fallen sämtliche Arten von Filmen, gleichgültig mit welchen technischen Mitteln (z. B. Ampex–Magnetton–Zelluloid, fixiert oder live) und in welchen Formaten (z. B. 35 mm, 16 mm, 8 mm, S. 8) sie aufgenommen oder wiedergegeben werden, für welchen Zweck (z. B. Kino, Fernsehen, Video etc.) sie bestimmt sind und verwandt werden sowie zu welcher Art und Kategorie sie sonst gehören (s. auch § 2 Abs. 1 Ziff. 6 UrhG, der Werke, die ähnlich wie Filmwerke geschaffen werden, den Filmwerken ausdrücklich gleichstellt).

4 Unter **Werk** versteht das UrhG nur **persönliche geistige Schöpfungen** (§ 2 Abs. 2 UrhG). Eine **persönliche** Schöpfung liegt vor, wenn das Werk von einer oder mehreren physischen Personen geschaffen worden ist. Eine juristische Person scheidet als Schöpfer aus. Dasselbe wird man sagen können von einem völlig anonymen Kollektiv, bei dem kein Einzelner auszumachen ist, der allein oder zusammen mit anderen die Schöpfung hervorgebracht hat. Eine **geistige** Schöpfung ist gegeben, wenn die Schöpfung auf Grund einer von der menschlichen Psyche ausgehenden Tätigkeit entstanden ist. Es reicht also nicht eine rein physische mechanische Reaktion aus, um ein Werk zu schaffen. Die Schöpfung erfordert das Vorliegen eines Mindestmaßes an **Originalität.** Das Werk muß sich gegenüber anderen bestehenden Werken abgrenzen. Insgesamt gesehen muß gemäß dem Oberbegriff immer der Werkcharakter gewahrt sein, was ein Minimum an Vollständigkeit und Geschlossenheit voraussetzt. Eigenwillige Meinungsäußerungen und aphoristische Bemerkungen reichen also nicht aus. (Über die einzelnen urheberrechtlich schutzfähigen Filmwerke s. Kapitel 47.)

5 Das Filmwerk als Urheberrechtsgut beinhaltet in den meisten Fällen ein **Bearbeitungsurheberrecht gem. § 3 UrhG,** das durch die Verfilmung eines anderen urheberrechtlich geschützten Werkes entsteht. Es liegt nämlich fast jedem Filmwerk irgendeine geistige Konzeption zugrunde, seien es vorbestehende literarische Werke oder original für den Film geschaffene Werke. Ein schutzfähiges geistiges Konzept ist immer gegeben, wenn das betreffende Konzept bei schriftlicher Niederlegung als ein urheberrechtlich geschütztes Schriftwerk anzuerkennen wäre. Es sind freilich auch Filmwerke denkbar, die nicht aus einer Bearbeitung vorbestehender Werke entstanden sind, sondern nur in der filmischen Gestaltung selbst entstehen, z. B. rein spontane, improvisierte, vorher nicht gedanklich festgelegte aneinandergereihte Bildkompositionen.

6   Das Filmwerk **unterscheidet** sich durch einen wichtigen Umstand von **anderen** urheberrechtlich geschützten **Werken** (mit Ausnahme der Lichtbildwerke). Bei diesen anderen Werken werden das geistige Konzept, die Vorstellung im Bewußtsein, unmittelbar in das endgültige Werk umgesetzt. So sind z. B. Malen und Bildwerk, Schreiben und Schriftwerk, Komponieren und Tonwerk identisch. Beim Filmwerk schiebt sich dagegen zwischen das geistige Konzept, die Vorstellung im Bewußtsein, und das endgültige Werk, das Filmwerk, eine Realitätsebene, deren bildliche Aufzeichnung erst das Filmwerk ausmacht. So wird z. B. das Filmdrehbuch szenisch arrangiert und inszeniert und erst von diesen Szenen werden die Bildaufnahmen für das Filmwerk gemacht. So werden z. B. bei Zeichentrickfilmen die Figuren und ihre Phasen gezeichnet und sodann diese Zeichnungen bildlich aufgenommen. Diese Umstände ändern nichts an der Urheberrechtsfähigkeit des Filmwerks, da das Moment des Kreativen und Originellen gerade in der optischen Umsetzung dieser Realitätsebene besteht.

7   Der **Urheberrechtsschutz** am Filmwerk schafft für die Urheberberechtigten und deren Rechtsnachfolger **dingliche, absolute** und **ausschließliche** Rechte am Filmwerk, die gegenüber jedermann wirken. Dadurch ist das Filmwerk gegen jede Beeinträchtigung durch Dritte bei seiner Entstehung und Auswertung geschützt. Der Urheberrechtsschutz sichert den Urheberberechtigten am Filmwerk die Urheberpersönlichkeitsrechte der §§ 12–14 UrhG (gegen Entstellungen des Filmwerks), die Verwertungsrechte der §§ 15–24 UrhG (für die Nutzungsarten am Filmwerk), die Nutzungsrechte der §§ 31–44 UrhG (mit den Übertragungsmöglichkeiten) sowie die besonderen Schutzbestimmungen der §§ 88–94 UrhG, und zwar auf die Dauer von 70 Jahren nach dem Tode des Urhebers (§ 64 UrhG). Bei Miturhebern ist für die Schutzdauer der Tod des letzten überlebenden Miturhebers maßgebend. Die besonderen Bestimmungen der §§ 88–94 UrhG enthalten aber auch Abgrenzungen des Filmwerks von den vorbestehenden Werken sowie die Einschränkungen des Urheberrechts an den Filmwerken zugunsten der Filmverwertung und ein besonderes Leistungsschutzrecht des Filmherstellers.

8   Wie hier in der **Rechtsprechung** hinsichtlich der individuellen geistigen Schöpfung als Grundlage der Gewährung von Urheberrechtsschutz schon das Reichsgericht in RGZ 107, S. 62.

9   In der **Rechtslehre** ebenso wie hier hinsichtlich der persönlichen und geistigen Schöpfung und der Definition des Filmwerkes: *Fromm/Nordemann* aaO § 2/4, 5 u. 15 und *von Gamm* aaO § 2, 4, § 2/8. Ebenso wie hier auch bezüglich der Feststellung, daß Fernsehwerke grundsätzlich als Filmwerke anzusehen sind: *von Gamm* aaO § 88/2 u. 3, *Möhring/Nicolini* aaO § 92/10b und § 88/1b und *Ulmer* aaO § 21 IV/2.

10   Wie hier auch zu den inhaltlichen Anforderungen an den **Werkbegriff:** *Fromm/Nordemann, von Gamm, Ulmer* aaO wie Rdn. 9 und die dort zitierte Rechtsprechung.

47. Kapitel. Die urheberrechtlich schutzfähigen Filmwerke

1   Es ist grundsätzlich eine Frage des Einzelfalles, ob ein Film die Voraussetzungen für das urheberrechtlich geschützte Filmwerk, also eine persönliche geistige Schöpfung, erfüllt. Es lassen sich jedoch an Hand der verschiedenen Filmgruppen bzw. -kategorien bestimmte generelle **Kriterien** für deren Schutzfähigkeit aufstellen.

2   Einleitend ist festzuhalten, daß es für die Schutzfähigkeit eines Filmwerkes nicht darauf ankommt, in welchen **technischen** Verfahren der Film aufgenommen worden ist und wiedergegeben werden soll (einschließlich live-Wiedergabe). Das gleiche gilt für den **Bestimmungszweck** des Films (für Filmtheater, Fernsehen, gewerbliche oder nichtgewerbliche Auswertung, Werbung oder Public Relation, Kinder, Jugend, Zielgruppen etc.). Alle diese Umstände haben nämlich nichts mit der persönlichen Geistesschöpfung bei dem betreffenden Film zu tun. Auch die **Länge** des Films ist für die Schutzfähigkeit nicht von Bedeutung, da sowohl programm- bzw. abendfüllende Filme (von mindestens 79 Minuten Spieldauer lt. Filmförderungsgesetz und von mindestens 60 Minuten Spieldauer lt. EG-Richtlinie) wie auch Kurzfilme persönliche Schöpfungen enthalten können.

3   Weiterhin ist für die Schutzfähigkeit nicht relevant, ob der Film die **freie oder unfreie Benutzung** eines vorbestehenden Werkes ist, da er auch im letzteren Fall nach Handlung und Gestaltung zusätzliche schöpferische Elemente gegenüber dem benutzten Werk enthalten und insoweit die urheberrechtlichen Schutzvoraussetzungen erfüllen kann. Schließlich ist es für die Schutzfähigkeit nicht wesentlich, ob der Film aus **Real- oder Trickaufnahmen** oder einer Mischung von beiden besteht, da man sich in beiden Formen schöpferisch ausdrücken kann. Die sich aus den hier erwähnten Umständen ergebenden Filmkategorien sind also urheberrechtlich irrelevant und brauchen deshalb hier nicht näher behandelt zu werden (anders für die Filmförderung und die Filmbewertung s. unter diesen Abschnitten).

4   Dagegen kommt dem Unterschied zwischen **Spiel- und Dokumentarfilm** urheberrechtlich eine bestimmte Bedeutung zu, da der Natur der Sache nach der Spielfilm mehr Möglichkeiten für originelle schöpferische Leistungen aufweist. Man hat den Spielfilm früher dahin definiert, daß bei ihm ein Handlungszusammenhang im Sinne einer erdachten Handlung von entscheidender Bedeutung ist. Danach würden bei einem Dokumentarfilm diese beiden Voraussetzungen fehlen. Diese Unterscheidung kann nicht mehr als gültig anerkannt werden. Es gibt Spielfilme, die auf historischen Begebenheiten oder aktuellen Ereignissen beruhen, also keine erdachte Handlung zum Gegenstand haben. Es gibt ferner Spielfilme, die so gestaltet sind, daß man nicht von einem Handlungszusammenhang sprechen kann. Andererseits gibt es Dokumentarfilme, die durchaus einen Handlungszusammenhang aufweisen. Die einzige Unterscheidungsmöglichkeit dürfte darin liegen, daß beim Spielfilm das Moment der Phantasie eine stärkere Rolle spielt als beim Dokumentarfilm. Ein Dokumentarfilm entspricht um so mehr seinem Charakter, um so weniger an Phantasie in ihm enthalten ist, während dies bei dem Spielfilm umgekehrt liegt. Freilich sind die Grenzen zwischen Spiel- und Dokumentarfilm durchaus fließend. Es gibt Dokumentarfilme, die einige Spielfilmmomente zum Inhalt haben, und Spielfilme, die auf weiten Strecken rein dokumentarisch gehalten sind. Immerhin sollte dieses Moment der **Phantasie** nach dem Grad, in dem sie in dem betreffenden Film Berücksichtigung findet, das entscheidende Merkmal des Unterschieds sein. Man wird einen Dokumentarfilm, der reale Begebenheiten schildern soll, als um so echter ansehen, je weniger er an Phantasieelementen aufweist, während das beim Spielfilm entgegengesetzt zu beurteilen ist. Aus diesen Umständen ergibt sich gleichzeitig, daß bei Spielfilmen die Voraussetzungen für einen urheberrechtlichen Schutz leichter gegeben sind, da die persönliche geistige Schöpfung sich häufig gerade in der Phantasie ausdrückt.

5   Der beim Fernsehen benutzte Begriff des **Fiction-Films** meint ein reines Phantasieprodukt, während der dort gebrauchte Begriff des **Feature-Films** eine durch Dialog-, Kommentar- und Reportage-Elemente aufgelockerte Dokumentation bezeichnet. Auch **Werbe- und Industriefilme** (selbst Werbespots) sind urheber-

rechtlich schutzfähig, soweit ihnen ein originelles geistiges Konzept zugrunde liegt.

6 Die **Synchronisation** eines Films in eine fremde Sprache schafft an dieser Synchronfassung (also der Verbindung des originalen Bildbandes mit dem deutschen Tonband des Films) ein besonderes **Bearbeiterurheberrecht,** das der Übersetzung eines Schriftwerkes vergleichbar ist. Durch die Umsetzung von einer Sprache in die kongenialen Bezeichnungen einer anderen Sprache wird hier die persönliche geistige Schöpfung erbracht.

7 Von urheberrechtlicher Bedeutung ist die Frage, bei welchen **typischen Fernsehsendungen** (also außerhalb gesendeter Kinospielfilme, Fernsehfilme, Fernsehserien u. ä. m.), die den Begriff des Films erfüllen (Aufnahme, Wiedergabe und Fixierbarkeit), die Mindestvoraussetzungen für das urheberrechtlich geschützte Filmwerk gegeben sind. Das wird zu bejahen sein bei Kabarettsendungen, Quizsendungen, Musikshows, Personalityshows und Theaterübertragungen. In allen diesen Sendungen ist nämlich ein häufig ausgenutzter Raum für persönliche geistige Schöpfung vorhanden (z. B. bei der Wiedergabe einer Theateraufführung die Art, wie sie filmisch mit Hilfe der Kameraführung aufgearbeitet wird). Es wird zu verneinen sein bei Nachrichtensendungen, politischen Magazinen, Sportreportagen u. ä. m. In diesen Fällen ist nämlich die reine Übermittlung von Tatsachen entscheidend und die in diesem Zusammenhang abgegebenen Meinungsäußerungen erfüllen nicht das Minimum für den urheberrechtlichen Werkbegriff (vgl. hierzu §§ 48 und 49 UrhG). Soweit bildliche Aufzeichnungen nicht als Filmwerke einzustufen sind, genießen sie das Leistungsschutzrecht für Laufbilder gem. § 95 UrhG (vgl. Abschnitt 5, Kapitel 64).

8 Zu erwähnen ist in diesem Zusammenhang noch die **Bild- und Tonberichterstattung** über **Tagesereignisse** durch Funk und Film, wie sie neuerdings in § 50 UrhG niedergelegt ist. Der § 50 UrhG ist hervorgegangen aus dem Gesetz zur Erleichterung der Filmberichterstattung vom 30. 3. 1936. Diese Vorschrift wird wichtig für die **Wochenschauen** im Filmtheater sowie für die **Tagesschau** und die verschiedenen Magazine und Journale im Fernsehen. Hier ist ein entscheidendes Kriterium, daß im Rahmen einer solchen Berichterstattung andere Werke in einem bestimmten Umfang vervielfältigt, verbreitet und öffentlich wiedergegeben werden dürfen. Die betreffende gesetzliche Vorschrift besagt jedoch nichts darüber, ob diese Bild- und Tonberichterstattung selbst urheberrechtlich schutzfähig ist, was vom Einzelfall nach dem Gehalt an geistiger schöpferischer Leistung abhängt.

9 In der **Rechtsprechung** ebenso wie hier, daß **Tagesberichte** im Fernsehen ohne individuelle Prägung keine Filmwerke sind: LG Berlin in UFITA Bd. 34, S. 345 und 350. Bei rein nachfotografierter Natur in einer Film**szene** *(Vogelflug)* verneint der BGH den Werkcharakter für diesen Ausschnitt (BGHZ 9, S. 268 *Schwanenbilder*). Andererseits Anerkenntnis des Reichsparteitagsfilmes 1934 *Triumph des Willens* als urheberrechtlich geschütztes Filmwerk (BGH in UFITA Bd. 55, S. 313).

10 In der **Rechtslehre** bestätigt *Fromm/Nordemann* die auch hier vertretene Auffassung, daß es auf die Art der Herstellung des Films nicht ankomme. Es sei auch gleichgültig, ob das Filmwerk fixiert ist oder nur live gesendet wird **(Fernsehdirektübertragung).** Allerdings verneint auch *Fromm/Nordemann* grundsätzlich das Vorliegen der Voraussetzungen für ein Filmwerk bei Tagesberichten im Fernsehen, außer wenn in der Art der Auswahl und Zusammenstellung solchen filmischen Gemeingutes eine persönliche geistige Schöpfung liege, die den Film als Ganzes zum Filmwerk mache *(Fromm/Nordemann* aaO § 2/15 m. w. N.). Hier könnten allenfalls Laufbilder im Sinne des § 95 UrhG vorliegen *(Fromm/Nordemann* aaO § 95/1). Ausführlich hierzu *von Gamm* aaO § 50, 1 und die dort angeführten Entscheidungen, ebenso auch *Ulmer* aaO § 27.

11   *Ulmer* (aaO § 27) und *Möhring/Nicolini* (aaO § 95/2b) vertreten die Meinung, daß es an einer filmischen Schöpfung fehle, wenn lediglich Theater- und Opernaufführungen auf Grund einer **Fernsehaufzeichnung** gesendet werden. Diese Meinung kann in dieser Allgemeinheit nicht geteilt werden. Eine geistige, schöpferische Leistung kann bei der Aufzeichnung einer Theater- oder Opernaufführung (oder ähnlichem) sehr wohl z. B. in der Art der Bild-Regie und Kameraführung mit ihren Einstellungen und ihrer Aufnahmetechnik liegen (*Ulmer* aaO § 27). Auch bei der Darstellung besonderer sportlicher Leistungen will *Ulmer* ggf. eine schöpferische Bildkomposition anerkennen.

12   Im übrigen ebenso wie hier zur Abgrenzung vom Filmwerk zu **Laufbildern:** *von Gamm* aaO § 95/1 und ausführlich *Möhring/Nicolini* aaO § 95/2b m. w. N.

13   Zum Bearbeiterurheberrecht an der **Synchronisation** vgl. *von Gamm* aaO § 3/8.

48. Kapitel. Die vorbestehenden Werke

1   Das urheberrechtlich geschützte Filmwerk ist zu unterscheiden von den urheberrechtlich geschützten vorbestehenden Werken, auf denen es basiert. Fast alle Filmwerke sind rechtlich als **Bearbeiterurheberrechte** zu qualifizieren, denen ein **geistiges Konzept** zugrunde liegt, das seinerseits als persönliche geistige Schöpfung Werkcharakter trägt und urheberrechtlich geschützt und selbständig verwertbar ist. Eine Ausnahme bilden nur solche Filmwerke, die auf mangels Werkcharakter nicht schutzfähigen geistigen Konzeptionen (wie z. B. reine Tatsachenberichte oder bloße Ideen) oder auf nicht mehr schutzfähigen Werken (z. B. wegen Ablauf der gesetzlichen Schutzfrist gemeinfrei gewordene Werke) beruhen oder nur im Prozeß der Verfilmung selbst (reine Bildimpressionen) entstehen.

2   Der Unterschied zwischen Filmwerk und vorbestehendem Werk bedeutet, daß hier **getrennte Urheberrechte** vorliegen. Das Urheberrecht am Filmwerk verschafft kein Urheberrecht am vorbestehenden Werk und umgekehrt. Die Verfilmung des vorbestehenden Werkes setzt aber den Erwerb der filmischen Bearbeitungsrechte an dem Werk voraus. Eine Ausnahme bildet der Fall der freien Benutzung.

3   Diese Unterscheidungen sind im Urheberrechtsgesetz eindeutig verankert, wenn es in **§ 89 UrhG** heißt, daß die Urheberrechte an den zur Herstellung des Filmwerkes benutzten Werken wie Roman, Drehbuch und Filmmusik unberührt bleiben oder wenn in **§ 88 UrhG** bei dem Recht zur Verfilmung von der Gestattung der Verfilmung des Werkes eines anderen die Rede ist. Man sollte freilich in diesem Zusammenhang nicht den Ausdruck *vorbenutzte,* sondern nur *vorbestehende* Werke gebrauchen, da die vorbestehenden Werke nicht unbedingt schon im Sinne der Vervielfältigung, Verbreitung oder Vorführung benutzt worden sein müssen.

4   Bei diesen vorbestehenden, also selbständigen Werken ist zwischen zwei Gruppen zu unterscheiden. Zur ersten Gruppe gehören die **filmunabhängigen vorbestehenden Werke,** die dahin zu definieren sind, daß sie zwar zur Filmherstellung benutzt werden, aber ihre Hauptverwendung außerhalb der Filmherstellung liegt, woraus sich zwanglos ihre Selbständigkeit ergibt. Zur zweiten Gruppe rechnen die **filmbestimmten vorbestehenden Werke,** die dahin zu definieren sind, daß ihr Hauptverwendungszweck in der Filmherstellung zu sehen, aber auch eine andere Verwendungsart denkbar ist, wodurch ihre Selbständigkeit gewahrt bleibt. Als Beispiele für die erste Gruppe sei verwiesen auf: Novellen, Romane, Theaterstücke, konzertante oder bühnenmäßige Kompositionen, Werke der bildenden Kunst bzw. deren Entwürfe und Choreographien. Als Beispiele für die zweite Gruppe seien erwähnt: Filmexposé, Filmtreatment (auch Filmmanuskript oder Filmnovelle genannt), Filmdrehbuch, Filmmusik, Filmchoreographie, Filmbauten, Filmkostüme, Filmdekorationen bzw. deren Entwürfe. Der selbständige Werkcharakter ist bei den Beispielen der ersten Gruppe ohne weiteres ersichtlich, aber auch bei den Beispielen der zweiten Gruppe erkennbar, wenn man daran denkt, daß z. B. ein Filmdrehbuch als gedrucktes literarisches Werk und Filmbauten und -kostüme auch für Theateraufführungen oder mehrere Filme verwandt werden können.

5   Bei den filmbestimmten vorbestehenden Werken sind für die Herstellung des Filmwerks besonders bedeutsam das **Filmexposé,** das **Filmtreatment** und das **Filmdrehbuch.** Unter Filmexposé versteht man die kurze Schilderung des Inhalts eines Films (meist 10 bis 20 Seiten). Das Filmtreatment bringt eine ausführliche Darstellung des Filminhalts (meist gegen 100 Seiten). Das Filmdrehbuch enthält die genaue Wiedergabe des Filminhalts mit allen Bildeinstellungen und den sämtlichen Text- und Dialogstellen (meist 100–200 Seiten). Diese drei Werkarten entstehen meist stufenweise im Rahmen der Filmherstellung.

6   Die urheberrechtliche **Schutzfähigkeit** dieser vorbestehenden Werke setzt jeweils voraus, daß sie die Kriterien für das urheberrechtliche Werk im Sinne der **persönlichen Geistesschöpfung** erfüllen. Hierfür müssen im Einzelfall die oben (Kapitel 46) erwähnten Voraussetzungen gegeben sein. Bei den filmunabhängigen vorbestehenden Werken geht es hier um den allgemeinen Werkbegriff für Literatur, Musik, Tanzkunst und bildende Kunst. Bei den filmbestimmten vorbestehenden Werken liegt das für den Werkcharakter maßgebende schöpferische Moment meist in den typisch filmischen Bestandteilen dieser Werke. So können Filmdrehbücher z. B. den Werkcharakter auch dann erfüllen, wenn sie nach Inhalt und Dialogen wörtlich mit einem literarischen Werk übereinstimmen, aber in der Wiedergabe des filmisch ausgerichteten Bildteils schöpferische Elemente liegen. Das gleiche gilt für Filmbauten, die anderen Bauten genau nachgebildet sind, aber in Details auf die filmische Benutzung im Sinne der entsprechenden optischen Werte ausgerichtet werden. Jedenfalls schließt der Umstand, daß das filmbestimmte vorbestehende Werk die Bearbeitung eines anderen Werkes enthält und nur mit Genehmigung von dessen Inhaber verwertet werden kann, den urheberrechtlichen Werkcharakter dieses filmbestimmten vorbestehenden Werkes nicht aus.

7   Das vorbestehende Werk mit eigenem Urheberrechtsschutz ist abzugrenzen gegen **nicht schutzfähige geistige Konzepte,** die einem Filmwerk zugrunde liegen. Dazu gehören reine **Berichte** über tatsächliche Vorgänge und Ereignisse der Gegenwart oder Vergangenheit und regelmäßig auch bloße **Filmideen.** Der objektive Bericht schließt eine persönliche Geistesschöpfung aus. Der allgemeinen Idee fehlt es am Werkcharakter. Dabei ist unter Filmidee ein für ein Filmthema mögliches Gedankengut zu verstehen, das noch keine individuelle Konkretisierung erfahren hat und sich dadurch vom schutzfähigen Filmexposé abhebt. Meist liegen solche Filmideen auf Grund aktueller Ereignisse auf der Hand oder basieren auf anderen Werken und besitzen deshalb keine ausreichende Originalität. Man denke z. B. an die Probleme oder Konflikte einer modernen Ehe, die sich aus der neuen gesetzlichen Unterhaltsregelung ergeben, oder an eine moderne Version des Hamlet, die im Rahmen einer heutigen industriellen Familie angesiedelt ist. Solche Einfälle sind nicht urheberrechtlich schutzfähig und auch nicht schutzwürdig.

8   Sollte einmal eine Idee besonders interesant und neuartig sein, so kann sie evtl. **wettbewerblichen Schutz** beanspruchen, falls sie sich ein anderer bewußt aneignet. Eine solche Aneignung kann den Tatbestand des § 826 erfüllen, da sie sich als eine sittenwidrige Vermögensschädigung darstellt. Sie kann auch als sittenwidrige

Wettbewerbshandlung gem. § 1 UWG betrachtet werden. Hierdurch ist eine genügende Schutzmöglichkeit gegenüber dem **Mißbrauch** von Filmideen gegeben. Im übrigen ist es filmpolitisch und filmwirtschaftlich nicht erwünscht, wenn ein zu weitgehender Schutz von Filmideen Platz greift, da dann die Freiheit der Produktion angesichts der Begrenztheit und Ähnlichkeit von Filmideen für die große Zahl von Filmen, die für den Markt produziert werden, zu weitgehend beschränkt würde.

9   An den erwähnten urheberrechtlich geschützten vorbestehenden Werken muß der Filmhersteller die **notwendigen Rechte** erwerben, wenn er sie zur Herstellung und Auswertung des Filmwerks benutzen will. Hierbei wird man unter dem Begriff des *Herstellens der Bearbeitung* (gem. § 23 Abs. 1, S. 2 UrhG) nicht die Vorstufen für das Filmwerk, sondern den eigentlichen Herstellungsprozeß des Filmwerks selbst anzunehmen haben, um nicht die Filmherstellung ungebührlich zu beschränken. So wird z. B. noch nicht die Anfertigung eines Drehbuchs für ein evtl. Filmvorhaben als *Herstellung der Bearbeitung* anzusehen sein, sondern erst der Beginn der eigentlichen Arbeit der Verfilmung, nämlich der Drehbeginn selbst. Sonst wäre es einem Filmhersteller z. B. unmöglich, ein Drehbuch nach einem literarischen Stoff für den internen Gebrauch anfertigen zu lassen, um überhaupt festzustellen, ob eine filmische Bearbeitung, also eine Verfilmung, lohnend ist. Natürlich darf das zum internen Gebrauch hergestellte Drehbuch nicht für Dritte vervielfältigt oder verbreitet oder veröffentlicht werden, da dann bereits in dieser Bearbeitung eines literarischen Stoffes in Form eines Drehbuchs eine Urheberrechtsverletzung, und zwar durch dessen Vervielfältigung bzw. Verbreitung oder Veröffentlichung zu sehen wäre (gem. § 23 Abs. 1, S. 1 UrhG).

10   Ein Erwerb der Rechte an vorbestehenden Werken ist dann nicht erforderlich, wenn das Filmwerk nicht als Bearbeitung, sondern als **freie Benutzung** des vorbestehenden Werkes zu betrachten ist. Hier müssen im Interesse des Urheberrechtsschutzes die Grenzen sehr eng gezogen werden. Es muß sich bei dem betreffenden Film gegenüber den vorbestehenden Werken wirklich um ein **völlig selbständiges Werk** handeln, so daß das vorbestehende Werk nicht einmal mehr durchscheint. Der hier im Gesetz verwandte Ausdruck *selbständiges Werk* setzt mehr voraus als nur eine persönliche geistige Schöpfung. Jede filmische Bearbeitung ist nämlich eine solche persönliche geistige Schöpfung. Sie kann aber von dem vorbestehenden Werk so abhängig sein, daß sie trotz der eigentümlichen geistigen Schöpfung nicht als *selbständiges Werk* zu betrachten ist. Eine häufige Form der freien Benutzung ist die sog. **Parodie.** Auch wenn in der Parodie äußere Handlungsmomente des benutzten Werkes übernommen werden, so geschieht dies doch in einer derart überzeichneten Form, daß der Sinn- und Ideengehalt des benutzten Werkes völlig verschwindet und etwas ganz Neues, manchmal sogar konträr Entgegengesetztes entsteht.

11   Die filmische Bearbeitung eines vorbestehenden Werkes ohne Genehmigung des Urheberberechtigten ist auch dann unzulässig, wenn nur **Teile dieses Werkes** übernommen werden, soweit es sich hierbei um Teile handelt, die selbständig oder im Rahmen des Werkes, aus dem sie entnommen sind, eine **urheberrechtliche Relevanz** besitzen. Hierzu sei verwiesen auf prägnante Figuren, Szenen, Dialoge oder Texte aus Romanen oder Theaterstücken, die in einem Filmwerk Verwendung finden. Das gleiche gilt für Fortsetzungen eines vorbestehenden Werkes, die entscheidende Elemente des vorbestehenden Werkes im Sinne der **Weiterentwicklung** enthalten.

12   Über **Schranken** und Auslegungsregeln der Urheberrechte an vorbestehenden Werken beim Film (§§ 88, 90 und 93 UrhG) vgl. unten Kapitel 50.

13   Soweit der Urheber eines vorbestehenden Werkes **ausschließliche Verfilmungsrechte** (filmische Bearbeitungsrechte) an diesem Werk rechtswirksam vergeben hat, ist jede erneute Übertragung dieser Rechte von ihm an Dritte mit dinglicher, absoluter Wirkung ausgeschlossen, da es keinen gutgläubigen Rechtserwerb gibt (§ 399 i. V. mit § 413 BGB). Das gilt auch für die Vergabe solcher Rechte an Teilen dieses vorbestehenden Werkes, soweit diese Teile urheberrechtlich relevant sind. Das erfaßt auch die Vergabe nicht ausschließlicher Verfilmungsrechte an diesem vorbestehenden Werk. Das trifft auch dann zu, wenn die erneute Vergabe zur filmischen Bearbeitung für eine ganz andere Art von Film erfolgt (z. B. für einen Dokumentarfilm oder eine Fernsehserie und nicht wie die vorangegangene Vergabe für einen Spielfilm).

14   Dieser dingliche, absolute Ausschluß einer erneuten Übertragung der filmischen Bearbeitungsrechte am vorbestehenden Werk hat zur Folge, daß diese **erneute Rechtsübertragung** unwirksam ist, so daß der Ersterwerber nicht nur obligatorische Ansprüche gegen den Urheber des vorbestehenden Werkes, sondern unmittelbare Unterlassungsansprüche gegen den Dritten hat, selbst wenn dieser Dritte beim Erwerb gutgläubig war, also keine Kenntnis von der vorrangigen Vergabe hatte. Eine Ausnahme ergibt sich nur dann, wenn die weitere Übertragung filmischer Bearbeitungsrechte an einem derart geänderten vorbestehenden Werk erfolgt, daß sich dieses vorbestehende Werk als ein neues, in freier Benutzung des ursprünglichen Werks entstandenes selbst urheberrechtlich geschütztes Werk darstellt. Diese Rechtsfragen werden häufig unter der Bezeichnung **Selbstplagiat** behandelt.

15   In der **Rechtsprechung** zur **Bearbeitung** sehr praxisfern: BGH in UFITA Bd. 39, S. 267, wonach der Filmhersteller im Zweifelsfall nicht berechtigt sein soll, bei einem zwischen ihm und dem Verfasser eines noch unveröffentlichten, unter Urheberrechtsschutz stehenden Filmmanuskripts bestehenden Optionsvertrag, während des Laufes der Optionsfrist Bearbeitungen (Rohdrehbuch oder dergleichen) des Filmstoffes ohne Einwilligung des Urhebers herstellen zu lassen. Wie hier zur Abgrenzung von Exposé und Treatment sowie zur Feststellung, daß die Herstellung einer unfreien Bearbeitung eines Filmexposés in Form eines neuen Exposés keine Urheberrechtsverletzung darstellt, s. OLG München in UFITA Bd. 60, S. 317.

16   Zur **stillschweigenden Rechtsübertragung** beim Drehbuch und bei Beiträgen zur Dreharbeit vgl. BGH in UFITA Bd. 24, S. 399.

17   Unter welchen Umständen die **Parodie** eines urheberrechtlich geschützten Werkes eine freie Benutzung darstellt, vgl. BGH in UFITA Bd. 62, S. 265 *(Disney-Parodie)*.

18   In der **Rechtslehre** wie hier zur abhängigen, aber eigenschöpferischen Leistung und den vorbestehenden Werken *von Gamm* aaO § 3/3 und 8 und § 88/5 sowie mit weiteren einzelnen Beispielen § 23/10 und § 89/3. Ebenso *Möhring/Nicolini* aaO § 88/5e und § 89/9b, c und § 2/8 und *Ulmer* aaO § 27.

49. Kapitel. Die Inhaber des Urheberrechts am Filmwerk

1   Da das Urheberrechtsgesetz die vorbestehenden filmunabhängigen und filmbestimmten Werke als selbständige Werke mit selbständigen Urheberrechten anerkennt, scheiden die **Urheber** dieser **vorbestehenden Werke** als Urheber oder Miturheber des Filmwerks aus, zu dessen Herstellung die vorbestehenden Werke benutzt worden sind. Danach erwerben Autoren (auch Autoren von Filmexposés,

Filmtreatments und Filmdrehbüchern), Komponisten (auch von reiner Filmmusik), Architekten, Ausstatter, Kostümmeister (auch für reine Filmausstattung, Filmbauten, Filmdekorationen und Filmkostüme), Choreographen (auch für reine Filmballette) **keine** Urheberrechte an dem Film, für den sie ihre Leistungen erbracht haben. Ihre Rechte betreffen Werke nach § 2 Abs. 1 Ziff. 1, 2, 3 und 4 und bestimmen sich nach dem urheberrechtlichen Schutz für diese Werke.

2   Als Urheber des Filmwerks kommen nur solche **Personen** in Betracht, die bei der eigentlichen Herstellung des Filmwerks selbst, also bei der **Verfilmung,** durch eine **persönliche Geistesschöpfung** mitgewirkt haben. In Frage hierfür kommen der Filmregisseur, der Filmkameramann, der Filmschnittmeister (auch Cutter genannt), der Filmtonmeister, die Filmdarsteller, der Filmmaskenbildner, der Filmherstellungsleiter und der Filmproduzent. Da das Urheberrechtsgesetz keine Mitwirkenden bei der Filmherstellung als Urheber des Filmwerks fixiert oder vermutet, muß bei diesen einzelnen an der Filmherstellung selbst beteiligten Berufsgruppen nach Funktion und Tätigkeit geprüft werden, ob sie bei der Filmherstellung eine persönliche geistige, schöpferische Leistung vollbracht haben, die sie als Urheber oder Miturheber des Filmwerks legitimiert.

3   In erster Linie kommt hier der **Filmregisseur** in Frage. Er hat die Aufgabe, das geistige Konzept (meist in Gestalt eines Drehbuchs), das dem Filmvorhaben zugrunde liegt, von der Wort- und Schriftform in die filmische Bildform umzusetzen, also den Film als optische Kunstform zu gestalten und zu prägen. Der Regisseur übt hierbei die im folgenden erwähnten Funktionen aus, wobei diese Funktionen hier idealtypisch (also mit Abweichungsmöglichkeiten im konkreten Fall) gezeichnet werden. Auch ist immer zu beachten, daß sich der Regisseur in dem ihm vom Filmproduzenten gesetzten technischen, organisatorischen und finanziellen Rahmen zu halten hat (also insbesondere in den durch die Filmkalkulation gesetzten Grenzen), da der Filmproduzent auf jeden Fall die wirtschaftliche Verantwortung für die Durchführung des Filmvorhabens trägt.

4   Der **Regisseur** bestimmt die wesentlichen Mitwirkenden bei der Filmherstellung wie Kameramann, Schnittmeister, Hauptdarsteller, Darsteller in wichtigen Rollen, Tonmeister, Ausstatter, Architekt, Kostümmeister und Maskenbildner. Er nimmt die endgültige Fassung des Drehbuchs und die endgültigen Entwürfe für Ausstattung, Bauten, Dekorationen und Kostüme ab. Er entscheidet über Motive (wie z. B. bei Außenaufnahmen), Drehorte und Drehplan. Er trifft die Dispositionen über die Einteilung und das Abdrehen der Einstellungen in sachlicher und zeitlicher Folge. Er leitet den ganzen Vorgang der Filmaufnahmen vom szenischen Arrangement über den Kamerastand bzw. die Kamerafahrten und -schwenks, die Lichtabstimmung und Beleuchtung einschließlich Licht-, Farbund Toneffekten bis zur Führung der Schauspieler. Er wählt bei mehrfach gedrehten Aufnahmen die zu verwendenden Muster aus. Er überwacht (evtl. unter Mitwirkung) den Schnitt und die Montage des Films. Er wirkt entscheidend bei der Abnahme des fertiggestellten Films mit. Zusammenfassend kann man sagen, daß er die **An- und Oberleitung** während der ganzen Filmherstellung und weitgehend auch während der Filmvorbereitung über das ganze Filmteam besitzt.

5   Durch diese Funktion erbringt der Regisseur im Rahmen der Filmherstellung, als der filmischen Bearbeitung eines geistigen Konzepts, eine **geistige schöpferische Leistung.** Er erfüllt deshalb die gesetzlichen Voraussetzungen für den Urheber oder Miturheber des Filmwerks. Soweit der Filmregisseur, was häufig vorkommt, am Drehbuch in einer geistig schöpferischen Form mitarbeitet, ist er auch noch Miturheber dieses vorbestehenden filmbestimmten Werks.

6   Als weiterer wichtiger Mitwirkender bei der Filmherstellung ist der **Kamera-mann** anzusehen. Er hat die Aufgabe, das ganze Filmgeschehen aufzunehmen, also im Bild festzuhalten und dadurch den Bildteil des Films herzustellen. Der Kameramann übt hierbei die im folgenden erwähnten Funktionen aus, wobei diese Funktionen idealtypisch (also mit Abweichungsmöglichkeiten im Einzelfall) gezeichnet werden.

7   Der **Kameramann** sorgt für die Aufnahme und damit die **bildliche Fixierung** sämtlicher Bildeinstellungen, die der Film enthält. Er bestimmt die Kameraein-stellung und die Führung der Kamera einschließlich Stand, Farben und Schwenks. Er entscheidet über Lichtbestimmung und Beleuchtung und setzt die Licht-, Bild- und Farbeffekte. Da das Filmwerk sich im wesentlichen als ein Bildwerk, also ein optisches Werk, charakterisiert, scheint es naheliegend, den Kameramann als ei-nen **Miturheber** des Filmwerks zu betrachten. Dem steht aber **entgegen,** daß der Kameramann normalerweise bei seiner ganzen Kameraarbeit, also in allen seinen erwähnten Funktionen, den genauen **Anweisungen des Regisseurs** unterliegt. Dadurch fehlt es bei seiner Tätigkeit meist an der notwendigen persönlichen schöpferischen Leistung. Er erwirbt deshalb normalerweise kein Miturheberrecht am Film. Ein solches Miturheberrecht könnte nur ausnahmsweise gegeben sein, wenn der Kameramann bei einem Film völlig selbständig, also ohne jede Anlei-tung durch den Regisseur, tätig geworden ist oder wenn der Film in seinem Gesamteindruck fast ausschließlich durch seine Bildaufnahmen geprägt wird, die Kamera also hier eine dominierende und nicht die übliche dienende Funktion im Rahmen des Gesamtwerks gehabt hat. In diesen Fällen liegt eine schöpferische Leistung des Kameramannes für das Filmwerk vor.

8   Als der nächste bedeutsame Mitwirkende bei der Filmherstellung ist der **Schnittmeister (Cutter)** zu betrachten. Er hat die Aufgabe, den Film durch Schnitt und Montage fertigzustellen. Der Schnittmeister übt hierbei die im folgen-den erwähnten Funktionen aus, wobei diese Funktionen idealtypisch (also mit Abweichungsmöglichkeiten im Einzelfall) bezeichnet werden.

9   Der **Schnittmeister** hat das gesamte Filmmaterial, also alle **Einstellungen,** lau-fend zu sichten. Er hat die jeweiligen Filmmuster nach ihrer Eignung **auszuwäh-len.** Er hat während oder nach Abdrehen des Films den Rohschnitt und dann den Feinschnitt des Films durchzuführen. Da das Filmwerk erst durch Schnitt und Montage endgültig entsteht und hierdurch sein Tempo und sein Rhythmus festge-legt werden, erscheint es naheliegend, den Schnittmeister als einen **Miturheber** des Filmwerks anzusehen. Dem steht aber **entgegen,** daß der Schnittmeister bei seiner ganzen Tätigkeit, also in allen seinen erwähnten Funktionen, den genauen **Anweisungen des Regisseurs** unterliegt. Dadurch fehlt es bei seiner Tätigkeit an der notwendigen persönlichen schöpferischen Leistung. Er erwirbt deshalb nor-malerweise keine Miturheberrechte am Film. Ein solches Miturheberrecht könnte nur ausnahmsweise entstehen, wenn der Schnittmeister bei einem Film völlig selbständig, also ohne jede Anleitung durch den Regisseur, tätig geworden ist oder wenn der Film durch Schnitt und Montage eine völlig andere Gestaltung erhalten hat, als nach dem geistigen Konzept und bei den Dreharbeiten vorgesehen war. In diesen Fällen ist eine schöpferische Leistung des Schnittmeisters für das Filmwerk gegeben.

10   Neben den drei genannten Mitwirkenden bei der Filmherstellung ist noch der **Tonmeister** zu erwähnen. Er hat die Aufgabe, den **akustischen Teil des Films** aufzunehmen. Der Tonmeister übt hierbei im einzelnen die folgenden Funktionen aus, wobei diese Funktionen idealtypisch (also mit Abweichungsmöglichkeiten im

Einzelfall) gezeichnet werden. Der Tonmeister bestimmt bei Originalaufnahmen die Stärke und Intensität des Tones. Er hat Bild und Ton zu einer organischen Einheit zu verbinden. Er hat Texte, Dialoge, Geräusche und Begleitmusik zu koordinieren und zu mischen. Er hat nachträgliche Synchronisationen von Dialogen und Texten vorzunehmen und mit dem Originalton zu kombinieren. Da das Filmwerk heute fast immer ein Bild- und Tonwerk ist, könnte auch er als Miturheber des Films erscheinen. Dem steht jedoch **entgegen,** daß der Tonmeister bei seiner ganzen Tätigkeit, also in allen seinen erwähnten Funktionen, den genauen **Anweisungen des Regisseurs** zu entsprechen hat. Dadurch fehlt es bei seiner Tätigkeit an der notwendigen persönlichen schöpferischen Leistung. Er erwirbt also kein Miturheberrecht am Film, wobei hier Ausnahmen kaum möglich sein dürften.

11   Die übrigen Mitwirkenden bei der Filmherstellung, vor allem die **Filmdarsteller** und **Maskenbildner,** aber auch die Regie-, Kamera-, Cutter- und Tonmeisterassistenten sind bei ihren Tätigkeiten so **abhängig** von den erwähnten Mitwirkenden, vor allem vom Filmregisseur, daß bei ihnen persönliche schöpferische Leistungen am Filmwerk und damit verbundene Urheberrechte ausscheiden. Bei sehr bekannten und befähigten Filmdarstellern in Hauptrollen könnte ein Miturheberrecht nur in Erwägung gezogen werden, wenn sie eine der o. e. Funktionen (z. B. Mitarbeit bei der Regie) ausgeübt haben.

12   Abschließend sind noch der **Filmproduzent** und der **Filmherstellungsleiter** als potentielle Miturheber am Filmwerk zu behandeln, nachdem weitere Mitwirkende bei der Filmherstellung als Miturheber der Natur der Sache nach ausscheiden. Der Filmproduzent ist **meist** eine **juristische Person** und kann deshalb **mangels persönlicher** Leistung bei der Filmherstellung kein Urheberrecht am Filmwerk erwerben. Aber auch soweit der Produzent als physische Person während der Filmherstellung tätig wird (bei Einzelfirma oder als Inhaber bzw. Geschäftsführer einer Filmproduktionsfirma), wird er meist nicht die Voraussetzungen für einen Miturheber des Filmwerks erfüllen, da sich seine Tätigkeit nicht auf die schöpferische, sondern auf die technische und organisatorische, wirtschaftliche und finanzielle Seite der Produktion konzentrieren wird. Nur wo der Produzent als physische Person ausnahmsweise kreativ an der Filmherstellung teilnimmt (z. B. unter Mitwirkung bei der Regie des Films), kann er bei Beachtung der für die betreffende Berufsgruppe maßgebenden Kriterien zum Miturheber des Filmwerks werden. Der **Herstellungsleiter** hat im Auftrag des Produzenten die technische, organisatorische, wirtschaftliche und finanzielle Seite der Filmherstellung zu überwachen und abzuwickeln. Bei ihm liegen die Bedingungen für eine persönliche Geistesschöpfung bei der Filmherstellung und damit für ein Urheberrecht **nicht** vor.

13   Soweit die hier erwähnten Mitwirkenden bei der Filmherstellung keine Urheberrechte am Filmwerk erworben haben, werden sie meist zusammen mit den anderen Mitwirkenden (z. B. den Assistenten des Regisseurs, Kameramanns, Schnittmeisters etc.) als ausübende Künstler **Leistungsschutzrechte** am Filmwerk erhalten. Hierzu vgl. die Ausführungen unter dem Abschnitt 5 ,,Das Leistungsschutzrecht am Filmwerk", Kapitel 62 und Kapitel 63.

14   Was noch besonders die Stellung des Filmproduzenten in urheberrechtlicher Hinsicht angeht, so bleibt festzuhalten, daß es nach dem UrhG kein **originäres Urheberrecht** des Produzenten am Filmwerk gibt. Insoweit hat der Produzent lediglich ein Leistungsschutzrecht am Bild- und Tonträger gem. § 94 UrhG. Er kann jedoch sämtliche ausschließlichen Verwertungs- und Nutzungsrechte von den erwähnten Urheberberechtigten des Films erwerben und wird so **derivativ**

praktisch in eine vergleichbare Position wie der eigentliche **Urheberberechtigte** an dem Film gebracht. Eine Ausnahme könnte hinsichtlich der urheberrechtlichen Persönlichkeitsrechte gelten, da sie an sich nicht übertragbar sind (vgl. §§ 12–14 UrhG). Aber auch hier kann der Produzent von dem Berechtigten mit der Wahrnehmung dieser Rechte betraut werden, so daß er dann praktisch, ohne Urheber zu sein, wie ein Urheber am Filmwerk gestellt ist.

15 Soweit der Urheber des Films (z. B. der Filmregisseur) **ausschließliche** Rechte für die Verwertung des Filmwerks in allen Nutzungsarten rechtswirksam vergeben hat, ist jede erneute Übertragung dieser Rechte durch ihn an Dritte mit dinglicher absoluter Wirkung ausgeschlossen, da es keinen gutgläubigen Rechtserwerb gibt (s. § 399 i. V. mit § 413 BGB). Das gilt auch für die Vergabe solcher Rechte an Teilen dieses Filmwerks, soweit diese Teile urheberrechtlich relevant sind. Das erfaßt auch die Vergabe nicht ausschließlicher Verwertungsrechte an diesem Filmwerk. Das trifft auch dann zu, wenn die erneute Vergabe zur Verwertung für eine ganz andere Art von Auswertung (z. B. Fernseh- oder Video- statt Filmtheaterauswertung) erfolgt.

16 Dieser dingliche absolute Ausschluß einer **erneuten Übertragung** der Verwertungsrechte an dem Filmwerk durch den Urheberberechtigten hat zur Folge, daß jede solche erneute Übertragung **unwirksam** ist, so daß der Ersterwerber nicht nur obligatorische Ansprüche gegen den Urheber des Filmwerks, sondern unmittelbare Unterlassungsansprüche gegen den Dritten hat, selbst wenn dieser Dritte beim Erwerb gutgläubig war, also keine Kenntnis von der vorangegangenen Vergabe hatte.

17 Einigkeit besteht in **Rechtsprechung** und **Rechtslehre** dahingehend, daß die Urheber vorbestehender filmbestimmter Werke (Exposé, Treatment, Drehbuch) und die ausübenden Künstler grundsätzlich **nicht** als Urheber am Filmwerk in Betracht kommen (*Fromm/Nordemann* aaO § 89/1 c; *von Gamm* aaO § 88/5; *Möhring/Nicolini* aaO § 89/9 b; *Hubmann* ,,Verlags- und Urheberrecht'', S. 120; anderer Ansicht *Bohr* in UFITA Bd. 78, S. 95 und 129).

18 Regelmäßig wird in der **Rechtslehre** als eigentlicher Urheber des Filmwerks der **Regisseur** angesehen. Neben ihm werden als Miturheber teilweise auch der Regieassistent, Kameramann, Schnitt- und Tonmeister sowie Beleuchter und einzelne Darsteller anerkannt, soweit sie einen persönlichen schöpferischen Beitrag leisten, also wenn sie eigene Gestaltungsideen verwirklichen (*Fromm/Nordemann* aaO § 89/1 b; *von Gamm* aaO § 89/3; *Möhring/Nicolini* aaO § 89/7 a und *Ulmer* aaO § 28 IV/1 und § 36 II/1 sowie *Bohr* in UFITA Bd. 78, S. 95, 141 und 144).

19 **Filmarchitekten, Filmausstatter, Dekorateure, Kostümbildner** und **Choreographen** sind grundsätzlich **nicht** Urheber des Filmwerks nach § 89 UrhG, sondern Urheber verfilmter Werke nach § 88 UrhG, da deren Leistungsergebnis sich gesondert vom Filmwerk (z. B. in einem anderen Film oder durch Vervielfältigung bzw. Bühnenaufführung usw.) verwerten läßt (*Fromm/Nordemann* aaO § 89/1 c; ebenso auch *von Gamm* aaO § 89/3, der aber auch den Bühnenbildner ggf. zu den Filmurhebern rechnet). In der Argumentation ähnlich auch *Möhring/Nicolini* aaO § 89/9 c, der aber Masken- und Kostümbildner, Dekorateure und Grafiker unter die Filmurheber einreiht (aaO 89/7 a; anderer Ansicht *Bohr* aaO, S. 95 und 141).

20 Nach herrschender Meinung der **Rechtslehre** ist der **Filmkomponist** auch dann nicht Miturheber, wenn er die Filmmusik eigens für diesen Film und in genauer Abstimmung mit den einzelnen Szenen komponiert hat.

50. Kapitel. Gesetzliche Schranken und Auslegungsregeln für Urheberrechte am Filmwerk

1   Die Urheberrechte, die im Zusammenhang mit dem Filmwerk stehen, unterliegen bestimmten **gesetzlich festgelegten Schranken.** Das gilt sowohl für die Urheberrechte an den filmunabhängigen und den filmbestimmten vorbestehenden Werken, die zur Herstellung eines Films, also zur filmischen Bearbeitung, benutzt werden, wie für die Urheberrechte am Filmwerk selbst. Im einzelnen handelt es sich hier um die in den §§ 88, 89, 90 und 93 UrhG festgelegten Einschränkungen. Der Sinn dieser Bestimmungen liegt im Schutz des Filmherstellers (Filmproduzenten), dem kein originäres Urheberrecht am Filmwerk zusteht und der wegen des meist hohen finanziellen Risikos der Filmherstellung bei der Verwertung des Filmwerks möglichst nicht durch weitgehende und im vorhinein schwer abwägbare gesetzliche urheberrechtliche Ansprüche gestört werden soll. Dieser **Schutzgedanke** ist bei der Auslegung der betreffenden Vorschriften des UrhG besonders zu berücksichtigen.

2   Das **UrhG** gibt in seinem § 88 zugunsten der Filmauswertung eine **gesetzliche Vermutung** über die übertragenen Nutzungsrechte bei der Gestattung der Verfilmung eines **vorbestehenden Werkes.** Es werden im Zweifel ausschließliche, inhaltlich und räumlich unbeschränkte, zeitlich auf 10 Jahre begrenzte Nutzungsrechte angenommen, welche die wesentlichen Herstellungsvorgänge und Auswertungsmöglichkeiten des Filmwerks umfassen (unveränderte oder bearbeitete Nutzung zur Filmherstellung, Vervielfältigung, Verbreitung, öffentliche Vorführung, Funksendung, Bearbeitung und Umgestaltung des hergestellten Filmwerks). Die dort erwähnte unveränderte Übernahme eines vorbestehenden Werkes in ein Filmwerk (z. B. Bildwerk, Bauwerk, Filmteile aus anderen Filmen, Zeichnungen) bedeutet nicht, daß das Filmwerk insoweit als Vervielfältigung des vorbestehenden Werkes zu betrachten wäre, da die unveränderte Übernahme im Rahmen der Herstellung des gesamten Filmwerks erfolgt und damit dem hierfür gültigen Bearbeitungsbegriff unterfällt. Unter Bearbeitung des vorbestehenden Werkes ist hier der eigentliche Akt der optischen filmischen Umsetzung und unter Umgestaltung dieses Werkes eine inhaltliche Veränderung dieses Werkes im Rahmen dieses Verfilmungsprozesses zu verstehen.

3   Die in **§ 88 Abs. 1 Ziff. 3 und 4 UrhG** vorgesehene **Bestimmung des Filmwerks** zur öffentlichen Vorführung *(Kinofilm)* oder zur Fernsehsendung *(Fernsehfilm)* und die damit verbundene Beschränkung der Nutzungsrechte auf die betreffende Nutzungsart setzt eine entsprechende vertragliche Vereinbarung zwischen Urheber und Filmhersteller voraus und läßt nicht die Bekundung der Absicht des Urhebers genügen, es sei denn, daß sie durch eindeutig dem Filmhersteller erkennbare und von ihm konkludent akzeptierte Umstände bestätigt wird (z. B. das Filmwerk weist nicht die für die Kinovorführung erforderliche Länge von mindestens 60 Minuten für einen programmfüllenden Film oder von höchstens 20 Minuten für einen Kurzfilm auf und ist deshalb nur für Fernsehzwecke geeignet). Die Beschränkung kann sich auch evtl. aus den Partnern des Vertrages (z. B. ein Filmproduzent oder eine Fernsehanstalt) und auch aus der Bezeichnung des Filmwerks (z. B. als Spielfilm oder Fernsehfilm) in den Verträgen ergeben. Wenn eine solche einwandfreie vertragliche Beschränkung nicht vorliegt, kann der Filmhersteller das Filmwerk in öffentlichen Filmvorführungen in sämtlichen Formaten und Spielstätten **und** im Fernsehen auswerten, und zwar, da die gesetzliche Vor-

schrift ausschließliche Nutzungsrechte für ihn begründet, unter dinglich wirksamem Ausschluß für den Urheber, während der Vertragszeit die entsprechenden Nutzungsrechte für ein anderes Filmwerk nach seinem vorbestehenden Werk einzuräumen, was auch die Aufzeichnung eines Bühnenstückes umfaßt, soweit dadurch ein urheberrechtlich geschütztes Filmwerk entsteht.

4 Soweit eine Beschränkung der Nutzungsrechte gegeben ist, muß geprüft werden, ob nach Sinn und Zweck des Vertrages eine **dinglich wirksame Sperre** der nicht übertragenen Nutzungsrechte während der Vertragszeit zu unterstellen ist. Das wird man nach Treu und Glauben z. B. anzunehmen haben, wenn die Nutzungsrechte für einen Kinofilm übertragen wurden und die vom Urheber vorgesehene Herstellung eines Fernsehfilms nach dem gleichen Werk zu einer erheblichen Beeinträchtigung der Auswertung des Kinofilms führen würde. Wegen der Videokassetten- und sonstigen AV-Auswertung kennt die Vorschrift des § 88 UrhG keine Begrenzung, da sie generell von den ausschließlichen Nutzungsrechten zur Vervielfältigung und Verbreitung spricht und hiervon die Videorechte mit umfaßt werden (über die **Zweckübertragungstheorie** vgl. Kapitel 52).

5 Zu **§ 88 Abs. 1 Ziff. 5 UrhG** ist festzuhalten, daß das dort erwähnte **Bearbeitungs- und Umgestaltungsrecht** zu unterscheiden ist von dem im Zweifel nicht mitübertragenen **Wiederverfilmungsrecht.** Das Bearbeitungs- oder Umgestaltungsrecht des Filmwerks betrifft den einmal hergestellten Film, der verlängert, verkürzt, synchronisiert oder in einzelnen Teilen geändert werden kann. Zur Veränderung kann noch zählen, wenn ein langer Film in zwei kürzere oder zwei kürzere in einen langen Film verwandelt werden. Wichtig ist nur die Abgrenzung zur Wiederverfilmung, d. h. die Bearbeitung oder Umgestaltung darf nicht zur Herstellung eines neuen Films führen, da dieses Wiederverfilmungsrecht im Zweifel dem Urheber des vorbestehenden Werkes vorbehalten bleibt, ebenso wie die anderweitige filmische Verwertung nach Ablauf von 10 Jahren.

6 Bei der Wiederverfilmung kommt es für die Frage der **weiteren Auswertung** des ersten Filmwerks darauf an, wie der Vertrag hierüber gehalten ist. Sollte hinsichtlich der Weiterauswertung keine Bestimmung im Vertrag getroffen sein und sie sich auch nicht eindeutig aus den Begleitumständen des Vertrages ergeben, so darf der alte Film nicht weiter ausgewertet werden, soweit er auf dem vorbestehenden Werk beruht. Andererseits bleiben das Leistungsschutzrecht des Produzenten an dem Filmwerk und die von ihm hierfür erworbenen sonstigen Nutzungsrechte unberührt, so daß bei der Neuverfilmung keine in dem Filmwerk enthaltenen **zusätzlichen** schöpferischen Leistungen ohne Genehmigung von dessen Produzenten verwandt werden dürfen. Soweit eine Weiterauswertung des alten Films gestattet sein sollte, trägt sie selbstverständlich nicht mehr einen ausschließlichen Charakter.

7 Diese lt. der **Auslegungsregel des § 88 UrhG** übergegangenen Rechte an vorbestehenden Werken beziehen sich immer nur auf die Filmverwertung in allen Nutzungsarten (einschließlich der Filmwerbung), **nicht** jedoch auf **sonstige Verwertungen** der urheberrechtlichen Leistungen an dem vorbestehenden Werk. Solche anderen Verwertungsmöglichkeiten (z. B. Verwendung von Filmteilen für einen anderen Film oder von Filmbildern für Illustrationen außerhalb der Filmwerbung) müssen also seitens des Filmherstellers besonders erworben werden. Das gilt auch für die sog. *merchandising rights*. Unter *merchandising rights* versteht man die **sonstige Vermarktung** von Filmfiguren, Filmbildern, Filmszenen, Filmtiteln, Filmslogans u. ä. m. für Zwecke außerhalb der Verwertung des Filmwerks und der Werbung für diese Verwertung. Hierzu gehört es z. B., wenn Filmfiguren (wie

Bond, Mickymaus, Bambi, E. T.) oder Filmtitel (wie *Supernasen, Jedi-Ritter*) oder Filmbilder (wie Fotos von *Filmstars* aus Filmen) für Spielzeugzwecke, zur Beschriftung von Taschen und T-Shirts, als Aufkleber, zur Werbung für andere Produkte als den betreffenden Film u. ä. m. verwandt werden (s. auch Kapitel 52).

8   Wenn der § 89 UrhG für die Urheberberechtigten am Filmwerk (also vor allem den Filmregisseur) festlegt, daß sie im Zweifel dem Filmhersteller das ausschließliche Recht einräumen, das Filmwerk auf alle bekannten Nutzungsarten einschließlich Bearbeitungen und Umgestaltungen zu benutzen, so ist darunter wie in § 88 UrhG hinsichtlich der vorbestehenden Werke eine gesetzliche Auslegungsregel zu verstehen, die jedoch hier **sachlich weitergeht,** indem sie **alle** ausschließlichen Nutzungsrechte inhaltlich, räumlich und zeitlich unbegrenzt erfaßt. Dabei bezieht sich der § 89 UrhG auf die Verwertung des Films in sämtlichen Nutzungsarten einschließlich der Übersetzungen und anderen filmischen Bearbeitungen oder Umgestaltungen des Filmwerks, was der Formulierung des § 88 Abs. 1 Ziff. 5 UrhG entspricht und schließt deshalb Synchronisationen, Kürzungen, Verlängerungen, Teilungen usw. von Filmwerken ein. Für eine Neuverfilmung unter Benutzung der Leistung des Urheberberechtigten nach Ablauf von 10 Jahren fehlt eine Erwähnung oder eine Bezugnahme auf § 88 Abs. 2 UrhG, so daß es für den Urheberberechtigten keine entsprechende gesetzliche Vermutung gibt.

9   Voraussetzung für diese gesetzliche Vermutung zugunsten des Filmherstellers ist die **Verpflichtung** des betreffenden Urheberberechtigten zur **Mitwirkung** bei der Filmherstellung, also eine rechtlich verbindlich erklärte Teilnahme an dieser Filmherstellung in einer entsprechend relevanten Position, nicht aber etwa ein Vertragsabschluß mit Rechtsübertragung. Der Filmhersteller soll gerade auch dann hinsichtlich der Filmverwertung gesichert sein, wenn es an verbindlichen Rechtsabtretungen seitens eines urheberrechtlich relevanten Mitwirkenden fehlt. Der Zweifel wird freilich ausgeräumt, wenn vertraglich ausdrücklich beschränkte Rechtsübertragungen festgelegt worden sind. Diese vertraglichen Festlegungen sind jedoch streng auszulegen, wobei gemäß dem Schutzzweck dieser Vorschrift Unklarheiten zu Lasten des urheberberechtigten Mitwirkenden gehen. Diese lt. Auslegungsregel übergegangenen Rechte beziehen sich immer nur auf die Filmverwertung in allen Nutzungsarten (einschließlich der Filmwerbung), nicht jedoch auf sonstige Verwertungen der urheberrechtlichen Leistungen an dem Filmwerk. Solche anderen Verwertungsmöglichkeiten (z. B. Verwendung von Filmteilen für einen anderen Film oder von Filmbildern für Illustrationen außerhalb der Filmwerbung) müssen also seitens des Filmherstellers von dem Urheberberechtigten besonders erworben werden, ebenso wie die *merchandising rights* (s. o. Rdn. 7).

10   Der § 89 Abs. 2 UrhG besagt, daß **Vorausabtretungen von Nutzungsrechten** (z. B. an Verwertungsgesellschaften) seitens der urheberberechtigten Mitwirkenden am Filmwerk gegenüber einer Übertragung der entsprechenden Rechte auf den Filmhersteller zurückstehen müssen, wobei es sich gem. der Teilbarkeit der Nutzungsrechte nach § 31 UrhG auch um Vorausabtretungen für nur einzelne Nutzungsarten (wie z. B. Fernsehrechte, Videorechte, Rechte nach § 53 UrhG etc.) handeln kann. Die etwaige Vorausabtretung wird durch diese Gesetzesvorschrift zur Abtretung unter einer auflösenden Bedingung. Sobald der Urheberberechtigte an dem Filmwerk dem Filmhersteller die betreffenden Verwertungs- und Nutzungsrechte überträgt, wird die etwaige Vorausabtretung unwirksam, auf jeden Fall gegenüber dem Filmhersteller. Von dieser Vorschrift sind ausdrücklich die Urheberrechte an den vorbestehenden Werken (wie Roman, Drehbuch und Filmmusik) ausgenommen. So könnte z. B. ein Regisseur, der gleichzeitig am

Drehbuch mitgearbeitet hat, seine diesbezüglichen Rechte an diesem vorbestehenden Werk sehr wohl im vorhinein an eine Verwertungsgesellschaft wirksam abtreten.

11 Der **§ 90 UrhG begrenzt beim Filmwerk** die gesetzlich festgelegten urheberrechtlichen Befugnisse für die Übertragung von Nutzungsrechten (**§ 34 UrhG**), die Einräumung einfacher Nutzungsrechte (**§ 35 UrhG**) und das Rückrufsrecht wegen Nichtausübung (**§ 41 UrhG**) und wegen gewandelter Überzeugung (**§ 42 UrhG**). Hierdurch soll die möglichst unbeschränkte Filmauswertung durch den Filmhersteller gesichert bleiben, und zwar wegen des meist besonders hohen finanziellen Risikos der Filmherstellung.

12 Die hier begrenzten gesetzlichen Befugnisse sind **verschieden stark eingeschränkt** bei den **Urhebern vorbestehender Werke** und bei den **Urhebern des Filmwerks.** Die Urheber vorbestehender Werke behalten diese Rechte gegenüber der Bearbeitung ihres Werkes als Filmwerk, also der Verfilmung, können sie deshalb **bis** zur Fertigstellung des Films geltend machen (vgl. hierzu den ausdrücklichen Hinweis in § 90 auf § 88 Abs. 1 Nr. 2 bis 5 UrhG), freilich nicht mehr **nach** Fertigstellung des Films. So kann z. B. ein Rückrufsrecht wegen Nichtausübung geltend gemacht werden, wenn nach Ablauf der gesetzlichen Frist die Filmherstellung noch nicht angefangen worden ist, aber nicht, wenn der Film zwar innerhalb der Frist fertiggestellt wurde, jedoch später für eine Zeitdauer, die länger ist als diese Frist, nicht zur Verwertung gekommen ist. Ferner bedarf z. B. der Filmhersteller zur Übertragung des Bearbeitungsrechts zwecks Verfilmung auf einen Dritten der Zustimmung der Urheber vorbestehender Werke, nicht jedoch zur Übertragung der Nutzungsrechte am fertigen Film. Für die Urheber des Filmwerks selbst bestehen diese sämtlichen gesetzlichen Rechte (§§ 34, 35, 41 und 42 UrhG) überhaupt nicht. Der Anspruch nach § 36 UrhG auf zusätzliche Vergütung steht nur den Urhebern vorbenutzter Werke, nicht jedoch den Urhebern des Filmwerks zu.

13 Dieser teilweise Ausschluß gesetzlicher urheberrechtlicher Befugnisse im Rahmen der Filmherstellung und Verwertung schließt freilich die vertragliche Festlegung entsprechender Ansprüche gem. dem **Grundsatz der Vertragsfreiheit** nicht aus. Es muß sich jedoch wegen des Schutzcharakters dieser Vorschrift des UrhG um eindeutige vertragliche Bestimmungen handeln, d. h., daß auch hier Unklarheiten zu Lasten des Urheberberechtigten gehen. Ferner gelten solche Vertragsabreden nur **obligatorisch** zwischen den Vertragspartnern und haben keine Wirkung gegenüber Dritten, also **keinen absoluten, dinglichen Charakter,** da entsprechende dingliche, absolute Urheberrechte hier gar nicht erst entstehen. Wenn also z. B. vertraglich eine Zustimmung des Urheberberechtigten des Filmwerks oder eines vorbestehenden Werkes zur Übertragung von Nutzungsrechten an dem fertigen Filmwerk vereinbart worden ist, so bleibt eine trotzdem ohne Zustimmung vorgenommene Übertragung dinglich, also für den Dritten wirksam und begründet nur evtl. Schadensersatzansprüche des Urheberberechtigten gegenüber dem Filmhersteller.

14 Der **§ 93 UrhG begrenzt das Urheberpersönlichkeitsrecht** der Urheber vorbestehender Werke, die für das Filmwerk benutzt worden sind, und der Urheber des Filmwerks gegen Entstellung ihrer Werke im Rahmen der Filmherstellung oder Filmauswertung. Durch das Urheberpersönlichkeitsrecht sollen die Urheber gegen jede Beeinträchtigung ihrer Werke geschützt werden, soweit dadurch ihre berechtigten geistigen oder persönlichen Interessen am Werk gefährdet werden (§ 14 UrhG). Für Filmwerke wird dieser Schutz gegen Entstellung in § 93 UrhG durch zwei Bedingungen eingeschränkt. Es findet nur ein Schutz gegen **gröbliche**

Entstellungen oder Beeinträchtigungen statt und die Betroffenen haben aufeinander und auf den Filmhersteller angemessene **Rücksicht** zu nehmen. Hierdurch soll zwei Umständen Rechnung getragen werden, nämlich der Tatsache, daß es sich bei der Herstellung eines Films um ein *Teamwork* handelt, an dem mehrere Urheberberechtigte und ausübende Künstler beteiligt sind, und der Tatsache, daß mit der Herstellung von Filmen ein besonderes wirtschaftliches Risiko verbunden ist, so daß deren optimale Auswertung möglichst weitgehend gesichert werden soll.

15 Aus diesen beiden Gründen ergibt sich, daß bei dem **Abwägen,** das der § 93 UrhG vorschreibt, auch **wirtschaftliche Interessen** mit zu berücksichtigen sind, sonst hätte der Hinweis auf die Rücksichtnahme auf den Filmhersteller keinen Sinn. Man wird deshalb Änderungen am Filmwerk oder am vorbestehenden Werk bei dessen Verfilmung durch den Filmhersteller zuzulassen haben, die geeignet sein könnten, die wirtschaftlichen Auswertungschancen des Films zu verbessern, auch wenn hierdurch Beeinträchtigungen von Urheberpersönlichkeitsrechten eintreten könnten. Die Voraussetzungen für den Schutz gegen Entstellungen im Sinne des Urheberpersönlichkeitsrechts sind beim Filmwerk grundsätzlich nur gegeben, wenn eine völlige Verkehrung des ursprünglichen Sinngehalts des Filmwerks bzw. des ihm zugrunde liegenden Werkes oder eine völlige Verunstaltung von urheberrechtlich wesentlichen Teilen des Films oder Werkes entgegen den Intentionen der Urheberberechtigten stattfindet. Eine angemessene Rücksicht auf den Filmhersteller ist besonders dann zu verlangen, wenn sich bei der Verwertung eines Films herausstellt, daß er in der ursprünglichen Fassung keine Publikumsresonanz findet und der Produzent dann evtl. auch gegen den Willen der Autoren, des Regisseurs oder anderer Urheberberechtigter wesentliche Änderungen an dem Film zur Erzielung einer besseren Publikumsresonanz durchführt, die eine Beeinträchtigung des Urheberpersönlichkeitsrechts zur Folge haben könnten. Bei der nach § 93 UrhG gebotenen Abwägung können dem Filmhersteller solche Änderungen nicht verwehrt werden. Die Berücksichtigung der wirtschaftlichen Interessen des Filmherstellers in Verbindung mit dem allgemeinen Rechtsgrundsatz der Verhältnismäßigkeit kann auch dazu führen, daß die Ansprüche der Urheberberechtigten wegen Beeinträchtigung ihres Urheberpersönlichkeitsrechts auf Zurückziehung ihres Namens (und evtl. des Titels ihres Werkes) bei der Filmankündigung beschränkt werden und nicht die Untersagung der Verwertung des Filmwerks oder von Teilen des Filmwerks umfassen.

16 Zu den **Änderungen** am Filmwerk, die von den Urheberberechtigten auf jeden Fall geduldet werden müssen, auch wenn sie hierdurch in ihren Rechten beeinträchtigt werden, gehören **Schnittauflagen,** die von zuständigen Institutionen (z. B. wie der FSK) an die Freigabe des Films geknüpft werden, da deren Durchführung die Voraussetzung für eine ordnungsgemäße Filmauswertung bildet. Das gilt auch für Schnitte, die von den zuständigen Institutionen für eine Kinder- oder Jugendfreigabe des Films verlangt werden, falls diese Kinder- oder Jugendfreigabe die Auswertungschancen des Films verbessert.

17 Nach dem Grundsatz der **Vertragsfreiheit** können in den Verträgen des Filmherstellers mit den Urheberberechtigten am Filmwerk oder seinen vorbestehenden Werken **strengere Vorschriften** im Hinblick auf die Beachtung des Urheberpersönlichkeitsrechtes festgelegt werden (z. B. Drehbuchgenehmigung, Drehbuchablehnung, Zustimmung zu Änderungen, Schutz vor jeder Beeinträchtigung). Solche Vertragsklauseln sind jedoch unter **Berücksichtigung** der erwähnten Grundgedanken des § 93 UrhG als einer wesentlichen gesetzlichen Schutzbestimmung zugunsten des Filmherstellers auszulegen.

18   Diese **Einschränkungen** des Urheberpersönlichkeitsrechts gelten freilich nur für die Filmherstellung und -verwertung. Soweit der Filmhersteller die Leistungen der Urheberberechtigten für **andere Zwecke** benutzt, haben die Einschränkungen keine Gültigkeit. Als einen anderen Zweck wird man freilich nicht die **Werbung** für den Film anzusehen haben, da sie untrennbar zur Filmauswertung gehört, so daß die Verwendung urheberrechtlich geschützter Leistungen im Rahmen der Werbung für einen Film durch die für die Verwertung übertragenen Nutzungs- rechte gedeckt ist und den gleichen Einschränkungen des Urheberpersönlichkeits- rechts unterliegt.

19   Wegen **weiterer Schutzbestimmungen** zugunsten der Filmauswertung durch Schaffung zusätzlicher Rechte für Filmhersteller und Einschränkungen von Rech- ten für ausübende Künstler vgl. die §§ 91, 92, 94 und 95 UrhG (s. Abschnitt 5, Kapitel 61–65).

20   In der **Rechtsprechung** wie hier zur Verpflichtung des Urhebers (eines vorbestehenden Werkes), sich der Auswertung seines Werkes (Bühnenstück) im Fernsehen zu enthalten, wenn dadurch das **Kinofilm-Auswertungsrecht** des Filmherstellers, dem vom Urheber das Verfilmungsrecht übertragen wurde, beeinträchtigt wird: BGH in UFITA Bd. 54, S. 278.

21   **Enger** als hier die Auffassung des BGH bezüglich der Übertragung der **Verfilmungs- rechte an einem Bühnenstück:** Die Berechtigung des Filmherstellers zur Auswertung des Films (auch) im Fernsehen, läge nur dann vor, wenn ihm diese Nutzungsart im Individual- vertrag eindeutig übertragen worden ist (BGH in UFITA Bd. 54, S. 272 *Curt Goetz*). Eben- so auch schon LG Köln in UFITA Bd. 42, S. 209 *Peterchens Mondfahrt*. So auch OLG München bezüglich der Fernsehrechte an Filmen alter Produktion in UFITA Bd. 65, S. 268 *Karl Valentin;* ebenso BGH bezüglich der Kassettenverwertung eines Fernsehfilms (grund- sätzlich enge Auslegung der Rechtsübertragung zugunsten des Urhebers in UFITA Bd. 72, S. 324 *Anneliese Rothenberger*). Anders allerdings, wenn nach den allgemeinen Bedingungen des Verfilmungsvertrages ausdrücklich auch die Fernsehauswertung mit übertragen wurde und keine entgegenstehende Individualabrede besteht (BGH in UFITA Bd. 70, S. 273).

22   Auch die Übertragung der Fernsehauswertungsrechte an einem Spielfilm rechtfertigt nicht die Verwendung des vorbestehenden Werkes zur **Wiederverfilmung** als Fernsehfilm bzw. Fernsehserie (vgl. BGH in UFITA Bd. 25, S. 94 und in UFITA Bd. 78, S. 179 *Es muß nicht immer Kaviar sein*).

23   Bei **gröblicher Entstellung der Sendefassung** (Rundfunk) des Autors durch unmotivierte Einfügung einer Fülle von Zitaten und durch Veränderung der Rolle des Handlungsträgers durch die Rundfunkanstalt sieht das KG Berlin eine Verletzung des *droit moral* des Autors und billigt ihm einen Unterlassungs- und Schadensersatzanspruch zu (KG Berlin in UFITA Bd. 59, S. 279).

24   Wie hier zur Auslegung des § 89 Abs. 2 UrhG in der **Rechtslehre** auch *Fromm/Nordemann* aaO § 89/2; *von Gamm* aaO § 89/4; *Möhring/Nicolini* aaO § 89/9 und *Ulmer* aaO § 36 III.

25   Bezüglich der Frage der **Begrenzung des Urheberpersönlichkeitsrechts** gem. § 93 UrhG wie hier: *Möhring/Nicolini* aaO § 93/7e, 9 und *von Gamm* aaO § 93/4 und § 83/5 mit Beispielen, ebenso wohl auch *Ulmer* aaO § 36 III 2. Zu weitgehend unter Überbetonung des Urheberpersönlichkeitsrechts und Außerachtlassung der erforderlichen Interessenabwä- gung: *Fromm/Nordemann* aaO § 93/3 und 5.

51. Kapitel. Die Zitierfreiheit

1   Ein Zitat im urheberrechtlichen Sinne (**§ 51 UrhG**) liegt vor, wenn ein urheber- rechtlich geschütztes Werk erkennbar in ein anderes Werk übernommen wird mit dem Zweck, sich im Rahmen dieses anderen Werkes auf das übernommene Werk zu berufen. Das Zitat setzt immer voraus, daß es um eine **erkennbare Werküber-**

nahme geht, also unter Benennung des übernommenen Werkes und seines Urhebers. Es unterscheidet sich dadurch eindeutig vom Plagiat, das die bewußte Übernahme eines fremdes Werks unter Behauptung der eigenen Urheberschaft voraussetzt, und auch von der unbewußten Übernahme fremder Geistesschöpfungen, bei der ebenfalls der Hinweis auf das fremde Urheberrecht fehlt (vgl. hierzu neben § 51 UrhG die §§ 62 und 63 UrhG).

2   Ein **Zitat** im Sinne des § 51 UrhG ist im Zusammenhang mit Filmwerken in **mehrfacher Hinsicht** denkbar. Es kann ein solches Zitat in einem vorbestehenden filmbestimmten Werk erfolgen. Das ist z. B. gegeben, wenn in ein Filmdrehbuch filmunabhängige literarische Werke und in eine Filmmusik filmunabhängige Kompositionen oder in Filmausstattungsentwürfe filmunabhängige Ausstattungsentwürfe übernommen werden. Es kann ein solches Zitat in dem Filmwerk selbst vorkommen. Das ist z. B. vorhanden, wenn in ein Filmwerk Bildsequenzen aus anderen Filmwerken eingeblendet werden. Es kann schließlich ein solches Zitat in einem dem Filmwerk nachfolgenden anderen Werk vorkommen. Das ist z. B. denkbar, wenn typische Bildsequenzen eines Filmwerks in ein literarisches Werk aufgenommen werden. Ein Zitat von Dialogstellen des Films in einem anderen Werk dürfte als Zitat aus dem dem Film zugrunde liegenden Drehbuch zu betrachten sein.

3   Die Zulässigkeit solcher Zitate im Zusammenhang mit Filmwerken ist gemäß der Ausnahmebestimmung des § 51 UrhG bei den drei erwähnten Möglichkeiten **verschieden** zu beurteilen. Man kann deshalb nicht generell von der Zulässigkeit von Filmzitaten sprechen.

4   Bei **vorbestehenden filmbestimmten** Werken (z. B. Drehbuch, Filmmusik, Filmausstattungsentwürfe) wird das **Großzitat** des § 51 Ziff. 1 UrhG unter Übernahme eines ganzen anderen Werkes nur selten möglich sein. Es setzt nämlich ein selbständiges wissenschaftliches Werk voraus, zu dessen Inhaltserläuterung es dienen muß und an dessen wissenschaftlichen Charakter zur Wahrung des Urheberrechtsschutzes strenge Anforderungen im Sinne der Bereicherung von Bildung und Erkenntnissen zu stellen sind. Zu denken wäre z. B. an das Drehbuch zu einem allgemeinen wissenschaftlichen Film (über medizinische, physikalische, astronomische, ökologische, ökonomische Themen) oder zu einem typisch filmwissenschaftlichen Werk (z. B. über Themen der Filmkunst, der Filmkultur, der Filmgeschichte, der Filmpolitik). Auch hier sind jedoch die engen Schranken zu beachten, da das fremde Werk nur in dem durch den Zweck gebotenen, also den für den wissenschaftlichen Charakter und die Inhaltserläuterung notwendigen Umfang benutzt werden darf.

5   Eine größere Bedeutung kann für **vorbestehende filmbestimmte Werke** (z. B. Drehbuch, Filmmusik, Filmausstattungsentwürfe) das **Kleinzitat** nach § 51 Ziff. 2 **und 3 UrhG** haben. So können in einem Filmdrehbuch, das sich normalerweise als selbständiges Sprachwerk darstellen wird, Stellen eines anderen literarischen Werkes zitiert werden. Die Grenze ergibt sich durch die Begriffe *Stellen des anderen Werkes* und *durch den Zweck* gebotenen Umfang der Entnahme, was bedeutet, daß dem Zitat immer nur untergeordnete und dienende Funktion gegenüber dem Inhalt und Zweck des Drehbuchs zukommen darf. Das gleiche gilt für die Übernahme fremder Kompositionen in eine Filmmusik. Die Filmmusik muß ihren Charakter als selbständiges Werk behalten und die übernommene Musik muß sich quantitativ auf einzelne Teile und qualitativ auf die dienende Funktion eines Zitats beschränken.

6   Soweit bei vorbestehenden Werken ein zulässiges Groß- oder Kleinzitat gegeben ist, findet dieses Zitat durch den Prozeß der **filmischen Bearbeitung** Eingang in das Filmwerk selbst. Soweit die übernommenen Stellen dann im Filmwerk als Zitate erscheinen (z. B. durch Dialoge, Kommentare, Musikteile), sind sie auch hier urheberrechtlich zulässig. Sie müssen freilich immer in unveränderter Form übernommen sein und eine Quellenangabe enthalten (vgl. §§ 62 und 63 UrhG). Nur dann erfüllen sie die Voraussetzungen des erlaubten Zitats.

7   Beim **Filmwerk** sind, soweit nicht das erwähnte mittelbare Zitat aus vorbestehenden Werken in Betracht kommt, dem Zitierrecht **enge Grenzen** gesetzt. Da das Filmwerk weder ein Sprachwerk noch ein Werk der Musik, sondern ein urheberrechtlich autonomes Werk ist, kommen Kleinzitate nach § 51 Ziff. 2 und 3 UrhG nicht in Frage. Ein Großzitat nach § 51 Ziff. 1 UrhG ist zwar denkbar, setzt aber die in der Praxis kaum vorkommende Übernahme eines ganzen Films in einen wissenschaftlichen Film zu dessen inhaltlicher Erläuterung voraus. Der Natur der Sache nach ist dies nur bei wissenschaftlichen Langfilmen, in denen wissenschaftliche Kurzfilme zitiert werden, denkbar. Es gibt also insbesondere nicht das Recht, in einem Filmwerk unter dem Motto des Zitats Stellen oder Teile aus einem anderen Filmwerk zu benutzen, auch wenn dies ohne Änderung dieser Teile und unter Quellenangabe vor sich geht.

8   Für die dem Filmwerk **nachfolgenden Werke** (z. B. Romane, Filmbiographien, Kompositionen, Filmgeschichte) gelten hinsichtlich des Zitierrechts dieselben Grundsätze, die oben für die vorbestehenden Werke aufgestellt worden sind. Soweit es also um wissenschaftliche Werke außerfilmischer Art geht, ist das Großzitat erlaubt. Soweit es sich um selbständige Sprachwerke oder Musikwerke handelt, ist auch das Kleinzitat zulässig. In der Praxis wird hier wohl meist keine Übernahme des Filmwerks selbst, sondern nur eine Übernahme des ihm zugrunde liegenden geistigen Konzepts, also eines vorbestehenden Werkes, in Betracht kommen. Immer müssen auch hier zur Rechtfertigung als Zitat die Quellenangabe und die unveränderte Übernahme vorhanden sein.

9   Von beachtlicher praktischer Bedeutung ist die **Verwendung von Stand- und Szenenfotos** von Filmwerken in dem Filmwerk nachfolgenden oder seine Herstellung begleitenden Werken (wie z. B. in Filmbeschreibungen, Filmromanen, Filmabhandlungen, filmgeschichtlichen und filmkundlichen Werken sowie in Filmzeitschriften und Illustrierten etc.). Bei solchen Stand- und Szenenfotos handelt es sich nicht um Filmteile (Ausschnitte vom Filmbildträger), sondern um während der Filmherstellung selbständig von entsprechend tätigen Personen (Filmfotografen, Standfotografen) hergestellte Werke, die bei einer persönlichen geistigen, schöpferischen Leistung als Lichtbildwerke den Urheberrechtsschutz gem. § 2 Abs. 1 Ziff. 5 UrhG und sonst als Lichtbilder den Leistungsrechtsschutz nach § 72 UrhG genießen. Da jedes dieser Fotos sich als ein selbständiges Werk darstellt, kommt hier ein **Kleinzitat,** das nur für Stellen eines Werkes gilt, der Natur der Sache nach nicht in Frage. Es ist nur ein **Großzitat** möglich, was den seltenen Fall eines selbständigen wissenschaftlichen Werkes, in dem diese Bildwerke quantitativ und qualitativ untergeordnet vorkommen, voraussetzt. Solche Stand- und Szenenfotos müssen normalerweise für die Verwendung in den nachfolgenden oder begleitenden Werken von den Berechtigten (meist dem Filmproduzent als dem Erwerber der ausschließlichen Nutzungsrechte an diesen Fotos auf Grund seiner Verträge mit den Stand- und Szenenfotografen) erworben werden.

10   Zusammenfassend läßt sich sagen, daß es kein eigentliches **Filmzitat** im Sinne der erlaubten Übernahme von Teilen eines Films in einen anderen Film gibt. Nur mittelbar kann hier das Zitierrecht bedeutsam werden, und zwar über vorbestehende oder nachfolgende Werke, aber auch hier nur in den o. e. engen Grenzen. Soweit also in einen Film Teile aus anderen Filmen übernommen werden sollen, müssen an diesen Teilen die entsprechenden Nutzungsrechte erworben werden.

11 Über die **engen Grenzen** des Zitierrechts beim Filmwerk sind **Rechtsprechung** und **Rechtslehre** im Prinzip einer Meinung (vgl. *von Gamm* aaO § 51, 2; *Fromm/Nordemann* aaO § 51, 2; BGHZ 28, 234/240/243).

12 Strenge Anforderungen stellt das LG Frankfurt an die **Einblendung von Schlagermusik** in einen Werbe- und Dokumentarfilm: Auch wenn es sich nur um wenige Takte des Schlagerliedes als Geräuschkulisse bei der Filmung einer Szene in einer Skibar handele, seien hierzu dennoch die entsprechenden Rechte vom Urheber bzw. vom entsprechenden Musikverlag einzuholen (in UFITA Bd. 57, S. 342).

13 **Anders** als hier hält das LG Berlin in UFITA Bd. 81, S. 296 eine analoge Anwendung des § 51 Nr. 2 UrhG auch bei Zitaten in Filmwerken für richtig (insbesondere bei politischen Magazinsendungen des Fernsehens, weil dort dem kritischen Text das Hauptgewicht beizumessen sei). Diese Entscheidung ist insoweit abzulehnen, als sie das Filmwerk analog dem Sprachwerk ansieht. Dies ist nicht angängig, da das Filmwerk ein urheberrechtlich autonomes Werk ist. Allerdings hat auch das LG Berlin **nicht** das **Kleinzitat** von **Filmen** in Filmen gestattet, sondern lediglich die Übernahme von Lichtbildern (aus einem politischen Magazin) in eine Fernsehsendung. Insoweit widerspricht diese Entscheidung nicht der diesseitigen Auffassung, daß Zitate von Filmen in Filmen ohne entsprechenden Rechteerwerb unzulässig sind.

14 *Fromm/Nordemann* bejaht (ebenfalls) entgegen dem Wortlaut und den obigen Ausführungen die Zulässigkeit von **Kleinzitaten** gem. § 51 Ziff. 2 auch im Film, da der Film als Gesamtkunstwerk stets auch Sprachwerke enthalte. Bei Zitaten aus Filmwerken stünde der Zulässigkeit nicht entgegen, daß die einzelnen Lichtbilder im ganzen übernommen werden (*Fromm/Nordemann* aaO § 51/7 unter Hinweis auf *Ulmer* in GRUR 72, S. 323 und S. 328). Diese Auffassung ist zu weitgehend, da das Filmwerk eben gerade **nicht** ein Sprachwerk, sondern ein **urheberrechtlich autonomes** besonderes **Werk** ist, das (u. a.) Sprachelemente enthält, aber nicht notwendigerweise enthalten muß (beispielsweise ein Film, der nur mit Musik unterlegt ist). Zur Rechtsklarheit muß somit bei der Übernahme von Teilen aus einem Film in einen anderen Film grundsätzlich das entsprechende Nutzungsrecht erworben werden.

52. Kapitel. Die Nutzungsrechte am Filmwerk

1 Da dem Filmhersteller (einschließlich der Sendeanstalt) **kein originäres Urheberrecht** am Filmwerk zusteht, ist er neben seinen wesentlich schwächeren Leistungsschutzrechten (s. unten Abschnitt 5) auf die **derivativen Rechte,** also die Nutzungsrechte am Filmwerk angewiesen. In der Praxis lassen sich deshalb die Filmhersteller von den Urheberberechtigten am Filmwerk und an den vorbestehenden Werken möglichst umfangreiche **ausschließliche Nutzungsrechte** einräumen. Soweit ein ausschließliches Nutzungsrecht übertragen worden ist, ist jede nochmalige Übertragung dieses Rechts an Dritte mit dinglicher, absoluter Wirkung ausgeschlossen, da es keinen gutgläubigen Rechtserwerb gibt (§ 399 i. V. m. § 413 BGB). Auch die Weiterübertragung des ausschließlichen Nutzungsrechts kann mit dinglicher, absoluter Wirkung ausgeschlossen werden.

2 Die Einzelheiten hierfür sind in den §§ 31 ff UrhG niedergelegt. Von diesen Nutzungsrechten sind für das Filmwerk besonders bedeutsam: Das filmische **Bearbeitungsrecht** (Verfilmungsrecht) nach § 23 UrhG an vorbestehenden Werken, das **Vervielfältigungsrecht** (Herstellen der Bild- und Tonträger wie Filmkopien,

Videokassetten, Bildplatten etc.) nach § 16 UrhG, das **Verbreitungsrecht** (Inverkehrbringen der Vervielfältigungsstücke) nach § 17 UrhG, das **Vorführungsrecht** (öffentliche Wahrnehmbarmachung) nach § 19 UrhG, das **Senderecht** (Ausstrahlung durch Ton- und Fernsehrundfunk, Drahtfunk oder ähnliche technische Einrichtungen für die Öffentlichkeit) nach § 20 UrhG, das **Wiedergaberecht** (öffentliche Wahrnehmbarmachung von Funksendungen) nach § 22 UrhG, das **Weitersenderecht** (durch einen anderen als das ursprüngliche Sendeunternehmen) nach Artikel 11 *bis* Abs. 1 Ziff. 2 RBÜ und das Vervielfältigungsrecht zum **persönlichen Gebrauch** nach § 53 UrhG. Dabei sind das Weitersenderecht durch Dritte und das Vervielfältigungsrecht zum privaten Gebrauch Unterfälle des allgemeinen Sende- und Vervielfältigungsrechts, die sich nicht nach der technischen Nutzungsart, sondern nach dem Bestimmungszweck (Drittunternehmen, privater Gebrauch) von den allgemeinen Nutzungsrechten abheben. Mit Hilfe dieser Nutzungsrechte können die Filmhersteller die notwendige Filmherstellung und -auswertung durchführen, zumal ihnen hier die Auslegungsregeln und Schranken des Urheberrechts am Filmwerk für die Urheberberechtigten selbst und die Urheber der vorbestehenden Werke zugute kommen (s. oben Kapitel 50). Die Filmhersteller geben ihre Nutzungsrechte am Filmwerk meist zur zweckmäßigen Filmauswertung an andere Nutzungsberechtigte weiter. Zu beachten ist, daß nach § 31 UrhG das ausschließliche Nutzungsrecht als dingliches, absolutes Recht alle anderen Personen einschließlich der Urheber selbst von der übertragenen Nutzungsart ausschließt.

3   Das **Vorführungsrecht für Filmwerke,** das in **§ 19 UrhG** geregelt ist, hat für Filmwerke Vorrang vor dem öffentlichen Wiedergaberecht des § 21 UrhG. Das ergibt sich daraus, daß in § 19 Abs. 4 UrhG die öffentliche Vorführung des **Filmwerks** ausdrücklich erwähnt wird, so daß hier für die öffentliche Wahrnehmbarmachung eines solchen Werkes der Begriff der Vorführung maßgebend ist. Das gilt auch, wenn das Filmwerk durch Videokassette, Bildplatte oder andere technische Verfahren öffentlich wahrnehmbar gemacht wird. Dadurch beschränkt sich das öffentliche Wiedergaberecht des § 21 UrhG auf Aufzeichnungen auf Bild- und Tonträger, die nicht Bildwerke sind, also z. B. reine Laufbilder nach § 95 UrhG.

4   Was die **öffentliche Vorführung** von Filmwerken angeht, so bestimmt das UrhG in seinem § 15 Abs. 3, was unter dem Begriff der Öffentlichkeit zu verstehen ist. Danach genügt für die Öffentlichkeit immer eine Mehrzahl von Personen. Hiervon gibt es nur die gesetzlich erwähnten Ausnahmen der bestimmten Abgrenzung des Personenkreises und der persönlichen Beziehungen, die als Ausnahmen eng ausgelegt werden müssen. Da auch größere Kreise oft bestimmt abgrenzbar sind (vgl. z. B. sämtliche Belegschaftsmitglieder eines größeren Betriebes), ist von entscheidender Bedeutung die weitere Voraussetzung, daß diese Mehrzahl von Personen, die bestimmt abgrenzbar sind, durch gegenseitige Beziehungen oder Beziehungen zum Veranstalter **persönlich** untereinander verbunden sein müssen. Diese persönliche Verbindung ist mehr als ein *Sichkennen* oder *Sichhäufigbegegnen*. Es müssen schon engere Bande des laufenden Kontakts vorhanden sein (also z. B. ein relativ kleiner Mitarbeiterstab einer bestimmten Abteilung einer Firma oder eine Familie oder ein eng zusammengeschlossener Freundeskreis o. ä. m., nicht jedoch ein Club, auch wenn die Zahl der Mitglieder begrenzt ist und sie sich untereinander gut kennen und oft begegnen).

5   Die Übertragung aller dieser Nutzungsrechte ist nach dem UrhG an **keine besondere Form** gebunden, kann also auch mündlich oder durch schlüssige Handlungen erfolgen. Eine **Ausnahme** besteht für Verträge über die Einräumung von Nutzungsrechten an künftigen, überhaupt nicht näher oder nur der Gattung

nach bestimmten Werken, die nach § 40 UrhG der Schriftform bedürfen. Die Einräumung von Nutzungsrechten für noch **nicht bekannte Nutzungsarten** ist nach § 31 Abs. 4 UrhG generell unwirksam. Dabei ist unter *bekannt* die technische Möglichkeit der neuen Nutzungsart zu verstehen, da bei der häufigen Publizität von technischen Neuerungen sie den einschlägigen und damit maßgebenden Kreisen nach der Erfindung schnell bekannt wird. Für eine Berücksichtigung der wirtschaftlichen Verwendbarkeit gibt es nach Wortlaut und Sinn des § 31 Abs. 4 UrhG keine Grundlage. Sobald und soweit solche Nutzungsarten bekannt werden, wachsen die entsprechenden Nutzungsrechte den Urheber- und Leistungsschutzberechtigten im Rahmen ihrer Rechte zu.

6   Für die **Nutzungsrechte** am Filmwerk ist von entscheidender Bedeutung, daß nach **§ 32 UrhG** diese Nutzungsrechte **räumlich, zeitlich** oder **inhaltlich** beschränkt eingeräumt werden können. Diese Vorschrift gestattet eine beliebige Aufteilung und Abgrenzung der Nutzungsrechte an demselben Werk nach den dort erwähnten Kriterien. Bei der Auswertung des Filmwerks ist eine solche getrennte Vergabe der Nutzungsrechte an verschiedene Nutzungsberechtigte üblich und zwar meist jeweils in Form ausschließlicher Nutzungsrechte.

7   In **räumlicher** Hinsicht erfolgt oft die getrennte Vergabe der ausschließlichen Nutzungsrechte nach bestimmten Gebieten, wobei am häufigsten die Vergabe für bestimmte Länder oder Staaten ist, aber auch Begrenzungen auf Regionen und filmwirtschaftliche Bereiche (z. B. Filialbezirke) oder sogar einzelne Plätze oder Vorführungsstätten möglich sind. Die räumliche Begrenzung hat dann zur Folge, daß sich die Auswertung der Nutzungsrechte auf dieses Gebiet beschränkt und andererseits für dieses Gebiet absolut geschützt ist. Eine Ausnahme ergibt sich aus der technisch unvermeidlichen Ausstrahlung von Fernsehsendungen in Nachbargebieten, die deshalb durch das Senderecht für das Hauptgebiet gedeckt sind und von dem Inhaber der Senderechte für das Ausstrahlungsgebiet nicht verhindert werden können.

8   Die **zeitliche** Begrenzung läßt das Nutzungsrecht nach Ablauf des Zeitraums mit dinglicher Wirkung erlöschen und erlaubt dem Urheberberechtigten schon vorher für die Anschlußzeit die betreffenden Nutzungsrechte an andere Nutzungsberechtigte zu vergeben, was dann zu dem fixierten Zeitpunkt mit dinglicher Wirkung in Kraft tritt.

9   Die **inhaltliche** Begrenzung betrifft die verschiedenen Nutzungsarten, die jeweils auch in ausschließlicher Form verschiedenen Nutzungsberechtigten eingeräumt werden können. Beim Filmwerk erfolgt häufig eine getrennte Vergabe nach den verschiedenen Medien, in denen das Filmwerk ausgenutzt werden kann, und von denen derzeit hauptsächlich die Auswertung durch Filmvorführungen in Spielstätten, Fernsehausstrahlung (evtl. unterteilt in allgemeines Fernsehen, Kabelfernsehen, Satellitenfernsehen o. ä. m.), Videokassetten und Bildplatten in Betracht kommen. Es kann aber auch eine getrennte Vergabe der Nutzungsrechte innerhalb der Medien nach technischen und ökonomischen Kriterien vorgenommen werden, wie z. B. gewerbliche und nichtgewerbliche Filmauswertung, Filmauswertung in 35 mm-, 15 mm-, 8 mm-Format und S 8, Fernsehen in den offiziellen Programmen sowie durch Satelliten, Kabelfernsehen, Pay-Television, Video-Verkauf und Video-Vermietung.

10   Soweit ausschließliche Nutzungsrechte für verschiedene Nutzungsarten **verschiedenen Nutzungsberechtigten** überlassen werden, bestehen die entsprechenden Rechte in ihrer räumlichen, zeitlichen und inhaltlichen Begrenzung nebeneinander, es sei denn, daß die Nutzungsrechte für eine bestimmte Nutzungsart zu-

gunsten der Nutzungsrechte für eine andere Nutzungsart zeitweise durch entsprechende Vereinbarung **gesperrt** werden. Eine solche Sperre hat dann für das gesperrte Recht gem. § 399 i. V. mit § 413 BGB dingliche Wirkung, so daß für die Zeit der Sperre keine rechtswirksame Übertragung bzw. sonstige Verwertung dieser gesperrten Rechte möglich ist (vgl. z. B. die in der Praxis häufige Sperre der Fernseh- und Videokassetten-Rechte während einer bestimmten Zeitdauer der Auswertung eines Films im Filmtheater).

11   Die Vergabe ausschließlicher Nutzungsrechte unter Ausschluß konkurrierender Nutzungsrechte (z. B. die Übertragung von Nutzungsrechten für die Filmtheaterauswertung unter zeitweiser Sperre der Fernsehauswertung), verstößt weder gegen **nationale** noch gegen **EG-Wettbewerbsregeln,** ist also auch kein Verstoß gegen die EG-Verträge. Sie ergibt sich aus dem Urheberrecht und sichert dem Urheberberechtigten die Möglichkeit einer wirtschaftlich angemessenen Filmauswertung. Sie ist daher rechtlich und sachlich-wirtschaftlich legitimiert. Ein Filmverleiher, der ausschließliche Nutzungsrechte zur Filmauswertung unter Sperre der Fernsehrechte für ein EG-Land erworben hat, kann deshalb verbieten lassen, daß der Film in diesem Land durch Übernahme ausländischer Fernsehsendungen im Fernsehen ausgestrahlt wird.

12   Für den **Umfang der Einräumung** der Nutzungsrechte gilt nach § 31 Abs. 5 UrhG das Prinzip der **Einzelbezeichnung** der überlassenen Nutzungsarten. Soweit keine klaren vertraglichen Vorschriften über den räumlichen, zeitlichen und inhaltlichen Umfang vorhanden sind, gilt die **Zweckübertragungstheorie** (§ 31 Abs. 5 UrhG). Sie besagt, daß der Umfang der übertragenen Nutzungsrechte sich nach dem Sinn und der Absicht des betreffenden Vertrages, also nach dem Vertragszweck zu richten hat und alle hierfür nicht benötigten Rechte beim Urheber verbleiben. Es können also auch pauschale Formulierungen für die Einräumung der Nutzungsrechte verwandt werden (z. B. *sämtliche Rechte für alle öffentlichen Vorführungen jeder Art* oder *die gesamten Verwertungsrechte für die Fernsehauswertung* oder *die Rechte für alle derzeit bekannten Nutzungsarten*). In solchen Fällen ist der Umfang dieser Rechtseinräumung im einzelnen nach dem sich aus dem Gesamtinhalt des Vertrages ergebenden Zweck auszulegen. Zu beachten ist die **Übertragungsvermutung** des § 43 UrhG, wenn der Urheber das Werk in Erfüllung seiner Verpflichtungen aus einem Arbeits- oder Dienstverhältnis geschaffen hat (z. B. Drehbuchautor oder Regisseur) und sich nichts anderes aus dem Arbeits- oder Dienstverhältnis ergibt.

13   Das gilt auch für die Anwendung des **§ 17 Abs. 2 UrhG,** so daß sich auch die hier erlaubte Weiterverbreitung im Rahmen der Zweckbestimmung der Verbreitung halten muß, was sich schon aus dem Erfordernis der **Zustimmung** des Berechtigten ergibt, die nach § 32 UrhG mit dinglicher Wirkung räumlich, zeitlich und inhaltlich beschränkt sein kann. Hat deshalb der Berechtigte einer Verbreitung *nur für die private Nutzung* zugestimmt (z. B. durch entsprechenden Aufdruck auf der Schachtel für eine Kassette *nur für private Nutzung*), so kann auch eine Weiterverbreitung nur in diesem Rahmen erfolgen und sind alle anderen Nutzungsarten **nicht erschöpft.**

14   Es ist **streitig,** ob die Zweckübertragungstheorie auch begrenzend für Rechtsübertragungen von noch nicht bekannten Nutzungsarten gilt, die vor Erlaß des neuen **Urheberrechtsgesetzes** (also vor 1966) stattgefunden haben. Hierfür spricht die Tatsache, daß in der Rechtsprechung schon vor 1966 die Zweckübertragungstheorie angewandt wurde. Andererseits sind nach § 132 UrhG die Vorschriften dieses Gesetzes (und damit auch die Unwirksamkeit solcher Rechtsübertragungen nach § 31 Abs. 4 UrhG) auf Verträge, die vor seinem Inkrafttreten abgeschlossen worden sind, nicht anzuwenden.

15   Von Bedeutung als Nutzungsrechte sind noch die sog. **merchandising rights,** die in der Praxis eine beachtliche Rolle spielen (über den Begriff s. oben Kapitel 50, Rdn. 7). Gemäß der Zweckübertragungstheorie ist der Erwerb dieser *merchandising rights* von den Urheberberechtigten am Filmwerk und an den vorbestehenden Werken notwendig. Bei diesen Nutzungsrechten finden die Vorschriften über die Auslegung und Beschränkung der Urheberrechte am Filmwerk und an den vorbestehenden Werken keine Anwendung, da diese Vorschriften nur dem Schutz der Verwertung des Filmwerks dienen. Auch sind in diesem Zusammenhang Persönlichkeitsrechte der Beteiligten zu beachten. Soweit freilich die Filmfiguren, Filmszenen, Filmnamen, Filmbilder und Filmtitel im Rahmen der **Werbung** für den Film Verwendung finden, liegt keine eigentliche Vergabe von *merchandising rights* vor und diese Art der Verwendung ist dann durch die Vorschriften zugunsten der Filmverwertung gedeckt. Gleichartiges gilt für die gesonderte Verwertung von Filmteilen und Filmbildern.

16   In der **Rechtsprechung** und **Rechtslehre** zur Zweckübertragungstheorie s. *Fromm/Nordemann* aaO § 88/3 und 4; *von Gamm* aaO § 88/6 bis 10; *Möhring/Nicolini* aaO § 88/4 bis 8; *Ulmer* aaO § 36 III 1 und die dort zitierten Gerichtsentscheidungen. Für das Senderecht des Urhebers nach § 15 Abs. 2 Nr. 2 i. V. mit § 20 UrhG ist der urheberrechtlich entscheidende Vorgang die Ausstrahlung der Sendung mit ihrem weitreichenden Wirkungsbereich und die damit verbundene Möglichkeit der Aufnahme durch eine unbegrenzte Personenzahl. Die Kabelfunksendung ist eine dem urheberrechtlichen Senderecht des § 20 UrhG unterliegende Funksendung, die eine Verbesserung der Empfangsmöglichkeit einschließt. Die Erlaubnis des Urhebers zur Sendung seines Werkes durch Rundfunk ermächtigt nicht ohne weiteres einen Dritten, die von ihm aufgefangene Sendung aufbereitet über Breitbandkabel an einen öffentlichen Hörerkreis weiterzusenden (vgl. BGHZ 36, S. 171 = UFITA Bd. 36, S. 485). Beschränkt sich jedoch diese Sendung auf eine zeitgleiche Weiterleitung der Sendung des Ursprungsunternehmens in Abschattungsgebiete von dessen Sendung, so scheiden weitere Ansprüche des Urhebers aus dem Senderecht aus (so BGH in UFITA Bd. 91, S. 211 – sog. Urteil über *Abschattungsgebiet*).

17   In **Filmverträgen** aus den Jahren **1939–1942** sind mit der Bezeichnung *gefunkter Film* auch die Fernsehsenderechte auf den Filmhersteller übertragen worden (so BGH vom 13. 5. 1982 in GRUR 1982, S. 727).

18   Wie hier in der **Rechtsprechung** zur Frage, ob ein Filmverleiher, der ausschließliche Nutzungsrechte zur Vorführung eines Films für das gesamte Gebiet eines Mitgliedstaates der **EG** erworben hat, sein Recht gegenüber Kabelfernsehgesellschaften geltend machen kann, die diesen Film über Kabelnetz übertragen haben, nachdem sie ihn von einem Fernsehsender eines anderen Mitgliedstaats empfangen haben, vgl. **Urteil des Europäischen Gerichtshofes** vom 18. 3. 1980 (NJW 1980, S. 2001 = UFITA Bd. 91, S. 340) wie folgt: ,,Es ist mit den Bestimmungen des Vertrages über den freien Dienstleistungsverkehr vereinbar, daß derjenige, dem die Vorführungsrechte für einen Kinofilm in einem Mitgliedstaat übertragen worden sind, sein Recht geltend macht, um einem anderen die Vorführung dieses Films im Wege des Kabelfernsehens in diesem Staat verbieten zu lassen, wenn der so vorgeführte Film empfangen und übertragen wird, nachdem er in einem anderen Mitgliedstaat mit Zustimmung des ursprünglichen Rechtsinhabers von einem Dritten ausgestrahlt worden ist" (sog. *Coditel-Urteil*).

19   Wie hier zur Frage des **urheberrechtlichen Verbrauchs** bzw. der Erschöpfung des Urheberrechts nach § 17 Abs. 2 (Vermietung von Videokassetten): OLG Frankfurt, Beschluß vom 21. 1. 1982 (NJW 1982, S. 1653 = UFITA Bd. 94, S. 325) und Hanseatisches Oberlandesgericht vom 21. 10. 1982 (Az.: 3 U 112/82, 74 O 123/82). Anderer Ansicht und wegen Außerachtlassung der hier vertretenen Aufgliederung der Nutzungsrechte (räumlich, zeitlich und inhaltlich) abzulehnen: OLG Hamm, Urteil vom 12. 5. 1981 (UFITA Bd. 92,

S. 223). Eine evtl. Erschöpfung des Verbreitungsrechts trifft keinesfalls die sachlich anders-artige Werkverwertung durch eine öffentliche Wiedergabe in unkörperlicher Form (so BGH in UFITA Bd. 91, S. 218 und Bd. 39, S. 104 sowie BGHZ 5, S. 116).

53. Kapitel. Die Urheberrechtsverletzungen beim Filmwerk

1   Das urheberrechtlich geschützte Filmwerk selbst genießt **Schutz gegen unbe-fugte Verwertung** oder Nachahmung jeder Art, also hinsichtlich aller möglichen Nutzungsarten wie Vervielfältigung, Verbreitung, öffentliche Vorführung, Sen-dung, Bearbeitung, gleichgültig in welcher Form und mit welchen technischen Methoden. Die häufigste Form der Urheberrechtsverletzungen beim Filmwerk liegt in seiner Auswertung in bestimmten Nutzungsarten, ohne die hierfür erfor-derlichen Nutzungsrechte erworben zu haben.

2   Dabei bezieht sich dieser Schutz auf das Filmwerk als **Ganzes** und auf die einzel-nen **Teile des Filmwerks**. Soweit die einzelnen Teile des Filmwerks selbst persön-liche Geistesschöpfungen darstellen und deshalb auch für sich urheberrechtlich geschützt sind, taucht hinsichtlich des Schutzes dieser Filmteile rechtlich kein Problem auf (originelle Szenen, Dialoge, Bildeinstellungen etc. in einem Film). Aber auch die bei isolierter Betrachtung nicht schutzfähigen Teile eines Filmwerks müssen dann in den Gesamtschutz mit einbezogen werden, wenn sie in den Ge-samtzusammenhang des Films mit einer bestimmten Funktion integriert sind. Sonst könnte durch umfangreiche Entnahme solcher im einzelnen nicht urheber-rechtlich schutzfähiger Filmteile das Urheberrecht an einem Filmwerk praktisch ausgehöhlt werden. Ein solcher Schutz von Filmteilen gilt natürlich dann nicht, wenn der Inhaber der Nutzungsrechte an dem Film für bestimmte Teile nur nicht ausschließliche Nutzungsrechte erworben hat (z. B. häufig bei Archivaufnahmen).

3   Für den Schutz des Filmwerks ist vor allem wichtig der **Schutz vor Bearbeitun-gen**. Solche Bearbeitungen können darin bestehen, daß ein Film in seinem We-sensgehalt oder im Sinne einer Fortsetzung oder einige seiner prägnanten Szenen in einen anderen Film übernommen werden oder daß von einem Filmwerk unter Benutzung seines Gesamtcharakters oder einzelner prägnanter Szenen ein literari-sches Werk (z. B. ein Filmroman) hergestellt wird. In allen diesen Fällen hat der Inhaber der Urheberrechte an dem Filmwerk die Möglichkeit, hiergegen vorzuge-hen. Diese Möglichkeit ist nur dann ausgeschlossen, wenn sich das neue Werk als eine freie Benutzung des Filmwerks darstellt (s. oben Kapitel 48).

4   Der Schutz des Filmwerks vor Bearbeitung bezieht sich nicht nur auf die Her-stellung eines neuen Filmwerks, das von dem alten Filmwerk abhängig ist, oder die Anfertigung eines Romans, der sich auf urheberrechtlich geschützte Elemente des Filmwerks stützt, sondern auch auf Bearbeitungen und Änderungen des Film-werks selbst. Hierzu gehört die **Synchronisation** eines Filmwerks in eine andere Sprache, die schon wegen der notwendigen Bildgleichheit und Textübereinstim-mung immer eine **unfreie Bearbeitung** ist (vgl. § 88 UrhG). Aber hierzu gehören auch **Änderungen** durch Schnitte, Einfügungen sowie durch unsachgemäße Vor-führungen (z. B. unter Einlegung von Pausen bei der Vorführung des Films, die nicht mit den Urheberberechtigten abgestimmt sind o. ä. m.). Diesen Maßnahmen kann der Urheberberechtigte an dem Filmwerk auch dann widersprechen, wenn sie keine Entstellung des Werkes im Sinne der Verletzung des Urheberpersönlich-keitsrechts zur Folge haben. Sie können auch dann untersagt werden, wenn sie die Verbreitung und Vorführung des Films nicht beeinträchtigen bzw. wenn eine

solche Beeinträchtigung nicht nachzuweisen ist (vgl. aber 8. Abschnitt „Filmlizenzvertrag Produktion/Verleih" insbesondere Kapitel 112).

5   Die sämtlichen Ansprüche, die sich aus dem urheberrechtlichen Schutz des Filmwerks ergeben, stehen grundsätzlich den **Urheberberechtigten** zu. Sie gehen jedoch über auf die **Nutzungsberechtigten,** die ausschließliche Nutzungsrechte erworben haben, soweit es um die Verletzung dieser ausschließlichen Nutzungsrechte geht. Diese können dann sogar gegenüber Verletzungen seitens der Urheberberechtigten geltend gemacht werden (vgl. Kapitel 52).

6   Das **Urheberpersönlichkeitsrecht** ist grundsätzlich ein Recht, das nur der physischen Person zusteht, die als Schöpfer des betreffenden Werkes gilt. Es kann jedoch auch von den Verwertungs- und Nutzungsberechtigten für diese Persönlichkeiten wahrgenommen werden. Das ist wichtig, weil die Urheberpersönlichkeitsrechte weitergehen als die entsprechenden Schutzrechte aus dem Leistungsschutzrecht des Filmherstellers oder der Sendeanstalt.

7   Die Urheber- bzw. Nutzungsberechtigten haben bei **Rechtsverletzungen** die in den §§ 97 ff UrhG geregelten Ansprüche auf Unterlassung und Schadensersatz. Der § 97 UrhG gibt diese Ansprüche ausdrücklich bei Verletzung des Urheberrechts oder eines anderen nach diesem Gesetz geschützten Rechts, wozu nach §§ 31 ff UrhG die Nutzungsrechte gehören.

8   Bei der widerrechtlichen Verletzung gehen die Ansprüche auf **Beseitigung der Beeinträchtigung** und bei Wiederholungsgefahr auf Unterlassung. Bei Hinzutreten eines **Verschuldens** (Vorsatz oder Fahrlässigkeit) des Verletzers entstehen zusätzlich Ansprüche auf **Schadensersatz**. Es ist also bedeutsam, ob die Verletzung eines Urheber- oder Nutzungsrechts nur objektiv oder auch subjektiv geschieht.

9   Der häufigste Fall der Urheber- oder Nutzungsrechtsverletzung, der in der **Auswertung eines Filmwerks** in bestimmten Nutzungsarten **ohne** rechtsgültigen Erwerb der entsprechenden Nutzungsrechte besteht, wird auch eine subjektive Verletzung des Urheber- oder Nutzungsrechts sein, da mindestens Fahrlässigkeit vorliegen dürfte. Der Verwerter eines Filmwerks wird verpflichtet sein, sich möglichst weitgehende Gewißheit zu verschaffen, ob seiner Filmauswertung ein gültiger Rechtserwerb zu Grunde liegt. Er wird sich auch um die Frage der Zuverlässigkeit seiner Vertragspartner zu kümmern haben. Es sind aber Fälle denkbar, wo ihm weitere Erkundigungen in einer zumutbaren Weise nicht möglich sind oder wo ein nicht vorhersehbarer späterer Rechtsverlust eintritt. Man denke hier nur an den Rechtserwerb bei ausländischen Filmen, der durch mehrere Firmen vermittelt wird, oder an für den Erwerber nicht zugängliche Unterlagen über den Erwerb der erforderlichen Rechte an vorbestehenden Werken durch den Urheber oder Nutzungsberechtigten des Filmwerks. Hier wird der Verletzer insbesondere dann subjektiv entlastet sein, wenn bei seinen Vertragspartnern noch keine Rechtsverletzungen solcher Art branchebekannt geworden sind und sie in der Branche als seriös gelten.

10   Bei Verletzungen von Urheber- oder Nutzungsrechten durch **unzulässige Bearbeitung von Filmwerken** oder Teilen von Filmwerken in anderen Filmwerken oder sonstigen Werken wird wohl fast immer auch der subjektive Tatbestand bei dem Verletzer erfüllt sein. Die Übernahme und Bearbeitung setzt Kenntnis des Filmwerks voraus. Hier kann ein Entschuldigungsgrund nur darin liegen, daß der Erwerber eine Zustimmung der Urheber- oder Nutzungsberechtigten angenommen hat und annehmen durfte. Wenn eine solche Bearbeitung

oder Übernahme vorsätzlich geschehen ist, spricht man von *Plagiat*, ein Ausdruck, der in das UrhG keinen Eingang gefunden hat.

11   Für die **objektive** Verletzung genügt die **widerrechtliche** Bearbeitung oder Übernahme von Filmwerken oder Teilen von Filmwerken. Sie setzt voraus, daß ein Urheberrecht oder Nutzungsrecht am Filmwerk entstanden ist, das verletzt werden kann, d. h., daß mindestens mit den Herstellungsarbeiten an dem betreffenden Film begonnen worden sein muß (§ 23 UrhG). Vorher kann es nur um die Verletzung eines Verfilmungsrechts gehen. Wenn mehrere Hersteller unabhängig und ohne Kenntnis voneinander zwei gleichartige filmische Bearbeitungen herstellen, gilt der Grundsatz der **Priorität.** Das geht aus dem klaren Wortlaut der Bestimmungen des UrhG für die objektive Rechtsverletzung hervor. Für einen Rechtsschutz von zwei selbständig nebeneinander bestehenden Werken im Sinne der **Doppelschöpfung** (s. u. Rechtslehre) läßt das Gesetz keinen Raum. Sobald einmal ein Recht an einem Filmwerk entstanden ist, handelt derjenige, der später kommt, *wider dieses Recht* und kann aus einer solchen objektiven Rechtsverletzung kein gleichartiges neues Recht mehr gegenüber dem Ersterwerber dieses Rechts begründen.

12   Die Ansprüche wegen Verletzung des Urheber- oder Nutzungsrechts an einem Filmwerk sind zu unterscheiden von den **Ansprüchen** wegen Verletzungen von Urheber- oder Nutzungsrechten an **vorbestehenden Werken.** Hier kommen vor allem Ansprüche wegen Verletzungen des Verfilmungsrechts als Urheber- oder Nutzungsrecht an einem vorbestehenden filmunabhängigen oder filmbestimmten Werk in Betracht. Dabei tauchen hier bei gleichzeitiger Verfilmung ohne Kenntnis voneinander die o. e. Probleme auf und sind im gleichen Sinn zu lösen. Reine *Ideen* sind nicht schutzfähig.

13   Das UrhG kennt noch eine Reihe von **Einzelvorschriften** im Hinblick auf die Ansprüche bei Rechtsverletzungen. Der **§ 98 UrhG** enthält den Anspruch auf Vernichtung aller rechtswidrig hergestellten und verbreiteten Vervielfältigungsstücke. Der **§ 99 UrhG** gibt einen Anspruch auf Überlassung von Vervielfältigungsstücken gegen angemessene Vergütung. Der **§ 100 UrhG** legt die Verantwortung für ein Unternehmen fest, in dessen Rahmen Arbeitnehmer oder Beauftragte ein geschütztes Werk widerrechtlich verletzt haben, wobei auch hier der objektive Tatbestand genügt. Der **§ 101 UrhG** gibt Regeln für die Abgeltung bestimmter Ansprüche durch Geldentschädigung. In **§ 102 UrhG** wird die Verjährungsfrist für die Schadensersatzansprüche auf 3 Jahre von dem Zeitpunkt an festgelegt, an welchem der Verletzte von dem Schaden und der Person des Ersatzpflichtigen Kenntnis erlangt.

14   In einem besonderen Abschnitt werden die **strafrechtlichen Folgen** von Urheberrechtsverletzungen geregelt. Sie sind vor allem bedeutsam in dem besonders krassen Fall der Verletzung von Urheber- und Nutzungsrechten, wie er in Gestalt der sog. *Filmpiraterie* zu Tage tritt. Hier liegt ein besonders intensiver Verletzungsvorgang vor, da der Verletzer bewußt auf illegale Weise mit Verwertungs- und Nutzungsrechten handeln will. Hier sind deshalb sowohl die zivilrechtlichen Maßnahmen durch einstweilige Verfügungen und Klageverfahren sowie strafrechtliche Maßnahmen durch entsprechende Strafanträge möglich. Bei der Geltendmachung der Rechte gegenüber der Filmpiraterie kann sich der Verleiher ausländischer Filme auf den Erwerb entsprechender Rechte an der deutschen Synchronfassung des Films berufen. Das erspart ihm die Notwendigkeit der Vorlage der Unterlagen hinsichtlich des Erwerbs entsprechender Rechte von dem Filmhersteller, denn auf jeden Fall wird durch die Piraterie seine deutsche urheberrechtlich geschützte Synchronfassung verletzt, an der er im Zweifel die Nutzungsrechte erworben hat. Zu beachten ist hier freilich, daß bestimmte Rechte (z. B. Videokassetten-Auswertung) erst von dem Zeitpunkt an übertragen werden konnten und können, zu dem sie technisch benutzbar geworden sind (z. B. Video erst nach 1971), so daß für Verträge vor diesem Datum ein besonderer Nachtrag erforderlich erscheint, wenn die betreffenden Nutzungsrechte erworben werden sollen.

15   In der **Rechtsprechung** hat zur Frage einer Urheberrechtsverletzung durch Übernahme der äußeren Aufmachung von Romangestalten in eine Filmhandlung und zur Ergänzung des Urheberrechtsschutzes durch Schutzvorschriften des BGB und des UWG der BGH in einem Urteil vom 15. 11. 1957 (NJW 1958, S. 459) folgende richtungsweisende Leitsätze aufgestellt:

,,Treten Figuren einer Filmhandlung in einer äußeren Aufmachung auf, die für Romangestalten eines bestimmten Autors typisch ist (hier Sherlock Holmes und Dr. Watson), um auf diese Weise den übrigen Trägern der Filmhandlung – nicht dagegen dem Filmzuschauer – vorzuspielen, sie seien mit den Romangestalten identisch, so kann hierin allein keine Verletzung der Urheberrechte am Roman erblickt werden. Zur Abwehr einer unlauteren Ausnutzung schöpferischer Arbeitsleistungen treten ergänzend neben den Urheberschutz die allgemeinen Vorschriften des BGB und des UWG. Soweit es um den Schutz der schöpferischen Leistung als solcher geht, sind jedoch für die Frage, ob und inwieweit andere Urheber diese Leistung für ihr eigenes Schaffen nutzen dürfen, allein die Sondervorschriften des Urheberrechtes maßgebend . . .".

16   Die in der **Rechtslehre** von *Fromm/Nordemann* aufgeführte *Doppelschöpfung,* bei der beide Werke **nebeneinander** geschützt sein sollen (aaO § 24, Anhang 11), ist aus den o. g. Gründen abzulehnen. Abgesehen davon, daß die *Doppelschöpfung* wohl nur ein rein theoretisch vorkommender Fall ist, muß schon aus Gründen der **Rechtssicherheit** und **-klarheit** am **Prioritätsgrundsatz** in solchen Fällen festgehalten werden. Der Meinung von *Fromm/Nordemann* kann daher nicht gefolgt werden.

17   Über Begriff und Geschichte des **Plagiats** s. *Kastner* ,,Das Plagiat – literarische und rechtliche Aspekte" (NJW 1983, S. 1151).

18   In der **Rechtsprechung** ist anerkannt, daß die **Video-Piraterie** als rechtswidrige Verbreitung und Vervielfältigung von Videokassetten eine strafrechtlich relevante Urheberrechtsverletzung darstellt (vgl. u. a. AG Braunschweig, Az.: 10 Ds 138 Js 41987/82; Schöffengericht Tiergarten Berlin, Az.: 1 We Ls 119/82; Schöffengericht Emden, Az.: 15 Ls 4 Js 442/82; LG Bochum, Az.: 6 KLs 9 a Js 1070/80; AG Hamburg, Az.: 32 b–323/72). Bezüglich einer rechtswidrigen öffentlichen Vorführung s. AG Heidenheim (Az.: 7 Js 1626/82).

19   In der **Rechtslehre** vertritt *Hentschel* in FILM und RECHT Nr. 5 1982, und Nr. 7/8 1983 die Auffassung, daß sich der Erwerber von rechtswidrig vervielfältigten und verbreiteten Raubkassetten der **Hehlerei** gemäß § 259 StGB schuldig machen kann. Die rechtswidrige Vervielfältigung und Verbreitung von Videokassetten stelle sich als Vortat im Sinne der Hehlerei dar.

20   Die neuerdings von Video-Programmanbieterfirmen veranlaßte Einprägung des Firmenzeichens oder Firmenstempels in das Videokassetten-Gehäuse stellt sich als **Urkunde** dar, mit deren Hilfe im Rechtsverkehr Beweis über die Identität der Videokassetten der Video-Programmanbieterfirma angetreten werden kann, so daß deren Anbringung auf rechtswidrig hergestellten Kassetten eine Urkundenfälschung darstellt.

54. Kapitel. Die Vervielfältigung zum persönlichen Gebrauch

1   Die in § 53 **UrhG** niedergelegte Zulässigkeit der Herstellung einzelner Vervielfältigungsstücke eines Werkes zum persönlichen Gebrauch als Ausnahme vom Urheberrechtsschutz hat auch für Filmwerke Bedeutung. In der Praxis kommen hier z. Zt. vor allem die Aufnahme von Fernsehsendungen mittels Video-Rekorder auf Videokassetten und die Überspielung einer bespielten Videokassette auf eine Leerkassette im Rahmen der Haushalte (**Home-Video**) in Frage. Es ist zu erwarten, daß sich wegen der starken technischen Entwicklung auf dem Mediengebiet sehr bald weitere Möglichkeiten dieser Nutzungsart ergeben werden.

2 Der § 53 UrhG ist nicht dahin auszulegen, daß dem Urheber dieses Verwertungsrecht überhaupt nicht zusteht. Aus § 53 Abs. 5 UrhG mit dem Vergütungsanspruch der Urheber der benutzten Werke gegen die Hersteller entsprechender Geräte, also mit einer Abgeltung der betreffenden Urheberrechte, ergibt sich vielmehr, daß es sich hier um eine **Zwangslizenz** handelt.

3 Als **Ausnahme vom Urheberrechtsschutz** sind die in § 53 Abs. 1 UrhG aufgeführten Begriffe auch für Filmwerke **eng auszulegen**. Es ist nur die **Vervielfältigung** solcher Filmwerke erlaubt, also die Herstellung weiterer Werkexemplare (§ 16 UrhG) und nicht deren Verbreitung, also nicht deren Weitergabe für den allgemeinen Verkehr (§ 17 UrhG) oder gar deren öffentliche Vorführung o. ä. m. Das durch die Vervielfältigung hergestellte Werkexemplar darf nur persönlich benutzt werden, also nicht dem Gebrauch durch Dritte dienen. Das schließt nicht nur jede gewerbliche oder sonstige entgeltliche (Verkauf, Vermietung etc.) und jede öffentliche Nutzung (Vorführung) aus, sondern auch jedes Verschenken oder Ausleihen im privaten Bereich, denn *persönlich* ist enger als *privat,* umschließt also nicht die ganze private Sphäre (Familie im weiteren Sinne) als Gegensatz zur öffentlichen Sphäre. Die Vervielfältigungsstücke dürfen eben nur in den *vier Wänden,* evtl. mit Gästen benutzt werden.

4 Durch § 53 UrhG ist es nicht gedeckt, wenn eine Kassette **illegal** vervielfältigt und verbreitet wird, auch wenn dies der Verwendung zum *persönlichen Gebrauch* dienen soll. Wenn also z. B. ohne Berechtigung von einer Filmkopie, die für das Filmtheater bestimmt ist, eine Kassette hergestellt und diese dann zum persönlichen Gebrauch benutzt wird, so ist der vorangegangene Vervielfältigungs- und Verbreitungsvorgang nicht durch den zulässigen Gebrauch nach § 53 UrhG gestattet.

5 Der § 53 UrhG begründet zwar ein besonderes Nutzungsrecht, das aber als technische Nutzungsart ein **Unterfall des allgemeinen Vervielfältigungsrechts** des § 16 UrhG ist. Es ist der Bestimmungszweck des persönlichen Gebrauchs, der hier den Unterschied ausmacht. So fällt z. B. die Aufnahme einer Fernsehsendung auf eine Videokassette zu **gewerblichen Zwecken** nicht unter den § 53 UrhG, sondern unter den § 16 UrhG. Das ist bedeutsam im Hinblick auf § 92 UrhG, so daß ausübenden Künstlern beim Filmwerk diese Rechte gemäß ihrem Charakter als Vervielfältigungsrecht nicht zustehen. Das ist ferner wichtig für die Rechtsübertragung, so daß bei Übertragung **sämtlicher Vervielfältigungsrechte** auch dieses Recht nach § 53 UrhG als mitübertragen gilt, nicht jedoch bei der Übertragung sämtlicher Senderechte. Die Urheberberechtigten am Filmwerk und seinen vorbestehenden Werken können also das Recht auf den Filmhersteller übertragen sowie es dieser an Dritte (z. B. Filmverleiher) weiterübertragen kann. Soweit man entgegen der hier vertretenen Auffassung den ausübenden Künstlern auch beim Filmwerk das Recht aus § 53 UrhG zubilligen sollte, geht dieses Recht, soweit es die Filmschaffenden betrifft, im Rahmen der allgemeinen Bedingungen der Normalverträge und der Tarifordnung (ebenso wie bei den urheberberechtigten Filmschaffenden) auf den Filmhersteller über. Der Übergang der entsprechenden Rechte auf den Filmhersteller ist auch **wirtschaftlich** gerechtfertigt, da ihm durch die Überspielung zum persönlichen Gebrauch andere Auswertungsmöglichkeiten für den Film (Wiedereinsatz im Filmtheater, Vermietung oder Verkauf als Videokassetten u. ä. m.) beeinträchtigt werden (s. Kapitel 52, 85 und 86).

6   Der § 53 Abs. 5 UrhG regelt die Ansprüche der betreffenden Urheber gegen die **Geräteindustrie** durch eine Abgabe der Gerätehersteller an einen Fonds, der an die Berechtigten zu verteilen ist, wobei deren Ansprüche nur durch eine Verwertungsgesellschaft geltend gemacht werden können. Dabei entstehen Forderungen an den Fonds auch für ausländische Filme, von denen Vervielfältigungsstücke (z. B. von deren Fernsehausstrahlung) hergestellt werden können, selbst wenn es in dem entsprechenden Heimatland keine solchen Rechte gibt, da sowohl die *Berner Übereinkunft* wie das *Welturheberrechtsabkommen* keine Gegenseitigkeit verlangen.

7   Die Forderungen der Berechtigten betreffen nach dem klaren Gesetzeswortlaut immer nur die **Vervielfältigung,** denn es heißt in § 53 UrhG ... *zum persönlichen Gebrauch vervielfältigt wird* ... und nicht etwa die reine Wiedergabe eines Vervielfältigungsstückes. So kann z. B. für das Abspielen gemieteter oder gekaufter Kassetten auf dem Fernsehschirm keine Vergütung aus der Zwangslizenz verlangt werden (da dies schon durch die Lizenz für den Videovertrieb abgegolten ist), sondern nur für das Abspielen vom Fernsehschirm auf eine Leerkassette oder von einer überspielten Kassette auf eine Leerkassette.

8   Für die **Verwertungsgesellschaften** gilt das **Gesetz über die Wahrnehmung von Urheberrechten und verwandten Schutzrechten** vom 9. 9. 1965. Danach ist eine Erlaubnis zum Geschäftsbetrieb einer solchen Verwertungsgesellschaft notwendig, die freilich nur versagt werden kann, wenn die Satzung der Verwertungsgesellschaft nicht den Vorschriften des Gesetzes entspricht, wenn die maßgebenden Personen der Verwertungsgesellschaft nicht die nötige Zuverlässigkeit besitzen oder wenn die wirtschaftliche Grundlage der Gesellschaft eine wirksame Wahrnehmung der Rechte nicht erwarten läßt. Eine solche Verwertungsgesellschaft muß deshalb nachweisen, daß sie auf einer soliden finanziellen Basis errichtet ist und daß sie eine genügende Zahl von Rechten wahrzunehmen hat, die ihr von den Urheberberechtigten zu diesem Zweck übertragen worden sind, so daß ein ausreichender Geschäftsbetrieb gewährleistet ist. Für die Verwertungsgesellschaft gibt es einen **Wahrnehmungszwang** für alle Urheberberechtigten, welche die satzungsgemäßen Voraussetzungen (also z. B. eine bestimmte Art von Filmen) erfüllen, **nicht** jedoch einen **Aufnahmezwang** für diese Urheberberechtigten. Von besonderer Bedeutung ist die Vorschrift, daß zur angemessenen Wahrung der Belange der Urheberberechtigten eine gemeinsame Vertretung zu bilden ist, d. h. also, daß hier ein besonderer Beirat die entsprechenden Rechte wahrzunehmen hat. Dieser **Beirat** hat einen bestimmten **Verteilungsplan** nach allgemeinen und individuellen Prinzipien aufzustellen (z. B. Häufigkeit des Überspielens von Kassette auf Kassette, Sendezeiten und Einschaltquoten bei Fernsehsendungen, die auf Kassette aufgenommen werden können u. ä. m.). Bei dem Verteilungsplan soll gemäß dem GEMA-Prinzip eine Bevorzugung kulturell bedeutsamer Werke stattfinden.

9   Die zuständige **Behörde** zur Erlaubniserteilung und zur Aufsicht über die Verwertungsgesellschaft ist das **Patentamt.** Für Streitigkeiten zwischen den Beteiligten ist eine besondere Schiedsstelle vorgesehen.

10   Zur Frage des urheberrechtlichen Verbrauchs in der **Rechtsprechung** wird auf die widerstreitenden Entscheidungen des OLG Frankfurt/Main vom 21. 1. 1982 und des OLG Hamm vom 12. 5. 1981 verwiesen (vgl. Kapitel 52).

11   Wie hier in der **Rechtslehre** *Fromm/Nordemann* (aaO § 53/1 bis 10) unter besonderer Kritik des Abs. 5 des § 53 UrhG. Ebenso wie hier auch *von Gamm* (aaO § 53/1 bis 18) und *Möhring/Nicolini* (aaO § 51/1 bis 11) sowie *Ulmer* (aaO § 64, S. 299 bis 303) und *Rehbinder* (aaO S. 7).

55. Kapitel. Die Zwangsvollstreckung in die Rechte am Filmwerk

1   Für die Zwangsvollstreckung in das **Urheberrecht am Filmwerk** (im Hinblick auf sämtliche Verwertungsmöglichkeiten) und in die einschlägigen Urheberrechte an filmunabhängigen oder filmbestimmten **vorbestehenden** Werken (z. B. Verfilmungsrecht) gilt der § 113 UrhG, wonach die Zwangsvollstreckung gegen den Urheber wegen Geldforderungen in das Urheberrecht nur mit seiner **Einwilligung** und nur insoweit zulässig ist, als er Nutzungsrechte einräumen kann. Die Einwilligung bedeutet eine vorherige Zustimmung, so daß eine nachherige Genehmigung nicht genügt. Die Einwilligung kann auf einzelne Verwertungsarten gemäß der Möglichkeit der Vergabe der Nutzungsrechte für verschiedene Nutzungsarten beschränkt werden (z. B. Einwilligung nur zur Zwangsvollstreckung in die Kinoauswertung oder Fernsehauswertung oder Videoauswertung u. ä. m.). Beim Filmwerk ist noch besonders zu beachten, daß, falls die Urheberrechte mehreren Beteiligten zustehen, die Zwangsvollstreckung nur möglich ist, wenn alle **Miturheber** einwilligen.

2   Die Einwilligung in die Zwangsvollstreckung kann von dem Urheberberechtigten nicht mehr erteilt werden, soweit er **ausschließliche Nutzungsrechte** für das Filmwerk vergeben hat. Durch diese Einräumung ausschließlicher Nutzungsrechte hat nämlich der Urheberberechtigte die Verfügungsmöglichkeit über die betreffenden Verwertungsrechte verloren und kann dann auch nicht in eine Zwangsvollstreckung hinsichtlich dieser Verwertungsrechte einwilligen. Das gleiche gilt, wenn der Urheberberechtigte zwar keine ausschließlichen Nutzungsrechte vergeben, aber eine Sperre bestimmter Verwertungsrechte mit dinglicher Wirkung vereinbart hat. Wenn also ein Autor die ausschließlichen Verfilmungsrechte an seinem Werk oder ein urheberberechtigter Filmregisseur die ausschließlichen Auswertungsrechte an seinem Filmwerk auf einen Produzenten übertragen haben, so kann in diese Rechte gegenüber dem Urheberberechtigten keine Zwangsvollstreckung mehr stattfinden. Dasselbe gilt, wenn die betreffenden Urheberberechtigten dem Produzenten gegenüber eine Sperre für bestimmte Verwertungsarten zugesagt haben.

3   Für die Zwangsvollstreckung in die Nutzungsrechte am Filmwerk oder die Nutzungsrechte an vorbestehenden filmunabhängigen oder filmbestimmten Werken gelten keine besonderen Vorschriften, sondern die **allgemeinen Bestimmungen der ZPO und des BGB**. Danach kann grundsätzlich in diese Rechte wegen Forderungen gegenüber dem Nutzungsberechtigten die Zwangsvollstreckung betrieben werden. Die Zwangsvollstreckung ist freilich nach § 399 BGB i. V. mit § 851 ZPO ausgeschlossen, soweit die betreffenden Nutzungsrechte nicht frei übertragbar sind. Wenn also z. B. ein Autor die Verfilmungsrechte nur einem bestimmten Produzenten oder ein Produzent die Nutzungsrechte für den Verleih nur einem bestimmten Verleiher ohne Befugnis der Weiterübertragung überlassen hat, so kann in diese Nutzungsrechte keine Zwangsvollstreckung gegenüber dem Filmhersteller bzw. Filmproduzenten betrieben werden. Dasselbe gilt, wenn ein Miturheberberechtigter am Filmwerk die Weiterübertragung der Nutzungsrechte an diesem Filmwerk ohne seine Einwilligung ausgeschlossen hat.

4   Von Bedeutung kann in diesem Zusammenhang der Umstand sein, daß das **Urheberpersönlichkeitsrecht** grundsätzlich nicht übertragbar ist. So könnte z. B. die Zwangsvollstreckung in ausschließliche Nutzungsrechte des Filmherstellers unzulässig sein, wenn dadurch die Gefahr besteht, daß das unübertragbare Urheberpersönlichkeitsrecht des Urheberberechtigten verletzt würde (ein Autor hat z. B. das Verfilmungsrecht an seinem Werk einem Produzenten gegeben, weil er von ihm eine werkgerechte Verfilmung erwartet hat und die Zwangsvollstrekkung gegen den Hersteller könnte zur Folge haben, daß dieses Recht auf einen Filmhersteller übergeht, von dem der Autor nicht das gleiche zu erwarten hat).

5   Zu beachten ist noch, daß die **Zwangsvollstreckung** gegen den Rechtsnachfolger des Urhebers im Sinne der Gesamtrechtsnachfolge (§ 30 UrhG), also z. B. seinen Erben, grundsätzlich ohne Einwilligung zulässig ist, wenn das Werk bereits erschienen ist. Was für die Zwangsvollstreckung in die Urheber- und Nutzungsrechte gilt, muß gleichermaßen für das materielle Substrat des Filmwerks (Filmkopie, Kassette etc.) gelten, da beide in der Auswertung und damit auch in der Zwangsvollstreckung nicht voneinander zu trennen sind.

6   Wie hier in der **Rechtslehre:** *Fromm/Nordemann* (aaO § 113/1 bis 2); *von Gamm* (aaO § 113/1 bis 8); *Möhring/Nicolini* (aaO § 131/1 bis 5) und *Ulmer* (§ 135, S. 572 bis 576).

56. Kapitel. Verjährung der Urheberrechte an Filmwerken

1   Da der Filmhersteller kein originäres Urheberrecht, sondern nur ein Leistungsschutzrecht an dem Filmwerk erhält, kommen ihm die Vorschriften über die Dauer des Urheberrechts der §§ 64 ff UrhG nicht unmittelbar zugute. Dagegen gelten sie für alle **physischen Personen,** die Urheberrechte am Filmwerk oder seinen vorbestehenden Werken erworben haben. Dazu gehören z. B.: Autoren, Komponisten, Filmregisseure, Filmarchitekten, Filmausstatter, Filmchoreographen, Filmzeichner o. ä. m.

2   Das Urheberrecht dieser Urheberberechtigten am Filmwerk erlischt nach § 64 UrhG **70 Jahre nach dem Tode des Urhebers.** Nach § 65 UrhG gilt bei Miturhebern für die Frist der Tod des längstlebenden Miturhebers. Daraus ergibt sich, daß ein Filmwerk für seine Urheber bis zu 70 Jahren nach deren Tod geschützt ist.

3   Diese Fristen für die Dauer des Urheberrechts kommen **mittelbar dem Filmhersteller zugute.** Das gilt, soweit er die entsprechenden Nutzungsrechte von den Urheberberechtigten erworben hat. Wenn er also solche Nutzungsrechte auch nur von einem Urheberberechtigten auf die volle Dauer dieses Urheberrechts erhalten hat, so behält er praktisch die Rechte an dem Filmwerk bis 70 Jahre nach dem Tode dieses Urhebers.

5. Abschnitt. Die Leistungsschutzrechte am Filmwerk

57. Kapitel. Die verschiedenen Leistungsschutzrechte am Filmwerk

1   An der Herstellung des Filmwerks sind in der überwiegenden Zahl der Fälle **mehrere Mitwirkende** beteiligt. Das ergibt sich aus den zahlreichen Funktionen organisatorischer, finanzieller, wirtschaftlicher, technischer und künstlerischer Art, die bei der Herstellung eines Filmwerks zu erfüllen sind. Der Einmannfilm, bei dem Hersteller, Autor, Regisseur, Kameramann, evtl. Darsteller u. ä. m. identisch sind, bildet die Ausnahme. Die Herstellung des Filmwerks ist eine Gemeinschaftsarbeit im Sinne koordinierter Zusammenarbeit *(Teamwork)*.

2   Die verschiedenen Mitwirkenden beim Filmwerk werden teils **schöpferisch,** teils **ausübend,** teils rein **organisatorisch-technisch** oder **kaufmännisch** tätig. Das bedeutet rechtlich, daß beim Filmwerk zwischen den Urheberberechtigten, den Leistungsschutzberechtigten und den sonstigen Kräften zu unterscheiden ist. Dabei steht ein Leistungsschutzrecht den ausübenden Künstlern, die bei der Herstellung des Filmwerks mitwirken (§ 92 UrhG), und dem Filmhersteller zu (§ 94 UrhG). Das Leistungsschutzrecht der ausübenden Künstler beim Filmwerk ist ein Unterfall des allgemeinen Leistungsschutzrechts *(verwandtes Schutzrecht)* der ausübenden Künstler, das auf die besonderen Belange der Filmherstellung eingerichtet ist. Das Leistungsschutzrecht des Filmherstellers ist ein besonderes gesetzliches Schutzrecht für den Filmhersteller, dem keine originären Urheberrechte, sondern nur derivative Nutzungsrechte an dem Filmwerk zustehen.

3   Die Behandlung der verschiedenen Leistungsschutzrechte am Filmwerk macht es erforderlich, deren **Träger** zu bestimmen, wobei es um die Begriffe des Filmherstellers und der ausübenden Künstler geht. Ferner sind der Umfang der Leistungsschutzrechte beim Filmwerk und deren Schranken zu behandeln.

4   Unter **Filmwerk** sind auch in diesem Abschnitt Filme in allen Arten und Formaten und für alle möglichen Zwecke zu verstehen. Insoweit kann auf die entsprechende Begriffsbestimmung im vorigen Abschnitt Bezug genommen werden (s. dort Kapitel 46 und Kapitel 47). Über die **Urheberberechtigten** am Filmwerk s. Kapitel 49.

58. Kapitel. Der Begriff des Filmherstellers nach dem UrhG

1   Als Inhaber besonderer gesetzlicher Rechte bedarf die Person des Filmherstellers einer exakten Begriffsbestimmung. Da das UrhG den Filmhersteller weder unmittelbar noch mittelbar definiert, muß die Definition aus **allgemeinen Kriterien** entnommen werden. Dabei kann als Ausgangspunkt die Begriffsbestimmung des § 15 FFG dienen, wonach Filmhersteller diejenige Person ist, welche die Verantwortung für die Durchführung des Filmvorhabens trägt (§ 15 FFG). Es ist freilich einschränkend zu berücksichtigen, daß es bei der Begriffsbestimmung des FFG um förderungsrechtliche Gesichtspunkte geht, während bei der Begriffsbestimmung des UrhG urheberrechtliche Grundsätze maßgebend sein müssen. Das bedeutet, daß der Herstellerbegriff des FFG stärker auf fachliche Qualifikation als Produzent und der Herstellerbegriff des UrhG mehr auf die Rechtsinhaberschaft abstellen muß.

2   Zur Durchführung eines Filmvorhabens gehören organisatorische, wirtschaftliche, finanzielle, künstlerische und rechtliche Tätigkeiten. Die Verantwortung für diese Tätigkeiten trägt, wer hierüber in **letzter Instanz zu entscheiden** hat. Dabei kann es sich sowohl um eine physische wie um eine juristische Person handeln. Im einzelnen umfassen diese Tätigkeiten des Filmherstellers die im Folgenden erwähnten Funktionen.

3   Zur **organisatorischen** und technischen Durchführung des Filmvorhabens zählen: Initiative für ein Filmprojekt, Planung und Entwicklung des Filmprojekts (Bestimmung des zu verfilmenden Stoffes, Vergabe von Treatment und Drehbuchentwürfen), Festlegung der Mitglieder des künstlerischen und technischen Stabes und der Filmschaffenden, Schaffung der technischen Voraussetzungen für die Dreharbeiten, Festlegung des Drehplans, der Synchronisation und Mischung, Überwachung der Dreharbeiten, Vermarktung des fertigen Films (Verleih- und Vertriebsverträge).

4   Zu den **wirtschaftlichen** Aufgaben bei der Durchführung des Filmvorhabens rechnen: Festlegung der Kalkulation des Filmvorhabens, Überwachung der Einhaltung dieser Kalkulation, Tragung des wirtschaftlichen Risikos bei der Filmherstellung, vor allem auch der Überschreitungskosten.

5   Die **finanziellen** Leistungen bei der Durchführung des Filmvorhabens enthalten: Aufstellung des Finanzierungsplans, Besorgung der Mittel für die Filmherstellung von den Eigenmitteln über die Verleih- und Vertriebsgarantien, private und öffentliche Kredite bis zu den verschiedenen Arten von Förderungshilfen.

6   Die **künstlerische** Leistung bei der Durchführung des Filmvorhabens (wobei hier kein künstlerischer Qualitätsbegriff, sondern die allgemeine filmische Gestaltung gemeint ist) umschließt die Koordinierung der künstlerischen Kräfte, die an dem Filmwerk mitarbeiten, und die bei der dem Film eigenen Teamarbeit besonders wichtig ist.

7   Zu den **rechtlichen** Aufgaben bei der Durchführung der Filmproduktion gehören: Der Erwerb der Verfilmungsrechte an vorbestehenden Werken und der Nutzungsrechte an den Leistungen der Urheberberechtigten und der Leistungsschutzberechtigten, die an dem Filmwerk mitgearbeitet haben, so daß der Filmhersteller alle Nutzungsrechte an dem Filmwerk erhält, die für die vorgesehene Filmauswertung erforderlich sind.

8   Es ist offensichtlich, daß **eine** physische oder juristische Person diese sämtlichen Funktionen **nicht allein** ausüben kann. Bei einer juristischen Person als Filmhersteller werden die Funktionen von Inhabern, Geschäftsführern und leitenden Angestellten übernommen. Es können aber auch einzelne Funktionen an freie Mitarbeiter delegiert werden. Der Filmhersteller als physische Person wird ebenfalls einzelne Funktionen an leitende Angestellte oder freie Mitarbeiter delegieren müssen. Für die Erfüllung des Herstellerbegriffs ist jedoch nötig, daß die **Oberleitung** und die **letzte Entscheidung** für die erwähnten Aufgaben dem Filmhersteller als physische Person oder dem Inhaber bzw. Geschäftsführer des Filmherstellers als juristische Person zustehen müssen.

9   Der Begriff des Filmherstellers nach § 94 UrhG setzt **keine** persönliche geistige Schöpfung der erwähnten Personen voraus, da es hier um ein gesetzlich festgelegtes Leistungsschutzrecht und nicht um ein Urheberrecht geht. Soweit die betreffenden Personen bei der Durchführung der Filmherstellung persönliche geistige, schöpferische Leistungen vollbringen, stehen ihnen an diesen Leistungen und damit am Filmwerk zusätzlich Urheberrechte zu.

10   **Zusammenfassend** ist der Begriff des Filmherstellers dahingehend zu **definieren,** daß Filmhersteller im urheberrechtlichen Sinne des § 94 UrhG diejenige physische oder juristische Person ist, die als letzte entscheidende Instanz die organisatorischen, wirtschaftlichen, finanziellen, künstlerischen und rechtlichen Aufgaben bei der Durchführung des Filmvorhabens wahrnimmt, wobei dem notwendigen Rechtserwerb für die Herstellung und Auswertung des Filmwerks im Zweifelsfall die entscheidende Bedeutung zukommt. Dieser **Rechtserwerb** ist für die Herstellereigenschaft unerläßlich und das Minimum für die Begründung des Herstellerbegriffes.

11   Den Leistungsschutz als Filmhersteller nach § 94 UrhG genießen auch **ausländische Unternehmen** mit Sitz im Inland (§ 128 Abs. 1 UrhG). Andere ausländische Unternehmen nehmen an ihm nach dem Inhalt der Staatsverträge teil (§ 128 i. V. mit § 126 Abs. 3 UrhG), wobei die wesentlichen Staaten der westlichen Welt dem Rom-Abkommen vom 26. 10. 1961 und/oder dem Genfer Tonträgerabkommen von 1971 angehören, die den Grundsatz der Inländerbehandlung anerkennen (Einzelheiten s. bei *Fromm/Nordemann* zu den §§ 125 und 126 UrhG).

12   Als besondere Formen der Filmherstellung sind im folgenden die **Gemeinschaftsproduktion** und die **Auftragsproduktion** zu erörtern, da sie in der Praxis des Filmgeschäfts eine wichtige Rolle spielen. Sie werfen einige Probleme hinsichtlich der Qualifikation der Partner als Filmhersteller im urheberrechtlichen Sinne auf.

13   Zum Begriff des Filmherstellers in der **Rechtsprechung** vgl. BGH in UFITA Bd. 55, S. 313. In der **Rechtslehre** s. *Fromm/Nordemann* aaO § 94 Ziff. 6, der es jedoch zu sehr auf die organisatorischen und zu wenig auf die rechtlichen Umstände abstellt.

59. Kapitel. Die Gemeinschaftsproduktion

1   Eine Gemeinschaftsproduktion liegt vor, wenn zwei oder mehr Partner ein Filmwerk gemeinsam herstellen. Dabei kann es sich um mehrere deutsche Produktionsfirmen (sog. **intern-deutsche Gemeinschaftsproduktion**) oder um deutsche und ausländische Produktionsfirmen (sog. internationale **Co-Produktion**) als Partner handeln.

2   In den meist schriftlich abgeschlossenen **Gemeinschaftsproduktionsverträgen** wird **üblicherweise** festgelegt, daß die Vertragspartner Entscheidungen auf den für die Filmherstellung wesentlichen organisatorischen, technischen, wirtschaftlichen, finanziellen, künstlerischen und rechtlichen Gebieten **gemeinsam** treffen und tragen. Soweit einer der Gemeinschaftsproduzenten als federführender oder ausführender Produzent (auch *executive producer* genannt) bestimmt wird, kann er nach außen hin die für die Filmherstellung wesentlichen Tätigkeiten allein ausüben, muß sich jedoch im Innenverhältnis mit dem Vertragspartner abstimmen und die erworbenen Leistungen in die Gemeinschaftsproduktion einbringen. Jeder Vertragspartner hat das wirtschaftliche Risiko bei der Filmherstellung mitzutragen. Die Nutzungs- und Leistungsschutzrechte an dem Film und das Eigentum an seinem Negativ stehen den Vertragspartnern gemeinsam zu. Die intern-deutsche Gemeinschaftsproduktion wird häufig nach Fertigstellung der 0-Kopie des Films zwecks Ersparung von Gewerbesteuern aufgelöst.

3   Der Vertragspartner einer Gemeinschaftsproduktion kann nur dann als Filmhersteller (bzw. Mithersteller) im urheberrechtlichen Sinne anerkannt werden, wenn er bei den für die Filmherstellung wesentlichen Tätigkeiten auf den im vorigen

Kapitel erwähnten Gebieten entscheidend **mitgewirkt** oder wenigstens **mitbestimmt** hat. Zu diesen Tätigkeiten gehören: Auswahl von und Abschlüsse über Stoff, Buch, Musik und Besetzung der wichtigen Kräfte des künstlerischen und technischen Stabes des Films; Aufstellung der Kalkulation und Besorgung der Finanzierung des Films; Festlegung und Überwachung der Durchführung der Dreharbeiten sowie der Durchführung von Schnitt, Synchronisation und Mischung des Films; Auswahl und Abschlüsse über die Auswertung des Films (Verleih- und Vertriebsverträge). Ferner muß jeder Gemeinschaftsproduzent wirtschaftliches Risiko im Rahmen der Filmherstellung tragen und Mitinhaber der Nutzungs- und Leistungsschutzrechte und des Eigentums am Negativ des Gemeinschaftsfilms sein. Die Gemeinschaftsproduzenten können ihre Nutzungsrechte an dem Gemeinschaftsfilm auch getrennt nach Nutzungsarten (z. B. bei Film/Fernseh-Gemeinschaftsproduktionen) oder nach Nutzungsgebieten (z. B. meist bei internationalen Gemeinschaftsproduktionen) untereinander aufteilen, ohne den Rechtscharakter der Produktion als Gemeinschaftsproduktion und der Partner als Filmhersteller im urheberrechtlichen Sinne zu ändern. Als Beweismittel für das Vorliegen einer Gemeinschaftsproduktion kann dienen, wenn im Vorspann und in der Werbung der Film als eine Gemeinschaftsproduktion unter Benennung der Gemeinschaftsproduzenten aufgeführt wird.

4   Die Gemeinschaftsproduktion charakterisiert sich rechtlich als eine **Gesellschaft des bürgerlichen Rechts,** da die Vertragspartner zur Erzielung eines gemeinsamen Zweckes (Herstellung des Filmwerks) zusammen tätig werden. Es finden deshalb ergänzend zu den jeweiligen Vertragsbestimmungen die Vorschriften der §§ 705 ff BGB Anwendung. Wenn die Vertragspartner zur gemeinsamen Filmherstellung eine juristische Person gründen (z. B. OHG oder KG oder GmbH o. ä. m.), so liegt keine Gemeinschaftsproduktion mehr vor, sondern die juristische Person selbst wird alleiniger Filmhersteller.

5   Soweit ein Vertragspartner der Gemeinschaftsproduktion als ausführender bzw. federführender Produzent *(executive producer)* bestellt wird, ist meist in den Gemeinschaftsproduktionsverträgen bestimmt, daß er für die von ihm für die Gemeinschaftsproduktion abgeschlossenen Rechtsgeschäfte nach außen hin allein haftet und sie im **Innenverhältnis** nur insoweit für die anderen Vertragspartner bindend sind, wie sie sich im Rahmen der mit ihnen abgestimmten Bedingungen halten. Insoweit liegt dann nur eine sog. *Binnen- oder Innengesellschaft* vor, was zu einer entsprechend begrenzten Anwendung der BGB-Vorschriften über die bürgerlich-rechtliche Gesellschaft führt. Der Haftungsausschluß für die Vertragspartner des ausführenden bzw. federführenden Produzenten ist für solche Gemeinschaftsproduktionen in der Filmbranche so bekannt, daß er Branchenangehörigen entgegengehalten werden kann.

6   Die Bedeutung der Gemeinschaftsproduktion liegt darin, daß bei ihr das große **wirtschaftliche Risiko** der Filmproduktion auf mehrere Filmhersteller verteilt werden kann, so daß sie gerade bei großen und teuren Filmprojekten häufig praktiziert wird. Sie spielt ferner bei der **Filmförderung** eine beachtliche Rolle. Bei intern-deutschen Gemeinschaftsproduktionen können Mittel aus der Referenzfilmförderung mehrerer Filmhersteller gemeinsam verwandt werden, was auf reinem Finanzierungswege nicht möglich ist. Bei anerkannten internationalen Co-Produktionen gilt der Film in den Staaten der verschiedenen Vertragspartner als nationaler Film und nimmt so an mehreren Filmförderungssystemen teil.

7   S. hierzu **Näheres** in Abschnitt 3: ,,Die deutsche Filmförderung'', Kapitel 28 und 30 und Abschnitt 7: ,,Das Vertragswerk der Filmproduktion'', Kapitel 92.

8 Zur Gemeinschaftsproduktion in der **Rechtslehre** s. die umfassende Monographie von *Möllering* „Die internationale Co-Produktion bei Filmen" (Schriftenreihe UFITA 1970, Heft 38) sowie *Fromm/Nordemann* aaO § 94, Ziff. 6 und *von Gamm* aaO § 94, Ziff. 3 mit Nachweisen in der **Rechtsprechung.**

60. Kapitel. Die Auftragsproduktion

1 Eine Auftragsproduktion liegt vor, wenn der Filmproduzent einen Film im Auftrag eines Dritten herstellt. Hier haben sich im Laufe der filmwirtschaftlichen Entwicklung vor allem die sog. **echte Auftragsproduktion** und die sog. **unechte Auftragsproduktion** herausgebildet.

2 Für die **echte Auftragsproduktion** ist nach den meist schriftlich abgeschlossenen **Verträgen** bestimmend, daß ein Dritter dem Filmproduzenten den Auftrag auf Herstellung eines Filmwerks erteilt, den dieser als **selbständiger Unternehmer** durchführt. Hier trägt meist der Auftraggeber die Kosten der Filmherstellung und besorgt die Finanzierung, wobei teilweise der Filmproduzent die Überschreitungskosten oder einen Teil der Herstellungskosten gegen Belassung bestimmter Auswertungsmöglichkeiten zu übernehmen hat. Das wirtschaftliche Risiko und die Finanzierung des Films werden hier dem Produzenten weitgehend abgenommen. Die Durchführung der für die Filmherstellung wesentlichen oben (Kapitel 58) erwähnten Tätigkeiten wird üblicherweise zwischen dem Filmhersteller und seinem Auftraggeber, oft mit Vorschlagsrecht des Filmproduzenten, abgestimmt. Als selbständiger Unternehmer bei der Filmherstellung erwirbt der Filmproduzent im Rahmen der Filmherstellung die Nutzungs- und Leistungsschutzrechte an dem Filmwerk von den Mitwirkenden und das Eigentum am Film-Negativ. Die Auswertung des Films steht jedoch meist (von Ausnahmebereichen abgesehen) dem Auftraggeber zu, so daß er sich von vornherein die Nutzungsrechte für die entsprechenden Nutzungsarten übertragen läßt.

3 Bei diesen echten Auftragsproduktionen werden die erwähnten für den Filmhersteller wesentlichen **Tätigkeiten** auf den entscheidenden organisatorischen, wirtschaftlichen, finanziellen, technischen und künstlerischen Gebieten für den Filmproduzenten erheblich **eingeschränkt.** Wenn er jedoch während der Filmherstellung von den an der Herstellung des Filmwerks mitwirkenden Kräften die Nutzungs- und Leistungsschutzrechte am Filmwerk erwirbt, auch wenn er sie dem Auftraggeber ganz oder teilweise weiterübertragen muß, so kann man ihn trotzdem wegen der ausschlaggebenden Bedeutung des **Rechtserwerbs** für die **Herstellereigenschaft** als Filmhersteller im urheberrechtlichen Sinne ansehen. Er erhält dann das originäre Leistungsschutzrecht am Filmwerk des § 94 UrhG, was ihm gegenüber dem Auftraggeber eine stärkere Stellung verschafft.

4 In rechtlicher Hinsicht charakterisiert sich die echte Auftragsproduktion gem. der jeweiligen Vertragsstruktur als **Werkvertrag** oder **Werklieferungsvertrag.** Es sind deshalb ergänzend zu den betreffenden Vertragsvorschriften die Vorschriften der **§§ 631 ff und 651 ff BGB** heranzuziehen.

5 Die echte Auftragsproduktion hat in der **Praxis** eine große Bedeutung. Sie wird vor allem auf den Gebieten der Fernseh-, Industrie- und Werbefilmproduktion, aber auch zwischen Filmverleihern und Filmproduzenten praktiziert. Die Verträge der Fernsehproduzenten mit den Fernsehanstalten, der Industrie- und Werbefilmproduzenten mit Industriefirmen und werbungtreibenden Firmen sowie Behörden und mancher Vertrag zwischen Filmverleiher und Filmproduzent erweist sich als eine echte Auftragsproduktion in dem hier behandelten Sinn (s. auch Abschnitt 7: „Das Vertragswerk der Filmproduktion", Kapitel 93).

6   Für die **unechte Auftragsproduktion** ist nach den meist schriftlich abgeschlossenen Verträgen bestimmend, daß ein Dritter dem Filmproduzenten den Auftrag auf Herstellung eines Filmwerks erteilt, die dieser in voller **Abhängigkeit** von dem Dritten durchzuführen hat. Hier trägt der Auftraggeber die vollen Kosten der Filmfinanzierung und das gesamte Risiko der Filmherstellung. Die Durchführung der für die Filmherstellung wesentlichen oben (Kapitel 58) erwähnten Tätigkeiten wird ausschlaggebend von dem Auftraggeber bestimmt. Die Nutzungs- und Leistungsschutzrechte an dem Filmwerk werden durch den Filmproduzenten von den Mitwirkenden namens, im Auftrag und für Rechnung des Auftraggebers erworben, so daß dieser sie unmittelbar und der Filmproduzent überhaupt keine Rechte an dem Filmwerk erhält. Das gleiche gilt für das Eigentum am Film-Negativ. Die gesamte Auswertung des Films steht allein dem Auftraggeber zu.

7   Bei dieser unechten Auftragsproduktion wird der Produzent **nicht zum Filmhersteller** im urheberrechtlichen Sinn. Es fehlt nicht nur an maßgebender Mitbestimmung auf den für die Filmherstellung wesentlichen organisatorischen, wirtschaftlichen, finanziellen, technischen und künstlerischen Gebieten, sondern an dem ausschlaggebenden Umstand des **Erwerbs der Nutzungs- und Leistungsschutzrechte** von den Mitwirkenden bei der Filmherstellung sowie des Eigentums am Film-Negativ. Der Produzent der unechten Auftragsproduktion besitzt deshalb kein originäres Leistungsschutzrecht am Filmwerk nach § 94 UrhG. Er hat nicht die Stellung eines Filmherstellers, sondern eines **Herstellungsleiters.**

8   Die unechte Auftragsproduktion charakterisiert sich rechtlich als ein **Dienstvertrag,** da es hier um Dienstleistungen des Produzenten und nicht um Werkherstellung oder Werklieferung geht. Es sind deshalb ergänzend zu den jeweiligen Vertragsvorschriften die **§§ 611 ff BGB** heranzuziehen.

9   Die unechte Auftragsproduktion kommt in der **Praxis** auf denselben Gebieten vor wie die echte Auftragsproduktion. Maßgebend ist die Vertragsgestaltung im Einzelfall. Sie wird vor allem bei einer dominierenden Stellung des Auftraggebers verwandt werden. Vor Einführung der Mehrwertsteuer wurde sie häufig zur Steuereinsparung bei Auftragsproduktionen der Filmverleiher benutzt (s. auch Abschnitt 7: „Das Vertragswerk der Filmproduktion“, Kapitel 93).

10   In diesem Zusammenhang sind noch die sog. **Beteiligungsgesellschaften** zu erwähnen, die meist aus Steuergründen in Form einer Kommanditgesellschaft oder einer Stillen Gesellschaft aufgezogen sind, die alle Nutzungs- und Leistungsschutzrechte für das betreffende Filmwerk während der Filmproduktion erwirbt, aber sich eines anderen Herstellers als ausführenden Produzenten bedient. Auch hier ist der Rechtserwerb von ausschlaggebender Bedeutung, da dieser ausführende Produzent nur im Namen und für Rechnung der Beteiligungsgesellschaft tätig wird, also keine Nutzungs- und Leistungsschutzrechte an dem Filmwerk erwirbt. Bei diesen Gesellschaften kann wegen der Bündelung aller ausschließlichen Nutzungsrechte an dem Filmwerk bei der Beteiligungsgesellschaft diese Gesellschaft als Filmhersteller betrachtet werden.

11   Zur Frage der **Unterscheidung** zwischen echter und unechter Auftragsproduktion bei der Herstellung von Spielfilmen vgl. in der **Rechtsprechung** Urteil des BFH in höchstrichterlicher Finanzrechtsprechung Heft 10, S. 282.

12   Zur Auftragsproduktion in der **Rechtslehre** s. *Fromm/Nordemann* aaO § 94, Ziff. 6; *von Gamm* aaO § 94, Ziff. 1–6 mit Nachweisen in der Rechtsprechung; *Movessian* in UFITA Bd. 79, S. 213.

13 In der **Rechtsprechung** zu den **Beteiligungsgesellschaften** vgl. BGH in NJW 1982, S. 1514; BFHE in NJW 1981, S. 1528; BFH-Entscheidungen vom 13. 3. 1964 (Az.: IV 343/ 81 S) und 8. 3. 1973 (Az.: IV R 77/72).

14 Zu den **Beteiligungsgesellschaften** vgl. in der **Rechtslehre** *Siegwart* in Deutsches Steuerrecht 1981, Heft 23, S. 685 und *Merten/Krüger* in FILM UND RECHT Nr. 12, 1979, S. 619. Ferner Gutachten von *Berger* für die Filmförderungsanstalt ,,Technik und Rechtsprobleme bei Beteiligungsgesellschaften" vom 30. 11. 1976.

15 Über die **Abschreibungspflicht** für die Herstellungskosten eines Spielfilms im Jahre seiner Fertigstellung wegen seines Charakters als immaterielles Wirtschaftsgut des Anlagevermögens, welche die Grundlage für die Beteiligungsgesellschaften bildet, vgl. BFH vom 25. 2. 1955 (BFHE 60, S. 243, BStBl III 55, 96).

61. Kapitel. Der Umfang des Leistungsschutzrechtes des Filmherstellers

1 Das in § 94 UrhG festgelegte ausschließliche Recht des Filmherstellers am Bild- und Tonträger des Filmwerks, also am fertiggestellten fixierten Film, ist ein **dingliches, absolutes Recht** auf Vervielfältigung, Verbreitung, öffentliche Vorführung und Funksendung des Films, sowie ein Verbot von Entstellungen und Kürzungen des Films, das von dem Filmhersteller gegenüber jedem Dritten geltend gemacht werden kann. Es charakterisiert sich als ein gesetzlich normiertes **originäres Recht** des Filmherstellers, das selbst den Urheberberechtigten am Filmwerk und dessen vorbestehenden Werken gegenüber wirksam ist, also z. B. verhindern kann, daß diese Urheberberechtigten den Film selbst auswerten oder entstellen. Es gibt dem Filmhersteller die erwähnten Rechte gegenüber jedem Dritten, ohne daß der Filmhersteller den Erwerb der Nutzungsrechte an dem Filmwerk von den Urheberberechtigten am Filmwerk oder an den vorbestehenden Werken oder von den anderen Leistungsschutzberechtigten (z. B. den ausübenden Künstlern) nachweisen oder diese Nutzungsrechte überhaupt besitzen muß.

2 Da es sich hier um ein **Leistungsschutzrecht** (vergleichbar dem Schutz der Hersteller von Tonträgern gem. § 85 UrhG und der Sendeunternehmen gem. § 87 UrhG) und **kein Urheberrecht** handelt, setzt es keine persönliche geistige Schöpfung gem. § 2 UrhG voraus und steht deshalb nicht nur natürlichen, sondern auch juristischen Personen zu, soweit sie sich als Filmhersteller qualifizieren. Es besteht neben den Nutzungsrechten, die der Filmhersteller am Filmwerk erworben hat, und dient deren Verstärkung und Ergänzung (z. B. bei der Entstellung des Films). Seine **praktische Bedeutung** liegt vor allem in dem eigenständigen Recht zur Filmauswertung und zum Filmschutz, ohne auf den Rechtserwerb von Dritten (z. B. Urheberberechtigten und Leistungsschutzberechtigten am Filmwerk) mit seinen oft mannigfaltigen Unterlagen und komplizierten Beweisen zurückgreifen und entsprechende Einwendungen von Dritten abwehren zu müssen.

3 Da das Leistungsschutzrecht des Filmherstellers auf den Bildträger bzw. auf den Bild- und Tonträger begrenzt ist, setzt es eine **Fixierung des Filmwerks** voraus und besteht nicht an live gesendeten Fernsehfilmen. Es tritt jedoch automatisch ein, sobald dieser *live* gesendete Film auf einen Bildträger bzw. Bild- oder Tonträger aufgenommen wird, da dann die gesetzliche Voraussetzung für das Leistungsschutzrecht gegeben ist.

4 Dieses Leistungsschutzrecht des Filmherstellers ist freilich **nicht vergleichbar** mit einem originären **Urheberrecht** am Filmwerk, das im UrhG für den Filmhersteller nicht enthalten ist. Es schützt den Filmhersteller also nicht gegenüber den Urheber- und Leistungsschutzberechtigten am Filmwerk und an seinen vorbestehenden Werken (Miturheber und ausübende Künstler). Diese Urheber- und Leistungsschutzberechtigten dürfen zwar nicht ihrerseits den fertiggestellten und fixierten Film auswerten und entstellen, weil sie dann das Leistungsschutzrecht des Filmherstellers verletzen würden, können aber die Filmauswertung durch den Filmhersteller verhindern, wenn er nicht von ihnen die zur Filmauswertung nötigen Nutzungsrechte erworben hat oder diese Nutzungsrechte durch Ablauf der vertraglich festgelegten Zeit wieder zurückgefallen bzw. erloschen sind.

5   Der Filmhersteller muß also **trotz** dieses ihm zustehenden Leistungsschutzrechts stets für den Erwerb aller für die geplante Filmauswertung notwendigen Nutzungsrechte von den Urheberberechtigten und Leistungsschutzberechtigten am Filmwerk und seinen vorbestehenden Werken Sorge tragen, um eine ungestörte Filmauswertung zu erreichen. Auch gehen die derivativ erworbenen Nutzungsrechte am Filmwerk in vieler Hinsicht weiter als das originäre Leistungsschutzrecht des Filmherstellers (z. B. hinsichtlich der Schutzdauer des Filmwerks, sowie beim Schutz des Urheberpersönlichkeitsrechts).

6   Im einzelnen sind für dieses Leistungsschutzrecht des Filmherstellers noch die folgenden **Grundsätze** zu beachten. Es ist grundsätzlich ein ausschließliches, inhaltlich und räumlich unbeschränktes, zeitlich für die ganze gesetzliche Schutzdauer gültiges Recht. Es bezieht sich auf den Bildträger (Stummfilm) und den Bild- und Tonträger (Tonfilm) und sinngemäß auch auf den Tonträger allein, soweit er zu dem gesamten Filmwerk gehört (z. B. das synchronisierte Tonband). Es ist übertragbar, was gemäß dem in den §§ 31 und 32 UrhG niedergelegten Grundgedanken die Einräumung ausschließlicher oder nicht ausschließlicher sowie räumlich, zeitlich und inhaltlich beschränkter Rechte evtl. auch an verschiedene Berechtigte möglich macht. Dabei ist nur die jeweils erste Abtretung des betreffenden Rechts wirksam, da es nach den §§ 399, 413 BGB für den Rechtserwerb keinen Gutglaubensschutz gibt.

7   Das Leistungsschutzrecht unterliegt den **allgemeinen Schranken** des Urheberrechts gem. den §§ 45–63 UrhG (z. B. Zitierrecht gem. § 51 UrhG und Vervielfältigung zum persönlichen Gebrauch gem. § 53 UrhG), **nicht** jedoch den **besonderen Schranken** des Urheberrechts am Filmwerk gem. §§ 88, 89 und 90 UrhG und des Leistungsschutzrechts der ausübenden Künstler am Filmwerk gem. § 92 UrhG, da diese Schranken gerade dem **Schutz** des Filmherstellers dienen. Es erlischt gem. § 94 Abs. 3 UrhG 25 Jahre nach dem Erscheinen des Bild- und Tonträgers, jedoch bereits 25 Jahre nach der Herstellung, wenn der Bild- und Tonträger innerhalb dieser Frist nicht erschienen ist, hat also eine wesentlich kürzere Schutzfähigkeit als das Urheberrecht am Filmwerk, so daß sich der Filmhersteller bei Erwerb entsprechender Nutzungsrechte auf eine längere Schutzfrist berufen kann. Es gibt einen Schutz gegen Zwangsvollstreckung gem. § 119 Abs. 3 UrhG.

8   Im Hinblick auf den **Schutz gegen Entstellung** schafft das Leistungsschutzrecht sogar teilweise weitergehende Rechte als diejenigen der Urheber des Filmwerks, der vorbestehenden Werke und der Inhaber verwandter Schutzrechte am Filmwerk, indem es nicht nur gegen gröbliche Entstellung (wie gem. § 93 UrhG), sondern gegen jede Entstellung und Verkürzung des fixierten Filmbandes schützt und keine Rücksichtnahme auf die anderen Beteiligten, sondern nur eine Gefährdung der berechtigten Interessen des Filmherstellers, also vor allem auch seiner wirtschaftlichen Interessen verlangt. Es ist freilich abtretbar und damit verzichtbar, da sich der § 94 Abs. 2 UrhG mit dem Recht auf Übertragung auf den ganzen § 94 Abs. 1 UrhG bezieht und damit auch auf die Rechte gegen Entstellung oder

Verkürzung. Insoweit ist es schwächer als das Urheberpersönlichkeitsrecht, was konsequent ist, da das Leistungsschutzrecht des § 94 UrhG auch juristischen Personen zusteht. Der Filmhersteller kann aber u. U. Urheberpersönlichkeitsrechte an Filmwerken für deren Inhaber gegenüber Dritten treuhänderisch wahrnehmen.

9 Wichtig ist das Leistungsschutzrecht des Filmherstellers auch zum **Schutze** gegen jede von ihm **nicht gestattete Verwendung** des Filmwerks, selbst auf Gebieten, auf denen der Filmhersteller keine Nutzungsrechte von den Urheberberechtigten des Filmwerks oder der vorbestehenden Werke erworben hat. Wenn der Filmhersteller z. B. nur Kinoauswertungsrechte erhalten hat und deshalb das Filmwerk nicht im Fernsehen ausstrahlen lassen darf, so kann er doch auf Grund des Leistungsschutzrechts an diesem Filmwerk verhindern, daß andere es zu Fernsehsendungen benutzen.

10 Die **Zwangsvollstreckung** in die Leistungsschutzrechte des Filmherstellers am Filmwerk ist gem. § 119 Abs. 3 UrhG beschränkt, insbesondere kann die Zwangsvollstreckung in das Negativ des Films nur insoweit stattfinden, wie der Gläubiger zur Nutzung des Werkes berechtigt ist. Die Zwangsvollstreckung ist ferner der Natur der Sache nach gegenüber dem Filmhersteller insoweit ausgeschlossen, wie er ausschließliche Nutzungsrechte an seinem Leistungsschutzrecht an Dritte vergeben hat.

11 In der **Rechtsprechung** wie hier auch das OLG Düsseldorf (Urteil vom 19. 9. 1978 in GRUR 1979, S. 53) mit der Klarstellung, daß sich das nach § 94 UrhG dem Filmhersteller zustehende ausschließliche Verfügungsrecht nicht etwa (nur) auf den Negativfilm bezieht (der sich zur Vorführung gar nicht eignet), sondern gerade auf die vom Negativ gezogenen Filmkopien.

12 In der **Rechtslehre** grundsätzlich übereinstimmend wie hier *Fromm/Nordemann* aaO § 94, Ziff. 1, 2, 4 bis 6, allerdings mit stark einschränkender Interpretation des Verbotsrechts des Filmherstellers gegenüber Entstellungen und Kürzungen. *Fromm/Nordemann* hält die Bestimmung des § 94 Abs. 1 Satz 2 für dogmatisch bedenklich und in der Praxis überflüssig. Dieser Argumentation kann nicht gefolgt werden. *Fromm/Nordemann* übersieht, daß der Filmhersteller zur Sicherung seines zumeist erheblichen finanziellen Aufwands einen weitgehenden Schutz gegen Entstellungen und Kürzungen gegenüber Dritten benötigt. Dem Filmhersteller ist bei der erforderlichen Interessenabwägung also die Priorität vor den Belangen anderer Beteiligter einzuräumen.

13 Voll **übereinstimmend** mit den diesseitigen Ausführungen: *Möhring/Nicolini* aaO § 94/1 bis 8 unter Hinweis auf die praktische Bedeutung des § 94 UrhG anhand folgenden Beispiels: Der Filmhersteller eines zur öffentlichen Vorführung bestimmten Filmwerks kann dessen Ausstrahlung im Fernsehen unter Verwendung des von ihm hergestellten Bild- oder Tonträgers nach § 94 UrhG verbieten, auch wenn das Sendeunternehmen die hierzu erforderlichen Rechte von den urheberrechtlich Beteiligten erworben hat, weil er gemäß § 94 Abs. 1 UrhG das ausschließliche Recht der Benutzung des Bild- oder Tonträgers hat. Desgleichen kann der Filmhersteller eines zur Funksendung hergestellten Filmwerks aus dem Recht am Bildträger oder Bild- und Tonträger gem. § 94 UrhG im umgekehrten Falle die öffentliche Vorführung in Lichtspieltheatern unter Verwendung der Bildträger oder Bild- und Tonträger verbieten (*Möhring/Nicolini* aaO Anm. 3).

14 **Ebenso** wie hier zur Frage des Rechts des Filmherstellers auch *Ulmer* aaO § 126/I bis III. Zur Abgrenzung zwischen Filmhersteller und Filmurheber vgl. ebenfalls *Ulmer* aaO § 36/I bis IV.

62. Kapitel. Der Begriff der ausübenden Künstler beim Filmwerk

1   Als ausübender Künstler beim Filmwerk ist jede Person zu verstehen, die bei der Herstellung des Filmwerks durch **künstlerische Tätigkeit** mitgewirkt hat (§ 73 i. V. m. § 92 UrhG). Dadurch scheiden alle juristischen Personen, die an der Filmherstellung beteiligt sind, als ausübende Künstler aus, denn sie können der Natur der Sache nach nicht selbst eine künstlerische Leistung erbringen. Ferner scheiden alle physischen Personen aus, die nur technische, organisatorische oder kaufmännische Leistungen für den Film erbringen, da auch bei ihnen keine künstlerische Mitwirkung gegeben ist. Hierzu rechnen: Aufnahmeleiter, Ateliersekretärin, Scriptgirl bzw. Produktionssekretärin, Filmbuchhalter, Filmgeschäftsführer, Filmrequisiteur, Atelierarbeiter und vergleichbare Angestellte des Filmherstellers.

2   Im übrigen ist der Begriff der künstlerischen Mitwirkung **weit auszulegen.** Es handelt sich hier nicht um einen Qualitätsbegriff des Künstlerischen, da es nicht um Bewertung, sondern um Leistungsschutz geht, so daß weder die Qualität des Films noch die Qualifikation der Leistung in dieser Hinsicht eine Rolle spielen können. Auch wird keine kreative Leistung im Sinne der persönlichen geistigen Schöpfung verlangt, da diese persönliche geistige Schöpfung ausdrücklich auf das Urheberrecht und nicht auf das Leistungsschutzrecht am Filmwerk bezogen ist (§ 2 UrhG). Es muß lediglich ein Minimum an Mitarbeit bei der eigentlichen Gestaltung des Filmes gegeben sein, so daß der Begriff der künstlerischen Mitwirkung im wesentlichen der Abgrenzung zu den technisch, organisatorisch und kaufmännisch beim Filmwerk Mitwirkenden dient. Zu diesen künstlerischen Mitwirkenden rechnen insbesondere die folgenden Filmschaffenden, soweit sie kein Urheberrecht am Filmwerk erworben haben: Kameramann, Schnittmeister (Cutter), Tonmeister, Filmmaskenbildner, Filmmusiker, Herstellungsleiter, Produktionsleiter, Filmdekorateur, die Assistenten dieser sämtlichen Filmschaffenden sowie alle Filmdarsteller im weitesten Sinn, also auch Tänzer, Synchronsprecher, Stuntmen, Statisten u. ä. m. Beim **Fernsehen** kommen zusätzlich Quizmaster, Rundfunksprecher, Reporter und Moderatoren als mitwirkende Künstler in Frage, soweit sie im Rahmen eines urheberrechtlich schutzfähigen Werkes eigenständig tätig werden (§ 73 i. V. mit § 2 Abs. 2 UrhG), was bei Nachrichtensendungen, politischen Magazinen und Sportreportagen normalerweise nicht gegeben sein wird (vgl. den Begriff des Filmwerks in Abschnitt 4, Kapitel 46 und Kapitel 47). **Ausländische** Staatsangehörige genießen den Schutz als mitwirkende Künstler im Rahmen des § 125 Abs. 6 UrhG, also vor allem, wenn sie ihre Leistung im Inland erbracht haben.

3   Das Leistungsschutzrecht der ausübenden Künstler am Filmwerk greift nur Platz, wenn ihre Leistungen im Filmwerk **Verwendung finden,** wobei die endgültige Fassung des Filmwerks entscheidend ist. Das kann aus § 92 UrhG geschlossen werden, der die *Mitwirkung* ausübender Künstler bei der Herstellung des Filmwerks behandelt und ausdrücklich auch von der *Benutzung* der Darbietungen der ausübenden Künstler zur Herstellung des Filmwerks spricht. Die Mitwirkung und Benutzung beim Filmwerk kann sinngemäß nur bedeuten, daß die Leistung des ausübenden Künstlers in der endgültigen Filmfassung enthalten sein muß. Es entstehen also keine Leistungsschutzrechte von ausübenden Künstlern, die zwar für einen Film engagiert worden sind, deren Leistung aber bei der Filmherstellung nicht in Anspruch genommen oder nachher aus der endgültigen Fassung wieder herausgenommen worden ist. Hierdurch wird die Leistungsschutzfähigkeit der

ausübenden Künstler beim Filmwerk klar abgegrenzt. Wer also im fertigen Film (z. B. als Darsteller) nicht erscheint oder an seiner Endfassung (z. B. als Mitglied des technischen oder künstlerischen Stabes) nicht teilgenommen hat, besitzt auch kein Leistungsschutzrecht an diesem Filmwerk. Sonst würde übrigens der Leistungsschutzberechtigte besser gestellt werden als der Urheberberechtigte, der auch keine Rechte am Filmwerk erwirbt, wenn seine schöpferische Leistung für den Film nicht verwandt worden ist.

4   In der **Rechtsprechung** verneint der BGH in seinem Urteil vom 9. 11. 1973 (UFITA Bd. 71, S. 163) für den Regelfall ein Leistungsschutzrecht eines ersten Maskenbildners bei dessen typischen Leistungen als **Theatermaskenbildner,** auch wenn die Theateraufführung für eine Fernsehaufzeichnung angepaßt wird. Es ist äußerst fraglich, ob diese Entscheidung auf den **Filmmaskenbildner** anzuwenden ist. In Anbetracht der weitaus größeren Bedeutung der Filmmaske (z. B. bei der Großaufnahme) und des teilweise sogar beachtlichen künstlerischen Beitrags von Maskenbildnern zu Filmen wie z. B. *Krieg der Sterne, Der Elefantenmensch* etc. dürfte diese Entscheidung nicht ohne weiteres auf den Filmmaskenbildner übertragen werden können. Im Gegenteil wird man grundsätzlich auch von einem Leistungsschutzrecht des Filmmaskenbildners ausgehen müssen und nur in Ausnahmefällen lediglich technische Mitwirkung annehmen.

5   Das OLG Saarbrücken hat die leistungsschutzrechtliche Stellung eines **Toningenieurs** (nicht Tonmeisters) in einer Hörspielsendung des Rundfunks verneint (OLG Saarbrücken, Urteil vom 15. 12. 1976 in UFITA Bd. 84, S. 225).

6   Übereinstimmend mit den diesseitigen Ausführungen bezüglich der Definition des ausübenden Künstlers in der **Rechtslehre:** *Fromm/Nordemann* aaO § 73/1 bis 4 mit einzelnen Beispielen; *von Gamm* aaO § 73/I u. II und *Möhring/Nicolini* aaO § 73/1 bis 5 sowie *Ulmer* aaO S. 15. Wegen des Rundfunksprechers s. in der Rechtsprechung LG Hamburg in UFITA Bd. 78, S. 264 und in der **Rechtslehre** *Fromm/Nordemann* aaO § 73/2; *Möhring/ Nicolini* aaO § 73; *Ulmer* Urhebervertragsrecht S. 14. Wegen des Quizmasters s. BGH in UFITA Bd. 90, S. 132 (Fall *Rosenthal*), wo ihm bei originellen, dem Publikum der Sendung angepaßten Texten sogar Urheberrechte an solchen eigenen Textvorlagen zugesprochen werden.

63. Kapitel. Der Umfang der Leistungsschutzrechte der ausübenden Künstler beim Filmwerk

1   Die Leistungsschutzrechte der ausübenden Künstler geben ihnen als dem Urheberrecht **verwandte Schutzrechte** den Schutz der §§ 73 ff UrhG, insbesondere gegen Bildschirm- und Lautsprecherübertragungen (§ 74 UrhG), Vervielfältigung (§ 75 UrhG), Funksendung (§ 76 UrhG), öffentliche Wiedergabe (§ 77 UrhG) und Entstellung (§ 83 UrhG) ihrer Leistungen, jedoch mit den Einschränkungen des § 79 UrhG.

2   Allgemein ist festzustellen, daß die Leistungsschutzrechte in den folgenden Bestimmungen **schwächer** sind als die **Urheberrechte:** Sie geben keinen Anspruch auf Namensnennung, gegen Änderungen außer Entstellungen, kein Zugangsrecht des § 25 UrhG, kein Folgerecht des § 26 UrhG, keinen Vergütungsanspruch nach § 27 UrhG, keinen Beteiligungsanspruch nach § 36 UrhG und kein Rückrufsrecht nach den §§ 41 und 42 UrhG. Die Schutzdauer ist geringer (nämlich nach § 82 UrhG nur 25 Jahre) und sie genießen keinen Schutz gegen Bearbeitungen (auch nicht gegen Entlehnungen) im Sinne des § 23 UrhG. Jedoch steht den ausübenden Künstlern das allgemeine **Persönlichkeitsrecht** zur Seite, auch wenn ihnen das spezielle Urheberpersönlichkeitsrecht fehlt. Ferner genießen sie den **Schutz gegen Entstellungen** nach § 83 UrhG.

3   Das Leistungsschutzrecht des ausübenden Künstlers ist **übertragbar,** wobei in § 78 UrhG eine Abtretung mit Erlaubnisvorbehalt festgelegt wird, die bei Filmwerken auch bei einer Vorausabtretung an Dritte (z. B. eine Verwertungsgesellschaft) die Übertragung an den Filmhersteller ermöglicht. Auf jeden Fall können die Leistungsschutzberechtigten dem Filmhersteller im gleichen Umfang **Rechte** an ihrer in dem Filmwerk enthaltenen Leistung einräumen wie die Urheberberechtigten. Dabei ist nur die jeweils erste Abtretung des betreffenden Rechts wirksam, da es nach den §§ 399, 413 BGB für den Rechtserwerb keinen Gutglaubensschutz gibt.

4   Die Leistungsschutzrechte der ausübenden Künstler am Filmwerk unterliegen den **starken Einschränkungen** der **§§ 92 und 93 UrhG.** Sie erwerben keine Verwertungsrechte am Filmwerk und sind nur gegen gröbliche Entstellungen ihrer Leistungen unter Rücksichtnahme auf den Filmhersteller geschützt. Das sind wesentlich strengere Beschränkungen als diejenigen für die Urheberberechtigten am Filmwerk gem. §§ 89 und 90 UrhG. Sie sollen die **ungestörte, lückenlose Filmauswertung** durch den Filmhersteller gegenüber der meist großen Zahl der bei der Filmherstellung mitwirkenden ausübenden Künstler sicherstellen. Es soll nicht eine Konzentration des Risikos der Filmherstellung beim Filmhersteller und eine Atomisierung der Ertragsmöglichkeiten aus der Filmverwertung bei einer Vielzahl von Berechtigten stattfinden (so die Gesetzesmotive). Dabei ist unter der ungestörten Filmauswertung die Verwertung des Films in sämtlichen technischen Formaten und Verfahren sowie in allen Nutzungsarten und für alle möglichen Zwecke zu verstehen, also z. B. sowohl durch öffentliche Vorführung im Filmtheater und durch Ausstrahlung im Fernsehen wie durch Vervielfältigung und Verbreitung mittels Videokassetten, Bildplatten oder anderen Medien (so § 89 i. V. mit § 15 UrhG). Da das Recht auf Vervielfältigung zum persönlichen Gebrauch gem. § 53 UrhG ein Unterfall des allgemeinen Vervielfältigungsrechtes ist, steht auch dieses Verwertungsrecht den ausübenden Künstlern beim Filmwerk nicht zu.

5   Die **Einschränkungen** des § 92 UrhG gelten für alle ausübenden Künstler, die bei der Herstellung des Films mitwirken oder die Benutzung ihrer Darbietungen im Filmwerk erlauben. Das sind **tatsächliche Handlungen,** die kein gültiges Rechtsgeschäft voraussetzen, wie es für die Urheberberechtigten am Filmwerk gem. § 89 UrhG gilt, wo im Unterschied zu § 92 UrhG von der **Verpflichtung** zur Mitwirkung bei der Filmherstellung gesprochen und damit eine rechtlich relevante Bindung verlangt wird. Wenn deshalb ein ausübender Künstler für einen Film ohne gültigen Vertrag tätig wird (z. B. der Vertrag ist wegen Geschäftsunfähigkeit nichtig oder wird wirksam angefochten oder steht unter einer vom Filmhersteller nicht erfüllten Bedingung wie z. B. der Gagenzahlung), so liegt trotzdem eine Mitwirkung oder eine Benutzungserlaubnis nach § 92 UrhG vor. Dann stehen den ausübenden Künstlern keine Leistungsschutzrechte hinsichtlich der Verwertung des Filmwerkes zu, die sie deshalb weder gegenüber dem Filmhersteller noch gegenüber Dritten, die solche Rechte vom Filmhersteller erworben haben, verhindern können. Der Filmhersteller und die Dritten sind in der Filmverwertung durch die ausübenden Künstler **nicht beschränkbar.** Bei entgegenstehenden Vertragsabreden (z. B. vertraglich vorgesehene Zustimmung des Filmschaffenden zu bestimmten Formen der Filmauswertung) haben die ausübenden Künstler nur entsprechende obligatorische Ansprüche gegen den Filmhersteller.

6   Die erwähnten Einschränkungen der Leistungsschutzrechte der ausübenden Künstler beziehen sich freilich nach der ausdrücklichen Gesetzesvorschrift **nur** auf die **Verwertung des Filmwerks,** in dem sie mitgewirkt haben. Sie betreffen nicht Leistungsschutzrechte der ausübenden Künstler an den gegenüber dem betreffenden Filmwerk vorbestehenden oder ihm nachfolgenden Werken. So berechtigen die Vorschriften des § 92 UrhG den Filmhersteller z. B. nicht dazu, die Leistungen eines ausübenden Künstlers auf einer Schallplatte oder in Teilen eines anderen Filmes in seinen Film durch Vervielfältigung zu übernehmen oder die Leistung des ausübenden Künstlers in seinem Film durch Überlassung entsprechender Ausschnitte zur Vervielfältigung für andere Filme, Schallplatten, Illustrationen von Schriften u. ä. m. (einschließlich *merchandising rights* s. Kapitel 50) zu vergeben. Für solche Fälle bedarf der Filmhersteller oder sein Rechtsvorgänger der Zustimmung des ausübenden Künstlers. Die Zustimmung des ausübenden Künstlers ist freilich nicht erforderlich, soweit zusätzliche Werke (Schallplatten, Illustrationen) zur **Werbung** für den Film benutzt werden, da diese Werbung untrennbar mit der Filmverwertung verbunden ist.

7 Die **Einschränkungen des § 93 UrhG** gelten ebenfalls für alle ausübenden Künstler, die bei der Herstellung des Filmwerks mitwirken oder deren Leistungen hierbei benutzt werden, wobei Mitwirkung und Benutzung in dem o. e. Sinn zu verstehen sind. Die in dieser Vorschrift verlangte **gröbliche Entstellung** der Leistung des ausübenden Künstlers setzt gemäß dem Schutzzweck dieser Vorschrift, die *personen- und nicht werkgebunden* ist, eine sehr starke Gefährdung des Rufes des ausübenden Künstlers voraus, wobei noch zu berücksichtigen ist, daß die Filmbesucher, auf die es ankommt, über die Verantwortung des Filmherstellers und des Filmregisseurs für die Gesamtgestaltung des Films Bescheid wissen und den ausübenden Künstler meist nur verantwortlich machen, wenn dessen Leistung tatsächlich erkennbar mangelhaft und infolgedessen im Zweifel von ihm selbst zu vertreten ist.

8 Die hier weiter geforderte **Rücksichtnahme auf den Filmhersteller** und auf die Urheberberechtigten und die anderen mitwirkenden ausübenden Künstler umschließt auch die wirtschaftlichen Interessen des Filmherstellers und die kraft ihrer stärkeren Bedeutung für das Filmwerk geltende Vorrangigkeit der Urheberrechte an diesem Filmwerk. Der als Darsteller tätige ausübende Künstler hat also z. B. keine Ansprüche wegen angeblich mangelhafter Schauspielerführung oder wegen einer starken Reduzierung seiner Rolle im Laufe der Filmherstellung oder im endgültigen Filmschnitt oder wegen der nachträglichen Synchronisation seiner Stimme durch einen anderen Schauspieler, soweit diese Beschränkungen durch künstlerische oder wirtschaftliche Belange gerechtfertigt sind. Die Berücksichtigung des wirtschaftlichen Interesses des Filmherstellers in Verbindung mit dem allgemeinen Rechtsgrundsatz der **Verhältnismäßigkeit** kann auch dazu führen, daß die Ansprüche des ausübenden Künstlers wegen gröblicher Entstellung seiner Leistungen auf Zurückziehung seines Namens im Rahmen der Ankündigung des Films beschränkt werden, soweit dies der Natur der Sache nach möglich ist, und nicht die Untersagung der Verwertung des Filmwerks oder von Teilen des Filmwerks umfassen. Diese einschränkenden Grundsätze müssen auch bei der Auslegung von **Vertragsklauseln** beachtet werden, die dem ausübenden Künstler weitergehende Rechte (z. B. Mitbestimmung beim Drehbuch u. ä. m.) einräumen. Auch diese Einschränkungen des Persönlichkeitsrechts des Leistungsschutzberechtigten gelten freilich nur für die Filmherstellung und -verwertung. Soweit der Filmhersteller die Leistungen des Leistungsschutzberechtigten für andere Zwecke benutzt, wozu nicht die Werbung für den Film gehört, haben die Einschränkungen keine Gültigkeit (also z. B. nicht für die sog. *merchandising rights*).

9   Diese Einschränkungen der Leistungsschutzrechte der ausübenden Künstler nach den §§ 92 und 93 UrhG werden verstärkt durch die Bestimmungen des § 79 UrhG, wonach bei ausübenden Künstlern in **Arbeits- oder Dienstverhältnissen** deren Leistung gem. den Arbeits- oder Dienstverhältnissen von dem Arbeitgeber benutzt werden darf. Die ausübenden Künstler im Film- und Fernsehbereich werden überwiegend im Rahmen von Arbeits- oder Dienstverhältnissen tätig und unterliegen deshalb dieser Vorschrift. Sie greift freilich nur subsidiär ein, da fast immer ein Vertrag mit genauen Vereinbarungen (auch Tarifverträge mit allgemeinen Bedingungen oder ein Hinweis auf bekannte allgemeine Bedingungen) vorliegen und dann maßgebend sein wird. Sonst ist das Wesen und der Inhalt des Arbeits- oder Dienstverhältnisses für den Umfang der Rechtsübertragung maßgebend. Da sich bei der Mitwirkung von ausübenden Künstlern im Rahmen der Herstellung eines Films der Zweck der späteren möglichst umfangreichen Auswertung dieses Filmwerks klar aus dem Sinn des Arbeits- und Dienstverhältnisses ergibt, werden hier immer – soweit überhaupt den ausübenden Künstlern Leistungsschutzrechte am Filmwerk zustehen – diese Rechte gem. dem Wesen des Arbeits- und Dienstverhältnisses auf den Filmhersteller übergehen, also als an ihn abgetreten anzusehen sein.

10   Die **Zwangsvollstreckung** in Leistungsschutzrechte am Filmwerk gegenüber den Leistungsschutzberechtigten scheidet aus, da das Leistungsschutzrecht – wie erwähnt – keine Verwertungsrechte am Filmwerk begründet.

11   In der **Rechtsprechung** und **Rechtslehre** zur Einschränkung der Rechte der ausübenden Künstler gem. § 92 UrhG mit der zusätzlichen Präzisierung, daß § 92 UrhG auch für solche ausübenden Künstler gilt, deren frühere Darbietungen (z. B. auf Schallplatte) erlaubtermaßen für die Filmherstellung verwendet werden (z. B. Einblendung von Schallplatten), unter Hinweis auf BGH in GRUR 1962, S. 370 = NJW 1962, S. 1006 (*Schallplatteneinblendung*) vgl. *Fromm/Nordemann* aaO § 92/1 bis 3. Zur Übernahme von Filmteilen in andere Filme wie hier: *Fromm/Nordemann* aaO § 92 Ziff. 3; *von Gamm* aaO § 92 Bem. 3; *Möhring/Nicolini* aaO § 92 Bem. 5 a. Vgl. allgemein *von Gamm* aaO § 92/1 bis 4, *Möhring/Nicolini* aaO § 92/1 bis 7 und *Ulmer* aaO S. 527, der allerdings *de lege ferenda* dafür plädiert, die Anwendung des § 92 UrhG nur auf die öffentliche Vorführung von Kinofilmen zu beschränken, dem Künstler im übrigen (z. B. für Fernsehfilme, Videogramme etc.) seine Rechte aus §§ 75 Satz 2, 76 und 77 UrhG zu belassen. Wenn *Fromm/Nordemann* die **Zweckübertragungstheorie** auch auf Verwertungsverträge ausübender Künstler anwenden will (aaO § 72/4), so kommt dies für Mitwirkende beim Filmwerk nicht in Betracht, da hier der ausübende Künstler überhaupt keine Verwertungsrechte erwirbt. Wie hier hinsichtlich der Einschränkung der Rechte der ausübenden Künstler im Rahmen des § 53 UrhG s. *Rehbinder* (aaO S. 7).

12   **Ebenso** wie hier zur entsprechenden **Rechtsfolge aus § 79 UrhG** mit der Bestätigung, daß der Rechtsübergang erfolgt, gleichgültig, ob der Künstler seine Darbietung nur teilweise erbracht hat oder der Filmhersteller sie nur teilweise verwendet: *Fromm/Nordemann* aaO § 92/4 unter Bezugnahme auf LAG Bayern in UFITA Bd. 50, S. 298, 302 *Die schwedische Jungfrau.*

13   **Anders** als hier ist *Fromm/Nordemann* der Ansicht, daß die vertragliche Abbedingung des **§ 92 UrhG** zwischen dem Künstler und dem Filmhersteller auch Verbots- und Vergütungsansprüche des Künstlers gegenüber Dritten begründe (*Fromm/Nordemann* aaO § 92/2 a. E.). Dem kann **nicht** gefolgt werden. Das dem Filmhersteller gemäß § 94 UrhG zustehende Recht ist ein dingliches Recht, das durch § 92 UrhG zusätzlich abgesichert wird. Durch das einzelvertragliche Abbedingen des § 92 UrhG entfällt ggf. dieser zusätzliche Schutz gegenüber dem betreffenden Künstler, jedoch bleibt das Recht des Filmherstellers nach § 94 UrhG gegenüber Dritten hiervon unberührt. Der Künstler bleibt auf obligatorische Ansprüche gegen den Filmhersteller angewiesen.

14 In der **Rechtsprechung** hat das Arbeitsgericht München mit Urteil vom 3. 2. 1958 (UFITA Bd. 27, S. 104) festgestellt, daß das **Recht** des Filmdarstellers, **genannt** zu werden, sich nur auf die branchenübliche Nennung, vor allem im Titelvorspann und auf Plakaten, nicht jedoch auf Insertion und Außenfrontreklame bezieht.

15 Das OLG München sieht eine Verletzung des **allgemeinen Persönlichkeitsrechts** des Schauspielers, wenn ohne dessen Einwilligung ihm durch **Nachsynchronisation** in gleicher Sprache die Stimme eines anderen unterlegt wird und bejaht in einem solchen Falle das Recht des betroffenen Schauspielers, den entsprechenden Film verbieten zu lassen (OLG München, Urteil vom 7. 8. 1958 in UFITA Bd. 28, S. 342). Diesem Urteil kann zwar grundsätzlich gefolgt werden, jedoch nicht soweit es kategorisch entgegenstehende wirtschaftliche Belange des Filmherstellers hintenanstellt. Falls erhebliche wirtschaftliche oder künstlerische Belange des Filmherstellers vorliegen, muß nach diesseitiger Auffassung auch eine Nachsynchronisation ohne Einwilligung des betroffenen Schauspielers zulässig sein. Insoweit ist die Entscheidung des OLG München als zu weitgehend abzulehnen und sogar im Hinblick auf das heutzutage immer häufiger praktizierte Nachsynchronisieren wohl als überholt zu betrachten.

16 Wie hier in der **Rechtsprechung** dazu, daß eine **filmfremde Werbung** mit **Bildern** eines Schauspielers nicht zulässig ist: LG München in UFITA Bd. 42, S. 206. Jedoch wird die diesbezügliche Wertschätzung einer Schauspielerin entscheidend vermindert, wenn sie sich häufig für Werbezwecke zur Verfügung gestellt hat (so BGH in NJW 1971, S. 698 = UFITA Bd. 60, S. 292). Wie hier zum **Auswertungsrecht** des Filmherstellers bezüglich der von einem Schauspieler mit dessen Einwilligung gemachten Bild- und Tonaufnahmen, auch wenn wegen Erkrankung des Darstellers das Vertragsverhältnis zwischen den Parteien nicht zu Ende geführt wird: LAG Bayern in UFITA Bd. 50, S. 298.

17 In der **Rechtslehre entgegengesetzt** zu der hier vertretenen Meinung zu § 93 UrhG ist *Fromm/Nordemann* für eine einschränkende Auslegung zugunsten des Künstlers: Jede Entstellung oder sonstige Beeinträchtigung des Werkes oder der Leistung, die geeignet sei, das Ansehen oder den Ruf des ausübenden Künstlers zu gefährden, sei bereits *gröblich* im Sinne des § 93 UrhG (*Fromm/Nordemann* aaO § 93/3). Dieser Auffassung kann nicht zugestimmt werden, da sie das erhebliche wirtschaftliche Risiko des Filmherstellers außer acht läßt und ihn (und damit das gesamte Filmwerk) der Gefahr aussetzt, durch oft schwer verifizierbare Verbotsansprüche der zahlreichen Leistungsschutzberechtigten am Filmwerk das Filmwerk nicht vollenden oder auswerten zu können. Außerdem steht die Interpretation von *Fromm/Nordemann* im klaren Gegensatz zum Wortlaut und Sinn der Bestimmung des § 93 UrhG, der eben gerade dem Filmhersteller aus den genannten Gründen einen besonderen Schutz gewährleisten will. Mit der diesseitigen Auffassung übereinstimmend: *Möhring/Nicolini* aaO § 93/9 unter besonderem Hinweis auf OLG München in *Schulze*, Rechtsprechung OLGZ Nr. 66 *(Wunder des Malachias)*, bei vereinbartem Mitspracherecht. *Möhring/Nicolini* stellt u. a. fest, daß Entstellung eine Verzerrung oder Verfälschung der Wesenszüge des Werkes sein muß (*Möhring/Nicolini* aaO § 93/7 a m. w. N. aus der Rechtsprechung) und daß insbesondere weder die Unterlassung der Urheberbenennung noch die Titeländerung eines Films eine *andere* Beeinträchtigung im Sinne des § 93 UrhG darstellt.

18 Auch *von Gamm* bekräftigt die diesseitige Auffassung, daß § 93 UrhG die Betonung und damit den sachlichen **Vorrang** der **Verwertungsinteressen** am Filmwerk gegenüber den Entstellungen bzw. Beeinträchtigungen der Leistungen der Leistungsschutzberechtigten, die keine schwerwiegende Interessengefährdung der Betroffenen zur Folge haben, statuiert (*von Gamm* aaO § 93/4 UrhG).

18 Einigkeit besteht in der **Rechtslehre** dahingehend, daß § 93 UrhG **abdingbar** ist (*Fromm/Nordemann* aaO § 93/4 m. w. N. aus der Rechtsprechung, *Möhring/Nicolini* aaO § 93/10 und *von Gamm* aaO § 93/2). Nach *Fromm/Nordemann* soll das Recht freilich nur zugunsten des ausübenden Künstlers dispositiv sein, was als einseitig und unzulänglich hinsichtlich der Berücksichtigung der legitimen Interessen des Filmherstellers abzulehnen ist.

64. Kapitel. Die Schutzrechte an Laufbildern und an Lichtbildern

1   Das in § 95 UrhG festgelegte **Schutzrecht an Laufbildern** umfaßt nach ausdrücklicher Vorschrift alle Aufzeichnungen auf Bild- und Tonträger, die nicht als Filmwerke geschützt sind, also keine persönliche geistige Schöpfung auf dem Filmgebiet enthalten. Dazu gehören z. B.: Naturaufnahmen von Landschaften und Tieren, Aufnahmen politischer, gesellschaftlicher oder sportlicher Ereignisse, Aufzeichnungen von Bühnenaufführungen, Wiedergabe sexueller Vorgänge. In allen Fällen ist Voraussetzung, daß eine reine Abfilmung der betreffenden Vorgänge oder Begebenheiten vorliegt, also die Aufnahmen nicht kreative und originelle Züge tragen, da sonst wegen der persönlichen geistigen Schöpfung ein Filmwerk und keine Laufbilder vorhanden sind.

2   Da solche Laufbilder **denselben Schutz** genießen sollen wie das Leistungsschutzrecht des Filmherstellers nach § 94 UrhG, kann hierzu auf alles oben Gesagte (Kapitel 61) verwiesen werden. Das gilt insbesondere für den schutzberechtigten Hersteller, für die Ausschließlichkeit, die Übertragbarkeit von Nutzungsrechten, die Einschränkungen dieser Rechte u. ä. m. Für Laufbilder gelten freilich nicht die Einschränkungen der beteiligten Künstler gem. § 92 UrhG (wie bei Filmwerken). Hier müssen also die entsprechenden Einschränkungen ausdrücklich vertraglich festgelegt werden. Im übrigen liegen Laufbilder ebenso wie Filmwerke unabhängig davon vor, ob sie auf einem Bildträger oder einem Bild- und Tonträger festgelegt sind (also auch bei *Live*-Sendungen).

3   Während es hier um den Schutz des Herstellers von Laufbildern geht, gibt § 91 UrhG dem Filmhersteller besondere Rechte an den bei der Herstellung des Filmwerks entstehenden **Lichtbildern.** Hierunter sind die einzelnen Bilder des Filmstreifens zu verstehen, die im Rahmen der Filmherstellung aufgenommen werden. Auf den künstlerisch schöpferischen Charakter kommt es hierbei nicht an, da der einschlägige § 72 UrhG i. V. mit § 2 Ziff. 5 UrhG Lichtbilder des Leistungsschutzrechtes und Lichtbildwerke des Urheberrechtes ausdrücklich gleichstellt.

4   Die hier dem Filmhersteller eingeräumten Rechte sind eindeutig so formuliert, daß der Lichtbildner hinsichtlich der Verwertung des Filmwerks **keine Rechte** erwirbt, sie also an diesen Lichtbildern im Rahmen der filmischen Verwertung originär dem Filmhersteller zustehen. Der Filmhersteller braucht insoweit keine Nutzungsrechte an den Lichtbildern zu erwerben. Die Rechte an den Lichtbildern bei Verwendung **außerhalb der Filmauswertung,** also z. B. für Illustrationszwecke u. ä. m. behält freilich der Lichtbildner, so daß der Filmhersteller insoweit Nutzungsrechte erwerben muß, wenn er eine derartige Verwendung der Lichtbilder vornehmen will. Die Verwendung der Lichtbilder zur Werbung für das betreffende Filmwerk fallen unter die filmische Verwertung und stehen deshalb dem Filmhersteller originär zu.

5   Die Schutzvorschrift des § 91 UrhG soll den Filmhersteller vor der **Aushöhlung der Filmauswertung** durch getrennte Verwendung der einzelnen Aufnahmen des Filmwerks schützen. Wegen dieses Grundgedankens darf der Lichtbildner die Lichtbilder auch außerhalb der Filmverwertung nicht in einer Form auswerten, die den Filmhersteller in irgendeiner Weise bei der Filmverwertung beeinträchtigen könnte. Soweit ein Kameramann wegen einer persönlichen schöpferischen Leistung bei der Filmherstellung zum Miturheber des Filmwerks geworden ist, kann der § 91 UrhG nicht mehr einschlägig sein, da es dann um das Gesamtwerk und nicht mehr um einzelne Lichtbilder geht.

6 Die Vorschrift des § 91 UrhG betrifft nicht die während der Herstellung des Films besonders aufgenommenen **Stand- und Szenenfotos,** die je nach Originalität als Lichtbildwerke nach § 2 Abs. 1 Ziff. 5 UrhG oder Lichtbilder nach § 72 UrhG geschützt sind. An ihnen muß deshalb der Filmhersteller von den Lichtbildnern (Stand- und Szenenfotografen) die erforderlichen Nutzungsrechte erwerben in dem Umfang, in dem er diese Lichtbildwerke oder Lichtbilder verwerten will. Die vom Filmhersteller an diesen Lichtbildwerken oder Lichtbildern erworbenen Rechte für die Filmverwertung umschließen auch die Verwendung der Werke zu **Werbezwecken,** was bei Stand- und Szenenfotos besonders wichtig ist, da sie hauptsächlich für solche Werbezwecke hergestellt werden.

7 Als Laufbilder hat die **Rechtsprechung** insbesondere eingestuft: Abfilmung des Vogelflugs (BGHZ 9, S. 262, 268 *Lied der Wildbahn*); Abfilmung einer Sportveranstaltung (KG *Schulze,* KGZ 4, dort allerdings primär zur Rechtsstellung des *Sportlers*); Abfilmung einer Tierdressur (LG München I, Schulze LGZ, S. 5 *Elefant Moni*); Tages- und Wochenschaufilme, Reportagen (BGHZ 37, 1 bis 10 *Großprojektion*); öffentliche Wiedergabe von *Sprachwerken* (BGHZ 38, S. 356, 366).

8 Auch **Sexfilme** sind nach OLG Düsseldorf **Laufbilder** (GRUR 1979, S. 53 *Laufbilder*).

9 Nach OLG Koblenz ist die Studioaufzeichnung einer unverändert gespielten **Bühneninszenierung** ebenfalls nur Laufbild (in GRUR Int. 1968, S. 164 *Liebeshändel in Chioggia*). Dieser Auffassung ist zu widersprechen. In der Regel sind Atelierinszenierungen von Bühnenwerken Filmwerke, weil derartige Aufnahmen wegen der Neueinrichtung im Atelier und der speziellen Filmtechnik (Einstellungen, Schnitte) regelmäßig kreative und originelle Züge tragen (so auch die Literatur vgl. unten Rdn. 12).

10 Gestattet der Urheber eines Bühnenstücks, der das Recht zur Herstellung eines Filmwerkes vergeben hat, einem Sendeunternehmen die *Live*-Sendung oder Ausstrahlung der Aufzeichnung einer **Aufführung des Bühnenstücks** (= Laufbilder), ist er nach Treu und Glauben verpflichtet, die Fernsehsendung der Bühnenaufführung solange nicht zuzulassen, wie die Herstellung und Auswertung des Spielfilms andauern, da ansonsten die Auswertung des Spielfilms in erheblichem Maße beeinträchtigt würde (BGH in GRUR 1969, S. 364 = UFITA Bd. 54, S. 278 Fernsehauswertung eines *verfilmten Bühnenstücks*).

11 Als **Beispiele** für den Urheberschutz an den einzelnen Lichtbildwerken (§ 2, Abs. 1 Ziff. 5 UrhG) bzw. Leistungsschutz an den einzelnen Lichtbildern (§ 72 UrhG), die bei der Filmherstellung entstehen, sei verwiesen auf: BGHZ 9, 262/264 *Lied der Wildbahn* I; BGHZ 37, 1/8 Großprojektion von Fernsehsendungen in *Lichtspieltheatern;* BGH GRUR 1960, S. 609 = *Schulze,* GBHZ 85, S. 1/16 *Wägen und wagen* und BGH GRUR 1963, S. 40/41 *Straßen – Gestern und morgen.*

12 In der **Rechtslehre** wie hier zur **Definition der Laufbilder** auch *Fromm/Nordemann* aaO § 95/1 bis 6; *Möhring/Nicolini* aaO § 95/1 bis 4; *von Gamm* aaO § 95/1 bis 4 m. w. N. aus der Rechtsprechung und *Ulmer* aaO § 126, S. 537, 538.

13 Wie hier zu § 91 UrhG und der Unterscheidung der Verwertung der Lichtbilder in filmischer Hinsicht bzw. **außerhalb des Filmwerks:** Die filmische Verwertung gebührt allein dem Filmhersteller, die außerhalb des Filmwerkes bleibt dem Lichtbildner vorbehalten (*Fromm/Nordemann* aaO § 91/3). Ebenso *Möhring/Nicolini* aaO § 91/3; *von Gamm* aaO § 91/4 und *Ulmer* aaO § 126, S. 538).

14 Einig ist sich die **Rechtslehre** auch darin, daß die Vorschrift des § 91 UrhG abdingbar ist (*Fromm/Nordemann* aaO § 91/1; *Möhring/Nicolini* aaO § 91/4; *von Gamm* aaO § 91/1 bis 2), wobei allerdings zwischen *Möhring/Nicolini* auf der einen Seite und *von Gamm* und *Fromm/Nordemann* auf der anderen Seite dogmatischer Streit darüber besteht, ob § 91 UrhG ein originäres Recht des Filmherstellers schafft oder lediglich eine Auslegungsregel zugunsten des Filmherstellers darstellt (vgl. *Möhring/Nicolini* aaO § 91/1; *von Gamm* aaO § 91/1 und *Fromm/Nordemann* aaO § 91/1). Dieser Streit ist von geringer praktischer Bedeutung und braucht daher nicht vertieft zu werden.

15 Die auch hier bejahte **Verwertungsbefugnis** der gemäß § 91 UrhG erstellten Lichtbilder (auch) zur **Werbung** für den entsprechenden Film schließen *Möhring/Nicolini* und *von Gamm* nicht aus § 91 UrhG, sondern im Wege der Vertragsauslegung aus § 242 BGB (*Möhring/ Nicolini* aaO § 91/3; *von Gamm* aaO § 91/4).

65. Kapitel. Das Leistungsschutzrecht des Sendeunternehmens

1 Das Leistungsschutzrecht des Sendeunternehmens nach § 87 UrhG ist dem Leistungsschutzrecht für den Filmhersteller nach § 94 UrhG **vergleichbar,** da es auf gleichartigen Motiven und Prinzipien beruht. Es soll den Sendeunternehmen, denen kein originäres Urheberrecht an ihren Sendungen zusteht, die aber für ihre Sendungen hohe finanzielle und organisatorisch-technische Belastungen und evtl. entsprechende Risiken übernehmen müssen, als Ausgleich zu ihrem Schutz ein originäres Leistungsschutzrecht eingeräumt werden. Durch dieses Leistungsschutzrecht werden ihnen ausschließliche Rechte an ihren Funksendungen verschafft, die gegenüber jedem Dritten wirken und die ungestörte Auswertung ihrer Funksendungen fördern sollen. Die Sendeunternehmen sind nicht mehr allein auf die derivativen Nutzungsrechte angewiesen, die sie von den Urheber- und Leistungsschutzberechtigten für ihre Sendungen erhalten. Wegen der Vergleichbarkeit der beiden Leistungsschutzrechte kann auf die Ausführungen in Kapitel 61 oben verwiesen werden.

2 Es sind jedoch einige **gravierende Unterschiede** zwischen diesen beiden Leistungsschutzrechten zu beachten. Das Leistungsschutzrecht des Sendeunternehmens umfaßt nicht die Rechte nach § 53 UrhG (Vervielfältigung zum persönlichen Gebrauch) und kennt keinen Schutz gegen Entstellung und Kürzung. Das Leistungsschutzrecht des Filmherstellers besteht nur an urheberrechtlich schutzfähigen Filmwerken, während das Leistungsschutzrecht des Sendeunternehmens jede Funksendung ohne Rücksicht auf deren urheberrechtlichen Charakter erfaßt (also z. B. auch Nachrichtensendungen, politische Magazine und Sportreportagen).

3 Als **Träger** des Leistungsschutzrechts werden in § 87 UrhG generell Sendeunternehmen bezeichnet. Hier wird der allgemeine Unternehmensbegriff in das UrhG eingeführt, der physische und juristische Personen, inländische und ausländische Firmen sowie öffentlich-rechtliche und privatrechtliche Institutionen umfaßt, die ihren Sitz im Inland haben (§ 127 Abs. 1 UrhG). Für Firmen ohne inländischen Sitz gilt nach § 127 Abs. 2 UrhG das Schutzrecht für deren inländische Ausstrahlungen, also wie schon der Wortlaut dieser Vorschrift sagt, nicht *von wo,* sondern *wohin* sie ausstrahlen. Es erhalten also nicht nur die derzeitigen öffentlich-rechtlichen Rundfunkanstalten den Schutz des Sendeunternehmens, sondern auch die bestehenden Kabelfernsehgesellschaften und etwaige künftige private oder öffentliche Unternehmen, die Fernsehausstrahlungen irgendwelcher Art durchführen (allgemeines Fernsehen, Kabel- und Satellitenfernsehen, sowie Pay-Television u. ä. m.).

4 Das Leistungsschutzrecht nach § 87 UrhG bezieht sich auf **alle Funksendungen,** also einschließlich der Simultanausstrahlung und der Weitersendung. Es erstreckt sich auf jegliche Fixierung der Sendung und auf deren Vervielfältigung. Es umschließt die öffentliche Wahrnehmbarmachung der Sendung, aber nur, wenn sie gegen Eintrittsgeld und nicht, wenn sie kostenlos erfolgt. Die Schutzdauer des übertragenen Rechts beträgt 25 Jahre und richtet sich nach der jeweils letzten Ausstrahlung.

5 Durch dieses Schutzrecht vor Benutzung durch Dritte, das als **ausschließliches Recht** gegenüber jedem Dritten gilt, sollen die organisatorischen, technischen und finanziellen Aufwendungen der Fernsehanstalten Berücksichtigung finden. Ob es sich um eine **öffentliche Wiedergabe** einer **Fernsehsendung** gegen Zahlung eines Eintrittsgeldes im Sinne des § 87 Abs. 1 Ziff. 3 UrhG handelt, wird danach zu beurteilen sein, ob zu der betreffenden Sendung ein nicht näher miteinander verbundener Personenkreis Zugang hat und ob für sie ein besonderer Preis gezahlt wird. Das gilt mit Sicherheit für die Wiedergabe solcher Sendungen in besonderen Fernsehstuben gegen Entgelt oder in Filmtheatern, auch wenn hier die Sendung als Zugabe im Eintrittspreis inbegriffen ist. Das gilt jedoch nicht beim Einzelempfang von solchen Sendungen in Hotelzimmern, da es hier an der Öffentlichkeit fehlt, und gilt nicht bei der öffentlichen Wiedergabe in Gaststätten, soweit hier kein besonderes zusätzliches Entgelt (auch nicht als Preiszuschlag) verlangt wird.

6   Soweit das Sendeunternehmen selbst Filme herstellt und die Voraussetzungen für den Begriff des **Filmherstellers** erfüllt (s. o. Kapitel 58), steht ihm zusätzlich das Leistungsschutzrecht des Filmherstellers nach § 94 UrhG mit den oben (Kapitel 61) erwähnten Folgen zu. In solchen Fällen wird das Sendeunternehmen üblicherweise die zur Fernsehausstrahlung erforderlichen Nutzungsrechte von den Urheber- und Leistungsschutzberechtigten am Filmwerk erwerben. Als Filmhersteller kann das Sendeunternehmen auch im Rahmen einer Gemeinschaftsproduktion oder einer unechten Auftragsproduktion mit einem Co- oder Auftragsproduzenten tätig werden. Bei einer echten Auftragsproduktion wird das Sendeunternehmen dagegen nicht selbst Filmhersteller, sondern wird nur von dem Auftragsproduzenten als dem Filmhersteller die für die Fernsehausstrahlung erforderlichen Rechte erwerben.

7   In der **Rechtsprechung** vgl. BGHZ 37/1 (*AKI*-Fall) und OLG Hamburg in GRUR 1961, S. 100 *(Fernsehwiedergabe)*.

8   In der **Rechtsprechung** hat der BGH ursprünglich mit einem Urteil vom 28. 11. 1961 (UFITA Bd. 36, S. 485) festgestellt, daß Lautsprecherwiedergaben von Hörfunk- oder Fernsehmusiksendungen in **Hotelzimmern** nicht öffentliche Aufführungen darstellen, da sie innerhalb der privaten Sphäre des Hotelgastes stattfinden. Später in einem Urteil vom 11. 6. 1965 (UFITA Bd. 53, S. 277) ist der BGH hiervon abgerückt und hat solche Sendungen, auch wenn sie in die Hotelzimmer hinein erfolgen, als öffentliche Wiedergabe und damit genehmigungspflichtig erklärt. Dem ist *Fromm/Nordemann* (aaO § 22/2) gefolgt. Dagegen stellen *Möhring/Nicolini* (aaO § 22/3) fest, daß dieser Auffassung nicht gefolgt werden könne. Es handele sich bei der Wiedergabe von Sendungen in Hotelzimmern nicht um eine öffentliche Sendung. Ebenso *Ulmer* in GRUR 1975, S. 153. Dagegen *von Gamm* (aaO § 15/ 17): ,,Öffentlich ist die Werkwiedergabe vor einem unbegrenzten Teilnehmerkreis ... Doch kommt es auf eine solche räumliche Zugänglichkeit für die Öffentlichkeit nicht an, wenn die Werkwiedergabe durch technische Mittel die räumliche Abgeschlossenheit der einzelnen Hörer und/oder Zuschauer überbrückt, so daß dadurch ein nahezu unbegrenzter Teilnehmerkreis in seiner privaten Abgeschlossenheit in den Werkgenuß gelangt.``

9   In der **Rechtslehre** führen *Fromm/Nordemann* (aaO § 87/3) mit Recht aus, daß Schutzgegenstand des § 87 UrhG die Funksendung des Sendeunternehmens ist, und zwar, weil in ihren aufwendigen, kostspieligen organisatorisch-technischen Maßnahmen eine als schützenswert zu betrachtende Leistung liegt. Es heißt dann weiter: ,,Es braucht weder ein vorbestehendes urheberschutzfähiges Werk Gegenstand der Sendung zu sein, noch ist es erforderlich, daß der Programmbeitrag seinerseits in urheberrechtlich relevanter Weise gestaltet ist. Das Schutzrecht besteht also für jede Sendung, gleich welchen Inhalts und Charakters, von der Uraufführung eines Hörspiels über Musiksendungen jeder Art bis hin zu Sportübertragungen, Nachrichten, Börsenberichten und Wasserstandsmeldungen.``

10   *Von Gamm* (aaO § 87/3) betont ebenfalls, daß Schutzgegenstand dieser Vorschrift die besondere **wettbewerbliche** Leistung ist, wie sie ihren Ausdruck und Niederschlag in der konkreten Funksendung gefunden hat. Es komme weder auf die Sendung eines urheberrechtsschutzfähigen Werkes noch auf eine eigenschöpferische Gestaltung der Sendung, noch auf die wettbewerbliche Höhe und Schutzfähigkeit der Sendung an.

11   Über die Bedeutung des Leistungsschutzrechts des Sendeunternehmens für die **Eigenproduktionen der Fernsehanstalten** s. Kapitel 167.

66. Kapitel. Verjährung der Leistungsschutzrechte an Filmwerken

1   Das dem Filmhersteller nach § 94 UrhG zustehende Leistungsschutzrecht am Filmwerk erlischt 25 Jahre nach dem Erscheinen des betreffenden Filmwerks, jedoch bereits 25 Jahre nach der Herstellung, wenn das Filmwerk innerhalb dieser Frist nicht erschienen ist. Es kommt also für den Beginn der 25jährigen Frist auf das **Erscheinen** bzw. die **Herstellung** des Filmwerkes an.

2   Ein Filmwerk ist erschienen, sobald es in einer Nutzungsart, in der es ausgewertet werden kann, zur **Auswertung gelangt** ist. Ein Film ist also z. B. erschienen, wenn er in einem Filmtheater öffentlich vorgeführt wird oder wenn er von einer Sendeanstalt gesendet wird oder wenn er als Videokassette zur Vermietung oder zum Verkauf an das Publikum gelangt. Für das Erscheinen ist noch nicht ausreichend, wenn der Film fertiggestellt worden ist und über ihn Verträge (z. B. Lizenzverträge mit Verleihern, Vertriebsfirmen, Fernsehanstalten, Video-Programmanbietern etc.) abgeschlossen worden sind. Diese internen Vorgänge sind nicht maßgebend, da das Erscheinen eines für die Öffentlichkeit bestimmten Werkes immer mit der Weitergabe an die Öffentlichkeit verbunden ist.

3   Für die Herstellung des Films, die für die Frist maßgebend ist, wenn er nicht innerhalb einer bestimmten Frist erscheint, ist entscheidend die volle **Fertigstellung** dieses Films. Die Herstellung muß also abgeschlossen sein und es muß die Möglichkeit bestehen, den Film in der Nutzungsart auszuwerten, die für ihn vorgesehen ist. Solange noch irgendein Herstellungsvorgang offen ist (z. B. Nachsynchronisation o. ä. m.), kann nicht von der Herstellung gesprochen werden. Die Frist beginnt also immer nur, wenn der endgültig fertiggestellte Film vorliegt.

4   Soweit **ausübende Künstler** Leistungsschutzrechte am Filmwerk erworben haben, erlöschen diese Rechte ebenfalls **25 Jahre** nach dem Erscheinen bzw. der Herstellung des Films. Für den Begriff des Erscheinens und der Herstellung gilt dasselbe, was oben ausgeführt worden ist. Dabei ist freilich immer wieder zu beachten, daß den ausübenden Künstlern nach § 92 UrhG keine Rechte hinsichtlich der Verwertung des Filmwerks zustehen, so daß die erwähnten Fristen bezüglich der Auswertung des Films keine Bedeutung haben.

6. Abschnitt. Der Schutz von Filmtiteln

67. Kapitel. Anwendungsbereich und gesetzliche Grundlagen

1   Die Ausführungen in diesem Abschnitt gelten für den Schutz von Titeln **aller Filmwerke**, die zur Vorführung in Filmtheatern sowie sonstigen Spielstätten (gewerblichen und nicht gewerblichen) und/oder im Fernsehen sowie zur Vervielfältigung, Verbreitung, Verkauf u. ä. m. bestimmt sind (Kinofilme, Fernsehfilme, Fernsehspiele, Spielfilme, Dokumentarfilme, Industriefilme, Werbefilme, programmfüllende Filme und Kurzfilme, Fernsehserien, Filme in allen Formaten, Videokassettenfilme, Filme auf Bildplatten u. ä. m.). Die hier gewählte Bezeichnung Filmtitel soll sämtliche entsprechenden Titel umfassen. Dabei ist unter Filmtitel grundsätzlich die **endgültige Kennzeichnung** des Films für die Öffentlichkeit anzusehen, die von dem **Arbeitstitel** zu unterscheiden ist. Unter Arbeitstitel versteht man in der Filmbranche eine vorläufig einem Film (also z. B. während der Vorbereitung des Filmvorhabens, der Produktionsarbeiten, der Synchronisation etc.) gegebene Kennzeichnung, die zwar später hin und wieder auch als endgültiger Titel verwandt, jedoch häufig durch einen anderen endgültigen Titel ersetzt wird.

2   Die gesetzlichen Grundlagen für den Filmtitelschutz finden sich im **Gesetz über das Urheberrecht** und verwandte Schutzrechte (UrhG) vom 9. 9. 1965 und im **Gesetz gegen den unlauteren Wettbewerb** (UWG) vom 7. 6. 1909. Da das Urheberrechtsgesetz erst seit dem 1. 1. 1966 in Kraft ist, bezieht sich die hier zitierte Rechtsprechung zu einem großen Teil auf das LUG (Gesetz betreffend das Urheberrecht an Werken der Literatur und der Tonkunst vom 19. 6. 1901), das insoweit der Vorläufer des jetzigen Urheberrechtsgesetzes ist. Die Anspruchsgrundlagen beider Gesetze sind aber für den Titelschutz ohne wesentliche Unterschiede, so daß die Rechtsprechung nach dem LUG ihre Bedeutung auch für heutige Rechtsfälle behalten hat.

3   Von den Vorschriften des UrhG kommt **§ 1 UrhG** in Betracht (früher § 1 LUG), wonach die Urheber von Schriftwerken nach Maßgabe dieses Gesetzes geschützt werden. Von den Vorschriften des **UWG** kommen die **§§ 1 und 16** in Frage. Der § 1 UWG verbietet jeden gegen die guten Sitten verstoßenden Wettbewerb. Der § 16 UWG wendet sich gegen die Benutzung besonderer Bezeichnungen im geschäftlichen Verkehr, die geeignet ist, Verwechslungen mit der besonderen Bezeichnung herbeizuführen, welcher sich ein anderer befugterweise bedient. Mit diesen Vorschriften ist der Kreis der gesetzlichen Bestimmungen für den Filmtitelschutz bereits umrissen. Dazu treten noch die privatrechtlichen Vereinbarungen über das Titelregister der FSK.

4   Der Filmtitelschutz nach UrhG und UWG gilt gleichermaßen für Titel der in erster Linie für das **Filmtheater** bestimmten **Filme** aller Art (Kinofilme), wie der in erster Linie für das **Fernsehen** bestimmten **Filme** aller Art (einschließlich Fernsehserien) sowie für Überschneidungen zwischen Kinofilmtitel und Fernsehfilmtitel. Das ergibt sich beim Schutz nach dem UrhG aus der gleichartigen schöpferischen Leistung und beim Schutz nach UWG aus der Wettbewerbssituation zwischen Film und Fernsehen und/oder den Verwechslungsmöglichkeiten von Kinofilm- und Fernsehfilmtiteln. Beide Arten von Titeln können wegen der schöpferischen Leistung und wegen der Wettbewerbssituation und/oder Verwechslungsmöglichkeiten auch mit Titeln literarischer oder musikalischer Werke kollidieren (Kinofilm im Fernsehen, Fernsehfilm im Kino, Kinofilm nach Fernsehspielen und

-serien, Fernsehfilme oder -serien nach Kinofilmen, Filme nach bzw. mit Liedern oder Schlagern, Fernseh- und Kinofilme nach literarischen oder musikalischen Werken u. ä. m.). Das gleiche gilt neuerdings auch für eine Überschneidung dieser Filmtitel und sonstigen Titel mit Titeln von **Videokassettenfilmen,** Bildplattenfilmen u. ä. m., da hier vergleichbare schöpferische Leistungen und Wettbewerbssituationen vorliegen (Kino- und Fernsehfilme auf Videokassetten oder Bildplatten, Videofilme nach Kinofilmen, Fernsehspielen, musikalischen oder literarischen Werken u. ä. m.).

5   Die **Rechtsprechung** hat sich – gemessen an der Entwicklung der Filmwirtschaft – relativ **frühzeitig** mit der Frage des Schutzes von Filmtiteln befaßt. So liegen schon aus den Zwanziger Jahren – also der Zeit des Stummfilms – zahlreiche Gerichtsurteile über Filmtitelfragen vor. Die wesentlichen Rechtsprobleme auf diesem Gebiet, wie die Abgrenzung der schutzfähigen von den nicht schutzfähigen Titeln, der urheberrechtliche Titelschutz, die wettbewerbsrechtlichen Schutzvoraussetzungen, die Priorität beim wettbewerblichen Titelschutz, seine Verwirkung und der sittenwidrige Wettbewerb in Titelfragen wurden bereits in den einschlägigen Urteilen aus dieser Zeit in grundsätzlichen Entscheidungen ausführlich behandelt. Gemäß der damaligen Konzentration der deutschen Filmwirtschaft in Berlin stammen die bei weitem meisten Entscheidungen über Filmtitelstreitigkeiten aus dieser Zeit vom Landgericht und Kammergericht Berlin, von denen einige im Revisionsverfahren zu Entscheidungen des Reichsgerichts geführt haben.

6   Die **Nachkriegsrechtsprechung** hat im wesentlichen die Rechtsprechung der vorangegangenen Zeit in ihren Grundlagen bestätigt und der Zeitentwicklung angepaßt. Wegen der Dezentralisierung der Filmwirtschaft nach dem Krieg existieren neben Berliner Entscheidungen vor allem auch Entscheidungen der Hamburger und Münchener Gerichte.

7   In der **Rechtsprechung** und **Rechtslehre** ist unstreitig, daß der Titelschutz nach UrhG und UWG auch für **Filmtitel** gilt (s. BGHZ 26, S. 52 = NJW 1958, S. 459 Fall *Sherlock Holmes*). Er ist auch anzuwenden bei periodisch ausgestrahlten Serien (BGH in NJW 1982, S. 2255 Fall *Point*).

8   In der Rechtsprechung zu **Titelüberschneidungen Film/Fernsehen** vgl. OLG Hamburg in UFITA Bd. 27, S. 77 *(Kleine Leute, große Reisen);* LG Hamburg in UFITA Bd. 38, S. 81 *(Stahlnetz);* OLG München in UFITA Bd. 50, S. 266 (Rundfunksendung *A weni kurz, a weni lang*); BGH in UFITA Bd. 80, S. 352 *(Der 7. Sinn).*

9   Zur **Rechtslehre** sei hingewiesen auf die entsprechenden Ausführungen in den Kommentaren zum Urheberrechtsgesetz: *Fromm/Nordemann* aaO § 2 Ziff. 10; *von Gamm* aaO Einführung Rdn. 40; *Möhring/Nicolini* aaO 2/10e und 97/18e. Weitere Ausführungen in den Monographien von *von Gamm* ,,Grundfragen des Filmrechts"; *von Hartlieb* ,,Schutz der Filmtitel" und *von Metzler* in UFITA Bd. 20, S. 178.

68. Kapitel. Der Freititel

1   Es gibt einen rechtlichen Schutz für Filmtitel, aber nicht jeder Filmtitel ist schutzfähig. Die **Mindestvoraussetzungen** für den Titelschutz gemäß UrhG (LUG) und UWG bestehen in einer bestimmten **Kennzeichnungs- und Unterscheidungskraft** des Titels. Dabei muß sich die Kennzeichnungs- und Unterscheidungskraft grundsätzlich aus dem Titel selbst und nicht aus außerhalb des Titels liegenden Umständen ergeben. Titel ohne eine solche Kennzeichnungs- und Unterscheidungskraft können keinen gesetzlichen Titelschutz in Anspruch nehmen, sondern sind für jeden frei benutzbar und werden deshalb Freititel genannt.

2   **Freititel** in diesem Sinne sind **vor allem** Namen historischer Persönlichkeiten, Hinweise auf historische Ereignisse, geographische Bezeichnungen, Zeitangaben,

Titel gemeinfreier Werke und reine Gattungsnamen. Ihr Charakter als Freititel fordert freilich das Vorliegen bestimmter Voraussetzungen.

3 Bei den **Namen historischer Persönlichkeiten** und dem Hinweis auf **historische Ereignisse** ist für den Charakter als Freititel wesentlich, daß das betreffende Filmwerk das Leben der historischen Persönlichkeit oder das historische Ereignis behandelt. Solche Titel können grundsätzlich nicht für ein Filmwerk gegen andere Filmwerke geschützt werden, soweit die anderen Filmwerke sich ebenfalls mit den in ihrem Titel genannten Persönlichkeiten oder Ereignissen befassen. Es wäre geradezu eine Täuschung des Publikums, wenn Filmwerke, die sich mit historischen Persönlichkeiten oder Ereignissen beschäftigen, dies in ihrem Titel nicht zum Ausdruck bringen dürften.

4 Das gleiche gilt für Filmtitel mit **geographischen Bezeichnungen oder Zeitangaben,** soweit sich das Filmwerk mit dem Gegenstand der geographischen Bezeichnung oder der Bedeutung der Zeitangabe befaßt. Solche Filmtitel sind durch den Filmstoff bedingt und führen zu keiner Täuschung des Publikums, wenn sie für mehrere Filme mit gleichartigen Stoffen Verwendung finden. Sie können nicht für einen oder einige Filme mit dem entsprechenden Stoffkreis monopolisiert, sondern müssen für die Allgemeinheit freigehalten werden. Bei geographischen Bezeichnungen ist zu denken an Titel mit Länder-, Berg-, Flußnamen, bei Zeitangaben an Titel wie *Mitternacht, 12 Uhr mittags* u. ä. m.

5 Bei den Titeln **gemeinfreier Werke** ist für den Charakter als Freititel die Verwendung für die Verfilmung des gemeinfreien Werkes entscheidend. Bei Verwendung für die Verfilmung des gemeinfreien Werkes muß der Titel als Freititel gelten, da er insoweit für die Öffentlichkeit freigehalten werden muß. Wird dagegen der Titel für einen Film benutzt, der nichts mit dem gemeinfreien Werk zu tun hat, weil dieses z. B. nicht verfilmbar ist, so muß die Schutzfähigkeit eines solchen Titels nach dem Wettbewerbsrecht grundsätzlich anerkannt werden. Hierbei ist der Gedanke maßgebend, daß bei gemeinfreien Werken nicht durch wettbewerbsrechtlichen Titelschutz eine Verlängerung des Urheberrechtsschutzes eintreten darf, zumal eine Täuschung des Publikums oder eine unlautere Benutzung fremder Arbeitsergebnisse nicht vorhanden ist, sondern es gerade im Interesse der Allgemeinheit und der Lauterkeit des Wettbewerbs liegt, wenn Filme, welche ein gemeinfreies Werk wiedergeben, sich auch den Titel dieses Werkes zulegen. So können Titel bekannter literarischer Werke, z. B. *Anna Karenina, Krieg und Frieden, Kabale und Liebe, Romeo und Julia* etc. für alle Filme Verwendung finden, die eine Verfilmung dieser Werke darstellen.

6 **Reine Gattungsnamen** brauchen, um als Freititel zu gelten, im Gegensatz zu historischen oder geographischen Bezeichnungen und Titeln gemeinfreier Werke keinen bestimmten Bezug zum Filmstoff oder Filminhalt, da sich bei dem abstrakten Charakter solcher Gattungsnamen kaum ein solcher Bezug konkretisieren läßt. Diese Gattungsnamen sind deshalb Freititel, weil sie nicht die für den Titelschutz notwendige Kennzeichnungs- und Unterscheidungskraft besitzen. So können z. B. Filmtitel, die nur aus den Worten *Liebe, Leidenschaft, Leben, Tod, Freiheit* o. ä. m. oder aus Begriffen wie *Disco-Report, Magazin, Zeitung, Kino* u. ä. m. bestehen, keinen Titelschutz in Anspruch nehmen.

7 Die **Rechtsprechung** hat die Grundsätze für Freititel mit Namen **historischer Persönlichkeiten** und Hinweisen auf **historische Ereignisse** entwickelt bzw. bekräftigt. Im einzelnen sei verwiesen auf RG in JW 1929, S. 1798 *(Napoleon, Königin Luise)*; LG München vom 16. 2. 1951 – Az.: Q 18/51 *(Rasputin)*; OLG München in UFITA Bd. 20, S. 225 *(Der 20. Juli)*.

8   Die Grundsätze für Freititel mit **geographischen Bezeichnungen** hat die Rechtsprechung ebenfalls entwickelt bzw. bestätigt. Hierzu sei verwiesen auf RG in UFITA Bd. 4, S. 185 *(Wolga)* und LG München in UFITA Bd. 21, S. 357 *(Kaprun)*.

9   Für Titel **gemeinfreier Werke** sind zwei Entscheidungen des OLG München interessant (UFITA Bd. 20, S. 208 und Bd. 21, S. 81). Sie betreffen die Titel *An der schönen blauen Donau* und *Am Brunnen vor dem Tore,* welche für Filme benutzt wurden, die mit dem Liedtext bzw. -inhalt nichts zu tun haben. Hier wurden diesen Titeln der wettbewerbsrechtliche Schutz gegen spätere Verwendung der gleichen Titel für andere Filme gewährt. Dagegen wird vom LG München (UFITA Bd. 77, S. 287) am Beispiel des Romans *Die drei Musketiere* ausgeführt, daß bei Benutzung dieses Titels für einen Film nach dem Roman von Dumas der Titel als Freititel zu betrachten sei. Er könne nur dann ein schutzfähiger Titel werden, wenn er für einen Film benutzt werde, der mit diesem Roman inhaltlich nichts zu tun habe.

10   In der Rechtsprechung zu Titeln mit **reinen Gattungsnamen** vgl. LG München in UFITA Bd. 8, S. 438, das dem Titel *Varieté,* als reinem Gattungsnamen, keine Schutzfähigkeit zuerkannt hat. Auf derselben Ebene LG Hamburg vom 26. 1. 1955 (Az.: 15 Q 1/55), wo es um die Frage der Titelüberschneidungen *Sittenpolizei* und *Sittenpolizei greift ein* ging und bei der wegen des reinen Gattungsnamens *Sittenpolizei* kein Schutz gewährt wurde. In diesen Zusammenhang gehört auch LG München in UFITA Bd. 64, S. 342 wegen des Gattungsnamens *Report.* Lt. LG München vom 10. 8. 1983 (Az.: 7 HKO 10 443/83) handelt es sich bei dem Titel *Outsider* um eine reine Gattungsbezeichnung, also um einen Freititel mit der Begründung, daß die englische Sprache die Grundlage der heutigen Jugendsprache (vor allem wegen der populären englischen Musiktexte) sei und der Außenseiter eines der Leitbilder dieser Jugend darstelle.

11   Die **Bezeichnung** *Film als Film* ist weder durch das Urheber- oder Titelschutzrecht noch durch das Wettbewerbsrecht geschützt (so OLG Köln in UFITA Bd. 95, S. 344).

69. Kapitel. Schutzfähige Freititel durch Zusätze

1   Sämtliche Freititel (historische Persönlichkeiten, historische Ereignisse, geographische Bezeichnungen, Zeitangaben, Bezeichnungen gemeinfreier Werke, Gattungsnamen) können ihren Charakter als Freititel verlieren, sobald sie mit Zusätzen versehen werden, die auch in der Kombination mehrerer Gattungsnamen bestehen können. Voraussetzung ist freilich, daß diese Zusätze eine **bestimmte Kennzeichnungs- und damit Unterscheidungskraft** für den Freititel herbeiführen. Hier kann durch den Zusatz ein schutzfähiger Titel entstehen.

2   Als **Beispiele** seien angeführt: *Der König und ich, Der große König, Kronprinz Rudolphs letzte Liebe, Attentat in Sarajewo, Der stille Don, Palermo oder Wolfsburg, Mitternachtsspitzen, Mitternachtsfieber, Die linkshändige Frau, Die flambierte Frau, Disco-Fieber, Schulmädchen-Report, Big Snuff, Der große Regen.*

3   Es ist möglich, daß Freititel auch durch **außerhalb** des Titels selbst liegende **Umstände** Unterscheidungskraft und damit wettbewerbsrechtliche Schutzfähigkeit erlangen. Diese Umstände müssen aber so eng mit dem Titel verbunden sein, daß sie bei der ganzen werbemäßigen Benutzung des Titels mit verwandt werden und deshalb für die Öffentlichkeit, also das Publikum, mit dem Titel identifiziert werden. Diese äußeren Umstände können z. B. in den Namen bekannter Schauspieler liegen, die in dem Film die Titelrolle verkörpern und ihm die charakteristische Prägung geben. In dieser Verbindung kann auch der Freititel zu einem schutzfähigen Titel gegenüber jeder Benutzung werden, die sich nicht klar von dieser Verbindung absetzt. Dieser Schutz nähert sich dem geschützten Freititel durch Verkehrsgeltung.

4   Beispiele für **Starnamen,** die einem Titel durch Umstände außerhalb des Werkes und des Titels selbst eine besondere Kennzeichnungskraft verleihen, sind z. B. Filme wie *Ninotschka* mit *Greta Garbo* und wie *Rampenlicht, Goldrausch, Zirkus, Modern Times* mit *Charlie Chaplin.* Diese Filme mit ihren Titeln sind insoweit geschützt, als man vergleichbare Filme, die also in irgendeiner Form auf die betreffenden Starnamen hinweisen, mit dem gleichen Titel bezeichnet. Soweit die Filme mit dem gleichen Titel keinen Bezug irgendwelcher Art zu den Starnamen haben, entfällt der Titelschutz für die erstgenannten Werke.

5   Solche Umstände außerhalb des Freititels selbst, die ihm durch Mitbenutzung Schutzfähigkeit gegenüber gleichartiger Benutzung verschaffen, können z. B. auch in **neuen technischen Verfahren** bestehen, auf die in Verbindung mit dem Freititel hingewiesen wird (z. B. Gattungsname in Verbindung mit Hinweis auf ersten Film im neuen technischen Verfahren, wie Cinerama oder 3-D u. ä. m.), oder z. B. in **aktuellen gesellschaftspolitischen Bezügen,** die in unlösbarem Zusammenhang mit dem Freititel stehen (z. B. geographische oder technische Bezeichnungen in Verbindung mit Hinweisen auf ökologische Probleme, wie *Gorleben* und Umweltschutz, *China Syndrom* und Atomkraft u. ä. m.).

6   Die **Rechtsprechung** hat diese Grundsätze für Freititel mit Zusätzen entwickelt und bestätigt. Lt. LG München in UFITA Bd. 20, S. 226 genießen die Titel *Die Wirtin vom Wörthersee* und *Die Rose vom Wörthersee* wettbewerbsrechtlichen Schutz. Das gleiche soll nach OLG München in UFITA Bd. 56, S. 322 für die Titel *Helga* und *Helga und Michael* gelten sowie lt. LG München in UFITA Bd. 50 Teil A, S. 277 für die Titel *Der kupferne Götze* und *Der goldene Götze.*

70. Kapitel. Schutzfähige Freititel durch Verkehrsgeltung

1   Der schutzlose Freititel wird zu einem geschützten Freititel, sobald er in Verbindung mit einem bestimmten Werk, für das er benutzt wird, für diese Benutzung Verkehrsgeltung erlangt hat. Eine solche Verkehrsgeltung ist gegeben, wenn der Titel von den angesprochenen und interessierten Publikums- und Verkehrskreisen wegen des Umfangs und der Intensität dieser Benutzung mit **diesem Werk identifiziert** wird.

2   Es gibt **zwei wichtige Gründe** für den Titelschutz bei Freititeln, die für ein bestimmtes Werk Verkehrsgeltung erlangt haben. Bei der Identifizierung eines solchen Titels mit dem Werk, für das er Verkehrsgeltung erworben hat, durch die maßgebenden Publikumskreise werden Irreführungen und Täuschungen dieser Publikumskreise herbeigeführt, wenn der Titel für ein anderes Werk gebraucht wird. Der Titelinhaber, der dem Freititel für sein Werk Verkehrsgeltung verschafft hat, wird in seinem wohlerworbenen Besitzstand durch Aushöhlung oder Abnutzung des Titels und der damit verbundenen Beeinträchtigung seiner Werknutzung geschädigt, vor allem auch hinsichtlich der Möglichkeit einer seriellen Verwendung des Titels, z. B. bei Fortsetzungsfilmen, Filmreihen etc.

3   Je **größer die Verkehrsgeltung** ist, die ein Titel bekommen hat, um so stärker müssen sich ähnliche Titel von ihm unterscheiden, um einen Wettbewerbsverstoß auszuschließen. Der Freititel mit Verkehrsgeltung gibt wettbewerbsrechtlichen Schutz gegen jede Verwendung dieses Titels durch Dritte und für andere Werke, obwohl er den Charakter als Freititel besitzt. Die Verkehrsgeltung hat übrigens nicht nur für Freititel Bedeutung, sondern auch für wettbewerbsrechtlich geschützte Titel, deren Schutz durch sie verstärkt wird (vgl. unten Kapitel 70 und 74).

4   Bei der Frage der Verkehrsgeltung ist zu beachten, daß grundsätzlich eine weite oder sehr **intensiv wirkende Verbreitung und Vorführung des Werkes** stattgefunden haben muß, für das der Titelschutz beansprucht wird. Es muß demnach ein Film oder eine Fernsehserie sehr starke öffentliche Wirkung, also hohen Popularitätsgrad, erzielt haben, um ihnen und damit dem für sie verwandten Titel Verkehrsgeltung zu verschaffen. Ein von Natur aus nicht unterscheidungskräftiger Titel kann seine Schutzfähigkeit nur aus der besonderen Resonanz bei den angesprochenen und interessierten Publikumskreisen herleiten. Das setzt eine entsprechende Verbreitung des Werkes selbst voraus. Für ein noch nicht veröffentlichtes Werk nebst Titel kann deshalb keine Verkehrsgeltung beansprucht werden.

5   Als **prägnante Beispiele** für Freititel, die durch Verkehrsgeltung schutzfähig werden, sollen bei den verschiedenen Werkgattungen die folgenden Beispiele erwähnt werden, die leicht vermehrt werden können: Für Bühnenwerke z. B. die Titel *Ratten* und *Hauptmann von Köpenick* für die entsprechenden dramatischen Werke von *Gerhart Hauptmann* und *Carl Zuckmayer*, für Romane die Titel *Blechtrommel* und *Butt* für die entsprechenden literarischen Werke von *Günter Grass*, für Filme *Der Pate, Dschungelbuch, 12 Uhr mittags* für die entsprechenden Filme, für Fernsehserien die Titel *Kommissar, Der Alte, Tatort, Straßen von San Franzisko*, für Lieder der Titel *Lili Marleen*.

6   In der **höchstrichterlichen Rechtsprechung** ist es anerkannt, daß auch ganz allgemeine und deshalb grundsätzlich nicht schutzfähige Bezeichnungen zu einem schutzfähigen Zeichen werden können, wenn sie sich in stärkstem Maße als Kennzeichen für ein bestimmtes Unternehmen bzw. Werk durchgesetzt haben. In diesem Zusammenhang wird auch von **Verwässerungsgefahr** gesprochen, die eintreten kann, wenn ein allgemeines Wort sich kraft langen Gebrauchs und umfassender Werbung in stärkstem Maße als Kennzeichen eines Unternehmens durchgesetzt hat und später von einem anderen benutzt wird. (Vgl. hierzu die Urteile des BGH in WUW 1954, S. 59 und WUW 1954, S. 739.)

7   In NJW 1955, S. 137 ist eine **weitere BGH-Entscheidung** veröffentlicht, in der hierzu folgendes ausgeführt wird: ,,Voraussetzung des Schutzes nach den genannten Vorschriften ist allein, daß die Klägerin ihre schlagwortartige Bezeichnung im Verkehr als Abkürzung ihres Namens verwendet hat und die beteiligten Verkehrskreise sich daran gewöhnt haben, in ihr den Namen der Klägerin zu erblicken. Die Firmenabkürzung muß, da sie nicht gleichzeitig einen bestimmten Bestandteil des ungekürzten Firmennamens bildet, demnach **Verkehrsgeltung** in dem Sinn erworben haben, daß jedenfalls ein nicht unbeträchtlicher Teil des Verkehrs sie als Hinweis auf ein bestimmtes Unternehmen ansieht ...".

8   Diese Grundsätze gelten auch für Bezeichnungen durch Filmtitel. Wegen **Verkehrsgeltung** für *Superman* kann *Supersonicman* nicht benutzt werden (LG und OLG München vom 12. 12. 1979 und vom 17. 1. 1980 – Az.: 7 HKO 15 796/79 und 6 U 4129/79 zu 7 HKO 15 796/79 LG München I); ebenso LG München in UFITA Bd. 61, S. 272 *(Balduin)*. Dagegen wurde die Verkehrsgeltung abgelehnt vom LG Berlin in UFITA Bd. 11, S. 381 *(Gesundes Leben)*; RG in UFITA Bd. 5, S. 187 *(Brand im Opernhaus)*; OLG München in UFITA Bd. 20, S. 225 *(Der 20. Juli)*; OLG München in UFITA Bd. 32, S. 380 *(Patrizia)*.

71. Kapitel. Der urheberrechtliche Titelschutz

1   Filmtitel können Urheberrechtsschutz in Anspruch nehmen, wenn sie als Titel oder Teil des Werkes, für das sie benutzt werden, die Voraussetzungen des **Werkbegriffes des UrhG** erfüllen, also sich als eine persönliche Geistesschöpfung ausweisen (§ 2 UrhG). Diese Voraussetzungen sind gegeben, wenn der Filmtitel für sich allein betrachtet in eigenwilliger, individuell geprägter Form einen Sinngehalt repräsentiert oder wenn er in ebenso eigenwilliger, individuell geprägter Form in

Verbindung mit dem Werk dessen Sinngehalt symbolisiert. Bei der naturnotwendigen Kürze der Filmtitel und ihrer Abstellung auf Werbewirkung beim breiten Publikum werden die Voraussetzungen für den Urheberrechtsschutz bei Filmtiteln nur selten gegeben sein.

2   Man unterscheidet bei den urheberrechtlich schutzfähigen Filmtiteln zwischen den **aphoristischen bzw. epigrammatischen Titeln,** die als solche durch ihre originell kreative und individuell geprägte Form ein urheberrechtliches Werk darstellen, und den Titeln, die als integrierender Bestandteil eines urheberrechtlich geschützten Werkes erscheinen.

3   Der urheberrechtliche Titelschutz als **Bestandteil des Werkes** beschränkt sich auf die Fälle einer Verwendung des Titels zusammen mit dem betreffenden Werk. Nur in diesen Fällen ist der Zusammenhang mit dem Werk und damit der Schutz als Werkteil gewahrt. Wird der Titel dagegen für ein neues Werk benutzt, das mit dem Inhalt des anderen Werkes nichts zu tun hat, so scheidet eine Schutzmöglichkeit nach Urheberrechtsgrundsätzen als Bestandteil des Werkes aus.

4   Der urheberrechtliche Titelschutz als Werkbestandteil **erlischt** ferner, wenn das Urheberrecht an dem Werk selbst, z. B. durch Zeitablauf, erloschen ist. Dann wird auch der Titel frei, und es gelten die Regeln über den Freititel bei gemeinfrei gewordenen Werken. Wer dann das freie Werk verfilmt, kann hierfür auch den ursprünglich urheberrechtlich geschützten Titel benutzen. Bei Benutzung des Titels für ein anderes Werk kann der urheberrechtlich freigewordene Titel sogar einen neuen Wettbewerbsschutz begründen, falls dem nicht der § 1 UWG über den unsittlichen Wettbewerb entgegensteht.

5   Als **Beispiele** für **aphoristische bzw. epigrammatische** und deshalb urheberrechtlich **schutzfähige** Titel könnten folgende Titel betrachtet werden, da sie in ihrer eigenwilligen originellen und individuell geprägten Form einen Sinngehalt wiedergeben: *Finden Sie, daß Konstanze sich richtig verhält?* für eine Ehekomödie, *Wer hat Angst vor Virginia Woolf?* für Ehekonflikte in intellektuellen Kreisen, *Im Westen nichts Neues* für das Fronterlebnis im 1. Weltkrieg, *Verdammt in alle Ewigkeit* für die Tragik des Soldatenschicksals.

6   Als **Teil eines Werkes** könnten etwa die folgenden Titel betrachtet werden, da sie das ganze Werk treffend, prägnant und originell charakterisieren und deshalb im Zusammenhang mit diesem Werk Urheberrechtsschutz genießen: *Szenen einer Ehe* für die positiven und negativen Seiten des Ehelebens, *Glanz und Elend des 3. Reiches* für typische Zustände und Verhältnisse unter der Hitlerdiktatur und *Die wunderbaren Jahre* (gemeint die Jahre *bar* jeden Wunders) für das Schicksal von jungen Menschen aus intellektuellen Kreisen in der heutigen DDR.

7   In der **Rechtsprechung** sind nur **wenige** Fälle bekannt geworden, in denen die Gerichte einem Filmtitel urheberrechtlichen Schutz gewährt haben. In diesem Zusammenhang liegen – soweit ersichtlich – nur ein Urteil des Kammergerichts in UFITA Bd. 1, S. 319 wegen des Titels *Wien, du Stadt meiner Träume* und ein Beschluß des OLG Köln in UFITA Bd. 48, S. 305 hinsichtlich des Titels *... nicht vom Lohn allein* vor. Ferner läßt der BGH in seiner Entscheidung wegen des Filmtitels *Sherlock Holmes* (BGHZ 26, S. 52 = NJW 1958, S. 459) die Frage des Urheberrechtsschutzes dieses Titels offen.

8   Bei den folgenden Titeln haben die Gerichte den **Urheberrechtsschutz verneint:** *Die Brücke zum Jenseits* (RG in UFITA Bd. 2, S. 78); *Brand in der Oper* (RG in UFITA Bd. 10, S. 367); *Mein Sohn, der Herr Minister* (KG in UFITA Bd. 11, S. 151); *Der Kaiser von Amerika* (LG Berlin in UFITA Bd. 3, S. 445); *Du bist die Rose vom Wörthersee* (LG München in UFITA Bd. 20, S. 226); *Am Brunnen vor dem Tore* (OLG München in UFITA Bd. 21, S. 81); *An der schönen blauen Donau* (OLG München in UFITA Bd. 20, S. 208); *Dämon der Frauen*

(LG München vom 16. 2. 1951 – Az.: 7 Q 18/51); *Bericht einer 17jährigen* (OLG Hamburg in UFITA Bd. 21, S. 337); *Es geschah am 20. Juli* (OLG München in UFITA Bd. 20, S. 225); *Sittenpolizei greift ein* (LG Hamburg vom 26. 1. 1955 – Az.: 15 Q 1/55); *Und das am Montagmorgen* (KG Berlin in UFITA Bd. 30, S. 222); *Solang noch unter'n Linden* (LG Berlin in UFITA Bd. 34, S. 224); *Stunde der Vergeltung* (OLG Frankfurt in UFITA Bd. 26, S. 105); *Die Gentlemen bitten zur Kasse* (OLG Hamburg in UFITA Bd. 50, S. 270); *Der Herrscher* (OLG München in UFITA Bd. 22, S. 235) sowie *Der 7. Sinn* (BGH in UFITA Bd. 80, S. 352). In diesen Entscheidungen wird ausdrücklich festgestellt, daß die betreffenden Titel mangels eigenpersönlicher Formgebung keinen Urheberrechtsschutz genießen können.

9   In der **Rechtslehre** s. *Fromm/Nordemann* aaO § 2, Ziff. 10 sowie *von Gamm* aaO Einführung 40.

72. Kapitel. Urheberrechts- und Wettbewerbsschutz

1   Die bisherigen Ausführungen zeigen, daß der **urheberrechtliche Schutz** von Filmtiteln nur sehr begrenzte Möglichkeiten zur Verhinderung von Titelüberschneidungen eröffnet. Die weitaus größte Zahl von Filmtiteln fällt nicht unter das Urheberrechtsgesetz und kann deshalb keinen Urheberrechtsschutz genießen. Es besteht aber zweifellos ein wirtschaftliches Bedürfnis zum Schutze aller Titel gegen mißbräuchliche Verwendung, mit Ausnahme der oben erwähnten Freititel.

2   Hier greift der **wettbewerbsrechtliche Schutz** von Titeln ein. Er erfaßt nicht nur die urheberrechtlich geschützten Titel, also die aphoristischen bzw. epigrammatischen Titel oder die Titel als Bestandteil des Werkes, sondern trägt einen ganz anderen Gedanken in das Gebiet des Titelschutzes hinein und führt dadurch zu wesentlich weitergehenden Konsequenzen für einen wirksamen Titelschutz. Dieser Wettbewerbsschutz unterscheidet sich nach Zweck, Voraussetzungen und Folgen von dem Urheberrechtsschutz.

3   Der **Zweck des Urheberrechts** besteht in dem Schutz des Werkes für seinen Urheber, dem allein die geistigen und wirtschaftlichen Früchte seiner Arbeit zufallen sollen. Die Voraussetzungen für den Urheberrechtsschutz ist das Vorliegen einer persönlichen, schöpferischen geistigen Leistung. Die Folgen des Schutzes liegen in einem Verbot jeder Vervielfältigung, Verbreitung, Vorführung, Aufführung oder Bearbeitung des Werkes ohne ausdrückliche Genehmigung seines Urhebers. Das Urheberrecht gibt auch einen Schutz gegen Entstellung des Werkes (§ 14 UrhG).

4   Der **Zweck des Wettbewerbsrechts** besteht in dem Schutz des Publikums vor Täuschungen im Geschäftsverkehr und dem Schutz der Mitbewerber vor unlauterer Konkurrenz. Die Voraussetzung für den Wettbewerbsschutz ist das Vorliegen einer Verwechslungsgefahr in der Öffentlichkeit oder die unbefugte Ausnutzung fremder Leistungen durch den Mitbewerber. Die Folgen des Schutzes liegen in einem Verbot, verwechslungsfähige Bezeichnungen zu benutzen oder beim Wettbewerb die Arbeiten anderer unredlich auszuwerten. Das Kriterium für den Urheberrechtsschutz ist also die schöpferische Leistung und für den Wettbewerbsschutz der lautere und unbehinderte Geschäftsverkehr.

5   Die **Verschiedenartigkeit** des Urheberrechtsschutzes und des Wettbewerbsschutzes zeigt sich z. B. darin, daß ein urheberrechtlich geschützter Titel gegen jede unerlaubte Benutzung durch einen Dritten Schutz genießt, auch wenn beim Publikum keine Verwechslungsmöglichkeiten gegeben sind, also eine Täuschung in der Öffentlichkeit ausscheidet. Auf der anderen Seite erhält beim Vorliegen einer solchen Täuschung der Titel nach Wettbewerbsrecht auch dann Schutz, wenn er keine besonderen geistigen Eigenarten aufweist und deshalb nicht unter den Urheberrechtsschutz fällt. Ferner ist ein wettbewerbsrechtlicher Schutz bei Verwechslungsgefahr auch dann möglich, wenn z. B. der urheberrechtliche Schutz durch Zeitablauf bereits erloschen und deshalb kein schutzfähiges Werk mehr gegeben ist. Schließlich kommt es beim Urheberrechtsschutz auf die Priorität der Entstehung des Werkes an, während beim wettbewerbsrechtlichen Schutz die Priorität der öffentlichen Benutzung entscheidend ist.

6   Es bleibt also festzuhalten, daß es sich beim urheberrechtlichen und wettbewerbsrechtlichen Schutz um zwei **ganz verschiedene Rechtsinstitute** handelt. Ein Titel kann urheberrechtlich geschützt sein, ohne Wettbewerbsschutz zu genießen und umgekehrt, während es natürlich auch möglich ist, daß ein Titel nach beiden Gesetzen geschützt ist. Es muß daher stets im Einzelfall untersucht werden, welcher Schutz in Frage kommt, wobei – wie erwähnt – der wettbewerbsrechtliche Schutz beim Filmtitel in der Praxis die wesentlich größere Rolle spielt.

7   Zur Frage der **Abgrenzung** zwischen dem urheberrechtlichen und wettbewerbsrechtlichen Titelschutz hat sich das **OLG München** in UFITA Bd. 21, S. 81 *(Am Brunnen vor dem Tore)* ausführlich geäußert. Während es nämlich selbstverständlich ist, daß ein urheberrechtlich geschützter Titel auch Wettbewerbsschutz genießen kann, wenn dessen Voraussetzungen gegeben sind, ist es problematisch, ob dieser Wettbewerbsschutz noch fortgelten kann, wenn der Urheberrechtsschutz durch Zeitablauf in Wegfall gekommen ist. Hierzu stellt das Urteil zunächst fest, daß der Titel, wenn er in Verbindung mit dem Werk gebraucht werde, für das er von Anfang an bestimmt war, hinsichtlich seines Schutzes kein anderes Schicksal erleiden könne als das Werk selbst. Soweit ein urheberrechtlich geschützter Titel in Betracht komme, müsse deshalb sein Urheberrechtsschutz grundsätzlich mit dem Ablauf der Schutzfrist für das zugehörige Werk erlöschen. Was den Wettbewerbsschutz angehe, so könne er dann ebenfalls nicht mehr Platz greifen, soweit der Titel in Verbindung mit dem freigewordenen Werk benutzt werde. Denn sonst würde der urheberrechtliche Schutz über seine gesetzliche Frist hinaus verlängert, was zu den entsprechenden Gedanken des Urheberrechtsgesetzes über das Freiwerden von Werken nach Ablauf einer bestimmten Zeit in Widerspruch stände. Anders sei es jedoch zu bewerten, wenn der Titel nicht mehr für das freigewordene, sondern für ein neues Werk Verwendung finde. Dann könne er unter Umständen erneut den Schutz des § 16 UWG gewinnen. Im Gesetz sei an keiner Stelle bestimmt, daß ein Titel, der einmal für eine Druckschrift verwendet worden sei, die urheberrechtlichen Schutz genieße oder genossen habe, schlechthin ungeeignet sei, wettbewerbsrechtlichen Schutz zu gewinnen. Die Vorschrift des § 16 UWG stelle ihren Schutz vielmehr nur darauf ab, ob der Titel befugt benutzt werde und ob eine Verwechslungsgefahr bestehe. In diesem Zusammenhang könnten also neue wettbewerbsrechtlich geschützte Titel entstehen, wobei jedoch immer, da hier die Benutzung des Titels für ein anderes Werk als dasjenige, für das er ursprünglich benutzt wurde, in Frage stehe, die Einschränkungen beachtet werden müßten, die sich aus dem Verbot des sittenwidrigen Wettbewerbs ergäben.

73. Kapitel. Der wettbewerbsrechtliche Titelschutz nach § 16 UWG

1   Jeder Filmtitel mit einer bestimmten Kennzeichnungs- und Unterscheidungskraft – auch wenn sie nicht zur Anerkennung eines Urheberrechtsschutzes ausreicht – ist grundsätzlich als besondere Bezeichnung einer Druckschrift nach § 16 UWG schutzfähig. Auch ein urheberrechtlich geschützter Titel kann zusätzlich diesen Wettbewerbsschutz genießen. Für diesen Wettbewerbsschutz sind entscheidend **die Kennzeichnungskraft, der geschäftliche Verkehr** und **die Verwechslungsgefahr**. Denn der § 16 UWG verlangt, daß jemand im geschäftlichen Verkehr eine besondere Bezeichnung befugterweise benutzt und daß eine andere Bezeichnung geeignet ist, Verwechslungen herbeizuführen. Eine Wettbewerbssituation zwischen den Beteiligten muß hierbei nicht unbedingt vorliegen, ist also keine unerläßliche Voraussetzung für diesen Schutz nach § 16 UWG.

2   Die erste Voraussetzung für den Schutz eines Filmtitels nach dem Wettbewerbsrecht (§ 16 UWG) ist das Vorliegen einer **besonderen Bezeichnung.** Es muß also dem Titel eine Kennzeichnungs- und Unterscheidungskraft innewohnen. Die allgemein üblichen Bezeichnungen für die Vorgänge des täglichen Lebens genügen auch für das Wettbewerbsrecht nicht, um Titel schutzfähig zu machen.

3   Eine weitere Voraussetzung für den Wettbewerbsschutz des Filmtitels ist sein **Gebrauch im Geschäftsverkehr.** Dieser wird bei den Filmtiteln grundsätzlich gegeben sein. Er könnte entfallen, wenn ein Titel für längere Zeit nicht benutzt worden ist, also eine Verwirkung stattgefunden hat.

4   Die beiden erwähnten Voraussetzungen des Wettbewerbsschutzes nach § 16 UWG sind in jedem einzelnen Fall verhältnismäßig leicht festzustellen. Schwieriger gestaltet sich in den meisten Fällen die Feststellung der dritten Voraussetzung für den Wettbewerbsschutz, nämlich der **Unterscheidungskraft** zu anderen wettbewerblich schutzfähigen Titeln.

5   Damit wird das Problem der **Verwechslungsgefahr** zu dem entscheidenden Problem für den Titelschutz nach § 16 UWG. Gemäß dem Zweck des Wettbewerbsschutzes ist eine solche Verwechslungsgefahr immer dann gegeben, wenn in der Öffentlichkeit bei Kenntnisnahme eines Titels der Eindruck bestimmter Beziehungen zu einem anderen Titel entstehen könnte. In diesen Fällen ist nämlich nicht auszuschließen, daß das Publikum irregeführt oder getäuscht wird, indem es die Titel nicht mehr unterscheiden kann und daraus falsche wirtschaftliche Konsequenzen zieht. Es ist in diesen Fällen ferner möglich, daß der Mitbewerber, der den Titel befugterweise benutzt, durch die Benutzung seitens eines anderen in seinem Geschäftsbetrieb beeinträchtigt wird oder daß sich sogar der andere den Erfolg des Mitbewerbers für seine vielleicht weniger wertvolle Leistung zunutze macht.

6   Bei der Prüfung der **Verwechslungsfähigkeit** muß man sich immer wieder diese Grundgedanken und Ziele des Wettbewerbsschutzes, nämlich die Verhinderung der Täuschung des Publikums und der Beeinträchtigung des Wettbewerbers, vor Augen halten, um zu richtigen Ergebnissen zu gelangen. Bei jeder einzelnen Prüfung von ähnlichen Titeln ist deshalb vom Standpunkt des Publikums und der Mitbewerber aus festzustellen, ob die Möglichkeit einer Irreführung oder Täuschung gegeben ist, welche den Wettbewerb und Geschäftsverkehr stören könnte. Danach ist eine Verwechslungsgefahr immer dann vorhanden, wenn z. B. zwei Filmtitel so ähnlich sind, daß sie das Publikum nicht klar unterscheiden kann, oder wenn z. B. ein Filmtitel und der Titel eines literarischen oder musikalischen Werkes sich so sehr gleichen, daß das Publikum in den Glauben versetzt wird, der Film wäre nach dem literarischen oder musikalischen Werk oder umgekehrt das literarische oder musikalische Werk nach dem Film hergestellt worden, obwohl dies nicht zutrifft. Eine Verwechslungsgefahr ist ferner gegeben, wenn z. B. ein Filmtitel zu einem bereits benutzten Filmtitel eine Ähnlichkeit aufweist, die beim Publikum den unrichtigen Eindruck erwecken könnte, der entsprechende Film sei eine Fortsetzung des anderen Films, wodurch nicht nur das Publikum getäuscht, sondern auch dem Mitbewerber die Auswertung einer evtl. geplanten Fortsetzung (bzw. einer Serie) seines Films beeinträchtigt werden könnte.

7 Man kann auch wie folgt zwischen **mittelbarer** und **unmittelbarer Verwechslungsgefahr** unterscheiden. Die unmittelbare Verwechslungsgefahr setzt einen Irrtum des Publikums über die Identität beider Produkte voraus, die mittelbare Verwechslungsgefahr besteht in der Möglichkeit eines Irrtums über den Zusammenhang der beiden Produkte. Im Ergebnis bleibt es gleich, nach welcher Art und Weise man differenziert. Entscheidend ist die Gefahr einer Verwechslung gemäß den genannten Kriterien.

8 Hiernach ist eine Verwechslungsgefahr gegeben, wenn für zwei Filme oder für einen Film und ein literarisches oder musikalisches Werk die gleichen wettbewerblich schutzfähigen Titel benutzt werden. Eine Verwechslungsgefahr kann aber auch bei ähnlichen Titeln vorliegen, wenn nämlich die **starken Bestandteile** der beiden Titel die gleichen sind und sie sich nur durch schwache Bestandteile voneinander unterscheiden oder wenn ihnen die Kombination ähnlicher schwacher Bestandteile gemeinsam ist. Schließlich kann die Verwechslungsgefahr darin bestehen, daß eine nicht vorhandene Verbindung zwischen zwei Filmen (z. B. ein Fortsetzungszusammenhang) vorgetäuscht wird.

9 Als stark wird man dabei die besonders **eigenartigen Titelbestandteile** mit größerer Kennzeichnungskraft zu werten haben, während als schwach die allgemein üblichen Wendungen innerhalb der Titel anzusehen sind. Dabei sind die Begriffe *stark* und *schwach* natürlich relativ, also in bezug auf die jeweilige Titelkombination, zu verstehen, so daß ein hier starker Bestandteil bei isolierter Betrachtung ein schwacher Bestandteil sein kann.

10 Als **Beispiele für kennzeichnungskräftige Titel** durch Kombination von schwachen Bestandteilen (z. B. von Gattungsnamen, geographischen Bezeichnungen oder Zeitangaben) sei verwiesen auf: *Mitternachtsfieber, Schulmädchen-Report, Traumstraße der Welt* und *Verdammt in alle Ewigkeit*. In den folgenden Beispielen sind die starken Titelbestandteile im Rahmen der betreffenden Titelkombination fett gedruckt: *Die Straßen von **San Franzisko**, **Disco**-Fieber, **Plattfuß** in Afrika, King **Kong**, Tiger von **Eschnapur**, Die Kinder vom **Bahnhof Zoo**.*

11 Von besonderer Bedeutung für die Verwechslungsfähigkeit gleichlautender oder ähnlicher Filmtitel ist der Umstand, wie **nah die Filmstoffe** beieinanderliegen, für die diese Filmtitel benutzt werden. So werden z. B. ähnliche Titel um so eher miteinander verwechselt werden, um so näher die Stoffe der Filme zueinander stehen, für die sie Verwendung finden, zumal hierdurch vom Publikum auch leichter ein Fortsetzungszusammenhang oder Seriencharakter der Filme angenommen werden kann, der tatsächlich gar nicht vorhanden ist. So werden z. B. ähnliche Titel für zwei heitere Unterhaltungsfilme oder zwei dramatische Action-Filme leichter zur Verwechslung führen, als ähnliche Titel für einen reinen Filmschwank und einen ernsten zeitkritischen Film. Abgesehen von dieser Frage der Stoffnähe, die bei der Verwechslungsgefahr schon wegen der Gesamtwerbung eine Rolle spielen kann, ist es im allgemeinen so, daß es für die Verwechslungsgefahr nur auf Übereinstimmung oder Ähnlichkeit der Titel und nicht etwa – wie teilweise beim Urheberrechtsschutz – der durch die Titel gekennzeichneten Filme oder sonstigen Werke ankommt. Denn der Titel soll gerade für diejenigen Publikumskreise einen Anhalt bieten, die den Film noch nicht gesehen haben.

12 **Beispiele für Verwechslungsgefahr** ähnlicher Titel wegen **Stoffnähe** sind: *Superman* und *Supersonicman* für comic-strip-Filme; *Zombie* und *Die neuen Zombies* für Horror-Filme; *Krieg der Sterne* und *Krieg der Planeten* für Science-Fiction-Filme. Hier müssen wegen der Stoffnähe besonders unterscheidungskräftige Zusätze gewählt werden, um Verwechslungsgefahren auch im Sinne des Fortsetzungszusammenhangs oder Seriencharakters auszuschließen.

13   Eine Verwechslungsgefahr ist noch nicht gegeben, wenn zwei Titel **den gleichen Sinngehalt,** aber mit einer **verschiedenen Wortkombination** zum Ausdruck bringen (vgl. *Ein Käfig voller Narren* und *Ein Zwinger voll Verrückter; Der Trottel der Kompanie* und *Der Idiot des Regiments; Der Boß kennt kein Erbarmen* und *Der Chef kennt kein Mitleid*). Die Verwechslungsgefahr ist in diesen Fällen durch die verschiedenen Wortkombinationen eliminiert, wodurch Täuschungen des Publikums und Schädigungen des Mitbewerbers grundsätzlich ausgeschlossen werden, auch wenn die zwei Titel denselben Sinn zum Ausdruck bringen. In diesen Fällen wird freilich besonders gründlich zu prüfen sein, ob nicht ein unsittlicher Wettbewerb durch Anhängen an den Erfolg eines anderen oder durch Vortäuschung eines Fortsetzungs- oder Serientitels gegeben ist, wobei die Gesamtwerbung für den betreffenden Film eine beachtliche Rolle spielen kann.

14   Für die Verwechslungsgefahr ist von wesentlicher Bedeutung, **wessen** Haltung und Einstellung für das Vorliegen einer Irreführung oder Täuschung maßgebend sein soll. Muß die Masse des Publikums die Titel miteinander verwechseln oder genügt ein kleiner Teil des Publikums? Kommt es auf den normalen Durchschnittsbesucher oder auf bestimmte Besucherschichten an?

15   Man wird es nach dem Gesetzeszweck auf die jeweils **angesprochenen und interessierten Publikumskreise** abzustellen haben, da sie neben dem Titelinhaber das Schutzobjekt darstellen. Die Verwechslungsgefahr muß bei einem nicht unbeträchtlichen Teil des Publikums und einem nicht unbeachtlichen Publikumskreis auftreten. Es geht hier um einen quantitativen und einen qualitativen Begriff. Das quantitative Moment wird dadurch zu beachten sein, daß man die Erweckung falscher Eindrücke über die Beziehungen zwischen Filmen bei mindestens einem nennenswerten Teil des Filmpublikums und nicht etwa nur bei einzelnen besonderen Gruppen verlangen muß. In qualitativer Hinsicht wird man es auf das für den Besuch und für die Besichtigung der betreffenden Filme in Frage kommende Publikum abzustellen haben.

16   Die Titelüberschneidung wegen Verwechslungsgefahr nach § 16 UWG setzt **nicht unbedingt** einen **unlauteren Wettbewerb** im wertenden Sinne voraus, und zwar weder in objektiver noch in subjektiver Hinsicht. Bei einem solchen unlauteren Wettbewerb auf dem Titelgebiet finden evtl. zusätzlich die Grundsätze der Generalklausel des UWG über den sittenwidrigen Wettbewerb (§ 1 UWG) Anwendung.

17   In der **Rechtsprechung** vgl. zum Begriff der **besonderen Bezeichnung** OLG Hamburg in UFITA Bd. 21, S. 337, das treffend zwischen besonderer Bezeichnung und Gattungsbezeichnung wie folgt unterscheidet: ,,Ist eine Bezeichnung allgemein üblich, also Allgemeingut der betreffenden Verkehrskreise, oder ist sie für das Werk in der Weise notwendig, daß sie sich durch dessen Inhalt von selbst ergibt, dann liegt keine besondere Bezeichnung vor, und es fehlt die für einen Titel erforderliche Unterscheidungskraft (RGZ 74, 345). Der Umstand, daß eine besondere Bezeichnung mehrfach oder sogar häufig verwendet wird, macht sie jedoch noch nicht zu einer Gattungsbezeichnung, nimmt ihr also nicht die Schutzfähigkeit nach § 16 UWG (RGZ 101, 108) ... § 16 UWG verlangt nur etwas für die beteiligten Verkehrskreise Besonderes, keineswegs aber etwas Neues ...''

18   Das **Reichsgericht** hat sich zum **Gebrauch im Geschäftsverkehr** in UFITA Bd. 10, S. 370 ausführlich geäußert. Danach erfordert der Titelschutz nicht, daß die Parteien in einem Wettbewerbsverhältnis stehen, wohl aber, daß der Titelgebrauch im geschäftlichen Verkehr erfolgt. Es soll nicht das Unterscheidungszeichen als solches, sondern die hinter diesem Zeichen stehende Erwerbstätigkeit geschützt werden. Der § 16 UWG verlange für seine Anwendbarkeit, daß durch die Verwechslungsgefahr der geschäftliche Verkehr, d. h. die der Förderung eines Geschäftszweckes dienende Tätigkeit desjenigen, der sich des Titels befugterweise bedient, irgendwie erschwert werde.

19 Zu der Frage der **Verwechslungsgefahr** einschließlich der Frage der **angesprochenen Publikumskreise** gibt es eine umfangreiche Rechtsprechung. Für die Frage der angesprochenen Verkehrskreise ist eine Entscheidung des RG in UFITA Bd. 10, S. 369 von grundsätzlicher Bedeutung. Sie hatte sich mit dem Filmtitel *Leichte Kavallerie* zu befassen und bringt in diesem Zusammenhang wegen der angesprochenen Publikumskreise, auf die es für die Verwechslungsfähigkeit ankommt, folgende grundsätzlich wichtigen Ausführungen: ,,. . . Es war aber weiter zu fragen, ob § 16 verlangt, daß die Kennzeichnungskraft des Titels und damit die – auf ihr beruhende – Verwechslungsgefahr bei gleichlautenden Titeln für den ganzen Verkehrskreis oder wenigstens für eine Mehrheit besteht. Letzteres scheint das KG anzunehmen. Das ist rechtsirrig. Nach feststehender Rechtsprechung genügt es, daß die Verwechslungsgefahr bei einem nicht ganz unerheblichen Teil des Verkehrskreises besteht . . . Wenn das KG sagt, das ,Publikum' denke bei der Bezeichnung der Musik im allgemeinen nicht an die Operette als solche, so erhebt sich auch hier der Zweifel, ob das Berufungsgericht von der richtigen Rechtsauffassung ausgegangen ist, nach der es ausreicht, daß sich bei einem nicht unerheblichen Teil des ,Publikums' mit dem Titel die Vorstellung des Bestehens einer sogenannten Operette und damit eines gleichnamigen Buches verbindet . . .''

20 Die **folgenden Gerichtsentscheidungen** haben eine **Verwechslungsfähigkeit** zwischen den genannten Filmtiteln **angenommen,** da deren starke Bestandteile miteinander übereinstimmen: *Das Kabinett des Dr. Caligari* gegen die Titel *Dr. Caligaris 13. Experiment* bzw. *Das letzte Experiment des Dr. Caligari* (LG Berlin in UFITA Bd. 6, S. 72). Hier wurde mit Recht *Caligari* als der starke Bestandteil angesehen. *Bericht einer 17jährigen* gegen *Roman einer 17jährigen* (OLG Hamburg in UFITA Bd. 21, S. 337). Hier wurde der starke Bestandteil in *17jährige* gesehen. *King Kong* gegen *Queen Kong* (KG in UFITA Bd. 81, S. 214). Hier wurde der Bestandteil *Kong* als der starke Bestandteil betrachtet und grundsätzlich folgendes ausgeführt: ,,Je größer die Kennzeichnungskraft eines Zeichens und seiner Durchsetzung im Verkehr ist, um so höher ist auch die Gefahr einzuschätzen, daß es mit anderen Zeichen verwechselt wird (aaO, S. 219). Grundsätzlich ist Verwechslungsgefahr aber bereits dann zu bejahen, wenn entweder der Sinn oder die Klangwirkung oder das Wortbild zu einer Verwechslung führen können. Im übrigen ist bei der Prüfung der Verwechslungsfähigkeit von dem Gesamteindruck auszugehen, den die beiderseitigen Bezeichnungen im Verkehr erwecken.'' *Das gab's nur einmal* gegen *Das kommt nicht wieder,* weil hier das Schlagerlied besonders volkstümlich ist und dadurch eine enge Verbindung zwischen den beiden Titeln hergestellt wird (KG in UFITA Bd. 26, S. 98). *Ich hab' mein Herz in Heidelberg verloren* gegen *Ich hab' mei' Hos' in Heidelberg verloren* (KG Berlin in UFITA Bd. 76, S. 348), da hier die charakteristische Verbindung mit *Heidelberg* als der starke Bestandteil angesehen und deshalb die Verwechslungsfähigkeit anerkannt wurde. *Superman* gegenüber *Supersonicman,* weil hier die starken Bestandteile in der Kombination des bekannten Begriffs *Superman* liegen, was durch das Beiwort *Sonic* nicht ausgeschlossen werden kann. (LG und OLG München vom 12. 12. 1979 und vom 17. 1. 1980 – Az.: 7 HKO 15 796/79 und 6 U 4219/79 zu 7 HKO 15 796/79).

21 In den **folgenden Fällen** hat die Rechtsprechung eine **Verwechslungsgefahr** wegen genügender Unterscheidungskraft der Titel **abgelehnt:** *Stunde der Vergeltung – Tag der Vergeltung* (OLG Frankfurt/Main in UFITA Bd. 26, S. 105); *Gangster, Rauschgift und Blondinen – Achtung – Blondinengangster* (LG Berlin in UFITA Bd. 26, S. 121); *Drei Uhr nachts – Stockholm zwei Uhr nachts* (LG Hamburg in UFITA Bd. 26, S. 252); *Stahlnetz – Im Stahlnetz des Dr. Mabuse* (LG Hamburg in UFITA Bd. 38, S. 81); *Der kupferne Götze – Der goldene Götze* (LG München I in UFITA Bd. 50, S. 277); *Die Gentlemen bitten zur Kasse – Gangster bitten zur Kasse* (OLG Hamburg in UFITA Bd. 50, S. 270). Zu diesen Titeln, bei denen eine Verwechslungsgefahr verneint worden ist, gehört auch noch der Titel *Die Wirtin vom Wörthersee* gegenüber *Die Rose vom Wörthersee* (LG München in UFITA Bd. 20, S. 226) mit der Begründung, daß bei dem schwachen Charakter beider Titel auch für den flüchtigen Durchschnittshörer oder -betrachter bereits die geringste Unterscheidung genüge, um sie unterscheidungskräftig zu machen. Ebenso *Brand im Opernhaus* gegenüber *Brand in der Oper* (RG in UFITA Bd. 5, S. 187).

74. Kapitel. Der wettbewerbsrechtliche Titelschutz nach § 1 UWG

1   Jeder Filmtitel – auch wenn er keinen Urheberrechtsschutz und keinen Wettbewerbsschutz nach § 16 UWG in Anspruch nehmen kann, also z. B. ein Freititel ist – genießt den Schutz nach § 1 UWG gegen wettbewerbliche Handlungen, die **gegen die guten Sitten verstoßen.** Auch urheberrechtlich geschützte und nach § 16 UWG geschützte Filmtitel können zusätzlich diesen Schutz nach § 1 UWG in Anspruch nehmen. Für reine Freititel ist dieser Schutz gegen sittenwidrigen Wettbewerb natürlich besonders wichtig, weil sie sonst keinen Schutz erhalten können. Bei Freititeln mit Verkehrsgeltung kann dieser Schutz nach § 1 UWG zusätzlich geltend gemacht werden.

2   Ein gegen die guten Sitten verstoßender Wettbewerb auf dem Filmtitelgebiet ist vor allem in den Fällen des **Sichanhängens an einen fremden Erfolg** oder des **Schmarotzens an fremder Leistung** gegeben. Es wird bewußt ein Titel gewählt, weil ein anderer Film mit diesem Titel einen besonderen Erfolg gehabt hat. Dadurch soll der Eindruck erweckt werden, es handele sich um den gleichen Film oder um eine Fortsetzung bzw. einen Vorgänger des erfolgreichen Films. In diesen Fällen wird durch unlauteres Verhalten im Wettbewerb das Publikum getäuscht und der Mitbewerber geschädigt und damit gegen die guten Sitten nach § 1 UWG verstoßen.

3   Bei Abweichungen des zweiten Titels von dem ersten Titel, die eine Verwechslungsgefahr nach § 16 UWG nicht ausschließen, tritt der **Schutz des § 1 UWG zu dem Schutz nach § 16 UWG hinzu.** Bei Abweichungen des zweiten Titels von dem ersten Titel, die eine Verwechslungsgefahr nach § 16 UWG normalerweise ausschließen würden, kann trotzdem im Einzelfall wegen der besonderen Bedeutung des ersten Films und seines Titels ein sittenwidriger Wettbewerb vorliegen. Hier muß im Einzelfall geprüft werden, ob das Sichanhängen an einen Erfolg bzw. das Schmarotzen an fremder Leistung die Unterschiede, die normalerweise zwischen diesen Titeln bestehen würden, wieder aufheben. Die Tatsache, daß die zweite Titelbenutzung sich weder aus dem Inhalt des Films noch aus dem ihm zugrunde liegenden Werk noch – bei ausländischen Filmen – aus dem Originaltitel ergibt, kann ein wichtiges Indiz für das Sichanhängen oder Schmarotzen bilden.

4   Es kommt also im Zusammenhang mit dem sittenwidrigen Wettbewerb auch auf die **Gesamtwerbung** für den betreffenden Film an, in deren Rahmen der Titel eine Rolle spielt. Auch die Neuaufführung eines alten Films in der Absicht, die Wirkung eines neuen Films mit dem gleichen Titel auszunutzen, kann u. U. unter § 1 UWG fallen.

5   Schwieriger gestaltet sich ein anderer Fall der sittenwidrigen Titelbenutzung, der in der Praxis eine Rolle spielt. Es kommt vor, daß eine Firma einen Filmtitel, der kein reiner Freititel ist, aber auch keinen Urheberrechtsschutz genießt, sondern zu den nach § 16 UWG schutzfähigen Titeln gehört, öffentlich ankündigt, ohne ihn innerhalb der für den Schutz nach § 16 UWG **erforderlichen Frist** für den fertigen Film (s. Kapitel 75) **in Benutzung zu nehmen.** Wenn dann eine andere Firma, durch die Veröffentlichung auf diesen Titel aufmerksam gemacht, ihn für einen ihrer fertigen Filme in Benutzung nimmt, taucht die Frage auf, ob diese Benutzung, die aus den erwähnten Gründen nicht gegen § 16 UWG verstößt, auf Grund des § 1 UWG unzulässig ist. Hier ist einerseits der Gedanke des Benutzens einer fremden Leistung und des Sichanhängens an einen fremden Erfolg, aber andererseits auch der Grundsatz zu beachten, daß der § 1 UWG nicht

dazu dienen darf, die mangelnden Voraussetzungen des § 16 UWG bzw. des § 1 UrhG zu ersetzen.

6   Es gibt eine **umfangreiche Rechtsprechung** zu der Frage des sittenwidrigen Wettbewerbs auf dem Filmtitelgebiet. Das KG hat in seiner Entscheidung in UFITA Bd. 11, S. 151 den sittenwidrigen Wettbewerb bei ungenehmigter Benutzung der deutschen Übersetzung eines Titels für das verfilmte Theaterstück abgelehnt, hierbei aber zu stark auf die Berücksichtigung des Allgemeininteresses abgestellt. Das OLG München hat in einer Entscheidung in UFITA Bd. 21, S. 81 die Frage des sittenwidrigen Wettbewerbs bei Freititeln geprüft und in diesem Zusammenhang festgestellt, daß bei der Verwendung des Titels eines gemeinfreien Werkes für einen Film, der mit diesem Werk nicht das geringste zu tun hat, die Anwendung des § 1 UWG naheliege.

7   Das LG München hat in einer Entscheidung in UFITA Bd. 77, S. 287 ausgeführt, daß im Fall der Filme *Die vier Musketiere (Die Rache der Mylady)* und *Die tollen Charlots – Wir vier sind die Musketiere* **kein Anhängen** an einen fremden wirtschaftlichen Erfolg vorliege, da die Titel sich klar gegeneinander abgrenzen würden. Ausnahmsweise, trotz offensichtlichen Anhängens an den Erfolg eines anderen Films – *Hausfrauen-Report* mit dem Titel *Frauen-Report* – wurde deshalb kein sittenwidriger Wettbewerb angenommen, weil der Benutzer des Titels *Hausfrauen-Report* sich seinerseits selbst an die erfolgreiche Serie des Gegners mit dem Titel *Schulmädchen-Report* angehängt hatte (LG München in UFITA Bd. 64, S. 342).

8   Als **Verstoß gegen § 1 UWG** wurde in der Rechtsprechung das Anhängen an einen Erfolg des Titels in den Fällen *Balduin* (LG München in UFITA Bd. 61, S. 272) sowie *Annie get your gun* (LG München in UFITA Bd. 43, S. 370) und *Immer Ärger mit den Lümmeln* gegenüber *Immer Ärger mit den Paukern* (LG Düsseldorf vom 16. 4. 1970 – Az.: 4 O 34/70) sowie *Ein Zwinger voll Verrückter* gegenüber *Ein Käfig voller Narren* (so LG München II und OLG München im Verfahren Az.: 302945/80 und 6 U 3526/80) angesehen. Wegen des Ausnutzens des besonderen Werbeerfolgs des Titels *Das gab's nur einmal* bei dem Titel *Das kommt nie wieder*, wurde hier ebenfalls ein Verstoß gegen § 1 UWG angenommen. (KG in UFITA Bd. 26, S. 98). Das LG Hamburg (Entscheidung vom 26. 1. 1955 – Az.: 15 Q 1/55) hat den § 1 UWG in dem Fall der Titelüberschneidung *Sittenpolizei* und *Sittenpolizei greift ein* angewandt mit der Begründung, daß die zweite Bezeichnung dieses Titels, der an sich ein Freititel sei, durch den Inhalt des Films nicht gerechtfertigt wäre.

9   Das OLG Hamburg (UFITA Bd. 21, S. 337) sieht die Voraussetzung des § 1 UWG als gegeben an, wenn die ordnungsmäßig errungene und nachgewiesene **Priorität** an einem Filmtitel **nicht respektiert** wird. Es handele nicht nur derjenige sittenwidrig, der seinen Titel bewußt an einen anderen Titel anlehnt, vielmehr erfordere der anständige Wettbewerb auch dann einen Rücktritt, wenn der Titel durchaus gutgläubig gewählt war, aber sich später die Priorität eines anderen Titels herausgestellt hat.

10   Auch die Entscheidungen über die Titel *Kleine Leute, große Reisen* (OLG Hamburg in UFITA Bd. 27, S. 77) und *Stahlnetz* (LG Hamburg in UFITA Bd. 38, S. 81) befassen sich mit Fragen des **sittenwidrigen Wettbewerbs** auf dem Filmtitelgebiet.

75. Kapitel. Priorität beim Titelschutz

1   Wenn mehrere Titel nach Urheber- oder Wettbewerbsrecht kollidieren, so hat derjenige Titel den **Vorrang** – d. h. den gesetzlichen Schutz gegenüber den anderen Titeln – welcher zuerst entstanden bzw. in der Öffentlichkeit benutzt worden ist. Ob es auf die Entstehung oder die öffentliche Benutzung ankommt, hängt davon ab, ob der Titel nach Urheberrecht oder Wettbewerbsrecht schutzfähig ist.

2   Nach dem Urheberrechtsgesetz beginnt der Schutz eines Werkes und damit auch der Schutz eines Titels – sei es als aphoristischer bzw. epigrammatischer Titel, sei es als Bestandteil eines Werkes – mit seiner **Entstehung**. Die öffentliche Benutzung ist grundsätzlich nicht entscheidend. Dagegen ist es – schon für die

Beweisfrage – von Bedeutung, daß der erfundene Titel in irgendeiner Weise Dritten zugänglich gemacht wird, um seinen Schutz beginnen zu lassen. Die hier auftauchenden Probleme fallen weitgehend mit dem allgemeinen Problem des Plagiats zusammen. In der Praxis spielen sie keine große Rolle, da aphoristische bzw. epigrammatische Titel selten sind und, wenn sie einmal auftauchen, sich ihr zeitlicher Vorrang meist feststellen läßt, während die urheberrechtlich als Bestandteil eines Werkes geschützten Titel sich wegen ihres Vorranges aus dem Schutz für das Werk selbst bestimmen lassen. (Vgl. 4. Abschnitt ,,Urheberrecht an Filmwerken'', Kapitel 53.)

3 Im Gegensatz zum Urheberrecht beginnt der Schutz eines Titels nach dem Wettbewerbsrecht erst mit der **öffentlichen Benutzung** des betreffenden Titels. Die interne Festlegung eines wettbewerbsrechtlich schutzfähigen Titels oder seine Veröffentlichung allein lassen den Wettbewerbsschutz noch nicht entstehen und sind deshalb für die Begründung des Vorranges nicht entscheidend. Der § 16 UWG stellt es darauf ab, daß derjenige Priorität, also Schutz genießt, der als erster befugterweise die besondere Bezeichnung einer Druckschrift im Geschäftsverkehr benutzt. Wendet man diesen Grundsatz auf den Filmtitelschutz an, so müssen immer der öffentliche Gebrauch des Titels und der Film, für welchen er gebraucht wird (das ist hier die *Druckschrift* im Sinne des Gesetzes), vorliegen.

4 Für die **Priorität** kommt es also hier grundsätzlich darauf an, welcher Titel **zuerst** für einen fertiggestellten und herausgebrachten Film **benutzt** worden ist. Erst mit der Uraufführung des betreffenden Films ist der **wettbewerbsrechtliche Schutz** seines Titels einwandfrei gegeben. Um den Bedürfnissen der Produktionsplanung und den berechtigten Interessen der Produzenten Rechnung zu tragen, erscheint es jedoch angebracht, den Titelschutz schon dann beginnen zu lassen, wenn der Titel für einen Film öffentlich angekündigt wird, mit dessen Produktion in angemessener Frist nach der Titelankündigung ernsthaft begonnen wird. Das ist auch notwendig, um zu verhindern, daß Dritte den für ein Produktionsvorhaben angekündigten Titel für ihren Film benutzen und dadurch das Publikum täuschen und den Mitbewerber schädigen könnten, was gegen die Grundsätze des Wettbewerbsrechts verstoßen würde, ohne sich immer schon als sittenwidriger Wettbewerb nach § 1 UWG zu qualifizieren.

5 Für einen **ernsthaften Produktionsbeginn** wird man mindestens den Abschluß von Verträgen im Rahmen der Filmvorbereitung (z. B. mit Drehbuchautoren, Regisseuren, Hauptdarstellern u. ä. m.) verlangen müssen, während Verhandlungen mit Interessenten für Stoff und Titel nicht ausreichen. Zwischen diesem ernsthaften Produktionsbeginn zusammen mit der ersten öffentlichen Ankündigung des Titels und der Uraufführung des betreffenden Films darf grundsätzlich kein Zeitraum liegen, der länger ist als die normale Zeit, die für die Herstellung eines Films gebraucht wird, es sei denn, daß bei den betreffenden Produktionsvorhaben besondere Umstände einen längeren Zeitraum rechtfertigen (z. B. hohe Herstellungskosten, lange Drehzeit, unverschuldete Verzögerungen der Fertigstellung u. ä. m.). Diese Grundsätze gelten gleichermaßen für inländische und ausländische Filme, wobei für ausländische Filme der Schutz nur den im Bereich des deutschen Wettbewerbsrechts während der ausländischen Produktionsvorbereitungen oder Produktionsarbeiten angekündigten Filmtitel erfaßt.

6 Diese Grundsätze über die Verbindung des Filmtitels mit seiner **effektiven Benutzung** für einen **bestimmten Film** errichten eine Schranke gegen die besonders unerfreuliche, weil wettbewerbshindernde **Titelhamsterei.** Diese Titelhamsterei erstrebt, aktuelle und populäre Namen und Begriffe durch Veröffentlichung von Titelkombinationen, in denen sie beherrschend vorkommen, ohne daß jeweils entsprechende Filme zugrunde liegen, für sich als Filmtitel zu monopolisieren, also andere von deren Benutzung auszuschließen (z. B. das Wort Disco durch Veröffentlichung von zahlreichen Filmtiteln, in denen dieses Wort vorkommt, wie z. B. *Disco-Fieber, Disco-Traum, Disco-Musik, Disco-Nacht* u. ä. m.). Solche Titelveröffentlichungen gewähren nur Schutz, soweit einer dieser Titel für einen bestimmten fertiggestellten oder in ernsthafter Vorbereitung befindlichen Film benutzt wird. Die Titelhamsterei kann auch nicht dadurch gerechtfertigt werden, daß man sich einen besonders originellen Titel für seinen Film durch Ausschluß ähnlicher Titel schützen lassen will, da der originelle Titel ohnehin gegen verwechslungsfähige Titel oder unter den Gesichtspunkten der Verkehrsgeltung und des sittenwidrigen Wettbewerbs geschützt wird.

7 Die **Rechtsprechung** hat diese Grundsätze für die **Priorität der Titelbenutzung** bereits frühzeitig anerkannt und immer wieder bestätigt (vgl. OLG München und Hamburg in UFITA Bd. 20, S. 208; Bd. 21, S. 81 und Bd. 21, S. 337).

8 Im Urteil des OLG München (UFITA Bd. 20, S. 208) heißt es hierzu wörtlich: ,,. . . Der wettbewerbsrechtliche Titelschutz aus § 16 UWG ist ein **Prioritätsrecht.** Geschützt ist, wer den Titel befugterweise zuerst benutzt. Eine wirkliche Benutzung des Titels liegt im Grunde erst bei der Veröffentlichung einer Druckschrift oder der Uraufführung eines Filmes vor . . . Doch wird, wie das Erstgericht zutreffend ausführt, für die Entstehung des Titelschutzes aus Gründen des Verkehrsbedürfnisses von Rechtsprechung und Rechtslehre die vor dem Erscheinen erfolgte öffentliche Ankündigung eines Werkes unter seinem Titel der tatsächlichen Veröffentlichung gleichgesetzt, wenn und soweit diese nachfolgt . . . Zwischen öffentlicher Ankündigung und tatsächlicher Ingebrauchnahme kann aber, soll nicht einer unerträglichen Titelhamsterei Tür und Tor geöffnet werden, nur ein angemessener Zeitraum liegen . . . Für die Angemessenheit des Zeitraums kann es nicht so sehr darauf ankommen, ob nach allgemeiner Verkehrsanschauung noch damit gerechnet werden muß, daß ein Film der Vorankündigung nachfolge, weil damit jeder sichere Maßstab verloren gehen und die Titelhamsterei privilegiert werden würde . . . Die Frage, welcher Zeitraum angemessen sei, wird vielmehr danach zu entscheiden sein, wie lange ein Film normalerweise zur Herstellung benötigt; bei der Ankündigung muß bereits ein ernstlicher Beginn der Schöpfung des Films vorliegen . . .''

9 Hier wird allein auf die **normale** Herstellungszeit abgestellt. Das OLG Hamburg dagegen (UFITA Bd. 21, S. 337) legt mehr Gewicht auf die **angemessene** Produktionszeit, falls eine ernsthafte Produktionsvorbereitung nachzuweisen ist. Während bei der normalen Produktionszeit Zeiträume von ca. 1 Jahr in Frage kommen dürften, hat das KG in einem Fall die individuelle Zeitspanne von 1½ Jahren gelten lassen mit der Begründung rechtlicher Schwierigkeiten bei dem Rechtserwerb für den betreffenden Film (vgl. KG in UFITA Bd. 26, S. 98 *Das gab's nur einmal*).

10 Diese Rechtsprechung wird durch ein Urteil des OLG Hamburg vom 3. 7. 1980 (Az.: 3 U 4/80) mit folgenden Ausführungen bestätigt: ,,Es besteht ein Verkehrsbedürfnis der Zeitschriftenverlage, Filmproduzenten und Buchverlage, den **Prioritätszeitpunkt** ihrer Titel nicht auf den Tag des Erscheinens des Werkes festzulegen, sondern bereits im Vorstadium der Vorbereitungsarbeiten einen Titelschutz zu ermöglichen. Die Rechtsprechung hat deshalb den Prioritätszeitpunkt auf die öffentliche Ankündigung des Verlagsobjekts unter seinem Titel verlegt. Die Rücksichtnahme auf die Belange der Wettbewerber gebietet jedoch, daß der Titel nur dann Schutzfähigkeit erlangt, wenn mit ihm ein konkretes verlegerisches Vorhaben verbunden und im Zeitpunkt der Ankündigung der Verwendungsabsicht ernstlich mit der Vorbereitung der Veröffentlichung der Zeitschrift begonnen worden ist . . .''

76. Kapitel. Erlöschen und Verwirkung des Titelschutzes

1 Die Priorität im Sinne der zeitlich früheren Benutzung hat zwei wichtige **Einschränkungen** zu erfahren.

2 Nach dem Urheberrechtsgesetz **erlischt der Urheberrechtsschutz 70 Jahre** nach dem Tode des Urhebers (§ 64 UrhG). Ein urheberrechtlich geschützter Titel verliert deshalb nach Ablauf dieser Zeit seine Schutzfähigkeit im Sinne des Urheberrechts.

3 Für das Wettbewerbsrecht gibt es grundsätzlich **keine solche feste zeitliche Begrenzung.** Dies würde mit seinen Grundgedanken nicht in Einklang zu bringen sein. Gerade aus diesen Grundgedanken entsteht jedoch eine andere Form des Erlöschens der Priorität durch Zeitablauf. Das entscheidende Merkmal des wettbewerbsrechtlichen Titelschutzes ist – wie mehrfach betont – der Schutz vor Täuschung des Publikums und Schädigung des Mitbewerbers. Diesem Zweck wird nicht zuwidergehandelt, wenn jemand einen Titel neu in Benutzung nimmt, der von einem anderen längere Zeit nicht mehr benutzt wurde und deshalb dem Publikum nicht mehr in Erinnerung ist. In einem solchen Fall kann der Erstbenutzer für seinen Titel keinen Wettbewerbsschutz mehr beanspruchen. Ebenso wie der Titelschutz nach Wettbewerbsrecht mit der öffentlichen Benutzung beginnt, kann er also **durch Nichtbenutzung erlöschen.** Wird dann ein neuer Titel gleichen oder ähnlichen Wortlauts seinerseits in den Verkehr gebracht, so genießt der neue Titel Priorität gegenüber dem alten Titel, obwohl dieser rein zeitlich den Vorrang hatte.

4 Für die Beantwortung der Frage, ob der alte Titel noch bekannt ist und deshalb sein Schutz noch nicht erlöschen konnte, wird man es wie bei der Verwechslungsgefahr, um die es ja im Grunde auch hier geht, auf die Auffassung eines nicht unbeachtlichen und nicht unbeträchtlichen Publikumskreises abstellen müssen. Es kann deshalb alles Anwendung finden, was zur Frage der **maßgebenden Verkehrskreise** in Kapitel 73 ausgeführt worden ist.

5 Es bleibt also festzuhalten, daß die **Priorität** an sich rein **zeitlich** zu verstehen ist, jedoch eine andere Beurteilung erfährt, wenn der zeitliche Vorrang durch **lange Nichtbenutzung erloschen** ist. Es wird in einzelnen Fällen nicht immer leicht zu bestimmen sein, wann ein solches Erlöschen durch längere Nichtbenutzung angenommen werden kann. Man wird in diesem Zusammenhang strengere Maßstäbe anlegen müssen, wenn die Nichtbenutzung auf höhere Gewalt zurückgeht und von vornherein an eine Wiederbenutzung nach Beendigung der höheren Gewalt gedacht war, also z. B., wenn ein bereits aufgeführter Film zeitweise verboten wurde und dadurch sein Titel nicht propagiert werden konnte. Ferner wird man bei Filmen mit häufigen Wiederaufführungen, die also über viele Jahre hin immer wieder, wenn auch oft nach längerer Unterbrechung, vorgeführt oder gesendet werden, von keiner längeren Nichtbenutzung sprechen können, sondern die **Kontinuität** für den Schutz ihrer Titel anerkennen müssen, da sonst Täuschungen des Publikums und Beeinträchtigungen eines erworbenen Besitzstandes des Titelinhabers eintreten könnten. Diese Grundsätze werden verstärkt durch die neuerdings mögliche zusätzliche Auswertung der Filme durch Videokassetten und Bildplatten, die einen langfristigen Titelschutz berechtigt erscheinen läßt, da sie häufig erst längere Zeit nach dem Kinoeinsatz erfolgt.

6 Das wird um so stärker gelten, je **bekannter der Film** und **prägnanter sein Titel** ist. Hier spielen die Grundsätze über den sittenwidrigen Wettbewerb und die

Verkehrsgeltung zusätzlich eine Rolle. Bei solchen Filmtiteln tritt daher keine Verwirkung und kein Erlöschen des Titelschutzes ein (vgl. z. B. die Titel für *Disney*-Filme, *Bond*-Filme, Fernseh-*Kriminalserien* und für Filme mit Titeln wie *Verdammt in alle Ewigkeit, Brücke am Kwai, My Fair Lady, Spiel mir das Lied vom Tod* u. ä. m.).

7   Die **Rechtsprechung** hat sich bereits in der **Vorkriegszeit** mit der Frage der Verwirkung des wettbewerbsrechtlichen Titelschutzes befaßt. In einer Entscheidung in UFITA Bd. 4, S. 185 stellt das RG fest, daß eine Verwechslungsgefahr ausscheide, wenn die Reklame des Zweitbenutzers zu einer Zeit erfolge, wo eine Reklame des Erstbenutzers für seinen eigenen Film nicht mehr gemacht werde und auch von früher her eine Nachwirkung nicht mehr festzustellen wäre. Auch das KG in UFITA Bd. 6, S. 172 hat in ständiger Rechtsprechung, die sich vor allem beim Übergang vom Stummfilm zum Tonfilm entwickelt hat, betont, daß ein Stummfilmtitel der Benutzung für einen Tonfilm nicht entgegenstehe, wenn der Stummfilm vollkommen ausgewertet sei.

8   In der **Nachkriegszeit** hat sich die Rechtsprechung diesen Gedanken angeschlossen. Dies geht z. B. aus den Urteilsgründen einer Entscheidung des LG München aus dem Jahre 1953 (Az.: 7 O 81/52) hervor, in der es heißt, daß der Wettbewerbsschutz nur für die Dauer der geschützten Erwerbstätigkeit und deshalb nicht mehr für einen Film gelte, dessen Auswertung seit vielen Jahren beendet sei (ebenso LG Hamburg in UFITA Bd. 26, S. 358).

9   Auch das KG hat in UFITA Bd. 81, S. 214 nochmals die **Maßstäbe für die Verwirkung** wie folgt zusammengefaßt: ,,Grundsätzlich ist hierfür erforderlich, daß die Rechtsverfolgung so spät einsetzt, daß der Verletzer, der inzwischen einen wertvollen Besitzstand an der angegriffenen Bezeichnung erlangt hat, auf Grund des Verhaltens des Berechtigten annehmen durfte, dieser erlaube oder dulde die Benutzung der Bezeichnung, und wenn deshalb auch unter Würdigung aller sonstigen Umstände des Einzelfalles die verspätete Rechtsverfolgung gegen Treu und Glauben verstößt.''

10   Interessant sind in diesem Zusammenhang noch die folgenden Ausführungen des KG in dieser Entscheidung zur Frage der **Geltendmachung des prioritätsälteren,** aber jahrelang im Inland nicht ausgeübten **Rechtes** des ausländischen Lizenzgebers durch seinen inländischen Lizenznehmer: ,,Zwar wird die Geltendmachung eines älteren Rechts grundsätzlich dem daraus Berechtigten überlassen. Solange er hiervon keinen Gebrauch macht, entsteht und besteht das prioritätsjüngere Recht; Dritte können sich auf die prioritätsälteren fremden Rechte grundsätzlich nicht berufen. Hiervon gilt jedoch eine Ausnahme für den Fall des eigenen hiervon abgeleiteten Rechtes.''

77. Kapitel. Schutz ausländischer Filmtitel

1   Ein besonderes Problem bildet der Schutz ausländischer Filmtitel in **originaler oder wortgetreu übersetzter Form.** Selbst wenn der Titel wortgetreu übersetzt worden ist, muß er hier grundsätzlich einem gleichlautenden deutschen Titel weichen, wenn dieser vor Bekanntgabe und Veröffentlichung des übersetzten ausländischen Titels in Deutschland bereits benutzt worden ist, auch wenn der ausländische Titel in Originalfassung im Ausland bereits früher verwandt wurde.

2   Wird also z. B. in Deutschland für einen Film der Titel *Der letzte Walzer* öffentlich in Gebrauch genommen, so genießt dieser Titel **Schutz** gegenüber dem gleichen Titel eines **ausländischen Filmes,** welcher erst später zum ersten Mal in Deutschland öffentlich angekündigt wird, auch wenn dieser deutsche Titel die wörtliche Übersetzung des ausländischen Titels *The last Waltz* darstellt und der Film im Ausland unter diesem ausländischen Titel bereits lange vor der ersten Benutzung des gleichlautenden deutschen Titels angelaufen und propagiert worden ist.

3   Diese Grundsätze gelten natürlich **nur** für den **wettbewerbsrechtlichen Titelschutz,** da beim urheberrechtlichen Titelschutz schon die Übersetzung als solche einen Verstoß gegen das Urheberrecht darstellen würde. Beim Wettbewerbsrecht läßt sich jedoch die erwähnte Folgerung, welche auf den ersten Blick ungerechtfertigt erscheint, nicht vermeiden. Das wird klar, wenn man sich die ausführlich erörterten Grundgedanken des Wettbewerbsschutzes vor Augen hält.

4   Die angeführten Grundsätze erhalten ferner ihre Grenze durch die **Schranken des lauteren Wettbewerbs.** Es würde gegen den lauteren Wettbewerb verstoßen, wenn z. B. jemand den besonders originellen Titel eines ausländischen Films, mit dessen Erscheinen in Deutschland zu rechnen ist, der jedoch hier noch nicht mit einem deutschen Titel angekündigt wurde, übersetzt und ihn dann vor der Ankündigung des ausländischen Films für einen anderen Film benutzt. Das gilt auch für die Originaltitel bekannter ausländischer Romane oder Theaterstücke, die noch nicht ins Deutsche übersetzt wurden, deren Übersetzung und Verfilmung jedoch nach den allgemeinen Erfahrungen zu erwarten steht. Im einzelnen sei hierzu auf die oben näher erörterten Gesichtspunkte zum sittenwidrigen Wettbewerb nach § 1 UWG verwiesen (Kapitel 74).

5   Bei der immer häufigeren Verwendung der **Originaltitel** auch für die **deutsche Fassung** ausländischer Filme gelten für Priorität und Fortdauer des Titelschutzes zusätzlich die Benutzung und Wiederverwendung des Originaltitels im Ausland. Sobald und solange also dieser Film mit seinem Originaltitel im Ausland ausgewertet wird, muß dieser Titel auch hier Schutz genießen, da während dieser Zeit immer wieder mit einem inländischen Einsatz des Filmes unter diesem Titel (z. B. auch im Fernsehen oder durch Videokassetten oder Bildplatten) gerechnet werden muß und deshalb ein entsprechender Schutz gerechtfertigt erscheint. Hinzu kommt, daß die Mitteilungen über Filme in der ausländischen Fachpresse häufig von der deutschen Fachpresse übernommen werden, so daß die Originaltitel der Filme in diesem Zusammenhang auch im Inland präsent bleiben.

6   In der **Rechtsprechung** hierzu hat das KG in einer Entscheidung in UFITA Bd. 3, S. 442 einen **Verstoß gegen § 1 UWG** angenommen, als eine deutsche Filmgesellschaft einen Film unter dem Titel *Der singende Tor* herausbringen wollte, obwohl ein amerikanischer Film unter dem Titel *The Singing Fool* bekanntgeworden war und in Deutschland unter dem Titel *Der singende Narr* herausgebracht werden sollte.

7   In einer Entscheidung des LG Berlin in UFITA Bd. 3, S. 44, wo es um die **Überschneidung des deutschen Titels** *Der Kaiser von Amerika* für das Shaw'sche Stück *The Apple Cart* mit dem Titel eines Kriminalromans von Rohmer *The Emperor of America* ging, hat das Gericht Urheberrechtsschutz als Bestandteil des Werkes abgelehnt, da der Titel nicht für die filmische Wiedergabe des Kriminalromans, sondern für das Shaw'sche Theaterstück verwandt wurde, das im deutschsprachigen Gebiet unter diesem Titel aufgeführt wird. Aber auch die Voraussetzungen des § 16 UWG wurden trotz zeitlicher Priorität und wörtlicher Übersetzung des englischen Romantitels nicht anerkannt. Hierzu wird auf Art. 2 der Pariser Verbandsübereinkunft vom 20. 3. 1883 verwiesen, wonach Titel den Schutz des deutschen Rechts nur insoweit genießen könnten, als sie in Deutschland Verkehrsgeltung erlangt hätten, was hier nicht der Fall wäre.

8   Interessant ist in diesem Zusammenhang noch eine Entscheidung des KG in UFITA Bd. 30, S. 222f. Es ging bei dieser Entscheidung um die **Verwendung eines Übersetzungstitels** nach dem ausländischen Originalwerk als Filmtitel *(Und das am Montagmorgen).* Das KG hat hier entschieden, daß ein deutscher Film, der nach einem ausländischen Bühnenwerk *(The scandalous Affair of Mr. Kettle and Mrs. Moon)* gedreht wird, ohne Verstoß gegen § 16 UWG den Titel der deutschen Übersetzung *(Und das am Montagmorgen)* tragen darf, wenn das ausländische Bühnenwerk hier allein unter diesem Übersetzungstitel bekannt geworden ist. Zur Begründung führt das KG insbesondere aus, daß die Titelführung der deutschen Übersetzung das Publikum nicht irreführen könne, da der Film tatsächlich die Verfilmung des allein unter diesem Namen im Inland bekannten Bühnenstückes beinhalte. Hier kann sich der Verleger des Bühnenstücks in Deutschland nicht gegen eben diesen Titel bei der Verfilmung des Bühnenstücks wenden, da ,,wer dieses Lustspiel schlechthin bezeichnen will, sich zwangsläufig des allein bekannt gewordenen deutschen Titels bedienen muß." Dieses Urteil zeigt, daß es bei Übersetzungen ausländischer Titel darauf ankommt, ob und in welchem Umfang diese Übersetzung im Inland für das ausländische Werk steht.

78. Kapitel. Filmtitel und Titel literarischer bzw. musikalischer Werke

1   Das **UrhG** stellt es nur auf die geistige Leistung als solche ab und schützt sie vor jedem Plagiat, gleichgültig auf welchem künstlerischen Gebiet. Der **§ 16 UWG** schützt die besonderen Zeichen vor jeder unbefugten Benutzung ohne Rücksicht auf einen Wettbewerb zwischen den Beteiligten. Der **§ 1 UWG** verlangt zwar ein Handeln zum Zwecke des Wettbewerbs, das jedoch auch bei verschiedenen Sparten der Information und Meinungsfreiheit, Kunst und Unterhaltung vorliegen kann. Ein Wettbewerbsverhältnis kann z. B. auch zwischen privatrechtlichen Firmen (z. B. Filmverleihern) und öffentlich-rechtlichen Institutionen (z. B. Rundfunkanstalten) sowie zwischen Kinofilmverleihern und Videovertriebsfirmen bestehen.

2   Zur allgemeinen Wirkung des Urheberrechtsschutzes brauchen hier keine näheren Ausführungen gemacht zu werden. Aber auch bei wettbewerbsrechtlichen **Überschneidungen von Filmtiteln mit Titeln literarischer oder musikalischer Werke** ergibt sich aus den Gedanken des Wettbewerbsrechts, daß hier ein Schutz ebenso notwendig ist, wie bei der Kollision von Filmtiteln untereinander, soweit nur gewisse Voraussetzungen erfüllt sind. Auch beim Vorliegen ähnlicher Titel von Filmen und literarischen oder musikalischen Werken ist nämlich eine Täuschung des Publikums oder eine Ausnutzung der Leistung des Mitbewerbers möglich. Das gilt gleichermaßen für die Verwendung von Titeln literarischer oder musikalischer Werke für Filmwerke, wie für die Verwendung der Titel von Filmwerken für literarische oder musikalische Werke, wobei für den Schutz grundsätzlich die Priorität entscheidend ist.

3   Es ist anzunehmen, daß das Publikum, wenn ihm heute ein Film unter dem Titel *Vom Winde verweht* oder *Wem die Stunde schlägt* oder *Der große Regen* oder *Moulin Rouge* oder *Blechtrommel* vorgesetzt wird, an den betreffenden Roman denkt und glaubt, daß der Film eine **Bearbeitung dieses Romans** darstellt. Filmtitel, wie *Ich küsse Ihre Hand, Madame* oder *Wenn der weiße Flieder wieder blüht* oder *Lili Marleen* oder *Armer Gigolo,* deuten für das Publikum auf eine filmische **Benutzung des entsprechenden Liedes** hin. Ankündigungen von Filmen unter den Titeln, wie *Des Teufels General, Mutter Courage* oder *Charley's Tante,* zeigen für das Publikum eine Verfilmung des betreffenden Theaterstückes an.

4   Filme dürfen deshalb die Titel bekannter literarischer oder musikalischer Werke nur benutzen, wenn sie **tatsächlich eine filmische Bearbeitung** des betreffenden literarischen oder musikalischen Werkes zum Gegenstand haben. Andernfalls kann der Verfilmungsberechtigte aus seinem Titel gegen die entsprechenden Filmtitel wegen Verwechslungsgefahr vorgehen. Das gleiche gilt umgekehrt für die Verwendung bekannter Filmtitel für literarische oder musikalische Werke, wie z. B. *Love Story* oder *Limelight.*

5   Eine solche Verwechslungsgefahr ist freilich dann nicht anzunehmen, wenn sich zwar der Titel eines Filmes und eines literarischen oder musikalischen Werkes gleichen oder ähnlich sind, aber das Publikum **keine Beziehungen** der beiden Werke zueinander **herstellen kann.** Diese Voraussetzungen liegen vor, wenn der Natur der Sache nach keine Rückschlüsse auf irgendeine Gemeinsamkeit der beiden Werke gezogen werden können, z. B. das literarische oder musikalische Werk **nicht verfilmbar** sind.

6   Wenn z. B. eine medizinische oder pädagogische Broschüre, *1 × 1 der Ehe,* erschienen ist und später ein heiterer Spielfilm mit dem gleichen Titel herauskommt oder umgekehrt, so dürfte hier kein wettbewerbsrechtlicher Verstoß gegeben sein. Das Publikum wird nämlich keinesfalls auf den Gedanken kommen, daß ein solcher Spielfilm die filmische Bearbeitung einer derartigen Broschüre zum Inhalt hat, und auch die Ausnutzung der Leistung eines Mitbewerbers ist hier im Hinblick auf die **Verschiedenartigkeit der Werke** und des Publikumskreises, an den sie sich wenden, nicht anzunehmen. Diese beiden Titel können also trotz wörtlicher Übereinstimmung nach Wettbewerbsrecht nebeneinander existieren, da eine Verwechslungsgefahr nicht in Frage kommt.

7   Zusammenfassend läßt sich sagen, daß für den wettbewerbsrechtlichen Titelschutz bei der Überschneidung von Filmtiteln mit Titeln literarischer oder musikalischer Werke neben den allgemeinen wettbewerbsrechtlichen Voraussetzungen bestimmte **besondere Bedingungen** erfüllt sein müssen. Derjenige, der den Titelschutz des Wettbewerbsrechts in Anspruch nehmen will, muß der Inhaber des Verfilmungsrechts an dem betreffenden literarischen oder musikalischen Werk oder der Buch- bzw. Musikrechte an dem Filmstoff bzw. seiner Musik sein. Das betreffende Werk muß überhaupt bzw. noch verfilmbar oder der betreffende Film in Roman oder Musik umsetzbar sein. Der redliche Verkehr muß beim gewöhnlichen Lauf der Dinge noch mit einer Ausübung der entsprechenden Rechte zu rechnen haben. Schließlich muß es sich bei dem literarischen oder musikalischen Werk und dem Filmwerk um Werke verschiedenen Inhalts handeln. Wenn z. B. der Film nach dem Schriftwerk hergestellt worden ist, kann er sich auch den Titel dieses Schriftwerks zulegen, da bei dieser Titelwahl eine Verwechslung infolge der Gleichheit der behandelten Stoffe ausscheidet. Natürlich gilt dies innerhalb der Schranken des Urheberrechts und des lauteren Wettbewerbs.

8   Die **Rechtsprechung** hat sich mehrfach zu der Frage der **Überschneidung von Filmtiteln mit Titeln literarischer Werke** geäußert. In Entscheidungen in RGZ 112, S. 117 und UFITA Bd. 5, S. 187 hat das RG die Kollisionsmöglichkeit eines Filmtitels mit dem Titel eines literarischen Werkes anhand der Fälle *Das Liebesleben in der Natur* und *Der Brand im Opernhaus* bejaht. Auch das KG hat in ständiger Rechtsprechung eine Verwechslungsmöglichkeit zwischen Filmtiteln und Titeln literarischer Werke anerkannt.

9   Die **spätere Rechtsprechung** ist diesen Gedanken im wesentlichen gefolgt (vgl. OLG München in GRUR 1956, S. 503/4). Mit Recht wird jedoch verlangt, daß beachtliche Publikumskreise Beziehungen zwischen den beiden Werken herstellen, was das OLG München im Fall des Titels *Der Herrscher* verneint hat (GRUR 1956, S. 503/4 = UFITA Bd. 22, S. 235). Bejaht hat die Verwechslungsfähigkeit das KG für *Die goldene Stimme* zu *La voce d'oro* (KG in UFITA Bd. 48, S. 274).

10   Bei **Musiktiteln** hat das LG Berlin im Falle des Titels *Solang noch unter'n Linden . . .* die Verwechslungsgefahr bejaht, da der Inhalt dieses Schlagers (Berliner Mentalität) verfilmbar sei und das Publikum von einem Film mit dem Titel *Solang noch unter'n Linden . . .* dementsprechend einen Film über Berlin und die spezifische Berliner Mentalität (ungebrochener Optimismus) erwarte (LG Berlin in UFITA Bd. 34, S. 224). Einen Anspruch aus § 16 UWG hat das OLG Hamburg für den Titel *Das letzte Hemd hat keine Taschen* verneint, da es sich um einen Freititel handele, nämlich einer in weiten Bevölkerungskreisen bekannten Redensart (OLG Hamburg in UFITA Bd. 39, S. 121 f).

11 Über die Frage der **Verfilmbarkeit** haben sich auch zwei der bereits mehrfach erwähnten Münchener Titelurteile, bei denen es um Titel von Liedern ging, ausführlich ausgelassen. Im Fall des Titels *Am Brunnen vor dem Tore* führt das OLG München (UFITA Bd. 21, S. 81) aus, daß hier keine Verwechslungsgefahr bestehe, weil das Lied mit seinem rein lyrischen Inhalt, der jeder fortschreitenden Handlung entbehre, überhaupt nicht verfilmt werden könne und deshalb jedermann klar sei, daß der Filmtitel für ein Werk mit anderem Gedankeninhalt verwendet werde. Im Falle des Titels *Du bist die Rose vom Wörthersee* hat das LG München (UFITA Bd. 20, S. 226) erklärt, daß Lied und Film nicht verwechselt werden könnten, da die Möglichkeit, daß nach Ankündigung des Films der Verkehr meinen könnte, dieser sei eine Bearbeitung des Liedes, nicht vorstellbar wäre. In dem Lied sei nämlich kaum etwas enthalten, was der Verkehr irgendwie als filmisch bearbeitbar ansehen könnte.

12 **Anderer Ansicht** ist hier das OLG Hamburg in UFITA Bd. 30, S. 229 *(Patrizia)*. Es stellt nicht auf die Verfilmbarkeit des Schlagers *Patrizia* ab, sondern auf die Irreführung des Publikums. Den Besuchern der Musik- und Unterhaltungsfilme sowie den Filmtheaterbesitzern, den Filmherstellern und -verleihern seien die gegenwärtig gespielten Schlager bekannt, so daß bei ihnen, wenn ein Film unter dem Titel eines bekannten Schlagers angekündigt wird, der Eindruck entstehen müsse, daß Beziehungen organisatorischer, geschäftlicher oder sonstiger Art zwischen dem Berechtigten am Schlager und dem Filmhersteller bzw. -verleiher bestünden. Bestehen dann tatsächlich diese Beziehungen nicht, dann benutzte der Filmproduzent den Titel unbefugt und es liege eine Irreführung des Publikums und damit ein Verstoß gegen § 16 UWG vor. Das OLG Hamburg hat daher im konkreten Falle dem Filmproduzenten bzw. -verleiher die Benutzung des Titels *Patrizia* verboten.

13 Im selben Falle *(Patrizia)* war das OLG München – im Einklang mit seiner früheren Rechtsprechung – **anderer Auffassung.** Hier klagten nunmehr die Parteien in vertauschten Rollen auf Unterlassung des Gebrauchs des Titels *Patrizia*. Das OLG München entschied zwar letztlich auch hier gegen den Filmproduzenten (den jetzigen Kläger), aber lediglich weil der Filmtitel *Patrizia* keine Verkehrsgeltung erlangt hätte. Die vom OLG Hamburg aufgezeigte Verwechslungsgefahr sieht das OLG München nicht, da zum einen der Schlager *Patrizia* keine verfilmbare fortschreitende Handlung aufweise und zum anderen der weibliche Vorname *Patrizia* so stark im Vordergrund stände, daß der überwiegende Teil des Publikums nicht einmal die Musik des gleichnamigen Schlagers erwarte (vgl. OLG München in UFITA Bd. 32, S. 380).

14 Das Zitat zweier **einander widersprechender** OLG-Entscheidungen im gleichen Fall **charakterisiert die Problematik** der Rechtsprechung auf dem Titelgebiet.

15 Über **Wettbewerbsfähigkeit** zwischen privatrechtlichen Firmen und öffentlich-rechtlichen Institutionen s. OLG Hamburg in UFITA Bd. 27, S. 77.

79. Kapitel. Untertitel, Serientitel, Beifilmtitel, Reprisentitel

1 Die ganzen vorangegangenen Ausführungen über den Filmtitel finden grundsätzlich auch auf den sog. **Untertitel** Anwendung. Unter Untertitel ist dabei eine zusätzliche Bezeichnung zu verstehen, welche einem Film neben seinem Haupttitel gegeben und meistens äußerlich dem Haupttitel in Klammern – oder sonst klar von ihm abgesetzt – zugefügt wird.

2 Auch Untertitel können also Urheberrechts- und Wettbewerbsschutz genießen, wenn die oben erörterten Voraussetzungen für einen solchen Schutz vorhanden sind. In bezug auf die wettbewerbsrechtliche Verwechslungsfähigkeit werden freilich hier **andere Maßstäbe** anzulegen sein als beim Haupttitel, soweit der Untertitel nur zusammen mit dem Haupttitel verwandt wird und dieser Haupttitel eine ausreichende Kennzeichnungs- und Unterscheidungskraft besitzt, also z. B.

kein Freititel ist. In solchen Fällen wird eine Verwechslungsgefahr nicht gegeben sein, selbst wenn der Untertitel – für sich allein betrachtet – einem anderen Titel gleichartig oder verwechslungsfähig ähnlich ist.

3 Wird jedoch ein **prägnanter Untertitel** von einem anderen als Haupttitel oder ein prägnanter Haupttitel von einem anderen als Untertitel benutzt, so sind die wettbewerbsrechtlichen Vorschriften für den Filmtitelschutz voll anzuwenden, wobei vor allem die Grundsätze über die Verkehrsgeltung und den sittenwidrigen Wettbewerb zu beachten sind. Als Richtschnur für jede Untertitelverwendung gilt das Prinzip, daß der allgemeine Filmtitelschutz nicht durch Untertitel unterlaufen werden darf, wobei sowohl die Formulierung wie die Benutzungsformen solcher Untertitel von Bedeutung sind.

4 Auch **Serientitel** genießen den vollen urheberrechtlichen und wettbewerbsrechtlichen Schutz. Sie sind vor allem für Fernsehserien bedeutsam und besitzen bei bekannten Serien eine schutzwürdige Verkehrsgeltung (z. B. die Krimiserien *Der Kommissar, Der Alte, Tatort, Derrick, Ein Fall für zwei, Die Straßen von San Franzisko*, aber auch Serien wie *Dallas* und *Der Denver-Clan*).

5 Bei **Titeln von Beifilmen** untereinander gelten die sämtlichen urheberrechtlichen und wettbewerbsrechtlichen Vorschriften für den allgemeinen Filmtitelschutz. Bei gleichen oder verwechslungsfähigen Titeln von Hauptfilmen und Beifilmen werden die wettbewerbsrechtlichen Vorschriften jedoch im Regelfall nicht anwendbar sein, da es bei der verschiedenartigen Gattung, Auswertungsform und Werbung für diese Filmkategorien nicht zu Täuschungen des Publikums oder Beeinträchtigungen der Wettbewerber kommen kann. Es sind jedoch Fälle möglich, wo diese Entscheidungskriterien nicht oder nicht ausreichend gegeben sind. Dann müssen auch für Überschneidungen von Titeln eines Hauptfilms und eines Beifilms die wettbewerbsrechtlichen Vorschriften Platz greifen.

6 Der Titel für einen **Reprisenfilm,** also für einen Film, der in Wiederaufführung ausgewertet wird, unterliegt den allgemeinen urheberrechtlichen und wettbewerbsrechtlichen Vorschriften für den Titelschutz und zwar gleichgültig, ob der Film seinen alten Titel beibehält oder einen neuen Titel erhält. Hierbei sind besonders die Grundsätze über Priorität, Verwirkung und Erlöschen des Titelschutzes zu beachten (vgl. die Kapitel 75 und 76). Wenn eine Reprise von einem neuen Verleiher unter dem alten Titel herausgebracht wird, kann der alte Verleiher aus **Wettbewerbsrecht** nicht widersprechen, da er im Zusammenhang mit diesem nicht mehr in seinem Verleih befindlichen Film keine Rechte aus Wettbewerb mehr geltend machen kann. Über den Begriff der Reprise vgl. Kapitel 134.

7 Besondere Probleme tauchen auf, wenn für eine **Reprise** ein **neuer Titel** gewählt wird. Ein Titelschutz für diese Titelbenutzung tritt erst mit dem Zeitpunkt ein, in dem der neue Titel für diese Reprise durch Veröffentlichung bekannt gemacht wird und kann nicht etwa auf den Zeitpunkt der früheren Auswertung des Films mit einem anderen Titel zurückdatiert werden.

8 Ein solcher neuer Titel für eine Reprise darf nicht zu **Täuschungen des Publikums** über den **Charakter des Films als Reprise** führen, also nicht den Eindruck erwecken, es handele sich hier nicht nur um einen neuen Titel, sondern auch um einen neuen Film. Bei jeder Werbung mit dem neuen Titel muß also klar erkennbar auf den Charakter des Films als Reprise unter deutlicher Erwähnung seines alten Titels hingewiesen werden, damit das Publikum nicht nur weiß, daß es um eine Reprise, sondern auch um welchen alten Film es geht und danach seine Entscheidung über den Besuch des Films treffen kann. Die Unterlassung eines solchen Hinweises stellt sich als eine gegen die guten Sitten verstoßende Werbung nach § 1 UWG (Kundenfang) dar, die sowohl von betroffenen Mitbewerbern, wie von den Wettbewerbsstellen der Industrie- und Handelskammern zugunsten des Publikums beanstandet werden kann.

9   In der **Rechtsprechung** finden sich nur wenige Entscheidungen zu Fragen des **Untertitels.** In einer Entscheidung des LG Berlin in UFITA Bd. 2, S. 470 wird ausgeführt, die Verwechslungsgefahr könne nicht dadurch ausgeräumt werden, daß der Film des Zweitbenutzers den Titel (hier *Menschenleben in Gefahr*) nur als Untertitel führe. Dieser Untertitel sei so charakteristisch und einprägsam, daß beim Publikum schon bei Übereinstimmung dieses Teiles des Titels Verwechslungen entstehen könnten (ebenso KG Berlin in UFITA Bd. 48, S. 274 *La voce d'oro – Die goldene Stimme*).

10   Über **Serientitel** s. BGH in NJW 1982, S. 2255. Hier ging es um eine periodisch unter dem Titel *Point* ausgestrahlte Hörfunksendung.

11   In der Rechtsprechung zum **Beifilmtitel** hat das OLG München in UFITA Bd. 20, S. 208 ausdrücklich festgestellt, daß auch zwischen dem Titel eines Spielfilms und demjenigen eines Beifilms Verwechslungsgefahr möglich ist. So könne z. B. der Hersteller bzw. Verleiher eines Spielfilms der Benutzung eines gleichen Titels für einen Beifilm widersprechen und umgekehrt, je nachdem, welchem Titel die Priorität zukomme. Ein erheblicher Teil der flüchtigen Durchschnittsleser und -hörer, die einen Beifilm gesehen hätten, würden der Ankündigung eines Spielfilms unter dem gleichen Titel und damit diesem Film selbst kein Interesse mehr entgegenbringen, weil sie infolge des Beifilmtitels irrtümlich glaubten, diesen Film schon gesehen zu haben. Das gleiche gelte natürlich auch umgekehrt.

12   Das LG Berlin hat in UFITA Bd. 2, S. 271 die Möglichkeit der Überschneidung von **Spielfilmtiteln** mit **Beifilmtiteln** bejaht. Hierbei wurde der Einwand, daß die interessierten Kreise für Spiel- und Beifilme verschieden seien, ausdrücklich zurückgewiesen mit der Begründung, daß diese Voraussetzungen bei einem beachtlichen Teil des Publikums nicht zuträfen und daß dieser Publikumskreis für die Annahme einer Verwechslungsgefahr und damit eines Wettbewerbsverstoßes genüge. Bei der heutigen klaren Trennung von Hauptfilm und Beiprogrammfilm im Filmtheater dürften die Begründungen dieser beiden Entscheidungen für Kinofilme nicht mehr zutreffen.

80. Kapitel. Ansprüche aus Filmtitelschutz

1   Der Inhaber des geschützten Filmtitels hat einen Rechtsanspruch darauf, daß die Benutzung des gleichen oder eines verwechslungsfähigen Titels unterbleibt. Dieser **Unterlassungsanspruch** gegen den Nachbenutzer kann sich sowohl aus dem **Urheberrecht** als auch aus dem **Wettbewerbsrecht** als auch aus beiden Vorschriften zusammen ergeben, je nachdem, welche der oben aufgeführten Voraussetzungen für den Titelschutz vorliegt.

2   Der Anspruch ist schon bei einer **objektiven Verletzung** des Titelrechts durch den Nachbenutzer begründet. Ein Verschulden des Nachbenutzers ist grundsätzlich nicht erforderlich. Die urheber- und wettbewerbsrechtlichen Vorschriften machen ein solches Verschulden nicht zur Bedingung des Schutzes. Der Unterlassungsanspruch besteht also auch dann, wenn der Nachbenutzer über die frühere Benutzung des gleichen oder eines verwechslungsfähigen Titels nichts gewußt und durch seine Nachbenutzung weder vorsätzlich noch fahrlässig gehandelt hat.

3   In der **Praxis** spielt dieser Unterlassungsanspruch bei weitem die wichtigste Rolle, da Titelüberschneidungen durch die öffentliche Benutzung der Titel sofort an den Tag treten und dann im Interesse des Geschäftsbetriebes aller betroffenen

Firmen schnell einer Klärung zugeführt werden müssen. Aus diesen Gründen kommt es häufig nicht zur Entstehung eines besonderen Schadens bei den Titelberechtigten. Aus den gleichen Gründen sind Gerichtsverfahren in Titelstreitigkeiten meist einstweilige Verfügungssachen.

4   In diesen **einstweiligen Verfügungsverfahren** – wie im übrigen generell bei einstweiligen Verfügungsverfahren – spielt der Verfügungsgrund, die sogenannte Dringlichkeit, eine erhebliche Rolle. Grundsätzlich wird zwar gem. § 25 UWG die Dringlichkeit zugunsten des Antragstellers vermutet, jedoch kann diese Vermutung entfallen, sei es aufgrund des Vorbringens des Antragsgegners oder auch aus Umständen, die sich schon aus dem Verhalten des Antragstellers oder seinem Vorbringen ergeben. Bei der Beurteilung der Dringlichkeit ist vom Interesse des Antragstellers auszugehen. Die Dringlichkeit fehlt jedoch dann, wenn der Antragsteller trotz Kenntnis des Wettbewerbsverstoßes länger untätig bleibt, d. h. weder den Antragsgegner verwarnt hat, noch sonst irgendwie gegen ihn vorgegangen ist. Verschleppt der Antragsteller trotz Kenntnis des Verstoßes und der ihm drohenden Nachteile die Rechtsverfolgung für längere Zeit, so hat er damit zu erkennen gegeben, daß für ihn die Sache nicht so eilig ist. Gleichzeitig setzt er sich dem Verdacht sittenwidriger Beweggründe für das Zuwarten aus, indem er z. B. den Verletzer zu weiteren Investitionen ermuntern wollte, um ihn später stärker unter Druck setzen zu können. Eine genaue allgemeine zeitliche Festlegung der Grenzen für die Dringlichkeit ist naturgemäß schwierig, da es hier stets auf die besonderen Umstände des Einzelfalls ankommt.

5   Zu diesem Unterlassungsanspruch tritt ein **Anspruch auf Schadensersatz** gegen den Nachbenutzer, wenn diesem ein Verschulden zur Last fällt. Er kann auf Urheber- und Wettbewerbsrecht und die Vorschriften des BGB über unerlaubte Handlungen gestützt werden. Hat also der Nachbenutzer z. B. den früheren Titel absichtlich für seinen Film übernommen, um sich hierdurch die Vorteile der Propaganda für den anderen Film zunutze zu machen, so ist er für alle durch die unzulässige Titelbenutzung dem Berechtigten entstehenden Schäden haftbar.

6   Die **Haftpflicht** tritt auch dann ein, wenn der Nachbenutzer **fahrlässig** gehandelt hat. Eine solche Fahrlässigkeit dürfte z. B. gegeben sein, wenn ein Filmproduzent oder Filmverleiher die Auskünfte des Titelregisters nicht beachtet und dadurch einen dort bereits eingetragenen Titel für seinen eigenen Film in Gebrauch nimmt. Auch bei laufender Propagierung eines Filmtitels in der Fachpresse wird man von den anderen Interessenten erwarten dürfen, daß sie hierüber unterrichtet sind, so daß dann mangelnde Kenntnis der betreffenden Nachbenutzer ihre Haftung wegen Fahrlässigkeit nicht ausschließen kann. Eine solche Fahrlässigkeit wird man jedoch bei dem derzeitigen starken Filmangebot noch nicht annehmen können, wenn ein Titel einmal in der Fachpresse angekündigt worden ist und ein anderer Interessent dies nicht zur Kenntnis genommen hat.

7   Die **Rechtsprechung** hinsichtlich der **Dringlichkeit** bei einstweiligen Verfügungsverfahren ist uneinheitlich und schwankt von 1 Monat bis zu 6 Monaten. Die Rechtsprechung des 6. Zivilsenats des OLG München, der häufig mit dem Filmtitelschutz befaßt wird, ist besonders streng und verneint die Dringlichkeit bereits dann, wenn der Antragsteller den Verfügungsantrag später als 4 Wochen nach Kenntnisnahme des Wettbewerbsverstoßes stellt. Über die Anerkennung einer gewissen Frist für die Materialsammlung s. LG Düsseldorf vom 16. 4. 1970 (Az.: 4 O 34/70).

81. Kapitel. Das Titelregister

1   Bei der oben erwähnten Bedeutung der Priorität für den Schutz von Filmtiteln und der oftmals gegebenen Schwierigkeit ihrer Feststellung ist es verständlich, daß man sich immer wieder darum bemüht hat, eine klare **Beweisunterlage** für das Vorliegen der Priorität zu schaffen. In diesem Zusammenhang gewinnt das bei der **Freiwilligen Selbstkontrolle der Filmwirtschaft (FSK) eingerichtete Titelregister,** zu welchem Filmtitel gemeldet werden können und das dann diese **gemeldeten Titel einträgt und veröffentlicht,** seine Bedeutung.

2   Es ist im Hinblick auf dieses Titelregister oft der mißverständliche Eindruck entstanden, als ob allein die Eintragung in das Register und deren Veröffentlichung den Schutz des Filmtitels herbeiführe. Das ist nicht richtig, denn die **Eintragung** hat nach deutschem Recht **keine rechtsbegründende Wirkung.** Das deutsche Recht kennt zwar die Eintragung von Patenten, Gebrauchsmustern und Warenzeichen, nicht jedoch von Titeln oder ähnlichen Bezeichnungen. In einigen anderen Ländern (z. B. in den USA) gibt es ein sogenanntes Copyrightregister, in welches urheberrechtliche Werke einzutragen sind, wobei erst diese Eintragung die volle Schutzfähigkeit hervorruft. In Deutschland existiert eine solche Einrichtung nicht, so daß der Schutz als solcher, und zwar sowohl nach Urheberrecht als auch nach Wettbewerbsrecht unabhängig von jeder Eintragung besteht und sich auch die Priorität nicht nach der Eintragung bestimmt.

3   Einem Filmtitelregister kann deshalb in Deutschland niemals die Bedeutung zukommen, daß nur diejenigen Titel geschützt werden, die in das Register eingetragen sind, und daß für die Priorität nur die Reihenfolge der Eintragung in dieses Register und deren Veröffentlichung maßgebend ist. Vielmehr bleibt die **tatsächliche frühere Ingebrauchnahme und Veröffentlichung** des schutzfähigen Titels das **entscheidende Kriterium** für das Bestehen und die Priorität des Schutzes. So kann also z. B. ein Filmtitel gegenüber einem früher in das Titelregister eingetragenen Filmtitel trotzdem Schutz beanspruchen, wenn er nachweisbar vor dem eingetragenen Titel in der Öffentlichkeit (z. B. in der Filmfachpresse) in Gebrauch genommen worden ist. Auch kann durch eine Eintragung in das Titelregister niemals ein nicht schutzfähiger Freititel zu einem schutzfähigen Filmtitel werden.

4   Dem Titelregister kommt also nur eine **beschränkte Bedeutung** zu. Es gewährt eine bestimmte **Vermutung** über die tatsächliche **Priorität** des früher eingetragenen Titels. Es wird kraft dieser Beweisvermutung zunächst unterstellt, daß der früher angemeldete und eingetragene Titel auch früher in Benutzung genommen worden ist und deshalb gegenüber später angemeldeten oder eingetragenen Titeln gleicher oder ähnlicher Art Vorrang und damit Schutz genießt. Diese Vermutung kann zwar widerlegt werden, wenn zu beweisen ist, daß der später angemeldete und eingetragene Titel schon vorher in der Öffentlichkeit benutzt worden ist. Immerhin muß aber dann ein klarer Gegenbeweis angetreten werden, während sonst die erwähnte Regel gilt.

5   Unter diesen beiden Gesichtspunkten ist die Führung des Titelregisters, vor allem bei einem starken Filmangebot und der dadurch hervorgerufenen Häufigkeit von Titelüberschneidungen, **zu rechtfertigen.** Durch das Titelregister können freilich nicht die Fristen verlängert werden, die nach der Rechtsprechung zwischen der öffentlichen Ankündigung des Filmtitels und der Herausbringung des Films, für den er benutzt wird, liegen müssen, da sonst die Titelhamsterei gefördert würde.

6   Mit der Bedeutung des Titelregisters hat sich vor allem eine **Entscheidung des OLG München** in UFITA Bd. 20, S. 208 befaßt. In dieser Entscheidung heißt es wörtlich folgendermaßen: ,,. . . Diese Eintragung ist unter dem Gesichtpunkt des § 16 UWG ohne Belang; von Bedeutung wird sie erst durch die nachfolgende Veröffentlichung der Eintragung . . . Der Zeitraum, der zwischen der Inverkehrssetzung des Filmes und der Veröffentlichung der Titeleintragung höchstens liegen darf, um die letztere der anderen gleichzustellen, die Priorität also, auf die öffentliche Ankündigung abstellen zu können, kann sich nicht nach den Fristen bestimmen, die die Richtlinien für das Titelregister vorsehen . . . Die Eintragung im Titelregister der FSK gewährt auch unter anderen rechtlichen Gesichtspunkten nicht den Schutz, den der Antragsteller ihr beimessen will. Das Titelregister ist nicht, kann nicht sein und soll nicht sein eine rechtsbegründende Einrichtung, wie die vom Deutschen Patentamt angeführte Warenzeichenrolle, welche der Eintragung von Titeln nicht offensteht. Die Meinung des Antragstellers, daß die Eintragung diesen Schutz kraft Handelsbrauch gewähre, ist irrig und beruht auf einer Verkennung des Begriffs Handelsbrauch . . .''

7   Dem ist die **spätere Rechtsprechung gefolgt** (so LG München in UFITA Bd. 50 A, S. 277; LG Hamburg in UFITA Bd. 26, S. 358; KG Berlin in UFITA Bd. 76, S. 348). Auch das OLG Hamburg (UFITA Bd. 21, S. 337) hat sich in einer Entscheidung mit dem Titelregister befaßt und kommt unter Hinweis auf die Entscheidung des OLG München zum gleichen Ergebnis über die Rechtsnatur dieses Registers. Es verschafft ihm nur mittelbar dadurch eine stärkere Bedeutung, daß es in einer Nichtbeachtung seiner Eintragungen unter Umständen einen sittenwidrigen Wettbewerb sieht (s. o. Kapitel 74).

7. Abschnitt. Das Vertragswerk der Filmproduktion

82. Kapitel. Allgemeines

1   Unter **Filmwerk** im Sinne dieses Abschnitts sollen, genau wie in den vorhergehenden Abschnitten, Filme aller Art in sämtlichen technischen Verfahren und Formaten und für alle möglichen Verwendungszwecke verstanden werden. Der Begriff soll insbesondere Kinofilme und Fernsehfilme, fixierte Filme und Live-Sendungen, Spielfilme und Dokumentarfilme, fictions und features, Wochenschauen und Nachrichtensendungen, Kultur-, Werbe- und Industriefilme, programm- bzw. abendfüllende Filme und Kurzfilme u. ä. m. umfassen.

2   Das Filmwerk entsteht durch Leistungen der verschiedensten Art. Sie liegen auf **künstlerischen, organisatorischen, technischen, kaufmännischen und finanziellen Gebieten.** Sie werden erbracht durch Leistungen urheberrechtlichen und leistungsschutzrechtlichen Charakters, durch Dienstleistungen und Arbeitsleistungen, Werkleistungen, Sachleistungen und Werklieferungen. Das reicht von der Schöpfung der vorbestehenden Filmidee bis zur Herstellung der Kopie des fertigen Films. Der Film ist in besonderem Maße ein Werk, das sich aus zahlreichen verschiedenartigen Beiträgen zusammensetzt.

3   Es liegt in der Natur dieses Werkes, daß an ihm normalerweise mehrere, meist sogar zahlreiche physische oder juristische Personen beteiligt sind. Es ist natürlich denkbar, daß **eine** physische Person einen Film (z. B. einen Kurzfilm) als ihr eigener Produzent, Autor, Regisseur, Kameramann, Tonmeister, Darsteller und Techniker (bis zur eigenen Negativentwicklung und Kopieanfertigung) herstellt, wobei sie aber mindestens Materiallieferungen von der Kamera bis zum Rohfilm erhalten wird. Das sind jedoch ausgesprochene Ausnahmen, während in der Regel der Film als ein **Teamwork** mit zahlreichen Beteiligten in Erscheinung tritt.

4   Der Film als Teamwork erfordert **Organisation und Koordinierung,** wie sich aus den unten erwähnten einzelnen Stadien der Filmherstellung ergibt. Es ist denkbar, daß alle Beteiligten an der Herstellung eines Filmwerkes die Produktion gemeinsam durch Einbringung ihrer Leistungen durchführen und auswerten (also eine Art Produktionskommune). Dann liegt rechtlich eine Gesellschaft bürgerlichen Rechts vor. In der Praxis werden jedoch fast immer die Leistungen und Rechte der an der Filmherstellung Beteiligten durch eine physische oder juristische Person erworben und zusammengefaßt, gebündelt und gelenkt. Diese physische oder juristische Person ist der Filmhersteller.

5   Der **Filmhersteller** (hier synonym Produzent, sonst auch noch Filmemacher oder Filmgestalter genannt) wird geradezu dadurch charakterisiert, daß er alle Leistungen und Rechte an dem Filmwerk bei sich zusammenfaßt. Er hat zwar kein gesetzliches originäres Urheberrecht am Filmwerk, wohl aber ein Leistungsschutzrecht und eine Inhaberschaft auf Grund derivativer Rechte. Der Begriff des Filmherstellers ist beim Vertragswerk der Filmproduktion genauso zu definieren wie beim Leistungsschutzrecht (vgl. 58. Kapitel) und beim Filmförderungsrecht (vgl. 28. Kapitel).

6   Der Filmhersteller ist also der eine **Vertragspartner beim Vertragswerk** der Filmproduktion. Er ist im Normalfall initiierend und konstituierend für dieses

Vertragswerk. Bei der Vielzahl der Beteiligten, Leistungen und Rechte am Film-werk handelt es sich um ein umfangreiches und komplexes Vertragswerk. Dabei muß der Filmhersteller vor allem dafür sorgen, daß er neben den Leistungen der an der Filmherstellung Beteiligten die für die Filmproduktion und -auswertung notwendigen Nutzungsrechte von den Urheberberechtigten und Leistungsschutz-rechte von den Leistungsschutzberechtigten am Filmwerk und seinen vorbeste-henden Werken erwirbt. Die Rechte aus dem Verfilmungsvertrag können vom Filmhersteller, soweit es um das Bearbeitungsrecht, also die Filmherstellung, geht, nach § 34 UrhG nur mit Zustimmung des Urhebers auf Dritte übertragen werden. Dagegen ist der Filmhersteller bei der Übertragung der Nutzungsrechte an dem fertigen Film völlig frei, da insoweit die Rechte des Urheberberechtigten nach § 90 UrhG eingeschränkt sind. Ob der Filmhersteller ohne besondere Zu-stimmung des Urhebers einen Film in Gemeinschaftsproduktion herstellen kann, ist eine Frage des Einzelfalles, die man bejahen kann, wenn der Filmhersteller, der die Auswertungsrechte erworben hat, in der Gemeinschaftsproduktion als feder-führender Produzent *(executive producer)* beherrschend ist.

7   Der Filmhersteller als Vertragspartner hat im allgemeinen die **Rechtsform** einer GmbH oder einer GmbH & Co. KG. Es kommen aber auch die Rechtsformen des Einzelkaufmanns und der Aktiengesellschaft vor. Die Rechtsform hängt meist von der Risikoverteilung und den Finanzierungsmöglichkeiten ab, auf die ein Filmhersteller angewiesen ist.

8   Die zahlreichen Vertragspartner des Filmherstellers mit ihren vielfältigen Lei-stungen für die Filmherstellung ergeben sich aus den **Stadien der Filmproduk-tion.** Soweit der Filmhersteller während der Produktion zusätzliche Leistungen zu seinen Produzentenfunktionen erbringt (z. B. als Autor oder Regisseur), wird er, wenn die Produktion durch eine ihm gehörende juristische Person durchgeführt wird, ein Vertragspartner seiner eigenen Gesellschaft.

9   An den **wesentlichen** Stadien der Produktion sollen die wichtigen Vertragspart-ner und ihre Verträge aufgezeigt werden. Sie ergeben dann insgesamt das Ver-tragswerk der Filmproduktion.

10   In der **Rechtsprechung** zum Filmhersteller als Vertragspartner s. BGH in UFITA Bd. 55, S. 313 *(Triumph des Willens),* wonach derjenige als Hersteller gilt, der durch eine tatsächlich ausgeübte organisatorische Tätigkeit den Film als fertiges Ergebnis der schöpferischen Lei-stungen der an seiner Schaffung mitwirkenden Personen sowie auch der nichtschöpferi-schen Leistungen (Sach- und Dienstleistungen) herstellt. Wird zwischen dem, der den Film tatsächlich herstellt und somit nach dem Vorgesagten als Filmhersteller anzusehen ist und einem anderen vereinbart, daß diese andere Person Filmhersteller sein solle, so kann darin die Übertragung der dem Filmhersteller zustehenden Nutzungsrechte liegen (BGH aaO, S. 313, 322, 323).

11   In der **Rechtslehre** vgl. *Fromm-Nordemann* aaO § 94, Ziff. 6.

83. Kapitel. Die Stadien der Produktion und Arten des Vertragswerkes

1   Der Filmhersteller ist im allgemeinen derjenige, der die **Idee für die Herstel-lung** eines bestimmten Filmwerkes hat. Wenn er die ihm vorschwebende Idee realisieren will, ist zunächst zu prüfen, ob diese Verfilmungsidee sich auf ein bereits bestehendes oder gar verlegtes Werk (Roman, Novelle, Operette, Musical, Memoiren) oder andere urheberrechtlich geschützte Werke bezieht oder ob es sich um eine originale Filmidee handelt. In diesem letzteren Fall spricht man von einem

Original-Filmwerk. Der Filmhersteller muß mit dem Autor oder dem diesen vertretenden Verlag einen Verfilmungsvertrag abschließen. In diesem Verfilmungsvertrag müssen alle für die geplante Herstellung und Auswertung des Films notwendigen Voraussetzungen enthalten und angeführt sein.

2   Da der Filmstoff, den der Filmhersteller realisieren möchte, zunächst schrittweise bearbeitet werden muß, um wegen der Eigengesetzlichkeit des Films zu einem verfilmbaren Drehbuch zu gelangen, wird im allgemeinen der Filmhersteller mit einem **Autor** seiner Wahl einen sog. Filmmanuskriptvertrag abschließen, der die Herstellung eines **Exposés** oder eines **Filmmanuskripts** zum Gegenstand hat. Falls der Filmhersteller mit dem Exposé oder Manuskript einverstanden ist, kann er, was auch vorher vereinbart werden kann, den Autor oder einen Dritten mit der Anfertigung eines Rohdrehbuches oder eines kurbelfertigen Drehbuches beauftragen. War der Filmhersteller mit dem abgelieferten Exposé oder Manuskript nicht einverstanden und hat man sich auf Änderungen nicht einigen können, bleibt es dem Filmhersteller unbenommen, nunmehr einen anderen Autor mit der Anfertigung des Manuskripts zu beauftragen oder einen anderen Autor hinzuzuziehen.

3   Wird der Drehbuch-Auftrag erteilt, so wird – ähnlich wie beim Manuskriptvertrag – ein **Filmdrehbuchvertrag** abgeschlossen. Er muß ebenfalls alle wichtigen Bestimmungen für die geplante Herstellung und Auswertung des Films enthalten.

4   Sodann wird der Filmhersteller den **Regisseur** auswählen, sofern er nicht bereits vor der Vergabe eines Exposé- oder Manuskriptauftrags oder eines Drehbuches die Zusammenarbeit mit dem Regisseur festgelegt hat. Mit dem Regisseur seiner Wahl wird der Filmhersteller einen Regievertrag abschließen.

5   Anschließend wird der Filmhersteller die weiteren wichtigen **Filmschaffenden** verpflichten, um die organisatorischen und die künstlerischen Voraussetzungen für die Realisierung des Films zu schaffen. Hierzu gehört die Verpflichtung (im allgemeinen in Abstimmung mit dem Regisseur) des Kameramanns, des Schnittmeisters (Cutter), des Tonmeisters und der Filmdarsteller. Ferner wird er noch, je nach Art des Films, Verträge abschließen mit dem Filmkomponisten (Filmmusikvertrag) und über die Ausstattung des Films (Verträge mit Filmarchitekten, Filmdekorateuren, Kostümmeistern, Trickspezialisten u. ä. m.).

6   Der Filmhersteller muß weiter die **Finanzierung** der Herstellungskosten des Films sicherstellen. Dies setzt auf Grund der vorliegenden Manuskripte oder des Rohdrehbuchs oder des kurbelfertigen Drehbuchs eine genaue Kalkulation der Herstellungskosten mit allen einzelnen Positionen voraus. Falls der Filmhersteller nicht in der Lage ist, mit eigenen Mitteln die Finanzierung der Herstellungskosten aufzubringen, muß er Bankkredite (Finanzierungsverträge), öffentliche Kredite oder sonstige Förderungshilfen aufnehmen. Er kann aber auch versuchen, durch Auftraggeber (Auftragsproduktionsverträge) oder nationale oder internationale Gemeinschaftsproduktionen (Gemeinschaftsproduktionsverträge) die Finanzierung sicherzustellen.

7   Bei der dann folgenden Durchführung der Produktion benötigt der Filmhersteller die Zusammenarbeit mit verschiedenen **technischen Betrieben.** Das reicht von den Sachleistern (Negativ- und Kopienmaterial, Lampenpark, Dekorationen) über die Atelierbetriebe (Atelieraufnahmen) bis zu den Synchronfirmen (Synchronisation des Films in die deutsche oder ausländische Sprachen). Hierbei kommt es vor allem zum Abschluß der Atelier- sowie Kopieranstaltsverträge und der Synchronisationsverträge. Zur Sicherung des Filmherstellers werden meist noch Versicherungsverträge (Ausfallversicherung, Fertigstellungsversicherung u. ä. m.) getätigt.

8   Nach Fertigstellung des Films (meist sogar schon vor oder während der Produktion) hat sich der Filmhersteller um die vorgesehene **Auswertung des Filmes** zu bemühen. Hierzu gehören vor allem die Abschlüsse der Verträge mit Verleih-, Vertriebs- und Videofirmen sowie mit Fernsehanstalten.

84. Kapitel. Form und Rechtsnatur des Vertragswerkes

1   Das Gesetz kennt **keine bestimmten Formvorschriften** für die Verträge der Filmproduktion. Auch der Rechtsverkehr mit Urheberrechten, Nutzungsrechten und Leistungsschutzrechten ist nicht nur in schriftlicher, sondern auch in mündlicher Form möglich. (Ausnahme: § 40 UrhG über künftige, unbestimmte Werke.)

2   In der Praxis der Filmherstellung werden freilich die meisten Verträge **schriftlich** abgeschlossen, was vor allem für den Erwerb der Nutzungsrechte an vorbestehenden Werken und an den Leistungen von Spitzenkräften und für die Verträge mit den technischen Betrieben gilt. Auf diesen Gebieten gibt es zahlreiche Einheitsverträge und sog. allgemeine Bedingungen. Man kann jedoch nicht davon ausgehen, daß sich in der Filmwirtschaft ein Handelsbrauch entwickelt hat, wonach bestimmte Verträge, die im Rahmen der Filmherstellung getätigt werden, nur schriftlich wirksam sind. Es gibt immer wieder auf allen erwähnten Gebieten mündliche Abschlüsse mit echtem Bindungswillen, so daß von einer für den Handelsbrauch notwendigen geschlossenen Übung in der Branche nicht gesprochen werden kann.

3   Für die Wirksamkeit eines mündlichen Abschlusses müssen die **Essentialien** für das betreffende Rechtsgeschäft vereinbart worden und dies nachweisbar sein. Die Essentialen bestimmen sich bei jeder Vertragsart nach den unerläßlichen Hauptbestandteilen des betreffenden Rechtsgeschäfts. Darüber hinaus können für solche mündlich abgeschlossenen Verträge ebenso wie für nur ganz allgemein gehaltene schriftliche Verträge die üblichen Bestimmungen der Einheitsverträge und die allgemeinen gesetzlichen Auslegungsregeln ergänzend herangezogen werden (Verfilmungsverträge, Manuskript- und Drehbuchverträge, Anstellungsverträge für Filmschaffende, Komponistenverträge u. ä. m.).

4   Was die **Rechtsnatur** der Verträge der Filmproduktion angeht, so ist sie sehr verschiedenartig gestaltet, je nach dem in Frage kommenden Gebiet, und reicht von typisch lizenzrechtlichen Verträgen mit Anklängen an Rechtskauf und Rechtspacht bei den Verträgen mit den Urheberberechtigten über Anwendung von Vorschriften des Dienstvertrags- und Arbeitsrechts bei den Verträgen mit den Leistungsschutzberechtigten bis hin zur Anwendung von Vorschriften des Darlehens-, Miet-, Kauf-, Pacht- und Patentrechts bei den Verträgen mit den technischen Betrieben und den Kreditanstalten. Die Einzelheiten werden jeweils bei den einzelnen Kapiteln über die betreffenden Verträge erörtert werden.

5   Soweit im Rahmen des Vertragswerks der Filmproduktion **urheberrechtliche Nutzungsrechte oder Leistungsschutzrechte** auf den Filmhersteller übertragen werden, sind die folgenden Prinzipien zu beachten. Die Rechte unterliegen beim Filmwerk nach den §§ 90, 92 und 93 UrhG bestimmten Einschränkungen zugunsten des Filmherstellers. Es gibt nach den §§ 399 und 413 BGB keinen gutgläubigen Rechtserwerb, so daß der Filmhersteller keine Rechte erwerben kann, die sein Vertragspartner nicht oder nicht mehr besitzt. Es gilt nach den §§ 31, Abs. 5 und 79 UrhG die Zweckübertragungstheorie, wonach sich der Umfang der dem Filmhersteller übertragenen Rechte nach dem mit der Einräumung verfolgten Zweck bestimmt.

6   In den folgenden Kapiteln und in den Abschnitten 8, 11 und 12 werden die **wichtigsten Vertragstypen** des Vertragswerks der Filmproduktion mit ihren wesentlichen Bestimmungen einzeln abgehandelt.

85. Kapitel. Der Verfilmungsvertrag

1   Der Verfilmungsvertrag hat die Überlassung des Nutzungsrechts der **filmischen Bearbeitung** eines **vorbestehenden Werkes** gegen Zahlung einer Vergütung zum Gegenstand. Daß es bei dem Verfilmungsrecht um ein filmisches Bearbeitungsrecht geht, ergibt sich aus § 23 UrhG, wo die Verfilmung im Satz 2 ausdrücklich als ein Unterfall der Bearbeitung im Satz 1 aufgeführt wird. Als vorbestehende Werke kommen hier in Frage die **filmunabhängigen** vorbestehenden Werke (wie Roman, Novelle, Erzählung, Theaterstück, Komposition, Choreographie, Ausstattungs-, Architektur- und Kostümentwürfe etc.) wie die **filmbestimmten** vorbestehenden Werke (Manuskript, Exposé, Treatment, Drehbuch, Filmmusik, Filmchoreographie, Filmausstattungsentwürfe, Trickzeichnungen, Entwürfe für Filmfiguren bzw. creatures etc.). S. auch Kapitel 48.

2   Die **gesetzlichen Grundlagen** für den Verfilmungsvertrag bilden der § 31, Abs. 5 UrhG (Umfang der Rechtsübertragung), der § 88 UrhG (Auslegung der Rechtseinräumung) sowie die §§ 90 und 93 UrhG (Einschränkung der Rechte). Die dabei auftauchenden urheberrechtlichen Fragen werden in Kapitel 50 abgehandelt. Der im folgenden zu behandelnde Verfilmungsvertrag konkretisiert, präzisiert und interpretiert diese gesetzlichen Vorschriften.

3   Seiner **Rechtsnatur** nach ist der Verfilmungsvertrag ein urheberrechtlicher Lizenzvertrag eigener Art. Die für ihn maßgebenden Vorschriften ergeben sich aus dem UrhG. Nur ergänzend können die Vorschriften des BGB über Rechtskauf und Rechtspacht und bei filmbestimmten vorbestehenden Werken auch über den Dienst- bzw. Werkvertrag angewandt werden.

4   Der Verfilmungsvertrag ist **kein Verlagsvertrag** und auch kein dem Verlagsvertrag ähnlicher Vertrag, so daß die Vorschriften des Verlagsrechts nicht herangezogen werden können. Der Unterschied des Verfilmungsvertrags zum Verlagsvertrag liegt in zwei Umständen. Der Verfilmungsvertrag enthält immer die Bearbeitung eines vorbestehenden Werkes durch seine Umsetzung ins Optische, während der Verlagsvertrag die unveränderte Übernahme des vorbestehenden Werkes zur Vervielfältigung, Verbreitung und Aufführung beinhaltet. Ferner ist die wirtschaftliche Situation beim Verfilmungsvertrag gekennzeichnet durch das große Risiko, das der Filmhersteller mit der Herstellung des Films übernimmt, was dem Risiko des Verlegers bei dem Verlag eines vorbestehenden Werkes nicht vergleichbar ist. Aus diesen Gründen verbietet sich die Anwendung von verlagsrechtlichen Vorschriften auf den Verfilmungsvertrag. Insbesondere ist die sich aus dem Verlagsgesetz ergebende Verpflichtung des Verlages zur Veröffentlichung des Werkes bei der filmischen Bearbeitung, also beim Verfilmungsvertrag, nicht gegeben, so daß der Filmhersteller nach dem Verfilmungsvertrag weder zur Herstellung des Films noch zu dessen Auswertung gesetzlich verpflichtet ist.

5   Bei den **Partnern des Verfilmungsvertrages** geht es auf der einen Seite um den Filmhersteller. Dieser Begriff ist hier genau so zu definieren wie oben in Kapitel

82. Auf der anderen Seite stehen entweder physische Personen, die das betreffende vorbestehende Werk verfaßt oder angefertigt haben oder deren Verleger bzw. Agenten.

6 Auf der Seite des **Filmherstellers** wird man bei der Bedeutung dieser Verträge davon auszugehen haben, daß die Verfilmungsverträge von den vertretungsberechtigten Personen der Produktionsfirmen zu tätigen sind. Auf Seiten der **Urheber der vorbestehenden Werke** wird bei Einschaltung von Agenten oder Verlegern grundsätzlich der Nachweis zu erbringen sein, daß diese Agenten oder Verleger die Befugnis zur Veräußerung der Verfilmungsrechte erworben haben. Von einem solchen Erwerb kann nicht ohne weiteres ausgegangen werden, da die Urheber vorbestehender Werke sehr oft ihre Verfilmungsrechte zur eigenen Verwendung behalten, auch wenn sie ihre Verlagsrechte an Verleger oder Agenten vergeben haben.

7 Die Einschaltung von **Verwertungsgesellschaften** ist bei der Musik, auch bei der Filmmusik üblich, jedoch wird von der *GEMA* das Filmherstellungsrecht an die Komponisten zurückgegeben, so daß sie darüber selbst oder durch ihre Musikverleger verfügen können. Bei den Autoren wird man derzeit nicht davon auszugehen haben, daß sie generell ihre Verfilmungsrechte (ebenso wenig wie die filmischen Vorführungsrechte) an die Verwertungsgesellschaft WORT vergeben haben. Sie können normalerweise über diese Rechte weiter selbst verfügen. Sollten sie jedoch vergeben worden sein, so ist dies auch gegenüber dem Filmhersteller im Gegensatz zu der Behandlung dieser Rechtsfrage bei dem Filmurheber (vgl. § 89 Abs. 3 UrhG) wirksam.

8 Für den Verfilmungsvertrag gibt es **keine** gesetzlich vorgeschriebene **Form** (mit Ausnahme der Verträge über künftige nicht näher oder nur der Gattung nach – z. B. *ein Spielfilm* – bestimmte Werke nach § 40 UrhG), obwohl diese Verträge üblicherweise wegen ihrer Bedeutung und des Umfangs der zu regelnden Umstände schriftlich – wenigstens durch Briefwechsel – abgeschlossen werden. Man kann auch trotz der Häufigkeit der Verwendung der Schriftform nicht von einem entsprechenden Handelsbrauch reden, da es auch mündliche Abschlüsse auf diesem Gebiet gibt, die nach dem erkennbaren Willen der Partner rechtsverbindlich sein sollen, so daß es an der allgemeinen Verwendung der Schriftform fehlt. Auf jeden Fall müssen aber für einen mündlichen oder schriftlichen Verfilmungsvertrag bestimmte Essentialien bindend vereinbart sein, um ihn rechtswirksam zu machen.

9 Zu den **Essentialien des Verfilmungsvertrages** gehört die Gestattung zur Verfilmung eines bestimmten oder bestimmbaren vorbestehenden Werkes gegen Zahlung einer Vergütung und für einen bestimmten Zweck. Eine weitere Vereinbarung, vor allem über den Umfang der übertragenen Nutzungsrechte, ist zur Wirksamkeit des Verfilmungsvertrages nicht erforderlich, da der § 88 UrhG eine gesetzliche Vermutung über den räumlichen, zeitlichen und inhaltlichen Umfang der übertragenen Nutzungsrechte enthält, falls der Urheber eines vorbestehenden Werkes die Verfilmung dieses Werkes gestattet. Diese gesetzliche Vermutung räumt dem Filmhersteller ausschließliche, auf zehn Jahre befristete Nutzungsrechte für den vertraglich vorgesehenen Zweck ein, wobei das ausschließliche Recht, da es hier nur zeitlich und nach der Zweckbestimmung begrenzt ist, gemäß §§ 31 Abs. 3 und 32 UrhG räumlich unbegrenzt überlassen wird. Die Zweckbestimmung der Vereinbarung entscheidet gemäß § 88 UrhG darüber, ob das Filmwerk nur für die Vorführung oder nur für die Funksendung oder für beides benutzt werden darf. Die Festlegung der Vergütung ist jedoch unerläßlich, da die Honorare in ihrer Höhe nach Bedeutung des Werkes und des Werkschöpfers individuell geprägt sind und von dreistelligen bis zu mehrfachen sechsstelligen Zahlen reichen.

10 Für Verfilmungsverträge, die filmunabhängige vorbestehende literarische Werke (Roman, Novelle, Erzählung, Theaterstück etc.) oder filmbestimmte vorbestehende literarische Werke (Originalfilmstoff, Filmmanuskript, Filmexposé, Filmtreatment, Filmdrehbuch etc.) oder vorbestehende Kompositionen oder Filmmusik betreffen, gibt es für die Filmproduktion **Formularverträge mit allgemeinen Bedingungen.** Die allgemeinen Bedingungen dieser Formularverträge werden häufig auch für andere vorbestehende filmunabhängige oder filmbestimmte Werke (wie z. B. Choreographien, Ausstattungs-, Architektur- und Kostümentwürfe sowie Trickzeichnungen und Entwürfe für Filmfiguren bzw. creatures) in Benutzung genommen oder können hierfür in Benutzung genommen werden.

11 Im Mittelpunkt des Formularvertrages steht die Übertragung des **ausschließlichen Weltverfilmungsrechtes** an dem betreffenden Werk auf den Filmhersteller. Zeitliche oder räumliche Begrenzungen oder die Beschränkung auf bestimmte Nutzungsarten müssen besonders erwähnt werden, da sonst nach den allgemeinen Bedingungen unbegrenzte und unbeschränkte Rechte überlassen werden.

12 Die allgemeinen Bedingungen enthalten eine **Garantie des Rechtsbestandes,** was wesentlich ist, da es keinen gutgläubigen Erwerb des Verfilmungsrechtes gibt. Der Urheber des Werkes ist auf Grund dieser Garantie auch dann schadensersatzpflichtig, wenn er sie ohne Verschulden nicht erfüllen kann.

13 Die allgemeinen Bedingungen stellen zum **Umfang der Rechtsübertragung** fest, daß er neben den Rechten der öffentlichen Vorführung vor allem die Fernsehrechte mit den entsprechenden Fernsehnutzungsarten und sämtliche audiovisuellen Rechte umfaßt. Es ist eine Mehrfachverfilmung des betreffenden Werkes ausdrücklich vorgesehen. Die eingeräumte Ausschließlichkeit der Nutzungsrechte soll bedeuten, daß kein anderer Film nach dem gleichen Werk durch den Urheber oder Dritte hergestellt werden darf. Dies soll bei entsprechender Festlegung in besonderen Vertragsbedingungen fünf Jahre lang auch für die mittelbare Benutzung des Werkes für Fernsehzwecke, also für Live-Sendungen, insbesondere in Form von Vorträgen, Aufführungen, Fernsehspielen u. ä. m. gelten, die somit ebenfalls dem Urheber und Dritten während dieser Zeit nicht gestattet sind. Bei einem reinen Filmstoff sollen die übertragenen Rechte auch die Benutzung für literarische Zwecke umfassen, also für die Herstellung eines Bühnenwerkes, eines Romans, einer Novelle oder eines Librettos nach dem übertragenen Stoff. Bei anderen Stoffen sind derartige Weiterverwendungen nur im Rahmen der Werbung für den Film gestattet.

14 Es wird in den allgemeinen Bedingungen weiterhin u. a. festgelegt, daß **keine Verpflichtung zur Verfilmung** besteht. Bei einer Verfilmung hat der Filmhersteller das Recht zur **freien Bearbeitung** des Werkes, was alle dem Filmhersteller notwendig erscheinenden Änderungen umfaßt (auch die Synchronisation des Films in andere Sprachen). Das Rückrufrecht nach § 41 UrhG, das sich kraft § 90 UrhG nur auf die filmische Bearbeitung und nicht auf die filmische Verwertung bezieht, wird für fünf Jahre ausgeschlossen. Das betrifft nur den Ausschluß im vorhinein, während ein späterer Ausschluß (nach Ablauf dieser Frist) auch weitergehen kann. Dem Urheber wird ausdrücklich untersagt, Rechte, die im Rahmen dieses Weltverfilmungsvertrages liegen, in irgendwelche Gesellschaften (in Frage kommt z. B. die Verwertungsgesellschaft *WORT*) einzubringen. Der Übergang der Weltverfilmungsrechte erfolgt bereits mit Abschluß des Einzelvertrages, so

daß sie von da ab dinglich zugunsten des Filmherstellers gebunden sind und nicht mehr wirksam an Dritte abgetreten werden können, was wegen des mangelnden Gutglaubensschutzes wichtig ist. Die Namensnennung hat im branchenüblichen Rahmen zu erfolgen, wobei sie beim Drehbuchverfasser nur Platz greift, wenn dies im Einzelvertrag besonders festgelegt worden ist. In der **Verwertung** des hergestellten Films ist der Filmhersteller **völlig frei** einschließlich der hierfür vorzunehmenden Rechtsübertragungen.

15   Diese allgemeinen Bedingungen sind trotz ihrer besonderen Berücksichtigung der Belange des Filmherstellers **rechtsverbindlich.** Die umfangreichen Sicherungen für den Filmhersteller sind wegen des Risikos der Filmherstellung und der zur Abdeckung dieses Risikos notwendigen umfassenden und ungestörten Auswertung des Films legitim. Es tauchen lediglich bei den im folgenden erwähnten Vorschriften einige Rechtsfragen auf.

16   Die Freiheit in der Bearbeitung des Filmwerkes und in der Namensnennung des Urhebers finden ihre Grenzen in den unveräußerlichen **Urheberpersönlichkeitsrechten** der §§ 12 bis 14 UrhG. Diese Rechte werden freilich ihrerseits beim Filmwerk gem. § 93 UrhG auf gröbliche Beeinträchtigungen unter angemessener Rücksichtnahme auf die anderen Mitwirkenden und den Filmhersteller beschränkt. Das bedeutet auch die Berücksichtigung wirtschaftlicher Interessen des Filmherstellers und Beachtung der Grundsätze der Verhältnismäßigkeit und des Übermaßverbots (z. B. nur Anspruch auf Zurückziehung des Namens und nicht auf Filmverbot). Hierzu darf auf die urheberrechtlichen Ausführungen in Kapitel 50 verwiesen werden.

17   Soweit Autoren ihre Rechte vor Abschluß des Weltverfilmungsvertrages in eine **Verwertungsgesellschaft** eingebracht haben, hat dies nach § 89 Abs. 3 UrhG dingliche Wirkung, auch gegenüber dem Filmhersteller und trotz des in den allgemeinen Bedingungen verankerten Ausschlusses einer solchen Übertragung. Es macht jedoch den Autor schadensersatzpflichtig, wobei der Schadensersatz dadurch zu leisten ist, daß er die Rechte von der Verwertungsgesellschaft wieder zurückholt.

18   Der ausdrückliche **Ausschluß des Verfilmungszwangs** gilt auch dann, wenn der Autor an den Erlösen oder am Gewinn des Films beteiligt ist, da man dem Filmhersteller nicht das große Risiko der Filmproduktion zumuten kann, nur um einem Einnahme- oder Gewinnbeteiligungsanspruch des Autors Rechnung zu tragen. Hier kann der Autor höchstens Schadensersatz verlangen. Soweit die Gewinnbeteiligung in Frage steht, wird im Zweifel ein Schadensersatzanspruch des Autors kaum in Frage kommen, weil nicht mit einem Gewinn gerechnet werden kann, wenn der Filmhersteller sich nicht zur Filmproduktion entschließt, was im Zweifel auf mangelnde wirtschaftliche Aussichten des betreffenden Films zurückgehen wird.

19   Bei der Benutzung eines Filmstoffes für andere literarische Werke, die grundsätzlich nur bei Originalfilmstoffen gestattet ist und nicht bei erschienenen Werken, ist abzugrenzen von der **Werbung für den Film,** die dem Filmhersteller auch bei erschienenen Werken gestattet sein muß. Hier wird man vereinfacht sagen können, daß die Benutzung eines Filmstoffes zur Werbung immer dann vorliegt, wenn der Filmhersteller für diese Verwendung bezahlen muß, während die Verwendung zu anderen literarischen Zwecken meist eine Vergütung zugunsten des Filmherstellers vorsehen wird. Soweit Verwendung für einen literarischen Stoff zulässig ist, wird man sie auch für die *merchandising rights,* d. h. die sonstige Vermarktung von Filmtiteln, Filmfiguren, Filmszenen u. ä. m. (s. Kapitel 50), anerkennen können. Andernfalls müssen diese Rechte besonders erwähnt werden. Das gleiche gilt für die Verwendung von **Filmteilen** in anderen Filmen.

20   Die Untersagung der Benutzung des Werkes durch den Urheberberechtigten für Fernsehzwecke auch außerhalb der Herstellung eines Fernsehfilms (also Live-Sendung, Vorträge, Aufführung, Fernsehspiele) ergibt sich schon aus der Übertragung **ausschließlicher Verfilmungsrechte.** Die erwähnte Beschränkung dieser Untersagung auf fünf Jahre greift nur Platz, wenn dies im besonderen Teil des Vertrages ausdrücklich festgelegt wird.

21   Soweit die allgemeinen Bedingungen nicht Vertragsbestandteil (z. B. zusammen mit dem Formularvertrag) geworden sind oder im Vertrag nicht ausdrücklich auf sie hingewiesen wird, finden sie **nicht automatisch** auf alle Verfilmungsverträge Anwendung. Bei der beachtlichen Zahl individuell gestalteter Verfilmungsverträge und der gelegentlichen Benutzung von Formularverträgen der Verleger kann von einem Handelsbrauch hinsichtlich der Anwendung der allgemeinen Bedingungen nicht gesprochen werden. Wegen ihrer fachlichen Bedeutung und ihrer häufigen Verwendung können sie jedoch bei Kurzverträgen neben den gesetzlichen Auslegungsregeln zur **Ergänzung** und bei unvollständigen Verträgen zur **Ausfüllung** der Unklarheiten herangezogen werden.

22   Diese Ergänzung und Ausfüllung kann vor allem wichtig sein bei der **Sperre von Rechten,** deren Ausübung eine vertraglich vorgesehene Filmauswertung beeinträchtigen könnte, ohne daß ihre Sperre im betreffenden Vertrag ausdrücklich festgelegt worden wäre, während eine solche Sperre aus den allgemeinen Bedingungen zu entnehmen ist. So wird man eine Übertragung sämtlicher ausschließlicher Nutzungsrechte an einem im Verfilmungsvertrag als Kinofilm bezeichneten Film dahin auszulegen haben, daß während der Vertragszeit nach dem Werk auch kein Fernsehfilm oder Videokassettenfilm hergestellt werden darf. Das entspricht auch der Zweckübertragungstheorie, da sonst der Zweck des Verfilmungsvertrages, der in der ungestörten Kinoauswertung liegt, nicht erreicht würde, weil die Fernseh- oder Videoauswertung diese Kinoauswertung erheblich stören könnte. Das würde auch Treu und Glauben widersprechen (s. aus urheberrechtlicher Sicht oben Kapitel 52).

23   Bei Fehlen ausführlicher Verfilmungsverträge (insbesondere bei Fehlen von Formularverträgen und allgemeinen Bedingungen) gilt die **Zweckübertragungstheorie des § 31 Abs. 5 UrhG.** Da hier von einer Einzelbezeichnung der Nutzungsarten für die eingeräumten Nutzungsrechte gesprochen wird, ist eine entsprechende Einzelbezeichnung im Verfilmungsvertrag bei der zu den Essentialien des Vertrages gehörenden Zweckbestimmung zu empfehlen. Das bedeutet jedoch nicht, daß Pauschalbezeichnungen unverbindlich oder gar unzulässig sind. Sie können zusammen mit dem erkennbaren Vertragszweck und den Auslegungsregeln des § 88 UrhG den gewünschten Rechtserwerb sicherstellen. So wird z. B. die Bezeichnung des übertragenen ausschließlichen Nutzungsrechts am Filmwerk als Senderecht auf Grund der Legaldefinition des § 20 UrhG gewährleisten, daß der Filmhersteller an dem Werk alle Rechte für heute bekannte Fernsehmöglichkeiten (normales Fernsehen, Kabelfernsehen, Satellitenfernsehen, Pay-television) erhält. Auch wird man eine generelle Vertragsklausel mit der Übertragung der ausschließlichen Nutzungsrechte an dem Filmwerk für alle derzeit technisch bekannten Auswertungsarten mit ihrer generalisierenden Wirkung anzuerkennen haben. Jedenfalls widerspricht sie nicht der Zweckübertragungstheorie, wenn gerade der Vertragszweck erkennbar diese umfassende Rechtseinräumung herbeiführen will, wobei freilich die außerfilmische Verwendung (z. B. *merchandising*

rights, d. h. die sonstige Vermarktung von Filmtiteln, Filmfiguren, Filmszenen u. ä. m. – s. Kapitel 50) ausgeschlossen bleibt. Wenn in § 88 Abs. 1 Ziff. 4 UrhG von **Funksendung** gesprochen wird, so umschließt das nach pauschaler Formulierung und erkennbarem Zweck **sämtliche Senderechte,** also auch die zusätzlichen Nutzungsrechte nach Artikel 11 *bis* Abs. 1 Ziff. 2 RBÜ.

24   Ein gesetzlicher Ausschluß ist nur für die Einräumung von Nutzungsrechten für **noch nicht bekannte Nutzungsarten** gegeben (§ 31 Abs. 4 UrhG). Er macht entsprechende Verpflichtungen oder Übertragungen in Verfilmungsverträgen unwirksam. Dabei ist unter einer noch nicht bekannten Nutzungsart eine technisch noch nicht erkannte Möglichkeit und nicht etwa deren mangelnde wirtschaftliche Verwertung zu verstehen. Die Übertragung des Nutzungsrechts für eine wirtschaftlich noch nicht verwandte Nutzungsart, die aber technisch schon durchführbar wäre, ist also rechtswirksam. Soweit in einem Verfilmungsvertrag eine Rechtsübertragung nach § 31 Abs. 4 UrhG unwirksam sein sollte, wird damit meist im Zweifel nicht der ganze Vertrag unwirksam, da er wohl auch ohne diesen unwirksamen Teil abgeschlossen worden wäre (§ 139 BGB).

25   Das **Rückrufsrecht** des Autors wegen **Nichtausübung** nach § 41 UrhG, das sich nach § 90 UrhG nur auf das Bearbeitungsrecht und nicht auf das Verwertungsrecht am Filmwerk bezieht, wirft bei Prüfung der Fristwahrung die Frage auf, **wann** mit der **Ausübung des Rechts begonnen** worden ist. Man wird sagen können, daß die Ausübung dieses Rechts beginnt, sobald seitens des Filmherstellers Maßnahmen ergriffen werden, die eine Verletzung der Rechte des Autoren bedeuten würden, falls er ihnen nicht durch Rechtsübertragung zugestimmt hätte. Das Recht wird also schon ausgeübt, wenn mit der Vorbereitung der Produktion begonnen wird (z. B. Anfertigung des Drehbuchs nicht nur für den rein internen Gebrauch gem. § 23 UrhG; vgl. hierzu auch Kapitel 48) und nicht erst nach Beginn der Dreharbeiten oder nach Fertigstellung des Films. Die Durchführung der Produktion muß freilich in angemessener Frist nach der Vorbereitung erfolgen. Dann können auch keine berechtigten Interessen des Urhebers erheblich verletzt werden, wie es der § 41 UrhG für das Rückrufsrecht verlangt. Auch ist zu beachten, daß der Rückruf nach § 41 Abs. 3 UrhG erst nach einer angemessenen Nachfrist erfolgen kann, die der Autor dem Filmhersteller zu setzen hat.

26   Die Klausel in einem Verfilmungsvertrag, wonach dem Urheber des vorbestehenden Werkes bestimmte **Mitwirkungs- oder Mitbestimmungsrechte** bei der Verfilmung eingeräumt werden (z. B. Drehbuchgenehmigung durch einen Autor), ist unter dem Gesichtspunkt des § 93 UrhG als einer Schutzvorschrift für den Filmhersteller und das Filmwerk auszulegen. Es müssen also auch hier die Grundsätze der gröblichen Beeinträchtigung, der Rücksichtnahme auf den Filmhersteller und die übrigen Mitwirkenden und der Beachtung der Verhältnismäßigkeit und des Übermaßverbots berücksichtigt werden. Hierzu darf auf die urheberrechtlichen Ausführungen in Kapitel 50 verwiesen werden.

27   Nach **Ablauf** einer für die Verfilmungsrechte festgelegten **Zeitdauer** ist der Urheber des verfilmten Werkes berechtigt, die Verfilmungsrechte wieder neu zu vergeben und zwar auch an einen Dritten. Die Leistungsschutzrechte des Produzenten an dem Filmwerk und die von ihm hierfür erworbenen sonstigen Nutzungsrechte bleiben grundsätzlich unberührt. Das bedeutet, daß ohne Genehmigung des Produzenten bei einer Neuverfilmung keine in dem Filmwerk enthaltenen **zusätzlichen** schöpferischen Leistungen verwandt werden dürfen. Andererseits kann der Film von dem Produzenten nicht mehr weiter ausgewertet werden, soweit er auf dem vorbestehenden Werk beruht, es sei denn, daß dem Produzen-

ten eine solche nicht ausschließliche Weiterauswertung im Vertrag ausdrücklich gestattet ist bzw. sich eindeutig aus den Begleitumständen des Vertragswerkes ergibt.

28   Bei den Verträgen über die filmbestimmten vorbestehenden Werke (vor allem Drehbuch und Filmmusik) ist noch zu beachten, daß hier neben den Rechtsübertragungen auch die eigentliche **Dienstleistung** (Herstellung des Drehbuches, Komposition der Filmmusik) **Vertragsgegenstand** ist. Hier sind daher die Bestimmungen über Art und Erbringung dieser Dienstleistung sowie die festgelegten Fristen, die für die Filmherstellung wichtig sind, von wesentlicher Bedeutung. Auch spielt die Abnahme des Werkes eine Rolle, wobei nach den allgemeinen Bedingungen die Entscheidung über die Abnahme im billigen Ermessen des Filmherstellers liegt. Hier kann grundsätzlich der Autor trotz der Nichtabnahme seine Vergütung verlangen, es sei denn, daß ein Teil der Vergütung ausdrücklich von der Abnahme abhängig gemacht worden ist. In diesem letzteren Fall hat der Filmhersteller die letzte Rate der Vergütung, die von der Abnahme abhängt, nicht zu leisten, falls er die Abnahme ablehnt, wobei diese Ablehnung in seinem Ermessen liegt, also von dem Autor nicht angefochten oder bestritten werden kann.

29   Die verschiedenen **Rundfunkanstalten** benutzen für die Verfilmungsverträge eigene Formularverträge, die auf die besonderen Verhältnisse des öffentlich-rechtlichen Fernsehens abgestellt sind (z. B. Erwerb lediglich der Senderechte im Sinne des § 20 UrhG, festgelegte Zahl der Ausstrahlungen, Wiederholungshonorare etc.). Die allgemeinen Bedingungen und die rechtlichen Probleme sind jedoch ähnlich gelagert, so daß die obigen Ausführungen auch hierfür weitgehend gültig sind.

30   Da nach § 31 Abs. 4 UrhG die Einräumung von Nutzungsrechten für noch nicht bekannte Nutzungsarten sowie die Verpflichtungen hierzu unwirksam sind, können solche Nutzungsrechte nicht Gegenstand des Verfilmungsvertrages sein. Sollten während der Laufzeit des Verfilmungsvertrages solche **neuen Nutzungsarten** auftauchen, so fallen die entsprechenden Nutzungsrechte dem Urheber des verfilmten Werkes und nicht etwa dem Filmhersteller zu. Der Filmhersteller kann jedoch auf Grund des Verfilmungsvertrags nach dem Grundsatz von Treu und Glauben verlangen, daß die Nutzungsrechte für diese neuen Nutzungsarten nicht in einer Form ausgewertet werden, die eine Beeinträchtigung der Filmverwertung herbeiführen könnte. Dem Filmhersteller wachsen diese Nutzungsrechte im Rahmen und in den Grenzen seines Leistungsschutzrechtes zu, so daß sie kein Dritter für dieses Filmwerk in Anspruch nehmen kann.

31   Zwischen den Vertragspartnern des Verfilmungsvertrages kommen auch **Optionsabreden** vor, wobei unter *Option* der einem Partner eingeräumte Anspruch auf Abschluß eines bestimmten Rechtsgeschäfts zu verstehen ist. In der Praxis spielt hier vor allem die einem Filmproduzenten von einem Autor oder einem anderen Urheber eines vorbestehenden Werkes gegebene Option auf ein solches Werk eine Rolle. Eine solche Option ist nur rechtswirksam, wenn Zeitpunkt und Essentialien des zu optierenden Verfilmungsvertrags in der Optionsabrede festgelegt werden, wobei hinsichtlich der Essentialien ein ausdrücklicher oder sinngemäßer Hinweis auf vorangegangene Verfilmungsverträge zwischen den Vertragspartnern genügen kann.

32   Zum Verfilmungsvertrag gibt es eine umfangreiche **Rechtsprechung**. Sie beschäftigt sich vor allem mit dessen Rechtsnatur und der Zweckübertragungstheorie einschließlich der Einräumung von Nutzungsrechten für noch nicht bekannte Nutzungsarten.

33   Lt. BGH in NJW 1952, S. 662 = GRUR 1952, S. 530 *(Parkstraße 13)* ist der Verfilmungsvertrag **kein Verlagsvertrag,** sondern ein urheberrechtlicher Lizenzvertrag eigener
Art. Nach OLG Hamburg in UFITA Bd. 25, S. 463 richtet sich ein Drehbuchvertrag nicht
nach Verlagsrecht. Lt. BGH in UFITA Bd. 37, S. 336 darf bei Erlösbeteiligung des Autors
der Produzent nicht willkürlich von der Herstellung des Films absehen. Das LG Baden-
Baden stellt in UFITA Bd. 83, S. 247 fest, daß keine rechtsgeschäftliche Sendeverpflichtung
der Rundfunkanstalt gegenüber dem Autor einer Sendung besteht.

34   Zur **Zweckübertragungstheorie** und ihrer Bedeutung s. als grundsätzliche Entscheidun-
gen: BGH in UFITA Bd. 32, S. 188 = GRUR 1960 S. 197 *(Keine Ferien für den lieben Gott)*;
LG Köln in UFITA Bd. 42, S. 209 *(Peterchens Mondfahrt)*; LG München in UFITA Bd. 46,
S. 369 *(Deutschlandfahrt mit Ypsilon)*; BGH in UFITA Bd. 54, S. 272 = GRUR 1969 S. 143
(Curt Goetz Filme); BGH in GRUR 1969 S. 364 *(Das Haus in Montevideo)*; OLG München in
UFITA Bd. 65, S. 268 *(Valentin)*; OLG Düsseldorf in GRUR 1979 S. 53 *(Sexshops)*; BGH
in UFITA Bd. 70, S. 273 *(Der Transport)*; BGH in GRUR 1982 S. 727 *(gefunkter Film)*; BGH
in UFITA Bd. 72, S. 324 = GRUR 1974 S. 786 *(Kassettenfilm)*; BGH in UFITA Bd. 78,
S. 179 = GRUR 1976 S. 382 *(Kaviar)*; BGH in UFITA Bd. 79, S. 287 = GRUR 1977 S. 42
(Schmalfilmrecht).

35   Nach BGH in UFITA Bd. 24, S. 406 = GRUR 1957 S. 611 dürfen Kompositionen und
Schlagertexte, die für ein **bestimmtes** Filmvorhaben erworben wurden, **nicht** für einen
anderen Film verwandt werden *(Bel ami)*. Das gleiche gilt für Drehbücher (BGH in UFITA
Bd. 24, S. 399 *Lied der Wildbahn)*.

36   Lt. BGH in UFITA Bd. 39, S. 267 = GRUR 1963 S. 441 *(Mit Dir allein)* beginnen die
Rechte des Filmherstellers zur **Vorführung** nach § 88 UrhG erst mit dem Wirksamwerden
der Verfilmungserlaubnis aus § 23 UrhG. Das schließt also die Erstellung von Drehbuchfassungen für den **internen Gebrauch** des Produzenten nicht aus.

37   Zu welchen **Änderungen** seines Werkes der Urheber seine Zustimmung nicht versagen
kann s. BGH in UFITA Bd. 60, S. 247 *(Maske in Blau)*. Zur Parodie eines urheberrechtlich
geschützten Werkes s. BGH in UFITA Bd. 62, S. 265 *(Disney-Parodie)*.

38   Zur Auslegung einer freiwillig und unentgeltlich übernommenen **Sendesperre** einer
Rundfunkanstalt gegenüber dem Hersteller einer Neuverfilmung desselben Stoffes vgl. KG
in UFITA Bd. 64, S. 298 *(Feuerzangenbowle)*.

39   In der **Rechtslehre** wie hier zum Begriff der Verfilmung *Fromm/Nordemann* aaO § 88
sowie zu der Rechtsübertragung auf den Filmhersteller gemäß § 88 UrhG, allerdings unter
der strengen Beachtung der **Zweckübertragungstheorie,** da § 88 eine spezielle Ausprägung
der in § 31 Abs. 5 statuierten Zweckübertragungstheorie sei *(Fromm/Nordemann* aaO § 88
Ziff. 1–8 m. w. N. aus der Rechtsprechung). Ebenso *Möhring/Nicolini* aaO § 88 Ziff. 1–13
m. w. N. aus der Rechtsprechung, insbesondere auch übereinstimmend bezüglich des
Nichtbestehens einer Verfilmungspflicht des Filmherstellers (aaO § 88 Ziff. 5g). *Von Gamm*
aaO § 88 Ziff. 1–12 m. w. N. der Rechtsprechung, insbesondere auch zur Frage der Wiederverfilmungsrechte (aaO § 88 Ziff. 12 m. w. N. aus der Rechtsprechung).

40   Wie hier zur **Rechtsnatur** des Verfilmungsvertrages und zu den Hauptpflichten des Filmherstellers auch *Ulmer* (aaO § 115 S. 493–495/I u. II und S. 498/499/VI) sowie auch im
übrigen übereinstimmend zur Rechteübertragung nach § 88 (aaO S. 495–498/III–V).

41   Ebenso übereinstimmend mit den diesseitigen Ausführungen zur Einschaltung von **Verwertungsgesellschaften** (insbesondere der *GEMA*); *Fromm/Nordemann* aaO § 89 Ziff. 3
m. w. N. aus der Rechtsprechung; *Möhring/Nicolini* aaO § 88 Ziff. 1b, bb; *Ulmer* aaO § 115
S. 495/II 2.

42   Lt. *BGH* in Ufita Bd. 96, S. 185 verstoßen umfangreiche Rechtsübertragungen in **Allgemeinen Bedingungen** für Verfilmungsverträge (hier *Honorarbedingungen* für urheberberechtigte freie Mitarbeiter einer Fernsehanstalt) nicht gegen das **AGB-Gesetz.**

86. Kapitel. Die Verträge mit den Filmschaffenden

1 Unter Filmschaffenden als Vertragspartner des Filmherstellers sind alle **physischen Personen** zu verstehen, die bei der **Herstellung des Filmwerks** mitwirken und in unmittelbaren Rechtsbeziehungen zum Filmhersteller stehen. Dazu gehören sowohl Mitwirkende, die Urheberrechte am Filmwerk erwerben, wie Mitwirkende, die sich als ausübende Künstler darstellen, wie Mitwirkende, die nur technisch-organisatorisch-kaufmännisch tätig sind. Nicht zu den Filmschaffenden rechnen die Angestellten und Arbeiter in den Atelierbetrieben, Kopieranstalten, Finanzierungs- und Versicherungsinstitutionen, da hier fast immer nur diese Betriebe und Institutionen in Rechtsbeziehungen zum Filmhersteller treten. Über den Begriff der Urheber des Filmwerkes und der ausübenden Künstler und des Umfangs ihrer Rechte sind die Ausführungen zum Urheberrecht und Leistungsschutzrecht maßgebend (s. oben Kapitel 49 und Kapitel 62). Da es sich bei der Synchronfassung eines Films als Bearbeitung mit neuer Bild-Ton-Kombination um ein urheberrechtsfähiges selbständiges Filmwerk handelt, sind auch in deren Rahmen Filmschaffende tätig (s. unten Kapitel 87).

2 Die Verträge mit den Filmschaffenden haben ihre **Mitwirkung** bei der Herstellung eines Filmwerkes gegen Zahlung einer **Vergütung** zum Gegenstand. Soweit die Filmschaffenden Urheber- oder Leistungsschutzrechte an dem Filmwerk erworben haben, gehört auch noch die entsprechende **Rechtsübertragung** zum Vertragsgegenstand.

3 Die **gesetzlichen Grundlagen** für die Verträge mit den Filmschaffenden bilden, soweit es um die Rechtsübertragung geht, der § 31 Abs. 5 UrhG (Umfang der Rechtsübertragung), der § 89 UrhG (Auslegung der Rechtseinräumung) sowie die §§ 90, 92 und 93 UrhG (Einschränkung der Rechte). Die in § 89 festgelegte im Zweifel gültige Übertragung für alle bekannten Nutzungsarten des Filmwerks umfaßt sinngemäß auch die Rechte nach Artikel 11 *bis* Abs. 1 Ziff. 2 RBÜ. Die dabei auftauchenden urheberrechtlichen und leistungsschutzrechtlichen Fragen werden in dem Kapitel 50 und dem Kapitel 63 abgehandelt. Dazu treten bei den Filmschaffenden als gesetzliche Grundlagen arbeitsrechtliche Bestimmungen **(Tarifvertragsrecht)**. Die Verträge mit den Filmschaffenden konkretisieren, präzisieren und interpretieren diese gesetzlichen Vorschriften.

4 Ihrer **Rechtsnatur** nach sind die Verträge mit den Filmschaffenden, soweit sie Rechtsübertragungen enthalten, **lizenzrechtliche** Verträge eigener Art. Im übrigen tragen die Verträge **arbeitsrechtlichen** Charakter, da der Filmschaffende während seiner gesamten Tätigkeit den Anordnungen des Filmherstellers (Zeiteinteilung, Arbeitstätigkeit u. ä. m.) unterliegt, es also um Dienstleistungen in persönlicher Abhängigkeit geht. Insoweit sind die Vorschriften des BGB über den Dienstvertrag heranzuziehen. Als Arbeitnehmer haben die Filmschaffenden Lohnsteuer zu zahlen. Ferner sind für sie bei Rechtsstreitigkeiten die Arbeitsgerichte zuständig.

5 Es gibt **keine** gesetzliche Bestimmung und/oder einen Handelsbrauch, die den **persönlichen Abschluß** der Verträge mit den Filmschaffenden vorschreiben. Es ist also beim Abschluß Vertretung und Vollmacht möglich. Auf seiten des Filmherstellers ist es üblich, daß Verträge mit Spitzenkräften (vor allem Regisseur und Hauptdarsteller) von den gesetzlichen Vertretern der Produktionsfirma, jedoch die übrigen Verträge je nach Gruppen der Filmschaffenden und Vollmachtserteilung bei der betreffenden Firma vom **Herstellungsleiter,** Produktionsleiter oder

Aufnahmeleiter abgeschlossen werden. Auf Seiten der Filmschaffenden kommt häufig ein Abschluß durch deren **Manager oder Agenten** vor, wobei diese Manager oder Agenten eine Tätigkeit nach § 23 Abs. 1 des Arbeitsförderungsgesetzes in Verbindung mit den von der Bundesanstalt für Arbeit hierfür erlassenen Vorschriften ausüben, die von dieser Bundesanstalt schriftlich und spezifiziert lizenziert sein muß.

6   Es gibt **keine** gesetzliche Vorschrift, die eine **bestimmte Form** für die Verträge mit den Filmschaffenden verlangt. Nur für Verträge mit urheberberechtigten Filmschaffenden (z. B. Regisseuren) gilt nach § 40 UrhG die Schriftform, wenn sie sich zur Einräumung von Nutzungsrechten an künftigen Werken verpflichten, die überhaupt nicht näher oder nur der Gattung nach (z. B. *ein Spielfilm*) bestimmt sind. Man kann auch trotz der Häufigkeit der Verwendung der Schriftform nicht von einem entsprechenden Handelsbrauch reden, da es auch mündliche Abschlüsse auf diesem Gebiet gibt, die nach dem erkennbaren Willen der Partner rechtsverbindlich sein sollen, so daß es an der allgemeinen Verwendung der Schriftform fehlt. Auch ein bestimmter Umfang ist für diese Verträge nicht vorgeschrieben. Sie müssen jedoch, um rechtswirksam zu sein, bestimmte Essentialien dieser Vertragsart als bindende Vereinbarung enthalten.

7   Zu den **Essentialien** der Verträge mit den Filmschaffenden gehört die Mitwirkung bei der Herstellung eines Films in einer bestimmten Funktion und für eine bestimmte Zeit gegen Zahlung einer bestimmten Vergütung. Eine weitere Vereinbarung, vor allem über die Übertragung von Nutzungsrechten oder Leistungsschutzrechten bei Filmschaffenden, denen solche Rechte zustehen, ist zur Wirksamkeit des Vertrages nicht erforderlich. Hier greift nämlich für die Urheberberechtigten die gesetzliche Vermutung des § 89 UrhG und für die ausübenden Künstler als Leistungsschutzberechtigte die Einschränkung ihrer Rechte nach § 92 UrhG (kein Verwertungsrecht am Filmwerk) ein. Die **Mitwirkung** bei der Filmherstellung allein **sichert** dem Filmhersteller alle **notwendigen Rechte**. Die Festlegung der Vergütung ist jedoch unerläßlich, da die Gagen in ihrer Höhe nach Bedeutung der Funktion und ihres Trägers individuell geprägt sind und von dreistelligen bis zu mehrfachen sechsstelligen Zahlen reichen. Soweit freilich ein Tarifvertrag anwendbar ist (s. unten) und dort für bestimmte Gruppen von Filmschaffenden Mindestbezüge vorgesehen sind (z. B. für Kleindarsteller), werden diese Bezüge auch ohne besondere Festlegung zum Vertragsbestandteil.

8   Der **Vertragsinhalt** im einzelnen ergibt sich aus den im Einzelvertrag ausgemachten Bedingungen. Ergänzend sind die Vorschriften des **Tarifvertrages** für Film- und Fernsehschaffende heranzuziehen, der zwischen dem Bundesverband Deutscher Fernsehproduzenten e. V., der Arbeitsgemeinschaft Neuer Deutscher Spielfilmproduzenten e. V., dem Verband Deutscher Spielfilmproduzenten e. V. und der Rundfunk-Fernseh-Film-Union RFFU im DGB abgeschlossen worden ist. Dieser Tarifvertrag vom 30. 3. 1979 in der Fassung der Änderungsverträge vom 13. 3. 1980 und 30. 6. 1983 ist inzwischen unter dem 22. 2. 1984 für allgemein verbindlich erklärt worden, und zwar mit Wirkung vom 22. 12. 1983. Diese Allgemeinverbindlicherklärung beruht auf § 5 des Tarifvertragsgesetzes in der Fassung der Bekanntmachung vom 25. 8. 1969 (BGBl. I S. 1323), geändert durch Gesetz vom 29. 10. 1974 (BGBl. I S. 2879).

9   Die Allgemeinverbindlicherklärung hat zur Folge, daß die Bestimmungen dieses Tarifvertrags automatisch zum Inhalt der Einzelverträge mit den Film- und Fernsehschaffenden werden. Als Geltungsbereich wird in der Allgemeinverbindlicherklärung die Bundesrepublik Deutschland einschl. Berlin (West) festgelegt.

Die **Vorschriften der allgemeinen Bedingungen** des Tarifvertrages sind also für alle Einzelverträge mit Film- und Fernsehschaffenden verbindlich. Im folgenden sollen deshalb bei der Beschreibung der allgemeinen Bedingungen für den Vertrag zwischen Filmherstellern und Filmschaffenden die entsprechenden Vorschriften des Tarifvertrages beschrieben und erläutert werden.

10 Im Tarifvertrag werden die **einzelnen Filmschaffenden** beispielhaft aufgeführt und umfassen: Architekten (Szenenbildner), Ateliersekretärinnen (Skript), Aufnahmeleiter, Ballettmeister, Cutter, Darsteller (Schauspieler, Sänger, Tänzer), Filmgeschäftsführer, Filmkassierer, Fotografen, Geräuschemacher, Gewandmeister, Kameramänner, Kostümberater, Maskenbildner, Produktionssekretärinnen, Regisseure, Requisiteure, Special Effect Men, Tonmeister. Zu den Filmschaffenden gehören nicht die Arbeitnehmer der filmtechnischen Betriebe, für die der Verband filmtechnischer Betriebe einen besonderen Tarifvertrag abgeschlossen hat. Räumlich gilt der Tarifvertrag für das Gebiet der Bundesrepublik einschließlich Westberlin. Sachlich umfaßt er alle Betriebe zur Herstellung von Filmen mit Spielhandlungen zur gewerblichen Auswertung. Hierunter fallen Spielfilme aller Art, aller Formate und für alle Zwecke (Kino, Fernsehen, Videokassetten u. ä. m.), nicht jedoch Dokumentarfilme, Kurzkulturfilme, Features, Magazinsendungen u. ä. m. (Zur Definition s. Abschn. 4 Kapitel 47.)

11 Der Abschluß des Einzelvertrages soll grundsätzlich schriftlich erfolgen. Bei **mündlichem Abschluß** soll der Filmhersteller eine unverzügliche schriftliche Bestätigung des Vertrages veranlassen. Aber auch ein mündlich abgeschlossener Vertrag soll gültig sein, wobei im Zweifelsfall angemessene Bedingungen, d. h. eben die Bedingungen des Tarifvertrages, Anwendung finden sollen.

12 Der Vertrag kann auf beiden Seiten durch einen **Vertreter** abgeschlossen werden. Auf Seiten des Filmschaffenden kommen hier vor allem Filmmanager, Agenten oder Anwälte in Frage.

13 Der Filmschaffende überträgt mit Vertragsabschluß dem Filmhersteller **sämtliche Nutzungs- und Verwertungsrechte** an seiner Leistung, so daß der Filmhersteller den Film ausschließlich und ohne inhaltliche, zeitliche und räumliche Beschränkung auswerten kann. Hierbei werden noch im einzelnen alle Möglichkeiten der Auswertung des Films aufgeführt. Dabei wird betont, daß der Filmhersteller völlig frei über die inhaltliche, technische und künstlerische Gestaltung des Films zu entscheiden hat und nur nicht das künstlerische Ansehen des Filmschaffenden gröblich verletzen darf. Der Filmschaffende hat dem Filmhersteller zu versichern, daß er die ihm eingeräumten Nutzungs- und Verwertungsrechte nicht anderweit, vor allem auch nicht an Verwertungsgesellschaften, vergeben hat. Der Filmhersteller seinerseits ist berechtigt, die ihm überlassenen Rechte auf Dritte zu übertragen.

14 Die Übertragung der Rechte erfolgt für den Film, für den der Filmschaffende beschäftigt worden ist, jedoch ist der Filmhersteller auch berechtigt, einzelne Aufnahmen oder Teile dieses Films in **andere Filme** zu übernehmen, wenn hierdurch das künstlerische Ansehen des Filmschaffenden nicht gröblich verletzt wird. Bei der Herstellung von Synchronisationen fremdsprachiger Fassungen kann der Filmhersteller den Filmschaffenden durch eine andere Kraft ersetzen. Bei der Synchronisation der deutschen Fassung ist ihm dies nur erlaubt, wenn es aus künstlerischen oder wirtschaftlichen Gründen notwendig ist, insbesondere dann, wenn die durch eine Verwendung des ursprünglich tätig gewordenen Filmschaffenden anfallenden Kosten für den Filmhersteller unzumutbar sind.

15 Der **Name und die Bilder des Filmschaffenden** stehen dem Filmhersteller für die Zwecke der Herstellung, der Auswertung und der Propagierung des betreffenden Films zur Verfügung. Einen Anspruch auf Nennung des Namens im Vor- oder Nachspann haben grundsätzlich nur Regisseur, Hauptdarsteller, Produktionsleiter, Kameramann, Architekt, Tonmeister, Cutter, Aufnahmeleiter, Masken- und Kostümbildner, es sei denn, daß bei anderen Filmschaffenden eine solche Nennung ausdrücklich erwähnt worden ist. Eine Nennung außerhalb des Vor- und Nachspannes, also z. B. auf Plakaten und Insertionen, wird nicht erwähnt, so daß sie, wenn eine entsprechende Verpflichtung für den Filmhersteller bestehen soll, im Einzelvertrag ausdrücklich aufgeführt werden muß. Die sich auf die Tätigkeit des Filmschaffenden in dem betreffenden Film beziehenden Ankündigungen, sonstige Mitteilungen und bildliche Darstellungen, auch Abbildungen der Person des Filmschaffenden, dürfen nur mit Zustimmung des Filmherstellers verbreitet werden.

16 **Umfang und Tätigkeit des Filmschaffenden** werden durch den Vertrag bestimmt, wobei der Filmschaffende auf Verlangen des Filmherstellers die von ihm vertraglich übernommenen Leistungen in der Vertragszeit auch für einen anderen Film zu erbringen oder eine andere Tätigkeit, die seiner beruflichen im Vertrag vorausgesetzten Eignung entspricht, in demselben Film zu übernehmen hat. Sollte sich der Filmschaffende weigern, eine solche Tätigkeit zu übernehmen, so verliert er seinen Gagenanspruch. Der Filmhersteller kann jederzeit auf die Dienste des Filmschaffenden verzichten.

17 Die Filmschaffenden, die gegen Pauschalgage, Monats- und Wochenbezüge verpflichtet sind, haben dem Filmhersteller grundsätzlich für die gesamte Vertragszeit **ausschließlich** zur Verfügung zu stehen. Dabei soll der Beginn der Vertragszeit kalendermäßig festgelegt werden, wobei der Filmhersteller Beginn und Ende der Vertragszeit bis zu sieben Tagen aufschieben kann und berechtigt ist, die Vertragsdauer aus produktionsbetrieblichen Gründen zu verlängern, sofern dadurch nicht anderweitige ihm schriftlich bekannt gegebene Verpflichtungen des Filmschaffenden beeinträchtigt werden. Zur Behebung von Ausfall- und Negativschäden ist der Filmschaffende verpflichtet, über den Ablauf der Vertragszeit hinaus mindestens noch drei Tage dem Filmhersteller zur Verfügung zu stehen und diese Priorität des Filmherstellers bei neuen Verpflichtungen zu berücksichtigen. Der Tarifvertrag enthält ferner noch detaillierte Ausführungen über die Arbeitszeit, die Teilnahme an Vorbereitungsarbeiten, die Gagen und Gagenzahlung, die Auslagen- und Spesenvergütung sowie die Verhinderung des Filmschaffenden und seinen Urlaubsanspruch.

18 Aus den allgemeinen Bedingungen des Tarifvertrags ergeben sich eine Reihe von **Rechtsfragen.** Sie tauchen vor allem bei den folgenden Bestimmungen auf.

19 Es ist eindeutig, daß auch **mündliche Verträge** mit Filmschaffenden wirksam und nicht etwa nichtig sind. Der Filmschaffende unterliegt hinsichtlich der **Vertretung** durch Manager, Agenten oder Anwälte keinen Beschränkungen. Auf seiten des Filmherstellers hat im allgemeinen der **Produktionsleiter** die Abschlußbefugnisse für Verträge mit Filmschaffenden, ohne daß dies in seinem Vertrag besonders vermerkt werden muß. Dies folgt daraus, daß in der Praxis fast alle Verträge mit den Filmschaffenden vom Produktionsleiter unterzeichnet werden. Der Filmhersteller muß daher den Rechtsschein, daß der Produktionsleiter zum Abschluß dieser Verträge auch ordnungsgemäß bevollmächtigt wurde, meist gegen sich gelten lassen, denn es ist für einen Filmschaffenden unzumutbar, hierüber nähere Erkundigungen einzuziehen. Das gleiche gilt für die Beschäftigung untergeordneter Kräfte (z. B. Kleindarsteller), für die der Aufnahmeleiter zuständig ist. Etwas anderes gilt selbstverständlich für den Abschluß der Verträge mit den Hauptdarstellern, Regisseuren und ähnlichen entscheidenden Personen, die von dem Filmhersteller selbst abgeschlossen zu werden pflegen. Auch auf seiten des Filmschaffenden gilt eine Vollmachtsvermutung, wenn er sich laufend durch einen Manager vertreten läßt. Er muß dann Einzelabschlüsse dieses **Managers** gegen sich gelten lassen, auch wenn er ihm ohne Benachrichtigung des Filmherstellers für diesen Einzelfall die Vollmacht entzogen hat.

20 Die **Beschäftigung** des Filmschaffenden in einem anderen als dem vorgesehenen Film oder in **einer anderen vergleichbaren Tätigkeit** in demselben Film ist nicht an irgendwelche Bedingungen geknüpft. Hier ist also der Filmhersteller grundsätzlich frei bei seinen Umdispositionen. Der Filmschaffende, der gegen die Umbesetzung schwerwiegende Bedenken hat, kann diesen Bedenken dadurch Rechnung tragen, daß er die angebotene andere Tätigkeit ablehnt und damit seinen Gagenanspruch verliert. Er ist dem Filmhersteller nicht haftbar, wenn er diese andere Tätigkeit ablehnt. Der Verzicht auf den Gagenanspruch ist dem Filmschaffenden zuzumuten, wenn er glaubt, die anderweitige Tätigkeit mit seinem künstlerischen Ruf nicht vereinbaren zu können. Auf jeden Fall muß der Filmhersteller wegen seiner schwierigen Dispositionen und seines finanziellen Risikos diese Auswechslungsmöglichkeit besitzen. Eine Ausnahme kann nur in ganz krassen Fällen gelten, wo eine Umdisposition vorgenommen wird, die überhaupt nicht der beruflichen Eignung und dem künstlerischen Können des Filmschaffenden entspricht, oder wenn im Vertrag ausdrücklich die Beschäftigung in dem betreffenden Film zur Bedingung gemacht worden ist.

21 Die freie Entscheidung des Filmherstellers über die inhaltliche, künstlerische und technische **Gestaltung des Films** umfaßt auch die Auswertung eines Films in mehreren Teilen oder im Rahmen von Fernsehserien. Das gilt auch dann, wenn der Filmschaffende nur für einen bestimmten Filmtitel verpflichtet worden ist.

22 Die **Verwendung von Fotos** des Filmschaffenden ist nur im Rahmen des Films bzw. der Werbung für den betreffenden Film oder den Film im allgemeinen gestattet. Es ist also nicht zulässig, wenn der Filmhersteller Fotos des Filmschaffenden zur Werbung für andere filmfremde Erzeugnisse benutzt. Das ist wichtig für die sog. *merchandising rights,* d. h. die sonstige Vermarktung von Filmtiteln, Filmfiguren, Filmszenen u. ä. m. (s. Kapitel 50), für die der Filmhersteller bei Benutzung des Namens oder Bildes eines Filmschaffenden dessen Genehmigung haben muß.

23 Was die **Namensnennungspflicht** angeht, so kommt es auf die Einzelabmachungen an. Auf jeden Fall ist aber, falls nicht ausdrücklich andere Vorschriften im Vertrag niedergelegt worden sind, die Namensnennung für den Filmhersteller nur im branchenüblichen Rahmen verpflichtend.

24 Da der Filmhersteller auf die Dienste des Filmschaffenden jederzeit verzichten kann, besteht **kein Anspruch** des Filmschaffenden **auf Beschäftigung,** was auch bei dem finanziellen und künstlerischen Risiko jeder Filmproduktion dem Filmhersteller nicht zuzumuten wäre. Andererseits hat der Filmhersteller einen Anspruch gegen den Filmschaffenden auf Ausübung seiner Tätigkeit. Er kann freilich diesen Anspruch nicht durch Erfüllungsklage verwirklichen, da die Vollstreckung dem § 888 Abs. 2 ZPO entgegensteht. Er kann jedoch gemäß § 890 ZPO einen Unterlassungsanspruch gegen anderweitige Beschäftigung des Filmschaffenden während der Vertragszeit durchsetzen, und zwar notfalls auch durch einstweilige Verfügung.

25   Besondere Probleme ergeben sich häufig bei **Anschlußverpflichtungen** des Filmschaffenden. Hier ist der Filmschaffende immer haftbar, wenn er nicht bei Vertragsabschluß den Filmhersteller über abgeschlossene Verträge, die innerhalb eines Zeitraums von vier Wochen nach vereinbartem Vertragsende beginnen, in Kenntnis gesetzt hat. Auch hat der Filmhersteller das Verlegungsrecht um sieben Tage und das Verlängerungsrecht von mindestens drei Tagen. Soweit sich trotzdem Überschneidungen ergeben sollten, sind sie nach den Grundsätzen von Treu und Glauben zu erledigen, wobei das Risiko der beiden betroffenen Filmhersteller gegeneinander abzuwägen ist. Es bestehen hier freilich aus dem Vertrag mit dem Filmschaffenden immer nur Ansprüche zwischen Filmhersteller und Filmschaffenden und keine direkten Ansprüche zwischen den betroffenen Filmherstellern. Eine Ausnahme gilt nur dann, wenn der andere Filmhersteller über die vertraglichen Vereinbarungen seines Vorgängers mit dem Filmschaffenden unterrichtet war und sie bewußt mißachtet hat.

26   Abschließend ist noch auf die Frage des **Urlaubs** einzugehen, der häufig durch zusätzliche Vergütungen abgegolten werden muß, weil der Filmhersteller den Filmschaffenden während der Vertragsdauer nicht entbehren kann. Auf den Urlaubsanspruch kann jedoch nicht verzichtet werden, da er sich aus den gesetzlichen Vorschriften (Länderurlaubsgesetze und Bundesurlaubsgesetze) ergibt.

27   Die Freiheit des Filmherstellers in der Bearbeitung und Auswertung des Filmwerkes wird dadurch sichergestellt, daß den meisten Filmschaffenden, die sich als ausübende Künstler charakterisieren, nach § 92 UrhG **keine Rechte** hinsichtlich **der Verwertung des Films** zustehen, wenn sie bei der Filmherstellung im Sinne eines entsprechenden Verhaltens mitgewirkt haben. Insoweit erfolgt die Übertragung von Rechten in den allgemeinen Bedingungen nur rein **vorsorglich.** Für die Urheberberechtigten gilt die gesetzliche Vermutung der generellen **Rechtsübertragung** nach § 89 UrhG, so daß eine Anwendung der Zweckübertragungstheorie überflüssig ist. Eine Schranke für den Filmhersteller ist nur gegeben durch den Schutz der Urheberberechtigten und ausübenden Künstler vor einer **gröblichen Entstellung** ihrer Leistungen nach § 93 UrhG, wie es in den allgemeinen Bedingungen des Tarifvertrags als gröbliche Verletzung des künstlerischen Ansehens bezeichnet wird. Hier haben jedoch die Filmschaffenden genauso wie bei entsprechenden **Vertragsformulierungen** auf die legitimen Interessen des Filmherstellers und der anderen Mitwirkenden (z. B. bei Mitbestimmungsklauseln) Rücksicht zu nehmen und die Grundsätze der Verhältnismäßigkeit und des Übermaßverbots zu beachten. Hierzu darf auf die entsprechenden Ausführungen zum Urheberrechtsschutz und zum Leistungsrechtsschutz in den Kapiteln 50 und 63 und auf das vorangegangene Kapitel verwiesen werden.

28   Nach dem Aufgabenbereich der Tarifpartner auf der Arbeitgeberseite findet der Tarifvertrag nebst allgemeinen Bedingungen grundsätzlich nur Anwendung auf Kinospielfilme und Fernsehfilme. Durch Formularverträge mit gleichartigen allgemeinen Bedingungen oder durch Verträge mit Hinweis auf die allgemeinen Bedingungen des Tarifvertrags werden sie jedoch in der Praxis auch für **andere Filmkategorien verbindlich** (z. B. Industriefilme und Werbefilme). Auf jeden Fall sind sie hier ausfüllend und ergänzend heranzuziehen.

29   Die **Rundfunkanstalten** haben mit der RFFU einen eigenen, auf ihre besonderen Bedürfnisse zugeschnittenen Tarifvertrag abgeschlossen. Die allgemeinen Bedingungen dieses Tarifvertrags und die sich daraus ergebenden Rechtsfragen liegen jedoch auf der gleichen Linie, wie bei den hier behandelten allgemeinen Bedingungen. Hier spielt noch das spezielle Thema der **ständig beschäftigten freien**

Mitarbeiter der Rundfunkanstalten und ihrer eventuellen Qualifikation als Arbeitnehmer eine Rolle. Bei der Frage, ob deren Rechtsverhältnisse aus Gründen des sozialen Bestandschutzes wie Arbeitsverhältnisse zu behandeln sind, ist die Bedeutung der Filmfreiheit mit zu berücksichtigen. Diese Filmfreiheit besagt hier, daß im Interesse der Meinungsvielfalt, der Abwechslung für das Publikum und der Entwicklung des Nachwuchses dem sozialen Bestandschutz Grenzen zu setzen sind, die eine Umwandlung der Verträge der befristet angestellten, ständigen freien Mitarbeiter in unbefristete Arbeitsverhältnisse fest angestellter Arbeitnehmer nur in besonderen Ausnahmefällen gestatten.

30 Nach § 31 Abs. 4 UrhG sind die Einräumung von Nutzungsrechten für **noch nicht bekannte Nutzungsarten** (was technisch und nicht wirtschaftlich zu verstehen ist) sowie die Verpflichtungen hierzu unwirksam. Solche Nutzungsrechte können deshalb nicht Gegenstand des Vertrages mit einem urheberberechtigten Filmschaffenden sein. Sollten während der Auswertung des Filmwerks solche **neuen Nutzungsarten auftauchen,** so fallen die entsprechenden Nutzungsrechte dem Urheber des Filmwerks und nicht etwa dem Filmhersteller zu. Der Filmhersteller kann jedoch auf Grund des Vertrages mit dem Filmschaffenden nach dem Grundsatz von Treu und Glauben verlangen, daß die Nutzungsrechte für diese Nutzungsarten nicht in einer Form ausgeübt werden, die eine Beeinträchtigung der Filmverwertung herbeiführen könnte. Für Filmschaffende, die nicht Urheberberechtigte, sondern leistungsschutzberechtigte ausübende Künstler sind, gilt dieser § 31 Abs. 4 UrhG nicht, denn sie haben nach § 92 UrhG keine Rechte hinsichtlich der Verwertung des Filmwerks. Ihnen gegenüber kann deshalb der Filmhersteller den Film in der neu bekannt gewordenen Nutzungsart verwerten. Der Filmhersteller kann aufgrund seines Leistungsschutzrechtes an dem Filmwerk verhindern, daß ein Dritter die Nutzungsrechte für die neue Nutzungsart an seinem Filmwerk in Anspruch nimmt.

31 Für Filmschaffende gibt es hin und wieder **Optionsabreden** mit dem Produzenten derart, daß der Produzent das einseitige Recht erwirbt, den betreffenden Filmschaffenden für einen oder mehrere weitere Filme zu engagieren. Eine solche Optionsabrede ist nur rechtswirksam, wenn sie ausdrücklich oder sinngemäß zeitlich fixiert ist (z. B. durch die Produktion bestimmter Filme) und wenn sie die Essentialien für die Verträge mit den Filmschaffenden enthält, was auch durch ausdrücklichen oder sinngemäßen Hinweis auf vorangegangene Verträge der Vertragspartner oder auf allgemeine Bedingungen für solche Verträge geschehen kann.

32 In der **Rechtsprechung** zu dem Grundsatz, daß filmfremde Werbung mit Foto und Namen des Filmschaffenden (ohne besondere Vereinbarung) durch den Produzenten unzulässig ist, s. LG München I in UFITA Bd. 42, S. 206 und OLG München in UFITA Bd. 38, S. 186.

33 Ebenso wie hier dazu, daß sich das **Recht der Namensnennung** einer Hauptdarstellerin branchenüblich nur auf die Nennung im Titelvorspann und auf Plakaten bezieht, nicht jedoch auf Insertion und Außenreklame, AG München in UFITA Bd. 27, S. 104.

34 Entgegen der hier vertretenen Ansicht war das BAG der Meinung, daß Verträge mit Filmschaffenden der **Schriftform** bedürfen und hierbei Briefwechsel nicht genügt. Mündliche Verträge mit Filmschaffenden seien nichtig (BAG in UFITA Bd. 20, S. 307, bestätigt durch BAG in UFITA Bd. 25, S. 578), allerdings mit dem Zusatz, daß, wenn der Filmschaffende seine Leistung bereits erbracht bzw. sich zur Leistungserbringung freigehalten hat und dann aus Gründen, die der Filmhersteller zu vertreten hat, seine Arbeitsleistung nicht in Anspruch genommen wurde, das Arbeitsverhältnis grundsätzlich wie ein fehlerfrei zustan-

degekommener Vertrag zu behandeln ist und der Filmschaffende seinen Anspruch auf Gagenzahlung behält. Diese Entscheidungen sind nach der hier vertretenen Auffassung heute nicht mehr anwendbar, da der diesen Entscheidungen zugrundeliegende § 2/I der TO für Filmschaffende spätestens durch das Inkrafttreten des Tarifvertrages für Filmschaffende vom 19. 12. 1957 außer Kraft gesetzt wurde (§ 9/I TVG), so ausdrücklich auch BAG in UFITA Bd. 36, S. 497. Danach gilt jetzt das Schriftformerfordernis – falls nicht anders vereinbart – nur noch für Tarifvertragsparteien, da der Tarifvertrag nicht für allgemein verbindlich erklärt wurde. Wie hier daher die Möglichkeit eines mündlichen Abschlusses von Verträgen mit Filmschaffenden, wenn die Vertragsparteien nicht Tarifvertragsparteien sind: AG München in UFITA Bd. 39, S. 318. Ähnlich auch LAG Berlin in UFITA Bd. 62, S. 321, allerdings mit der Einschränkung, daß der mündlich geschlossene Vertrag (hier Regievertrag mit nicht tarifgebundenen Parteien) dennoch nicht wirksam ist, wenn die Parteien eine schriftliche Beurkundung des Vertrages beabsichtigten, es hierzu dann aber nicht kam (Argument aus § 154 Abs. 2 BGB). Ebenso für den Abschluß mit einem Fernsehdarsteller: AG München in UFITA Bd. 64, S. 363.

35 Grundsätzlich zu den **wesentlichen Bestandteilen** eines Vertrages mit einem Filmschaffenden und zur Abgrenzung vom Vorvertrag zum Abschluß eines Filmanstellungsvertrages vgl. BAG in UFITA Bd. 39, S. 303.

36 Zu den Rechtsfolgen beim **Mitspracherecht** eines Hauptdarstellers im Film s. OLG München in UFITA Bd. 25, S. 100.

37 Lt. BAG in UFITA Bd. 92, S. 242 und OLG München in UFITA Bd. 44, S. 207 (s. auch Arbeitsgericht München in UFITA Bd. 27, S. 112) sind **Filmregisseure regelmäßig Arbeitnehmer.** Diese Arbeitnehmereigenschaft wird auch nicht dadurch berührt, daß der Regisseur im Vertrag gleichzeitig als Drehbuchverfasser verpflichtet wird. Vgl. allerdings für kombinierte Verträge mit Regisseuren OLG Karlsruhe in UFITA Bd. 45, S. 347: ,,Wird durch eine vertraglich genau umgrenzte Verpflichtung der Regisseur zugleich für Drehbuch und Schnitt grundsätzlich selbständig tätig, so liegt darin ein Vertrag, der sich aus Elementen eines Werkvertrages (Drehbuch) und eines selbständigen Dienstvertrages (Regie und Schnitt) zusammensetzt und der kein Arbeitsvertrag eines unselbständigen Arbeitnehmers ist." Wohl überholt LG München vom 3. 7. 1956 (Az.: 7067/56), wonach bei hochbezahlten Spitzendarstellern mit Zustimmungs- und Mitwirkungsrechten beim Film die ordentlichen Gerichte zuständig sein sollen.

38 Zum Recht des Filmschauspielers an seiner Stimme (ohne Zustimmung keine **Nachsynchronisation** in gleicher Sprache durch einen anderen Schauspieler) vgl. OLG München in UFITA Bd. 28, S. 342. Diesem Urteil kann zwar grundsätzlich gefolgt werden, jedoch nicht soweit es kategorisch entgegenstehende wirtschaftliche Belange des Filmherstellers hintanstellt. Falls erhebliche wirtschaftliche und künstlerische Belange des Filmherstellers vorliegen (wozu auch Terminfragen gehören), muß nach der hier vertretenen Auffassung eine Nachsynchronisation ohne Einwilligung des betroffenen Schauspielers zulässig sein (vgl. auch Ziff. 3.8 des Tarifvertrages). Insoweit ist die Entscheidung des OLG München als zu weitgehend abzulehnen und insbesondere auch im Hinblick auf das heutzutage immer häufiger praktizierte Nachsynchronisieren wohl als überholt zu betrachten.

39 Zur Einordnung des **Unfalls** einer Filmschauspielerin bei ihrer Tätigkeit für eine Filmgesellschaft als Arbeitsunfall nach § 542 RVO sowie des daraus folgenden Haftungsausschlusses der Filmgesellschaft nach § 898 RVO s. BAG in UFITA Bd. 34, S. 113.

40 Zur Zulässigkeit der vertraglichen Abrede der internen Aufteilung von **Bundesfilmpreisen** zwischen dem Produzenten und maßgeblichen Mitarbeitern des Films (Kameramann und Regisseur) und zu den Rechtsfolgen bei fehlender ausdrücklicher Abrede (dann ist nur anteilsberechtigt, wer Mithersteller des Films war), vgl. OLG Hamburg in UFITA Bd. 34, S. 220.

41 Zu weiteren **arbeitsrechtlichen Einzelfragen** (insbesondere Kündigung, Gagenzahlungen, Ersatzrollen, Erkrankung, Nachdreharbeiten) vgl. BAG in UFITA Bd. 36, S. 497; LAG Berlin in UFITA Bd. 37, S. 340; AG München in UFITA Bd. 41, S. 230; LAG Berlin in UFITA Bd. 42, S. 213; LAG Bayern in UFITA Bd. 41, S. 226 und in UFITA Bd. 43, S. 184 sowie OLG München in UFITA Bd. 58, S. 292.

42 Zur Frage der **Steuerabzüge** bei Gagen in Filmen einer Coproduktion (deutsch-französische Coproduktion) vgl. LAG Bayern in UFITA Bd. 43, S. 191.

43 Zur Mitwirkung eines Darstellers in einem **mehrteiligen Film** (Anspruch der dienstüberlassenden Firma auf Zahlung einer Sondervergütung gegenüber der Drittfirma, die den Darsteller für den mehrteiligen Film einsetzen will) vgl. BGH in UFITA Bd. 57, S. 315.

44 Zum Rechtsverhältnis zwischen Künstler und **Manager** s. BGH in FuR 1983 Nr. 5, S. 271.

45 Lt. BVerfGE 59, S. 231 kann die Gleichstellung **ständiger freier Mitarbeiter** mit fest angestellten Mitarbeitern wegen Verstoß gegen die Rundfunkfreiheit verfassungswidrig sein.

46 In der **Rechtslehre** zum Begriff des Filmschaffenden s. *Roeber* in UFITA Bd. 16, S. 386.

47 Für die Filmproduktionen, in denen **Kinder oder Jugendliche** beschäftigt werden, gilt das **Jugendarbeitsschutzgesetz** – JArbSchG – vom 12. 4. 1976. Nach diesem Gesetz ist die Beschäftigung von Kindern und Jugendlichen grundsätzlich verboten. Das zuständige Gewerbeaufsichtsamt, das Aufsichtsbehörde im Sinne des Jugendarbeitsschutzgesetzes ist, kann jedoch auf Antrag die gestaltende Mitwirkung von Kindern und Jugendlichen unter Vorbehalt, Bedingungen und Auflagen schriftlich bewilligen, wenn die im Gesetz festgelegten Voraussetzungen vorliegen bzw. vom verantwortlichen Beschäftiger oder seinen Beauftragten erfüllt werden. Ein Rechtsanspruch auf Bewilligung besteht nicht.

48 **Kinder** im Sinne des JArbSchG sind Personen, die noch nicht 14 Jahre alt sind. **Jugendliche** sind Personen, die noch der Vollzeitschulpflicht unterliegen. Diese beträgt im Regelfalle 9 Jahre, in Sonderfällen bis 11 Jahre. Jugendliche, die nicht mehr vollzeitschulpflichtig, aber noch nicht 18 Jahre alt sind, betrifft eine Bewilligung des Gewerbeaufsichtsamtes nur in dem Fall, daß die gestaltende Mitwirkung nach 20.00 Uhr erfolgen soll.

49 Die Beschäftigung von Kindern und Jugendlichen darf erst erfolgen, wenn ein schriftlicher **Bewilligungsbescheid** vorliegt. Dieses Verfahren dauert in der Regel 2 Wochen und ist rechtzeitig vor Drehbeginn einzuleiten. Zuständig für den Antrag ist das jeweilige Gewerbeaufsichtsamt am Wohnort des Kindes. Liegt der Wohnort des Kindes im Ausland, dann ist das Gewerbeaufsichtsamt des Drehortes zuständig.

50 Die Mitwirkung von Kindern in Filmproduktionen im Alter bis zu 6 Jahren ist auf täglich 2 Stunden in der Zeit von 8.00–17.00 Uhr, bei Kindern über 6 Jahren bis zu täglich 3 Stunden in der Zeit von 8.00–22.00 Uhr beschränkt. Die **Beschäftigungszeit** umfaßt auch evtl. Proben.

51 Für den Antrag an das Gewerbeaufsichtsamt sind das schriftliche **Einverständnis der Personensorgeberechtigten** (beide Elternteile), eine ärztliche Unbedenklichkeitsbescheinigung, eine Bescheinigung der Schule, daß durch die Beschäftigung das Fortkommen nicht beeinträchtigt wird (ausgenommen Ferienzeit), eine Stellungnahme des Jugendamtes und die Vorlage des Drehbuchs erforderlich. Die Aufsichtsbehörde macht in der Regel die Beschäftigung von Kindern in Filmproduktionen davon abhängig, daß das Kind während der gesamten Drehzeit von einer erwachsenen Person betreut und beaufsichtigt wird. Die ununterbrochene Freizeit zwischen den Beschäftigungen muß mindestens 14 Stunden betragen.

52 **Verstöße** gegen das Jugendarbeitsschutzgesetz – auch gegen vollziehbare Anordnungen und Auflagen – können entsprechend den Tatbeständen geahndet werden, z. B. mit einer Geldbuße bis zu DM 20 000 oder einer Freiheitsstrafe. Filmproduktionen sind gut beraten, wenn sie sich rechtzeitig mit den Aufsichtsbehörden in Verbindung setzen.

87. Kapitel. Die Verträge der Synchronisation des Filmwerkes

1   Unter Synchronisation versteht man die **Übersetzung des Tonteiles** eines Films in eine **andere Sprache** als die Sprache der Originalfassung. Sie ist zu unterscheiden von der **Untertitelung,** bei der die Übersetzung der Originalsprache durch eine auf der Kopie angebrachte Schrift erfolgt. Sie ist ferner abzugrenzen von der **Nachsynchronisation** der Originalsprache des Films, bei der ein Film nur mit einem vorläufigen Ton (Primärton) aufgenommen und das endgültige Tonband erst nachträglich im Wege der Synchronisation hergestellt und angefügt wird. Die Synchronisation eines Films in fremde Sprachen ist filmwirtschaftlich von großer Bedeutung, da breite Publikumsschichten in vielen Ländern (darunter im deutschen Bereich) ausländische Filme in einer Fassung mit ihrer Heimatsprache, also in einer Synchronfassung, sehen wollen. Die Nachsynchronisation kommt bei inländischen Filmen häufig vor, vor allem, wenn sie an Originalschauplätzen oder mit Laiendarstellern aufgenommen worden sind und ist bei deutsch-ausländischen Coproduktionen üblich, die wegen ihrer Internationalität häufig mit Primärton in englischer Sprache aufgenommen werden.

2   Für die Herstellung der Synchronfassung wird zunächst eine Übersetzung der Originaldialoge und -texte des Films vorgenommen. Dadurch entsteht die **Dialog- und Textliste** als Unterlage für die Synchronisation. Die Synchronisation selbst erfolgt in einem Tonstudio, in dem die Synchronsprecher unter Anleitung eines Synchronregisseurs die Dialoge und Texte zu den ihnen jeweils vorgeführten kurzen Bildteilen der Originalfassung des Films (sog. Takes) auf Band sprechen. Hierbei wird schon bei Abfassung der Dialoge und Texte Wert darauf gelegt, daß die Lippenbewegungen im Bild mit der übersetzten Sprache in etwa übereinstimmen, wobei heute freilich hauptsächlich darauf geachtet wird, daß der Typ des Sprechers, vor allem nach der Stimmlage, dem Typ des Darstellers der Originalfassung entspricht. Das so entstandene Synchrontonband des Films wird hernach mit den vorhandenen Musik- und Geräuschbändern des Films gemischt und kombiniert, womit die endgültige Synchronfassung des Films fertiggestellt ist.

3   Die Synchronfassung kann von dem **Hersteller der Originalfassung** des Films angefertigt werden, indem er von seinem eigenen Film selbst fremdsprachige Fassungen herstellt. Die erwähnte Nachsynchronisation der Originalfassung des Films wird meist durch den Filmhersteller selbst durchgeführt. Der Hersteller kann aber auch die Synchronisation durch besondere hierauf **spezialisierte Firmen (Synchronfirmen)** evtl. getrennt nach Ländern und/oder Sprachen für sich anfertigen lassen. Die meisten Synchronisationen werden von den Vertriebs- und Verleihfirmen, Exporteuren und Importeuren an Synchronisationsfirmen vergeben, und zwar am häufigsten in dem Land, für das die Synchronfassung benötigt wird.

4   Durch die Herstellung der Synchronfassung entsteht ein **neues urheberrechtsfähiges Werk.** Es handelt sich um eine Bearbeitung der Originalfassung des Films, die durch die Umsetzung von einer Sprache in die kongenialen Bezeichnungen einer anderen Sprache und die Kombination des neuen Tonteils mit dem origina-

len Bildteil schöpferischen Charakter trägt und der Übersetzung eines literarischen Werks vergleichbar ist. Dieses selbständige Urheberrecht an der Synchronfassung ist freilich ein von der Originalfassung abhängiges Bearbeiterurheberrecht und kein Recht auf Grund einer freien Benutzung. Das hat zur Folge, daß zur Herstellung und Verwertung der Synchronfassung die Zustimmung der Berechtigten an der Originalfassung vorliegen muß. Wegen des Bearbeiterurheberrechts können andererseits Dritte, einschließlich der Berechtigten an der Originalfassung, die Synchronfassung nur mit Zustimmung der Berechtigten an dieser Synchronfassung verwerten.

5   Das Urheberrecht an der Synchronfassung ist nicht nur ein Urheberrecht an dem synchronisierten Tonband. Durch die in der Synchronfassung liegende neue und originale **Kombination dieses Tonbands mit dem Bildteil** wird die Synchronfassung zu einem **besonderen Filmwerk,** so daß hier Urheberrechte und Leistungsschutzrechte am Filmwerk entstehen. Durch diesen Charakter der Synchronfassung als selbständiges Filmwerk sind für sie alle Bestimmungen über das Urheberrecht und die Leistungsschutzrechte am Filmwerk und seinen vorbestehenden Werken entsprechend anwendbar (s. die Abschnitte 4 und 5). Als vorbestehende Werke wird man hier die Rohübersetzung der Dialog- und Textliste und die für die Synchronisation bearbeitete Rohübersetzung anzusehen haben. Sie ist dem Drehbuch beim originalen Filmwerk vergleichbar. Das Urheberrecht an der Synchronfassung selbst entsteht im Akt der Herstellung dieser Synchronfassung. Sie ist vergleichbar der Produktion des Originalfilmwerkes. Hier entstehen dann auch die Urheber- und Leistungsschutzrechte der Beteiligten an der Synchronfassung.

6   Für die Urheberberechtigten und Leistungsschutzberechtigten an der Synchronfassung gelten entsprechende Ausführungen, wie sie für die Urheberberechtigten und Leistungsschutzberechtigten am Originalfilmwerk gemacht worden sind (s. Kapitel 48/49 und Kapitel 62). Die Urheber der vorbestehenden Werke in Form der übersetzten und der bearbeiteten Dialog- und Textliste sind die **Autoren dieser Schriftwerke,** wobei häufig der Synchronregisseur an der endgültigen Dialog- und Textliste mitarbeitet. Als Urheber der Synchronfassung wird meist der **Synchronregisseur** anzusehen sein, der hier den betreffenden kreativen Vorgang leitend betreut. Wie weit bei der Bedeutung des Sprachlichen auch noch der Tonmeister als Miturheber in Frage kommt, kann nur an Hand des Einzelfalles entschieden werden, wobei es auf den Umfang seiner Selbständigkeit gegenüber der Leitungs- und Anordnungsbefugnis des Regisseurs ankommt. Als ausübende Künstler mit Leistungsschutzrechten sind vor allem die **Synchronsprecher** zu betrachten, die hier die Funktion der Darsteller beim Originalfilmwerk haben. Als Hersteller der Synchronfassung mit dem Leistungsschutzrecht des Filmherstellers gilt diejenige physische oder juristische Person, die die Herstellung der Synchronfassung leitend initiiert, vorbereitet, organisiert, koordiniert, die Durchführung überwacht und vor allem die Nutzungsrechte und Leistungsschutzrechte der Mitwirkenden an der Synchronfassung durch entsprechende Verträge bei sich vereinigt und gebündelt hat.

7   Für die Urheber- und Leistungsschutzberechtigten gelten hier die **gleichen gesetzlichen Auslegungsregeln und Schranken,** wie beim Originalfilmwerk (s. Kapitel 50 und Kapitel 61). Das bedeutet für die Autoren der Synchrondialoge und -texte die gesetzliche Vermutung des § 88 UrhG und für die Synchronregisseure und evtl. andere Urheberberechtigte an der Synchronfassung die gesetzliche Vermutung des § 89 UrhG. Ferner sind für sie die Einschränkungen der §§ 90 und 93

UrhG maßgebend. Für Synchronsprecher und vergleichbare Mitwirkende bedeutet es, daß ihnen als ausübende Künstler gem. § 92 UrhG keine Rechte hinsichtlich der Verwertung der Synchronfassung zustehen, gleichgültig in welcher Form und in welchem Umfang sie erfolgt, und daß ihre Rechte wegen etwaiger Entstellung ihrer Leistungen nach § 93 UrhG stark begrenzt sind.

8   Der Filmhersteller der Synchronfassung wird sich neben den ihm gesetzlich eingeräumten Rechten durch ein **Vertragswerk** die Leistungen und Rechte der Mitwirkenden an der Synchronfassung verschaffen. Hierfür gelten die gleichen Grundsätze wie sie für das übrige Vertragswerk der Produktion, vor allem den Verfilmungsvertrag an vorbestehenden Werken und die Verträge mit den Filmschaffenden, Gültigkeit haben (s. Kapitel 85 und Kapitel 86). Meist werden hier die allgemeinen Bedingungen der Formularverträge benutzt oder es wird auf sie hingewiesen oder sie sind zur Ergänzung oder Ausfüllung heranzuziehen. Für die Synchronsprecher gilt freilich (selbst bei Mitgliedschaft bei den Tarifpartnern) der Tarifvertrag nicht unmittelbar, da sie nicht als Arbeitnehmer anzusehen sind. Durch ihre meist kurzfristige, begrenzte, jeweils neu vereinbarte Tätigkeit haben sie nicht die persönliche Abhängigkeit und Weisungsgebundenheit der Arbeitnehmer.

9   Wenn der Hersteller der Originalfassung des Filmwerks gleichzeitig der Hersteller der Synchronfassung des Filmwerks ist, so besitzt er die Leistungsschutzrechte an beiden Filmwerken. Wenn dagegen eine **Synchronfirma** die Synchronfassung für den Hersteller oder den Vertrieb oder Verleih des Films angefertigt hat, muß sich der Auftraggeber die sämtlichen **Auswertungsrechte** an dieser Synchronfassung sichern. Das geschieht durch entsprechende Verträge, die meist die Übertragung aller Verwertungsrechte an der Synchronfassung im Umfang der Rechte an der Originalfassung enthalten. Soweit dies nicht der Fall sein sollte, gilt auch hier die Zweckübertragungstheorie (s. Kapitel 52), wobei freilich im Zweifel der Auftrag auf Herstellung der Synchronfassung des Films sinngemäß den Erwerb der gleichen Auswertungsrechte umschließt, die der Auftraggeber für die Originalfassung des Films besitzt. Rechtlich handelt es sich hier meist um eine echte Auftragsproduktion.

10   Ein Problem taucht auf, wenn die Inhaberschaft der **Rechte** an der Originalfassung und der Rechte an der Synchronfassung des Films **auseinanderfallen** (also z. B. der Inhaber der Originalfassung nicht die notwendigen Rechte an der Synchronfassung erworben hat). Hier kann der Inhaber der Rechte an der Originalfassung des Films diesen Film nicht in der synchronisierten Form auswerten. Er hat auf Grund seiner Rechte an der Originalfassung des Films freilich jederzeit die Möglichkeit, eine neue Synchronisation herstellen zu lassen. Der Inhaber der Rechte an der Synchronfassung des Films dagegen kann diese Rechte nicht verwerten, da sie als Bearbeiterrechte von der Einräumung entsprechender Rechte an der bearbeitenden Fassung durch deren Inhaber abhängig sind. Das gilt auch für das Tonband allein, da es sich auch als Bearbeitung, und zwar als Übersetzung darstellt. Der Fall kommt in der Praxis vor allem vor, wenn ein Verleih eine Synchronisation in Auftrag gibt, aber mangels Zahlung keine Rechte an dieser Synchronfassung erwirbt und später der Film auf einen anderen Verleiher übergeht, der diese Synchronfassung benutzen will. Hier bleibt dem neuen Verleih nichts anderes übrig, als die Synchronfassung zu bezahlen und dadurch die Rechte zu erwerben oder den Film neu synchronisieren zu lassen.

11   Die **Untertitelung** eines Films begründet nur Rechte des Autors an der Übersetzung der Dialoge und Texte. Die entsprechenden Leistungen und Rechte des

Autors müssen nach den Grundsätzen für den Erwerb von Rechten an vorbestehenden Werken erworben werden. Die Anbringung der Schriftzeichen auf dem Filmband ist eine rein mechanische Tätigkeit, die keine persönliche geistige Schöpfung, wie bei der Kombination der Bild- und Tonfassung im Rahmen der Synchronisation, darstellt und deshalb keine Urheberrechte an einem Filmwerk begründet. Die untertitelte Filmfassung ist kein selbständiges Filmwerk wie die Synchronfassung.

12   In der **Rechtsprechung** wird der Vertrag mit dem **Synchronsprecher** seiner Rechtsnatur nach als Dienstvertrag und nicht als Werkvertrag eingestuft (so LG Berlin in UFITA Bd. 84, S. 235). Der BFH sieht die Tätigkeit des Synchronsprechers ebenfalls regelmäßig als selbständige Tätigkeit an, die nicht lohnsteuerpflichtig ist (BFH in UFITA Bd. 84, S. 338).

88. Kapitel. Finanzierungs- und Kreditsicherungsverträge

1   Die Finanzierung der Filme in der Bundesrepublik Deutschland (einschl. Westberlin) erfolgt durch **öffentliche Förderungshilfen** (s. 3. Abschnitt Filmförderung), **Auftraggeber** (vor allem bei Fernsehfilmen, Industrie- und Werbefilmen), **Eigenmittel** des Produzenten, **Vorauszahlungen** auf Verleih- und Vertriebsgarantien, private Bankkredite sowie **Bankkredite** mit Bürgschaften oder Ausfallgarantien der öffentlichen Hand (vgl. Kapitel 45). Zu den Finanzierungsverträgen gehören, vor allem soweit es um Bankkredite geht, die Kreditsicherungsverträge.

2   Die **Verleihgarantie** bedeutet im wesentlichen, daß der Filmverleiher, der die Auswertung des Films im Inland übernimmt, dem Filmhersteller garantiert, daß die Inlandseinspielergebnisse für den zu finanzierenden Film innerhalb einer bestimmten Frist eine bestimmte Summe oder einen bestimmten Prozentsatz der Herstellungskosten erreichen. Unter den garantierten Erlösen sind hierbei, wenn sie nicht im Vertrag genau definiert werden, alle effektiven Zahlungen auf den Produzentenanteil (also nach Abzug der Vorkosten und Verleihspesen), die der Verleiher aus den ihm überlassenen Nutzungsarten (also evtl. einschließlich Fernsehen, Videokassetten, Schmalfilm etc.) erzielt, zu verstehen. Der Verleiher verpflichtet sich, diese nicht rückzahlbare Garantie dem Produzenten meist in Raten vor, während und nach Abschluß der Produktion zu zahlen.

3   Häufig wird eine solche Verleihgarantie noch mit **Wechseln** (Akzepten) belegt, die gestaffelte Fälligkeiten haben, wobei üblicherweise Prolongationsmöglichkeiten vorgesehen sind oder es wird ein einzelnes Sicherheitsakzept gegeben, das zum Stichtag in Höhe des Fehlbetrages fällig wird. Diese Wechsel, die der Produzent ausstellt und der Verleiher akzeptiert, werden zu einer Grundlage der Finanzierung. Die Wechsel werden häufig den Lieferanten weitergegeben, also dem Atelier, der Kopieranstalt, dem Rohfilmlieferanten usw. und zum anderen von der kreditgebenden Bank entweder diskontiert im Wege des reinen Diskontkredites oder sie dienen dort als weitere Sicherheit. Entsprechendes gilt für Garantien von Vertriebsfirmen für die Auslandsauswertung des Films.

4   Die **Rechtsnatur der Verleihgarantie** gleicht weniger der Bürgschaft als dem Rechtsinstitut der Gewährleistung. Im Gegensatz zum Bürgschaftsvertrag, sofern er unter Nichtkaufleuten geschlossen wird, bedarf der Garantievertrag keiner Schriftform. Er wird jedoch fast immer Gegenstand einer besonderen Klausel im Filmlizenzvertrag sein (vgl. 8. Abschnitt „Lizenzvertrag Produktion/Verleih"). Die anderen Vorschriften des Bürgschaftsrechts finden auf die Verleihgarantie ebenfalls keine unmittelbare und im allgemeinen auch keine sinngemäße Anwendung. Es kommt allerdings eine entsprechende Anwendung des § 776, Satz 1 BGB auch für die Verleihgarantie in Betracht.

5 Dem aus dem Garantievertrag Begünstigten obliegt eine **Sorgfaltspflicht,** die auch aus § 242 BGB herzuleiten ist. Wenn also z. B. die durch die Garantie begünstigte Bank oder eine Institution der öffentlichen Hand eine Sicherheit gegenüber dem Produzenten freigibt, welche die Garantieverpflichtung des Verleihers hätte ermäßigen können, so kann dieser ggf. bei der Einlösung seiner Garantie entsprechende Einwendungen erheben. Der sachliche Unterschied zwischen der Bürgschaft und der Verleihgarantie liegt darin, daß der Verleiher nicht für eine fremde Schuld einsteht, sondern eine eigene Risikoverpflichtung begründet. Unabhängig hiervon sind die in Erfüllung der Garantie gegebenen Akzepte des Verleihers zu behandeln, die den normalen wechselrechtlichen Bestimmungen unterliegen. Bedenken gegen solche Garantieabreden bestehen nicht, und zwar weder unter dem Gesichtspunkt des § 138 BGB noch sonstiger Bestimmungen, da dem hohen Risiko des Verleihers auch die Chance von Gewinnen gegenübersteht.

6 Die **Bankkredite** (und zwar einschließlich der mit Bürgschaften oder Ausfallgarantien öffentlich-rechtlicher Institionen gesicherten Kredite) unterliegen rechtlich den gesetzlichen Vorschriften über Darlehen. Meist sind für sie zusätzlich die allgemeinen Bedingungen des Bankinstituts maßgebend, das den betreffenden Kredit gibt.

7 Als **Sicherheit** für die gewährten Kredite lassen sich die Banken und/oder die den Kredit verbürgenden bzw. garantierenden Institutionen die aus der Herstellung des Films herrührenden Rechte abtreten. Hierfür sind die üblichen Bestimmungen der Finanzierungs- und Kreditsicherungsverträge maßgebend.

8 Wesentliche Merkmale und Bestandteile eines solchen **Treuhand- und Kreditsicherungsvertrages** sind die folgenden: Der Vertrag nimmt zuerst Bezug auf den herzustellenden Film und stellt eine Vereinbarung zwischen dem Prüfer als Treuhänder für die finanzierende Bank bzw. die kreditverbürgende Institution, dem Produzenten und dem Verleiher dar. Der gewährte Kredit, der der Herstellung des Films dienen soll, wird zum Zweckvermögen und unterliegt meist dem allgemeinen Verfügungsrecht des Treuhänders. Dieser stellt die erforderlichen Mittel mit dem Fortschreiten des Films dem Produzenten pro rata zur Verfügung. Hersteller und Verleiher übertragen dem Treuhänder die Nutzungs-, Aufführungs-, Vorführungs- und sonstigen Verwertungsrechte, einschließlich des Weltverfilmungsrechtes an Stoff, Titel, Drehbuch, Liedertexten und Musik sicherungsweise für die Laufdauer des Kredites. Nur bei der Musik müssen die sog. kleinen Rechte im allgemeinen außer Betracht gelassen werden, sofern der Komponist Mitglied der GEMA ist. Hersteller und Verleiher übertragen ferner das Eigentum an Negativ und an den Kopien einschließlich der zum Film gehörenden, bei der Herstellung des Films anfallenden Zubehörteile und Rechte sicherheitshalber an den Treuhänder.

9 Es wird weiter vereinbart, daß der Übergang der Rechte während der Herstellung des Films nicht mehr eines besonderen Übertragungsaktes bedarf, sondern solche Rechte, insbesondere auch das Eigentum, bei dem **Treuhänder** selbst entstehen, evtl. durch Besitzkonstitut nach § 930 BGB oder durch Anspruchsabtretung. Negative und Kopien werden bei den zuständigen Kopieranstalten auf den Namen des Treuhänders eingelagert, und Verleiher und Hersteller können über die Nutzungs- und Eigentumsrechte nur nach vorheriger schriftlicher Zustimmung des Treuhänders verfügen. Erst nach Abdeckung des Produktionskredites

ist der Treuhänder verpflichtet, alle ihm übertragenen Rechte an die dann Berechtigten zurückzuübertragen. Während der Auswertung des Films ist es dem Verleiher bzw. den Vertriebsfirmen in stets widerruflicher Weise gestattet, die notwendigen Verträge mit Filmtheatern bzw. ausländischen Abnehmern zu tätigen, die notwendige Zahl von Kopien zu ziehen und alle sonstigen Maßnahmen zu treffen, um die zur Abdeckung des Kredits erforderlichen Erlöse zu erzielen.

10 Die während der Produktion getätigten **Versicherungen** gelten als zugunsten des Treuhänders abgeschlossen, so daß Leistungen des Versicherers an ihn fließen. Der Abschluß und die Abtretung der sog. Filmversicherungen sind meist eine Voraussetzung für die Gewährleistung des Kredits.

11 Der Treuhänder **überwacht** die gesamte **Herstellung** des Films und seine **Auswertung.** Hierbei wird noch vereinbart, daß der Verleiher an den Treuhänder alle ihm aus der Auswertung des Films gegen Filmtheater zustehenden Forderungen im Augenblick ihres Entstehens abtritt und der Treuhänder berechtigt ist, diese vorläufig stille Zession in eine offene umzuwandeln, sofern der Verleiher gegen wesentliche Bestimmungen des Kreditsicherungsvertrages verstößt, seinen Ablieferungsverpflichtungen nicht nachkommen oder seine wirtschaftliche Grundlage gefährdet sein sollte. Der Vertrag regelt dann weiter die Form, in der die Abrechnung von seiten des Verleihers zu erfolgen hat. Ferner werden die Kontrollrechte des Treuhänders sowie die Maßnahmen festgelegt, die er ergreifen kann, wenn die Herstellung des Films oder seine Auswertung in irgendeiner Form gefährdet sind.

12 Ein solcher Kreditsicherungsvertrag ist **nicht** als sittenwidriger **Knebelungsvertrag** anzusehen. Eine solche Sittenwidrigkeit ist einmal ausgeschlossen wegen des hohen Risikos, das die kreditgebende Stelle eingeht und ferner, weil die zur Auswertung des Films erforderlichen Rechte und Ansprüche an den Produzenten bzw. dessen Vertragspartner zurückgegeben werden, solange diese ihren Verpflichtungen aus dem Kreditvertrag nachkommen. Soweit freilich die Weiterübertragung von Nutzungsrechten, die der Produzent für die Filmverwertung von den Urheberberechtigten der vorbestehenden Werke und des Filmwerkes erworben hat, ausdrücklich ausgeschlossen oder begrenzt ist (ohne einen ausdrücklichen Ausschluß oder eine ausdrückliche Begrenzung ist die Weiterübertragung nach § 90 i. V. mit § 34 UrhG ohne Zustimmung zulässig), macht dies die Abtretung unwirksam und hat dingliche Wirkung auch gegenüber der Kreditinstitution und dem Treuhänder (§ 399 i. V. m. § 413 BGB), da es keinen gutgläubigen Rechtserwerb gibt. In Zweifelsfällen wird man freilich von einer stillschweigenden Genehmigung der Vertragspartner des Produzenten zu den Sicherungsübertragungen ausgehen können, da ihnen meist die Notwendigkeit der Filmfinanzierung durch Kredite und die hiermit üblicherweise verbundenen Sicherungen bekannt sein und von ihnen im Interesse der Filmfinanzierung anerkannt werden dürften. Hier kann der Grundsatz des § 34, Abs. 1, S. 2 UrhG herangezogen werden, wonach der Urheber die Zustimmung zur Weiterübertragung nicht wider Treu und Glauben verweigern darf.

13 Neben den o. e. Verleihgarantien gibt es häufig auch **Vertriebsgarantien** von Vertriebsfirmen für die Erlöse aus der Auslandsauswertung des Films für sämtliche oder einzelne Auslandsgebiete. Für sie gelten rechtlich dieselben Vorschriften, die oben bei der Verleihgarantie erwähnt worden sind. Auch hier kommt es für die Definition der Erlöse in erster Linie auf die Vertragsvorschriften an. Ist jedoch in den Vertragsvorschriften hierüber nichts besonderes enthalten, so dienen alle Erlöse aus dem Auslandsvertrieb, gleichgültig für welche Nutzungsarten, in erster Linie zur Abdeckung der Garantie.

14 Soweit Garantien des Verleihs gegeben werden für Filme, die Kredite mit öffentlich-rechtlicher Bürgschaft oder Garantie erhalten haben, ist meist auch in den **behördlichen Kreditrichtlinien** vorgesehen, daß dem Rückfluß der Verleihgarantie Vorrang gebührt. Sollte dies ausnahmsweise nicht der Fall sein, so sind die in dem Kreditvertrag vorgesehenen Rückzahlungen der Verleihgarantien (also evtl. nur aus einem Teil der Erlöse auf den Produzentenanteil) zu beachten. Das gilt natürlich nur, soweit sie dem Verleih bekannt sind. Der Verleih kann grundsätzlich nach der geübten Praxis davon ausgehen, daß er mit seinen Garantien immer Vorrang hat, sich also aus den ersten Einspielergebnissen auf den Produzentenanteil nach Abdeckung der Verleihspesen und -vorkosten für diese Garantie befriedigen kann. Entsprechendes gilt für Vertriebsgarantien.

15 In der **Rechtsprechung** werden Treuhand- und Kreditsicherungsverträge der hier erwähnten Art grundsätzlich, also wenn nicht besondere weitergehende Bindungen festgelegt werden, als **rechtswirksam,** also nicht sittenwidrig anerkannt. Vgl. hierzu LG München vom 15. 4. 1952 (Az.: 7 O 201/51), OLG München vom 6. 2. 1953 (Az.: 6 U 941/52), BGH in UFITA Bd. 56, S. 288.

89. Kapitel. Die Verträge mit dem Filmatelier

1 Eine Voraussetzung für die Herstellung eines Films ist häufig die Benutzung eines Ateliers, Behelfsateliers oder eines sonstigen für die Herstellung eines Films geeigneten Raumes, wenn es auch viele Filme gibt, die nur aus Aufnahmen an **Originalschauplätzen** (innen und außen) bestehen, die also nicht auf die Benutzung eines Ateliers angewiesen sind. Im Inland gibt es z. Zt. **Atelierbetriebe** vor allem in Berlin, Hamburg und München, denen meist eine Kopieranstalt angeschlossen ist und die zum großen Teil auch die Synchronisation fremdsprachiger Filme durchführen bzw. die Einrichtung für die Durchführung solcher Synchronisationen besitzen und an Interessenten zur Verfügung stellen.

2 Die Leistungen eines Atelierbetriebes sind **mannigfaltiger Natur.** Um so überraschender erscheint zunächst, daß der Vertrag zwischen dem Atelier und dem Filmhersteller häufig der Schriftform entbehrt oder nur in einem kurzen Briefwechsel zusammengefaßt ist, der im wesentlichen den Beginn der vorgesehenen Benutzung von Atelierräumen, ihre voraussichtliche Dauer und die Zahl der notwendigen Hallen festlegt. Hier ergänzen die allgemeinen Atelierbedingungen und die Hausordnung den Vertrag bzw. sind sein wesentlicher Bestandteil.

3 Diese **allgemeinen Atelierbedingungen** sind im Inland, von geringen Abweichungen abgesehen, einheitlich. Sie finden auf die Verträge zwischen dem Benutzer und dem Atelier Anwendung, auch wenn dies im Vertrag nicht ausdrücklich gesagt ist, bzw. wenn die Bestellung des Atelierraums nur mündlich erfolgte; denn erfahrungsgemäß gibt es keinen Produzenten, der sich nicht vorher an Hand der Preisliste des betreffenden Ateliers seine Kalkulation aufstellt, wobei Bestandteil dieser Preislisten jeweils die allgemeinen Atelierbedingungen sind. Die Anwendung der allgemeinen Atelierbedingungen ist deshalb in der Filmbranche als **handelsüblich** anzusehen.

4 Der Vertrag als solcher ist im wesentlichen ein **Mietvertrag,** zu dem in gewissem Umfang **Dienstüberlassung** durch Personalabstellung hinzukommt. Auch die Bestimmungen des **Kaufvertrages** finden insoweit Anwendung, als Material kaufweise überlassen wird. Der Vertrag kann auch Elemente des **Werkvertrags**

oder des Werklieferungsvertrags enthalten, wenn es z. B. um bestimmte Bauten oder Dekorationen geht.

5   Wichtig erscheinen folgende **Bestimmungen** der allgemeinen Atelierbedingungen: Im allgemeinen ist der Benutzer verpflichtet, die Ateliertermine für Beginn und Beendigung der Aufnahmen einzuhalten. Ein Anspruch auf Überlassung der Atelierräume und der Atelierleistungen bei Terminüberschreitungen besteht nicht. Andererseits kann das Atelier an Hand dieser Bestimmungen Schadensersatz von dem Benutzer verlangen, der den bereitgestellten Atelierraum nicht oder teilweise nicht abnimmt.

6   In der Praxis wirken sich diese Bestimmungen allerdings nur bedingt aus, denn bei der Filmherstellung sind sog. **Zeitüberschreitungen,** aber auch Unterschreitungen keine Seltenheit, und daher wird häufig für den Produzenten die Notwendigkeit bestehen, ein bis zu einem bestimmten Tag gemietetes Atelier länger als vorgesehen zu benutzen oder es auch früher freizugeben. Im allgemeinen wird das Atelier hieraus keine Konsequenzen ziehen.

7   Anders verhält es sich dann, wenn ein Atelierraum von einer nachfolgenden Produktionsgesellschaft bereits fest zu einem bestimmten **Termin** gemietet wurde und der vorhergehende Produzent seine Aufnahmen noch nicht beendet hat. In einem derartigen Fall wird das Atelier ggf. denjenigen Produzenten zwingen müssen, seine Aufnahmen abzubrechen, der die Zeitüberschreitung verursacht hat, ohne daß es hierbei auf sein Verschulden ankommt. Insoweit kann man hier von einem **Fixgeschäft** im Sinne des § 271 Abs. 2 BGB sprechen. Derartige Fälle kommen in der Praxis mehrfach vor und werden in der geschilderten Form durchgeführt.

8   Ist dagegen der benutzte Atelierraum bei solchen Überschreitungen weiterhin frei oder wird der Produzent durch günstige Umstände schneller als vorgesehen mit seiner Arbeit fertig, so kann das Atelier hieraus im allgemeinen keine Ansprüche herleiten. Man kann in letzterem Falle nach hier vertretener Meinung von einem **Handelsbrauch** sprechen, dergestalt, daß ein Atelier keinen Anspruch auf Vergütung hat, wenn der Atelierraum zwar für eine bestimmte Zeit gemietet wurde, die Produktion aber aus Zeiteinsparung die gemieteten Hallen vorzeitig freigibt.

9   Anders liegt der Fall, wenn eine Produktionsfirma einen Atelierraum zu einem **festen Termin** für eine **bestimmte Zeit** gemietet hat, um dann aus irgendwelchen Gründen mit den Dreharbeiten, d. h. mit der Inanspruchnahme des gemieteten Atelierraumes, nicht zu beginnen. Gelingt es nun dem Atelier nicht oder nicht rechtzeitig, den freigewordenen Atelierraum anderweitig zu vermieten, so ergibt sich sein Schadensersatzanspruch schon aus den allgemeinen Bestimmungen des Mietrechts. Die in den allgemeinen Atelierbedingungen festgelegten Schadensersatzraten je Tag werden daher fällig.

0   Gemäß den allgemeinen Bedingungen ist der Vertrag **nicht frei übertragbar.** Der Produzent, der seinen Vertrag einem anderen Produzenten übertragen will, bedarf daher der schriftlichen Genehmigung des Ateliers.

1   Neben der Vermietung der leeren Atelierhallen hat das Atelier noch weitere Leistungen zu erbringen. Im allgemeinen wird das notwendige **technische Material** zur Verfügung gestellt; also die Aufnahmekamera (manchmal auch mehrere), die Tonapparatur, die Lampen sowie vielerlei Zubehör, das für die moderne Filmherstellung benötigt wird.

12   Die **Preislisten der Ateliers** geben über die einzelnen Mietpreise Aufschluß, zu denen die Überlassung erfolgt. Des weiteren überläßt das Atelier dem Benutzer den notwendigen elektrischen Strom zu bestimmten Sätzen je Kilowattstunde. Der Benutzer tritt also nicht in ein direktes Vertragsverhältnis zum stromliefernden Elektrizitätswerk.

13   Eine weitere Leistung des Ateliers besteht in der **Abstellung von Personal.** Hierbei handelt es sich im wesentlichen um Spezialarbeiter für die Erstellung der Bauten und um Bühnenarbeiter während der Dreharbeiten sowie um Beleuchter. Daneben wird im allgemeinen mit der Tonapparatur ein Tonmeister mit Hilfspersonal beigestellt. Die Rechtsnatur dieser Leistungen des Ateliers ist als Dienstverschaffungsvertrag anzusehen. Während der Filmproduzent meist für die Bedienung der Kamera sein eigenes Personal mitbringt, verlangt das Atelier im allgemeinen, daß die oben aufgeführten Arbeiter von ihm gestellt werden. Will der Produzent hier eigene Leute verwenden oder will er üblicherweise vom Atelier vermietetes Material selbst beschaffen, so bedarf er hierzu der ausdrücklichen Genehmigung des Ateliers.

14   Vielfach verlangt das Atelier, daß die **Kopierwerksleistungen** während der Produktion und das Ziehen der Massenkopien in der ateliereigenen Kopieranstalt durchgeführt werden. Da diese Leistungen mit den Arbeiten im Atelier sachlich zusammenhängen, dürfte eine solche Koppelung nicht unter ein kartellrechtliches Koppelungsverbot fallen.

15   Für die geleisteten Dienste, die Mieten, Löhne und das kaufweise überlassene Material (zuerst Bauholz) rechnet das Atelier gegenüber dem Benutzer täglich ab. Bis zur endgültigen Bezahlung steht dem Atelier das **Vermieterpfandrecht** zu, das in den allgemeinen Bedingungen meist nochmals hervorgehoben wird. Dieses Pfandrecht ist in der Praxis allerdings von untergeordneter Bedeutung. Einmal bringt der Produzent wenig Sachen in die gemieteten Hallen ein, aus denen sich das Atelier ggf. befriedigen könnte, zum anderen sind die Nutzungsrechte und Leistungsschutzrechte am Filmwerk meist vorher an die kreditgebenden Banken, die Bürgschaftsstellen oder den mitfinanzierenden Verleiher sicherheitshalber abgetreten. Zudem gilt das Vermieterpfandrecht nur für vom Mieter eingebrachte Sachen (§ 559 BGB), kann sich daher nicht auf Rechte am Film und aus dem Film erstrecken. Lediglich bezüglich des Negatives und der Positivkopien ergibt sich hier möglicherweise etwas anderes, sofern das Atelier über eine eigene Kopieranstalt verfügt.

90. Kapitel. Die Verträge mit den Kopieranstalten und den Rohfilmlieferanten

1   Wie beim Ateliervertrag liegt auch im Verhältnis zur Kopieranstalt ein ausführlicher Vertrag meist nicht vor, vielmehr kommen diese Verträge ebenfalls durch Bestellschreiben usw. zustande. Grundlage sind die **allgemeinen Lieferungs- und Zahlungsbedingungen für Kopierwerkarbeiten,** die im Inlandsgebiet ebenfalls im wesentlichen vereinheitlicht sind. Grundlage für die Beziehungen des Bestellers zur Kopieranstalt sind im übrigen die Bestimmungen des **Werkvertrages** (§§ 631 ff BGB) bzw. des **Werklieferungsvertrages** (§ 651 BGB), wenn die Kopieranstalt auch das Rohfilmmaterial zur Verfügung stellt. Sie charakterisieren die Rechtsnatur dieses Vertrages.

2   Schon während der Aufnahmearbeiten im Atelier nimmt der Produzent laufend die Leistungen der dem Atelier angeschlossenen Kopieranstalt oder einer atelier-

fremden Kopieranstalt in Anspruch, da die täglichen Aufnahmen sofort entwickelt werden müssen. Eine **Kopie des sog. Musters** (Positivabzug der zur Verwertung im Film vorgesehenen abgedrehten Szenen) wird dann meist gleich am nächsten Tag dem Produktionsstab vorgeführt, damit etwaige Qualitätsmängel oder offensichtliche Fehler noch rechtzeitig bemerkt und ggf. durch Nachaufnahmen beseitigt werden können. Nach Fertigstellung des Schnitts liefert die Kopieranstalt die erste sog. Null-Kopie, um dann später für Verleiher und Auslandsvertrieb die sog. Massenkopien zu ziehen.

3   Während das Atelier nicht daran interessiert zu sein braucht, wie sich die **urheberrechtlichen Verhältnisse** an dem zur Entstehung gelangenden Filmwerk zusammensetzen und ob die Rechte überhaupt vorhanden sind, läßt sich die Kopieranstalt ausdrücklich versichern, daß der Besteller im Besitz der erforderlichen Rechte und Genehmigungen ist. Denn während der Atelierbesitzer lediglich Räume und Apparaturen vermietet, aber sonst an der Filmherstellung selbst nicht beteiligt ist, **bearbeitet** die Kopieranstalt das **Filmband,** das der materielle Träger des Filmwerkes ist. Sie muß also dafür Sorge tragen, daß sie diese Arbeiten nicht unbefugt vornimmt, da sie sonst in Anwendung der §§ 16/17 UrhG strafrechtlich und zivilrechtlich verfolgt werden kann.

4   Auf der anderen Seite kann man bei dem erheblichen Auftragsumfang der Kopieranstalten nicht verlangen, daß sich die Kopieranstalt von jedem Auftraggeber den lückenlosen Nachweis über den Bestand der Nutzungs- und Auswertungsrechte verschafft. Hinzu kommen bei ausländischen Filmen noch sonstige gesetzliche Bestimmungen (evtl. Importgenehmigung oder -meldung). Der in den allgemeinen Kopierwerksbedingungen vorgesehene **Haftungsausschluß** dürfte daher den Erfordernissen genügen und das Kopierwerk vor Schadensersatzansprüchen und der strafrechtlichen Verfolgung schützen, soweit man ihm nicht in besonderen Fällen nachweisen kann, daß es über die Mangelhaftigkeit der Nutzungs- und Auswertungsrechte oder über das Fehlen gesetzlich vorgeschriebener Genehmigungen unterrichtet war.

5   Besonders umfangreich sind die **Sicherungen,** die sich die Kopieranstalt bis zur Bezahlung ihrer Forderung geben läßt. Neben dem einfachen Eigentumsvorbehalt ist die Weiterveräußerung der von der Kopieranstalt gefertigten bzw. gelieferten Gegenstände an die Zustimmung der Kopieranstalt gebunden, und mit Erteilung dieser Zustimmung gilt die Forderung des Bestellers an den Dritterwerber in Höhe und bis zur Deckung der Ansprüche der Kopieranstalt als abgetreten. Etwaige dann beim Besteller eingehende Zahlungen sollen von diesem treuhänderisch vereinnahmt und verwaltet werden, um sie ohne Verzug an die Kopieranstalt abzuführen.

6   Darüber hinaus ist der Besteller nicht berechtigt, geliefertes oder gefertigtes Material zu verpfänden oder zur Sicherung zu übereignen. (Hier gilt die Beschränkung auf nichtbezahltes bzw. nicht voll bezahltes Material, da das Verpfändungsverbot nur in einem solchen Fall Gültigkeit haben kann.) Ferner läßt sich die Kopieranstalt alle ihr **übergebenen Gegenstände,** insbesondere Negative und Fotoplatten, nebst den damit zusammenhängenden Nutzungs- und Auswertungsrechten **zur Sicherung übereignen.** Sie läßt sich weiterhin die gegenwärtigen und zukünftigen Ansprüche gegen die Filmtheater und sonstige Filmabnehmer im Wege stiller Zession bis zur Höhe ihrer Forderung abtreten. Diese stille Zession wandelt sich bei Zahlungsverzug und sonstigen Fällen vorzeitiger Fälligkeit der Forderung der Kopieranstalt in eine offene Zession um.

7   Ein weiteres verschärfendes Moment dieser Bedingungen sind die Regelungen hinsichtlich der Möglichkeiten **vorzeitiger Fälligkeit** der Forderung der Kopieranstalt. Neben der Eröffnung des Konkursverfahrens, seiner Ablehnung mangels Masse und des Vergleichsverfahrens genügt schon das Anstreben des Schuldners, einen außergerichtlichen Vergleich abzuschließen oder die allgemeine Zahlungsunfähigkeit. Es genügt ferner, wenn der Besteller mit seinen Zahlungsverpflichtungen gegenüber dem Kopierwerk in Verzug kommt, eigene Schecks nicht eingelöst oder von ihm gegebene Akzepte mangels Zahlung protestiert werden. Auch wenn der Besteller aus irgendwelchen Gründen seine Geschäfts- oder Verfügungsfähigkeit verliert oder gegen sonstige Vertragspflichten verstößt und den Verstoß nach Anmahnung nicht fristgemäß behebt, kommt es zur vorzeitigen Fälligkeit. Als Folge der vorzeitigen Fälligkeit ist das Filmkopierwerk berechtigt, die sofortige Herausgabe des Sicherungsgutes zu verlangen und alle sonstigen Rechte auszuüben, die ihm nach dem Vertrag oder den allgemeinen Lieferungs- und Zahlungsbedingungen zustehen.

8   Damit nähern sich diese allgemeinen Lieferungs- und Zahlungsbedingungen der Filmkopierwerke weitgehend den **Bestimmungen,** die schon vorher bei den allgemeinen **Treuhand- und Kreditsicherungsverträgen** besprochen wurden. Banken, verbürgende Stellen, Lieferanten und sonstige Kreditgeber haben in der Filmproduktion ein umfangreiches Sicherungswerk geschaffen.

9   Bei der komplexen Art und Weise der heutigen Filmfinanzierung werden diese **umfangreichen Sicherungen** nur selten zum Erfolg führen. Auch die sonstigen Kreditgeber lassen sich alle Sicherheiten verschaffen, so daß diese Sicherheiten vielfach konkurrierend aufeinandertreffen. Bei den Rechten am Film und aus dem Film ist die Lage verhältnismäßig einfach, da hier die zeitliche Priorität gilt (kein Gutglaubensschutz bei Rechtserwerb). Bei Negativ und Positiv dagegen, die als Sachen im Sinne des BGB anzusehen sind, können je nach Lage der Dinge kompliziertere Verhältnisse auftreten. Daher lassen sich auch vielfach die Kreditgeber (meist Banken) und die garantierenden bzw. verbürgenden Institutionen sog. **Vorrangerklärungen** von seiten des Ateliers und der Kopieranstalt geben. Diese Vorrangerklärungen besagen im wesentlichen, daß Atelier und Kopieranstalt den Vorrang der Sicherheiten des Kreditgebers anerkennen, insoweit also auf eigene Sicherheiten verzichten, mögen sie auch mit dem Filmhersteller vertraglich vereinbart sein. Sie kommen eben dann erst nach Befriedigung des Hauptkreditgebers zum Zuge. Auch das gesetzliche Pfandrecht (§ 647 BGB) aus dem Werkvertrag würde unter eine solche Vorrangerklärung fallen.

10   Von wesentlicher Bedeutung ist noch das Verhältnis dieser allgemeinen Bedingungen der Kopieranstalten zu denjenigen der **Rohfilmlieferanten.** Bei der Filmherstellung kauft der Filmproduzent zunächst von einer Rohfilmlieferfirma die von ihm für die Herstellung des Films geschätzte Meterzahl Negativfilm. Erfolgt sofortige Barzahlung, so ergeben sich keine weiteren Fragen. Wird der Kaufpreis aber gestundet, erfolgt die Lieferung also – wie dies heute beinahe die Regel ist – auf dem Kreditwege, so besteht zunächst der Eigentumsvorbehalt des Lieferanten. Man muß aber die **Belichtung** eines Filmstreifens als **wertsteigernde Bearbeitung** im Sinne des § 950 BGB betrachten, da der Wert des durch die Belichtung entstehenden Filmwerks ganz wesentlich über dem Materialwert liegt. Das kann auch nicht durch vertragliche Vereinbarungen geändert werden, da die Abdingbarkeit der genannten Gesetzesvorschrift im Vertragswege nicht zulässig ist. Das Eigentum am belichteten Filmstreifen (Negativ) bleibt daher nicht beim Rohfilmlieferanten bestehen, sondern es gehört dem Filmhersteller.

11   Der belichtete Filmstreifen wird sodann in der Kopieranstalt entwickelt. Während, wie dargelegt wurde, die Belichtung eines Filmstreifens als eine wertsteigernde Bearbeitung im Sinne von § 950 BGB aufzufassen ist, ist die nachfolgende **Entwicklung** in der Kopieranstalt **keine wertsteigernde Tätigkeit** im Sinne von § 950 BGB mehr, da sie das durch die Belichtung bereits vorhandene Filmbild lediglich mittels chemischer Mittel sichtbar und haltbar macht. Ferner ist der Wert der Verarbeitung in diesem Fall nicht mit dem Wert des belichteten Filmbands (Negativ), das – im ganzen gesehen – die Verkörperung des urheberrechtlichen Filmwerkes darstellt, zu vergleichen.

12   Hieraus ergibt sich für den Fall, daß sich die **allgemeinen Bedingungen** des **Rohfilmlieferanten** und die allgemeinen Bedingungen der **Kopieranstalt** – sofern auch diese ihre Leistungen kreditiert hat – konkurrierend gegenüberstehen, und der Rohfilmfabrikant durch die allgemeinen Bedingungen mit dem Produzenten vereinbart hat, daß auch die Bearbeitung durch einen Dritten nicht zu einem Eigentumserwerb führen soll, eine derartige Vereinbarung überflüssig ist, weil die Kopieranstalt durch die Entwicklung des belichteten Filmstreifens kein Eigentum an ihm erwerben kann.

13   Aber auch aus einem anderen Grunde entfällt die Möglichkeit für die Kopieranstalt, Eigentum am belichteten Filmstreifen (Negativ) durch die Entwicklung zu erwerben. Wie bereits dargelegt wurde, ist der Vertrag mit der Kopieranstalt ein Werkvertrag. Der Besteller des Werkes oder einer Sache erwirbt auf Grund des Werkvertrags mit der Herstellung des Werkes oder der Sache das Eigentum daran, während dem Hersteller lediglich durch § 647 BGB ein **gesetzliches Pfandrecht** an dem hergestellten Werk oder der hergestellten Sache zugebilligt wird. Aus all diesen Gründen ist festzustellen, daß der Kopieranstalt kein Eigentum am Negativ zufällt, wenn sie dieses für den Produzenten entwickelt hat.

14   Die Herstellung der Kopien vom Negativ ist nicht als Bearbeitung im Sinne des § 950 BGB anzusehen. In der Kopiertätigkeit liegt keine derartige Wertsteigerung, daß man von einer neuen Sache im Sinne des § 950 BGB sprechen kann. Kopierlohn und Materialwert liegen heute etwa bei 1:3, bei Farbfilmen noch höher zugunsten des Materials. Da es sich aber bei dem Vertrag über die Kopienherstellung entweder um einen Werkvertrag (Besteller liefert Positivmaterial) oder um einen Werklieferungsvertrag (Kopieranstalt liefert Positivmaterial) handelt, entscheidet sich die Frage der **Wirksamkeit der verschiedenen Eigentumsvorbehalte** (Materiallieferant, Kopieranstalt) von selbst. Erfolgt die Kopienherstellung im Werkvertrag, so kann evtl. ein Eigentumsvorbehalt der Rohfilmlieferanten gegenüber dem Filmhersteller wirksam sein, da bei der Kopienherstellung im Gegensatz zur Belichtung des Negativmaterials keine Wertsteigerung im Sinne des § 950 BGB und damit kein neues Eigentum entstehen. Es gibt dann keinen Eigentumsvorbehalt der Kopieranstalt, sondern nur ein ihr zustehendes Pfandrecht, das ggf. sogar nicht zum Zuge kommen kann, da der verlängerte Eigentumsvorbehalt des Rohfilmlieferanten dies verhindert. Erfolgt die Kopienherstellung aus kopieranstaltseigenem Material (Werklieferungsvertrag), so entsteht kein Pfandrecht, wohl aber ein wirksamer Eigentumsvorbehalt der Kopieranstalt.

15   Soweit nach dem Vorhergesagten der **Eigentumsvorbehalt** der Kopieranstalt oder der Rohfilmlieferanten wirksam wird, ist noch zu untersuchen, inwieweit die vorgesehene Verlängerung dieses Eigentumsvorbehalts zum Zuge kommt. Die Filmkopie ist nach heute herrschender Meinung zweifellos eine selbständige Sache, wenn sie auch früher teilweise lediglich als akzessorischer Bestandteil des Urheberrechts am Film angesehen wurde. Die Unterscheidung ist wichtig, da ein gutgläubiger Erwerb von Rechten nicht möglich ist, während der gutgläubige Erwerb von Sachen erfolgen kann. Der Eigentumsvorbehalt der Kopieranstalten bzw. der Rohfilmlieferanten wird daher gegenüber Dritterwerbern nur dann wirksam sein, wenn letzteren der gute Glaube fehlt. Wann dies der Fall ist, wird immer Tatfrage bleiben. Daher kann die an die Zustimmung der Kopieranstalt oder der Rohfilmlieferanten gebundene Weiterveräußerung dann doch mit dinglicher Wirkung erfolgen, wenn der Dritterwerber guten Glaubens ist. Allerdings würde der Weiterveräußerer evtl. den Tatbestand des § 246 StGB erfüllen.

16 Bei vorliegender Zustimmung zur Weiterveräußerung gilt die Forderung gegen Dritterwerber als abgetreten. Bevor die Zulässigkeit dieser **Abtretung einer zukünftigen Forderung** untersucht werden soll, muß noch geklärt werden, ob auch die Abtretung der Forderung gegen den Dritterwerber als gültig anzusehen ist, der entgegen dem Weiterveräußerungsverbot gutgläubig Eigentum erworben hat. Die Frage ist zu verneinen. Die allgemeinen Lieferungsbedingungen der Kopieranstalten sind so eingehend formuliert, daß eine weitergehende Auslegung nicht tragbar erscheint. Heißt es doch ausdrücklich: ,,Wird diese Zustimmung erteilt, so gilt die Forderung als abgetreten.'' Schließlich steht der Kopieranstalt im Falle der nichtgenehmigten Weiterveräußerung mit anschließend gutgläubigem Erwerb die Schadensersatzforderung nach § 823 BGB zu. Außerdem dürften die Fälle des gutgläubigen Erwerbs verhältnismäßig selten auftreten, da die Filmbranche nur einen sehr begrenzten Kreis von Unternehmen und in ihr tätigen Personen umfaßt, denen diese Gebräuche bekannt sind, und darüber hinaus die Möglichkeiten klein sind, unter denen ein Dritter eine Filmkopie oder ein Negativ nutzbringend verwerten kann, ohne im Besitz der dazugehörigen Nutzungs- und Auswertungsrechte zu sein.

17 Auch der **verlängerte Eigentumsvorbehalt** durch die Abtretung künftiger Forderungen ist zu bejahen. Der Bestimmbarkeit der Forderungen dürfte im vorliegenden Fall Genüge getan sein, da es sich bei den Kopien immer um ein und dieselbe Ware handelt, die Kopieranstalt jede Kopie numeriert hat und ihr Verbleib daher jederzeit festzustellen ist. Alles in allem muß man zu dem Schluß kommen, daß die vorliegenden Bestimmungen in bezug auf den Eigentumsvorbehalt – auch soweit er als verlängerter Eigentumsvorbehalt auftritt – der Wirksamkeit nicht entbehren.

18 Im übrigen ist das Vertragsverhältnis mit den Kopieranstalten und den Rohfilmlieferanten rechtlich leicht zu übersehen, da eben die Bestimmungen des **Werkvertrags** bzw. **Werklieferungsvertrags** bzw. **Kaufvertrags** Platz greifen, sofern die allgemeinen Bedingungen nicht etwas anderes besagen. Hierbei ist hervorzuheben, daß die Kopieranstalten weder Negativ noch Positiv versichern und ihre Haftung auf den Ersatz von Material und Lohn beschränken, sofern durch ihr Verschulden eine **Haftung** eintreten sollte. Es ist daher üblich, daß der Auftraggeber die zweckdienliche **Versicherung** selbst abschließt, da im Schadensfall der bloße Materialersatz zwar bei der Kopie genügen kann, beim Negativ aber unersetzliche Werte verlorengehen können. Hier kann nur ausreichender Versicherungsschutz helfen.

19 Es gibt Kopieranstalten, die sich außer den Rechten am Material, wie Negativ usw., sämtliche **Auswertungsrechte,** die Fernsehrechte, die AV-Rechte, Schmalfilmrechte etc. am Film abtreten lassen. Ferner findet sich in manchen Geschäftsbedingungen der Kopieranstalten die sog. Kontokorrent-Klausel, d.h., daß ein Film für alle Filme haftet und daß die Materialien erst herausgegeben werden, wenn alle Arbeiten an Filmen des betreffenden Verleihers oder Produzenten bezahlt und reguliert sind. Solche Klauseln sind wegen übermäßiger Sicherung **rechtlich bedenklich.**

20 Die Sicherungsvorschriften der allgemeinen Bedingungen der Kopieranstalten und Rohfilmlieferanten sind also teilweise konkurrierend, widersprüchlich und sogar rechtlich bedenklich. Da die Sicherungsvorschriften ein wesentlicher Bestandteil dieser allgemeinen Bedingungen sind, können die allgemeinen Bedingungen schon aus diesen Gründen **nicht** als **handelsüblich** anerkannt werden.

21 Wie hier in der **Rechtsprechung** dazu, daß die Belichtung eines Filmstreifens als **wertsteigernde Bearbeitung** im Sinne des § 950 BGB anzusehen ist: OLG Hamburg, Urteil vom 5. 1. 1950 in HEZ 3, 30. Grundlegend und ausführlich zur **Mängelhaftung** der Kopieranstalten, insbesondere der Feststellung, daß Fehler bei der Entwicklung des Originalfilms sowie Mängel der Kopie als Werkmängel im Sinne des § 633 BGB anzusehen sind: OLG Hamburg in UFITA Bd. 71, S. 227.

91. Kapitel. Die Verträge für die Filmversicherung

1 Unter der Bezeichnung Filmversicherung faßt man eine Reihe **unterschiedlicher Arten von Versicherungen** zusammen, denen die Ausrichtung auf den Film, und zwar auf seine Herstellung und Auswertung, gemeinsam ist. Zur Filmversicherung gehören die Filmausfallversicherung, die Filmnegativ- und die Filmpositivversicherung sowie die Requisiten-, Lampen- und die Apparateversicherung. Nicht hierher gehören die allgemeinen Versicherungszweige, auch wenn sie, wie etwa die Produktionshaftpflichtversicherung, in ihrem Deckungsumfang auf die besonderen Bedürfnisse der Filmwirtschaft zugeschnitten sind; desgleichen nicht die Versicherung der Filmtheater.

2 Die **Filmausfallversicherung** schützt den Filmhersteller vor Vermögensschäden, die dadurch entstehen können, daß bei Unfall, Krankheit oder Tod einer an der Filmherstellung beteiligten Hauptperson die Herstellung des Film gestört, unterbrochen oder unmöglich wird. Angesichts der Tatsache, daß für die Herstellung des Films sehr erhebliche Geldmittel aufgewendet werden müssen und der erfolgreiche Abschluß der Herstellung häufig von dem Schicksal eines einzigen Filmschaffenden abhängt, hat die Filmausfallversicherung eine große wirtschaftliche Bedeutung. Der Personenkreis, gegen dessen Ausfall sich der Filmhersteller versichern kann, umfaßt Regisseure, Filmschauspieler und diejenigen anderen Personen, die an der Herstellung des Films aktiv beteiligt sind. Der Versicherungsnehmer hat die Filmschaffenden, auf die sich die Versicherung beziehen soll, den Versicherern in dem Antragsformular namentlich anzumelden.

3 Der **Versicherungsfall** setzt im einzelnen voraus, daß eine der angemeldeten Personen innerhalb des versicherten Zeitraums für die Dreharbeiten durch Unfall, Krankheit oder Tod nicht zur Verfügung steht. Voraussetzung ist weiter, daß die Herstellung des Films durch diesen Ausfall gestört, unterbrochen oder unmöglich wird. Der tatsächlichen oder rechtlichen Unmöglichkeit steht die wirtschaftliche Unmöglichkeit gleich. Ist die Herstellung des Films vorübergehend gestört oder unterbrochen, so haben die Versicherer die Kosten zu erstatten, die infolge des Versicherungsfalles zusätzlich notwendig geworden sind, um den Film zu beenden. Ist die Fertigstellung des Films unmöglich geworden, so sind die aufgewendeten oder vertraglich noch aufzuwendenden Herstellungskosten zu ersetzen. Weitere Schäden werden nicht gedeckt.

4 Die Filmausfallversicherung schützt den Filmhersteller also **nicht** gegen **jeden finanziellen Verlust,** der ihm durch den Ausfall von Filmschaffenden bei der

Filmherstellung entstehen kann. Sie deckt finanzielle Schäden nur insoweit, als sie unmittelbar mit der Herstellung zusammenhängen. Dagegen schützt sie nicht gegen mittelbare Schäden, die z. B. dadurch entstehen können, daß der Film infolge einer Umbesetzung nicht zu dem vorgesehenen Zeitpunkt herausgebracht werden kann und dadurch das Gesamteinspielergebnis beeinträchtigt wird.

5   Eine Reihe von Schadensfällen ist aufgrund der **allgemeinen Versicherungsbedingungen** von der Ausfallversicherung ausdrücklich **ausgeschlossen.** Hierzu gehören Schäden als Folge einer Beteiligung an Rennen, an anderen gefährlichen Fahrtveranstaltungen, an den dazugehörenden Trainingsfahrten sowie an Flugzeugkunststücken und an Akrobatik. Hierzu gehören auch Schäden durch Erkrankung von Personen, die weniger als 16 oder mehr als 65 Jahre alt sind. Teilweise kann der Filmhersteller jedoch auch diese Risiken gegen einen Prämienzuschlag versichern lassen.

6   Ausgeschlossen sind außerdem die sog. **Überschreitungsschäden.** Dies sind Schäden, die dadurch entstehen können, daß eine versicherte Person während der Dreharbeiten (oder auch schon vorher) einen Vertrag für einen anderen Film abschließt und die zwischen den beiden Filmen liegenden Zeitspannen kürzer als 14 Tage sind. Nach dem Tarifvertrag kann der Filmhersteller bei versicherten Schäden die Vertragsdauer um mindestens drei Tage ausdehnen. Durch das Wort *mindestens* kommt zum Ausdruck, daß in besonderen Fällen auch längere Zeiten möglich sein müssen. Trotzdem erscheint es besser, bei versicherten Filmschaffenden von vornherein eine Frist von 14 Tagen zwischen Auslauf des Vertrages und Eingang einer neuen Verpflichtung festzulegen.

7   Ferner sind von der **Versicherung ausgeschlossen:** Schäden durch Krieg, Bürgerkrieg, Aufruhr oder Unruhen, Schäden infolge Atomenergie sowie Schäden, die durch Wochenbett oder Schwangerschaftsbeschwerden entstanden sind; endlich gehören hierher Schäden durch Früh- oder Fehlgeburten sowie deren Folgen, wenn sie nicht durch einen Unfall verursacht wurden.

8   Im Rahmen des Versicherungsvertrages hat der **Versicherungsnehmer** eine Reihe von **Obliegenheiten** zu erfüllen, d. h. Pflichten, deren Verletzung die Versicherer von ihrer Leistungspflicht befreit. Die Versicherer bleiben jedoch, auch wenn der Versicherungsnehmer eine Obliegenheit verletzt, zum Schadensersatz verpflichtet, wenn die Verletzung weder auf Vorsatz noch auf grober Fahrlässigkeit beruht. Bei grober Fahrlässigkeit müssen sie Schäden insoweit ersetzen, als die Verletzung keinen Einfluß auf die Entstehung entweder des Versicherungsfalles oder des Umfangs der ihnen obliegenden Leistungen hat.

9   Zu den in der Filmausfallversicherung typischen Obliegenheiten gehört die Pflicht des Versicherungsnehmers, den Versicherern eine **Gesundheitserklärung** sowie eine ärztliche Bescheinigung über den Gesundheitszustand derjenigen Personen zu geben, auf die sich die Versicherung beziehen soll. Es ist auch eine Erklärung dieser Personen darüber einzureichen, daß sie mit dem Abschluß einer Ausfallversicherung und im Schadensfall mit ihrer Untersuchung durch die von den Versicherern beauftragten Ärzte einverstanden sind und daß sie sowohl diese Ärzte als auch die behandelnden Ärzte den Versicherern gegenüber von ihrer Schweigepflicht befreien. Der Versicherungsnehmer hat außerdem Tagesberichte zu führen, den Versicherern einen Voranschlag der Herstellungskosten einzureichen und ihnen nach Beendigung des Films die tatsächlich aufgewendeten Herstellungskosten aufzugeben.

10   Im Falle eines **Schadens** hat der Versicherungsnehmer die Versicherer unverzüglich telegrafisch oder telefonisch zu **benachrichtigen,** alles zu tun, was zur Minderung des Schadens dienen kann und insbesondere dafür zu sorgen, daß die Aufnahmen sobald als möglich fortgesetzt und zu Ende geführt werden. Er hat sofort einen Arzt mit der Untersuchung der erkrankten Person zu beauftragen und die Möglichkeit zu schaffen, daß auch die von den Versicherern beauftragten Ärzte sie untersuchen können. Sobald er den entstandenen Schaden übersehen kann, spätestens jedoch nach Beendigung der Aufnahmen, hat er den Versicherern eine spezifizierte Schadensrechnung vorzulegen. Im übrigen gilt die *48-Stunden-Klausel,* wonach zwei Krankheitstage noch nicht zu einem Schadensanspruch berechtigen.

11   Der **Wert des versicherten Interesses** ist als Versicherungssumme im Vertrag genau anzugeben. Er richtet sich nach den Herstellungskosten abzüglich einzelner Posten, die vom Versicherungsfall nicht betroffen werden (z. B. erworbene Verfilmungsrechte). Auf der Grundlage der Filmkalkulation wird das versicherte Interesse vorläufig festgesetzt. Sollte sich innerhalb der versicherten Zeit herausstellen, daß der für die Herstellungskosten veranschlagte vorläufige Betrag nicht ausreicht, so kann der Versicherungsnehmer die Leistungsgrenze der Versicherer durch einen entsprechenden Antrag bis zur Höhe der berechtigten höheren Herstellungskosten heraufsetzen.

12   Die **Versicherungsprämie,** die zu Beginn der Versicherung zu zahlen ist, wird ebenfalls nur vorläufig festgesetzt. Sie richtet sich nach der Dauer des Versicherungsvertrages und der Zahl derjenigen Personen, auf die sich die Versicherung bezieht. Die endgültige Prämie wird rückwirkend für die ganze Dauer des Versicherungsvertrags erhoben. Ist die Fertigstellung des Films unmöglich geworden, so wird die vorläufige Prämie zur endgültigen Prämie. Ist jedoch der zu ersetzende Schaden höher als die veranschlagten Herstellungskosten, so richtet sich die endgültige Prämie nach der Höhe des zu ersetzenden Schadens. Gemäß § 38 VVG entfällt der Versicherungsschutz rückwirkend ab Beginn, wenn eine fällige Teil- oder Gesamtprämie nicht fristgemäß entrichtet worden ist.

13   Der Versicherungsnehmer kann eine Selbstbeteiligung übernehmen, was sich auf die Höhe der Prämie auswirkt. Der Betrag dieser **Selbstbeteiligung** richtet sich nach der Höhe des entstandenen Schadens.

14   Rechtlich gesehen läßt sich die Filmausfallversicherung nicht ohne weiteres in die allgemeine Einteilung des VVG (Personen- und Schadenversicherung) einordnen. Obwohl der Versicherungsfall im wesentlichen davon abhängig ist, ob die im Versicherungsantrag genannten Personen arbeitsfähig sind oder nicht, ist doch das Vermögensinteresse des Versicherungsnehmers letztlich ausschlaggebend. Die Filmausfallversicherung, die in ihrer Art der Betriebsunterbrechungsversicherung sehr ähnlich ist, muß nach hier vertretener Ansicht als eine die **Sachschadenversicherung ergänzende Versicherung** eigener Art angesehen werden.

15   Die Bezeichnung **Filmnegativversicherung** ist ein Oberbegriff für die Versicherung sowohl von Negativen in der Herstellung als auch von fertigen Negativen. Der Unterschied zwischen diesen beiden Versicherungsarten besteht in dem versicherten Interesse.

16   Bei der Versicherung des **Negativs in der Herstellung** haften die Versicherer auf Ersatz derjenigen Kosten, die zur Wiederherstellung der beschädigten oder verlorenen Filmteile erforderlich sind. Die Versicherungssumme entspricht bei ihr derjenigen der Ausfallversicherung. Die Versicherung des Negativs in der Herstellung hat deshalb eine besondere wirtschaftliche Bedeutung, weil sich in dem Negativ die gesamten Aufwendungen des Herstellers verkörpern. Es gibt praktisch wohl keinen Fall, in dem der Hersteller eines Films nicht wenigstens eine Versicherung des Negativs in der Herstellung abschließt.

17   Bei der Versicherung des **fertigen Negativs** haften die Versicherer für den Schaden, den der Versicherungsnehmer dadurch erleidet, daß er den Film infolge des Versicherungsfalles nicht oder nicht vollständig auswerten kann. Bei der Berechnung eines Schadens ist die Amortisation durch Lizenzverkauf oder prozentuale Lizenzverträge (einschl. evtl. Garantien) zu berücksichtigen. Obwohl bei der Versicherung des fertigen Negativs die Gewinnchancen mitversichert sind und der Haftungsumfang des Versicherer insoweit also weitergeht, als bei der Versicherung des Negativs in der Herstellung, hat die Versicherung des fertigen Negativs heute kaum noch eine praktische Bedeutung, denn sie ist durch die Technik, die heute bei der Filmherstellung angewandt wird, weitgehend überholt. Schäden in Höhe der für den ganzen Film erforderlichen Herstellungskosten können heute praktisch deshalb nicht mehr eintreten, weil in fast allen Fällen sofort nach Fertigstellung des Films eine sog. Lavendelkopie oder ein Internegativ gezogen werden, die bei Verlust oder Beschädigung des Negativs zur Herstellung eines neuen Negativs verwandt werden können.

18   Der **Umfang der Haftung** ist für beide Arten der Negativversicherung gleich. Während eines Transportes ist das Negativ gegen alle Gefahren geschützt, während der Bearbeitung und Lagerung dagegen im wesentlichen nur gegen Feuer, von außen her plötzlich mit mechanischer Gewalt einwirkende Ereignisse, Diebstahl sowie vorsätzliche Handlungen dritter Personen. Die Filmnegativversicherung schützt nicht vor Schäden durch Verstöße gegen Zoll- und Verwaltungsvorschriften, typische Arbeits- und Bearbeitungsschäden sowie nicht vor mittelbaren Schäden.

19   Bei der Versicherung des Negativs in der Herstellung können Schäden, die durch Fehler oder Störungen an oder in der Kamera entstehen sowie Schäden durch eine fehlerhafte Entwicklung oder Bearbeitung des Negativs in der Kopieranstalt für die Zeit bis zur Ziehung der Lavendelkopie oder des Internegativs **mitversichert** werden. Bei Beschädigung, Zerstörung oder Verlust des Negativs durch ein derartiges Ereignis sind bis zur Grenze der Versicherungssumme die Kosten zu ersetzen, die erforderlich sind, um den von dem Schaden betroffenen Teil des Films wieder herzustellen. Ist eine Fertigstellung des Films unmöglich geworden, so sind die bisher nachweislich aufgewendeten oder auf Grund des Vertrages noch aufzuwendenden Herstellungskosten zu erstatten. Der Versicherungsnehmer braucht sich an dem entstandenen Schaden nicht selbst zu beteiligen.

20   Die **Filmpositivversicherung** ist eine reine Schadensversicherung. Ersetzt werden die Kosten der Wiederherstellung der Filmkopie. Wenn eine Wiederherstellung unterbleibt, wird der Zeitwert der Kopie erstattet. Im Unterschied zur Filmnegativversicherung, bei der Schäden möglicherweise bis zur Höhe der Herstellungskosten des Films entstehen können und gedeckt sind, wird bei der Filmpositivversicherung also nur der Sachwert des Filmpositivs versichert, der sich aus dem Wert des Materials sowie den Kopier- und Entwicklungskosten zusammensetzt.

21   Die **Requisiten- und Lampenversicherung** ist eine Sachschadensversicherung, welche die genannten Objekte zum Gegenstand hat. Ihre versicherungstechnische Besonderheit liegt in dem Umfang, in welchem diese Gegenstände versichert werden können.

22   Als Requisiten sind alle von dem Versicherungsnehmer für die Herstellung des Films verwendeten eigenen oder fremden **Gegenstände** versicherbar, die im **Kamerabild** erscheinen. Eine genaue Aufstellung dieser Sachen in dem Versicherungsantrag läßt sich praktisch nicht durchführen, denn der Bestand der für die Filmherstellung erforderlichen Requisiten ändert sich von Drehtag zu Drehtag. Welche Gegenstände im einzelnen versichert sind, kann daher nur aus ihrer Zweckbestimmung heraus entschieden werden, d. h. danach, ob sie für die Herstellung des Films verwendet werden.

23   Eine Reihe von Sachen ist gegen Zahlung einer **Sonderprämie** versicherbar, wenn sie in dem Antragsformular besonders aufgeführt worden sind. Hierzu gehören Kunstgegenstände und Sachen aus Edelmetall sowie die abgelegte Garderobe der Darsteller, die bei der Herstellung des Films verwendeten Bauten und Materialien sowie auch die für die Aufnahmen verwendeten Lampen, Scheinwerfer nebst Zubehör und Ersatzteilen.

24   Der **Umfang der Haftung** entspricht bei der Requisiten- und Lampenversicherung weitgehend der Haftung, welche die Versicherer bei der Filmnegativversicherung übernehmen. Die Versicherer haften also während des Transportes für alle Gefahren und während der Verwendung und Lagerung im wesentlichen nur für Feuer, von außen her plötzlich mit mechanischer Gewalt einwirkende Ereignisse, Diebstahl sowie vorsätzliche Handlungen dritter Personen. Darüber hinaus haften sie für Schäden durch Bruch.

25   Von der Versicherung **nicht gedeckt** sind diejenigen Gefahren, die auch von der Negativversicherung nicht erfaßt werden. Außerdem sind von einer Haftung ausgeschlossen Schäden durch mangelnde Beschaffenheit der versicherten Gegenstände, durch Selbstentzündung, natürliche Abnützung und Verschleiß. Das Durchbrennen von Glühlampen und sonstigen Beleuchtungskörpern wird daher nicht ersetzt. Von der Versicherung ausgeschlossen sind auch Schäden, die absichtlich herbeigeführt werden.

26   Die Versicherer sind zum Ersatz von Schäden an denjenigen Requisiten, die in dem Antragsformular nicht besonders aufgeführt zu sein brauchen, sowie an der Garderobe der Schauspieler und an den Lampen und Scheinwerfern auf **erstes Risiko** verpflichtet. Bei Versicherung auf erstes Risiko steht den Versicherern der Einwand der Unterversicherung nicht zu. Sie können sich daher nicht darauf berufen, daß der Wert der versicherten Requisiten höher sei als die Versicherungssumme. Die Versicherer haften bei dem ersten Versicherungsfall bis zur Höhe der Versicherungssumme auf Ersatz des vollen Schadens; für den durch einen weiteren Versicherungsfall verursachten Schaden nur bis zur Höhe des Restbetrages der Versicherungssumme. Deshalb muß der Versicherungsnehmer, sofern die Requisiten wieder bis zur Höhe der zunächst vereinbarten Versicherungssumme versichert sein sollen, eine entsprechende Nachversicherung beantragen. Für alle übrigen Gegenstände wird bis zur Höhe der Versicherungssumme, auch bei mehreren Versicherungsfällen, jeweils der volle Schaden ersetzt.

27   Die Versicherung von **Filmapparaten** umfaßt nur die im Versicherungsschein bezeichneten Gegenstände sowie deren Zubehör. Eine Versicherung auf erstes Risiko gibt es bei dieser Versicherungsart nicht. Es muß daher, ebenso wie bei allen sonstigen Sachversicherungen, der volle Wert der Filmapparate versichert werden. Im übrigen bietet die Apparateversicherung keine Besonderheiten gegen über den sonstigen Sachschadenversicherungen.

28   Auch für die Schadensversicherung gilt der Grundsatz, daß der Versicherungsnehmer eine **Selbstbeteiligung** übernehmen kann. Dies wirkt sich auf die Höhe der Prämie aus.

29   In allen Versicherungsverträgen sind die **Drehorte festzulegen,** da sie den Geltungsbereich der betreffenden Versicherung bestimmen.

30   Soweit ein Filmhersteller gegenüber einem finanzierenden Vertragspartner eine **Fertigstellungsgarantie** *(completion guarantee bzw. completion bond)* übernimmt (Haftung für die Fertigstellung mit entsprechendem Schadensersatz bei Nichtfertigstellung, ohne Rücksicht auf deren Grund), kann auch diese Garantie versichert werden. Der Vertragspartner wird sogar zu seiner Absicherung in der Regel eine solche Versicherung verlangen. Diese Versicherung ist nur im Ausland (vor allem Lloyd's, London) zu erhalten und erfordert eine sehr hohe Prämie (mindestens 10% der Herstellungskosten).

92. Kapitel. Die Verträge über die Gemeinschaftsproduktion

1   Eine Gemeinschaftsproduktion als Form der Zusammenarbeit bei der Herstellung eines Films liegt vor, wenn mehrere (mindestens zwei) physische oder juristische Personen einen Film gemeinsam herstellen und die sämtlichen **Vertragspartner** sich als **Filmhersteller qualifizieren.** Sie wurde deshalb bei Behandlung des Herstellerbegriffs (Kapitel 59) aufgeführt. Die Gemeinschaftsproduktion ist vor allem auf dem Gebiet der Filmförderung bedeutsam, da nur Filmhersteller Förderungshilfen erhalten und investieren können, und zwar sowohl auf nationaler wie auf internationaler Ebene. Sie wurde deshalb bei der Behandlung der Filmförderung berücksichtigt (Kapitel 28). Die Gemeinschaftsproduktionsverträge unterscheiden sich von den Finanzierungs- und Verwertungsverträgen, bei denen die Partner des Filmherstellers ihrerseits keine Filmhersteller sind.

2   Die Gemeinschaftsproduktion soll hier ergänzend unter **vertragsrechtlichen Aspekten** betrachtet werden. Im einzelnen werden im folgenden die Rechtsnatur, die Mindestbedingungen, die Formvorschriften, der Standard-Vertrag und die wesentlichen Rechtsprobleme für solche Gemeinschaftsproduktionen abgehandelt.

3   Ihrer **Rechtsnatur** nach stellt sich die Gemeinschaftsproduktion als eine **Gesellschaft bürgerlichen Rechts** im Sinne der §§ 705 ff BGB dar, denn die Vertragspartner verpflichten sich gegenseitig zur Erreichung und Förderung eines gemeinsamen Zwecks, nämlich der Herstellung eines Filmwerkes. In diesem Rahmen sind die Gemeinschaftsproduktionsverträge oft so aufgezogen, und zwar insbesondere bei Gemeinschaftsproduktionen mit minoritären Partnern, daß sie sich als eine sog. Binnen- oder Innengesellschaft mit einer entsprechenden Begrenzung der Haftung nach außen charakterisieren.

4   Zu den **Essentialien** des Gemeinschaftsproduktionsvertrages gehören mindestens zwei Vertragspartner mit der Qualifikation und Tätigkeit als Filmhersteller sowie ein bestimmter oder bestimmbarer Film mit festgelegten Herstellungskosten. Wenn der Vertrag keine weiteren Regelungen enthält, so bestimmen sich seine zusätzlichen Bedingungen nach den Grundsätzen des Gesellschaftsrechts, wie sie in den §§ 705 ff BGB niedergelegt sind. Die Vertragspartner haben dann gleiche Beiträge zu den Herstellungskosten des Films zu leisten (§ 706 Abs. 1 BGB). Die eingebrachten und entstehenden Nutzungs- und Leistungsschutzrechte am Filmwerk sowie das eingebrachte Filmmaterial stehen dann den Vertragspart nern gemeinsam als Gesamthandsvermögen zu (§ 706 Abs. 2 BGB). Jeder Vertragspartner hat in diesen Fällen ohne Rücksicht auf die Art und Größe seines Beitrags einen gleichen Anteil am Gewinn und Verlust (§ 722 BGB). Bei Vereinbarung der erwähnten Essentialien kann also der Gemeinschaftsproduktionsvertrag wirksam werden, da alle übrigen Bedingungen durch die gesetzlichen Bestimmungen ausgefüllt werden können.

5   Der Gemeinschaftsproduktionsvertrag bedarf **keiner Schriftform.** Eine Ausnahme besteht nach § 40 UrhG dann, wenn es sich um einen Gemeinschaftsproduktionsvertrag handelt, dessen Filmwerk überhaupt nicht näher oder nur der Gattung nach bestimmt ist. Trotz des Fehlens eines gesetzlichen Formerfordernisses werden wegen ihrer Bedeutung die Gemeinschaftsproduktionsverträge fast immer schriftlich abgeschlossen.

6   Auf dem Gebiet der Gemeinschaftsproduktion gibt es **keine Formularverträge,** jedoch haben sich bestimmte **Standard-Verträge** entwickelt. Das hat sich vor allem aus dem Umstand ergeben, daß intern-deutsche und internationale Gemeinschaftsproduktionsverträge dem Bundesamt für gewerbliche Wirtschaft vorgelegt und von ihm anerkannt werden müssen, wenn man die Qualifikation des oder der deutschen Vertragspartner als Filmhersteller und das Produkt als deutschen Film zur Erzielung von Förderungshilfen bestätigt haben will. Hierfür verlangt das Bundesamt bestimmte Mindestbedingungen in den Verträgen, die in dem Standard-Vertrag ihren Niederschlag gefunden haben. Im folgenden werden die grundlegenden Bedingungen dieser Standard-Verträge und die in Zusammenhang mit ihnen auftauchenden Rechtsfragen aufgeführt.

7   Der Standard-Vertrag bezeichnet genau die **Vertragspartner** und das **Filmwerk,** das sie gemeinsam herstellen wollen. Ferner ist vorgesehen, daß das Drehbuch, die Besetzung sämtlicher wichtigen Mitwirkenden (Darsteller, künstlerischer und technischer Stab), die Herstellungskosten, die Kalkulation, die Finanzierung und der Drehplan zwischen den Vertragspartnern abzustimmen sind. Die Höhe der prozentualen Beteiligung jedes Vertragspartners an den Herstellungskosten sowie an den Erlösen des Films wird festgelegt. Es wird festgestellt, daß die Nutzungsrechte an dem Filmwerk und das Eigentum an dem Filmmaterial grundsätzlich den Vertragspartnern gemeinsam zustehen. Die Verträge über die Verwertung des Films sollen ebenfalls grundsätzlich gemeinsam abgeschlossen werden. Es wird geregelt, wo das Negativ zu entwickeln ist und sichergestellt, daß jeder Vertragspartner von diesem Negativ die für die Auswertung erforderlichen Kopien ziehen kann.

8   Im Hinblick auf die **Inhaberschaft** an den **Nutzungsrechten und am Filmmaterial** kann im Standard-Vertrag anstelle der gemeinsamen Inhaberschaft auch eine Aufteilung der Nutzungsrechte nach Nutzungsarten und Nutzungsgebieten stattfinden. In diesen Fällen erhält jeder Vertragspartner die Nutzungsrechte für bestimmte Nutzungsarten oder bestimmte Nutzungsgebiete und damit die entsprechenden Erlöse. Das ist vor allem häufig bei internationalen Co-Produktionen der Fall, wo jeder Vertragspartner die sämtlichen Nutzungsrechte und Erlöse für sein Heimatgebiet erhält und nur die Rechte und Erlöse für die übrige Welt gemäß der Beteiligung an den Herstellungskosten zwischen den Vertragspartnern prozentual aufgeteilt werden. Das gilt auch für Co-Produktionen zwischen Filmproduzenten und Fernsehanstalten, wo der Filmproduzent die Auswertungsrechte im Filmtheater und die Fernsehanstalt die Ausstrahlungsrechte im Fernsehen und jeder die damit verbundenen Erlöse erhält.

9   In den **allgemeinen Bedingungen** enthält der Standard-Vertrag noch die folgenden Vorschriften. Jeder Vertragspartner kann sich grundsätzlich im Rahmen seiner Quote mit einem anderen Filmhersteller zusammenschließen. Für Verpflichtungen, die Dritten gegenüber übernommen werden, soll grundsätzlich nur derjenige Vertragspartner diesem Dritten gegenüber haften, der diese Verpflichtungen eingegangen ist. Für die Berücksichtigung der Verpflichtungen im Innenverhältnis ist maßgebend, ob sie sich im Rahmen der abgestimmten Vertragsgrundlagen halten. Jeder Vertragspartner hat die für die Gemeinschaftsproduktion erworbenen Leistungen und Rechte in die Gemeinschaftsproduktion einzubringen. Bei der Werbung im Titelvorspann und im Werbevorspannfilm sind die Nennungsverpflichtungen und Angaben über den Charakter als Gemeinschaftsproduktion und die Vertragspartner zu berücksichtigen. Jeder Vertragspartner garantiert, daß er die von ihm in die Gemeinschaftsproduktion eingebrachten Leistungen und Rechte in dem für die vorgesehene Auswertung des Films erforderlichen Umfang erworben hat. An Kostenüberschreitungen oder -unterschreitungen soll jeder Vertragspartner grundsätzlich in Höhe seines prozentualen Anteils an den Herstellungskosten des Films teilnehmen, wobei freilich die prozentuale Beteiligung des minoritären Partners limitiert werden kann. Es wird eine Regelung wegen der Beteiligung an den Förderungshilfen, die der Film erzielt, getroffen. Der Film ist gegen alle möglichen Risiken zu versichern. Die Vertragspartner gewähren sich gegenseitige Bucheinsichts- und Prüfungsrechte.

10   Bei **Nichterfüllung** der Vereinbarungen des Standard-Vertrages durch einen Vertragspartner, insbesondere bei Nichterfüllung von Zahlungsverpflichtungen, ist in dem Standard-Vertrag festgelegt, daß der andere Vertragspartner unter Einhaltung bestimmter Formen und Fristen den Vertrag aufkündigen kann. Er kann dann selbst in die Rechte des Vertragspartners eintreten oder einen anderen Vertragspartner an dessen Stelle aufnehmen. Der in Verzug geratene Partner hat dann lediglich Anspruch auf Rückerstattung seiner effektiven Investitionen, aber erst dann, wenn die anderen Partner ihre Investitionen voll abgedeckt haben. Bei Streitigkeiten wird häufig ein paritätisch besetztes Schiedsgericht vorgesehen.

11   Dieser Standard-Vertrag wird aus den erwähnten Gründen so **häufig benutzt,** daß man seine Bedingungen bei mündlichen Verträgen oder bei Kurzverträgen zur Auslegung ergänzend heranziehen kann. Das gilt natürlich dann nicht, wenn sich aus dem betreffenden Vertrag und den Umständen seines Abschlusses ergibt, daß bestimmte Bedingungen dieser Art nicht gewollt waren.

12   Als wichtiger rechtlicher Grundsatz für sämtliche Gemeinschaftsproduktionsverträge gilt die verstärkte **Treuepflicht,** die sich aus dem gesellschaftsrechtlichen Verhältnis der Vertragspartner ergibt. Sie muß bei der Durchführung der Verträge ebenso beachtet werden wie bei der Auslegung der Vertragsvorschriften. Es darf insbesondere keiner der Vertragspartner Maßnahmen ergreifen, die der Gesellschaft zum Nachteil gereichen könnten. Darüber hinaus müssen sich beide Partner bemühen, den Gesellschaftszweck zu fördern. Sie gehen hierdurch evtl. wettbewerbsrechtliche Bindungen ein z. B. derart, daß ein Partner nicht ein vergleichbares Filmwerk, wie dasjenige der Gemeinschaftsproduktion, in Konkurrenz zu dieser Gemeinschaftsproduktion herstellen oder auswerten darf.

13   Gemäß dem Charakter der Gemeinschaftsproduktion als Gesellschaft bürgerlichen Rechts müssen grundsätzlich die Vertragspartner im Innenverhältnis und nach außen **gemeinsam auftreten** und **gemeinsam haften.** In Anbetracht der besonderen Bedingungen der Filmproduktion, für die grundsätzlich ein Filmhersteller die Hauptverantwortung tragen muß, ist es jedoch in der Mehrzahl der

Fälle so, daß ein Gemeinschaftsproduzent als **ausführender** oder federführender **Produzent** *(executive producer)* auftritt und dadurch die Position des geschäftsführenden Gesellschafters erhält.

14 Ein solcher ausführender Produzent ist besonders dann vorgesehen, wenn es sich um eine Gemeinschaftsproduktion mit **majoritären und minoritären Partnern** handelt. Hier ergibt sich aus der Natur der Sache, daß der majoritäre Partner als ausführender Produzent fungiert, so daß dies im Zweifel auch ohne eine besondere dahingehende Vertragsbestimmung gilt. Dieser majoritäre Vertragspartner muß dann besondere Rücksicht auf seinen oder seine minoritären Partner nehmen. Er darf insbesondere nach außen keine Verpflichtungen eingehen, die nicht durch Vereinbarungen im Innenverhältnis gedeckt sind, also die Zustimmung des oder der anderen Vertragspartner erhalten haben. Soweit der ausführende Produzent diese Vorschriften nicht einhält, kann er im Innenverhältnis keine Haftung des oder der anderen Vertragspartner für diese Verpflichtungen herbeiführen. Auch nach außen werden in solchen Fällen der oder die anderen Vertragspartner dann nicht zu haften haben, wenn für den Dritten erkennbar der ausführende Produzent seine Befugnisse überschritten hat. Bei deutsch-minoritären Co-Produktionen mit ausländischen Partnern, die im wesentlichen im Ausland hergestellt werden und bei denen der ausländische Vertragspartner als ausführender Produzent auftritt, wird sich der Dritte sogar für Verbindlichkeiten, die dieser ausländische Vertragspartner eingeht, nur an ihn halten können, da es branchenbekannt ist, daß bei solchen deutsch-minoritären Co-Produktionen der inländische Vertragspartner nur relativ wenig Einfluß auf die Durchführung der Filmherstellung nehmen kann.

15 Eine **Mängelhaftung** des ausführenden Produzenten gegenüber seinen Vertragspartnern wegen mangelnder Qualität des hergestellten Films wird man nur bei einer offensichtlichen Minderqualität anerkennen können. Ferner greift sie Platz, wenn sich der ausführende Produzent nicht an die mit den Vertragspartnern vorgenommenen Abstimmungen über Drehbuch, mitwirkende Kräfte, Kalkulation u. ä. m. gehalten hat. Weitergehende Anforderungen wird man an den ausführenden Produzenten nicht stellen können, da die Grundlagen für die Produktion mit den Vertragspartnern abgestimmt worden sind und sie sich deshalb ein ungefähres Bild darüber machen konnten, was für ein Film zu erwarten steht.

16 In Verträgen über **intern-deutsche Gemeinschaftsproduktionen** wird häufig festgelegt, daß nach Fertigstellung des Films und Herstellung der 0-Kopie die Gemeinschaftsproduktion zur **Auflösung** kommt und in eine Bruchteilsgemeinschaft verwandelt wird. Damit soll eine Ersparnis von Gewerbesteuer erreicht werden. Der gewünschte Erfolg kann jedoch nur erzielt werden, wenn zu diesem Zeitpunkt eine Auseinandersetzungsbilanz aufgestellt wird. Bei dieser Bruchteilsgemeinschaft hat jeder Vertragspartner am Negativ des Films ein Miteigentum und an sämtlichen Nutzungsrechten des Films einen Anteil, der, wenn nichts anderes bestimmt ist, der Höhe seiner Beteiligung an den Herstellungskosten entspricht.

17 In rechtlicher Hinsicht ist die **internationale Gemeinschaftsproduktion** genauso zu behandeln wie die nationale Gemeinschaftsproduktion. Auch hier gibt es die Möglichkeit der Gründung einer reinen Innen- oder Binnengesellschaft, was sich vor allem empfiehlt, wenn der ausländische Vertragspartner der ausführende Produzent ist und von dem inländischen Partner nur bedingt kontrolliert werden kann. Im Zweifel gelten auch hier die Rechtsübertragungen in dem vertraglich erwähnten Umfang. Ein Problem kann hinsichtlich des anzuwendenden Rechts

auftreten, falls nicht ausdrücklich die Anwendung eines bestimmten Rechts (z. B. deutsches Recht) vereinbart worden ist. Hier sind dann die Bestimmungen des internationalen Privatrechts maßgebend, wonach für den deutschen Partner, wenn er im Inland verklagt wird, das deutsche Recht Gültigkeit besitzt. Wenn ausländisches Recht gelten soll, sind hier evtl. Formvorschriften zu beachten.

18   Eine Bestimmung im Gemeinschaftsproduktionsvertrag, wonach durch ihn **keine Gesellschaft** bürgerlichen Rechts begründet werden soll, **ändert nichts** an seiner Rechtsnatur, soweit er sonst im wesentlichen die o. e. Vorschriften enthält und entsprechend durchgeführt wird. Sie soll der Haftungsbegrenzung nach außen dienen und macht die Gesellschaft zu einer Innen- bzw. Binnengesellschaft, was bei Kenntnis Dritter von einer solchen Vertragsklausel ihnen gegenüber wirksam ist. Sie kann vor allem für die minoritären Partner der Gemeinschaftsproduktion wichtig sein (s. oben *executive producer*). Soweit die Vertragspartner der Gemeinschaftsproduktion eine juristische Person begründen (OHG, GmbH, KG. u. ä. m.), liegt keine Gemeinschaftsproduktion des betreffenden Films mehr vor, da er dann nicht mehr von mehreren Produzenten, sondern von einem Produzenten (nämlich der neuen juristischen Person) hergestellt wird.

19   An **gerichtlichen Entscheidungen** über Gemeinschaftsproduktionen ist auf folgende Urteile hinzuweisen: BGH in UFITA Bd. 32, S. 170, wonach ein Gesellschafter Erlöse aus einem bestimmten Lizenzgebiet in voller Höhe zur Abdeckung seiner Produktionskosten verwenden darf; BGH in UFITA Bd. 32, S. 356, wonach auch ein im Vorspann nicht genannter Co-Produzent unter Umständen eine Beteiligung am Filmpreis verlangen kann; BGH in UFITA Bd. 38, S. 340, wo die Namensnennung bei Co-Produktionen erörtert wird; KG in UFITA Bd. 34 S. 92 *(Das Totenschiff)*, wonach zwischen den Vertragspartnern auch dann ein Verhältnis gesellschaftsähnlicher Natur begründet wird, wenn es im Vertrag ausdrücklich heißt, daß kein irgendwie geartetes Gesellschaftsverhältnis begründet werden soll und wonach aus diesem Verhältnis besondere Treuepflichten der Vertragspartner erwachsen.

20   Zur Frage, welche **steuerrechtliche Bewertung** der Gagenbezüge eines Filmschaffenden bei einer deutsch-französischen Co-Produktion vorzunehmen ist (wenn es dem Filmschaffenden freigestellt ist, wo er die in Deutschland ausgezahlte Gage versteuert), s. LAG Bayern in UFITA Bd. 43, S. 191. Danach haftet der deutsche Produzent, falls er auf Grund einer solchen Regelung bei seinem französischen Produktionspartner Beiträge zur unmittelbaren Regelung von Steuerschulden des betroffenen Filmschaffenden stehen läßt, wenn der französische Co-Produktionspartner in Konkurs fällt und der betreffende Filmschaffende die dort deponierten Gelder zuvor nicht für steuerliche Zwecke abgerufen und vereinbarungsgemäß verwendet hat.

93. Kapitel. Die Verwertungsverträge des Filmherstellers

1   Zur Verwertung seines Filmwerks schließt der Filmhersteller, falls er nicht ausnahmsweise die gesamte Auswertung selbst betreibt, Verträge ab, und zwar meist mit verschiedenen Vertragspartnern. Es handelt sich hierbei ihrem Charakter nach um **Linzenzverträge** zur Übertragung der **Nutzungsrechte** gegen eine Lizenzgebühr für die verschiedenen **Nutzungsarten.** Hier kommt es vor, daß der Filmhersteller die Nutzungsrechte für sämtliche Nutzungsarten, soweit er sie an dem Filmwerk besitzt, auf **einen** Vertragspartner überträgt. Häufig aber kommen je nach Nutzungsart **verschiedene** Vertragspartner in Frage.

2   Wegen ihrer Bedeutung werden die wichtigsten Verwertungsverträge in **besonderen Abschnitten** behandelt. Es geht hierbei um den Verwertungsvertrag für die

Auswertung des Films in Filmtheatern oder sonstigen Spielstätten durch öffentliche Vorführungen (Abschnitt 8 über den ,,Filmlizenzvertrag Produktion/Verleih"), um den Verwertungsvertrag für die Fernsehausstrahlung (Abschnitt 11 über die ,,Fernsehverwertungsverträge") und schließlich um den Verwertungsvertrag für die Auswertung der Videokassetten-Rechte (Abschnitt 12 über die ,,Videovertriebsverträge").

3   Bei der Verwertung des Films können zwei verschiedene Formen für die entsprechenden Verträge unterschieden werden. Der Filmhersteller kann den Film aus eigener Initiative fertigstellen und dann mit einem oder mehreren Vertragspartnern Lizenzverträge über die Auswertung abschließen. Er kann aber auch, was wohl häufiger der Fall ist, den Film im Auftrag von Vertragspartnern herstellen, die später die Verwertung ganz oder teilweise übernehmen. Im ersteren Fall liegt ein reiner **Lizenzvertrag,** im zweiten Fall eine **Auftragsproduktion** vor. Im Hinblick auf die Übertragung der Nutzungsrechte ist hier freilich kein grundlegender Unterschied, da auch bei der echten Auftragsproduktion der Filmhersteller den Vertragspartnern die erforderlichen Nutzungsrechte überträgt, so wie er es tut, wenn er nach Fertigstellung des Films Lizenzverträge abschließt. Die Auftragsproduktion ist vor allem häufig bei Filmen, die für das Fernsehen oder für Industriefirmen, Werbeagenturen u. ä. m. hergestellt werden. Aber auch im Hinblick auf den Verleih oder Vertrieb des Filmes kommen häufig Auftragsproduktionen seitens der Verleih- oder Vertriebsfirmen vor. Dabei ist hier immer nur von der echten Auftragsproduktion die Rede, während die unechte Auftragsproduktion faktisch gar keine Filmverwertung, sondern eine Filmherstellung durch den Vertragspartner darstellt (s. o. Kapitel 60).

4   Für die echte Auftragsproduktion von Industrie- und Werbefilmen ist zu beachten, daß auch **Industrie- und Werbefilme** (einschließlich der Werbespots im Fernsehen), soweit ihnen ein originelles geistiges Konzept zugrunde liegt, als **urheberrechtsschutzfähige Filmwerke** zu betrachten sind. Dabei sind an dieses Konzept keine zu hohen Anforderungen zu stellen. Es genügen z. B. besondere Einfälle (also nicht nur konventionelles Abfilmen) für die Form der Wiedergabe von Industriewerken, Städten, Industrietechniken u. ä. m. in Industriefilmen und für die Art der Präsentation der Qualität einer Ware oder sonstigen Leistung in Werbefilmen einschließlich Werbespots. Zeichentrickfilme, die hier eine wichtige Rolle spielen, genießen schon wegen ihrer meist originellen Typen und Situationen Urheber- und Leistungsschutz.

5   Bei diesen urheberrechtsschutzfähigen Industrie- und Werbefilmen gelten für die **Mitwirkenden,** die Urheber- oder Leistungsschutzrechte an diesem Filmwerk erwerben (z. B. Verfasser des Scripts oder Drehbuchs als vorbestehendes Werk, Regisseur, Kameramann, Schnittmeister, Darsteller, Produzent u. ä. m.), die gesetzlichen Auslegungsregeln und Schranken sowie die in Formular- und Tarifverträgen enthaltenen Vorschriften für solche Rechte. Der Produzent muß diese Rechte in dem Umfang erwerben, in dem er sie an seinen Auftraggeber weitergibt (vgl. die Abschnitte 4, 5 und 7).

6   Für die Auftragsproduktion von Industrie- und Werbefilmen werden häufig **Formularverträge** mit **allgemeinen Bedingungen** der Industriefirmen oder der werbungtreibenden Firmen (vor allem auch der Werbeagenturen) benutzt. Sie sehen häufig Rechtsübertragungen vor, die nicht durch die gesetzlichen Auslegungsregeln und Schranken, oft auch nicht durch Formular- und Tarifverträge mit den Mitwirkenden gedeckt sind (z. B. das Recht der Übernahme von Teilen des betreffenden Films in andere Filme), so daß hier entsprechende zusätzliche

Vereinbarungen des Produzenten mit den Mitwirkenden notwendig sind (s. Kapitel 50 und 63). Sie enthalten auch Bestimmungen, die gegen zwingende gesetzliche Vorschriften verstoßen (z. B. völlig freies Änderungsrecht an dem Film für den Auftraggeber, was das unveräußerliche Urheberpersönlichkeitsrecht verletzen könnte oder Übertragung von Rechten für noch nicht bekannte Nutzungsarten, was nicht der Vorschrift des § 31 Abs. 4 UrhG entspricht) und sind insofern rechtlich unwirksam oder unbeachtlich, was nach § 139 BGB möglicherweise den ganzen Auftragsproduktionsvertrag nichtig machen kann. Auch eine Bestimmung in solchen Bedingungen, die dem Auftraggeber das Recht gibt, den Film aus geschmacklichen Gründen abzulehnen, ist bei der Subjektivität und Relativität von Geschmacksurteilen mangels Bestimmbarkeit des Begriffs rechtlich fragwürdig. Soweit in solchen Verträgen Mitwirkungsrechte der Auftraggeber niedergelegt sind (z. B. wegen der Art der Werbung oder Public Relation), müssen die Auftraggeber für die Folgen dieser Mitwirkung auf die Gestaltung des Films und auf die Rechtsbeziehungen zu den Mitwirkenden am Film einstehen.

7   Wie hier in der **Rechtsprechung** zur Produktion für dritte Auftraggeber: BGH in UFITA Bd. 32, S. 183 *(München 1945)*. Wie hier ebenfalls dazu, daß im Zweifel der Filmhersteller einer Auftragsproduktion zur Übertragung sämtlicher urheberrechtlichen Nutzungsbefugnisse an dem Filmwerk auf den Besteller verpflichtet ist, sowie grundsätzlich zur Auftragsproduktion: BGH in UFITA Bd. 32, S. 77 = GRUR 1960/609 *(wägen und wagen)*. Zur Verpflichtung eines Kulturfilmproduzenten gegenüber seinem Auftraggeber, einen Kulturfilm mit eingeblendeter Werbung zur Aufführung zu bringen: LG Berlin in UFITA Bd. 34, S. 239 *(Nescafé)*.

8. Abschnitt. Filmlizenzvertrag Produktion/Verleih

94. Kapitel. Allgemeines

1 Der Filmlizenzvertrag Produktion/Verleih (auch Lizenzvertrag oder Filmverleih- oder Filmmonopol- oder Filmverwertungsvertrag genannt) im Sinne dieses Abschnitts bildet die rechtliche Form für die wirtschaftlichen Beziehungen zwischen **Filmherstellern** und **Filmverleih-** und **Vertriebsfirmen** bei der Auswertung der Filme durch öffentliche Filmvorführungen, in erster Linie durch Filmvorführungen in Filmtheatern. Es kommt in der Praxis vor, daß der Filmhersteller die Filmvorführung in Filmtheatern oder sonstigen Spielstätten durch unmittelbare Abschlüsse mit diesen Stellen durchführen läßt. Dann ist er insoweit als Filmverleiher im Sinne des nächsten Absatzes anzusehen. In der überwiegenden Zahl der Fälle werden jedoch von den Filmherstellern hier Verleih- und Vertriebsfirmen zwischengeschaltet. Diese Verleih- und Vertriebsfirmen charakterisieren sich wirtschaftlich als eine Art **Großhandel** auf dem Filmgebiet, während die Vorführstätten selbst, die durch die öffentliche Filmvorführung unmittelbar mit den Filmbesuchern in Kontakt treten, als Einzelhandel zu betrachten sind.

2 Der Begriff des **Filmherstellers** (hier auch Filmproduzent oder Produzent oder Produktionsfirma genannt) im Sinne dieses Abschnitts ist der gleiche Begriff, wie er im vorigen Abschnitt bei dem Vertragswerk der Filmproduktion definiert und benutzt worden ist. Unter **Filmverleiher** (hier auch Verleiher oder Verleihfirma genannt) versteht man eine physische oder juristische Person, welche die ihr zur Auswertung überlassenen Filme an Spielstätten für die öffentliche Filmvorführung, vor allem an Filmtheater, weiter veräußert, insbesondere vermietet. Hierfür besitzt die Verleihfirma einen Verleihapparat unterschiedlicher Größe, vor allem mit Geschäftsführer, Verleihchef, Disponenten, Filialleitern, Vertretern, Werbeabteilung, Buchhaltung. Der **Filmvertrieb** (hier auch Vertrieb oder Vertriebsfirma genannt) umfaßt diejenigen physischen oder juristischen Personen, die nicht unmittelbar mit den Vorführstätten für öffentliche Filmvorführungen in Verbindung treten, sondern zwischen die Filmhersteller und die Filmverleiher eingeschaltet sind. Sie haben vor allem Bedeutung im internationalen Filmhandel, wo sie als Import- bzw. Exportfirmen in Erscheinung treten.

3 Unter **Filmwerk** im Sinne dieses Abschnitts sollen, genau wie in den vorhergehenden Abschnitten, Filme aller Art in sämtlichen technischen Verfahren und Formaten und für alle möglichen Verwendungszwecke verstanden werden. Der Begriff soll insbesondere Kinofilme und Fernsehfilme, fixierte Filme und Live-Sendungen, Spielfilme und Nachrichtensendungen, Kultur-, Werbe- und Industriefilme, programm- bzw. abendfüllende Filme und Kurzfilme umfassen. Sie werden freilich von dem hier behandelten Filmlizenzvertrag nur erfaßt, soweit sie für öffentliche Filmvorführungen benutzt werden. Anderenfalls liegt eine andere Art des Lizenzvertrages, z. B. für die Auswertung im Fernsehen oder durch Videokassetten oder Bildplatten vor. Es ist natürlich möglich, daß eine Verleih- oder Vertriebsfirma neben den Kinoauswertungsrechten auch die Auswertungsrechte für das Fernsehen und die Videokassetten und die Bildplatten o. ä. m. besitzt. Dann wird sie jedoch verschiedene Verwertungsverträge mit verschiedenen Partnern abschließen, wobei nur der Vertrag für die öffentliche Filmvorführung unter diesen Abschnitt fällt.

4 Die Ausführungen in diesem Abschnitt behandeln vor allem die Filmlizenzverträge zwischen Filmherstellern und Filmverleihern über die **inländische** Auswertung der Filme durch öffentliche Filmvorführungen. Sie betreffen aber auch die Lizenzverträge zwischen Filmherstellern und Filmvertriebsfirmen über die entsprechende **ausländische** Auswertung ihrer Filme. Sie erfassen schließlich die Verträge zwischen ausländischen Filmherstellern oder Filmvertriebsfirmen und deutschen Filmverleihern oder Filmvertriebsfirmen über die Auswertung von deren Filmen im **Inland.**

95. Kapitel. Vertragspartner und Vertragstypen

1 In der Präambel des Filmlizenzvertrags sind meist die **Filmhersteller** und **Filmverleiher** genau bezeichnet. Diese Produktions- und Verleihfirmen sind keine Kaufleute kraft Gewerbebetriebs nach § 1 HGB, da sich weder der Betrieb einer Filmproduktion noch eines Filmverleihs unter die dort erwähnten Grundhandelsgewerbe einreihen läßt. Fast alle Produktions- und Verleihfirmen (vor allem bei Spielfilmen und anderen programmfüllenden Filmen) sind jedoch wegen der wirtschaftlichen Bedeutung und Größe des Vertragsgegenstandes kraft Organisation oder Rechtsform Kaufleute nach den §§ 2 und 6 HGB und demgemäß auch im Handelsregister eingetragen. Es gelten deshalb für den normalen Fall der Filmproduzent und der Filmverleiher als **Vollkaufleute.**

2 Bei der wirtschaftlichen Bedeutung und Größe des Vertragsgegenstandes des Filmlizenzvertrages müssen diese Filmlizenzverträge grundsätzlich von den Filmproduzenten und den Filmverleihern **selbst** oder bei Handelsgesellschaften durch die zeichnungsberechtigten Vertreter oder durch **ausdrücklich Bevollmächtigte** dieser Gesellschaften abgeschlossen werden. Bei internationalen Co-Produktionen hat der deutsche Produzent meist die ausschließlichen Rechte für das inländische Lizenzgebiet und damit auch die Befugnis, die Lizenzverträge mit Verleihfirmen für dieses Gebiet abzuschließen. Bei intern-deutschen Gemeinschaftsproduktionen müssen grundsätzlich alle Partner dieser Gemeinschaftsproduktion zusammen oder ein ausdrücklich von den anderen Partnern bevollmächtigter Gemeinschaftsproduzent die Filmlizenzverträge mit den Filmverleihern abschließen. Dies ist schon deshalb wichtig, weil bei intern-deutschen Gemeinschaftsproduktionen meist eine reine Innen- oder Binnengesellschaft vorliegt mit der Vertragsbestimmung, daß Geschäfte gegenüber Dritten nur denjenigen Partner verpflichten, der sie abgeschlossen hat und nicht etwa die anderen Partner bzw. Gemeinschaftsproduzenten, es sei denn, daß sie dem Abschluß mit einem Dritten ausdrücklich zugestimmt haben (vgl. Abschnitt 7, Kapitel 92).

3 Gemäß den verschiedenartigen wirtschaftlichen und geschäftlichen Beziehungen zwischen den Filmherstellern und den Filmverleihern haben sich bei der Veräußerung und dem Erwerb der Filme zur Auswertung **vier** inhaltlich unterschiedliche **Vertragstypen** für den Filmlizenzvertrag entwickelt, die teilweise eine rechtlich unterschiedliche Behandlung erforderlich machen: Der reine Lizenzvertrag, die echte Auftragsproduktion, die unechte Auftragsproduktion und der reine Agenturvertrag.

4 Der **reine Lizenzvertrag** enthält die Übertragung der ausschließlichen Nutzungsrechte (sog. Lizenzrechte) eines fertiggestellten oder in der Produktion befindlichen oder projektierten Films für bestimmte Nutzungsarten (sog. Lizenzgegenstand), für ein bestimmtes Auswertungsgebiet (sog. Lizenzgebiet) und eine bestimmte Auswertungszeit (sog. Lizenzzeit) zusammen mit der Überlassung des für die Filmauswertung notwendigen Materials (Negativ des Films, seines Werbevorspannes, der Standfotos) von einem Filmproduzenten auf einen Filmverleiher. Der Filmverleiher zahlt hierfür entweder einen festen Preis oder – was häufiger vorkommt – eine prozentuale Beteiligung (evtl. mit einer Mindestgarantie) an den bei ihm eingehenden Einnahmen für den Vertragsfilm (sog. Lizenzgebühr). Der Filmproduzent übernimmt die Gewähr für den Bestand der Rechte und trägt das Risiko der Fertigstellung des Films und seiner Zensur, während der Verleiher die Verpflichtung zur ordnungsgemäßen Auswertung und laufenden Abrechnung und Abführung der Lizenzgebühr hat.

5   Eine **echte Auftragsproduktion** liegt immer dann vor, wenn ein Filmverleiher einem Produzenten die Herstellung eines Films in Auftrag gibt, der Produzent diesen Film im eigenen Namen und für eigene Rechnung herstellt und als fertigen Film an den Verleiher abliefert. Dieser Vertrag wird meistens dadurch charakterisiert, daß sich der Verleiher mit bestimmten Vorauszahlungen (Wechseln, Barzahlungen u. ä. m.) bereits an der Finanzierung der Produktion des Films beteiligt. Ein wichtiges Merkmal für das Vorliegen dieser Vertragsform ist der Umstand, daß alle für die Produktion notwendigen Verträge (z. B. die Verträge mit den Autoren, dem Regisseur, den Filmschaffenden, dem künstlerischen und dem technischen Stab, dem Atelier, der Kopieranstalt usw.) vom Filmproduzenten in seinem Namen und für seine Rechnung abgeschlossen werden, jedoch der Filmverleiher bestimmte Mitwirkungsrechte bei Stoff, Drehbuch, Titel, Besetzung und Kalkulation hat. Der Produzent hat den Film an den Verleiher mit den ausschließlichen Nutzungsrechten für bestimmte Nutzungsarten, bestimmte Gebiete und eine bestimmte Zeit und dem für die Auswertung notwendigen Material abzuliefern. Als Gegenleistung erhält der Filmproduzent die Lizenzgebühr in Gestalt eines festen Betrages oder einer prozentualen Beteiligung. Im übrigen gelten ähnliche Bestimmungen und Klauseln wie bei einem reinen Lizenzvertrag. Eine weitergehende Zusammenarbeit zwischen Filmproduzent und Filmverleiher bei der Filmherstellung führt zur Vertragsform der Co-Produktion oder Gemeinschaftsproduktion (s. Kapitel 92). Natürlich gibt es zahlreiche Mischformen zwischen dem reinen Lizenzvertrag und der echten Auftragsproduktion.

6   Eine **unechte Auftragsproduktion** ist dann gegeben, wenn ein Verleiher einem Produzenten den Auftrag gibt, einen Film im Namen und für Rechnung des Verleihers herzustellen. Die ganze Filmherstellung geht hier auf das alleinige Risiko des Verleihers, der auch die endgültige Entscheidung über Stoff, Drehbuch, Titel, Besetzung und Kalkulation hat. Das entscheidende Merkmal liegt darin, daß alle Verträge für das Produktionsvorhaben namens und im Auftrag des Verleihers abgeschlossen werden, so daß er von vornherein alle den Film betreffenden Rechte, Ansprüche und Pflichten übernimmt. Der Verleiher hat hier gegenüber dem Produzenten immer zeitlich, örtlich und gegenständlich unbegrenzte Nutzungsrechte an dem Film. Er ist Hersteller des Films und der Produzent nur sein Beauftragter für die Leitung der Herstellung. Als Gegenleistung erhält der Produzent einen bestimmten Prozentsatz der Herstellungskosten zur Abdeckung seiner sog. Handlungskosten, der ihm während der Dauer der Produktion ausgezahlt wird. Es handelt sich hierbei um Beträge, die meist zwischen 5–7½% der Herstellungskosten des Films liegen. Ferner erhält er eine Beteiligung am Reingewinn des Films, die in der Regel 10–30% dieses Gewinns beträgt. Auch aus dieser Bezahlung des Produzenten ergibt sich der andersartige Charakter dieses Vertrages, verglichen mit der o. e. echten Auftragsproduktion. Der Produzent erhält nicht

die Gegenleistung für ein hergestelltes Werk (d. h. die Produktionskosten) und eine der Bedeutung des Herstellers entsprechende Gewinnbeteiligung, sondern er erhält nur ein Entgelt für seine Dienstleistung bei der Herstellung des Werkes und einen dieser Dienstleistung entsprechenden Anteil am Gewinn. Diese unechte Auftragsproduktion ist kein eigentlicher Filmlizenzvertrag, sondern ein **Dienstleistungsvertrag,** da keine Nutzungsrechte vom Filmproduzenten auf den Filmverleiher übertragen werden.

7 Abschließend ist noch der **reine Agenturvertrag** zu erwähnen, bei dem der Verleiher als Agent für den Produzenten die Vermietung und Disposition seiner Filme bei den Filmtheatern vermittelt. Hier stellt der Verleiher dem Produzenten seinen Verleihapparat als Dienstleistungsbetrieb gegen eine bestimmte Vergütung (evtl. prozentuale Beteiligung an den Verleiheinnahmen) zur Verfügung. Die Filmbestellverträge mit den Filmtheatern oder sonstigen Spielstätten werden hier vom Verleiher im Namen und für Rechnung des Produzenten abgeschlossen, der deshalb der Vertragspartner der Theaterbesitzer wird. Hier handelt es sich um keinen eigentlichen Filmlizenzvertrag, da keine Nutzungsrechte vom Filmproduzenten an den Filmverleiher übertragen werden. Es liegt vielmehr ein **reiner Dienstvertrag** vor, der nach den entsprechenden Vorschriften des BGB zu beurteilen ist.

8 Neben der Unterscheidung der vier erwähnten Vertragsformen, die nach der rechtlichen und wirtschaftlichen Gesamtstruktur der jeweiligen Beziehungen zwischen Produzent und Verleiher erfolgt, sind noch folgende Unterscheidungskriterien zu beachten: Der **Weltlizenzvertrag** enthält die Übertragung der Auswertungsrechte an dem Film für die ganze Welt. Er ist also der umfassendste Lizenzvertrag. Der **Länderlizenzvertrag** hat die Übertragung der ausschließlichen Auswertungsrechte an einem Film für ein bestimmtes Staatsgebiet zum Inhalt. Er ist die häufigste Vertragsform und wird in Zweifelsfällen zu vermuten sein. Der **Bezirkslizenzvertrag** bezieht sich nur auf einen bestimmten Verleihbezirk innerhalb eines Staatsgebietes. Er wird für den Fall abgeschlossen, daß ein Verleiher nur für bestimmte Bezirke eines Landes (z. B. in der Bundesrepublik: Verleihbezirke München, Frankfurt/Main, Düsseldorf, Hamburg sowie West-Berlin) einen Verleihapparat besitzt, wobei die Rechtsübertragung dann nur für diesen jeweils erwähnten Bezirk gilt.

9 Zu beachten ist bei den Vertragstypen noch die Unterscheidung zwischen dem Lizenzvertrag über ein **Erstmonopol**, ein **Zweitmonopol** und **evtl. weitere Monopole.** Gemeint ist mit dem Erstmonopol die erste Auswertung eines Films in dem betreffenden Gebiet, die sich meist auf einen Zeitraum von 5–7 Jahren erstreckt, und mit dem Zweitmonopol eine dortige Auswertung im anschließenden Zeitraum, die ebenfalls meist 5–7 Jahre beträgt. Das Zweitmonopol und die späteren Monopole laufen auf einen Neueinsatz des Films hinaus, da bereits innerhalb des Erstmonopols der Film normalerweise vollständig ausgewertet ist, d. h. in allen Ausführungsfolgen in den in Frage kommenden Filmtheatern vorgeführt wurde. Hierfür wird sogar durchschnittlich nur eine Zeit zwischen 12 und 18 Monaten benötigt, so daß schon während des Erstmonopols ein mehrfacher Einsatz eines Films erfolgen kann. Für ein Zweitmonopol und evtl. spätere Monopole sind deshalb nur besonders zugkräftige oder filmkünstlerisch bzw. -geschichtlich bedeutsame Filme interessant.

10 Die sämtlichen Ausführungen in diesem Kapitel gelten **entsprechend** für Lizenzverträge mit oder zwischen **Vertriebsfirmen.** Auch hier sind die Vertragspartner im Normalfall Vollkaufleute. Ferner kommen auch hier die o. e. verschiedenen Vertragstypen vor.

11   Zwischen den Vertragspartnern der vier erwähnten Vertragstypen kommen auch **Optionsabreden** vor, wobei unter *Option* der einem Partner eingeräumte Anspruch auf Abschluß eines bestimmten Rechtsgeschäfts zu verstehen ist. In der Praxis spielt hier vor allem die einem Filmproduzenten oder Filmverleiher gegebene Option auf den Abschluß eines Lizenzvertrages über die Veräußerung oder den Erwerb von Lizenzrechten an einem oder mehreren Filmen eine Rolle. Sie ist nur rechtswirksam, wenn Zeitpunkt und Essentialien des zu optierenden Lizenzvertrages (s. Kapitel 96) in der Optionsabrede festgelegt werden. Die zeitliche Fixierung kann in dem Erscheinen des oder der Filme gesehen werden. Für die Essentialien kann ein ausdrücklicher oder sinngemäßer Hinweis auf vorangegangene Lizenzverträge zwischen den Vertragspartnern genügen.

96. Kapitel. Vertragsinhalt und Vertragsform

1   Für den rechtswirksamen Abschluß ist bei dem reinen Lizenzvertrag und der echten Auftragsproduktion entscheidend, daß inhaltlich die **Essentialien** für den Filmlizenzvertrag einvernehmlich festgelegt worden sind, wozu der Vertragsfilm sowie Art und Umfang der Lizenzrechte, des Lizenzgebietes, der Lizenzdauer und der Lizenzgebühr gehören. In Zweifelsfällen über den gegenständlichen Umfang der Lizenzrechte wird man von der Übertragung der Auswertungsrechte für öffentliche Filmvorführungen in Filmtheatern oder sonstigen Spielstätten in allen Formaten und sowohl gewerblich wie nichtgewerblich auszugehen haben. Die anderen Verwertungsrechte (wie Fernsehen, Videokassetten, Bildplatten, 8-mm-Film-Verkauf u. ä. m.) gelten nur als mitübertragen, wenn sie ausdrücklich erwähnt sind. Als Lizenzzeit und Lizenzgebiet wird man in Zweifelsfällen die 5jährige Dauer und das inländische Lizenzgebiet zu unterstellen haben. Die Lizenzgebühr besteht aus einem Festpreis oder einer prozentualen Beteiligung evtl. mit Garantie, wobei der Vertragstyp eine Rolle spielen kann (s. voriges Kapitel).

2   Für die unechte Auftragsproduktion und den reinen Agenturvertrag sind inhaltlich **essentiell** Umfang und Art der jeweiligen Dienstleistung als Herstellungsleiter bzw. Handelsagent und die hierfür geschuldete Vergütung. Hierbei kann die Bezeichnung der Positionen und Tätigkeiten als Herstellungsleiter bzw. Handelsagent ausreichend sein, da ihr Umfang und ihre Art in der Branche genau fixiert sind.

3   Der Filmlizenzvertrag enthält meist einleitend eine **Charakterisierung** des **Vertragsfilms.** Soweit es sich um den Vertrag über einen fertigen vom Verleiher besichtigten Film handelt, tauchen hier keine besonderen Probleme auf. Ähnlich liegt es bei der unechten Auftragsproduktion, da hier der Verleiher der eigentliche Hersteller des Films ist und deshalb letztlich allein über Stoff, Drehbuch, Regie, Titel, Besetzung, Kalkulation, Finanzierung usw. entscheidet, während dem Produzenten als dem Herstellungsleiter höchstens Beratungs-, Vorschlags- und Vermittlungsrechte bzw. entsprechende Pflichten zukommen.

4   Für die vom Verleiher unbesehen erworbenen fertigen Filme und die von ihm als Projekte oder während der Produktion erworbenen Filme wird der Vertragsgegenstand durch **Ankündigungen** und **Beschreibungen** des Filmproduzenten im Vertrag oder in besonderen Presse- bzw. Werbemappen oder -broschüren des Produzenten gekennzeichnet. Hier können bestimmte Kategorien und Sujets sowie Autoren, Regisseure, Darsteller und sonstige Filmschaffende für den Film festgelegt werden, die den Vertragsgegenstand rechtlich verbindlich charakterisieren.

247

5   Bei der vorrangigen Bedeutung der Spielfilme (Filme mit hauptsächlich fiktiven Elementen) für den Filmmarkt wird man bei der Bezeichnung als abendfüllender Film in einem Lizenzvertrag hinsichtlich der Filmkategorie von **Spielfilmen** auszugehen haben, falls sich nicht aus Beschreibungen oder sonstigen Umständen eindeutig der Charakter des erworbenen Films als Dokumentar- bzw. Kulturfilm ergibt. Soweit sich der Lizenzvertrag seiner Struktur und seinem Sinn nach auf einen solchen abendfüllenden Film bezieht, können in Zweifelsfällen für die Mindest- und Höchstlänge die Vorschriften des FFG über den programmfüllenden Film (Vorführdauer 79 bis 110 Minuten lt. §§ 15 und 20 FFG) und die EG-Vorschriften über den abendfüllenden Film (Länge von mindestens 1600 m lt. Richtlinie des EG-Rates vom 15. 10. 1963, Art. 2 Abs. 2a) herangezogen werden. Bei Lizenzverträgen über nicht programmfüllende Filme wird es sich im Zweifel um **Kurzfilme** (auch Kulturfilme genannt) als Beiprogrammfilme zur Vervollständigung der Programme der Filmtheater handeln (zwischen 10 und 15 Minuten Vorführdauer), für die zur Erzielung der gewünschten Vergnügungssteuerermäßigung die Erteilung eines Prädikats durch die Filmbewertungsstelle Wiesbaden entscheidend ist (s. Kapitel 41). Diese Länge und ein solches Prädikat sind daher hier für den Vertragsgegenstand rechtlich verbindlich.

6   Bei der echten Auftragsproduktion sind, da bei ihr die Produktion des Films z. Zt. des Vertragsabschlusses noch nicht angefangen hat, Vorschriften über die vorgesehene Produktion und ihre **Abstimmung** zwischen **Produzent und Verleiher** im Hinblick auf die für die Herstellung des Films maßgebenden künstlerischen, technischen und wirtschaftlichen Gesichtspunkte nötig, woraus sich mehrere Probleme ergeben. Hier wird in den Verträgen meist festgelegt, daß mindestens Stoff, Drehbuch, Titel, Regie und Besetzung der Hauptrollen der **Zustimmung des Verleihers** bedürfen. Soweit diese Positionen schon im Vertrag detailliert aufgeführt sind, bezieht sich dieses Zustimmungserfordernis auf alle Änderungen in diesen Positionen. Auch für die Herstellungskosten, die Kalkulation und evtl. die Finanzierung ist diese Zustimmung vorgesehen, wobei meist ein Höchstbetrag für die Herstellungskosten festgelegt wird, der vom Produzenten nicht überschritten werden darf. Sollte der Produzent den Höchstbetrag überschreiten, so geht diese Überschreitung allein zu seinen Lasten. Evtl. wird hiervon eine Ausnahme gemacht, falls diese Überschreitung auf höhere Gewalt zurückzuführen ist.

7   In manchen dieser Verträge wird nicht von der Zustimmung des Verleihers gesprochen, sondern vorgeschrieben, daß über Stoff, Drehbuch, Titel, Regie, Besetzung der Hauptrollen, Herstellungskosten, Kalkulation und evtl. Finanzierung **Einvernehmen** zwischen **Produzent** und **Verleiher** herzustellen ist. Soweit diese Positionen schon im Vertrag detailliert aufgeführt sind, bezieht sich dieses Erfordernis des Einvernehmens auf alle Änderungen in diesen Positionen.

8   Soweit die **Zustimmung** des Verleihers vertraglich vorgesehen ist, steht es grundsätzlich in seinem **Ermessen,** ob er diese Zustimmung geben will. Er darf die Zustimmung freilich nicht aus unsachlichen Motiven verweigern, da dies einen Verstoß gegen Treu und Glauben (Ermessensmißbrauch) und damit eine Vertragspflichtverletzung darstellen würde. Unsachlich wäre z. B. die Verweigerung der Zustimmung zu einer gleichwertigen Besetzung für eine wichtige Funktion (z. B. Regie, Hauptrolle), wenn die ursprünglich vorgesehene Besetzung aus vom Produzenten nicht zu vertretenden Gründen nicht durchführbar ist. Soweit der Vertrag Formulierungen enthält, wonach zwischen Produzent und Verleiher **Einvernehmen** herzustellen ist, besteht eine echte Verpflichtung für beide Vertragspartner, alles in ihren Kräften Stehende zu tun, um zu einem solchen Einvernehmen zu kommen, d. h., um sich über Stoff, Drehbuch, Titel, Regie, Besetzung, Kalkulation usw. zu einigen. Wenn deshalb eine Partei ihrer **Bemühungsverpflichtung** nicht nachkommt (also z. B. grundlos ihre Mitwirkung versagt oder sich nicht ernsthaft um Alternativen bemüht), so wird man hierin eine Vertragsverletzung zu sehen haben. Bei Änderungsvorschlägen gegenüber den ursprünglich in Aussicht genommenen Drehbuchfassungen, Besetzungen, Herstellungskosten, Kalkulation u. ä. m. wird man es immer darauf abzustellen haben, ob sie im Hinblick auf den Charakter des vertraglich vorgesehenen Filmvorhabens als gleichartig oder gleichwertig angesehen werden können und deshalb beiden Vertragsparteien zumutbar sind (s. auch Kapitel 104).

9 Für den Inhalt des Lizenzvertrags im einzelnen sind grundsätzlich nur die im Einzelfall festgelegten Bedingungen maßgebend. **Allgemeine Bedingungen** existieren nur in Gestalt der im Kapitel 112 behandelten **Formularverträge** für den Filmexport und einiger **Standard-Verträge** von Verleih- bzw. Vertriebsfirmen. Solche allgemeinen Bedingungen können nur zum Vertragsinhalt werden, wenn sie dem Vertrag beigefügt sind oder wenn sie beiden Parteien aus vorangegangenen Lizenzverträgen oder anderen Gründen nachweisbar bekannt sind und auf sie im Lizenzvertrag ausdrücklich Bezug genommen wird.

10 Für den Filmlizenzvertrag gibt es **keine** allgemeinen Bedingungen kraft **Handelsbrauch,** da die Verträge auch in ihren allgemeinen Bedingungen häufig unterschiedlich gehalten sind. Daher können nur solche Vorschriften allgemeiner Bedingungen der Formular- oder Standard-Verträge in Zweifelsfällen **ergänzend** herangezogen werden, die häufig einheitlich gleichförmig verwandt und von den Vertragspartnern offensichtlich ergänzend bei Eintritt entsprechender Fälle gewollt waren (z. B. Änderungsklausel, Zensurklausel, Konkurrenzklausel, Weiterübertragungsklausel u. ä. m.). Ansonsten kann ein ausfüllungsbedürftiger Inhalt von Filmlizenzverträgen nur aus den allgemeinen gesetzlichen Vorschriften des UrhG oder aus den gesetzlichen Vorschriften für Vertragstypen entnommen werden, die für den jeweiligen Typ des Filmlizenzvertrages anwendbar sind (Gesellschaftsrecht, Kaufrecht, Pachtrecht etc.).

11 Die regelmäßige Vertragsform für den Filmlizenzvertrag ist die **Schriftform,** und zwar durch eine Urkunde mit der Regelung aller Vertragseinzelheiten. Diese Schriftform ist schon wegen der Größe und Bedeutung des Vertragsgegenstandes und der Regelungsbedürftigkeit zahlreicher Einzelheiten geboten. Es gibt aber auch kürzere Verträge über die hauptsächlichen Rechte und Pflichten der Vertragspartner und im übrigen einen Hinweis auf allgemeine Bedingungen, wie die Bedingungen eines früheren zwischen denselben Vertragspartnern abgeschlossenen Filmlizenzvertrages oder die Bedingungen in Formular- bzw. Standard-Verträgen. Auch schriftliche Bestätigungen mündlicher Vereinbarungen kommen beim Filmlizenzvertrag häufig vor.

12 Da es sich hier um eine gewillkürte Schriftform handelt und keine Schriftform gesetzlich oder durch Handelsbrauch vorgeschrieben ist (außer für Verträge über künftige nicht näher oder nur der Gattung nach bestimmte Filme gem. § 40 UrhG oder u. U. für einzelne Vertragsvorschriften wie z. B. eine Schiedsgerichtsklausel gem. § 1027 ZPO), können Filmlizenzverträge auch **mündlich** abgeschlossen werden. Wegen des Bestimmtheitserfordernisses bei der Rechtsübertragung werden aber an das Zustandekommen eines verbindlichen mündlichen Filmlizenzvertrages strenge Anforderungen im Sinne detaillierter Absprachen und eines entsprechenden Bindungswillens zu stellen sein. Sind sie nicht gegeben und beweisbar, so können mündliche Verabredungen in der Regel lediglich als Vorverhandlungen angesehen werden, die noch keinen verbindlichen Filmlizenzvertrag darstellen, sondern nur der Vorbereiung eines schriftlichen Filmlizenzvertrages dienen sollen, der dann erst nach Niederlegung in schriftlicher Form oder zumindest durch Bestätigungsschreiben wirksam wird.

13 Die sämtlichen Ausführungen in diesem Kapitel gelten entsprechend für Lizenzverträge mit oder zwischen **Vertriebsfirmen.** Hier werden, soweit die Vertriebsfirmen internationale Rechtsbeziehungen eingehen (Import und Export von Filmen), verstärkt Formularverträge mit allgemeinen Bedingungen verwandt.

14 Die gleiche Auffassung, wonach kein gesetzliches Erfordernis und kein Branchenbrauch für die Schriftform besteht, sie jedoch im Zweifel als gewollt anzusehen ist, vertreten in der **Rechtsprechung** auch das LG München I (in UFITA Bd. 61, S. 276) und das LG München I vom 21. 7. 1950 (Az.: 7 O 248/49). Lt. LG München in UFITA Bd. 61, S. 276 sind die Bestimmungen über die Lizenzdauer und die Festlegung der Zahlungsmodalitäten wesentliche Elemente des Filmlizenzvertrages.

97. Kapitel. Die Rechtsnatur des Filmlizenzvertrages

1 Der Filmlizenzvertrag charakterisiert sich rechtlich als ein **urheberrechtlicher Nutzungsvertrag eigener Art,** der Elemente des Gesellschaftsvertrages, des Werkvertrages, des Werklieferungsvertrages, des Pachtvertrages und des Kaufvertrages enthalten kann. Der Wille der Vertragspartner und der Vertragszweck bestehen in der jeweils vorgesehenen Auswertung des Films. Um diese Auswertung optimal zu ermöglichen, erhält der Filmverleiher üblicherweise **ausschließliche, absolute Rechte** nach § 31 Abs. 1 und 3 UrhG durch Übertragung der entsprechenden urheberrechtlichen Nutzungsrechte an den vorgesehenen Nutzungsarten. Er muß nämlich allein und selbständig, d. h. aus eigenem uneingeschränkten Recht gegen Dritte vorgehen können. Beim Fehlen eines derartigen ausschließlichen und absoluten Abwehr- oder Verbietungsrechts könnte er z. B. nicht schnell und umfassend genug gegen die seine Auswertung störenden Eingriffe Dritter vorgehen. Dies würde die für eine ordnungsgemäße Auswertung notwendige Kontinuität des Abspiels des Films gefährden. Da die urheberrechtlichen Nutzungsrechte auch als ausschließliche, absolute Rechte gegenständlich (nach Nutzungsarten), örtlich (nach Gebieten) und zeitlich (nach Dauer) mit dinglicher Wirkung gegenüber Dritten teilbar sind (§ 32 UrhG), können die jeweils vorgesehenen oder dem Vertragszweck entsprechenden Teilrechte übertragen werden.

2 Im einzelnen gehen mindestens folgende **Teilrechte** (evtl. räumlich und zeitlich begrenzt) der dem Filmhersteller zustehenden Nutzungsrechte an dem Film nach dem Lizenzvertrag auf den Verleiher über: Herstellung der Filmkopien als materielle Substrate des Filmwerks (Vervielfältigungsrecht); Versendung der Kopien an die Filmtheaterbesitzer (Verbreitungsrecht); öffentliches Abspielen der Kopien vor dem Publikum in den Filmtheatern (Vorführungsrecht). Als materielle Substrate kommen auch Videokassetten, Bildplatten o. ä. m. in Frage. Diese Teilrechte sind dingliche und ausschließliche Rechte. Aus diesem Charakter der Rechtsübertragung rechtfertigt sich übrigens für den Vertrag zwischen Produzent und Verleiher die Bezeichnung als Filmlizenzvertrag oder Filmmonopolvertrag.

3 Neben dieser allgemeinen rechtlichen Charakterisierung als lizenzrechtlicher Vertrag werden im Einzelfall gem. der individuellen Gestaltung der betreffenden Lizenzverträge zusätzlich bestimmte Vorschriften für typische **Verträge des Zi-**

vil- und Handelsrechts sinngemäß anwendbar sein. Obwohl die Heranziehung dieser Vorschriften von der Gestaltung des Lizenzvertrages im einzelnen abhängig ist, lassen sich hier doch gem. den in der Praxis immer wiederkehrenden Formen von Lizenzverträgen bestimmte Grundsätze aufstellen.

4   Zunächst ist hier ein Unterschied zwischen dem Lizenzvertrag, bei welchem die Lizenzrechte am Film gegen einen Festpreis für alle Gebiete und alle Zeiten oder für ein beschränktes Gebiet und eine beschränkte Zeit überlassen werden, und denjenigen Verträgen zu machen, bei welchen solche Rechte gegen Beteiligung an den Verleiheinnahmen, also auf prozentualer Grundlage, eingeräumt werden. Der zuerst genannte Fall weist, vor allem wenn die Überlassung gegen den Festpreis für alle Zeiten und für alle Gebiete erfolgt – sog. *outright sale* – große Ähnlichkeit mit einem **Kaufvertrag** auf. Hier werden deshalb einzelne Vorschriften des Kaufrechts Anwendung finden können. Bei dem Vertragstyp mit prozentualer Beteiligung, der ein partiarisches Rechtsverhältnis begründet und bei welchem die Auswertung des Films naturgemäß eine große Rolle spielt, wird man dagegen Ähnlichkeiten mit **gesellschaftsrechtlichen Vertragsformen** feststellen und deshalb einzelne gesellschaftsrechtliche Vorschriften heranziehen können.

5   Ein weiterer Unterschied liegt in dem Umfang des Einflusses, den der Verleiher auf die Herstellung des Films hat. Wird das Filmvorhaben in seinem Auftrag durchgeführt und von ihm mitfinanziert, so wird der Vertrag Gemeinsamkeiten mit den typischen **Werk- bzw. Werklieferungsverträgen** aufweisen, was die Anwendung bestimmter für diese Vertragstypen geltender gesetzlicher Vorschriften zur Folge haben kann. Sollte die Herstellung des Films weitgehend gemeinsam vom Filmhersteller und Filmverleiher vorgenommen werden, so nähert sich der Vertrag einer **bürgerlich-rechtlichen Gesellschaft,** so daß hier Regeln des Gesellschaftsrechts zu beachten sind.

6   Die Verträge, in denen der Filmverleiher der eigentliche Filmhersteller und der Produzent nur sein Herstellungsleiter ist (unechte Auftragsproduktion), sind keine eigentlichen Lizenzverträge, da es an der Übertragung von Lizenzrechten vom Produzenten auf den Verleiher fehlt. Entsprechendes gilt für den reinen Agenturvertrag, bei dem der Verleiher nur vermittelnd tätig wird. In beiden Fällen charakterisiert sich der Vertrag rechtlich als Dienstleistungsvertrag, so daß die gesetzlichen Vorschriften über den **Dienstvertrag** entsprechend anzuwenden sind.

7   Die Vorschriften des **Verlagsrechts** und des **Patentrechts** können auf den Filmlizenzvertrag **keine** Anwendung finden. Bei diesen Vorschriften geht es um Regeln für spezielle Rechtsgebiete, die mit dem Filmlizenzvertrag nicht derart verwandt sind, daß dies die Übernahme auch nur einzelner typischer Vorschriften dieser Rechtsgebiete auf den Filmlizenzvertrag rechtfertigen könnte. Beim Verlagsvertrag sind die Partner meist eine kreative, physische Person einerseits und eine Handelsgesellschaft andererseits, während beim Filmlizenzvertrag fast immer zwei Handelsgesellschaften die Vertragspartner sind. Ferner ist der Gegenstand des Filmlizenzvertrages (nämlich der Vertragsfilm) wegen seines höheren Risikos und der besonderen Art seiner Auswertung ein völlig anderes Produkt als der Gegenstand des Verlagsvertrages (nämlich das literarische Werk). Beim patentrechtlichen Lizenzvertrag geht es um rein technische Erfindungen und deren Produkte, die mit dem auf Information, Meinungsbildung, Kunst und Unterhaltung ausgerichteten Produkt des Filmlizenzvertrages nichts gemeinsam haben.

8   Die **Rechtsprechung** hat den Filmlizenzvertrag schon frühzeitig als urheberrechtlichen Nutzungsvertrag eigener Art bezeichnet, der Elemente des Gesellschaftsvertrages, des Werkvertrages, des Pachtvertrages und auch des Kaufvertrages enthalten kann (vgl. BGHZ

2, S. 331 = UFITA Bd. 18, S. 122). Wörtlich führt der BGH in seiner grundlegenden Entscheidung vom 21. 4. 1953 (BGHZ 9, S. 262 *Schwanenbilder*) aus: ,,Ein Filmverwertungsvertrag zwischen dem Inhaber der Urheberrechte am Film und einem Filmverleiher, durch den das ausschließliche Recht zur öffentlichen Vorführung und zum Vertrieb des Films überlassen wird, ist ein urheberrechtlicher Nutzungsvertrag eigener Art. Soweit ausdrückliche Abreden fehlen, ist aus dem Zweck des Vertrages zu entnehmen, in welchem Umfang Urheberrechte oder aus ihnen abzuleitende ausschließliche Werknutzungsrechte auf den Erwerber der Vorführungsbefugnis übergehen.''

9 Die **Urheberrechtskommentare** stimmen der Meinung der Rechtsprechung zu. Vgl. *Fromm/Nordemann* (aaO § 88, Anm. 3); *Möhring/Nicolini* (aaO § 88, Ziff. 1); *von Gamm* (aaO Einführung Rdn. 86 und 89); *Ulmer* (aaO § 116, II, 3). *Von Gamm* (,,Grundfragen des Filmrechts'' 1957, S. 60) kann bei seiner Berufung auf die Anwendbarkeit von Vorschriften des Patent- und Verlagsrechts auf den Filmlizenzvertrag aus den o. g. Gründen nicht gefolgt werden.

98. Kapitel. Rechtswidrige und sittenwidrige Filmlizenzverträge

1 Ein Filmlizenzvertrag ist rechtswidrig, wenn die öffentliche Vorführung des den Vertragsgegenstand bildenden Films gegen **gesetzliche Verbote** verstoßen würde (z. B. gegen die §§ 131, 184 StGB). Ein solcher Vertrag ist nach § 134 BGB nichtig und es können aus ihm keine Ansprüche der Vertragspartner hergeleitet werden. Sollten nur Teile des Vertragsfilms gegen gesetzliche Verbote verstoßen (z. B. einzelne aufreizende Sex-Szenen gegen § 184 StGB oder grausame gewaltverherrlichende Szenen gegen § 131 StGB), so bleibt der Filmlizenzvertrag bestehen, wenn der verbliebene Teil des Films noch die programmfüllende Länge hat, den Sinngehalt des Films ausreichend wiedergibt, den Sinnzusammenhang der Handlung genügend wahrt und nicht besonders publikumsattraktive Szenen entfallen sind.

2 Ein Filmlizenzvertrag ist nicht wegen Verstoßes gegen **§ 138 BGB als unsittliches Rechtsgeschäft** nichtig, wenn der den Vertragsgegenstand bildende Film von bestimmten Institutionen (Presse, Kirchen, Behörden, FFA und FBW) als sittlich verletzend angesehen wird. In einer freiheitlichen pluralistischen Gesellschaft gibt es nämlich außerhalb der strafrechtlichen Vorschriften keinen Konsens über Sittenwidrigkeit, so daß keine entsprechenden Vorführverbote über privatrechtliche Vorschriften und Folgen eingeführt werden können. Dazu kommt, daß auf diesem Gebiet nach dem Willen der Filmwirtschaft die **Institutionen der FSK und JK** die Filme prüfen und die Grenzen der Filmfreiheit festlegen (s. 1. Abschnitt ,,Die Filmfreiheit und ihre Schranken''). Bei der fast lückenlosen Vorlage sämtlicher im Inland zur Vorführung gelangender Filme vor diesen Institutionen (die Quote liegt bei 99%), müssen deren Entscheidungen auch für die Filmlizenzverträge als maßgebend und verbindlich angesehen werden, so daß bei allen Filmen mit den Bescheinigungen dieser Institutionen die Filmlizenzverträge auch aus diesen Gründen nicht wegen Verstoßes gegen die guten Sitten beanstandbar sind. Bei den wenigen Filmen ohne solche Bescheinigungen wird wegen deren Üblichkeit davon auszugehen sein, daß für den Filmverleiher die Bescheinigung eine Vertragsbedingung war, so daß bei deren Fehlen (mangels Antrag oder mangels Erteilung) der Filmlizenzvertrag nicht wirksam geworden ist (vgl. auch die meist vertraglich festgelegte Zensurklausel in Kapitel 112 und vgl. hierzu auch den Abschnitt 9 ,,Filmbestellvertrag'', Kapitel 145).

3   Nach §184 Abs. 1 Ziff. 7 StGB ist eine öffentliche Vorführung von **Porno-Filmen** unter bestimmten Umständen möglich. Es muß neben der Filmvorführung eine andere Leistung geboten werden, wobei das Entgelt für die Filmvorführung nicht überwiegen darf. Bei solchen Vorführungen ist auf das handelsübliche Entgelt für die Filmvorführung und die sonstige Leistung abzustellen. Die sonstige Leistung muß in einem inneren Zusammenhang mit der Filmvorführung stehen. Das gilt z. B. für Getränke und Eßwaren, die während der Vorführung konsumiert werden können, dagegen nicht für Magazine oder Schallplatten, da hierfür während der Filmvorführung keine Verwendungsmöglichkeit besteht. Dagegen kommt es für die Zulässigkeit der Vorführung nicht an auf die Ausstattung des Theaters (sie muß keinen Bar- oder Diskothek-Charakter tragen), die Motive der Besucher für den Besuch (sie können sich auf den Porno-Film konzentrieren), die Kalkulation des Theaterbesitzers (er kann seinen Gewinn hauptsächlich vom Porno-Film beziehen) und die äußere Auszeichnung der Preise (es ist kein gemeinsamer Preis nötig, sondern auch ein Splitting zwischen dem Preis für den Filmbesuch und für die sonstige Leistung möglich).

4   Wenn der Vertragsfilm nur für solche **legalen Vorführungen** vorgesehen wird, ist ein Filmlizenzvertrag über diesen pornographischen Film **rechtswirksam.** Nur wenn der Vertrag gedacht ist für eine Auswertung des Films, welche die erwähnten Bedingungen nicht erfüllt (z. B. für normale öffentliche Filmvorführungen gem. § 184 Abs. 1 Ziff. 7 StGB), wäre der Vertrag wegen Gesetzesverstoßes unwirksam. Nachdem Vorführungen von Porno-Filmen durch das Gesetz in bestimmten Fällen gestattet sind, kann ein solcher Vertrag auch nicht unter dem Gesichtspunkt der Sittenwidrigkeit beanstandet werden. Die Vertragspartner haben also bei einem solchen Vertrag die vereinbarten Rechte und Pflichten zu beachten.

5   Hierzu sei verwiesen auf die **Rechtsprechung,** wie sie in einem Beschluß des BVerfG (UFITA Bd. 84, S. 276) und einem Urteil des BGH (NJW 1980, S. 65) zum Ausdruck kommt.

6   **Wie hier** auch BGH (NJW 1981, S. 1439); OLG Hamburg (UFITA Bd. 87, S. 322 m. w. N.); ebenso (speziell für Laufbilder gem. § 95 UrhG): OLG Düsseldorf (UFITA Bd. 87, S. 326).

7   Auch die **Rechtslehre** teilt die hier vertretene Meinung: ,,Die Hersteller dieser (Sex-) Filme haben unbeschadet des pornographischen und möglicherweise sittenwidrigen Inhalts dieser Filme Urheberrechte erworben." Vgl. *von Gamm* (aaO § 2 Anm. 17 m. w. N.); *Möhring/Nicolini* (aaO § 2 Anm. 10a); ergänzend hierzu noch *Palandt* (§ 138 Anm. 1 m. w. N.). Vgl. auch den Abschnitt 9 ,,Filmbestellvertrag" Kapitel 123.

99. Kapitel. Die Hauptrechte und -pflichten aus dem Filmlizenzvertrag

1   Bei Behandlung der Rechte und Pflichten aus dem Filmlizenzvertrag sollen im folgenden die **Vertragspartner** als Lizenzgeber und Lizenznehmer bezeichnet werden. Das trägt dem Umstand Rechnung, daß Lizenzverträge nicht nur zwischen Filmherstellern und Filmverleihern, sondern auch mit und unter Filmvertriebsfirmen abgeschlossen werden. Auch werden in den internationalen Standard-Verträgen und Export-Bedingungen die Vertragspartner meist Lizenzgeber und Lizenznehmer *(licensor* und *licensee)* genannt.

2   Die hauptsächlichen Rechte und Pflichten aus dem Filmlizenzvertrag, die üblicherweise in diesem Vertrag schriftlich und nur ausnahmsweise durch mündliche

Vereinbarungen niedergelegt sind, bestehen in dem Anspruch des Lizenznehmers gegenüber dem Lizenzgeber auf **Verschaffung der Rechte** und des **Materials** zur vereinbarten oder nach dem Vertragszweck vorgesehenen störungsfreien Auswertung des Vertragsfilms während der Vertragszeit (meist gegenständlich, örtlich und zeitlich begrenzte Teilrechte) und dem Anspruch des Lizenzgebers gegenüber dem Lizenznehmer auf ordnungsgemäße **Auswertung** des Films während der Vertragszeit und Abrechnung sowie Zahlung der Lizenzgebühr. Im Zusammenhang mit diesen Hauptrechten und -pflichten der Vertragspartner ergeben sich Rechtsfragen hinsichtlich der Rechtsverschaffung, der Rechteerhaltung, der Rechtesperre, der Gewährleistung, der Auswertungspflicht, der Zahlungspflicht sowie der Unmöglichkeit der Leistung, des Unvermögens und der positiven Vertragsverletzung.

100. Kapitel. Die Rechtsverschaffung

1 Der Filmlizenzvertrag legt meist ausdrücklich fest, daß der Lizenzgeber für den Erwerb und die Inhaberschaft aller Rechte an dem Filmwerk, die zu der vertraglich vorgesehenen Auswertung des Films durch den Lizenznehmer erforderlich sind, einzustehen hat. Dabei wird von **Garantie bzw. Gewährleistung** des Lizenzgebers für den entsprechenden Rechtsbestand gesprochen. Diese Garantie ist für den Lizenznehmer maßgebend und enthebt ihn der praktisch nicht durchführbaren Prüfung des Rechtsbestandes des Lizenzgebers. Schon bei einem inländischen Film kann der Lizenznehmer, selbst wenn er sich vom Lizenzgeber alle im Zusammenhang mit der Produktion abgeschlossenen Verträge vorlegen läßt, keinen vollen Überblick gewinnen, da meist gerade auf den Gebieten, wo hernach urheberrechtliche Schwierigkeiten auftreten, keine ausreichenden Verträge abgeschlossen worden sind. Noch problematischer gestaltet sich die Praxis bei ausländischen Filmen, wo der Lizenznehmer sich kaum einen Überblick über die Rechtslage beim Lizenzgeber und seinen ausreichenden Rechtserwerb verschaffen kann, zumal häufig noch in- und ausländische Vertriebsfirmen eingeschaltet sind. Besonders schwierig erweist sich die Prüfung des Rechtsbestandes für einen Lizenznehmer, der nur einzelne Teilrechte (für Fernsehen, Schmalfilm, Videokassetten, Bildplatte o. ä. m.) erwirbt. Der Lizenznehmer ist also weitgehend auf das Vertrauen angewiesen, das er in seinen Lizenzgeber setzt. Diesen tatsächlichen Umständen muß bei der rechtlichen Beurteilung Rechnung getragen werden.

2 Die Garantie des Lizenzgebers für den ungeschmälerten Rechtsbestand wird man auch dann anzuerkennen haben, wenn im Lizenzvertrag keine ausdrückliche Klausel über eine solche Gewährleistung festgelegt ist. Die Verpflichtung ergibt sich bereits aus den **allgemeinen gesetzlichen Vorschriften** und dem Sinn und Zweck jedes Filmlizenzvertrages. Die Übertragung der Auswertungsrechte als Hauptgegenstand des Filmlizenzvertrages und die ordnungsgemäße Filmauswertung, die seinen Zweck ausmachen, sind nur möglich, wenn der Lizenzgeber alle hierfür erforderlichen Rechte an dem Vertragsfilm erworben hat, besitzt und dem Lizenznehmer verschafft. Hierbei ist zu beachten, daß der Filmhersteller originäre Leistungsschutzrechte am Filmwerk als Bild- und Tonträger (§ 94 UrhG) und im Zweifel derivative Rechte an den zur Verfilmung erworbenen vorbestehenden Werken wie z. B. Roman, Theaterstück, Komposition, Ausstattung, Musik, Filmdrehbuch und -manuskript (§ 88 UrhG) sowie an den rechtlich relevanten Leistungen der mitwirkenden Filmschaffenden wie z. B. Regisseur, Kameramann,

Architekt, Kostümberater, Cutter, Hauptdarsteller (§§ 89 und 92 UrhG) besitzt (Näheres in Kapitel 52 und 63).

3 Der Charakter des Filmlizenzvertrages als urheberrechtlicher Nutzungsvertrag eigener Art und sein Sinn und Zweck der Filmauswertung haben grundsätzlich zur Folge, daß der Lizenzgeber verpflichtet ist, dem Lizenznehmer das **ausschließliche dingliche, absolute Lizenzrecht** an dem Film zu verschaffen, auch wenn das im Vertrag nicht besonders erwähnt wird, denn nur dies sichert die vorgesehene Filmauswertung durch den Lizenznehmer. Ein **Rechtsmangel** liegt also schon dann vor, wenn der Lizenzgeber dem Lizenznehmer dieses ausschließliche dingliche, absolute Nutzungsrecht nicht übertragen hat, weil er es selbst nicht besaß oder nicht übertragen wollte oder bereits einem anderen übertragen hatte, ohne Rücksicht darauf, ob die Auswertung des Vertragsfilms auch tatsächlich durch Dritte gestört wird.

4 Bei **Mehrfachübertragungen** ist die **Priorität** entscheidend. Nach allgemeinen Rechtsgrundsätzen kann ein dingliches, absolutes Recht nur einmal übertragen werden und verbleibt dann beim Erwerber. Nur dieser kann es (ggf. mit Zustimmung des ursprünglichen Rechtsinhabers) an einen Dritten weiterübertragen. Das ergibt sich aus den für solche Rechte anwendbaren Vorschriften des BGB über die Forderungsabtretung (§ 413 i. V. mit § 399 BGB), wobei kein gutgläubiger Erwerb (wie bei Sacheigentum) vorgesehen ist. Maßgebend für den Rechtserwerb – ob er nun zur Auswertung oder zur Sicherung erfolgt – ist also die Priorität der Rechtsübertragung. Der nachfolgende Rechtserwerber kann sich nicht darauf berufen, er habe von der vorausgehenden Rechtsübertragung an einen anderen nichts gewußt und habe deshalb das Recht kraft guten Glaubens erworben.

5 Bei Lizenzverträgen über noch nicht fertiggestellte Filme (z. B. auch bei Auftragsproduktionen) werden häufig die ausschließlichen Auswertungsrechte nicht erst nach Fertigstellung des Films, sondern schon im **Zeitpunkt des Vertragsabschlusses,** der früher liegt, mit dinglicher, absoluter Wirkung auf den Lizenznehmer übertragen. Das hat zur Folge, daß die Rechte sofort nach Fertigstellung des Films, also nach ihrem endgültigen Entstehen, automatisch und ohne neue Absprache auf den Lizenznehmer übergehen und alle zwischenzeitlich etwa noch vorgenommenen Übertragungshandlungen ihm gegenüber unwirksam sind, da nach Fertigstellung des Films und Entstehen der Rechte die erste an ihn erfolgte Abtretung wirksam wird und vor den späteren Abtretungen Priorität genießt.

6 Der **Umfang** der dem Lizenznehmer vom Lizenzgeber überlassenen Nutzungsrechte bestimmt sich in erster Linie nach den **konkreten Vertragsvorschriften.** Dabei wird meistens inhaltlich die branchenübliche ausschließliche Auswertung durch öffentliche Filmvorführungen (d. h. nach den üblichen und bekannten Verfahren und in den üblichen und bekannten Formaten) des unveränderten Filmes, räumlich in einem bestimmten Gebiet und zeitlich für eine bestimmte Dauer vereinbart. Diese inhaltliche, räumliche und zeitliche Beschränkung der Nutzungsrechte ist in § 32 UrhG ausdrücklich vorgesehen.

7 Der inhaltliche oder gegenständliche Umfang der im Lizenzvertrag übertragenen Nutzungsrechte ist eindeutig bestimmt, wenn die **Nutzungsarten,** auf die sich die Rechte erstrecken sollen, **einzeln** im Vertrag **bezeichnet** werden, wie es der § 31 Abs. 5 UrhG als Grundsatz vorsieht. Dabei sind die verschiedenen für die Filmauswertung in Betracht kommenden Nutzungsarten gemäß den vorhandenen technischen und gesellschaftlichen Möglichkeiten für die Filmauswertung zu definieren. Es sind dies z. Zt. vor allem: Die öffentliche oder nicht öffentliche Vorführung des Films in allen Formaten mittels Filmkopien oder Videokassetten in Filmtheatern und sonstigen Spielstätten im gewerblichen oder nicht gewerblichen Sektor; die Fernsehausstrahlung des Films durch die Fernsehanstalten oder durch Kabelfernsehen, Pay-Television oder Satellitenfernsehen; der Videokassettenvertrieb durch Verkauf oder Vermietung oder Vervielfältigung von Videokassetten oder Bildplatten; der Schmalfilmvertrieb durch Verkauf oder Vermietung von Schmalfilm- oder 8-mm-Kopien. Dabei sind bei diesen Nutzungsarten beliebige Unterteilungen oder Verbindungen möglich (z. B. die Filmvorführung nur in gewerblichen Filmtheatern oder der Videokassettenvertrieb einschließlich der öffentlichen Vorführung dieser Videokassetten). Soweit die Nutzungsarten im Lizenzvertrag nicht konkret und detailliert, sondern nur pauschal oder beispielhaft aufgeführt werden, bestimmt sich nach § 31 Abs. 5 UrhG der Umfang der Nutzungsrechte nach dem mit der Einräumung verfolgten Zweck. Das bedeutet, daß pauschale oder beispielhafte Formulierungen nicht unzulässig und dementsprechend unwirksam, sondern nur auslegungsbedürftig im Sinne der **Zweckübertragungstheorie** sind.

8   Eine **pauschale Formulierung** der übertragenen Nutzungsrechte im Lizenzvertrag kann **genereller** oder **spezieller** Art sein. Eine generelle pauschale Formulierung ist z. B. gegeben, wenn im Lizenzvertrag von der Übertragung der ausschließlichen Nutzungsrechte an sämtlichen derzeit bestehenden oder technisch möglichen Nutzungsarten gesprochen wird. Eine solche Formulierung hat eine entsprechende allgemeine Rechtsübertragung zur Folge, wenn sich aus dem erkennbaren und ggf. beweisbaren Zweck des Lizenzvertrages ergibt, daß der Lizenzgeber dem Lizenznehmer den Film für alle Verwertungsmöglichkeiten überlassen wollte. Eine spezielle pauschale Formulierung ist z. B. gegeben, wenn im Lizenzvertrag von der Übertragung der ausschließlichen Nutzungsrechte für sämtliche Verwertungsmöglichkeiten in Filmtheatern gesprochen wird. Eine solche Formulierung hat eine Rechtsübertragung für die gesamte Kinoauswertung, gleichgültig in welchen technischen Formen und Formaten und ob gewerblich oder nicht gewerblich, nicht jedoch für irgendeine andere Nutzungsart, wie z. B. Fernsehen oder Videovertrieb, zur Folge, wenn sich aus dem erkennbaren und ggf. beweisbaren Zweck des Lizenzvertrages ergibt, daß dem Lizenznehmer diese Kinoauswertung ohne Einschränkungen überlassen werden sollte.

9   Eine **beispielhafte Aufzählung** der Nutzungsarten, für die im Lizenzvertrag Nutzungsrechte eingeräumt werden, kann **extensiven** oder **restriktiven** Charakter tragen. Hier ist nach dem Vertragszweck auszulegen, was gemeint ist und dementsprechend von der Übertragung erfaßt wird. Beispielsweise wird eine Formulierung, die von den Rechten für die öffentliche Vorführung, *vor allem* in Filmtheatern, spricht, extensiv und eine Formulierung, die von den Videokassettenrechten *aber nur* für Verkauf und Vermieten redet, restriktiv zu interpretieren sein. Wegen dieser Interpretationsmöglichkeiten, die zu weiteren Auslegungsschwierigkeiten führen können, ist diese beispielhafte Aufzählung der Nutzungsarten nicht unproblematisch.

10   Eine Bezeichnung der Nutzungsarten, für die im Lizenzvertrag Nutzungsrechte eingeräumt werden, nach **gesetzlichen Begriffen** erfaßt die Nutzungsarten, die im Wortlaut der betreffenden gesetzlichen Vorschriften erwähnt sind. Sie erfaßt ferner zusätzlich die Nutzungsarten, die sich aus der einhelligen Auslegung dieser gesetzlichen Vorschriften in Rechtsprechung und Rechtslehre ergeben. Hier liegen dann Umfang und Grenzen für die im Lizenzvertrag enthaltene Rechtseinräumung. Wenn z. B. das übertragene Nutzungsrecht als Senderecht bezeichnet wird, so wird man hierunter gemäß der Überschrift und dem Wortlaut des § 20 UrhG

das Recht zu verstehen haben, das Werk durch Funk, wie Ton- und Fernsehrundfunk, Drahtfunk oder ähnliche technische Einrichtungen der Öffentlichkeit zugänglich zu machen, also die gesamte Fernsehauswertung, nicht jedoch das Recht der Wiedergabe von Funksendungen nach § 22 UrhG oder der Vervielfältigung zum persönlichen Gebrauch nach § 53 UrhG. Dieses Recht nach § 53 UrhG wird dagegen bei der Übertragung der Vervielfältigungsrechte mit umfaßt, da es lt. gesetzlicher Definition zu den Vervielfältigungsrechten gehört. Streitig ist, ob die RBÜ in Artikel 11 *bis* Abs. 1 Ziff. 2 ein neues Nutzungsrecht geschaffen hat, wenn die Weitersendung durch andere Institutionen erfolgt (z. B. eine Kabelgesellschaft statt einer Fernsehanstalt). Nach diesseitiger Auffassung muß die erwähnte Pauschalformulierung gemäß dem gewollten Zweck auch dieses Recht mit umfassen.

11   Die Bezeichnung der Nutzungsarten, für die im Lizenzvertrag Nutzungsrechte eingeräumt werden, braucht **nicht** die allgemein **bekannten** und benutzten **Begriffe** für diese Nutzungsarten zu verwenden. Sie kann sich auch anderer Ausdrücke bedienen, falls sich aus ihnen die Nutzungsart einwandfrei entnehmen läßt. Das gilt vor allem für Formulierungen in Lizenzverträgen, die zu einer Zeit abgeschlossen wurden, als die bezeichnete Nutzungsart noch nicht weit verbreitet oder gar allgemein bekannt war, so daß es damals für sie noch nicht die später gebräuchlichen Begriffe gab. So umfaßt z. B. die Bezeichnung *gefunkter Film* in Lizenzverträgen aus der Zeit der Entstehung des Fernsehens die Nutzungsart der Fernsehauswertung, so daß mit dieser Bezeichnung die Senderechte gemäß dem späteren § 20 UrhG übertragen worden sind.

12   Eine Vorschrift in Lizenzverträgen über die Einräumung von Nutzungsrechten für **noch nicht bekannte Nutzungsarten** ist nach § 31 Abs. 4 UrhG unwirksam. Damit wird jedoch im Zweifel nicht der ganze Lizenzvertrag nichtig, da er fast immer auch ohne eine solche Vertragsklausel abgeschlossen worden wäre (§ 139 BGB). Unter *noch nicht bekannt* ist dabei die technische Möglichkeit und nicht die wirtschaftliche Verwertbarkeit zu verstehen (s. Kapitel 52). So ist z. B. die Herstellung von Videorekordern für den Heimgebrauch seit 1956 technisch möglich, so daß die entsprechende Nutzungsart seitdem bekannt ist. Falls neue Nutzungsarten während der Lizenzdauer bekannt werden, fallen die entsprechenden Nutzungsrechte den Urheber- und Leistungsschutzberechtigten am Filmwerk im Rahmen ihrer Rechte zu. Sie wachsen also z. B. den Urhebern vorbestehender Werke, den Filmurhebern, den Filmherstellern im Umfang ihres Leistungsschutzrechtes u. ä. m. zu, nicht jedoch als zusätzliche Nutzungsrechte den Lizenznehmern des Lizenzvertrages. Man wird jedoch sagen können, daß nach dem Grundsatz von Treu und Glauben die neuen Nutzungsarten nicht in einer Form ausgewertet werden dürfen, die zu einer erheblichen Beeinträchtigung der im Lizenzvertrag als Vertragszweck vorgesehenen Auswertungsmöglichkeiten des Lizenznehmers führen könnte. Diese Rechtsauffassung läßt sich mit der gesetzlich verankerten Zweckübertragungstheorie rechtfertigen, da zum Zweck des Lizenzvertrages die ungestörte Verwertung der Nutzungsrechte für die dort festgelegten Nutzungsarten gehört.

13   Der Zweck des Lizenzvertrages gebietet die Überlassung **ausschließlicher** Nutzungsrechte. Man wird deshalb solche Rechte für den Lizenznehmer anzunehmen haben, auch wenn dies im Lizenzvertrag nicht ausdrücklich festgestellt wird. Der Lizenznehmer kann nämlich nur bei ausschließlichen Lizenzrechten den Filmtheatern die für eine normale Filmauswertung notwendige Einhaltung der üblichen Aufführungsfolgen garantieren, da er bei nicht ausschließlichen Rechten ständig mit der Durchbrechung dieser Aufführungsfolgen durch andere Verleiher und

andere Filmtheater rechnen müßte. Der Lizenznehmer kann ferner nur bei ausschließlichen Lizenzrechten selbständig gegen Störer (Vorführung des gleichen Films durch unbefugte Dritte oder Vorführung eines Films, der ein Plagiat des Vertragsfilms darstellt) vorgehen und dadurch das für eine ordnungsgemäße Filmauswertung notwendige sofortige Einschreiten gegen die Störungen der Auswertung gewährleisten.

14   Dieses **Verbietungsrecht** des Lizenznehmers kann sogar über das ihm eingeräumte Nutzungsrecht hinausgehen, wenn eine solche Ausweitung des Verbietungsrechts erforderlich ist, um die vertraglich vorgesehenen Nutzungsrechte abzusichern. Es muß aber hierzu im Einzelfall anhand des Lizenzvertrages festgestellt werden, ob der Lizenznehmer tatsächlich mit der Rechtsübertragung auch gegen die Auswertung nicht mitübertragener, aber benachbarter Rechte geschützt werden sollte (z. B. bei Übertragung der Schmalfilmrechte des 16-mm-Filmformats gegen jede andere Schmalfilmauswertung wie etwa im 8-mm-Format oder bei Übertragung der Videokassettenrechte gegen alle AV-Rechte wie Bildplatte etc.). Ist aus dem Lizenzvertrag nicht der entsprechende Vertragswille zur Verhinderung der anderweitigen gleichzeitigen Auswertung zu entnehmen, entfällt ein entsprechendes Verbietungsrecht des Lizenznehmers.

15   Die übertragenen ausschließlichen Auswertungsrechte umfassen den Vertragsfilm in seiner **Gesamtheit** einschließlich aller in ihm enthaltenen einzelnen Aufnahmen und einschließlich des Filmtitels. Meist ist in den Lizenzverträgen ein solcher Umfang des übertragenen ausschließlichen Nutzungsrechts ausdrücklich festgelegt durch die Formulierung *an dem Vertragsfilm und den sämtlichen in ihm enthaltenen Aufnahmen.* Diese Ausdehnung des ausschließlichen Nutzungsrechts auch auf die einzelnen in dem Film enthaltenen Aufnahmen ist aber auch gültig, wenn sie in dem Filmlizenzvertrag nicht besonders erwähnt wird. Sie gilt auch für Aufnahmen, die bei isolierter Betrachtung keinen Urheberrechtsschutz genießen würden (z. B. Landschaftsaufnahmen, Tieraufnahmen, Dokumentaraufnahmen über aktuelle oder historische Ereignisse oder Persönlichkeiten, die keine persönliche geistige Schöpfung darstellen). Denn im Rahmen des Films haben diese Aufnahmen eine in das ganze Filmwerk integrierte Funktion (evtl. auch als reine Einschub-, Anreicherungs- oder Lösungsszenen), die sie an dessen Gesamtschicksal (hier also auch der Übertragung ausschließlicher Rechte) teilnehmen lassen. Anderes gilt nur für die Fälle, in denen der Lizenzgeber für solche Aufnahmen dem Lizenznehmer ausdrücklich nur nicht ausschließliche Rechte überträgt oder selber nur nicht ausschließliche Rechte erhalten hat und deshalb keine ausschließlichen Rechte weiter übertragen kann. Die Übertragung der Auswertungsrechte an allen Aufnahmen des Films bedeutet nur, daß der Lizenznehmer diese Aufnahmen im Rahmen des Films ausschließlich verwerten und kein Dritter sie verwenden darf. Sie gestattet dem Lizenznehmer nicht, diese Aufnahmen getrennt in einem anderen Rahmen (z. B. für einen anderen Film) zu benutzen außerhalb der Werbung für den Film. Er darf auch Filmtitel, Filmfiguren, Filmszenen ohne besondere Genehmigung des Lizenzgebers nicht gesondert vermarkten (sog. *merchandising rights*) oder in andere Filme übernehmen, wobei in einzelnen Fällen der Produzent als Lizenzgeber solche Rechte von den Urheber- und Leistungsschutzberechtigten an dem Filmwerk gar nicht erworben hat (s. Kapitel 50).

16   Die Rechtsverschaffung gilt für die im Lizenzvertrag festgelegte **Lizenzzeit** zur Auswertung der übertragenen Nutzungsrechte. Wird über den Beginn dieser Zeit nichts gesagt, so wird man sie vom Zeitpunkt der Erstaufführung des Films im Lizenzgebiet an zu berechnen haben, da die vertraglich vorgesehene Filmauswertung erst mit der Erstaufführung des Films beginnen kann. Wird im Lizenzvertrag keine Lizenzdauer erwähnt, so muß zunächst festgestellt werden, ob nach dem erkennbaren Parteiwillen oder aus sonstigen Vertragsvorschriften eine zeitlich unbeschränkte oder zeitlich beschränkte Rechtsverschaffung zu entnehmen ist. Kommt man hier zu dem Ergebnis, daß eine beschränkte Lizenzzeit gewollt war, so wird man deren Dauer im Zweifel auf 5 Jahre zu befristen haben. Diese Lizenzzeit ergibt sich aus den Gepflogenheiten der Branche für Erstmonopol und Zweitmonopol, wie sie in § 20 FFG ihre Legaldefinition (Erstmonopol von 5 Jahren) erfahren haben, auch wenn diese gesetzliche Vorschrift an sich nur für geförderte oder zu fördernde deutsche Filme gilt.

17 Die Rechtsverschaffung bezieht sich auf das im Lizenzvertrag festgelegte **Lizenzgebiet**. Es wird oft umschrieben mit seinen jeweiligen oder seinen derzeitigen Grenzen, was einmal die Berücksichtigung staatsrechtlicher Gebietsänderungen und das andere Mal die Belassung des Lizenzgebietes trotz staatsrechtlicher Änderungen bedeutet. Wird keiner der beiden Ausdrücke verwandt, so wird gemäß der Struktur des Verleihwesens nach Staatsgebieten das jeweilige staatliche Hoheitsgebiet als Lizenzgebiet maßgebend sein. Wird das Lizenzgebiet im Lizenzvertrag nicht besonders erwähnt, so wird man bei einem Lizenzvertrag mit einem bundesdeutschen Verleih als Lizenzgebiet die Bundesrepublik Deutschland einschließlich West-Berlin anzusehen haben. Wird von der Rechtsverschaffung für das deutschsprachige Lizenzgebiet gesprochen, so umfaßt das auch die DDR, Österreich und die deutschsprachige Schweiz. Der Begriff deutsches Lizenzgebiet ist unklar, so daß aus Vertragszweck und einzelnen Vorschriften entnommen werden muß, ob hiermit die Bundesrepublik einschließlich West-Berlin oder das ganze deutschsprachige Lizenzgebiet gemeint ist. In allen Fällen gehören zum Lizenzgebiet auch Schiffe und Flugzeuge, soweit sie sich innerhalb der betreffenden Territorien bewegen (völkerrechtlich festgelegte Meilenzonen und Höhengrenzen); Schiffe und Flugzeuge der betreffenden Staaten außerhalb dieser Territorien nur, wenn das im Lizenzvertrag besonders erwähnt wird.

18 Nach der **Rechtsprechung** ist die Gewährleistungspflicht des Produzenten für die von ihm auf den Verleiher übertragenen Rechte dann nicht gegeben, wenn der Verleiher **ungerechtfertigt** von dritter Seite in der Filmauswertung gestört wird. Vgl. OLG Hamburg, Urteil vom 26. 2. 1953 (Az.: 3 U 323/52).

19 Für das Vorliegen eines **Rechtsmangels,** wenn der Produzent dem Verleiher das ihm vertraglich zustehende ausschließliche Nutzungsrecht nicht verschafft hat s. wie hier: BGH in UFITA Bd. 18, S. 122 = BGHZ 2, S. 331.

20 Problematisch und gegen die hier vertretene Meinung ist die Ansicht des BGH in UFITA Bd. 21, S. 70, der als Erfahrungssatz feststellt, daß sich der Lizenznehmer regelmäßig die **Rechtsinhaberschaft** für das Lizenzgebiet genauestens nachweisen lassen müsse, um jede Verletzung fremden Urheberrechts zu vermeiden. Diese Ansicht des BGH enthält eine rein theoretische Feststellung, deren praktische Durchführung größten Schwierigkeiten begegnet und die deshalb der auch rechtlich relevanten wirtschaftlichen Interessenlage und den tatsächlichen Möglichkeiten der Vertragspartner nicht gerecht wird.

21 Für die Wirksamkeit der **Vorausabtretung** der ausschließlichen Auswertungsrechte schon bei Vertragsabschluß auch vor Fertigstellung des Films in der Rechtsprechung wie hier: LG München, Urteil vom 5. 10. 1951 (Az.: 1 HKO 33/51) und OLG Frankfurt in UFITA Bd. 22, S. 111.

22 Schon vor Inkrafttreten des neuen Urhebergesetzes vom 1. 1. 1966 hat die Rechtsprechung festgestellt, daß die Auslegungsregel der **Zweckübertragungstheorie** (RGZ 118, S. 282; 123, S. 312; BGHZ 9, S. 262; BGHZ 15, S. 249; BGHZ 22, S. 209) keineswegs auf die vom Werkschöpfer selbst in erster Hand abgeschlossenen Verwertungsverträge beschränkt ist, sondern auch für Werknutzungsrechte gilt, die vom Inhaber eines nur abgeleiteten Nutzungsrechts vergeben werden: BGHZ 9, S. 262 (*Schwanenbild*) und BGHZ 28, S. 234 = UFITA Bd. 27, S. 58 (*Kleinzitat*). Die Zweckübertragungstheorie soll auch unmittelbar zwischen dem Produzenten und dem Verleiher gelten (vgl. BGH in UFITA Bd. 32, S. 188). Die Vertragsparteien eines Lizenz- bzw. Nutzungsrechtsvertrages müssen eindeutig zum Ausdruck bringen, welcher Umfang der Rechtsübertragung gewollt ist (so BGH in UFITA Bd. 78, S. 179 *Kaviar*). Grundlegend stellt der BGH in UFITA Bd. 32, S. 188 = GRUR 1960, S. 197 fest, daß die Übertragung der alleinigen Schmalfilmauswertungsrechte in ihrer Gesamtheit sich nur auf die Verwertung zu Vorführungszwecken, nicht auch auf die Fernsehrechte bezieht. So auch schon BGH in UFITA Bd. 32, S. 183 (Umfang der Rechtsübertragung bei *Schmalfilmauswertung*).

23   Zur **Zweckübertragungstheorie** in der Rechtsprechung über den **Verfilmungsvertrag** vgl. die in Kapitel 85 zitierten Entscheidungen und allgemein noch die in Kapitel 52 erwähnten Urteile.

24   Zur Frage des **Verbietungsrechts** des Filmverleihers, das ggf. sogar über das dem Verleiher eingeräumte Nutzungsrecht hinausgehen kann (wie hier): BGHZ 9, S. 262.

25   Bei fehlendem Parteiwillen zur Verhinderung der anderweitigen gleichzeitigen Auswertung (z. B. Fernsehsperre) besteht kein Verbietungsrecht des Nutzungsberechtigten (OLG München in UFITA Bd. 38, S. 354 *konkurrierende Schmalfilmauswertung*). Nach einem Urteil des Landgerichts Kleve vom 30. 5. 1980 (Az.: 4 O 171/80) sind in Lizenzverträgen, die vor 1971 abgeschlossen wurden, bei Pauschalabtretungen die **Videorechte** nicht inbegriffen, da diese Nutzungsart damals noch nicht bekannt gewesen sei.

26   Die Auffassung des BGH in BGHZ 9, S. 262 und BGHZ 28, S. 234 über den Nichterwerb ausschließlicher Nutzungsrechte des Verleihers an isoliert nicht urheberrechtlich schutzfähigen **Einzelaufnahmen** in einem Film kann aus den o. e. Gründen nicht geteilt werden.

27   In der **Rechtslehre** vgl. *Fromm/Nordemann* aaO § 88 Ziff. 3 m. w. N. und *von Gamm* aaO S. 69 sowie *Ulmer* aaO S. 219. Über die technische Möglichkeit der Herstellung von Videorekordern s. *Rehbinder* aaO S. 25.

101. Kapitel. Rechteerhaltung

1   Die Garantie bzw. Gewähr des Rechtsbestandes und die Rechtsverschaffung seitens des Lizenzgebers umschließen seine Verpflichtung, dem Lizenznehmer die übertragenen Nutzungsrechte während der **ganzen Vertragszeit** in dem garantierten und übertragenen gegenständlichen und räumlichen Umfang zu erhalten. Sie ist also eine Garantie und eine Gewähr für die ganze Lizenzdauer. Ein Rückfall der Nutzungsrechte an den Lizenzgeber während der Lizenzzeit kommt nur aus besonderen Gründen in Betracht (z. B. bei Vertragspflichtverletzungen des Lizenznehmers).

2   In diesem Zusammenhang ist von Bedeutung, wie sich die Rechtslage für einen Lizenznehmer als **Nacherwerber der Lizenzrechte** am Vertragsfilm darstellt, wenn sein Lizenzgeber als Vorerwerber dieser Rechte sie während der Vertragszeit verliert. Als Beispiele sei auf folgende Fälle hingewiesen: Ein Filmproduzent als Lizenzgeber verliert die ihm von einem Autor des Films übertragenen und zusammen mit den gesamten Nutzungsrechten an dem Vertragsfilm auf den Verleiher übergegangenen Nutzungsrechte an diesem Film oder eine Vertriebsfirma als Lizenzgeber verliert die ihr vom Produzenten übertragenen und an den Verleiher weitergegebenen Nutzungsrechte an dem Vertragsfilm oder eine Verleihfirma als Lizenzgeber verliert die ihr vom Produzenten oder von einer Vertriebsfirma übertragenen und an Unterverleiher bzw. Fernsehanstalten bzw. Video-Vertriebsfir-

men als Lizenznehmer weiterübertragenen Nutzungsrechte an dem Vertragsfilm. Inwieweit wird hier der Nacherwerber durch den Rechtsverlust beim Vorerwerber berührt, d. h. verliert auch er die ihm weiterübertragenen Nutzungsrechte, selbst wenn bei ihm die Voraussetzungen für den Verlust dieser Rechte, die bei seinem Vertragspartner vorliegen (z. B. Vertragspflichtverletzungen), nicht gegeben sind?

3   Hier wird man zunächst danach zu unterscheiden haben, ob der Vorerwerber seinem Vertragspartner nur **obligatorisch** zur Rückübertragung der erworbenen Nutzungsrechte (z. B. wegen Vertragspflichtverletzung) verpflichtet ist oder ob er die erworbenen dinglichen, absoluten Nutzungsrechte **automatisch** zugunsten dieses Vertragspartners verliert. Im ersteren Fall bleibt die Weiterübertragung für den Nacherwerber gültig, da die ihm einmal übertragenen Nutzungsrechte nicht mehr vom Vorerwerber an seinen Vertragspartner zurückübertragen werden können. Im zweiten Fall könnte man in dem Rechtserwerb des Vorerwerbers einen auflösend bedingten Rechtserwerb sehen, der beim Eintritt der Bedingungen zum generellen Verlust dieser Nutzungsrechte auch für die Nacherwerber führt, da in solchen Fällen für Verfügungen der § 161 BGB gilt und es keinen gutgläubigen Rechtserwerb gibt. Das gleiche müßte für die Fälle gelten, wo der Rückfall der Nutzungsrechte an den Vertragspartner des Vorerwerbers mit rückwirkender Kraft eintritt.

4   In den **meisten Lizenzverträgen** ist vorgesehen, daß bei Vertragspflichtverletzungen des Lizenznehmers (vor allem auch bei Konkurs, Vergleich oder Zahlungseinstellung des Lizenznehmers) die ihm überlassenen Nutzungsrechte, also die dinglichen, absoluten Rechte automatisch und rückwirkend an seinen Vertragspartner zurückfallen. Das hätte dann zur Folge, daß auch der vertragstreue Nacherwerber seine Nutzungsrechte während der Lizenzdauer (meist ohne realisierbare Gegenleistung) verlieren würde, auch wenn ihn wegen der Vertragspflichtverletzungen seines Vertragspartners kein Verschulden trifft und er seine Leistungen vertragsgemäß erbracht hat.

5   Diese Regelung kann in den Fällen nicht befriedigen, in denen der Lizenzgeber, der sich auf den Rückfall der Nutzungsrechte beruft, vorher die Weiterübertragung dieser Nutzungsrechte oder eines Teils dieser Nutzungsrechte durch den Vorerwerber an den oder die Nacherwerber durch eine generelle oder spezielle Vorschrift des Lizenzvertrages oder durch eine besondere zusätzliche Erklärung **ausdrücklich genehmigt** hat und der Nacherwerber seinen Verpflichtungen gegenüber dem Vorerwerber oder dem Lizenzgeber nachgekommen ist. In solchen Fällen widerspricht es Treu und Glauben, wenn der Lizenzgeber durch Berufung auf den Rückfall der Nutzungsrechte gegenüber dem Nacherwerber praktisch seine vorher erteilte Genehmigung zur Weiterübertragung der Nutzungsrechte oder eines Teils der Nutzungsrechte widerruft, obwohl der Nacherwerber hierfür keine Veranlassung gegeben hat. Der Nacherwerber mußte sich auf die Gültigkeit dieser Genehmigung für die ganze Lizenzdauer verlassen können und hat daraufhin seine Dispositionen getroffen. Er muß deshalb in diesen Fällen seine Nutzungsrechte gemäß seinem Lizenzvertrag mit dem Vorerwerber behalten, selbst wenn dieser Vorerwerber entgegen seinen Vertragspflichten gegenüber dem Lizenzgeber die Leistungen des Nacherwerbers nicht weitergeleitet oder sonstige Vertragsbrüche begangen hat.

6   Für diese Regelung sprechen auch die **wirtschaftlichen Gegebenheiten** und die den Vertragspartnern in der Praxis **zumutbaren** Maßnahmen. Bei der – meist gegebenen – Kette von Lizenzverträgen, die einer Filmauswertung zugrunde lie-

gen und eine kontinuierliche Übertragung der Lizenzrechte verlangen (z. B. liegt die folgende Kette in der Praxis häufig vor: Filmautor an Filmproduzent, Filmproduzent an ausländische Vertriebsfirma, ausländische Vertriebsfirma an deutsche Vertriebsfirma, deutsche Vertriebsfirma an deutschen Verleiher, deutsche Verleihfirma an Unterverleiher, Schmalfilmverleiher, Videovertriebsfirmen oder Fernsehanstalten), ist es den Nacherwerbern, vor allem den Letzterwerbern, praktisch nicht möglich und rechtlich nicht zumutbar, den gültigen Rechtserwerb und die wirksame Rechteerhaltung in allen diesen Stufen verbindlich zu überprüfen. Es ist ihnen faktisch unmöglich, die Kette bis zum letzten Nutzungsberechtigten zu verfolgen und derart abzusichern, daß sie lückenlos ist und bleibt. Andererseits kann ein Lizenzgeber sich die Genehmigung zur Weiterübertragung der von ihm veräußerten Nutzungsrechte bei Mißtrauen gegenüber seinem Vertragspartner vorbehalten und jeweils an seine wirtschaftliche Position sichernde Bedingungen knüpfen, was ihm zumutbar ist und ihn vollauf schützt, da dann ohne seine Genehmigung keine dinglich wirksame Übertragung der Nutzungsrechte zustande kommt. In allen diesen Fällen müssen deshalb nach Treu und Glauben und nach dem Grundsatz der Zumutbarkeit und der Abwägung der wirtschaftlich und praktisch durchführbaren Möglichkeiten dem Nacherwerber trotz Wegfalls der Nutzungsrechte beim Vorerwerber die einmal gültig erworbenen Nutzungsrechte während der Lizenzzeit bzw. Vertragsdauer erhalten bleiben, solange er seinen Vertragspflichten nachkommt.

7   In der **Rechtsprechung** hat das OLG München in UFITA Bd. 90, S. 166 im Gegensatz zu der hier vertretenen Auffassung ausgeführt, daß in solchen Fällen die Übertragung der Nutzungsrechte an den Vorerwerber unter einer auflösenden Bedingung stehe, was zur Folge habe, daß nach § 161 Abs. 1 und 2 BGB jede weitere Verfügung, die der Erwerber während der Schwebezeit über den Gegenstand trifft, im Falle des Eintritts der Bedingung insoweit unwirksam würde, als sie die von der Bedingung abhängige Wirkung vereiteln oder beeinträchtigen könnte. Die Worte automatisch und ohne besondere Erklärung in einem Lizenzvertrag ließen sich nur als auflösende Bedingung verstehen. Da bei Rechten ein gutgläubiger Erwerb nicht existiere, würden auch die Nacherwerber von dem Rückfall der Rechte betroffen. Das würde auch nicht gegen Treu und Glauben verstoßen, da der Erwerber von Auswertungsrechten sich über die Berechtigung seiner Lizenzrechte vergewissern und notfalls die entsprechenden Verträge einsehen müsse. In seinen Gründen hinsichtlich der Auslegung einer vertraglichen Rückfallklausel beruft sich das Urteil auf eine Entscheidung des BGH in NJW 1958, S. 1583.

8   Dieser **Argumentation** kann nicht gefolgt werden, da sie **völlig praxisfern** ist. Sie berücksichtigt nicht den großen Umfang der hier in Frage kommenden Verträge mit der Übertragung von Nutzungsrechten und vor allem nicht die Tatsache, daß der Nacherwerber nicht dazu in der Lage ist zu beurteilen, wann, bei wem und inwieweit die Voraussetzungen für einen Rückfall der Rechte eintreten könnten. Eine solche Rechtsprechung macht praktisch eine gesicherte Filmauswertung und die hierzu nötigen Investitionen unmöglich. Das gilt in verstärktem Maße, nachdem für diese Filmauswertung immer mehr Nutzungsarten und damit verbundene Teil- und Nebenrechte (z. B. die verschiedenen Arten der AV-Rechte wie Videokassette und Bildplatte, sowie die verschiedenen Arten des Fernsehens) in Frage kommen.

9   Mehr auf der Linie der hier vertretenen Auffassung – wenn auch stärker abgestellt auf die **schuldrechtliche** Seite – liegt das erwähnte Urteil des BGH in NJW 1958, S. 1583, in dem hierzu ausgeführt wird: ,,Werden Wiederverfilmungsrechte rechtswirksam weiterübertragen, so ist es ohne Einfluß auf den Rechtsbestand der urheberrechtlichen Nutzungsbefugnisse der weiteren Erwerber dieser Rechte, wenn der Träger der Urheberrechte am alten Film von dem schuldrechtlichen Vertrag mit dem Ersterwerber der Wiederverfilmungsrechte wegen Nichterfüllung seines Vergütungsanspruchs zurücktritt. Dies gilt auch dann, wenn sämtliche Erwerber der Wiederverfilmungsrechte eine Auswertungspflicht übernom-

men haben. Eine entsprechende Anwendung der §§ 9 und 28 Verlagsgesetz auf Wiederverfilmungsverträge kommt wegen der andersartigen Interessenlage der Beteiligten nicht in Betracht."

10   In der **Rechtslehre** vertreten *Fromm/Nordemann* (aaO § 34/9) und *Nordemann* (GRUR 1970, S. 174) die Auffassung, daß bei Auflösung eines Vertrages mit dem Ersterwerber eines Nutzungsrechts damit auch das von ihm abgeleitete Nutzungsrecht eines Zweiterwerbers automatisch an den Vertragspartner des Ersterwerbers zurückfällt. Hierfür wird keine nähere Begründung gegeben. Diese Ansicht ist aus den o. e. Gründen weder rechtlich noch wirtschaftlich haltbar und kann deshalb **nicht anerkannt** werden.

102. Kapitel. Rechtesperre

1   In zahlreichen Lizenzverträgen, in denen nur die ausschließlichen Nutzungsrechte für bestimmte Nutzungsarten auf den Lizenznehmer übertragen werden, sind Vorschriften enthalten, die eine Übertragung der Nutzungsrechte an **anderen Nutzungsarten,** deren Auswertung die Auswertung der übertragenen Nutzungsrechte beeinträchtigen könnte, ausdrücklich ganz oder zeitweise ausschließen (Rechtesperre). Solche Rechtesperren sind vor allem gebräuchlich in Filmlizenzverträgen, in denen dem Lizenznehmer als Filmverleiher nur die ausschließlichen Auswertungsrechte an dem Vertragsfilm für öffentliche Vorführungen in Filmtheatern und sonstigen Spielstätten überlassen werden und betreffen dann hauptsächlich die Fernsehrechte, Videokassettenrechte und Bildplattenrechte, da sie die Filmtheaterauswertung beeinträchtigen könnten.

2   Eine derartige Rechtesperre **wirkt** als Ausschluß der Forderungsabtretung **dinglich,** so daß der Lizenzgeber die betreffenden Nutzungsrechte nicht mehr wirksam auf einen Dritten übertragen kann, selbst wenn er dies vertragswidrig versuchen sollte, und der Lizenznehmer im Fall der Mißachtung der Rechtesperre immer unmittelbar gegen den Dritten vorgehen kann (§ 399 i. V. m. § 413 BGB). Eine andere Beurteilung gilt für den Dritten nur dann, wenn der Lizenzgeber ihm diese Rechte bereits vor der Vereinbarung der Rechtesperre übertragen hat (Grundsatz der Priorität).

3   Die Rechtesperre ist, falls sie im Lizenzvertrag nicht zeitlich begrenzt wird (oft werden hier Fristen zwischen einigen Monaten und 5 Jahren festgelegt), für die **ganze Lizenzzeit** wirksam. Die Rechtesperre ist, falls sie im Filmlizenzvertrag nicht weiter ausgedehnt wird, nur für das **überlassene Lizenzgebiet** gültig (z. B. bei Fernsehsperre im Filmlizenzvertrag für die Bundesrepublik Deutschland einschließlich West-Berlin gilt die Sperre nicht für Fernsehausstrahlungen aus Nachbargebieten wie Österreich, deutsche Schweiz oder DDR).

4   Es ist fraglich, ob und inwieweit eine solche Rechtesperre auch dann gilt, wenn im **Lizenzvertrag nichts** darüber enthalten ist. Bei der Übertragung von ausschließlichen Nutzungsrechten für klar umgrenzte Nutzungsarten (z. B. nur für den Filmtheaterbereich) wird man eine Rechtesperre für andere Nutzungsarten nicht annehmen können. Ist jedoch die Übertragung ausschließlicher Nutzungsrechte pauschal oder beispielhaft formuliert, so könnte man aus einer solchen Formulierung in Verbindung mit der Ausschließlichkeitsklausel den Schluß ziehen, daß zwar nur die Nutzungsrechte für die sich aus dem Vertragszweck ergebende Nutzungsart übertragen wurden, jedoch die Nutzungsrechte für die nicht überlassenen Nutzungsarten, die eine Auswertung der überlassenen Nutzungsart stark beeinträchtigen könnten, auch keinem Dritten übertragen werden sollen (z. B. bei pauschaler oder beispielhafter Formulierung mit Zweckrichtung auf die

Auswertung durch Filmvorführungen die sog. *Nebenrechte* wie Fernsehen, Bildplatten, Videokassetten u. ä. m.).

5   Das widerspricht nicht den Grundsätzen der Zweckübertragungstheorie, da die Sperre gerade dem **Schutz der Erfüllung des Vertragszwecks** für die übertragenen Rechte dient. Das Lizenzgebiet für die Sperre wäre in diesem Fall das vertragliche Lizenzgebiet und die Lizenzzeit ein Zeitraum von mindestens zwei Jahren, was sich auf den Schutz der hauptsächlichen Auswertungszeit bezieht und in § 30 FFG für geförderte und zu fördernde deutsche Filme hinsichtlich der Fernsehauswertung einen gesetzlichen Niederschlag gefunden hat. Wenn im Lizenzvertrag festgelegt ist, daß die Nutzungsrechte für bestimmte nicht überlassene Nutzungsarten nur im Einvernehmen mit dem Lizenznehmer ausgewertet werden dürfen, so wird man auch einer solchen Formulierung rechtlich den Charakter eines dinglich wirkenden Ausschlusses der Rechtsabtretung für diese Nutzungsarten zusprechen müssen.

6   Soweit der Lizenzgeber dem Lizenznehmer für bestimmte Nutzungsarten ausschließliche Nutzungsrechte überträgt (z. B. für Filmvorführungen, Fernsehen, Videokassetten) und soweit für bestimmte Nutzungsarten eine Rechtesperre festgelegt ist (z. B. für einige oder sämtliche Nebenrechte), bezieht sich dies auf den **Vertragsfilm**. Darüber hinaus ist jedoch der Lizenzgeber nach dem eindeutigen Sinn und Zweck der Ausschließlichkeit und der Rechtesperre dazu verpflichtet, in den betreffenden Nutzungsarten während der Lizenzzeit keine Filme ohne Genehmigung des Lizenznehmers auszuwerten oder auswerten zu lassen, die dem Vertragsfilm wegen des gleichen Stoffes (z. B. literarische Vorlage oder geschichtliches Ereignis) vergleichbar sind und die Auswertung des Vertragsfilms beeinträchtigen könnten (z. B. Fernsehserien, Videofilme).

7   In der **Rechtsprechung** und **Rechtslehre** vgl. *Möhring/Nicolini* (aaO § 88 Ziff. 7 c): „Aus der vertraglichen Pflicht des Urhebers in den Grenzen von Treu und Glauben von allen das Auswertungsrecht des Filmherstellers störenden Handlungen abzusehen, kann sich aber auch die Verpflichtung des Urhebers ergeben, sich der Auswertung des Bühnenstücks im Fernsehen zu enthalten" und die dort zitierten BGH-Entscheidungen (vor allem in UFITA Bd. 54, S. 278). Diese Ausführungen in Rechtsprechung und Rechtslehre sind sinngemäß auf den Lizenzvertrag anwendbar.

103. Kapitel. Materialbeschaffung

1   Neben der Übertragung der Nutzungsrechte ist der Lizenzgeber verpflichtet, dem Lizenznehmer das für die Auswertung des Vertragsfilms erforderliche Material zu verschaffen. Meist beschränkt sich dies auf die Überlassung bzw. Hinterlegung (bei einer Kopieranstalt) des **Negativs** (oder Dup- oder Internegativs) des Films einschließlich Vorspannfilms und der für die Werbung nötigen Standfotonegative, während die für die Auswertung notwendigen Massenkopien vom Lizenznehmer besorgt werden. Bei Hinterlegung des Negativs wird fast stets eine unwiderrufliche Kopiezehungsgenehmigung zugunsten des Lizenznehmers vereinbart.

2   Es gibt aber auch Lizenzverträge, die vorschreiben, daß der Lizenzgeber dem Lizenznehmer die **Kopien des Films** zu liefern hat. Vor allem im Auslandsgeschäft spielt dies eine Rolle, falls der Film nicht synchronisiert wird oder falls die Kopien nur an bestimmten Orten hergestellt werden können (wie dies z. B. bei Farbkopien in Technicolor und Technoscop z. Zt. der Fall ist). Im Hinblick auf diese

Unterschiede wird man nicht ohne weiteres sagen können, daß – wenn in einem Lizenzvertrag hierüber nichts erwähnt ist – der Lizenzgeber nur das Negativ zu liefern hat. Man wird es vielmehr jeweils auf die gesamte Struktur des Vertrages abstellen müssen, insbesondere, ob die Gegenleistungen des Lizenznehmers darauf hindeuten, daß er hierfür nicht nur das Negativ, sondern auch die Kopien erhalten sollte. Soweit es sich um die prozentuale Abrechnung in üblicher Form und Höhe handelt, wird man freilich sagen können, daß sich die Verpflichtung des Lizenzgebers zur Materiallieferung in der Überlassung der Negative zum Hauptfilm, Vorspannfilm und zu den Standfotos erschöpft.

3 Zur Frage, wer **eingefügte Filmtitel** (sog. *Untertitel*) anzufertigen hat, wenn der ausländische Lizenzgeber das Negativ zu liefern, der deutsche Lizenznehmer die erforderlichen Kopien zu beschaffen hat, ist zu sagen, daß das nachträgliche Einfügen deutschsprachiger Untertitel in den zur Vorführung des Films bestimmten Kopien nicht zu den Herstellungskosten, sondern zu den Herausbringungskosten zu rechnen ist. Es fällt daher in den Zuständigkeitsbereich des Lizenznehmers. Diese Meinung entspricht den branchenüblichen Gepflogenheiten und gilt deshalb, falls im konkreten Lizenzvertrag hierzu keine andere Regelung getroffen worden ist.

4 In diesem Zusammenhang ist zu beachten, daß das Negativ und die Kopien nur das materielle Substrat für die Urheber- bzw. Lizenzrechte am Filmwerk darstellen. Das Filmnegativ ist nicht Träger des Urheberrechts, so daß das **Filmwerk** als Urheberrechtsgut und das **Filmnegativ verschiedene rechtliche Schicksale** haben können. Die Eigentums- und Besitzverhältnisse am Negativ und an den Kopien bestimmen sich nach den Vorschriften des BGB, unabhängig von der Frage, wem die urheberrechtlichen Nutzungsrechte am Filmwerk zustehen. Wenn nichts anderes vereinbart ist, erhält der Lizenznehmer das Eigentum an den ihm vom Lizenzgeber oder von Dritten (z. B. auf Bestellung des Lizenznehmers) gelieferten Negativmaterialien und Kopien, während das zu seinen Gunsten hinterlegte Negativmaterial im Eigentum des Lizenzgebers verbleibt. Die Überlassung des Filmnegativs oder der Filmkopien bzw. die Eigentumsverhältnisse hierzu besagen aber noch nichts für die Übertragung bzw. Inhaberschaft von Urheber- oder Lizenzrechten. Dabei kommt den Urheber- und Lizenzrechten die entscheidende Bedeutung zu, da allein sie zur Auswertung des Films berechtigen. Das Eigentum am Filmmaterial ist ohne Inhaberschaft der Urheber- oder Lizenzrechte praktisch nicht zu verwerten, während eine Inhaberschaft dieser Rechte evtl. auch ohne Eigentum bzw. Besitz am Filmmaterial des Vertragspartners sinnvoll ist, da die Lizenzrechte zur Auswertung des Films und damit grundsätzlich auch zur Neuherstellung des hierfür erforderlichen Materials berechtigen.

5 In der **Rechtsprechung** zur Frage des nachträglichen Einschneidens deutscher **Untertitel** und der damit verbundenen Kostentragung (wie hier): OLG München in UFITA Bd. 46, S. 362. Wie hier auch hinsichtlich des Eigentums und der Besitzverhältnisse an den Kopien und Negativen (vom Urheberrecht unabhängige Bestimmung nach BGB): BAG in GRUR 1961, S. 491 = UFITA Bd. 35, S. 92 und BGH in UFITA Bd. 62, S. 284.

104. Kapitel. Gewährleistungspflichten des Lizenzgebers

1 Da es sich nach Wortlaut und Zweck des Filmlizenzvertrages bei Rechtsbestand, Rechtsverschaffung, Rechteerhaltung und Rechtesperre **um Garantien** des Lizenzgebers handelt, hat er für deren Vorhandensein unbedingt einzustehen, also ohne Rücksicht auf ein etwaiges Verschulden. Soweit die Rechte an dem Film dem Lizenznehmer vor Fertigstellung des Films übertragen worden sind, liegt darin eine Fertigstellungsgarantie des Lizenzgebers. Der Lizenzgeber kann sich also nicht darauf berufen, daß der Vertragsfilm aus finanziellen Gründen nicht fertiggestellt werden konnte. Eine Ausnahme gilt nur, wenn ein Film aus Gründen höherer Gewalt nicht zu Ende produziert werden konnte (z. B. Ausfallen des Regisseurs oder eines Spitzendarstellers). Bei Verletzung der Gewährleistungspflichten für Rechtsmängel hat der Lizenznehmer einen Anspruch auf Abstellung dieser Rechtsmängel und, falls sie nicht behoben werden können, auf Vertragsauflösung und Schadensersatz.

2   Die Garantie des Lizenzgebers bezieht sich auch auf die ausschließlichen Rechte an allen **einzelnen Aufnahmen** des Films, falls keine dem entgegenstehende Vereinbarungen vorliegen. Der Lizenzgeber hat ferner dafür einzustehen, daß die Auswertung des Lizenznehmers nicht durch Ansprüche Dritter aus dem Urheberpersönlichkeitsrecht oder dem allgemeinen **Persönlichkeitsrecht** gestört wird, da der Lizenzgeber nach Sinn und Zweck des Lizenzvertrages ganz allgemein die ungehinderte Auswertung des Vertragsfilms garantiert. Der Lizenzgeber muß also z. B. bei zeitgenössischen Filmen dafür sorgen, daß sie nichts enthalten, was gegen die rechtlich geschützten Interessen der darin dargestellten zeitgeschichtlichen Persönlichkeiten und ihrer Angehörigen verstößt.

3   Diese Garantie für Rechtsmängel bedeutet dagegen nicht, daß der Lizenzgeber auch dann einzustehen hat, wenn der Lizenznehmer **ungerechtfertigt** von dritter Seite in der Filmauswertung gestört oder beeinträchtigt wird. In solchen Fällen hat nämlich der Lizenzgeber dem Lizenznehmer tatsächlich alle für die Auswertung notwendigen Rechte verschafft und damit seine Garantiepflicht für den Rechtsbestand erfüllt.

4   Im übrigen kommt es für die Gewährleistung des Lizenzgebers im Hinblick auf die **Qualifikation und Qualität des Vertragsfilms,** also die Haftung für Sachmängel darauf an, ob der Lizenznehmer den Film nach Besichtigung oder unbesehen oder sogar vor Fertigstellung (z. B. auch als Auftragsproduktion) erworben hat. Im ersteren Fall ist infolge der Kenntnis des Lizenznehmers von dem Film eine Gewährleistung des Filmproduzenten wegen der Qualifikation und Qualität des Films ausgeschlossen. In den anderen Fällen hat der Lizenzgeber einen Film zu liefern, der nach Stoff, Inhalt und filmtechnischer sowie filmhandwerklicher Gestaltung den Ansprüchen genügt, die nach dem jeweiligen Stand der Filmtechnik und des Filmhandwerks an einen derartigen Film zu stellen sind.

5   Ferner ist der Lizenzgeber bei Lizenzverträgen über Filme für das Hauptprogramm im Gegensatz zum Beiprogramm verpflichtet, dem Lizenznehmer einen **programmfüllenden Film,** also einen Film von einer bestimmten Länge zu liefern. Hier haben die Vorschriften des FFG (§§ 15 und 20 FFG), durch welche der programmfüllende Film mit 79 Minuten und der Film, der ohne Kulturfilm vermietet werden kann, mit 110 Minuten Vorführdauer angegeben sind, eine prägende Wirkung auch für andere Filme, obwohl sich das FFG nur auf Filme mit Referenzfilmförderung oder geförderte Filme bezieht. Man wird freilich für die anderen Filme eine Toleranzgrenze einräumen können, die nach unten von 79 auf 60 Minuten und nach oben von 110 auf 120 Minuten limitiert ist. Die Mindestlänge von 60 Minuten Vorführdauer entspricht auch der Richtlinie des Rates der Europäischen Wirtschaftsgemeinschaft (EG) vom 15. 10. 1963 (in Art. 2 Abs. 2a), wonach abendfüllende Filme als Filme mit einer Mindestlänge von 1600 m definiert werden und die wegen der zahlreichen Lizenzverträge über EG-Filme eben-

falls prägende Wirkung hat. Man wird davon ausgehen können, daß ein Film, der sich innerhalb dieser Grenzen hält, als normaler Vertragsgegenstand betrachtet werden kann. Sollte ein zu liefernder programmfüllender Film eine geringere oder größere Länge aufweisen, so muß der Lizenznehmer hierüber besonders unterrichtet werden und damit einverstanden sein.

6   Eine weitere Gewährleistungspflicht ergibt sich für den Filmproduzenten bei vor Besichtigung erworbenen Filmen hinsichtlich der **zugesicherten Eigenschaften,** die im Filmlizenzvertrag ausdrücklich erwähnt oder nachweisbar für den Abschluß entscheidend waren. Hierzu können vor allem gehören: Bestimmter Stoff, Autor und Regisseur, bestimmte darstellerische Besetzung, bestimmte Länge, aber auch Eignung für Jugend- und Feiertagsfreigabe, Prädikatisierung, strafrechtliche Unbedenklichkeit u. ä. m. Bei Auftragsproduktionen erstreckt sich die Gewährleistungspflicht auf die Einhaltung der vertraglich vorgesehenen Erfordernisse der Zustimmung des Lizenznehmers oder des Einvernehmens mit dem Lizenznehmer.

7   Dagegen trifft den Lizenzgeber **keine Gewährleistungspflicht** hinsichtlich der **Rentabilität** und der **künstlerischen Qualität** des Vertragsfilms, es sei denn, daß sie ausdrücklich zum Vertragsinhalt gemacht worden sind (z. B. bestimmte Mindestverleiheinnahmen oder eine Prädikatisierung durch die FBW). Der Lizenzgeber haftet nicht für den geschäftlichen Erfolg. Das typische Risiko jeder Filmauswertung ist den Vertragspartnern bekannt und muß von ihnen in Rechnung gestellt werden. Insoweit bilden die Vertragspartner beim Filmlizenzvertrag eine Art Risikogemeinschaft, wie es auch in der meist vereinbarten prozentualen Beteiligung der Vertragspartner an den Einnahmen des betreffenden Films zum Ausdruck kommt. Der Lizenznehmer kann deshalb keine Ansprüche daraus herleiten, daß ein Film die geschäftlichen Erwartungen nicht erfüllt, die er in ihn gesetzt hat. Das gleiche gilt für künstlerische Erwartungen, die über die handwerkliche Mindestqualität hinausgehen. Das ergibt sich schon aus der Schwierigkeit der Definition von Kunst und aus der Subjektivität und Relativität künstlerischer Beurteilung und Bewertung.

8   In Fällen der Verletzung der Gewährleistungspflichten für **Sachmängel** einschließlich zugesicherter Eigenschaften des Vertragsfilms entsteht zunächst nach den Grundsätzen für den Werkvertrag bzw. den Werklieferungsvertrag bzw. den Kaufvertrag ein Anspruch des Lizenznehmers auf **Nachbesserung** (z. B. Verkürzung oder Verlängerung des Films zur Erzielung der zugesagten Gesamtlänge, Schnitte zur Erreichung einer günstigeren Jugendeinstufung oder zur Beseitigung strafrechtlicher Bedenken). Falls eine solche Nachbesserung nicht möglich ist, kann der Lizenznehmer **Auflösung** des Filmlizenzvertrages fordern und **Schadensersatz,** soweit der Lizenzgeber den Mangel zu vertreten hat (z. B. ein Darsteller wurde nicht rechtzeitig engagiert, anders jedoch, falls der Darsteller durch Krankheit ausgefallen ist). Die Gewährleistungspflicht des Lizenzgebers ist um so stärker zu berücksichtigen, je mehr sich der Lizenznehmer bereits für den Vertragsfilm engagiert hat, z. B. durch Garantiezahlungen, Vorauszahlungen auf den Produzentenanteil, Ausgaben für Vorkosten, Kreditbeschaffung, sonstige Finanzierungsmittel u. ä. m. Für alle Mängelansprüche des Lizenznehmers ist zu bemerken, daß sie nicht mehr geltend gemacht werden können, wenn der Lizenznehmer den Film besichtigt und hernach nicht unverzüglich eine Mängelrüge erhoben hat. Den gleichen Grundsatz wird man anzuwenden haben, wenn dem Lizenznehmer der Mangel infolge grober Fahrlässigkeit unbekannt geblieben ist.

9   Die gleichen Grundsätze gelten für die Gewährleistung des Lizenzgebers hinsichtlich der **Tauglichkeit** des gelieferten **Materials** zu dem vorgesehenen Gebrauch.

10   Die **Rechtsprechung** stimmt mit den vorstehenden Ausführungen zur **Rechts- und Sachmängelhaftung** des Lizenzgebers überein. Zur Frage der Haftung des Produzenten (Anwendung der allgemeinen Gewährleistungsvorschriften) vgl. BGH in UFITA Bd. 18, S. 122 = BGHZ 2, S. 331; LG München, Urteil vom 15. 4. 1952 (Az.: 7 O 101/51); OLG München, Urteil vom 6. 2. 1953 (Az.: 6 U 941/52); LG Frankfurt/Main, Urteil vom 2. 5. 1956 (Az.: 2/6 O 135/54).

11   Lt. OLG München in UFITA Bd. 33, S. 105 hat der Produzent für **künstlerische Mängel** des Vertragsfilms nicht einzustehen. Auch soll die Mängelgewährleistungspflicht des Produzenten ihre Grenze finden, wenn die Mängel auf Anweisungen des Vertragspartners zurückzuführen sind.

105. Kapitel. Unmöglichkeit bzw. Unvermögen hinsichtlich der Verpflichtungen des Lizenzgebers

1   Soweit Unmöglichkeit bzw. Unvermögen den Rechtsbestand oder die Rechtsverschaffung oder die Rechteerhaltung oder die Rechtesperre betreffen, hat der Lizenzgeber immer hierfür **einzustehen,** da er nach dem Filmlizenzvertrag den Rechtsbestand, die Rechtsverschaffung, die Rechteerhaltung und ggf. die Rechtesperre garantiert hat. Das liegt z. B. vor, wenn der Lizenzgeber nicht alle für die vorgesehene Auswertung erforderlichen Rechte erworben oder sie vor der Übertragung auf den Lizenznehmer wieder verloren hat oder wenn der Film nicht fertiggestellt wurde und deshalb die garantierten Rechte gar nicht erst entstanden sind (Unmöglichkeit) oder wenn der Lizenzgeber die zur Übertragung oder zur Sperre vorgesehenen Rechte vor der Übertragung auf den Lizenznehmer bereits an einen Dritten übertragen hat (Unvermögen). In allen diesen Fällen wird der Filmlizenzvertrag aufgelöst und der Lizenznehmer kann aus der Garantieabrede Schadensersatz vom Lizenzgeber fordern.

2   Anders sieht es bei Unmöglichkeit und Unvermögen aus, die nicht mit dem Rechtsbestand oder der Rechtsverschaffung oder der Rechteerhaltung oder der Rechtesperre zu tun haben. Das gilt z. B. für eine etwaige strafrechtliche Beschlagnahme oder Einziehung des Films oder wesentlicher Filmteile oder für behördliche Maßnahmen wie Importbeschränkungen, die den Film betreffen o. ä. m. Hier wird es zur Auflösung des Vertrages kommen, während der Schadensersatzanspruch des Lizenznehmers vom **Verschulden** des Lizenzgebers abhängt. Sollten Unmöglichkeit oder Unvermögen nur vorübergehenden Charakter tragen, so kommt, falls dies den Vertragspartnern zumutbar ist, eine Fortsetzung des Filmlizenzvertrages nach Behebung des Mangels unter entsprechender Verlängerung der Lizenzzeit in Frage.

106. Kapitel. Auswertungspflicht des Lizenznehmers

1   Im Filmlizenzvertrag ist häufig die Auswertungspflicht des Lizenznehmers, vor allem wenn er ein Verleiher ist, ausdrücklich festgelegt. Wo dies nicht der Fall ist, wird es hierfür auf den **Charakter** des einzelnen **Filmlizenzvertrages** ankommen. Handelt es sich bei einem Filmlizenzvertrag um den Erwerb des Auswertungsrechts gegen einen Festpreis, so hat der Lizenznehmer grundsätzlich weder eine

Rechnungslegungs- noch eine Auswertungspflicht. Hier zeigt sich die Parallele zu den Vorschriften über den Kaufvertrag. Sollte dagegen ein Filmlizenzvertrag auf der meist üblichen prozentualen Basis abgeschlossen sein, so dürfte eine Auswertungspflicht des Lizenznehmers zu unterstellen sein. Hier zeigt sich die Parallele zu den gesellschaftsrechtlichen Vorschriften. Das hat auch bei Festsetzung einer Garantie für den prozentualen Produzentenanteil zu gelten, da fast immer das wirtschaftliche Interesse des Lizenzgebers über die Garantie hinausgeht und deshalb eine Auswertung des Films erforderlich macht.

2   Man wird also in der Regel aus dem Parteiwillen beim Festpreisvertrag schließen können, daß der Lizenzgeber kein besonderes Interesse an der Auswertung und bei dem Prozentualbeteiligungsvertrag, daß er ein besonderes Interesse an dieser Auswertung hat. Zusätzlich wird man aber zu beachten haben, daß bei Anwendung der ähnlichen Vertragsformen eine Berücksichtigung **typisch filmischer Gegebenheiten** stattzufinden hat. Hierzu gehört einmal ein evtl. ideelles, prestigemäßiges Interesse des Lizenzgebers, vor allem wenn er Filmproduzent ist, an der Auswertung seines Films. Das kann dazu führen, daß eine Auswertungspflicht des Lizenznehmers auch bei Zahlung eines Festpreises gegeben ist. Auf der anderen Seite gehört hierzu, daß der Lizenznehmer, vor allem wenn er der Filmverleiher ist, für die Herausbringung des Films relativ hohe Kosten (Synchronisation, Kopien, Beiprogrammfilm, Werbung, Verleihspesen u. ä. m.) aufzuwenden und damit ein relativ großes Risiko zu übernehmen hat. Er darf diese Kosten in der Regel nur von den Einnahmen des Films abziehen, so daß er bei Minderergebnissen mit diesen Kosten belastet bleibt, was es in solchen Fällen auch bei prozentualer Abrechnung für ihn unzumutbar machen kann, einen Film auszuwerten, d. h. die erwähnten Kosten aufzuwenden. Seine an sich bei prozentualer Abrechnung gegebene Auswertungspflicht kann also entfallen, wenn sich feststellen läßt, daß die voraussichtlichen Ergebnisse nicht einmal dazu ausreichen würden, die von ihm aufzuwendenden Kosten bzw. Garantiebeträge zu decken.

3   Zur Erfüllung seiner Auswertungspflicht muß der Lizenznehmer, soweit er der Filmverleiher ist (anders bei Vertriebsfirmen s. Kapitel 112), grundsätzlich den Film **selbst,** also in einer eigenen Firma (und nicht durch andere Verleiher oder Unterverleiher, aber selbstverständlich mit dem vertragsgemäßen Recht der Vergabe einer obligatorischen Lizenz an den einzelnen Theaterbesitzer zur Vorführung des Films im Rahmen des Filmbestellvertrages) auswerten, hierfür einen eigenen Verleihapparat besitzen und während der Lizenzzeit erhalten, es sei denn, daß im Filmlizenzvertrag etwas anders vereinbart ist oder sich aus dessen besonderem Charakter ergibt. (Für Vertriebsfirmen als Lizenznehmer s. unten Kapitel 112.) Insofern ist der Lizenzvertrag wegen des besonderen Vertrauensverhältnisses grundsätzlich **partnergebunden.** Ausnahmen können für Lizenzverträge mit *outright sale* (alle Rechte zum Festpreis) gelten, wenn sich nicht auch bei solchen Verträgen aus den Formulierungen oder Umständen ein besonderes Interesse des Lizenzgebers an der Auswertung des Films durch den Vertragspartner ergibt (s. auch oben über Auswertungspflicht). Zu einem solchen Verleihapparat gehören: Verleihchef, Filialleiter, Vertreter, Disponenten, Werbefachleute, Verwaltung und Buchhaltung. Dieser Apparat ist in einer Form und einem Umfang während der Lizenzzeit zu erhalten, welche die vorgesehene Filmauswertung gewährleisten, was Rationalisierungs- und Marktanpassungsmaßnahmen nicht ausschließt (z. B. Zusammenlegung von Positionen wie Verleihchef, Filialleiter und Vertreter, Übertragung von Aufgaben wie Buchhaltung, Kopienpflege, Lagerhaltung

und evtl. auch Werbung an Drittfirmen). Ein Verleihapparat kann für die Restauswertung wesentlich kleiner gehalten sein als für die Erstauswertung.

4   In den **Einzelheiten der Auswertung** des Films muß der Verleiher als Lizenznehmer weitgehend **frei** sein, da Umfang und Art der Werbung, Vermietung und Terminierung der Filme von so viel Umständen der jeweiligen Marktsituation abhängen, daß sie nur individuell bestimmt und nicht im Vorhinein festgelegt werden können. Hier kommt es darauf an, daß der Lizenznehmer die Pflichten eines ordentlichen Kaufmanns erfüllt, also die Auswertung im branchenüblichen Rahmen durchführt. Dazu gehört im Zweifel bei Auslandsfilmen die Synchronisation des Films, da auf dem deutschen Markt grundsätzlich Auslandsfilme in synchronisierter Fassung vorgeführt werden. Dazu gehört weiter die Einhaltung der branchenüblichen Aufführungsfolgen. Natürlich können Einzelheiten der Vermietung (z. B. der Start des Films an einem bestimmten Platz oder in einem bestimmten Bezirk oder im Massenstart oder die Mindestzahl der Vermietungen bzw. Termine) vertraglich vorgeschrieben werden und sind dann für den Lizenznehmer verbindlich. Man wird solche Vorschriften jedoch immer im Hinblick auf die erwähnten marktwirtschaftlichen Umstände flexibel interpretieren müssen.

5   Von Bedeutung ist in diesem Zusammenhang die Frage, inwieweit der Lizenzgeber den Verleiher als Lizenznehmer hinsichtlich der den Theaterbesitzern für die Vorführung des Filmes zu berechnenden **Filmmiete** festlegen kann. Hierbei wird man davon ausgehen können, daß beim Prozentualbeteiligungsvertrag der Lizenzgeber, auch wenn im Lizenzvertrag hierüber nichts enthalten ist, vom Lizenznehmer die prozentuale Vermietung zu den für derartige Filme allgemein üblichen prozentualen Sätzen an die Filmtheaterbesitzer verlangen kann. Eine andere Vermietung würde den Branchegepflogenheiten widersprechen, den prozentualen Anteil des Lizenzgebers vermindern und deshalb gegen die Verpflichtung des Lizenznehmers verstoßen, die Auswertung des Films nach den Grundsätzen eines ordentlichen Kaufmannes durchzuführen. So macht sich der Lizenznehmer z. B. schadensersatzpflichtig, wenn er einen Film gegen Festpreis oder gar ohne Berechnung an die Theaterbesitzer abgibt, es sei denn, daß ihm dies vom Lizenzgeber ausdrücklich gestattet wird. Die für die branchenübliche prozentuale Vermietung an Filmtheaterbesitzer maßgebenden Sätze lassen sich an Hand vergleichbarer Fälle und Filmtheater feststellen.

6   In einer ausdrücklichen oder stillschweigenden **Festlegung** der vom Verleiher als Lizenznehmer zu berechnenden Filmmiete im Lizenzvertrag ist **kein Verstoß** gegen die kartellrechtlichen Vorschriften über das Verbot der Preisbindung zweiter Hand zu sehen, jedenfalls nicht, soweit im Lizenzvertrag zwischen Lizenzgeber und Lizenznehmer eine prozentuale Abrechnung vorgesehen ist. Durch diese prozentuale Abrechnung wird die Lizenzgebühr entscheidend von den Einnahmen bestimmt, die der Lizenznehmer aus der Vermietung zieht und damit von der Filmmiete selbst. Die Filmmiete wird hierdurch zum integrierenden Bestandteil der Lizenzgebühr und kann vom Lizenzgeber ohne Kartellverstoß zum Inhalt seiner Abmachungen mit dem Lizenznehmer gemacht werden.

7   Aus dem Lizenzvertrag ist der Verleiher als Lizenznehmer dem Lizenzgeber gegenüber grundsätzlich verpflichtet, gegen Filmtheaterbesitzer, welche die Filmbestellverträge über den Vertragsfilm nicht erfüllen, **gerichtlich vorzugehen.** Soweit jedoch ein Film so geringe Geschäftschancen hat, daß von der Durchführung dieser Filmbestellverträge nicht einmal eine Deckung der mit dieser Durchführung dem Lizenznehmer entstehenden Selbstkosten (z. B. Kopienabnutzung, Fracht, Transport, Verleihspesen) zu erwarten ist, muß dem Lizenznehmer nach

Treu und Glauben das Recht zugestanden werden, die Filmbestellverträge und Terminfestlegungen aufzuheben. In solchen Fällen wäre es für ihn bei Abwägung mit den relativ geringen wirtschaftlichen Interessen des Lizenzgebers auch unzumutbar, sich durch Zwangsmaßnahmen gegenüber den Theaterbesitzern mit diesen Kunden für den weiteren Geschäftsverkehr zu verderben.

8 Soweit der Verleiher als Lizenznehmer neben der Auswertung des Vertragsfilms durch öffentliche Vorführungen im Filmtheater noch **weitere Nutzungsrechte** (oft *Nebenrechte* genannt) für den Lizenzgeber auszuwerten hat (z. B. Fernsehen, Videokassetten, Bildplatten, Schmalfilme, nichtgewerbliche Vorführungen), gelten die hier erwähnten Grundsätze über die Auswertungspflicht entsprechend. Das gilt vor allem für die vom Lizenznehmer für diese Nutzungsarten zu berechnenden Lizenzgebühren, soweit sich auf dem betreffenden Gebiet marktübliche Preise entwickelt haben (z. B. Lizenzgebühren für die Filmverkäufe an öffentlich-rechtliche Fernsehanstalten).

9 Die **Rechtsprechung** bejaht wie hier die **Auswertungspflicht** des Verleihers: BGH in UFITA Bd. 18, S. 122; BGH in NJW 1953, S. 1258; BGHZ 2, S. 331; BGHZ 9, S. 262.

107. Kapitel. Abrechnungs- und Zahlungspflicht des Lizenznehmers

1 Die Abrechnungspflicht des Lizenznehmers für die Lizenzgebühr steht im Mittelpunkt der Filmlizenzverträge mit prozentualer Beteiligung des Lizenzgebers an den Einspielergebnissen des Films. Sie sieht meist vor, daß der Verleiher als Lizenznehmer von den bei ihm eingehenden sog. Brutto-Verleiheinnahmen des Vertragsfilms zunächst die von ihm zu entrichtende Umsatzsteuer in Abzug bringen darf. Sodann ist er berechtigt, von den verbleibenden sog. **Netto-Verleiheinnahmen** des Vertragsfilms die sog. Vorkosten in Abzug zu bringen, wobei in einigen Fällen diese Vorkosten von den um die Umsatzsteuer gekürzten Brutto-Verleiheinnahmen vorweg (Fachausdruck: *off the top*) abgehen und in anderen Fällen der Verleiher laufend Verleihspesen (für seine Gemeinkosten) absetzen darf und die Vorkosten von dem danach verbleibenden Betrag (sog. Produzentenanteil) abzuziehen sind (Fachausdruck: *off the share*).

2 Man kann sagen, daß heute diese zweite Verrechnungsmethode üblich geworden ist, zumal sie auch in den **Richtlinien der FFA** niedergelegt wurde und in den **Standard-Verträgen** der großen internationalen Verleihfirmen enthalten ist, so daß sie im Zweifelsfall anzuwenden sein wird. Auch wenn diese FFA-Richtlinie nur für geförderte oder zu fördernde Filme verbindlich ist, hat sie doch prägende Kraft für die Branchegepflogenheiten. Das gleiche gilt für den üblichen prozentualen Verleihspesensatz, der nach einer anderen Richtlinie der FFA bis zu 35% der Netto-Verleiheinnahmen bis zur Abdeckung der Vorkosten auf den übrigen Anteil der Verleiheinnahmen, sodann bis zu 45% bis zur Abdeckung von 20% der Produktionskosten auf den übrigen Anteil der Verleiheinnahmen beträgt, wobei dieser übrige Anteil als Produzentenanteil bezeichnet wird. Nach Abdeckung der sog. Vorkosten werden die weiteren Verleiheinnahmen zur Abdeckung der Verleihspesen und der Herstellungskosten und hernach zur Gewinnverteilung (evtl. neben weiterlaufenden Verleihspesen) verwandt.

3 Zu den **Vorkosten** im Sinne dieser Vorschriften gehören im einzelnen folgende Posten, wie sie in einer Richtlinie der FFA zum FFG als im Rahmen sparsamer Wirtschaftsführung liegend aufgeführt sind:

1. Beiprogrammfilm
2. Kopien für Hauptfilm, Werbevorspannfilm und Beiprogrammfilm zuzüglich Verpakkung und Transport vom Kopierwerk zu den Verleihfilialen
3. Lavendelpositiv und Dupnegativ bzw. Interpositiv und Internegativ, soweit nicht in den Herstellungskosten enthalten
4. Synchronisation
5. Kopienversicherung
6. Negativ-Versicherung, soweit nicht in den Herstellungskosten enthalten
7. Beschichtung, Instandhaltung und Wiederherstellung der Kopien für Haupt-, Vorspann- und Beiprogrammfilm, soweit diese Arbeiten außerhalb der Betriebsräume des Verleihers durchgeführt werden
8. Herstellung des Werbevorspannfilms, falls dieser nicht vom Produzenten geliefert wird
9. Standard-Werbematerial
10. Ur- und Erstaufführungsreklame, die sich unmittelbar an Filmbesucher richtet, sowie filmbezogene Inserate in der Filmfachpresse und etwaige Filmpremierenveranstaltungen
11. Produktionspresse im Einvernehmen mit dem Produzenten, soweit nicht in den Herstellungskosten enthalten
12. Produktionsüberwachung, falls mit dem Produzenten vereinbart und in den Herstellungskosten nicht enthalten
13. Rechtsverfolgung gegenüber filmbezogenen Ansprüchen
14. Finanzierung, soweit nicht in den Herstellungskosten enthalten
15. Abgaben, insbesondere Zoll, im grenzüberschreitenden Verkehr
16. SPIO-Filmsonderbeitrag
17. Gebühren der FSK, soweit nicht ausnahmsweise in den Herstellungskosten enthalten
18. Gebühren der FBW
19. Abrechnungskontrolle des Verleiherverbandes

Die meisten Filmlizenzverträge über ausländische Filme sowie die Standard-Verträge der großen internationalen Verleihfirmen enthalten noch weitere Vorkosten, zu deren Abzug der Lizenznehmer berechtigt ist.

4   Die sog. **Reklamezuschüsse,** welche der Verleiher als Lizenznehmer den Theaterbesitzern gewährt (insbesondere den Erstaufführungstheatern an filmwirtschaftlichen Schlüsselplätzen) und die diese Filmtheater bei der Abrechnung erhalten oder von der geschuldeten Filmmiete abziehen, zählen, soweit sie die erwähnte Startreklame oder eine sonstige sich an die Filmbesucher richtende Werbung betreffen, zu den Vorkosten und sind in dem für diese Kosten vertraglich vorgesehenen Rahmen dem Lizenzgeber gegenüber abzugsfähig, darüber hinaus vom Lizenznehmer allein zu tragen. Soweit Zuschüsse an Filmtheater gegeben werden, um den Abschluß zu einer günstigeren prozentualen Filmmiete oder einem günstigeren Abspieltermin oder für eine längere als die übliche Spielzeit zu erreichen (manchmal *unechte* Reklamezuschüsse genannt), wirken sie erlösmindernd, indem die tatsächlich eingehenden Verleiheinnahmen um diese Beträge gekürzt werden und können dann entsprechend bei der Abrechnung berücksichtigt werden. Die Grenze der Abzugsfähigkeit ergibt sich aus dem Grundsatz der ordnungsgemäßen Filmauswertung (s. hierzu auch Abschnitt 9: ,,Filmbestellvertrag", Kapitel 136).

5   Soweit die Berechnung und Abrechnung der Lizenzgebühr – wie in den meisten Fällen – im Filmlizenzvertrag genau geregelt ist, tauchen kaum besondere Probleme auf. Von Interesse ist dagegen die Frage, wie die Abrechnung vorzunehmen ist, wenn eine besondere Regelung fehlt, d. h. insbesondere, inwieweit man die Aufwendung und den Abzug der erwähnten **Vorkosten** als **branchenüblich** anzusehen hat. Das dürfte zumindest für die Vorkosten gelten, die in der FFA-Richtlinie anerkannt sind. Man wird deshalb, wenn in einem Vertrag ausdrücklich oder sinngemäß von dem Abzug der Vorkosten die Rede ist, ohne daß diese im einzel-

nen erwähnt werden, kraft Handelsbrauch die o. e. Posten als abzugsfähige Vorkosten anzuerkennen haben.

6 Die weiteren Abrechnungsvorschriften, insbesondere die Höhe der Verleihspesen, die Art der Abdeckung der Herstellungskosten und die Gewinnverteilung zwischen Lizenzgeber und Lizenznehmer sowie die etwaige Beteiligung des Lizenznehmers an der Aufbringung der Herstellungskosten des Vertragsfilms durch Vorauszahlungen, Wechselverpflichtungen, Garantien, Finanzierungsbeiträge u. ä. m. sind in den einzelnen Lizenzverträgen so verschieden gestaltet, daß sich hier **keine generellen Regeln** aufstellen lassen. Dazu treten noch die in zahlreichen Fällen maßgebenden Kreditbedingungen privater oder öffentlicher, an der Filmfinanzierung beteiligter Institute sowie FFA-Richtlinien für die geförderten Filme, die die betreffenden Verträge in diesen Punkten zusätzlich bestimmen. Besonderer Auslegung bedürfen die Vorschriften über die Anrechnung der Auslandseingänge zur Abdeckung der Herstellungskosten und zur Gewinnverteilung.

7 In fast allen partiarischen Verträgen ist mindestens für das erste Lizenzjahr eine monatliche Abrechnung vorgesehen und zwar bis zum Ende eines Monats (meistens 20. oder 25.) für die Eingänge des Vormonats. Diese **Frist** wird man deshalb auch dann als gültige Frist anzusehen haben, wenn im Vertrag hierüber nichts besonderes gesagt wird. Das gleiche gilt für Zahlung der prozentualen Lizenzgebühr, die im Anschluß an diese Abrechnung zu erfolgen hat. Für Garantiezahlungen, Vorauszahlungen auf den prozentualen Anteil und Festpreise sind, falls besondere Daten im Vertrag nicht erwähnt werden, als Termine die endgültige Ablieferung des fertiggestellten Vertragsfilms nebst Filmmaterial bzw. die Erstaufführung dieses Vertragsfilms im Lizenzgebiet maßgebend.

8 Die **Form der Abrechnung** muß dergestalt sein, daß sie für den Lizenzgeber verständlich und nachprüfbar ist. Sie muß spezifiziert und sachlich gehalten sein. Die Beigabe von Belegen ist nicht erforderlich, sondern es genügt, wenn der Lizenznehmer dem Lizenzgeber die Einsicht in die Belege gewährt. Der Lizenznehmer darf grundsätzlich bei der Abrechnung nur tatsächlich verauslagte Kosten abziehen, es sei denn Rabatte, Skonti, Boni oder Stundungen werden ihm aus besonderen in seiner Firma liegenden Gründen von der Drittfirma gewährt (z. B. Mengenrabatt, Kontokorrent-Kredit, Jahresabrechnung, besondere Filmboni etc.).

9 In den letzten Jahren hat sich für die Errechnung der Lizenzgebühr auf dem internationalen Filmmarkt ein **neues Abrechnungssystem** entwickelt, in dessen Mittelpunkt der sog. *break even point* steht. Danach wird im Lizenzvertrag eine bestimmte Summe als voraussichtlich mögliche untere Einnahmegrenze festgelegt. Einen bestimmten Bruchteil dieses Betrages (z. B. die Hälfte) hat der Lizenznehmer ohne Rücksicht auf dessen Einspiel an den Lizenzgeber als Lizenzgebühr zur Abdeckung der Herstellungskosten abzuführen, während der übrige Teil dem Lizenznehmer für seine Vorkosten und Gemeinkosten verbleibt. Beträge, die über die festgesetzte Summe hinausgehen, werden zwischen den Vertragspartnern nach einem festgelegten prozentualen Schlüssel aufgeteilt. Neben diesem Abrechnungssystem gibt es seit einiger Zeit häufig das System des sog. *pari passu* Rückflusses, wonach alle für den Vertragsfilm eingehenden Einnahmen von Anfang an ohne Vorrang und Garantie zwischen den Vertragspartnern gleichmäßig oder nach einem bestimmten prozentualen Schlüssel aufgeteilt werden.

10 Die **Abrechnungsgrundlage** bei prozentualer Abrechnung bilden die beim Lizenznehmer eingehenden Einnahmen des Vertragsfilms. Werden sie im Lizenzvertrag nur allgemein bezeichnet, so fallen darunter alle Einnahmen, die der Lizenznehmer mit dem Film für alle ihm überlassenen Nutzungsarten erzielt (also evtl. auch die Einnahmen aus Fernsehen, Videokassetten, Verwertung von überlassenen *merchandising rights* u. ä. m.). Wird dagegen im Vertrag nur von den Verleiheinnahmen gesprochen, so sind nur die vom Lizenznehmer aus der öffentlichen Vorführung des Vertragsfilms erzielten Einnahmen abzurechnen, wobei freilich sämtliche Arten der öffentlichen Vorführungen in Filmtheatern und sonstigen Spielstätten, gewerblich oder nichtgewerblich und gleichgültig in welcher technischen Form, einzubeziehen sind.

11   In der **Rechtsprechung** sieht das OLG Frankfurt in UFITA Bd. 23, S. 229 grundsätzlich keine Probleme, wenn die **Abrechnung** im Filmlizenzvertrag genau geregelt ist. Zum Umfang der Abrechnungspflicht und deren Nachprüfbarkeit durch den Lizenzgeber (wie hier) grundsätzlich: LG München in UFITA Bd. 35, S. 227.

12   Zur Frage der Kosten für **eingefügte Filmtitel** (grundsätzlich Kostentragungspflicht des Verleihers) vgl. OLG München in UFITA Bd. 46, S. 362.

13   Zur Verleihabrechnung über **Filmkopien,** wenn diese im Auftrag und für Rechnung des Produzenten vom Verleiher bestellt worden und aus den Einspielergebnissen des Films zu begleichen sind, stellt der BGH in einem grundsätzlichen Urteil (UFITA Bd. 50, S. 983) fest: ,,Haben die Parteien vereinbart, daß die vom Verleiher im Auftrag und für Rechnung des Produzenten bestellten Filmkopien aus den Einspielergebnissen des Films zu begleichen sind, so darf der Verleiher die Kopierkosten vom Produzentenanteil des Films nicht abziehen und einbehalten, wenn er diese Kostenbeträge seinerseits nicht an die Kopieranstalt abgeführt hat. Er darf dies weder ausdrücklich zur Tilgung seines Finanzierungsbeitrages (Verleihgarantie) noch stillschweigend mit der Absicht, die Kopieranstalt unter Ausnutzung des Sachleistungskredits erst später zu befriedigen."

14   Zur Frage der Abrechnung der **Verleihanteile** aus Vorführungen eines Wanderkinos vgl. BGH in UFITA Bd. 39, S. 261 (grundsätzliche Geltung der allgemeinen Bezugsbedingungen wird auch hier bejaht).

15   Zur Rechnungslegungspflicht des Verleihers in der **Rechtslehre** (wie hier) auch: *von Gamm* (aaO S. 63) und *Ulmer* (aaO S. 419).

108. Kapitel. Gewährleistungspflicht des Lizenznehmers

1   Jede schuldhafte Verletzung der Auswertungs-, Abrechnungs- und Zahlungspflicht macht den Lizenznehmer **ersatzpflichtig.** Zum Rücktritt vom Vertrag oder zur Forderung auf Schadensersatz wegen Nichterfüllung berechtigt sie den Lizenzgeber nach den allgemeinen Grundsätzen jedoch nur, wenn eine von ihm gesetzte Nachfrist erfolglos verstrichen ist. Häufig ist hierfür in den Verträgen eine durch eingeschriebenen Brief zu setzende Frist von drei Wochen vorgesehen.

2   Für seine Abrechnungs- und Zahlungspflichten hat der Lizenznehmer **zivilrechtlich** immer **einzustehen.** Die Nichtabführung des dem Lizenzgeber zustehenden Anteils an den Verleiheinnahmen (sog. Produzentenanteil) erfüllt jedoch keinen strafrechtlichen Tatbestand. Eine Unterschlagung liegt nicht vor, da die Verleiheinnahmen dem Lizenznehmer zustehen und er nur eine obligatorische Abrechnungs- und Zahlungspflicht hat. Eine Untreue ist nicht gegeben, da das Vertragsverhältnis zwischen Lizenzgeber und Lizenznehmer auch bei prozentualer Abrechnung und den damit verbundenen gesellschaftsrechtlichen Zügen seinem Charakter nach ein rein obligatorisches Rechtsverhältnis bleibt und keine Vermögensbetreuungspflicht des Lizenznehmers begründet. Eine Ausnahme kann nur dann Platz greifen, wenn im Filmlizenzvertrag ausdrücklich und unmißverständlich eine Vereinnahmung der Produzentenanteile an den Verleiheinnahmen für

Rechnung und im Namen des Lizenzgebers bzw. eine Vermögensbetreuungspflicht des Lizenznehmers festgelegt worden ist (vgl. hierzu auch Abschnitt 9 „Filmbestellvertrag", Kapitel 129).

3 Die dem Lizenznehmer vor allem bei partiarischen Filmlizenzverträgen obliegende **Auswertungspflicht** wird **verletzt,** wenn er den Vertragsfilm schuldhaft nicht in der branchenüblichen und diesem Film angemessenen Form auswertet. Hierzu kann bei der Vertriebsfirma als Lizenznehmer die Auswahl unzureichender Verleiher und bei der Verleihfirma als Lizenznehmer eine völlig ungenügende Zahl von Filmbestellverträgen und die Vereinbarung unüblich niedriger Filmmieten gehören, aber auch der Mangel an geeigneter Werbung, Disposition und Durchführung der Filmbestellverträge.

4 Der Verleiher als Lizenznehmer kann regelmäßig nicht mit dem Einwand gehört werden, die Auswertungserlöse des Films entsprächen nicht den gehegten Erwartungen. Da der Filmlizenzvertrag ein **Risikogeschäft** ist, kann sich der Lizenznehmer nicht auf unerfüllte Hoffnungen berufen. Es ist auch grundsätzlich allein seine Sache, mit den Filmtheatern zu verhandeln und die Erfüllung der Verträge zu überprüfen. Allerdings ist der Lizenznehmer dann von den vorgenannten Verpflichtungen frei, wenn er sich bestens bemüht hat, die Theaterbesitzer außergerichtlich zum Abspiel des Films anzuhalten. Es ist ihm nicht zuzumuten, bei einem geschäftlich schwachen Film eine große Zahl seiner laufenden Kunden zu verklagen, sondern er muß hier im Interesse seines Gesamtgeschäftes und der anderen von ihm betreuten Produzenten berechtigt sein, auch Filmbestellverträge oder Terminfestlegungen zu stornieren.

5 Eine **Verringerung des Verleihapparates** während der Lizenzzeit begründet noch keine Verletzung der Auswertungspflicht. Das gilt vor allem, wenn sie aus Rationalisierungsgründen erfolgt, wie z. B. durch Eingehung von Bürogemeinschaften mit anderen Verleihern, durch gemeinsame technische Dienste mit solchen Verleihern (EDV, Lagerhaltung, Transport), gemeinsame Verwaltung etc. Anders ist es freilich zu beurteilen, wenn der Verleiher als Lizenznehmer keinen eigenen Verkaufsstab (Verleihchef, Filialleiter, Vertreter, Disponenten) und Werbestab mehr unterhält, sondern dies anderen Verleihern überläßt, da hierdurch tatsächlich die Auswertung des Vertragsfilms beeinträchtigt und die Auswertungspflicht verletzt werden könnte.

6 Wie hier in der **Rechtsprechung** zur Frage der unerfüllten **Erwartungen** des Verleihers (Risikogeschäft): BGH in UFITA Bd. 18, S. 122; LG Frankfurt/Main in UFITA Bd. 30, S. 250; BGH in UFITA Bd. 71, S. 184, 188.

7 Bei vom Verleiher den Theaterbesitzern gewährten **Stundungen und Nachlässen** ist von dem Grundsatz auszugehen, daß die Verhandlung und Erfüllung der Verträge zwischen Verleiher und Theaterbesitzer allein Sache des Verleihers ist. So LG Frankfurt in UFITA Bd. 30, S. 250.

109. Kapitel. Unmöglichkeit bzw. Unvermögen hinsichtlich der Verpflichtungen des Lizenznehmers

1 Soweit die Unmöglichkeit oder das Unvermögen die **Abrechnungs- und Zahlungsverpflichtungen** des Lizenznehmers betrifft, hat er hierfür immer einzustehen. Anders liegt es bei einer Unmöglichkeit oder einem Unvermögen der Erfüllung der **Auswertungspflicht** des Lizenznehmers, soweit sie mit dem Film und seiner öffentlichen Vorführung zusammenhängt. Hier kommen in Frage Beschlagnahme oder Einziehung des Films oder wesentlicher Filmteile, Nichterteilung etwaiger zur Auswertung notwendiger behördlicher Bescheinigungen (z. B. bei Erteilung des deutschen Ursprungszeugnisses für einen Film oder Anerkennung einer internationalen Gemeinschaftsproduktion durch die zuständigen Behörden), Schließung des Betriebs des Lizenznehmers auf Grund behördlicher Anordnungen u. ä. m.

2 In diesen Fällen der mit dem Film und seiner öffentlichen Vorführung zusammenhängenden Verpflichtungen des Lizenznehmers wird es wegen Unmöglichkeit der Leistung oder Unvermögen zur **Auflösung des Vertrages** kommen, während der Schadensersatzanspruch des Lizenzgebers vom Verschulden des Lizenznehmers abhängt. Sollten Unmöglichkeit oder Unvermögen nur **vorübergehenden** Charakter tragen, so kommt – falls dies den Vertragspartnern zumutbar ist – eine Fortsetzung des Filmlizenzvertrages nach Behebung des Mangels unter entsprechender Verlängerung der Lizenzzeit in Frage.

110. Kapitel. Positive Vertragsverletzung und Geschäftsgrundlage

1 Die Ansprüche des Lizenznehmers gegen den Lizenzgeber auf Lieferung des Filmmaterials und Verschaffung der Lizenzrechte unter Haftung des Lizenzgebers für Sach- und Rechtsmängel und die Ansprüche des Lizenzgebers gegen den Lizenznehmer auf vertragsgemäße Auswertung, Abrechnung und Zahlung richten sich auf Erfüllung der **Hauptpflichten** der Vertragspartner. Ihre Verletzung führt zu den oben erörterten Ansprüchen wegen Verzug, Gewährleistung und Unmöglichkeit.

2 Neben diesen Ansprüchen stehen die Ansprüche der Vertragspartner bei schuldhafter Verletzung **anderer vertraglicher Verpflichtungen.** Solche Vertragsverstöße werden meist als positive Vertragsverletzung zu betrachten sein. Ist die positive Vertragsverletzung so erheblich, daß dem Vertragspartner die Fortsetzung des Vertrages nicht mehr zugemutet werden kann, so kann sie sogar zum Rücktritt vom Vertrag bzw. zur Forderung von Schadensersatz wegen Nichterfüllung führen.

3 **Positive Vertragsverletzungen des Lizenzgebers** können z. B. darin liegen, daß er falsche Angaben über die Herstellungskosten macht, das ausschließliche Lizenzrecht des Lizenznehmers durch eigene zusätzliche Auswertungshandlungen verletzt, das Lizenzgebiet und die Lizenzzeit des Lizenznehmers nicht beachtet, ungenügende Versicherungen abgeschlossen hat u. ä. m. Auf Seiten des **Lizenznehmers** kommen sie vor, wenn bewußt falsche Angaben über die Vorkosten, die Einspielergebnisse oder Auswertungschancen des Vertragsfilms gemacht werden, wenn eine Überschreitung des Lizenzgebietes oder der Lizenzzeit erfolgt, wenn dem Lizenzgeber verbliebene Auswertungsmöglichkeiten gestört werden o. ä. m.

4 Als positive Vertragsverletzung ist es auch anzusehen, wenn bei einer echten Auftragsproduktion **vertragliche Abstimmungen** zwischen den Vertragspartnern über bestimmte Positionen bei einem Vertragsfilm (wie z. B. Stoff, Drehbuch, Titel, Regie, Besetzung, Kalkulation und Finanzierung) vorgesehen sind und ein Vertragspartner die Zustimmung oder das Einvernehmen aus unsachlichen Motiven und ohne angemessene Alternative **verweigert.** Das gibt entsprechend den gesellschaftsrechtlichen Vorschriften dem anderen Partner ein Recht auf Vertragsauflösung und Schadensersatz.

5 Neben diesen Ansprüchen wegen positiver Vertragsverletzung wird man bei Lizenzverträgen mit stark gesellschaftsrechtlichem Einschlag jedem Vertragspartner bei schweren Vertragsverletzungen des anderen Vertragsteiles auch ein **Kündigungsrecht aus wichtigem Grunde** im Sinne des § 723 BGB geben können.

6 Außerdem findet auf den Filmlizenzvertrag der allgemeine, das ganze Schuldrecht beherrschende Grundsatz über den **Wegfall der Geschäftsgrundlage** Anwendung. Wird also z. B. der Ertrag des Films nach Beginn der Auswertung durch höhere Gewalt (z. B. Wegfall eines Teils des Auswertungsgebietes, kriegerische Ereignisse, Transportschwierigkeiten für Kopien u. ä. m.) beeinträchtigt, so kommt damit die von beiden Vertragspartnern bei Abschluß des Lizenzvertrages vorausgesetzte Grundlage des Geschäfts, nämlich die insoweit ungehinderte Auswertung, in Wegfall. Das führt dazu, daß der Lizenznehmer Garantien, Vorauszahlungen usw. entsprechend kürzen und evtl. überhaupt den Vertrag zur Auflösung bringen kann.

7 Ferner sind noch die Vorschriften über die **Nichtigkeit** von Verträgen wegen Gesetzesverstoßes (z. B. Verstoß gegen Devisengesetze) oder Sittenwidrigkeit (z. B. bei pornographischen Filmen) und über die Anfechtung wegen Irrtums oder arglistiger Täuschung (z. B. betrügerische Vorspiegelungen eines Vertragspartners während der Vertragsverhandlungen oder beim Vertragsabschluß) zu beachten.

111. Kapitel. Die Hauptrechte und -pflichten bei der unechten Auftragsproduktion und dem reinen Agenturvertrag

1 Wie oben bei der Behandlung der Vertragstypen (s. Kapitel 95) bereits ausgeführt wurde, sind die unechte Auftragsproduktion und der reine Agenturvertrag keine Filmlizenzverträge, da bei ihnen keine Übertragung von Nutzungsrechten vorliegt, wie sie für den Filmlizenzvertrag typisch ist. Diese Verträge charakterisieren sich durch die **Dienstleistung** des Produzenten oder Verleihers, die er als Hauptleistung für den anderen Vertragspartner erbringt. Dadurch weichen die Hauptrechte und -pflichten der Vertragspartner dieser Verträge von den Hauptrechten und -pflichten der Vertragspartner des Lizenzvertrages in mehreren entscheidenden Punkten ab.

2 Die unechte Auftragsproduktion ist **nicht beschränkt** auf Rechtsverhältnisse zwischen Filmproduzenten und Filmverleihern. Es kann auch ein Filmproduzent oder eine Filmvertriebsfirma durch einen anderen Filmproduzenten im Wege einer solchen unechten Auftragsproduktion einen Film für sich herstellen lassen. In rechtlicher Hinsicht sind diese Fälle nicht anders zu beurteilen als die hier behandelte unechte Auftragsproduktion, so daß die folgenden Ausführungen entsprechend auch für diese Vertragspartner gelten.

3 Beide Vertragsformen sind wie oben erwähnt (Kapitel 95) nach ihrer Rechtsnatur als **Dienstverträge** zu betrachten. Es sind deshalb auf sie ergänzend zu den Vertragsbedingungen die §§ 611 ff BGB anzuwenden. Das gilt z. B. für die rechtlich nicht abdingbare fristlose Kündigung aus wichtigem Grund nach § 626 BGB, die ein Vertragspartner aussprechen kann, wenn die Basis der Zusammenarbeit so gestört ist (z. B. durch häufige Vertragspflichtverletzungen des anderen Vertragspartners), daß ihm eine Fortsetzung des Vertragsverhältnisses nicht zugemutet werden kann.

4   Bei der unechten Auftragsproduktion hat der Filmproduzent dem Filmverleiher **seine Produktionsfirma zur Herstellung** von dessen Film zur Verfügung zu stellen. Der Produzent handelt hier nur für fremde Rechte und nicht für eine eigene Rechtsposition als Filmhersteller, denn er hat dafür zu sorgen, daß alle diese Produktion und den Vertragsfilm betreffenden Verträge namens und im Auftrag des Filmverleihers abgeschlossen werden und nur für diesen Filmverleiher Rechte und Pflichten begründen. Die Produktionsfirma übt hier nur die Funktion eines **Herstellungsleiters** für den Vertragsfilm aus. Da es jedoch um einen Vertrag zwischen Handelsgesellschaften (meist Kapitalgesellschaften) geht, liegt kein Dienstvertrag mit einer oder mehreren physischen Personen vor. Auch die physischen Personen, die im Rahmen der Produktionsfirma für den Film des Verleihers tätig werden, bleiben Angestellte dieser Produktionsfirma, die allein die Dienstleistungen gegenüber der Verleihfirma zu erbringen hat.

5   Die der Produktionsfirma obliegende **Leitung und Durchführung** der Herstellung des Vertragsfilms beginnt mit der Teilnahme an der Entwicklung des Filmstoffs und des Filmdrehbuchs, geht über das Engagement aller für den Vertragsfilm benötigten Mitwirkenden bis zur Aufsicht über die Dreharbeiten und die Fertigstellung des Films. Da für den Auftrag zu einer solchen Filmherstellung fast immer das Vertrauen in die Produzentenqualität bestimmter Persönlichkeiten maßgebend ist, wird der Verleiher verlangen können, daß der Inhaber oder Geschäftsführer der Produktionsfirma selbst in diesem Zusammenhang entscheidend tätig wird.

6   Was die Rechtsverschaffung, die Rechteerhaltung und die Rechtesperre angeht, so hat hier der Produzent die Verpflichtung, alle Verträge für den Vertragsfilm mit den Inhabern der vorbenutzten Werke, den Filmschaffenden und den sonstigen Urheber- oder Leistungsschutzberechtigten so abzuschließen, daß der Verleiher für seinen Film die im Auftragsproduktionsvertrag vorgesehenen **Nutzungsrechte** erwirbt. Im Zweifel wird der Produzent verpflichtet sein, dem Verleiher für den Vertragsfilm die ausschließlichen Nutzungsrechte für eine gegenständlich, örtlich und zeitlich unbeschränkte Auswertung des Films zu verschaffen, wozu auch die sog. Nebenrechte (z. B. Fernsehen, Videokassetten, Bildplatten, 8-mm-Verkauf) gehören. Nach Abschluß solcher ausreichend abgesicherter Verträge mit den Mitwirkenden am Vertragsfilm scheidet der Produzent aus dem Pflichtenkreis der Rechtsverschaffung aus, da dann unmittelbare Rechtsbeziehungen zwischen dem Filmverleiher als Inhaber des Films und den Mitwirkenden an diesem Film bestehen. Die Rechtsgarantie des Produzenten beschränkt sich darauf, daß er seiner Verpflichtung auf ordnungsgemäßen Abschluß der Verträge mit den Urheber- und Leistungsschutzberechtigten, die die vorgesehene Filmauswertung sichern, nachgekommen ist. Das gilt auch für eine in diesen Verträgen etwa ausgemachte Rechtesperre.

7   Die **Gewährleistungspflicht** des Produzenten geht dahin, daß er für die Herstellung eines Films der vertraglich festgelegten Kategorie, Länge und Form und für die Einhaltung der festgelegten Kalkulation und Finanzierung einzustehen hat. Hierbei sind etwaige zugesicherte Eigenschaften wie Stoff, Drehbuch, Autor, Regisseur, darstellerische Beteiligung, Eignung für Jugend- und Feiertagsfreigabe, Prädikatisierung, strafrechtliche Unbedenklichkeit u. ä. m. zu beachten. Falls hierüber nichts vereinbart worden sein sollte, sondern nur die Kategorie des Films ganz allgemein festgelegt worden ist, hat der Produzent mindestens für die Herstellung eines Films Sorge zu tragen, der nach Stoff, Inhalt und filmtechnischer sowie filmhandwerklicher Gestaltung den Ansprüchen genügt, die nach dem jeweiligen Stand der Filmtechnik und des Filmhandwerks an einen derartigen Film zu stellen sind. Für die Rentabilität des Vertragsfilms trifft den Filmproduzenten keine Gewährleistungspflicht, so daß er also nicht für den geschäftlichen Erfolg des Vertragsfilms einzustehen hat. Insoweit muß vom Verleiher das typische Risiko jeder Filmherstellung und Filmauswertung übernommen werden.

8   Bei dem reinen Agenturvertrag hat der Filmverleiher dem Filmproduzenten die **Dienste seiner Verleihfirma** für den Verleih des Films zur Verfügung zu stellen. Da es sich um einen Vertragsabschluß zwischen Handelsgesellschaften (meist Kapitalgesellschaften) handelt, ist kein Anstellungsverhältnis im Sinne eines Dienstleistungsvertrages mit physischen Personen gegeben, sondern ein auf Dienstleistung ausgerichtetes Verhältnis zwischen zwei Firmen.

9   Die Auswertungs-, Abrechnungs- und Gewährleistungspflichten des Verleihers sind **ähnlich** aufzufassen und auszulegen, wie bei einem **Filmlizenzvertrag.** Da jedoch die Filmbestellverträge mit den Filmtheatern oder sonstigen Spielstätten und etwaige Verträge zur Auswertung der Nebenrechte beim Agenturvertrag vom Verleiher immer namens und im Auftrag des Produzenten getätigt werden und dadurch der Produzent unmittelbare Rechte und Pflichten gegenüber diesen Dritten erwirbt, sind die Dispositions- und Verfügungsmöglichkeiten des Verleihers eingeschränkter als beim Filmlizenzvertrag. Das wirkt sich z. B. aus, wenn es um Änderungen oder Streichungen von Verträgen geht, die hier der Verleiher nur im Einvernehmen mit dem Produzenten vornehmen darf, es sei denn, daß der Produzent ihm in dem Agenturvertrag hierfür freie Hand gelassen hat. Das wirkt sich ferner dahingehend aus, daß die eingehenden Gelder vom Verleiher für den Produzenten vereinnahmt werden und deshalb von vornherein dem Produzenten zustehen, so daß hier strafrechtliche Konsequenzen auftauchen, falls der Verleiher diese eingenommenen Gelder zweckentfremdet.

112. Kapitel. Die allgemeinen Bedingungen zum Filmlizenzvertrag

1   Da die Filmlizenzverträge wegen der Objekte und der Partner stark **individuell geprägt sind,** haben sich keine allgemeinen Bedingungen entwickelt, die – vergleichbar etwa den Bezugsbedingungen des Filmbestellvertrages – kraft Handelsbrauch oder Verkehrssitte oder Eintritt in eine Rechtsordnung für alle Filmlizenzverträge ohne Rücksicht auf ihre Vereinbarung im Einzelfall gültig sind. Es gibt aber zahlreiche Filmlizenzverträge, bei denen gedruckte allgemeine Bedingungen oder Standard-Verträge beigefügt oder in den Vertrag aufgenommen worden sind.

2   Hier sind von Bedeutung die **Standard-Verträge** der großen internationalen Produktions- und Verleihfirmen, insbesondere der **MPEAA-Firmen** wie Metro, Warner, Columbia, Fox, Disney, Paramount, Universal für amerikanische und englische Filme, die Conditions Générales Applicables au Mandat de Distribution der **Unifrance** für französische Filme, die Condizioni Generali der **Unitalia** für italienische Filme und die Allgemeinen Bedingungen zum Auslandslizenzvertrag der **Export-Union** des deutschen Films e. V. für deutsche Filme.

3   Soweit solche allgemeinen Bedingungen einheitlich gleichförmig gehalten sind, wird man sie zwar nicht automatisch auf Filmlizenzverträge anwenden können, denen sie nicht beigefügt oder in denen sie nicht ausdrücklich erwähnt sind. Man wird solche Klauseln jedoch auch bei solchen Filmlizenzverträgen in Differenzfällen zur **Auslegung ergänzend** heranziehen können.

4 Im folgenden sollen diese weitgehend **einheitlich gleichförmigen Klauseln** allgemeiner Bedingungen behandelt werden. Hierbei wird zunächst die übliche Form der jeweiligen Klausel aufgeführt. Sodann wird diese Klausel interpretiert, wobei zu berücksichtigen ist, daß diese allgemeinen Bedingungen von den Produzenten oder ihren Verbänden formuliert sind und vor allem den Schutz der Produktionsfirmen und ihrer Produktion bezwecken. Anschließend wird untersucht, wie einschlägige Fälle rechtlich zu beurteilen sind, die sich aus Lizenzverträgen ergeben, bei denen die entsprechende Klausel nicht ausdrücklich zum Vertragsbestandteil gemacht worden ist.

5 Der **Bestand der Rechte** wird durch den Lizenzgeber garantiert mit Ausnahme des üblichen Vorbehalts wegen der Aufführung der Musik, wo die Rechte weltweit bei der GEMA oder verwandten Organisationen liegen. Soweit in einem Land ein Inkasso solcher Organisationen beim Filmtheater nicht möglich ist (z. B. in den USA aus kartellrechtlichen Gründen), ist der Lizenzgeber gegenüber dem Lizenznehmer verpflichtet, diese Rechte (Vorführrechte an der Musik) zusätzlich zu erwerben. Falls das Urheberrecht des Films im Lizenzgebiet nicht ohnehin geschützt ist, so hat der Lizenznehmer das Recht, vom Lizenzgeber die Registrierung dieses Urheberrechts zu verlangen. Auf Verlangen des Lizenzgebers ist der Lizenznehmer verpflichtet, an die Stelle des Lizenzgebers zu treten und das Urheberrecht des Films in seinem Namen oder im Namen derjenigen Partei schützen zu lassen, die der Lizenzgeber bezeichnet. Das ist vor allem wichtig für Staaten (wie die USA), in denen es ein Copyright Register und einen Copyright Vermerk gibt. Hier ist für den Urheberrechtsschutz die Anbringung dieses Copyright Vermerks in der Form © auf sämtlichen Werkexemplaren unter Benennung des Urheberberechtigten und der Jahreszahl des entstandenen Werkes von entscheidender Bedeutung (s. Abschnitt 14).

6 Die **Rechtsübertragung** wird begrenzt auf die ausdrücklich eingeräumten Lizenzrechte. Hier wird bestätigt, daß grundsätzlich im Sinne der Zweckübertragungstheorie jeweils nur die Rechte übergehen, die ausdrücklich genannt sind oder bei einer pauschalen Formulierung erkennbar nach dem Zweck der Vertrages auf den Lizenznehmer übergehen sollen.

7 Das **Monopolgebiet** wird definiert durch das Hoheitsgebiet, für das dem Lizenznehmer die Rechte überlassen worden sind. Hieraus ergibt sich, daß sich bei einer Verkleinerung des Hoheitsgebietes die Rechte auf den verbliebenen Teil beschränken. Es soll dann jedoch bei verringerter Auswertungsmöglichkeit eine Ermäßigung von Garantien oder Festpreisen des Lizenznehmers stattfinden.

8 Diese Regelung muß korrespondierend auch für die **Vergrößerung des Hoheitsgebietes** gelten und deckt sich mit dem allgemeinen Grundsatz, daß Rechte für staatliche Hoheitsgebiete vergeben werden und sich deshalb bei Vergrößerung oder Verkleinerung dieser Hoheitsgebiete entsprechend ausdehnen oder einengen.

9 Der Lizenzgeber behält grundsätzlich das **Eigentum** an dem von ihm gelieferten **Material** und überläßt es dem Lizenznehmer nur zur Nutzung. Soweit der Lizenznehmer Material erwirbt, wird eine Eigentumsübertragung durch Besitzkonstitut formuliert, so daß auch hier der Lizenzgeber der Eigentümer des Materials wird. Bei dieser Eigentumsklausel werden noch Auskunftspflichten des Lizenznehmers über den jeweiligen Verbleib des Materials festgelegt.

10 Allgemein ist zu sagen, daß **ohne** eine solche Klausel das Material, das der **Lizenznehmer** erwirbt, in dessen Eigentum gelangt und verbleibt. Das ergibt sich schon aus den von ihm mit Dritten abgeschlossenen Verträgen.

11   Der Lizenznehmer hat grundsätzlich den Film **selbst auszuwerten** und kein Recht, die ihm überlassenen Nutzungsrechte auf Dritte zu übertragen oder eine Lizenz für einen Unterverleih zu vergeben. Dieses **Weiterübertragungsverbot** wirkt dinglich (§ 399 i. V. m. § 413 BGB). Bei der Durchführung des Verleihs darf der Verleiher als Lizenznehmer den Vertragsfilm nicht zu Globalpreisen mit anderen Filmen verleihen und auch kein Mehr/Minderverrechnungsrecht mit den Einnahmen anderer Filme vereinbaren. Das Verbot der Vermietung zu Globalpreisen mit anderen Filmen schließt nicht aus, daß der Verleiher als Lizenznehmer den Film mit anderen Filmen zusammen vermietet. Dieses weitgehend übliche Blockbuchen (s. die entsprechenden Ausführungen im Abschnitt 9 „Filmbestellvertrag", Kapitel 120) ist den Lizenzgebern bekannt und soll durch diese Vorschrift nicht ausgeschlossen werden, zumal es letztlich vor allem den Filmproduzenten zugute kommt.

12   Wenn im Filmlizenzvertrag nichts darüber enthalten ist, hängt die Frage nach der Möglichkeit der **Weiterübertragung** der Lizenz oder der **Vergabe einer Unterlizenz** für sämtliche oder einzelne der dem Lizenznehmer übertragenen Lizenzrechte von dem jeweiligen **Gesamtinhalt und Gesamtcharakter** des einzelnen Lizenzvertrages ab. Hierbei wird man es entscheidend auf den Grad der Zusammenarbeit der beiden Vertragspartner (z. B. im Hinblick auf die Herstellung und Finanzierung des Filmvorhabens und die Art der Abrechnung) abzustellen haben. Je stärker die Zusammenarbeit ist, um so stärker wird das Erfordernis der besonderen Genehmigung für Weiterübertragungen oder Unterlizenzen. Derartige Verträge mit starker Zusammenarbeit der Vertragspartner sind partnergebunden und enthalten sinngemäß (auch wenn hierüber nichts ausdrücklich gesagt wird) einen Ausschluß der Weiterübertragung des Lizenzrechts oder der Vergabe von Unterlizenzen, der nach §§ 399, 413 BGB dingliche Wirkung äußert. In den meisten Fällen werden sich diese Grundsätze mit der Unterscheidung zwischen dem einfachen Lizenzvertrag (Festpreisvertrag) mit Übertragungsrecht und dem partiarischen Lizenzvertrag (Prozentualbeteiligungsvertrag) ohne Übertragungsrecht decken, da der Lizenzgeber bei einer Beteiligung an den vom Lizenznehmer mit der Auswertung des Films erzielten Einnahmen an einer besonders sorgfältigen Auswertung interessiert ist und deshalb meist Wert darauf legen wird, daß die Auswertung durch denjenigen Verleiher als Lizenznehmer erfolgt, dem er durch den Vertragsabschluß sein Vertrauen bekundet hat. Das gilt jedoch dann nicht, wenn bei einem partiarischen Lizenzvertrag kein besonderes materielles Interesse des Lizenzgebers an der Auswertung durch den Vertragspartner bzw. bei einem einfachen Lizenzvertrag ein besonderes ideelles Interesse an der Auswertung durch den Vertragspartner gegeben ist (s. Kapitel 106). Der Unterschied zwischen der Weiterübertragung des Lizenzrechts und der Vergabe einer Unterlizenz liegt darin, daß im ersten Fall der Lizenznehmer als Vertragspartner ausscheidet, während er im zweiten Fall im Vertragsverhältnis und damit in der Haftung für den Unterlizenznehmer verbleibt. In beiden Fällen wird jedoch das Lizenzrecht weitergegeben.

13   In diesem Zusammenhang ist noch der Fall zu erwähnen, in dem nicht eine eigentliche Unterlizenz unter Weiterübertragung der dinglichen, absoluten Nutzungsrechte, sondern ein sog. **Sonderverleihvertrag (Unterverleihvertrag)** mit rein **obligatorischer** Überlassung der Filmauswertung an einen anderen Verleiher vorliegt. Ein solcher Vertrag ist seiner Rechtsnatur nach ebenfalls ein Vertrag eigener Art. Bei ihm mischen sich die Bestandteile des Geschäftsbesorgungsvertrages mit Merkmalen des Pachtvertrages, während eine parallele Anwendung der

Vorschriften für den Lizenzvertrag mangels Rechtsübertragung ausscheidet. Auch hier sind jedoch die erwähnten allgemeinen Grundsätze über die Weiterübertragung und die Unterlizenz zu beachten. Ein solcher Unterverleih wirkt sich nämlich gegenüber dem Lizenzgeber hinsichtlich der Partnergebundenheit genauso aus wie eine Weiterübertragung der Lizenz oder die Vergabe einer echten Unterlizenz, da der Verleih auch dann nicht mehr durch den vorgesehenen Partner, sondern durch einen Dritten ausgeübt wird, freilich mit der Maßgabe, daß die Lizenzrechte beim Partner verbleiben. Die Einräumung einer obligatorischen Lizenz liegt auch bei sämtlichen Filmbestellverträgen mit Theaterbesitzern u. ä. m. vor (s. Kapitel 121). Eine solche Lizenzvergabe ist dem Verleiher als Lizenznehmer selbstverständlich gemäß Sinn und Zweck des Lizenzvertrages immer gestattet.

14 Von diesem grundsätzlichen Verbot der Weiterübertragung der Lizenzrechte oder der Vergabe einer Unterlizenz oder der Befassung eines Unterverleihers mit dem Verleih des Films können **Ausnahmen** gelten, soweit es sich um die **Restauswertung** des Vertragsfilms handelt. Hier kann es auch im Interesse des Lizenzgebers liegen, wenn eine solche Restauswertung durch einen hierfür besonders geeigneten Sonderverleiher erfolgt. In diesen Fällen kann deshalb der Lizenzgeber die Weiterübertragung bzw. die Unterlizenz bzw. den Unterverleih für diese Restauswertung nach Treu und Glauben nicht verweigern, selbst wenn im Vertrag speziell oder durch Anwendung der allgemeinen Bedingungen ein Verbot der Weiterübertragung der Lizenzrechte oder der Vergabe von Unterlizenzen enthalten ist.

15 Der Ausschluß der Weiterübertragung der Lizenzrechte oder der Einräumung von Unterlizenzen gilt grundsätzlich nur für die dem Lizenznehmer überlassenen Nutzungsrechte zur Auswertung des Films durch öffentliche Filmvorführungen im Normalformat in Filmtheatern oder sonstigen Spielstätten. Soweit dem Lizenznehmer auch sog. **Nebenrechte** (wie z. B. Auswertung durch Fernsehen, Videokassetten, Bildplatten, Verkauf im 8-mm-Format) überlassen worden sind, ist ihm im Zweifel die **Weiterübertragung dieser Rechte** oder die **Einräumung von Unterlizenzen** z. B. an Vertriebsfirmen für Videokassetten oder Bildplatten oder 8-mm-Verkauf oder Fernsehauswertung grundsätzlich gestattet, da er normalerweise – wie in der Filmwirtschaft allgemein bekannt ist – gar keinen Apparat für diese Auswertungsformen besitzt. Das gleiche gilt in Zweifelsfällen für die Schmalfilmauswertung, die meistens von besonderen Schmalfilmverleihern übernommen wird.

16 Soweit Lizenzrechte **Vertriebsfirmen** als Lizenznehmer überlassen werden, die keinen eigenen Verleihapparat besitzen, wird man das Einverständnis des Lizenzgebers zu unterstellen haben, daß die Vertriebsfirma die Lizenzrechte an dem Film durch **Weiterübertragung** oder **Unterlizenz** an eine **Verleihfirma** mit Verleihapparat zur Auswertung weitergibt. Hier wissen nämlich die Vertragspartner, daß die Vertriebsfirmen als Lizenznehmer mangels Verleihapparat den Film nicht selbst durch Vermietung an Filmtheater u. ä. m. auswerten können, sondern ihn an eine hierfür geeignete Firma weitergeben müssen, um den Vertragszweck zu erfüllen.

17 Die **Werbemethoden** und **Nennungsverpflichtungen** sind nach den Weisungen des Lizenzgebers auszuführen. Das gilt nicht nur für den Titelvorspann, sondern auch für die ganze Werbung durch den Filmverleiher und den Filmtheaterbesitzer, da von allen Ankündigungen und Propagierungen des Films gesprochen wird. Für die zweckentsprechende Weise der Werbung und die Beachtung der Nennungsverpflichtungen sind die Anweisungen des Lizenzgebers maßgebend. Die Nennungsverpflichtungen sind in der vom Lizenzgeber bestimmten Größen- und Rangordnung bei der ganzen Werbung für den Film zu beachten.

18 Diese Vorschriften müssen **restriktiv** ausgelegt werden, da sie sonst den Bedürfnissen der Praxis bei der Auswertung der Filme durch den Verleiher als Lizenznehmer nicht gerecht werden. Er muß in der Lage bleiben, die Werbung und Nennung an den allein ihm vertrauten jeweiligen Markterfordernissen auszurichten. Eine Verpflichtung zur angemessenen Werbung und Berücksichtigung der Nennungsverpflichtungen trifft den Lizenznehmer aber auch dann, wenn hierüber im Lizenzvertrag nichts besonders gesagt wird. Für eine solche Werbung und Berücksichtigung der Nennungsverpflichtungen gelten die folgenden Grundsätze.

19 Die **einzelnen Werbemaßnahmen** sind nach der Bedeutung des Films und der jeweiligen Marktsituation einzurichten. Man wird jedoch als Mindestanforderungen die Herstellung und Ausgabe von Plakaten, Standfotos (soweit das entsprechende Material vom Lizenzgeber geliefert wird) und Werberatschlägen für die Theater anzusehen haben. In der Einzelgestaltung der Werbung ist der Lizenznehmer frei, soweit er nur insgesamt für eine der Bedeutung des betreffenden Films entsprechende ordnungsgemäße und branchenübliche Werbung sorgt. So kann der Lizenznehmer die ihm gelieferten Portraitfotos auch für den Star-Postkartenvertrieb benutzen, da auch dies eine wichtige Form der Werbung darstellt. Die Kosten für das eigentliche Werbematerial (Plakate, Positive der Standfotos, Werberatschläge, etwaige Dias, Matern etc.) gehen zu Lasten des Lizenznehmers, wofür ihm alle Einnahmen aus der Vermietung des Werbematerials an die Theaterbesitzer verbleiben. Dagegen hat der Lizenzgeber dem Lizenznehmer die Negative der Standfotos und das Negativ des Werbevorspannfilms (die Kopien des Vorspannfilms gehören zu den sog. Vorkosten) zu liefern, wobei die Kosten hierfür zu Lasten des Lizenzgebers gehen bzw. zu den Herstellungskosten rechnen.

20 Zusammen mit der Werbung sind die sog. **Nennungsverpflichtungen** zu beachten, die der Produzent als Lizenzgeber auf Grund der Verträge mit den Autoren, Komponisten, Filmschaffenden usw. eingegangen ist und meist durch genaue Angaben an den Lizenznehmer weitergibt. Der Lizenznehmer hat diese Nennungsverpflichtungen im branchenüblichen Rahmen zu berücksichtigen. Dazu gehört, daß auf den Plakaten und in den Reklameratschlägen zumindest der Produzent, der Regisseur und die Hauptdarsteller genannt werden. In den Zeitungsinseraten, Dia-Positiven und der Außenfrontreklame genügt aber die Nennung des Regisseurs und der Hauptdarsteller. In kleineren Inseraten und in Fließbandanzeigen ist überhaupt keine Nennung außer dem Filmtitel erforderlich.

21 Für **Abrechnung und Zahlung** werden vor allem die Belegpflichten des Lizenznehmers, das Kontrollrecht des Lizenzgebers und ein generelles Aufrechnungsverbot festgelegt.

22 Die hier noch erwähnte **stille Zession** der Filmmietenforderungen des Lizenznehmers an den Lizenzgeber erscheint in ihrer Wirksamkeit **fragwürdig,** da sie gegen Natur und Rechtscharakter des Filmbestellvertrages als eines von dem Theaterbesitzer mit einem bestimmten Verleiher abgeschlossenen Vertrages verstößt, bei dem die Erfüllung gegenüber diesem Verleiher, solange er die Vertragsfilme auswertet, für den Theaterbesitzer entscheidend ist. Auf jeden Fall ist eine solche stille Zession nicht generalisierbar. Auch ist die Frage, ob sie nicht zu pauschal formuliert ist und dadurch der nötigen Individualisierung für die übertragene Forderung (keine Nennung der konkreten Schuldner) entbehrt. Wo sie

nicht ausdrücklich vereinbart und besser konkretisiert ist, kann sie nicht Anwendung finden.

23 Die **Synchronisation** ist dem Lizenznehmer nur erlaubt, wenn dies im Vertrag besonders vereinbart worden ist, was auch sinngemäß für eine deutsche Untertitelung gilt. Da die Synchronisation und die Untertitelung sich urheberrechtlich als Bearbeitungen des Originalfilmwerks bzw. Übersetzung der Originaldialoge darstellen, ist deren Genehmigung durch den Produzenten als Lizenzgeber schon urheberrechtlich geboten. Bei der Synchronisation hat eine sinngemäße Übersetzung der Texte der Originalfassung stattzufinden und darf im übrigen keine Änderung an dieser Originalfassung (einschließlich Musik) vorgenommen werden. Die Nutzungsrechte an der synchronisierten Fassung gehen bereits mit Abschluß der besonderen Vereinbarungen auf den Lizenzgeber über. Der Lizenzgeber ist berechtigt, von dem Negativ der Synchronfassung für andere Gebiete als für das Gebiet des Lizenznehmers Kopien auf seine Kosten herstellen zu lassen.

24 Die Klausel bedeutet, daß nach Ablauf des Filmlizenzvertrages, also nach Beendigung der Lizenzzeit, der **Lizenzgeber,** falls er den Film zur weiteren Auswertung einem anderen Verleiher in dem betreffenden Lizenzgebiet überträgt, die **Synchronfassung weiter verwenden kann** und sie nicht vom ursprünglichen Lizenznehmer erwerben muß. Was die sinngemäße Übersetzung der Texte angeht, so muß man hier dem Lizenznehmer eine weitgehende Freiheit lassen, da er die besonderen Marktbedingungen kennt und seiner Auswertungspflicht nur genügen kann, wenn er die Synchronfassung diesen Marktbedingungen anpaßt.

25 Man wird dem Lizenznehmer immer einen Anspruch gegen den Lizenzgeber auf Genehmigung zur **Untertitelung** des Vertragsfilms zugestehen müssen (also auch ohne besondere Vertragsvorschrift), da die Originalfassung eines ausländischen Films ohne Untertitel praktisch nicht ausgewertet werden kann. Inwieweit dem Lizenznehmer ein entsprechender Anspruch für die Synchronisation des Filmes zukommt, wird sich aus dem ganzen Inhalt des Vertrages ergeben. Im Zweifel (also auch ohne besondere Vertragsvorschrift) wird man dem Lizenznehmer für den deutschen Markt ein solches **Recht auf Synchronisation** des ausländischen Films zuerkennen müssen, da die Auswertung eines ausländischen Films in synchronisierter Fassung die hier übliche Auswertungsform für ausländische Filme darstellt (etwa 95% der importierten Auslandsfilme werden synchronisiert).

26 Wenn nichts besonderes bestimmt ist, also die eingangs erwähnte Klausel der allgemeinen Bedingungen nicht vertraglich festgelegt worden ist, steht die **deutsche Synchronfassung** dem **Lizenznehmer** zu, wenn er sie selbst hergestellt oder einer Synchronfirma in Auftrag gegeben und von ihr alle Nutzungsrechte an dieser Synchronfassung erworben hat. Sie kann von dem Lizenznehmer freilich nur so lange genutzt werden, wie ihm die Nutzungsrechte an dem Vertragsfilm zustehen. Ein Nachfolgeverleiher des Vertragsfilms kann die Synchronfassung nicht einfach benutzen, sondern muß sie von dem Lizenznehmer oder, wenn sie wieder an die Synchronfirma zurückgefallen ist, von dieser erwerben.

27 Der Lizenznehmer darf grundsätzlich **keine Änderungen,** Zusätze oder Schnitte an den Kopien oder an den Titeln des Films vornehmen. In manchen Filmlizenzverträgen, insbesondere bei finanziellem Engagement des Lizenznehmers, werden ihm ausdrücklich Änderungsbefugnisse eingeräumt.

28 Die **gleichen Änderungsbefugnisse** wird man dem **Lizenznehmer** auch ohne eine solche ausdrückliche Vertragsklausel zugestehen müssen, wenn er nach dem Lizenzvertrag über die Auswahl und Gestaltung des Stoffes, des Drehbuchs, der

Besetzung, der Kalkulation und der Finanzierung u. ä. m. des Vertragsfilms mit zu entscheiden hat (z. B. durch Zustimmung). Hier kommen nämlich im Vertrag die gleichen Gedanken zum Ausdruck, die zu der Klausel über Änderungsbefugnisse des Lizenznehmers geführt haben. Es wäre unbillig und dem Vertragszweck nicht entsprechend, wenn hier dem Lizenznehmer im Gegensatz zu seiner Mitentscheidung bei Stoff, Drehbuch, Besetzung, Kalkulation und Finanzierung des Films eine Einwirkung auf die endgültige Gestaltung durch Berücksichtigung evtl. Änderungswünsche versagt würde. Auch in diesen Fällen wird man deshalb die Änderungsbefugnis des Lizenznehmers anerkennen müssen.

29   Soweit die Vertragsstruktur nicht auf die endgültige Entscheidung des Lizenznehmers, sondern auf eine gegenseitige Abstimmung von Stoff, Drehbuch, Besetzung, Kalkulation, Finanzierung usw. abgestellt ist (z. B. durch Erfordernis des Einvernehmens zwischen Lizenzgeber und Lizenznehmer), also der Vertrag stark gesellschaftsähnliche Züge aufweist, wird auch für **Änderungen** am Film eine **gegenseitige Abstimmung** der Vertragspartner maßgebend sein. Hierbei sind die berechtigten Interessen des Lizenznehmers, die sich aus der Notwendigkeit einer optimalen Auswertung des Vertragsfilms ergeben (z. B. Jugendfreigabe durch Schnitte, bessere Publikumschancen durch einen geänderten Schluß u. ä. m.), und die berechtigten Interessen des Produzenten als Lizenzgeber, die sich auf künstlerische und technische Belange stützen (z. B. Gefahr persönlichkeitsrechtlicher Ansprüche der mitwirkenden Künstler, technische Schwierigkeiten bei Schnitten, Beeinträchtigung des geschlossenen Eindrucks des Filmwerks, Kostenaufwand für die Änderungen im Verhältnis zu den gesteigerten Einnahmechancen u. ä. m.), gegeneinander abzuwägen.

30   Problematisch sind die Fälle, in welchen vertraglich eine Änderungsbefugnis des Lizenznehmers nicht anerkannt ist und sich auch nicht aus den erwähnten Mitwirkungsrechten oder der ganzen Vertragsstruktur ergibt (z. B. bei einem *outright sale*, d. h. einer Überlassung der zeitlich unbegrenzten Auswertungsrechte für ein bestimmtes Gebiet gegen Zahlung eines Festpreises, wird man meist ein generelles Änderungsrecht des Lizenznehmers annehmen können) oder wo sie sogar (z. B. durch die o. e. Vorschrift der allgemeinen Bedingungen) ausdrücklich ausgeschlossen ist. Hier wird man trotzdem dem Lizenznehmer solche **Änderungen** erlauben müssen, deren Durchführung die **Voraussetzung für die Auswertung** oder weitere Auswertung des Vertragsfilms bildet (z. B. entsprechende Schnittauflagen der Filmprüfstelle oder verbindliche Entscheidungen von Gerichten über die Einziehung bestimmter Filmteile). Das gleiche Recht wird man dem Lizenznehmer für solche Änderungen geben müssen, die er infolge von Mängeln des Films oder dem Fehlen zugesicherter Eigenschaften – also wegen vom Lizenzgeber zu vertretenden Umständen – vornehmen muß, um eine **optimale Auswertung** zu gewährleisten. Das läßt sich schon aus Schadensersatzrecht (Handlungen zur Verminderung des Schadens gem. § 254 BGB) begründen. Ferner muß man dem Lizenznehmer im Einzelfall Änderungen gestatten, wenn sie zur erfolgreicheren Auswertung des Vertragsfilms dringend erforderlich erscheinen (z. B. Kürzungen zur Erzielung einer für die Marktchancen des Films wesentlichen günstigeren Jugendeinstufung, Kürzungen um Szenen, die beim Publikum und/oder der Presse besonders schlecht ankommen und dadurch die Marktchancen des Vertragsfilms beachtlich verringern, Kürzungen bei erheblicher Überlänge, die den Theatereinsatz des Films wesentlich erschwert). Das ergibt sich aus dem Grundsatz von Treu und Glauben und der vernünftigen Interessenabwägung, die in solchen Fällen den Ausschluß der Änderungsbefugnis einschränken.

31   Für die Beurteilung aller dieser Fälle wird es im übrigen entscheidend darauf ankommen, in welchem Maße der Lizenznehmer am **Risiko** der Filmauswertung (z. B. durch Vorleistungen, Garantien und Finanzierungsbeiträge) teilnimmt und deshalb ein besonderes Interesse an einer erfolgreichen Auswertung hat. Hier wird man ihm nicht zumuten können, einen Schaden hinzunehmen, der sich durch bestimmte Änderungen am Film beheben ließe. Er wird deshalb in diesen Fällen zu solchen Änderungen auch dann berechtigt sein, wenn sie im Lizenzvertrag nicht ausdrücklich gestattet oder sogar ausgeschlossen sind. Diese Gedanken sind in verstärktem Maße bei ausländischen Filmen anzuwenden, da hier schon durch die Untertitelung oder Synchronisation gewisse Änderungen unvermeidlich sind und ferner eine Anpassung an die Bedürfnisse des hiesigen Marktes erforderlich ist und damit stillschweigend zum Vertragsinhalt wird.

32   In diesem ganzen Zusammenhang sind die **unverzichtbaren Persönlichkeits-rechte** der Urheber- und Leistungsschutzberechtigten an dem Filmwerk (§§ 14 und 83 UrhG) mit zu berücksichtigen, auch wenn sie nach § 93 UrhG hinsichtlich der Herstellung und Verwertung des Filmwerks stark eingeschränkt sind. Änderungen am Filmwerk, die eine gröbliche Entstellung oder gröbliche Beeinträchtigung von deren Leistungen auch bei Rücksichtnahme auf den Filmhersteller bedeuten, kann der Lizenznehmer auch nicht mit Zustimmung des Lizenzgebers durchführen (vgl. hierzu Kapitel 50 und 63).

33   Die **Zensurklausel** sieht vor, daß der Vertragsfilm bei den zuständigen Behörden einzureichen ist und der Lizenzgeber kurzfristig über den Zensurbescheid unterrichtet werden muß. Sodann besteht die Pflicht, bei Verboten alle nur erdenklichen Rechtsmittel einzulegen. Nur wenn der Film endgültig verboten oder nicht zugelassen wird, fällt das Aufführungsrecht an den Lizenzgeber zurück, wobei Schnitte von mehr als 25% der Gesamtlänge des Films als Verbot anzusehen sind.

34   Da im Inland die behördliche Vorzensur verfassungsrechtlich unzulässig, aber die freiwillige Vorprüfung der Filme durch die **Freiwillige Selbstkontrolle** der Filmwirtschaft (FSK) bzw. die **SPIO-Juristenkommission** (JK) derart üblich ist, daß sie zum Inhalt fast aller Filmbestellverträge mit Filmtheatern wird und eine unerläßliche Voraussetzung für eine normale Auswertung von Filmen in Filmtheatern darstellt, wird man hier die Tätigkeit und die Bescheide **dieser Institutionen als Zensur** im Sinne dieser **Klausel** anzusehen haben. Ferner wird hier die verfassungsrechtlich erlaubte behördliche Nachzensur durch Beschlagnahme oder Einziehung des Films oder von Filmteilen seitens der Strafbehörden wegen angeblicher Verletzung von Strafvorschriften ebenfalls als Zensur im Sinne dieser Klausel zu betrachten sein (vgl. hierzu Kapitel 9 und 11).

35   Wenn im Vertrag hierüber nichts gesagt ist, wird das **Zensurrisiko** fast immer den **Lizenzgeber** zu treffen haben, denn zur Lieferung der handelsüblichen Ware gehört selbstverständlich ein vorführfähiges Produkt. Auch gehen Zensurschwierigkeiten fast immer auf die in der Verantwortung des Produzenten als Lizenzgeber liegende Gestaltung des Films zurück, da jeder Stoff, auch wenn er für sich betrachtet Zensurbedenken erwecken könnte, im Film derart gestaltet werden kann, daß diese Zensurbedenken ausgeräumt werden. Eine Ausnahme wird dann gelten, wenn der Lizenznehmer an der Filmgestaltung, die zum Zensurverbot führt, entscheidend mitgewirkt und sie dadurch mit zu verantworten hat.

36   Ansprüche des Lizenznehmers auf Vertragsauflösung und evtl. Schadensersatz wegen Unmöglichkeit der Leistung werden hier nur in Frage kommen, wenn alle Möglichkeiten der Freigabe des Films (Inanspruchnahme mehrerer Instanzen der

Zensurstelle und evtl. Durchführung von Änderungen) erschöpft sind. Sollte der Film nur unter **Auflagen** (Schnitte bzw. Änderungen) von der Zensur freigegeben werden, so kommt es für die Rechte des Lizenznehmers darauf an, ob der geänderte Film noch dem **Vertragszweck** entspricht d. h. insbesondere, ob er zumindest ähnliche Auswertungsmöglichkeiten eröffnet wie der Film in seiner ursprünglichen Fassung. Geringe Abweichungen werden hier nicht zu berücksichtigen sein, wohl jedoch, wenn sich durch die Änderungen die Auswertungschancen des Films wesentlich vermindert haben. In diesem Zusammenhang wird auch noch die Frage eine Rolle spielen, ob für den Film eine Garantie gegeben wurde, was bei wesentlicher Verringerung der Auswertungschancen mindestens eine entsprechende Minderung dieser Garantie herbeiführt.

37 Bei Nichtfertigstellung oder Nichtlieferung des Vertragsfilms an den Lizenznehmer, die durch **höhere Gewalt** oder Ereignisse, die der Lizenzgeber nicht zu vertreten hat, verursacht worden sind, hat zunächst eine Verlängerung der Lizenzzeit stattzufinden, falls sich lediglich die vertraglich vorgesehenen Fristen für die Fertigstellung oder die Lieferung verzögern. Bei endgültiger Unmöglichkeit wird auf das Verschulden des Lizenzgebers abgestellt, das bei höherer Gewalt, Devisenbeschränkungen, Importbeschränkungen u. ä. m. nicht vorliegen soll.

38 Hier geht die Vorschrift über dasjenige hinaus, was oben hinsichtlich der Unmöglichkeit der Leistung des Lizenzgebers ausgeführt worden ist, wo darauf abgestellt wurde, ob die Rechte am Film gar nicht entstehen oder ob sonstige Gründe für die Nichtfertigstellung und Nichtlieferung maßgebend sind (vgl. Kapitel 105). Diese **Rechtsgrundsätze** bleiben allgemein gültig, soweit sie nicht durch ausdrückliche Vereinbarung der obigen Klausel eingeschränkt worden sind.

39 Der Lizenznehmer ist verpflichtet, für die Monopoldauer den Lizenzgeber in allen Angelegenheiten zu **vertreten,** in denen die Wahrnehmung der Rechte des Lizenzgebers gefährdet ist. Der Lizenznehmer muß also gegen alle Störungen und Beeinträchtigungen einschreiten. Er hat den Lizenzgeber laufend über solche Fälle zu unterrichten.

40 Das entspricht allgemeinen **Rechtsgrundsätzen,** da beide Vertragspartner gemeinsam unberechtigte Störungen bei Wahrnehmung ihrer Rechte am Film abwehren müssen und hier der Lizenznehmer derjenige ist, gegen den sich die entsprechenden Störungsmaßnahmen in erster Linie richten werden.

41 Nach **Beendigung der Lizenzzeit** hat der Lizenznehmer dem Lizenzgeber alle Kopien, Lavendelkopien, Internegative, Dupnegative von Haupt- und Vorspannfilm sowie alle sonstigen vom Lizenzgeber zuvor gelieferten bzw. vom Lizenznehmer hergestellten Materialien umgehend auf eigene Kosten zurückzugeben. Eine andere Handhabung soll nur dann Platz greifen, wenn der Lizenzgeber dem Lizenznehmer ausdrücklich die Anweisung erteilt hat, das Material zu vernichten.

42 Nach Ablauf der Lizenzzeit hat der Lizenznehmer auch ohne entsprechende Vertragsvorschrift die **Kopien zu vernichten** oder dem Lizenzgeber zu übergeben, da er dann wegen des Wegfalls der Lizenzrechte keine Befugnis mehr hat, sie zur Vervielfältigung, Verbreitung oder öffentlichen Vorführung zu benutzen. Es käme für den Lizenznehmer höchstens die Verwertung der Kopien als Altmaterial in Frage. Durch die Rückgabe- bzw. Vernichtungsverpflichtung wird urheberrechtlichen Grundsätzen Genüge getan, da es für den Produzenten als Lizenzgeber immer gefährlich ist, wenn nach Ablauf der Lizenzzeit noch Kopien beim Lizenznehmer verbleiben und damit Mißbräuchen Vorschub geleistet wird (heute besonders wichtig wegen der verbreiteten Video-Piraterie). Auch eine Vertragsklausel, wonach die vom Lizenznehmer auf seine Kosten gezogenen Kopien nach Vertragsbeendigung an den Lizenzgeber auszuliefern sind, ist als Rückgabeverpflichtung aufzufassen.

43   Wie oben bereits erwähnt (Kapitel 103), ist das **Eigentum an den Kopien** streng vom **Urheber- bzw. Nutzungsrecht** zu unterscheiden. Die Filmkopien stellen lediglich das materielle Substrat für die Auswertung der am Filmwerk bestehenden urheberrechtlichen Nutzungsrechte dar. Die Eigentums- und Besitzverhältnisse hinsichtlich der Kopien bestimmen sich, unabhängig von der Frage, wem die urheberrechtlichen Nutzungsrechte zustehen, nach den Vorschriften des BGB. Ebenso wie der rechtmäßige Eigentümer oder Besitzer einer Filmkopie nicht schon auf Grund der Tatsache des körperlichen Besitzes das Recht zur öffentlichen Vorführung des Films für sich in Anspruch nehmen kann, steht dem Inhaber des Nutzungsrechts nicht schon automatisch Eigentum oder Besitz an den Kopien zu.

44   Wie hier auch die **Rechtsprechung** zur **Rückgabeverpflichtung** der Kopien von Lizenznehmer an Lizenzgeber nach Beendigung des Lizenzvertrages (für Schmalfilme): BGH in UFITA Bd. 78, S. 189.

45   Ebenfalls wie hier hinsichtlich der Bestimmung der Eigentums- und Besitzverhältnisse an den **Kopien:** BGH in GRUR 1961, S. 491 = UFITA Bd. 35, S. 92; RGZ 106, S. 362 und BGH in UFITA Bd. 62, S. 284.

46   Zur Frage der **Weiterübertragung** der Lizenz s. OLG München in GRUR 1955 S. 601 = UFITA Bd. 20, S. 214.

113. Kapitel. Vertragsbeendigung und Verjährung beim Filmlizenzvertrag

1   Nach allgemeinen Grundsätzen finden auch Filmlizenzverträge ihr Ende, wenn die Vertragspartner alle Vertragspflichten erfüllt haben. Hier ist zu unterscheiden, ob die Lizenzrechte für **bestimmte Zeit** oder für **unbegrenzte Zeit** überlassen worden sind. Bei Überlassung für eine bestimmte Zeitdauer reicht der Vertrag mindestens solange wie die Lizenzdauer. Während dieser ganzen Zeit bestehen nämlich grundsätzlich noch zu erfüllende vertragliche Verpflichtungen wie z. B. die Auswertungs-, Abrechnungs- und Zahlungspflicht des Lizenznehmers, evtl. Lieferungspflichten des Lizenzgebers, Rückgabepflichten des Lizenznehmers für das Filmmaterial u. ä. m. Hier ist das Vertragsverhältnis erst dann beendet, wenn die Lizenzdauer vorüber ist und der Lizenznehmer die Schlußabrechnung erteilt und das Filmmaterial zurückgegeben hat. Wird ein Film auf unbegrenzte Zeit überlassen, so ist bei einer prozentualen Beteiligung der Vertrag beendet, wenn keine weitere Auswertung des Films mehr möglich ist, während beim Festpreis der Vertrag schon mit dem Austausch der Leistungen (Lizenzrechte und Filmmaterial gegen Festpreis) sein Ende gefunden hat.

2   Neben dieser normalen Vertragsbeendigung steht die **vorzeitige Auflösung** des Lizenzvertrages. Sie kann zunächst – wie bei jedem Vertrag – durch Vereinbarung zwischen den Vertragspartnern erfolgen, die nach allgemeinen Rechtsgrundsätzen auch dann formlos (evtl. auch stillschweigend oder durch konkludente Handlung) gültig ist, wenn der Vertrag selbst in einer bestimmten Form abgeschlossen wurde. Sie ist ferner gegeben bei Rücktritt oder Kündigung eines Vertragspartners wegen Unmöglichkeit, Verzug oder positiver Vertragsverletzung des anderen Vertragspartners. Hinzu können noch Wegfall der Geschäftsgrundlage und Anfechtung bzw. Nichtigkeit kommen (vgl. oben Kapitel 110).

3 Für den Fall, daß die Auswertungsrechte am Film vorzeitig an den Lizenzgeber als den ursprünglichen Inhaber der Rechte zurückfallen, weil der Lizenznehmer seine Verpflichtungen aus dem Lizenzvertrag nicht erfüllt hat, hat der Lizenzgeber neben anderen Schadensersatzansprüchen einen Anspruch auf **direkte Zahlung der Filmmiete** des Theaterbesitzers aus den zu diesem Zeitpunkt noch nicht abgespielten Filmabschlüssen an seine Firma, da nur sie dem Theaterbesitzer die erforderlichen Vorführungsrechte verschaffen kann. Auch gehen in einem solchen Fall nach dem Sinn des Lizenzvertrages selbst bei Fehlen einer entsprechenden Vertragsklausel die Forderungen des Verleihers als Lizenznehmer aus den Filmbestellverträgen, die noch nicht erfüllt sind, auf den Lizenzgeber über.

4 Die **Verjährung** der Ansprüche aus dem Filmlizenzvertrag ist im BGB unter den besonderen Verjährungsfristen der §§ 196, 197 BGB nicht unmittelbar geregelt, so daß grundsätzlich die allgemeine 30jährige Frist nach § 195 BGB gelten müßte. Der Lizenzgeber und der Lizenznehmer sind aber Kaufleute als Kapitalgesellschaften des Handelsrechts oder nach kaufmännischer Organisation. Wenn ein Lizenzgeber also Filmlizenzrechte an einen Lizenznehmer zur gewerblichen Ausnutzung vergibt, dann übt er eine Tätigkeit entsprechend dem § 196 Abs. 1 Ziff. 1 BGB aus. Insoweit muß die Übertragung der Auswertungsrechte an einem Film wie die Lieferung einer Ware behandelt werden. Da die Verwertung des vom Lizenzgeber gelieferten Filmlizenzrechts überwiegend im gewerblichen Betrieb des Lizenznehmers erfolgt, ist nach § 196 Abs. 2 BGB von der 4jährigen Verjährungsfrist auszugehen.

5 Was die Verjährung der **Gewährleistungsansprüche** angeht, so paßt die gesetzliche Vorschrift, die hierfür 6 Monate nach Entstehung vorsieht (§§ 477 und 638 BGB), nicht ohne weiteres auf den Filmlizenzvertrag. Zum Wesen des Lizenzvertrages gehört, daß die Lizenz mindestens für eine bestimmte Zeitdauer gegeben wird. Darin liegt eine Art Gewährleistung für diese Zeitdauer. Man wird deshalb sinngemäß die sechsmonatige Verjährungsfrist während der ganzen Lizenzdauer derart anwenden müssen, daß sie jeweils nach Kenntnis eines Rechts- oder Sachmangels innerhalb dieser Lizenzzeit beginnt und spätestens 6 Monate nach Ablauf der Lizenzdauer erlischt.

114. Kapitel. Vollstreckung und Konkurs beim Filmlizenzvertrag

1 Was Vollstreckungsmaßnahmen im Rahmen des Filmlizenzvertrages angeht, so liegen im Hinblick auf die Ansprüche des Lizenzgebers gegen den Lizenznehmer keine besonderen Probleme vor, da es sich hier fast stets um Vollstreckung von **Geldforderungen** (Einspielergebnisse, Festpreise, Garantien und Schadensersatz) handelt. Bei den Ansprüchen des Lizenznehmers gegen den Lizenzgeber tauchen dagegen gewisse Probleme auf. Soweit es um die **Übertragung der Lizenzrechte** geht, kann nur eine Verurteilung des Lizenzgebers zur Abgabe einer Willenserklärung in Frage kommen, die nach § 894 ZPO mit Rechtskraft des Urteils Wirksamkeit erlangt, so daß dann die Lizenz als eingeräumt gilt. Im Hinblick auf die **Lieferung des Filmmaterials** wird man, wenn es sich um das Negativ handelt, den Lizenzgeber nicht nur zur Herausgabe dieses Negativs, sondern gleichzeitig zur Einräumung der Vervielfältigungsbefugnis verurteilen lassen müssen, wobei wieder nach § 894 ZPO die Genehmigung zur Vervielfältigung mit der Rechtskraft dieses Urteils als erteilt gilt. Hat der Lizenzgeber die Kopien zu liefern, so wird ein solches Urteil nach § 888 ZPO zu vollstrecken sein, da die Kopienlieferung (falls nicht ausnahmsweise die Kopien bereits vorliegen) eine Kopienherstellung voraussetzt, die wiederum allein dem Lizenzgeber kraft seiner urheberrechtlichen Befugnisse möglich ist.

2   Für den **Konkursfall** ist zu unterscheiden, ob es sich um den Konkurs des Produzenten oder einer Vertriebsfirma als Lizenzgeber oder den Konkurs des Verleihers als Lizenznehmer handelt.

3   Der **Konkurs der Produktions- oder Vertriebsfirma** berührt grundsätzlich den Lizenzvertrag nicht, soweit sich der Film bereits beim Lizenznehmer in der Auswertung befindet. Es handelt sich nämlich um einen gegenseitigen Vertrag, der vom Lizenzgeber durch Übertragung der Auswertungsrechte und Lieferung des für die Auswertung notwendigen Materials bereits erfüllt ist und deshalb nicht mehr den Vorschriften des § 17 KO unterliegt. Der Lizenznehmer kann daher den ihm überlassenen Film bei Konkurs der Produktions- oder Vertriebsfirma weiter im vertraglichen Umfang auswerten, sich alle Anzahlungen, Vorauszahlungen, Wechsel u. ä. m. anrechnen lassen und hat den danach dem Lizenzgeber noch zustehenden Anteil an den Konkursverwalter abzuführen. Meist wird der Lizenznehmer zusätzlich für seine Vorauszahlungen, Anzahlungen, Wechsel usw. durch eine im Vertrag niedergelegte Sicherungsabtretung geschützt sein, die ihm ein Aussonderungsrecht an der Filmlizenz, d. h. praktisch die weitere Auswertung des Films unter Anrechnung der bereits geleisteten Zahlungen ermöglicht.

4   Schwieriger gestaltet sich der Fall, wenn der Produzent als Lizenzgeber **während der Herstellung** des Films in Konkurs gerät, weil dann ein beiderseits noch nicht voll erfüllter gegenseitiger Vertrag vorliegt, dadurch der § 17 KO anwendbar ist und der Konkursverwalter meist nicht in der Lage und willens ist, den Vertrag zu erfüllen. Häufig hat sich der Lizenznehmer durch besondere Klauseln im Lizenzvertrag dahingehend gesichert, daß dann alle bisher entstandenen Rechte automatisch auf ihn übergehen und er befugt ist, den Film selbst oder mit einem anderen Produzenten fertigzustellen. Besteht eine solche Vertragsklausel nicht, so wird der Lizenzvertrag aufgelöst und der Lizenznehmer ist wegen seiner etwaigen Vorleistungen auf den Anspruch gegen die Konkursmasse angewiesen. Anders liegt der Fall, wenn der Lizenznehmer sich gleich bei Abschluß des Lizenzvertrags das dingliche, absolute Nutzungsrecht für den erst herzustellenden Film gesichert hat. Er wird dann automatisch bei Fertigstellung des Films die Lizenzrechte erwerben, auch wenn vor Fertigstellung schon der Konkurs über das Vermögen des Produzenten eröffnet wurde. Der Film wird sich jedoch infolge der Konkurseröffnung fast niemals fertigstellen lassen, so daß es normalerweise doch bei den Schadensersatzansprüchen des Lizenznehmers gegen die Konkursmasse verbleibt.

5   Anders ist die Situation im **Konkurs des Verleihers** als Lizenznehmer. Für diesen Fall befindet sich in den meisten Filmlizenzverträgen eine sog. *Konkursklausel,* nach welcher bei Eintritt des Konkurses, des Vergleichs oder einer Ablehnung des Konkursverfahrens mangels Masse oder einer Zahlungsunfähigkeit des Lizenznehmers ein automatischer Rückfall der Lizenzrechte an den Lizenzgeber unter Auflösung des Vertrages stattfindet. Soweit eine solche Vertragsklausel in einem Lizenzvertrag nicht enthalten sein sollte, wird man auf Grund der gesetzlichen Vorschriften bei Konkurs des Lizenznehmers dem Lizenzgeber das Recht geben müssen, den Lizenzvertrag zur Auflösung zu bringen. Man kann hierfür die gesellschaftsrechtlichen Vorschriften über die Auflösung der Gesellschaft bei Konkurs eines Gesellschafters (§ 728 BGB) sinngemäß heranziehen, vor allem bei Lizenzverträgen, die eine Zusammenarbeit zwischen Lizenzgeber und Lizenznehmer voraussetzen, weil dem Lizenzgeber im Konkursfall des Lizenznehmers eine

weitere Zusammenarbeit nicht mehr zumutbar ist. Man kann ferner auf den in gewissen Punkten pachtähnlichen Charakter des Lizenzvertrages hinweisen und dann dem Lizenzgeber in analoger Anwendung des § 19 KO ein Kündigungsrecht im Konkursfall des Lizenznehmers einräumen.

6 Zu den Ansprüchen des Filmproduzenten auf **direkte Zahlung** der Filmmiete vom Theaterbesitzer an ihn (wie hier) in der **Rechtsprechung** OLG München in UFITA Bd. 43, S. 363.

7 Wegen der **Verjährungsfrist** vgl. in der Rechtsprechung OLG München in UFITA Bd. 58, S. 290: ,,Die Übertragung der Auswertungsrechte an einem Film muß entsprechend der Lieferung einer Ware behandelt werden." (Daraus folgernd 4jährige Verjährungsfrist.)

8 Wie hier für die analoge Anwendung des § 19 KO auf das Kündigungsrecht des Produzenten im **Konkursfalle** des Verleihers: OLG München, Urteil vom 15. 4. 1952 (Az.: 7 O 201/51). Zur Frage der Verpflichtung des Produzenten, nach Rückfall der Rechte den Film anderweitig auszuwerten und damit etwaige Finanzierungskredite des in Konkurs geratenen Verleihers zu tilgen, vgl. OLG Düsseldorf in UFITA Bd. 27, S. 87. Zum Recht des Filmherstellers, seinen Film aus einem stillgelegten Verleih herauszunehmen, vgl. BGH in UFITA Bd. 40, S. 135. Zum Wegfall des Vermieterpfandrechts am Filmmaterial bei Konkurs des Verleihers s. OLG München in UFITA Bd. 38, S. 351.

115. Kapitel. Spezielle Rechtsfragen beim Filmimport und -export

1   In der Bundesrepublik/West-Berlin sind für die Genehmigung von **Filmimporten** die Vorschriften des Außenwirtschaftsgesetzes (AWG) und der Außenwirtschaftsverordnung (AWV) maßgebend. Nach § 17 AWG können Rechtsgeschäfte über den Erwerb von Vorführungsrechten an Filmen von Gebietsfremden, wenn die Filme zur Vorführung im Wirtschaftsgebiet bestimmt sind, beschränkt werden, um der Filmwirtschaft des Wirtschaftsgebiets ausreichende Auswertungsmöglichkeiten auf dem inneren Markt zu erhalten. Z. Zt. bestehen solche Beschränkungen nicht, sondern nur eine **Meldepflicht beim Bundesamt** für gewerbliche Wirtschaft für Filmimporte und -exporte.

2   Soweit Importgenehmigungen wieder eingeführt werden sollten, gelten die **allgemeinen Rechtsgrundsätze** über die Wirksamkeit von Rechtsgeschäften. Von besonderer Bedeutung ist die Tatsache, daß von der Genehmigung auch schon das Verpflichtungsgeschäft erfaßt wird und daß nach herrschender Lehre der Vertrag bis zu seiner Genehmigung schwebend unwirksam ist und nach Genehmigung rückwirkend wirksam wird.

3   Die Genehmigung ist auch dann möglich, wenn ein Vertragteil sich in der Zwischenzeit ohne triftige Gründe vom Vertrag gelöst hat. Wie lange ein Vertragteil an den **schwebend unwirksamen Vertrag** gebunden ist, kann nur nach den Verhältnissen des einzelnen Falles beurteilt werden. Man wird es darauf abzustellen haben, für welches Verleihprogramm bzw. welchen sonstigen Vermietungszeitraum die Vertragspartner den Film in Aussicht genommen haben und eine Bindung dann nicht mehr annehmen können, wenn diese vorgesehene Zeit vor Erteilung der Genehmigung verstrichen ist.

4   Für den Fall, daß für einen Vertrag bei Abschluß noch keine behördliche Genehmigung erforderlich war, sondern erst später notwendig wurde, und für den Fall, daß eine Genehmigung widerrufen wird, müssen die Grundsätze über die **Unmöglichkeit der Leistung** angewandt werden. Sollte kein Vertragspartner diese Unmöglichkeit zu vertreten haben, so werden beide von ihren Lieferungs- und

19*

Leistungspflichten frei. Anderenfalls bestehen gegen denjenigen Vertragspartner, der die Unmöglichkeit verschuldet hat, Ansprüche auf Rücktritt bzw. Schadensersatz wegen Nichterfüllung aus § 325 BGB.

5 Für die anderen im Rahmen des Imports und Exports von Filmen auftauchenden **Lasten und Gefahren** (z. B. Einfuhrzoll, Einfuhrsteuer, Synchronisationssteuer u. ä. m.) wird man nicht generell sagen können, daß der Produzent bzw. die Exportfirma alle mit der Ausfuhr und die Import- oder Verleihfirma alle mit der Einfuhr verbundenen Lasten und Gefahren zu tragen habe. Es kommt hier vielmehr ganz auf den Charakter des einzelnen Vertrages an. So kann z. B. eine nach Vertragsabschluß erfolgte Zollerhöhung bzw. Einführung einer Synchronisationssteuer nicht ohne konkrete Vertragsvorschrift einem Vertragspartner allein zur Last gelegt werden, falls dies für ihn nicht nach den ganzen Vertragsvorschriften zumutbar ist. Im Falle der Unzumutbarkeit müssen vielmehr beide Vertragspartner ein Recht zum Rücktritt haben.

6 Für das bei **internationalen** Filmlizenzverträgen **anzuwendende Recht** gilt in Ermangelung einer ausdrücklichen Vertragsvorschrift der hypothetische Parteiwille über den Schwerpunkt des Schuldverhältnisses. Bei einem Filmlizenzvertrag zwischen einem deutschen Verleiher und einem ausländischen Filmproduzenten oder Filmvertrieb ist regelmäßig von dem Schwerpunkt des Vertragsverhältnisses am Ort der gewerblichen Niederlassung des Verleihers auszugehen, da hier der Film ausgewertet wird, die Verleiheinnahmen eingehen und von hieraus die gesamte Abwicklung des Filmlizenzvertrages durchgeführt wird.

7 Anschließend sollen noch kurz zwei **steuerrechtliche Probleme** gestreift werden, die speziell für den internationalen Lizenzvertrag im Gebiet der Bundesrepublik (also bei Filmimporten) auftauchen.

8 Es handelt sich hierbei um die Frage der für die Lizenzerlöse des ausländischen Vertragspartners zu entrichtenden **Umsatz- und Gewinnsteuer.** Nach der allgemein gehandhabten Praxis hat der ausländische Lizenzgeber auf seine hiesigen Lizenzeinnahmen die Umsatzsteuer zu entrichten. Dies wird damit begründet, daß es sich hier um einen inländischen Leistungsaustausch handelt, nämlich Verzicht auf das für das Inland bestehende Verbietungsrecht des ausländischen Lizenzgebers gegen Zahlung der Lizenzgebühr durch den Lizenznehmer. Für die Gewinnsteuer gelten die allgemeinen Vorschriften über Körperschafts- bzw. Einkommensteuer, soweit der ausländische Lizenzgeber im Inland eine Betriebsstätte unterhält. Anderenfalls hat er für seine Einnahmen nach der Verordnung vom 6. 2. 1935 eine Lizenzsteuer zu entrichten. Die Lizenzsteuer entfällt, falls mit dem Staat des ausländischen Lizenzgebers ein sog. **Doppelbesteuerungsabkommen** besteht, wie es heute bei den meisten für den Filmverkehr in Betracht kommenden Staaten gegeben ist (z. B. USA, Frankreich, Großbritannien, Italien, Österreich, Schweden, Dänemark, Schweiz, nicht jedoch z. B. Liechtenstein). Für den Wegfall der Lizenzsteuer muß sich der inländische Lizenznehmer, der für die Abführung dieser Steuer verantwortlich ist und für sie zu haften hat, eine Freistellungsbescheinigung von den zuständigen Finanzbehörden verschaffen. Die Lizenzsteuer beträgt z. Zt. 25%.

9 In den meisten internationalen Lizenzverträgen ist zur Regelung von Meinungsverschiedenheiten und Streitigkeiten ein **Schiedsgericht** vorgesehen (**Schiedsklausel**). Der Grund liegt in der besonderen Fachkunde der Schiedsrichter und in der schnelleren und formloseren Abwicklung eines solchen Schiedsverfahrens. Das Schiedsgericht wird meist so besetzt, daß jede Vertragspartei einen Schiedsrichter bestellt und sich dann die beiden Schiedsrichter auf einen Obmann zu

einigen haben. Kommt eine Einigung nicht zustande, so wird der Obmann von einer dritten neutralen Stelle bestimmt. Hierfür kommen Mitglieder von Gerichten, Industrie- und Handelskammern, internationalen Verbänden (z. B. der FIAPF, dem internationalen Produzentenverband) u. ä. m. in Frage. Der ergehende Schiedsspruch hat die Wirkung eines rechtskräftigen Urteils (§ 1040 ZPO). Er kann durch Gerichtsbeschluß für vollstreckbar erklärt werden (§ 1042 ZPO). Bei ausländischen Schiedssprüchen ist diese Vollstreckbarkeitserklärung abzulehnen, wenn sie gegen die hiesigen guten Sitten oder öffentliche Ordnung verstoßen (§ 1044 ZPO).

10   Ein derartiger **Schiedsvertrag** bedarf nach § 1027 ZPO grundsätzlich der **Schriftform** in Gestalt einer besonderen Urkunde. Diese Formvorschrift gilt nicht, wenn der Vertrag für beide Teile ein Handelsgeschäft ist, wie das bei den Partnern eines internationalen Lizenzvertrages fast immer der Fall sein wird. Auch dann kann jedoch jede Partei die Errichtung einer schriftlichen Urkunde über den Vertrag verlangen, wobei dieser Anspruch bis zur Einlassung auf das Schiedsverfahren bestehen dürfte. Soweit in einem Schiedsvertrag die Anwendung ausländischen Rechts vereinbart worden ist, müssen die entsprechenden ausländischen Formvorschriften beachtet werden. Das **materielle Recht,** das von dem Schiedsgericht anzuwenden ist, wird häufig im Lizenzvertrag oder im besonderen Schiedsvertrag ausdrücklich festgelegt, und zwar entweder einheitlich für alle Streitigkeiten oder verschiedenartig z. B. nach dem Beklagten oder dem Erfüllungsort. Soweit eine solche Festlegung nicht erfolgt ist, haben die Schiedsrichter nach den internationalen Gepflogenheiten der Filmbranche zu entscheiden.

11   Auch in inländischen **Lizenzverträgen** sind häufig **Schiedsklauseln** enthalten. Für sie gelten sinngemäß die obigen Ausführungen.

12   Zur **Rechtsprechung** über die evtl. notwendige Genehmigung von internationalen Filmlizenzverträgen (vor allem **Filmimporten**), wenn ein Vertragsteil sich in der Zwischenzeit ohne triftige Gründe vom Vertrag gelöst hat und zur Bedeutung und Rechtskraft eines **ablehnenden Bescheides:** OLG München in GRUR 1955, S. 601 = UFITA Bd. 20, S. 214; LG München, Urteil vom 5. 10. 1951 (Az.: 1 HKO 33/51).

13   Der BGH stellt fest, daß in Ermangelung einer ausdrücklichen Vertragsabrede über das **anzuwendende Recht** entscheidend ist, wo der Schwerpunkt des Schuldverhältnisses liegt. Dies stimmt mit der hier vertretenen Meinung überein: BGH in UFITA Bd. 22, S. 229; Bd. 23, S. 88 und Bd. 32, S. 186.

9. Abschnitt. Filmbestellvertrag Verleih/Theater

116. Kapitel. Allgemeines

1 Der Filmbestellvertrag (auch Filmvorführungsvertrag genannt) im Sinne dieses Abschnitts bildet die rechtliche Form für die wirtschaftlichen Beziehungen bei der Auswertung der Filme durch **öffentliche Filmvorführungen** im Inland. Er unterscheidet sich von Verträgen, die sich auf die Auswertung der Filme auf andere Weise, z. B. durch Fernsehausstrahlung (einschließlich Kabelfernsehen, Satelliten-Fernsehen, Pay-Television u. ä. m.), Videokassetten, Bildplatten, 8-mm-Filme etc. beziehen, soweit diese Auswertung durch Sendung in Haushalte oder durch Verkauf oder Vermietung an Endabnehmer erfolgt. Das entscheidende Kriterium für die Unterscheidung ist nicht das technische Medium, sondern der Charakter der Vorführung, so daß z. B. der öffentliche Empfang von Fernsehsendungen und die öffentliche Wiedergabe von Videokassetten, Bildplatten und 8-mm-Filmen etc. zu dem Rechtsgebiet des Filmbestellvertrages gehören, was für die Rechtsposition von Verleiher und Theaterbesitzer von Bedeutung ist.

2 Der Begriff des **Filmverleihers** (hier auch Verleiher oder Verleihfirma genannt) im Sinne dieses Abschnitts ist der gleiche Begriff, wie er im vorigen Abschnitt bei dem Filmlizenzvertrag Produktion/Verleih definiert und benutzt worden ist. Unter dem **Filmtheaterbesitzer** (hier auch Theaterbesitzer oder Filmbesteller genannt) versteht man eine physische oder juristische Person, welche die ihr überlassenen Filme durch öffentliche Vorführungen in Spielstätten, insbesondere Filmtheatern gewerblich auswertet. Das können Eigentümer oder Pächter des Filmtheatergrundstücks oder der Filmtheaterräumlichkeiten, aber auch Pächter des dort geführten Theaterbetriebes sein. Entscheidend ist, daß sie das Filmtheater in eigener Regie und für eigene Rechnung betreiben. Das gewerbliche Moment verlangt eine mit der Absicht auf Dauerhaftigkeit und Gewinnerzielung ausgerichtete Tätigkeit.

3 In der Mehrzahl der Fälle, vor allem bei der **gewerblichen Filmauswertung,** sind die Filmverleihfirma und der Filmtheaterbesitzer die Vertragspartner. Daneben gibt es noch die **nichtgewerbliche Filmauswertung,** die teilweise zwischen Verleihfirmen und nichtgewerblichen Spielstellen (kirchliche, gewerkschaftliche, betriebliche Spielstätten, Filmclubs, Volkshochschulen o. ä. m.) und teilweise innerhalb nichtgewerblicher Stellen (z. B. Beschaffung eines Films durch eine kirchliche Filmstelle und Weitergabe an mehrere kirchliche Spielstellen) stattfindet. Auch für diese Art der Filmauswertung werden hier für die Vertragspartner die Bezeichnungen Filmverleihfirma und Filmtheaterbesitzer benutzt.

4 Unter **Filmwerk** im Sinne dieses Abschnitts sollen, genau wie in den vorhergehenden Abschnitten, Filme aller Art in sämtlichen technischen Verfahren und Formaten und für alle möglichen Verwendungszwecke verstanden werden. Der Begriff soll insbesondere Kinofilme und Fernsehfilme, fixierte Filme und Live-Sendungen, Spielfilme und Nachrichtensendungen, Kultur-, Werbe- und Industriefilme, programm- bzw. abendfüllende Filme und Kurzfilme umfassen. Sie werden freilich von dem hier behandelten Filmbestellvertrag nur erfaßt, soweit sie für öffentliche Filmvorführungen, in erster Linie für Filmvorführungen in Filmtheatern, benutzt werden.

5 Bei der Spezialität und Komplexität dieses Rechtsgebiets erscheint im folgenden eine ausführlichere Schilderung der **wirtschaftlichen Grundlagen** dieses Vertragswerks angebracht. Nur ihre genaue Kenntnis gewährleistet eine richtige Anwendung und Auslegung der wesentlichen Vorschriften und vertraglichen Bedingungen.

6 Bei den Verleihfirmen werden in der Branche **Großverleiher, Mittelverleiher** und **Kleinverleiher** unterschieden, wobei mindestens Groß- und Mittelverleiher Filialen in den Verleihbezirkshauptstädten (Berlin, Hamburg, Düsseldorf, Frankfurt/Main und München) unterhalten, von denen aus sie ihre Geschäfte mit den Filmtheaterbesitzern tätigen, und meist die Form von Kapitalgesellschaften besitzen. Das jährliche Filmangebot schwankt pro Verleih zwischen 1 bis über 30 Filmen, oft gemischt aus inländischen und ausländischen Filmen, selbst produzierten oder von Dritten erworbenen Filmen, wobei insgesamt jährlich ca. 300–400 Filme neu auf den Markt kommen.

7 Auf der Theaterseite ist der Unterschied zwischen **Erstaufführungstheatern** und **Nachaufführungstheatern** bedeutsam, wobei Nachaufführungstheater vor allem in den Bezirken der Großstädte vorhanden sind. Die Größenunterschiede der Firmen auf Theaterseite sind beträchtlich und reichen vom Einzeltheaterbesitzer bis zum Theaterkonzern mit über 200 Filmtheatern, wobei es Orte mit einem, aber auch Plätze mit mehreren Theatern als Monopolplätze gibt. In den letzten Jahren haben sog. Kinozentren an Bedeutung gewonnen, die aus mehreren Theatern (mit je 60 bis 600 Sitzplätzen) in einem Gebäude bestehen und meist durch Zellteilung größerer Theater entstanden sind. Die Zahl der Filmtheater liegt bei über 3500, wobei sich jedoch für den Einsatz eines Filmes wegen des Konkurrenzausschlusses selbst bei Mitspiel einiger Theater zur gleichen Zeit ca. 1000 Spieltermine ergeben, die sich normalerweise über ein bis zwei Jahre verteilen, wozu noch ein evtl. Wiedereinsatz des Films (sog. *Reprise,* vgl. unten Kapitel 134) kommt.

8 **Sonstige Spielstätten** existieren vor allem auf dem nichtgewerblichen Sektor (z. B. kirchliche Filmstellen, gewerkschaftliche Filmstellen, Filmclubs, Volkshochschulen, Filmvereine etc.), wobei es sich meist um private Vereinigungen handelt.

9 Die Filmauswertung verlangt zur Erzielung bestmöglicher Erträge die Einhaltung einer bestimmten **Abspielfolge** innerhalb der Spielbezirke, die meist mit den verwaltungsrechtlichen Einheiten der Stadt- und Landgemeinden identisch sind. Hierbei hat es sich als zweckmäßig herausgestellt, die Filme zuerst in den großen Städten und dort zunächst in den großen repräsentativen Häusern der Innenstadt anlaufen zu lassen, weil hier die stärksten Einnahmen (nach Besuchern und Eintrittspreisen) und auch die besten Propagandawirkungen für die weiteren Aufführungen erzielt werden. So ist es zu der Einteilung der Aufführungsfolgen innerhalb der Spielbezirke in Uraufführung, Erstaufführung, Bezirkserstaufführung (diese nur in großen Städten) und Nachaufführung (Zweitaufführung, Drittaufführung usw.) gekommen. An Eintheaterplätzen gibt es nur die Erstaufführung eben für diesen Platz. Die Einhaltung dieser Aufführungsfolgen liegt auch im Interesse der zweckmäßigen Kopienausnutzung, da der Verleiher aus wirtschaftlichen Gründen die Kopien durch möglichst häufigen Einsatz (was nur bei Nacheinander der Aufführungen möglich ist) voll ausnutzen muß. Im Rahmen des Vorspielrechts kommen noch sog. Karenzzeiten vor. Sie bedeuten, daß zwischen dem Abspiel beim Vorspieler und dem Einsatz beim Nachspieler eine bestimmte Frist liegt.

10   Die Abwicklung der Geschäfte zwischen diesen Vertragspartnern geht üblicherweise in **drei verschiedenen Stufen** vor sich, von dem Vertragsabschluß über die Festlegung der Aufführungsfolge und Spieltermine für die einzelnen Filme bis zur Lieferung der Filmkopien, deren Abspiel und der Zahlung der Vergütung für dieses Abspiel.

11   Der Abschluß des Vertrages vollzieht sich üblicherweise derart, daß der Vertreter der Verleihfirma nach Veröffentlichung des neuen Verleihprogramms für das betreffende Verleihjahr (der Zeitpunkt liegt meist im Herbst oder im Frühjahr) den Theaterbesitzer aufsucht und ihn veranlaßt, einen mitgebrachten **Bestellschein** zu unterschreiben und an die Verleihfirma zur Absendung zu bringen. Wenn die Verleihfirma innerhalb der im Bestellschein erwähnten Frist das darin liegende Angebot des Filmtheaterbesitzers nicht ablehnt, gilt der Vertrag auf Grund des Bestellscheins als zustande gekommen.

12   Dabei werden meist nicht einzelne Filme, sondern ein **ganzes Programm** bzw. ein Teil eines Programms vermietet (sog. *Staffel-* oder *Blockbuchen*). Ferner ist meist zumindest ein Teil der Filme bei Vermietung noch nicht öffentlich oder in einer Interessentenvorstellung für Filmtheaterbesitzer (sog. *Trade-Shows*) gezeigt worden (sog. *Blindbuchen*). Der Grund für dieses Vermietungssystem liegt darin, daß der Verleiher nur so einen gewissen Risikoausgleich herbeiführen und durch rationelle Arbeitsweise die Verleihspesen in einem erträglichen Rahmen halten kann, was bei einer Einzelvermietung nicht möglich wäre. Neben dieser Form des Vertragsabschlusses gibt es auch mündliche und fernmündliche Abschlüsse (meist aber nur über einzelne Filme), die jedoch häufig von der Verleihfirma anschließend schriftlich bestätigt werden oder bei denen jedenfalls die Spieltermine auf Grund einer schriftlichen Bestätigung der Verleihfirma festgelegt werden (sog. *Büroverträge*).

13   Diese eigentliche **Vermietungstätigkeit** und der aus ihr hervorgehende Vertragsabschluß ist aber nur der erste Teil der vertraglichen und geschäftlichen Beziehungen. Mit der Veröffentlichung des Verleihprogramms werden zwar meist die Startdaten der einzelnen Filme bekanntgegeben, die als Grundlage für die Festlegung der Spieltermine in den Erstaufführungstheatern der Großstädte bei Vertragsabschluß dienen können. Bei der Masse der Filmtheater können jedoch wegen der begrenzten Kopienanzahl und der Notwendigkeit der Einhaltung der Aufführungsfolgen nur selten schon bei Vertragsabschluß die Termine festgelegt werden, zu denen die Filme dort vorgeführt werden sollen. Es muß deshalb zur gegebenen Zeit noch eine Festlegung der Spieltermine erfolgen, um die endgültige Vertragserfüllung durch Lieferung und Vorführung des Films und Abrechnung und Bezahlung der Filmmiete möglich zu machen.

14   Wie kompliziert dieses **Terminierungsverfahren** ist, läßt sich schon daran erkennen, daß es heute insgesamt etwa 350 000 Spieltermine je Verleihjahr gibt (bei einzelnen Verleihfirmen allein zwischen 20 000–30 000 Spieltermine), wobei unter einem Spieltermin immer der durchgehende Einsatz eines Films in einem bestimmten Theater verstanden wird, der meist eine oder eine halbe Spielwoche, manchmal aber auch mehrere Wochen bzw. Monate oder nur eine Nachtvorstellung oder Matinee umfaßt. Für bestimmte Filme und wichtige Termine (z. B. bei einem geplanten Massenstart des Films gleichzeitig in zahlreichen Filmtheatern oder bei Terminierung zu einem Festtagstermin) werden oft schon längere Zeit (bis über ein Jahr) im voraus feste Spieltermine in allen für den Einsatz bestimmten Filmtheatern vertraglich vereinbart.

15 Die **Zahl der Kopien,** mit welcher ein Film ausgewertet wird, schwankt außerordentlich und liegt je nach den vom Verleiher erwarteten Geschäftschancen des Films zwischen einer Kopie und über 200 Kopien. Die Abnutzung einer Kopie, die ihren weiteren Einsatz im vertraglichen Sinn nicht mehr möglich macht, ist bei ca. 400 Vorstellungen (Vorführungen) gegeben.

16 Für die geschäftlichen Beziehungen zwischen dem Filmverleiher und dem Filmtheaterbesitzer ist ein **prozentuales Abrechnungssystem** maßgebend, was bedeutet, daß der Theaterbesitzer für die Berechtigung zur Vorführung des Films durch Abspiel der Filmkopie der Verleihfirma einen prozentualen Anteil an den von ihm durch den Verkauf der Eintrittskarten für diese Filmvorführung erzielten Einnahmen abrechnet (der prozentuale Anteil hat sich auf 40,7% zuzüglich Mehrwertsteuer eingependelt, jedoch innerhalb eines Rahmens von unter 35% bis zu über 50%). Es gibt freilich auch Abschlüsse zu Festpreisen oder prozentuale Abschlüsse mit einer Garantie (letzteres vor allem bei Filmtheatern mit einem sehr geringen Umsatz, damit wenigstens die dem Verleiher durch Belieferung entstehenden Versand-, Transport- und Materialkosten amortisiert werden können). Soweit ein Verleiher aus irgendwelchen Gründen einem Filmtheaterbesitzer eine Filmvorführung und Filmkopie kostenlos zur Verfügung stellt, spricht man von einer sog. OB-Lieferung.

17 Der Bestellschein, der die schriftlichen Abschlüsse wiedergibt, enthält auf seiner Vorderseite die genaue Bezeichnung der Vertragspartner, des Theaters, der Filme, der Aufführungsfolge, der Spielzeit, der Prolongationsvoraussetzungen, der Filmmiete und eine Reihe sonstiger besonderer Vorschriften. Auf der Rückseite sind die sog. **Bezugsbedingungen** aufgedruckt, die alle allgemeinen Bestimmungen für das Vertragsverhältnis ausführlich regeln.

18 Die hier geschilderten wirtschaftlichen Beziehungen zwischen Filmverleih und Filmtheater als Grundlagen für den Filmbestellvertrag haben eine lange **Tradition.** Sie haben sich sofort nach Konstituierung einer kontinuierlichen Filmproduktion und der Errichtung von speziellen Spielstätten für diese Filme herausgebildet und seitdem in allen wesentlichen Umständen erhalten. Die ersten Bezugsbedingungen, in denen sie ihren Niederschlag gefunden haben, wurden bereits 1921 vom Verleiherverband und 1929 vom Verleiherverband und Filmtheaterverband gemeinsam erlassen. Später (während des Dritten Reichs) wurden sie von der Reichsfilmkammer öffentlich-rechtlich verbindlich festgelegt und nach dem Krieg im Jahre 1950 unter Beteiligung des Bundeswirtschaftsministeriums (BWM) von der SPIO neu herausgegeben. Nach Einwendungen des Bundeskartellamts gegen verbandlich festgelegte Bezugsbedingungen wurden keine neuen SPIO-Bezugsbedingungen mehr verfaßt, jedoch haben in der anschließenden Praxis die einzelnen Filmverleihfirmen von sich aus ihre Bezugsbedingungen festgelegt und hierbei alle wesentlichen Punkte der früheren gemeinsamen Bezugsbedingungen übernommen. Die einheitlich gleichförmigen Bezugsbedingungen der verschiedenen Filmverleihfirmen zeigen, daß sich hier bestimmte Regelungen zwangsläufig aus den wirtschaftlichen Verhältnissen und Notwendigkeiten ergeben.

117. Kapitel. Die Vertragspartner des Filmbestellvertrages

1 Auf der Vorderseite des Filmbestellvertrages sind meist die Vertragspartner genau bezeichnet, indem die Firma des Filmverleihers aufgedruckt ist und der Name des Filmtheaterbesitzers einschließlich des betreffenden Filmtheaters eingefügt wird. Verleihfirma und Theaterbesitzer sind keine Kaufleute kraft Gewerbebetriebs nach § 1 HGB, da sich weder der Betrieb eines Filmverleihs, noch derjenige eines Filmtheaters unter die dort erwähnten Grundhandelsgewerbe einreihen läßt. Fast alle **Verleihfirmen** sind jedoch kraft ihrer kaufmännischen Organisation oder kraft ihrer Rechtsform als **Kaufleute** nach den §§ 2 und 6 HGB anzusehen und demgemäß auch im Handelsregister eingetragen. Diese Voraussetzungen liegen auf der **Theaterseite** nur bei den **Inhabern größerer Filmtheater** oder bei den Inhabern mehrerer Filmtheater vor, so daß die Masse der kleineren Theaterbesitzer nicht als Kaufleute, auch nicht als Minderkaufleute im Sinne des HGB angesehen werden können. Es ist jedoch hier immerhin die Eigenschaft als Scheinkaufmann möglich und ggf. zu beachten.

2   Von seiten der Verleihfirma wird der Abschluß durch den **Vertreter** vorbereitet, der das Angebot des Theaterbesitzers einholt. Der Vertreter hat grundsätzlich **keine Vollmacht** zum Abschluß des Vertrages, sondern nur zur Einholung des Vertragsangebotes des Theaterbesitzers. Diese Handhabung ist so gebräuchlich und allgemein bekannt, daß der Theaterbesitzer sich nicht auf die Genehmigung seines Angebots (auch nicht die schriftliche) durch den Vertreter berufen kann, wenn dieses Angebot von der Zentrale der Verleihfirma abgelehnt wird. Eine solche Ablehnung verstößt deshalb auch nicht gegen Treu und Glauben. In den meisten Filmbestellverträgen ist auf der Vorderseite vermerkt, daß alle vertragswichtigen Erklärungen und Bestätigungen der Verleihfirma – vor allem soweit sie vertragskonstituierend sind – zu ihrer Wirksamkeit der schriftlichen Bestätigung der **Zentrale** der Verleihfirma bedürfen. Das hat dann zur Folge, daß auch der **Filialleiter** zu derartigen Erklärungen und Bestätigungen – vor allem zum Vertragsabschluß – **nicht** berechtigt ist und der Theaterbesitzer bei solchen Filmbestellverträgen sich nicht auf Erklärungen und Bestätigungen des Filialleiters berufen kann, die von der Zentrale nicht genehmigt wurden.

3   Auf Theaterseite liegt häufig eine **Abschlußvollmacht** für Geschäftsführer oder Vertreter des Theaterbesitzers vor. Die von diesen getätigten Abschlüsse sind dann für den Theaterbesitzer verbindlich. Darüber hinaus werden hier die Grundsätze über den Rechtsschein zu beachten sein. Wenn deshalb ein Theaterbesitzer duldet, daß ein Geschäftsführer ständig für ihn auftritt und mit den Verleihern verhandelt und diese in den Glauben versetzt, er habe Abschlußvollmacht, so muß er die vom Geschäftsführer getätigten Filmbestellverträge auch dann gegen sich gelten lassen, wenn er ihm zum Abschluß keine Vollmacht gegeben hat. Das gilt jedoch nicht für Personen, welche der Natur der Sache nach für solche Abschlüsse nicht in Frage kommen, wie z. B. Vorführer, Kassierer, Kontrolleure, Platzanweiser o. ä. m.

4   Soweit die Verleihfirma als reiner **Handelsagent der Produktionsfirma** tätig wird und auf dem Filmbestellvertrag ausdrücklich vermerkt, daß Abschlüsse hinsichtlich aller oder bestimmter Filme namens und im Auftrag eines benannten Filmproduzenten erfolgen, entstehen die Rechte und Pflichten hinsichtlich dieser Filme aus dem betreffenden Filmbestellvertrag unmittelbar bei der Produktionsfirma und nicht etwa bei der Verleihfirma. Insoweit kommt dann ein direkter Abschluß zwischen der Produktionsfirma und dem Filmtheaterbesitzer zustande und die Verleihfirma wird lediglich als Vermittler tätig, der bei Vertragsverstößen unter Umständen als Erfüllungsgehilfe des Produzenten zu betrachten ist (s. hierzu oben Kapitel 111 über den Vertragstyp des Agenturvertrages).

5   Der Zusammenschluß mehrerer selbständiger Theaterbesitzer zum gemeinsamen Abschluß von Filmen (sog. **Abschlußgemeinschaften** oder Ringbildung) ist

als horizontale Vereinbarung zur Festlegung wirtschaftlicher Vertragsbedingungen (günstige Filmmiete, günstigere Spielzeiten, günstigere Positionen im Hinblick auf andere Theater o. ä. m.) kartellrechtlich bedenklich. Sie könnte höchstens dann kartellrechtlich unbedenklich sein, wenn sie sich nach Art, Struktur und Inhalt im Rahmen der erlaubten Gemeinschaftsbildung mittelständischer Unternehmen hält.

6   In der **Rechtsprechung** s. LG Frankfurt/Main vom 5. 11. 1952 (Az.: 2/1 S 516/52); LG Frankfurt/Main vom 9. 7. 1953 (Az.: 2/6 O 130/52); AG Garmisch-Partenkirchen vom 4. 3. 1953 (Az.: 3 C 1355/52).

7   Die obigen Ausführungen über die Vertragspartner und die Abschlußvollmachten werden in der **Rechtslehre** geteilt von *Hirsch* ,,Film-Verwertungsverträge'' (Berlin 1930, S. 57); *Stenzel* ,,Die Filmverwertungsverträge in ihren Beziehungen zum Urheberrecht'' (Erlangen 1931, S. 48); *Eckstein* ,,Deutsches Film- und Kinorecht'' (Mannheim-Berlin-Leipzig 1924, S. 211) sowie *Vogel* ,,Die Rechtsbeziehungen zwischen Filmverleiher und Filmtheaterbesitzer im Rahmen der Bezugsbedingungen'' (1961, S. 20).

118. Kapitel. Die Form des Filmbestellvertrages

1   Die regelmäßige Vertragsform für den Filmbestellvertrag ist die **Schriftform,** und zwar durch einen vom Theaterbesitzer unterzeichneten Bestellschein der Verleihfirma, der durch Nichtablehnung seitens der Zentrale der Verleihfirma innerhalb einer im Bestellschein (einschließlich Bezugsbedingungen) festgelegten Frist wirksam wird. In diesem Bestellschein sind mündliche Nebenabreden und nachträgliche mündliche Änderungen ausdrücklich ausgeschlossen. Da den Theaterbesitzern die normale Art des Abschlusses des Filmbestellvertrages durch eine solche stillschweigende Annahme des Angebots – und zwar grundsätzlich seitens der Zentrale der Verleihfirma – bekannt ist, verstößt es nicht gegen Treu und Glauben, wenn die Verleihzentrale einen vom Theaterbesitzer nach Verhandlungen mit dem Vertreter unterzeichneten Bestellschein ablehnt, auch wenn der Vertreter dessen Annahme vorher ausdrücklich mündlich zugesagt hat. Auch Terminbestätigungen oder Kopien- bzw. Reklamemateriallieferungen durch Filialen schließen die Möglichkeit der Ablehnung des Angebots durch die Verleihzentrale nicht aus (s. Kapitel 133).

2   Da es sich hier um eine gewillkürte Schriftform handelt, die zwar der Verkehrssitte entspricht, aber nicht gesetzlich vorgeschrieben ist, kann bei übereinstimmendem Parteiwillen die Schriftform ausgeschlossen werden. Das geschieht, wenn **mündliche** oder **fernmündliche** Abschlüsse zwischen der Verleihzentrale und dem Theaterbesitzer stattfinden. Solche mündlichen Abschlüsse sind also wirksam, wenn beide Vertragspartner einen entsprechenden Willen klar zum Ausdruck gebracht haben. Auch durch **schlüssiges Handeln** der Verleihzentrale (z. B. durch die Absendung einer Kopie an den Theaterbesitzer auf dessen Anforderung) kann ein wirksamer Abschluß zustandekommen. Es wäre von dem Verleiher arglistig und wider Treu und Glauben, wenn er zwar die Kopie dem Theaterbesitzer liefert, aber sich nachher darauf beruft, daß kein Abschluß stattgefunden habe. Grundsätzlich werden solche mündlichen oder schlüssigen Abschlüsse vom Verleiher später schriftlich bestätigt, z. B. auch im Rahmen von Terminbestätigungen.

3   Für die mündlichen und schlüssigen Abschlüsse sind die ausdrücklich mündlich vereinbarten Bedingungen sowie die evtl. schriftlich bestätigten Bedingungen maßgebend. Ergänzend gelten die im Geschäftsverkehr zwischen dem Theaterbesitzer und der betreffenden Verleihfirma **üblichen Bedingungen** (z. B. hinsichtlich Filmmiete, Terminierung, Prolongationsziffer u. ä. m.) und die einheitlich gleichförmigen Bezugsbedingungen der Verleihfirmen, da man bei der Gleichartigkeit dieser Bezugsbedingungen davon ausgehen kann, daß sie dem Theaterbesitzer bekannt sind, ebenso wie der Umstand, daß die Verleihfirmen grundsätzlich nur zu ihren Bezugsbedingungen abschließen wollen. Das bedeutet gleichzeitig, daß Änderungen auch der mündlichen und schlüssigen Abschlüsse der Schriftform bedürfen. Das ist vor allem wichtig im Hinblick auf etwaige mündliche Zusicherungen des Vertreters bei den Vertragsverhandlungen bzw. beim Vertragsabschluß.

4   In der **Rechtsprechung** werden dieselben Grundsätze vertreten. Hierzu sei hingewiesen auf die Entscheidungen des AG Berlin-Schöneberg vom 13. 10. 1954 (Az.: 17 C 456/53); LG Hamburg vom 20. 12. 1950 (Az.: 15 Q 33/50 und 15 Q 30/50); OLG Hamburg vom 15. 12. 1955 (Az.: 3 U 233/55); KG Berlin vom 18. 4. 1952 (Az.: 5 U 2342/51); LG München vom 6. 11. 1953 (Az.: 7 O 73/53); LG München vom 8. 11. 1955 (Az.: 7 O 127/55) sowie AG Hamburg vom 6. 4. 1956 (Az.: 32 C 129/56). Nach dem OLG München in UFITA Bd. 26, S. 356 geht der Inhalt des Formularvertrages vor, auch wenn zusätzliche handschriftliche Einfügungen vorgenommen wurden, die aber mit dem restlichen Formularvertragsinhalt nicht in Übereinstimmung gebracht wurden. In allen diesen Entscheidungen wird der Grundsatz herausgearbeitet, daß der schriftliche Filmbestellvertrag die Vermutung der Vollständigkeit und Richtigkeit für sich hat und mündliche Nebenabreden grundsätzlich ausschließt.

5   Die Bedeutung der Schriftform für den Filmbestellvertrag wird in der **Rechtslehre** schon von *Eckstein* und *Hirsch* (aaO S. 207 und S. 81) ausdrücklich betont. Bei *Vogel* (aaO S. 52) finden sich interessante Ausführungen über den mündlichen und schlüssigen Abschluß, insbesondere auch über die Berücksichtigung der Grundsätze von Treu und Glauben und des Einwandes der Arglist. Auch *Vogel* weist darauf hin, daß der Formzwang kraft Verkehrssitte zwar besteht, es jedoch den Vertragspartnern jederzeit möglich ist, davon abzuweichen.

119. Kapitel. Der Inhalt des Filmbestellvertrages

1   Der Vertragsinhalt wird bei dem üblichen Abschluß auf der Vorderseite und der Rückseite des Bestellscheins wiedergegeben. Hierbei enthält die Vorderseite die **Hauptansprüche und -pflichten** der Vertragspartner (s. unten Kapitel 124), während die Rückseite die **Bezugsbedingungen** (s. Kapitel 132) aufführt.

2   Als **Essentialien des Filmbestellvertrags** müssen mindestens ein bestimmter oder bestimmbarer Film, ein bestimmtes oder bestimmbares Filmtheater (oder Theatergruppe) und eine bestimmte oder bestimmbare Filmmiete festgelegt sein, um den Abschluß wirksam zu machen. Obwohl die **Bezugsbedingungen** nicht mehr von Behörden oder Verbänden erlassen bzw. festgelegt sind, wird man sie in ihren wesentlichen Bestimmungen, in denen sie von den Verleihfirmen seit **Jahrzehnten einheitlich** und **gleichförmig** verwandt und den wirtschaftlichen Zwangsläufigkeiten dieser Rechtsbeziehungen gerecht werden (s. hinsichtlich dieser Bestimmungen unten Kapitel 132ff), als **branchenüblich** und allgemein verbindlich für alle Filmbestellverträge anzusehen haben, soweit sie nicht ausdrücklich im Bestellvertrag oder durch besondere Vereinbarungen im Einzelfall, wozu auch gedruckte Sonderbedingungen gehören, aufgehoben oder abgeändert worden sind. Die allgemeinen Bezugsbedingungen sind insoweit als Handelsbrauch oder Verkehrssitte oder Eintritt in eine Rechtsordnung anzusehen. Das ist vor

allem wichtig für mündliche und fernmündliche Abschlüsse, bei denen kein schriftlicher Vertrag mit aufgedruckten Bezugsbedingungen vorliegt, oder für Bestellscheine, bei denen die Rückseite mit den Bezugsbedingungen nicht ausgefüllt oder in denen nur ein allgemeiner Hinweis auf allgemeine Bezugsbedingungen enthalten ist.

3   Einer besonderen Untersuchung bedarf die Frage, inwieweit einzelne Vorschriften der Bezugsbedingungen gegen das am 9. 12. 1976 in Kraft getretene Gesetz zur Regelung des Rechts der Allgemeinen Geschäftsbedingungen **(AGB-Gesetz)** verstoßen könnten. Das ist wichtig, weil nur ein kleiner Teil der Filmtheaterbesitzer als Kaufleute und die Mehrzahl nicht als Kaufleute zu betrachten sind (s. im einzelnen Kapitel 147).

4   Bei der **Auslegung der Bezugsbedingungen** sind zwei Umstände zu berücksichtigen. Die Bezugsbedingungen gehen zurück auf Vorschriften, die zwischen den Verbänden der Verleiher und Theaterbesitzer unter Leitung einer behördlichen Stelle (BWM) erarbeitet und herausgegeben worden sind. Sie sind also nicht einseitig von den Verleihfirmen diktiert und können deshalb nicht einseitig gegen sie ausgelegt werden. Aus dem gleichen Grund verbietet sich auch die Annahme, daß einzelne Bestimmungen sittenwidrig seien o. ä. m. Ferner ist zu beachten, daß der Verleiher in der überwiegenden Zahl der Fälle vorleistungspflichtig ist (er hat den Film vorweg żu liefern, während Abrechnung und Zahlung der Filmmiete erst nach Vorführung des Films erfolgen) und daher das stärkere filmwirtschaftliche Risiko zu tragen hat.

5   Neben den auf alle Filmbestellverträge anwendbaren Bezugsbedingungen mit ihren detaillierten Spezialregeln bedarf es für den Inhalt des Filmbestellvertrags nur in seltenen Fällen der Heranziehung **gesetzlicher Vorschriften** verwandter Vertragstypen (z. B. Pachtrecht) zur Ergänzung oder Auslegung von Bestimmungen des Filmbestellvertrages.

6   In den Rechtsbeziehungen zwischen Filmverleiher und Filmtheaterbesitzer kommen auch **Optionsabreden** vor, wobei unter **Option** der einem Partner eingeräumte Anspruch auf Abschluß eines bestimmten Rechtsgeschäfts zu verstehen ist. Ein solches Optionsrecht ist nur wirksam, wenn seine Vereinbarung eine zeitliche Fixierung und die Essentialien des zu optierenden Vertrages enthält. In der Praxis spielt hier die einem Theaterbesitzer vom Verleiher gegebene Option für einen oder mehrere Filme eine Rolle. Sie ist nur rechtswirksam, wenn Zeitpunkt und Essentialien des zu optierenden Filmbestellvertrags in der Optionsabrede festgelegt werden. Die zeitliche Fixierung kann in dem Erscheinen des oder der Filme gesehen werden. Für die Essentialien kann ein ausdrücklicher oder sinngemäßer Hinweis auf vorangegangene Filmbestellverträge zwischen den Partnern genügen.

7   Auf derselben Linie liegen in der **Rechtsprechung** die Entscheidungen des AG Hamburg vom 4. 5. 1956 (Az.: 32 C 71/56) und des LG München vom 27. 11. 1955 (Az.: 7 O 127/55). Ebenso OLG Frankfurt/Main in UFITA Bd. 23, S. 229: ,,Die Allgemeinen Bezugsbedingungen sind durch wiederholte Verweisung auf sie zum Vertragsinhalt auch dann geworden, wenn sich der Teil bei Vertragsunterzeichnung keine Kenntnis von ihnen verschafft hat, gleichwohl aber die allenfalls mögliche Anfechtungserklärung nicht unverzüglich abgegeben hat.''

8   Die **Handelsüblichkeit** der Bezugsbedingungen ist von der **Rechtslehre** schon früh anerkannt worden. Man vergleiche hierzu *Eckstein* (aaO S. 208); *Hirsch* (aaO S. 65) und *Stenzel* (aaO S. 48 und S. 63). Auch *Vogel* (aaO S. 55) erkennt die Branchenüblichkeit der Bezugsbedingungen an, indem er erklärt, daß die Wirksamkeit dieser Bezugsbedingungen ohne

Rücksicht auf ihren Inhalt für jeden, auch den nicht formularmäßigen Vorführungsvertrag, Verkehrssitte kraft fortgesetzter gleichmäßiger tatsächlicher Übung der beteiligten Verkehrskreise ist, die sich nach allgemeiner Überzeugung im Laufe der Zeit gebildet hat. Die Verkehrssitte soll freilich nur gelten, wenn nicht ein entgegenstehender Wille festzustellen ist, wodurch sich die Verkehrssitte vom Gewohnheitsrecht unterscheide. Auch die Ausführungen von *von Gamm* („Grundfragen des Filmrechts" S. 70) liegen auf derselben Linie, wenn er über die Bezugsbedingungen sagt, daß es sich hier weniger um eine echte vertragliche Vereinbarung, als vielmehr um die Unterwerfung unter eine fertig bereitliegende Rechtsordnung handele. Es komme daher nicht entscheidend darauf an, ob und welche Einzelheiten dieser Rechtsordnung dem in sie Eintretenden bekannt sind. Es genüge, daß er sich ihr auch stillschweigend unterworfen hat.

9 Auch nach *Vogel* (aaO S. 56) sind die Bezugsbedingungen aus den hier erwähnten Gründen nicht gegen die Verleihfirma **auszulegen.** Zur Frage der Rechtswirksamkeit und Bedeutung der Allgemeinen Bezugsbedingungen vgl. auch die Abhandlung von *Laufke* „AGB in der Filmwirtschaft unter Berücksichtigung der Generalklauseln" in UFITA Bd. 35, S. 257.

120. Kapitel. Der Gegenstand des Filmbestellvertrages

1 Die den Vertragsgegenstand bildenden **Filme** werden meist auf der Vorderseite mit ihrem voraussichtlichen Titel ohne weitere Angaben, die sie näher charakterisieren könnten, aufgeführt. In vielen Fällen hat jedoch der Vertreter zusätzlich zu dem Bestellschein das gedruckte Verleihprogramm, auf dem solche näheren Angaben über die Filme (Kategorie der Filme, etwaige vorbenutzte literarische oder musikalische Werke, Regisseur, Hauptdarsteller, Kinder-, Jugend- und Feiertagsfreigabe u. ä. m.) vermerkt sind (sog. *Meckerzettel*). Ferner wird dem Theaterbesitzer häufig von den Verleihfirmen ein Katalog zugestellt, der ebenfalls die erwähnten näheren Angaben über die Filme, oft sogar verbunden mit einer kurzen Inhaltsbeschreibung, enthält. Dazu kommen Ankündigungen in der Fach- und Tagespresse über die z. Zt. der Vermietung bereits fertiggestellten oder in Produktion befindlichen Filme oder geplanten Filmvorhaben. Alle diese Umstände dienen dem Theaterbesitzer zur rechtlich wesentlichen Charakterisierung der auf dem Bestellschein nur unter dem Titel vermerkten Filme. Dagegen sind mündliche Zusagen des Vertreters im Hinblick auf die Charakterisierung der Filme nicht als rechtsverbindlich anzusehen.

2 Man kann hinsichtlich der rechtlich bedeutsamen **Charakterisierung der Filme** unterscheiden zwischen Filmbestellverträgen über in Arbeit befindliche Filme, Filmbestellverträge über in Vorbereitung befindliche Filme und Filmbestellverträgen, bei denen der Film nur der Gattung nach bestimmt, also der Vertrag noch offen ist. Zu der letzteren Rubrik zählen z. B. die Benennung als Abenteuer- oder Kriminalfilm, musikalisches Lustspiel, Schwank, Überraschungsfilm u. ä. m. Alle diese Formen des Filmbestellvertrages sind rechtsverbindlich, auch die sog. *offenen Filmbestellverträge,* da bei ihnen der Vertragsgegenstand gattungsgemäß bestimmt und es die Verpflichtung des Verleihers ist, einen Film dieser zugesagten Gattung zu liefern. Wenn die Kategorie des Films nicht aus Bezeichnung oder Titel o. ä. m. hervorgeht, wird der Theaterbesitzer einen Spielfilm (und nicht einen Dokumentarfilm) erwarten können, da der Spielfilm zum normalen Filmtheaterprogramm gehört. Wenn die Länge des als Hauptprogramm vermieteten Films nicht festgelegt ist, wird man von einem programm- bzw. abendfüllenden Film (60–120 Minuten Vorführdauer) auszugehen haben (s. Kapitel 96). Soweit die Filmbestellverträge über Filme abgeschlossen werden, die zwar rechtsverbindlich charakterisiert, aber noch nicht fertiggestellt und zu besichtigen sind, spricht man vom sog. *Blindbuchen* (s. Kapitel 116).

3   Die den Vertragsgegenstand bildenden Filme werden dem Theaterbesitzer entweder als Einzelfilme oder in zusammengestellten Gruppen von Filmen überlassen. Soweit die Verleihfirma von dem Theaterbesitzer die Abnahme bestimmter Gruppen von Filmen als Voraussetzung für den Abschluß fordert, spricht man von der sog. **Programm- bzw. Staffelvermietung,** auch *Blockbuchen* genannt. Es ist die Frage, ob diese Vermietungsmethode **rechtlich** zu beanstanden ist. Eine Sittenwidrigkeit der Methode dürfte nicht vorliegen, da sie aus Gründen einer rationellen Verleihmethode und zum Risikoausgleich wirtschaftlich gerechtfertigt und seit Jahrzehnten (im Grunde seit Bestehen eines Verleihwesens) gebräuchlich, also nicht unsachlich und nicht unbillig ist. Ein Gesetzesverstoß käme, da es sich hier um eine Vertikalbindung ohne Eingriff in Rechte Dritter handelt, nur unter dem Gesichtspunkt des kartellrechtlichen Koppelungsverbots in Frage (§ 18 GWB). In der Mehrzahl der Fälle scheidet schon eine zwangsweise Koppelung aus, weil der Theaterbesitzer selbst im Hinblick auf die Unwägbarkeit des Publikumsgeschmacks und den dadurch bedingten spekulativen Charakter des Filmgeschäfts an der Überlassung einer Filmstaffel oder eines Filmprogramms interessiert ist. In den übrigen Fällen ist zu beachten, daß eine solche Koppelung kartellrechtlich lediglich bei Ausnutzung einer marktbeherrschenden Machtstellung des Verleihers oder mehrerer Verleiher (Oligopol- oder Monopolstellung) fragwürdig sein könnte.

4   Das **Bundeskartellamt** hat im Jahre 1963 diese Geschäftsmethode überprüft und ist zu dem Ergebnis gekommen, daß sie unter bestimmten Umständen kartellrechtlich nicht zu beanstanden ist. In der entsprechenden Verlautbarung des BKA heißt es in dieser Beziehung wörtlich folgendermaßen:

,,In Verfolg der letztjährigen Verlautbarung des Bundeskartellamtes zum Staffelmietsystem (Blockbuchen) haben im Laufe des ersten Halbjahres 1964 neue Besprechungen zwischen dem Bundeskartellamt und dem Verband der Filmverleiher mit dem Ziel der Herabsetzung der Filmstaffel von acht auf sechs Filme an Eintheaterplätzen stattgefunden. Sie führten zu dem Ergebnis, daß die Verleihfirmen deutscher Filme (Columbia-Bavaria, Constantin, Gloria, Nora, Piran und Schorcht) die Zusage gegeben haben, beginnend mit der Verleihsaison 1964/65 deutsche Filme einschließlich deutsch-ausländischer Co-Produktionen an Eintheaterplätzen nur noch in Blöcken bis zu sechs Filmen in einer Staffel zu vermieten. Sollten dadurch zwei oder mehr deutsche Filme des Verleihprogramms übrig bleiben, so werden diese in einer Staffel – mit bis zu acht deutschen Filmen insgesamt – zusammengefaßt. Eine Koppelung von deutschen Filmen mit Reprisen und ausländischen Filmen findet an Eintheaterplätzen nicht statt. Das Bundeskartellamt hat durch die hierfür zuständige 4. Beschlußabteilung mitteilen lassen, daß es bei Einhaltung dieser Regelung keinen Grund zum Einschreiten gegen das Blockbuchen an Eintheaterplätzen sehe (§ 18 GWB). Wegen der Vermietung an Mehrtheaterplätzen verbleibt es bei der Erklärung des Bundeskartellamts vom Vorjahr, wonach es nur einen Grund zum Einschreiten nach § 18 Abs. 1 GWB sieht, wenn eine mißbräuchliche Koppelung vorliegt, z. B. bei zwangsweiser Vermietung eines ganzen Programms oder bei mißbräuchlicher Koppelung von inländischen und ausländischen Filmen.''

5   Eine Einschränkung hat diese Geschäftsmethode durch eine gesetzliche Vorschrift im **Rahmen des FFG** erfahren. Nach § 25 Abs. 4 FFG darf die Vermietung geförderter Filme, also deutscher Filme, in die Förderungshilfen investiert worden sind, an ein Filmtheater nicht von der Miete eines oder mehrerer ausländischer Filme oder Reprisen, die nicht aus einem Mitgliedsstaat der EG stammen, abhängig gemacht werden. Ein Verstoß gegen dieses gesetzliche Koppelungsverbot macht freilich nicht den Abschluß des Filmbestellvertrages unwirksam, sondern hat lediglich Folgen für die Filmförderung des Produzenten, der bei Nichtbeachtung dieser Grundsätze die investierten Förderungshilfen zurückzahlen muß bzw. keine neuen Förderungshilfen (Referenzfilmförderung) für diesen Film erhält und sich dann evtl. bei dem Verleiher, der dieses Verbot mißachtet hat, schadlos halten kann, vor allem, wenn er den Verleiher bei der Überlassung der Filme ausdrücklich auf dieses Verbot aufmerksam gemacht hat oder dem Verleiher das Verbot auf Grund anderer Fälle bzw. Kenntnis der einschlägigen Vorschriften des FFG bekannt war.

6 In der **Rechtsprechung** ist auf folgende Gerichtsurteile hinzuweisen, die das Blind- und Blockbuchen weder als sittenwidrig noch sonst rechtlich beanstandbar bezeichnen: LG München vom 27. 11. 1950 (Az.: 7 O 245/50); AG Frankfurt/Main vom 31. 1. 1951 (Az.: 35 C 1225/50); LG Hamburg vom 9. 4. 1952 (Az.: 15 S 2/52); LG München vom 8. 11. 1955 (Az.: 7 O 127/55) und OLG München in UFITA Bd. 42, S. 194.

121. Kapitel. Die Rechtsnatur des Filmbestellvertrages

1 Der Filmbestellvertrag ist rechtlich ein **Vertrag eigener Art,** auf den keine der Vertragstypen des BGB genau paßt. Durch die Überlassung einer Vorführungsbefugnis enthält er lizenzrechtliche Elemente, während er andererseits durch die Möglichkeit des Fruchtgenusses aus einem Recht und die Überlassung des vorübergehenden Gebrauchs einer Sache **Elemente des Pacht-** und **Mietvertrages** besitzt. Das entscheidende Moment, das den Vertrag charakterisiert, ist jedoch die Überlassung der lizenzrechtlichen Vorführungsbefugnis. Die Vorschriften des Pacht- und Mietrechts werden deshalb nur ergänzend heranzuziehen sein, falls und soweit die das Vertragsverhältnis in allen seinen Einzelheiten verbindlich regelnden Bezugsbedingungen nicht ausreichen sollten.

2 Von besonderer Bedeutung ist die Frage, ob nach der lizenzrechtlichen Seite hin der Theaterbesitzer **dingliche,** absolute, also gegenüber jedermann wirkende oder nur **obligatorische,** schuldrechtliche, also nur gegenüber der Verleihfirma wirkende **Rechte** erwirbt. Diese Frage kann praktisch werden in Fällen, in denen ein Verleiher, der einen Film bereits vermietet hatte, in Konkurs gegangen ist und der neue Verleiher, dem der Produzent die weitere Auswertung des Films überträgt, den Film an andere Theaterbesitzer vermietet und ihnen die Vorführungsbefugnis überlassen will, was er nur kann, wenn die Theaterbesitzer, die den Film vom ersten Verleiher gemietet hatten, keine dinglichen, absoluten Rechte erworben haben. Ferner kommt dem Fall dann eine praktische Bedeutung zu, wenn der Theaterbesitzer aus seiner Vorführungsbefugnis gegen einen anderen Theaterbesitzer, der den Film ebenfalls vorführt, unmittelbar vorgehen will, was er nur kann, wenn seine Vorführungsbefugnis den Erwerb absoluter, dinglicher, also gegenüber jedermann wirkender Rechte beinhaltet.

3 Für die Beurteilung der Rechtsnatur des Filmbestellvertrages muß in erster Linie der im Abschluß zum Ausdruck kommende **Parteiwille** herangezogen werden. Mehrere Gründe sprechen eindeutig dafür, daß aufgrund dieses Parteiwillens dem Theaterbesitzer von der Verleihfirma keine dingliche, sondern eine **obligatorische Lizenz** überlassen werden soll, die nur gegenüber der Verleihfirma und nicht gegenüber Dritten wirkt. In den Bezugsbedingungen ist an keiner Stelle von einer dinglichen Rechtsübertragung die Rede. Im Filmbestellvertrag fehlt die für die Begründung eines dinglichen Lizenzrechts notwendige zeitliche Fixierung. Die

Tatsache, daß fast jeder Film in einer großen Anzahl von Theatern gespielt wird, müßte bei Überlassung dinglicher Rechte an jedes dieser Theater eine sicher nicht gewollte Zersplitterung der urheberrechtlichen Nutzungsrechte in hunderte bzw. tausende von Teilen zur Folge haben. Die Übertragung eines unmittelbaren Verbietungsrechts an den Theaterbesitzer würde bei den infolge der komplizierten Terminierung der Filme häufigen Aufführungsdifferenzen dem Theaterbesitzer eine Rechtsposition verschaffen, welche die notwendige Kontinuität der Filmauswertung erheblich gefährden könnte. Die Bestimmungen über die Erstaufführungs- und Vorspielrechte mit den entsprechenden Ansprüchen des Theaterbesitzers gegen die Verleihfirma wären nicht erforderlich, wenn der Theaterbesitzer dingliche, also absolute Rechte erwerben würde. Aus allen diesen Gründen ist zu schließen, daß der Filmbestellvertrag seiner Rechtsnatur nach ein rein schuldrechtliches Rechtsgeschäft ohne dingliche Rechtsübertragung, also eine obligatorische Lizenz darstellt (gem. § 31 Abs. 2 UrhG).

4   Die **Rechtsprechung** über die Rechtsnatur des Filmbestellvertrages liegt auf derselben Linie, wie sie hier vertreten wird. Es wird also dem Filmtheaterbesitzer nur ein obligatorischer Anspruch gegen den Verleiher gegeben und kein Anspruch aus dinglichem Recht gegen die unmittelbaren Störer, z. B. den Konkurrenten am gleichen Ort. Es sei auf die folgenden Entscheidungen hingewiesen: OLG Nürnberg in UFITA Bd. 24, S. 253; LG Kleve in UFITA Bd. 24, S. 263; OLG Düsseldorf vom 5. 3. 1953 (Az.: 2 W 46/53); LG Frankfurt/Main in UFITA Bd. 24, S. 260; OLG Frankfurt/Main in UFITA Bd. 30, S. 344; LG Hamburg in UFITA Bd. 24, S. 131; LG Hamburg vom 7. 11. 1956 (Az.: 15 O 216/56); LG Hamburg vom 11. 3. 1959 (Az.: 15 S 7/58); LG Hamburg in UFITA Bd. 30, S. 242; LG München vom 24. 6. 1955 (Az.: 7 O 9/55); OLG München in UFITA Bd. 21, S. 86; RFH in UFITA Bd. 17, S. 124; BGH in UFITA Bd. 31, S. 332 sowie OLG Düsseldorf Urteil vom 6. 7. 1982 (Az.: 20 U 13/83 *Rechtspacht*).

5   Auch in der **Rechtslehre** wird anerkannt, daß es sich bei dem Filmbestellvertrag um einen Vertrag eigener Art mit Elementen des Lizenz-, Pacht- und Mietrechts handelt. Hierzu sei verwiesen auf die älteren Abhandlungen: *Goldbaum* ,,Filmverlagsrecht'' (S. 102); *Eckstein* (aaO S. 205); *Hirsch* (aaO S. 96); *Stenzel* (aaO S. 49); *Boehm* ,,Verträge im Filmgewerbe'' (S. 54) sowie *Spengler* in UFITA Bd. 18, S. 163.

6   In der **neueren Rechtslehre** sieht auch *Vogel* (aaO S. 29) im Filmbestellvertrag einen Lizenzvertrag eigener Art und nicht etwa einen Miet- oder Pachtvertrag, da im Vordergrund die Einräumung von Lizenzrechten und nicht etwa die Einräumung des Besitzes an der Filmkopie stehe. Hierbei soll es sich um einen obligatorischen und keinen dinglichen Lizenzvertrag handeln, was *Vogel* wie folgt schlüssig begründet (S. 36): ,,Denn mit der Vergabe von Verbotsrechten würde der Verleiher sich seiner herrschenden Stellung begeben. Der Theaterbesitzer wiederum bedarf des Verbotsrechts grundsätzlich nicht.'' *Von Gamm* (aaO S. 70) kennzeichnet den Filmbestellvertrag ebenfalls als einen urheberrechtlichen Nutzungsvertrag eigener Art, wobei die lizenzrechtlich legitimierte öffentliche Vorführungsbefugnis im Vordergrund stehe. Aus der Art seiner Formulierung könnte man den Schluß ziehen, daß er nicht eine obligatorische, sondern eine dingliche Lizenz des Theaterbesitzers annimmt. Da er jedoch hierfür keine nähere Begründung gibt, ist eine kritische Auseinandersetzung mit dieser sonst nicht vertretenen Auffassung nicht möglich.

122. Kapitel. Rechtswidrige und sittenwidrige Filmbestellverträge

1   Ein Filmbestellvertrag ist rechtswidrig, wenn die öffentliche Vorführung des den Vertragsgegenstand bildenden Films gegen **gesetzliche Verbote** verstoßen würde (z. B. gegen die §§ 131 und 184 StGB). Ein solcher Vertrag ist nach § 134 BGB nichtig und es können aus ihm keine Ansprüche der Vertragspartner hergeleitet werden. Sollten nur **Teile** des Vertragsfilms gegen gesetzliche Verbote verstoßen (z. B. einzelne aufreizende Sex-Szenen gegen § 184 StGB oder grausame gewaltverherrlichende Szenen gegen § 131 StGB), so bleibt der Filmbestellvertrag bestehen, wenn der verbliebene Teil des Films noch die programmfüllende Länge hat, den Sinnzusammenhang der Handlung genügend wahrt und wenn nicht besonders publikumsattraktive Szenen völlig entfallen sind (s. § 139 BGB und unten Kapitel 126).

2   Ein Filmbestellvertrag ist nicht wegen Verstoßes gegen § 138 BGB als **unsittliches Rechtsgeschäft** nichtig, wenn der den Vertragsgegenstand bildende Film vom Theaterbesitzer oder einzelnen Kreisen (z. B. in der Beurteilung kirchlicher Filmstellen oder einzelner Presseorgane) als sittlich verletzend angesehen wird. In einer freiheitlichen pluralistischen Gesellschaft reichen solche Beurteilungen nicht aus, um Sittenwidrigkeit im Sinne des § 138 BGB und damit verbundene Vorführungsbeschränkungen zu begründen.

3   Dazu kommt, daß auf diesem Gebiet nach dem Willen der Angehörigen der Filmwirtschaft die **Institutionen der FSK und JK** die Filme prüfen und die **Grenzen der Filmfreiheit** festlegen (s. Kapitel 10). Bei der fast lückenlosen Vorlage sämtlicher im Inland zur Vorführung gelangenden Filme vor diesen Institutionen (die Quote liegt bei 99%) müssen deren Entscheidungen für die Filmbestellverträge als maßgebend und verbindlich angesehen werden, so daß bei allen Filmen mit den Bescheinigungen dieser Institutionen die Filmbestellverträge auch aus diesen Gründen nicht wegen Verstoßes gegen die guten Sitten beanstandbar sind. Bei den wenigen Filmen ohne solche Bescheinigungen wird wegen der Üblichkeit der Bescheinigungen davon auszugehen sein, daß für den Theaterbesitzer die Bescheinigung eine Vertragsbedingung war, so daß bei deren Fehlen (mangels Antrag oder mangels Erteilung) der Filmbestellvertrag nicht wirksam geworden ist (vgl. hierzu auch Kapitel 128 und 145).

4   In der **Rechtsprechung** hat das LG Düsseldorf in UFITA Bd. 34, S. 370 entschieden, daß ein Filmbestellvertrag, der sich objektiv auf die Vorführung eines Films richtet, von dem einzelne Szenen unzüchtige Abbildungen in Schriften (§ 184 StGB) darstellen, gegen ein gesetzliches Verbot verstoße und damit nach § 134 BGB nichtig sei. Der Theaterbesitzer brauche in diesem Fall die erzielte Filmmiete nicht an den Verleiher abzuführen; auch ein Anspruch des Verleihers aus § 817 S. 2 BGB gegen den Theaterbesitzer entfalle, falls der Theaterbesitzer nicht arglistig gehandelt habe (der Film entsprach nicht der von der FSK freigegebenen Fassung, der Verleiher hatte die entsprechenden Schnitte nicht durchgeführt).

123. Kapitel. Filmbestellverträge über Porno-Filme

1   Nach § 184 Abs. 1 Ziff. 7 StGB ist eine öffentliche Vorführung von Porno-Filmen unter bestimmten Umständen möglich. Es muß neben der **Filmvorführung** eine **andere Leistung** geboten werden, wobei das Entgelt für die Filmvorführung nicht überwiegen darf. Bei solchen Vorführungen ist auf das handelsübliche Entgelt für die Filmvorführung und die sonstige Leistung abzustellen. Die sonstige Leistung muß in einem inneren Zusammenhang mit der Filmvorführung stehen (z. B. Getränke und Eßwaren, die während der Vorführung konsumiert werden können, nicht Magazine oder Schallplatten, da hierfür während der Filmvorführung keine Verwendungsmöglichkeit besteht). Dagegen kommt es für die Zulässigkeit der Vorführung nicht an auf die Ausstattung des Theaters (sie muß keinen Bar- oder Diskothek-Charakter tragen), die Motive der Besucher für den Besuch (sie können sich auf den Porno-Film konzentrieren), die Kalkulation des

Theaterbesitzers (er kann seinen Gewinn hauptsächlich vom Porno-Film beziehen) und die äußere Auszeichnung der Preise (es ist kein gemeinsamer Preis nötig, sondern auch ein Splitting zwischen dem Preis für den Filmbesuch und für die sonstige Leistung möglich).

2   Bei Erfüllung dieser Voraussetzungen ist ein Filmbestellvertrag über einen pornographischen Film **rechtswirksam.** Nur wenn der Vertrag gedacht ist für ein Filmtheater, das die erwähnten Bedingungen nicht erfüllt, wäre der Vertrag wegen Gesetzesverstoßes unwirksam. Nachdem Vorführungen von Porno-Filmen durch das Gesetz in bestimmten Fällen gestattet sind, kann ein entsprechender Vertrag auch nicht unter dem Gesichtspunkt der Sittenwidrigkeit nach § 138 BGB beanstandet werden. Die Vertragspartner haben also aus einem solchen Vertrag alle Ansprüche und Verpflichtungen zu beachten.

3   Hierzu sei verwiesen auf die **Rechtsprechung,** wie sie in einem Beschluß des **BVerfG** in UFITA Bd. 84, S. 276 und in einem Urteil des BGH in NJW 1980, S. 65 zum Ausdruck kommt.

4   Ebenso **BGH** in NJW 1981, S. 1439 mit folgenden Ausführungen: „Danach ist das Berufungsgericht zu Recht davon ausgegangen, daß auch in PAM-Kinos Filmvorführungen ohne Gesetzesverstoß möglich sind und eine solche gesetzlich zugelassene Filmverwertung Gegenstand eines wirksamen Verleihvertrages sein kann. Die Einschränkung in Ziff. 3 des Vertrages spricht dafür, daß die Parteien eine straflose Filmverwertung bezweckten. Etwas Gegenteiliges läßt sich nicht feststellen. Eine verfahrensfehlerhaft unterbliebene weitere Aufklärung ist von der Revision nicht gerügt worden. Zutreffend geht das Berufungsgericht davon aus, daß auch eine straflose Vorführung pornographischer Filme die Sittenwidrigkeit der darauf bezogenen Rechtsgeschäfte nicht generell ausschließt, sondern daß § 138 BGB neben § 134 BGB eine selbständige Bedeutung hat (vgl. Senatsurteil vom 17. April 1970 in NJW 1970, S. 1179 und ihm folgend BGHZ 63, S. 365, 366; 67 S. 119, 123; anders für Verträge über pornographische Produkte OLG Hamburg in GRUR 1980 S. 998 – *Tiffany*)." Ferner weist der BGH in dieser Entscheidung darauf hin, daß die Berufung auf Sittenwidrigkeit bei einem solchen Verleihvertrag gegen Treu und Glauben verstößt. Vgl. auch OLG Hamburg in UFITA Bd. 87, S. 322.

124. Kapitel. Die Hauptrechte und -pflichten aus dem Filmbestellvertrag

1   Die hauptsächlichen Rechte und Pflichten der Vertragspartner aus dem Filmbestellvertrag, die üblicherweise auf der Vorderseite des Bestellscheins schriftlich niedergelegt sind und nur ausnahmsweise durch mündliche Vereinbarungen festgelegt werden, bestehen in dem Anspruch des Theaterbesitzers auf **Lieferung** der den Gegenstand des Vertrages bildenden **Filme** zu dem vertraglich festgelegten oder einem im Terminierungsverfahren noch festzulegenden Termin und in dem Anspruch der Verleihfirma auf **Vorführung** dieser **Filme** zu diesen Terminen und in dem bestimmten Filmtheater und Abrechnung und Zahlung der vereinbarten Filmmiete nach Abspiel der Filme oder zu einem anderen vereinbarten Termin.

2   Im Zusammenhang mit diesen Hauptrechten und -pflichten der Vertragspartner ergeben sich zahlreiche **Rechtsfragen** hinsichtlich der Rechtsverschaffung, der Kopienlieferung, der Vorführungspflicht, der Zahlungspflicht sowie der Unmöglichkeit der Leistung und des Unvermögens. Sie sollen im folgenden behandelt werden.

125. Kapitel. Die Rechtsverschaffung durch die Verleihfirma

1 Nach dem Filmbestellvertrag ist die Verleihfirma verpflichtet, dem Theaterbesitzer die Möglichkeit der **ungestörten Vorführung des Films** in seinem Theater während der vereinbarten oder einer später festzulegenden Zeit zu verschaffen. Nach dem Rechtscharakter des Filmbestellvertrages als eines obligatorischen Lizenzvertrages umfaßt diese Pflicht der Verleihfirma nur eine schuldrechtliche Gestattung und nicht etwa die Übertragung eines dinglichen Rechts.

2 Da eine dingliche Rechtsübertragung nicht vorliegt und auf den Filmbestellvertrag – soweit eine Anwendung gesetzlicher Vertragstypen in Betracht kommt – die Vorschriften über den **Pacht- bzw. Mietvertrag** am ehesten anwendbar sind, hat der Verleiher seiner Pflicht genügt, wenn der Theaterbesitzer den Film ungestört vorführen kann, auch wenn der Verleiher gar nicht im Besitz der Vorführungsrechte ist. Im Gegensatz zu den Rechten des Filmverleihers gegenüber dem Filmproduzenten beim Filmlizenzvertrag kann also der Theaterbesitzer nicht schon dann gegen den Verleiher vorgehen, wenn dieser die notwendigen Vorführungsrechte nicht besitzt, sondern erst dann, wenn dem Theaterbesitzer deswegen die Möglichkeit der vertraglich vorgesehenen Filmvorführung entzogen wird.

3 Da der Theaterbesitzer kein dingliches Vorführungsrecht erhält, kann er **nicht selbst** gegen **dritte Störer** einschreiten. Er muß sich insoweit an den Verleiher halten, der seinerseits verpflichtet ist, für die ungestörte Vorführung zu sorgen, also gegen dritte Störer vorzugehen. Verletzt der Verleiher schuldhaft diese Verpflichtungen, so liegt seinerseits eine positive Vertragsverletzung vor, die ihn gegenüber dem Theaterbesitzer ersatzpflichtig macht.

4 In der **Rechtslehre** vertritt *Ulmer* (aaO S. 502) die Auffassung, daß der Theaterbesitzer auch dann gegen den Verleiher vorgehen kann, wenn dieser nicht die notwendigen Vorführungsrechte besitzt, selbst wenn dadurch keine Störung der Vorführung in dem Filmtheater eingetreten ist bzw. kein Nachweis erbracht werden kann, daß sie eintreten wird. Diese Ansicht erscheint zu weitgehend, da der Theaterbesitzer für seinen relativ kurzen Filmeinsatz nur ein legitimes Interesse an der ungestörten Vorführung und nicht an der Kenntnis des Rechtsumfangs des Verleihers hat. Eine Ausnahme kann nur gelten, wenn der Theaterbesitzer mit Gründen befürchten muß, daß ihm die zukünftige Vorführung nicht störungsfrei gestattet werden kann, weil eben der Verleiher die notwendigen Rechte nicht besitzt.

126. Kapitel. Die Lieferungs- und Gewährleistungspflichten der Verleihfirma

1 Die Verleihfirma hat dafür einzustehen, daß dem Filmtheaterbesitzer eine für die jeweilige Aufführung **brauchbare Kopie** des Vertragsfilms geliefert wird, wobei naturgemäß an den Zustand der Kopien für die Ur- und Erstaufführungstheater gemäß deren höheren Preisen und größeren Umsätzen und damit auch besseren Filmmieten – also stärkeren Gegenleistungen – strengere Anforderungen zu stellen sind als bei den Nachspielern. Immer muß jedoch die Kopie so beschaffen sein, daß sie den nach dem jeweiligen Stand der Technik vom Publikum zu stellenden Ansprüchen an die Durchschnittsqualität genügt.

2 Im Hinblick auf die **Qualität des Vertragsfilms** selbst wird man vom Verleiher verlangen müssen, daß er – vergleichbar den Verpflichtungen des Produzenten ihm gegenüber – dem Theaterbesitzer einen Film liefert, der nach Stoff, Inhalt und filmtechnischer sowie filmhandwerklicher (nicht jedoch filmkünstlerischer) Gestaltung den Ansprüchen genügt, die nach dem jeweiligen Stand der Filmtechnik und des Filmhandwerks an einen derartigen Film zu stellen sind (vgl. Kapitel 104 und 136).

3 Was die **Länge des Films** angeht, so wird grundsätzlich, also falls nichts anderes eindeutig vereinbart ist, ein programm- oder abendfüllender Film den Vertragsgegenstand bilden, dessen Mindest- und Höchstlänge zwischen 60 und 120 Minuten Vorführdauer liegen. Insoweit hat die Definition des programmfüllenden Films in den §§ 15 und 20 FFG mit 79 bis 110 Minuten Vorführdauer und des abendfüllenden Films in der Richtlinie des Rates der Europäischen Gemeinschaft in Artikel 2 Abs. 2a mit 1600 m Mindestlänge eine generell prägende Wirkung, obwohl sich das FFG nur auf deutsche geförderte Filme und die Richtlinie nur auf Filme aus den EG-Staaten bezieht.

4 Ein Film, der sich innerhalb dieser Grenzen hält, kann als **normaler Vertragsgegenstand** betrachtet werden (wegen Beiprogramm vgl. Kapitel 136). Sollte ein zu liefernder programmfüllender Film eine geringere oder größere Länge aufweisen, so muß der Theaterbesitzer hierüber besonders unterrichtet werden und damit einverstanden sein. Dabei kann die geringere Länge durch ein erweitertes Beiprogramm ausgeglichen werden, da der Filmtheaterbesitzer gegenüber seinem Publikum nach den traditionellen Gepflogenheiten ein Programm von mindestens 1¾ bis 2 Stunden bieten muß. **Kürzungen** des Films, die nach seinem Ersteinsatz vom Verleiher aus bestimmten Gründen vorgenommen werden (z. B. wegen Beschlagnahme einzelner Szenen durch Behörden oder zwecks Erreichung einer günstigeren Kinder-, Jugend- oder Feiertagseinstufung), haben keinen Einfluß auf die Gültigkeit des Filmbestellvertrages, wenn trotz dieser Kürzungen die Mindestlänge, der Sinngehalt und der Handlungszusammenhang des Films gewahrt sind und nicht Szenen völlig entfallen, die – auch isoliert betrachtet – eine besondere Bedeutung für die Publikumsattraktivität dieses Films haben.

5 Der Verleiher hat für die dem Theaterbesitzer besonders **zugesicherten Eigenschaften des Vertragsfilms** einzustehen. Das gilt gemäß dem Erfordernis der Schriftform und den Zuständigkeiten bei der Verleihfirma grundsätzlich nur für Zusicherungen schriftlicher Art, die von der Verleihzentrale ausgehen, also nicht etwa für irgendwelche Zusagen von Filialleitern, Vertretern, Disponenten, Werbeberatern u. ä. m. der Verleihfirma. Ferner hat es nur Gültigkeit für konkrete Zusagen (wie Starnamen, Verfilmung eines bekannten literarischen oder musikalischen Werkes etc.) und nicht etwa für Anpreisungen allgemeiner Art (spannender Kriminalfilm, ausgesprochene Spitzenbesetzung, größter Ausstattungsfilm etc.). Solche allgemeinen Anpreisungen sind nämlich dem Theaterbesitzer als solche erkennbar und können deshalb nicht den Vertragsinhalt im Sinne zugesicherter Eigenschaften prägen. Konkrete und rechtswirksame Zusicherungen können z. B. in der Zusicherung einer bestimmten Freigabe des Films (Kinder-, Jugend- und Feiertagsfreigabe) liegen, wenn dies für den Filmtheaterbesitzer erkennbar und nachweisbar von besonderer Bedeutung war.

6 In diesem Zusammenhang wird man dem Gedanken der **Zumutbarkeit** besonders Rechnung zu tragen haben. Das bedeutet, daß es dem Verleiher gestattet sein muß, Stoff und Besetzung eines Films zu ändern, wenn er den Film mit dem ursprünglich vorgesehenen Stoff und der ursprünglich geplanten Besetzung nicht erhalten konnte, soweit der andere Film nach Kategorie und Qualifikation vergleichbar ist.

7 Die Verleihfirma trifft keine Gewährleistungspflicht hinsichtlich der **Rentabilität des Vertragsfilms.** Der Verleiher haftet also nicht für den geschäftlichen Er-

folg dieses Vertragsfilms. Das typische Risiko jeder Filmauswertung ist den Vertragspartnern bekannt und muß von ihnen in Rechnung gestellt werden. Insoweit bilden die Vertragspartner beim Filmbestellvertrag eine Art Risikogemeinschaft, wie es auch in der fast immer gegebenen prozentualen Beteiligung des Vertragspartners an den Einnahmen des betreffenden Films zum Ausdruck kommt. Der Theaterbesitzer kann deshalb keine Ansprüche daraus herleiten, daß ein Film die geschäftlichen Erwartungen nicht erfüllt, die er in ihn gesetzt hat.

8   Der Verleiher hat gegenüber dem Theaterbesitzer auch für seine **Erfüllungsgehilfen** zu haften (§ 278 BGB). Als Erfüllungsgehilfen gelten dabei die Personen, deren sich der Verleiher ausdrücklich bei Erfüllung seiner Pflichten gegenüber dem Theaterbesitzer bedient. Das sind z. B. Lagerhalter und Transporteure für die Pflicht zur Übermittlung ordnungsgemäßer Kopien, Kopieranstalten und Synchronisationsfirmen für die Herstellung technisch einwandfreier Kopien, Transporteure oder Theaterbesitzer für die Versendung bzw. Weiterversendung des Films.

9   Für alle **Mängelansprüche** des Theaterbesitzers ist zu bemerken, daß sie nicht mehr geltend gemacht werden können, wenn der Theaterbesitzer den Film besichtigt und hernach nicht unverzüglich eine Mängelrüge erhoben hat. Den gleichen Grundsatz wird man anzuwenden haben, wenn dem Theaterbesitzer der Mangel in Folge grober Fahrlässigkeit unbekannt geblieben ist.

10   Bei **Verletzung** der Gewährleistungspflicht des Verleihers sind für die Ansprüche des Theaterbesitzers analog die Mängelansprüche des Mieters bzw. Pächters nach dem BGB (§§ 537, 538, 581 BGB) heranzuziehen. Kann also der Film wegen eines Kopienmangels nicht vorgeführt werden, so wird der Theaterbesitzer von der Verpflichtung zur Zahlung der Filmmiete frei, ohne daß es auf ein Verschulden der Verleihfirma ankommt. War der Mangel schon vor Vertragsabschluß vorhanden oder entsteht er erst später in Folge eines Umstandes, den der Verleiher zu vertreten hat, oder fehlt eine ausdrücklich zugesicherte Eigenschaft, so kann der Theaterbesitzer auch Schadensersatz wegen Nichterfüllung fordern. Wenn der vertragsgemäße Gebrauch nur gemindert ist, kann der Theaterbesitzer eine angemessene Herabsetzung der Filmmiete verlangen.

11   Im Hinblick auf einige Gewährleistungsansprüche (insbesondere auch bei Sachmängeln der Kopie) sind die Vorschriften der **Bezugsbedingungen** zu beachten, die als Sonderregelungen den hier erwähnten allgemeinen Bestimmungen vorgehen.

12   **Rechtsprechung** und **Rechtslehre** zur Gewährleistungspflicht der Verleihfirma entsprechen im wesentlichen den obigen Ausführungen. Es ist hier eine weitgehende Kontinuität und Übereinstimmung festzustellen.

13   Schon das LG Berlin in UFITA Bd. 4, S. 71 kommt zu dem Ergebnis, daß in dem **vertragsgemäßen Gebrauch** die Aufführung des Films zu sehen ist. Der Theaterbesitzer habe im vorliegenden Fall die Möglichkeit gehabt, die Filme aufzuführen, auch wenn diese dem Publikum nicht zugesagt hätten. Technische Fehler, die eine Aufführung unmöglich gemacht oder erschwert hätten, oder eine mangelhafte Kopie hätten nicht vorgelegen. Der Umstand, daß die Filme künstlerisch vielleicht minderwertig gewesen seien und dem Publikum nicht gefallen hätten, sei kein Fehler im Sinne des § 537 BGB. Auf derselben Linie liegt das Urteil des KG Berlin vom 24. 10. 1932 (Az.: 27 U 4673/32), das ebenfalls eine Haftung des Verleihers für einen wirtschaftlichen Erfolg des Films ausdrücklich ausschließt, indem es sagt, daß es im Filmgeschäft völlig ungewiß wäre, ob ein Film wirklich zugkräftig sei und einen Erfolg herbeiführen würde.

14   Die Rechtsprechung der Nachkriegszeit hat vor allem die Grenzen für die Wirksamkeit von **Zusicherungen der Verleihfirma** abgesteckt. So soll in der Behauptung, ein Film sei gut oder erstklassig, keine zur Anfechtung berechtigende Tatsachenbehauptung, sondern nur ein in die übliche reklamehafte Anpreisung gekleidetes Werturteil erblickt werden, das kein Anfechtungsrecht gebe, da die Beurteilung eines Films dem persönlichen Geschmack unterliege und deshalb relativ sei (LG Hamburg vom 9. 4. 1952, Az.: 15 S 2/52). Auch die Bemerkung eines Vertreters bei den Vertragsverhandlungen, es handele sich um einen absoluten Spitzenfilm, könne nicht als ernsthafte Tatsachenbehauptung angesehen werden, da eine Garantieübernahme für den geschäftlichen Erfolg eines Films mit den Grundsätzen des Filmverleihgeschäfts nicht vereinbar wäre. Es sei nämlich jedem Vertragspartner bekannt, daß die Unbestimmbarkeit und Unwägbarkeit des Geschmacks des breiten Publikums schlechterdings eine abschließende einigermaßen verläßliche Vorschau über den geschäftlichen Erfolg eines Films nicht zuließen (LG Göttingen vom 31. 1. 1955, Az.: 3 O 126/ 54). Dagegen soll lt. OLG München in UFITA Bd. 21, S. 349 aus den Grundsätzen von Treu und Glauben folgen, daß der Verleiher bei der Ankündigung eines Starnamens für ein Filmvorhaben dann bestimmte Verpflichtungen zu beachten habe, wenn er wußte, daß der Filmstoff allein den Theaterbesitzer nicht zum Abschluß des Filmbestellvertrages hätte bewegen können, sondern lediglich die zugesagte Mitwirkung eines besonders zugkräftigen Filmstars. Der Verleiher habe in solchen Fällen die Nennung des Stars als sichere Besetzung dann zu unterlassen, wenn im Zeitpunkt der Ankündigung noch nicht feststehe, daß es gelungen ist, den Darsteller zu verpflichten. Hier könne u. U. auch die Vertragsklausel über *Besetzungsänderungen sind vorbehalten* den Verleiher nicht von der Haftung freistellen. Keinen Sach- und Rechtsmangel soll es darstellen, wenn der Film vor Abschluß des Bestellvertrages bereits anderweitig öffentlich vorgeführt worden ist (vgl. OLG München in UFITA Bd. 26, S. 353). Vgl. auch Kapitel 136.

15   Weitere Gerichtsentscheidungen stellen fest, daß der Verleiher keinesfalls für die **mangelnde Rentabilität** eines Films haftbar gemacht werden könne. Mit Änderungen des Publikumsgeschmacks müßten die Parteien stets rechnen, so daß dieses Risiko zum allgemeinen Geschäftsrisiko gehöre (LG München vom 15. 3. 1955, Az.: 7 Q 20/55; LG Frankfurt/Main vom 2. 5. 1956, Az.: 2/6 O 135; OLG Frankfurt/Main in UFITA Bd. 30, S. 344; OLG Düsseldorf in UFITA Bd. 52, S. 242).

16   In der **Rechtslehre** führen schon *Eckstein* (aaO S. 235); *Hirsch* (aaO S. 78) und *Stenzel* (aaO S. 56) aus, daß ein Film vom Theaterbesitzer nicht beanstandet werden könne, weil sich der Theaterbesitzer in seinen **geschäftlichen Erwartungen** getäuscht sehe. Es müsse zwischen den äußeren Mängeln der Kopien, für die der Verleiher zu haften habe, und der mangelnden Rentabilität, für die ihn keine Haftung treffe, unterschieden werden. Nach *Hirsch* (aaO S. 81) und *Eckstein* (aaO S. 240) soll als verbindlich zugesichert gelten, was im Bestellschein oder in Prospekten, Meckerzetteln o. ä. m. steht, um den abgeschlossenen Film zu klassifizieren oder zu charakterisieren. Dabei dürfe jedoch nicht jede marktschreierische Anpreisung als Zusicherung gewertet werden.

17   In der **neueren Rechtslehre** heißt es bei *Vogel* (aaO S. 54): ,,Wegen Irrtums kann der Theaterbesitzer nicht anfechten, wenn der Film schlechter als erwartet geht, obwohl er der beste Film des Jahres sein sollte. Überhaupt sind falsche Vorstellungen über die Zugkraft als **bloßer Motivirrtum** unbeachtlich. Dagegen ist eine Täuschungsanfechtung berechtigt, wenn dem Theaterbesitzer über Ausstattung, Schauspieler, Kritiken, Vorspieler oder Einspielergebnisse falsche Angaben gemacht werden." Bei *Vogel* sind noch seine längeren Ausführungen über die Haftung des Verleihers für Sachmängel und zugesicherte Eigenschaften (aaO S. 71–75) zu beachten.

18   Auch nach *von Gamm* (aaO S. 70) hat der Verleih nicht für die **Rentabilität des Films** einzustehen. Der Theaterbesitzer soll folglich auch nicht berechtigt sein, den Film bei schlechtem Besuch vorzeitig vom Spielplan abzusetzen. Es handele sich um sein eigenes Risiko, wenn er sich bei einem Film auf bestimmte Mindestspielzeiten einlasse. Für Sachmängel seien die Vorschriften des Pachtrechts anzuwenden. Infolge der urheberrechtlichen Natur des Filmvorführungsvertrages blieben künstlerische Mängel grundsätzlich außer Betracht. Dagegen hafte der Verleiher für seine diesbezüglichen Zusicherungen, insbesondere über Besetzung und Ausgestaltung des Films. In diesem Zusammenhang könne vor allem die zugesicherte Besetzung einer Hauptrolle von Bedeutung sein, die hernach nicht eingehalten wird.

127. Kapitel. Unmöglichkeit und Unvermögen bei den Lieferungs- und Leistungspflichten der Verleihfirma

1 Bei der Unmöglichkeit oder dem Unvermögen hinsichtlich der Leistungs- und Lieferungspflichten des Verleihers sind **drei Fälle** zu unterscheiden. Eine **objektive Unmöglichkeit** liegt vor, wenn der den Vertragsgegenstand bildende Film überhaupt nicht geliefert oder vorgeführt werden kann (z. B. der blind vermietete Film bzw. dessen deutsche Version werden gar nicht her- bzw. fertiggestellt oder der Film wird durch behördliche Maßnahmen rechtskräftig eingezogen und damit seine Vorführung oder weitere Vorführung untersagt). Ein **subjektives Unvermögen** ist gegeben, wenn der betreffende Verleiher den Vertragsfilm nicht zu dem vereinbarten Termin liefern kann, obwohl generell eine Lieferung des Films möglich wäre (z. B. der Verleiher konnte die Lizenzrechte an dem Vertragsfilm nicht erwerben oder behalten und der Film erscheint deshalb nicht oder bei einem anderen Verleiher oder der Verleiher kann dem Theaterbesitzer die vertraglich vereinbarte Aufführungsfolge nicht mehr beschaffen, weil er den Film bereits einem anderen Theaterbesitzer für diese Aufführungsfolge überlassen hat). Eine **vorübergehende Unmöglichkeit** oder ein **befristetes Unvermögen** der Verleihfirma sind anzunehmen, wenn der Verleiher den Film nicht zu dem vertraglich vereinbarten Termin, wohl aber später liefern kann (z. B. der Film wird später her- oder fertiggestellt als geplant war oder die Synchronisation bzw. die Verleihkopien werden nicht rechtzeitig fertig oder der Film wird vorübergehend behördlich beschlagnahmt). Hierzu gehört noch der spezielle Fall, daß der Vertragsfilm nicht – wie vorgesehen – im Rahmen des vermieteten Verleihprogramms, sondern erst in einem späteren Verleihprogramm herausgebracht wird.

2 Bei der objektiven Unmöglichkeit seiner Leistung tritt nach den gesetzlichen Vorschriften (§ 323 BGB) grundsätzlich keine Haftung für den Verleiher ein, sondern nur eine **Auflösung des Filmbestellvertrages** ohne gegenseitige Ansprüche. Eine Ausnahme könnte nur gelten, wenn der Verleiher die Unmöglichkeit vertragswidrig verschuldet hat (er hat z. B. keine Maßnahmen gegen eine Einziehung des Films ergriffen, obwohl sie zum Erfolg geführt hätten).

3 Bei dem subjektiven Unvermögen hat die Verleihfirma nach den gesetzlichen Vorschriften (§ 325 BGB) grundsätzlich für den dem Theaterbesitzer durch die Nichtlieferung des Films entstandenen **Schaden zu haften,** es sei denn, daß sie die Nichtlieferung nicht zu vertreten hat (z. B. Verlust des Films durch vertragswidriges Verhalten Dritter).

4 Bei der vorübergehenden Unmöglichkeit und dem befristeten Unvermögen kommt es nach den gesetzlichen Vorschriften (§ 326 BGB) darauf an, ob die Umstände, die zu der Verzögerung geführt haben, von dem Verleiher zu **vertreten** sind. Dann kann der Theaterbesitzer den Verleiher in Verzug setzen, vom Vertrag zurücktreten und den ihm entstandenen **Verzugsschaden** geltend machen. Anderenfalls (z. B. bei vorübergehender Beschlagnahme des Films oder vom Verleiher nicht verschuldeter Lieferungsverzögerung bei Produktion, Kopierwerk oder Synchronfirma) wird der Vertrag solange ruhen und die Erfüllung der Vertragsrechte und -pflichten auf den Zeitpunkt der Erfüllungsmöglichkeit

verschoben werden. Sollte dies im Einzelfall dem Theaterbesitzer nicht zumutbar sein (z. B. wegen inzwischen getroffener anderer Dispositionen, die die Vorführung des Films ausschließen), so wird der Vertrag ohne gegenseitige Ansprüche aufzuheben sein.

5   Dabei ist für alle angesprochenen Fälle festzuhalten, daß der Verleiher nicht für das Verschulden von Produzenten, Vertriebsfirmen, Synchronisationsfirmen, Kopieranstalten o. ä. m. einzustehen hat, da sie wegen der verschiedenartigen Rechtsbeziehungen und Vertragsverhältnisse insoweit **nicht** als **Erfüllungsgehilfe** des Verleihers gegenüber dem Theaterbesitzer im Rahmen des Bestellvertrages zu betrachten sind. Hierzu fehlt es an dem Willen beider Vertragspartner, diese Personen im Rahmen des Filmbestellvertrages rechtsverbindlich als ausführende Organe des Vertragspartners Verleih einzusetzen.

6   Für alle in diesem Kapitel behandelten Fälle sind die von der gesetzlichen Regelung teilweise abweichenden Bestimmungen der **allgemeinen Bezugsbedingungen** zu beachten (vgl. Kapitel 132 und 140). Hier handelt es sich um die langjährig einheitlich gleichförmig verwandten Bestimmungen dieser Bedingungen, denen eine allgemeine Verbindlichkeit für die Filmbestellverträge zukommt.

7   In der **Rechtsprechung** liegt zur Frage der **Nichtlieferung** der blind gebuchten Filme ein Urteil des KG Berlin vom 24. 10. 1932 (Az.: 27 U 4673/32) vor, in dem es heißt, daß bei der Bestellung von Filmen, die noch gar nicht gedreht sind, der Besteller mit der Möglichkeit eines Versagers, aber auch damit rechnen müsse, daß der Film überhaupt nicht hergestellt werde. Das OLG München in UFITA Bd. 28, S. 331 führt für diese Filme aus, daß der Filmbestellvertrag ein gemischter Vertrag ist, auf den grundsätzlich die allgemeinen Regeln des gegenseitigen Vertrages anwendbar sind.

8   In der **Rechtslehre** stellen schon *Hirsch* (aaO S. 76) und *Stenzel* (aaO S. 58) es bei der objektiven Unmöglichkeit darauf ab, ob der Verleiher diese Unmöglichkeit zu vertreten hat. *Eckstein* (aaO S. 233) und *Böhmer/Reitz* (,,Der Film in Wirtschaft und Recht" Berlin 1933, S. 215) machen einen Unterschied zwischen den Filmen, die bei der Vermietung fertiggestellt und denjenigen, die nur projektiert waren. Ein Filmbestellvertrag über einen zukünftigen Film müsse dahin ausgelegt werden, daß der Film unter der Bedingung seines Erscheinens vermietet werde. Hier sollen lediglich die Grundsätze von Treu und Glauben eine Grenze bestimmen.

128. Kapitel. Die Vorführungspflicht des Filmtheaterbesitzers

1   Der Theaterbesitzer ist dem Verleiher gegenüber verpflichtet, den ihm gelieferten Film öffentlich vorzuführen. Diese Verpflichtung bezieht sich auf ein **bestimmtes Theater,** einen **bestimmten Termin** und eine **bestimmte Zeitdauer.** Der Theaterbesitzer kann diese Verpflichtung nicht mit der Zahlung eines bestimmten Betrages abgelten.

2   Diese Vorführungsverpflichtung ergibt sich meist schon daraus, daß sie auf der Vorderseite des Filmbestellvertrages ausdrücklich vermerkt ist, indem es dort heißt, daß der Theaterbesitzer verpflichtet ist, den Film abzunehmen und vorzuführen. Aber auch unabhängig von einer solchen Klausel (z. B. bei mündlich abgeschlossenen Filmbestellverträgen) wird man nach dem ganzen Sinn und Zweck des Filmbestellvertrages eine **generelle** Vorführungspflicht des Theaterbesitzers annehmen müssen.

3   Bei den Verträgen mit prozentualer Beteiligung des Verleihers an den Einnahmen des Theaterbesitzers, welche die überwiegende Zahl aller Verträge ausmachen, ergibt sich diese Vorführungspflicht schon aus dem **partiarischen Charak-**

ter dieses Rechtsgeschäfts. Die Möglichkeit des Schadensersatzes bei Nichtvorführung ist kein Einwand hiergegen, da bei den vielen Unwägbarkeiten des Filmgeschäfts und des Filmerfolges niemals eine genaue Berechnung der dem Verleiher entgangenen Einnahmen durchzuführen ist.

4   Im übrigen beschränkt sich das Interesse des Verleihers an der Vorführung nicht auf diese Beteiligung, sondern erstreckt sich auch auf die **Ausstrahlung der Vorführung** auf die Nachspieltheater am gleichen Spielort und (falls es sich schon um einen Nachspieler handelt) auf Theater an anderen Spielorten. Aus diesem Grunde muß eine Vorführungspflicht auch bei Festpreisabschlüssen anerkannt werden, da auch dann die Bedeutung der Vorführung für die Auswertung des Films in anderen Theatern oder an anderen Orten bestehen bleibt. Eine Parallele zum Filmlizenzvertrag Produktion/Verleih, wo eine Auswertungspflicht grundsätzlich nur bei partiarischen Verträgen bejaht wird, kann nicht gezogen werden, da bei diesem Lizenzvertrag durch einen Festpreis ein ganzes Auswertungsgebiet abgegolten wird, während beim Festpreis eines Theaterbesitzers nur die Abgeltung einer von hunderten von Vorführungsmöglichkeiten vorliegt, so daß ein weiteres materielles Interesse des Verleihers besteht, für das eine tatsächliche Vorführung in dem einzelnen Theater von beträchtlicher Bedeutung sein kann.

5   Von dieser Vorführungsverpflichtung wird der Theaterbesitzer grundsätzlich auch dann nicht befreit, wenn er glaubt, eine öffentliche Vorführung des gelieferten Films aus **Gewissensgründen** ablehnen zu müssen. Dazu rechnet, wenn der Theaterbesitzer annimmt, die öffentliche Vorführung des Vertragsfilms sei ihm und/oder seinem Publikum aus sittlichen, religiösen, politischen oder geschmacklichen Gründen nicht zumutbar, weil er den Film als rein spekulativen *Sex- and Crime-Film* oder als politischen Propagandafilm oder als religiös bzw. sittlich verletzenden Film oder als primitives Machwerk ansieht. Das verschafft kein Ablehnungsrecht, selbst wenn die Meinung des Theaterbesitzers durch besonders negative Bewertung des Films seitens der öffentlichen Kritik oder seitens bestimmter Institutionen (z. B. Kirchen, Gewerkschaften, Parteien) unterstützt wird. Das gilt auf jeden Fall für alle Filme, die eine Freigabebescheinigung der FSK oder eine strafrechtliche Unbedenklichkeitsbescheinigung der SPIO-JK besitzen und in der von diesen Institutionen geprüften und freigegebenen Fassung geliefert werden. Die betreffenden Filmbestellverträge bleiben nämlich rechtswirksam und der wichtige Rechtsgrundsatz *pacta sunt servanda* muß unbedingten Vorrang vor den erwähnten Vorbehalten des Theaterbesitzers haben (vgl. auch oben Kapitel 122).

6   Bei **behördlichen Maßnahmen** gegen die öffentliche Vorführung liegt eine völlige oder zeitweise Unmöglichkeit der Erfüllung der Vorführungspflichten des Theaterbesitzers vor. In diesen Fällen ist auch eine völlige oder zeitweise Unmöglichkeit der Erfüllung der Leistungspflichten der Verleihfirma gegeben (s. Kapitel 127 und Kapitel 130).

7   Die Vorführungspflicht des Theaterbesitzers betrifft ein **bestimmtes Theater** in einem bestimmten Ort. Dieses Theater wird meist auf der Vorderseite des Bestellscheins oder im Rahmen eines mündlichen Filmbestellvertrages durch entsprechende Vereinbarung ausdrücklich festgelegt. Sollte dies ausnahmsweise nicht der Fall sein und der betreffende Theaterbesitzer mehrere Theater an dem oder den in Frage kommenden Orten besitzen (z. B. im Rahmen eines Kino-Centers), so muß aus den gesamten Umständen der Vertragsverhandlungen und des Vertragsabschlusses entnommen werden, ob ein bestimmtes Theater für den Vertragsfilm gemeint war oder ob dem Theaterbesitzer bei der Auswahl des Theaters freie Hand gelassen werden sollte. Soweit der Theaterbesitzer nach dem Filmbestellver-

trag das Recht hat, den Film in einem von mehreren Theatern, die er an dem betreffenden Ort besitzt, nach seiner Wahl einzusetzen, kann er dieses Wahlrecht gemäß seinem rechtlichen Charakter nur einmal ausüben und ist dann an diese Auswahl gebunden. Er kann also nicht den Film nacheinander in mehreren seiner Theater zum Einsatz bringen.

8   Die vom Theaterbesitzer nicht beanstandete Bestimmung des Theaters in der **Terminbestätigung** des Verleihers wird als maßgebend anzusehen sein. Sonst wird für diese Bestimmung auch der Charakter des Vertragsfilms im Hinblick auf seine Eignung für bestimmte Filmtheater, sein Einsatz in vergleichbaren Theatern anderer Orte oder der Einsatz vergleichbarer Filme in Theatern des betreffenden Theaterbesitzers mit heranzuziehen sein.

9   Der Film muß während der **ganzen Spieldauer** in diesem bestimmten Theater als einziger Hauptfilm vorgeführt werden. Der Theaterbesitzer darf ihn nicht ohne Zustimmung des Verleihers in eines seiner anderen Theater übernehmen, auch wenn wirtschaftliche Gründe hierfür sprechen sollten (z. B. in einem Kino-Center Übernahme in ein kleineres Theater wegen schlechter Besucherzahlen).

10   Die Vorführungsverpflichtung des Filmtheaterbesitzers betrifft den Termin und die Spieldauer, die vertraglich vereinbart worden sind. Der **Termin** wird normalerweise entweder auf der Vorderseite des Bestellscheins oder durch schriftliche Terminbestätigung des Verleihers oder durch nachweisbare mündliche Vereinbarung der Vertragspartner genau nach Datum oder Zeitraum (z. B. *je Monat ein Film*) festgelegt. Wenn dies nicht der Fall ist, greift das Terminierungsverfahren der Bezugsbedingungen mit seinen Terminfolgen Platz.

11   Dieses **Terminierungsverfahren** setzt keinen selbständigen zusätzlichen Vertrag zwischen den Vertragspartnern voraus, sondern ist nur eine Erfüllung von Pflichten aus dem Filmbestellvertrag, wie sich schon aus dem Verfahren der Zwangsterminierung ergibt, so daß der Verleiher aus dem Filmbestellvertrag einen unmittelbaren Anspruch auf Spieltermine und nicht nur auf Abschluß eines Terminierungsvertrages hat.

12   Die **Spieldauer** (einschließlich Prolongation) wird normalerweise ebenfalls auf der Vorderseite des Bestellscheins oder in der schriftlichen Terminbestätigung des Verleihers oder durch nachweisbare mündliche Vereinbarung festgelegt. Wenn dies nicht der Fall ist, richtet sich die Spieldauer nach der Art der Spieldauer in dem betreffenden Theater (z. B. Wochenspieler oder Halbwochenspieler) in Verbindung mit dem festgelegten Termin (Wochentermin oder Wochenendtermin) und einschließlich der bei diesem Theater üblichen Prolongationsvoraussetzungen.

13   Der Theaterbesitzer ist nicht berechtigt, den Film vor Ablauf der so ermittelten Spieldauer abzusetzen. Ein solches **Absetzungsrecht** kann auch nicht auf schlechte Geschäftsergebnisse und daraus folgende wirtschaftliche Unzumutbarkeit weiterer Vertragserfüllung gestützt werden, da eine Gewähr für die wirtschaftliche Rentabilität des Vertragsfilms nicht Gegenstand des Filmbestellvertrages ist (vgl. Kapitel 126).

14   Die Erfüllung der vertraglichen Vorführungspflicht des Theaterbesitzers kann durch **gerichtliche Entscheidung** erzwungen werden. Diese Entscheidung kann sich sowohl auf den Einsatz des Films zum Vertragstermin wie auf die Untersagung eines vorzeitigen Absetzens des Films während der Vertragsdauer richten.

15   Die Erfüllung der Vorführungspflicht ist nur durch eine **einstweilige Verfügung** zu erreichen, da ein normales Klageverfahren zu lange dauern würde, um

den vertragsgemäßen Filmeinsatz zu gewährleisten. Die Ablehnung einer einstweiligen Verfügung würde also praktisch der Verweigerung des Rechtsschutzes für die Verleihfirma gleichkommen. Auch ein Eingriff in die Rechte Dritter kann nicht zur Ablehnung einer solchen Verfügung führen, da die Rechtsordnung durchaus das Nebeneinanderbestehen mehrerer schuldrechtlicher Verpflichtungen für den gleichen Gegenstand kennt und alles weitere eine Frage des Vollstreckungsverfahrens ist. Eine andere Auffassung würde zur Folge haben, daß bei mehreren Verpflichtungen für den gleichen Gegenstand (z. B. Doppel- oder Mehrfachbuchungen des Theaterbesitzers) überhaupt keinem der Verleihgläubiger gerichtlich ein Anspruch auf Terminerfüllung zuerkannt werden könnte. Auch der Hinweis auf Schadensersatzansprüche des Verleihers kann nicht zur Ablehnung der einstweiligen Verfügung führen, da der Schaden bei nicht vertragsgemäßem Abspiel des Vertragsfilms in dem betreffenden Theater schon kaum zu schätzen ist und erst recht nicht der Schaden, der für die weitere Auswertung des Vertragsfilms infolge des Nichteinsatzes oder vorzeitigen Absetzens des Films in dem betreffenden Theater eintritt.

16   Die Vorführungspflicht umfaßt die Vorführung in einer **technisch einwandfreien Form.** Die Einrichtung und Ausstattung des Theaterraums, die Filmprojektion und die Filmleinwand, die Akustik und die sonstige Technik müssen den Anforderungen entsprechen, die das Filmpublikum jeweils an solche Filmvorführungen zu stellen berechtigt ist.

17   Die **Rechtsprechung** der Vorkriegszeit hat sich nicht eindeutig für die Anerkennung einer Vorführungspflicht des Theaterbesitzers ausgesprochen. So hat z. B. das KG Berlin in GRUR 1927, S. 313 sogar bei einem partiarischen Filmbestellvertrag die Vorführungspflicht verneint mit der Begründung, daß sich der Gewinnanteil der Verleihfirma auch im Falle der Nichtvorführung an Hand der in der Vorführungszeit von dem Theaterbesitzer mit anderen Filmen erzielten Einnahmen errechnen ließe. In der Nachkriegszeit hat dagegen die Rechtsprechung einhellig die **Vorführungspflicht** des Theaterbesitzers **anerkannt** (LG Frankfurt/Main in UFITA Bd. 20, S. 236 und 365; OLG Frankfurt/Main vom 30. 12. 1954, Az.: 6 U 77/54; LG Düsseldorf vom 6. 10. 1955, Az.: 4 Q 54/55; LG Düsseldorf vom 3. 11. 1955, Az.: 4 Q 40/55; OLG Düsseldorf in UFITA Bd. 22, S. 334; LG Hamburg vom 20. 12. 1950, Az.: 15 Q 33/50; LG Hamburg vom 20. 11. 1952, Az.: 15 Q 82/52; LG Hamburg vom 19. 5. 1953, Az.: 15 Q 40/53; LG Hamburg vom 19. 10. 1954, Az.: 15 Q 123/54; LG Hamburg vom 16. 12. 1955, Az.: 15 Q 179/55. OLG München in UFITA Bd. 42, S. 194 stellt fest: ,,Theaterbesitzer wird von seiner Spielverpflichtung auch nicht durch Aufgabe des Filmtheaters frei.'' Lt. LG Frankfurt/Main in UFITA Bd. 38, S. 214 ist grundsätzliche vertragliche Verpflichtung des Theaterbesitzers, den Ringstarttermin freizuhalten. Vgl. auch LG Frankfurt/Main in UFITA Bd. 38, S. 219.

18   Den **Übergang** der Abspielverpflichtung auf ein neueröffnetes Filmtheater (wenn dies wirtschaftlich die direkte Fortführung eines alten Theaters am gleichen Ort – Monopolplatz – darstellt) bejaht das LG Frankfurt/Main in UFITA Bd. 24, S. 260.

19   Lt. LG München in UFITA Bd. 27, S. 101 ist das **vorzeitige Absetzen** eines Films nicht zulässig. Anders lt. OLG Düsseldorf in UFITA Bd. 55, S. 347 nur, wenn der Theaterbesitzer berechtigt war, unter bestimmten vertraglich festgelegten Bedingungen (Mindesteinspiel) den bestellten Film vorzeitig abzusetzen. S. auch OLG Frankfurt/Main in UFITA Bd. 22, S. 120 zur Anwendung der Klausel *Kartenverkauf unter 25%;* ebenso KG Berlin in UFITA Bd. 67, S. 220. Vgl. auch Kapitel 137.

20   Zu den entsprechenden **Gewährleistungspflichten** der Verleihfirma s. oben Kapitel 126.

21   Was die **einstweilige Verfügung** zur Erzwingung der Vorführung eines Films bzw. von dessen weiterer Vorführung angeht, so wird sie neuerdings von der Rechtsprechung **generell anerkannt:** LG Frankfurt/Main in UFITA Bd. 20, S. 236 und 365; OLG Frankfurt vom 30. 12. 1954, Az.: 6 A 77/54; LG Düsseldorf vom 6. 10. 1955, Az.: 4 Q 54/55; LG Düsseldorf vom 3. 11. 1955, Az.: 4 Q 40/50 (nach Ablehnung vorhergehender Spruchpraxis); OLG Düsseldorf in UFITA Bd. 22, S. 334; LG Hamburg vom 20. 12. 1950, Az.: 15 Q 33/50; LG Hamburg vom 20. 11. 1952, Az.: 15 Q 82/52; LG Hamburg vom 19. 5. 1953, Az.: 15 Q 40/53; LG Hamburg vom 19. 10. 1954, Az.: 15 Q 123/54; LG Hamburg vom 16. 12. 1955, Az.: 15 Q 179/55; OLG Düsseldorf in UFITA Bd. 32, S. 82; LG Hamburg in UFITA Bd. 33, S. 119 (Einhaltung von Ring-Erstaufführungsterminen); OLG Düsseldorf in UFITA Bd. 52, S. 242; OLG Frankfurt/Main in UFITA Bd. 38, S. 72 (Vorführungspflicht auch bei Filmen mit Überlänge. Zwar Wegfall der Geschäftsgrundlage, jedoch Durchführung des Bestellvertrages unter Anpassung an die veränderte Geschäftsgrundlage).

22 Zur Frage der Verpflichtung des Filmtheaterbesitzers, **widersprechenden** einstweiligen **Verfügungen** zur Aufführungspflicht nachzukommen: LG Frankfurt/Main in UFITA Bd. 25, S. 477: ,,Ist eine einstweilige Verfügung nicht strafbewehrt, so muß in jedem Falle die andere widerstreitende befolgt werden." S. auch die einstweilige Verfügung des LG München I vom 26. 10. 1978 (Az.: 21 O 14121/79) in Sachen *Alien* und *Apokalypse Now*. LG Frankfurt/Main vom 13. 9. 1956 (Az.: 2/6 Q 64/56) führt aus, daß nur *eine* Verfügung mit Strafdrohung für den gleichen Termin zugelassen werden könne, um den Widerspruch mehrerer Strafdrohungen zu vermeiden.

23 Der **Schadensersatzanspruch** des Verleihers wegen Nichtaufführung des vermieteten Films kann lt. OLG München in UFITA Bd. 26, S. 241 der Höhe nach vom Gericht gem. § 287 ZPO nach dem mit Wahrscheinlichkeit entgangenen Gewinn geschätzt werden. Hierbei sei in erster Linie zu prüfen, welche Einnahmen gerade mit dem streitigen Film in vergleichbaren Orten erzielt worden sind. Der aus der Verweigerung der Erstaufführung entstandene Schaden sei wirtschaftlich regelmäßig mindestens ebenso hoch anzusetzen, wie ein vom Filmverleiher versprochener Zuschuß zur Erstaufführungsreklame. Der Verleiher brauche nicht nachzuweisen, daß der entgangene Gewinn mit Sicherheit gemacht worden wäre; es genüge die bloße Wahrscheinlichkeit der Erwartung.

24 In der **Rechtslehre** hat *Eckstein* (aaO S. 287) im Filmbestellvertrag einen reinen Mietvertrag gesehen, durch den der Theaterbesitzer ein Benutzungsrecht, aber nur eine Zahlungs- und keine Vorführungspflicht erhält. *Goldbaum* (aaO S. 105) hat dagegen einen uneingeschränkten Aufführungszwang für den Theaterbesitzer angenommen. Bei *Hirsch* (aaO S. 100) werden Unterscheidungen getroffen und bei den Filmbestellverträgen auf partiarischer Grundlage die Vorführungsverpflichtung anerkannt. *Stenzel* (aaO S. 54) hat sich im wesentlichen der Auffassung von *Goldbaum* angeschlossen. *Böhmer/Reitz* (aaO S. 214) unterstellen ebenfalls eine generelle Vorführungspflicht des Theaterbesitzers, also auch bei nicht partiarischen Filmbestellverträgen, da der Verleiher schon wegen der Nachspieler an einer Aufführung in den Erstaufführungstheatern interessiert ist. *Von Gamm* (aaO S. 70), *Ulmer* (aaO S. 502) und *Vogel* (aaO S. 40) gehen ausdrücklich von einer Vorführungspflicht des Theaterbesitzers bei sämtlichen Filmbestellverträgen aus.

129. Kapitel. Die Zahlungs- und Gewährleistungspflichten des Filmtheaterbesitzers

1 Der Theaterbesitzer hat dem Verleiher nach Abspiel des gelieferten Films den vereinbarten prozentualen Anteil an den mit dem Vertragsfilm erzielten Theatereinnahmen abzurechnen und zu bezahlen. In der weitaus überwiegenden Zahl aller Filmbestellverträge wird eine solche **prozentuale Filmmiete** auf der Vorderseite des Bestellscheins oder in der mündlichen Vereinbarung ausdrücklich festgelegt. In Fällen, wo eine solche Feststellung fehlt, wird man auf Grund der Branchegepflogenheiten von einer prozentualen Miete mit dem derzeit maßgebenden Durchschnittssatz von 40,7% zuzüglich Mehrwertsteuer auszugehen haben.

2 Wo ausnahmsweise ein **Festpreis** oder eine **Garantie** als Filmmiete vereinbart worden sind, ist dieser Betrag für die Zahlung oder Mindestzahlung an den Verleih maßgebend. Die Überlassung eines Films ohne Berechnung (sog. *OB-Liefe-rung*) wird man als Verstoß gegen die Vorschriften des lauteren Wettbewerbs und demgemäß als unsittlich anzusehen haben (vgl. § 1 UWG und § 1 Zugabeverord-nung). Im übrigen erfolgen OB-Lieferungen heute, wenn überhaupt, fast nur noch unter dem Gesichtspunkt eines Äquivalentes für einen Schadensersatzan-spruch des Theaterbesitzers und können dann gerechtfertigt sein.

3   Da die prozentuale Abrechnungs- und Zahlungspflicht des Theaterbesitzers nicht auf einen festen Kalendertag abgestellt ist, sondern sich nur von einem bestimmten Ereignis (letzter Spieltag bzw. wöchentlich) kalendermäßig errechnen läßt, greift der Grundsatz über die Fälligkeit ohne besondere **Mahnung** des § 284 BGB nicht Platz. Die Verleihfirma muß deshalb zur Herbeiführung der Verzugs-folgen den Theaterbesitzer noch besonders mahnen. Eine auf der Vorderseite des Bestellscheins etwa enthaltene Bestimmung, die den Eintritt der Verzugsfolgen ohne besondere Mahnung festlegt, ist nach AGB rechtlich unwirksam (s. Kapitel 147). Bei Festmieten oder Garantien wird man ebenfalls von einer Zahlung nach Abspiel des Vertragsfilms auszugehen haben, wenn nicht ein fester Termin für die Zahlung vertraglich ausdrücklich vorgesehen ist.

4   Im Falle des **Verzugs** des Theaterbesitzers mit der Abrechnung bzw. Zahlung der Filmmiete kann die Verleihfirma Verzugszinsen berechnen. Diese sind minde-stens in Höhe der gesetzlichen Verzugszinsen gerechtfertigt. Da jedoch infolge der Herstellung fast aller Filme auf der Basis von Bankkrediten mit relativ hohen Zinsen der Schaden der Verleihfirma wesentlich höher liegt, dürfte auch die In-rechnungstellung der höheren Bankzinsen als Verzugsschaden begründet sein. Die *MPEAA*-Firmen mit ihren Niederlassungen in der Bundesrepublik Deutschland *(UIP, Fox* und *Warner-Columbia)* haben zwecks ordnungsgemäßer Abrechnung und Zahlung der Theaterbesitzer ein Konditionenkartell geschlossen, das vom Bundeskartellamt anerkannt worden ist. Danach muß die Filmmiete innerhalb von 28 Tagen nach Fälligkeit auf dem Konto der Verleihfirma eingegangen sein, anderenfalls Verzugszinsen in Höhe von 5% über dem jeweiligen Diskontsatz der Bundesbank zu entrichten sind.

5   Ob die Nichtabführung oder die nicht pünktliche Abführung der Filmmiete eine **strafbare Handlung** darstellen, ist streitig. Eine Unterschlagung kann wohl nicht angenommen werden, da es an getrennter Aufbewahrung der entsprechenden Gelder und an einem entsprechenden Willen des Theaterbesitzers am Eigentum des Verleihers an dem ihm zustehenden Anteil der Theatereinnahmen fehlt. Auch Untreue wird nicht vorliegen, da die Beziehungen zwischen Verleih und Theater als rein schuldrechtlich aufzufassen und die besonderen persönlichen Bindungen eines Treuhandverhältnisses nicht gegeben sind. In strafrechtlicher Hinsicht wird man aber die Grundsätze zu beachten haben, die in der Rechtsprechung über Betrug bei Vorleistungspflicht und Zahlungsunfähigkeit aufgestellt worden sind. Danach ist wegen Betruges strafbar, wer nach Vertragsabschluß, aber vor Ver-tragserfüllung durch den vorleistungspflichtigen Vertragspartner zahlungsunfähig wird und es unterläßt, dies dem Vertragspartner mitzuteilen, wodurch er die Leistung des Vertragspartners erhält, ohne in der Lage zu sein, die Gegenleistung zu erbringen. Naturgemäß stellt jede Falschabrechnung durch den Theaterbesitzer einen Betrugsfall dar.

6   Neben seinen Abrechnungs- und Zahlungspflichten hat der Theaterbesitzer da-für einzustehen, daß die **Filmkopie** in seinem Filmtheater sorgfältig aufbewahrt und pfleglich behandelt wird. Er muß insbesondere für eine ausreichende Siche-rung gegen Diebstahl (s. Gefahr der *Filmpiraterie*) und für technisch einwandfreie

Vorführungsmöglichkeiten, die eine Kopienschädigung ausschließen, Sorge tragen.

7   Für die Ansprüche der Verleihfirma auf Erfüllung der Zahlungs- und Gewährleistungspflichten des Theaterbesitzers gelten in erster Linie die besonderen Vorschriften des Filmbestellvertrags, insbesondere seine Bezugsbedingungen. **Ergänzend** sind die Ansprüche des Vermieters bzw. Verpächters nach dem BGB §§ 551 und 584 heranzuziehen.

8   Der Theaterbesitzer hat gegenüber dem Verleiher auch für ein Verschulden seiner **Erfüllungsgehilfen** einzustehen (§ 278 BGB). Das gilt für diejenigen Personen, deren er sich ausdrücklich bei der Erfüllung seiner Verpflichtungen gegenüber dem Verleiher bedient. Dafür kommen z. B. in Frage Kassiererinnen und Kontrolleure im Hinblick auf die ordnungsgemäße Verwaltung der Filmtheatereinnahmen sowie Ausgabe und Entwertung der Eintrittskarten, Buchhalterinnen für die Verpflichtung zur ordnungsgemäßen Abrechnung, Vorführer für die ordnungsgemäße Benutzung und Verwahrung der Kopien. Der Theaterbesitzer hat also im Zweifel zu haften, wenn z. B. ein Kassierer oder Buchhalter Einnahmen unterschlagen und dadurch den Verleihanteil schmälern oder ein Buchhalter eine falsche Abrechnung erstellt und auf diese Weise den Verleihanteil mindert oder Vorführer Kopien nicht ordnungsgemäß benutzen und dadurch beschädigen oder Dritten zugänglich machen, die davon Raubkopien im Rahmen der Video-Piraterie herstellen. Wenn sich Angestellte nur **bei Gelegenheit** ihrer Verpflichtungen aus dem Arbeitsverhältnis eines Deliktes schuldig machen (z. B. ein Vorführer stiehlt Geld aus der Kasse), so haftet der Theaterbesitzer nicht nach § 278 BGB, sondern nur nach den gesetzlichen Vorschriften des § 831 BGB, d. h., wenn er bei der Auswahl oder Überwachung der betreffenden Angestellten seine Pflichten verletzt hat (vgl. auch Kapitel 135 und 141).

9   Zur **Rechtsprechung** hinsichtlich der Höhe des Zinsanspruchs vgl. BGH in NJW 1953, S. 337 und OLG Schleswig in NJW 1955, S. 425. Zur Frage der Straftatbestände der Untreue bzw. des Betruges vgl. BGH in NJW 1954, S. 1414.

10   In der **Rechtslehre** sei hinsichtlich der Unzulässigkeit von OB-Lieferungen und der Verwirklichung strafrechtlicher Tatbestände durch den Theaterbesitzer bei nicht ordnungsgemäßer Abführung des Verleihanteils auf *Vogel* (aaO S. 78 und 80) hingewiesen.

130. Kapitel. Unmöglichkeit und Unvermögen bei den Leistungen des Filmtheaterbesitzers

1   Bei der Unmöglichkeit und dem Unvermögen hinsichtlich der Leistungspflichten des Filmtheaters sind **drei Fälle** zu unterscheiden. Eine **objektive Unmöglichkeit** liegt vor, wenn eine Vorführung des Films in dem betreffenden Theater aus beim Filmtheater liegenden Gründen überhaupt nicht möglich ist (z. B. das Theater muß aus baulichen oder aus sicherheitspolizeilichen Gründen geschlossen werden oder ist abgebrannt). Ein **subjektives Unvermögen** ist gegeben, wenn nur dem betreffenden Theaterbesitzer eine Vorführung des Films in der vertraglich vereinbarten Form nicht möglich ist (z. B. der Theaterbesitzer hat zu der Vertragszeit einen anderen Film disponiert). Eine **vorübergehende Unmöglichkeit** oder ein **befristetes Unvermögen,** also ein Verzug, sind anzunehmen, wenn der Filmtheaterbesitzer den Film nicht zu dem vereinbarten Termin, wohl aber später vorführen kann (z. B. vorübergehende Schließung des Theaters aus baupolizeilichen oder sicherheitspolizeilichen Gründen, Witterungseinflüsse, auf Grund deren das Theater vorübergehend nicht bespielt werden kann o. ä. m.). (Vgl. hierzu Kapitel 144.)

2 Bei der objektiven Unmöglichkeit seiner Leistungspflichten tritt grundsätzlich keine Haftung für den Theaterbesitzer ein, sondern nur eine **Auflösung des Filmbestellvertrages** ohne gegenseitige Ansprüche. Eine Ausnahme könnte nur gelten, wenn der Theaterbesitzer die Unmöglichkeit vertragswidrig verschuldet hat (z. B. er hat keine Maßnahmen ergriffen, um baupolizeiliche oder sicherheitspolizeiliche Eingriffe zu vermeiden).

3 Bei dem subjektiven Unvermögen hat der Theaterbesitzer grundsätzlich für den dem Verleiher durch die nicht vertragsgemäße Vorführung des Films entstandenen **Schaden zu haften,** es sei denn, er hat die Nichterfüllung ausnahmsweise nicht zu vertreten (z. B. bei vertragswidrigem Verhalten Dritter, für die er nicht als Erfüllungsgehilfen einzustehen hat).

4 Bei der vorübergehenden Unmöglichkeit und dem befristeten Unvermögen kommt es darauf an, ob die Umstände, die zu der Verzögerung geführt haben, von dem Theaterbesitzer zu **vertreten** sind. Dann kann der Verleiher den Theaterbesitzer in Verzug setzen und vom Vertrag zurücktreten und den Verzugsschaden ersetzt verlangen. Anderenfalls wird man die Erfüllung der Vertragsrechte und -pflichten auf den Zeitpunkt der Erfüllungsmöglichkeit zu verschieben haben, falls dies dem Verleiher zuzumuten ist. Sonst wird der Vertrag ohne gegenseitige Ansprüche aufgelöst.

5 Unter den Fällen der unverschuldeten Unmöglichkeit der Leistung des Theaterbesitzers, die ihn von der Vorführungsverpflichtung freistellen, sind besonders die Fälle praktisch bedeutsam, in denen die programmgemäße Vorführung des Vertragsfilms durch gegen ihn gerichtete **Störaktionen** bestimmter **Publikumskreise** (wie in Störabsicht vorgebrachte Kritiken, Randalieren, Pfeifen, Schimpfen bis zur physischen Belästigung von anderen Filmbesuchern und Beschädigung von Theaterinventar) ganz oder teilweise verhindert wird (wie geschehen bei *Harlan*-Filmen und Filmen wie *Sünderin, Schweigen, Krankenschwestern-Report, Entebbe, Nach Mitternacht*). Hier hat der Theaterbesitzer freilich alles ihm Mögliche zu unternehmen, um – vor allem durch Einschaltung der zuständigen Behörden – zu erreichen, daß in Zukunft eine störungsfreie Vorführung des Vertragsfilms stattfinden kann, was dann als vorübergehende Unmöglichkeit zu werten ist und zu einer Unterbrechung der Vertragserfüllung mit entsprechender zeitlicher Verschiebung führt. Sollten die Behörden sich nicht ausreichend helfend einschalten, so hat der Theaterbesitzer alle Rechtsmittel hiergegen zu ergreifen, bis der Einsatz des Filmes möglich wird, was dann ebenfalls als vorübergehende Unmöglichkeit mit der zeitlichen Verschiebung der Vertragserfüllung zu behandeln ist.

6 Bei **ernstzunehmenden Drohungen** gegen die Vorführung bestimmter Filme (mit Beschädigung des Filmtheaters, mit dem Legen von Bomben), mit Demonstrationen gegen den Film etc.) hat der Theaterbesitzer ebenfalls die zuständigen Behörden einzuschalten und muß grundsätzlich die Filmvorführungen durchführen. Sollten die Behörden ihm die Ernsthaftigkeit der Drohungen bestätigen, aber ihm gleichzeitig erklären, daß sie sich nicht dazu in der Lage sehen, die Filmvorführung zu schützen, so kann es unter Umständen für den Theaterbesitzer **unzumutbar** sein, die Filmvorführung trotzdem durchzuführen, zumal er bei eintretenden Schäden wegen der höheren Gewalt sich weder beim Verleiher noch bei einer Versicherung schadlos halten kann. In allen diesen Fällen ist rechtlich abzuwägen zwischen der beim Nachgeben auf die Drohung bestehenden Gefahr, daß dann jedem Einzelnen die Möglichkeit eröffnet wird, ihm nicht genehme

Filmvorführungen durch solche Drohungen zu unterbinden und der bei der Bekämpfung der Drohung gegebenen Gefahr erheblicher Schäden für den Theaterbesitzer.

7 In diesem Zusammenhang ist festzuhalten, daß der Theaterbesitzer für seine Unfähigkeit zur Zahlung der **Filmmiete** immer einzustehen, d. h. dieses Unvermögen immer zu vertreten hat.

131. Kapitel. Positive Vertragsverletzung und Geschäftsgrundlage beim Filmbestellvertrag

1 Die Ansprüche des Theaterbesitzers gegen den Verleiher auf Lieferung einer ordnungsgemäßen Filmkopie und Verschaffung der Vorführungsbefugnis für den Vertragsfilm unter Haftung des Verleihers für Sach- und Rechtsmängel und die Ansprüche des Verleihers gegen den Theaterbesitzer auf vertragsgemäßes Abspiel des Vertragsfilms und ordnungsgemäße Abrechnung und Zahlung der Filmmiete richten sich auf Erfüllung der **Hauptpflichten** der Vertragspartner. Ihre Verletzung führt zu den Ansprüchen auf Auflösung, Rücktritt, Schadensersatz wegen Unmöglichkeit, Unvermögen oder Verzug.

2 Was die Höhe des **Schadensersatzanspruches** bei nicht ordnungsgemäßer Lieferung oder nicht vertragsgemäßem Abspiel des Films angeht, so braucht hier im konkreten Fall nicht der Nachweis zu erfolgen, welche Einnahmen mit Sicherheit erzielt worden wären. Es genügt vielmehr die Wahrscheinlichkeit der Erwartung. Der Schaden kann also abstrakt danach berechnet werden, mit welcher Einnahme bei ordnungsgemäßem Abspiel des Films normalerweise zu rechnen gewesen wäre. Hier sind Vergleichsfälle mit dem Abspiel des Films an anderen Orten oder zu anderen Zeiten heranzuziehen.

3 Diese Ansprüche der Vertragspartner werden ergänzt durch Ansprüche wegen Verletzung etwaiger anderer vertraglicher Verpflichtungen, wie sie sich insbesondere aus den ausführlichen **Regeln der allgemeinen Bezugsbedingungen** ergeben. Derartige Vertragsverstöße werden sich meist als positive Vertragsverletzungen im Sinne der herrschenden Lehre darstellen. Sie geben dem verletzten Vertragsteil einen Anspruch auf Ersatz des ihm entstandenen Schadens und evtl., falls die Verletzung so schwer ist, daß ihm die Fortsetzung des Vertrages nicht mehr zugemutet werden kann, einen Anspruch auf Auflösung des Vertrages bzw. auf Schadensersatz wegen Nichterfüllung.

4 Positive Vertragsverletzungen der **Verleihfirma** können z. B. darin liegen, daß sie bewußt falsche Angaben über die Einnahmemöglichkeiten der Vertragsfilme macht, schuldhaft die ausschließliche Aufführungsfolge des Theaterbesitzers, z. B. durch Einräumen von Mitspielrechten für Konkurrenten, mißachtet, schuldhaft schadhafte Kopien liefert o. ä. m.

5 Auf seiten des **Theaterbesitzers** sind sie z. B. gegeben, wenn er seiner Weiterversendungspflicht schuldhaft nicht nachkommt, eine Beschädigung der Kopien zu vertreten hat, bewußt falsche Angaben über die Einspielergebnisse macht, seine Vorführungsbefugnis (insbesondere Aufführungsfolge) überschreitet o. ä. m. In allen diesen Fällen sind jedoch die besonderen Bestimmungen der Bezugsbedingungen zu beachten, welche die hieraus entstehenden Rechte und Pflichten der Vertragspartner meist bis ins einzelne festlegen.

6   Diese Bezugsbedingungen enthalten eine so klare Regelung der gegenseitigen Vertragsbeziehungen, daß daneben die Grundsätze über den Wegfall der Geschäftsgrundlage nur **selten** zur Anwendung kommen werden. Bei dieser genauen Festlegung der Rechtsbeziehungen gibt es nämlich kaum Grundlagen des Geschäfts, die beim Abschluß von beiden Vertragspartnern ohne besondere Fixierung dem Vertrag einvernehmlich zugrunde gelegt werden.

7   In der **Rechtsprechung** (OLG Frankfurt/Main in UFITA Bd. 38, S. 72) wird festgestellt, daß die normale Länge bzw. eine geringfügige Überlänge des Vertragsfilms Geschäftsgrundlage des Vertrages sei. Stelle sich nach Abschluß des Bestellvertrages heraus, daß ein Film erhebliche Überlänge hat, so liege ein Wegfall der Geschäftsgrundlage vor, der das Gericht zum vertragsändernden Eingreifen berechtige. Der Filmtheaterbesitzer habe in solchen Fällen weder ein Rücktrittsrecht noch ein Anfechtungsrecht. Werde die Filmlänge ohne Kenntnis und Einverständnis der Beteiligten bei Vertragsabschluß erheblich überschritten, so müsse eine Ermäßigung der vertraglich vereinbarten Bedingungen auf das zumutbare Maß stattfinden.

132. Kapitel. Die allgemeinen Bezugsbedingungen des Filmbestellvertrages

1   Die allgemeinen Bezugsbedingungen sind bei der überwiegenden Zahl der Filmbestellverträge auf der Rückseite des Bestellscheins **aufgedruckt** oder dem Bestellschein als Anlage beigefügt. Sie werden hierdurch in der aufgeführten Fassung zum integrierenden Bestandteil des Filmbestellvertrages. Soweit dieser Aufdruck oder diese Anlage ausnahmsweise fehlen sollten oder wenn der Filmbestellvertrag mündlich abgeschlossen worden ist, gelten diejenigen Bestimmungen der allgemeinen Bezugsbedingungen als Bestandteil des Filmbestellvertrages, die von fast allen Verleihfirmen **langjährig einheitlich gleichförmig** benutzt werden und deshalb kraft **Handelsbrauch,** Verkehrssitte oder Eintritt in eine Rechtsordnung allgemein verbindlich geworden sind (s. oben Kapitel 119).

2   Soweit die allgemeinen Bezugsbedingungen einer Verleihfirma dem Theaterbesitzer aus den **Vertragsverhandlungen** oder **früheren Abschlüssen** mit dieser Verleihfirma **bekannt** sind und er weiß, daß die betreffende Verleihfirma sie ihren Abschlüssen zugrunde zu legen pflegt und nur zu ihren Bedingungen abschließen will, werden diese Bezugsbedingungen auch hierdurch Vertragsbestandteil, selbst wenn sie dem Einzelabschluß nicht beigefügt sind. Das gilt vor allem, wenn der Theaterbesitzer diese Bezugsbedingungen noch aus früheren Abschlüssen oder Verhandlungen besitzt.

3   Die **wesentlichen** und meist einheitlich gleichförmig verwandten Bestimmungen der allgemeinen Bezugsbedingungen werden in den folgenden Kapiteln unter **rechtlichen Gesichtspunkten** behandelt. Dabei dienen die allgemeinen Bezugsbedingungen vor allem der Festlegung von Einzelheiten, also der Konkretisierung und Ausführung der hauptsächlichen Rechte und Pflichten der Vertragspartner aus dem Filmbestellvertrag, die auf der Vorderseite dieses Vertrages oder im Rahmen des mündlichen Abschlusses niedergelegt worden sind (vgl. deshalb jeweils die Kapitel 117 bis 132).

133. Kapitel. Das Zustandekommen des Vertrages

1   Die Bestimmung der Bezugsbedingungen über das Zustandekommen des Vertrages durch **Stillschweigen der Verleihfirma** auf das Angebot des Theaterbesitzers innerhalb einer bestimmten Frist ist dahin auszulegen, daß die Verleihfirma die Annahme des Angebotes des Theaterbesitzers diesem gegenüber nicht besonders zu erklären braucht. Sie bedeutet nicht etwa, daß der Vertrag schon vom Vertreter wirksam abgeschlossen wird und nur von der Verleihfirma widerrufen werden kann. Eine solche Auslegung würde sowohl dem Wortlaut, der nur die **Erklärung** der Annahme ausnimmt, wie auch dem Umstand widersprechen, daß die Vertreter grundsätzlich keine Abschlußvollmacht haben.

2   Der **Stichtag** für das Zustandekommen eines Filmbestellvertrages ist weder das Datum des Angebotes noch generell der letzte Tag der Annahmefrist. Er richtet sich vielmehr nach der tatsächlich bei der betreffenden Verleihfirma durch die hierfür zuständigen Stellen erfolgten Annahme, die freilich nicht dem Theaterbesitzer zuzugehen braucht. Als letzter Stichtag gilt der Ablauf der Annahmefrist, da am Ende dieser Frist eine Annahme unterstellt wird, falls nicht bis dahin eine Ablehnung erfolgt ist.

3   Ablehnung und Annahme können grundsätzlich nur durch die von der Verleihfirma hierfür **bevollmächtigten Personen** wirksam vorgenommen werden. Das sind in keinem Fall die Vertreter, sondern nur die Filialleiter oder – vor allem wenn dies auf der Vorderseite des Bestellscheins vermerkt ist – die in der Zentrale hierfür zuständigen Personen.

4   Bei der Annahmefrist wird – verschieden nach Verleihfirmen – von 18 Wochentagen oder 18 Werktagen gesprochen. Da die Frist im Hinblick auf die Möglichkeit des Tätigwerdens der Verleihfirma festgelegt worden ist, sind hier tatsächliche **Arbeitstage** gemeint, d. h., daß Feiertage, die auf einen Wochentag fallen, nicht zu den Tagen der Frist rechnen und bei den Werktagen auch nicht Samstage, da sie in den Verleihbetrieben keine Arbeitstage mehr sind. Für die rechtzeitige Ablehnung des Angebotes ist die **Absendung** der Ablehnungserklärung und nicht etwa deren Zugang beim Theaterbesitzer maßgebend. Ist also trotz rechtzeitiger Absendung die Ablehnung beim Theaterbesitzer verspätet angekommen, so ist sie trotzdem wirksam.

5   Die Annahme des Angebotes eines Theaterbesitzers kann nicht nur durch Schweigen innerhalb der festgelegten Frist, sondern auch vorher durch eine ausdrückliche **Annahmeerklärung** der Verleihfirma erfolgen. Es ist fraglich, ob die vor Ablauf der Annahmefrist erfolgte Terminbestätigung und/oder Übersendung von Kopien oder Reklamematerial für einen Film des Angebotes als Annahme des gesamten Angebotes oder als Bestätigung eines Einzelvertrages über diesen Film des Angebotes oder überhaupt nicht als bedeutungsvoll für den Abschluß zu werten sind. Es wird hier ganz auf die Umstände des Einzelfalles ankommen, insbesondere inwieweit die Terminbestätigung bzw. Kopien- oder Reklamemateriallieferung mit Einverständnis der für den Abschluß zuständigen oder als zuständig erscheinenden Angestellten der Verleihfirma oder nur aus Versehen bzw. Eigenmächtigkeit eines untergeordneten Angestellten durchgeführt worden ist. Soweit man in der Terminbestätigung bzw. Kopien- oder Reklamemateriallieferung eine Annahmeerklärung sehen will, ist ihre Ausdehnung auf den gesamten Abschluß naheliegend, da es insoweit in den Bezugsbedingungen heißt, daß das Angebot nur einheitlich hinsichtlich aller bestellten Filme angenommen werden kann.

6   Die Auslegung einer Terminbestätigung oder Kopien- oder Reklamematerial-lieferung als Annahmeerklärung kommt dann keinesfalls in Frage, wenn auf der Bestätigung oder zusammen mit der Sendung ausdrücklich erklärt wird, daß hier-in **keine Annahme** des Angebotes liegen soll. Das gleiche muß gelten, wenn sich ein solcher Vorbehalt aus den ganzen Umständen ergibt oder die Handlung eines erkennbar nicht abschlußbevollmächtigten Verleihangestellten vorliegt. Denn auch dann ist für den Theaterbesitzer aus dem Gesamtinhalt zu ersehen, daß kein verbindlicher Abschlußwille der Verleihfirma gegeben ist. In solchen Fällen muß die Terminbestätigung bzw. Kopien- oder Reklamemateriallieferung als in ihrer vertraglichen Wirksamkeit bedingt von der endgültigen Annahme des Angebotes des Theaterbesitzers durch die zuständige Stelle der Verleihfirma betrachtet werden.

7   Soweit die Verleihfirma das Angebot des Theaterbesitzers unter **Erweiterungen** oder **Einschränkungen** annimmt, gilt dies gemäß § 150 BGB als Ablehnung mit dem gleichzeitigen Angebot auf Abschluß des Vertrages zu den in der Annah-meerklärung angegebenen Bedingungen. Dieses neue Angebot muß der Theater-besitzer unverzüglich und ausdrücklich annehmen, wenn er den Vertrag auf dieser Basis abschließen will, da für ihn weder die Frist noch die stillschweigende Annah-me der Bezugsbedingungen gelten.

8   Die **Schriftformklausel** der Bezugsbedingungen wird zwar einheitlich und gleichförmig verwandt, kann jedoch, da sie nur eine gewillkürte und keine gesetz-liche Schriftform darstellt, im Einzelfall abgedungen werden, so daß auch mündli-che Filmbestellverträge möglich und wirksam sind. Die Schriftformklausel der Bezugsbedingungen behält dann trotzdem ihre Bedeutung, da sie sich nicht nur auf den Abschluß als solchen, sondern auch auf alle Nebenabreden (einschließlich Vertragsänderungen) bezieht. Auch ein mündlich abgeschlossener Filmbestellver-trag kann daher rechtswirksam nur schriftlich geändert werden, es sei denn, daß für die Änderung wiederum ausdrücklich eine mündliche Form vereinbart wor-den ist.

9   Besondere Bedeutung kommt dem **Ausschluß mündlicher Nebenabreden** für etwaige Zusicherungen des Vertreters oder Filialleiters bei den Vertragsverhand-lungen bzw. beim Vertragsabschluß im Hinblick auf die vermieteten Filme zu. Solche Zusicherungen sind ganz abgesehen von ihrem Charakter als unverbindli-che reklamehafte Anpreisungen, die sie meist darstellen, schon deshalb ungültig, weil sie der notwendigen Schriftform entbehren (s. Kapitel 118 und 126).

10   Eine der wichtigsten Vorschriften der Bezugsbedingungen ist die Bestimmung, daß zwar das Angebot von der Verleihfirma nur einheitlich angenommen werden kann, jedoch für die Abwicklung des Vertrages **jeder Film als besondere Bestel-lung** gilt. Sie soll einmal sicherstellen, daß sich der Verleiher, der durch seinen Vertreter das Angebot unterbreitet, nicht hernach aus diesem Angebot nur die ihm genehmen Filme heraussucht, andererseits soll sie klarstellen, daß bei Nicht-fertigstellung, Nichtlieferung oder mangelhafter Lieferung eines Films nicht ohne weiteres der Abschluß über die anderen Filme hinfällig wird oder rückgängig gemacht werden kann.

11   Man wird für die Lösung der Rechtsprobleme dieser Vertragsklausel davon auszugehen haben, daß durch die Bestimmung *jeder Film gilt als besondere Bestellung* der Filmbestellvertrag gemäß der Zahl der in ihm aufgeführten Filme in **mehrere Einzelverträge** zerfällt, während er gleichzeitig durch die Vorschrift über die einheitliche Annahme des Gesamtangebots ein **Gesamtrechtsverhältnis** zwischen den Vertragspartnern begründet. Das bedeutet, daß grundsätzlich jeder Filmabschluß als Einzelvertrag zu betrachten ist, dessen Wegfall, Anfechtbarkeit oder Mangelhaftigkeit die anderen Einzelverträge nicht berührt. Das Gesamtrechtsverhältnis, das daneben besteht, wird man aber insoweit zu berücksichtigen haben, als schwere, laufende und schuldhafte Verletzungen der sich aus den Einzelverträgen ergebenden Pflichten den anderen Vertragsteil unter Umständen zur Auflösung des gesamten Rechtsverhältnisses berechtigen.

12   Sollte also z. B. die Verleihfirma bei mehreren der einzelnen Filmabschlüsse falsche Angaben über die Filme machen oder technisch mangelhafte Filme liefern oder sollte der Theaterbesitzer bei mehreren der einzelnen Filmabschlüsse unvollständige oder unrichtige Abrechnungen erstellen oder mit der Filmmiete im Rückstand sein oder sollte ein Vertragsteil im Zusammenhang mit einem Abschluß eine strafbare Handlung (z. B. Abrechnungsbetrug) begehen, so berechtigt dies nach den allgemeinen Grundsätzen über Treu und Glauben und Zumutbarkeit beim **Sukzessivlieferungsvertrag** den anderen Vertragsteil grundsätzlich zum Rücktritt vom ganzen Vertrag.

13   Zu beachten ist freilich, daß ein solches Rücktrittsrecht nach dem klaren Wortlaut der Klausel **nicht** auf die **Nichtlieferung** eines oder mehrerer Filme des gesamten Abschlusses gestützt werden kann, und zwar auch dann nicht, wenn es sich angeblich um die *Spitzenfilme* oder *Lokomotiven* des Vertrages handelt. Insofern heißt es nämlich in den Bezugsbedingungen, daß es der besonderen Vereinbarung bedarf, wenn die Lieferung eines Films von der Lieferung anderer Filme abhängig gemacht werden soll. Dieser Zusatz ist berechtigt, weil die vorherige Beurteilung der Bedeutung und des Erfolges eines Films fast unmöglich ist und deshalb eine Abhängigkeit der einzelnen Filmlieferungen voneinander eine klare Vereinbarung auf der Vorderseite des Bestellscheins nötig macht. Ferner soll er dem großen Risiko der Filmproduktion Rechnung tragen. Nur bei Vorliegen einer besonderen Vereinbarung kann deshalb ein Theaterbesitzer sich in dem dort gegebenen Rahmen auf die Abhängigkeit der Filmlieferungen voneinander stützen. Eine Ausnahme durch Gewährung des Rücktrittsrechts ohne eine derartige Vereinbarung wird man dann machen müssen, wenn die Verleihfirma den Theaterbesitzer bewußt getäuscht, also den Abschluß durch Vorspiegelung der Lieferung bestimmter, für den Theaterbesitzer besonders interessant erscheinender Filme herbeigeführt hat, obwohl ihr schon beim Abschluß bekannt war, daß diese Filme in ihrem Programm nicht erscheinen werden.

14   Die **Rechtsprechung** hat diese Klausel im Sinne der **Unabhängigkeit** der einzelnen **Filmlieferungen** voneinander anerkannt und sie nur in krassen Fällen ausgenommen. Schon das KG Berlin vom 30. 3. 1930 (Az.: 27 U 13 628/29) hat in einer Entscheidung erklärt, daß ein Filmtheaterbesitzer, der einen Vertrag über 16 Filme und einen Spitzenfilm geschlossen hat, auf Grund der erwähnten Klausel nicht wegen der Nichtlieferung des Spitzenfilms von dem Vertrag über die 16 Filme zurücktreten könne, da es sich bei diesen Filmen keineswegs um nebensächliche Beifilme handele. Das LG Berlin in UFITA Bd. 4, S. 335 betont, daß gegen die grundsätzliche Zulässigkeit der Klausel über die Unabhängigkeit der einzelnen Filmabschlüsse voneinander keine Bedenken beständen.

15   In der Nachkriegszeit haben das OLG Hamburg vom 5. 12. 1955 (Az.: 3 U 233/55) und das LG München vom 27. 11. 1950 (Az.: 7 O 245/50) festgestellt, daß das Fehlen zugesicherter Eigenschaften bei einem Film oder die Nichtlieferung eines Films aus einem Abschluß über mehrere Filme den Abschluß wegen der anderen Filme nicht unwirksam mache, da jeder Film als **besondere Bestellung** zu gelten habe. Das OLG München in UFITA Bd. 25, S. 349 = GRUR 1958, S. 101 und das LG Düsseldorf vom 6. 10. 1955 (Az.: 4 Q 54/55) haben in Anlehnung an eine RG-Entscheidung formularmäßig zusammenhängende Vorführungsverträge in der rechtlichen Beurteilung dem Teillieferungsvertrag gleichgestellt.

Für den Fall, daß der Verleiher seine vertraglichen Pflichten bei der Abwicklung des Vertragsverhältnisses laufend verletzt hat, kann dem Vertragsgegner (Theaterbesitzer) lt. OLG München in UFITA Bd. 25, S. 349 dessen Fortsetzung nicht zugemutet werden.

16   In der **Rechtslehre** s. *Eckstein* (aaO S. 288), wonach die Klausel dazu führt, daß der Filmbestellvertrag eine Anzahl von Einzelverträgen zu einer rein äußerlichen Einheit verbindet. *Hirsch* (aaO S. 105) zieht aus der Klausel den Schluß, daß die Nichtlieferung oder mangelhafte Lieferung eines Films auf den Abschluß der übrigen Filme keinen Einfluß hat. Anders liege dies nur bei Filmen einer echten Serie (z. B. ein Film mit mehreren Teilen). Vgl. hierzu auch die Ausführungen von *Vogel* (aaO S. 50). *Stenzel* (aaO S. 61) schließt sich den Ausführungen von *Hirsch* an, indem er vor allem auf die praktischen Bedürfnisse hinweist, die zur Aufstellung der Klausel geführt haben. Bei *Böhmer/Reitz* (aaO S. 213) wird das Problem nur im Rahmen der Gesamtgarantie behandelt, wobei dem Zusammenhang der Filme für die Garantiezahlung trotz der Klausel Bedeutung zugemessen wird.

134. Kapitel. Der Begriff der Reprise

1   Eine Definition des Begriffs Reprise wird in den Bezugsbedingungen nicht gegeben. Der Begriff muß deshalb gemäß seiner **branchenüblichen Verwendung** ausgelegt werden.

2   Danach ist unter Reprise ein Film zu verstehen, der in allen **üblichen** und für ihn möglichen **Spielfolgen** aller **wesentlichen** für ihn in Frage kommenden **Spielorten** vorgeführt worden ist und wieder **neu eingesetzt** wird. Eine Abstellung auf die wesentlichen Spielorte ist deshalb notwendig, weil es Filme gibt, die zunächst nur in einem Teil oder in einigen Orten des Lizenzgebietes laufen, um erheblich später in anderen Teilen oder Orten eingesetzt zu werden. Sie sind solange generell wie neue Filme zu werten, wie sie an den für sie wesentlichen Plätzen noch nicht zur Aufführung gekommen sind. Auch ein Film, der an einem Ort nur in Erstaufführung gelaufen ist, kann bei späterem Einsatz in einem Nachspieltheater nicht als Reprise gewertet werden, da er noch nicht alle normalen Aufführungsfolgen des betreffenden Ortes durchlaufen hat. Selbst bei einer nochmaligen Aufführung in einem Erstaufführungstheater desselben Ortes, die während oder kurz nach der Nachaufführung und innerhalb der Zeit der Erstauswertung an anderen Orten erfolgt, liegt zwar ein Wiedereinsatz, aber keine Reprise vor.

3   Diese Begriffsbestimmung gibt freilich nur eine allgemeine Richtschnur. Daneben wird noch die **Zeitdauer** zu beachten sein, die **zwischen den Einsätzen** liegt. Kommt z. B. ein Film, der an einem Spielort mit mehreren Aufführungsfolgen nur im Erstaufführungstheater gelaufen ist, erst nach Beendigung der normalen Auswertungszeit von 12 bis 18 Monaten in ein Nachspieltheater des gleichen Ortes, so wird man ihn u. U. als Reprise anzusehen haben. Entsprechendes gilt für den Einsatz des Films an verschiedenen Plätzen, so daß er an einem Platz wegen der langen Zwischenzeit nach Erstaufführung als Reprise und an einem anderen Platz, wo er noch nicht angelaufen war, als neuer Film zu betrachten ist.

4   Ein Film **bleibt** auch dann eine **Reprise,** wenn er im Anschluß an die Erstauswertung (evtl. auch mehrere Jahre nach Ablauf dieser Erstauswertung) in neuer Synchronisation und neuem Titel und mit einigen Kürzungen oder Umschnitten, evtl. sogar mit einigen Zusatzaufnahmen, neu herausgebracht wird. Entscheidend ist, daß der Film in seiner Gesamtheit so erhalten bleibt, daß ein Besucher, der ihn früher gesehen hat, ihn als den alten Film, wenn auch mit einigen Modifikationen, wiedererkennen würde.

5 Die **Neuverfilmung** des gleichen Stoffes (sog. *Remake*) schafft immer einen neuen Film, auch wenn sie sich in ihrer Gestaltung ganz an den alten Film anlehnt (evtl. unter Verwendung einzelner gleicher Szenen) und fällt daher nicht unter den Begriff der Reprise. Sollte jedoch über die Stoffgleichheit hinaus große Ähnlichkeit zwischen beiden Filmen bestehen (z. B. in Besetzung und Gestaltung) und die letzte Aufführung des alten Films noch nicht lange zurückliegen, so wird die Verleihfirma nach Treu und Glauben verpflichtet sein, den Theaterbesitzer hierauf hinzuweisen.

6 Bei allen Reprisen – vor allem mit neuen Titeln und/oder neuem Reklamematerial – ist eine Hinweispflicht des Verleihers gegenüber dem Theaterbesitzer gegeben und eine **Beachtung des Reprisencharakters** seitens des Theaterbesitzers gegenüber dem Publikum. Die Zentralstellen gegen unlauteren Wettbewerb bei den Industrie- und Handelskammern haben sich schon in einigen Fällen mit der werbemäßigen Behandlung von Reprisen wie neue Filme befaßt und eine solche Werbung als sittenwidrig erklärt. In diesem Rahmen taucht dann die Frage auf, ob der Theaterbesitzer den Reprisencharakter erkannt hat oder hätte erkennen müssen und deshalb eine entsprechende Werbung hätte betreiben müssen, oder ob er ihn nicht erkennen konnte, so daß der Verleiher, der ihm neues Werbematerial übermittelt hat, für diese unzulässige Werbung verantwortlich ist. Je nach Sachlage ergeben sich dann entsprechende Ansprüche und Verpflichtungen der Vertragspartner (vgl. auch Kapitel 120 und Kapitel 131).

7 Über den Begriff der ersten Wiederaufführung vgl. in der **Rechtsprechung** OLG Düsseldorf in UFITA Bd. 50, S. 1022.

135. Kapitel. Abrechnungs- und Zahlungspflichten des Filmtheaterbesitzers

1 Diese Vorschriften der Bezugsbedingungen gehen von der überwiegend gehandhabten **prozentualen** Abrechnung aus. Für die prozentuale Abrechnung der Filmmiete hat der Theaterbesitzer grundsätzlich das ihm von der Verleihfirma übergebene Formular zu benutzen. Der entsprechende Anspruch der Verleihfirma wird nicht dadurch generell ausgeschlossen, daß sie bei einigen Abschlüssen die Abrechnung des Theaterbesitzers auf dessen eigenem Formular anerkannt hat.

2 Bei der Abrechnung hat der Theaterbesitzer das Recht, von seiner Bruttoeinnahme die tatsächlich gezahlte **Vergnügungssteuer** in Abzug zu bringen. Es gibt keinen Handelsbrauch und keine Verkehrssitte, die ihn dazu berechtigen, eine höhere Steuer abzuziehen, als er tatsächlich entrichtet hat, so daß auch alle Steuerermäßigungen bei der Abrechnung voll zu berücksichtigen sind. Ferner ist der Theaterbesitzer nach § 66 Abs. 5 FFG berechtigt, für die Berechnung der Filmmiete die Berechnungsgrundlage um die von ihm zu leistende **Filmabgabe** zu mindern.

3 Der Theaterbesitzer hat seiner Abrechnung die tatsächlichen aus dem Verkauf von Eintrittskarten für den betreffenden Film erzielten Einnahmen zugrunde zu legen. Sollte er jedoch für die Filmvorführung niedrigere Eintrittspreise nehmen, als er im Bestellschein angegeben oder z. Zt. des Abschlusses gehabt hat, so hat er bei der Abrechnung die höheren **Preise des Bestellscheins** oder der Abschlußzeit zu berücksichtigen, da sie zum verbindlichen Bestandteil der Filmmiete geworden sind. Dabei werden die Eintrittspreise des Filmtheaters meistens auf der Vorderseite des Bestellscheins ausdrücklich erwähnt. Hierin liegt keine unzulässige Preisbindung der zweiten Hand, da die Filmmiete infolge ihres prozentualen Charakters erst durch den Eintrittspreis konkretisiert wird. Der Theaterbesitzer ist daher zwar nicht gezwungen, die im Bestellschein erwähnten Eintrittspreise den Theaterbesuchern in Rechnung zu stellen, er muß sie jedoch der Abrechnung mit der Verleihfirma als Bestandteil der Filmmiete zugrunde legen.

4   Zur Verdeutlichung dieses Grundsatzes haben fast alle Verleihfirmen auf der Vorderseite des Bestellscheins – meist in Verbindung mit der Eintrittspreisrubrik – eine Klausel zusätzlich aufgeführt, wonach die Mindesteintrittspreise nur **Abrechnungsgrundlage** für den Theaterbesitzer gegenüber der Verleihfirma sind. Der Verleih nimmt im Hinblick auf § 15 GWB keinen Einfluß auf die Preisgestaltung der Filmtheater gegenüber den Filmbesuchern.

5   **Eintrittspreiszuschläge** unterfallen nur dann nicht der Abrechnung, wenn sie für die besonders erwähnten zusätzlichen Bühnendarbietungen oder als echte Verkaufsgebühren erhoben werden oder gesetzliche Zuschläge sind. Von allen anderen Eintrittspreiszuschlägen ist ebenso wie vom normalen Eintrittspreis die Filmmiete abzuführen.

6   Als ein solcher **abrechnungspflichtiger** Eintrittspreiszuschlag ist es auch anzusehen, wenn der Theaterbesitzer für Leistungen, die üblicherweise mit dem normalen Eintrittspreis abgegolten werden (z. B. Sitzpolster oder Raumbeheizung oder Garderobenablage), einen Eintrittspreiszuschlag (sog. *Leistungszuschlag* o. ä. m.) erhebt. Das gleiche muß gelten, wenn er solche Leistungen gesondert erbringt und berechnet (z. B. Sitzpolster gesondert vermietet oder von jedem Besucher eine Gebühr für Garderobenablage verlangt). Zum abrechnungspflichtigen Eintrittspreis gehört eben alles, was der Theaterbesitzer von den Filmbesuchern für den Besuch des Theaters zwecks Filmbesichtigung fordert und erhält, also den Besuchern hierfür generell oder auf besonderen Wunsch überläßt und in Rechnung stellt. Wenn er also zusätzlich Polster vermietet, so schafft er insoweit eine zusätzliche Platzkategorie (Polsterstühle), für die er einen höheren Preis nimmt (normaler Preis plus Mietgebühr für das Polster), und hat dann auch diese höheren Eintrittspreise abzurechnen. Das gleiche gilt für einen gebührenpflichtigen Garderobenzwang.

7   Nur wenn der Theaterbesitzer **gesondert** zu erstellende und zu **berechnende Leistungen** erbringt, die nicht unmittelbar mit der Filmbesichtigung zusammenhängen (z. B. Süßwaren, Illustrierte, Filmprogramm, Filmzeitschriften, Garderobenablage ohne Pflicht, Verkauf von Schallplatten oder Videokassetten), braucht er den Erlös für diese Leistungen dem Verleiher nicht abzurechnen. Vorverkaufszuschläge kann der Theaterbesitzer insoweit vom Eintrittspreis abziehen, als er sie an eine dritte Stelle, die sich mit dem Vorverkauf befaßt, abzuführen hat. Soweit er jedoch diese Vorverkaufszuschläge selbst erhält, muß er sie im Rahmen des Eintrittspreises dem Verleiher abrechnen, da sie insoweit Bestandteil des abrechnungspflichtigen Eintrittspreises geworden sind.

8   Dem Theaterbesitzer steht branchenüblich eine nicht abrechnungspflichtige **Freikartenquote** zu. Sie darf jedoch wöchentlich 5% der Sitzplatzzahl des betreffenden Theaters nicht überschreiten.

9   Im Rahmen seiner Abrechnungs- und Zahlungspflichten haftet der Theaterbesitzer für diejenigen seiner Angestellten, deren er sich zur Erfüllung dieser Pflichten gegenüber dem Verleiher bedient (z. B. Buchhalter, Kassierer). Wenn also z. B. ein solcher Angestellter die Filmmiete falsch berechnet oder unrichtig abführt, hat der Theaterbesitzer den Verleiher zu entschädigen. Die Haftung ergibt sich aus den vertraglichen Abrechnungs- und Zahlungsansprüchen des Ver-

leihers und aus der Haftung für **Erfüllungsgehilfen** nach § 278 BGB. Wenn Angestellte des Theaterbesitzers Theatereinnahmen aus dem Eintrittskartenverkauf unterschlagen, berührt das die Abrechnungs- und Zahlungsansprüche des Verleihers nicht, da es keine Vertragsänderung bewirkt. Das gilt auch dann, wenn die Unterschlagung nicht durch Erfüllungsgehilfen gegenüber dem Verleiher begangen worden ist und den Theaterbesitzer selbst geschädigt hat.

10   Das einheitliche **Eintrittskartensystem** soll die Grundlage für eine ordnungsgemäße Abrechnung sichern. Dem dient insbesondere die Möglichkeit einer Querkontrolle durch Prüfung der Eintrittskartenabrechnungen und -lieferungen und des Entzugs der Befugnis zur Ausgabe von Satzkarten seitens der SPIO.

11   Die allgemein übliche prozentuale Abrechnung des Theaterbesitzers erfordert eine laufende **Kontrolle** aller Filmtheater auf ordnungsgemäße Abrechnung, die demgemäß den Verleihfirmen in den Bezugsbedingungen auch ausdrücklich gestattet wird. Diese Überprüfung wird ausgeführt durch die beim Verband der Filmverleiher eingerichtete **Abrechnungskontrollabteilung,** welcher alle Verleihfirmen eine Vollmacht zur revisionsmäßigen Überprüfung der Theater im Hinblick auf ordnungsgemäße Abrechnung der Filmmieten und zur Feststellung und Beitreibung etwaiger Abrechnungsdifferenzen erteilt haben.

12   Soweit Theaterbesitzer Abrechnungsdifferenzen durch **falsch erstellte Abrechnungen** verschleiert haben (z. B. Vortäuschung einer höheren Vergnügungssteuer als der tatsächlich gezahlten, Vortäuschung eines geringeren Ergebnisses als des tatsächlich erzielten; aber auch Vorspiegelung des vertraglichen Abspiels, welches tatsächlich nicht eingehalten wurde o. ä. m.), liegt ein strafbarer Betrug vor. Da die Vorschriften der Bezugsbedingungen ausdrücklich von einer Pflicht des Theaterbesitzers sprechen, seine Kassenbücher und Tagesrapporte mindestens 10 Jahre aufzubewahren, muß man davon ausgehen, daß sich der Prüfungsanspruch der Verleihfirma und die Prüfungsbefugnis ihrer bevollmächtigten Revisoren (also z. Zt. die Abrechnungskontrollabteilung des Verleiherverbandes) auf mindestens 10 zurückliegende Jahre vom Tage der Prüfung erstrecken.

13   Die Vorschrift über die unwiderrufliche Ermächtigung an die **Vergnügungssteuerbehörde** zur Auskunftserteilung gegenüber den von den Verleihfirmen beauftragten Prüfern enthält einen Verzicht des Theaterbesitzers auf Wahrung des Steuergeheimnisses. Da dieser Verzicht von dem Steuerpflichtigen selbst ausgesprochen wird, muß er als wirksam und verbindlich angesehen werden.

14   Die in den allgemeinen Bezugsbedingungen festgelegte Abzugsmöglichkeit der Vergnügungssteuer vom Verleihanteil (außer bei echter betrieblicher Notlage) bedeutet lt. **Rechtsprechung,** daß der Kinobesitzer eine entsprechende Steuerermäßigung oder einen Steuerverzicht an den Verleiher weiterzugeben hat (OLG Hamburg in UFITA Bd. 42, S. 199).

15   Zu der Frage der Abrechnung des **Eintrittspreises** vgl. in der Rechtsprechung Urteil des LG Hamburg vom 9. 1. 1952 (Az.: 15 Q 235/51) und des OLG Hamburg vom 19. 5. 1952 (Az.: 3 U 79/52).

16   Der Anspruch auf Prüfung der Theater durch die Prüfer der **Abrechnungskontrollabteilung** des Verleiherverbandes ist in der Rechtsprechung in einstweiligen Verfügungsverfahren ausdrücklich anerkannt worden. (Vgl. OLG Düsseldorf vom 20. 9. 1952, Az.: 4 Q 46/52 und LG Hamburg vom 30. 3. 1954, Az.: 15 Q 33/54.)

136. Kapitel. Die Lieferpflichten der Verleihfirma

1   Die Absätze der Bezugsbedingungen über **Nichtlieferung** oder **mangelhafte Lieferung** beziehen sich nur auf fertiggestellte oder erschienene Filme, da für blindgebuchte und innerhalb einer bestimmten Zeit nicht erschienene Filme eine andere Bestimmung gilt (s. unten Kapitel 140). Für erschienene Filme umfassen sie sowohl die Unmöglichkeit der Vorführung (z. B. infolge Spielverbot oder baubehördlicher Schließung des Theaters) wie die verspätete oder mangelhafte Lieferung der Filmkopie. Von Qualitätsmängeln des Films oder dem Mangel zugesicherter Eigenschaften handelt die Vorschrift dagegen nicht.

2   Was die Unmöglichkeit der Lieferung oder Vorführung fertiggestellter und erschienener Filme angeht, so stellt es die Vorschrift für die Haftung gemäß den allgemeinen gesetzlichen Bestimmungen darauf ab, ob **Verschulden** oder **höhere Gewalt** vorliegt. Dabei wird festgelegt, daß behördliches Verbot und Negativverlust immer als höhere Gewalt anzusehen sind.

3   Auch im Hinblick auf die nicht rechtzeitige oder mangelhafte Lieferung der Kopien wird es für die Haftung auf den **schuldigen Vertragsteil** abgestellt. Freilich wird – gleichgültig ob Verschulden oder höhere Gewalt gegeben sind – kein Recht auf Rücktritt von dem betreffenden Filmabschluß, sondern nur ein Anspruch auf einen neuen Termin gewährt. Bei Verschulden eines Vertragsteils hat der andere zusätzlich einen Anspruch auf Ersatz des etwa durch ausgefallene Vorstellungen entstandenen Schadens.

4   Im Rahmen dieser Haftung ist zu berücksichtigen, daß jeder Vertragspartner grundsätzlich für ein Verschulden seiner **Erfüllungsgehilfen** (also vor allem seiner Angestellten) einzustehen hat. Das würde auch für die Verkehrsanstalt und den Vorspieler als Erfüllungsgehilfen des Verleihers bei der Versendung der Kopie an den Nachspieler gelten, wenn hierüber nicht besondere Vorschriften enthalten wären, welche die Haftung des Verleihers für diese Erfüllungsgehilfen auf Abtretung der Ersatzansprüche an den Besteller oder Geltendmachung des Schadens auf Kosten des Bestellers beschränken. Zu beachten ist hier noch, daß der Besteller gem. § 254 BGB und nach den Grundsätzen von Treu und Glauben verpflichtet ist, sich nach einem Ersatzfilm umzusehen, um den drohenden Schaden auszuschließen oder jedenfalls zu vermindern.

5   Was die Ersatzansprüche gegen die **Verkehrsanstalt** angeht, so sind sie für den Eisenbahnverkehr im Hinblick auf den entgangenen Gewinn nach der Eisenbahnverkehrsordnung auf einen nach dem Gewicht der Sendung bestimmten Höchstbetrag begrenzt, der meist unter dem effektiv entstandenen Schaden liegt. Sondervereinbarungen des Verbandes der Filmverleiher mit der Deutschen Bundesbahn und die Möglichkeit der Privatversicherung des Expreßgut-Versandes ergeben in der Praxis ausgewogene Schadensregulierungen.

6   Für die **Qualität der Kopie** und ihre **pflegliche Behandlung** sind die folgenden Grundsätze zu beachten. Der Verleiher hat eine vollständige Kopie in einem bestimmten technischen Zustand zu liefern. Es dürfen keinesfalls Teile des Films fehlen, die auch nur im geringsten für seinen Sinngehalt, seinen Handlungszusammenhang und seine Publikumsattraktivität (dabei kann es oft um kurze aber prägnante Szenen gehen) von Bedeutung sind. Der technische Zustand der Kopie muß den branchenüblichen Anforderungen für die betreffende Aufführungsfolge im Theater entsprechen. Die pflegliche Behandlung durch den Theaterbesitzer erfordert, daß die Kopie nicht über die normale Abnutzung hinaus beschädigt werden darf. Das ist vor allem wichtig im Zusammenhang mit der immer stärke- ren Automatisierung der Filmvorführungen, die voll in den Risikobereich des Theaterbesitzers fällt.

7   Die in den Bezugsbedingungen festgelegten **Änderungsbefugnisse** der Verleih- firma betreffen sinngemäß die fertiggestellten Filme. Änderungen gegenüber den Filmankündigungen gehören in das Kapitel über die Charakterisierung der Filme und etwaige zugesicherte Eigenschaften (s. Kapitel 120 und 126).

8   Aus der Beschränkung der Änderungsbefugnis auf die Verleihfirma ist zu schlie- ßen, daß der **Theaterbesitzer kein Recht** dazu haben soll, irgendwelche **Ände- rungen** an dem ihm zur Vorführung überlassenen Film vorzunehmen. Dies läßt sich im übrigen auch aus allgemeinen urheberrechtlichen Gesichtspunkten herlei- ten, da jede eigenmächtige Änderung am Film durch den Theaterbesitzer eine Verletzung des Nutzungsrechts des Produzenten und des Lizenzrechts des Verlei- hers darstellen würde. Schließlich enthielte sie einen Verstoß gegen die Grundsätze der FSK bzw. der SPIO-JK, die nur eine Vorführung des Films in der von ihr geprüften und genehmigten Fassung gestatten und die auf Grund der Bezugsbe- dingungen ausdrücklich zum Vertragsinhalt gemacht worden sind. Änderungen bei nach dem FFG geförderten oder zu fördernden deutschen Filmen könnten auch deren Förderung gefährden, da für diese Förderung die im Filmtheater vorgeführ- te Fassung maßgebend ist.

9   Die Verleihfirmen müssen aus mehreren Gründen berechtigt sein, **Änderungen** an dem Vertragsfilm auch **noch nach seinem Ersteinsatz** oder seinem Einsatz in dem betreffenden Filmtheater durchzuführen. Solche Änderungen können sich nach den mit den bisherigen Vorführungen gemachten Erfahrungen (evtl. auch nach Pressestimmen) als notwendig erweisen, um die Geschäftschancen des Films zu verbessern (z. B. Kürzungen bei überlangen Filmen, Entfernung von Szenen, die bei Publikum und Presse nicht ankommen etc.). Die Änderungen können auch erforderlich werden, um eine nach den gemachten Erfahrungen für die Auswer- tung des Films günstigere Kinder-, Jugend- oder Feiertagseinstufung zu erreichen. Aus diesen und ähnlichen Gründen muß die Verleihfirma Änderungen vornehmen können. Der Theaterbesitzer kann dann kein Recht daraus herleiten, daß er den Film nicht mehr in der Fassung erhält und behält, die er beim Ersteinsatz oder beim ersten Einsatz in seinem Theater hatte. Zu den dem Verleih gestatteten Änderungen gehören auch Titeländerungen, die sich seiner Meinung nach als zweckmäßig erweisen.

10   Man kann den Filmtheaterbesitzer in dieser Hinsicht **nicht genauso** behandeln wie den Filmverleiher gegenüber seinem Filmproduzenten, da die Voraussetzun- gen völlig verschieden sind. Der Theaterbesitzer hat im Gegensatz zum Verleiher kein dingliches, absolutes Lizenzrecht am Film, so daß es für ihn nicht um Um- fang und Bedeutung der Gestaltungsfreiheit im Rahmen eines solchen Lizenz- rechts geht. Ferner fehlt bei ihm die besondere Zusammenarbeit, die zwischen Filmverleiher und Filmproduzent im Hinblick auf die Filmherstellung und Filmfi- nanzierung vorhanden ist und Änderungsrechte begründen kann. Auch wirt- schaftlich hat der Verleiher ein wesentlich größeres Risiko zu tragen als der Thea- terbesitzer, so daß sich auch von hier aus ein wichtiger Unterschied ergibt.

11   Der Theaterbesitzer darf deshalb Änderungen an dem Film nur vornehmen, wenn der Verleiher sie ihm ausdrücklich schriftlich gestattet hat und hierzu gegen- über dem Produzenten legitimiert war. Der Theaterbesitzer darf also eigenmäch- tig weder **Kürzungen** an dem Film vornehmen, wenn er ihm zu lang erscheint oder bestimmte Szenen seiner Meinung nach nicht attraktiv sind, noch Teile in den Film einfügen. Als unzulässige Änderung an dem Film kann es auch angesehen werden, wenn der Theaterbesitzer eigenmächtig **Pausen** zwischen Filmteilen einlegt, die mit der Verleihfirma nicht abgestimmt sind. Solche Pausen können einen Eingriff in die Integrität des betreffenden Filmwerks bedeuten, an dessen ununterbrochener und einheitlicher Vorführung der Produzent und die Verleihfirma interessiert sind. Solche Pausen können auch einen den Verleih schädigenden Ausfall von Vorstellungen bewirken.

12 Es ist fraglich, ob zu den in den Bezugsbedingungen aufgeführten Angaben über die Kennzeichnung des Vertragsfilms auch die Angabe gehört, ob ein fremdsprachiger Film in Originalfassung oder in synchronisierter Fassung geliefert wird. Da die fremdsprachigen **Auslandsfilme** im deutschen Lizenzgebiet fast alle in **synchronisierter Fassung** herauskommen, muß die Lieferung in synchronisierter Fassung als **Regel** betrachtet werden, so daß der Theaterbesitzer, wenn ihm ein fremdsprachiger Auslandsfilm unter einem deutschen Titel und ohne sonstige Bemerkungen angeboten wird, davon ausgehen kann, daß es sich um eine synchronisierte Fassung dieses Auslandsfilms handelt. Dabei ist es freilich nicht üblich, bei Vermietung einer Originalfassung dies im Bestellschein besonders zu vermerken, wohl aber in den Programmankündigungen oder auf den sog. *Meckerzetteln.*

13 Die Vorschrift der Bezugsbedingungen über das **Lieferungsverweigerungsrecht** der Verleihfirma unterstreicht den Charakter des Gesamtrechtsverhältnisses, indem sie der Verleihfirma wegen Verletzung der Pflichten des Theaterbesitzers aus einzelnen Filmabschlüssen bei ihr das Recht zur Lieferungsverweigerung bzw. Nachnahmesendung im Hinblick auf noch offenstehende Filmabschlüsse gibt. Bei schweren oder wiederholten Verstößen des Theaterbesitzers hat die Verleihfirma nach den allgemeinen Grundsätzen über die positive Vertragsverletzung nicht nur das Recht, die Lieferung weiterer Filme zu verweigern oder von einer Nachnahmesendung abhängig zu machen, sondern darüber hinaus von dem ganzen Filmbestellvertrag, also den noch offenen Einzelabschlüssen, zurückzutreten bzw. Schadensersatz wegen Nichterfüllung zu fordern. Der Hauptgrund für diesen Schutz des Verleihers liegt in seiner **Vorleistungspflicht,** die ein besonderes Vertrauen zu dem Vertragspartner voraussetzt.

14 Die Bestimmungen der Bezugsbedingungen über das **Beiprogramm** legen den grundsätzlichen Anspruch des Theaterbesitzers auf ein Programm von einer bestimmten Länge (entweder Spielfilm über 2600 m oder ein Spielfilm unter 2600 m zusammen mit einem Beiprogrammfilm) fest. Der Beiprogrammfilm braucht jedoch nicht prädikatisiert zu sein, d. h., daß der Verleiher seiner Verpflichtung auch dann nachkommt, wenn er zu dem Spielfilm, der eine Länge von unter 2600 m hat, einen einfachen Beiprogrammfilm liefert. Liefert der Verleiher weniger, so hat der Theaterbesitzer Minderungsansprüche und, falls und soweit ein Verschulden der Verleihfirma vorliegt und dem Theaterbesitzer ein Schaden entsteht, Anspruch auf Schadensersatz wegen positiver Vertragsverletzung. Der Schadensersatz- bzw. Minderungsanspruch scheidet aber aus, wenn der Theaterbesitzer den Beiprogrammfilm gar nicht gespielt hätte, weil er die Zeit zum Einsatz von Werbefilmen benutzt oder sich selbst einen prädikatisierten Beiprogrammfilm beschafft hat.

15 Da das prädikatisierte Beiprogramm in einigen Bundesländern bei nicht prädikatisierten Hauptfilmen eine **Steuerermäßigung** gewährt, welche gemäß den Abrechnungsvorschriften der Verleihfirma und dem Theaterbesitzer Vorteile bringt, besteht bei Lieferung eines solchen steuerbegünstigten Beiprogrammfilms

durch die Verleihfirma ein Anspruch auf dessen Vorführung durch den Theaterbesitzer. Die erzielte Steuerermäßigung ist bei der Abrechnung der Filmmiete zu berücksichtigen.

16 Das Recht des Theaterbesitzers auf **Beschaffung** eines **prädikatisierten Beiprogrammfilms** von einer anderen Filmfirma setzt voraus, daß die Verleihfirma keinen prädikatisierten Beiprogrammfilm liefert, gleichgültig ob sie überhaupt zur Lieferung eines Beiprogrammfilms verpflichtet ist. Einen Abzug der Kosten für diesen selbst beschafften Beiprogrammfilm, der lediglich in Höhe der tatsächlichen Aufwendungen gestattet ist, kann der Theaterbesitzer dem Verleiher gegenüber nur vornehmen, wenn er durch den prädikatisierten Beiprogrammfilm eine Steuerermäßigung erzielt und diese dem Verleiher gegenüber bei der Abrechnung berücksichtigt. Dem Sinn der Bestimmung gemäß wird man der Verleihfirma immer einen Anspruch auf Abrechnung der Steuerermäßigung unter Anrechnung der Aufwendungen des Theaterbesitzers geben müssen.

17 Liefert die Verleihfirma einen prädikatisierten Beiprogrammfilm, so hat der Theaterbesitzer kein Recht auf Beschaffung eines **weiteren** prädikatisierten Beiprogrammfilms von einer anderen Firma. Er muß vielmehr dann den prädikatisierten Beiprogrammfilm der Verleihfirma vorführen und kann nicht etwa statt oder neben ihm einen anderen prädikatisierten Beiprogrammfilm einsetzen, auch nicht, wenn dieser höher bewertet ist und demgemäß eine stärkere Steuerermäßigung bringt.

18 Für Beiprogrammfilme gilt nicht der in den Bezugsbedingungen aufgeführte Grundsatz, daß jeder Film als **besondere Bestellung** anzusehen ist. Dieser Grundsatz bezieht sich nämlich seinem Sinn nach nur auf die einzelnen auf der Vorderseite des Bestellscheins gesondert aufgeführten Hauptfilme und nicht auf das Programm, das aus einem solchen Hauptfilm und dem zur Ergänzung evtl. notwendigen Beiprogrammfilm besteht.

19 Die damit verbundene Abhängigkeit des Beiprogrammfilms von seinem Hauptfilm gibt freilich dem Theaterbesitzer **kein Recht zum Rücktritt** vom Abschluß über den Hauptfilm, falls ihm der evtl. zur Ergänzung notwendige Beiprogrammfilm nicht geliefert wird. Der Hauptfilm steht nämlich derart im Vordergrund des Vertrages, daß in sinngemäßer Anwendung des § 139 BGB der Abschluß über den Beiprogrammfilm durch Nichtlieferung hinfällig wird. Dagegen behält der Theaterbesitzer in dem oben erwähnten Rahmen Minderungs- bzw. Schadensersatzansprüche, falls für den Beiprogrammfilm gemäß den Bezugsbedingungen eine Lieferungspflicht bestand oder er ausdrücklich namentlich mitvermietet wurde und hernach nicht geliefert worden ist.

20 Zu beachten ist in diesem Zusammenhang die **Vorschrift des § 20 FFG,** wonach jeder mit Förderungshilfen hergestellte programmfüllende Film mit einer Vorführdauer von höchstens 110 Minuten für die Dauer von 5 Jahren vom Zeitpunkt der Erstaufführung (Erstmonopol) entweder mit einem noch auszuwertenden neuen deutschen Kurzfilm, der prädikatisiert ist, oder mit einem noch auszuwertenden Kurzfilm aus einem EG-Land, der das Prädikat *besonders wertvoll* erhalten hat, zu gemeinsamer Aufführung zu verbinden ist. Hier hat der Theaterbesitzer die Pflicht, den mit einem solchen geförderten deutschen programmfüllenden Film gelieferten Kurzfilm unbedingt vorzuführen, da sonst der Produzent keine Referenzfilmförderung für seinen programmfüllenden Film erhält oder sogar in diesen Film investierte Förderungshilfen zurückzahlen muß. Der Theaterbesitzer macht sich schadensersatzpflichtig, falls er die Pflicht zur gemeinsamen Aufführung dieses Kurzfilms mit dem programmfüllenden deutschen geförderten Film unterläßt.

21   Bei der Lieferung des **Reklamematerials** handelt es sich um eine wichtige Nebenverpflichtung des Verleihers aus dem Filmbestellvertrag. Die einzelnen sich hieraus ergebenden Rechte und Pflichten beurteilen sich nach den gesetzlichen Vorschriften über den Mietvertrag, soweit das Reklamematerial dem Theaterbesitzer mietweise überlassen wird. Soweit er es als sog. *Einweg-Material* endgültig behalten kann, sind die gesetzlichen Vorschriften über den Kaufvertrag anwendbar.

22   Der Verleiher hat grundsätzlich dafür zu haften, daß das Reklamematerial **rechtzeitig** in dem branchenüblichen Umfang geliefert wird und sich in einem gebrauchsfähigen Zustand befindet. Rechtszeitig bedeutet in der Regel 14 Tage und für den Werbevorspannfilm 7 Tage vor Filmeinsatz, ausnahmsweise genügt auch eine kürzere Zeit, falls die Lieferung noch ihren Reklamezweck erfüllen kann. Aus verspäteter Lieferung kann kein Recht hergeleitet werden, falls sie nicht sofort gerügt worden ist. Mangelnde Anmahnung der Materiallieferung kann mitwirkendes Verschulden des Theaterbesitzers nach § 254 BGB begründen.

23   Bei Nichtlieferung, ungenügender Lieferung oder Mängel des Reklamematerials kann der Theaterbesitzer die Miete für das Reklamematerial verweigern oder mindern bzw. bei Verschulden der Verleihfirma Schadensersatz wegen positiver Vertragsverletzung fordern. Trotz des Zusammenhangs zwischen der Filmlieferung und der Lieferung des Reklamematerials hat der Theaterbesitzer bei Nichtlieferung oder mangelhafter Lieferung des Reklamematerials nicht das Recht, von dem ganzen Abschluß über den betreffenden Film zurückzutreten, da es sich immer nur um die Verletzung einer **Nebenverpflichtung** des Verleihers handelt und deshalb eine solche Folge unverhältnismäßig wäre. Er wird sich vielmehr bemühen müssen, auf andere Weise Werbung für den Film zu betreiben und kann bei Verschulden der Verleihfirma den Schaden ersetzt verlangen, der ihm durch Einnahmeausfall infolge ungenügender Werbemöglichkeiten entstanden ist.

24   Meist wird der Umfang des zu liefernden Reklamematerials auf der Vorderseite des Bestellscheins genau angegeben. Ist das nicht der Fall, so gilt der **branchenübliche Umfang.** Zum branchenüblichen Umfang gehören mindestens ein Filmplakat, mehrere Standfotos und ein Reklameratschlag. Der Theaterbesitzer ist seinerseits verpflichtet, bei seiner Reklame dieses Material auch tatsächlich zu benutzen. Er hat ferner die branchenübliche Eigenreklame mindestens durch eine geeignete Außenfront, Zeitungsinserate und Plakatanschlag durchzuführen.

25   Diese **Eigenreklame** ist nicht in das freie Ermessen des Theaterbesitzers gestellt. Er muß sie vielmehr so gestalten, daß sie dem Charakter des betreffenden Films gerecht wird und nicht gegen die urheberrechtlich geschützten Interessen des Produzenten und der künstlerischen Mitarbeiter des Films und gegen die wirtschaftlichen Auswertungsinteressen der Produktions- und Verleihfirma verstößt. Dabei muß er sich innerhalb des Rahmens halten, der ihm durch das Reklamematerial – insbesondere den Reklameratschlag – oder andere Informationen der Verleihfirma über den Film gegeben ist und hat auch die ihm für die jeweilige Art der Reklame aufgegebenen Nennungsverpflichtungen zu beachten.

26   Lieferungen von **Farbfotos** zu *Schwarz-weiß*-Filmen seitens der Verleihfirma können sich als eine Irreführung des Theaterbesitzers und damit als eine positive Vertragsverletzung darstellen, wenn nicht dem Theaterbesitzer durch andere Hinweise der Verleihfirma oder aus anderen Gründen bekannt ist, daß es sich hier um einen *Schwarz-weiß*-Film handelt. In diesem letzteren Fall hat der Theaterbesitzer dafür zu sorgen, daß durch die Farbfotos beim potentiellen Filmbesucher keine falsche Auffassung über den Farbcharakter des Films entsteht.

27   Das gemietete Material muß der Theaterbesitzer in ordnungsgemäßem Zustand und vollständig an den Verleiher zurückgeben oder auf seine Anweisung an den Nachspieler weiterleiten. Der Theaterbesitzer ist dafür **haftbar,** hat also Schadensersatz zu leisten, falls mietweise überlassenes Material nicht ordnungsgemäß zurückerstattet oder weitergeleitet wird.

28   **Reklamezuschüsse** sind Beträge, die der Theaterbesitzer vom Verleiher für einen Teil seiner Werbeausgaben oder für eine zusätzliche Werbung erhält. Diese Reklamezuschüsse werden im wesentlichen Theaterbesitzern mit Erstaufführungshäusern an Schlüsselplätzen gewährt. Der Grund für diese Reklamezuschüsse liegt in einer auf die Nachspieler und andere Plätze ausstrahlenden Wirkung der Werbung für Filme in diesen Erstaufführungshäusern an Schlüsselplätzen.

29   Es haben sich verschiedene **Formen für solche Reklamezuschüsse** entwickelt. Der Verleiher gibt Festbeträge an den Theaterbesitzer für dessen Werbeetat oder für zusätzliche Werbung durch den Theaterbesitzer; der Verleiher führt auf eigene Kosten Werbemaßnahmen durch, die an sich dem Theaterbesitzer obliegen oder zusätzliche Werbung betreffen, evtl. mit einer Beteiligung des Theaterbesitzers an deren Kosten; der Verleiher beteiligt sich mit einem Prozentsatz an den normalen oder zusätzlichen Insertionsaufwendungen des Theaterbesitzers. In allen diesen Fällen ist rechtlich ein Anspruch der Verleihfirma gegenüber dem Theaterbesitzer auf Nachweis einer entsprechenden Verwendung der in diesem Zusammenhang dem Theaterbesitzer oder für den Theaterbesitzer gezahlten Beträge gegeben.

30   Wichtig ist die Abrechnung dieser Reklamezuschüsse im Rahmen des Lizenzvertrages Produktion/Verleih. Hier werden üblicherweise die Erstaufführungsreklame, also auch die o. e. Reklamezuschüsse an Filmtheater, ebenso wie die sog. überregionale Reklame des Verleihers zu den **Vorkosten** gerechnet, die vom Produzentenanteil an den Verleiheinnahmen abgezogen werden können.

31   In der **Rechtsprechung** vgl. OLG München in UFITA Bd. 28, S. 331, wonach der Verleiher ohne triftigen nachträglich eingetretenen Grund grundsätzlich nicht berechtigt ist, die Lieferung eines bestellten Filmes zu verweigern.

32   Nach AG Hamburg in UFITA Bd. 32, S. 91 ist der **Reklamezuschuß** grundsätzlich für die sachlichen Reklameaufwendungen bestimmt und entsprechend zweckgebunden. Der Theaterbesitzer hat somit den von ihm nicht für Reklamekosten aufgewendeten Teil des Zuschusses dem Verleiher zurückzuvergüten. Das LG München in UFITA Bd. 34, S. 243 bestätigt den hier geschilderten Sinn und Zweck der Reklamezuschüsse und stellt fest, daß sich bei nachträglicher Verkürzung der Laufzeit des Films der Reklamezuschuß anteilig um die Wertminderung der Werbewirkung verringert.

137. Kapitel. Terminfestsetzung und Spielzeit

1   Die Festsetzung der Spieltermine ist eine Maßnahme zur Durchführung und Erfüllung des Filmbestellvertrages. Sie ist selbst bei einvernehmlicher Terminfestsetzung keine neue Vereinbarung, die den Filmbestellvertrag selbst zu einer Art Vorvertrag auf Abschluß eines Terminvereinbarungsvertrages machen würde. Das ergibt sich schon aus dem Umstand, daß nach den Bezugsbedingungen die Termine bei mangelnder Einigung durch den Verleiher einseitig festgesetzt werden können und deren Einhaltung vom Verleiher erzwungen werden kann. Dabei regeln die Bezugsbedingungen dieses **Terminierungsverfahren** einschließlich einer evtl. **Zwangsterminierung** in **detaillierter Form.**

2   Eine Terminfestsetzung im **Bestellschein** selbst (also bei Vertragsabschluß) ist für die meisten dort aufgeführten Filme aus mehreren Gründen nicht möglich. Bei einem Teil der Filme steht überhaupt noch nicht fest, wann sie erscheinen werden. Der Verleiher kann meist erst nach Fertigstellung eines Films die zweckmäßige Art seines Einsatzes bestimmen. Die wirtschaftliche Ausnutzung der Kopien macht eine den jeweiligen Verhältnissen nach Erscheinen des Films angepaßte Disposition notwendig. Aus allen diesen Gründen kann die Terminierung in der Regel erst in dem besonderen in diesem Abschnitt der Bezugsbedingungen festgelegten Verfahren erfolgen. Für bestimmte Filme gibt es jedoch auch schon im Bestellschein bindend festgelegte Termine (meist *feste* bzw. *unverlegbare Termine* genannt).

3   Die Bezugsbedingungen lassen erkennen, daß Zwangstermine, die der Verleiher dem Theaterbesitzer nach erfolglosem Terminierungsverfahren einseitig auferlegen kann, oder die ihnen gleichgestellten *festen* bzw. *unverlegbaren Termine* **kein weiteres Verlegungsrecht** geben und daß das gleiche für einen vereinbarten Termin gilt, bei dem die Frist für die einmalige Verlegung verstrichen ist. Sie haben jedoch kein Vorrecht vor der **Prolongation,** damit diese für die Filmauswertung besonders wichtige Spielzeitverlängerung im Erfolgsfalle nicht beeinträchtigt wird (s. auch die besondere Werbewirkung einer Prolongation auf andere Theater und Termine), es sei denn, daß die Prolongation anderer Filme ausdrücklich ausgeschlossen wird (wichtig bei Massenstarts, um den gleichzeitigen Einsatz zu dem festen Termin in allen vorgesehenen Theatern zu sichern).

4   Jede andere Auslegung würde dem klaren Wortlaut der Bezugsbedingungen, der insoweit die allgemeinen gesetzlichen Vorschriften ausschließt, widersprechen. Man kann nicht über gesetzliche Mahnvorschriften praktisch eine weitere Terminverlegung oder die Notwendigkeit der Festsetzung eines weiteren Zwangstermins einführen, wenn in den Bedingungen des Filmbestellvertrages klar der Parteiwille zum Ausdruck gebracht wird, daß es **nur eine einmalige Terminverlegung** bzw. **nur einen Zwangstermin** oder *festen* bzw. *unverlegbaren Termin* geben soll. Auch Treu und Glauben kann man hier nicht zur Begründung einer abweichenden Ansicht heranziehen, da die Regelung der Bezugsbedingungen wegen der Dispositionsschwierigkeiten beim Verleih auch wirtschaftlich gerechtfertigt ist. Die etwaige einmalige Verlegung hat grundsätzlich unter Angabe eines neuen Termins zu erfolgen. Wird dies unterlassen, aber vom Vertragspartner nicht gerügt, so ist ein neues Terminierungsverfahren möglich und erforderlich.

5   Der Grundsatz von Treu und Glauben wird im Rahmen des Terminierungsverfahrens bei den vom Theaterbesitzer **angebotenen Spielterminen** zu seinen Gunsten zu berücksichtigen sein, da die Bezugsbedingungen es nicht bei dem Angebot des Theaterbesitzers nach Aufforderung durch die Verleihfirma bewenden lassen, sondern eine Einigung mit der Verleihfirma über diesen angebotenen Termin verlangen. Hier wird die Verleihfirma nach Treu und Glauben nicht ohne weiteres zu einem Zwangsterminierungsverfahren schreiten dürfen, wenn der Theaterbesitzer branchenübliche Termine aufgibt, die sie aus sachlich nicht belegbaren Gründen nicht akzeptieren will, sondern sie wird dann erst eine Einigung auf andere Termine mit dem Theaterbesitzer versuchen müssen. Auf der Vorderseite des Bestellscheins etwa vereinbarte **Abnahmefristen** (z. B. *je Monat ein Film*) bilden den Rahmen für die im gegenseitigen Einvernehmen zu treffende Terminvereinbarung. In diesem Zeitraum ist dann jeweils der Termin festzulegen und unterliegt hernach nur noch einem durch diesen Zeitraum begrenzten Verlegungsrecht, da sonst die vertraglichen Abnahmefristen nicht eingehalten werden könnten.

6   In Zusammenhang mit den Terminierungsverfahren ist die Frage aufgetaucht, ob mit dem Recht des Verleihers auf Zwangsterminierung auch ein etwaiges **Wahlrecht des Theaterbesitzers** hinsichtlich der Aufführungsdauer oder des Einsatzes in einem seiner mehreren Theater auf den Verleiher übergeht. Das wird zu bejahen sein. Wenn also in einem Filmbestellvertrag der Theaterbesitzer das Wahlrecht hat, ob er z. B. einen Film 4 Tage über Sonntag oder 3 Tage in der Woche spielen will oder in welchem seiner mehreren Theater der Film gespielt werden soll, so geht dieses Wahlrecht im Rahmen des Zwangsterminierungsverfahrens auf den Verleiher über. Eine andere Lösung wäre praktisch gar nicht durchführbar, da der Verleiher einen Zwangstermin häufig nur setzen kann, wenn er gleichzeitig auch über die Spieldauer und das Filmtheater zu bestimmen vermag, die oft, wie das erwähnte Beispiel zeigt, mit dem Einsatztermin und -ort zusammenhängen und ohne die der Anspruch des Verleihers nicht zu konkretisieren ist.

7   **Terminüberschneidungen** können sich ergeben, wenn bei *festen* und *unverlegbaren Terminen* (z. B. wegen Massenstart eines Films, der manchmal mit über 200 Kopien erfolgt und für den der gleichzeitige Einsatz in allen Theatern von entscheidender Bedeutung ist) das Vorrecht der Prolongation anderer Filme ausdrücklich ausgeschlossen wird, während bei diesen anderen Filmen das Prolongationsrecht für diesen Zeitraum nicht ausdrücklich ausgeschlossen wird. Hier hat der Theaterbesitzer eine *Sache* (nämlich den Spieltermin) zweimal verkauft und es bleibt ihm nur übrig, den einen der beiden Filme zu spielen und für den anderen Schadensersatz zu leisten, wobei sich die Problematik verschärft, wenn beide betroffenen Verleiher wegen ihrer berechtigten Ansprüche einstweilige Verfügungen (z. B. bei verschiedenen Gerichten) erwirkt haben.

8   Nach der Terminvereinbarung und dem Einsatz des Films ist der Theaterbesitzer verpflichtet, die **vereinbarte Spieldauer** genau einzuhalten. Ein vorzeitiges Absetzen des Films, das stets für den Verleiher nicht nur einen Einnahmeausfall in dem betreffenden Theater, sondern auch eine Beeinträchtigung der weiteren Auswertung bedeutet, ist ihm ohne besondere vertragliche Vereinbarung nicht gestattet, und zwar auch nicht bei wirtschaftlichen Minderergebnissen unter dem Gesichtspunkt der Unzumutbarkeit oder des Wegfalls der Geschäftsgrundlage. Die besonderen Regelungen der Bezugsbedingungen gehen auch hier den allgemeinen gesetzlichen Bestimmungen vor.

9   Zur ordnungsgemäßen Filmauswertung steht die **normale Spielzeit** zwischen 12.00 bis 22.00 Uhr ausschließlich dem als Hauptfilm (also für das normale Programm) gemieteten Spielfilm zur Verfügung. Doppelprogramm, Zweischlagerprogramm u. ä. m. sind deshalb vertragswidrig und verpflichten zum Schadensersatz. Dagegen können in Matineen und Nachtvorstellungen außerhalb und in Jugendvorstellungen innerhalb dieser Zeit andere Filme eingesetzt werden. Hierzu gehören auch Porno-Filme, soweit das Theater hierfür zusätzliche Leistungen mit der Filmdarbietung koppelt.

10   Bei Verletzung der Spielzeitverpflichtung ist als **Schadensersatz** der Betrag zu zahlen, den der Hauptfilm bei ordnungsgemäßem Einsatz in allen Vorstellungen der normalen Spielzeit erbracht hätte. Auszugehen ist hierbei von den Einspielergebnissen, die der betreffende Film in den abgewickelten Vorstellungen gebracht hat, und hieran anschließend festzustellen, was er in den weiteren Vorstellungen voraussichtlich noch eingespielt hätte; es ist also eine konkrete Schadensberechnung aufzumachen.

11   Innerhalb der für den Vertragsfilm vorgesehenen Spielzeit ist der Theaterbesitzer berechtigt, die branchenüblichen **Einschaltungen von Werbung** (Diapositive,

Werbefilme o. ä. m.) vorzunehmen. Hierbei muß jedoch die hierfür branchenübliche Zeit eingehalten werden. Sie beträgt auf Grund einer Selbstbeschränkung des Fachverbandes Film- und Diapositivwerbung 10 Minuten für Dias (= 30 Dias) und 7 Minuten für Werbefilme (= 200 m Werbefilm). Längere Werbeeinschaltungen sind dem Theaterbesitzer nicht gestattet, da sie den Verleiher durch Ausfall von Vorstellungen oder Verärgerung des Publikums bei der Auswertung seines Films beeinträchtigen könnten.

12 Eine Verpflichtung zur Verlängerung der Spieldauer kann sich aus der **Prolongationsklausel** ergeben, die auf der Vorderseite des Bestellscheins steht und im einzelnen regelt, wann die Voraussetzungen für eine solche Verlängerung (nämlich bei Erzielung bestimmter Ergebnisse an bestimmten Tagen) erfüllt sind. Da es sich bei der Prolongationsklausel nicht nur um ein Recht des Verleihers, sondern um eine automatisch wirkende Vertragsverlängerung handelt, hat der Theaterbesitzer bei Erfüllung der Prolongationsvoraussetzungen nicht nur eine Pflicht, sondern auch einen Anspruch auf Vorführung des Films in der Prolongationszeit. Sollte der Theaterbesitzer ohne Vorliegen der Prolongationsvoraussetzungen die Spieldauer freiwillig verlängern und sollten dann in der Verlängerungszeit die Voraussetzungen für die Prolongation eintreten, so muß der Theaterbesitzer die Spieldauer weiter verlängern, da durch die freiwillige Verlängerung alle Vertragsvorschriften – und damit auch die Prolongationsklausel – weiterbestehen, soweit sie nicht für die freiwillige Verlängerungszeit ausdrücklich ausgeschlossen worden sind.

13 Eine Ausnahme von den Bestimmungen über Spielzeit und Spieldauer hinsichtlich der Beschränkung auf einen Hauptfilm für die normale Spielzeit und die vorgesehene Spieldauer gilt für **Programmkinos.** Unter Programmkinos versteht man Filmtheater, die ihr Programm mit einer Vielzahl von nach filmkundlichen Gesichtspunkten zusammengestellten Filmen bestreiten, ihre Abspieltermine für mindestens einen Monat im voraus festlegen und ihr Programm mit entsprechenden Informationen gedruckt veröffentlichen. Bei den Filmbestellverträgen mit solchen Programmkinos wird dem ihrem Chrarakter entsprechenden Einsatz mehrerer Filme an einem Spieltag und/oder in einer Spielwoche Rechnung getragen.

14 Die **Rechtsprechung** hat sich bei **Zwangsterminen** an den Wortlaut der Bezugsbedingungen gehalten. Sie gibt insbesondere kein weiteres Verlegungsrecht, da in den Bezugsbedingungen ein Verlegungsrecht nur für den vereinbarten Spieltermin enthalten ist und es beim Zwangstermin ausdrücklich heißt, daß die Verleihfirma bei Nichterfüllung sofort Schadensersatz verlangen kann. Zu der Frage des Verhältnisses der allgemeinen gesetzlichen Bestimmungen zu den Terminierungsvorschriften der Bezugsbedingungen wird im Urteil des OLG München in NJW 1955, S. 1925 = UFITA Bd. 21, S. 86 ausführlich Stellung genommen mit dem Ergebnis, daß neben dem Terminierungsverfahren der Bezugsbedingungen nicht nur bei Zwangsterminen, sondern auch bei vereinbarten Terminen keine Fristsetzung und Androhung gem. § 326 BGB notwendig ist, um die Ansprüche der Verleihfirma auf Rücktritt vom Vertrag bzw. Schadensersatz wegen Nichterfüllung geltend zu machen.

15 Der BGH verneint bei Zwangsterminierungen den in den allgemeinen Bezugsbedingungen geregelten grundsätzlichen Übergang des **Wahlrechts** (3 Tage in der Woche oder 4 Tage über Sonntag) vom Besteller auf den Verleiher, wenn von vornherein feststeht, daß der Besteller den Film keinesfalls mehr als eine bestimmte Spielzeit spielen werde (hier 4 Tage über Sonntag). Lt. OLG Düsseldorf in UFITA Bd. 50, S. 1017 verbleibt auch im Fall der Zwangsterminierung durch den Verleiher dem Theaterbesitzer ein ihm vertraglich eingeräumtes Wahlrecht, den Film in einem seiner mehreren Theater vorzuführen. Diese Entscheidungen können aus den o. e. Gründen nicht überzeugen.

16   Die **Rechtsprechung** hat sich mit Recht in mehreren Entscheidungen gegen ein **Absetz-recht des Theaterbesitzers** bei Unrentabilität des Films ausgesprochen (vgl. OLG Frankfurt/Main UFITA Bd. 22, S. 120; AG München vom 13. 2. 1952, Az.: 9 C 865/51; LG Göttingen vom 31. 1. 1955, Az.: 3 O 126/54; LG München vom 15. 3. 1955, Az.: 7 Q 20/55; OLG Hamburg vom 5. 12. 1955, Az.: 3 U 233/55; LG Frankfurt/Main vom 17. 2. 1956, Az.: 2/10 O 216/55; LG München vom 8. 2. 1953, Az.: 15 S 454/52; KG vom 14. 12. 1971 in UFITA Bd. 67, S. 220; LG München vom 26. 10. 1979, Az.: 21 O 14121/79). Die Überlänge eines Films berechtigt den Theaterbesitzer grundsätzlich nicht zum Rücktritt vom Vertrag oder zur Vertragsanfechtung. Er ist weiter verpflichtet, den Film (unter veränderten Vertragsbedingungen) vorzuführen (OLG Frankfurt/Main in UFITA Bd. 38, S. 72). Vgl. auch die Kapitel 126 und 128.

17   In der **Rechtslehre** weist *Vogel* (aaO S. 59) darauf hin, daß eine Klausel auf der Vorderseite des Bestellscheins, wonach sich der Besteller verpflichtet, die bestellten Filme in einem bestimmten Rhythmus abzunehmen, bereits eine echte Abnahmepflicht enthalte und nicht nur die Verpflichtung, Spieltermine aufzugeben. Weiter bemerkt *Vogel* (S. 62), daß das Angebot des Theaterbesitzers über die Termine für das Abspiel der Filme den Verleih nicht verpflichtet, vertragswidrig angebotene Termine unter dem Gesichtspunkt des § 254 BGB, also zur Minderung des Schadens, anzunehmen. Eine derartige Schadensminderungspflicht würde durch die Rückwirkung auf andere Theaterbesitzer die Auswertung gefährden. Dagegen müsse der Verleiher einen angebotenen schlechten Termin, etwa in der geschäftsschwachen Vorweihnachtszeit, bestätigen, wenn er vertragsgerecht sei. Die Ablehnung eines solchen Termins bedürfe besonderer rechtfertigender Umstände, z. B. wenn es sich um eine bedeutende Erstaufführung handelt, für die der Verleiher vielleicht sogar einen Reklamezuschuß zugebilligt und damit einen guten Termin zur Geschäftsgrundlage gemacht hat. Zur Frage des Übergangs des Wahlrechts im Rahmen des Zwangstermininierungsverfahrens vertritt *Vogel* (S. 62) die Meinung, daß das Wahlrecht nicht auf den Verleiher übergehe, da hier keine Wahlschuld im Sinne des § 262 BGB gegeben und deshalb der § 264 BGB nicht anwendbar sei.

138. Kapitel. Erstaufführungs-, Vorspiel- und Mitspielrecht

1   Die Einhaltung der vom Verleih eingeräumten **Aufführungsfolgen** – insbesondere das Erstaufführungsrecht – wird in den Bezugsbedingungen ausdrücklich festgelegt. In rechtlicher Hinsicht zeigt sich hier der schuldrechtlich ausschließliche Charakter der dem Theaterbesitzer eingeräumten obligatorischen Lizenz, indem der Verleiher verpflichtet ist, dem Theaterbesitzer im Rahmen seiner Spielfolge und seines Spielbezirks die erste ausschließliche Vorführungsbefugnis unter Ausschluß anderer Theaterbesitzer zu überlassen. Der Theaterbesitzer hat das Recht, bei Verletzung dieser Ausschließlichkeit gegen den Verleiher vorzugehen.

2   Der Ausschluß gilt aber nicht außerhalb des **Spielbezirks.** Es kann deshalb vorkommen, daß ein Theaterbesitzer einer Mittelstadt einen Film vor der Erstaufführung in einer (vielleicht sogar benachbarten) Großstadt erhält, ohne damit das Erstaufführungsrecht des Erstaufführungstheaters der Großstadt zu verletzen.

3   Die Erstaufführung umfaßt die **gesamte Laufzeit** des Films in dem betreffenden Erstaufführungstheater (also die vertraglich vereinbarte Laufzeit einschließlich einer Pflichtprolongation sowie einer freiwilligen Prolongation) und ferner noch die sog. *verlängerte Erstaufführung* in einem anderen Theater des betreffenden Theaterbesitzers, das sich ebenfalls als ein Erstaufführungshaus qualifiziert und das die weitere Vorführung des Films als solche *verlängerte Erstaufführung* bezeichnet. Falls die Verleihfirma den Film beim Nachspieler erst nach Ablauf einer bestimmten Frist nach Beendigung der Erstaufführung einsetzen läßt, spricht man von einer sog. *Karenzzeit.*

4 Nach dem **Gesetz über Wettbewerbsbeschränkungen** (GWB) können die Theaterbesitzer von den Verleihern nicht die Überlassung bestimmter Aufführungsfolgen und die Einhaltung bestimmter Karenzzeiten fordern (§ 26 GWB). Hierzu hat das **BKA** in einer **Verfügung** vom 24. 6. 1965 in UFITA Bd. 44, S. 240 Stellung genommen und erklärt, daß die Theaterbesitzer keine solchen Ansprüche stellen könnten. Der Verleih müsse in der freien Disposition über die ihm zustehenden Lizenzrechte und Kopien unbeschränkt bleiben. Es bleibe dem Verleiher überlassen, ob er die traditionellen Erstaufführungsfolgen beachten wolle, was urheberrechtlich zu rechtfertigen sei. Karenzzeiten zu Lasten der Nachspieler dürften jedoch nicht eingeräumt werden.

5 In diesem Zusammenhang ist die weitere kartellrechtliche Frage aufgetaucht, ob Verleihfirmen, die eine besondere marktbeherrschende Stellung besitzen und damit die Voraussetzungen des § 26 GWB (evtl. als *Oligopol*) erfüllen könnten, zu einer **bestimmten Disposition** ihrer Filme im Sinne der rechtzeitigen Berücksichtigung der Nachauffführer verpflichtet werden können. Eine solche Verpflichtung kann auch für diese Verleihfirmen (falls es sie überhaupt auf dem deutschen Filmmarkt gibt) nicht angenommen werden. Die Einräumung von Erstaufführungs- und Vorspielrechten durch die Verleihfirmen erfolgt nämlich **nicht unbillig und willkürlich,** so daß es nicht entscheidend ist, wenn durch diese Aufführungsfolgen wirtschaftliche Interessen der Nachaufführer beeinträchtigt werden könnten.

6 Die Einhaltung von Erstaufführungs- und Vorspielrechten geschieht aus drei für den Verleiher **wirtschaftlich wesentlichen Motiven.** Er erwartet höhere Einnahmen aus einer längeren Abspielzeit in einem Erstaufführungstheater mit seinen höheren Eintrittspreisen und seinem stärkeren Publikumszuspruch. Er erhält bei langen Laufzeiten in Erstaufführungstheatern eine Werbung, die sich auf die ganze weitere Auswertung des Films und damit auch auf die Nachaufführer positiv auswirkt. Er muß seine Kopien rationell ausnutzen, was nur bei Einteilung in Erstaufführungen und Nachspieler möglich ist.

7 Das Vorspielrecht hat zur Folge, daß der Nachspieler, um das Vorspiel nicht zu stören, vor dem Auslaufen des Films beim Vorspieler nur **innerhalb seines Theaters** für den betreffenden Film **werben** darf. Der Begriff *innerhalb des Filmtheaters* kann nicht so verstanden werden, daß er nur die hinter der Abrißkontrolle liegenden Räume umfaßt, da dann die Nachspieler während der Vorspielzeit praktisch nur im Zuschauerraum ihres Theaters werben könnten. Er umfaßt vielmehr auch den Vorraum und die Vorhalle des Theaters und schließt nur die Schaukästen an der Straße, also die Straßenfront, aus. Im übrigen gibt diese Vorschrift der Bezugsbedingungen nur der Verleihfirma einen Anspruch gegen den Nachspieler und ist nicht etwa als ein Vertrag zugunsten Dritter aufzufassen, so daß er dem Vorspieler keinen unmittelbaren Anspruch gegen den Nachspieler verschafft.

8 Bei Erstaufführungen an größeren Plätzen erfolgt häufig der Einsatz von erfolgsträchtigen Filmen gleichzeitig in mehreren Erstaufführungstheatern desselben oder verschiedener Theaterbesitzer. Ein solches **Mitspiel** liegt im Rahmen der Dispositionsfreiheit der Verleiher, wird aber in der Praxis mit den betroffenen Theaterbesitzern abgestimmt. Soweit eine solche Abstimmung stattgefunden hat, kann der Verleiher mitspielende Theater gegenüber den anderen Vertragspartnern auswechseln, wenn sie einverstanden sind oder die Auswechslung keine stärkere Beeinträchtigung der Erstaufführungsrechte der anderen Theater als das ursprünglich mitspielende Theater mit sich bringt.

9 In der **Rechtsprechung** sind einige Grundsätze zum **Vorspielrecht** entwickelt worden. In einer Entscheidung des KG Berlin in UFITA Bd. 5, S. 210 wird festgestellt, daß das Erstaufführungsrecht seine Bedeutung in der Vorführung des Films als erstes Theater in einem bestimmten Spielbezirk erschöpft, nicht aber die Gleichordnung von Erstaufführungstheatern verschiedener Bezirke festlegt. Nach LG Berlin in UFITA Bd. 9, S. 502 soll die nochmalige Vorführung eines Films für einige Tage in einem Vorspieltheater das Zweitaufführungsrecht nicht verletzen. Vgl. auch Besprechung des LG Berlin in UFITA Bd. 9, S. 62, ob sich das Vorspielrecht des Bestellers allein nach der Vereinbarung oder nach der Branchenüblichkeit oder nach dem zeitlich früheren Abschluß richtet.

10 Über Rechtsfragen der **Mitspielrechte** s. OLG Hamburg vom 5. 12. 1955 (Az.: 3 U 233/55), wonach eine Vertragsklausel über die gleichzeitige Einräumung des Zweitaufführungsrechts an mehrere Theaterbesitzer für den Verleiher die Verpflichtung bedeutet, allen betreffenden Zweitaufführungstheatern die gleiche Chance zur Bestimmung der Termine für die Zweitaufführung einzuräumen. Das OLG Düsseldorf in UFITA Bd. 56, S. 332 sieht in der Vereinbarung von Vorspiel- und Karenzklauseln einen Verstoß des Filmtheaterbesitzers gegen § 26 GWB. Über die evtl. Verletzung des Erstaufführungsrechts durch Mitspiel in konkurrierenden Filmtheatern s. OLG Düsseldorf vom 6. 7. 1982 (Az.: 20 U 13/82).

11 In der **Rechtslehre** vgl. *Hirsch* (aaO S. 90), *Böhmer/Reitz* (aaO S. 206) und *Vogel* (aaO S. 65).

139. Kapitel. Fernsehsendung und Videoauswertung

1 Die Bestimmung der Bezugsbedingungen, wonach die Verleihfirma die Aufführungsbefugnis des Bestellers an dem gemieteten Film nicht durch eine Fernsehsendung schuldhaft beeinträchtigen darf, betrifft auf jeden Fall die **Erstaufführungsbefugnis.** Der Film wird, wenn er vorher oder gleichzeitig mit dieser Erstaufführung im Fernsehen ausgestrahlt wird, infolge der breiten Wirkung dieser Ausstrahlung vom Filmpublikum nicht mehr als ein Film angesehen werden, der in dem betreffenden Filmtheater seine erste Aufführung hat.

2 Das Gleiche gilt nicht ohne weiteres für alle **Nachspieler.** Es ist hier von Fall zu Fall zu prüfen, ob nach der Bedeutung des Films und der Wirkung der Fernsehausstrahlung dem Nachspieler diese vorherige Fernsehausstrahlung des Vertragsfilms zugemutet werden kann. Sollte dem Theaterbesitzer beim Abschluß des Filmbestellvertrages bekannt gewesen sein, daß der von ihm gemietete Film schon im Fernsehen ausgestrahlt worden ist oder vor dem Einsatz in seinem Theater im Fernsehen ausgestrahlt wird, so kann er aus dieser Fernsehausstrahlung keine Rechte herleiten. Anderenfalls wird es darauf ankommen, inwieweit die Nachaufführung nach ihrem Charakter und demjenigen des Vertragsfilms durch die Fernsehausstrahlung gestört wird (z. B. um so weniger, je länger sie nach der Erstaufführung liegt und je geringer die Marktchancen des betreffenden Films sind).

3 Ein Theaterbesitzer kann keine Ansprüche daraus herleiten, daß der Film in einem **ausländischen Lizenzgebiet,** dessen Fernsehsendungen in einem Teil des deutschen Lizenzgebietes empfangen werden können (z. B. Österreich, deutsche Schweiz, Luxemburg, Niederlande, DDR etc.), vor dem Einsatz in seinem Filmtheater **ausgestrahlt** worden ist. Auf diese Fernsehsendungen hat nämlich normalerweise – wie den Theaterbesitzern bekannt ist – die hiesige Verleihfirma keine Einwirkungsmöglichkeiten, da sie grundsätzlich nur die Rechte für das deutsche Lizenzgebiet erwirbt und daher auch Fernsehsperren nur für dieses Gebiet wirksam vereinbaren kann. Auch die FFA kennt keine Beschränkungen hinsichtlich der Ausstrahlungen von Filmen aus Nachbargebieten, während sie für die hiesigen Fernsehausstrahlungen zugunsten der geförderten und zu fördernden Filme in § 30 FFG eine Fernsehsperre festgelegt hat.

4   Die mögliche Beeinträchtigung des Theaterbesitzers durch die Fernsehausstrahlung des Vertragsfilms betrifft **alle Arten von Fernsehen,** deren Ausstrahlung vom deutschen Lizenzgebiet aus erfolgt. Sie gilt deshalb nicht nur für die derzeitige Fernsehausstrahlung durch die öffentlich-rechtlichen Rundfunkanstalten, sondern auch für etwaige zukünftige Formen des Kabelfernsehens, des Pay-Television und des Satelliten-Fernsehens. Das Satelliten-Fernsehen wird auch dann erfaßt, wenn es sich um einen Satelliten handelt, der vom Ausland her eingerichtet worden ist, aber mit inländischen Programmen beliefert wird, denn im Gegensatz zur Ausstrahlung einer Fernsehsendung aus benachbarten Gebieten geht es hier um eine Ausstrahlung für das gesamte deutsche Gebiet, die deshalb der hier veranlaßten Ausstrahlung gleichzustellen ist.

5   Die in § 30 **FFG** niedergelegte **Fernsehsperrfrist** zugunsten der Filmtheaterauswertung gilt nur für Filme, die Referenzfilmförderung nach dem FFG erhalten wollen oder für die Förderungshilfen der FFA verwandt worden sind. Aus dieser Vorschrift kann deshalb kein entsprechender Anspruch des Theaterbesitzers gegen den Verleiher solcher Filme hergeleitet werden. Sie hat bei Verletzung nur Folgen für die Förderungshilfen, die dann dem Produzenten entzogen werden oder von ihm zurückzuzahlen sind (s. Kapitel 32).

6   Die Bestimmung der Bezugsbedingungen, daß die Verleihfirma vor Neuvermietung an **nichtgewerbliche Spielstellen** den betreffenden Film dem Besteller zuerst anzubieten hat, ist dahin auszulegen, daß es sich hierbei nur um die vom Besteller bereits aufgeführten Filme handelt. Die Vorschrift spricht nämlich ausdrücklich von bereits aufgeführten Filmen. Sie enthält kein Meistbegünstigungsrecht, d. h., daß das Angebot nicht etwa zu denselben Bedingungen erfolgen muß, zu welchen der Film an die nichtgewerbliche Spielstelle abgegeben werden soll. Eine solche Gleichstellung verbietet sich schon deshalb, weil die Verhältnisse bei gewerblichen und nichtgewerblichen Spielstellen völlig verschieden sind (vor allem hinsichtlich der Eintrittspreise und der Filmmiete).

7   Es gibt in den Bezugsbedingungen keine **Schutz- und Sperrfrist** für den Vertrieb von **Videokassetten des Vertragsfilms** zugunsten der Filmtheaterauswertung. Es besteht aber eine Richtlinie der FFA, wonach geförderte oder zu fördernde deutsche Filme erst 6 Monate nach ihrer regulären Erstaufführung in einem Filmtheater in Form von Videokassetten ausgewertet werden dürfen.

8   Ferner haben der Verleiherverband und der Hauptverband Deutscher Filmtheater die folgende Regelung der **Videoschutzfrist** bzw. **Videosperrfrist** für in- und ausländische Filme empfohlen (in Form einer vom BKA geduldeten **Mittelstandsempfehlung**).

1. Die Verleihfirmen werden ab 1. 1. 1984 auf ihren Filmbestellscheinen diejenigen Filme, bei denen sie die Videorechte für das deutsche Lizenzgebiet besitzen, mit der Bezeichnung – V – versehen. An den nicht mit einem solchen Zeichen versehenen Filmen besitzen die betreffenden Verleihfirmen keine Videorechte.
2. Soweit den Verleihfirmen die Videorechte an den im Bestellschein erwähnten Filmen zustehen, räumen sie dem Theaterbesitzer als Vertragspartner eine Videoschutzfrist derart ein, daß sie diese Filme erst nach Ablauf von 6 Monaten nach der regulären Erstaufführung in einem Filmtheater des Lizenzgebietes in Videokassettenform, als Bildplatte oder sonstigem elektronischen Bildträger dem Publikum durch Verkauf oder Vermieten bzw. Verleihen zugänglich machen.

3. Soweit bei solchen Filmen die betreffenden Verleihfirmen ausnahmsweise aus wichtigen Gründen eine kürzere Schutzfrist (aber nicht kürzer als 3 Monate) anstreben, werden sie die Gründe hierfür der Arbeitsgemeinschaft Verleih/Theater darlegen.
4. Außerdem werden die Verleihfirmen bei solchen Filmen – ohne eine Rechtspflicht zu übernehmen – ihren Video-Programmanbieterfirmen empfehlen, auf dem Gebiet der öffentlichen Werbung (Außenwerbung) für den Videostart des Films bis einen Monat vor Ablauf der Schutzfrist Zurückhaltung zu üben.
5. Die vorliegenden Bestimmungen beziehen sich jeweils auf den einzelnen Film und Vertragspartner. Verletzt die Verleihfirma schuldhaft die ihr nach den Ziff. 2 und 3 obliegenden Verpflichtungen, so ist der Besteller berechtigt, die Abnahme des betreffenden Filmes zu verweigern. Schadensersatzforderungen stehen ihm jedoch in diesen Fällen nicht zu.
6. Der Besteller kann keine Rechte aus der Videoklausel herleiten, falls er sich im Abnahmeverzug mit dem betreffenden Film befindet.
7. Die vorliegenden Bestimmungen gelten für alle Verträge, die nach der Verabschiedung der Videoklausel in den Verbänden und nach der Bekanntmachung abgeschlossen werden.

9   Die in der **FFA-Richtlinie** für die Anträge auf Filmförderung festgelegte **Videoschutzfrist oder Videosperrfrist** kann ihrem Charakter nach nur rechtliche Verbindlichkeiten zwischen dem antragstellenden Filmhersteller und der FFA herbeiführen. Sie hat bei Verletzung nur Folgen für die Förderungshilfen, die dann dem Produzenten entzogen werden oder von ihm zurückzuzahlen sind. Sie bildet keine Grundlage für irgendwelche Ansprüche der Theaterbesitzer gegen die Verleiher der betreffenden Filme. Sie ist insoweit rechtlich genauso zu beurteilen wie die Fernsehsperrfrist des § 30 FFG.

10   Die Empfehlung der Verbände schafft **nicht** automatisch eine entsprechende **Vertragsklausel** für alle Filmbestellverträge oder eine Verpflichtung jeder Verleihfirma zur Anerkennung einer solchen Klausel. Auch kann von einem entsprechenden Handelsbrauch oder einer Verkehrssitte nicht gesprochen werden, da es hierzu an der langjährigen, einheitlich gleichförmigen Benutzung dieser Klausel fehlt. Die Empfehlung ist auch nicht zum Bestandteil der Bezugsbedingungen geworden. Sie ist für die Vertragspartner des Filmbestellvertrages deshalb nur verbindlich, soweit sie im Einzelvertrag ausdrücklich oder eindeutig erkennbar (z. B. durch Verwendung der vorgesehenen Kennzeichnungen der Filme im Bestellschein oder durch Anträge an die Arbeitsgemeinschaft Verleih/Theater) zum Vertragsinhalt gemacht worden ist.

11   Eine derart festgelegte 6monatige Videoschutzfrist bzw. Videosperrfrist hat **rechtlich zur Folge,** daß die Verleihfirma dem Theaterbesitzer gegenüber verpflichtet ist, den Vertragsfilm erst 6 Monate nach der Erstaufführung im Filmtheater in Form von Videokassetten auswerten zu lassen. Dabei ist unter Erstaufführung des Vertragsfilms seine öffentliche Vorführung in einem inländischen Filmtheater zu verstehen, der die normale branchenübliche Auswertung des Films folgt, bei der es sich also nicht nur um eine einmalige vorgezogene Vorführung handeln darf. Mit der Videoauswertung sind der Verkauf und die Vermietung der Videokassetten an das Publikum gemeint, da nur sie die Filmtheaterauswertung stören könnten, nicht etwa ein bloßer interner Vertrieb oder sonstige Verbreitung (einschließlich Werbung) für die endgültige Verwertung. Die Einräumung einer kürzeren Schutzfrist erfordert nur die Darlegung der hierfür maßgebenden Gründe vor der Arbeitsgemeinschaft Verleih/Theater und nicht etwa deren Zustimmung. Die ganze Empfehlung dient der **Markttransparenz** für die Theaterbesitzer und ist nach diesem Motiv zu beurteilen und zu bewerten.

12   Die vereinbarte Videoschutz- bzw. Videosperrfrist begründet **keinen Vertrag zugunsten Dritter.** Sie schafft nur Ansprüche und Verbindlichkeiten unter den Vertragspartnern, wirkt also z. B. nicht zugunsten anderer Theaterbesitzer. Sie ist obligatorischer Natur, bindet also den Verleiher nicht dinglich bei der Weitergabe der entsprechenden Nutzungsrechte. Sie gibt dem Theaterbesitzer bei Verletzung keine Unterlassungsansprüche, sondern nur ein Recht, die Abnahme des betreffenden Films abzulehnen, was ausdrücklich als einzige Sanktion vorgesehen ist.

13   Zur **Rechtslehre** wegen der Bedeutung der Fernsehsendung für die Erstaufführung vgl. *Vogel* (aaO S. 66).

140. Kapitel. Befreiung von der Lieferungs- und Abnahmepflicht

1   Die entsprechende Vorschrift der Bezugsbedingungen entbindet die Vertragspartner von ihren Vertragspflichten, falls ein Film nicht innerhalb der dort festgelegten Frist – nämlich bis zum 31. 12. des auf die Ankündigung des Films im Verleihprogramm der betreffenden Verleihfirma folgenden Jahres – in einem deutschen Verleihbezirk **angelaufen** ist. Sie stellt es hierfür auf das Erscheinen des Films ab, worunter man sowohl die Vorführung in einer *Trade-Show* vor interessierten Theaterbesitzern wie jede öffentliche Vorführung in einem Filmtheater und jede Vorführung in einer nichtgewerblichen Spielstelle (die in diesem Sinne auch öffentlich ist), nicht jedoch eine rein interne Vorführung (z. B. Besichtigung eines Films durch den Einkaufsstab der Verleihfirma) zu verstehen hat.

2   Damit ist für das Nichterscheinen oder nicht pünktliche Erscheinen eines Films in den Bezugsbedingungen eine **spezielle Regelung** enthalten, welche insoweit die allgemeinen gesetzlichen Vorschriften über Unmöglichkeit und Verzug ausschließt. Sie bezieht sich sowohl auf die Nichtherstellung bzw. verspätete Herstellung eines deutschen oder ausländischen Films als auch auf das verspätete Herausbringen eines solchen Films.

3   Die Vorschrift stellt es im Gegensatz zu den gesetzlichen Regeln **nicht** auf das **Verschulden** ab, sondern sieht auch dann eine Befreiung der Vertragspartner von der Lieferungs- bzw. Abnahmepflicht vor, wenn das Nichterscheinen oder verspätete Erscheinen des Films von der Verleihfirma zu vertreten ist oder ursprüngliches Unvermögen vorliegt. Sie umfaßt deshalb sowohl unverschuldete Schwierigkeiten, die im Rahmen der Filmherstellung auftauchen und diese unmöglich machen bzw. verzögern, oder Schwierigkeiten bei der Freigabe oder beim Import eines Films, die auf höhere Gewalt zurückgehen, wie auch zu vertretende finanzielle Umstände beim Verleiher, die das rechtzeitige Erscheinen eines Films verhindern, oder freiwillige Dispositionen des Verleihers, die erfolgen, weil ihm ein späterer Einsatz des Films (z. B. wegen der derzeitigen Auswertung eines gleichartigen Films durch einen anderen Verleih) zweckmäßiger erscheint. In allen diesen Fällen werden die Vertragspartner gleichermaßen von ihren Verpflichtungen frei, ohne daß weitere Ansprüche irgendwelcher Art (Schadensersatzansprüche oder Rücktrittsrecht von den anderen Filmabschlüssen) entstehen.

4   Es bleibt den Vertragspartnern unbenommen, die zeitliche **Abnahmeverpflichtung** durch Vereinbarung auf der Vorderseite des Bestellscheins zu **verlängern** oder sie überhaupt auf das Erscheinen des Films abzustellen. Eine solche Klausel bedeutet den Ausschluß einer Haftung für verspätetes Erscheinen des Films (im Sinne der Verleihsaison) unter Aufrechterhaltung der Abnahmeverpflichtung des Bestellers trotz der verspäteten Lieferung. Da sich bei einer solchen Verpflichtung eine gewisse Grenze aus dem Grundsatz von Treu und Glauben ergibt und sie bei der derzeitigen Marktlage nicht unter Ausnutzung einer Machtstellung der Verleihfirma diktiert werden kann, ist sie als rechtsgültig und verbindlich zu betrachten.

5   Die weitere Klausel der betreffenden Vorschrift der Bezugsbedingungen über die **Wiederanbietungspflicht** bei späterem Erscheinen gilt grundsätzlich dann nicht, wenn der Film nach Ablauf der Frist im Rahmen des normalen Verleihprogramms für eine spätere als die vertragliche Verleihsaison herausgebracht wird. Die Anbietung bei späterem Erscheinen als Einzelfilm oder in einer Zwischenstaffel hat grundsätzlich zu den Bedingungen des ersten Abschlusses zu erfolgen. Eine Ausnahme ist dann möglich, wenn das Verlangen auf Angebot zu den alten Bedingungen gegen berechtigte Interessen des Verleihers verstoßen würde, z. B. wenn der Film durch eine aufwendigere als die vorgesehene Gestaltung erheblich stärkere Geschäftsaussichten aufweist.

6   In allen Fällen der Wiederanbietung muß die **Identität** des Films gewahrt sein. Hierzu wird im einzelnen auf die Ausführungen über den Vertragsgegenstand (Charakterisierung und Kategorisierung der Filme) verwiesen (s. oben Kapitel 120).

7   Zur **Rechtsprechung** vgl. LG München vom 27. 9. 1955 (Az.: 7 O 127/55); OLG München vom 17. 12. 1953 (Az.: 6 W 1933/53) und LG Berlin in UFITA Bd. 9, S. 84.

141. Kapitel. Gefahrtragung und Benutzung bei den Filmkopien

1   Die Gefahrtragung beim Transport obliegt nach den Bezugsbedingungen dem Theaterbesitzer. Sie umfaßt die Fälle, in welchen die Filmkopie nicht oder nicht rechtzeitig oder beschädigt eintrifft, ohne daß einen der Vertragspartner des Filmbestellvertrages hieran ein Verschulden trifft. Die anderen Fälle des **Transportrisikos** sind bei den Lieferpflichten der Verleihfirma erörtert worden (s. Kapitel 126).

2   In fast allen Fällen sind beide Arten von Schäden durch **Versicherungen** gedeckt. Der Theaterbesitzer schließt üblicherweise die sog. Einheitsversicherung für Filmtheater ab, welche den Transport der Filme und den Aufenthalt der Filme bei ihm deckt.

3   Da die Filmkopien häufig vom Theaterbesitzer nicht an die Verleihfirma zurückgeschickt, sondern an einen Nachspieler am Ort oder an einen Theaterbesitzer an einem anderen Ort **weitergesandt** werden, bestimmen die Bezugsbedingungen, daß der Theaterbesitzer jeden Schaden unverzüglich anzeigen muß. Sollte er diese Anzeigepflicht verletzen, so wird vermutet, daß der Schaden in seinem Betrieb entstanden ist. Diese Beweisvermutung ist erforderlich, da sonst im Hinblick auf die erwähnten Weiterversendungen der Filme laufend Beweisschwierigkeiten auftreten würden.

4   Die weisungsgemäße **Weiterleitung** der Filme muß im Hinblick auf ihre Bedeutung vom Theaterbesitzer **sorgfältig** gehandhabt werden. Wegen der Häufigkeit derartiger Versandorder hat er dafür zu sorgen, daß in seinem Filmtheater zu den hierfür üblichen Geschäftszeiten ein Bevollmächtigter anwesend ist, der diese Weiterleitung durchzuführen hat (z. B. wichtig bei Filmtheatern, die nur an ein oder zwei Tagen in der Woche spielen). Wenn durch die Nichterfüllung dieser Verpflichtung die rechtzeitige Weiterleitung unterbleibt und dadurch dem Verleiher ein Schaden entsteht, macht sich der Theaterbesitzer schadensersatzpflichtig.

5   Der in den Bezugsbedingungen festgelegte **Ausschluß des Zurückbehaltungs-**
rechts des Theaterbesitzers an der Filmkopie und an dem Werbematerial liegt
darin begründet, daß durch eine solche Zurückbehaltung des Materials der Verleihfirma die weitere Auswertung des Films weitgehend unterbunden werden
könnte und ihr hierdurch ein unverhältnismäßig hoher Schaden entstehen würde.

6   Der Theaterbesitzer ist für eine **technisch einwandfreie Vorführung** des Films
verantwortlich, während die Verleihfirma ihm eine **technisch einwandfreie Ko-**
pie zu liefern hat. Man wird hierfür an beide Partner die branchenüblichen Anforderungen zu stellen haben, die im Hinblick auf den heutigen Stand der Technik
relativ hoch sind. Der Theaterbesitzer hat die besonderen Gefahren für die Kopien
bei der automatisierten Vorführung zu beachten. Der Verleiher hat auch für kleinere Filmtheater oder Filmtheater an kleineren Plätzen Kopien zu liefern, bei
denen Bildschärfe und Tonwiedergabe einwandfrei sind. Bei der Einführung filmtechnischer Neuerungen ist der allgemein erreichte technische Standard einzuhalten. Beide Vertragspartner haften nach § 278 BGB für ihre jeweiligen Erfüllungsgehilfen (z. B. Vorführer und Transporteure).

7   Zu der technisch einwandfreien Vorführungsweise gehört auch, daß der Theaterbesitzer die Filmkopien nur in dem **Verfahren** und auf der **Bildwand** zur Vorführung bringt, für welche sie gedacht sind. Er darf deshalb z. B. nicht einen für
seine Leinwandgröße nach dem Filmformat nicht passenden Film durch Verkür-
zungen an seine Leinwand angleichen, sondern er muß umgekehrt seine Leinwand
dem Format des Films anpassen. Eine zweckentfremdete Vorführung ist vertragswidrig und macht den Theaterbesitzer schadensersatzpflichtig.

142. Kapitel. Veräußerung bzw. Verpachtung des Filmtheaters

1   Der Erwerber eines Filmtheaters **haftet** nach den allgemeinen rechtlichen Vorschriften dem Verleiher für die **Filmbestellverträge,** die der Veräußerer des Filmtheaters abgeschlossen hat, nur unter **bestimmten Bedingungen.** Die Haftung
tritt ein, wenn eine ausdrückliche diesbezügliche Vereinbarung zwischen dem
Veräußerer und Erwerber des Filmtheaters dahingehend vorliegt, daß der Erwerber die Abschlüsse zu übernehmen hat. Dann ist ein Vertrag zugunsten Dritter,
nämlich der betroffenen Verleihfirmen, gegeben. Auf Grund dieses Vertrages
kann der Verleiher unmittelbar von dem Erwerber des Filmtheaters die Erfüllung
der Abschlüsse verlangen. Eine solche Haftung kommt ferner in Frage, wenn bei
der Veräußerung des Filmtheaters die Voraussetzungen des § 419 BGB gegeben
sind. Diese Voraussetzungen liegen vor, wenn das Filmtheater praktisch das ganze
Vermögen des Schuldners darstellt, so daß mit seinem Übergang sein ganzes
Vermögen auf den Nachfolger übergegangen ist, der dann für die Schulden des
Vorgängers zu haften hat.

2   Eine Haftung des Erwerbers kommt schließlich in Frage, wenn er selbst mit
dem **Verleiher** eine entsprechende **Abrede** trifft. Diese Abrede kann auch dadurch
getroffen werden, daß der Erwerber gegenüber bestimmten Verleihern **Bezugs-**
bedingungen anerkennt, in denen eine solche Haftung niedergelegt ist. Das gilt
aber immer nur gegenüber denjenigen Verleihern, mit denen solche Filmbestellverträge mit dieser Klausel in den Bezugsbedingungen abgeschlossen worden
sind, und nicht etwa generell gegenüber allen Verleihfirmen, wenn der Erwerber
einmal gegenüber einer Verleihfirma diese Übernahme der Filmbestellverträge des
Vorgängers anerkannt hat. Hier liegt ein Fall vor, wo man von der in den Bezugs-

bedingungen niedergelegten Regelung **nicht** sagen kann, daß sie durch einheitlich gleichförmigen Gebrauch allgemein verbindlich geworden wäre. Dazu sind hier die Abweichungen durch **Streichung** dieser Klausel seitens der Filmtheaterbesitzer zu häufig geworden. Auch ist fraglich, ob eine solche Klausel in den Bezugsbedingungen nicht gegen § 9 AGB verstoßen würde.

143. Kapitel. Rechtsnachfolge der Verleihfirma

1   Diese Vorschrift der Bezugsbedingungen über den Übergang der Filmbestellverträge auf den Rechtsnachfolger der Verleihfirma dient vor allem dem Zweck, den **Bestand** an Filmbestellverträgen für einen Film auch dann zu **erhalten,** wenn die **Verleihfirma** in **finanzielle Schwierigkeiten** gerät (insbesondere im Konkursfall). Ohne diese Vorschrift würde die Filmfinanzierung sehr erschwert, da der Kreditgeber ständig befürchten müßte, die Filmbestellverträge, welche die wichtigste Auswertungsgrundlage bilden, im Falle des Auftretens von Schwierigkeiten bei der Verleihfirma zu verlieren. Die Vorschrift ist für den Theaterbesitzer tragbar, da es ihm weniger auf die Firma des Verleihers als auf die Vertragsfilme ankommt, denn er ist weder vorleistungspflichtig noch ist die Filmlieferung unbedingt an eine bestimmte Verleihfirma gebunden. Da im Falle finanzieller Schwierigkeiten der Verleihfirma in den Lizenzverträgen meist ein Rückfall der Lizenzrechte an den Produzenten vorgesehen ist, berücksichtigt die Vorschrift auch diesen Fall, indem sie nicht nur der Verleihfirma das Recht gibt, die Filmbestellverträge auf eine andere Firma zu übertragen, sondern das gleiche Recht ihrem gesetzlichen oder vertraglichen Rechtsnachfolger einräumt, was meist die Produktionsfirma des betreffenden Films sein wird.

2   Auf der anderen Seite ist zu beachten, daß bei Rückfall der Lizenzrechte infolge finanzieller Schwierigkeiten der Verleihfirma der Produzent oder die neue Verleihfirma **nicht** etwa **verpflichtet** sind, die Filmbestellverträge zu erfüllen. Eine solche Verpflichtung kann nicht begründet werden, da beide nicht Vertragspartner der Filmbestellverträge sind. Der Theaterbesitzer bleibt im Falle der Nichterfüllung der Filmbestellverträge durch den Produzenten, an den die Lizenzrechte zurückgefallen sind, oder durch die neue Verleihfirma, auf die sie übergegangen sind, auf seine **Schadensersatzansprüche** gegen den ursprünglichen Verleiher **beschränkt.** Der Theaterbesitzer hat nämlich keine dinglichen Lizenzrechte erworben, die auch gegenüber dem Produzenten oder einer neuen Verleihfirma wirksam wären, sondern nur einen Anspruch aus einer obligatorischen Lizenz, der sich allein gegen die Verleihfirma richtet, mit der er den Filmbestellvertrag abgeschlossen hat.

3   Vgl. hierzu in der **Rechtslehre** auch *Vogel* (aaO S. 95), wonach diese Nachfolgeregelung wirtschaftlich die einzig mögliche sei. Nur auf diese Weise könne die in den Vorführungsverträgen bestehende Auswertungsgrundlage erhalten werden, während es für den Theaterbesitzer grundsätzlich unbedeutend sei, wer ihm die Filme liefert, zumal den Verleiher die Vorleistungspflicht trifft.

144. Kapitel. Schließung und Unterbrechung des Theaterbetriebes

1 Die unter diesem Abschnitt der Bezugsbedingungen vorgeschriebene Anwendung der allgemeinen gesetzlichen Vorschriften besagt, daß es für die **Haftung** des Theaterbesitzers darauf ankommt, ob er die Schließung des Theaters zu **vertreten** hat.

2 Die **Kündigung des Verpächters** hat der Theaterbesitzer grundsätzlich zu vertreten, da sie entweder infolge schuldhafter Vertragspflichtverletzungen des Theaterbesitzers erfolgt oder zum normalen Ablauf des Pachtvertrages vorgenommen wird und dann vom Theaterbesitzer bei Abschluß des Filmbestellvertrages hätte beachtet oder zumindest der Verleihfirma bekanntgegeben werden müssen. Auch die Schließung eines Filmtheaters infolge Nichtberücksichtigung von Bau- oder Sicherheitsvorschriften befreit den Theaterbesitzer grundsätzlich nicht von seinen Verpflichtungen aus den noch schwebenden Filmbestellverträgen. Es ist nämlich seine Pflicht, diese Vorschriften zu kennen und etwaige Mängel abzustellen.

3 Anders steht es, wenn der Theaterbesitzer das Filmtheater z. B. durch einen **nicht verschuldeten** Brand verliert oder allgemeine staatliche Verbote, die ihn ohne Verschulden treffen, die Weiterführung des Theaters unmöglich machen. Auch läßt die Tatsache einer Räumungsklage allein, gegen die sich der Theaterbesitzer zur Wehr setzt, noch nicht den Schluß zu, daß das Filmtheater geräumt werden muß und berechtigt deshalb die Verleihfirma noch nicht zur Auflösung des Filmbestellvertrages.

4 Zur Schließung eines Filmtheaters gehört auch die Schließung für einen oder **einige Tage** oder einige Vorstellungen. Auch dies stellt einen **Vertragsbruch** gegenüber dem Verleiher dar. Eine solche Schließung kann daher nur mit Genehmigung der Verleihfirma durchgeführt werden. Sie kann auch nicht mit Personalschwierigkeiten begründet werden (z. B. an Feiertagen wie Weihnachten), da es sich hierbei um Umstände handelt, die in den Risikobereich des Theaterbesitzers fallen.

5 Die Anwendung der allgemeinen gesetzlichen Vorschriften bedeutet, daß bei Verschulden des Theaterbesitzers an der Schließung (wozu Kenntnis möglicher Schließung ausreicht) entsprechende **Rücktritts- und Schadensersatzansprüche der Verleihfirma** entstehen, während sonst beide Parteien frei werden. Erfolgt eine **zeitweise Schließung** ohne Verschulden des Theaterbesitzers, so wird man unter Berücksichtigung der Gedanken über die vorübergehende Unmöglichkeit und unter Beachtung der Grundsätze von Treu und Glauben den Theaterbesitzer von denjenigen Filmabschlüssen ohne irgendwelche gegenseitigen Ansprüche befreien müssen, die voraussichtlich innerhalb der Zeit der Schließung abgewickelt worden wären. Es kann in diesen Fällen weder eine Auflösung einzelner Abschlüsse nach einseitigem Entschluß des Theaterbesitzers, noch ein Festhalten an allen Verträgen oder eine Auflösung nach einseitigem Entschluß der Verleihfirma stattfinden.

6 Zur **Rechtsprechung** über die hier behandelten Fragen vgl. AG München vom 7. 7. 1953 (Az.: 7 C 486/53); LG Düsseldorf vom 6. 10. 1955 (Az.: 4 O 54/55) sowie LG Frankfurt/Main vom 27. 9. 1956 (Az.: 2/1 S 885/55); BGH in UFITA Bd. 31, S. 332; OLG München vom 12. 2. 1952 (Az.: 6 U 1469/51) und LG Frankfurt/Main in UFITA Bd. 24, S. 260. Die Abspielverpflichtung des Theaterbesitzers geht auf ein neueröffnetes Theater über, wenn dies die wirtschaftlich direkte Fortführung eines alten Theater am gleichen Ort

– Monopolplatz – darstellt (OLG Frankfurt/Main in UFITA Bd. 24, S. 260 und OLG München in UFITA Bd. 42, S. 194).

7 In der **Rechtslehre** s. *Hirsch* (aaO S. 82); *Eckstein* (aaO S. 224) und *Stenzel* (aaO S. 74). *Vogel* (aaO S. 82) unterscheidet bei der Schließung eines Filmtheaters zwischen höherer Gewalt und Risikosphäre des Theaterbesitzers. Es gelte hier im übrigen die allgemeine Regel, daß die vorübergehende Unmöglichkeit erst dann der dauernden gleichstehe, wenn sie die Erreichung des Geschäftszwecks in Frage stelle, oder dem Theaterbesitzer die Einhaltung des Vertrages bis zum Wegfall der Unmöglichkeit nicht zumutbar sei (z. B. besondere Aktualität des Filmes).

145. Kapitel. Freiwillige Selbstkontrolle der Filmwirtschaft

1 Unter diesem Abschnitt der Bezugsbedingungen wird die **Verbindlichkeit** der FSK-Entscheidungen und der SPIO-JK-Gutachten für Verleiher und Theaterbesitzer festgelegt. Die Vorschrift hat weiter zur Folge, daß sich der Theaterbesitzer über die Bezugsbedingungen dem vertraglichen Überwachungs- und Strafverfahren der FSK und dem von der SPIO festgesetzten Prüfkostenbeitrag unterwirft.

2 Für den Verleiher bedeutet sie, daß er grundsätzlich **keinen Film ohne Freigabekarte der FSK** oder Gutachten der JK ausliefern darf und nur in der freigegebenen Fassung und in dem freigegebenen Umfang (z. B. Erwachsenen-, Kinder-, Jugend- und Feiertagsfreigabe). Den Theaterbesitzer verpflichtet sie, den Film **unverändert** in der von der FSK oder JK freigegebenen Fassung und nach der Art der Freigabe vorzuführen. Sie verpflichtet ihn ferner, die Entscheidungen genau einzuhalten. Das besagt, daß er z. B. die in der FSK-Entscheidung erwähnte Altersgruppe nicht willkürlich herabsetzen, aber auch nicht einfach heraufsetzen darf. Der Theaterbesitzer ist daher nicht berechtigt, z. B. einen Film mit der Maßgabe anzukündigen und vorzuführen, daß nur Personen über 18 oder über 20 Jahre zugelassen sind, obwohl der Film lt. FSK-Entscheidung ab 16 Jahren freigegeben worden ist.

3 Die Vorschrift der Bezugsbedingungen, wonach der Besteller die Abnahme eines Films wegen **Fehlens der Freigabebescheide** der FSK oder JK nur dann verweigern darf, wenn der Verleiher nicht auf andere Weise nachweisen kann, daß der Film freigegeben worden ist, verpflichtet den Theaterbesitzer, sich vor einer Ablehnung der Vorführung des Films beim Verleiher oder der FSK bzw. JK zu erkundigen, ob der Film tatsächlich und in welchem Umfang freigegeben worden ist. Diese Pflicht erwächst ihm auch aus § 254 BGB zwecks Verminderung eines evtl. Schadens. Der Verleiher hat freilich (soweit notwendig) den Nachweis der Freigabe und ihres Umfangs zu führen und dem Theaterbesitzer die Unkosten zu ersetzen, die diesem durch das Fehlen der Freigabekarte entstanden sind.

146. Kapitel. Erfüllungsort, Gerichtsstand und Schiedsgericht

1 Die hier gegebenen Vorschriften über Erfüllungsort und Gerichtsstand werden häufig auf der Vorderseite des Bestellscheins geändert, indem die Verleihfirma ihren **Zentralsitz** oder nach ihrer Wahl den Zentral- bzw. Filialsitz oder nach Wahl des jeweiligen Klägers den Zentral- bzw. Filialsitz als vereinbarten Gerichtsstand festlegt.

147. Kapitel. Die Bezugsbedingungen und das Gesetz zur Regelung der Allgemeinen Geschäftsbedingungen (AGB-Gesetz)

1   Allgemeine Geschäftsbedingungen im Sinne dieses Gesetzes sind alle für eine Vielzahl von Verträgen vorformulierten Vertragsbedingungen, die eine Vertragspartei (Verwender) der anderen Vertragspartei bei Abschluß eines Vertrages stellt. Solche allgemeinen Geschäftsbedingungen sind auch die von der Verleihfirma im Verhältnis zu den Filmtheatern verwandten **Bezugsbedingungen,** die gleichartige rechtliche Vorschriften enthalten und teilweise sogar als Handelsbrauch bzw. als Verkehrssitte zu gelten haben. Im Geschäftsbereich der Verleihfirma werden daher die Filmbestellverträge und die zu Grunde liegenden Bezugsbedingungen wie auch die Zusatzklauseln durch das **AGB-Gesetz berührt.** Hierbei spielt es keine Rolle, daß im Filmtheaterbereich sowohl Kaufleute als auch Nichtkaufleute als Vertragspartner für die vorformulierten Vertragsbedingungen in Frage kommen, da zahlreiche Bestimmungen des AGB-Gesetzes für Kaufleute wie Nichtkaufleute zutreffen.

2   Sowohl die Bezugsbedingungen als auch die Zusatzklauseln haben deshalb nach den **zwingenden Vorschriften** des AGB-Gesetzes deutlich lesbar zu sein, damit der Besteller in ihm zumutbarer Weise von den Einzelbedingungen Kenntnis nehmen kann. Unangemessen lange Fristen für die Abnahme oder Ablehnung könnten unwirksam sein (§ 10 Ziff. 1 AGB) wie auch die einseitige Verlängerung der zeitlichen Abnahmeverpflichtung, die bei Leistungsverzug des Verleihers das Recht des Bestellers einschränkt oder ausschließt (§ 11 Ziff. 3 AGB). Falls die Haftung des Bevollmächtigten, der kein Angestellter des Inhabers ist, neben dem Inhaber des Theaters verlangt wird, muß dies an gesonderter Stelle deutlich angebracht und vom Besteller unterschrieben werden (§ 11 Ziff. 14 AGB).

3   Um mit der **Generalklausel** des AGB in § 9 nicht zu kollidieren, sind nach dem Erlaß des Gesetzes die bisherigen Vorschriften über bestimmte Lieferungsverweigerungs-Tatbestände für den Verleih wie auch für den Filmtheaterbesitzer aus den allgemeinen Bestimmungen der Bezugsbedingungen **eliminiert** worden, ebenso wie die generellen Filmübernahmeverpflichtungen des Erwerbers/Pächters eines im Zeitpunkt der Übergabe im Betrieb befindlichen Filmtheaters meist entfallen sind.

4   Die häufig im Filmbestellvertrag verwandten **Verzugszinsklauseln** mit Verzugszinsen in bestimmter Höhe sind nach dem AGB-Gesetz nicht zu beanstanden, da der Verleih regelmäßig den Nachweis führen kann, daß von ihm aufzubringende Kreditzinsen für das laufende Geschäft dem Verzugszinsschaden entsprechen (§ 11 Nr. 5 AGB). Die im Zusammenhang mit dem Zahlungsverzug des Filmtheaters festgelegte Bestimmung, daß Verzug ohne Mahnung eintritt, ist nach dem AGB-Gesetz (§ 11 Nr. 4) unwirksam. Da die Filmbestellverträge sowohl mit Filmtheaterbesitzern, die Kaufleute sind wie mit solchen, die Nichtkaufleute sind, abgeschlossen werden und bei Kaufleuten die Verzinsung ab Fälligkeit eintritt (§ 353 HGB) werden in der **Praxis** alle in **Zahlungsverzug** befindlichen Filmtheater grundsätzlich nach der entsprechenden **Zahlungsfrist gemahnt,** die sich nach den Einzelbestimmungen (wie z. B. 28 Tage nach Abspiel oder 2 Tage nach Rechnungseingang) richtet.

5   Sollten einzelne Bestimmungen in Filmbestellvertragsformularen von Verleihfirmen wegen Verstoßes gegen AGB-Vorschriften unwirksam sein, bleibt nach § 6 AGB der Vertrag im **übrigen wirksam.** Soweit die Bestimmungen nicht

Vertragsbestandteil geworden oder unwirksam sind, richtet sich der Inhalt des Vertrages nach den gesetzlichen Vorschriften.

148. Kapitel. Vertragsbeendigung und Vollstreckung beim Filmbestellvertrag

1 In den Bezugsbedingungen ist über die Beendigung des Filmbestellvertrags weder auf der Vorderseite noch auf der Rückseite etwas **Besonderes** enthalten.

2 Nach allgemeinen Grundsätzen finden auch Filmbestellverträge ihr Ende, wenn die Vertragspartner alle Vertragspflichten **erfüllt haben.** Gemäß dem Charakter des Filmbestellvertrages ist hier zwischen den einzelnen Filmabschlüssen und dem gesamten Rechtsverhältnis zu unterscheiden. Die einzelnen Filmabschlüsse erledigen sich jeweils, wenn der Film vorgeführt und die Filmmiete abgerechnet und bezahlt worden ist. Das gesamte Rechtsverhältnis wird erst beendet, wenn auf diese Weise alle einzelnen Filmabschlüsse abgewickelt worden sind.

3 Neben dieser allgemeinen Vertragsbeendigung steht die **vorzeitige Auflösung** des Filmbestellvertrages. Sie kann zunächst – wie bei jedem Vertrag – durch Vereinbarung zwischen den Vertragspartnern erfolgen, die nach allgemeinen Rechtsgrundsätzen formlos (evtl. auch stillschweigend oder durch konkludente Handlung) gültig ist, obwohl hier der Vertrag selbst kraft Handelsbrauch einer bestimmten Form bedarf. Sie ist ferner möglich bei Rücktritt oder Kündigung einer Partei wegen Unmöglichkeit, Verzug oder positiver Vertragsverletzung der anderen Partei. Hierzu können noch Wegfall der Geschäftsgrundlage und Anfechtung bzw. Nichtigkeit kommen.

4 Die **Verjährung** der gegenseitigen Ansprüche ist im Filmbestellvertrag nicht besonders geregelt. Für die Praxis besonders wichtig sind die Verjährungsvorschriften im Hinblick auf den Abrechnungs- und Zahlungsanspruch des Verleihers. Gemäß der analogen Anwendung von Vorschriften des Pachtrechts auf den Filmbestellvertrag dürfte die Annahme der **vierjährigen Verjährungsfrist** des § 197 BGB den rechtlichen und wirtschaftlichen Gegebenheiten am besten Rechnung tragen.

5 Wenn der Theaterbesitzer **falsch abrechnet** und dies später entdeckt wird, so beurteilt sich die Verjährung der hieraus entstehenden Forderungen der Verleihfirma nach § 852 BGB, da es insoweit um eine Schadensersatzforderung aus unerlaubter Handlung geht. Diese Forderung verjährt demgemäß in **drei Jahren** nach Kenntnis des schädigenden Ereignisses, d. h. nach Durchführung der Revision, bei welcher die Falschabrechnung festgestellt worden ist.

6 Was die **Lieferungsansprüche des Theaterbesitzers** angeht, so werden sie zunächst durch die Bezugsbedingungen begrenzt, welche den Verleiher von der Lieferungspflicht freistellen, wenn der Film nicht innerhalb der dort erwähnten Frist – d. h. bis zum 31. 12. des auf die Ankündigung des Films im Verleihprogramm folgenden Jahres – erschienen, d. h. in einem inländischen Verleihbezirk angelaufen ist. Für den Anspruch des Theaterbesitzers auf Lieferung eines erschienenen Filmes wird man sinngemäß die gleichen Verjährungsvorschriften anzunehmen haben wie für den Anspruch der Verleihfirma gegenüber dem Theaterbesitzer aus demselben Vertrag. Diese Verjährung wird freilich kaum praktisch werden, da bei erschienenen Filmen wohl fast immer ein Terminierungsverfahren eingeleitet wird, wodurch bei fruchtlos verstrichenen Terminen der Lieferungsanspruch entfällt. Bei Nichtdurchführung eines solchen Verfahrens innerhalb angemessener Frist dürfte der Lieferungsanspruch verwirkt sein.

7 Die **Abnahmeverpflichtung des Theaterbesitzers** kann nach Treu und Glauben entfallen, wenn der Film in einem inländischen Verleihbezirk angelaufen ist, aber der Verleiher über eine unüblich lange Zeit von dem Theaterbesitzer keine Termine verlangt hat. Das kommt in der Praxis vor allem im Rahmen von Konkurs- oder Liquidationsverfahren bei Verleihfirmen vor.

8 In der **Rechtsprechung** wird hinsichtlich der **Verjährung der Zahlungsansprüche** des Verleihs in einer Entscheidung des LG München vom 10. 5. 1955 (Az.: 7 O 9/55) die Frage offengelassen, ob hier der § 196 Ziff. 6 BGB (gewerbsmäßige Vermietung beweglicher Sachen) mit der zweijährigen Frist oder der § 197 BGB (Rückstände von Pachtzinsen) mit seiner vierjährigen Frist in Betracht kommt. Die Anwendung der §§ 195 oder 196 Ziff. 1 BGB wird als mit den wirtschaftlichen Gegebenheiten nicht vereinbar abgelehnt. In einer Entscheidung des LG Frankfurt/Main vom 19. 10. 1955 (Az.: 310 C 1007/55) wird ausgeführt, daß die Vorschriften des § 196 Ziff. 6 BGB keinesfalls angewandt werden könnten, da es beim Filmbestellvertrag nicht nur um die Vermietung einer Kopie, sondern um die Gewährung einer Lizenz zur gewerblichen Nutzung des Films gehe und beides nicht voneinander zu trennen sei. Das LG Hamburg vom 7. 11. 1956 (Az.: 15 O 216/56) erklärt, daß der Vertrag zwischen dem Verleiher und dem Filmtheaterbesitzer kein Mietvertrag über eine Filmkopie, sondern ein urheberrechtlicher Nutzungsvertrag eigener Art sei, so daß für den Vergütungsanspruch gegen den Theaterbesitzer keine besondere Verjährungsfrist, sondern die allgemeine Frist des § 195 BGB von 30 Jahren in Frage komme. Das LG München in UFITA Bd. 48, S. 313 hat in analoger Anwendung des § 197 BGB eine vierjährige Verjährungsfrist für Zahlungsansprüche des Filmverleihers angenommen. So auch LG Hamburg in UFITA Bd. 30, S. 242.

9 Zum **Beginn der Verjährungsfrist** vgl. OLG Frankfurt/Main in UFITA Bd. 43, S. 164. LG Frankfurt/Main vom 9. 5. 1956 (Az.: 2/6 O 88/54) führt zur Verjährung der Schadensersatzansprüche bei Falschabrechnungen folgendes aus: ,,Überdies verstößt es gegen Treu und Glauben, wenn ein Theaterbesitzer, dem nach Überzeugung des Gerichts wiederholt bewußt unrichtige Angaben in Abrechnungen nachgewiesen worden sind, sich auf Verjährung der sich aus seiner Handlungsweise ergebenden Forderungen der Verleihfirma beruft.''

149. Kapitel. Die Zwangsvollstreckung beim Filmbestellvertrag

1 Die Zwangsvollstreckung seitens der Verleihfirma bzw. in die Zahlungsansprüche der Verleihfirma gegen den Theaterbesitzer begegnet keinen besonderen Problemen. Es ist lediglich fraglich, ob in das **Inventar des Theaterbesitzers** – insbesondere in die Vorführmaschinen – vollstreckt werden darf, da hier häufig die einzig realisierbaren Werte für rückständige Filmmieten liegen oder ob er insoweit Vollstreckungsschutz genießt. Hierzu ist darauf abzustellen, ob bei dem jeweiligen Theaterbetrieb die Kapitalausschöpfung oder die persönliche Betätigung des Theaterbesitzers im Vordergrund steht, wobei nur im letzteren Fall der Vollstreckungsschutz Platz greift.

2 Was die **Vorführungsbefugnis des Theaterbesitzers** angeht, so kann sie der Pfändung nicht zugänglich sein. Es handelt sich nämlich bei dieser Vorführungsbefugnis um eine rein schuldrechtliche Lizenz. Der aus dieser schuldrechtlichen Lizenz erwachsene Anspruch des Theaterbesitzers ist nicht frei veräußerlich, sondern an den konkreten Theaterbetrieb gebunden. Damit scheidet aber eine Zwangsvollstreckung in ihn nach § 850 ZPO aus.

3 Nach den anerkannten Grundsätzen der **Rechtsprechung** entfällt bei Kapitalausschöpfung der Pfändungsschutz des § 811 Ziff. 5 ZPO, während er im anderen Fall Platz greift. Dabei kann gesagt werden, daß heute die Gerichte meist bei mittleren und größeren stationären Filmtheatern das Überwiegen der Kapitalausschöpfung bejahen und deshalb unter Verneinung der Anwendbarkeit des § 811 Ziff. 5 ZPO die Zwangsvollstreckung in das Kinoinventar zulassen. Dagegen neigen die Gerichte dazu, bei Kleintheatern (AG Vilbel vom 17. 10. 1952 – Az.: M 382/52) die persönliche Leistung des Kinobesitzers für größer zu erachten als eine etwaige Kapitalauswertung und deshalb unter Berufung auf § 811 Ziff. 5 ZPO einen Pfändungsschutz bezüglich der Kinoeinrichtung einzuräumen.

150. Kapitel. Folgen des Konkurses für den Filmbestellvertrag

1   Beim **Konkurs** über das Vermögen des **Verleihers** bestimmen sich die Rechte des Theaterbesitzers nach § 17 KO, soweit einzelne Filme des Filmbestellvertrags, die in der Konkursmasse verblieben sind, noch nicht geliefert und deshalb die Abschlüsse beiderseitig noch nicht erfüllt sind. Soweit der Konkursverwalter an Stelle des Gemeinschuldners den Vertrag erfüllen will, ist er in der üblichen Form abzuwickeln. Anderenfalls bleibt dem Theaterbesitzer lediglich ein Anspruch auf Schadensersatz als Konkursforderung.

2   Im **Konkurs** des **Theaterbesitzers** dürften gemäß dem pachtähnlichen Charakter des Filmbestellvertrages die §§ 19 und 20 KO anwendbar sein. Bei der kurzfristigen Überlassung der Filme wird in diesem Zusammenhang der § 19 KO weniger eine Rolle spielen als der § 20 KO. Die Verleihfirma kann also bezüglich aller noch nicht gelieferten Filme nach § 20 KO vom Vertrag zurücktreten, auch wenn der Konkursverwalter des Filmtheaterbesitzers Erfüllung verlangt.

3   In der **Rechtslehre** vgl. hierzu *Hirsch* (aaO S. 114) und *Eckstein* (aaO S. 225). Die Auffassung von *Becker* in UFITA Bd. 6, S. 143, der den Filmbestellvertrag in diesem Fall dem § 17 KO unterstellen will, kann nicht überzeugen, da sie von einer unrichtigen Betrachtung über die Rechtsnatur des Filmbestellvertrages ausgeht. Zu den Ansprüchen des Verleihers bei Belieferung eines konkursreifen Filmtheaters vgl. in der **Rechtsprechung** BGH in UFITA Bd. 24, S. 223.

10. Abschnitt. Das Recht des Filmtheaters

151. Kapitel. Allgemeines

1 Mehrere filmrechtlich bedeutsame Rechtsgebiete, die auch den Filmtheaterbesitzer unmittelbar betreffen, werden in den Abschnitten 1, 3 und 9 behandelt. Im Abschnitt 1 sind es die Kapitel 2 bis 13 über die strafrechtlichen Schranken der **Filmfreiheit** und über den **Jugend-** und **Feiertagsschutz** im Filmtheater. Im Abschnitt 3 geht es um die Kapitel 36 über die **Abspielförderung** für Filmtheater und Kapitel 38 über die **Abgabepflicht** der Filmtheater. Der ganze Abschnitt 9 hat den für den Filmtheaterbesitzer wichtigsten Vertrag – den **Filmbestellvertrag** mit dem Filmverleiher – zum Gegenstand. Diese Kapitel gehören deshalb auch zum Recht des Filmtheaters.

2 In diesem Abschnitt werden die weiteren für den Filmtheaterbesitzer bedeutsamen Rechtsgebiete behandelt. Dabei stehen im Vordergrund die typisch filmrechtlich geprägten privatrechtlichen Verträge und öffentlich-rechtlichen Vorschriften, wie der **Filmtheaterbesuchsvertrag,** der **Filmtheaterwerbevertrag** und die **Vergnügungssteuer-** und **Sicherheitsvorschriften** für Filmtheater. Ergänzend werden das **Arbeits-** und **Miet-** bzw. **Pachtrecht** des Filmtheaterbesitzers behandelt, die sich im wesentlichen nach den allgemeinen rechtlichen Bestimmungen auf diesen Gebieten richten.

3 Die Begriffe des **Filmtheaterbesitzers,** des **Filmwerks** und der öffentlichen **Filmvorführung** (gewerblich und nichtgewerblich) im Sinne dieses Abschnitts sind die gleichen Begriffe, wie sie im Abschnitt 9 verwandt werden (s. Kapitel 116).

152. Kapitel. Die Rechtsnatur und der Abschluß des Filmtheaterbesuchsvertrages

1 Der normale Filmtheaterbesuchsvertrag hat die öffentliche Vorführung eines Films in einem **gewerblichen Filmtheater** gegen Entgelt zum Inhalt. Zu den **entgeltlichen** Filmtheaterbesuchsvertrag gehören aber auch öffentliche oder nicht öffentliche Filmvorführungen in **nichtgewerblichen Spielstätten** (z. B. in kommunalen Filmtheatern), wobei das Entgelt in einem Eintrittspreis oder einem Unkostenbeitrag oder in einem Beitrag zu der Institution bestehen kann, welche die nichtgewerbliche Filmvorführung durchführt. Daneben gibt es **unentgeltliche** Filmtheaterbesuchsverträge für einzelne Besucher (Freikarten für Kritiker, Behördenvertreter, Bekannte des Theaterbesitzers), für einzelne Gruppen von Filmbesuchern (z. B. Branchenangehörige bei Trade-Show-Veranstaltungen oder Gäste bei ersten Aufführungen eines bestimmten Films) oder für sämtliche Filmbesucher (z. B. bei Eröffnung eines Filmtheaters oder beim sog. *Tag der offenen Tür* oder bei der Vorführung von Werbefilmen bzw. Industriefilmen in einem Filmtheater). Mit Ausnahme der Rechtsfragen, die unmittelbar mit dem Entgelt zusammenhängen, sind für die entgeltlichen und unentgeltlichen Filmtheaterbesuchsverträge gleichermaßen die nachstehend erörterten Rechte und Pflichten des Filmtheaterbesitzers und der Filmbesucher maßgebend.

2 Der normale entgeltliche Filmtheaterbesuchsvertrag ist – ebenso wie der Theater-, Konzert-, Varieté- und Kabarettbesuchsvertrag – als **Werkvertrag** im Sinne der §§ 631 ff BGB anzusehen. Ein solcher Vertrag liegt vor, wenn sich ein Unternehmer zur Herstellung eines Werkes und der Besteller zur Entrichtung einer bestimmten Vergütung verpflichten, wobei als Gegenstand dieser Bestellung sowohl die Herstellung oder Veränderung einer Sache wie jeder andere durch Arbeit oder Dienstleistung herbeizuführende Erfolg in Betracht kommen. Diese Voraussetzungen sind beim Filmtheaterbesuchsvertrag gegeben. Der Theaterbesitzer verpflichtet sich zur Herbeiführung eines bestimmten Erfolgs – Vorführung eines bestimmten Films zu einer bestimmten Zeit und an einem bestimmten Ort – während der Theaterbesucher hierfür die Entrichtung einer Vergütung – Bezahlung des Eintrittspreises – verspricht. Diese Charakterisierung des Filmtheaterbesuchsvertrags seinem Hauptinhalt nach als Werkvertrag besagt jedoch nicht, daß alle für diesen Vertrag wesentlichen gesetzlichen Bestimmungen abschließend in den §§ 631 ff BGB niedergelegt sind. Der Besuchsvertrag enthält Bestandteile (z. B. Erwerb der Eintrittskarte, Besetzung des Sitzplatzes), die anderen gesetzlichen Vertragstypen mehr entsprechen als dem Werkvertrag, so daß insoweit die gesetzlichen Vorschriften für diese Vertragstypen anwendbar sind. Sodann gelten selbstverständlich für den Filmtheaterbesuchsvertrag die allgemeinen gesetzlichen Vorschriften über gegenseitige Verträge und Schuldverhältnisse.

3   Von den Fällen des unentgeltlichen Theaterbesuchsvertrags stellen sich diejenigen, in denen aus reiner Gefälligkeit ein kostenloser Theaterbesuch gewährt wird, rechtlich als Schenkung dar. Denn hier macht der Theaterbesitzer einem anderen eine Zuwendung, über deren Unentgeltlichkeit sich beide Partner einig sind. Die Einladung von Kritikern zur Premiere und die Aufforderung von Theaterbesitzern zur Trade-Show der Verleiher dürften jedoch nicht als **Schenkung** anzusehen sein. Beim **Kritiker** erwartet der Theaterbesitzer als Gegenleistung die Abfassung und Veröffentlichung einer Kritik, was auch üblicherweise geschieht und wodurch die zur Schenkung erforderliche Unentgeltlichkeit (das Entgelt braucht nicht nur in Geld, sondern kann in einer anderen Leistung bestehen) ausgeschlossen ist. Bei der *Trade-Show* handelt es sich um eine Veranstaltung, die man nicht gesondert, sondern nur im Rahmen der allgemeinen Vertragsverhandlungen zwischen Verleiher und Theaterbesitzer über den Abschluß von Filmbestellverträgen zu betrachten hat, wodurch auch hier die für die Schenkung wesentliche Unentgeltlichkeit ausscheidet. In beiden Fällen finden also nicht die Bestimmungen über die Schenkung, sondern die gleichen Vorschriften Anwendung, die für den normalen Filmtheaterbesuchsvertrag gelten.

4   Der **Unterschied** ist vor allem mit Rücksicht auf einige besondere gesetzliche Vorschriften für die Schenkung von Bedeutung. Hierzu gehört, daß ein Schenkungsversprechen nur wirksam ist, wenn es gerichtlich oder notariell beurkundet wird und daß sich die Haftung des Schenkenden auf Vorsatz und grobe Fahrlässigkeit beschränkt, während beim Werkvertrag für jede Fahrlässigkeit gehaftet wird. Wenn also beispielsweise der Theaterbesitzer aus reiner Gefälligkeit einem anderen den kostenlosen Theaterbesuch mündlich oder privatschriftlich verspricht, so ist er an dieses Versprechen rechtlich nicht gebunden und braucht es deshalb nicht zu erfüllen. Erleidet ein aus Gefälligkeit kostenlos zugelassener Besucher irgendeinen Schaden, so hat der Theaterbesitzer dafür nur zu haften, wenn er den Schaden vorsätzlich oder infolge grober Fahrlässigkeit verursacht hat. Anders ist das beim Kritiker und bei der Trade-Show, für die diese Schenkungsregeln nicht gelten. Wenn ein Kritiker bei der Premiere oder einer der eingeladenen Theaterbesitzer bei der Trade-Show zu Schaden kommt, so haftet der Theaterbesitzer dafür im allgemeinen Umfange, also wie bei jedem anderen Besucher, für Vorsatz und Fahrlässigkeit.

5   Die unentgeltlichen Filmtheaterbesuchsverträge haben ihre Grenzen in den einschlägigen Bestimmungen der Filmbestellverträge, die der Theaterbesitzer abgeschlossen hat. In den üblichen Filmbestellverträgen wird die Zahl der **Freikarten,** die der Theaterbesitzer ausgeben darf, festgelegt, und zwar in den Bezugsbedingungen mit einer Quote von wöchentlich 5% der Sitzplatzzahl. Soweit solche Bezugsbedingungen nicht zum Vertragsinhalt geworden sind, kann man in Höhe dieser Quote von einer branchenüblichen Begrenzung der Ausgabe von Freikarten ausgehen, so daß diese Quote gilt, falls nicht im Einzelfall eine andere Vereinbarung nachweisbar ist (vgl. hierzu Kapitel 135). Weitere Freikarten darf der Theaterbesitzer dem Verleiher gegenüber nicht vergeben, d. h., er hat für etwa doch ausgegebene weitere Freikarten dem Verleiher auf der Basis des hierfür maßgebenden Eintrittspreises Abrechnung zu erteilen.

6   **Kostenlose Filmvorführungen,** also Filmveranstaltungen mit freiem Eintritt für alle Besucher, sind nur mit der ausdrücklichen Zustimmung des Verleihers erlaubt. Das ergibt sich bei den üblichen Filmbestellverträgen schon aus der prozentualen Beteiligung der Verleihfirma an den Einnahmen des Theaterbesitzers aus dem Verkauf von Eintrittskarten und bei Filmbestellverträgen mit Festpreisen oder *O. B.* Lieferungen aus dem allgemeinen Interesse der Verleiher (z. B. wegen der weiteren Auswertung) an der entgeltlichen Vorführung ihrer Filme (vgl. Kapitel 129 und 135). Unabhängig hiervon finden sie ihre gesetzlichen Schranken in den Vorschriften über den **lauteren Wettbewerb,** wonach ein Produkt, das der Mitbewerber gegen ein Entgelt veräußert, nicht ohne einen ganz besonderen Grund unentgeltlich feilgeboten werden darf. (So kann z. B. zur Eröffnung eines Filmtheaters *ein Tag eintrittsfrei* sein, nicht jedoch gleich *drei Tage.*) Solche unentgeltlichen Filmveranstaltungen sind immer unzulässig, wenn sie als ein *Lockangebot* oder als ein *psychologischer Kaufzwang* für spätere Filmvorführungen betrachtet werden könnten. Diese Voraussetzungen sind nicht gegeben, wenn es sich bei unentgeltlichen Filmveranstaltungen nur um allgemeine Werbung für den Filmtheaterbesuch handelt, also z. B. alle Theater an einem bestimmten Ort einen *Tag der offenen Tür* durchführen.

7   Der **Abschluß des Filmtheaterbesuchsvertrags** setzt wie jeder Vertragsabschluß zwei übereinstimmende Willenserklärungen voraus, d. h., daß eine Partei ein Angebot macht und die andere Partei dieses Angebot unverändert annimmt. Nimmt die andere Partei dieses Angebot unter Einschränkungen, Erweiterungen oder sonstigen Änderungen an, so gilt das als Ablehnung verbunden mit einem neuen Angebot. Wendet man diese Grundsätze auf den Geschäftsverkehr zwischen Theaterbesitzer und Publikum an, so fragt sich, worin hier Angebot und Annahmeerklärung liegen und wann demgemäß der Filmtheaterbesuchsvertrag zustande kommt.

8   In der **öffentlichen Ankündigung** des Films, des Filmtheaters und der Spielzeiten in Verbindung mit dem Aushang der Plätze und Eintrittspreise ist noch kein Angebot des Theaterbesitzers an das Publikum auf Abschluß eines Filmtheaterbesuchsvertrags zu sehen. Der Theaterbesitzer will sich nämlich durch die öffentliche Ankündigung der Vorstellung noch nicht binden, sondern nur die Interessenten auffordern, ihrerseits bindende Angebote für den Theaterbesuch zu machen.

9   Diese tatsächlichen Umstände müssen so ausgelegt werden, daß erst in der **Forderung der Eintrittskarte** durch den Besucher das Angebot auf Abschluß des Vertrages und in der Nennung des Eintrittspreises oder stillschweigend in der Aushändigung der Eintrittskarte durch den Theaterbesitzer oder seine Angestellten die Annahme dieses Angebots zu sehen sind. Der Filmtheaterbesuchsvertrag

kommt also erst durch die genannte Handlung des Theaterbesitzers oder seiner Angestellten zustande.

10 Ist somit geklärt, wann und wodurch der Theaterbesuchsvertrag zustande kommt, so taucht die weitere Frage auf, ob der Theaterbesitzer zum Vertragsabschluß mit jedem Interessenten verpflichtet ist, ob also für ihn **Abschlußzwang** besteht, und ob der Vertrag eine bestimmte **Form** und einen bestimmten **Inhalt** haben muß oder frei gestaltet werden kann.

11 Im Privatrecht, dem der Theaterbesuchsvertrag angehört, herrscht der Grundsatz der **Vertragsfreiheit**. Er besagt, daß der Theaterbesitzer die Freiheit hat, mit jenen Personen abzuschließen, mit denen er abschließen will. Er kann also grundsätzlich jede ihm unliebsame Person vom Theaterbesuch ausschließen, indem er den Vertragsabschluß mit ihr ablehnt. Eine besondere gesetzliche Bestimmung, wie sie etwa für Bahn, Post, Versorgungsbetriebe (Gas, Wasser, Elektrizität) und rationierte Waren in Gestalt eines Abschlußzwanges mit jedem Interessenten gilt, existiert für Filmtheater nicht. Eine verbreitete Meinung, die für die vom Staat oder den Gemeinden betriebenen Sprechtheater wegen ihres faktischen Monopolcharakters einen Abschlußzwang mit jedem Interessenten annimmt, kann auf Filmtheater keine Anwendung finden, denn diese sind heute Privatbetriebe und besitzen meist kein Monopol der Filmvorführung.

12 Eine **Ausnahme** von der **Abschlußfreiheit** könnte sich aus dem Grundsatz der verfassungsrechtlichen **Informationsfreiheit** nach Art. 5 GG und des Verbotes der unsittlichen Schadenszufügung nach § 826 BGB ergeben. Wenn also z. B. ein Theaterbesitzer in einer Stadt sämtliche Filmtheater besitzt (Monopolplatz) und Interessenten **willkürlich** vom Theaterbesuch ausschließt, so könnte hierin eine Verletzung dieser Vorschriften zu sehen sein, die dem betroffenen Interessenten einen Anspruch auf den Theaterbesuch verschaffen (vgl. Kapitel 15). Dies gilt verstärkt für Personen, die beruflich auf den Theaterbesuch angewiesen sind. So kann z. B. ein Theaterbesitzer einen **Filmkritiker** nicht vom Theaterbesuch ausschließen, auch wenn er scharfe und negative Kritiken über die in diesem Theater vorgeführten Filme schreibt, es sei denn, daß dies seitens des Kritikers aus unsachlichen Motiven (z. B. persönliche Differenzen mit dem Theaterbesitzer) geschieht.

13 Von Bedeutung im Rahmen der Abschlußfreiheit des Filmtheaterbesitzers ist noch die Frage, ob der Theaterbesitzer ganze **Personengruppen** vom Besuch einzelner Filme **ausschließen** darf. Das kann z. B. aktuell werden, wenn ein Film von der hierfür zuständigen FSK im Namen der Obersten Landesjugendbehörden für bestimmte Altersgruppen freigegeben worden ist, jedoch der Theaterbesitzer die Auffassung vertritt, er sei nicht für alle diese Altersgruppen geeignet oder liege bei höherer Jugendeinstufung geschäftlich günstiger. Der Film ist z. B. freigegeben ab 12 Jahren, aber der Theaterbesitzer hält kraft seiner Einstellung zum Jugendschutz oder aus Werbegründen eine Freigabe ab 16 Jahren für besser und kündigt daher unter Berufung auf sein Hausrecht an, daß bei ihm dieser Film nur für Angehörige der Altersgruppe ab 16 Jahren zu besichtigen ist. Hier ist zunächst zu beachten, daß der Theaterbesitzer nach dem Filmbestellvertrag, und zwar auf Grund ausdrücklicher Vorschrift (Bezugsbedingungen) oder sinngemäß (nach Branchebrauch), an die Entscheidungen der FSK und damit auch an deren Alterseinstufungen gebunden ist. Er ist also dem Verleiher gegenüber privatrechtlich verpflichtet, die FSK-Entscheidungen auch hinsichtlich der Jugendeinstufung zu beachten und den Angehörigen aller Altersgruppen Zugang zu dem Film zu gewähren, für die der Film kraft FSK-Entscheidung freigegeben worden ist (vgl. Kapitel 145).

14   Unabhängig hiervon ist auch aus einem anderen Grunde das **Hausrecht** des Theaterbesitzers auf diesem Gebiet und damit seine Abschlußfreiheit **beschränkt**. Nach den Bestimmungen über den Jugendschutz liegt nämlich in der Einstufung nach Altersgruppen sowohl ein Ausschluß der Gruppen, für die ein Film nicht freigegeben worden ist, als aber auch eine Berechtigung der Angehörigen der Altersgruppen auf Filmbesichtigung, für die er freigegeben worden ist. Wenn der Theaterbesitzer also diesen Altersgruppen trotz der Freigabe diesen Besuch verwehrt, so kann hierdurch das verfassungsmäßig verankerte Recht dieser Kinder bzw. Jugendlichen auf Zugang zu dem für sie freigegebenen Film verletzt werden. Hier muß jeweils eine Abwägung zwischen diesem Recht und dem Hausrecht des Theaterbesitzers stattfinden, wobei die Bedeutung des betreffenden Films für die betroffenen Kinder und Jugendlichen die entscheidende Rolle spielen dürfte.

15   Zu diesem Grundsatz der Abschlußfreiheit tritt das Prinzip der **Formfreiheit** des Filmtheaterbesuchsvertrags. Für den Filmtheaterbesuchsvertrag gelten keine besonderen Formvorschriften. Sein Abschluß kann deshalb schriftlich, mündlich oder durch konkludente Handlungen erfolgen. Meist geht der Abschluß so vor sich, daß der Besucher ein Angebot durch Forderung der Karte für eine bestimmte Platzkategorie macht, das die Kassiererin durch konkludente Handlung, nämlich Überreichen der Eintrittskarte, annimmt.

16   Der dritte Punkt des Prinzips der Vertragsfreiheit, die **Freiheit der inhaltlichen Vertragsgestaltung,** ist unter den derzeitigen Wirtschaftsverhältnissen ebenfalls gewahrt. Vor allem ist der Eintrittspreis als wesentlicher Bestandteil des Vertrags der freien Vereinbarung überlassen, nachdem die Preisverordnung auf diesem Gebiet im April 1952 endgültig aufgehoben worden ist. Der Eintrittspreis findet seitdem nur noch in Bestimmungen über Preistreiberei seine Grenzen, die jedoch praktisch bei dem Niveau der Filmtheatereintrittspreise und den herrschenden Konkurrenzverhältnissen nebst der zu beobachtenden Tendenz gleichartiger Preise für gleichwertige Theater keine Rolle spielen.

17   In der **Rechtsprechung** des BGH (UFITA Bd. 38, S. 56) sind Grundsätze für Filmvorführungen zu Werbezwecken in Filmtheatern aufgestellt worden. Hiernach verstößt die Einladung zum kostenlosen Besuch solcher Filmvorführungen gegen den § 1 UWG, wenn diese Einladung irrige Vorstellungen über den Charakter der Veranstaltung als einer Werbeveranstaltung und die Art des Gebotenen erwecken könnte.

18   Im Inland ist der Fall des **Kritikers** – soweit bekannt – nur einmal von der **Rechtsprechung** entschieden worden, und zwar im Hinblick auf das Sprechtheater. In einer Entscheidung vom 3. 2. 1931, die später vom Reichsgericht bestätigt wurde, hat das OLG Hamm (UFITA Bd. 4, S. 192) sich ausführlich mit der Frage des Kontrahierungszwangs für ein städtisches Theater befaßt, die beim Ausschluß eines Kritikers durch einen Theaterdirektor aufgetaucht war. Hierbei haben sich das OLG Hamm und das Reichsgericht (RGZ 133/388) grundsätzlich auf den Standpunkt gestellt, daß auch für städtische Theater kein Kontrahierungszwang besteht, die Vertragsfreiheit jedoch ihre Grenze in der allgemeinen Bestimmung des § 826 BGB findet. Die Voraussetzungen des § 826 BGB wurden jedoch in dem vorliegenden Fall nicht angenommen, da der Theaterdirektor das Theaterverbot nicht aus Willkür und auch nicht zur Ausübung eines Druckes verfügt hatte, sondern weil er eine Schädigung des Theaters durch die als unsachlich und unrichtig empfundenen Kritiken verhindern wollte.

19   Über Theaterfreiplätze für die **Polizei** (Mangel des Rechtsanspruchs) vgl. *Wehrhahn* (UFITA Bd. 23, S. 167) und die dort zitierte Rechtsprechung.

20   Das Bezirksgericht und Obergericht Zürich und das **Schweizer Bundesgericht** (*Neue Zürcher Zeitung* vom 8. 9. 1953 und *Neue Zürcher Zeitung* vom 9. 2. 1954) haben festgestellt, daß es für Theaterbesitzer grundsätzlich keinen Kontrahierungszwang gibt. Ein Ausnahmefall könne nur begründet sein, wenn eine sachlich nicht gerechtfertigte Verweigerung des Vertragsabschlusses lebenswichtige Interessen Anderer verletzen oder gefährden würde. Eine Anwendung der verfassungsmäßigen Freiheitsrechte (Pressefreiheit, freie Meinungsäußerung usw.) wird für diesen Fall abgelehnt.

21   In der **Rechtslehre** vgl. Abhandlung von *Fessmann* in NJW 1983, S. 1164.

153. Kapitel. Rechte und Pflichten aus dem Filmtheaterbesuchsvertrag

1   Nach Abschluß des Filmtheaterbesuchsvertrags, und zwar üblicherweise im unmittelbaren Anschluß, erbringt der Theaterbesucher die ihm obliegende Hauptleistung: die Zahlung des Eintrittspreises. Der Theaterbesitzer seinerseits gibt vor Erbringen seiner eigentlichen Hauptleistung, also vor Ablauf der Vorstellung, dem Besucher einen besonderen Berechtigungsausweis: die **Eintrittskarte.** Die Gründe für die Zwischenschaltung dieser Karte sind offensichtlich. Nur mit ihrer Hilfe lassen sich Vorverkauf, verschiedene Platz- und Preiskategorien und ordnungsgemäße Besetzung des Theaters durchführen. Ferner ist die Eintrittskarte zur Kontrolle für die Steuerbehörde und den am Einspielergebnis prozentual beteiligten Verleih von entscheidender Bedeutung, da man nur durch Abstempelung der Karten und Verbot des Verkaufs ungestempelter Karten einen Überblick über die Zahl der verkauften Eintrittskarten und damit über die Einnahmen des Theaterbesitzers erlangen kann.

2   Eine solche Eintrittskarte, die meist nur den Namen des Filmtheaters, Tag und Zeit der Vorstellung, Platzkategorie und Kontrollnummer enthält, wirft eine Reihe rechtlicher Probleme auf. Die herrschende Lehre sieht in der Eintrittskarte ein **Inhaberpapier** im Sinne des § 807 BGB, also eine Urkunde, die ihrer Bestimmung nach dem jeweiligen Inhaber ein selbständiges Recht verschaffen soll. Sie soll dazu dienen, demjenigen, der sie vorzeigt, einen Anspruch auf den Besuch des Filmtheaters zu gewähren.

3   Aus diesem Charakter der Eintrittskarte als Inhaberpapier ergeben sich eine Reihe von wichtigen rechtlichen Folgerungen. Zunächst hat derjenige, der eine Eintrittskarte vorzeigt, einen **Anspruch auf Zulassung** zu der auf der Karte vermerkten Vorstellung. Der Theaterbesitzer kann keinen zusätzlichen Berechtigungsnachweis über den ordnungsgemäßen Abschluß des Besuchsvertrags fordern. Er kann dem Inhaber der Eintrittskarte den Besuch der Vorstellung nur dann verweigern, wenn er ihm nachweist, daß er die Karte unrechtmäßig erworben, also beispielsweise gestohlen oder schwarz gekauft hat.

4   Als weitere Folge des Charakters der Eintrittskarte als Inhaberpapier gilt es für den Theaterbesitzer immer als **Erfüllung seiner Leistungspflicht** aus dem Theaterbesuchsvertrag, wenn er den Inhaber der Eintrittskarte zu der Vorstellung einläßt. Dabei ist es gleichgültig, ob der Inhaber der Karte tatsächlich der Berechtigte aus dem Theaterbesuchsvertrag ist oder nicht. Auch wenn der Besucher die Karte gestohlen oder schwarz gekauft hat, wird der Theaterbesitzer von seinen Vertragspflichten frei, wenn er dem Inhaber der Eintrittskarte den Theaterbesuch verschafft. Das entspricht dem Sinn und Zweck der Eintrittskarte, die gerade den Theaterbesitzer von der Nachprüfung der tatsächlichen Berechtigung ihres Inhabers befreien soll. So kann der Theaterbesitzer zwar den unrechtmäßigen Inhaber der Karte (beispielsweise den Dieb oder Schwarzhändler) zurückweisen, wenn er ihm die Unrechtmäßigkeit seines Kartenbesitzes nachweist, aber er ist nicht verpflichtet, die tatsächliche Berechtigung des Karteninhabers zu überprüfen. Eine Ausnahme wird nach allgemeinen Grundsätzen nur dann zu machen sein, wenn der Theaterbesitzer positiv weiß, daß der Inhaber der Karte diese durch eine strafbare Handlung erlangt hat und wenn er ihn trotzdem in einer die Straftat begünstigenden Weise die Vorstellung mit Hilfe der gestohlenen Karte besuchen läßt.

5 Ferner ergibt der Charakter der Eintrittskarte als Inhaberpapier die Berechtigung des Inhabers, die ihm aus der Karte zustehenden Rechte auf Dritte zu übertragen, also die Karte zu verkaufen oder zu verschenken. Etwas anderes gilt nur, wenn es sich um besondere, auf den **Namen ausgestellte Karten** handelt (also etwa persönliche Einladung zu Premieren), bei denen Verkauf und Übertragbarkeit ausdrücklich ausgeschlossen sind. Die gewöhnliche Eintrittskarte kann übrigens auch weitgehend gutgläubig erworben werden. Während normalerweise ein gutgläubiger Erwerb von gestohlenen Sachen nicht möglich ist, kann die Eintrittskarte als Inhaberpapier auch aus der Hand eines Nichtberechtigten (beispielsweise eines Diebes) ordnungsgemäß erworben werden, wenn der Erwerber nicht wußte und auch den Umständen nach nicht wissen mußte, daß sie gestohlen war. Der Erwerber wird in einem solchen Falle berechtigter Inhaber der Karte, obwohl sie zwischenzeitlich einem Nichtberechtigten gehört hat. Das alles soll der Verkehrsfähigkeit des Inhaberpapiers dienen.

6 Als letzte wichtige Folge aus dem Charakter der Eintrittskarte als Inhaberpapier ist noch zu erwähnen, daß das **Recht** auf Besuch der Vorstellung allein in der **Karte verkörpert** ist. Wenn also der Besucher die Karte verliert, so hat er keinen Anspruch mehr auf den Besuch der Vorstellung, auch wenn er beweisen kann, daß er die Eintrittskarte gekauft, den Eintrittspreis bezahlt und die Karte nicht freiwillig weitergegeben hat.

7 Die **Verpflichtungen des Filmtheaterbesitzers** aus dem Besuchsvertrag bestehen nach Wortlaut und Sinn dieses Vertrages in der Durchführung der angekündigten **Filmvorstellung** an dem angekündigten **Ort** und zu der angekündigten **Zeit** unter Einräumung des dem Besucher zugesicherten **Platzes** und in **einwandfreier Form.** Diese einzelnen Verpflichtungen bedürfen einer näheren Betrachtung.

8 Die Vorstellung muß an dem **angekündigten Ort,** also an der bei Vertragsabschluß (Kauf der Eintrittskarte) angegebenen Stelle, stattfinden. Das wird bei festen Filmtheatern der Natur der Sache nach wohl immer der Fall sein. Anders steht es mit Wandervorführungen (z. B. durch nichtgewerbliche Veranstalter), bei denen nach Vertragsabschluß die Notwendigkeit eintreten kann, die Vorstellung nicht in dem angekündigten Saal, sondern an einem anderen Platz durchzuführen. Wenn diese Änderung der Vorführstätte auf Umstände zurückzuführen ist, die der Unternehmer nicht verschuldet hat (z. B. zwingende technische oder geschäftliche Gründe) und wenn an dem anderen Platz eine qualitativ gleichwertige Vorstellung gewährleistet ist, so wird man dies als vertragsgemäße Leistung anerkennen können. Das gilt aber nicht, wenn der Unternehmer die Schuld an der Änderung der Vorführstätte trägt, wenn er sich also zu spät um den Abschluß des Mietvertrags für den vorher angekündigten Saal bemüht hat und dadurch nicht rechtzeitig in den Besitz des Saales gelangt ist. Das gilt ferner dann nicht, wenn der andere Saal keine entsprechenden Vorführmöglichkeiten bietet, wenn er z. B. eine wesentlich schlechtere Wiedergabe des Films bedingt als der ursprünglich angekündigte Saal. Sollte der Filmunternehmer bei Wandervorführungen z. Zt. des Vertragsabschlusses (z. B. beim Vorverkauf) bezüglich der Vorführstätte noch nicht absolut sicher sein, so hat er die Möglichkeit, dem Besucher gegenüber einen entsprechenden Vorbehalt zu machen (*Änderung der Vorführstätte vorbehalten o. ä. m.*). Dann kann

der Besucher aus dem späteren Wechsel der Vorführstätte keine Rechte herleiten. Entsprechendes gilt bei **Kinowechsel** innerhalb von **Kinozentren,** die also dem Besucher gegenüber zulässig sind, wenn sie aus wirtschaftlichen oder technischen Gründen erfolgen und eine gleichwertige Vorführung gewährleistet ist.

9   Die Vorstellung muß zu der **angekündigten Zeit,** also zu dem beim Kauf der Eintrittskarte angegebenen, auf der Karte vermerkten Datum und zu der dort festgelegten Stunde stattfinden. Nach Wortlaut und Sinn des Filmtheaterbesuchsvertrags handelt es sich bei ihm rechtlich gesehen um ein sog. **Fixgeschäft** im Sinne des § 361 BGB, d. h. ein Rechtsgeschäft, bei dem die Leistung des einen Teiles genau zu einer bestimmten Zeit bewirkt werden muß. Bei solchen Fixgeschäften gilt nur die Erfüllung zu der festgelegten Zeit als ordnungsgemäße Vertragserfüllung, d. h., der andere Teil ist zum Rücktritt vom Vertrag berechtigt, wenn die Leistung nicht zu der bestimmten Zeit erfolgt, auch wenn die Verzögerung auf kein Verschulden des Leistungspflichtigen zurückzuführen ist. Der Theaterbesucher braucht sich demnach mit einer Verlegung der Vorstellung auf einen anderen Zeitpunkt nicht einverstanden zu erklären, selbst wenn der Theaterbesitzer durch äußere, von ihm nicht verschuldete Umstände (z. B. plötzliche Stromsperre) dazu gezwungen worden ist. Die in diesem Zusammenhang häufig anzutreffende Ankündigung: ,,*Die gelösten Eintrittskarten behalten für die am . . . nachzuholende Vorstellung ihre Gültigkeit*'' besagt rechtlich nur, daß der Besucher das Recht hat, die von ihm gekaufte Eintrittskarte für die spätere Vorstellung zu verwenden. Er ist aber hierzu nicht verpflichtet, sondern kann die Karte auch zurückgeben und den Eintrittspreis zurückverlangen.

10   Dem Besucher muß der ihm **zugesicherte Platz,** also der auf der Eintrittskarte nach Platzkategorie und evtl. auch Nummer vermerkte Platz, gewährt werden. Diese Verpflichtung umschließt gemäß dem Sinn und Zweck des Filmtheaterbesuchsvertrags die Pflicht, dem Theaterbesucher einen Platz zu verschaffen, von dem aus er die Vorführung einwandfrei wahrnehmen kann. Plätze, von denen aus das Filmbild nur zu einem Teil oder nur in verzerrter Form zu sehen und der Ton nur ungenau zu hören ist, sind deshalb keine vertragsgemäße Leistung. Eine Ausnahme gilt nur, wenn der Besucher auf die schlechte Sicht oder Akustik bestimmter Plätze vorher hingewiesen worden ist oder wenn sie ihm bekannt waren und er sich durch die Lösung einer Eintrittskarte für den betreffenden Platz stillschweigend mit der Mangelhaftigkeit dieses Platzes einverstanden erklärt hat. Der Besucher kann ferner einen Platz fordern, welcher der üblichen Form und Bequemlichkeit von Filmtheaterbestuhlungen entspricht. Für die Gewährung der üblichen Form und Bequemlichkeit kann der Theaterbesitzer keinen Sonderaufschlag (z. B. Polsteraufschlag) verlangen. Soweit er solche Zahlungen fordert, sind sie Bestandteil des Eintrittspreises, was bedeutet, daß sie gegenüber dem Verleih, der FFA und der Steuer, die prozentual am Eintrittspreis beteiligt sind, abgerechnet werden müssen (vgl. Kapitel 135).

11   Die Vorstellung muß den **angekündigten Film,** also das beim Vertragsabschluß (Kauf der Eintrittskarte) angegebene Filmprogramm, enthalten. Das hat eine mehrfache Bedeutung.

12   Der Besucher kann verlangen, daß ihm **genau der Film** vorgeführt wird, der beim Vertragsabschluß angekündigt war. Er braucht sich nicht mit einem anderen Film zufriedenzugeben, und zwar auch dann nicht, wenn dieser andere Film dem angekündigten Film in bezug auf Qualität und Aktualität gleichwertig oder sogar überlegen ist und den Filmtheaterbesitzer an der Auswechslung keine Schuld trifft (es wird ihm z. B. die Kopie eines falschen Films geschickt). Denn der Theaterbe-

sucher hat den Vertrag über die Vorführung eines bestimmten Films abgeschlossen, und niemand kann ihm zumuten, sich dafür einen anderen Film anzusehen.

13 Das gilt auch für das **Beiprogramm,** soweit es besonders angekündigt und somit zum Vertragsinhalt geworden ist und der betreffende Besucher seine Eintrittskarte nicht nur wegen des Hauptfilms gekauft hat. Es gibt immer eine Reihe von Besuchern, die auch wegen eines bestimmten Beiprogrammfilms das betreffende Filmtheater aufsuchen. Natürlich bleibt es dem Theaterbesitzer, wenn die Auswechslung eines Haupt- oder Beiprogrammfilms erforderlich wird, immer vorbehalten, den Besuchern den **Ersatzfilm** an Stelle des angekündigten Films anzubieten. Die Besucher, die dann nicht widersprechen – also nicht ihr Eintrittsgeld zurückfordern –, erklären sich dadurch stillschweigend mit der Auswechslung des Films einverstanden, wodurch der Ersatzfilm zu der vertragsgemäßen Leistung des Theaterbesitzers wird.

14 Der Theaterbesucher kann eine **Vorführungsdauer** verlangen, wie sie sich aus den Ankündigungen in Inseraten und am Filmtheater über die Vorführzeiten ergibt. Er kann ferner fordern, daß ihm innerhalb dieser Zeit, falls nicht ausdrücklich etwas anderes angekündigt ist, ein abendfüllender bzw. programmfüllender Film (also von einer Mindestlänge zwischen 60 und 79 Minuten Vorführdauer) vorgeführt wird und daß im übrigen Programmteil die Werbung keinen Umfang annimmt (d. h. nicht mehr als 17 Minuten pro Vorstellung), der über das branchenübliche Maß hinausgeht (vgl. hierzu Kapitel 137 und 158).

15 Der Besucher kann beanspruchen, daß ihm der angekündigte Film in **einwandfreier Form** vorgeführt wird. Der Theaterbesitzer hat also für die technisch ordnungsgemäße Wiedergabe des Films Sorge zu tragen. Dazu gehört eine vollständige und in Bild und Ton den allgemeinen Anforderungen gemäß dem jeweiligen Stand der Technik gerecht werdende Vorführung. Wie hoch diese Anforderungen im einzelnen sind, richtet sich nach der Verkehrsüblichkeit, wobei auch die allgemeinen wirtschaftlichen und technischen Verhältnisse der betreffenden Zeit und der Charakter (Aufführungsfolge) und die Eintrittspreise des betreffenden Filmtheaters berücksichtigt werden müssen. So dürfte z. B. eine ordnungsgemäße Vorführung und damit eine vertragsgemäße Leistung stets zu verneinen sein, wenn z. B. die Kopie stark verregnet ist, der Film häufig reißt, Ton und Bild für lange Strecken nicht synchron sind, die Tonwiedergabe so schlecht ist, daß beträchtliche Teile des Dialogs unverständlich bleiben, erhebliche Teile des Films fehlen oder durch Störaktionen anderer Besucher nicht zu verstehen sind o. ä. m.

16 In allen Fällen einer nicht ordnungsgemäßen Vorführung, auch wenn diese nur wesentliche Teile des Films (z. B. Fehlen wichtiger Stellen usw.) betrifft, ist der Besucher nicht nur zu einer entsprechenden Minderung des Eintrittspreises, sondern zur Rückforderung des ganzen Betrages berechtigt. Es ist nämlich offensichtlich, daß nur die ordnungsgemäße Vorführung des ganzen Films den Besucher zum Vertragsabschluß bewogen hat, und daß eine **Teilleistung** für ihn ohne Interesse und Wert ist. Wenn also z. B. die letzten Szenen eines Films in einer Vorstellung wegen plötzlicher Stromsperre oder Störaktionen anderer Besucher o. ä. m. nicht mehr einwandfrei gezeigt werden können, so hat der Besucher das Recht, den ganzen Eintrittspreis zurückzuverlangen, obwohl er einen Teil des Films gesehen hat.

17 Der Filmtheaterbesitzer hat somit für die **technische Qualität** der Filmvorführung grundsätzlich einzustehen. Dagegen trifft ihn keine Verantwortung für **Inhalt** und **künstlerische Qualität** des Films. Der Filmtheaterbesucher wird durch die Vorankündigung des Films über seinen Charakter, die Produktions- bzw.

Verleihfirma, den Regisseur und die Hauptdarsteller unterrichtet. Hieraus kann er sich ein ungefähres Bild über den betreffenden Film machen, vor allem, ob es sich um einen heiteren oder ernsten Film, Star- oder Ensemblefilm, Musik- oder Dialogfilm, historischen oder modernen Film handelt. Sagen ihm Sujet und Besetzung soweit zu, daß er sich zum Besuch des Films entschließt, so kann er den Theaterbesitzer nicht verantwortlich machen, wenn ihm der Film nachher nicht gefällt.

18 In diesem Zusammenhang und unter diesen Gesichtspunkten ist die Frage der **Filmwerbung** zu erörtern. Werden in der Werbung falsche Angaben über die für den Besucher wesentlichen Eigenschaften eines Films gemacht, so hat der Theaterbesitzer hierfür einzustehen. Wenn also z. B. ein inzwischen zum Star gewordener Filmschauspieler in einem älteren Film eine kleine unbedeutende Rolle spielt und dieser Film von einem Theaterbesitzer in einer Form propagiert wird, die den betreffenden Star als Hauptdarsteller erscheinen läßt, so kann der Besucher, der durch diese falsche Ankündigung zum Besuch bestimmt wurde, sein Eintrittsgeld zurückfordern. In solchen Fällen fehlt nämlich der Filmvorführung eine besonders zugesicherte, für den Vertragsabschluß wichtige Eigenschaft, was den Besucher zum Rücktritt vom Vertrag berechtigt.

19 Werden dagegen in der **Reklame** nur allgemeine, wenn auch übertrieben positive Werturteile über die Bedeutung des betreffenden Films abgegeben, so hat der Theaterbesitzer hierfür nicht zu haften. Wenn also z. B. in der Reklame für den Film von einem *Meisterwerk, dem größten historischen Film, dem Schlager der Saison,* der *besten Leistung des Stars X,* dem *Non plus ultra an Action-Film* oder dem *spannendsten Kriminalfilm* die Rede ist, so kann der Besucher nicht sein Eintrittsgeld mit der Begründung zurückverlangen, daß diese Voraussetzungen nicht erfüllt seien. Hier handelt es sich um die Form der Superlativwerbung, die nicht auf feststellbare Tatsachen, sondern auf geschmäckliche Werturteile hinweist, deshalb für jeden in ihrer Bedingtheit erkennbar und daher auch wettbewerbsrechtlich zulässig ist.

20 Bei dem wachsenden Einsatz von **Reprisen** (über diesen Begriff s. Kapitel 134) in Filmtheatern, wobei es meist um früher sehr erfolgreiche oder um filmkünstlerisch bzw. filmgeschichtlich wertvolle Filme geht, bedarf die Frage der Ankündigung und Werbung für solche Reprisen durch den Filmtheaterbesitzer einer besonderen Behandlung. Dabei bleibt ein Film eine Reprise, solange er in der Gesamthandlung und -gestaltung seine Identität wahrt, auch wenn er neu bearbeitet worden ist (z. B. durch Schnitte oder Einfügungen oder durch eine neue Synchronisation), d. h. also, solange ein betroffener Besucher in ihm den alten Film wiedererkennt. Eine andere Beurteilung kann nur gelten, wenn lediglich Teile eines alten Films in einen ansonsten (also in seiner weitaus überwiegenden Länge) neuen Film eingebaut worden sind.

21 Bei solchen Reprisen muß der Theaterbesitzer in den Ankündigungen und in der **Werbung** alles unterlassen, was beim potentiellen Filmbesucher den Eindruck eines neuen Films erwecken könnte. Diesen Anforderungen wird der Theaterbesitzer gerecht, wenn er den Film unter dem alten Titel und mit einem der damaligen Werbung vergleichbaren Werbematerial herausbringt. In einem solchen Fall braucht er nicht noch zusätzlich auf den Charakter des Films als Reprise hinzuweisen, da er durch diese Ankündigung und Werbung keine falsche Information über den Film gibt. Sollte der Theaterbesitzer den Film jedoch unter einem neuen Titel herausbringen, so muß er deutlich auf den früheren Titel und den Reprisencharakter des Films hinweisen. Das gleiche gilt, wenn er zwar den alten Titel benutzt, aber sonst eine ganz andere Werbung betreibt (z. B. einen früher als harten *Action-*

Film propagierten Film nunmehr als *reinen Schwank* ausgibt oder den eigentlichen Hauptdarsteller des Films zugunsten eines inzwischen populär gewordenen Nebendarstellers zurücktreten läßt), da öfters alte Titel nach Auslaufen des alten Films für neue Filme wieder verwandt werden. Es ist immer der Grundsatz maßgebend, daß der potentielle Filmbesucher nicht getäuscht werden darf.

22   Dem Filmpublikum gegenüber ist der **Theaterbesitzer** für die richtige Ankündigung und Werbung der Reprise **verantwortlich.** Er kann sich nicht darauf berufen, daß der Verleiher ihm Material geschickt hat, das den Charakter der Reprise nicht erkennen ließ. Insoweit kann er sich lediglich beim Verleiher schadlos halten, falls er von diesem über den Reprisencharakter des Films getäuscht wurde und er seinem Publikum gegenüber ersatzpflichtig geworden ist (s. Kapitel 134). Der Filmbesucher hat, wenn ihm eine Reprise vorgesetzt wird, die er auf Grund der Ankündigung und der Werbung für einen neuen Film halten konnte, das Recht, den Eintrittspreis zurückzuverlangen. Er kann darüber hinaus sogar Schadensersatz fordern, wenn er durch den für ihn mißglückten Filmbesuch Unkosten gehabt hat. Wegen der Möglichkeit von Täuschungen des Publikums sind auf diesem Gebiet die *Zentralstellen gegen unlauteren Wettbewerb* der Industrie- und Handelskammern tätig, die die Befugnis haben, direkt gegen Theaterbesitzer wegen eines entsprechenden Wettbewerbsverstoßes vorzugehen und hiervon auch in einschlägigen Fällen, die ihnen aus Kreisen des Publikums gemeldet werden, Gebrauch machen.

23   Die Ansprüche des Theaterbesuchers bei Nichteinhaltung einer der Verpflichtungen des Theaterbesitzers ergeben sich aus den **gesetzlichen Vorschriften über den Werkvertrag.** Das beim Werkvertrag dem Besteller in erster Linie zustehende Recht auf Nachbesserung, was hier auf eine Wiederholung der mangelhaften Vorstellung in einwandfreier Form hinausliefe, scheidet aus, weil – wie erwähnt – die Leistung zu einer bestimmten Zeit zum wesentlichen Vertragsinhalt gehört und dem Theaterbesucher deshalb eine Vorstellung zu einer anderen Zeit nicht aufgezwungen werden kann. Es bleiben das Recht auf Rücktritt vom Vertrag und auf Schadensersatz wegen Nichterfüllung.

24   Wenn den Theaterbesitzer kein Verschulden trifft (z. B. Abbruch der Vorstellung infolge einer unerwartet angeordneten Polizeistunde oder infolge technischer, durch höhere Gewalt verursachter Mängel oder durch Störaktionen anderer Besucher), kann der Besucher nur vom **Vertrag zurücktreten** und sein Eintrittsgeld zurückverlangen. Dabei wird die Rücktrittserklärung sinngemäß in der Rückforderung des Eintrittsgeldes zu sehen sein. Der sonst für den Rücktritt vorgesehenen Fristsetzung bedarf es nicht, da – wie oben behandelt – der Filmtheaterbesuchsvertrag ein Fixgeschäft ist. Wenn den Theaterbesitzer ein Verschulden trifft, wobei er auch ein Verschulden seiner Angestellten zu vertreten hat (z. B. schlechte Filmwiedergabe durch Verschulden des Vorführers), so kann der Besucher **Schadensersatz** beanspruchen. Meist wird dieser Anspruch sich jedoch auf die Rückforderung des Eintrittsgeldes (einschl. etwaiger Fahrkosten) beschränken, da ein weiterer Schaden nicht entstanden sein wird.

25   Den Verpflichtungen des Theaterbesitzers aus dem Filmtheaterbesuchsvertrag steht als **Hauptverpflichtung des Besuchers** die Zahlung des **Eintrittspreises** gegenüber. Sie wirft keine besonderen rechtlichen Probleme auf. Mit ihr sind jedoch die Vertragspflichten des Theaterbesuchers noch nicht erschöpft. Zu dieser Hauptverpflichtung tritt nämlich als eine weitere wichtige Pflicht des Theaterbesuchers die Einhaltung der vom Theaterbesitzer verfügten Hausordnung.

26   Die **Hausordnung** enthält die vom Theaterbesitzer festgelegten Bestimmungen für das Verhalten des Theaterbesuchers während seines Aufenthalts im Filmtheater. Soweit diese Bestimmungen verkehrsüblich und angemessen sind, werden sie stillschweigend, also auch ohne ausdrückliche Vereinbarung, zum Inhalt des Theaterbesuchsvertrags. Der Besucher weiß, daß in jedem Filmtheater bestimmte Vorschriften für sein Verhalten gelten und erklärt sich, wenn er in dieser allgemeinen Kenntnis den Besuchsvertrag abschließt, mit diesen Bestimmungen stillschweigend einverstanden. Das gilt natürlich nicht, soweit diese Regeln das Übliche und Angemessene überschreiten, da der Theaterbesucher mit außergewöhnlichen Bestimmungen nicht zu rechnen braucht und deshalb insoweit sein stillschweigendes Einverständnis auch nicht unterstellt werden kann.

27   Zu den wichtigsten Bestimmungen einer solchen **normalen** Hausordnung gehören die Regeln über den Einlaß in das Filmtheater, die Reihenfolge und die Art der Einnahme der Plätze gemäß den einzelnen Platzkategorien und das Verlassen des Filmtheaters, wobei stets den sich im üblichen und angemessenen Rahmen haltenden Anordnungen der Kontrolleure und Platzanweiserinnen Folge zu leisten ist. Hierzu rechnen ferner die Bestimmungen über die Abgabe von Stöcken, Schirmen, Gepäckstücken und über die Ablage von Hüten. Hierzu zählen schließlich die Vorschriften über die pflegliche Behandlung des Theaterraumes und der in ihm enthaltenen Gegenstände, vor allem der benutzten Sitze, und über die Unterlassung von Störungen der Vorstellung, wie z. B. durch dauernde laute Unterhaltung oder durch sonstige Belästigung der anderen Besucher.

28   Nicht zu einer normalen Hausordnung rechnen jedoch alle **außergewöhnlichen Bestimmungen,** wie z. B. kein Einlaß nach Beginn der Vorstellung oder zwangsweise Abgabe von Mänteln und Hüten an der Garderobe o. ä. m. Zu ihnen kann deshalb der Theaterbesucher nur gezwungen werden, wenn sie ihm vor Vertragsabschluß ausdrücklich bekannt gemacht worden sind (etwa durch Aushang an der Kasse) und wenn er sie ausdrücklich oder stillschweigend (durch Lösen der Eintrittskarte in Kenntnis ihres Bestehens) gebilligt hat.

29   Einer unterschiedlichen Beurteilung bedürfen die **Beifalls- und Mißfallenskundgebungen** der Besucher. Erfolgen sie zu Störungszwecken, so stellen sie *groben Unfug* dar und enthalten als Belästigung der anderen Besucher eine Verletzung der normalen Hausordnung, gegen die der Theaterbesitzer einschreiten kann. Werden sie jedoch zur positiven oder negativen Kritik der Filmvorführung vorgenommen, so fallen sie unter das dem Besucher nicht zu entziehende Recht der freien Meinungsäußerung und können deshalb vom Theaterbesitzer nicht verhindert werden. Beifalls- oder Mißfallenskundgebungen, die der Kritik dienen, muß der Theaterbesitzer also dulden, auch wenn sie während der Vorstellung erfolgen und dadurch eine gewisse Störung der Vorführung herbeiführen. Natürlich haben auch derartige Beifalls- oder Mißfallenskundgebungen ihre Grenzen. Wird durch sie die weitere Vorführung erheblich gestört, unterbrochen oder sogar unterbunden oder werden Einrichtungsgegenstände des Theaters beschädigt oder zerstört oder andere Besucher tätlich angegriffen, so verlieren die Kundgebungen ihre Berechtigung, werden zur Vertragspflichtverletzung und geben damit dem Theaterbesitzer die Möglichkeit zum Einschreiten.

30   Wenn der Theaterbesucher eine der oben erwähnten Verpflichtungen gemäß der Hausordnung verletzt, hat der Theaterbesitzer das Recht, **vom Theaterbesuchsvertrag zurückzutreten,** und zwar bei groben Verstößen des Theaterbesuchers sofort und bei leichteren Verstößen, wenn der Theaterbesucher trotz Mahnung sein vertragswidriges Verhalten fortsetzt. Die Rücktrittserklärung wird meist in der Aufforderung an den Besucher liegen, das Theater unverzüglich zu verlassen. Von diesem Augenblick an ist das Verbleiben des Besuchers im Theater unrechtmäßig, da seine Rechtsgrundlage, der Theaterbesuchsvertrag, entfallen ist. Wenn nun der Besucher der Aufforderung auf Verlassen des Theaters nicht Folge leistet, so begeht er Hausfriedensbruch. Der Theaterbesitzer kann dann von seinem Hausrecht Gebrauch machen und den Besucher gewaltsam entfernen oder entfernen lassen.

31   Der Theaterbesucher hat neben diesen privatrechtlichen Bestimmungen der Hausordnung auch noch die **öffentlich-rechtlichen Vorschriften für den Theaterbesuch** einzuhalten (z. B. ein feuerpolizeilich angeordnetes Rauchverbot). Diese Pflichten ergeben sich in erster Linie aus den entsprechenden feuer- oder baupolizeilichen Verordnungen. Sie werden jedoch gleichzeitig zum Inhalt des Theaterbesuchsvertrags, da die Pflichten des Theaterbesuchers nach dem Besuchsvertrag auch die genaue Einhaltung der feuer- und baupolizeilichen Vorschriften umfassen. Wenn also ein Besucher z. B. gegen das Rauchverbot verstößt, so verletzt er damit eine öffentlich-rechtliche Verordnung der Feuer- und Baupolizei und gleichzeitig den Theaterbesuchsvertrag. Der Theaterbesitzer ist dann nicht nur dazu berechtigt, gegen den Besucher entsprechend vorzugehen, sondern unter Umständen sogar verpflichtet, seine Theaterbesucher zur Einhaltung der feuer- bzw. baupolizeilichen Vorschriften anzuhalten.

32   In der **Rechtslehre** zum rechtlichen Charakter der Eintrittskarte als Inhaberpapier und den sich hieraus ergebenden Folgen vgl. *Palandt* aaO § 793 Anm. 3 und 4 und § 807 Anm. 2 sowie Anm. 3 b, c und e.

154. Kapitel. Die Haftungsfragen nach dem Filmtheaterbesuchsvertrag

1   Jeder Theaterbesuchsvertrag enthält neben den oben ausführlich erörterten Rechten und Pflichten eine **allgemeine Sorgfaltspflicht** der Vertragsparteien. Diese Sorgfaltspflicht als Bestandteil des Theaterbesuchsvertrags bedeutet für den Besucher, daß er die Einrichtungsgegenstände des Theaters pfleglich zu behandeln hat, damit sie nicht über die normale Abnutzung hinaus beschädigt werden. Für den Theaterbesitzer besagt diese Sorgfaltspflicht, daß er alles ihm Mögliche und Zumutbare zu tun hat, um eine Schädigung der Besucher während des Vorstellungsbesuches zu verhindern.

2   Der Filmtheaterbetrieb birgt eine Reihe **besonderer Gefahren** in sich, die in der Ansammlung größerer Menschenmengen in einem geschlossenen Raum begründet liegen. Unfälle und Schädigungen der Besucher können insbesondere eintreten durch Ausbruch eines Brandes, mangelhafte bauliche Einrichtungen, schadhaftes Inventar, nachlässig befestigte Einrichtungsgegenstände, unsachgemäße Ausführung von Veranstaltungen (z. B. Bühnendarbietungen) u. ä. m.

3   Der Theaterbesitzer muß dafür sorgen, daß solche Unfälle und Schädigungen nach Möglichkeit vermieden werden und muß dabei der besonderen Gefährlichkeit des Filmtheaterbetriebs Rechnung tragen. Er haftet insbesondere für den **verkehrssicheren Zustand** aller Räume und Baulichkeiten, die zu dem Filmtheaterbetrieb gehören und für die genaue Einhaltung der polizeilichen Sicherheitsvorschriften. Wird z. B. ein Besucher durch einen Brand oder den Einsturz von Gebäudeteilen verletzt, so hat der Theaterbesitzer dafür einzustehen, wenn er seine Kontroll- und Überwachungspflichten nicht ordnungsgemäß erfüllt hat. Aber auch für kleinere Schäden hat er bei Verletzung seiner Sorgfaltspflicht zu haften, so z. B., wenn sich Besucher wegen mangelhaften Zustandes der Bestuhlung, den der Theaterbesitzer nicht beachtet oder nicht beseitigt hat, ihre Kleidung beschädigen.

4 Die Haftung des Theaterbesitzers setzt gemäß **§ 276 BGB** immer ein **Verschulden** voraus. Eine Gefährdungshaftung besteht für ihn nicht, da es keine gesetzliche Vorschrift gibt, in der eine solche Haftung niedergelegt ist. Der Theaterbesitzer hat also nicht für Zufall, unabwendbare Ereignisse, höhere Gewalt usw. einzustehen, sondern nur für Vorsatz und Fahrlässigkeit. Dabei handelt er fahrlässig, wenn er die verkehrserforderliche Sorgfalt außer acht läßt. Es kommt also nicht darauf an, was in der Branche üblich geworden ist, sondern was vom Verkehr (also der Allgemeinheit) in diesem Zusammenhang gefordert wird. Auf eine nachlässige Handhabung von Sicherheitsvorschriften in der Praxis der Branche kann sich also der Theaterbesitzer nicht berufen, um eine Haftung wegen Fahrlässigkeit auszuschließen.

5 Derjenige Theaterbesitzer, der nur Pächter und nicht Eigentümer des Theatergrundstückes ist, hat lediglich für die Umstände einzustehen, die mit dem **Theaterbetrieb** als solchem (also z. B. der Inneneinrichtung des Theaters und der Durchführung der Veranstaltungen) zusammenhängen. Er hat dagegen nicht zu haften für denjenigen Schaden, der mit dem Theatergebäude selbst im Zusammenhang steht (z. B. Herabfallen eines Dachziegels u. ä. m.). Hierfür ist allein der Eigentümer des Grundstückes und Gebäudes verantwortlich.

6 Die Haftung gegenüber dem Theaterbesucher aus § 276 BGB ist eine **vertragliche Haftung.** Sie setzt deshalb grundsätzlich einen gültigen Theaterbesuchsvertrag voraus. Zu beachten ist hier jedoch der allgemeine Grundsatz in der Rechtsprechung, wonach der Eintritt in Vertragsverhandlungen bereits ein vertragsähnliches Vertrauensverhältnis begründet. Danach hat der Theaterbesitzer schon dann zu haften, wenn der Besucher in der Vorhalle des Theaters beim Betreten zwecks Lösung der Eintrittskarte verletzt oder sonst geschädigt wird (z. B. durch Herabfallen eines schlecht befestigten Transparentes usw.), auch wenn noch keine Karte gelöst war und keine mehr gelöst wird, so daß ein eigentlicher Theaterbesuchsvertrag nicht zustande gekommen ist. In einem solchen Fall schweben nämlich bereits Vertragsverhandlungen.

7 Wenn ein Passant nur zur Besichtigung der Standfotos den Vorraum betritt und hierbei verletzt oder geschädigt wird, so kommt diesem gegenüber lediglich die **gesetzliche Haftung** nach § 823 BGB in Frage. In diesem Fall ist der Grundsatz zu beachten, daß derjenige, der einen für die Öffentlichkeit bestimmten Betrieb eröffnet, dafür Sorge zu tragen hat, daß alle der Öffentlichkeit zugänglichen Räume sich in verkehrssicherem Zustand befinden. Dies gilt verstärkt für die Vorhalle des Filmtheaters, zu deren Betreten die Passanten aus Reklamegründen (z. B. zur Besichtigung der Standfotos) geradezu aufgefordert werden. Eine solche Halle muß deshalb stets in einem besonders verkehrssicheren Zustand sein.

8 Im Rahmen der erwähnten vertraglichen Sorgfaltspflicht haftet der Theaterbesitzer nach **§ 278 BGB** dem Besucher gegenüber auch für sein Personal als **Erfüllungsgehilfen.** Für eine solche Haftung müssen freilich immer zwei Voraussetzungen erfüllt sein. Der betreffende Beschäftigte muß seinerseits schuldhaft handeln, es muß ihm also Vorsatz oder Fahrlässigkeit zur Last gelegt werden können. Ferner muß der Beschäftigte in Erfüllung von Vertragspflichten tätig werden, die sich für den Theaterbesitzer aus dem Besuchsvertrag ergeben. Hierzu gehören z. B. Verkauf von Eintrittskarten, Entgegennahme der Garderobe, Anweisung der Plätze, Vorführung des Films usw. Liegen diese Voraussetzungen vor, so muß der

Theaterbesitzer das schuldhafte Handeln seiner Beschäftigten vertreten, auch wenn ihn selbst an dem entstandenen Schaden keine Schuld trifft, weil er z. B. bei der Auswahl und Überwachung der betreffenden Beschäftigten alle Sorgfalt hat walten lassen. Sind diese Voraussetzungen nicht gegeben, so haftet der Theaterbesitzer nur aus etwaigem eigenen Verschulden, z. B. aus einer Nachlässigkeit bei der Auswahl und Überwachung des Personals. So liegt z. B. der von einer Platzanweiserin begangene Taschendiebstahl grundsätzlich nicht im Rahmen der Erfüllungshandlungen, ist aber trotzdem von dem Theaterbesitzer zu vertreten, wenn ihm die Unehrlichkeit der Platzanweiserin bekannt war und er sie trotzdem auf ihrem Arbeitsplatz belassen oder jedenfalls nicht genügend überwacht hat.

9 Diese Haftung für das Personal findet gemäß den oben erwähnten Grundsätzen auch schon beim Vorliegen von Vertragsverhandlungen Anwendung, da diese ein vertragsähnliches Vertrauensverhältnis begründen. Sie gilt dagegen nicht den Passanten gegenüber, mit denen der Theaterbesitzer keinen Vertrag hat und auch nicht in Vertragsverhandlungen steht. Hier greift nur die gesetzliche Haftung aus **§ 831 BGB** Platz, wonach der Geschäftsherr für die einen Dritten schädigenden Handlungen seiner **Verrichtungsgehilfen** einzustehen hat, sich jedoch durch Nachweis sorgfältiger Auswahl und Überwachung der betreffenden Verrichtungsgehilfen von dieser Haftung befreien kann. Wenn also z. B. vom Theaterbesitzer beschäftigte Arbeiter an der Außenwand des Filmtheaters ein Transparent anzubringen haben und hierbei Passanten verletzen oder schädigen, so haftet der Theaterbesitzer den Passanten gegenüber, wenn er nicht nachweisen kann, daß er bei der Auswahl dieser Arbeitskräfte, bei der Beschaffung der Gerätschaften und bei der Leitung der Ausführung die im Verkehr erforderliche Sorgfaltspflicht beachtet hat.

10 Die Haftung des Theaterbesitzers für ein **Verschulden Dritter** ist auf sein Personal und die anderen Personen, die er im Rahmen des Theaterbetriebes beschäftigt, beschränkt, wobei es gleichgültig ist, ob die Betreffenden ständig oder nur kurzfristig für eine bestimmte Aufgabe für den Theaterbesitzer tätig sind. Es fallen hierunter nicht nur Arbeitnehmer des Theaterbesitzers, sondern auch Personen, die vorübergehend für ihn oder bei ihm arbeiten (z. B. Handwerker oder Arbeitnehmer von Fremdfirmen für Renovierungsarbeiten im Filmtheater). Soweit es um die gesetzliche Haftung für Arbeitnehmer von Fremdfirmen geht (z. B. von Handwerksfirmen, die der Theaterbesitzer mit bestimmten Arbeiten betraut hat), kann der Theaterbesitzer sich durch den Nachweis entlasten, daß er bei der Auswahl der betreffenden Fremdfirma die notwendige Sorgfalt hat walten lassen und den Anspruchsberechtigten an diese Firma verweisen.

11 Keine Haftung trifft den Theaterbesitzer für ein schuldhaftes, einen Schaden verursachendes Verhalten **von Besuchern** gegenüber anderen Besuchern. Die Besucher sind nämlich nicht Erfüllungsgehilfen des Theaterbesitzers im Rahmen des Theaterbesuchsvertrags. Der § 278 BGB kann deshalb keine Anwendung finden. Wenn also z. B. ein Besucher während der Vorstellung einem anderen Besucher fahrlässig einen Schaden zufügt, so kann der geschädigte hierfür nicht den Theaterbesitzer haftbar machen, sondern kann sich nur an den Schädiger, also den andern Besucher, halten.

12 Sind die Voraussetzungen für eine Haftung des Theaterbesitzers gegeben, so hat er grundsätzlich den Geschädigten so zu stellen, wie dieser ohne das schädigende Ereignis gestanden hätte, er hat ihm also **allen Schaden** zu ersetzen. Der Geschädigte kann sich, wenn die Bedingungen der §§ 276, 278 oder 831 BGB

erfüllt sind, immer an den Theaterbesitzer selbst halten, da dessen unmittelbare Haftung gegeben ist, auch wenn der Schaden durch Dritte verursacht und verschuldet wurde.

13 Eine andere Frage ist es, inwieweit der Theaterbesitzer, wenn er von dem Besucher in Anspruch genommen wird, bei Dritten **Rückgriff** nehmen kann. Er ist dazu z. B. dann berechtigt, wenn einer seiner Beschäftigten oder ein Beschäftigter einer vom Theaterbesitzer beauftragten Fremdfirma die Verantwortung für den Schaden zu tragen hat. Dann müssen der betreffende Angestellte oder die betreffende Fremdfirma dem Theaterbesitzer den von diesem verauslagten Schadensbetrag ersetzen.

14 Der Theaterbesitzer hat ferner eine solche Rückgriffmöglichkeit, wenn er sich gegen derartige Schäden versichert hat. Dann kann er den Schaden bei der Versicherungsgesellschaft geltend machen und dadurch das Risiko von sich abwälzen. Eine solche **Haftungspflichtversicherung** dürfte wohl von den meisten Theaterbesitzern abgeschlossen sein.

15 Eine Minderung des an sich von dem Theaterbesitzer zu ersetzenden Schadens kann dann eintreten, wenn den Geschädigten ein **mitwirkendes Verschulden** trifft. In dieser Hinsicht bestimmt § 254 BGB, daß die Verpflichtung zum Schadensersatz sowie der Umfang des zu leistenden Ersatzes von den Umständen abhängen, insbesondere davon, inwieweit der Schaden vorwiegend von dem einen oder dem anderen Teil verursacht worden ist, wenn bei der Entstehung des Schadens ein Verschulden des Beschädigten mitgewirkt hat. Dies soll auch dann gelten, wenn sich das Verschulden des Beschädigten darauf beschränkt, daß er es unterlassen hat, den Schuldner auf die Gefahr eines ungewöhnlich hohen Schadens aufmerksam zu machen, den der Schuldner weder kannte noch kennen mußte, oder daß er es unterlassen hat, den Schaden abzuwenden oder zu mindern. Dieses mitwirkende Verschulden kann in einzelnen Fällen so weit gehen, daß der Besucher den ganzen ihm entstandenen Schaden selbst zu tragen hat. Wenn z. B. der Besucher gegen ausdrücklich angebrachte schriftliche Warnungen bestimmte, wegen Renovierungsarbeiten abgesperrte Teile des Theaters betritt und dadurch einen Schaden erleidet, so wird man sagen müssen, daß der Besucher diesen Schaden überwiegend selbst verschuldet hat und daß er deshalb allein zu seinen Lasten geht.

16 Möglich ist ferner ein vertraglicher **Haftungsausschluß,** durch den die Haftung des Theaterbesitzers beschränkt wird. Nach § 276 Abs. 2 BGB kann die Haftung wegen Vorsatzes dem Schuldner nicht im voraus erlassen werden, woraus zu schließen ist, daß die Haftung für Fahrlässigkeit im voraus ausgeschlossen werden darf. Freilich kann dies nur in vertraglicher Form, also durch übereinstimmende Willenserklärungen des Theaterbesitzers und des Besuchers und nicht etwa durch eine einseitige Erklärung des Theaterbesitzers geschehen. Das Einverständnis des Besuchers braucht jedoch nicht ausdrücklich, sondern kann auch stillschweigend oder durch schlüssige Handlungen erklärt werden, z. B. indem der Besucher in Kenntnis eines bestimmten Haftungsausschlusses (der ausdrücklich auf einem deutlich lesbaren, an sichtbarer Stelle der Kasse angebrachten Schild enthalten ist) die Eintrittskarte löst. Zu beachten ist, daß der Theaterbesitzer ggf. den einvernehmlich mit dem Besucher festgelegten Haftungsausschluß zu beweisen hat und daß er dem Besucher nicht nach Vertragsabschluß (also z. B. durch Anschlag **hinter** dem Kassenraum) einen Haftungsausschluß aufzwingen kann. Die besonders bedeutsame Haftung im Zusammenhang mit der Garderobenablage wird im nächsten Kapitel behandelt.

155. Kapitel. Die Garderobenablage für den Theaterbesucher

1   Es kann als verkehrsüblich angesehen werden, daß dem Besucher im Filmtheater Gelegenheit gegeben wird, seine Garderobe abzugeben. Dabei wird die Ausnutzung der Garderobenablage in den Filmtheatern verschieden gehandhabt. In einigen Fällen hat der Theaterbesitzer die Garderobe an einen **Dritten verpachtet.** In anderen Fällen verwaltet er die Garderobe **selbst,** und zwar durch eigene Angestellte.

2   Soweit die Garderobe an einen Dritten verpachtet ist, hat der Besucher, wenn er seine Garderobe ablegen will, mit diesem Dritten einen **selbständigen** Garderobenvertrag abzuschließen. Soweit der Theaterbesitzer die Garderobe in eigener Regie führt, bilden die Vereinbarungen über die Garderobenablage einen **Bestandteil** des Theaterbesuchsvertrags. In beiden Fällen handelt es sich der Rechtsnatur nach um einen **Verwahrungsvertrag,** der einmal selbständig und das andere Mal ein Teil des Theaterbesuchsvertrags ist.

3   Nach § 688 BGB wird durch den Verwahrungsvertrag der Verwahrer verpflichtet, eine ihm vom Hinterleger übergebene bewegliche Sache aufzubewahren. Eine Vergütung für die Aufbewahrung gilt als stillschweigend vereinbart, wenn die Aufbewahrung den Umständen nach nur gegen eine Vergütung zu erwarten ist. Wird die Aufbewahrung unentgeltlich übernommen, so hat der Verwahrer nur für diejenige Sorgfalt einzustehen, welche er in eigenen Angelegenheiten anzuwenden pflegt. Das bedeutet, daß bei dem Filmtheater-Garderobenvertrag, der immer eine **entgeltliche Verwahrung** darstellt (wenn kein besonderes Entgelt für die Garderobenablage zu zahlen ist, so ist das Entgelt auf jeden Fall in dem Eintrittspreis mitenthalten), der Theaterbesitzer bzw. der Garderobenpächter grundsätzlich für jedes Verschulden einzustehen und auch das Verschulden ihrer Erfüllungsgehilfen (z. B. ihrer Angestellten) zu vertreten haben.

4   Die Garderobenablage wird gewöhnlich in der Weise vorgenommen, daß der Besucher bei Abgabe der Garderobe eine **Garderobenmarke** erhält, die ihm nachher zur Legitimation bei der Abholung seiner Garderobe dient. In der Hingabe der Garderobe und dem Empfang dieser Garderobenmarke liegt der Vertragsabschluß, auch wenn nichts weiter darüber gesagt wird. Von diesem Augenblick an sind also der Theaterbesitzer bzw. Garderobenpächter zur sorgfältigen Aufbewahrung der Garderobe und der Besucher zur Entrichtung der ihm bei Garderobenabgabe besonders genannten oder an der Garderobe bzw. Theaterkasse angeschlagenen Gebühr verpflichtet. Fehlen Benennung oder Anschlag der Gebühr, so muß davon ausgegangen werden, daß sie im Eintrittspreis enthalten ist.

5   Diese Garderobenmarke ist im Unterschied zur Eintrittskarte nicht als Inhaberpapier im Sinne des § 807 BGB, sondern als bloßes **Beweismittel,** also eine Art Legitimationspapier im Sinne des § 808 BGB, zu betrachten. Die Garderobenmarke berechtigt also den Inhaber, im Unterschied zur Eintrittskarte, nicht ohne weiteres dazu, die Aushändigung der Garderobe zu verlangen, bis ihm die Nichtberechtigung nachgewiesen wird. Ferner ist die Abholung der Garderobe nicht unbedingt an den Besitz der Garderobenmarke geknüpft. Der Besucher, der seine Garderobenmarke verloren hat, kann sich vielmehr auch auf andere Weise legitimieren und muß, wenn er das in genügender Form tut, seine Garderobe zurückerhalten. Der Theaterbesitzer oder Garderobenpächter muß nicht unbedingt jedem, der die betreffende Marke vorweist, die Garderobe aushändigen, sondern kann schon bei begründetem Verdacht, daß der Betreffende nicht der Berechtigte ist,

die Garderobe zurückhalten, ohne erst den Nachweis der mangelnden Berechtigung führen zu müssen.

6   Andererseits hat jedoch der Theaterbesitzer oder Garderobenpächter nicht etwa die Pflicht, in jedem einzelnen Fall die **Legitimation** desjenigen zu prüfen, der die Garderobenmarke vorweist. Er wird vielmehr grundsätzlich durch Aushändigung der Garderobe an denjenigen, der die Garderobenmarke besitzt, auch dann frei, wenn dieser nicht der Berechtigte ist, sondern die Garderobenmarke entwendet oder gefunden hat, es sei denn, daß aus irgendwelchen besonderen Gründen die mangelnde Berechtigung des Inhabers der Garderobenmarke dem Theaterbesitzer oder Garderobenpächter bzw. deren Angestellten bekannt war oder von diesen bei Anwendung der verkehrserforderlichen Sorgfalt hätte erkannt werden müssen.

7   Im Zusammenhang mit der Garderobenablage können besonders leicht Schadensfälle auftreten. Die Garderobe kann aus Versehen einem Falschen zurückgegeben werden, es können Gegenstände aus den Taschen der Mäntel oder aus abgegebenen Aktentaschen gestohlen werden, es können Garderobenstücke durch mangelhafte Aufbewahrung Beschädigungen erleiden o. ä. m. Für alle diese Fälle gelten die oben ausführlich entwickelten **allgemeinen Haftungsgrundsätze.** Der Theaterbesitzer oder Garderobenpächter muß also für eigenes Verschulden und für das Verschulden seiner Angestellten einstehen.

8   Eine besondere Rolle spielen hier der **Haftungsausschluß** und das mitwirkende Verschulden des Besuchers. Die Haftung wird häufig für besonders wertvolle Garderobenstücke oder für den Inhalt der Taschen ausgeschlossen. Ein solcher Haftungsausschluß ist rechtswirksam, wenn er dem Besucher vor Abgabe der Garderobe als Willenserklärung des Theaterbesitzers oder Garderobenpächters erkennbar ist (z. B. durch einen deutlichen Hinweis an der Garderobe) und von ihm durch die Garderobenabgabe akzeptiert wird. Ein genereller Haftungsausschluß für den Verlust der Garderobe selbst widerspricht dagegen dem Rechtscharakter des entgeltlichen Verwahrungsvertrages und ist deshalb nicht rechtswirksam, wohl aber eine angemessene Beschränkung der Höhe des Ersatzanspruchs bei Garderobenverlust. Ein mitwirkendes Verschulden des Besuchers wird vor allem dann vorliegen, wenn er besonders wertvolle Gegenstände (z. B. Schmuck oder größere Geldsummen) in Manteltaschen läßt oder es versäumt, auf den besonderen Wert bestimmter Garderobenstücke bzw. ihres Inhalts hinzuweisen.

9   Einer besonderen Erwähnung bedarf die Frage der **Haftung** des Theaterbesitzers bei **Verpachtung** der Garderobe. Hier gilt der Grundsatz, daß der Theaterbesitzer auch bei Verpachtung der Garderobe für ein Verschulden des Garderobenpächters bzw. seiner Beschäftigten bei ordnungswidriger Herausgabe oder Beschädigung der Garderobe zu haften hat. Dies folgt daraus, daß der Theaterbesitzer mit dem Abschluß des Theaterbesuchsvertrags auch die Verpflichtung übernommen hat, für die Möglichkeit einer ordnungsgemäßen Aufbewahrung der Garderobe Sorge zu tragen und deshalb der Garderobenpächter und das Garderobenpersonal in jedem Fall als seine Erfüllungsgehilfen im Sinne des § 278 BGB zu betrachten sind. Auch für falsche Auskünfte dieser Personen wird der Theaterbesitzer schadensersatzpflichtig sein.

10   Auch dieser ganze Haftungskomplex wird weitgehend durch den vom Theaterbesitzer oder Garderobenpächter genommenen **Versicherungsschutz** gedeckt.

156. Kapitel. Die Beendigung des Filmtheaterbesuchsvertrages

1 Die **normale Beendigung** des Theaterbesuchsvertrags tritt ein, wenn der Besucher den Preis für die gelöste Eintrittskarte entrichtet hat und wenn die Filmvorführung, zu deren Besuch er die Eintrittskarte gekauft hat, in ordnungsgemäßer Form durchgeführt worden ist. Neben diesem normalen Fall der Vertragsbeendigung gibt es jedoch einige außergewöhnliche Beendigungsgründe, deren wichtigste im folgenden behandelt werden sollen.

2 Zunächst kann der Besucher bis zur Durchführung der Vorstellung jederzeit den Besuchsvertrag **aufkündigen**. Dieses Recht ist ihm in § 649 BGB ausdrücklich eingeräumt. § 649 gilt für den Werkvertrag und umfaßt deshalb auch den Theaterbesuchsvertrag, der sich rechtlich gesehen als ein Werkvertrag darstellt (s. Kapitel 152). In § 649 BGB heißt es wörtlich, daß der Besteller bis zur Vollendung des Werkes jederzeit den Vertrag kündigen kann. Eine solche Kündigung hat freilich nicht ohne weiteres zur Folge, daß der Besucher den gezahlten Eintrittspreis zurückverlangen oder die Leistung des noch nicht gezahlten Eintrittspreises verweigern darf. Insoweit heißt es in § 649 BGB, daß der Unternehmer auch im Falle einer solchen Kündigung berechtigt bleibt, die vereinbarte Vergütung zu verlangen und sich nur dasjenige anrechnen lassen muß, was er infolge der Aufhebung des Vertrages an Aufwendungen erspart oder durch anderweite Verwendung seiner Arbeitskraft erwirbt oder zu erwerben böswillig unterläßt. Der Theaterbesitzer braucht also die zurückgegebene Karte zunächst nicht zu verwenden und ist auch nicht verpflichtet, den Eintrittspreis zurückzuzahlen. Er kann vielmehr zuerst alle anderen noch nicht ausgegebenen Karten absetzen. Erst dann wird er gehalten sein, die zurückgegebene Karte anderweit zu veräußern, soweit hierzu noch eine Möglichkeit gegeben ist. Nur in diesem letzteren Fall ist dem Besucher der Preis für die Eintrittskarte zurückzuzahlen.

3 Ein weiterer außerordentlicher Beendigungsgrund für den Theaterbesuchsvertrag ist das Vorliegen einer **Unmöglichkeit der Leistung** auf seiten des Theaterbesitzers. Auf seiten des Besuchers kommt eine solche Unmöglichkeit für die Vertragsbeendigung nicht in Frage, da die Hauptpflicht des Besuchers in der Zahlung des Eintrittspreises besteht und nach dem Gesetz ein etwaiges Unvermögen des Besuchers zur Zahlung des Geldbetrages von ihm zu vertreten ist und ihn deshalb nicht von seiner Leistungspflicht befreit (vgl. § 279 BGB). Eine im Theaterbetrieb begründete Unmöglichkeit der Leistung kann dagegen sehr wohl zur Auflösung des Theaterbesuchsvertrags führen. Fälle dieser Art liegen vor, wenn Schäden im Filmtheater auftreten, die eine Durchführung der geplanten Vorstellung verhindern oder wenn die Filmkopie infolge von Transportschwierigkeiten nicht rechtzeitig eintrifft oder wenn durch polizeiliche Verfügung die Filmtheater an dem betreffenden Tag geschlossen werden oder wenn dem Theaterbesitzer die Betriebserlaubnis entzogen wird o. ä. m.

4 In allen diesen Fällen ist es dem Theaterbesitzer unmöglich, die vertraglich versprochene Leistung, nämlich die Durchführung der angekündigten Vorstellung, zu erbringen. Soweit die Umstände, die diese Unmöglichkeit herbeigeführt haben, von dem Theaterbesitzer **nicht verschuldet** sind, wird er von seiner Vertragspflicht (nämlich der Durchführung der Vorstellung) frei, verliert aber seinerseits den Anspruch auf Gegenleistung (er kann also den Eintrittspreis nicht fordern bzw. muß ihn zurückzahlen, soweit er noch um ihn bereichert ist). Soweit der Theaterbesitzer die **Schuld** an der Unmöglichkeit seiner Leistung trägt (ihm wird

z. B. wegen mangelnder Renovation die Bauerlaubnis entzogen), hat der Besucher das Recht, Schadensersatz wegen Nichterfüllung zu verlangen oder von dem Vertrag zurückzutreten. Da ein über den Preis der Eintrittskarte (einschl. etwaiger Fahrkosten) hinausgehender Schaden des Besuchers kaum jemals nachzuweisen sein wird, kommt dies freilich praktisch auf ungefähr das gleiche hinaus, wie bei dem Fall der unverschuldeten Unmöglichkeit.

157. Kapitel. Der Fund im Filmtheater

1 Da es häufig vorkommt, daß Theaterbesucher im Filmtheater Sachen liegenlassen, haben die Vorschriften über den Fund für den Filmtheaterbesitzer besondere Bedeutung. Die in den §§ 965 ff BGB niedergelegten Vorschriften über den Fund begründen **Verwahrungs- und Ablieferungspflichten** für den Finder, aber auch sein Recht auf Eigentumserwerb an der Fundsache, falls nicht ein Jahr nach Anzeige des Fundes bei der Polizeibehörde sich ein Empfangsberechtigter für den Fund gemeldet hat. Es kommt deshalb darauf an, wer in einem Filmtheater als Finder der von Theaterbesuchern verlorenen Sachen anzusehen ist, d. h. insbesondere, ob es nur der Theaterbesitzer selbst oder auch sein Personal bzw. andere Theaterbesucher sein können, die den betreffenden Gegenstand als erste entdeckt haben.

2 Man wird davon auszugehen haben, daß der Theaterbesitzer an allem Besitz hat, was in seinem Theater liegengelassen bzw. verloren wird. Er hat hierfür die notwendige Beziehung durch die eindeutige Abgrenzbarkeit der Theaterräume und den entsprechenden Beherrschungswillen für alle Gegenstände in diesen Räumen. Sein Personal ist auf Grund des Arbeitsverhältnisses nur sein Besitzdiener. Die Arbeitnehmer des Theaterbesitzers handeln im Rahmen ihrer Vertragspflichten aus dem Arbeitsverhältnis, wenn sie die Theaterräumlichkeiten auf liegengebliebene oder verlorene Sachen durchsuchen und nehmen daher diese Sache nicht für sich selbst, sondern für den Theaterbesitzer in Besitz. Der **Theaterbesitzer** ist also grundsätzlich als **Finder** oder Besitzer der in seinem Theater liegengelassenen bzw. verlorenen Sachen anzusehen. Das gilt auch bei Auffinden solcher Sachen durch andere Beschäftigte oder durch Theaterbesucher, die demgemäß diese Sachen an den Filmtheaterbesitzer abzuliefern haben.

3 In der **Rechtsprechung** hat sich der BGH in NJW 1953, S. 419 mit der Frage befaßt, ob eine Platzanweiserin, die vertraglich verpflichtet ist, den Theaterraum auf verlorene Gegenstände zu durchsuchen und Fundsachen bei der Geschäftsleitung abzugeben, Besitz an den Fundsachen erwirbt und damit als Finderin zu betrachten ist. Der BGH kommt zu dem Ergebnis, daß die Platzanweiserin auf Grund der Anweisung den Fund im Rahmen ihrer Vertragspflichten für den Theaterbesitzer gemacht, also nur als Besitzdienerin für ihn gehandelt hat, so daß allein der Theaterbesitzer als Finder zu betrachten ist. Dabei läßt der BGH es dahingestellt bleiben, ob ein Gegenstand, der in einem Filmtheater liegenbleibt, überhaupt eine verlorene, besitzlose Sache ist oder ob diese Annahme deshalb ausscheiden muß, weil der Inhaber des Theaters an fremden Gegenständen, die von Besuchern zurückgelassen werden, auf Grund seiner nach außen erkennbaren tatsächlichen Beziehung zu allem, was im Theaterraum ist, und kraft eines allgemeinen Beherrschungswillens die tatsächliche Gewalt und damit den Besitz schon erlangt, bevor jemand den Gegenstand sieht und aufnimmt.

158. Kapitel. Der Filmtheaterwerbevertrag

1   Der Filmtheaterwerbevertrag regelt die rechtlichen Beziehungen zur Ausnutzung der Werbemöglichkeiten im Filmtheater außerhalb der Programmierung der Filmprogramme und der Eigenwerbung des Theaterbesitzers für sein oder seine Filmtheater. Es geht um die Vorführung von **Diapositiven** und **Werbefilmen** zur Werbung für Fremdfirmen, die jeweils zu Beginn des Filmprogramms stattfindet.

2   Es ist üblich, daß der Theaterbesitzer diese Werbemöglichkeiten durch **Werbefirmen** (hier auch *Einschaltfirmen* genannt) ausnutzen läßt. Der Grund hierfür liegt darin, daß diese Werbefirmen über einen Vertreterstab verfügen, der mit den ortsansässigen oder in der Nachbarschaft befindlichen Unternehmen, vor allem aber mit Unternehmen (oder Agenturen) für überregionale Werbung, entsprechende Verträge über die Vorführung von Diapositiven und Werbefilmen in den Theatern leichter und besser abschließen kann als der Theaterbesitzer selbst. In kleineren Orten, wo der Theaterbesitzer den Kreis der in Frage kommenden örtlichen Unternehmen selbst persönlich kennt, kann sich dagegen eine Einschaltung von Werbefirmen erübrigen. Auch hier werden jedoch durch die meisten Theaterbesitzer im Hinblick auf die überregionale Werbung, insbesondere für Werbefilme, entsprechende Verträge mit Werbefirmen getätigt. Die einzelnen Werbefirmen besitzen meist die *Einschaltrechte* bei einer größeren Zahl von Filmtheatern.

3   Die **Verträge** zwischen Theaterbesitzer und Werbefirma werden in der Regel langfristig abgeschlossen. Sie geben dem Werbeunternehmen das alleinige und ausschließliche Recht zur Vorführung von Diapositiven und Werbefilmen in dem betreffenden Theater. Diese Ausschließlichkeit wird üblicherweise lediglich dadurch eingeschränkt, daß der Theaterbesitzer berechtigt bleibt, 1 bis 3 Diapositive auf eigene Rechnung einzuschalten, wobei es sich jedoch nur um Verrechnungsgeschäfte mit Schallplatten-, Blumengeschäften u. ä. m. handeln darf. Darüber hinaus werden an kleineren Orten auch Verträge getätigt, die dem Theaterbesitzer die Werbung der örtlichen Unternehmen belassen, während die Werbefirma die ausschließliche überörtliche Werbung betreibt.

4   Die Frage nach der **Rechtsnatur** dieser Verträge bereitet keine Schwierigkeiten. Sie sind eindeutig als **Pacht eines Rechtes** nach § 581 BGB anzusehen. Die Verträge werden meist auf bestimmten vorgedruckten Formularen der Werbefirmen abgeschlossen. Die Formularverträge sind zwar nicht bei allen Werbefirmen ganz einheitlich, beinhalten aber im wesentlichen die gleichen Bestimmungen.

5   Die Verträge enthalten genaue Vorschriften darüber, **wann** die Diapositive und Werbefilme vorgeführt werden müssen. Dabei haben die Auftraggeber, also die Werbung betreibenden Firmen, ein Interesse daran, daß die Vorführung im Rahmen der angekündigten Vorstellungszeiten stattfindet, um einen möglichst großen Teil der Filmbesucher zu erfassen. Aus den gleichen Gründen legen die werbenden Firmen Wert darauf, daß ihre Diapositive oder Werbefilme vor allem während der Theatersaison, etwa von August/September bis März, gezeigt werden. Man wird jedoch von der Werbefirma selbst, ohne ausdrückliche Vereinbarung, verlangen müssen, daß sie das Theater auch in der anderen Zeit im Rahmen des Möglichen und Üblichen mit Werbemitteln belegt.

6   Die **Anzahl** der vorzuführenden Diapositive oder Werbefilme wird meist nicht im voraus festgelegt. Eine solche Festlegung wäre schon deswegen schwierig, weil auch die Werbung im Filmtheater starken saisonbedingten Schwankungen

unterworfen ist. Als Höchstzahl kommen für den Theaterbesitzer im Interesse seines Publikums nicht mehr als 30 Diapositive (10 Minuten Vorführdauer) und 200 m Werbefilm (7 Minuten Vorführdauer) pro Vorstellung in Betracht. Der Theaterbesitzer hat hier die einschlägigen Vorschriften seiner Verträge mit dem Filmverleiher und dem Theaterbesucher zu beachten. Nach dem Filmbestellvertrag und dem Theaterbesuchsvertrag sind ihm gemäß Branchenüblichkeit, gestützt auf eine Selbstbeschränkung des Fachverbandes Film- und Diapositivwerbung, grundsätzlich nur Werbeeinschaltungen mit nicht mehr als 17 Minuten Vorführdauer pro Vorstellung gestattet (s. hierzu Kapitel 137 und Kapitel 153).

7 Der Theaterbesitzer ist fast immer an den Einnahmen aus der Werbung **prozentual beteiligt,** und zwar in der Regel in Höhe von 50%. Die Absicherung dieser Beteiligung mit einer Mindestgarantie kommt vor, ist aber nicht als allgemein üblich anzusehen. Daß die Werbefirma zunächst 20% der Werbespesen abzieht und erst die verbleibenden 80% hälftig mit dem Theaterbesitzer teilt, dürfte die Ausnahme sein.

8 Aus der prozentualen Beteiligung des Theaterbesitzers ergeben sich weitgehende **Pflichten der Werbefirma,** auch wenn sie in den Formularverträgen nicht besonders erwähnt sind. So hat die Werbefirma die Pflicht zur Tätigkeit zwecks Erzielung höchstmöglicher Umsätze. Häufig werden schon im Vertrag die Preise festgelegt, die die Werbefirma von den Interessenten für die Vorführung von Diapositiven und Werbefilmen – hier wird der Preis nach der Meterzahl berechnet – zu verlangen hat. Fehlt es an solchen Vereinbarungen, ist die Werbefirma im Hinblick auf die prozentuale Beteiligung des Theaterbesitzers verpflichtet, die ortsüblichen Preise zu nehmen.

9 Ein besonderes Problem bildet die Frage, ob die Werbefirma auf Grund ihres **ausschließlichen Einschaltrechts** für die Werbung in bestimmten Theatern den Theaterbesitzer haftbar machen kann, wenn in dem normalen Programm, das er in seinem Filmtheater spielt (d. h. im Spielfilm oder Beiprogrammfilm), Werbung für bestimmte Artikel oder Firmen enthalten ist (sog. *Schleichwerbung*), durch die der Werbefirma Einschaltaufträge für diese Artikel oder Firmen in dem betreffenden Theater entgehen. Eine solche Schleichwerbung setzt voraus, daß es nach Absicht und Gestaltung eindeutig um Werbung und nicht nur um die realistische Darstellung der Umwelt und des Milieus des Films oder um eine sachliche Unterrichtung für bestimmte Produkte geht, die den Gegenstand des Films bilden (z. B. wird bei der Darstellung einer Party in einem Spielfilm nicht nur eine Sektflasche mit originalem Firmenetikett zusammen mit der Wohnungseinrichtung oder den Partygästen gezeigt, sondern es wird zusätzlich eine deutliche und längere Großaufnahme mit diesem Firmenetikett eingeblendet).

10 Die Tatsache, daß Firmen Räume, Artikel oder auch Geldmittel für ein Filmvorhaben zur Verfügung stellen, ist noch kein Indiz für eine **Schleichwerbung,** da hier die Firma aus allgemeinen Gründen der Public-Relation, die noch keine direkte Werbung bedeutet, handeln kann. Am klarsten tritt dieses Problem bei der Benutzung von Kraftfahrzeugen in Filmen in Erscheinung, wo bei realistischen Filmen die erkennbare Bezeichnung bestimmter Automarken gar nicht zu vermeiden ist und sie sicher oft einen Werbeeffekt für die betreffende Autofirma erzeugen kann (z. B. VW oder Mercedes, sogar in ausländischen Filmen). Aber auch, wo eine wirkliche Schleichwerbung gegeben ist, fehlt es für eine Haftung des Theaterbesitzers gegenüber der Werbefirma meist schon am nachweisbar verlorengegangenen Auftrag der Werbefirma wegen der Schleichwerbung und am Verschulden des Theaterbesitzers, da er keinen Einfluß auf die Gestaltung der ihm vermieteten

Filme hat und in seinem Vertragsverhältnis zur Werbefirma der Produzent oder Verleiher keine Erfüllungsgehilfen sind, für die er nach § 278 BGB zu haften hätte.

11   Zu erwähnen ist noch, daß ein **Vorspielrecht** bei der Vorführung von Werbefilmen nicht anzuerkennen ist. Vertraglich werden Vorspielrechte mit Werbefirmen nicht vereinbart, und es dürfte auch kein berechtigtes Interesse des Theaterbesitzers hierfür bestehen. Praktisch würde es erheblichen Schwierigkeiten begegnen.

12   Abschließend ist darauf hinzuweisen, daß nach den Vorschriften des JSchG und den Richtlinien der FSK auch Werbefilme zur Prüfung, vor allem auf **Kinder- und Jugendfreigabe,** vorgelegt werden müssen und daß der Theaterbesitzer zur Vorführung den Nachweis der Freigabe benötigt. Er darf die Werbefilme nur vor den Kindern und Jugendlichen vorführen, für die sie freigegeben worden sind, wobei freilich die bei weitem meisten Werbefilme eine Freigabebescheinigung für alle Altersgruppen besitzen. Diese Regelung ist für den Theaterbesitzer auch deshalb wichtig, weil er aus der Freigabekarte die Meterlänge ersieht, dadurch sein Werbeprogramm entsprechend gestalten kann und gleichzeitig eine Grundlage für die Abrechnungspflicht der Werbefirma besitzt. Die Diapositive sind insoweit wie das Werbematerial für die öffentliche Filmwerbung zu behandeln, dürfen also nicht jugendgefährdend sein (s. Kapitel 7, 8 und 10).

13   Der Theaterbesitzer hat für den **Erfolg der Werbemaßnahme,** z. B. durch Ansprache ausreichender Filmbesucher, nicht einzustehen, wenn hierüber im Vertrag nichts besonderes gesagt ist. Nach Inhalt, Sinn und Zweck des Filmtheaterwerbevertrags hat der Theaterbesitzer lediglich für Überlassung der Gelegenheit zur vorgesehenen Einschaltung von Werbefilmen und Dias in seinem Theater und für die Durchführung dieser Einschaltung mit Hilfe seines Personals zu sorgen. Der wirtschaftliche Erfolg der Werbemaßnahmen liegt allein im Risiko der Werbefirmen. Das ergibt sich schon daraus, daß der Theaterbesitzer bei den meist langfristigen Filmtheaterwerbeverträgen und bei der unvorhersehbaren Entwicklung der Filmbesucherzahl für eine Mindestbesucherzahl zwecks Erzielung des beabsichtigten Erfolgs der Werbemaßnahmen gar nicht garantieren kann und daß dies den Werbefirmen bekannt ist.

14   Eine **Weiterübertragung** des Filmtheaterwerbevertrages von der Werbefirma, die der Vertragspartner ist, auf eine andere Werbefirma ist grundsätzlich nicht gestattet, es sei denn, daß sie im Vertrag ausdrücklich vorgesehen ist. Der grundsätzliche Ausschluß der Weiterübertragung ergibt sich daraus, daß es bei diesem Filmtheaterwerbevertrag für den Theaterbesitzer von Bedeutung ist, mit welcher Werbefirma er zusammenarbeitet. Gerade die meist langfristige Bindung setzt ein Vertrauensverhältnis voraus, das nicht ohne weiteres auf einen Dritten übergehen kann. Im übrigen sind die Ansprüche eines Pächters aus dem Pachtvertrag in aller Regel nicht abtretbar, so daß auch aus diesen Gründen der Filmtheaterwerbevertrag, der als ein solcher Pachtvertrag anzusehen ist, nicht weiterübertragen werden kann (vgl. die §§ 399 sowie 581, 549 und 596 BGB). Entsprechendes gilt für eine Übertragung des Vertrages durch den Theaterbesitzer, wobei der Inhaberwechsel des Filmtheaters nicht automatisch einen Übergang des Werbevertrags zur Folge hat.

15   Durch die fast immer verwandten **Formularverträge** mit den erwähnten Bestimmungen sind die Rechte und Pflichten der Vertragspartner genau festgelegt. Die einheitlich gleichförmigen Vorschriften dieser Formularverträge oder die sich aus Sinn und Zweck des Vertrages ergebenden Bedingungen – wie sie oben wiedergegeben worden sind – dürften als **branchenüblich** zu bezeichnen sein und auch dann zum Vertragsinhalt werden, wenn beim Abschluß kein Formularvertrag benutzt worden ist oder überhaupt kein schriftlicher Abschluß vorliegt. Sonstige wichtige Bestimmungen der Formularverträge sind die folgenden: Es soll eine bestmögliche Vorführung im abgedunkelten Raum stattfinden; die dem Theaterbesitzer gelieferten Werbemittel sind sorgfältig zu behandeln und zu versichern; Versandanweisungen der Werbefirma sind genau zu befolgen; Provisionen und Rabatte gehen ausschließlich zu Lasten der Werbefirma; der Theaterbesitzer ist verpflichtet, sich an der Besucherzahlerhebung durch die IVW zu beteiligen; bei Inhaberwechsel soll der Theaterbesitzer die Übernahme des Werbepachtvertrages durch den neuen Inhaber sicherstellen; die Werbefirma ist berechtigt, den Vertrag auf Dritte zu übertragen. Die Bestimmungen über die Weiterübertragung können aus den oben (Rdn. 14) erwähnten Gründen nicht als branchenüblich betrachtet werden.

16 Bei **Verletzung von Vertragspflichten** eines Vertragspartners (z. B. durch nicht ausreichende oder nicht ordnungsgemäße Vorführung der Dias oder Werbefilme durch den Theaterbesitzer oder unzulängliche oder unzureichende Beschaffung von Werbemitteln durch die Werbefirma) ergeben sich Kündigungs- und Schadensersatzansprüche nach den gesetzlichen Vorschriften des Pachtrechts (§§ 581 ff BGB). Da es sich hier um ein Dauerschuldverhältnis handelt (meist Abschluß der Werbeverträge auf mehrere Jahre), das ein besonderes Vertrauensverhältnis zwischen den Vertragspartnern schafft, tritt das in der Rechtsprechung und Rechtslehre allgemein anerkannte außerordentliche Kündigungsrecht aus wichtigem Grund bei solchen Dauerschuldverhältnissen hinzu (entsprechend §§ 626 und 723 BGB), falls ein Vertragspartner wichtige Vertragspflichten laufend oder anhaltend oder besonders schwer verletzt.

17 In der **Rechtsprechung** und **Rechtslehre** wird die Rechtsnatur des Filmtheaterwerbevertrages verschieden beurteilt. Wie wir hier sehen in ihm einen **Pachtvertrag** das OLG Frankfurt/Main in UFITA Bd. 41, S. 325; das OLG Hamburg in DAS RECHT 1911, S. 707; *Staudinger* aaO § 581 Anm. I 1 a, S. 989; *Soergel-Siebert* aaO § 581 Anm. 3, S. 334 sowie *Spengler* in WuW 1954, S. 706. Im Gegensatz hierzu sehen die folgenden Urteile und Kommentare in dem Filmtheaterwerbevertrag einen Werkvertrag: OLG München in UFITA Bd. 46, S. 364; OLG Hamburg in BB 1951, S. 39; *Palandt* aaO Einführung § 631 Anm. 4. Dabei weist das LG München auf die Meinung des RG zu den Reklameverträgen hin (RG in JK 1916, S. 1526, in DAS RECHT 1920, Nr. 376 und in JK 1922, S. 484, Nr. 5).

18 Lt. BGH in UFITA Bd. 42, S. 192 ist ein Filmtheaterwerbevertrag auch dann nicht wegen übermäßiger Bindung als **Verstoß** gegen die **guten Sitten** unwirksam, wenn er eine langfristige und ausschließliche Bindung und eine Ausdehnung auf neuerworbene Filmtheater des betreffenden Theaterbesitzers enthält. Hierbei weist der BGH auf die in ständiger Rechtsprechung als wirksam angesehenen Bierlieferungsverträge hin. Er lehnt die Ansicht von *Spengler* ab, der die Auffassung vertritt, daß bestimmte Filmtheaterwerbeverträge mit zu langer Bindung und zu weiter Ausdehnung auf Neuerwerb im ganzen oder in diesen Bestimmungen wegen Sittenwidrigkeit unwirksam sein könnten (WuW 1954, S. 706 und 715). Durch die Rechtsprechung des BGH dürfte diese Ansicht von *Spengler*, die zu strenge Maßstäbe anlegt und zu wenig dem Gedanken der Vertragsfreiheit gerecht wird, überholt sein.

19 Das LG München in UFITA Bd. 46, S. 364 stellt fest, daß der Filmtheaterbesitzer beim Filmtheaterwerbevertrag keine Garantie für den **wirtschaftlichen Erfolg** in der Auswirkung der Werbemaßnahmen zu gewähren habe. Der Erfolg der Werbemaßnahmen liege ausschließlich im Risiko des Werbeunternehmers.

20 Nach OLG Frankfurt/Main in UFITA Bd. 41, S. 325 kann wegen der persönlichen Bindungen zwischen Theaterbesitzer und Werbefirma beim Filmtheaterwerbevertrag die Werbefirma den Vertrag nicht ohne Zustimmung des Theaterbesitzers auf eine andere Werbefirma **übertragen.** Im gleichen Urteil wird festgestellt, daß es gegen Treu und Glauben verstößt, wenn eine Werbefirma im Rahmen eines solchen Vertrags an ihrem Ausschließlichkeitsrecht festhält, auch wenn sie dem Theaterbesitzer nicht ausreichende Einnahmen verschafft und die Möglichkeiten der Kinowerbung durch mangelnde Zurverfügungstellung von Werbefilmen und Dias durch sie nicht ausgeschöpft worden sind.

21 Die **Werbe- bzw. Einschaltfirmen** benutzen für ihre **Verträge** mit den **Werbungtreibenden** (Werbeagenturen, Industrie- und Handelsunternehmen, Verbände und sonstige Institutionen) über die Durchführung von Werbung in Filmtheatern **(Werbeauftragsvertrag)** bestimmte *Allgemeine Bedingungen* (AGB). Sie wurden vom Zentralausschuß der Werbewirtschaft (ZAW) nach Abstimmung mit den beteiligten Fachverbänden und Besprechung beim Bundeskartellamt (BKA) im Juni 1983 beim BKA als AGB gem. § 2 des Gesetzes über Wettbewerbsbeschränkungen (GWB) angemeldet. Anschließend wurden sie vom ZAW als Allgemeine Bedingungen für einschlägige Verträge unverbindlich empfohlen. Auf Grund dieser Empfehlung in Verbindung mit der positiven Einstellung der betreffenden Fachverbände auch im Sinne des AGB-Gesetzes kann damit gerechnet werden, daß diese Bedingungen in Zukunft bei fast allen Verträgen dieser Art Verwendung finden.

22 Die **Allgemeinen Geschäftsbedingungen für die Durchführung der Werbung in Filmtheatern** enthalten die folgenden Vorschriften über Vertragspartner und Vertragsgegenstand. Die Vertragspartner werden als Werbeverwaltung und Auftraggeber bezeichnet. Vertragsgegenstand sind Diapositive, Kinospots, Werbefilme und Werbekurzfilme, die zur Werbung im Filmtheater bestimmt sind. Die Aufträge werden für die Werbeverwaltung erst nach schriftlicher Bestätigung wirksam. Aufträge können abgelehnt werden, wenn der Inhalt der Werbemittel gegen Gesetze oder behördliche Bestimmungen verstößt oder für die Vorführung im Filmtheater unzumutbar ist. Die Preise berechnen sich nach der Preisliste der Werbeverwaltung und enthalten nicht die Preise für die Herstellung der Werbemittel. Werbefilme haben eine Länge von mindestens 20 Metern und müssen für mindestens eine Spielwoche zur Einschaltung gelangen. Werbekurzfilme haben eine Länge von mindestens 10 Metern und müssen für wenigstens zwei aufeinander folgende Spielwochen in Auftrag gegeben werden. Kinospots haben eine Länge von mindestens 6 Metern und müssen für mindestens zwölf aufeinander folgende Monate in Auftrag gegeben werden.

23 Diese Allgemeinen Geschäftsbedingungen enthalten ferner die folgenden Vorschriften über die wesentlichen **Rechte und Pflichten der Vertragspartner.** Die Werbung wird erst nach dem angekündigten Vorstellungsbeginn und im abgedunkelten Theater durchgeführt. Diapositive, Kinospots und Werbefilme werden in Blöcken zum einen Teil vor dem Vorprogramm und zum weiteren Teil zwischen dem Vorprogramm und dem Hauptfilm vorgeführt. Es werden je Vorstellung höchstens 200 Meter Werbefilm und 30 Diapositive oder 20 Kinospoteinheiten (außer Betriebs- und Eigendiapositiven) gezeigt. Die Minderbelegung mit einem Werbemittel kann durch Mehrbelegung mit einem anderen Werbemittel ausgeglichen werden. Die Standzeit beträgt für stumme Diapositive 10 Sekunden, für tönende Diapositive höchstens 20 Sekunden und für Kinospots 13,2 Sekunden. Die Werbeverwaltung übernimmt keine Verpflichtung zur Berücksichtigung von Plazierungswünschen. Bei Werbefilmen ist eine einmalige Verlegung von Einschaltterminen möglich. Der Auftraggeber ist für die rechtzeitige und einwandfreie Anlieferung der Werbemittel und die rechtzeitige Bekanntgabe technischer Einzelheiten verantwortlich. Ferner trägt er allein die Verantwortung für den Inhalt und die rechtliche Zulässigkeit der Werbemittel. Bei Zahlungsverzug des

Auftraggebers werden Zinsen lt. der Preisliste der Werbeverwaltung berechnet. Der Auftraggeber hat bei mangelhafter Vorführung Anspruch auf eine einwandfreie Ersatzvorführung und, falls diese Vorführung in angemessener Frist nicht zustande kommt, ein Recht auf Zahlungsminderung oder Rückgängigmachung des Auftrages. Schadensersatzansprüche aus positiver Forderungsverletzung, Verschulden bei Vertragsschluß und unerlaubter Handlung sind bei leichter Fahrlässigkeit der Werbeverwaltung, ihres gesetzlichen Vertreters und ihrer Erfüllungsgehilfen ausgeschlossen, dem Umfang nach gegenüber Kaufleuten auf den vorsehbaren Schaden beschränkt. Erfüllungsort und Gerichtsstand (letzterer bei Kaufleuten und öffentlichen Institutionen) ist der Sitz der Werbeverwaltung.

24 Die AGB beinhalten keine Bestimmungen, die gegen das GWB und das AGB-Gesetz verstoßen könnten. Sie stellen ein **zulässiges Konditionenkartell** nach § 2 Abs. 1 GWB dar, da sie keine Preise oder Preisbestandteile, sondern nur Markttransparenz und Preislistentreue vorschreiben. Sie sind im Einklang mit § 9 AGB-Gesetz für den kaufmännischen Verkehr entwickelt worden, so daß für sie gem. § 24 AGB-Gesetz die Vorschriften der §§ 2, 10, 11 und 12 dieses Gesetzes keine Anwendung finden.

25 Diese AGB werden **Bestandteil** der hier behandelten **Verträge,** wenn sie Vertragsgegenstand oder dem Vertrag beigefügt sind, aber auch, wenn im Vertrag ausdrücklich auf sie als Vertragsbestandteil hingewiesen wird. Man wird dies dahin ausdehnen können, daß auch eine nachweisbare Zugrundelegung dieser AGB bei den Vertragsverhandlungen sie zum Vertragsbestandteil machen kann. Hierfür ist von Bedeutung, daß diese AGB von allen zuständigen Fachverbänden erlassen und den Mitgliedsfirmen mitgeteilt worden sind, so daß man von ihrem großen Bekanntheitsgrad ausgehen kann. Bei laufender, einheitlich gleichförmiger Benutzung können sie sogar in Zukunft zum Handelsbrauch werden. Schon jetzt wird man sie für Verträge, deren Bestandteil sie nicht geworden sind, in Zweifelsfällen zur Vertragsauslegung und Vertragsergänzung heranziehen können.

26 Im übrigen richtet sich der Werbeauftragsvertrag nach den Vorschriften des BGB über den **Werkvertrag** (§ 631 BGB), da er eine Leistung (Werbeeinschaltung im Filmtheater) gegen Entgelt (Einschaltpreise) zum Inhalt hat. Er bedarf keiner Schriftform. Die Werbefirmen (Werbeverwaltung) bedienen sich bei der Durchführung der Werbeaufträge der Filmtheaterbesitzer als Erfüllungsgehilfen und haben deshalb nach § 278 BGB für deren Verschulden bei Vertragspflichtverletzungen einzustehen. Die Haftung gilt grundsätzlich für Vorsatz und Fahrlässigkeit mit einem Nachbesserungsrecht vor Leistung von Schadensersatz. Von besonderer Bedeutung ist, daß die Werbemittel wegen des vorgesehenen laufenden Einsatzes im Filmtheater den Vorschriften des **Jugendschutzes** im Sinne der Freigabe für alle Altersgruppen entsprechen müssen. Die Werbefirmen (Werbeverwaltung) haben dafür zu sorgen, daß ihre Werbeauftragsverträge mit ihren Filmtheaterpachtverträgen in Einklang stehen.

27 Die Werbung im Filmtheater hat für das Filmtheatergeschäft eine **beachtliche wirtschaftliche Bedeutung.** Das Auftragsvolumen auf diesem Gebiet hat in den letzten Jahren über 60 Millionen DM jährlich betragen.

159. Kapitel. Die Rechtsnatur und der Abschluß des Filmtheaterpachtvertrages

1 Der größte Teil der Filmtheaterbesitzer in Deutschland ist nicht **Eigentümer** der Grundstücke, auf denen die Filmtheater betrieben werden, sondern hat mit den Grundstückseigentümern meist langfristige Verträge abgeschlossen. Grundsätzlich können die Parteien diese Vertragsverhältnisse nach ihrem eigenen Ermessen gestalten. Ausnahmen gelten lediglich in bezug auf bestimmte, noch zu erwähnende zwingende gesetzliche Regelungen.

2 Es gibt **keine** gesetzlichen **Sonderbestimmungen** für Rechtsverhältnisse zwischen Filmtheaterbesitzern und Grundstückseigentümern. Soweit die vertraglichen Vereinbarungen nicht erschöpfend sind, gelten die Bestimmungen des BGB über Miete bzw. Pacht. Im folgenden sollen die Fragen behandelt werden, die für die Pacht bzw. Miete von Filmtheatern typisch und bedeutungsvoll sind.

3 Die entsprechenden Verträge werden in der Praxis vorwiegend als Pachtverträge bezeichnet, obgleich es sich rechtlich oft um **Mietverträge** handelt. Dabei ist es unerheblich, ob ein Vertrag Miet- oder Pachtvertrag genannt wird. Entscheidend ist sein objektiver Inhalt, also die tatsächliche Ausgestaltung des Vertragsverhältnisses im einzelnen. Die gesetzlichen Bestimmungen des BGB über den Mietvertrag nach § 581 BGB finden in der Regel auch auf Pachtverhältnisse Anwendung. Unterschiede bestehen für die Zulässigkeit der Untervermietung, die gerichtliche Zuständigkeit, die gesetzlichen Kündigungsfristen und für die Instandhaltungspflicht des Inventars.

4 Das Wesen der Miete liegt nach § 535 BGB in der Gewährung des **Gebrauches** einer Sache, das der Pacht nach § 581 BGB in der Gewährung des Gebrauches und der **Fruchtziehung** durch den Pächter. Bei einem Vertrag über ein Filmtheater werden immer aus der übernommenen Sache Nutzungen gezogen. Das hat jedoch nicht zur Folge, daß jeder Gebrauchsüberlassungsvertrag über ein Filmtheater oder überhaupt über ein Erwerbsgeschäft als Pachtvertrag anzusehen ist. Vielmehr kommt es für die Abgrenzung darauf an, ob die Fruchtziehung unmittelbar aus der Sache erfolgt.

5 Verhältnismäßig einfach liegt der Fall, wenn der Theaterbesitzer vom Eigentümer **leere Räume** übernimmt, die er selbst erst zu einem Filmtheater gestaltet und einrichtet. Hier ist die gewerbliche Nutzung der übernommenen Sache nicht unmittelbar möglich, weil in einem leeren Saal, auch wenn er baulich dazu geeignet ist, kein Filmtheater betrieben werden kann. In diesem Fall ist daher ein Mietvertrag gegeben.

6 Wenn dagegen der Eigentümer einen **fertigen Zuschauer- und Bildwerferraum** zur Verfügung stellt und der Theaterbesitzer lediglich die Vorführapparaturen und vielleicht auch die Bestuhlung anschafft, kann die Rechtsnatur des Vertrages streitig sein. Man dürfte dahingehend abzugrenzen haben, daß hier immer dann Pacht vorliegt, wenn die Räumlichkeiten baulich zur Ausübung des Gewerbebetriebs eingerichtet sind sowie dazu nötige Einrichtungsgegenstände enthalten, so daß die sofortige Aufnahme des Gewerbebetriebs möglich ist. Es müssen also die für ein Filmtheater wesentlichen Einrichtungen, wie Bestuhlung, Vorführmaschinen und Leinwand, vorhanden sein.

7 Hierbei ist es unerheblich, ob der Theaterbesitzer das Theater in dem gleichen Zustand betreibt oder ob er es später **umgestaltet** und **renoviert**. Etwas anderes gilt nur dann, wenn die vorhandene Einrichtung derart abgenutzt ist, daß sie nach

dem Willen der Vertragspartner sofort durch eine neue vom Theaterbesitzer ersetzt werden muß. In diesem Fall liegt nur ein Mietverhältnis vor. Hiervon ist aber die bloße Ergänzung der Einrichtung durch den Theaterbesitzer zu unterscheiden, die an der Natur des Pachtverhältnisses nichts ändert. Auch die allmähliche Ersetzung des Inventars durch den Pächter macht das Vertragsverhältnis nicht zur Miete.

8   Zusammenfassend ist daher festzustellen, daß ein **Pachtverhältnis** nur dann vorliegt, wenn der Theaterbesitzer ein fertig eingerichtetes Filmtheater übernimmt. Hat er dagegen seinerseits noch Anschaffungen zu machen, insbesondere die Bestuhlung oder die Apparaturen einzubauen, so liegt lediglich ein **Mietverhältnis** vor.

9   Eine verschiedenartige Behandlung von Miete und Pacht findet sich im BGB bei der Frage nach der Zulässigkeit von **Untervermietungen** bzw. **Unterverpachtungen.** Soweit keine anderen vertraglichen Vereinbarungen getroffen sind, ist es sowohl bei Miet- als auch bei Pachtverhältnissen nicht gestattet, die betreffenden Räume ohne Zustimmung des Eigentümers weiter zu vermieten bzw. zu verpachten (§ 549 BGB). Bei Mietverhältnissen besteht jedoch nach § 549 Abs. 1 Satz 2 BGB die Besonderheit, daß der Mieter bei grundloser Verweigerung der Zustimmung zur Untervermietung berechtigt ist, ohne Rücksicht auf entgegenstehende vertragliche Vereinbarungen unter Einhaltung der gesetzlichen Kündigungsfristen zu kündigen. In der Praxis wird dieses Vorrecht des Mieters gegenüber dem Pächter jedoch ohne große Bedeutung sein, weil es heute mehr um die Frage geht, wie sich der Theaterbesitzer gegen Kündigungen des Eigentümers schützen kann.

10   Ein weiterer Unterschied zwischen Miet- und Pachtverhältnis liegt in der **gerichtlichen Zuständigkeit.** Nach § 23 Nr. 2a GVG ist für alle Streitigkeiten zwischen Vermieter und Mieter, soweit sie sich auf die Überlassung, Benutzung oder Räumung der gemieteten Räume oder auf die Zurückbehaltung der vom Mieter in die Mieträume eingebrachten Sachen beziehen, ohne Rücksicht auf den Wert des Streitgegenstandes die Zuständigkeit der Amtsgerichte gegeben, während die Pacht von dieser Regelung nicht erfaßt wird. Für alle Streitigkeiten zwischen Verpächter und Pächter ist daher, wie bei den übrigen Streitigkeiten zwischen Vermieter und Mieter, bei einem Streitwert von über DM 5000 die Zuständigkeit der Landgerichte gegeben. (Wegen der Unterschiede Miete/Pacht bezüglich Instandhaltung und Kündigung vgl. unten Kapitel 160.)

11   Hinsichtlich der **Formvorschriften** gelten für Miete und Pacht die gleichen Bestimmungen. Der Filmtheaterüberlassungsvertrag wird im allgemeinen schriftlich abgeschlossen. Die Schriftform ist jedoch nach § 566 BGB nur für die Verträge zwingend vorgeschrieben, die auf eine längere Dauer als ein Jahr getätigt werden. Ist ein solcher Vertrag entgegen dieser Vorschrift nur mündlich abgeschlossen worden, so ist er nicht unwirksam, sondern gilt nach § 566 BGB auf unbestimmte Zeit, wobei die Kündigung jedoch nicht vor Ablauf eines Jahres zulässig ist. Dasselbe gilt dann, wenn ein zwar schriftlich abgeschlossener Vertrag etwa die Bestimmung über die Höhe des Miet- oder Pachtzinses nicht enthält, da der Formvorschrift alle wesentlichen Vertragsbestimmungen unterliegen.

12   In der **Rechtsprechung** vgl. zur Abgrenzung zwischen **Miete und Pacht:** RGZ 122, S. 274; 125, S. 128; 81, S. 23; 91, S. 310; 109, S. 206; RG HRR 31 Nr. 118; RG DJZ 24, S. 445; RG Recht 13 Nr. 2562; 18 Nr. 1145; Seuff. Arch. 73 Nr. 223; Warn. 18 Nr. 132; RG JW 12, S. 691; 13, S. 983; KG HRR 33 Nr. 1422; OLG Dresden Seuff. Arch. 73 Nr. 224; OLG Kiel SchlHA 34, S. 77.

13   Wie hier hinsichtlich der Unbeachtlichkeit, ob der Theaterbesitzer das Theater in dem gleichen Zustand betreibt (wie übernommen) oder ob er es später **umgestaltet** und **renoviert,** RG in JW 1912, S. 691 und 1913, S. 982.

14   Bestätigend (wie hier), daß die allmähliche **Ersetzung** des Inventars durch den Pächter das Vertragsverhältnis nicht zur Miete macht, RGZ 114, S. 243.

15   Hinsichtlich der **Formvorschrift** (Schriftform) für alle wesentlichen Vertragsbestimmungen, insbesondere die Höhe des Mietzinses, wie hier: KG in HRR 33 Nr. 1422. Über Verpflichtungen aus einem unwirksamen Vorvertrag vgl. BGH in UFITA Bd. 29, S. 372.

16   In der **Rechtslehre** vgl. *Roquette* Mietrecht aaO S. 65 und *Palandt* aaO § 566, Anm. 3 m. w. N.

160. Kapitel. Die Rechte und Pflichten aus dem Filmtheaterpachtvertrag

1   Die Hauptverpflichtung des Pächters bzw. Mieters besteht nach den §§ 535, 581 BGB in der Entrichtung des **Pacht- bzw. Mietzinses.** Dieser kann aus einem festen Betrag bestehen; er kann sich jedoch auch prozentual aus den Einnahmen errechnen. Daneben ist es noch möglich, daß die prozentuale Beteiligung des Vermieters bzw. Verpächters an den Einnahmen von dem Mieter bzw. Pächter mit einem Mindestbetrag garantiert wird. Eine Garantie des prozentualen Pacht- bzw. Mietzinses ist bei einer großen Zahl der Verträge gegeben, so daß ihr besondere Bedeutung zukommt. Mit Rücksicht auf die Saisonbedingtheit des Filmtheatergeschäfts wird hierbei in der Regel die Zahlung einer Jahresgarantie vereinbart, damit der Mieter bzw. Pächter die Möglichkeit hat, zwischen den geschäftlich schwachen Sommermonaten und den geschäftlich starken Monaten ab September einen Ausgleich zu erzielen.

2   Eine prozentuale Beteiligung des Vermieters bzw. Verpächters geht von den Einnahmen aus dem Verkauf von Eintrittskarten aus. Hierbei kann die vorherige Abzugsfähigkeit der vom Theaterbesitzer zu entrichtenden **Vergnügungssteuer** als branchenüblich bezeichnet werden. Ferner kann der Theaterbesitzer nach § 66 Abs. 5 FFG für die Berechnung des Miet- oder Pachtzinses die Berechnungsgrundlage um die von ihm zu leistende **Filmabgabe** (von 2,75% bis zu 3,75% seines Umsatzes) vermindern. Der Vermieter bzw. Verpächter erhält daher seine Beteiligung lediglich aus den sog. Nettoeinnahmen (Bruttoeinnahmen abzüglich Vergnügungssteuer und Filmabgabe).

3   Außer den Einnahmen aus dem Verkauf von Eintrittskarten hat der Theaterbesitzer in der Regel noch sog. **Nebeneinnahmen,** insbesondere aus der Vorführung von Werbefilmen und Diapositiven, dem Verkauf von Programmen und Süßwaren, der Garderobenablage und der Vermietung des Theaters für fremde Sonderveranstaltungen (Konzerte, Vorträge, Filmclubs, Tagungen und sonstige Veranstaltungen). Ob diese sog. Nebeneinnahmen auch abrechnungspflichtig sind, richtet sich nach den entsprechenden Vertragsbestimmungen. Durch mangelhafte Vertragsformulierungen sind gerade in diesen Punkten besonders viele Streitigkeiten zwischen Vermietern bzw. Verpächtern und Theaterbesitzern entstanden.

4   Ist der Vertragstext hinsichtlich dieser Abrechnungsfrage unklar, so ist der Wille der Parteien bei Vertragsabschluß zu erforschen. Ein allgemeiner Handelsbrauch oder eine Branchenüblichkeit dürften in diesem Punkt nicht bestehen, jedoch lassen sich für Zweifelsfälle aus der meist üblichen Behandlung gewisse **Auslegungsregeln** geben. Die Einnahmen aus fremden Sonderveranstaltungen werden häufig für abrechnungspflichtig erklärt, da sie in gleicher Weise, wie die Einnahmen aus Kartenverkäufen, unmittelbar aus dem Miet- bzw. Pachtobjekt erzielt werden, so daß eine Beteiligung des Vermieters bzw. Verpächters hieran auch nicht unbillig erscheint. Dagegen werden die Einnahmen aus der Vorführung von Werbefilmen und Diapositiven und aus dem Verkauf von Süßwaren, Programmen und aus der Garderobenablage in der Regel aus der Abrechnungspflicht herausgenommen, da sie nicht unmittelbare Nutzungen des Theaterbetriebs sind.

5   Hinsichtlich der Höhe des Miet- und Pachtzinses liegen keine gesetzlichen Einschränkungen vor, so daß insoweit **Vertragsfreiheit** herrscht. Allerdings liegen die Grenzen der Vertragsfreiheit auch hier bei Treu und Glauben sowie § 138 BGB (*Wucher* und *unsittliche bzw. Knebelverträge*).

6   Der Miet- bzw. Pachtzins wird in der Regel lt. vertraglicher Vereinbarung zusammen mit der Abrechnung jeweils zur Mitte eines Monats für den vorangegangenen Monat **fällig**. Besteht er aus einem festen Betrag, muß die Zahlung üblicherweise zum Schluß jedes Monats erfolgen; häufig werden jedoch auch Vorauszahlungen des Theaterbesitzers vereinbart. Fehlt es an einer vertraglichen Regelung über die Fälligkeit, so ist der Miet- bzw. Pachtzins nach §§ 551, 580 BGB nach Ablauf eines Kalendervierteljahres am ersten Werktag des folgenden Monats zu entrichten. Die Folgen eines Zahlungsverzugs des Theaterbesitzers regelt § 554 BGB. Hiernach hat der Vermieter bzw. Verpächter ein außerordentliches, fristloses Kündigungsrecht, wenn der Mieter bzw. Pächter für zwei aufeinanderfolgende Termine mit den vollen Beträgen oder mit Teilbeträgen im Rückstand ist.

7   Soweit sich der Miet- bzw. Pachtzins prozentual aus den Einnahmen errechnet, was bei Filmtheatern die Regel bildet, ist die **Inbetriebhaltung des Theaters** eine **Hauptverpflichtung** des Theaterbesitzers, und zwar gleichgültig, ob der prozentuale Anteil des Vermieters bzw. Verpächters mit einem Mindestbetrag garantiert ist oder nicht. Der Vermieter bzw. Verpächter hat nämlich auch bei einer vereinbarten Mindestgarantie ein unmittelbares und berechtigtes Interesse daran, durch höhere Einnahmen über die Garantie hinausgehende Beträge zu erhalten. Man wird sogar noch weitergehen können und eine Inbetriebhaltung des Theaters selbst dann verlangen müssen, wenn ein fester Miet- oder Pachtzins ohne prozentuale Beteiligung vereinbart ist. Bei einer Stillegung des Theaters könnte sich nämlich der Besucherkreis verlaufen und dadurch der Unternehmenswert – der *Good Will* – des Grundstücks leiden. Hierbei kommt es jedoch ganz auf den Einzelfall an; denn ohne zwingende Gründe wird ein Theaterbesitzer kaum sein Haus schließen und den Miet- oder Pachtzins entrichten.

8   Probleme können bei der Frage auftauchen, ob ein Miet- bzw. ein Pachtvertrag über ein Filmtheater, auch ohne besondere entsprechende Vertragsvorschrift, die Verpflichtung des Theaterbesitzers beinhaltet, an dem gleichen Ort keine weiteren Filmtheater als **Konkurrenz** zu dem Miet- bzw. Pachtobjekt zu betreiben. Vermieter bzw. Verpächter könnten in der Betreibung eines anderen Hauses am gleichen Ort durch den Theaterbesitzer eine Schmälerung ihrer Einnahmen und damit eine Verletzung ihrer Interessen sehen. Diese Frage kann freilich nur auftauchen, wenn der Vermieter bzw. Verpächter prozentual an den Einnahmen beteiligt ist; denn bei einer Festmiete bzw. Festpacht kann eine Interessenverletzung des Vermieters bzw. Verpächters kaum erheblich sein. In den Fällen der Festmiete bzw. Festpacht kann man sich mit Recht auf den Standpunkt stellen, daß ein solches *Konkurrenzverbot* für den Theaterbesitzer grundsätzlich nicht besteht, es sei denn, daß das Vertragstheater durch das oder die Konkurrenztheater völlig heruntergewirtschaftet wird.

9   Dazu kommt **generell,** daß der Bau von Konkurrenztheatern meist ohnehin nicht verhindert werden kann. Auch wird sich angesichts der besonderen Marktverhältnisse in der Filmwirtschaft und der Üblichkeit, an größeren Plätzen mehrere Theater durch die gleiche Person oder Firma zu betreiben, die Übernahme weiterer Theater nicht ohne weiteres nachteilig für den Vermieter bzw. Verpächter auswirken. Ein vertragswidriger Gebrauch dürfte in Fällen dieser Art nur dann vorliegen, wenn der **Inhaber mehrerer Theater** an dem gleichen Ort in dem Vertragstheater laufend und offensichtlich die geschäftsschwächeren Filme und in seinen anderen Theatern am gleichen Ort die geschäftsstärkeren Filme zum Nachteil des Vermieters bzw. Verpächters des Vertragstheaters einsetzt. Bei der Beurteilung der Filmdisposition ist jedoch Vorsicht am Platze, weil der geschäftliche Erfolg, vor allem bei Erstaufführungstheatern, oft nur schwer vorherzusehen ist.

10   In diesem Zusammenhang kann von Bedeutung sein, ob der Vermieter bzw. Verpächter nur prozentual an den Einnahmen beteiligt ist oder ob sein prozentualer Anteil mit einer **Mindestgarantie** belegt ist. Im letzteren Fall geht die Verpflichtung des Theaterbesitzers zur Erzielung höchstmöglicher Umsätze nicht so weit. Er braucht insbesondere seine eigenen Interessen nicht hinter die des Vermieters bzw. Verpächters zurückzustellen.

11   Nach §§ 536, 581 BGB hat der Vermieter bzw. Verpächter dem Mieter bzw. Pächter das Miet- bzw. Pachtobjekt in einem **vertragsgemäßen Zustand** zur Verfügung zu stellen. Was hierunter zu verstehen ist, richtet sich nach den jeweiligen vertraglichen Vereinbarungen. Hierbei kommt es häufig zu Streitigkeiten darüber, was im einzelnen zu den Pflichten des Vermieters bzw. Verpächters und Mieters bzw. Pächters gehört, vor allem, wenn bei den Verträgen allgemeine Ausdrücke, wie die *technische Einrichtung,* benutzt werden; denn es kann später zweifelhaft sein, ob zur technischen Einrichtung z. B. auch Zuleitungen, die Leinwand, der Vorhang usw. gehören.

12   Für die **Erhaltungs- und Instandhaltungspflicht** kann man als Grundsatz davon ausgehen, daß von jedem Vertragspartner die Gegenstände, Räumlichkeiten oder Teile davon zu unterhalten sind, die er zur Verfügung gestellt hat. Bei Pachtverträgen hat jedoch nach § 586 BGB der Pächter auch die Erhaltungs- und Instandhaltungspflicht für die ihm überlassenen Inventarstücke. In diesem Punkt ist daher die oben erwähnte Abgrenzung von Miete und Pacht von erheblicher praktischer Bedeutung. Diese Erhaltungs- und Instandhaltungspflicht enthält aber nicht die Pflicht zum Ersatz unbrauchbar gewordener Sachen, die vielmehr dem Verpächter obliegt, es sei denn, daß der Theaterbesitzer das Unbrauchbarwerden zu vertreten hat.

13   Für den **Umfang** dieser Erhaltungs- und Instandhaltungspflicht kommt es darauf an, daß der vertragsgemäße Gebrauch gewährleistet sein muß. Die Erhaltungs- und Instandhaltungspflicht umfaßt daher vor allem die Abstellung solcher Mängel, die den Theaterbetrieb zum Stillstand bringen könnten. Hierbei kommen insbesondere behördliche Verbote in Betracht. Bei der Pflicht zur Vornahme baulicher Veränderungen muß im Hinblick auf § 242 BGB dort eine Grenze gezogen werden, wo dem Erhaltungspflichtigen der Umbau billigerweise nicht mehr zugemutet werden kann. Weiterhin umfaßt die Erhaltungs- und Instandhaltungspflicht die Beseitigung der Mängel, die den Theaterbetrieb beeinträchtigen könnten. Hierzu gehört z. B. der Verschleiß des Inventars. Hat also ein Vertragspartner die Bestuhlung angeschafft, so hat er für ihre Unterhaltung, Instandsetzung und bei Unbrauchbarkeit für ihren Ersatz durch eine neue Bestuh-

lung aufzukommen. Vor allem in den Fällen, in denen der Vermieter bzw. Verpächter prozentual an den Einnahmen des Theaters partizipiert, muß der Theaterbesitzer das Inventar auch in einem Zustand erhalten, der das Theater unter Berücksichtigung der örtlichen Verhältnisse konkurrenzfähig macht.

14 In diesem Zusammenhang ist in der Praxis die Frage der **technischen Umstellungen bzw. Erneuerungen** von Bedeutung, insbesondere also, ob der erhaltungspflichtige Vertragspartner dem anderen Vertragspartner gegenüber verpflichtet ist, das Theater auf technische Neuerungen umzustellen. Dies kann nicht grundsätzlich bejaht oder verneint werden, da es auf die Umstände des Einzelfalles ankommt. Hier können die Abgrenzungen nur nach Treu und Glauben vorgenommen werden.

15 Braucht der erhaltungspflichtige Theaterbesitzer, um konkurrenzfähig zu bleiben, die neueste technische Einrichtung (z. B. Cinemascope- oder Cinerama-Leinwand, Automatisierung der Vorführung, Stereo- oder Dolby-System oder auch eine komfortablere Bestuhlung, wenn auch mit weniger Sitzen, oder eine Umstellung auf eine andere Vorführungsart, wie Schmalfilm, Videokassetten etc.), so wird er diese in der Regel schon im eigenen Interesse anschaffen. Eine Verpflichtung hierzu gegenüber dem Vermieter bzw. Verpächter dürfte nur dann anzunehmen sein, wenn das Theater ohne diese technischen Neuerungen nicht mehr seiner bisherigen **wirtschaftlichen Bedeutung** entspricht und die mit der Umstellung verbundenen Kosten für den Theaterbesitzer **zumutbar** sind.

16 Hat der Verpächter dem Theaterbesitzer ein voll eingerichtetes Haus zur Verfügung gestellt und erhält demgemäß einen entsprechend höheren Pachtzins und ist das Theater in dem zur Verfügung gestellten Zustand nicht mehr konkurrenzfähig, so ist der **Verpächter verpflichtet,** die notwendigen technischen Neuerungen durchzuführen. Sie fallen nicht unter die dem Theaterbesitzer als Pächter obliegende Erhaltungs- und Instandhaltungspflicht für das Inventar, da sich Erhaltung und Instandhaltung immer nur auf *Vorhandenes* beziehen können und es hier gerade um *Neues* geht. Erfüllt er diese Verpflichtung nicht, so wird man dem Theaterbesitzer Rechte auf Minderung des Pachtzinses bzw. Durchführung der Änderungen auf Kosten des Verpächters nach § 538 BGB geben müssen.

17 Der Erhaltungs- und Instandhaltungs- und evtl. Erneuerungspflicht des Vermieters bzw. Verpächters und des Theaterbesitzers entspricht auf der anderen Seite die **Duldungspflicht.** Theaterbesitzer wie Vermieter bzw. Verpächter sind verpflichtet, dem anderen Vertragspartner die Möglichkeit zur ordnungsgemäßen Durchführung der Erhaltungs- und Instandhaltungs- und Erneuerungsarbeiten zu geben. Auch hierbei müssen jedoch die Interessen beider Vertragspartner berücksichtigt werden. So werden z. B. die betreffenden Arbeiten durch den Vermieter bzw. Verpächter so vorgenommen werden müssen, daß für das Theater ein möglichst geringer Ausfall an Vorstellungen entsteht.

18 **Umbauten,** die das Bauwerk als solches und nicht nur die Einrichtung betreffen, bedürfen der **Genehmigung** des Vermieters bzw. Verpächters. Das gilt auch dann, wenn z. B. eine Trennwand gezogen werden soll, um aus einem Filmtheater zwei Filmtheater zu machen. Wenn Umbauten dringend erforderlich sind, um die Wirtschaftlichkeit des Filmtheaters zu erhalten (z. B. Verkleinerung oder Teilung in mehrere Theater) und wenn sie durchgeführt werden können, ohne die Substanz des Bauwerkes (z. B. seine Außenfront) zu beeinträchtigen und ohne diesem Bauwerk dauernden Schaden zuzufügen, und wenn der Theaterbesitzer willens und in der Lage ist, nach Auflösung des Vertrags auf Wunsch des Vermieters oder Verpächters den alten Zustand wieder herzustellen, wird man dem Theaterbesit-

zer einen Anspruch zur Durchführung solcher Umbauten auf seine eigenen Kosten zugestehen müssen.

19   Falls der Vermieter bzw. Verpächter seinen o. e. Verpflichtungen hinsichtlich der Zurverfügungstellung bzw. Erhaltung, Instandhaltung und Erneuerung des Filmtheaters nicht nachkommt, so ist der Theaterbesitzer nach § 537 BGB berechtigt, die **Zahlung** des Miet- bzw. Pachtzinses **einzustellen bzw. zu mindern.** Eine völlige Befreiung tritt dann ein, wenn der Zustand des Theaters den vertragsgemäßen Gebrauch unmöglich macht, während eine bloße Beeinträchtigung zu einer entsprechenden Minderung des Miet- bzw. Pachtzinses führt. Hierbei spielt die Frage eines Verschuldens des Vermieters bzw. Verpächters keine Rolle.

20   Liegt Verschulden oder Verzug bei der Beseitigung eines Mangels seitens des Vermieters bzw. Verpächters vor, so kann der Theaterbesitzer nach § 538 BGB an Stelle der Einstellung oder der Minderung des Miet- bzw. Pachtzinses **Schadensersatz** wegen Nichterfüllung verlangen oder im Falle des Verzugs nach seiner Wahl den Mangel auf Kosten des Vermieters bzw. Verpächters beseitigen. Diese Rechte des Theaterbesitzers entfallen jedoch, wenn er die Mängel bei Abschluß des Vertrages kannte (§ 539 BGB).

21   **Entsprechende** Mängelbeseitigungs- und Schadensersatzansprüche hat der Vermieter bzw. Verpächter, falls der Theaterbesitzer seine o. e. Verpflichtungen gleicher Art nicht erfüllt. Wegen außerordentlicher Kündigungsrechte der Vertragspartner s. unten Kapitel 161.

22   In der **Rechtsprechung** hat der BGH in UFITA Bd. 40, S. 150 festgestellt, daß mangels anderer Abrede für die **Berechnung der Umsatzpacht** die Einkünfte aus Werbefilmen und Werbedias nicht unter die Einnahmen aus dem Kartenverkauf fallen und daher nicht abrechnungspflichtig sind. Die Vorführungen von Werbefilmen und -dias sollen auch nicht als Sonderveranstaltungen gelten. Dem dürfte, begrenzt auf die behandelten Werbefilme und -dias, zuzustimmen sein. Eine Ausdehnung auf alle Arten von Sonderveranstaltungen erscheint jedoch fraglich.

23   Zur Frage eines etwaigen **Mißverhältnisses** zwischen Pacht und Nutzungswert des gepachteten Filmtheaters sowie zur Frage der fehlenden oder entfallenden Rentabilität stellt der BGH in UFITA Bd. 38, S. 332 fest, daß es für die Beurteilung des Mißverhältnisses zwischen der vereinbarten Pacht und dem Nutzungswert des gepachteten Filmtheaters nur auf den Zeitpunkt des Vertragsabschlusses, nicht aber auf die spätere Entwicklung des Pachttheaters ankommt. Der schlechte Ruf eines Filmtheaters könne ein Fehler der Pachtsache sein, wobei die Beweislast für den schlechten Ruf den Verpächter treffe. Wenn mit dem Pachttheater ein Ortsmonopol erreicht werde, sei dieser Vorteil für den Theaterbesitzer mit einzusetzen.

24   Wie hier zur **Benutzungspflicht** auch die ständige Rechtsprechung vgl. z. B. KG in HRR 33 Nr. 1422; RGZ 160, S. 361 und 149, S. 88 und LG Berlin in ,,Haus und Wohnung'', 1954, S. 354. Über die Treuepflicht des Pächters eines Filmtheaters s. BGH in UFITA Bd. 28, S. 114.

25   Die Rechtsprechung zur **Erhaltungs-, Instandhaltungs- und Erneuerungspflicht** stellt betont auf den jeweiligen Einzelfall ab und ist daher nur begrenzt zu generalisieren. Der BGH teilt in UFITA Bd. 26, S. 87 zwar grundsätzlich die hier vertretene Meinung, stellt jedoch strengere Anforderungen an den Pächter (ggf. Erneuerung des durch den Gebrauch der Pachtsache verschlechterten Materials), falls von ihm im Pachtvertrag weitgehende Erhaltungspflichten (über das gesetzliche Maß hinaus) übernommen wurden. Über die Verwirkung des Aufwendungsersatzanspruches des Theaterbesitzers vgl. BGH in UFITA Bd. 30, S. 209.

26   Das RG hat eine begrenzte Pflicht des Verpächters zur Vornahme von **baulichen Änderungen** bejaht, wenn es sich um eine bauliche Änderung geringfügiger Art handelt (RGZ 94, S. 138). Einen anderen Standpunkt hat das RG in einer weiteren einschlägigen Entscheidung in HRR 1932 Nr. 1432 eingenommen und erklärt, daß der Verpächter nicht verpflichtet sei, noch brauchbare, aber veraltete Einrichtungen zu modernisieren und daß er nicht für einen lohnenden Betrieb einzustehen habe. Von dem Pächter (hier eine Tankstelle) verlangt das RG die zeitgemäße Einrichtung des Pachtobjekts (RGZ 149, S. 88). In einer anderen Entscheidung des RG werden auch solche Aufwendungen als notwendig erachtet, ,,die das erforderliche oder auch nur geeignete Mittel sind, um den Betrieb lebensfähig zu erhalten und gewinnbringend zu gestalten" (RGZ 117, S. 112). Diese Entscheidung betrifft zwar mit dem Verwendungsersatz nach § 994 BGB einen anderen Fall. Ihre Grundsätze dürften jedoch auch für die Parteien eines Miet- oder Pachtverhältnisses anwendbar sein.

27   Für die Ansprüche des Mieters bei **Errichtung eines Filmtheaters** in einem Neubau stellt der BGH in UFITA Bd. 40, S. 144 fest, daß, wer infolge schleppender Fertigstellung des Baus eines Filmtheaters erst später als vorgesehen eröffnen kann, keinen Anspruch auf Schadensersatz hat, wenn der im Mietvertrag für die Fertigstellung des Theaters genannte Zeitpunkt nicht die Bedeutung einer verbindlichen Zusage gehabt hat und der Vermieter nicht in Verzug gesetzt worden ist.

161. Kapitel. Die Beendigung des Filmtheaterpachtvertrages

1   Beim Fehlen vertraglicher Absprachen gilt hinsichtlich der **Kündigungsfristen bei Pachtverträgen**, daß die Kündigung nur zum Schluß des Pachtjahres möglich ist. Die Kündigung muß hierbei spätestens bis zum 1. Werktag des zweiten Pachthalbjahres erfolgen. Diese in § 595 BGB festgelegte Kündigungsfrist kann von den Vertragsparteien einvernehmlich verlängert oder verkürzt werden.

2   Bei **Mietverträgen** gilt die Vorschrift des § 565 Abs. 1 BGB, wonach sich die **Kündigungsfrist** nach der Zahlung des Mietzinses richtet. Ist der Mietzins nach Tagen bemessen, kann die Kündigung an jedem Tag für den Ablauf des nächsten Tages erfolgen (§ 565 Abs. 1, Nr. 1 BGB); ist der Mietzins nach Wochen bemessen, ist die Kündigung spätestens am 1. Werktag einer Woche für den Ablauf des folgenden Samstags (Sonnabends) zulässig (§ 565 Abs. 1, Nr. 2 BGB). Beim Hauptanwendungsfall (Mietzins nach Monaten oder nach längeren Zeitabschnitten) gilt – bei den hier regelmäßig gegebenen Geschäftsräumen – eine Kündigungsfrist zum Ende eines Vierteljahres, die bis zum 3. Werktag des ersten Monats dieses Quartals erfolgt sein muß (§ 565 Abs. 1, Nr. 3 BGB).

3   Bei einem Mietvertrag hat der Mieter im Kündigungsfall gem. § 547 BGB Anspruch auf **Ersatz seiner Aufwendungen** für die Wiederherstellung und Instandsetzung der Mieträume. Gemäß § 558 BGB verjähren diese Ansprüche allerdings in 6 Monaten nach rechtlicher (nicht tatsächlicher) Beendigung des Mietverhältnisses.

4   Da weder der Pacht- noch der Mietvertrag über Filmtheater den gesetzlichen **Mieterschutzbestimmungen** (Sozialklauseln u. ä.) unterliegen, ist deren Anwendung hier ausgeschlossen. Ebenso wenig gelten die besonderen Vollstreckungsschutzbestimmungen der §§ 721, 794a ZPO.

5   Es wurde bereits auf den außerordentlichen Kündigungsgrund für den Vermieter bzw. Verpächter bei Zahlungsverzug des Mieters bzw. Pächters nach § 554 BGB hingewiesen (oben Kapitel 160). Ein weiteres für die Praxis bedeutsames **Kündigungsrecht** gibt § 553 BGB dem Vermieter bzw. Verpächter, wenn der Mieter bzw. Pächter von dem Miet- bzw. Pachtobjekt einen **vertragswidrigen Gebrauch** macht, es insbesondere unbefugt einem Dritten überläßt oder das Miet- bzw. Pachtobjekt durch Vernachlässigung seiner Sorgfaltspflicht erheblich gefährdet. Daneben gibt § 550 BGB dem Vermieter bzw. Verpächter in solchen Fällen

25*

nach fruchtloser Anmahnung einen Unterlassungsanspruch, der bei jedem vertragswidrigen Gebrauch gegeben ist, während das Kündigungsrecht nur bei einer erheblichen Verletzung der Rechte des Vermieters bzw. Verpächters zum Zuge kommt.

6   Nach dem Grundsatz der **Vertragsfreiheit** ist es selbstverständlich zulässig, in dem Vertrag im einzelnen aufzuführen, wann die Parteien weiter zur außerordentlichen Kündigung berechtigt sind und wann ein vertragswidriger Gebrauch vorliegen soll. Die Grenzen für derartige Vereinbarungen liegen jedoch auch hier in den Grundsätzen von Treu und Glauben.

7   Die **Untervermietung** bzw. **Unterverpachtung,** ohne seine Zustimmung, wird dem Vermieter bzw. Verpächter immer einen Kündigungsgrund geben, denn besonders bei einer prozentualen Beteiligung liegt ihm verständlicherweise entscheidend daran, wer das Theater betreibt, da die Einnahmen in sehr erheblichem Maße von der Tüchtigkeit des Filmtheaterbesitzers und von seiner Marktstellung beim Abschluß der Filmverträge abhängig sind.

8   Die Verletzung der **Sorgfaltspflicht** in bezug auf das Miet- bzw. Pachtobjekt wird erheblich sein müssen, wenn sie dem **Vermieter** bzw. **Verpächter** ein **außerordentliches Kündigungsrecht** geben soll. Insbesondere wird man nach den Grundsätzen von Treu und Glauben immer vorher eine Abmahnung verlangen müssen, auch wenn der Vertrag dies nicht ausdrücklich vorsieht, denn dem Mieter bzw. Pächter muß vor Geltendmachung des für ihn wirtschaftlich folgenschweren Kündigungsrechts billigerweise Gelegenheit zur Abstellung des Mangels gegeben werden.

9   Unter **vertragswidrigem Gebrauch** im Sinne dieser Bestimmung wird man auch die Verletzung der oben (Kapitel 160) erwähnten Verpflichtung des Mieters bzw. Pächters behandeln müssen, das Theater **konkurrenzfähig** zu halten, soweit er nach dem Vertrag etwa für die technische Einrichtung zu sorgen hat. Entsprechen also Bestuhlung oder technische Einrichtung nicht mehr den Mindestanforderungen, die an ein Theater der betreffenden Art gestellt werden, so kann der Vermieter bzw. Verpächter nach fruchtloser Abmahnung, wobei er dem Theaterbesitzer eine angemessene Frist stellen muß, fristlos kündigen, wenn durch das vertragswidrige Verhalten des Theaterbesitzers seine Rechte erheblich verletzt werden. Ein vertragswidriger Gebrauch des Theaterbesitzers und damit ein Kündigungsgrund des Vermieters bzw. Verpächters liegt noch nicht in einer erheblichen persönlichen Feindschaft der Vertragspartner begründet, mögen auch durch einen langfristigen Miet- bzw. Pachtvertrag besondere Treuepflichten der Vertragspartner gegeneinander bestehen.

10   Soweit der Filmtheaterbesitzer seine Verpflichtungen hinsichtlich seiner **Konkurrenztheater** am gleichen Ort verletzt (vgl. Kapitel 160), kommt möglicherweise eine außerordentliche Kündigung des Vermieters oder Verpächters in Frage. Hier wird jedoch sorgfältig abzuwägen sein, ob der Schaden für den Vermieter oder Verpächter so schwerwiegend ist, daß dies eine solche Kündigung rechtfertigt. Auch muß von dem Vermieter oer Verpächter verlangt werden, daß er mindestens den Theaterbesitzer abmahnt und ihm eine ausreichende Zeit zur Umstellung hinsichtlich der Filmdisposition gibt.

11   Abschließend ist noch auf den **außerordentlichen Kündigungsgrund** des **Mieters** bzw. **Pächters** nach § 542 BGB hinzuweisen. Der Mieter bzw. Pächter ist hiernach grundsätzlich berechtigt, das Miet- bzw. Pachtverhältnis zu kündigen, wenn ihm der **vertragsgemäße Gebrauch** ganz oder teilweise nicht gewährt oder

entzogen wird, vorausgesetzt, daß seine Interessen hierdurch erheblich beeinträchtigt werden. Das kann z. B. auch durch erhebliche Verletzung der dem Vermieter bzw. Verpächter obliegenden Erhaltungs-, Instandhaltungs- und Erneuerungspflichten geschehen. Die Kündigung ist jedoch auch hier erst zulässig, wenn eine dem Vermieter bzw. Verpächter gesetzte angemessene Nachfrist fruchtlos verstrichen ist.

12   In der **Rechtsprechung,** wie hier zum **Ersatz der Verwendungen** des Mieters und zur Verjährungsfrist des § 558, vgl. BGH in UFITA Bd. 30, S. 209.

13   Lt. BGH in UFITA Bd. 30, S. 206 richtet sich bei rückwirkender Auflösung eines Miet- bzw. Pachtvertrags über ein Filmtheater infolge einer besonderen vertraglichen Vereinbarung (auflösende Bedingung) der Anspruch des Vermieters oder Verpächters auf **Herausgabe der Nutzungen** mangels anderer vertraglicher Absprache nach den Grundsätzen der ungerechtfertigten Bereicherung.

14   Wie hier zur nur in Ausnahmefällen zulässigen außerordentlichen Kündigung aus **persönlichen Gründen:** RGZ 149, S. 88. Wie hier zur Verpflichtung des Theaterbesitzers, **höchstmögliche Umsätze** zu erzielen, falls der Verpächter neben seinem prozentualen Anteil eine Mindestgarantie erhält: RGZ 161, S. 361.

162. Kapitel. Das Filmtheater-Arbeitsrecht

1   Auf dem arbeitsrechtlichen Gebiet unterliegen die Vertragsverhältnisse zwischen den Theaterbesitzern und den Angestellten und Arbeitern ihrer Betriebe den **allgemeinen** arbeitsrechtlichen Gesetzen. Hierzu gehören insbesondere das Kündigungsschutzgesetz, das Mutterschutzgesetz, das Schwerbeschädigtengesetz und das Betriebsverfassungsgesetz. Aus diesen Vorschriften ergeben sich keine Besonderheiten für das Filmtheatergebiet.

2   Spezielle Regelungen finden sich im **Bundestarifvertrag** zwischen dem Hauptverband Deutscher Filmtheater e. V. (HDF) und der Rundfunk-Fernseh-Film-Union im Deutschen Gewerkschaftsbund, z. Zt. vom 1. April 1980. Aus diesem Tarifvertrag können alle Arbeitnehmer Rechte herleiten, die der Gewerkschaft angehören. Auf der Arbeitgeberseite sind alle Mitglieder des HDF bzw. seiner Landesverbände an den Tarifvertrag gebunden.

3   Die Bindung aus den Tarifverträgen erfolgt einmal negativ, indem Vereinbarungen, die inhaltlich von den Regelungen des Tarifvertrags abweichen, in bestimmten Grenzen unwirksam sind. Dabei gilt der Grundsatz, daß immer solche Vereinbarungen verboten sind, die für den Arbeitnehmer ungünstiger sind, als es die entsprechenden Tarifnormen vorsehen. Die Tarifbestimmungen stellen also **Mindestbedingungen** dar, die eine Besserstellung des Arbeitnehmers nicht ausschließen.

4   Die positive Wirkung der Tarifverträge liegt darin, daß sie die einzelnen Arbeitsverhältnisse automatisch gestalten. Wenn bei Abschluß eines Tarifvertrags entgegenstehende Vereinbarungen bei einzelnen Arbeitsverhältnissen bestehen, werden diese mit Wirksamwerden des Tarifvertrags unmittelbar abgeändert, soweit sie gegen die o. e. **Unabdingbarkeit** verstoßen, also dann, wenn die tarifliche Bestimmung eine dem Arbeitnehmer günstigere Regelung enthält. Diese durch den Tarifvertrag erfolgte neue Vertragsregelung bleibt auch dann bestehen, wenn der Tarifvertrag später aufgehoben oder sonst beendet wird. Sie verliert dann jedoch ihre Unabdingbarkeit.

5   Wenn die Tarifverträge auch grundsätzlich nur zwischen den Mitgliedern der Vertragsparteien gelten, so können sie doch darüber hinausgehende Wirkungen haben. Die bedeutsamste Ausweitung ist die **Allgemeinverbindlichkeitserklärung.** Dies hat zur Folge, daß die Bestimmungen des Tarifvertrags für alle vom sachlichen und räumlichen Geltungsbereich erfaßten Personen gelten, also z. B. auch für die Angestellten und Arbeiter der betreffenden Sparte, die nicht der Gewerkschaft angehören und auch für die Arbeitgeber, die nicht Mitglied des Interessenverbandes sind. Die Allgemeinverbindlichkeitserklärung erfolgt bei Bundestarifverträgen durch den Bundesarbeitsminister. Sie wird nur unter bestimmten Voraussetzungen gewährt, so insbesondere dann, wenn der Tarifvertrag bereits eine überwiegende Bedeutung in seinem Bereich hat, die Mehrzahl der in Frage kommenden Arbeitsverhältnisse also bereits von ihm erfaßt ist. Bei den Tarifverträgen auf dem Filmtheatergebiet ist bisher **keine** Allgemeinverbindlichkeitserklärung erfolgt oder auch nur beantragt worden.

6   Auch ohne Allgemeinverbindlichkeitserklärung können die Wirkungen eines Tarifvertrags über den Kreis der Mitglieder der Vertragsparteien hinausgehen. Aus dem Grundsatz der **Gleichbehandlung,** dem alle Arbeitsverhältnisse nach Art. 3 GG unterstehen, kann die Pflicht des Arbeitgebers folgen, auch den Angestellten und Arbeitern, die nicht der Gewerkschaft angehören und für die der Tarifvertrag daher keine Geltung hat, die gleichen Lohn- und Arbeitsbedingungen zuzubilligen wie den Gewerkschaftsangehörigen. Der Gleichbehandlungsgrundsatz wird jedoch nur dort angewendet werden können, wo wirkliche Gleichheit vorhanden ist. Ein Angestellter bzw. Arbeiter, der etwa als einziger Vorführer in einem Filmtheater tätig ist, wird sich daher nicht darauf berufen können, daß alle anderen Arbeitnehmer des Theaters nach Tarif bezahlt werden. Nur wenn wirklich von einem oder mehreren anderen die gleiche Arbeit für höheren Lohn geleistet wird, kann der Gleichheitsgrundsatz durchgreifen. Ob eine wirkliche Gleichheit gegeben ist, kann demnach nur bei jedem Einzelfall gesondert entschieden werden.

7   Der erwähnte Bundestarifvertrag für Filmtheater enthält **allgemeine Bestimmungen,** wie Arbeitszeit, arbeitsfreie Tage, Lohnzuschläge an Feiertagen, Arbeitsversäumnis, Arbeitsunfähigkeit, Urlaub, Einstellung und Kündigung. Besonders interessant ist die Regelung über die Zuständigkeit der Schiedsausschüsse und Arbeitsgerichte, wonach in den einzelnen Ländern nur bestimmte Gerichte für Einzelarbeitsstreitigkeiten örtlich zuständig sind.

8   Der Bundestarifvertrag für Filmtheater enthält nach einer genauen Begriffsbestimmung der einzelnen Tätigkeitsmerkmale der Arbeitnehmer **Ortsklassen- und Lohntabellen.** Diese sind nach der Größe der Städte, in denen die Theater gelegen sind, und nach der Aufführungsfolge (z. B. Erstaufführungstheater) gestaffelt und führen die entsprechenden von den Theaterbesitzern zu zahlenden Mindestlöhne auf.

163. Kapitel. Die Versicherungsverträge des Filmtheaters

1   Die Filmtheaterbesitzer haben als Unternehmer in ihren Betrieben eine **große Anzahl von Risiken** zu tragen. Diese Risiken bestehen darin, daß durch Einbruch oder Brand das Filmtheater beschädigt oder gar vernichtet werden kann, so daß im ungünstigsten Fall die Weiterführung des Betriebes unmöglich wird. Der völlige Ausfall von Einnahmen für eine längere Zeit könnte sogar zum Zusammenbruch des Unternehmens führen. Kommt ein Besucher im Filmtheater zu Schaden, so können sich hieraus erhebliche Schadensersatzansprüche ergeben. Gleichfalls in den Haftpflichtbereich fallen Ansprüche aus dem Sachwert- oder Vermögenshaftpflichtgebiet.

2   Als Unternehmer ist der Theaterbesitzer bestrebt, die aufgezeigten Risiken einzuschränken und sein Filmtheater gegen Schäden zu versichern. Hier bietet sich die Möglichkeit durch **Versicherungen** eine Risikobegrenzung zu erreichen.

3   In der Praxis wird es für den Theaterbesitzer darauf ankommen, möglichst günstige **Prämien-Konditionen** zu erzielen. Genauso wichtig ist es aber auch, die Versicherungsbelastung in wirtschaftlich vernünftigem Rahmen zu halten, also nur die Risiken zu versichern, die das Unternehmen gefährden könnten.

4   Die **Überversicherung,** d. h. die Vereinbarung einer höheren Summe als sie dem Wert der versicherten Sache entspricht, führt zu einer erhöhten Prämie, im Schadensfall bleibt jedoch der tatsächliche Sachwert die Obergrenze für die Entschädigung. Bei der **Unterversicherung** werden im Schadensfall Abzüge bei der Schadensregulierung vorgenommen, die dem Verhältnis zwischen tatsächlichem Wert der Sache und Versicherungssumme entsprechen. Für Unternehmer ist es daher, um sich vor Nachteilen zu schützen, wichtig, daß der **tatsächliche Wert** und die Versicherungssumme einander decken.

5   Für den Versicherungsvertrag gelten die Bestimmungen des **Versicherungsvertragsgesetzes.** Sie regeln Art und Form, Rechte und Pflichten aus diesem Vertrag.

6   Da der Abschluß einer Versicherung für ein Gebäude oder einen Betrieb recht kompliziert ist und eingehender Berechnungen bedarf, zum Teil unter Einschaltung von Sachverständigen, gibt es eine **Deckungszusage,** praktisch eine **Vorabversicherung.** Diese Deckungszusage beinhaltet, daß nur das grob umrissene Risiko angegeben wird und das Versicherungsunternehmen sich verpflichtet, im Falle eines Schadens diesen zu übernehmen. In diesem Vorstadium des endgültigen Versicherungsvertrages sind Risiken wie eine Über- oder Unterversicherung ausgeschlossen, da die endgültige Bewertung und damit auch die Prämienfestlegung erst zu einem späteren Zeitpunkt erfolgen.

7   Der Versicherungsvertrag selbst besteht aus **zwei** Teilen, dem **Antrag,** den der Versicherungsnehmer stellt und in dem er alle Risiken aufführt, die er versichern will und der **Police,** die die Versicherung erteilt und die zum Zustandekommen des Versicherungsvertrages führt. Da der Versicherungsvertrag auf Grund der Angaben des Versicherungsnehmers im Antrag zustande kommt, stellt im Schadensfall das Versicherungsunternehmen zunächst fest, ob das Risiko voll gedeckt ist und damit auch die vollen Erstattungsansprüche geltend gemacht werden können. Trotz korrekter Ermittlung der Versicherungssumme bei der Antragstellung kann zum Zeitpunkt des Schadensfalles eine Unterversicherung eingetreten sein, und zwar durch seit Vertragsabschluß gestiegene Wiederbeschaffungskosten oder in der Zwischenzeit erfolgte Neuanschaffungen. Diese zusätzlichen Risiken lassen sich vermeiden, wenn jährlich überschlägig die erforderliche Versicherungssumme an Hand der Kostenentwicklung angepaßt wird.

8   Bei der **Gebäudeversicherung** gibt es in einigen Gebieten regionale Pflichtversicherungen. Sie besitzen für dieses Gebiet das Monopol in der Gebäudeversicherung. In anderen Gebieten besteht dagegen freier Wettbewerb zwischen einer Vielzahl von Versicherungen, so daß ein Aushandeln von Prämien möglich ist.

9   Gebäudeversicherungen legen grundsätzlich die **Gebäudewerte** des Jahres 1914 zugrunde. Bei neuen Gebäuden wird bei Versicherungsbeginn eine entsprechende

Wertfeststellung vorgenommen. Die laufende Anpassung für die Gebäude, die zum Neuwert versichert sind, erfolgt über die Prämie in Form der gleitenden Neuwertversicherung.

10 **Bemessungsgrundlage** bei der Gebäudeversicherung sind eine Vielzahl von Gegebenheiten. Dazu gehört in erster Linie die Lage des versicherten Objekts (ob in Großstadt, Kleinstadt oder auf dem Lande) und das Vorhandensein einer Berufsfeuerwehr oder einer Freiwilligen Feuerwehr. Aber auch die Bauart des versicherten Objekts und seine unmittelbare Umgebung sind unter dem Gesichtspunkt der Feuergefährdung von Bedeutung.

11 Die **Filmtheater-Einheitsversicherung** stellt eine speziell auf die Gegebenheiten der Filmtheater zugeschnittene Versicherungsart dar und umfaßt die Bereiche: **Sachversicherung, Haftpflichtversicherung** und **Betriebsunterbrechungsversicherung.** Die Einheitsversicherung erzielt eine Deckung der verschiedenen Risiken im Filmtheaterbereich. Sie vermeidet Doppeldeckungen und bietet den Vorteil der Verwaltungsvereinfachung und Kostengünstigkeit.

12 Im Rahmen der **Sachversicherung** werden Einrichtung und Ausstattung des Filmtheaters (einschließlich der Technik) versichert sowie das Filmmaterial, für das der Theaterbesitzer nach den Bezugsbedingungen nicht nur während des Aufenthalts im Theater, sondern auch auf dem Transportwege vom Theater zum Verleih das Risiko trägt. Auf das Risiko einer Unterversicherung durch Zeitablauf sei hingewiesen.

13 Die **Haftpflichtversicherung** sieht eine bestimmte Basissumme für Personenschäden vor. Dabei sind 10% dieser Summe für Sachschäden und wiederum hiervon 10% für Vermögensschäden vorgesehen. In der Praxis hat sich gezeigt, daß diese Untergliederung von Nachteil ist und durch geringen Aufschlag eine wesentlich verbesserte Deckung – z. B. pauschal eine Million – vereinbart werden kann, ohne daß eine Unterteilung nach Schadensarten erfolgt.

14 Die **Betriebsunterbrechungsversicherung** sieht vor, daß bei Unterbrechung eines Betriebes nach einem versicherungspflichtigen Schaden (z. B. einem Brand) für eine bestimmte Zeit eine bestimmte Höhe an Entschädigung zu zahlen ist, selbstverständlich nur bis zur nachgewiesenen Schadenshöhe. Der entgangene Gewinn kann mitversichert werden. Um bei **Großschäden** hinreichend versichert zu sein, empfiehlt sich statt der im Normalvertrag vorgesehenen vierteljährlichen Deckung eine solche für ein Jahr zu vereinbaren. Es hat sich gezeigt, daß bei Großschäden diese Zeit bis zur Wiederaufnahme des Betriebs erforderlich ist. Die Höhe der Versicherungssumme muß sich am Umsatz des betreffenden Filmtheaters orientieren.

15 Die Behandlung **weiterer Versicherungen** erübrigt sich, da sie im wesentlichen nicht so bedeutsame Risiken umfassen und jeweils den individuellen betrieblichen Gegebenheiten Rechnung tragen müssen. Zu diesen Versicherungen zählen in erster Linie: Bargeld nach verschiedenen Unterbringungsarten, Fehlversand von Filmkopien, Musikinstrumente, Inhalt von Schaukästen und Vitrinen, Verkaufs-Automaten mit Inhalt, einfacher Bruch und Beschädigung von Objektiven, auch auf dem Transport, sowie die Glasversicherung.

164. Kapitel. Vergnügungssteuer und Filmabgabe

1   Die **Vergnügungssteuergesetze** der einzelnen Länder ergeben für Filmveranstaltungen grundsätzlich Vergnügungssteuerfreiheit oder die Möglichkeit einer Befreiung von der Vergnügungssteuer. In den Ländern Bayern, Berlin, Hamburg, Schleswig-Holstein und Baden-Württemberg wird für Filmveranstaltungen keine Vergnügungssteuer mehr erhoben. In Baden-Württemberg besteht allerdings durch entsprechende Ortssatzung an sechs Orten die Möglichkeit einer Vergnügungssteuererhebung für Filmtheater, die jedoch bei Vorführung von Filmen, die ein Prädikat der FBW erhalten haben (Hauptfilme oder Kurzfilme), entfällt. Die Länder Bremen, Hessen, Niedersachsen, Nordrhein-Westfalen, Rheinland-Pfalz und Saarland sehen für Filmveranstaltungen einen Basissatz von 10% Vergnügungssteuer vor. Diese Vergnügungssteuer wird jedoch nicht erhoben, wenn im Rahmen des Filmtheaterprogramms ein von der FBW prädikatisierter Film (Hauptfilm oder Kurzfilme) von mindestens 250 Meter Länge vorgeführt wird. Ein genereller Wegfall der Vergnügungssteuer für Filmveranstaltungen ist aber auch in diesen zuletzt genannten Ländern in verschiedenen Orten durch entsprechende Ortssatzung festgelegt worden. Hierzu sind die Gemeinden in der Lage, da die Vergnügungssteuer eine indirekte Verbrauchssteuer mit örtlich beschränktem Wirkungskreis ist.

2   Soweit die Vergnügungssteuer noch besteht, ist sie als **rechtmäßig** anzuerkennen. Das gilt sowohl für eine Vergnügungssteuer, die in einem Landesgesetz niedergelegt ist, als auch für eine Vergnügungssteuer durch eine örtliche kommunale Verordnung.

3   Was die **Filmabgabe** angeht, die der Theaterbesitzer nach dem FFG in Höhe von 2,75%–3,75% seines Jahresumsatzes zu entrichten hat, so handelt es sich hier um eine öffentlich-rechtliche Abgabe. Nach § 66 FFG kann sie bei der Berechnungsgrundlage für den prozentualen Miet- oder Pachtzins sowie für die prozentuale Filmmiete vorweg in Abzug gebracht werden. Die Staffelung nach Umsatzgrößen bezieht sich auf die einzelnen Filmtheater und nicht etwa auf den Gesamtumsatz des Theaterunternehmens, dem das einzelne Filmtheater gehört (vgl. hierzu im übrigen Kapitel 38).

4   Da die **Musikaufführungsrechte** an den Filmwerken bei der **GEMA** liegen und da die Filmtheater außer den Filmen des Programms noch Musik zu den Dias, den Werbefilmen und in den Pausen aufführen, müssen sie sich von der GEMA diese Rechte übertragen lassen. Hierfür besteht ein Pauschalvertrag zwischen dem HDF und der GEMA, wonach diese den Filmtheatern ihr Repertoire gegen Zahlung einer jährlichen Pauschalgebühr überläßt.

5   In der **Rechtsprechung** ist die Erhebung einer **kommunalen Vergnügungssteuer** nach Abschaffung eines Landesvergnügungssteuergesetzes ausdrücklich anerkannt worden (vgl. Verwaltungsgerichtshof Baden-Württemberg in UFITA Bd. 68, S. 366 und BVG in UFITA Bd. 72, S. 343).

6   Zum **Abzugsrecht** und zur Weitergabe einer Ermäßigung oder eines Erlasses der Vergnügungssteuer vgl. OLG Hamburg in UFITA Bd. 42, S. 199.

7   Lt. OVG Nordrhein-Westfalen in UFITA Bd. 37, S. 355 hat der Erwerber eines Filmtheaters nicht für **Vergnügungssteuerrückstände** seines Rechtsvorgängers zu haften.

8   Über die **Steuerpflicht** von **BIM-Prämien** für Theaterbesitzer s. BFH in UFITA Bd. 90, S. 277. Zu dem ganzen Fragenkreis s. *Merten* „Die steuerrechtliche Behandlung von Filmpreisen" in FuR 1983, S. 378.

165. Kapitel. Zulassungs- und Sicherheitsvorschriften für Filmtheater

1   Die Tatsache, daß in einem Filmtheater oder Filmtheater-Center regelmäßig eine große Anzahl von Menschen zusammenkommt, hat zum Erlaß **zahlreicher** Sicherheitsvorschriften geführt. Neben den **allgemeinen Vorschriften** für alle Filmtheater bestehen **zusätzliche Vorschriften** für Rauchtheater, Servicetheater und Autokinos. Die wichtigsten Vorschriften, die im folgenden behandelt werden, sind: die Landesbauordnungen, die Versammlungsstätten-Verordnungen (VStättVO), die Unfallsverhütungsvorschrift Filmtheater (UVV), die Gaststättenbauverordnungen (GastBauVO) sowie die Landesbauordnungen über Einstellplätze.

2   Die Polizeiverordnung über die Anlage und Einrichtung von Lichtspieltheatern vom 18. 3. 1937 – ursprünglich in Preußen erlassen und dann von den anderen Ländern übernommen – wurde Anfang der 70er Jahre durch eigene Vorschriften der Bundesländer abgelöst. Diese Vorschriften wurden generell für Versammlungsstätten erlassen und umfassen nur zu einem Teil den Bereich Filmtheater. Gegenüber der alten Polizeiverordnung weisen die **Versammlungsstätten-Verordnungen (VStättVO)** insoweit abweichende Grundsätze auf, als von der staatlichen Aufsicht weitgehend die Verantwortung auf den Betreiber verlagert wird. Dies kommt besonders im Bereich der behördlich vorgeschriebenen Prüfungen der technischen Anlagen zum Ausdruck. Der gleiche Gesichtspunkt war aber auch Anlaß, z. B. auf detaillierte Vorschriften hinsichtlich der elektrischen Anlagen und ihrer Gestaltung zu verzichten und hier auf die Beachtung der *Regeln der Technik,* d. h. der VDE-DIN-Vorschriften, zu verweisen.

3   In diesen **Regeln der Technik** liegt ein großer Vorteil; denn im Gegensatz zu den VStättVOen, die immer nur für ein Bundesland gelten, werden hierdurch Normen bundesweit in Kraft gesetzt. Auch die Änderung von Normen ist wesentlich leichter, da Sachverständigen-Gremien die Normen laufend bearbeiten und etwa alle fünf Jahre eine Anpassung der Vorschriften an die technische Entwicklung erfolgt.

4   Grundsätzlich sei hier noch darauf hingewiesen, daß die Verordnungen und Vorschriften über die Sicherheit in Versammlungsstätten – die Regeln der Technik in Normvorschriften einbezogen – einen **Bestandsschutz** gewähren, d. h., ein Betrieb braucht nur den Vorschriften und Bestimmungen zu entsprechen, die bei seiner Errichtung und Genehmigung galten. Haben sich die Anforderungen im Laufe der Zeit geändert, so kann im allgemeinen eine Anpassung nur dann gefordert werden, wenn eine akute Gefahr für Leib und Leben von Besuchern oder Mitarbeitern gegeben ist, wobei grundsätzlich scharfe Maßstäbe angelegt werden. Nach den Bestimmungen der Landesbauordnungen kann jedoch im Falle einer Änderung der baulichen Anlage verlangt werden, daß auch die von der Änderung nicht betroffenen Teile der baulichen Anlage angepaßt werden, sofern die Kosten der Änderung sich dadurch um nicht mehr als 20% erhöhen.

5   Das **Baurecht** fällt in die **Zuständigkeit der Länder,** und damit sind Ausgangspunkte für den Erlaß von VStättVOen die Landesbauordnungen. Um eine möglichst einheitliche Regelung aller die Versammlungsstätten speziell betreffenden Fragen zu erreichen, haben sich auf Bundesebene im Laufe der Zeit verschiedene Ausschüsse mit der Koordinierung der Bestimmungen befaßt, nachdem eine generelle Normung durch eine DIN-Vorschrift aufgegeben worden war. In der Folge wurde eine Musterverordnung vom Arbeitskreis Versammlungsstätten der

Fachkommission Bauaufsicht der **ARGEBAU** erarbeitet, die weitgehend Grundlage der heute in den Ländern geltenden Versammlungsstätten-Verordnungen ist. Die Fortführung der Arbeiten wurde dann vom Arbeitskreis Sonderbauten der Fachkommission Bauaufsicht der *ARGEBAU* übernommen. Trotz dieser Bemühungen, eine Einheitlichkeit im Bereich des Bauwesens und speziell der Versammlungsstätten zu erreichen, bestehen auch heute noch Abweichungen zwischen den Bestimmungen der einzelnen Länder. Sie fallen zwar im allgemeinen nicht wesentlich ins Gewicht, erschweren jedoch in der Praxis Planung und Ausbau von Theatern wegen ihrer Unterschiede in Wortlaut, Maßangaben und Paragraphenbezeichnung.

6   Unter die VStättVO fallen Filmtheater, die einzeln oder zusammen mehr als 100 Plätze umfassen. Im Vordergrund steht naturgemäß die **Sicherheit der Besucher,** weshalb die Verordnungen Bestimmungen über Sitzplatzzahl, Reihenabstand, Gangbreiten, Rettungswege, genauso aber auch über Sicherheitsbeleuchtung, Heizung, Lüftung und Rauchabzugsöffnungen für die Rauchabführung im Brandfall enthalten. In der VStättVO werden nur die generellen Vorgaben, z. B. wo die Sicherheitsbeleuchtung vorzusehen ist bzw. wieviel Frischluftzufuhr gewährleistet sein muß (nämlich 20 m³, bei Raucherlaubnis 30 m³), festgelegt. Im übrigen wird auf die *Regeln der Technik,* also die DIN-Vorschriften für die Regelung von Einzelheiten, verwiesen. Besonders zu beachten ist, daß die Betriebsvorschriften für alle Theater gelten, also hier Fragen des Bestandsschutzes nicht eingreifen.

7   Nach der VStättVO muß der **Betreiber eines Filmtheaters** oder ein Beauftragter während des Betriebes **ständig anwesend** sein. Er hat die Verantwortung für die Einhaltung der Betriebsvorschriften. Der Betreiber ist weiterhin verantwortlich dafür, daß die technischen und Sicherheits-Anlagen sich jeweils in betriebsfähigem Zustand befinden. Er hat den entsprechenden Nachweis hierfür durch regelmäßige Prüfungen, die er selbst in Auftrag zu geben oder zu veranlassen hat, zu erbringen. Diesen Prüfungen müssen die elektrischen Anlagen genauso wie Blitzschutzanlagen, Rauchabzugs-Einrichtungen, Feuerlösch- und Alarmanlagen sowie Lüftungsanlagen unterzogen werden. Die Prüfungsfristen sind nicht einheitlich festgelegt und bewegen sich, je nach technischer Anlage, aber auch länderunterschiedlich, zwischen ein und drei Jahren. Außerdem erfolgen behördliche Prüfungen durch Gewerbeamt, Feuerwehr, Brandsachverständige und Bauämter. Für diese Prüfungen bestehen gleichfalls unterschiedliche Fristen, sowohl nach Ressorts als auch nach Ländern. In der Regel sollen diese Prüfungen jedoch mindestens alle fünf Jahre erfolgen. Verstöße gegen die VStättVO können als Ordnungswidrigkeiten geahndet werden.

8   **Die VDE 0108** mit der DIN-Kennzeichnung 57108 gilt als *Regel der Technik* und ist in erster Linie für Versammlungsstätten ausgelegt. Die DIN-Norm hat den Titel „Errichten und Betreiben von Starkstromanlagen in baulichen Anlagen für Menschenansammlungen sowie von Sicherheitsbeleuchtung in Arbeitsstätten". Die VDE 0108 gilt zusätzlich zu allen anderen VDE-Vorschriften und ergänzt insoweit die VStättVO. Die VDE 0108 enthält Bestimmungen für die normale Stromversorgung für Versammlungs- und Betriebsräume, gleichzeitig aber auch für die Sicherheitsbeleuchtung und deren Stromversorgung. Auf Grund der Vorschriften der VStättVO werden die VDE-Vorschriften für die Versammlungsstätten rechtsverbindlich. Die Überwachung der Innehaltung der VDE-Vorschriften erfolgt im Rahmen der in den VStättVOen vorgeschriebenen Prüfung der elektrischen Anlagen durch Sachverständige.

9 Die **UVV Filmtheater** soll den **Schutz der Mitarbeiter** gewährleisten und enthält Sicherheits- und Bedienungsvorschriften, um Gefahren für Filmtheaterbetriebe auszuschließen. Die UVV ist daher ausgerichtet auf die wesentlichen Gefahren, die sich aus der Vorführtechnik, und hier im besonderen durch Hochdrucklampen, ergeben. Die Vorschrift bezieht sich auf Sicherheitsvorkehrungen an den technischen Anlagen sowie erforderliche Schutzmaßnahmen. Weiter enthält sie Betriebsvorschriften, nach denen Hochdrucklampen nur nach Anlegen eines Gesichts- und Halsschutzes und von Stulpenhandschuhen ausgewechselt werden dürfen. Der Unternehmer hat Vorführer und Hilfspersonen über die UVV zu unterrichten und die Vorschrift im Bildwerferraum auszuhängen. Die Innehaltung der UVV wird durch Ingenieure der Berufsgenossenschaft Elektrotechnik und Feinmechanik überprüft. Nach der UVV gelten die Strafbestimmungen des § 710 RVO.

10 Für **Theater mit Raucherlaubnis** gelten nach der VStättVO besondere Anforderungen. Eine Befreiung vom generellen Rauchverbot kann danach für Versammlungsstätten gewährt werden, wenn wegen des Brandschutzes keine Bedenken bestehen und die Wand- und Deckenverkleidungen aus nichtbrennbaren Baustoffen und die Bezüge der Bestuhlung aus mindestens schwer entflammbaren Stoffen bestehen. Bei Reihenbestuhlung ist für je zwei Sitze mindestens ein fest angebrachter Aschenbecher vorzusehen. Die Be- und Entlüftungs-Anlage muß eine Kapazität von 30 m^3 Frischluft pro Platz und Stunde aufweisen.

11 Unter dem Begriff **Servicetheater** oder **Verzehrkino** versteht man eine Kinoart, die vorsieht, daß die Besucher an Tischen sitzend die Möglichkeit haben, während der Filmvorführung Getränke, teilweise auch Speisen, zu sich zu nehmen. Im allgemeinen sind diese Theater mit einer aufgelockerten Sitzordnung ausgestattet, bei der – ausgehend von einer üblichen Reihenbestuhlung – zusätzliche Gänge angeordnet sind, so daß von jedem Gang und zu jeder Seite hin pro Reihe zwei bis drei Plätze aufgesucht werden. Vor den Sitzplätzen sind Tische zum Abstellen der Getränke angebracht. Die Besucher der Servicetheater werden von einem Stand im Foyer aus, in anderen Fällen von einer Bar im Zuschauerraum aus mit Getränken versorgt. In der Praxis kommen dabei sowohl Selbstbedienung als auch Betreuung durch Personal vor.

12 Durch die aufgelockerte Bestuhlung und zusätzliche Rettungswege der Servicetheater werden **Erleichterungen** vom Wortlaut der **VStättVO** gewährt. Die vorgeschriebene Mindestbreite von Gängen (90 cm) ist zwar für die erforderlichen Gänge innezuhalten, geringere Durchgangsbreiten werden jedoch für zusätzlich angeordnete Gänge akzeptiert. Ähnliche Erleichterungen ergeben sich für die freie Durchgangsbreite, die normalerweise 45 cm betragen muß. Werden von einem Gang nicht mehr als zwei bis max. drei Plätze erreicht, so werden auch geringere Durchgangsbreiten genehmigt. Bei vor den Sitzen angeordneten Tischen werden Aschenbecher, die nicht fest angebracht sind, zugelassen. Überwiegend werden Servicetheater auch als Rauchtheater ausgelegt und müssen daher den für diese Theater aufgezeigten Vorschriften zusätzlich entsprechen.

13 Beim Servicetheater sind wesentliche Charakteristika der **Gaststätte** gegeben, so daß für Betriebe dieser Art die Schankerlaubnis erforderlich ist. Die Schankerlaubnis hat zur Voraussetzung, daß die baulichen Anforderungen nach der Gaststättenbauverordnung (GastBauVO) erfüllt sind. Bei Filmtheaterbetrieben wirkt sich dies im wesentlichen dahingehend aus, daß eine größere Anzahl von Toiletten als für ein Filmtheater gleicher Größe gefordert werden kann.

14   Bei **Umbauten bestehender Filmtheater** wird es zwar in der Regel bei einem
dann verringerten Platzangebot im Servicetheater keine Probleme geben. Dennoch kommt es gelegentlich deshalb zu Schwierigkeiten, weil bei Gaststätten für
die Berechnung der erforderlichen Toiletten die Quadratmeterfläche zugrunde
gelegt wird, im Filmtheater jedoch nur die nach dem Bestuhlungsplan zugelasse-
nen Plätze genutzt werden können. Die GastBauVOen der Länder sehen die Möglichkeit von Ausnahmegenehmigungen vor, wenn besondere Verhältnisse vorliegen. In einem Filmtheater sind diese stets als gegeben anzusehen, denn die Besucherzahl ist durch den Bestuhlungsplan beschränkt. Weiter ist auch der Aufenthalt
der Besucher im Filmtheater auf etwa zwei Stunden begrenzt und damit der
Konsum von Getränken eingeschränkt. Im allgemeinen wird entsprechenden Anträgen auf Ausnahmegenehmigung von der GastBauVO daher auch Rechnung
getragen.

15   Im Hinblick auf die **Servicetheater** wurde gelegentlich von Jugendbehörden die
Auffassung vertreten, daß nach § 2, Abs. 1 JSchG (in der Fassung vom 27. 7. 1957)
Kindern und Jugendlichen unter 16 Jahren der Aufenthalt in Gaststätten nur in
Begleitung eines Erziehungsberechtigten gestattet ist oder sie sich nach § 2, Abs. 3
nur solange in einer Gaststätte aufhalten dürfen, wie zur Einnahme eines Geträn-
kes erforderlich ist. Der Besuch von Filmveranstaltungen durch Jugendliche in
einem Servicetheater verstieße damit gegen das **Jugendschutzgesetz.** Dieser Auslegung des Jugendschutzgesetzes kann nicht gefolgt werden, denn der Besuch
eines Servicetheaters erfolgt, um an einer Filmveranstaltung teilzunehmen. Das
Getränkeangebot ist daher genauso nur als Zugabe anzusehen, wie dies beim
Zubehörhandel mit Eis und Süßwaren der Fall ist. Vor allem aber fehlt im Filmtheater die typische Atmosphäre der Gaststätte, die zu den dortigen zeitlichen und
persönlichen Einschränkungen für den Besuch durch Kinder und Jugendliche geführt hat. Das Interesse der Besucher, auch der Kinder und Jugendlichen, ist auf
den Film konzentriert, und es ergeben sich deshalb nicht die für eine Gaststätte
typischen Kontakte zwischen den Gästen und der dort übliche höhere Alkohol-
konsum, der Kinder und Jugendliche gefährden kann. Im übrigen ist der Besuch
von Filmtheatern durch Kinder und Jugendliche in § 6 JSchG abschließend geregelt.

16   Die Probleme des ruhenden Verkehrs wurden ursprünglich in der Reichsgaragenordnung geregelt. Mit dem Erlaß der Landesbauordnungen in den Ländern
wurde die Reichsgaragenordnung abgelöst. Die Landesbauordnungen enthalten
Bestimmungen, wonach **notwendige Einstellplätze** auf dem Baugrundstück
oder in seiner Nähe bereitgestellt werden müssen, lassen aber auch die Möglichkeit offen, den Nachweis der erforderlichen Einstellplätze auf einem dem Bau-
herrn nicht gehörenden Grundstück zu erbringen. In diesem Fall werden die Einstellplätze als Baulast im Grundbuch des betreffenden Grundstückes eingetragen,
um sie so auf Dauer zu sichern. Ein anderer Weg ist die Möglichkeit, sich durch
Zahlung eines Ablösebetrages von der Verpflichtung der unmittelbaren Bereitstellung eines Einstellplatzes freizukaufen. Vertragspartner ist in diesen Fällen die
zuständige Gemeinde, die sich mit Abschluß des entsprechenden Vertrages verpflichtet, die Ablösungsbeträge für die Herstellung von Einstellplätzen in der
Nähe des die Ablösung zahlenden Betriebs zu verwenden.

17   Die Frage, **wieviele Einstellplätze** für Filmtheater erforderlich sind, wird in
den Ausführungsbestimmungen zu den Landesbauordnungen geregelt. Dabei
kann davon ausgegangen werden, daß für je 5 oder 10 Besucherplätze ein Einstell-
platz gefordert wird. Die einzelnen Gemeinden haben die Möglichkeit, durch

Ortssatzung oder im Rahmen des Ermessens innerhalb des vorgegebenen Rahmens zu entscheiden.

18 Bei der Einstellplatzfrage kommt dem **Bestandsschutz** eine besondere Bedeutung zu; denn viele Filmtheater wurden zu einem Zeitpunkt errichtet, als entweder die Reichsgaragenordnung noch nicht erlassen war – also vor 1939 – oder aus anderen Gründen bei Errichtung Einstellplatzforderungen nicht geltend gemacht wurden. In diesen Fällen können heute Forderungen auf Einstellplätze nicht erhoben werden, auch dann nicht, wenn ein Umbau des Theaters (z. B. Teilung in zwei kleinere Theater) erfolgt.

19 Zu beachten ist, daß die Zahl der Einstellplätze am **Sitzplatzangebot** orientiert ist, und zwar unabhängig davon, ob dieses Sitzplatzangebot in einer, zwei oder mehreren Spielstellen in einem Gebäude erfolgt. Der Bestandsschutz gilt daher solange, wie die Platzzahl insgesamt nicht höher ist, als bei Beantragung des Umbauvorhabens. Für den Bestandsschutz maßgebend ist nur die letzte, offiziell zugelassene Platzzahl. Ein Theater, das ursprünglich für 1000 Plätze gebaut, in der Zwischenzeit auf 700 Plätze reduziert wurde, kann nur hinsichtlich der noch genehmigten 700 Plätze Bestandsschutz geltend machen. Die Grenze des Bestandsschutzes kann jedoch dann überschritten werden, wenn zusätzlicher gewerblicher Raum für ein Filmtheater geschaffen, die ursprüngliche Platzzahl aber nicht überschritten wird. Dabei gilt der Grundsatz, daß bei Erweiterung der Gewerbefläche sich auch die Frage der Einstellplatzforderung neu stellen kann. Der Bestandsschutz entfällt im übrigen auch bei Nutzungsänderungen, wenn also aus einem Laden ein Filmtheater oder aus einem Filmtheater ein Laden werden soll. In diesen Fällen ist die Bereitstellung von Einstellplätzen oder deren Ablösung geboten wie bei einem Neubau.

20 Die Baubehörden nehmen die **Einstellplatz-Auflagen** in den Bauschein auf, um so sicherzustellen, daß das Bauvorhaben nur bei Erfüllung dieser Auflagen durchgeführt und abgenommen werden kann. Die Nutzung der geschaffenen Einstellplätze ist nicht auf die Bereitstellung für Besucher des Filmtheaters beschränkt. Es besteht vielmehr die Möglichkeit, die Plätze zu vermieten. Entscheidend ist nur, daß sie dem ruhenden Verkehr zur Verfügung stehen.

21 Baugenehmigungsrechtlich ergeben sich bei der Planung und Errichtung von **Autokinos** besondere Probleme. Einmal gibt es für Autokinos keine speziellen Bauvorschriften. Die zuständigen Behörden sind vielmehr gehalten, im Rahmen ihres Ermessens zu entscheiden. Trotz Zuständigkeit der Baugenehmigungsbehörde ist jedoch ein Mitentscheidungsrecht anderer Behörden zwangsweise gegeben; denn im Vordergrund der Planung eines Autokinos steht naturgemäß die Verkehrsanbindung an Autobahn, Bundes-, Land- und Kreisstraßen. Die hier jeweils zuständigen Behörden müssen daher ihre Zustimmung zu dem Projekt erteilt haben, bevor die Baugenehmigungsbehörde ihre endgültige Entscheidung treffen kann.

22 Weiter ist auch die Einschaltung der Polizei erforderlich, da die Möglichkeit der **Beeinträchtigung** des **fließenden Verkehrs**, z. B. Ablenkung der Aufmerksamkeit vom Straßengeschehen durch die Bildwand, besteht. Ein weiterer, sehr wichtiger Fragenkomplex ist die Gefahr der Belästigung der Anlieger durch den an- und insbesondere abfließenden Verkehr nach Beendigung der Vorstellung. Das Mitspracherecht einer Vielzahl von Behörden und das Einspruchsrecht der Anlieger machen ein Genehmigungsverfahren meist sehr kompliziert und langwierig.

11. Abschnitt. Die Fernsehverwertungsverträge

166. Kapitel. Allgemeines

1   Die Fernsehverwertungsverträge bilden die rechtliche Form für die wirtschaftlichen Beziehungen zwischen den Fernsehanstalten einerseits und den Filmherstellern, Filmvertriebs- bzw. -verleihfirmen sowie den Urheber- und Leistungsschutzberechtigten am Filmwerk andererseits bei der **Fernsehauswertung der Filme.** Dieser Auswertung kommt infolge der ständigen Weiterentwicklung der technischen Möglichkeiten, Ausdehnung der Fernsehprogramme und Einrichtung neuer Sendeunternehmen (z. B. Kabelpilotprojekte, Projekte für privates Fernsehen, Satellitenfernsehen etc.) eine außerordentliche Bedeutung zu, die ihre zusätzliche Behandlung unter den Verwertungsarten rechtfertigt. Es werden schon heute jährlich in den Programmen der öffentlich-rechtlichen Fernsehanstalten mehr Kinofilme (also zur öffentlichen Vorführung in Filmtheatern bestimmte Filmwerke) ausgestrahlt als in Filmtheatern neu zur Vorführung gelangen. Auch sind mehr private Filmhersteller für die Fernsehanstalten tätig als für den Kinofilmmarkt.

2   Unter **Filmwerk** im Sinne dieses Abschnittes sollen, genau wie in den vorhergehenden Abschnitten, Filme aller Art in sämtlichen technischen Verfahren und Formaten und für alle möglichen Verwendungszwecke verstanden werden. Der Begriff soll insbesondere Kinofilme und Fernsehfilme, fixierte Filme und Live-Sendungen, Spielfilme und Nachrichtensendungen, Magazine und Dokumentationen, Features und Fictions, Kultur-, Werbe- und Industriefilme, programm- bzw. abendfüllende Filme und Kurzfilme umfassen. Sie werden freilich von den hier behandelten Verträgen nur erfaßt, soweit sie für **Fernsehsendungen** benutzt werden. Diese Sendungen beschränken sich aber keinesfalls auf zur Funksendung bestimmte Filmwerke nach § 88 Abs. 1 Ziff. 4 UrhG, sondern enthalten auch – wie erwähnt – in breitem Umfang Filmwerke, die zur öffentlichen Vorführung (also vor allem im Filmtheater) bestimmt sind.

3   Die **Partner** der Fernsehverwertungsverträge sind auf der einen Seite die Fernsehanstalten, wobei unter diesem Begriff hier sämtliche Sendeunternehmen, also Veranstalter von Fernsehsendungen im Sinne des § 87 UrhG, verstanden werden sollen. Hierzu gehören z. Zt. das Zweite Deutsche Fernsehen (ZDF) und die in der Arbeitsgemeinschaft der Rundfunkanstalten (ARD) zusammengeschlossenen Rundfunkanstalten (Bayerischer Rundfunk, Süddeutscher Rundfunk, Südwestdeutscher Rundfunk, Hessischer Rundfunk, Saarländischer Rundfunk, Westdeutscher Rundfunk, Norddeutscher Rundfunk, Radio Bremen, Sender Freies Berlin). Ferner rechnen hierzu die schon tätigen Kabelpilotprojektgesellschaften (z. B. München und Ludwigshafen), aber in naher Zukunft wohl auch private Fernsehanstalten, sowie Gesellschaften für das Satellitenfernsehen. Auf der anderen Seite befinden sich die Filmhersteller bzw. Filmvertriebs- und -verleihfirmen sowie die Urheber- und Leistungsschutzberechtigten am Filmwerk, wobei diese Begriffe genauso auszulegen sind wie in den Kapiteln 49, 58 und 62. Es gibt einige Vertriebsfirmen, die sich auf Erwerb und Veräußerung von Fernsehrechten spezialisiert und auf diesem Gebiet eine starke Position erworben haben.

4   Die hier behandelten **Vertragstypen** umfassen die Eigenproduktionen der Fernsehanstalten, die Filmeinkäufe durch die Fernsehanstalten, die Auftragsproduktio-

nen der Fernsehanstalten und die Gemeinschaftsproduktionen mit den Fernsehanstalten. In den folgenden Kapiteln sollen die wichtigsten Bestimmungen in den für diese Vertragstypen benutzten Normal-(Formular-)verträgen nebst allgemeinen Bedingungen wiedergegeben werden. Ferner sollen in diesem Zusammenhang auftauchende wesentliche Rechtsfragen untersucht werden.

5   In diesem Handbuch werden **nicht die öffentlich-rechtlichen Fragen** des Fernsehens (mit Ausnahme der Filmfreiheit und der Filmförderung, soweit sie auch die Fernsehanstalten betreffen, s. die Abschnitte 1 und 3) erörtert, wie z. B. Struktur der Fernsehanstalten, Verhältnis Bundespost/Fernsehanstalten, Gebührenfragen, Struktur der neuen Medien, Zulassung privater Fernsehanstalten, internationale Vereinbarungen über Satellitenfernsehen etc. Zur allgemeinen Orientierung darf hierzu auf die Abhandlung ,,Pay-TV und Rundfunkbegriff" von *Fuhr* und *Krone* in FILM und RECHT 1983, S. 513 und die dort zitierten Gerichtsentscheidungen und Abhandlungen hingewiesen werden.

167. Kapitel. Die Eigenproduktion der Fernsehanstalten

1   Soweit die Fernsehanstalten Eigenproduktionen (von den Nachrichten bis zu den Fernsehfilmen) durchführen, gelten für sie die urheberrechtlichen und leistungsschutzrechtlichen Grundsätze und Vorschriften, die in den Abschnitten 4 und 5 aufgeführt sind. Die **Fernsehanstalt** besitzt an diesen Produktionen, falls es sich um ein Filmwerk handelt, das **Leistungsschutzrecht nach § 94 UrhG** und zusätzlich das **Recht des Sendeunternehmens nach § 87 UrhG**, das auch für Produktionen gilt, die keine urheberrechtsfähigen Filmwerke darstellen. Sie muß bei Filmwerken von den Mitwirkenden an der Produktion (einschließlich vorbestehender Werke) die Rechte und Leistungen erwerben, die sie für die vorgesehene Auswertung benötigt. Hierfür sind die in Abschnitt 7 wiedergegebenen Grundsätze und Vorschriften über das Vertragswerk der Filmproduktion maßgebend. Das fertige Filmwerk der Eigenproduktion kann das Recht auf Filmfreiheit für sich beanspruchen, muß aber auch seine gesetzlichen Schranken (z. B. Strafrecht, Persönlichkeitsrecht) beachten (vgl. Abschnitte 1 und 2). Neben diesen für alle Filmproduktionen wesentlichen Grundsätzen und Vorschriften sind für die Eigenproduktionen der Fernsehanstalten die im folgenden erwähnten besonderen Umstände zu berücksichtigen.

2   Bei den Eigenproduktionen der Fernsehanstalten werden häufig auch **urheberrechtlich nicht schutzfähige Produktionen** (Nachrichtensendungen, Sportreportagen, Wirtschaftsberichte, politische Magazine etc.) hergestellt. An diesen Sendungen besteht weder ein Leistungsschutzrecht der Fernsehanstalt als Filmhersteller noch kommen hier derivative Urheber- oder Leistungsschutzrechte der Fernsehanstalt in Betracht. In diesen Fällen greifen die Vorschriften über den Schutz des Sendeunternehmens nach § 87 UrhG ein. S. hierzu im einzelnen Kapitel 65.

3   Die **Verfilmungsverträge** für die Eigenproduktionen der Fernsehanstalten tragen rechtlich den gleichen Charakter wie die Verfilmungsverträge im Rahmen anderer Produktionen (s. Kapitel 85). Es werden auch formal ähnliche Verträge einschließlich der Formularverträge und der allgemeinen Bedingungen benutzt. Von Bedeutung ist jedoch die bei anderen Verträgen nicht übliche Vereinbarung eines Wiederholungshonorars für Autoren und evtl. auch Regisseure bei mehrfacher Fernsehausstrahlung der betreffenden Produktion. Auch kommen häufig Beschränkungen auf die Rechte der Fernsehauswertung der entsprechenden Filmwerke im Inland oder im In- und Ausland in Frage, so daß die übrigen Rechte den

Inhabern der vorbestehenden Werke verbleiben, wobei freilich diese Rechte oft für eine bestimmte Zeit gesperrt sind. Beim Erwerb vorbestehender Werke von Autoren oder Verlegern für diese Eigenproduktionen sind solche Einschränkungen häufig, vor allem auch der Vorbehalt der getrennten, gleichzeitigen oder späteren oder sogar früheren Vergabe der übrigen Rechte.

4   Für die **Verträge mit den Filmschaffenden** gibt es besondere Tarifverträge zwischen den einzelnen öffentlich-rechtlichen Rundfunkanstalten und der Rundfunk-, Fernseh-, Film-Union im DGB (RFFU). Sie gleichen in den rechtlichen Vorschriften der allgemeinen Bedingungen dem Tarifvertrag für Kinofilmproduktionen (s. Kapitel 86), nicht jedoch in allen wirtschaftlichen Bestimmungen. Hier kommen z. B. für leitend tätige Filmschaffende, wie Filmregisseure, Wiederholungshonorare und Beschränkung der Ausnutzung ihrer Leistungen auf das Fernsehgebiet in Betracht. Zur Frage der ständig beschäftigten freien Mitarbeiter bei den Rundfunkanstalten und ihrer sozialen Stellung im Sinne des Arbeitsrechts sowie der damit zusammenhängenden verfassungsrechtlichen Fragen vgl. die in Kapitel 15 zitierte Rechtsprechung.

5   Eine **Ausstrahlungspflicht** der Fernsehanstalten für Eigenproduktionen zugunsten von urheberberechtigten Autoren oder Regisseuren dieser Filmwerke wird man nicht anerkennen können, soweit ein entsprechender Anspruch nicht ausdrücklich vertraglich festgelegt worden ist. Zwar können Autoren und Regisseure über die ihnen gezahlte Vergütung hinaus aus Prestigegründen und für ihre künftige Tätigkeit ein beachtliches Interesse an einer öffentlichen Resonanz für ihre Leistungen haben. Demgegenüber muß aber die Dispositionsfreiheit der Fernsehanstalten zur Wahrung ihrer Verantwortung für die Programmgestaltung und ihrer Programmhoheit Vorrang genießen.

6   Die Fernsehanstalten haben mit der **GEMA und der GVL** (Gesellschaft zur Verwertung von Leistungsschutzrechten) ein **Rahmenabkommen** nicht nur zur Musikaufführung, sondern auch zur Verwendung von geschützter Musik im Rahmen der Filmherstellung abgeschlossen. Danach können sie für ihre Eigenproduktionen fertige Musiknummern (auch Schallplatten mit Darbietungen ausübender Künstler) aus einem bestimmten Repertoire und in einem bestimmten Umfang verwenden, ohne jeweils einen besonderen Vertrag abschließen zu müssen (wie dies für Kinofilmproduktionen notwendig ist).

7   Was die **Filmfreiheit** einschließlich ihrer Schranken und den **Jugendschutz** angeht, so unterliegen ihr auch alle Eigenproduktionen der Fernsehanstalten, soweit sie außerhalb der Sendung öffentlich vorgeführt oder wiedergegeben werden. Das bedeutet, daß z. B. eine Fernsehsendung in einer Fernsehstube oder in einer der Öffentlichkeit zugänglichen Hotelhalle nur durchgeführt werden kann, wenn alle Vorschriften der Strafgesetze und des Gesetzes über den Schutz der Jugend in der Öffentlichkeit (JSchG) bei der Filmvorführung beachtet werden. Anders steht es mit den Ausstrahlungen in die Haushalte, die nicht unter das JSchG fallen, da es hier nicht um öffentliche Vorführung oder öffentliche Verbreitung geht. Auch diese Ausstrahlungen unterliegen jedoch den Vorschriften der Strafgesetze und des Jugendgefährdungsgesetzes (GjS), so daß z. B. die Sendung von Filmen, die von der Bundesprüfstelle für jugendgefährdende Schriften (BPS) nach § 1 GjS indiziert worden sind, nicht zulässig ist, da solche Filme weder angekündigt noch Kindern oder Jugendlichen zugänglich gemacht werden dürfen (§ 8 Abs. 1 Ziff. 1 und § 5 Abs. 2 GjS).

8   Für die Sendung von **Werbefilmen** und **Werbespots** hat der Zentralausschuß für Werbewirtschaft besondere Verhaltensregeln des Deutschen Werberats über die

Werbung mit und vor Kindern im Fernsehen herausgegeben. Die Werbefernsehgesellschaften der ARD und das ZDF-Werbefernsehen prüfen die Werbefilme und Werbespots vor der Ausstrahlung auf die Vereinbarkeit mit diesen Regeln (vgl. hierzu im übrigen die Kapitel 8–14). Künftige Fernsehanstalten werden sich an ähnliche Grundsätze für den Jugendschutz auf allen erwähnten Gebieten zu halten haben.

9   Von Bedeutung im Rahmen der Auswertung von Eigenproduktionen der Fernsehanstalten ist der Umstand, daß sie kraft ihrer öffentlich-rechtlichen Struktur **begrenzte Auswertungsmöglichkeiten** für die von ihnen produzierten Filme haben. Sie können freilich ihre eigenen Produktionen an das Ausland verkaufen oder mit ausländischen Sendeanstalten Gemeinschaftsproduktionen eingehen, da sich dies noch im Rahmen ihres öffentlichen Auftrages und ihrer öffentlichen Aufgaben hält. Sie dürfen jedoch z. B. nicht zu einer eigenen Kinoauswertung dieser Eigenproduktionen schreiten, da sie hierdurch gewerblich in ein Nachbargebiet eingreifen würden, was ihnen wegen ihrer öffentlich-rechtlichen Struktur und Aufgabenstellung untersagt ist. Sie können freilich durch ihre privatrechtlichen Tochtergesellschaften (z. B. Bavaria, Studio Hamburg, Werbefernseh-GmbHs) weitgehende filmwirtschaftliche Tätigkeiten ausüben.

168. Kapitel. Der Vertrag über die Veräußerung von Fernsehauswertungsrechten

1   Der Vertrag über die Veräußerung der Fernsehauswertungsrechte wird meist auf einem **Formular der Fernsehanstalt** mit beigefügten gedruckten **allgemeinen Bedingungen** abgeschlossen. Der besondere Teil enthält die individuell geprägten Abmachungen. Im folgenden werden die üblichen besonderen Abmachungen und die allgemeinen Bedingungen im wesentlichen wiedergegeben, wobei freilich in Einzelfällen wichtige Abweichungen von diesen üblichen Vertragsvorschriften vorkommen.

2   **Vertragsgegenstand** ist das Recht, den Film im Fernsehpogramm der betreffenden Fernsehanstalt auszustrahlen. Dieses Recht wird in ausschließlicher Form vergeben und betrifft alle Arten des Fernsehens wie Fernsehrundfunk, Kabel- und Satellitenfernsehen und/oder ähnliche Verfahren. Dabei wird die Anzahl der Ausstrahlungen angegeben, und zwar sind es meistens zwei Ausstrahlungen im Gesamtprogramm mit der Option auf eine dritte Ausstrahlung. Die Ausstrahlung hat innerhalb einer ebenfalls festgelegten Lizenzzeit zu erfolgen, die meist mehrere Jahre beträgt. Der Fernsehanstalt ist das für die Ausstrahlung erforderliche Material (Sendekopie) zu übermitteln.

3   Es werden ausdrücklich bestimmte **Auswertungssperren** festgelegt. Danach ist es dem Vertragspartner der Fernsehanstalt nicht gestattet, vor Ablauf der Lizenzzeit den Film anderweitig im Fernsehen (Fernsehrundfunk, Kabel- und Satellitenfernsehen und/oder ähnliche Verfahren) auszuwerten oder auswerten zu lassen. Die Sperre bezieht sich auch auf eine Auswertung im Fernsehen der DDR, Österreichs und der Schweiz, wobei eine dortige Ausstrahlung nicht vor erfolgter Erstausstrahlung im Inland durchgeführt werden darf. Auch die Auswertung durch Videokassetten für den betreffenden Film ist dahingehend beschränkt, daß sie erst nach der Erstausstrahlung des betreffenden Films im Fernsehen stattfinden darf. Als Lizenzgebühr wird ein fester Betrag eingesetzt, wobei sich marktübliche Preise für Kinospielfilme herausgebildet haben, die freilich in Einzelfällen erheblich über- oder unterschritten werden können.

4 Die **allgemeinen Vertragsbedingungen** der Fernsehanstalten zum Erwerb von Auswertungsrechten an Filmen enthalten eine Garantie des Vertragspartners über die Inhaberschaft an sämtlichen urheberrechtlichen Nutzungsrechten und Leistungsschutzrechten, die für die vorgesehene Fernsehauswertung notwendig sind. Die Rechtsübertragung bezieht sich auf das ausschließliche Recht, den Film im Fernsehen auszustrahlen, wobei dies freilich für jedes mögliche technische Verfahren gilt und auch die entsprechend notwendigen Vervielfältigungen umfaßt. Die Fernsehanstalt soll das Recht haben, den Film in jeder Weise zu bearbeiten, insbesondere auch zu kürzen, soweit nicht dadurch die Urheberpersönlichkeitsrechte verletzt werden. Da die Anstalt meist nur das Recht zu einer begrenzten Zahl von Ausstrahlungen erwirbt, wird eine Gesamtsendung erst dann angenommen, wenn sämtliche Teile des Vertragsgebietes durch Regionalausstrahlungen erfaßt sind. Bei fremdsprachigen Filmen kann die Anstalt eine deutsche Fassung auf eigene Kosten herstellen. Nach Zahlung der für die Erstsendung vereinbarten Lizenzgebühr geht das Filmmaterial in das Eigentum der Anstalt über. Es dient der Anstalt nach Ablauf der Lizenzzeit zu Archivzwecken. Eine besondere Garantie muß der Vertragspartner der Fernsehanstalt dafür übernehmen, daß der Film vor Abschluß des Vertrages nicht im Lizenzgebiet der DDR ausgestrahlt worden ist.

5 Diese Vertragsbestimmungen binden durch die Übertragung ausschließlicher Rechte den Vertragspartner der Fernsehanstalt im Hinblick auf **sämtliche Möglichkeiten der Fernsehausstrahlung** während der vorgesehenen Vertragszeit. Sie hindern den Vertragspartner nicht, den Film anderweit auszuwerten mit Ausnahme der Videokassettenrechte, die für die Zeit bis zur Erstausstrahlung durch die Fernsehanstalt gesperrt sind. Das bedeutet also, daß eine Auswertung im Filmtheater dem Vertragspartner grundsätzlich gestattet ist. Von Wichtigkeit ist die Sperre der Fernsehauswertung des Films in Nachbargebieten bis zur erfolgten hiesigen Erstausstrahlung, weil möglicherweise der Vertragspartner für diese Gebiete gar keine Fernsehrechte besitzt. Hier muß sich der Vertragspartner entsprechend bei seinen ausländischen Vertragspartnern absichern, da er sonst Gefahr läuft, von der Fernsehanstalt auf Grund der Rechtesperre in Anspruch genommen zu werden. Die Einräumung eines Bearbeitungsrechtes für die Fernsehanstalt, soweit es nicht das Urheberpersönlichkeitsrecht verletzt, setzt voraus, daß der Vertragspartner sich entsprechende Bearbeitungs- und Kürzungsrechte von seinen Vertragspartnern hat übertragen lassen. Das ist nicht bei allen Lizenzverträgen gegeben, da häufig jede Veränderung des Filmes der Genehmigung des Lizenzgebers bedarf und nicht nur eine Änderung, die das Urheberpersönlichkeitsrecht berührt. Im übrigen charakterisiert sich dieser Vertrag rechtlich als ein Lizenzvertrag im Sinne eines urheberrechtlichen Nutzungsvertrags besonderer Art. Es können deshalb hier alle rechtlichen Ausführungen herangezogen werden, die im Abschnitt 8 zu dem Filmlizenzvertrag Produktion/Verleih gemacht worden sind.

169. Kapitel. Die Fernsehauftragsproduktion

1 Der Produktionsvertrag der Fernsehanstalten enthält in seinem **besonderen Teil** die Bestimmungen, die für das betreffende Filmvorhaben, das von den Anstalten in Auftrag gegeben wird, von Bedeutung sind. Ihm sind gedruckte **allgemeine Bedingungen** zum Produktionsvertrag beigefügt. Als **Vertragspartner** der Fernsehanstalten kommen vor allem Produktionsfirmen in Frage, wobei es sich einmal um Filmhersteller handeln kann, die auch Filme für das Kino herstellen, und zum anderen um Filmhersteller, die nur oder fast nur Fernsehfilme für die Fernsehanstalten herstellen. Im folgenden werden die üblichen besonderen Abmachungen und die allgemeinen Bedingungen der Fernsehanstalten für solche Auftragsproduktionen im wesentlichen wiedergegeben, wobei freilich in Einzelfällen wichtige Abweichungen vorkommen.

2 Der besondere Teil des Vertrages sieht vor, daß dem Produzenten der Auftrag gegeben wird, ein **bestimmtes Produktionsvorhaben** für die Fernsehanstalt zu verwirklichen. Hierbei wird dieses Produktionsvorhaben genau bezeichnet, insbesondere werden der Stoff, die Filmlänge, der Autor, der Regisseur, die Besetzung der wesentlichen Kräfte des technischen und künstlerischen Stabes, der Drehbeginn, die Rohschnittabnahme und die Charakteristik der Produktion festgelegt. Die Redaktion der Fernsehanstalt behält sich eine ständige Aufsicht über die Produktion vor.

3 Als **Abgeltung** für alle nach dem Vertrag vom Produzenten geschuldeten Leistungen und Rechtsübertragungen wird auf der Grundlage der von der Anstalt genehmigten Kalkulation ein bestimmter Festpreis oder eine Abrechnung der tatsächlich entstandenen Kosten ausgemacht. Hierbei wird festgelegt, daß der Wegfall, die erhebliche Verminderung oder Änderung einzelner für die Preisbemessung maßgebender Positionen der Kalkulation der Zustimmung der Fernsehanstalt bedürfen und diese berechtigen, eine angemessene Herabsetzung des Preises herbeizuführen.

4 Wegen der vollständigen oder fast vollständigen Finanzierung des Produktionsvorhabens durch die Fernsehanstalt, die in festgelegten Raten während der Filmproduktion erfolgt, werden die **ausschließlichen Nutzungs- und Leistungsschutzrechte** an dem Film der Fernsehanstalt zeitlich, sachlich und örtlich unbegrenzt übertragen. Hier werden jedoch häufig andere Regelungen vereinbart, vor allem im Hinblick auf die Möglichkeit der Auswertung des Films durch öffentliche Vorführungen in Filmtheatern und auch hinsichtlich bestimmter Auslandsgebiete oder anderer audio-visueller Auswertungsmöglichkeiten, die dann dem Produzenten verbleiben. Das wird entsprechend beim Lizenzpreis berücksichtigt. Auf jeden Fall soll der Produzent die ihm verbleibenden Rechte nicht früher als 24 Stunden nach der Erstausstrahlung des Films durch das Fernsehen verwerten. An den Auslandsverkäufen wird der Produzent mit einem bestimmten Prozentsatz des Nettoerlöses beteiligt.

5 In den allgemeinen Bedingungen wird der ausschließliche, zeitlich und räumlich unbeschränkte **Rechtsübergang im einzelnen** aufgeführt. Dabei wird besonders das Recht hervorgehoben, die Produktion durch Rundfunk (Tonrundfunk, Fernsehrundfunk, Drahtfunk und andere technische Einrichtungen) ganz oder teilweise, beliebig oft und auch im Rahmen anderer Produktionen der Öffentlichkeit zugänglich zu machen. Das Recht soll auch die vollständige oder teilweise Vervielfältigung, Verbreitung und Archivierung der Produktion umfassen, wobei auch Messen, Ausstellungen, Festivals und Wettbewerbe erwähnt werden. Die Fernsehanstalt hat ferner das Recht, die Produktion unter Wahrung des Urheberpersönlichkeitsrechts ganz oder teilweise zu bearbeiten.

6 Dem Produzenten ist **nicht gestattet,** die Produktion oder Teile davon sowie Titel, Stoff, Drehbuch, Komposition, Arrangement und die in der Produktion handelnden Figuren auf Grund von Rechten auszuwerten, die er nicht auf die Anstalt zu übertragen verpflichtet ist, es sei denn, die Anstalt stimmt dem ausdrücklich zu. Die Anstalt ihrerseits darf die Rechte auf Dritte weiterübertragen.

7   Der Produzent hat **dafür einzustehen,** daß er von den Mitwirkenden beim Filmwerk alle erforderlichen Rechte erworben hat und daß der Film nicht gegen die Persönlichkeitsrechte Dritter verstößt. Das Eigentum an dem gesamten Aufzeichnungsmaterial geht mit der Bezahlung nach der Rohschnittabnahme auf die Fernsehanstalt über. Soweit der Produzent Dekorations- und Ausstattungsmaterial sowie Requisiten für die Anstalt käuflich erwirbt, geht das Eigentum daran unmittelbar von dem Dritten auf die Anstalt über. Der Produzent hat die notwendigen Versicherungen abzuschließen.

8   Die Anstalt überprüft die **Qualität der Produktion** bei der Abnahme sowohl in künstlerischer wie technischer Hinsicht. Die Abnahme bedeutet keine Billigung der Produktion unter rechtlichen Gesichtspunkten. Die Anstalt kann die Abnahme ablehnen, wenn durch die Herstellung oder Ausstrahlung der Produktion die allgemeinen Gesetze verletzt würden oder wenn der Produzent von dem von der Anstalt genehmigten Drehbuch erheblich abgewichen ist oder wenn auf andere Weise, insbesondere durch Änderung der Besetzung einschließlich des Regisseurs, der Ausstattung und Gestaltung, gegen die vertraglichen Vereinbarungen verstoßen worden ist. Die Anstalt ist zur Ausstrahlung der Produktion nicht verpflichtet. Der Vertrag ist **partnergebunden,** was bedeutet, daß der Produzent nicht berechtigt ist, seine Rechte und Pflichten aus dem Vertrag ohne Genehmigung der Fernsehanstalt auf Dritte zu übertragen.

9   Die Fernsehauftragsproduktion ist **rechtlich** als eine **echte Auftragsproduktion** anzusehen. Der Produzent ist als selbständiger Filmhersteller tätig, der die Rechte aller Mitwirkenden bei der Produktion in dem für die vorgesehene Auswertung notwendigen Umfang erwirbt und die Filmherstellung in eigener Verantwortung und unter seiner Oberleitung durchführt. Nach Fertigstellung hat er das Filmwerk mit den vorgesehenen Rechten dem Auftraggeber abzuliefern. Es finden deshalb die Grundsätze Anwendung, die für die echte Auftragsproduktion in den Kapiteln 60, 93 und 95 aufgeführt sind.

10   Im Rahmen dieser Verträge muß der Produzent grundsätzlich für die evtl. Rückzahlungspflicht der von der Fernsehanstalt während der Produktion geleisteten Zahlungen (z. B. bei Nichtfertigstellung des Films) eine **Bankbürgschaft** stellen.

11   Eine **Ausstrahlungspflicht** der Fernsehanstalt für den hergestellten Film wird man auch dann nicht anerkennen können, wenn nicht – wie üblich – die Sendeverpflichtung ausdrücklich ausgeschlossen ist. Der Produzent kann zwar aus Prestigegründen ein besonderes Interesse an einer solchen Ausstrahlung haben. Es werden hier jedoch immer die Programmverantwortung und die Programmhoheit der Fernsehanstalt den Vorrang haben (s. oben Kapitel 167).

12   Diese allgemeinen Bedingungen enthalten ein **Bearbeitungsrecht** der Fernsehanstalt, das durch entsprechende Vereinbarung des Produzenten mit den Mitwirkenden bei der Filmherstellung abgesichert werden muß, da der Produzent nicht ohne weiteres von allen Mitwirkenden das Recht auf freie Bearbeitung hat, auch wenn dadurch keine Urheberpersönlichkeitsrechte verletzt werden. Auch im Rahmen solcher Auftragsproduktionen kommen den Produzenten die oben in Kapitel 167 erwähnten Pauschalvereinbarungen zwischen den Fernsehanstalten und der GEMA bzw. der GVL zugute.

170. Kapitel. Der Gemeinschaftsproduktionsvertrag Film/Fernsehen

1   Gemeinschaftsproduktionsverträge zwischen deutschen Fernsehanstalten und deutschen Filmherstellern sind im wesentlichen entstanden nach Abschluß des **Film/Fernseh-Abkommens zwischen der FFA, der ARD und dem ZDF.** Bis dahin gab es zwar im Auftrag der Fernsehanstalten hergestellte Gemeinschaftsproduktionen zwischen mehreren deutschen Herstellern oder zwischen deutschen Herstellern und ausländischen Produzenten, aber nicht die jetzt vorgesehenen direkten Gemeinschaftsproduktionen zwischen den Anstalten und deutschen Filmherstellern. Es darf insoweit auf die Ausführungen in Kapitel 40 über das Film/Fernseh-Abkommen verwiesen werden. Im Rahmen dieses Abkommens werden z. Zt. ca. 20 Gemeinschaftsproduktionen dieser Art pro Jahr hergestellt.

2   Die Verträge über diese Gemeinschaftsproduktionen sind **nicht** völlig **einheitlich** gehalten. Die einzelnen Rundfunkanstalten der ARD und des ZDF benutzen jeweils eigene Vertragsmuster. Sie stimmen jedoch in den allgemeinen Bedingungen, vor allem in den Rechtsübertragungen, weitgehend überein. Die Unterschiede liegen vor allem in der Verwendung der etwaigen Erlöse aus der Auswertung des Filmes, die auf den Beitrag des Fernsehens entfallen.

3   An gemeinsamen Bestimmungen in diesen Verträgen sind die folgenden Vorschriften hervorzuheben. Es hat zwischen den Sendeanstalten und dem Filmhersteller eine **Abstimmung** über alle für die Produktion wesentlichen Umstände stattzufinden. Dazu gehört die Besetzung des Regisseurs, der Hauptrollen, der Szenenbildner und Komponisten. Ferner ist das Drehbuch miteinander abzustimmen. Für die Durchführung der Produktion werden bestimmte Termine vorgesehen, die vor allem auch einen festen Ablieferungstermin enthalten. Die Kalkulation des Films ist miteinander abzustimmen und es wird festgelegt, in welcher Höhe die Partner an den Herstellungskosten beteiligt sind. Das Originalnegativ steht im Miteigentum der Vertragspartner.

4   Die **Nutzungsrechte** an dem Film werden derart aufgeteilt, daß die Sendeanstalt die ausschließlichen unbeschränkten Nutzungsrechte in der Bundesrepublik Deutschland einschließlich West-Berlin für eine bestimmte Zeitdauer für folgende Nutzungsarten erhält: Das Senderecht, das Recht der Wiedergabe durch Bild- und Tonträger, das Recht der Wiedergabe von Funksendungen, das Ausstellungsrecht, das Vervielfältigungsrecht, das Verbreitungsrecht und das Vermietungsrecht. Der Filmhersteller erhält die ausschließlichen Auswertungsrechte im Filmtheater und für die ausländischen Gebiete. Was die Videorechte angeht, so gehören sie dem Filmhersteller, sind aber auf die Dauer von 6 Monaten gesperrt. Ebenso ist zugunsten des Filmherstellers das Senderecht auf die Dauer von 24 Monaten gesperrt. Der Filmhersteller verpflichtet sich, eine Verwertung des Films für Fernsehzwecke in solchen Ländern, deren Fernsehsendungen im Inland empfangen werden können, erst nach der Erstsendung des Films im Inland durchzuführen. Der Filmhersteller übernimmt die übliche Garantie hinsichtlich des Erwerbs sämtlicher Rechte von den Mitwirkenden bei der Filmherstellung, die für die vorgesehene Auswertung erforderlich sind. Es werden genaue Zahlungstermine für die Leistungen der Fernsehanstalten festgelegt. Der Filmhersteller hat die notwendigen Versicherungsverträge für die Produktion abzuschließen, wobei die Fernsehanstalt nach Maßgabe ihrer Beteiligung als Begünstigter zu benennen ist.

5   Der Gemeinschaftsproduktionsvertrag entspricht sicher nicht in allen Punkten den üblichen Verträgen dieser Art (s. Kapitel 59 und 92). Andererseits läßt er

deutlich erkennen, daß die Beteiligten eine gemeinsame Produktion herstellen wollen. Es ist eben eine **besondere Art der Gemeinschaftsproduktion,** wie sie durch das Film/Fernseh-Abkommen geschaffen worden ist. Die entscheidenden Umstände, die für eine Gemeinschaftsproduktion sprechen, liegen in der Abstimmung aller für die Produktion wesentlichen Vorgänge und in dem Miteigentum der Vertragspartner am Negativ des Films. Auch der Rechtserwerb ist so geregelt, daß jeder Partner die Rechte für bestimmte Nutzungsarten erhält, was noch im Rahmen einer Gemeinschaftsproduktion liegt, die nicht verlangt, daß die gesamten Rechte den Partnern gemeinsam zustehen (so sind sie z. B. bei internationalen Coproduktionen nach Ländern aufgeteilt). Man wird also dem Vertrag die ausreichenden gesellschaftsrechtlichen Elemente zusprechen können, um ihn als ein gesellschaftsähnliches Verhältnis im Sinne einer Gemeinschaftsproduktion anerkennen zu können, d. h., daß jeder der Vertragspartner die Voraussetzungen für den Begriff des Filmherstellers erfüllt und beide zusammen entscheidend als Filmhersteller an der betreffenden Produktion beteiligt sind. Als Beweismittel für das Vorliegen einer Gemeinschaftsproduktion kann dienen, wenn das Bundesamt bei der Erteilung einer Bescheinigung als deutscher Film die Vertragspartner als Filmhersteller anerkannt hat und wenn sie im Vorspann des Films und in der Werbung für den Film als Gemeinschaftsproduzenten benannt werden.

171. Kapitel. Die Fernsehverwertungsgesellschaften

1 Nach Artikel 11 *bis* Abs. 1 Ziff. 2 RBÜ genießen die Urheber von Werken der Literatur und Kunst das ausschließliche Recht, jede öffentliche **Mitteilung** des durch Rundfunk **gesendeten Werkes mit Draht** zu erlauben, wenn diese Mitteilung von einem anderen als dem ursprünglichen Sendeunternehmen vorgenommen wird. Wenn also Betreiber von Kabelanlagen Fernsehsendungen von Fernsehanstalten aus dem In- oder Ausland übernehmen wollen, müssen sie die hierfür erforderlichen Rechte von den Berechtigten (z. B. Filmhersteller oder Sendeunternehmen) erwerben.

2 Damit die Betreiber von Kabelanlagen die für die Kabelübertragung ausländischer Rundfunksendungen erforderlichen Rechte auf vertraglicher Grundlage von den Ursprungssendeunternehmen und den urheberrechtlichen Verwertungsgesellschaften gebündelt erwerben können, haben die europäische Rundfunkunion (UER), die internationalen Verbände der urheberrechtlichen Verwertungsgesellschaften (CISAC), der Filmproduzenten (FIAPF), der Filmverleiher (FIAD) und die Betreiber von Kabelfernsehanlagen (AID) einen **Mustervertrag** über die **Kabelweiterverbreitung** von Fernsehprogrammen ausgearbeitet.

3 Die in der FIAPF (FEDERATION INTERNATIONALE DES ASSOCIATIONS DE PRODUCTEURS DE FILMS) zusammengeschlossenen internationalen Filmproduzentenverbände haben sich in der **AGICOA** (ASSOCIATION DE GESTION INTERNATIONALE COLLECTIVE DES OEUVRES AUDIOVISUELLES), mit Sitz in Genf, zusammengeschlossen. Dieser Verband verfolgt insbesondere den Zweck, nationale Kabel-Fernsehsender, die Programme von ausländischen Rundfunk- und Fernsehanstalten zeitgleich übertragen wollen, zu kontrollieren, mit diesen Verträge abzuschließen und die Erlaubnis zu erteilen, die Filmwerke der Öffentlichkeit zugänglich zu machen. Dieser Vertrag ist erstmals in Belgien zur Anwendung gekommen.

4   Bei der ständig fortschreitenden Entwicklung auf dem Fernsehgebiet dürfte die Tätigkeit solcher **Verwertungsgesellschaften** sich in Zukunft beträchtlich **ausweiten.** Der Zusammenschluß der Berechtigten am Filmwerk in privatrechtlichen Organisationen, die ganze Programme an die Fernsehgesellschaften vergeben können, ist einer sonst möglicherweise drohenden Zwangslizenz vorzuziehen, mit der man in Österreich wegen der außerordentlich hohen Verwaltungskosten und geringen Erträge schlechte Erfahrungen gemacht hat. Diese Verwertungsgesellschaften haben dann vor allem die **Weitersenderechte** durch andere Unternehmen als das Sendeunternehmen nach Artikel 11 *bis* Abs. 1 Ziff. 2 RBÜ zu verwalten, ebenso wie evtl. die Rechte der Ausstrahlungen von **Satelliten** über einem bestimmten Gebiet, da insoweit Rechte am Filmwerk für dieses Gebiet erworben werden müssen. Dagegen gibt es z. Zt. keine Möglichkeiten, die **Ausstrahlungswirkungen** des Fernsehens eines Gebietes in ein anderes Gebiet zu verwerten, da insoweit in dem anderen Gebiet keine Rechte am Filmwerk verletzt werden, auch wenn auf Grund der technischen Möglichkeiten eine immer weitergehende Ausstrahlungswirkung eintreten wird.

12. Abschnitt. Die Videoverwertungsverträge

172. Kapitel. Allgemeines

1 Die Videoverwertungsverträge sind die **rechtliche Form** für die wirtschaftlichen Beziehungen bei der typischen **Videokassetten-Auswertung.** Diese typische Videokassetten-Auswertung (hier auch *Videoauswertung* genannt) umfaßt den Verkauf und die Vermietung von Videokassetten an private Haushalte. Dagegen rechnet hierzu nicht die Benutzung von Videokassetten als technisches Medium für öffentliche Filmvorführungen. Diese Art der Auswertung von Videokassetten gehört rechtlich zu dem Gebiet der Filmauswertung durch öffentliche Filmvorführung (s. die Abschnitte 8 und 9). Zum Verständnis der typischen Videovertriebsverträge erscheint es angebracht, die ihnen zugrunde liegenden wirtschaftlichen Verhältnisse in dieser Branche zu schildern.

2 Unter **Video** versteht man eine neue **Technik** auf **audio-visuellem Gebiet.** Sie macht es dem Endverbraucher möglich, mit Hilfe einer sog. Videokassette und dem dazu passenden Wiedergabegerät (Rekorder) zu Hause auf dem eigenen Fernsehgerät gekaufte oder gemietete Videokassetten abzuspielen oder mit sog. Leerkassetten eigene Mitschnitte aus den Fernsehprogrammen oder von bespielten Videokassetten aufzuzeichnen, zu speichern und/oder wiederzugeben. Hierfür gibt es verschiedene Systeme und Formate. Außerdem besteht die technische Möglichkeit, mit einer eigenen Videokamera Filme herzustellen und dann über Rekorder und TV-Gerät wiederzugeben. Verkürzt gesagt sind die Videokassetten und der Videorekorder auf dem audio-visuellen Gebiet das, was die Musikkassette und der Kassettenrekorder auf dem Audio-Sektor sind. Dabei soll hier der Begriff Videokassette die **Bildplatte** und andere **Videogramme** mitumfassen, soweit sie dem gleichen Zweck dienen.

3 Der derzeit **übliche Videovertrieb** vollzieht sich derart, daß der Inhaber der Videokassettenrechte (hier auch *Videorechte* genannt) an dem Filmwerk sie zur Auswertung für bestimmte Gebiete und eine bestimmte Zeit an Videovertriebsfirmen als Großhändler vergibt, wobei in Einzelfällen auch ein direkter Vertrieb durch den Produzenten oder den Verleiher des Kinofilms an den Einzelhandel vorkommen. Diese Firmen stellen die ihnen erforderlich erscheinende Stückzahl von Videokassetten her, die sie an den Einzelhandel verkaufen oder vermieten mit dem Recht, sie an die Endverbraucher beschränkt auf Verwendung in privaten Haushalten oder in sonstiger nicht-öffentlicher Form weiter zu verkaufen oder zu vermieten. Im Rahmen dieses Vertriebs sind oft mehrere Firmen tätig. Die Kette kann z. B. vom ausländischen Produzenten über eine ausländische Vertriebsfirma, eine deutsche Vertriebsfirma, einen deutschen Kinofilmverleih und eine deutsche Videovertriebsfirma reichen.

4 Die **Videovertriebsfirmen** sind teilweise eigenständige Videovertriebe, spezialisiert ausschließlich auf dieses Gebiet, andererseits gibt es diese Großhändler aber auch als Tochterfirmen von Film-, Buch- oder Schallplattenkonzernen, die sich auf diese Weise auch den Medienbereich *Video* erschlossen haben. Als **Einzelhändler des Videomarktes** treten dem Endverbraucher (Kunden) diverse spezielle Videoshops und Videotheken gegenüber, ebenso wie allgemeine Verkaufsstellen (wie z. B. Kaufhäuser, Musik-, Radio- und TV-Fachgeschäfte etc.), wobei teilweise der Endverbraucher auch direkt bei den Videovertriebsfirmen die einzelnen

Videokassetten bestellen und kaufen kann (dann handelt es sich um eine Art Versandgeschäft). Hier werden von diesen Firmen spezielle Kataloge herausgegeben und an den Endverbraucher versandt, nach denen der Kunde vergleichbar den Warenversandkatalogen anderer Branchen die gewünschten Kassetten bestellt, bezahlt und geliefert bekommt.

5   Die **wirtschaftliche Bedeutung** dieses Geschäftszweiges auf dem Filmgebiet ist bereits jetzt außerordentlich groß. Bei ca. 3 Millionen auf dem Markt befindlichen Rekordern werden im Einzel- und Großhandel (mit Verkaufs- und Vermietungspreisen von über DM 100 bzw. DM 10 bis 20 pro Kassette) Umsätze erzielt, die den Umsätzen der Kinofilmbranche vergleichbar sind. Es gibt ca. 5500 Video-Einzelhandelsverkaufsstellen und zahlreiche Videovertriebsfirmen, die einen den Verleihfirmen vergleichbaren Apparat unterhalten (s. Kapitel 176 und 178). Zu den Videoverkaufsstellen gehören spezielle Videotheken und Videoshops, ebenso wie Kauf- und Warenhäuser, Großmärkte, Radio- und Fernsehfachgeschäfte, Versandhandel und in Einzelfällen Filmtheater. Hauptumsatzträger sind Videokassetten mit Kinospielfilmen (also für das Filmtheater bestimmte Filme, die meistens, aber nicht immer, in hiesigen Filmtheatern vorgeführt worden sind oder vorgeführt werden). Es werden aber auch beachtliche Umsätze durch Videokassetten mit Fernsehfilmen, wissenschaftlichen Filmen, Dokumentationen und besonders für die Videoauswertung hergestellten Filmen erzielt.

6   Die **Vertragspartner** im Rahmen der Videoauswertung werden in diesem Abschnitt, soweit es um die Beziehungen zwischen Produktion und Großhandel oder innerhalb des Großhandels geht, als *Videolizenzgeber* und *Videolizenznehmer* bezeichnet. Hierbei kann z. B. eine Videovertriebsfirma beim Erwerb der Videolizenznehmer eines ausländischen Produzenten und bei der Weitergabe der Videolizenzgeber einer inländischen Vertriebsfirma sein. Soweit die Beziehungen zwischen Großhandel und Einzelhandel zur Darstellung kommen, werden die Vertragspartner *Videovertriebsfirma* und *Videohändler* genannt. Die Kunden der Videohändler, welche die Videokassetten für ihre Privathaushalte erwerben, heißen hier *Endverbraucher.*

7   Die **Verträge** im Rahmen der **Videoauswertung** werden in diesem Abschnitt, soweit es um die Beziehungen zwischen Produktion und Großhandel und innerhalb des Großhandels geht, als *Videolizenzverträge* bezeichnet. Soweit die Beziehungen zwischen Großhandel und Einzelhandel zur Darstellung kommen, werden die Verträge *Videovertriebsverträge* genannt. Die Verträge der Videohändler mit ihren Kunden heißen *Videokauf-* bzw. *-mietverträge.*

8   Unter **Filmwerk** im Sinne dieses Abschnitts sollen, genau wie in den vorhergehenden Abschnitten, Filme aller Art in sämtlichen technischen Verfahren und Formaten und für alle möglichen Verwendungszwecke verstanden werden. Der Begriff soll insbesondere Kinofilme und Fernsehfilme, fixierte Filme und Live-Sendungen, Spielfilme und Nachrichtensendungen, Magazine und Dokumentationen, Features und Fictions, Kultur-, Werbe- und Industriefilme, programm- bzw. abendfüllende Filme und Kurzfilme umfassen. Sie werden freilich von den hier behandelten Verträgen nur erfaßt, soweit sie für die Videoauswertung, also die Auswertung in Videokassettenform oder vergleichbaren Verfahren (Bildplatten oder andere Videogramme etc.) benutzt werden. Es kommen hierfür z. Zt. bevorzugt Filme in Frage, die für das Filmtheater hergestellt worden sind (Kinofilme); aber auch für das Fernsehen hergestellte Filme (Fernsehfilme) sowie besonders für die Videoauswertung hergestellte Filme (reine Videofilme) kommen in Betracht.

173. Kapitel. Die Videorechte

1 Für die Auswertung der Filmwerke in Videokassettenform (also mit bespielten Videokassetten) werden die urheberrechtlich und leistungsschutzrechtlich geschützten **Vervielfältigungs- und Verbreitungsrechte** benötigt (hier *Videorechte* genannt). Die Herstellung der Videokassetten bedeutet rechtlich eine Vervielfältigung nach § 16 UrhG, da durch diesen Vorgang zusätzliche Exemplare des Filmwerks geschaffen werden, und ist deshalb den Rechteinhabern vorbehalten. Der Vertrieb der Videokassetten ist rechtlich eine Verbreitung nach § 17 UrhG, da durch ihn diese Werkexemplare der Öffentlichkeit zugänglich gemacht werden, was ebenfalls den Rechteinhabern vorbehalten ist. Diese Videorechte müssen also zur Durchführung der Videoauswertung erworben werden.

2 Da es sich bei den Vervielfältigungs- und Verbreitungsrechten um gesetzlich festgelegte Nutzungsrechte handelt, finden auf sie auch die **Auslegungsregeln** und **Schranken des Urheberrechts** und des Leistungsschutzrechts am Filmwerk zugunsten des Filmherstellers nach den §§ 88 ff UrhG Anwendung, zumal diese Nutzungsrechte in diesen Vorschriften ausdrücklich erwähnt sind. Das bedeutet vor allem, daß **ausübenden Künstlern** solche Videorechte **nicht** zustehen (§ 92 UrhG). Das gilt auch für die Videorechte nach § 53 UrhG, da es hier um einen Unterfall des Vervielfältigungsrechtes geht (s. hierzu die Kapitel 50, 54 und 63).

3 Unabhängig von dieser gesetzlichen Regelung werden diese Videorechte fast immer von den Filmherstellern im Rahmen des **Vertragswerks der Filmproduktion** erworben. Das ist nicht nur bei ausdrücklicher Erwähnung dieser Nutzungsrechte in den entsprechenden Verträgen (z. B. in den *Allgemeinen Bedingungen zum Verfilmungsvertrag* und in den *Allgemeinen Bedingungen* zu den Verträgen mit den *Filmschaffenden*) der Fall, sondern auch im Rahmen pauschaler Formulierungen für die Einräumung von Rechten am Filmwerk (z. B. *sämtliche audio-visuellen Rechte* oder die *Vervielfältigungs- und Verbreitungsrechte* oder die *Auswertung in allen bekannten Nutzungsarten*), soweit sie durch den Vertragszweck gedeckt sind. Dabei wird bei solchen Formulierungen der Vertragszweck die Videorechte fast immer erfassen, da sie heute zur vollständigen Auswertung des Films erforderlich sind und bei Veräußerung an Dritte die Auswertung der anderen Nutzungsarten erheblich beeinträchtigen können (s. hierzu die Kapitel 52, 85 und 86).

4 Der **Filmhersteller** ist also grundsätzlich der **derivate Inhaber der Videorechte**. Das gilt bei der Synchronfassung eines Films für die Hersteller dieser Synchronfassung, da es sich hierbei um ein selbständig schutzfähiges Filmwerk handelt (s. Kapitel 87). Bei ausländischen Filmen dürften im Regelfall vergleichbare gesetzliche Vorschriften und vertragliche Vereinbarungen vorliegen (so z. B. *work made for hire* in den USA). Der Filmhersteller erwirbt übrigens im Regelfall im Rahmen des Rechts auf öffentliche Vorführung des Filmwerks auch dieses Vorführungsrecht mittels Videokassetten, was jedoch nicht zu der hier behandelten Videoauswertung gehört.

5 Die hier erwähnten Videorechte berechtigen nur zu einer **beschränkten Verbreitung der Videokassetten.** Sie werden teilweise vergeben für den privaten Gebrauch oder für private Haushalte, aber auch für nicht-öffentliche Vorführungen. Dabei ist der Begriff des *privaten Gebrauchs* und des *privaten Haushaltes* enger als der Begriff der *nicht-öffentlichen Vorführung*. Der private Bereich kennzeichnet eine Personengruppe, die durch familiäre oder enge persönliche Bande zusammengehalten wird. Der nicht-öffentliche Bereich geht weiter, indem er einen

bestimmt abgegrenzten durch gegenseitige Beziehungen oder durch Beziehung zum Veranstalter persönlich untereinander verbundenen Kreis von Personen erfaßt (§ 15 Abs. 3 UrhG). So kann z. B. eine für den privaten Gebrauch vergebene Videokassette nur innerhalb dieses privaten Bereichs (evtl. auch durch Verleihen und Verschenken), nicht jedoch darüber hinaus weiter verbreitet werden. Dagegen kann eine für die nicht-öffentliche Benutzung überlassene Videokassette allen durch persönliche Beziehungen miteinander zusammenhängenden Personen, also z. B. auch einem größeren Freundeskreis, zugänglich gemacht werden. Noch enger als nicht-öffentlich und privat ist der in § 53 Abs. 1 UrhG enthaltene Begriff des *persönlichen Gebrauchs,* der nur für die betreffende Person und nicht etwa für ihren ganzen privaten Bereich gilt. Hier darf also eine überspielte Videokassette nur von dem Betreffenden selbst benutzt werden. Die sämtlichen erwähnten Beschränkungen schließen jede gewerbliche Verwertung der Videokassette aus. Dabei ist unter *gewerblicher Verwertung* eine Verwendung zu verstehen, die aus Erwerbsgründen erfolgt und/oder einem Geschäftsbetrieb dient, wobei dieser Begriff zum Schutz der Beschränkung der Videorechte sehr weit auszulegen ist. Der Weiterverkauf oder die Weitervermietung der vom Endverbraucher erworbenen Videokassette wird niemals durch den privaten Gebrauch und meist auch nicht durch die nicht-öffentliche Verwendung gedeckt, selbst wenn sie nicht-gewerblich erfolgt.

6   Der rein technische Vorgang der **Herstellung** des **Video-Master-Bandes** für die Videokassetten, von dem sich dann beliebig viele Videokassetten ziehen lassen, setzt zwar die Erlaubnis durch den Inhaber der Videorechte voraus, begründet aber keine Rechte für die betreffende Firma. Er ist dem Ziehen der Filmtheaterkopien vom Filmnegativ vergleichbar.

174. Kapitel. Der Videolizenzvertrag

1   Der Videolizenzvertrag hat die **Übertragung der Videorechte** vom Videolizenzgeber auf den Videolizenznehmer an dem Vertragsfilm für eine bestimmte Zeit (*Lizenzzeit*) und ein bestimmtes Gebiet (*Lizenzgebiet*) unter Überlassung des für die Videoauswertung erforderlichen Materials gegen ein Entgelt (*Lizenzgebühr*) zum Gegenstand. Meist werden zeitlich und örtlich begrenzte ausschließliche Rechte eingeräumt, die der Videolizenznehmer als dingliche, absolute Rechte gegenüber jedem Dritten geltend machen kann (§ 31 Abs. 3 UrhG). Es kommen aber auch die Übertragung inhaltlich begrenzter (z. B. nach Videosystemen oder Videoformaten oder nur zum Weiterverkauf bzw. nur zur Weitervermietung) und nicht auschließlicher Videorechte vor (§ 31 Abs. 2 UrhG). Die übertragenen Rechte umfassen regelmäßig den Film in seiner Gesamtheit einschließlich aller in ihm enthaltenen Einzelaufnahmen und seinen Vorspannfilm (Trailer). Das Entgelt besteht entweder aus einem Festpreis oder einem Stückzahlpreis oder einer prozentualen Beteiligung an den vom Videolizenznehmer mit der Auswertung erzielten Erlösen evtl. mit einer Mindestgarantie.

2   **Vertragspartner** des Videolizenzvertrages sind in der Regel als Videolizenzgeber Filmhersteller, Filmvertriebsfirmen oder Filmverleiher. Als Lizenznehmer kommen vor allem Videovertriebsfirmen in Frage. Sie werden in der Praxis auch *Programmanbieter* genannt.

3   Was die Herstellung und Lieferung des für die Videoauswertung benötigten **Materials** angeht (also die bespielten Videokassetten), so wird dies unterschiedlich geregelt. In einigen Fällen stellt der Videolizenzgeber die Videokassetten selbst her und überläßt dem Videolizenznehmer durch Verkauf oder Vermietung die vereinbarte Zahl dieser Videokassetten, so daß der Videolizenznehmer keine Vervielfältigungs- sondern nur Verbreitungsrechte erhält. In den meisten Fällen wird jedoch dem Videolizenznehmer das Master-Band geliefert und ihm das Recht zur Herstellung einer bestimmten Zahl von Videokassetten, also auch das Vervielfältigungsrecht, eingeräumt, auf Grund dessen er dann diese Videokassetten selbst anfertigen läßt.

4   Der Videolizenzvertrag **entspricht** in seiner praktischen und rechtlichen Bedeutung weitgehend dem **Filmlizenzvertrag Produktion/Verleih,** da es in beiden Fällen um eine umfassende, zeitlich, örtlich und gegenständlich festgelegte Filmauswertung geht, die einmal durch öffentliche Filmvorführungen und im anderen Fall durch Vertrieb von Videokassetten vollzogen wird. Es kann deshalb in diesem Kapitel weitgehend auf die Ausführungen im 8. Abschnitt über den „Lizenzvertrag Produktion/Verleih" Bezug genommen werden, wobei im folgenden auf die wichtigen gemeinsamen, sowie auf die abweichenden Vertragsvorschriften und Rechtsgrundsätze hingewiesen wird. Die Materialbeschaffung wird auch beim Filmlizenzvertrag unterschiedlich geregelt. Es gibt Fälle, in denen der Lizenzgeber die Filmkopien selbst ziehen läßt und dem Lizenznehmer liefert. In der Mehrzahl der Fälle wird jedoch dem Lizenznehmer gestattet, von dem ihm hierfür zur Verfügung gestellten Negativ des Films selbst die für seine Filmauswertung erforderliche Zahl von Kopien ziehen zu lassen.

5   Der Videolizenzvertrag charakterisiert sich rechtlich – ebenso wie der Filmlizenzvertrag Produktion/Verleih – als ein **urheberrechtlicher Nutzungsvertrag eigener Art.** Die betroffenen Verwertungsrechte sind das Vervielfältigungsrecht nach § 16 UrhG und das Verbreitungsrecht nach § 17 UrhG, an denen nach den §§ 31 und 32 UrhG einfache oder ausschließliche, umfassende oder beschränkte Nutzungsrechte eingeräumt werden können. Dazu treten auf dem Gebiet der Materialherstellung und -lieferung die Vorschriften des Kauf- und Mietrechts.

6   Der Videolizenzvertrag bedarf weder nach dem Gesetz, noch nach Handelsbrauch der Schriftform. Es sind deshalb auch **mündlich abgeschlossene Verträge** mit entsprechendem nachweisbaren Bindungswillen beider Vertragspartner **gültig.** In der Praxis werden jedoch die meisten Videolizenzverträge wegen des Umfangs und der Bedeutung ihrer Materie schriftlich abgeschlossen.

7   Die Übertragung der Videorechte gilt für das im Videolizenzvertrag festgelegte **Lizenzgebiet.** Dabei werden üblicherweise die Lizenzrechte für die BRD einschließlich West-Berlin oder für den deutschsprachigen Raum übertragen. Im letzteren Fall umfaßt dies auch die DDR, Österreich und die deutschsprachige Schweiz. Die Vergabe der Videorechte für alle europäischen Staaten ist möglich, jedoch als Ausnahme zu betrachten.

8   Die Übertragung der Videorechte gilt für die im Videolizenzvertrag **festgelegte Zeit.** Eine zeitlich unbegrenzte Übertragung muß als Ausnahme angesehen werden. Hinsichtlich der Dauer der Lizenzzeit haben sich im Gegensatz zu der Lizenzzeit des Filmlizenzvertrages noch keine Minimal- oder Maximalzeiten herausgebildet. Es ist deshalb stets die im Videolizenzvertrag festgelegte oder sich aus den Umständen eindeutig ergebende Lizenzzeit maßgebend.

9   Zu den **Essentialien des Videolizenzvertrages,** über die zwischen den Vertragspartnern mindestens eine Vereinbarung getroffen sein muß, um einen wirksamen Vertrag zu begründen, gehören: Lizenzgegenstand (Filmwerk), Lizenzzeit,

Lizenzgebiet und Lizenzgebühr. Es muß ferner bei der hier besonders wichtigen Frage des herzustellenden oder zu liefernden Materials die Zahl der vorgesehenen Videokassetten festgelegt oder errechenbar sein. Läßt der Vertragszweck eine umfassende Videoauswertung erkennen, so wird man gegenständlich auch ohne eine entsprechende Vertragsvorschrift von der Übertragung der ausschließlichen Videorechte (Verkauf, Vermietung, alle Systeme) und von der nach Meinung des Videolizenznehmers notwendigen Zahl von Videokassetten auszugehen haben.

10 Ein Videolizenzvertrag ist **nichtig,** wenn das den Vertragsgegenstand bildende Filmwerk auch bei Beschränkung seiner Verbreitung auf die Verwendung in Privathaushalten gegen **gesetzliche Vorschriften verstößt.** Das ist z. B. der Fall, wenn der Film durch grausame Gewaltdarstellungen den § 131 StGB verletzt. Ein solcher Vertrag wird ohne gegenseitige Ansprüche aufgelöst, zumal man davon ausgehen kann, daß schon aus prophylaktischen Gründen die Freigabe des Films durch die FSK oder die JK auch ohne besondere Erwähnung zum Vertragsinhalt geworden ist. Eine nur vorübergehende Beschlagnahme wegen eines entsprechenden Verdachts läßt den Vertrag jedoch nach deren Aufhebung wieder aufleben. Die Fortsetzung ist den Vertragspartnern in solchen Fällen zumutbar, zumal der Film in der Zwischenzeit auch nicht durch Dritte oder in anderer Art ausgewertet werden kann (vgl. die Kapitel 2, 12 und 98).

11 Eine Einstufung des Films als sittlich schwer jugendgefährdend oder seine **Indizierung durch die BPS** machen den Videolizenzvertrag nicht ohne weiteres unwirksam. Diese Maßnahmen bewirken nämlich kein generelles Verbot der Vervielfältigung und Verbreitung der entsprechenden Videokassetten, sondern belegen sie nur mit den Vertriebsbeschränkungen des GjS (z. B. Werbeverbot, kein öffentlicher Vertrieb; s. Kapitel 14). Der Vertrag könnte in diesen Fällen nur dann nichtig oder anfechtbar werden, wenn nachweisbar die Geschäftsgrundlage des Vertrages ein nicht jugendgefährdender Film gewesen ist.

12 Die **Novellierung des Jugendschutzgesetzes,** die z. Zt. in den zuständigen Ausschüssen des Bundestages beraten wird, sieht für Videokassetten die gleiche Vorprüfung und Einstufung der Filme für die verschiedenen Altersgruppen der Kinder und Jugendlichen vor, wie sie bisher nur für Kinofilme mit öffentlicher Filmvorführung galt und verlangt eine entsprechende Kennzeichnung der Videokassetten. In Vorwegnahme dieser gesetzlichen Regelung haben sich die Videovertriebsfirmen bereits jetzt in freiwilliger Selbstbeschränkung der entsprechenden Vorprüfung bei der FSK unterworfen (s. Kapitel 14). Wegen der wachsenden Bedeutung der entsprechenden Kennzeichnungen der Videokassetten für Einzelhandel und Endverbraucher wird man die Durchführung dieser Vorprüfung als **Bestandteil** des **Videolizenzvertrages** anzusehen haben, auch wenn sie in dem Vertrag nicht besonders erwähnt wird. Dabei wird im Zweifel derjenige Vertragspartner die entsprechenden Anträge zu stellen und die Kosten zu tragen haben, der nach dem Vertrag die Videokassetten herzustellen hat.

175. Kapitel. Die Hauptrechte und -pflichten aus dem Videolizenzvertrag

1 Die hauptsächliche Verpflichtung des **Videolizenzgebers** aus dem Videolizenzvertrag besteht in der **Verschaffung und Übertragung** derjenigen **Videorechte** an dem Filmwerk, die zu der vertraglich vorgesehenen Videoauswertung benötigt werden. Insoweit hat der Videolizenzgeber zu gewährleisten, daß er diese Rechte besitzt. Hat er sie nicht rechtsgültig erworben, so ist die Rechtsübertragung unwirksam, da es keinen gutgläubigen Rechtserwerb gibt (§ 399 i. V. mit § 413 BGB). Der Videolizenznehmer hat dann Rücktritts- und Schadensersatzansprüche (s. auch Kapitel 100).

2 Der Videolizenzgeber hat ferner die Verpflichtung, dem Videolizenznehmer die übertragenen **Rechte** während der vorgesehenen Lizenzzeit **zu erhalten.** Das wird vor allem bedeutsam, wenn der Rechtsübertragung eine Kette vorangegangener Rechtsübertragungen zugrunde liegt (z. B. Produzent auf Vertriebsfirma, Vertriebsfirma auf Verleiher, Verleiher auf Videolizenzgeber) und eine dieser Rechtsübertragungen nachträglich in Wegfall kommt (z. B. Rücktritt des Lizenzgebers wegen Vertragspflichtverletzung des Lizenznehmers). Dann behält trotzdem der Nacherwerber seine Videorechte an dem Filmwerk, wenn er für den Wegfall der Rechte beim Vorerwerber nicht verantwortlich ist, sondern selbst seine Vertragspflichten voll erfüllt hat (s. im einzelnen Kapitel 101).

3 Der Videolizenzgeber hat weiterhin etwaige vertraglich festgelegte **Rechtesperren** für andere Auswertungsarten während der Lizenzzeit einzuhalten. Das ist z. B. besonders wichtig hinsichtlich einer Sperre der Fernsehsenderechte, da eine Fernsehausstrahlung des Filmwerks die weitere Videoauswertung erheblich beeinträchtigen würde. Das kann auch bedeutsam sein, wenn z. B. nur Videoverkaufsrechte übertragen und Videovermietungsrechte gesperrt werden. Eine solche Rechtesperre erzeugt nach § 399 i. V. mit § 413 BGB absolute, dingliche Wirkung, so daß ein Dritter die betreffenden Rechte während der Sperrfrist nicht wirksam erwerben kann (s. im einzelnen Kapitel 102).

4 Der Videolizenzgeber hat schließlich dem Videolizenznehmer das für die Auswertung **erforderliche Material** (also die Videokassetten oder – meistens – Filmkopien oder das Master-Band) zu verschaffen. Dieses Material muß sich in einem für die vorgesehene Auswertung geeigneten Zustand befinden. Im Zweifel erhält der Videolizenznehmer für die Lizenzzeit Eigentum an diesem Material. Die Verfügungsmöglichkeit über dieses Eigentum wird durch den Umfang der übertragenen Videorechte begrenzt. Die zeitliche, örtliche oder gegenständliche Beschränkung der Videorechte wirkt sich nämlich immer dinglich aus, d. h., daß der Videolizenznehmer weitergehende Nutzungsrechte überhaupt nicht erwirbt und dann auch das erhaltene Material nicht weitergehend auswerten darf, da sich dies als Verletzung der dem Videolizenzgeber verbliebenen Nutzungsrechte darstellen würde. Wenn also z. B. der Videolizenznehmer nur die Verbreitungsrechte durch Vermietung und nicht durch Verkauf der Videokassetten erhalten hat, so darf er sein Eigentum an diesen Videokassetten nicht durch ihren Verkauf ausnutzen.

5 Die hauptsächliche Verpflichtung des **Videolizenznehmers** aus dem Videolizenzvertrag besteht in der **Zahlung des Entgelts** für die überlassenen Videorechte und Materialien an den Videolizenzgeber. Hierbei kommen vor allem drei verschiedene Zahlungs- bzw. Abrechnungsmodalitäten vor: Die Zahlung einer einmaligen Lizenzgebühr (Garantiesumme), die Zahlung einer Garantiesumme sowie weitere Abrechnung bezüglich der vervielfältigten und verbreiteten Videokassetten, die Vereinbarung einer prozentualen Beteiligung des Lizenzgebers an den Verkaufs- bzw. Vermietungserlösen des Lizenznehmers evtl. mit einer Mindestgarantie. Die Zahlung einer einmaligen Garantiesumme gilt als unproblematischste Form der Lizenzgebühr, da diese Form am leichtesten zu administrieren ist. Bei der Vereinbarung einer Garantiesumme sowie einer Beteiligung an den Erlösen der vertriebenen Videokassetten kann sowohl eine prozentuale Beteiligung als auch eine Stücklizenz vereinbart werden. Dabei werden üblicherweise sowohl die Lizenzeinnahmen bei der prozentualen Beteiligung als auch bei der vereinbarten

Stücklizenz pro abgesetzter Videokassette auf die Garantiesumme angerechnet. Die reine prozentuale Beteiligung wird zumeist auf die Netto-Vertriebserlöse berechnet, die dem Videolizenznehmer aus dem Verkauf oder der Vermietung der bespielten Videokassetten zufließen. Unter Netto-Vertriebserlösen werden dabei die lediglich um die gesetzliche Mehrwertsteuer (also nicht um Material- und Werbekosten) gekürzten Einnahmen der Videolizenznehmer verstanden. Die Abrechnung und Zahlung der Lizenzgebühren erfolgt im Regelfall im Monats- bzw. 3-Monatsrhythmus auf Grund der von den Kopierwerken bzw. Hersteller- firmen erstellten Rechnungen. Ein Recht des Videolizenzgebers, die Abrech- nungs- und Buchhaltungsunterlagen über die Vertragsfilme einzusehen, wird üb- licherweise in den Videolizenzverträgen mit vereinbart, gilt sonst aber auch kraft Gesetzes (s. auch Kapitel 107).

6   Eine weitere wesentliche Verpflichtung des Videolizenznehmers liegt in der genauen Einhaltung der **Schranken** der ihm überlassenen **Videorechte.** Da in den meisten Fällen die Videorechte nur zeitlich (Lizenzdauer) und örtlich (Lizenzge- biet) und in manchen Fällen auch noch inhaltlich (z. B. nur für Verbreitung durch Verkauf *oder* Vermietung) beschränkt eingeräumt werden, verbleiben die übrigen Videorechte nach § 32 UrhG beim Videolizenzgeber. Ihre Verwertung durch den Videolizenznehmer stellt sich nicht nur als eine Vertragsverletzung, sondern auch als eine Urheberrechtsverletzung dar.

7   In den Fällen der **prozentualen Beteiligung** des Videolizenzgebers an den Erlö- sen der Videoauswertung (nach eingehenden Einnahmen oder Zahl der vertriebe- nen Videokassetten) obliegt dem Videolizenznehmer eine **Auswertungspflicht,** da der Videolizenzgeber hier ein wirtschaftliches Interesse an optimalen Erlösen hat. Das gilt auch bei Zahlung einer Garantie, da diese Garantie nur Mindestein- nahmen sichern soll. Aber auch bei Festpreisen läßt sich ein solches Interesse aus der allgemeinen Geschäftspolitik des Videolizenzgebers herleiten, der wegen künftiger Produkte am Markt präsent bleiben will. Nur wenn gegen den Festpreis die Videorechte unbeschränkt (z. B. auch zeitlich) vergeben werden, also eine Art *outright sale* vorliegt oder wenn die Marktchancen eines Videokassettenfilms so gering sind, daß dem Videolizenznehmer der Aufwand für die weitere Auswer- tung nicht zumutbar ist, wird man ihn von der Auswertungspflicht befreien müs- sen (vgl. auch Kapitel 106).

8   Der Videolizenznehmer ist grundsätzlich **nicht** dazu berechtigt, seine Rechte und Pflichten aus dem Videolizenzvertrag ohne Zustimmung des Videolizenzge- bers auf **Dritte zu übertragen** oder unter Verbleiben als Vertragspartner **Unterli- zenzen** für die Videoauswertung an andere Videolizenznehmer zu erteilen. In den Fällen der Auswertungspflicht des Videolizenznehmers ergibt sich dies schon aus dem besonderen Vertrauensverhältnis, das hierdurch zwischen den Vertragspart- nern begründet wird. Aber auch in den anderen Fällen ist dieses besondere Ver- trauensverhältnis notwendig, da bei der Videoauswertung eine mißbräuchliche Ausnutzung der Auswertungsmöglichkeiten (z. B. unerlaubte Herstellung zusätz- licher Videokassetten) besonders schwer zu kontrollieren ist. Entsprechendes gilt für eine Übertragung der Rechte und Pflichten des Videolizenzgebers, auf den sich der Videolizenznehmer schon wegen der oft komplizierten Rechtsverschaffung, Rechteerhaltung und Rechtesperren besonders verlassen muß. Der Videolizenz- vertrag ist also **partnergebunden.**

9   Es ist branchenbekannt, daß die zuständigen Filmwirtschaftsverbände eine Empfehlung herausgegeben haben, wonach bei **Kinofilmen,** an denen die Film- verleihfirmen die Videorechte besitzen, eine **Videoauswertung** erst **6 Monate**

nach der **Erstaufführung des Films** im Filmtheater beginnen soll (s. über die Einzelheiten Kapitel 139). Ferner ist bekannt, daß die entsprechende Frist zugunsten der Filmtheaterauswertung für Filme, die Förderungshilfen nach dem FFG in Anspruch genommen haben oder nehmen wollen, in einer **Richtlinie der FFA** verbindlich festgelegt worden ist (s. über die Einzelheiten die Kapitel 32 und 34). Die erwähnte Empfehlung hat nicht automatisch zur Folge, daß eine derartige Videoschutz- bzw. -sperrfrist zum Inhalt des Videolizenzvertrages wird, und zwar auch dann nicht, wenn ein Filmverleiher der Videolizenzgeber ist. Sie muß, um entsprechende Pflichten für den Videolizenznehmer zu begründen, ausdrücklich im Vertrag festgelegt oder nachweisbar bei Vertragsabschluß zur Geschäftsgrundlage gemacht worden sein. Dagegen wird man bei deutschen Filmen, die von der erwähnten Richtlinie erfaßt werden, von der Wirksamkeit der Frist dieser Richtlinie für den Videolizenznehmer auch ohne besondere Festlegung im Vertrag auszugehen haben. Bei Nichtbeachtung der Frist würde nämlich der Filmhersteller als Videolizenzgeber die Förderungshilfen für den betreffenden Film verlieren. Der Videolizenznehmer würde gegen Treu und Glauben verstoßen, wenn er trotz Kenntnis dieser Folgen für den Vertragspartner diese Frist nicht berücksichtigen würde. Soweit die **Videoschutz- bzw. -sperrfrist** für den Videolizenzvertrag verbindlich geworden ist, erzeugt sie eine **dingliche Wirkung.** Der Videolizenznehmer erhält dann die vertraglichen Videorechte erst mit Wirkung ab Auslauf der Frist, da es sich dann um eine zeitlich entsprechend beschränkte Rechtsübertragung nach § 32 UrhG handelt.

10   Bei Verletzung der erwähnten Vertragspflichten kann der andere Partner Ansprüche auf **Erfüllung** oder auf **Rücktritt** vom Vertrag und **Schadensersatz** geltend machen. Hier können die Grundsätze Anwendung finden, die in den Kapiteln 104, 108 und 109 beim Lizenzvertrag Produktion/Verleih aufgestellt worden sind. Entsprechendes gilt für die Ausführungen in den Kapiteln 110, 113 und 114 über die positive Vertragsverletzung, die Vertragsbeendigung, die Verjährung sowie die Vollstreckung und den Konkurs. Nach Ablauf seiner Videorechte hat der Videolizenznehmer das noch bei ihm befindliche Material (Master-Band, Videokassette u. ä. m.) an den Videolizenzgeber zurückzugeben oder zu vernichten, selbst wenn es in seinem Eigentum steht. Auf jeden Fall darf er es ohne die entsprechenden Rechte nicht weiter verwerten.

11   Die Videolizenzverträge werden grundsätzlich schon wegen der jeweils unterschiedlichen besonderen Bedingungen **individuell** abgeschlossen. Es gibt jedoch Videolizenzgeber, die ihren Verträgen **Allgemeine Bedingungen** beifügen, die dann zum Vertragsbestandteil werden. Die einheitlich gleichförmigen Bestimmungen dieser Bedingungen, die schon wegen der Kürze der Zeit nicht zum Handelsbrauch geworden sein können, sind: Regelungen über die Rechtsgarantie, den Umfang der Rechtsübertragung, die Materialfestlegung, die Materiallieferung und Rückgabe, die Arten der Lizenzgebühr, die Abrechnungsform und die Auswertungsart. Dabei wird meist von der Vergabe der Videorechte zur *nicht-öffentlichen Vorführung* und nicht etwa zum *privaten Gebrauch* gesprochen.

12   In den Videolizenzverträgen ist üblicherweise die Klausel enthalten, daß bei **Konkurs** oder **Vergleichsverfahren** oder **Zahlungsunfähigkeit** des Videolizenznehmers alle übertragenen Rechte rückwirkend an den Videolizenzgeber zurückfallen. Der Vertrag gilt dann automatisch als aufgelöst. Etwaige noch bestehende Ansprüche an Kunden des Videolizenznehmers gehen unmittelbar auf den Videolizenzgeber über. Des weiteren wird dem Videolizenzgeber in den Verträgen regelmäßig ein außerordentliches Kündigungsrecht für den Fall eingeräumt, daß der

Videolizenznehmer die vertraglich übernommenen Pflichten nicht fristgemäß erfüllt. Auch in diesen Fällen einer fristlosen Kündigung fallen alle übertragenen Rechte an den Videolizenzgeber zurück.

13 Im Hinblick auf die bei Vertragsbeendigung noch in Besitz des Videolizenznehmers befindlichen **Videokassetten** finden sich in den Videolizenzverträgen die folgenden Regelungen. Es kann vorgesehen werden, daß diese Videokassetten von dem Videolizenznehmer zu löschen sind, wobei er hierfür eine Bescheinigung des Kopierwerks beizubringen hat. Es kann vorgesehen werden, daß der Videolizenzgeber die bespielten Videokassetten gegen Erstattung des Materialwertes zum Zeitwert in sein Eigentum übernimmt. Schließlich kann dem Videolizenznehmer das Recht eingeräumt werden, die bei Vertragsbeendigung noch in seinem Besitz befindlichen Videokassetten im Wege des Ausverkaufs für eine befristete Zeit weiter zu vertreiben, wobei sich die Abrechnung hierfür nach den im Videolizenzvertrag vereinbarten Lizenzgebühren richtet.

176. Kapitel. Der Videovertriebsvertrag

1 Der Videovertriebsvertrag hat den **Verkauf und/oder die Vermietung von Videokassetten** durch die Videovertriebsfirma an den Videohändler unter Gestattung des Weiterverkaufs und/oder der Weitervermietung an Endverbraucher in Gestalt privater Haushalte zum Gegenstand. Meist wird hierbei die Überlassung der Videokassetten zeitlich begrenzt. Es werden grundsätzlich nur nicht ausschließliche Rechte eingeräumt. Vertragspartner sind die **Videovertriebsfirma** (auch *Programmanbieter* genannt) und der **Videohändler.**

2 Das für die Videoauswertung erforderliche **Material** in Gestalt von Videokassetten wird dem Videohändler in der festgelegten Anzahl geliefert. Der Videohändler erhält nicht das Recht der Herstellung weiterer Videokassetten durch Vervielfältigung der gelieferten Videokassetten. Die ihm gestattete Verwendung der Videokassetten beschränkt sich auf deren Vermietung oder Verkauf an Endverbraucher für deren private Haushalte. Der Videohändler darf die Videokassetten also nicht für öffentliche Vorführungen vergeben oder den Abnehmern eine Weiterverwendung außerhalb ihrer privaten Sphäre gestatten. Meist werden dem Videohändler die Videokassetten verkauft mit der Maßgabe, daß er sie **innerhalb einer bestimmten Zeit** an die erwähnten Endverbraucher zu den erwähnten Zwecken weiterverkaufen oder vermieten kann. Man unterscheidet hierbei vor allem zwischen der *Nur-Vermietung* und der *Kann-Vermietung* (Vermietung **oder** Verkauf).

3 Der Videovertriebsvertrag weist nach seiner praktischen und rechtlichen Bedeutung bestimmte **Gemeinsamkeiten** mit dem **Filmbestellvertrag Verleih/ Theater** auf, da in beiden Fällen dem Publikum ein Filmwerk zugänglich gemacht wird. Es sind aber die beachtlichen Unterschiede in der Zugänglichmachung dieses Werkes durch öffentliche Filmvorführungen einerseits und Überlassung von Videokassetten zum Eigengebrauch andererseits zu berücksichtigen. So entfallen z. B. beim Videovertrieb die für das Verhältnis Verleih/Theater rechtlich wichtigen Fragen der Terminierung, der Festsetzung der Spielzeit, der Prolongation, der Vereinbarung der Termine etc. (s. Kapitel 137 und 138). Andererseits spielt beim Videovertrieb der Verkauf und die Vermietung des Materials rechtlich eine größere Rolle als beim Filmbestellvertrag die Vermietung der Filmtheaterkopie. Es können deshalb die Rechtsausführungen im 9. Abschnitt über den Filmbestellvertrag hier nur teilweise herangezogen werden, wie sich im einzelnen aus den folgenden Ausführungen ergibt.

4   Der Videovertriebsvertrag charakterisiert sich **rechtlich** als eine **obligatorische Lizenz** in Verbindung mit Verkauf bzw. Vermietung von Sachen und hat insofern Ähnlichkeit mit dem Filmbestellvertrag (s. Kapitel 121). Es wird kein ausschließliches Nutzungsrecht übertragen, sondern nur ein einfaches Nutzungsrecht nach § 31 Abs. 2 UrhG eingeräumt, so daß der Videohändler kein absolutes Verbietungsrecht gegenüber Dritten, sondern nur obligatorische Ansprüche gegenüber der Videovertriebsfirma erhält. Bei der Vielzahl der Videohändler auch am gleichen Platz ist ein ausschließliches Nutzungsrecht räumlich gar nicht abgrenzbar und eine entsprechende Aufsplitterung der Videorechte auch von den Partnern nicht gewollt. Im übrigen beurteilt sich der Videovertriebsvertrag hinsichtlich der Materiallieferung rechtlich nach den Vorschriften über den Kauf- bzw. Mietvertrag.

5   Für den Videovertriebsvertrag ist weder nach Gesetz noch nach Handelsbrauch eine Schriftform vorgeschrieben. Er kann deshalb auch **mündlich abgeschlossen** werden und ist wirksam, wenn ein entsprechender Bindungswille nachweisbar ist. In der Praxis werden freilich die meisten Videovertriebsverträge schon wegen der *Allgemeinen Bedingungen* der Videovertriebsfirmen schriftlich getätigt.

6   Zu den **Essentialien** des Videovertriebsvertrages gehören: Lizenzgegenstand (Filmwerk), Zahl der verkauften oder vermieteten Kassetten, Weiterverkauf oder Weitervermietung, Lizenzzeit und Entgelt. Bei der Bedeutung des Materials für diesen Vertragstyp kommt der genauen Festlegung des Umfangs der Materiallieferungen als Essentialie des Videovertriebsvertrags besondere Bedeutung zu.

7   Ein Videovertriebsvertrag ist genauso wie ein Videolizenzvertrag nichtig, wenn die Vervielfältigung oder Verbreitung des den Vertragsgegenstand bildenden Filmwerks einen **Verstoß gegen gesetzliche Vorschriften** (z. B. gegen strafrechtliche Bestimmungen) enthält. In diesem Fall wird der Vertrag ohne gegenseitige Ansprüche aufgelöst. Sollte es sich jedoch nur um eine vorübergehende behördliche Maßnahme (z. B. vorläufige Beschlagnahme) handeln, die nach angemessener Zeit wieder aufgehoben wird, so ist den Vertragspartnern die Fortsetzung des Vertrags zumutbar (s. Kapitel 174).

8   Die **Indizierung einer Videokassette** oder die von ihr ausgehende schwere Jugendgefährdung machen den Videovertriebsvertrag nicht unbedingt unwirksam, da sie nur Vertriebsbeschränkungen (z. B. Werbeverbot, Unzulässigkeit des Vertriebs in bestimmten Formen und an bestimmten Plätzen) zur Folge hat. Eine Vertragsauflösung ist in diesen Fällen jedoch dann anzunehmen, wenn nach der Art des Einzelhandels ein Vertrieb indizierten Materials nicht zumutbar ist (z. B. für Kaufhäuser oder bei Mangel an zusätzlichen Räumen) oder wenn nachweisbar die Einstufung des Films als nicht jugendgefährdend die Grundlage des Vertrages gewesen ist (s. hierzu auch Kapitel 173). Auf jeden Fall hat die Videovertriebsfirma die vertragliche Pflicht, sich laufend darüber zu informieren, ob einer ihrer Videokassettenfilme indiziert worden ist (z. B. durch regelmäßiges Studium des Bundesanzeigers). Den Videohändler trifft eine gleiche Pflicht. Die Partner haben sich gegenseitig zu unterrichten, damit sie sich auf die Vertriebsbeschränkungen einstellen können.

9   Die z. Zt. durch die Videovertriebsfirmen in Erwartung entsprechender gesetzlicher Vorschriften freiwillig durchgeführte **Kennzeichnung der Kassetten** nach Eignung für bestimmte Altersgruppen und die entsprechende Vorprüfung durch die FSK wird man wegen der von Videohandel und Endverbrauchern mit Recht gewünschten Markttransparenz auf diesem Gebiet als **Bestandteil** des **Videover-triebsvertrages** zu betrachten haben. Es entstehen demgemäß auch dann entsprechende Ansprüche der Videohändler auf Prüfung und Kennzeichnung, wenn im Vertrag hierüber nichts ausdrücklich festgelegt worden ist.

177. Kapitel. Die Hauptrechte und -pflichten aus dem Videovertriebsvertrag

1   Die Hauptpflicht der **Videovertriebsfirma** ist die **Lieferung** des vertraglich festgelegten **Materials** in einwandfreier Form und die **lizenzrechtliche Sicherung** des vorgesehenen Vertriebs. Die Videovertriebsfirma muß deshalb als Videoli-zenznehmer des Videolizenzvertrages sich die für die vorgesehene Auswertung erforderlichen Rechte sichern, so daß der Videohändler bei Verkauf und Vermietung an Endverbraucher nicht durch Rechte Dritter gestört werden kann.

2   Die Videovertriebsfirma hat ferner dafür zu sorgen, daß diese **Rechte** während der Vertragszeit des Videovertriebsvertrages **erhalten bleiben** und auch etwaige **Rechtesperren,** die für den Videohändler wichtig sind (z. B. Fernsehsperre), eingehalten werden (vgl. hierzu Kapitel 175).

3   Die Videovertriebsfirma hat dem Videohändler bei Verkauf der Videokassetten das **Eigentum** und bei Vermietung der Videokassetten den **Mietbesitz** an diesem Material zu beschaffen. Das Material muß jedoch an die Videovertriebsfirma zu-rückgegeben oder vernichtet werden, sobald die vertraglich vorgesehene Gestattung der Verwendung (z. B. durch Ablauf der Lizenzzeit) erloschen ist. Der Videohändler darf kein Material weiterverwenden, für das er nicht mehr die obligatorische Lizenz im Sinne der Gestattung der Verwendung besitzt.

4   Der **Videohändler** hat als Hauptverpflichtung aus dem Videovertriebsvertrag das vertraglich vereinbarte **Entgelt** zu zahlen. In den meisten Fällen handelt es sich hierbei um einen bestimmten Kaufpreis für jede Videokassette, die dem Video-händler geliefert worden ist. Es können aber auch Erlösbeteiligungen an den Weiterverkäufen und/oder Weitervermietungen der Videokassetten vertraglich festgelegt werden. In diesen Fällen einer Erlösbeteiligung hat die Videovertriebs-firma Ansprüche auf Abrechnung, Rechnungslegung und besitzt ein gesetzliches Bucheinsichtsrecht beim Videohändler.

5   Eine weitere wesentliche Vertragsverpflichtung des Videohändlers liegt in der genauen **Einhaltung** der ihm durch die **obligatorische Lizenz** bei der Verwendung des überlassenen Materials gesetzten **Schranken.** Er darf also z. B. keine weiteren Videokassetten von den ihm überlassenen Videokassetten herstellen. Er darf ferner nur die Weiterverwendung durchführen, die vertraglich vorgesehen ist (z. B. Verkauf oder Vermietung an Endverbraucher). Er muß diese Endverbraucher auf die Grenzen der Verwendung des gekauften oder gemieteten Materials hinweisen. Er muß also bestmöglich dafür sorgen, daß die Endverbraucher nicht ihrerseits die gekauften oder gemieteten Kassetten weiterverkaufen oder weiter-vermieten, sondern nur für das private Abspiel in ihren Haushalten benutzen.

6   Im Falle des käuflichen Erwerbs von Videokassetten durch den Videohändler hat er **keine Auswertungsverpflichtung** gegenüber der Videovertriebsfirma. Eine solche Auswertungsverpflichtung kann nur dann in Betracht kommen, wenn die Videovertriebsfirma an den Verkaufs- oder Vermietungserlösen des Video-händlers beteiligt ist oder wenn nach einem Verkauf einer bestimmten Anzahl von Videokassetten durch den Videohändler von ihm neue Videokassetten bezogen

werden müssen. Eine **Abtretung der Rechte und Pflichten** aus dem Videovertriebsvertrag durch den Videohändler kommt bei Inhaberwechsel des Geschäfts in Betracht, soweit durch den neuen Inhaber die Erfüllung der Vertragspflichten gewährleistet ist. Die Videovertriebsfirma kann ihre Rechte und Pflichten aus den Verträgen auf dritte Firmen übertragen, wenn diese dazu in der Lage sind, das zugesagte Material zu liefern und die obligatorische Lizenz zu gewähren.

7 Die **Videoschutz-** bzw. **-sperrfrist** zugunsten der Filmtheater bei Kinofilmen, die in Videokassettenform ausgewertet werden, ist für den Videohändler nur bindend, wenn sie in dem Videovertriebsvertrag festgelegt worden ist. Bei der Vielzahl dieser Händler kann man nicht davon ausgehen, daß ihnen die entsprechenden Verbandsempfehlungen und die Richtlinien der FFA bekannt sind. Der Videohändler ist deshalb an die Einhaltung dieser Frist nur gebunden, wenn ihm dies vertraglich ausdrücklich auferlegt worden ist. Im übrigen muß die Videotriebsfirma dafür sorgen, daß ihre diesbezüglichen Verpflichtungen nach dem Videolizenzvertrag eingehalten werden.

8 Wegen der Vielzahl der Videohändler und ihrer Verkaufsstellen ist es verständlich, daß zahlreiche Videovertriebsfirmen ihren Videovertriebsverträgen mit den Videohändlern **Allgemeine Bedingungen** zugrunde legen. Diese Allgemeinen Bedingungen enthalten vor allem die folgenden Bestimmungen: Festlegung der Art und des Umfangs der übertragenen Rechte, Zahlungsmodalitäten, Lieferung und Gefahrtragung sowie Gewährleistungsrechte; Lieferung der Videokassetten an den Endverbraucher lediglich zu dessen persönlichem Gebrauch und zur nichtöffentlichen privaten Wiedergabe; Tausch- und Umgehungsgeschäfte, insbesondere unmittelbarer und mittelbarer Rückkauf und mehrmaliger Wiederverkauf sind ausdrücklich verboten; Überspielung auf Leerkassetten, Sendung und sonstige öffentliche Wiedergabe wird ausgeschlossen; die vereinbarten Zahlungen werden nach Lieferung der Ware fällig, wobei das Eigentum an der Ware bis zum vollständigen Ausgleich sämtlicher Forderungen der Videovertriebsfirma vorbehalten bleibt; die Videovertriebsfirma garantiert die Lieferung einwandfreier Videokassetten; bei Mängelrügen erfolgt unter Ausschluß aller weiteren Ansprüche ein kostenfreier Umtausch der mangelhaften Videokassetten; der Videohändler hat die Ware sofort nach Erhalt auf etwaige Mängel zu überprüfen und diese der Videovertriebsfirma innerhalb einer Frist von 5–14 Tagen anzuzeigen, da er sonst seiner Ansprüche verlustig geht; die Jugendschutzbestimmungen sind genau einzuhalten, wobei sogar Konventionalstrafen festgelegt werden.

9 Soweit die Videovertriebsfirma die Videokassetten **unmittelbar an Endverbraucher** (z. B. als eine Art Versandgeschäft) liefert, erfüllt sie selbst neben ihrer Vertriebsfunktion die Funktion des Videoeinzelhandels. Ein eigentlicher Videovertriebsvertrag liegt dann nicht vor. Für die Videovertriebsfirma gelten die Rechte und Pflichten als Videolinzenznehmer aus dem Videolizenzvertrag und als Videohändler aus den Verträgen mit dem Endverbraucher (s. Kapitel 175 und 178).

10 Über die **Abtretung der Rechte und Pflichten** des Vertrages auf Dritte, über die Vertragsbeendigung, die Verjährung, die Vollstreckung und den Konkurs gelten keine besonderen filmrechtlich relevanten Vorschriften. Es finden hier die allgemeinen Bestimmungen der einschlägigen gesetzlichen Vertragstypen (vor allem Kauf und Miete) Anwendung.

178. Kapitel. Der Videovertrag mit dem Endverbraucher

1 In den Vertragsbeziehungen zwischen Videohandel und Endverbraucher haben sich **zwei Vertragstypen** entwickelt. Die Videokassette wird gegen einen Festpreis verkauft. Die Videokassette wird auf eine bestimmte Zeit gegen einen Mietzins vermietet.

2 Beim **Kauf einer Videokassette** handelt es sich um einen reinen Kaufvertrag, der sich nach den §§ 433 ff BGB richtet. Der Endverbraucher erhält von dem Videohändler das Eigentum an einer bestimmten bespielten Videokassette mit dem Film seiner Wahl übertragen und hat hierfür den festgelegten Kaufpreis zu bezahlen. Als Vergleich bietet sich der Kauf einer Schallplatte oder Musikkassette an.

3 Im Falle der **Vermietung von Videokassetten,** die stark in den Vordergrund gerückt ist, regeln sich die Rechtsbeziehungen zwischen dem Videohändler und dem Endverbraucher nach den Vorschriften des Mietrechts der §§ 535 ff BGB. Nicht anwendbar sind dagegen die Bestimmungen über die Leihe (§§ 598 ff BGB), da diese nach dem Gesetz eine unentgeltliche Gebrauchsüberlassung ist, was hier nicht zutrifft. Der Ausdruck *Videoverleih* ist daher juristisch unzutreffend, wenn er auch in der Umgangssprache hin und wieder für die Vermietung benutzt wird. Durch den Mietvertrag erhält der Endverbraucher vom Videohändler das Recht, die von ihm gewünschte Videokassette als Sache (d. h. als Material) für einen bestimmten Zeitraum gegen Bezahlung eines bestimmten Mietzinses zu gebrauchen. Ein Eigentum an der Videokassette wird nicht übertragen. Nach Ablauf der Mietzeit ist die Videokassette wieder zurückzugeben, bei Überschreitung der Mietzeit sind regelmäßig einzelvertraglich festgelegte Strafzinsen zu zahlen. Während der Mietzeit hat der Endverbraucher die Videokassettte sorgsam zu behandeln, da er bei unsachgemäßer Behandlung für hierdurch entstandene Sachschäden an der Videokassette gegenüber dem Videohändler haftet, es sei denn, daß es sich um eine Abnutzung durch vertragsgemäßen Gebrauch handelt (§ 548 BGB).

4 Das **Sacheigentum** und der **Mietbesitz** an der Videokassette **berechtigen** den Endverbraucher **nicht** zu einer **unbeschränkten Benutzung** und Verwertung dieser Videokassette. In der Videokassette als ihrem materiellen Substrat sind nämlich Videorechte (vor allem der Vervielfältigung und Verbreitung) verkörpert, die dem Endverbraucher nicht übertragen worden sind und deren Benutzung oder Verwertung eine Rechtsverletzung darstellen würde. Schon der Videohändler hat von der Videovertriebsfirma keine entsprechenden Rechte zur Weiterübertragung (Weitervervielfältigung, Weiterverbreitung) erhalten. Der Endverbraucher darf also trotz Eigentum und Mietbesitz von den erhaltenen Videokassetten keine weiteren Werkexemplare herstellen oder herstellen lassen und die erworbenen Videokassetten auch nicht Dritten zugänglich machen. Eine **Ausnahme** hinsichtlich der **Vervielfältigung** besteht nur nach § 53 UrhG, der die Vervielfältigung zum persönlichen Gebrauch gestattet, wobei *persönlich* enger aufzufassen ist als *privat,* also nur den Eigengebrauch dieser Vervielfältigungsstücke und nicht deren Weitergabe an Dritte, auch nicht durch Verschenken oder Verleihen, umfaßt (vgl. hierzu Kapitel 54). Eine **Ausnahme** hinsichtlich der **Verbreitung** ist durch die vertraglich gestattete Verwendung zum privaten Gebrauch gegeben, der ein Verleihen oder Verschenken an Freunde oder Bekannte miterfaßt, da dies noch zum privaten Bereich gehört, nicht jedoch ein Vermieten oder Verkaufen, da hierdurch der private Bereich überschritten wird.

5   Die meisten Videokassetten enthalten **Aufschriften,** die diese Beschränkungen auf den privaten oder wenigstens den nicht-öffentlichen Gebrauch ausdrücklich festlegen. Aber auch ohne eine solche Kennzeichnung ist die Beschränkung wirksam, da es an der anderenfalls nötigen Rechtsübertragung fehlt und es keinen gutgläubigen Rechtserwerb gibt (§ 399 i. V. mit § 413 BGB).

6   Es ist durch den privaten Gebrauch **nicht gedeckt,** wenn ein Hotelier, Gastwirt, Club, Kantinenpächter o. ä. m. Videokassetten erwirbt oder mietet, um sie seinen Gästen vorzuspielen. Hier ist sogar meist der Begriff der öffentlichen Vorführung erfüllt, da es sich um keinen relativ kleinen, durch persönliche Beziehungen miteinander verbundenen Personenkreis handelt. Aber selbst wenn dies z. B. bei getrenntem Empfang in einem Hotelzimmer fraglich sein könnte (s. hierzu Kapitel 65 und die dort zitierte Rechtsprechung), so liegt doch seitens des Erwerbers der Videokassetten eine Benutzung vor, die über den privaten Gebrauch weit hinausgeht und meist sogar gewerblichen Charakter tragen wird. Die Betroffenen müssen hier also, wenn sie diese Art der Verwertung durchführen wollen, weitergehende Videorechte erwerben, die oft der Videohändler gar nicht besitzen wird.

7   Die Videohändler haben die **Vertriebsbeschränkungen** für jugendgefährdende, insbesondere indizierte Filme genau zu beachten. Die Räume zum Verkauf dieser Filme dürfen für Jugendliche nicht zugänglich sein. In den anderen Räumen darf kein Hinweis auf solche Filme erfolgen, da unter das Werbeverbot nicht nur das Anpreisen, sondern schon jedes Ankündigen fällt.

8   Es ist **keine** ungerechtfertigte ungleiche Behandlung, wenn für die gleichen Filme im Filmtheater geworben werden darf. Hier verhindert nämlich die Einlaßkontrolle den Filmbesuch durch Kinder oder Jugendliche als Folge der öffentlichen Werbung, während bei der Videokassette die Werbung zur Besorgung der Videokassette durch einen älteren Freund führen kann.

9   Abschließend darf zu diesem Kapitel festgehalten werden, daß die **Kontrollmöglichkeiten** über eine unzulässige Verwendung von Videokassetten durch Endverbraucher sehr problematisch sind. Ferner darf in diesem Zusammenhang auf die in Kapitel 53 behandelte **Filmpiraterie** hingewiesen werden, die sich gerade auf dem Videokassettensektor entwickelt hat.

10   Weitaus die meisten Vertriebsstellen, die sich mit der Vermietung oder dem Verkauf von Videokassetten befassen, sind heute als **Clubs organisiert.** Mitglied in diesen Clubs können nur Personen über 18 Jahren werden. Bei der Aufnahme hat der Verbraucher die Volljährigkeit unter Vorlage des Personalausweises nachzuweisen. Des weiteren werden sowohl die Wohnanschrift als auch die Nummer des Personalausweises in den Mitgliedschaftsunterlagen vermerkt. Nach Aufnahme erhält das Mitglied einen persönlichen Clubausweis, den es bei jedem Verleihvorgang vorlegen muß. Durch das Festhalten der Personalien des Mieters ist der jederzeitige Zugriff des Vermieters auf die einen hohen wirtschaftlichen Wert darstellenden Videokassetten sichergestellt. Ein weiterer Grund für die Entscheidung des Großteils der Videohändler für ein derartiges System ist auch die hierdurch gewährleistete Sicherung des Jugendschutzes. Bedingt dadurch, daß nur Erwachsene Mitglied dieser Videoclubs werden können, ist sichergestellt, daß Videoprogramme, die für Kinder und Jugendliche nicht geeignet sind, an diese nicht abgegeben werden. Die den Clubmitgliedschaften zugrunde liegenden Mietbedingungen gestatten dem Mieter der Programme lediglich die nicht-öffentliche, nicht-gewerbliche und unentgeltliche private Vorführung im häuslichen Bereich. Ausdrücklich untersagt ist insbesondere die Herstellung von Kopien und die Weitergabe der Programme an Dritte. Schließlich wird der Mieter auch verpflichtet,

Programme, die für Kinder und Jugendliche nicht geeignet sind, diesen nicht zugänglich zu machen. Bei Verlust oder Beschädigung der Videokassetten wird üblicherweise ein Schadensersatz in Höhe des Wiederbeschaffungswertes des Programms vereinbart.

11   Noch relativ neu ist der Versuch einiger Videohändler, Videoprogramme im Wege des **Versandhandels** der interessierten Öffentlichkeit anzubieten. Ähnlich wie bei den Clubsystemen muß der Endverbraucher zunächst Mitglied in der entsprechenden Versandhandelsgesellschaft werden. In der Regel werden die Mitglieder, die das 18. Lebensjahr erreicht haben müssen, in Videofachgeschäften geworben. Nach Beginn der Mitgliedschaft wird dem Mitglied regelmäßig Informationsmaterial über die angebotenen Filme zur Verfügung gestellt. Die gewünschten Programme können dann telefonisch oder schriftlich von dem Versandhändler angefordert werden, der diese dem Mitglied dann auf dem Postwege üblicherweise für die Dauer von einer Woche zukommen läßt. Auch diese Programme werden dem Endverbraucher nur mit dem ausdrücklichen Hinweis überlassen, diese lediglich privat zu nutzen. Überlassung an Dritte, Vervielfältigung, Weitervermietung sowie die öffentliche Aufführung und Sendung werden ausdrücklich untersagt. Versandhandel mit indizierten Videokassetten ist nach § 4 Abs. 1 Ziff. 3 GjS untersagt.

179. Kapitel. Die Videoauswertung gemäß § 17 UrhG

1   Im Rahmen der Videoverwertung ist die Frage aufgetaucht, ob nach § 17 Abs. 2 UrhG eine einmal mit Zustimmung des Berechtigten veräußerte Videokassette weiterverbreitet werden darf, also das **Urheberrecht** insoweit **erschöpft ist.** Dann könnte der Käufer einer solchen Videokassette sie ohne besondere Zustimmung des Berechtigten weiter vermieten, müßte freilich hierfür nach § 27 UrhG dem Berechtigten eine angemessene Vergütung zahlen, was sich als eine Art Zwangslizenz auswirken würde.

2   Nach diesseitiger Auffassung ist eine **solche Erschöpfung** des Urheberrechts in den Fällen des Verkaufs von Videokassetten durch die hier erwähnten und üblichen Verträge **nicht gegeben.** Nach § 32 UrhG können Nutzungsrechte räumlich, zeitlich und inhaltlich beschränkt übertragen werden. Das hat dingliche, absolute Wirkung gegenüber jedem Dritten. Wenn also – wie hier – der Berechtigte *nur* dem Verkauf und *nicht* der Weitervermietung zustimmt, so ist auf den Käufer kein Recht auf Weitervermietung übergegangen. Dieses Argument wird noch unterstützt durch die Zweckübertragungstheorie des § 31 Abs. 5 UrhG, da hier der Vertragszweck ausdrücklich auf den Verkauf gerichtet ist (s. auch Kapitel 52).

3   Die **Rechtsprechung** zu dieser Frage ist **uneinheitlich.** Das OLG Hamm hat in einer Entscheidung in NJW 1982, S. 655 = GRUR 1981, S. 743 und UFITA Bd. 92, S. 223 diese Verbotsklausel als unzulässig angesehen, da gem. § 17 Abs. 2 UrhG im Falle der Veräußerung jegliche Weiterverbreitung unabhängig von der Verbreitungsform zulässig sei. Das OLG Hamm hat daher einen Verbotsanspruch einer Videovertriebsfirma gegenüber einem Videohändler abgelehnt. Entgegengesetzt hierzu vertritt das OLG Frankfurt/Main in seiner Entscheidung in NJW 1982, S. 1653 = UFITA Bd. 94, S. 325 die Auffassung, daß der Erschöpfungsgrundsatz des § 17 Abs. 2 UrhG hier einer Einschränkung des Urheberrechts auch bei Verkauf in der Nutzungsart (Vermietung) nicht entgegenstehe, daß § 17 Abs. 2 UrhG immer in Zusammenhang mit § 32 UrhG zu lesen sei und daß es sich bei dem Verkauf der Videokassetten nicht um das rein dingliche Rechtsgeschäft (Eigentumsübertragung einer Videokassette) selbst, sondern insbesondere auch um eine urheberrechtliche

Nutzungsrechtsübertragung handele, die sehr wohl (wie hier) dinglich eingeschränkt erfolgen könne. Demgemäß hat das OLG Frankfurt/Main einen Verbotsanspruch des Urhebers bzw. der Videovertriebsfirma bejaht und die gleiche Auffassung vertreten, die hier vertreten wird (s. auch Rechtsprechung zu Kapitel 52).

4   In der **Rechtslehre** (wie hier) vgl. *Brinkmann* in NJW 1983, S. 55.

180. Kapitel. Internationale Videorechtsfragen

1   In der Regel werden mit den jeweiligen **Auslandslizenzverträgen** über ein Filmwerk auch die entsprechenden **Videorechte** an die Auslandsvertriebsfirmen bzw. unmittelbar an die Verleihfirmen vergeben. Die Videorechte bilden insoweit regelmäßig einen Bestandteil des Auslandslizenzvertrages über den Kinofilm, wobei die Vergütung für die Videorechte meist im Lizenzpreis mit enthalten ist. Die Vergabe der Videorechte von dem Videolizenzgeber auf den Videolizenznehmer erfolgt grundsätzlich zu den Bedingungen der Verträge zwischen Lizenzgeber und Lizenznehmer über den Kinofilm.

2   Die Videorechte werden üblicherweise für den **sog. deutschsprachigen Raum** übertragen. Dabei ergeben sich Probleme hinsichtlich des Schutzes dieses Lizenzgebietes durch die Geltung des Rechtes der EG in der BRD. Innerhalb des Gebietes der EG herrscht der freie Waren- und Dienstleistungsverkehr. Der freie Dienstleistungsverkehr gilt für die Verbreitung von urheberrechtlich geschützten Werken in nicht-körperlicher Form, der freie Warenverkehr gilt für die Verbreitung dieser Werke in körperlicher Form. Damit sind für Videokassetten, die als verkörperte Form von urheberrechtlichen Werken anzusehen sind, die Vorschriften des freien Warenverkehrs maßgebend. Das hat zur Folge, daß, sobald eine Videokassette berechtigt in einem Mitgliedsland der EG auf den Markt gebracht worden ist, der Export in ein anderes Mitgliedsland der EG nicht mehr vom dortigen Lizenznehmer unter Berufung auf die erworbenen Urheberrechte für das betreffende Lizenzgebiet untersagt werden kann.

3   Ein Videolizenznehmer sollte daher dafür sorgen, daß er die Rechte an der deutschsprachigen Fassung für das **gesamte Gebiet der EG** erwirbt, was dingliche Wirkung äußert. Auf jeden Fall sollte eine **Sperre** in dem Videolizenzvertrag für die Verbreitung der deutschsprachigen Fassung außerhalb des Gebietes des Videolizenznehmers festgelegt werden. Eine solche Sperre hat nach diesseitiger Auffassung nicht nur schuldrechtliche, sondern **dingliche Wirkung** (s. Kapitel 102).

4   Diese Ausführungen gelten jedoch nur für Mitgliedsländer der EG. Die für den deutschsprachigen Raum relevanten Länder **Österreich** und die **Schweiz** sind, wenn überhaupt, nur durch Assoziierungsabkommen mit den Ländern der EG verbunden. Durch diese Assoziierungsabkommen wird ein freier Warenverkehr nicht im gleichen Maße wie zwischen den Vollmitgliedsländern der EG gewährleistet. Gegen den Import von Videokassetten aus der Schweiz und aus Österreich kann daher erfolgreich vorgegangen werden. Außerdem ist zu beachten, daß diese Ausführungen nur für berechtigt hergestellte Videokassetten gelten. Raubkopien sind selbstverständlich im vollen Umfang bekämpfbar.

181. Kapitel. GEMA-Fragen

1   Die Vervielfältigung und Verbreitung der **Musik auf den Videokassetten,** auch soweit sie zur Vorführung im häuslichen Bereich bestimmt sind, greift in die von der GEMA verwalteten Rechte ein. Die GEMA hat auf Grund ihrer Pauschalverträge mit den Komponisten auch diese urheberrechtlichen Befugnisse an der Musik erworben. Diejenigen Videofirmen, die Videokassetten überspielen und veräußern, müssen deshalb mit der GEMA einen Vertrag abschließen, wonach sie deren Rechte erhalten.

2   Im übrigen konnte über die Vermietung und den Verleih von Videokassetten ein **Gesamtvertrag** zwischen dem deutschen Radio- und Fernsehfachverband, dem Deutschen Videoinstitut sowie der GEMA abgeschlossen werden, wonach Monatsbeiträge in unterschiedlicher Höhe je nach Bestandssumme der Videokassetten zu entrichten sind.

3   In der **Rechtsprechung** stellt das OLG München in einer Entscheidung vom 14. 7. 1983 (FILM UND RECHT 1983, S. 613) fest, daß die GEMA im Falle der Verletzung urheberrechtlicher Befugnisse durch unerlaubte Vervielfältigung und Verbreitung von Werken ihres Repertoires einen Schadensersatz in Höhe des doppelten Betrages der bei vertraglicher Rechtseinräumung angemessenen Lizenzgebühr verlangen kann.

13. Abschnitt. Ausblick auf die künftige Entwicklung

182. Kapitel. Allgemeines

1   Wenn heute viel von **Medienexplosion** die Rede ist, so ist damit in erster Linie die Erweiterung der Fernsehauswertungsmöglichkeiten (vor allem durch *Kabelfernsehen, Satellitenfernsehen* und *Pay-Television*) gemeint, sowie die ständig wachsende Zahl der in Gebrauch genommenen Videorekorder mit ihren vielfältigen Verwertungsmöglichkeiten. Die folgenden Zahlen sollen dies verdeutlichen: Es sollen in den nächsten Jahren 30 Milliarden DM durch die Deutsche Bundespost für die Verkabelung in der BRD und West-Berlin ausgegeben werden. Man rechnet damit, daß bis 1990 ca. 50% aller Privathaushalte einen Videorekorder besitzen (= 10 Millionen Rekorder). Während die hiesige Bevölkerung 1969 ca. 11 Milliarden für Medienkonsum ausgegeben hat, und dieser Betrag 1977 auf 31,5 Milliarden angewachsen ist, wird für 1990 mit einer entsprechenden Summe von 70 Milliarden DM zu rechnen sein. Dabei ist zu berücksichtigen, daß die hiesige Bevölkerung 1990 mit 17% mehr an Freizeit rechnen kann als heute.

2   Diese hier in Zahlen ausgedrückte *Medienexplosion* hat **mehrfache Auswirkungen**. Rein wirtschaftlich und industriell werden Unternehmen und ihre Arbeitskräfte beschäftigt. Das notwendige große Programmangebot (man spricht von einer Verzehnfachung gegenüber heute) erfordert zusätzliche Produkte der Kunst und Unterhaltung mit den damit verbundenen Beschäftigungsmöglichkeiten für die Filmschaffenden. Die *Filmtresore* können zu *Goldkammern* werden. Natürlich darf nicht vergessen werden, daß manches auf diesem Gebiet als Kompensation für verloren gegangene bisherige Auswertungs- und Beschäftigungsmöglichkeiten anzusehen ist. In *gesellschaftspolitischer* Hinsicht kann das Publikum mit zusätzlichen Informationen und Meinungsäußerungen vertraut gemacht werden. Die teilweise mit den neuen Medien für den privaten Gebrauch in den Haushalten verbundene Isolierung kann durch den Kommunikationsprozeß beim Kinobesuch ausgeglichen werden. Mit Recht schreibt deshalb *Schöneberger* in der FAZ vom 26. 1. 1984 (aus diesem Artikel stammen auch die erwähnten Zahlen): ,,Wer in den 90er Jahren noch Kino veranstalten will, der muß heute mehr tun als nur Kino zu veranstalten.''

3   Was bedeutet dies alles für die behandelten **Rechtsfragen?** Es wurde im Vorwort betont, daß sich die Medien, deren Rechtsfragen in diesem Handbuch behandelt werden, in ständiger Weiterentwicklung befinden, was vor allem für die verschiedenen Formen der Fernseh- und Videoauswertung gilt. Andererseits wurde darauf hingewiesen, daß die grundlegenden Rechtsfragen auch auf diesen Gebieten, vor allem soweit sie das Privatrecht betreffen, heute derart bekannt sind, daß ihre Behandlung in diesem Handbuch auch bei weiteren Medienentwicklungen voll **gültig bleibt.** Man denke nur an die Unterschiede zwischen den Rechten auf öffentliche Filmvorführung bei der Filmtheaterauswertung, auf Vervielfältigung und Verbreitung bei der Videoauswertung und auf die Formen der Senderechte in der Fernsehauswertung, sowie auf die Grundzüge der Zweckübertragungstheorie und der Übertragung der Nutzungsrechte für noch nicht bekannte Nutzungsarten. Die *gesteigerte Quantität* der Auswertungsmöglichkeiten auf diesen

Gebieten bringt deshalb keine *veränderte rechtliche Qualität* in der Beurteilung der hier aufgeworfenen Rechtsprobleme und Lösungsmöglichkeiten mit sich, die deshalb voll verwendungsfähig bleiben.

4   Im folgenden soll in einem kurzen **Ausblick** auf die in absehbarer Zeit vorgesehenen gesetzlichen oder vertraglichen **Änderungen** und ihre Behandlung nach den in diesem Buch aufgestellten Grundsätzen hingewiesen werden. Dabei erfolgt die Einteilung nach den einzelnen Abschnitten dieses Handbuchs.

183. Kapitel. Der Straftatbestand der Gewaltdarstellung

1   Im Bundestag befindet sich ein **Gesetzentwurf** in Vorbereitung, der den § 131 **StGB** durch Weglassung der Begriffe der Gewaltverherrlichung und -verharmlosung verschärfen will, um Gewaltdarstellungen in den Massenmedien, vor allem auf dem Gebiet der Videokassetten, wirksamer bekämpfen zu können.

2   Bei dieser neuen Fassung des § 131 StGB muß immer der Begriff der **grausamen Schilderung** durch Wiedergabe der *gewissenlosen Haltung des Täters* und *der Leiden des Opfers* erfüllt sein. Auch spielt der **Sinnzusammenhang** für die Art der Schilderung eine entscheidende Rolle, nämlich ob die Gewaltanwendung z. B. aus mutwilliger Aggression oder legitimer Verteidigung erfolgt (wenn z. B. in Notwehr oder Notstand mehrere Schüsse auf einen Angreifer abgegeben werden, fehlt es an der grausamen Schilderung, weil eine solche Tat keine böswillige, nämlich grausame Gesinnung beinhaltet, sondern einem gerechtfertigten Zweck dient). Es werden ferner auch bei der Neufassung die **verfassungsrechtlichen Freiheitsrechte** der Information, Meinungs- und Kunstfreiheit zu beachten sein, so daß nur solche Gewaltdarstellungen grausamer Art unter den geplanten § 131 StGB fallen, die reinen **Unterhaltungszwecken** dienen (s. hierzu auch die Gesetzesmotive). Schließlich ist wesentlich, daß hier nach dem Grundsatz der **Verhältnismäßigkeit** und des **Übermaßverbotes** immer mit Schnitten bei besonders grausamen Darstellungen der Gewalttätigkeiten geholfen und damit die strafrechtliche Relevanz ausgeräumt werden kann.

184. Kapitel. Jugendschutz auf dem Videogebiet

1   Im Bundestag ist eine **Novelle zum Jugendschutzgesetz** in Bearbeitung, die für Videokassetten die gleiche **Vorprüfung** durch die Obersten Landesjugendbehörden nach Altersgruppen vorsieht, mit gleichartigen Kennzeichnungspflichten und Folgen wie bei Kinofilmen. Hier gelten die oben in den Kapiteln 7, 8 und 9 erwähnten Rechtsgrundsätze, zumal auch diese Vorprüfung durch die FSK für die Obersten Landesjugendbehörden durchgeführt werden soll und die Videofirmen sich bereits heute freiwillig einer solchen Vorprüfung durch die FSK unterworfen haben (s. Kapitel 14). Eine gesetzlich eingeführte **Kennzeichnungspflicht** trägt für das Kennzeichen den Charakter einer öffentlichen Urkunde, deren Fälschung, Verletzung, Entfernung und Änderung sich als strafbare Handlungen darstellen.

2   Für Videokassetten sollen daneben die Vorschriften des **Jugendgefährdungsgesetzes** mit ihrer Nachprüfung auf Jugendgefährdung und etvl. Indizierung durch die BPS und mit dem damit verbundenen Werbeverbot und Verbot der Vermietung auch an Erwachsene gelten. Es erscheint fraglich, ob hierdurch nicht die freie Information der Erwachsenen durch ein **Übermaß an Jugendschutz** in verfas-

sungsrechtlich relevanter Form eingeschränkt wird, da die Kennzeichnung genügend Markttransparenz für den Jugendschutz schafft und durch die zusätzlichen Schutzmaßnahmen der Zugang der Erwachsenen zu den betreffenden Produkten ungebührlich und unnötig beschränkt würde. Dazu kommt, daß sich offensichtliche **Umgehungen** sowieso nicht ausschließen lassen, indem z. B. Erwachsene sich die für sie zugänglichen Kassetten besorgen und ihrerseits im privaten Haushalt den Jugendlichen zugänglich machen.

3   Da die Anwendung des Jugendgefährdungsgesetzes ausdrücklich nur in § 7 bei den Videokassetten und nicht in § 6 bei den Kinofilmen erwähnt wird, findet das GjS auf **Kinofilme keine Anwendung,** so daß durch diese neue Gesetzesformulierung das Urteil des OVG Münster (s. oben Kapitel 7) zum alten Gesetz überholt ist, selbst wenn es vom BVG bestätigt werden sollte. Bei der verschärften Überwachung und der höheren Strafbarkeit für Verletzungen der Einlaßkontrolle für Jugendliche in Filmtheatern wäre auch die Anwendung des **Werbeverbots** des Jugendgefährdungsgesetzes ein **Übermaß an Jugendschutz** und eine verfassungsrechtlich ungerechtfertigte Einschränkung der Informations- und Unterhaltungsfreiheit für die Erwachsenen, zumal es die indizierten Filme wegen des Ankündigungsverbotes unspielbar machen und sich als **unzulässige Vorzensur** auswirken würde.

4   In Erwartung dieser Novellierung des JSchG, insbesondere der Ausdehnung der Vorprüfung der Filme auf Videokassetten und vergleichbare Tonträger, haben die **Bundesländer** bereits jetzt eine **Verwaltungsvereinbarung** geschlossen, wonach sie sich für diese Vorprüfung – ebenso wie für die Kinofilm-Vorprüfung – der FSK als gutachtlicher Stelle bedienen und im Benehmen mit der Filmwirtschaft/ Videobranche einen ständigen Vertreter der Obersten Landesjugendbehörden bei der FSK/J, der bei der Jugendprüfung den Vorsitz führt, bestellen. Wegen ihrer Bedeutung soll diese Vereinbarung im folgenden wörtlich wiedergegeben werden.

5   Verwaltungsvereinbarung über die Freigabe und Kennzeichnung von Filmen, Videokassetten und vergleichbaren Tonbildträgern. Die Länder schließen die folgende Verwaltungsvereinbarung:

Artikel 1

Die Obersten Landesjugendbehörden bedienen sich bei der Freigabeentscheidung nach §§ 6, 7 des Gesetzes zum Schutze der Jugend in der Öffentlichkeit (Jugendschutzgesetz – JSchG) in der Neufassung der Prüftätigkeit der Ausschüsse der Freiwilligen Selbstkontrolle der Filmwirtschaft-Jugendprüfstelle (FSK/J) als gutachterlicher Stelle. Die von der FSK/J geprüften und für die Freigabe zur Vorführung vor Kindern und Jugendlichen vorgeschlagenen Filme und Tonbildträger gelten als von den Obersten Landesjugendbehörden freigegeben und entsprechend §§ 6 Abs. 3, 7 Abs. 2 JSchG gekennzeichnet. Im übrigen bleiben die Befugnisse der Länder gem. § 6 Abs. 1, 3 und § 7 Abs. 1, 2 JSchG unberührt.

Artikel 2

(1) Die Obersten Landesjugendbehörden bestellen im Benehmen mit der Filmwirtschaft/ Videobranche einen ständigen Vertreter der Obersten Landesjugendbehörden bei der FSK/ J. Seine Bestellung erfolgt für die Dauer von drei Jahren. Wiederbestellung ist zulässig. Dienstherr ist das für FSK/J-Angelegenheiten federführend zuständige Land. Für den Fall der Verhinderung bestellt das federführende Land einen Vertreter.

Die Personal- und Sachkosten, mit Ausnahme der Bürokosten, tragen die Länder gemäß dem Königsteiner Schlüssel. Die Bürokosten trägt die SPIO/FSK.

(2) Der ständige Vertreter nimmt die im Zusammenhang mit der Jugendprüfung nach §§ 6, 7 JSchG stehenden Aufgaben wahr. Dazu gehören insbesondere folgende Aufgaben:

1. Führung des Vorsitzes bei der Jugendprüfung im Arbeitsausschuß,
2. Mitwirkung als nicht stimmberechtigtes Mitglied im Hauptausschuß,
3. Unterzeichnung des Originaldokumentes der Freigabebescheinigung zusammen mit dem ständigen Vertreter der Filmwirtschaft/Videobranche,
4. Einführung der Jugendschutzsachverständigen in ihre Aufgaben und Durchführung von Fortbildungsveranstaltungen für die Prüfer der öffentlichen Hand und die Jugendschutzsachverständigen.

Artikel 3

(1) Die Einzelheiten der Prüfung und Kennzeichnung werden in den Grundsätzen der Freiwilligen Selbstkontrolle der Filmwirtschaft – Jugendprüfstelle (FSK/J), Teil A und C und in den Ausführungs- und Verfahrensbestimmungen (AVB) geregelt.

(2) Die Grundsätze, die Ausführungs- und Verfahrensbestimmungen sowie sonstige Verfahrensbestimmungen bedürfen, soweit Fragen der Jugendprüfung betroffen sind, der Zustimmung der Länder.

Artikel 4

Diese Verwaltungsvereinbarung ist mit einjähriger Frist zum Ende eines Kalenderjahres kündbar. Die Kündigung hat schriftlich gegenüber allen vertragsabschließenden Ländern zu erfolgen.

Artikel 5

Bis zur Bestellung des ständigen Vertreters der Obersten Landesjugendbehörden werden die diesem obliegenden Aufgaben durch das Land Rheinland-Pfalz wahrgenommen.

Artikel 6

Die Verwaltungsvereinbarung tritt mit dem neuen JSchG in Kraft.

Aufgrund dieser Verwaltungsvereinbarung wird die Stellung der FSK durch die Bindung der Länder an die FSK-Entscheidungen und die Bestellung eines ständigen Vertreters der Obersten Landesjugendbehörden bei der **FSK verankert und gefestigt.**

6   Außer diesem **ständigen Vertreter der Obersten Landesjugendbehörden,** einer Erweiterung der ehrenamtlichen Delegierten der Filmwirtschaft im Arbeitsausschuß um ein Mitglied (wegen der zusätzlichen Prüfung der Videokassetten) und der damit verbundenen Vergrößerung des Arbeitsausschusses auf insgesamt sieben Mitglieder (und des Hauptausschusses auf neun Mitglieder) werden im Verfahren der Jugendprüfung bei der FSK (Prüfgegenstände, Mehrheitsverhältnisse, Instanzenzug, Formalitäten etc.) **keine beachtlichen Änderungen** eintreten. Die bisherigen **Prüfmaßstäbe** für die Jugendwirkung in Auslegung der gesetzlichen Vorschriften sollen freilich dahingehend ergänzt werden, daß bei der Wirkungsprüfung auch auf den *gefährdungsgeneigten Jugendlichen* mit Ausnahme von Extremfällen abzustellen ist. Dafür soll andererseits der generelle Kinobesuch für Kinder unter 6 Jahren aufgehoben werden, so daß es eine zusätzliche Altersgruppe von 0 bis 6 Jahren geben wird, deren Angehörige alle Filme besuchen können, die sie nicht beeinträchtigen. Im übrigen gilt weiter, was im Abschnitt 1 in der Kapiteln 7, 8, 9, 10, 12, 13 und 14 über Jugendschutz und FSK-Tätigkeit näher ausgeführt worden ist.

185. Kapitel. Persönlichkeitsrechtsschutz

1   Die hier ausführlich wiedergegebene **umfangreiche Rechtsprechung** mit ihrer sorgfältigen Abwägung der Rechte auf Wahrung der persönlichen Integrität, des Informationsrechtes und der Meinungsfreiheit sowie des legitimen Erwerbstrebens dürfte in der Zukunft beibehalten werden, so daß ihre Grundsätze auch auf künftige Fälle voll anwendbar sind, soweit sie etwa neue Medien betreffen.

2   Die einschlägige Rechtsprechung wird freilich durch die Erweiterung der Medienprogramme und der damit verbundenen verstärkten Benutzung von Lebensbildern realer Persönlichkeiten und Auseinandersetzungen mit solchen Persönlichkeiten einen immer **größeren Umfang** annehmen. Mit grundlegenden Änderungen der Prinzipien der fundierten und wohl ausgewogenen Rechtsprechung dürfte jedoch kaum zu rechnen sein.

186. Kapitel. Filmförderungsgesetz

1   Das Filmförderungsgesetz, das sich in einzelnen Vorschriften – wie in Kapitel 24 näher ausgeführt – im Grenzbereich der verfassungsrechtlichen Zulässigkeit bewegt, dürfte spätestens nach seinem derzeitigen Auslaufen am 31. Dezember 1986 eine Neufassung erhalten. Es dürfte hierbei vor allem um die stärkere **Berücksichtigung** von mehr Wirtschaftlichkeit der geförderten Filme gehen (z. B. höhere Förderungshilfen bei höheren Besucherzahlen).

2   Die hier behandelten **grundlegenden Rechtsfragen** im Rahmen dieses Gesetzes (z. B. Begriff des deutschen Films, Voraussetzungen für internationale Co-Produktionen, Fristenwahrung, Grundsätze sparsamer Wirtschaftsführung, Qualitätsbegriffe, gerichtliche Überprüfbarkeit etc.) dürften jedoch hiervon kaum berührt werden.

187. Kapitel. Filmtitelschutz

1   Hier besteht seit Jahrzehnten eine derart **umfangreiche Rechtsprechung,** daß mit wesentlichen neuen Gedanken nicht zu rechnen sein dürfte.

2   Durch die **Ausweitung** der **Medien** und die wachsenden Zahlen und Auswertungschancen der benutzten Filme werden sich jedoch die wettbewerbsrechtlich relevanten Überschneidungen häufen und die Zeiträume der Schutzbedürftigkeit wegen der vielfältigen zusätzlichen Auswertungsmöglichkeiten ausdehnen.

188. Kapitel. Urheber- und Leistungsschutzrecht

1   Das Urheberrechtsgesetz in seiner Fassung vom 1. Januar 1966 hat sich mit seinen filmrechtlichen Vorschriften grundsätzlich **bewährt,** wie schon die relativ geringe Zahl einschlägiger Rechtsstreitigkeiten zeigt. Die gesetzlichen Grundlagen lassen sich vertraglich sinnvoll ausfüllen, zumal hier seit langem die sog. **Zweckübertragungstheorie** gilt, die in diesem Buch ausführlich behandelt worden ist. Auch hier dürfte deshalb in absehbarer Zeit mit keinen grundlegenden Änderungen zu rechnen sein (*Ausnahme*: Die zur wirksameren Bekämpfung der gefährlichen Filmpiraterie notwendige Ersetzung des Antragdeliktes durch ein Offizialdelikt).

2   Durch die **Ausdehnung der Medien** wird der Anwendungsbereich der urheberrechtlichen Schutzbestimmungen sich immer stärker ausweiten. Ferner wird sich durch den Programmbedarf neuer Medien (z. B. *Kabelfernsehen, Satellitenfernsehen, Pay-Television* etc.) eine Zusammenfassung der Rechte der Wahrnehmungsberechtigten in **Verwertungsgesellschaften** zur kollektiven Wahrung ihrer Rechte gegenüber den die neuen Medien betreibenden Gesellschaften nicht vermeiden

lassen, so bedauerlich ein solcher *Sozialisierungsprozeß* mit seinen Egalisierungs- und Bürokratisierungstendenzen auch sein mag (s. schon heute VGF in BRD wegen § 53 UrhG und AGICOA auf internationaler Ebene).

3   Bei mangelnder Bereitschaft zu solchen Zusammenschlüssen und entsprechenden Abschlüssen mit den Zusammenschlüssen der Kabelfernsehgesellschaften besteht in vielen Ländern die Gefahr der Einführung einer **Zwangslizenz,** die mit noch mehr Egalisierung und Bürokratisierung verbunden wäre. Neue Rechtsprobleme tauchen durch diese Verwertungsgesellschaften nicht auf, da es sich hier nur um eine vertragliche Benutzungsform vorhandener Rechte handelt, wobei international der hier besonders wichtige Artikel 11 *bis* Berner Übereinkunft maßgebend ist, der zusätzliche Schutzmöglichkeiten zugunsten der Urheberberechtigten enthält. An den hier behandelten Rechtsfragen ändert sich hierdurch nichts Entscheidendes.

189. Kapitel. Vertragswerk der Filmproduktion

1   Da auch beim Filmwerk sämtliche Nutzungsrechte bis auf das Urheberpersönlichkeitsrecht nach dem Grundsatz der Vertragsfreiheit **frei übertragbar** sind, und zwar sowohl durch Einzelübertragung wie durch pauschale Übertragung immer unter Berücksichtigung der Zweckübertragungstheorie, wird dieses **Vertragswerk** durch die neue Entwicklung grundsätzlich **nicht berührt.** Es können deshalb die hier behandelten einschlägigen Rechtsfragen und gegebenen Lösungsmöglichkeiten automatisch auf neue Nutzungsarten, soweit ihre Anwendung bei der Übertragung *technisch* möglich und bekannt war, ausgedehnt werden.

2   Im Hinblick auf die neuen Medien werden jedoch sicher **Machtkämpfe** über den **Umfang der zu übertragenden Rechte** entwickeln oder in Gagen und Honoraren ihren Niederschlag finden, wobei für den Filmhersteller und die Fernsehunternehmen der Kompensationscharakter mancher dieser Auswertungsmöglichkeiten für verlorengegangene andere Auswertungsmöglichkeiten nicht übersehen werden darf. Hier handelt es sich freilich um wirtschaftliche und nicht um rechtliche Fragen, da für die rechtliche Ausgestaltung der Grundsatz der Vertragsfreiheit gilt.

3   Die **Leistungsschutzrechte** der **Filmhersteller** und des **Sendeunternehmens** bleiben in dem in diesem Handbuch erörterten Umfang unberührt und gewinnen vor allem in Grenzfällen eine beachtliche Bedeutung zur Sicherung der Rechte dieser Hersteller oder Unternehmen. Sie gelten selbstverständlich in vollem Umfang auch hinsichtlich der Rechte an den **neuen Medien,** da dann insoweit den betroffenen Herstellern und Sendeunternehmen Leistungsschutzrechte zuwachsen, während sie sonst den Filmurhebern und ausübenden Künstlern zukommen.

4   Bei der Anwendung der **Zweckübertragungstheorie** im Hinblick auf **neue Medien** ist immer zu beachten, wieweit sich aus dem Zweck des Vertrages ergibt, daß auch die Rechte für diese neuen Medien mit übertragen werden sollen. Das wird vor allem immer dann der Fall sein, wenn sonst eine unzumutbare Beeinträchtigung bei der Ausnutzung der übertragenen Rechte eintreten könnte.

190. Kapitel. Vertragswerk Produktion/Verleih/Filmtheater

1   Im Verhältnis Produktion, Filmverleih und Filmtheater haben sich im Laufe der Jahrzehnte bestimmte **Vertragsformen** und **allgemeine Bedingungen** (ein-

schließlich internationaler Exportbedingungen) entwickelt, die bereits weitgehend die neuen Medien (z. B. durch Mitübertragung oder Sperre von Fernseh-, Video- bzw. vergleichbaren Rechten) mit berücksichtigen.

2   Da diese Vorschriften unter rechtlichen Gesichtspunkten im vorliegenden Handbuch **ausführlich** behandelt worden sind, dürften die entsprechenden Ausführungen des Handbuches ihre volle Gültigkeit behalten.

191. Kapitel. Vertragswerk Fernsehen/Video

1   Hier geht es um eine **neue Entwicklung,** die sich in der nächsten Zukunft noch stark ausdehnen wird. Es sind deshalb bestimmte Änderungen in den rechtlichen Formen und damit auch den Verträgen und ihrer Auslegung denkbar. Immerhin zeichnen sich die rechtlichen Grundlagen dieser Rechtsgeschäfte heute bereits so deutlich ab, daß eine grundlegende Behandlung, wie sie in diesem Handbuch erfolgt, möglich erscheint (z. B. Vermietung oder Verkauf der Kassetten, Import von Kassetten, Erschöpfungstheorie etc.).

2   Hierbei ist freilich zu beachten, daß auf der vertraglichen Ebene im Hinblick auf die immer weitere Ausdehnung der Medien und ihrer Auswertungsmöglichkeiten besondere **Sorgfalt** bei der **Formulierung** erforderlich erscheint, so z. B. bei dem Umfang der Fernsehrechte, ob sie sich nur auf die Ausstrahlung in öffentlich-rechtlichen Programmen oder auf die gleichzeitige Weitersendung dieser Programme oder auf den Ausschluß dieser Weitersendung durch Drittunternehmen oder auf einzelne oder die verschiedenen Formen des Fernsehens (Kabelfernsehen, Satellitenfernsehen, Pay-Television) beziehen sollen. Freilich bleibt auch hier der in diesem Handbuch aufgestellte Grundsatz maßgebend, daß es der Auslegung im Einzelfall unter Berücksichtigung der Zweckübertragungstheorie bedarf.

192. Kapitel. Vertragswerk des Filmtheaters

1   Hier sind bei einzelnen der behandelten **öffentlich-rechtlichen Vorschriften für Filmtheater** in nächster Zeit gemäß vorliegenden Gesetzentwürfen Änderungen zu erwarten. An wichtigen Änderungen dieser Art sei vor allem auf folgendes hingewiesen.

2   In der **Musterverordnung der VStättVO** soll in Zukunft der Begriff *Filmtheater* entfallen. § 1 Geltungsbereich wird dann wie folgt gefaßt:

(1) Die Vorschriften dieser Verordnung gelten für den Bau und Betrieb von

1. Versammlungsstätten mit Bühnen und Szenenflächen und Versammlungsstätten für Film- und Bildvorführungen, wenn diese einzeln oder zusammen mehr als 100 Besucher fassen.

Diese Änderungen der VStättVO sollen sicherstellen, daß alle Film- und Bildvorführungen erfaßt werden, gleichgültig ob Filmmaterial im herkömmlichen Sinne als Trägermaterial verwendet wird oder z. B. Videokassetten. Aufgrund des föderalistischen Aufbaus können allerdings Jahre vergehen, bis in allen Bundesländern die vorgesehene Neufassung der VStättVO erreicht ist.

3   Die **UVV Filmtheater** – VGB 80 – soll umbenannt werden in **Bild- und Filmwiedergabe.** Der Geltungsbereich wird nach diesem Entwurf wie folgt umrissen:

2. Diese Unfallverhütungsvorschrift gilt für die technische Ausrüstung und deren Betrieb von Anlagen zur Bild- und kombinierten Bild- und Tonwiedergabe unabhängig von der Art des Informationsträgers.

4   Die **DIN-Norm 56 920 Teil 1 Theatertechnik, Begriff für Theater- und Bühnenarten** soll neu gefaßt werden und erhält dann folgende Formulierung:

3. Filmtheater, Lichtspieltheater, Kino; Theaterbauform, die zur überwiegenden Bild- und kombinierten Bild-Ton-Wiedergabe bestimmt ist, unabhängig davon, welches Material als Informationsträger zur Wiedergabe verwendet wird. Direktübertragungen vom Fernsehen sind als gleichwertig anzusehen.

5   Durch diese Änderung der Vorschriften soll eine **einheitliche Einstufung** gleicher Tatbestände erreicht werden.

193. Kapitel. Schlußfolgerung

1   Aus diesem Ausblick läßt sich folgern, daß die Ausführungen in diesem Handbuch trotz der explosionsartigen Weiterentwicklung der Medien in ihren **grundlegenden Rechtsprinzipien** ihre **volle Gültigkeit** behalten und deshalb auch in den kommenden Jahren bei Weiterentwicklung anwendbar bleiben.

2   Soweit **gesetzliche Änderungen** infrage stehen (z. B. Strafrecht und Jugendschutz), sind sie derzeit so übersehbar, daß sie sich unschwer in die Ausführungen dieses Handbuchs eingliedern lassen.

14. Abschnitt. Fundstellen zum internationalen Film-, Fernseh-, Video- und Urheberrecht

194. Kapitel. Allgemeines

1   Es wurde im **Vorwort** dargelegt, weshalb es nicht möglich war, im Rahmen dieses Handbuchs auch noch das internationale Film-, Fernseh-, Video- und Urheberrecht mit zu behandeln.

2   Es sollen jedoch am Schluß des Handbuchs eine Reihe von besonders wesentlichen und interessanten **Abhandlungen** über dieses internationale Rechtsgebiet erwähnt werden und zwar aufgeteilt nach allgemeinen Abhandlungen (Kapitel 196) und sodann nach Abhandlungen über die Rechtssituation in einzelnen Staaten in alphabetischer Reihenfolge ab Kapitel 197. Innerhalb der Kapitel werden die Abhandlungen in zeitlicher Folge gebracht.

195. Kapitel. Copyright Vermerk

1   Von besonderer Bedeutung im Rahmen des internationalen Urheberrechts ist nach dem Welturheberrechtsabkommen der sog. *Copyright Vermerk.* Er besteht aus einem großen C in einem Kreis und muß das Jahr der ersten Veröffentlichung und den Inhaber des Urheberrechts angeben. Durch diesen Copyright Vermerk, der an sämtlichen Exemplaren des Werkes anzubringen ist, wird für die USA der Urheberrechtsschutz oder jedenfalls eine **Verstärkung** des Urheberrechtsschutzes erreicht.

2   Allein schon wegen der Wahrung aller Exportmöglichkeiten und der Verhinderung einer illegalen Verbreitung von Filmwerken in den **USA** ist es dringend erforderlich, auch bei allen hier hergestellten Filmen diesen Copyright Vermerk anzubringen (vgl. hierzu im einzelnen *Fromm/Nordemann* aaO § 121 Ziff. 3).

196. Kapitel. Allgemeine Abhandlungen

Abel, Paul:	Urheberrecht in internationaler Sicht – UFITA Bd. 53/1969, S. 1
Mentha Bénigne:	Die weltweite Organisation des Urheberrechts. Ein Koexistenzproblem – UFITA Bd. 53/1969, S. 55
Lögdberg, Åke:	Einige Überlegungen über die Konferenz zur Revision der Berner Übereinkunft in Stockholm 1967 – UFITA Bd. 53/1969, S. 75
Oekonomidis, Demetrius:	Die internationale Regelung des Filmrechts nach der Stockholmer Konferenz für geistiges Eigentum – UFITA Bd. 53/1969, S. 85
Boytha, György:	Urheberrechtliche Konsequenzen der Abhängigkeit der Übersetzung vom Originalwerk – UFITA Bd. 55/1970, S. 89

Schulze, Erich:	Förderung des Welturheberrechts durch Entwicklungshilfe – UFITA Bd. 56/1970, S. 95
Oekonimidis, Demetrius:	Die neuen Entwicklungen des internationalen Urheberrechts – UFITA Bd. 60/1971, S. 3
Mentha Bénigne:	Urheberrecht und Entwicklungsländer. Ein Zusatzvorschlag – UFITA Bd. 61/1971, S. 1
Dittrich, Robert:	Die Weiterentwicklung des zwischenstaatlichen Urheberrechts – UFITA Bd. 62/1971, S. 17
Majoros, F.:	Die verschiedenen Fassungen der Urheberrechtsabkommen im Lichte der Wiener Vertragsrechtskonvention – UFITA Bd. 62/1971, S. 109
von Gamm:	Die Pariser Revision der revidierten Berner Übereinkunft und des Welturheberrechtsabkommens – NJW 1972, S. 206
Pedrazzini, Mario:	Das neue System der Zwangslizenzen in den internationalen Urheberrechtsabkommen – UFITA Bd. 63/1972, S. 29
Hirsch, Ernst E.:	Krise des internationalen Urheberrechts? – UFITA Bd. 63/1972, S. 49
Masouyé, Claude:	Le nouveau régime international des oeuvres cinématographiques et télévisuelles dans la Convention de Berne – UFITA Bd. 65/1972, S. 11
Steup, Elisabeth und Bungeroth, Erhard:	Die Pariser Resolution der internationalen Urheberrechtsabkommen – UFITA Bd. 68/1973, S. 1
Bungeroth, Erhard:	Die Pariser Fassungen des Welturheberrechtsabkommens und der Berner Übereinkunft – UFITA Bd. 68/1973, S. 27
Klinter, Werner:	Satellitenrundfunk und die Problematik des internationalen Urheber- und Leistungsschutzes – UFITA Bd. 70/1974, S. 41
v. Olenhusen, Albrecht G.:	Entwicklungstendenzen im internationalen Urheberrecht – UFITA Bd. 71/1974, S. 11
Deutsch, Erwin:	Die Erschöpfung des Verbreitungsrechts im internationalen Verkehr mit urheberrechtlich geschützten Werken – UFITA Bd. 79/1977, S. 9
Nordemann, Wilhelm:	Das Verhältnis der Regelung des Art. 14ter der RBÜ über das Folgerecht zum deutschen Recht – UFITA Bd. 80/1977, S. 21
Hertin, Paul:	Zum Künstlerbegriff des Urhebergesetzes und des Rom-Abkommens – UFITA Bd. 81/1978, S. 39
Boytha, György:	Urheber- und Verlegerinteressen im Entstehungsprozeß des internationalen Urheberrechts – UFITA Bd. 85/1979, S. 1
Katzenberger, Paul:	Das Folgerecht im internationalen Urheberrecht – UFITA Bd. 85/1979, S. 39
Schulze, Erich:	Inkrafttreten des Brüsseler Satellitenübereinkommens – UFITA Bd. 87/1980, S. 187
Rehbinder, Manfred:	Die elektronischen Medien und das internationale Urheberrecht – UFITA Bd. 95/1983, S. 91

197. Kapitel. Brasilien

Hammes: Das neue brasilianische Urheberrechtsgesetz – GRUR int. 1975, S. 428

198. Kapitel. Bulgarien

Avramov, Lucien: Das Urheberrecht und das Urhebervertragsrecht in der Volksrepublik Bulgarien – UFITA Bd. 50/1967, S. 98

199. Kapitel. Deutsche Demokratische Republik

Püschel, Heinz: Zur rechtssystematischen Stellung der im Gesetz über das Urheberrecht der DDR geregelten Materie – UFITA Bd. 50/1967, S. 38

Vinck, Kai: Entwicklung und Tendenzen im Urheberrecht der DDR – UFITA Bd. 74/1975, S. 209

Straus, Joseph: Information und Dokumentation im Urheberrecht der Deutschen Demokratischen Republik – UFITA Bd. 86/1980, S. 1

200. Kapitel. Europäische Gemeinschaften

van Isacker, Frans: Die Evolution des Urheberrechts in Europa – UFITA Bd. 50/1967, S. 60

Plaisant, Robert: Le traitè C.E.C., art. 85 et 86 et les droits de propriété littéraire et artistique – UFITA Bd. 65/1972, S. 1

Schulze, Erich: Die Wahrnehmung von Urheberrechten auf dem gemeinsamen Markt – UFITA Bd. 71/1974, S. 1

Knöpfle, Robert: Das Recht des Urhebers zur Abwehr von Importen und das Europäische Recht – UFITA Bd. 79/1977, S. 123

Dietz, Adolf: Möglichkeiten der Harmonisierung des Urheberrechts in Europa – GRUR int. 1978, S. 101

von Bar, Christian: Neuere Entwicklungen auf dem Gebiet der gemeinschaftsrechtlichen Einflußnahme auf das Urheberrecht – Teil 1 – UFITA Bd. 87/1980, S. 147 und Teil II – UFITA Bd. 91/1981, S. 91

201. Kapitel. Frankreich

Walter, Michel M.: Drahtfunk, Gemeinschaftsantennen und Rundfunkvermittlungsanlagen im französischen Urheberrecht – UFITA Bd. 71/1974, S. 93

Larese, Wolfgang: Zum originären Rechtserwerb des Arbeitgebers am Werk des Arbeitnehmers nach französischem Urheberrecht – UFITA Bd. 74/1975, S. 41

Larese, Wolfgang: Zur Unterscheidung der komplexen Werke im französischen Urheberrecht – UFITA Bd. 75/1976, S. 131

202. Kapitel. Griechenland

Asprogerakos-Grivas, C.:   Das Urheberrecht in Griechenland 1. Teil ,,Die urheberrechtliche Gesetzgebung" – UFITA Bd. 51/1968, S. 127 und 2. Teil ,,Die urheberrechtliche Rechtsprechung Griechenlands" – UFITA Bd. 52/1969, S. 3

203. Kapitel. Großbritannien

Abel, Paul: Die Entwicklung in Großbritannien auf den Gebieten des Urheberrechts und der benachbarten Rechte im Jahre 1969 – UFITA Bd. 60/1971, S. 101

204. Kapitel. Jugoslawien

Spaić, Vojislaw: Neue Entwicklungstendenzen im jugoslawischen Urheberrecht – UFITA Bd. 50/1967, S. 92

Dietz, Adolf: Das neue jugoslawische Urheberrechtsgesetz von 1978 aus rechtsvergleichender Sicht – UFITA Bd. 94/ 1982, S. 1

205. Kapitel. Luxemburg

Emringer, Eugène: Das luxemburgische Gesetz vom 29. März 1972 über das Urheberrecht – UFITA Bd. 69/1973, S. 47

206. Kapitel. Niederlande

van Vollenhoven, Louis: Das niederländische Rundfunkgesetz 1967 in urheberrechtlicher Sicht – UFITA Bd. 60/1971, S. 127

Cohen, Jehoram: Die Reform des niederländischen Urheberrechtsgesetzes – GRUR int. 1974, S. 22

Hillig, Hans-Peter: Kabelfernsehen in den Niederlanden und Belgien – FuR 1982, S. 539

207. Kapitel. Österreich

Dittrich, Robert: Gedanken zum österreichischen Filmurheberrecht – UFITA Bd. 59/1971, S. 103

Handl, Josef:	Urheberrechtsprobleme der Filmberichterstattung in Österreich – UFITA Bd. 62/1971, S. 159
Walter, Michel M.:	Zur Revision des österreichischen Urheberrechts – GRUR int. 1974, 1. Teil, S. 429 und GRUR int. 1975, 2. Teil, S. 11
Dittrich, Robert:	Die österreichische Urheberrechtsgesetznovelle 1980 – GRUR int. 1981, S. 8
Hillig, Hans-Peter:	Betrachtungen zur Regelung des Kabelfernsehens in der österreichischen Urheberrechtsgesetznovelle 1980 aus nationaler und internationaler Sicht – UFITA Bd. 91/1981, S. 1
Walter, Michel M.:	Die Regelung des Kabelfernsehens in der österreichischen Urheberrechtsnovelle 1980 – UFITA Bd. 91/1981, S. 29
Holeschowsky, Peter:	Zur Reform des Urheberrechts in Österreich – UFITA Bd. 91/1981, S. 81
Ungern-Sternberg, Joachim:	Recht der Urheber an der Drahtfunksendung nach der rev. Berner Übereinkunft nach deutschem und österreichischem Urheberrecht – FuR 1982, S. 524
Steinmetz, Helmut:	Geplante Neuregelung der privaten Überspielung aus österreichischer Sicht – FuR 1983, S. 254
Gounalakus, Georgios:	Urheberrechtliche Probleme der Kabelverbreitung ausländischer Rundfunkanstalten – Darstellung anhand der österreichischen Urheberrechtsnovelle – FuR 1983, S. 463

208. Kapitel. Schweiz

Pedrazzini, Mario M.:	Hauptakzente der schweizerischen Revision des Urheberrechtsgesetzes – UFITA Bd. 50/1967, S. 915
Larese, Wolfgang:	Zur Voraussetzung der Untrennbarkeit miturheberrechtlicher Werke nach schweizerischem Recht (Art. 7 URG) – UFITA Bd. 61/1971, S. 9
Larese, Rolf:	Unterwegs zu einem neuen schweizerischen Urheberrechtsgesetz – UFITA Bd. 65/1972, S. 21
Larese, Wolfgang:	Werk und Urheber in der schweizerischen Urheberrechtsform – UFITA Bd. 79/1977, S. 153
Handl, Josef:	Die Genfer Kabelfernsehkonferenz – FuR 1978, S. 587
Rehbinder, Manfred:	Rundfunk- und Urhebervertragsrecht in der Schweiz – FuR 1978, S. 660
Nordemann, Wilhelm:	Stillstand oder Fortschritt? Bemerkungen zur Reform des Urheberrechts in der Schweiz – UFITA Bd. 81/1978, S. 1
Rehbinder, Manfred:	Der Streit um die Leistungsschutzrechte in der schweizerischen Urheberrechtsform – UFITA Bd. 81/1978, S. 23
Heftin, Ernst:	Reprographie und Urheberrecht in der Schweiz – FuR 1983, S. 258

209. Kapitel. Skandinavien

Lögdberg, Åke:	Das Urheberrecht neuerer Zeit in den nordischen Staaten – UFITA Bd. 56/1970, S. 81
Strömholm, Stig:	Zum Persönlichkeitsschutz im Urheberrecht und im gewerblichen Rechtsschutz (grundsätzliche Bemerkungen aus skandinavischer Sicht) – UFITA Bd. 62/1971, S. 77
Lögdberg, Åke:	Einige aktuelle Fragen im schwedischen Urheberrecht – UFITA Bd. 63/1972, S. 67

210. Kapitel. Sowjetunion

Schulze, Erich:	Die urheberrechtliche Wende in der Sowjetunion – UFITA Bd. 51/1968, S. 69
Ulmer, Eugen:	Der Beitritt der Sowjetunion zum Welturheberrechtsabkommen – GRUR int. 1973, S. 93
Schulze, Erich:	Wirkung des Beitritts der UdSSR zum Welturheberrechtsabkommen – UFITA Bd. 70/1974, S. 91
Dietz, Adolf:	Zum Schutz sowjetischer Urheber im internationalen Urheberrecht – GRUR int. 1975, S. 341
Schulze, Erich:	Vertragsabschlüsse nach Wirksamwerden des Beitritts der Union der sozialistischen Sowjetrepublik zum Welturheberrechtsabkommen – UFITA Bd. 73/1975, S. 7
Charuto, Vitali:	Fragen des sowjetischen Urheberrechts und rechtliche Aspekte – FuR 1977, S. 371
Majoros, Ference:	Zur neuesten Entwicklungsphase im internationalen Urheberrecht der Sowjetunion – UFITA Bd. 95/1983, S. 101

211. Kapitel. Vereinigte Staaten von Amerika

Rie, Robert:	Der urheberrechtliche Schutz der amerikanischen Tonträgerfabrikanten – UFITA Bd. 67/1973, S. 19
Rumphorst, Werner:	Das Filmurheberrecht in den USA – GRUR int. 1973, S. 10
Rie, Robert:	Fotokopierung und „Fair Use" – Ein amerikanisches Urheberrechts- und Freiheitsproblem – UFITA Bd. 77/1976, S. 53
Spindler:	Das neue amerikanische Urheberrechtsgesetz – GRUR int. 1977, S. 421
Rie, Robert:	Amerikanischer Parlamentarismus und das Urheberrecht – UFITA Bd. 78/1977, S. 1
v. Bar, Christian:	Die Schutzfristen im deutsch-amerikanischen Urheberrecht – UFITA Bd. 78/1977, S. 17
v. Westerholt-Weissthann, Margot:	Das neue amerikanische Urheberrecht – ein Überblick über die wichtigsten Bestimmungen – UFITA Bd. 82/1978, S. 5

v. Bar, Christian: Die Schutzfristenregelung im neuen US-Copyright-gesetz und ihre Bedeutung für den internationalen Urheberrechtsschutz – UFITA Bd. 82/1978, S. 37

Bernstein, Herbert: Zeitliche Elemente im neuen Urheberrecht der USA – UFITA Bd. 82/1978, S. 53

Bravemann, Peter E.: Revolutionärer Kompromiß: Urheberrechtsinhaber und Übertragung des Urheberrechts im Urheberrechtsgesetz der Vereinigten Staaten – UFITA Bd. 82/1978, S. 77

Françon, André: Refléxions d'un juriste français à propos de la loi américaine de 1976 sur le droit d'auteur – UFITA Bd. 82/1978, S. 129

Françon, André: Überlegungen eines französischen Juristen hinsichtlich des amerikanischen Urheberrechtsgesetzes von 1976 (deutsche Fassung) – UFITA Bd. 82/1978, S. 145

Kunstadt, Robert M.: Das Copyright Law von 1978 und die RBÜ: Annäherung ohne Einklang – UFITA Bd. 82/1978, S. 161

Meyer, Gerald: Urheberrechtsschutzklage nach dem neuen US-Urheberrechtsgesetz (Copyright-Act) – UFITA Bd. 82/1978, S. 169

Meyers, Ernest S.: Tonaufzeichnungen und das neue US-Copyrightgesetz – UFITA Bd. 82/1978, S. 191

Rie, Robert: Kabelfernsehen und Copyright. Ein Beitrag zur Durchforschung des neuen US-Urheberrechtsgesetzes – UFITA Bd. 82/1978, S. 213

Rumphorst, Werner: Hörfunk-Fernsehen-Film im neuen US-Copyright Act – UFITA Bd. 82/1978, S. 235

Sieger, Ferdinand: Die Übersetzungs- und Lizenzverträge im deutsch-amerikanischen Rechtsverkehr – UFITA Bd. 82/1978, S. 287

Schulze, Erich: Copyright Royalty Tribunal – UFITA Bd. 82/1978, S. 279

Gentz, Günther: Das neue US-Copyright aus der Sicht des Tonträgerherstellers – FuR 1978, S. 369

Rie, Robert: Kalifornien und sein Folgerecht. Ein mißglücktes Experiment – UFITA Bd. 83/1978, S. 1

Ulmer, Eugen: Der Vergleich der Schutzfristen in seiner Bedeutung für den Urheberrechtsschutz amerikanischer Werke in der Bundesrepublik Deutschland – GRUR int. 1979, S. 39

Rie, Robert: Stil und Copyright. Zum Problem der Schutzwürdigkeit des ausübenden Künstlers im amerikanischen Urheberrecht – UFITA Bd. 84/1979, S. 27

Rie, Robert: Das Folgerecht in den Vereinigten Staaten – UFITA Bd. 87/1980, S. 165

Platho, Rolf: Der amerikanische Rechtsstreit um das private Mitschneiden – FuR 1982, S. 247

Colby, Richard: Auftragswerke im Urheberrechtsgesetz der Vereinigten Staaten – Eine Anmerkung zu einer umstrittenen Regelung – FuR 1983, S. 303

15. Abschnitt. Internationales Film-Zensurrecht

212. Kapitel. Allgemeines

1   Im **Abschnitt 1** sind die Filmfreiheit und ihre Schranken, was die Fragen der Filmzensur umschließt, im **Geltungsbereich** des GG (Bundesrepublik Deutschland/West-Berlin) ausführlich behandelt worden. In diesem Schlußabschnitt sollen die wichtigsten Zensurbestimmungen einiger Staaten, die für die hiesige Filmwirtschaft wegen der Filmimporte und -exporte besonders bedeutsam sind, kurz wiedergegeben werden.

2   Die in den folgenden Kapiteln enthaltenen Schilderungen der **Zensurbestimmungen** beruhen im wesentlichen auf einer Abhandlung von *Dr. Ernst Krüger,* Vorsitzender des Hauptausschusses der Freiwilligen Selbstkontrolle der Filmwirtschaft, die er im Jahre 1982 nach einer internationalen Konferenz über Zensurfragen in London ausgearbeitet hat.

3   In den meisten Staaten, und zwar auch in denjenigen Staaten mit einer gesetzlichen Vorzensur für Filme, gibt es daneben die **staatliche Nachzensur** durch Staatsanwaltschaften und Gerichte, wenn strafrechtliche Vorschriften verletzt werden.

4   Im Rahmen aller Zensurgesetze besteht die Möglichkeit, die Filme für Erwachsene, Kinder und Jugendliche mit **Schnittauflagen** freizugeben, falls durch die entsprechenden Schnitte die vorhandenen Beanstandungen gegen eine ungekürzte Freigabe behoben werden können. Es gilt also international der im Abschnitt 1 mehrfach erwähnte Grundsatz der **Verhältnismäßigkeit** und des **Übermaßverbotes.**

213. Kapitel. USA

1   Nach mehreren vorangegangenen Formen der Filmkontrolle wurde in Verhandlungen der Motion Picture Association of America **(MPAA)** mit den zwei anderen großen Filmorganisationen, der National Association of Theatre Owners **(NATO)** und den International Film Importers and Distributors of America **(IFIDA)** am 1. November 1968 die Code (jetzt Classification) und **Rating Administration (CARA)** eingerichtet.

2   Die Administration hat in Hollywood einen Prüfausschuß **(Rating Board),** der mit 7 hauptamtlichen Mitgliedern einschließlich des Chairman besetzt ist. Die CARA wird von der MPAA verwaltet, trifft aber ihre eigenen Entscheidungen. Jeder zur Prüfung eingereichte Film wird von allen Ausschußmitgliedern angesehen. Der Hauptpunkt der Prüfung ist die Frage, wie die amerikanischen Eltern von Kindern unter 17 Jahren den Film einschätzen würden. Als Kriterien dafür gelten Thema, Sprache, Sex und Nacktheit sowie Gewalttätigkeit. Die Ausschußmehrheit entscheidet. Die Vorlage der Filme ist **freiwillig,** doch fast alle größeren Filmproduzenten legen ihre Filme vor. 300–400 Filme werden jährlich besichtigt.

3   Die Filmhersteller haben ein Berufungsrecht gegen das Votum des Prüfausschusses. Der Berufungsausschuß **(Rating Appeal Board)** besteht aus Mitgliedern der MPAA, NATO und IFIDA. Eine ⅔-Mehrheit des Berufungsausschusses ist

zur Aufhebung der Entscheidung der 1. Instanz erforderlich. Es gibt keine weitere Berufungsinstanz, aber der Berufungsausschuß kann auf Antrag des Herstellers eine neue Prüfung gewähren.

4   Es gibt **4 Kategorien:**

G – allgemeine Zulassung für alle Altersstufen. Die Filme enthalten nichts, was Eltern für Kinder unter 17 Jahren als anstößig ansehen würden. Nur ein Mindestmaß an Gewalt, aber keine Nacktheit oder Sex;

PG – elterliche Führung wird angeraten. Einiges im Film mag für Kinder nicht geeignet sein. Der Film sollte von den Eltern geprüft oder Erkundigung über ihn eingezogen werden, bevor ihre jüngeren Kinder ihn sehen. Der Film mag einiges Profane oder einige Gewalt oder kurze Nacktheit enthalten;

R – eingeschränkt, unter 17 Jahren ist Begleitung eines Elternteils oder Erziehungsberechtigten erforderlich. Es ist ein Erwachsenen-Film, was Sprache, Gewalttätigkeit, Nacktheit oder Sex angeht;

X – niemand unter 17 Jahren ist zugelassen. Offensichtlicher Erwachsenen-Film, bei dem Eltern nicht wünschen, daß ihre Kinder ihn sehen, sei es wegen der Anhäufung von brutalem oder sexbetontem Text, sei es von ausdrücklichem Sex und sadistischer Gewalttätigkeit.

214. Kapitel. Großbritannien

1   In Großbritannien besteht immer noch das **Zensurrecht der Gemeinden,** das durch den Cinematograph Act von 1909 festgelegt wurde. Das gilt für 400 Gemeinden. 1982 wurde ein neuer Cinematograph Act im Hinblick auf den Kinderschutz erlassen.

2   Der **Board of Film Censors,** der keinen gesetzlichen Status hat, wurde 1912 von der Filmindustrie geschaffen, um unterschiedliche Zensurhandhabungen durch die Gemeinden auszugleichen; er ist also seit 70 Jahren tätig. Kontroversen und Entscheidungsüberschneidungen mit den Gemeinden sind sehr selten. Weit überwiegend haben die Gemeinden ihre Zensurbefugnisse an den Board of Film Censors delegiert. Dieser übt seine Prüftätigkeit nach bestimmten, aus der Praxis hergeleiteten Maximen und Kriterien aus, besitzt aber hierfür und auch in verfahrensmäßiger Hinsicht keine schriftlich festgelegten Unterlagen. 1923 wurde der Board von der Regierung anerkannt, verbunden mit der Empfehlung, daß keine Filme zur Vorführung ohne das Zertifikat des Board of Film Censors zuzulassen sind; die letzte Entscheidung liegt aber formal bei den Gemeinden.

3   Das derzeitig in der Prüfung tätige **Personal des Board** besteht aus dem Präsidenten, dem Sekretär und 5 Prüfern. Die laufende Prüfung wird von 2 Personen vorgenommen. Im Zweifelsfalle oder bei Meinungsverschiedenheiten wird der Film vom Sekretär oder 2 anderen Prüfern besichtigt. Der Präsident wird bei schwierigen Filmen oder solchen, für die ein Zertifikat verweigert wird, konsultiert und es ist üblich, daß solche Filme von der gesamten Kommission vor der endgültigen Entscheidung angesehen werden. Die Firmen können gegen eine Entscheidung der ersten Kommission des Board zunächst Berufung beim Sekretär und weitere Berufung beim Präsidenten einlegen. Bereits nach einem Jahr kann eine Firma ihren Film zu einer neuen Entscheidung vorlegen.

4   Wenn ein Film vom Board kein Freigabe-Zertifikat erhält, kann er von der Firma den Gemeindebehörden vorgelegt werden, ob vielleicht eine **örtliche Zu-**

lassung nach den dort gegebenen Verhältnissen möglich ist, die für die ganze Bevölkerung nicht erteilt werden kann. Über das Normale hinaus gibt es außerdem Zulassungen, die hinsichtlich Sex und Gewalttätigkeit großzügiger sind, für bestimmte Clubs.

5   Die einschlägige Behörde der **Stadt London,** die für mehr Kinos zuständig ist als jede andere Gemeinde, hat folgende **Verbotskriterien** festgelegt. Kein Film darf vorgeführt werden,
1) der geeignet ist
   a) zu Verbrechen zu ermutigen oder anzuregen; oder
   b) zur Unordnung oder Störung (wohl der öffentlichen Ordnung) zu führen; oder
   c) zum Haß gegen irgendeinen Teil der britischen Bevölkerung auf Grund der Farbe, Rasse, des völkischen oder nationalen Ursprungs anzuregen; oder
2) dessen Wirkung ist, insgesamt gesehen, Personen zu verderben und zu verführen; oder
3) der eine starke indezente Darstellung enthält, die dadurch das öffentliche Anstandsgefühl grob beleidigt.

6   Seit 1. November 1982 gibt es für den Kinobesuch von **Kindern und Jugendlichen** die folgenden **Klassifizierungen,** die beim Kinobesuch dieser Kinder und Jugendlichen zu beachten sind:

U   – für alle Altersstufen (Kennzeichen wie bisher)
PG   – unter elterlicher Aufsicht; einige Szenen im Film können für Jüngere ungeeignet sein (Kennzeichen bisher A. – PG gilt auch in USA)
15   – nur für Personen von 15 Jahren und darüber (bisher AA)
18   – nur für Personen von 18 Jahren und darüber (bisher X).

7   Ein sog. **Cinema Consultative Committee,** das aus Vertretern der örtlichen Lizenzbehörden und der Filmwirtschaft unter Vorsitz des Präsidenten des Board of Film Censors besteht, hat außerdem die Einführung eines Kennzeichens *Registered 18* grundsätzlich gebilligt für Filme, die an **speziellen Örtlichkeiten** (Filmclubs, Filmvorführungen in Sex-Shops), nur unter eingeschränkten Bedingungen und unter Zulassungsverbot für Personen unter 18 Jahren gezeigt werden dürfen. Für die Vorführungen in Filmclubs sind sehr ins einzelne gehende strenge Bestimmungen festgelegt worden.

8   Es gibt in Großbritannien zwei weitere Gesetze, die äußerst streng gehandhabt werden. Der **Cinematograph Films (Animals) Act** von 1937, nach dem das Zeigen von Grausamkeiten gegen Tiere in Filmen welchen Landes auch immer verboten ist. Das Gesetz bezieht sich nicht auf die Wirkung solcher Szenen auf das Publikum; es will vielmehr die Ausnutzung von gefangenen oder Haustieren, die nicht entfliehen oder sich anderweitig schützen können, beschränken. Hierzu sind in den Jahren viele Schnitte in Filmen notwendig geworden. 1978 wurde der **Protection of Children Act** erlassen, wonach die Verbreitung, Ausstellung oder irgendeine Veröffentlichung von indezenten Bildern von Kindern unter 16 Jahren verboten ist. Die Durchführung der beiden Gesetze ist zwingend, wobei die Absichten der Filmhersteller keine Entlastung bedeuten.

215. Kapitel. Dänemark

1   Es besteht eine **staatliche Filmzensur** gemäß einem Gesetz vom Mai 1969, erweitert Mai 1980. Zuständig ist das Ministerium für kulturelle Angelegenheiten,

das die Einzelheiten festlegt. Jeder Film, der Kindern unter 12 oder 16 Jahren gezeigt werden soll, muß die Freigabebestätigung der staatlichen Zensurstelle haben. Das gilt auch für Videoprogramme. Fernsehsendungen sind ausgenommen.

2   Vorstehende **Freigaben** werden auch unter bestimmten Schnittauflagen erteilt. Die jeweilige Freigabe muß bei allen Ankündigungen und in der Werbung klar bekannt gegeben werden. Bei Filmen, die nicht der Zensurprüfung unterlegen haben, ist ebenso die Nichtzulassung von Kindern unter 16 Jahren bekannt zu machen.

3   Die **Zensurstelle** besteht aus dem Chairman und einer Anzahl von Mitgliedern, die vom Kultusminister bestimmt werden. Die Mitglieder müssen in pädagogischer und psychologischer Hinsicht voll ausgebildet sein. Sie werden für 4 Jahre bestellt, nur eine einmalige Wiederbestellung ist möglich. Innerhalb von 4 Wochen nach der Zensurentscheidung kann der Antragsteller Berufung einlegen. Der Berufungsausschuß besteht aus dem Chairman und 4 anderen Mitgliedern. Bei Verstößen gegen die Vorschriften werden Geldstrafen verhängt.

4   Folgende **Entscheidungen** werden getroffen:
1) Der Film ist ohne Einschränkung frei
2) der Film ist ohne Einschränkung frei, aber seine Vorführung vor Kindern unter 7 Jahren ist nicht ratsam
3) der Film darf nicht vor Kindern unter 12 Jahren gezeigt werden
4) der Film darf nicht vor Kindern unter 16 Jahren gezeigt werden
5) eine Zensur für erwachsene Besucher findet nicht statt.

216. Kapitel. Schweden

1   Auch hier besteht eine **staatliche Filmzensur** nach einem Gesetz vom Herbst 1911, gemäß dem die nationale Filmzensurstelle, das Statens Biografbyra, eingerichtet wurde. Juli 1954 wurde von der Regierung eine staatliche Beratungsstelle zur Aufsicht für den Film, der Statens Filmgranskningsrad, ins Leben gerufen, die aber gegenüber der Filmzensurstelle nur beratend tätig ist. Seit dem 1. Juli 1972 gibt es ferner eine besondere staatliche Stelle zur Beratung bei Filmen für Kinder, das Statens Barnfilmnämnd. Alle öffentlich vorzuführenden Filme jeder Art unterliegen der Zensurprüfung, dagegen nicht Filme für private Zirkel und für das Fernsehen. Eine Prüfung von Filmmanuskripten im voraus findet nicht statt.

2   Die **Zensurstelle** besteht aus einem von der Regierung bestellten Leiter, der an allen Prüfungen teilnimmt, 3 regulären auch von der Regierung bestimmten Prüfern, die je 4 Stunden vor- bzw. nachmittags tätig sind. Ein einzelner Prüfer ist für die Entscheidung über einen Film zuständig. Ist er im Zweifel, tritt eine zweite Person hinzu. Sind die beiden verschiedener Meinung, wird ein Dritter hinzugezogen. Die Mehrheit gibt dann für die Entscheidung den Ausschlag.

3   Will der Verleiher einen Film vor **Kindern (unter 15 Jahren)** vorführen, wird dieser von 2 Zensoren geprüft, darunter einem Jugendsachverständigen. Haben die Prüfer Zweifel, ist das genannte Statens Barnfilmnämnd zu befragen. In folgenden Fällen hat eine **Beratung** mit dem Statens Filmgranskningsrad bzw. dem Statens Barnfilmnämnd stattzufinden:
a) wenn ein Film **ganz verboten** werden soll
b) wenn erhebliche Teile geschnitten werden sollen

c) wenn Schnitte vorgenommen werden sollen an einem Film, der beträchtliches Ansehen in künstlerischer Hinsicht erworben hat oder bei dem man solches erwarten kann

d) wenn es sich um eine Entscheidung von grundlegender Wirkung für die Aufgaben und Pflichten der Zensurstelle handelt.

Ist ein Film im Einvernehmen mit der genannten beratenden Stelle im ganzen nicht freigegeben worden, kann er in geänderter Form neu eingerichtet werden.

4 Filme oder Filmteile werden **nicht freigegeben,** die geeignet sind, eine rohe oder sonst schädliche Wirkung zu haben oder zum Verbrechen anzureizen; ferner Filme, die die Beziehungen Schwedens zu anderen Ländern beeinträchtigen oder Schwedens Verteidigung und die internationale Sicherheit schädigen; ferner Filme, die gegen das Gesetz verstoßen; schließlich Filme, die in psychologischer Hinsicht Kinder schädigen. Bei der Prüfung kommt es nicht auf den Gegenstand als solchen an, sondern auf die Wirkung auf das Publikum und besonders auf den Film im ganzen, sein Ziel, seine Tendenz. Künstlerische Gesichtspunkte sind mit zu berücksichtigen. Politische Momente sollen freimütig betrachtet werden, nur dürfen sie nicht gegen geltende Gesetze verstoßen. Das gleiche gilt für die Darstellung der Beziehungen zwischen den Geschlechtern.

5 Es gibt **4 Einstufungen:**

1) Filme, für die nur Erwachsene, Personen ab 15 Jahren zugelassen sind
2) Filme für Personen nur ab 11 Jahren
3) Filme für Personen nur ab 7 Jahren
4) Filme frei für alle.

Schnitte von Szenen oder ganzen Sequenzen sind möglich. Die getroffene Entscheidung ist am Theater kenntlich zu machen. Gegen eine ergangene Entscheidung kann der Antragsteller, ohne zusätzliche Kosten, Berufung bei der Regierung einlegen.

217. Kapitel. Norwegen

1 Auch hier gibt es eine **staatliche Filmzensur** vom 13. Juni 1969. Der König bestimmt 5 ständige Mitglieder, darunter den Direktor, sowie stellvertretende Mitglieder, die über die Freigabe der Filme, auch für die betreffenden Altersgruppen, zu befinden haben. In den letzteren Fällen wirkt ein besonderer Jugendsachverständiger mit. Die Prüfung wird von einem einzelnen Mitglied vorgenommen. Bestehen bei ihm Bedenken oder Zweifel, werden die weiteren 4 Mitglieder hinzugezogen.

2 Die Zensurstelle darf **keine Filme freigeben,** die nach ihrer Meinung gegen das **Gesetz verstoßen** (z. B. Blasphemie, Anreiz zu Verbrechen, indezente Darstellungen aller Art), das Anstandsgefühl verletzen oder die eine demoralisierende oder brutalisierende Wirkung haben. Letzteres gilt auch für Grausamkeiten gegen Tiere. Bei Nichtbestehen dieser Einwände können die Filme für Personen über 16 Jahren freigegeben werden. Die Zensurstelle kann aber in bestimmten Fällen die obere Altersgrenze auf 18 Jahre heraufsetzen, wenn eine Schädigung der ab 16-jährigen zu befürchten ist.

3 **Weitere Altersstufen** sind:

frei ab 12 Jahren
frei unter 12 Jahren.

Kinder unter 7 Jahren, die noch nicht den Schulbesuch begonnen haben, dürfen keine Filmvorstellungen besuchen. In besonderen Fällen kann die Zensurstelle jedoch den Filmbesuch für über 5jährige in Begleitung der Eltern oder Erziehungsberechtigten erlauben. Kinder unter 16 Jahren dürfen Vorstellungen, die nach 19 Uhr beginnen, nur in Begleitung von Eltern oder Erziehungsberechtigten besuchen.

218. Kapitel. Finnland

1   Hier besteht gleichfalls eine **staatliche Filmzensur** gemäß Gesetz von 1946 und der Novelle vom 1. April 1966. Bestimmungen und Spruchpraxis ähneln stark den Verhältnissen in Schweden. Die Zensurstelle besteht einschließlich des Chairman aus 8 Mitgliedern, die vom Erziehungsminister für 3 Jahre bestellt werden. Die Erziehungs- und Finanzministerien sind durch je 1 Mitglied vertreten. Die anderen Mitglieder sind Erzieher, Soziologen u. ä. Alle Filme unterliegen der Prüfung durch die Zensurstelle in diesem Lande, auch solche für Gesellschaften, Botschaften, private Organisationen, das Filmarchiv und das Tampere-Festival. Trade-Shows sind ausgenommen, ebenso Filme für wissenschaftliche und pädagogische Zwecke in Verbindung mit Universitäten u. ä. Die Fernseh-Filmzensur wurde 1966 aufgehoben.

2   Die **laufende Filmzensur** üben 2 Mitglieder aus. Erscheint die Freigabe fraglich, oder bei Schnitten, prüfen 3 Mitglieder unter Teilnahme des Chairman. Schwierige Filme werden in der Regel von allen Mitgliedern gesehen. Die Mehrheit entscheidet. Bei Stimmengleichheit gilt die für den Antragsteller günstigere Entscheidung. Berufungen sind möglich. Der Berufungsausschuß besteht aus 11 für 3 Jahre von der Regierung berufenen Mitgliedern. Die Erziehungs-, Justiz- und Finanzministerien stellen je 1 Mitglied.

3   Nach Abschaffung früherer detaillierter Prüfkriterien gelten heute für die Zensurentscheidungen nur **allgemeine Richtlinien.** Filme, von denen eine moralisch subversive oder brutalisierende Wirkung oder eine geistig-seelische Schädigung ausgeht, dürfen nach dem Gesetz von 1966 nicht gezeigt werden; ebenso Filme, die die öffentliche Ordnung in Finnland oder seine Beziehungen zu anderen Staaten stören. Das gilt ferner für Filme, die gegen das Gesetz verstoßen oder die Verteidigung beeinträchtigen. Die Wirkung ist zu beurteilen.

4   Für die Entscheidungen gibt es **5 Alterseinstufungen:** Frei für alle oder frei ab 18 Jahren, 16, 12 oder 8 Jahren. Die normale Altersgrenze ist 16 Jahre, über 50% der Filme werden für Kinder unter 16 Jahren freigegeben, 20% bis 25% sind für alle frei. Seit den 60er Jahren ist die Zahl der erst ab 18 Jahren freigegebenen Filme stärker angestiegen.

5   Die Zensurstelle ist auch mit der Beurteilung der Filme hinsichtlich der **Höhe** der **Steuern** betraut. Neuigkeiten, wissenschaftliche und Erziehungs-Filme und spezielle Kinder-Filme sind steuerfrei. Ebenso sind Spielfilme von ausgesprochen pädagogischem Wert, klassische Filmwerke oder Filme von bedeutendem moralischen Gehalt steuerfrei. Für die Mehrzahl der Filme (75 bis 80%) beträgt die Unterhaltungssteuer 10%. Gewisse Filme werden quasi mit 30% bestraft, nämlich Filme, die ohne künstlerische oder moralische Qualität sind. Die hierfür geltende sog. gelbe Karte scheint eine ziemlich starke prohibitive Wirkung auf Import und Verleih zu haben. Die Filme mit dieser gelben Karte haben in den letzten Jahren zugenommen. Auch gegen die Festsetzung der Steuer ist Berufung möglich.

219. Kapitel. Nordische Co-Operation:
Dänemark, Finnland, Island, Norwegen, Schweden

1   Alle diese Länder haben für den Film staatliche Zensureinrichtungen. Der Film ist bei ihnen allen das **einzige Medium mit Vorzensur.** Der Jugendschutz steht im Vordergrund. Bei Sex-Darstellungen hat eine Liberalisierung stattgefunden. Dagegen wird bei solchen mit Gewalttätigkeiten eine restriktive Zensur angewandt, besonders im Hinblick auf Kinder und Jugendliche.

2   Seit etwa einem Jahrzehnt besteht eine weitgehende **Zusammenarbeit zwischen den 5 nordischen Ländern.** Alle zwei Jahre findet zwischen ihnen – mit wechselndem Sitzungsland – eine Konferenz über alle anstehenden Fragen statt; ferner eine ständige gegenseitige Benachrichtigung über Auffassungen, ergangene Entscheidungen, Alterseinstufungen, Schnitte und Verbote. Die Zusammenarbeit soll weiter verstärkt werden, jetzt durch ein gemeinsames Forschungsvorhaben über die Wirkung von Gewalttätigkeit im Film. Die Entwicklung des Videokassetten-Mediums fordert ebenfalls eine verstärkte Zusammenarbeit. Nach den positiven Erfahrungen mit dieser engen Zusammenarbeit der 5 Länder sind sie an einer weiteren internationalen Zusammenarbeit hinsichtlich einschlägiger Probleme, die von erheblicher Bedeutung in allgemein sozialer Hinsicht sind, interessiert.

220. Kapitel. Niederlande

1   Auch in diesem Lande besteht eine **staatliche Filmzensur.** Durch das heute gültige Filmvorführungsgesetz vom 5. Juli 1977 wurde die Filmzensur für **Erwachsene abgeschafft,** die für **Jugendliche neu geregelt** und die bisherige der Bürgermeister aufgehoben. Die Mehrheit im Parlament war der Meinung, daß auch der Film – wie Bücher, Theater, Presse, Radio und Fernsehen – für Erwachsene keiner Zensur bedürfe, daß Erwachsene für ihr eigenes Leben selbst verantwortlich seien und daß eine gesunde Gesellschaft Unerwünschtes von sich aus ausscheiden werde.

2   Es dürfen nur Filme vor Kindern und Jugendlichen vorgeführt werden, die durch die staatliche Zensurstelle geprüft sind. Die **Alterseinstufungen** lauten:
Frei für alle
frei ab 12 Jahren
frei ab 16 Jahren.
Schnittauflagen sind erforderlichenfalls für jede Altersstufe möglich.

3   Falls ein Film nicht für alle Kinder und Jugendlichen freigegeben wird, ist die Begründung der Zensurstelle im Regierungsblatt zu veröffentlichen. Die **Zensurstelle** besteht aus dem Chairman und einer Anzahl von Mitgliedern (20 bis 40), die vom Minister für Kultur, Gesundheit und soziale Wohlfahrt für 4 Jahre (und einmaliger Wiederbestellung) bestimmt werden. Die Prüfung wird von einem Ausschuß von 5 Mitgliedern in jeweils wechselnder Besetzung durchgeführt, die Mehrheit entscheidet. Sind die Einwände der Minderheit erheblich, findet eine erneute Prüfung durch einen anderen Ausschuß statt.

4   Nach dem Rundfunkgesetz von 1967 dürfen **Fernsehsendungen,** die die Rundfunkgesellschaft als ungeeignet für die unter 12- oder unter 16jährigen ansieht, erst nach 20 bis 21 Uhr ausgestrahlt werden. Dabei ist anzugeben, ob ein Film der niederländischen Filmzensurstelle vorgelegen hat.

221. Kapitel. Frankreich

1 Es besteht eine **Staatszensur.** Sie betrifft die Vorführung und die Ausfuhr von Filmen, wofür es Zertifikate gibt. Diese werden gemäß Erlaß vom 18. Januar 1961 auf Empfehlung einer Filmaufsichtsstelle ausgestellt. Die **Entscheidung** liegt beim **zuständigen Minister.** 1961 ging die Verantwortung für den Film vom Informations- auf den Kultusminister über.

2 Die **Filmaufsichtsstelle** besteht aus dem Leiter und seinem Vertreter, umfaßt einen Ausschuß von 8 Mitgliedern und ihren Vertretern aus verschiedenen Ministerialabteilungen, einen Ausschuß von 8 Mitgliedern und ihren Vertretern aus dem Bereich der Filmwirtschaft, einen Ausschuß von 8 Mitgliedern und ihren Vertretern aus der nationalen Vereinigung der Familienverbände, des nationalen Jugendamtes, der Vereinigung der französischen Bürgermeister sowie Soziologen, Psychologen, Beamten, Ärzten und Lehrern. Alle Mitglieder einschließlich des Leiters werden für 2 Jahre bestellt, Wiederholung ist möglich. An den Sitzungen nimmt je ein Vertreter des staatlichen Amtes für Übersegebiete und des Ministers für Co-Operation beratend teil.

3 Die tägliche Prüfung wird von einem **Unterausschuß** durchgeführt. Gibt es keine Einwände, ist der Film allgemein frei. Gibt es welche, kommt der Film vor den **gesamten Ausschuß,** der gewöhnlich zweimal wöchentlich tagt. Hat dieser Ausschuß Einwände, richtet er ein begründetes Memorandum an den Minister, der endgültig entscheidet. Der Antragsteller wird über diese Entscheidung mit detaillierter Begründung unterrichtet. Die gesamte Disposition für die Ausschüsse, die Ausfertigung der Entscheidungen für die öffentliche Vorführung sowie die Ausfuhr der Filme etc. geschieht durch ein Sekretariat, das eine Abteilung des Centre National de la Cinématographie bleibt.

4 Die **Einteilung** der Filme erfolgt in **4 Kategorien:**
1. Filme, die allen zugänglich sind, allerdings nicht Kindern unter drei Jahren. Diese Filme dürfen keine Szenen beinhalten, die sich für kleine Kinder schokkierend auswirken können.
2. Filme, die Kindern und Jugendlichen über 13 Jahren zugänglich sind. Diese Filme dürfen keine erotischen Szenen und keine Gewaltdarstellungen beinhalten.
3. Filme, die Kindern und Jugendlichen unter 18 Jahren nicht zugänglich sind.
4. Filme, die auch für Erwachsene nicht zugelassen werden.

Es gibt außer den oben aufgeführten Spielfilmen weiterhin sogenannte **X-Filme,** die nur in ausschließlich zu diesem Zweck eingerichteten Kinos lediglich vor Erwachsenen aufgeführt werden dürfen.

5 Mit dem Gesetz vom Dezember 1975 wurde auch die Kategorie der **pornographischen** und der zur **Gewalttätigkeit** anreizenden **Filme** geschaffen. Nach Beratung mit der Filmaufsichtsstelle entscheidet der Minister, welcher Film in diese Kategorie fällt. Die Liste dieser Filme wird in Form einer ministeriellen Anordnung im Staatsanzeiger veröffentlicht. Diese Filme dürfen nur in einer bestimmten Anzahl **spezieller Kinos** gezeigt werden (nach dem Stand vom 1. Juli 1981 für ganz Frankreich 100 Kinos). Werbung für diese Filme ist nicht zulässig. Diese Filme und die Filmtheater nehmen an keinerlei Förderung teil und werden steuerlich sehr erheblich belastet. Für importierte ausländische Produktionen dieser Kategorie sind vor dem Verleih in Frankreich besondere Steuern zu entrichten. Mit den gleichen Steuern werden französische Filme dieser Art belastet, die nicht zur

Prüfung vorgelegt wurden. Außer den Filmen wird das Werbematerial vor der Verwendung von der Filmaufsichtsstelle in vorgeschriebener Besetzung geprüft.

6   Gemäß dem genannten Erlaß vom 18. Januar 1961 ist ferner eine **Manuskriptberatung** vor der Filmproduktion vorgesehen, die vom Leiter der Filmaufsichtsstelle vorgenommen wird.

7   Bei **Verstößen** gegen die gesetzlichen Bestimmungen erfolgen Beschlagnahme des Films, ferner gerichtliches Verfahren mit Geldstrafe oder gar zeitweiligem oder dauerndem Betätigungsverbot in der Filmindustrie. Die Zulassung Jugendlicher in Filmtheater, die für die betreffenden Jugendlichen nicht freigegebene Filme zeigen, wird mit Geldbußen bestraft.

222. Kapitel. Italien

1   Es besteht eine **Staatszensur,** die auf dem Gesetz Nr. 161 vom 21. April 1962 beruht. Die **Zensurbehörde** besteht aus Kommissionen, deren Mitglieder von dem zuständigen Ministerium ernannt werden, aber nicht selbst Behördenvertreter sind. Gegen die Entscheidung der ersten Kommission ist die Möglichkeit einer Berufung an eine zweite Instanz gegeben.

2   Die **Einteilung** der Filme erfolgt in den folgenden Kategorien:
Frei für alle Kinder und Jugendlichen
frei ab 14 Jahren
frei ab 18 Jahren, also nur für Erwachsene.
Auch für die Erwachsenenfreigabe gibt es bestimmte Grenzen, die vor allem auf dem Gebiet der Obszönität oder der Gewaltdarstellung liegen.

3   Es gibt die Möglichkeit, **pornographische Filme** in bestimmten hierfür vorgesehenen Kinos zur Vorführung zu bringen. Diese Kinos sind jedoch dann auf diese Art der Filmvorführung festgelegt und müssen hierfür eine beachtliche **Zusatzsteuer** zahlen.

223. Kapitel. Spanien

1   In Spanien ist seit 1977 jede **Filmzensur** völlig **abgeschafft** worden. Das gilt sowohl für eine Prüfung auf Freigabe für Erwachsene wie auf Freigabe für Kinder und Jugendliche. Es bestehen also auch für den Besuch durch Kinder und Jugendliche keine gesetzlichen Schranken.

2   Es gibt für den Besuch **Jugendlicher** lediglich **Empfehlungen,** und zwar dahingehend, daß bestimmte Filme für den Besuch unter 16 Jahren bzw. unter 8 Jahren nicht empfohlen werden. Diese Empfehlungen werden von der Generaldirektion des Films beim Kultusministerium herausgegeben und sind von den Filmtheatern bei der Ankündigung der betreffenden Filme zu berücksichtigen. Sie bleiben jedoch reine Empfehlungen und haben nicht etwa das Verbot des Besuchs dieser Filme durch die Kinder und Jugendlichen zur Folge, für die er lt. der ministeriellen Entscheidung nicht empfohlen werden kann.

224. Kapitel. Australien

1   **Staatszensur,** bei den einzelnen Teilstaaten mit etwas unterschiedlichen Kriterien und Verfahrensweisen.

2 **Einstufungen:**
  G – frei für alle
  NRC – für Kinder unter 12 Jahren nicht empfohlen
  M – empfohlen für Personen ab 15 Jahren und darüber
  R – für Personen unter 18 Jahren nicht frei.
  Berufung an eine zweite Instanz ist möglich.

3 Auch die **Werbeunterlagen** werden geprüft. Ein Kind unter 16 Jahren darf nicht zur optischen Wiedergabe eigener sexueller Betätigung oder derartiger Betätigung anderer Personen in seinem Beisein mißbraucht werden. Die Filmzensurstelle ist auch für die Prüfung importierter Fernsehprogramme zuständig.

225. Kapitel. Kanada

1 **Staatszensur,** aber sie wird verantwortlich von den einzelnen **Provinzen** ausgeübt. Jede Provinz hat besondere Gesetze, unterschiedliche Verwaltung und gewisse Abweichungen in den Kriterien, aber die Ergebnisse gleichen sich.

2 Die **Einstufungen** der Filme lauten mit geringen gebietsmäßigen Abweichungen
  für die Familie, frei für alle
  frei für alle, aber den Eltern wird die Entscheidung über den Besuch des Films angeraten, da er einiges für Kinder Fragwürdiges enthält
  frei ab 14 Jahren, für unter 14jährige nur frei in Begleitung eines Elternteils oder Erziehungsberechtigten
  frei ab 18 Jahren.

3 Filme mit grober Gewalttätigkeit, Folterung, übersteigerten Horror-Szenen, Sex-Aktivitäten, beleidigender Sprache oder Filme, die antisoziale Tendenzen fördern, werden **nicht freigegeben.** Die Freigabe ist in der Werbung und am Theater bekannt zu machen. Berufungen sind vorgesehen.

4 **Filme,** in denen Kinder unter 16 Jahren nackt mit erotischer Tendenz oder in sexueller Aktivität gezeigt werden, sind **verboten.** Künstlerische Gestaltung kann in diesen Fällen nicht entlasten. Auch die filmische Darstellung von Grausamkeiten gegen Tiere ist verboten.

226. Kapitel. Mexiko

1 **Staatszensur,** Gesetz von 1952. Das Filmamt genehmigt auch die Ausfuhr von Filmen.

2 Die **Einstufungen** lauten:
  A – frei für Kinder, Jugendliche und Erwachsene
  B – frei für Jugendliche und Erwachsene
  C – frei nur für Erwachsene.
  Ferner Filme, die für Erwachsene in **speziell** erlaubten **Vorstellungen** gezeigt werden. Die Werbeunterlagen müssen mit den Einstufungen gekennzeichnet sein.

3 Die Freigaben gelten nur für 42 Monate. Danach ist der Film, ohne zusätzliche Kosten, zu erneuter Prüfung vorzulegen. Eine **Manuskriptberatung** vor der Filmherstellung ist vorgesehen.

227. Kapitel. Süd-Afrika

1   **Staatszensur.** Publication Act von 1974, der die Kontrolle bestimmter Veröffentlichungen und Objekte, Filme und öffentliche Unterhaltungen betrifft. Zeitungen, deren Verleger der Zeitungs-Presse-Union von Süd-Afrika als Mitglied angehören, sind davon ausgenommen, ebenso Filme, die von einer Regierungsstelle eingeführt oder hergestellt worden sind.

2   Eine Filmzensur prüft alle sonstigen Filme und setzt die Vorführung vor bestimmten Personen, **Altersgruppen** und an bestimmten **Örtlichkeiten** fest. Berufungen sind vorgesehen. Eine Berufungsentscheidung unterliegt ggf. der Überprüfung eines mit 3 Richtern besetzten Rechtsausschusses.

3   Nach Ablauf von 2 Jahren, nachdem ein Film (oder ein anderes vom Gesetz betroffenes Objekt) auf Ablehnung gestoßen ist, kann ein Antrag auf **Überprüfung** der ergangenen Entscheidung gestellt werden.

228. Kapitel. Schweiz

1   In der Schweiz gibt es **kein zentrales Zensurgesetz** und auch **keine zentrale Zensurstelle.** Die Filmzensur liegt vielmehr bei den einzelnen Kantonen und wird dort verschieden gehandhabt.

2   In vielen Kantonen tritt sie lediglich als eine Art **polizeilicher Nachzensur** auf, wenn gegen einen Film durch örtliche Organisationen, kirchliche Behörden oder einzelne Staatsbürger Beschwerden erhoben werden.

3   Die **Zensurgründe** liegen vor allem auf moralischem oder religiösem, selten auf politischem Gebiet. Es gibt einen Jugendschutz in allen Kantonen, jedoch ist die Altersgrenze nicht einheitlich. In einigen Kantonen liegt sie bei 16 Jahren, in anderen bei 18 Jahren.

229. Kapitel. Belgien

1   Belgien kennt **keine staatliche Vorzensur** für die **Erwachsenen-Freigabe,** sondern nur für den **Jugendschutz.** Hier besteht eine von der Regierung ernannte Kommission, die entscheidet, welche Filme für Jugendliche unter 16 Jahren freigegeben werden können.

2   Gegen die Vorführung von Filmen vor Erwachsenen kann lediglich die **Polizei** oder der **Staatsanwalt** einschreiten, wenn durch die Filme die polizeilichen Ordnungsvorschriften oder Bestimmungen des Strafgesetzbuches verletzt werden.

230. Kapitel. Österreich

1   Es gibt in Österreich **keine staatliche Vorzensur** für die Freigabe von Filmen für **Erwachsene.** Dagegen besteht eine Prüfung aller Filme im Hinblick auf die Jugendfreigabe, wobei die Altersgrenze verschieden ist.

2   Diese **Jugendprüfung** der Filme wird von einer staatlichen Zensurstelle in Wien (Jugendkommission der Filmbegutachtungsstelle im Bundesministerium für Unterricht) ausgeübt. Ihre Freigabeentscheidungen für Jugendliche sind grundsätzlich für ganz Österreich maßgebend, jedoch kann ein einzelnes Land die Entscheidung für sein Gebiet widerrufen und durch eine eigene Entscheidung ersetzen, was z. B. hin und wieder von den Ländern Tirol und Kärnten praktiziert wird. Die Altersgrenze für die Jugendlichen liegt in Wien bei 16 Jahren und in den anderen Bundesländern bei 18 Jahren.

3   Im Hinblick auf die Erwachsenenprüfung ist in Österreich nur eine **staatliche Nachzensur** durch polizeiliches oder staatsanwaltschaftliches Eingreifen – gestützt auf die allgemeinen Polizeigesetze bzw. das Strafgesetzbuch – möglich.

231. Kapitel. Japan

Japan hat nach dem Zweiten Weltkrieg die Regelung wie in den **USA** (also eine Selbstkontrolle in Eigenverwaltung) mit allen Details übernommen. Es kann deshalb insoweit in vollem Umfang auf die Ausführungen in Kapitel 213 zum Production Code und zur Production Code Administration verwiesen werden.

Typische Fachausdrücke in ihrer rechtlichen Bedeutung

I. Allgemeines

1. Gremien . . . . . . Begriff für Personengruppen, die filmpolitische bzw. filmwirtschaftliche Entscheidungen zu treffen haben (z. B. Erteilung von Förderungshilfen). In Gesetzen, Richtlinien und Erlassen wird dieser Begriff nicht benutzt, umfaßt aber sinngemäß alle dort genannten Kommissionen, Ausschüsse, Vorstände, Präsidiumsmitglieder etc. Er ist rechtlich als ein entsprechender allgemeiner Oberbegriff anzusehen. Er wird häufig auch in kritischem Sinne gebraucht, wenn es z. B. gegen die sog. Gremienherrschaft geht.

2. Pluralismus (pluralistisch) . . . Eine Gesellschaftsordnung, in der Gruppen mit verschiedenartigen politischen, weltanschaulichen, religiösen, sittlichen, moralischen, sozialen und wirtschaftlichen Vorstellungen, Einstellungen, Idealen und Verhaltensweisen nebeneinander oder miteinander leben und sich in ihrer Verschiedenartigkeit gegenseitig anerkennen oder mindestens dulden (Toleranzprinzip). Der Begriff ist rechtlich wesentlich für die Anerkennung der Entscheidungen von Gremien auf filmpolitischen und filmwirtschaftlichen Gebieten (z. B. bei der Filmförderung und beim Jugendschutz) durch die Verwaltungsgerichte, die hierfür eine pluralistisch repräsentative Zusammensetzung dieser Gremien fordern. Gleichermaßen bedeutsam ist der Begriff für die Rundfunkanstalten (öffentliche und private Anstalten), bei denen wegen ihrem quasi-monopolistischen Charakter von der Rechtsprechung eine pluralistisch repräsentative Besetzung der Aufsichtsgremien und ein ausgewogenes Programm im Sinne der pluralistischen Gesellschaftsordnung verlangt wird. Dabei kann die Ausgewogenheit durch entsprechende Programme der betreffenden Anstalt (binnenpluralistisch) oder durch entsprechend verschiedenartige Programme verschiedener Anstalten (außenpluralistisch) gewahrt sein.

3. Branche/Sparte . . Branche ist ein rechtlich nicht klar zu fassender Begriff, da hier häufig der ganze Wirtschaftszweig (Filmbranche, Videobranche, Fernsehbranche), aber oft auch nur eine Gruppe innerhalb eines Wirtschaftszweiges (Verleihbranche, Theaterbranche) verstanden werden. Diese Gruppen innerhalb eines Wirtschaftszweiges werden häufig und besser als Sparten bezeichnet. Im Zweifel wird man unter Branche den ganzen Wirtschaftszweig und unter Sparte eine Gruppe innerhalb dieses Wirtschaftszweiges, die bestimmte gemeinsame Merkmale aufweist, zu verstehen haben.

4. Filmjury . . . . . . Preisrichterausschuß bei Filmfestspielen. Seine Zusammensetzung wird in den Richtlinien für das jeweilige Festival niedergelegt oder vom Festspielleiter bestimmt. Bei internationalen Festspielen (z. B. Cannes, Berlin, Venedig) wird Wert auf eine internationale prominente Besetzung gelegt, um den internationalen Charakter und die internationale Bedeutung der Preise des betreffenden Festivals zu betonen.

5. Goldene Leinwand . . . . Verliehen vom Hauptverband Deutscher Filmtheater und der Fachzeitschrift Film-Echo/Film-Woche für alle Filme, die innerhalb von 18 Monaten mehr als 3 Millionen Besucher erzielt haben.

6. Golden Globe . . . Jährlich verteilter Preis der ausländischen Journalisten in den USA für die besten in- und ausländischen Filme.

7. Oscar . . . . Bekanntester internationaler Filmpreis, der einmal im Jahr in den USA von der dortigen Filmakademie für hervorragende Filme und Leistungen in Filmen vergeben wird.

II. Filmherstellung

1. Filmproduzent. . . In der Branche ständig benutzter Ausdruck für die physische oder juristische Person, die das Filmwerk herstellt, also die entscheidende Leitung und Verantwortung für die Filmherstellung ausübt (auch Filmproduktionsfirma oder Produzent oder Produktionsfirma genannt). So z. B. ,,Verband Deutscher Spielfilmproduzenten e. V.". In den maßgebenden Gesetzen (UrhG, FFG) wird diese Person stets als Filmhersteller bezeichnet. Wegen der häufigen Verwendung des Begriffs Filmproduzent in der Branche wird dieser Begriff auch in diesem Handbuch oft benutzt. Er ist dann nach Position und Funktion als völlig gleichbedeutend mit dem Begriff des Filmherstellers zu verstehen.

2. Jung- und Altproduzenten . . . . . . Dieser Begriff ist hervorgegangen aus der Protestbewegung junger Kulturfilmproduzenten gegen die damalige etablierte deutsche Filmproduktion und ihre Produkte. Sie hat ihren Niederschlag in dem sog. ,,Oberhausener Manifest" gefunden. Rechtlich sind die Begriffe heute völlig unbrauchbar, da sich weder alters- noch produktionsmäßig diese Unterscheidung noch treffen läßt, sondern nur noch in zwei verschiedenen Verbänden (Verband Deutscher Spielfilmproduzenten und Arbeitsgemeinschaft Neuer Deutscher Spielfilmproduzenten) ihren organisatorischen Ausdruck gefunden hat. Dadurch sind diese beiden Gruppen von Produzenten, ohne daß sie dort als Alt- und Jungproduzenten bezeichnet würden, im FFG festgelegt worden, da beide Verbände eine getrennte Vertretung im Verwaltungsrat und Präsidium der FFA haben.

3. Filmemacher . . . . Unbrauchbare Adaption des (wohl von Brecht initiierten) literarischen Begriffs für einen Dramatiker. Für den Film ist er rechtlich wegen der dortigen Teamarbeit nicht eindeutig abgrenzbar, da Filmemacher sowohl Produzenten wie Autoren, Regisseure, Kameraleute etc. sein können. Deshalb ist er rechtlich sinnvoll nur bei sog. Autorenfilmen zu verwenden, bei denen der Autor (mindestens des Drehbuchs), der Regisseur und der Produzent dieselbe Person sind.

4. Filmschaffende . . Im Rahmen der Filmherstellung tätige Personen. Arbeitsrechtlich gehören hierzu weisungsgebundene Personen, die in dem entsprechenden Tarifvertrag unter diesem Begriff ausdrücklich aufgeführt werden (einschließlich der Urheberberechtigten, die bei der Herstellung des Films mitwirken). Manche schränken den Begriff ein auf die ausübenden Künstler, die bei der Herstellung des Filmwerks tätig sind.

5. Filmstar . . . . . . Ein sehr populärer Filmdarsteller, der dazu in der Lage ist, einen Film mit seinem Namen zu tragen. Rechtlich ist der Begriff nur bedeutsam, wenn er den FFG-Begriff des Hauptdarstellers erfüllt, dem er dann freilich zusätzliche Bedeutung verschaffen kann.

6. Gage . . . . Vergütung für die Tätigkeit von Filmschaffenden, die in einer künstlerischen Funktion bei der Filmherstellung mitwirken (vor allem Regisseur, Darsteller, wichtige Mitglieder des technischen Stabs etc.). Die Vergütung für den Erwerb von Rechten an vorbestehenden Werken wird nicht als Gage, sondern als Lizenzgebühr oder allgemein als Vergütung bezeichnet.

7. Hardcore/ Softcore . . . .   Hardcore wird benutzt für Pornofilme, die in normalen Filmvorführungen nicht gezeigt werden dürfen (§ 184 Abs. 1 Ziff. 7 StGB), während Softcore die Sexfilme erfaßt, die keine pornographischen Elemente enthalten, sich aber nah an deren Grenze bewegen. Bei Benutzung ist eine entsprechende rechtliche Auslegung vorzunehmen.

8. Show Down . . . .   Meist die Schlußauseinandersetzung am Ende des Films zwischen den positiven und negativen Figuren, die fast immer mit dem Sieg der positiven Figuren endet. Der Begriff ist zusammen mit dem Wild-West-Film bekannt geworden, wo kaum ein Film ohne einen solchen Show Down endet.

9. Gag . . . .   Ein besonders prägnanter Witz im Rahmen eines Filmes in Bild oder Ton oder in der Kombination aus Bild und Ton, der meist der Auflösung einer vorangegangenen Situation auf eine humorige Weise dient. Er ist für heitere Filme so wichtig, daß hier häufig (vor allem in den USA) besondere Kenner (sog. Gag-Fabrikanten) eingesetzt werden, um ein Filmdrehbuch mit solchen Witzen in Wort oder Text anzureichern.

10. Filmetat/Filmbudget . . . .   Anderer, aber identisch aufzufassender Ausdruck für den rechtlich exakten Begriff der Gesamtherstellungskosten eines Films.

11. Subventionen . . .   Subvention umfaßt rechtlich sämtliche von öffentlich-rechtlichen Institutionen gegebene Förderungshilfen für die Filmwirtschaft, vor allem für die deutsche Produktion, die gar nicht oder nur aus durch die Einnahmen des Films gedeckten Beträgen zurückgezahlt werden müssen. Obwohl auch private Subventionen (z. B. verlorene Zuschüsse durch private Geldgeber) denkbar sind, fallen sie kraft Branchebrauch rechtlich nicht unter den hier erwähnten Subventionsbegriff.

12. Low-Budget-Filme . . . .   Filme mit geringen Herstellungskosten, wobei gering nicht relativ (also nicht im Verhältnis zu Bedeutung und Aufwand des Filmes), sondern absolut zu verstehen ist. In diesem Sinne wird man Low-Budget-Filme nur solche Filme nennen können, deren Gesamtherstellungskosten unter 1 Million DM liegen. (Häufig Erstlingsfilme oder Filme junger Regisseure).

13. Beginn der Dreharbeiten (Drehbeginn bzw. Commencement of Principal Photography bzw. Shooting) . . . . . .   Beginn der Filmaufnahmen nach Drehbuch oder Filminhalt (also nicht etwa nur Einzelaufnahmen für Motivsuche u. ä. m.), dem dann kontinuierlich die übrigen hauptsächlichen Aufnahmen auf Grund des Drehbuchs oder des Filminhalts folgen müssen, wobei es sich also nicht nur um einige vorgezogene Drehaufnahmen handeln darf. Der Begriff wird in Lizenzverträgen häufig benutzt, um den Beginn für Zahlungen von Geldgebern festzulegen. Auch Auszahlungen von Förderungshilfen hängen nach den FFA-Richtlinien vom Drehbeginn ab.

14. Vor- und Nachspann . . . .   Hierunter sind die ersten bzw. letzten Bildeinstellungen des Filmes zu verstehen, die meist der Wiedergabe der Nennungen (vom Produzenten bis zu den Darstellern) dienen. Häufig wird noch vor dem Vorspann eine typische Szene des Films gebracht und erst dann beginnt der eigentliche Titelvorspann, der oft auch mit Szenen aus dem Film unterlegt ist.

15. Aufblasen . . . . . .   Hiermit ist die Erweiterung des aufgenommenen Filmformates durch ein besonderes technisches Verfahren zu verstehen (z. B. ein auf 16 mm gedrehter Film wird in die 35 mm-Größe gebracht).

16. Null-Kopie bzw. 0-Kopie (auch Arbeitskopie genannt) . . . .   Hier handelt es sich um die erste Kopie, die vom Negativ gezogen wird und noch nicht voll ausgeglichen und deshalb nur für weitere Arbeiten an dem Film und noch nicht für den Einsatz im Filmtheater bestimmt ist.

17. Mischung . . . . . . Technisches Verfahren, in dem an einem sog. Mischpult die verschiedenen Tonbänder eines Films (z. B. Musikband, Geräuschband, Dialogband, Textband) miteinander verbunden und auf ein gemeinsames Band, nämlich das endgültige Tonband des Films, aufgezeichnet werden. Der Ausdruck hat rechtlich einwandfrei diese Bedeutung.

18. music cue sheet . . . Aufstellung des Umfangs der im Film verwandten Musik.

III. Filmauswertung

1. Standardkopie . . . Hier handelt es sich um eine Kopie, die der Lizenzgeber seinem Lizenznehmer als Vertragspartner liefert, die bereits vorführfähige Qualität hat und sich insofern von der Null- oder Arbeitskopie unterscheidet. Wird dann zum Gegenstand des Lizenzvertrages.

2. Verregnete Kopie Eine Kopie, die durch unsachgemäße oder zu häufige Benutzung Streifen und Schrammen aufweist. Sie ist rechtlich als eine schadhafte, nach den normalen Verträgen nicht einsatzfähige Kopie zu betrachten.

3. Dupnegativ . . . . Doppeltes Negativ, das wichtig ist, um es den Lizenznehmern zu liefern, ohne als Lizenzgeber das Originalnegativ liefern zu müssen. Wird dann zum Gegenstand des Lizenzvertrages.

4. Internegativ . . . . Ein besonderes Negativ, das bei Farbfilmen als Duplikat hergestellt wird, damit der Lizenzgeber seinem oder seinen Lizenznehmern nicht das Originalnegativ liefern muß. Wird dann zu einem Gegenstand des Filmlizenzvertrages.

5. Lavendelkopie . . . Eine Kopie, von der ein Negativ gezogen werden kann, das dann seinerseits zur Herstellung weiterer Kopien dient. Vor allem wichtig als Vertragsgegenstand bei der Lieferung von Filmen, bei denen der Lizenzgeber das Negativ nicht herausgeben will, freilich nur bei Schwarzweiß-Filmen verwendbar.

6. IT-Band . . . . Internationales Tonband: Besonderes Tonband, auf dem nur die Musik und die Geräusche und nicht die Dialoge und Texte des Films aufgezeichnet sind. Es ist fast immer Gegenstand der Materiallieferungspflichten des Lizenzgebers, vor allem im Rahmen internationaler Filmlizenzverträge und insoweit rechtlich von Bedeutung. Es erleichtert dem Lizenznehmer die Synchronisation des Films, indem er dieses IT-Band mit dem deutschen Dialog- und Textband kombiniert.

7. MAZ . . . . Magnetische Filmaufzeichnung. Hier wird nicht wie sonst ein Zelluloidband, sondern ein Magnetband verwendet. Wird z. Zt. hauptsächlich zu Aufzeichnungen für Fernsehsendungen benutzt.

8. Werbevorspann (auch Trailer genannt) . . . . Ein besonders hergestellter, kurzer Film, der der Werbung für den Hauptfilm dient und meist eine Länge von ca. 2–4 Minuten hat. Er wird vor dem Einsatz des Hauptfilms als Beiprogramm zu anderen Filmen gezeigt, um für den künftig in diesem Theater laufenden Hauptfilm Werbung zu betreiben.

9. Teaser . . . . Ein verkürzter Werbevorspannfilm (meist höchstens 1 Minute), der häufig in mehreren Exemplaren noch einige Wochen vor der Werbung mit dem eigentlichen Werbevorspannfilm eingesetzt wird.

10. C-Zeichen = Copyright-Vermerk . Wird auf der Filmkopie (meist im Vor- oder Nachspann) fest angebracht bzw. eingestanzt oder schon im Negativ eingefügt und mitkopiert. Dieses Zeichen ist von entscheidender rechtlicher Bedeutung für Staaten, in denen ein sog. Copyright-Register besteht (vor allem USA). Es dient hier der Sicherung oder auf jeden Fall der Verstärkung des Urheberrechtsschutzes. Schon wegen der Exportmöglichkeiten und wegen der Gefahren einer illegalen Verwen-

dung von Filmen in solchen Gebieten erscheint es dringend angebracht, auf jeder Kopie eines Filmwerks einschließlich Werbevorspanns u. ä. m. einen solchen C-Vermerk anzubringen. Der Vermerk muß ein C in einem Kreis = © mit Urheber- bzw. Produzentenbenennung und Herstellungsjahr enthalten und auf allen Werkexemplaren angebracht werden.

11. PR = Public Relation . . . . Hierunter ist nicht die direkte Werbung, sondern die indirekte Beeinflussung zur Verbesserung der Chancen bei der Auswertung eines Films vor allem durch entsprechende Kontakte mit der Presse zu verstehen.

12. Fotosatz . . . . Hier handelt es sich um Standfotos, die die Verleihfirma normalerweise dem Theaterbesitzer zwecks Werbung für den Film rechtzeitig vor Einsatz des Filmes zusendet. Man wird in der Regel mit 5–10 Standfotos im Rahmen eines solchen Satzes zu rechnen haben.

13. merchandising rights . . . . Die Vermarktung von populären Filmfiguren, Filmtiteln, Filmszenen, Filmsymbolen o. ä. m. außerhalb der Filmauswertung und Filmwerbung. Sie spielen in der Praxis auch wirtschaftlich eine große Rolle (man denke z. B. an die Disney-Figuren, die Mainzelmännchen, die Figuren aus Science-Fiction-Filmen sowie Märchenfilmen u. ä. m.). Ihre Übertragung setzt eine entsprechende ausdrückliche vertragliche Vereinbarung mit den Berechtigten voraus.

14. Monopol . . . . . . Dieser Ausdruck wird in der Filmwirtschaft in Lizenzverträgen benutzt für den ausschließlichen Charakter von Lizenzgebieten, Lizenzzeiten und Lizenzdauer. Man spricht dann in den Verträgen von Monopolgebiet, Monopolzeit und Monopoldauer. In den urheberrechtlichen gesetzlichen Vorschriften wird dieser Begriff nicht verwandt.

15. Box-Office . . . . . Die an der Kinokasse aus Eintrittspreisen erzielten, oft in Verträgen unter diesem Begriff erwähnten Gesamteinnahmen des Filmtheaters für einen bestimmten Film.

16. Filmtheater-Bruttoeinnahmen Die Einnahmen, die der Filmtheaterbesitzer aus den Zahlungen der Filmbesucher für die Eintrittskarten erhält, die oft in Verträgen als Abrechnungsgrundlage erwähnt werden.

17. Brutto-Verleiheinnahmen . . . An sich die Einnahmen, die der Verleih (einschließlich der Mehrwertsteuer) aus der Auswertung des Films in den Filmtheatern erzielt und die vertraglich als Abrechnungsgrundlage gegenüber dem Produzenten dienen. In manchen Lizenzverträgen werden hierunter die gesamten Einnahmen, die der Verleih für den Film erzielt, also zusätzlich auch aus etwa ihm überlassenen Video- bzw. Fernsehauswertungen u. ä. m., verstanden.

18. Break even point . Ein Abrechnungsmodus, bei dem eine bestimmte Summe (mögliche Untergrenze der Einnahmen) festgelegt wird, von der jeder Vertragspartner einen bestimmten Prozentsatz zur Abdeckung seiner Kosten (Lizenzgeber für die Produktionskosten, Verleiher für die Vertriebsspesen und Vorkosten) erhält. Beträge, die über diese Summe hinausgehen, werden dann in einem bestimmten Prozentsatz zwischen Lizenzgeber und Lizenznehmer aufgeteilt. Dieser Abrechnungsmodus wird in den letzten Jahren in Lizenzverträgen über besonders aufwendige ausländische Filme häufig angewandt.

19. Produzentenanteil . . . . Anteil, den der Produzent an den vom Verleiher im Sinne der vorher erwähnten Begriffe erzielten Einnahmen hat, meist ein prozentualer Anteil, wobei aufgrund der Lizenzverträge üblicherweise die Verleihspesen vorabgehen und von dem Produzentenanteil zunächst die sog. Vorkosten und dann die eigentlichen Produktionskosten amortisiert werden.

20. Filmerfolg . . . . . Neuerdings nicht mehr eindeutig definierbar. Normalerweise liegt ein Filmerfolg vor, wenn der Film seine Herstellungskosten einspielt und einen Gewinn erzielt, da es sich bei der Filmproduktion wirtschaftlich um einen auf Gewinnerzielung gerichteten Gewerbebetrieb handelt. Der Begriff wird aber heute unter den Förderungssystemen oft schon dann als erfüllt angesehen, wenn ein Film alle privat investierten Kosten, also nicht die öffentlich-rechtlichen Förderungshilfen, eingespielt oder die Mindestbesucherzahlen für die Referenzfilmförderung erreicht hat. Trotzdem wird man ihn im Zweifel bei Benutzung in Verträgen in dem o. e. allgemeinen Sinne auszulegen haben.

21. Flop bzw. Filmflop . . . . Ein Film, der nicht einmal die für seinen Charakter notwendigen Herausbringungskosten (Kopien, Synchronisation, Werbung etc.) einspielt.

22. Leihmiete . . . . . . Vergütung, die der Theaterbesitzer für die Überlassung von Spielrecht und Kopie des Filmwerks zu zahlen hat. Ein rechtlich unhaltbarer Begriff, da er ein Widerspruch in sich selbst ist, denn Miete stellt sich als entgeltliche und Leihe als unentgeltliche Gebrauchsüberlassung dar. Trotzdem wird er aus jahrzehntelanger Gewohnheit immer wieder in Einzelverträgen, bei mündlichen Abreden und bei Erörterungen dieser Vergütung benutzt, obwohl der Begriff Filmmiete für diese Vergütung rechtlich und wirtschaftlich einleuchtend und treffend ist.

23. Kino . . . . Eine wieder in Mode gekommene alte Bezeichnung für ein Filmtheater, vor allem in Abgrenzung zu den anderen und noch zu erwartenden Medien. In Gesetzen, Verordnungen und Richtlinien wird dieser Begriff bisher nicht verwandt, sondern nur die Begriffe Filmtheater oder Filmveranstalter benutzt. Der Begriff wird in der Branche und in diesem Handbuch jedoch völlig synonym mit diesen Begriffen verwandt.

24. Kommunikationszentrum . . . . Ort der Begegnung, vor allem filmwirtschaftlich viel benutzt für Treffpunkte junger Menschen in Kinozentren, die innerhalb ihres Komplexes auch noch andere Unterhaltungsstätten für das Publikum, vor allem für Jugendliche, besitzen. Im Zweifel rechtlich in diesem weiteren Sinne auszulegen.

25. Dach und Fach . . Kann bei Reparaturverpflichtungen in Verträgen zwischen Eigentümern und Filmtheaterbesitzern zum Tragen kommen. Er ist im BGB nicht enthalten und auch in dortigen Kommentaren nicht erwähnt. Dach und Fach trifft nach diesseitiger Auffassung den Bau als solchen in einem benutzbaren Zustand (also z. B. einschließlich Heizung, Fenster etc.), aber ohne die kinotypischen Einrichtungen und ohne die vorzunehmenden Schönheitsreparaturen.

26. Gewerblich und nichtgewerblich . . An sich sind hier klare Unterschiede, indem man unter gewerblich jede auf Gewinnerzielung gerichtete Tätigkeit und unter nichtgewerblich eine Tätigkeit ohne solche Gewinnabsicht versteht. Als nichtgewerblich gelten in der Filmbranche vor allem Spielstätten, Produktionen und Filmvertriebsstellen, die von öffentlich-rechtlichen Institutionen getragen werden (z. B. kommunale Filmtheater, Spielstätten in Volkshochschulen, kirchliche Filmproduktions- oder Vertriebsstellen u. ä. m.). In der Praxis verwischen sich die Gegensätze, indem manche sog. nichtgewerblichen Institutionen doch mittels ihrer Filmvorführungen Einnahmen erzielen, die nicht nur der Kostendeckung dienen.

27. Retrospektive . . . Vorführung mehrerer Filme in aufeinanderfolgenden Vorführungen, die durch bestimmte Momente (z. B. denselben Star, dieselbe Firma, denselben Filmcharakter etc.) zusammengehalten werden.

28. Classic Com-
panies . . . . Amerikanische Filmproduktions- und Verleihfirmen, die sich vor allem künstlerisch bedeutsamer Filme auch aus dem Ausland annehmen. Es kann sich hierbei um selbständige Firmen, aber auch um Tochterfirmen von MPEAA-Firmen (z. B. United Classics) handeln.

29. s. d. = sine die . . . zeitlich unbegrenzte Übertragung der Lizenzrechte.

IV. Fernsehen

1. Pay-Television . . Wiedergabe von gesendeten Filmprogrammen auf dem Bildschirm (meist in privaten Haushalten) gegen Abruf und Einzelbezahlung bei einem Veranstalter, der entsprechende Programme verfügbar hat. Rechtlich für die Veranstalter nur erlaubt bei Erwerb entsprechender Nutzungsrechte von den Berechtigten am Filmwerk. Wem diese Nutzungsrechte auf Grund der vertraglichen Vorschriften (Verfilmungsvertrag, Lizenzverträge etc.) zustehen, hängt von Formulierungen und Zweck des Einzelvertrages ab. Sie können auch im Rahmen von Pauschalformulierungen übertragen werden (z. B. sämtliche Senderechte jeder Art und Form). Der Hersteller wird sie meist von den Mitwirkenden am Filmwerk erwerben (vgl. z. B. Tarifvertrag und die gesetzliche Vermutung der §§ 89 und 92 UrhG). Inwieweit sie die Lizenznehmer vom Lizenzgeber erwerben, hängt von Art und Formulierung des einzelnen Lizenzvertrages ab, wobei auch eine Sperre dieser Rechte zwecks ungestörter Auswertung anderer übertragener Lizenzrechte nach dem Vertragszweck in Frage kommen kann.

2. Home-TV . . . . . Jede Fernsehsendung, die im privaten Haushalt auf- oder abgenommen wird.

3. Satelliten-TV . . . Fernsehen mittels Ausstrahlung der Programme durch Satelliten.

V. Video

1. Videogramm . . . Ein sehr allgemein gehaltener und wenig exakter Begriff, der als eine Art Oberbegriff für alle Möglichkeiten der Videotechnik benutzt wird, also bei vertraglicher Verwendung im Zweifel sowohl Videokassetten wie auch vergleichbare Tonbildträger u. ä. m. erfaßt.

2. Hardware/
Software . . . . . . Der erste Begriff bezeichnet den Apparat, der für Aufnahmen und Wiedergabe von Programmen benötigt wird (z. B. Tonbandgerät, Videorekorder). Der zweite Begriff erfaßt den Träger des wiedergegebenen Programms selbst (z. B. Musikkassette, Videokassette, Bildplatte).

3. Programman-
bieter. . . . . Kein sehr glücklicher, da zu wenig sachbezogener und abgrenzbarer, aber z. Zt. in der Videobranche benutzter Ausdruck für diejenigen Videofirmen, die die Videokassetten an den Einzelhandel vertreiben. Er bedeutet rechtlich dasselbe wie der in diesem Handbuch benutzte bessere Ausdruck Videovertriebsfirmen.

4. Masterband . . . . Ein Magnetband (¾ oder 1 Zoll), das durch elektronisches Abtasten (z. B. von Filmkopien) mit einem entsprechenden Bild und Ton versehen ist und von dem Vervielfältigungsstücke (z. B. Videokassetten) hergestellt werden können.

5. Videothek . . . . . Verkaufs- und Vermietungsstelle für Videokassetten. Nicht eindeutig zu definieren, da es teilweise um Betriebe geht, die ausschließlich Videokassetten an das Publikum veräußern, aber auch solche, die daneben sich noch mit der Veräußerung von Schallplatten, sonstigen Tonträgern etc. beschäftigen. Immerhin abzugrenzen vom reinen Fernseh- und Schallplattenfachhandel.

6. Home-Video. . . . Begriff für Videokassetten, die nur im privaten Bereich benutzt werden dürfen.

7. Sticker . . . . Aufkleber auf einer Videokassette, der die FSK-Jugendeinstufung für den betreffenden Film wiedergibt. Hier handelt es sich um eine Vorwegnahme der Kennzeichnungspflicht der Kassetten mit den jeweiligen Jugendentscheidungen, die in der Novelle zum Jugendschutzgesetz vorgesehen ist und wirksam wird, sobald dieses neue Gesetz in Kraft tritt. Sticker werden auch als Aufkleber mit Firmenzeichen verwandt, um die Identität der Kassette gegenüber Fälschungen sicherzustellen.

8. AV-Rechte . . . . . Audio-visuelle Rechte. Sehr allgemein gefaßter Begriff, der in gesetzlichen Vorschriften keine Grundlage findet, aber hin und wieder in Normalverträgen (z. B. Verfilmungsvertrag) und in individuellen Lizenzverträgen verwandt wird. Er umfaßt alle Rechte am Film in den bekannten Videosystemen (vor allem die Rechte für Videokassetten, Bildplatten u.ä.m.), also im wesentlichen sämtliche Rechte außerhalb der öffentlichen Vorführungsrechte und der Fernsehrechte am Film.

Abkürzungsverzeichnis

DDR . . . . Deutsche Demokratische Republik
DGB . . . . Deutscher Gewerkschaftsbund
dgl. . . . . dergleichen
d. h. . . . . das heißt
DIN . . . . Deutsche Industrie Norm
Diss. . . . . Dissertation
DJZ . . . . Deutsche Juristen Zeitung
DPA . . . . Deutsches Patentamt
DR (DRW) . . . . Deutsches Recht, ab 1. 4. 1939 Wochenausgabe vereinigt mit Juristischer Wochenschrift
DVBl. . . . . Deutsches Verwaltungsblatt

EG . . . . Europäische Gemeinschaft
EuGH . . . . Gerichtshof der Europäischen Gemeinschaften
e. V. . . . . eingetragener Verein
EWG . . . . Europäische Wirtschaftsgemeinschaft

FBW . . . . Filmbewertungsstelle Wiesbaden
ff . . . . (fort)folgende
FFA . . . . Filmförderungsanstalt
FFG . . . . Filmförderungsgesetz
FIAD . . . . Fédération Internationale des Associations de Distributeurs de Films
FIAPF . . . . Fédération Internationale des Associations de Producteurs de Films
FSK . . . . Freiwillige Selbstkontrolle der Filmwirtschaft
FuR . . . . Film und Recht

GastBauVO . . . . Gaststättenbauverordnung
GaststG . . . . Gaststättengesetz vom 5. 5. 1970
gem. . . . . gemäß
GEMA . . . . Gesellschaft für musikalische Aufführungsrechte
GG . . . . Grundgesetz für die Bundesrepublik Deutschland vom 23. 5. 1949
GjS . . . . Gesetz über die Verbreitung jugendgefährdender Schriften i. d. F. v. 29. 4. 1961
GRUR . . . . Gewerblicher Rechtsschutz und Urheberrecht
GRUR int. . . . . Gewerblicher Rechtsschutz und Urheberrecht, internationaler Teil
GVL . . . . Gesellschaft zur Verwertung von Leistungsschutzrechten
GWB . . . . Gesetz gegen Wettbewerbsbeschränkungen i. d. F. v. 4. 4. 1974

HDF . . . . Hauptverband Deutscher Filmtheater e. V.
HEZ . . . . Höchstrichterliche Entscheidungen, Sammlung von Entscheidungen der Oberlandesgerichte und der obersten Gerichte in Zivilsachen
HGB . . . . Handelsgesetzbuch
h. L. . . . . herrschende Lehre
h. M. . . . . herrschende Meinung
hrsg. . . . . herausgegeben

i. d. F. . . . . in der Fassung
i. d. R. . . . . in der Regel
i. e. . . . . im einzelnen
i. e. S. . . . . im engeren Sinne
IFIDA . . . . International Film Importers and Distributors of America
IHK . . . . Industrie- und Handelskammer
IPR . . . . Internationales Privatrecht

i. S.	im Sinne
i. V. m.	in Verbindung mit
i. w. S.	im weiteren Sinne
JArbSchG	Gesetz zum Schutze der arbeitenden Jugend (Jugendarbeitsschutzgesetz) i. d. F. v. 12. 4. 1976
JGG	Jugendgerichtsgesetz i. d. F. v. 11. 12. 1974
Jhdt.	Jahrhundert
JK	Juristenkommission
JR	Juristische Rundschau
JSchG	Gesetz zum Schutze der Jugend in der Öffentlichkeit i. d. F. v. 2. 3. 1974 (dort JSchÖG und in der bevorstehenden Neufassung – JÖSchG – abgekürzt)
JW	Juristische Wochenschrift
JZ	Juristen-Zeitung
KG	Kammergericht (Berlin)
KO	Konkursordnung v. 20. 5. 1898
KUG	Gesetz betreffend das Urheberrecht an Werken der bildenden Künste und der Photographie v. 9. 1. 1907, aufgehoben durch § 141 Nr. 5 des Urheberrechtsgesetzes vom 9. 9. 1965, soweit es nicht den Schutz von Bildnissen betrifft.
lfd.	laufend
LG	Landgericht
LM	Das Nachschlagewerk des Bundesgerichtshofs in Zivilsachen, herausgegeben von Lindenmaier und Möhring
lt.	laut
LUG	Gesetz betreffend das Urheberrecht an Werken der Literatur und der Tonkunst v. 19. 6. 1901 aufgehoben durch § 141 Nr. 3 des Urheberrechtsgesetzes v. 9. 9. 1965
MDR	Monatsschrift für Deutsches Recht
MPEAA	Motion Picture Export Association of America Inc.
MPAA	Motion Picture Association of America
m. w. N.	mit weiteren Nachweisen
NATO	National Association of Theatre Owners
NJW	Neue Juristische Wochenschrift
Nr.	Nummer
o. a.	oben angegeben(en)
o. e.	oben erwähnt
o. g.	oben genannt(e)
OLG	Oberlandesgericht
OVG	Oberverwaltungsgericht
pVV	positive Vertragsverletzung
RA	Rechtsanwalt
RBÜ	Revidierte Berner Übereinkunft zum Schutz von Werken der Literatur und Kunst
Rdn.	Randnote (-nummer)
RdJ	Recht der Jugend
RFFU	Rundfunk-Fernseh-Film-Union (im DGB)

RG . . . . Reichsgericht
RG Warn. . . . . Warneyer, Die Rechtsprechung des Reichsgerichts
RGZ . . . . Entscheidungssammlung des Reichsgerichts in Zivilsachen
Rl. . . . . Rechtslehre
Rspr. . . . . Rechtsprechung
RVO . . . . Reichsversicherungsordnung

S. . . . . Seite
s. . . . . siehe
s. a. . . . . siehe auch
s. o. . . . . siehe oben
sog. . . . . sogenannt(e)
SPIO . . . . Spitzenorganisation der Filmwirtschaft e. V.
StGB . . . . Strafgesetzbuch
StPO . . . . Strafprozeßordnung
str. . . . . streitig
st. Rspr. . . . . ständige Rechtsprechung

TÜV . . . . Technischer Überwachungsverein
TV . . . . Tarifvertrag, Television
TVG . . . . Tarifvertragsgesetz i. d. F. v. 25. 8. 1969

u. a. . . . . unter anderem
u. ä. m. . . . . und ähnliches mehr
UER . . . . Union der Europäischen Rundfunkorganisationen
UFI . . . . UFA Film GmbH (Dachgesellschaft des staatlichen UFA-Kon-
zerns im 3. Reich); gehört zu dem nach dem Krieg beschlagnahm-
ten Reichsvermögen
UFITA . . . . Archiv für Urheber-, Film- und Theaterrecht seit 1954 (18. Band):
Archiv für Urheber-, Film-, Funk- und Theaterrecht
umstr. . . . . umstritten
UrhG . . . . Gesetz über Urheberrecht und verwandte Schutzrechte (Urheberrechtsgesetz) vom 9. 9. 1965
usw . . . . und so weiter
u. U. . . . . unter Umständen
UVV . . . . Unfallverhütungsvorschrift Filmtheater
UWG . . . . Gesetz gegen den unlauteren Wettbewerb vom 7. 6. 1909

v. . . . . vom, von, vor
VA-FBW . . . . Verfahrensordnung der FBW vom 6. 5. 1969
VDE . . . . Verband Deutscher Elektrotechniker
VerlG. . . . . Gesetz über das Verlagsrecht vom 19. 7. 1901
VG . . . . Verwaltungsgericht
VGF . . . . Verwertungsgesellschaft für Nutzungsrechte an Filmwerken
m. b. H.
VGH . . . . Verwaltungsgerichtshof
vgl. . . . . vergleiche
VO . . . . Verordnung
VStättVO . . . . Versammlungsstättenverordnung
VV-FBW . . . . Verwaltungsvereinbarung der Länder über die Filmbewerbungs-
stelle der Länder i. d. F. vom 17. 12. 1973
VwGO . . . . Verwaltungsgerichtsordnung vom 21. 1. 1960
VwVfG . . . . Verwaltungsverfahrensgesetz vom 25. 5. 1976

WUA . . . . Welturheberrechtsabkommen
WuW . . . . Wirtschaft und Wettbewerb

Literaturverzeichnis

Allfeld . . . . Benutzung lebender oder kürzlich verstorbener Personen als Gegenstand dramatischer Darstellung, in: DJZ, 1922, Spalte 584

Bafile . . . . Co-Produktionen in der Filmwirtschaft, in: UFITA Bd. 44, S. 30

Becker . . . . Der Filmverleihvertrag im Konkurs des Theaterbesitzers, in: UFITA Bd. 6, S. 143

Berger . . . . Gutachten für FFA „Technik und Rechtsprobleme bei Beteiligungsgesellschaften" vom 30. 11. 1976

Boehm . . . . Verträge im Filmgewerbe, Berlin/Leipzig 1919

von Böhmer/Reitz. . . Der Film in Wirtschaft und Recht, Berlin 1933

Bohr . . . . Fragen der Abgrenzung und inhaltlichen Bestimmung der Filmurheberschaft, in: UFITA Bd. 76, S. 95

Brinkmann . . . . Die Vermietung von Videokassetten aus urheberrechtlicher Sicht, in: NJW 1983, S. 599

Coing . . . . Grundzüge der Rechtsphilosophie, Berlin 1950

Dahm . . . . Deutsches Recht, Stuttgart/Köln 1951

Dörffeldt . . . . Die Rechtsprechung der Verwaltungsgerichte zur Filmbewertungsstelle Wiesbaden (FBW), in: UFITA Bd. 49, S. 90

Dreher/Tröndle . . . . Strafgesetzbuch, Kommentar, München, 41. Aufl. 1983

Eckstein . . . . Deutsches Film- und Kinorecht, Mannheim/Berlin/Leipzig 1924

Ehlers . . . . Probleme des Jugendmedienschutzes, in: FuR 1982, S. 626

Falk . . . . Das allgemeine Persönlichkeitsrecht, in: UFITA Bd. 94, S. 151

Feßmann . . . . Theaterbesuchsvertrag oder wann krieg' ich als Zuschauer mein Geld zurück?, in: NJW 1983, S. 1164

Fromm . . . . Der Bildnisschutz nach jetzigem Recht, in: UFITA Bd. 47, S. 162

Fromm/Nordemann . Urheberrecht, Stuttgart/Berlin/Köln/Mainz 5. Aufl. 1983

Fuhr/Krone . . . . Pay-TV und Rundfunkbegriff, zur Frage der rundfunkrechtlichen Einordnung von Pay-TV und der Regelungskompetenz der Länder hinsichtlich des Satellitenfernsehens, in: FuR 1983, S. 513

von Gamm . . . . Grundfragen des Filmrechts, Berlin/Köln 1957

von Gamm . . . . Urheberrechtsgesetz, München 1968

Giese/Schunk . . . . . . Grundgesetzkommentar, 1970

Goldbaum . . . . Filmverlagsrecht an drehreifen Büchern, Berlin 1922

von Hartlieb . . . . . . Schutz der Filmtitel, Wiesbaden 1955

von Hartlieb . . . . . . Persönlichkeitsschutz und Filmfreiheit, in: UFITA Bd. 27, S. 145

von Hartlieb . . . . . . Gewaltdarstellungen in Massenmedien, in: UFITA Bd. 76, S. 101

von Hartlieb . . . . . . Die Freiheit der Kunst und das Sittengesetz, in: UFITA Bd. 51, S. 5

von Hartlieb . . . . . . Grundgesetz, Filmzensur und Selbstkontrolle, in: UFITA Bd. 28, S. 32

Haeger . . . . Der Film im Vertragsrecht, erläutert am Beispiel der Co-Produktion, in: UFITA Bd. 32, S. 33

Hebeisen . . . . Die Filmbewertungsstelle Wiesbaden, Versuch einer Strukturanalyse, in: UFITA Bd. 57, S. 133

Hentschel . . . . Die rechtswidrige Vervielfältigung aktueller Kinospielfilme, Erscheinungsformen der Videopiraterie und die Möglichkeiten ihrer Bekämpfung, in: FuR 1982, S. 237

Hirsch . . . . Filmverwertungsverträge, Berlin 1930

Hubmann . . . . Persönlichkeitsschutz ohne Grenzen, in: UFITA Bd. 70, S. 75

Hubmann . . . . Urheber- und Verlagsrecht, München, 5. Aufl. 1984

Hubmann . . . . Persönlichkeitsrecht, Münster/Köln 1953

Kastner . . . . Das Plagiat – literarische und rechtliche Aspekte, in: NJW 1983, S. 1151

Katholnigg . . . . Die Filmbewertungsstelle Wiesbaden und das Grundgesetz, in: UFITA Bd. 38, S. 25

Keller . . . . Zum Verhältnis von Persönlichkeitsschutz und Kunstfreiheit, in: UFITA Bd. 79, S. 89

Koebel . . . . Allgemeines Persönlichkeitsrecht und Unterlassungsanspruch, in: NJW 1955, S. 1337

Kommentar, Bon- Kommentar zum Bonner Grundgesetz (zitiert: Bonner Kommen-
ner . . . . tar,) (Loseblatt) 1950 ff.

Kopp . . . . Verwaltungsverfahrensgesetz, Kommentar, München 3. Aufl. 1983

Kopp . . . . Verwaltungsgerichtsordnung, Kommentar, München 6. Aufl. 1984

Krüger . . . . Bericht über internationale Filmzensur für die Spitzenorganisation der Filmwirtschaft, Wiesbaden

Krüger/Nieland . . . . Das Recht der Persönlichkeit und die Freiheit der Kunst, in: UFITA Bd. 53, S. 181

Laufke . . . . AGB in der Filmwirtschaft unter Berücksichtigung der Generalklausel, in: UFITA Bd. 53, S. 257

Leibholz/Rinck . . . . . Grundgesetz für die Bundesrepublik Deutschland, Köln, 4. Aufl. 1971

Löffler/Ricker . . . . . Handbuch des Presserechts, München 1978

von Mangold/Klein . . Das Bonner Grundgesetz, München 1957/1964/1974

Marwitz . . . . Das Recht am eigenen Bilde und das Recht am Lebensbilde, in: UFITA Bd. 6, S. 51

Maunz/Dürig/
Herzog/Scholz . . . . . Grundgesetz, Kommentar (Loseblatt) (zitiert: Maunz/Dürig), München, 6. Aufl. 1983 ff.

Merten . . . . Die steuerliche Behandlung von Filmpreisen, in: FuR 1983, S. 378

Merten/Krüger . . . . . Steuervorteile aus der Beteiligung an Filmproduktionsunternehmen; Grundlagen und Funktionsweise dieser Sonderform der Abschreibungsgesellschaft, in: FuR 1979, S. 619

von Metzler . . . . Namensnennung und Darstellung des Lebensbildes im Film und in literarischen Werken, in: UFITA Bd. 20, S. 38

von Metzler . . . . Fragen des Titelschutzes beim Film, in: UFITA Bd. 20, S. 178

Movessian . . . . Urheberrechte und Leistungsschutzrechte an Filmwerken, in: UFITA Bd. 79, S. 213

Möhring/Nicolini . . . Urheberrechtsgesetz, Berlin/Frankfurt/Main 1970

Möllering . . . . Die internationale Co-Produktion von Filmen, Schriftenreihe UFITA 1970, Heft 38, München/Berlin

Möllering . . . . Rechtsfragen der internationalen Co-Produktion von Filmen, in: UFITA Bd. 60, S. 61

Neumann/Duesberg . . Das besondere Persönlichkeitsrecht der Nicht-Urheberschaft, in: UFITA Bd. 50, S. 464

Nipperdey . . . . Das allgemeine Persönlichkeitsrecht, in: UFITA Bd. 30, S. 1

Noltenius . . . . Die Freiwillige Selbstkontrolle der Filmwirtschaft und das Zensurverbot des Grundgesetzes, Göttingen 1958

Nordemann . . . . Die Rechtsstellung des Lizenznehmers bei vorzeitiger Beendigung des Hauptvertrages im Urheberrecht, in: GRUR 1970, S. 174

Palandt . . . . Bürgerliches Gesetzbuch, München, 41. Aufl. 1983

Peter . . . . Allgemeines Persönlichkeitsrecht und droit moral des Urhebers und Leistungsschutzberechtigten beim Film, in: UFITA Bd. 36, S. 257

Potrykus . . . . FSK, Filmzensur und Jugendschutz, in: RDJ 1959, S. 85

Potrykus . . . . Gesetz zum Schutze der Jugend in der Öffentlichkeit (Kommentar) (Loseblatt), in: Erbs/Kohlhaas Strafrechtliche Nebengesetze, München 1971

Rehbinder . . . . Gutachten für die Verwertungsgesellschaft für Nutzungsrechte an Filmwerken mbH, Wiesbaden

Ridder . . . . Meinungsfreiheit, in: Neumann/Nipperdey/Scheuner, Die Grundrechte (Bd. II, S. 274 ff.), Berlin 1954

Rillig . . . . Grenzen des Schutzes der Intimsphäre bei Personen der Zeitgeschichte, in: UFITA Bd. 47, S. 162

Roeber . . . . Zum Rechtsbegriff ,,Filmschaffender", in: UFITA Bd. 16, S. 386

Roquette . . . . Mietrecht, 4. Aufl. 1954

Runge . . . . Urheber- und Verlagsrecht, Bonn 1948–1953

Scheffer . . . . Film- und Persönlichkeitsschutz, in: UFITA Bd. 27, S. 129

Schneider . . . . Persönlichkeitsrecht und Massenpublikationsmittel, in: UFITA Bd. 50, S. 128

Schönke/Schröder . . . Strafgesetzbuch, Kommentar, München, 21. Aufl. 1982

Schulze . . . . Rechtsprechung zum Urheberrecht, Loseblattsammlung gerichtlicher Entscheidungen, München 1954 ff.

Schumann . . . . Werbeverbote für jugendgefährdende Schriften, in: NJW 1978, S. 1134 und 2494

Siegwart . . . . Filmverlustzuweisungsgesellschaften: Eine steuerliche Fehlkonstruktion!, in: Deutsches Steuerrecht 1981, S. 685

Soergel/Siebert . . . . . Bürgerliches Gesetzbuch, Stuttgart/Berlin/Köln/Mainz 1975

Spengler . . . . Zur Frage der Rechtsgültigkeit langfristiger Pachtverträge der Filmwerbeunternehmen in: WuW 1954, S. 706

Spengler . . . . Auslieferung oder Vorführung eines Films durch einstweilige Verfügung, in: UFITA Bd. 18, S. 54

Staudinger . . . . Kommentar zum BGB, Berlin, 12. Aufl. 1979

Stefen . . . . Massenmedien und Jugendschutz 1976, Heft 7 der Schriftenreihe der Bundesprüfstelle für jugendgefährdende Schriften

Stelkens/Bonk/
Leonhardt . . . . Verwaltungsverfahrensgesetz, Kommentar, München 1978

Stiller . . . . Kunstfreiheit und Gleichheitsgebot bei staatlicher Kunstförderung, in: UFITA Bd. 60, S. 171

Stenzel . . . . Die Filmverwertungsverträge in ihren Beziehungen zum Urheberrecht, Erlangen 1931

Ulmer . . . . Zitate in Filmwerken, in: GRUR 1972, S. 323

Ulmer . . . . Urheber- und Verlagsrecht, Berlin/Heidelberg/New York, 3. Aufl. 1980

Ullstein . . . . Der Schutz des Lebensbildes, insbesondere Rechtsschutz gegen Schlüsselroman, Erlangen 1931

Vogel . . . . Die Rechtsbeziehungen zwischen Filmverleiher und Filmtheaterbesitzer im Rahmen der Bezugsbedingungen, Diss. München 1961

Wandrey . . . . Das Recht am Lebensbild, in: UFITA Bd. 5, S. 359

Werhahn . . . . Persönlichkeitsschutzrecht und Zeitgeschichte, in: UFITA Bd. 37, S. 22

Weides . . . . Zur Verfassungsmäßigkeit des Gesetzes über Maßnahmen zur Förderung des deutschen Films vom 22. Dezember 1967, erster Teil: Bundeskompetenz für gesetzliche Maßnahmen zur Förderung des deutschen Films, in: UFITA Bd. 58, S. 68

Woeller . . . . Verfassungsmäßigkeit des FFG, Wirtschafts- oder Kulturförderung? Eine Untersuchung unter besonderer Berücksichtigung der Spruchpraxis der Organe der Filmförderungsanstalt, Diss. Gießen 1978

Wronka . . . . Das Verhältnis zwischem dem allgemeinen Persönlichkeitsrecht und den sog. Persönlichkeitsrechten, in: UFITA Bd. 69, S. 71

Würtenberger . . . . . Karikatur und Satire aus strafrechtlicher Sicht, in: NJW 1982, S. 610

Gesondert wird hingewiesen auf:
Roeber/Jacobi . . . . . Handbuch der filmwirtschaftlichen Medien, München/Pullach 1973.

Dieses Handbuch gibt eine umfassende und vorzügliche Einführung in die filmwirtschaftlichen Begriffe, die filmwirtschaftliche Struktur und die geschichtliche Entwicklung des Films, vor allem der deutschen Filmwirtschaft ab 1945.

Sachregister

Die fettgedruckten Zahlen verweisen auf die Kapitel und die mageren Zahlen auf die Randnummern innerhalb des betreffenden Kapitels

473

Videoversandhandel **178** 11
Videoschutz- bzw. Sperrfrist **175** 9; **177** 7
Videosperrfrist, Regelung der (Mittel-
standsempfehlung) **139** 8
Videoverleih **178** 3
Videovertrieb (Vorkontrolle) **14** 1
Videovertriebsfirmen **172** 4; **176** 1
Videovertriebsverträge **172** 7; **176** 1 ff.
–, Abtretung **177** 6; **177** 9
–, allgemeine Bedingungen **177** 8
–, Essentialien **176** 6
–, Form **176** 5
–, Nichtigkeit **176** 7
–, Rechtsnatur **176** 4
vis haud ingrata **3** 4
Vollkaufleute (Filmproduzent, Filmverlei-
her) **95** 1
Vollstreckungsmaßnahmen im Rahmen des
Filmlizenzvertrages **114** 1
Vorausabtretung der ausschließlichen Aus-
wertungsrechte **100** 5; **100** 21 Rspr.
Vorausabtretung von Nutzungsrechten
50 10
Voraussetzungen für Kurzfilmförderung
35 4
Vorführung, öffentliche **1** 2
– pornographischer Filme **6** 1–2; **6** 5 Rspr.
–, technisch einwandfreie **128** 16; **141** 6
Vorführungsdauer **153** 14
Vorführungspflicht, bestimmtes Theater
128 1; **128** 7
– des Filmtheaterbesitzers **128** 1 ff.; **128** 17
Rspr.; **128** 24 Rl.
Vorführungsverpflichtung, keine Befreiung
von – aus Gewissensgründen **128** 5
Vorführungsrecht (§ 19 UrhG) **52** 2–3
– **97** 2
Vorkontrolle (bei Videovertrieb) **14** 1
Vorkosten beim Filmverleih **36** 2; **107** 1;
107 3; **107** 5; **136** 30
Vorleistungspflicht des Filmverleihers **119** 4
Vorrang der Filminteressen (bei Gemein-
schaftsproduktion nach Film/Fernseh-
Abkommen) **40** 4–6
– beim Titelschutz **75** 1 ff.
Vorrangerklärung **90** 9
Vorspanntext **18** 9; **21** 9
Vorspielrecht **116** 9
– (bei Werbefilmen) **158** 11
–, wirtschaftliche Motive **138** 6; **138** 9 Rspr.
Vorstellung am angekündigten Ort **153** 8
– zur angekündigten Zeit **153** 9
Vorzensur durch FSK und JK **112** 34
– (Jugendschutz) **7** 3
VStättVO, Musterverordnung, Neufas-
sung **192** 2

Wahrheitserforschung beim Persönlich-
keitsschutz **22** 11
Wahrnehmungszwang für Verwertungsge-
sellschaften **54** 8
Warentests, Zulässigkeit von **22** 12
Weitersenderecht **52** 2; **171** 4
Weiterübertragung des Filmtheaterwerbe-
vertrages **158** 14; **158** 20 Rspr.
Weiterübertragungsverbot beim Lizenzver-
trag **112** 11
Weiterversendung der Filme **141** 3–4
Weltanschauungsgemeinschaft **5** 7
Weltlizenzvertrag **95** 8
Welturheberrechtsabkommen **54** 6
Weltverfilmungsrecht **85** 11
Werbeeinnahmen, prozentuale Beteiligung
des Theaterbesitzers **158** 7
Werbefilm **47** 5; **93** 4–6; **158** 1; **167** 8
–, Länge von **158** 6
Werbefilmproduktion **60** 5
Werbefirma **158** 2
Werbekommission der FFA **25** 4
Werbekurzfilme, Mindestlänge **158** 22
Werbemaßnahmen aufgrund des Lizenzver-
trages **112** 17–20
–, wirtschaftlicher Erfolg der **158** 13; **158** 19
Rspr.
Werbematerial (freiwillige Vorprüfung)
10 8; **13** 11
– (Gutglaubensschutz) **12** 10
– (Jugendschutz) **7** 8; **7** 20
Werbespot **167** 8
Werbeverbot für pornographische Filme
6 3–4; **6** 6 Rspr.
Werbeverwaltung **158** 22
Werbung, Benutzung von Leistungen für
-zwecke **50** 18; **52** 15; **63** 6; **63** 16 Rspr.
64 6; **64** 15 Rl.; **85** 19
–, innerhalb des Filmtheaters **137** 11; **138** 7
– und Persönlichkeitsrecht **21** 12; **21** 22
Rspr.
Werk i. S. d. UrhG **46** 4; **46** 10 Rl.; **71** 1
–, selbständiges **48** 10
–, vorbestehendes **48** 1; **48** 4 ff.; **50** 2
Werklieferungsvertrag **60** 4; **90** 1; **97** 5
Werkvertragscharakter von Filmrechtsver-
trägen **60** 4; **90** 1; **97** 5
Wertmaßstäbe des § 19 FFG **31** 12
wertsteigernde Bearbeitung, Negativentwicklung als **90** 11
–, Belichtung als **90** 10; **90** 21 Rspr.
Wettbewerb, gegen die guten Sitten verstoßender **67** 3
–, unlauterer **73** 16
Wettbewerbsregeln, europäische **52** 11
–, nationale **52** 11

Für die Verlagspraxis

Bappert / Maunz / Schricker

Verlagsrecht

Kommentar zum Gesetz über das Verlagsrecht vom 19. 6. 1901
Begründet von Dr. Walter Bappert und Dr. Theodor Maunz

2., neu bearbeitete Auflage. 1984
von Dr. Theodor Maunz, o. Prof. an der Universität München, Staatsminister a. D.,
Dr. Gerhard Schricker, o. Prof. an der Universität München, Direktor des Max-
Planck-Instituts für ausländ. und intern. Patent-, Urheber- und Wettbewerbsrecht

XXII, 807 Seiten gr. 8⁰. In Leinen DM 148,–

Der bekannte Standardkommentar zum Verlagsrecht wurde für die 2. Auflage **völlig
neu bearbeitet.** Angesichts der Fülle des Stoffes konzentriert sich die Neuauflage auf
die **Auslegung des Verlagsgesetzes** (VerlG) und sein Zusammenspiel mit dem **Urheberrechtsgesetz** (UrhG) sowie dem **Wettbewerbsrecht.**
Der **Einfluß des UrhG** von 1965 ist nicht nur in den einzelnen Paragraphen zu
erkennen, die aus dem VerlG in das UrhG abgewandert sind, das **Verlagsrecht insgesamt** mußte vor diesem Hintergrund erläutert werden. Auch die **Gesetzgebung anderer Gebiete** wirkte sich auf das Verlagsrecht aus, insbesondere wurde dem Recht
der Allgemeinen Geschäftsbedingungen, dem Gesetz gegen Wettbewerbsbeschränkungen sowie den Regeln des EWG-Vertrags Rechnung getragen.

Neu darzustellen waren vor allem
– das internationale Privatrecht des Verlagsvertrages,
– die Zweckübertragungsregel sowie die Nebenrechte,
– der Titelschutz,
– die Übertragbarkeit des Verlagsrechts,
– die Verlagslizenz.

Besonders detailliert bearbeitet wurden u. a.
– Honorarfragen,
– Problematik der Enthaltungspflicht,
– Änderung des Werkes,
– Recht der Neuauflage,
– Instrumente zur außerordentlichen Lösung des Vertrages,
– Konkursregelung,
– Ladenpreis und Preisbindung.

Das Werk soll nicht nur Verleger ansprechen, sondern auch Schriftsteller, Autoren und
literarische Agenturen, Verlagsgeschäftsführer, Lektoren, Vertrieb, Werbung, Redak-
tionen sowie Rechtsanwälte und Richter.

Verlag C. H. Beck München

Die große Entscheidungssammlung zum Urheberrecht

Schulze

Rechtsprechung zum Urheberrecht

Loseblatt-Entscheidungssammlung mit Anmerkungen

Herausgegeben von Professor Dr. h. c. Erich Schulze

Neuausgabe. Stand Juli 1983
Rund 2180 Seiten 8^0. In 2 Leinenordnern DM 198,–

Die neue Serie umfaßt mit ihren vier bisher erschienenen Lieferungen bereits 164 rechtskräftige wichtige Entscheidungen aus dem In- und Ausland.

Die Entscheidungen behandeln entsprechend der Tradition des Grundwerks **Fragen aus den verschiedensten Gebieten des Urheber- und Verlagsrechts** (einschließlich des Rechts der Verwertungsgesellschaften) sowie Fragen des **Persönlichkeitsrechts** und angrenzender Rechtsgebiete.

Ziel der Entscheidungssammlung bleibt es weiterhin, ein **Kompendium der einschlägigen Judikatur** mit Anmerkungen **hervorragender Fachjuristen** zur Verfügung zu stellen und damit einen **Gesamtüberblick** über die Rechtspraxis **aller gerichtlichen Instanzen** zu ermöglichen.

Die klare Ordnung der Entscheidungen garantiert ihre problemlose Auffindbarkeit. Der Benutzer der Entscheidungssammlung wird somit in die Lage versetzt, sich schnell und präzise über den jeweils aktuellen Stand der ständig in Fortentwicklung befindlichen Rechtsprechung zum Urheberrecht und verwandter Rechtsgebiete zu informieren.

Verlag C. H. Beck München